TRAITÉ PRATIQUE
ET FORMULAIRE
DES
LIQUIDATIONS
ET
PARTAGES

PAR

DEFRÉNOIS

Auteur du *Traité-Formulaire général du Notariat*
Directeur-Fondateur et Rédacteur en chef du *Répertoire général pratique du Notariat*

DEUXIÈME ÉDITION
Au courant de la Législation et de la Jurisprudence jusqu'au 1er janvier 1887

PREMIER VOLUME
DES LIQUIDATIONS ET PARTAGES DES SUCCESSIONS ET SOCIÉTÉS

PARIS
A L'ADMINISTRATION
DU RÉPERTOIRE GÉNÉRAL PRATIQUE DU NOTARIAT
Rue de Rennes, 89

—

1887

TRAITÉ PRATIQUE

ET FORMULAIRE

DES

LIQUIDATIONS ET PARTAGES

PREMIER VOLUME

DES LIQUIDATIONS ET PARTAGES DES SUCCESSIONS ET SOCIÉTÉS

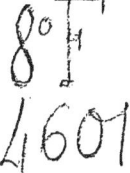

TRAITÉ PRATIQUE

ET FORMULAIRE

DES

LIQUIDATIONS ET PARTAGES

PREMIER VOLUME

DES LIQUIDATIONS ET PARTAGES DES SUCCESSIONS ET SOCIÉTÉS

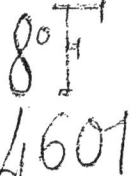

Tout exemplaire qui ne sera pas revêtu d'un numéro d'ordre et de la signature de M. DEFRÉNOIS, sera réputé contrefait.

N°

TRAITÉ PRATIQUE
ET FORMULAIRE
DES
LIQUIDATIONS
ET
PARTAGES

PAR

DEFRÉNOIS

Auteur du *Traité-Formulaire général du Notariat*
Directeur-Fondateur et Rédacteur en chef du *Répertoire général pratique du Notariat*

DEUXIÈME ÉDITION
Au courant de la Législation et de la Jurisprudence jusqu'au 1er janvier 1887

PREMIER VOLUME
DES LIQUIDATIONS ET PARTAGES DES SUCCESSIONS ET SOCIÉTÉS

PARIS

A L'ADMINISTRATION
DU RÉPERTOIRE GÉNÉRAL PRATIQUE DU NOTARIAT
Rue de Rennes, 89

—

1887

INTRODUCTION

Les opérations de liquidation et de partage, dont le but est de répartir, entre les ayants droit, les biens et les charges d'une hérédité, d'une communauté, d'une société ou toute autre indivision, sont, au point de vue de la pratique notariale, considérées comme nécessitant une connaissance approfondie de la législation, de la doctrine et de la jurisprudence

La science de les bien rédiger, forme, pour ainsi dire, le couronnement des études exigées pour devenir un excellent praticien.

En effet, la liquidation d'une succession est l'application des matières concernant la dévolution des hérédités *ab intestat* ou testamentaires, la détermination des biens dont elles se composent et, par conséquent, les règles des rapports et celles, si ardues, de la quotité disponible ordinaire ou entre époux.

Pour liquider une communauté, il faut appliquer, non seulement les dispositions diverses qui la régissent suivant qu'elle est légale ou conventionnelle, mais encore toutes les autres matières du droit en raison des éléments multiples à faire entrer dans le travail.

S'il s'agit d'une restitution de dot, en cas de stipulation de non communauté ou de régime dotal sans société d'acquêts, les principes qui les régissent n'offrent pas moins de complications et de difficultés.

Nous avons pensé qu'un ouvrage spécial, comprenant toutes ces matières et les développant avec une méthode qui en facilite l'intelligence, était de nature à rendre quelque service au notariat.

Nous l'avons composé avec la persuasion que, indépendamment de son utilité pour la pratique, il facilitera aux jeunes praticiens la rédaction des liquidations, qui, en suivant une bonne méthode de travail, ne présente pas plus de difficultés que les autres actes.

Notre ouvrage est divisé en deux livres distintcs, ayant chacun ses tables alphabétique, de concordance et méthodique.

Ils comprennent :

Le premier livre (formant le premier volume), les matières relatives aux dévolutions des hérédités, à leur liquidation et partage, ainsi que celles concernant les partages de sociétés.

Et le second livre (formant le deuxième volume), les dispositions s'appliquant à l'établissement des communautés et autres associations conjugales, et à leur dissolution, liquidation et partage.

Nos explications ont été complétées par un examen approfondi de toutes les questions d'enregistrement pouvant se rattacher aux liquidations et partages et aux actes qui en dérivent.

Les formules, très nombreuses dans chacun des livres, n'ont pas été notre moindre tâche; nous nous sommes efforcé de les rendre aussi complètes que possible, et d'y comprendre tous les cas susceptibles de se produire.

Elles sont en concordance avec les explications, par un résumé se référant aux numéros du traité.

Nous avons apporté un soin scrupuleux à nos développements, ainsi qu'aux citations des auteurs et de la jurisprudence.

La deuxième édition a été mise au courant de la législation et de la jurisprudence jusqu'au 1er janvier 1887. Il suffira, pour la tenir toujours au courant, de l'annoter à partir de cette date à l'aide de notre *Répertoire général pratique du Notariat*.

Nous ajoutons au deuxième volume un chapitre entier pour expliquer les règles du divorce, encore si peu connues, et, dans le but d'en faciliter mieux l'examen, nous avons mis en regard une formule nouvelle de liquidation de communauté après divorce.

Enfin, de manière à rendre plus aisées les recherches pour les formules, nous donnons une table alphabétique des formules à la suite de chaque volume.

Le succès de notre première édition, dont le tirage à près de 4,000 exemplaires a été écoulé en moins de six ans, justifie l'utilité de cet ouvrage.

Nous espérons que notre seconde édition, revue, complétée et mise au courant, aura un même accueil dans le Notariat et le monde des affaires.

Mars 1887.

EXPLICATIONS DE QUELQUES ABRÉVIATIONS

Rép. N. ou *Rép.* . . . . . . Notre Recueil : Le Répertoire général pratique du Notariat.
R. N. . . . . Revue du Notariat.
J. N. . . . . Journal des Notaires.
Jur. N. . . . . Jurisprudence du Notariat.
Journ. N. . . . . Journal du Notariat.
S. . . . . Sirey.
P. . . . . Journal du Palais.
D. . . . . Dalloz.

ERRATAS

Page 57, n° 322, 6° ligne, *au lieu de* : R. G. Defrénois, II, 1414, *mettre* : S. 73, I, 73.
Page 58, 1re colonne, 12e ligne, *au lieu de* : Cass., *mettre* : Caen.
Page 70, 1re colonne, 1re ligne, *au lieu de* : R. G. Defrénois, I, 266, 3°, *mettre* : S. 69, II, 289.
Même page, n° 409, 5e ligne, *au lieu de* : R. G. Defrénois, II, 1304, *mettre* : Droit du 20 janvier.
Page 85, n° 509, 30e ligne, *au lieu de* : Paris, 23 avril 1845, *mettre* : Paris, 23 avril 1885.
Page 112, n° 718 *in fine, ajouter* : p. 175.
Page 368, n° 2446, 12e ligne, *au lieu de* : R. G. Defrénois, II, 1336, *mettre* : S, 71, II, 157.
Page 384, n° 2539 *in fine, au lieu de* : R. N., *mettre* : Rép. N.
Page 417, n° 2740, 9e ligne, *au lieu de* : 27 nov., *mettre* : 26 nov.; — *et au lieu de* : R. G. 5180, *mettre* : 5189.
Page 428, n° 2804, 16e ligne, *au lieu de* : 2495, *mettre* : 2879.
Page 436, n° 2848 *in fine, au lieu de* : R. N., *mettre* : Rép. N.

LIVRE PREMIER

DE LA LIQUIDATION ET DU PARTAGE
DES
SUCCESSIONS

LIVRE PREMIER

DE LA LIQUIDATION ET DU PARTAGE
DES SUCCESSIONS

1. — Indivision. — Le partage a le plus souvent pour objet des biens dépendant d'une hérédité. Mais les règles édictées en ce qui le concerne sont applicables à toutes autres indivisions; par exemple, à celles résultant : 1° d'une attribution en commun à des héritiers pour la subdivision à faire entre eux (*C. civ. 836*); 2° de la dissolution d'une association conjugale, *infra* deuxième partie; 3° de la dissolution d'une société (*C. civ. 1872*); 4° d'une acquisition faite en commun.

2. — Succession. — Pour qu'il y ait lieu au partage d'une succession, il faut qu'elle soit ouverte, dévolue à des héritiers ou autres successeurs ayant qualité pour la recueillir, et qu'ils viennent à la succession.

3. — Ouverture et transmission. — Il est donc nécessaire, avant de traiter des opérations du partage, d'exposer les règles applicables à l'ouverture des hérédités, à leur transmission par succession *ab intestat* ou par la volonté de l'homme, et à leur acceptation ou répudiation.

4. — Division. — En raison de cela, ce premier livre sera divisé en deux parties, qui traiteront : La première, de la transmission des biens par hérédité; et la deuxième, des règles du partage.

PREMIÈRE PARTIE

DE LA TRANSMISSION DES BIENS PAR HÉRÉDITÉ

5. — Généralités. — Cette première partie comprendra cinq titres, dont l'objet sera d'exposer les règles applicables : 1° A l'ouverture des successions *ab intestat* et à leur transmission aux héritiers du défunt; 2° à la transmission des biens par succession contractuelle ou testamentaire; 3° à l'acceptation ou la répudiation des successions; 4° aux successions vacantes; 5° et à la pétition d'hérédité.

TITRE PREMIER

DES SUCCESSIONS AB INTESTAT

CHAPITRE PREMIER

DE L'OUVERTURE DES SUCCESSIONS ET DE LA SAISINE DES HÉRITIERS

DIVISION

Sect. 1. — *De l'hérédité et de sa transmission* (N°s 6 à 12).
Sect. 2. — *De la présomption de survie* (N°s 13 à 27).
Sect. 3. — *De la saisine* (N°s 28 à 31).
Sect. 4. — *Des étrangers* (N°s 32 à 41).

SOMMAIRE ALPHABÉTIQUE

Absence................ 12	Jumeaux................ 19
Accident................ 11	Mort civile............. 10
Corps non retrouvé....... 11	Saisine :
Décès................... 9	— Administrateur....... 29
Définition............... 6	— Caution............. 29
Etrangers :	— Choses héréditaires... 31
— Ainesse (droit d')..... 34	— Conjoint............ 30
— Consul......... 39 à 41	— Définition........... 28
— Contrariété.......... 34	— Enfant naturel....... 30
— Disposition nulle...... 38	— Etat................ 30
— Droit de succéder..... 32	— Héritiers réguliers.... 28
— Français............ 35	— Héritiers irréguliers... 30
— Insuffisance......... 37	Survie :
— Masse.............. 36	— Age......... 14 à 18
— Prélèvement......... 33	— Circonstances....... 15
Existence............... 13	— Donation........... 23
Héritiers réguliers........ 7	— Egalité d'âge........ 18
— irréguliers....... 8	— Evénements différents... 25

— Exécution.......... 20
— Exemple........... 27
— Existence.......... 13
— Héritiers irréguliers.... 22
— Institution contractuelle.. 22
— Invoquée........... 21
— Jumeaux........... 19
— Legs............... 22
— Maladie............ 25
— Mâle............... 18
— Présomption........ 15
— Preuve........ 14, 26
— Quinze ans..... 16 à 18
— Sexe............... 14
— Soixante ans... 16 à 18
— Réciprocité......... 24

SECTION I.

DE L'HÉRÉDITÉ ET DE SA TRANSMISSION.

6. — Définition. — Le mot *succession* exprime la transmission des biens et droits et des dettes et charges d'une personne décédée à d'autres personnes appelées pour lui succéder par la loi ou par la volonté du *de cujus*. Il désigne aussi l'universalité des biens qui font l'objet de la transmission.

7. — Hérédité. — Succession régulière. — L'hérédité a pour fondement l'affection que le défunt est présumé avoir eu pour ses parents légitimes les plus rapprochés, qui sont appelés à lui succéder dans l'ordre suivant : en première ligne ses descendants, *infra* n°s 106 et suiv. ; en deuxième ligne ses père et mère et ses frères, sœurs, neveux et nièces, *infra* n°s 112 et suiv. ; en troisième ligne ses ascendants autres que ses père et mère, *infra* n°s 123 et suiv. ; en quatrième ligne ses parents collatéraux les plus proches dans chaque branche paternelle et maternelle, *infra* nos 132 et suiv. (*C. civ. 733, 734.*)

8. — Succession irrégulière. — A défaut de parents légitimes, les biens passent aux enfants naturels, *infra* n° 215, ensuite à l'époux survivant, *infra* n° 268, et, s'il n'y en a pas, à l'Etat, *infra* n° 271 (*C. civ. 723*). En outre les enfants naturels sont appelés à concourir avec les parents légitimes, *infra* nos 196 et suiv. Si le *de cujus* est enfant naturel et ne laisse pas de postérité, ses père ou mère, ou frères et sœurs naturels sont appelés à sa succession, *infra* nos 253 et suiv.

9. — Décès. — Les successions s'ouvrent par la mort naturelle (*C. civ. 718*); autrement dit par le décès, dont l'instant est constaté par l'acte dressé sur les registres de l'état civil, conformément aux art. 78 et suiv. du C. civ.; à défaut d'indication dans l'acte de décès, ou si l'indication est erronée, la preuve de l'instant du décès peut être faite par tous les moyens, même par témoins ou présomption (Marcadé, *718*, 3; Duranton, I, 323, VI, 43; Vazeille, *718*, 2; Mourlon, II, p. 10; Hureaux, I, 10; Demolombe, XII, 189); — sans, pour cela, qu'il soit nécessaire de s'inscrire en faux contre les mentions de l'acte de décès (Marcadé, *718*, 3 note; Vazeille, *718*, 3; Roll. de Vill., *succession*, 12; Demolombe, XIII, 91).

10. — Mort civile. — La mort civile était aussi une cause d'ouverture de la succession (*C. civ. 718, 719*); mais la mort civile a été abolie par la loi du 31 mai 1854.

11. — Corps non retrouvé. — Quand le corps de la personne décédée n'a pu être retrouvé ou reconnu, comme si elle a péri dans l'éboulement d'une mine, dans un incendie, une inondation, un naufrage, ou dans une catastrophe quelconque, il faut appliquer le décret du 3 janvier 1813 sur l'exploitation des mines, ainsi conçu : « Lorsqu'il y a impossibilité de parvenir jusqu'au lieu où se trouvent les corps des ouvriers qui ont péri dans les travaux, les exploitants, directeurs et autres ayant cause sont tenus de faire constater cette circonstance par le maire ou autre officier public qui en dresse procès-verbal, et de le transmettre au ministère public, à la diligence duquel, et sur l'autorisation du tribunal, ce procès-verbal est annexé au registre de l'état civil. »

12. — Absence. — L'absence même prolongée jusqu'après l'envoi en possession définitif, quoiqu'elle donne lieu à cette époque au partage des biens de l'absent, laisse encore son existence dans l'incertitude et ne saurait être assimilée à la preuve de la mort; elle n'est donc pas une cause d'ouverture de la succession (Marcadé, *130*, 1; Toullier, III, 73; Duranton, VI, 39; Demante, III, 17 *bis*; Demolombe, XIII, 90; CONTRA, Delvincourt, I, p. 12, note 3).

SECTION II.
DE LA PRÉSOMPTION DE SURVIE.

13. — Existence. — Quand une succession est réclamée au nom du parent le plus proche décédé lui-même, il faut, pour que la demande soit recevable, justifier qu'il existait lors de l'ouverture de la succession (*C. civ. 135*). Si cette justification ne peut être faite, il y a lieu de recourir aux règles suivantes :

14. — Survie. — Preuve. — Lorsque plusieurs personnes respectivement appelées à la succession l'une de l'autre périssent dans un même événement, sans qu'on puisse reconnaître laquelle est décédée la première, la présomption de survie est déterminée par les circonstances du fait, et à leur défaut par la force de l'âge ou du sexe (*C. civ. 720*). On doit, suivant cette disposition, chercher d'abord à reconnaître, parmi les personnes, laquelle est décédée la première : la preuve peut en être faite non-seulement par les procès-verbaux d'enquête ou autres pièces quelconques, mais encore par témoins, ce qui est apprécié par les magistrats (Demante, III, 22 *bis*; Duranton, VI, 51; Demolombe, XIII, 99; Hureaux, I, 10, Laurent, VIII, 515; Aubry et Rau, § 53-16; Rennes, 20 août 1873; Cass., 22 avril 1874; S. 74, I, 349; voir cep. Marcadé, *720*, 4).

15. — Survie. — Présomption. — A défaut de cette preuve, la présomption de survie est déterminée par les circonstances du fait, soumises aussi à l'appréciation des tribunaux; par exemple, en cas d'incendie, s'il a commencé à l'étage supérieur, on doit présumer que celui qui habitait à cet étage a péri avant celui qui se trouvait au rez-de-chaussée; dans une inondation on présume que celui qui habitait le rez-de-chaussée a péri le premier.

Enfin, si l'on ne peut faire la preuve directe ni indirecte du prédécès, la loi a établi les présomptions suivantes, basées sur la force de l'âge ou du sexe.

16. — Moins de quinze ans. — Si ceux qui ont péri ensemble avaient moins de quinze ans, le plus âgé (devant être le plus fort) est présumé avoir survécu ; s'ils étaient tous au-dessus de soixante ans, le moins âgé (devant être aussi le plus fort) est présumé avoir survécu. Si les uns avaient moins de quinze ans, et les autres plus de soixante, les premiers sont présumés avoir survécu (*C. civ.* 721), quel que soit leur jeune âge.

17. — Entre quinze et soixante ans. — Si ceux qui ont péri ensemble avaient quinze ans accomplis et moins de soixante, le mâle (étant en général plus robuste) est toujours présumé avoir survécu, lorsqu'il y a égalité d'âge, ou si la différence qui existe n'excède pas une année. — S'ils étaient du même sexe, la présomption de survie qui donne ouverture à la succession dans l'ordre de la nature doit être admise ; ainsi le plus jeune est présumé avoir survécu au plus âgé (*C. civ.* 722).

18. — Moins de quinze et plus de soixante. — Si les uns sont âgés de moins de quinze ans et les autres de plus de quinze ans et moins de soixante, ou si les uns ont plus de quinze ans et moins de soixante, tandis que les autres ont plus de soixante ans, dans les deux cas ceux qui sont dans la période de quinze à soixante ans doivent être considérés comme étant les plus forts, et la présomption s'établit entre eux, suivant les art. 721 et 722, en faveur du mâle en cas d'égalité d'âge, ou s'ils sont du même sexe, en faveur du moins âgé (Marcadé, *720*, 2 ; Duranton, VI, 43 ; Demante, III, 20 ; Demolombe, XIII, 102).

19. — Jumeaux. — Quand il y a impossibilité absolue de distinguer le plus jeune et le plus âgé de deux individus morts dans un même événement, par exemple si ce sont deux frères jumeaux et que leurs actes de naissance ni aucun renseignement n'indiquent lequel était l'aîné, on ne peut dire que l'existence de l'un était reconnue au moment du décès de l'autre, et la succession de chacun des deux frères est déférée séparément comme si l'autre frère n'avait pas existé (Marcadé, *720*, 4 ; Vazeille, *722*, 1 ; CONTRA, Chabot, *722*, 4 ; Duranton, VI, 22 ; d'après ces auteurs, c'est le plus robuste, ce qui est apprécié par les tribunaux).

20. — Exécution criminelle. — Lorsque des ascendants, des descendants et autres personnes, qui se succèdent de droit, ont été condamnés au dernier supplice, et que, mis à mort dans la même exécution, il devient impossible de constater leur prédécès, le plus jeune des condamnés, quel que soit son sexe, est présumé avoir survécu (*loi 20 prairial an IV*).

21. — Droit d'invoquer la présomption. — La présomption de survie, du chef du survivant, peut être invoquée non-seulement par ses héritiers ou successeurs *ab intestat*, mais encore par toutes autres parties intéressées, telles que : ses donataires, légataires, créanciers, etc. (Marcadé, *720*, 6 ; Chabot, *720*, 6 ; Toullier, IV, 78 *bis* ; Duranton, VI, 47 ; Demolombe, XIII, 108, 116 ; Hureaux, I, 10).

22. — Succession testamentaire et contractuelle. — Les présomptions de survie ne sont applicables qu'aux successions légitimes et irrégulières (Marcadé, *722* 10) ; mais non en matière de libéralités soit testamentaires, soit entre vifs ou contractuelles. Spécialement elles ne sont pas applicables en matière de donations mutuelles entre époux soumises à la condition de la survie (Marcadé, *720*, 8 et 9 ; Chabot, *720*, 7 ; Duranton, VI, 48 ; Mourlon, II, p. 14 ; Demante, III, 22 ; Massé et Vergé, § 352-3 ; Demolombe, XIII, 117 ; Hureaux, I, 103 ; Troplong, *Donation*, 2125 ; Roll., *succ.*, 27 ; Bordeaux, 29 janv. 1849 ; Paris, 30 nov. 1850 ; Rouen, 10 juill. 1882 ; Defrénois, *Rép. N.*, 974. CONTRA, Toullier, IV, 78 ; Poujol, *720*, 11, Taulier, III, p. 119).

23. — Donation. — Il en est ainsi, à plus forte raison, s'il s'agit d'une donation purement unilatérale faite par l'un d'eux au profit de l'autre (Paris, 30 nov. 1850 ; S. 51, II, 404).

24. — Non réciprocité. — Il n'y a pas lieu à la présomption de survie (et par conséquent la succession de chacune des deux personnes est déférée séparément comme si l'autre personne n'avait jamais existé), quand une seule des deux personnes mortes dans un même événement est héritière de l'autre (Marcadé, *720*, 6; Chabot, *720*, 7; Demante, III, 22 *bis*; Massé et Vergé, § 352-1; Mourlon, II, p. 14; Demolombe, XIII, 42; Roll. de Vill., *succ.*, 26; Paris, 30 nov. 1850 précité. CONTRA Toullier, IV, 78 *bis*; Duranton, VI, 45; Vazeille, *722*, 6; Taulier, III, p. 119).

25. — Événements différents. — Les règles de la présomption de survie ne sont pas applicables non plus au cas où les personnes appelées aux successions l'une de l'autre ont péri dans des événements différents ou ont été trouvées mortes de maladie, car alors on ne peut dire qu'elles ont lutté ensemble contre une même cause de destruction (Marcadé, *722*, 5; Massé et Vergé, § 352-2; Demolombe, XIII, 114; Laurent, VIII, 521; Paris, 30 nov. 1850 précité; t. Lyon, 21 mars 1877; S. 80, II, 55).

26. — Preuve de survie. — Lorsque les règles établies pour les présomptions de survie cessent d'être applicables, c'est à ceux qui réclament la succession, en invoquant le prédécès, à faire la preuve de la survie de leur auteur, par ce principe que c'est au demandeur à établir la preuve qui sert de fondement à sa prétention (*C. civ. 135*).

27. — Exemple de l'application d'un cas de présomption de survie.

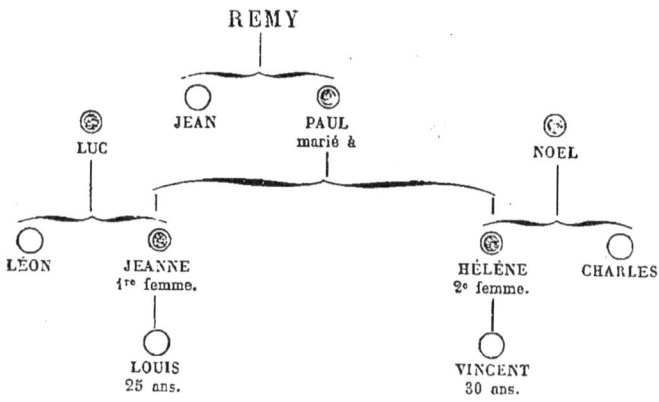

Louis et VINCENT, frères consanguins, respectivement appelés à la succession l'un de l'autre, meurent dans un même événement, sans qu'on puisse reconnaître lequel est décédé le premier; Louis, comme moins âgé, est présumé avoir survécu, et a recueilli la succession de Vincent qu'il a transmise avec la sienne à Jean, oncle paternel, et à Léon, oncle maternel, chacun pour moitié. Si Vincent avait été le survivant, la succession de Louis se serait réunie à la sienne, et le tout aurait été recueilli par Jean, oncle paternel, et Charles, oncle maternel, chacun pour moitié. On voit par cet exemple l'intérêt qui se rattache à la question de présomption de survie.

SECTION III.

DE LA SAISINE.

28. — Parents légitimes. — Les parents légitimes appelés à hériter sont dès l'instant du décès, même à leur insu, saisis de plein droit des biens, droits et actions du défunt, sous l'obligation d'acquitter toutes ses dettes et charges (*C. civ. 724*), par application de cette maxime : *La mort saisit le vif son hoir le plus proche à lui succéder*, c'est ce qu'on appelle la *saisine*.

29. — Administrateur. — Il s'en suit que l'héritier légitime qui accepte purement et simplement est de droit administrateur de la succession, préférablement à un donataire ou légataire qui ne tient son droit que de la volonté de l'homme, surtout si ce titre du donataire ou légataire est contesté (Orléans, 10 juin 1818); — et l'on ne peut le contraindre à fournir caution (Angers, 16 mai 1816).

30. — Successeurs irréguliers. — Cette saisine légale n'existe pas à l'égard des successeurs irréguliers; ainsi, les enfants naturels succédant à défaut de parents, le conjoint survivant et l'Etat doivent se faire envoyer en possession par justice (*C. civ. 724, infra* n° 278). Il en est de même du père ou la mère naturels et des frères et sœurs de l'enfant naturel, lorsqu'ils sont appelés à recueillir sa succession, *infra* n° 290. Quant à l'enfant naturel en concours avec des héritiers légitimes ou des légataires universels, il doit demander cet envoi en possession aux héritiers ou légataires (Marcadé, 724, 3; Toullier, IV, 89, 250; Demolombe, XIV, 37, 200; Hureaux, V, 310; Roll. de Vill., *succ.*, 208; Nancy, 22 janv. 1838).

51. — Choses héréditaires. — Néanmoins, les successeurs irréguliers acquièrent, comme les héritiers légitimes, la propriété de la succession du jour du décès, et, en cas de décès, ils transmettent leurs droits à leurs propres héritiers (Marcadé, *art. 773*; Demolombe, XIII, 156; Hureaux, V, 304; Aubry et Rau, § 638-1, 6).

SECTION IV.

DES ÉTRANGERS.

52. — Législation ancienne. — L'art. *726* du *Code civil* était ainsi conçu : « Un étranger n'est admis à succéder aux biens que son parent, étranger ou Français, possède dans le territoire de la France, que dans le cas et de la même manière dont un Français succède à son parent possédant des biens dans le pays de cet étranger. »

53. — Prélèvement. — Mais cet article a été abrogé par la loi du 14 juillet 1819, portant : « Les étrangers ont le droit de succéder de la même manière que les Français dans toute l'étendue de la France. Dans le cas de partage d'une même succession entre des cohéritiers étrangers et français, ceux-ci prélèvent, sur les biens situés en France, une portion égale à la valeur des biens situés en pays étranger dont ils sont exclus à quelque titre que ce soit, en vertu des lois et coutumes locales. »

54. — Disposition contraire. — Cette disposition, introduite en faveur des héritiers ou successeurs français (Demolombe, XIII, 203; Cass., 29 juin 1863; t. St-Palais, 19 janv. 1884; Defrénois, *Rép. N.*, 2123), — est applicable même lorsque l'exclusion résulte d'une disposition de la loi étrangère qui appelle l'aîné à l'exclusion des autres enfants, ou distribue autrement la succession en contrariété avec la loi française (Marcadé, *art. 726*; Demolombe, XIII, 199; Duranton, VI, 83; Demante, III, 33 *bis*; Cass., 18 juillet 1859; S. 59, I, 822); ou d'une disposition à titre gratuit autorisée par la loi étrangère, mais contraire à la loi française (Marcadé, *art. 726*; Demolombe, XIII, 200; Aubry et Rau, § 592-11; Paris, 1 fév. 1836; Cass., 29 déc. 1856, 20 mai 1879; Douai, 28 avril 1874; S. 57, I, 257; 74, II, 195; 81, I, 465). — Il importe peu, dans tous les cas, que la succession, même régie par la loi étrangère, ne comprenne que des biens meubles (Demante, III, 23 *bis*; Massé et Vergé, § 354-6; Demolombe, XIII, 206 à 208; Dutruc, 420; Cass., 27 août 1850, 21 mars 1855, 9 janv. 1856; S. 50, I, 647; 55, I, 273; 57, I, 257).

55. — Héritiers français. — Le prélèvement en faveur de celui qui est exclu par la loi étrangère, a lieu *a fortiori* quand il n'existe que des héritiers français concourant entre eux (Marcadé, *art. 726*, note; Aubry et Rau, § 592-8; Cass., 27 avril 1868; Dijon, 18 janv. 1872; S. 68, I, 260; 72, II, 111).

56. — Calcul. — On établit pour calculer le prélèvement, une masse générale des biens français et étrangers, sur laquelle on fixe ce qui serait revenu aux successeurs Français, eu égard aux dispositions de la loi française (Cass., 16 fév. 1842, 20 mai 1879; Toulouse, 7 déc. 1863; S. 42, I, 174; 64, II, 241, 81, I, 465).

57. — Insuffisance. — Dans le cas où les biens situés en France seraient insuffisants pour le prélèvement du cohéritier français, celui-ci n'a pas d'action contre ses cohéritiers sur les biens qu'ils possèdent en France pour obtenir ce qui lui manque sur son lot, même lorsque, faute de tout bien en France il n'a pu rien obtenir (Demolombe, XIII, 211; Aubry et Rau, § 592-16; Grenoble, 25 août 1848; Cass., 27 août 1850, 29 juin 1863; S. 49, II, 257; 50, I, 647; 63, I, 393. CONTRA, Rossi, Encyclopédie du droit, *aubaine*, n° 20.

58. — Dispositions nulles. — Le prélèvement ne serait pas admis s'il avait pour objet d'indemniser les héritiers français de la perte qu'ils subiraient sur les biens situés en pays étranger, par suite de la nullité, dans ce pays, de dispositions du défunt qui seraient valables en France (Aubry et Rau, § 592-13; Demolombe, XIII, 200; Grenoble, 25 août 1848; Cass., 27 août 1850; S. 49, II, 257; 50, I, 647).

59. — Traités consulaires. — La succession de l'étranger décédé en France est, dans certains cas, administrée et liquidée par les agents consulaires de son pays, lorsque des traités internationaux leur confèrent ces droits. Des traités existent en ce qui concerne les pays suivants : Autriche (11 déc. 1866, art. 3 et 6); Brésil (10 déc. 1860, art. 7); Costa-Rica (12 mars 1868, art. 1); République dominicaine (8 mai 1852, art. 24); Guatémala (8 mars 1848, art. 22); Espagne (7 janv. 1862, art. 20); Honduras (22 fév. 1856, art. 22); Italie (22 juill. 1862, art. 9, 10, 11); Mascate (17 nov. 1844, art. 7); Nicaragua (11 avril 1859, art. 22); Perse (12 juill. 1855, art. 6); Pérou (9 mars 1861, art. 37); Portugal (11 juill. 1866, art. 8); Russie (1er avril 1874); Salvator (2 janv. 1858, art. 26); îles Sandwich 20 oct. 1867, art. 20); Siam (24 août 1857, art. 24); Venezuela (24 oct. 1856, art. 8); Grèce (7 janvier 1876).

40. — Espagne. — Le consul d'Espagne n'a attribution pour procéder en France aux opérations de la succession d'un Espagnol que dans trois cas : 1° si l'Espagnol est mort sans avoir fait de testament ni nommé d'exécuteur testamentaire; 2° si les héritiers sont mineurs, incapables ou absents; 3° si les exécuteurs nommés ne se trouvent pas dans le lieu où s'ouvre la succession. En dehors de ces trois cas, il y a lieu de procéder suivant les formes prescrites par la loi française (Paris, 1er mars 1872; Cass., 7 juill. 1874; S. 72, II, 292; 75, I, 19).

41. — Autriche. — Le traité du 11 déc. 1866, entre la France et l'Autriche, qui attribue aux consuls autrichiens le droit de prendre des mesures d'administration à l'occasion des successions mobilières autrichiennes, reçoit satisfaction suffisante lorsque le consul d'Autriche a assisté à la levée des scellés et à l'inventaire (Cass., 13 janv. 1873; S. 73, I, 13).

CHAPITRE DEUXIÈME

DES CONDITIONS D'EXISTENCE REQUISES POUR SUCCÉDER

DIVISION

Sect. 1. — *Des conditions d'existence* (N°s 42 à 53).
Sect. 2. — *De l'indignité* (N°s 54 à 77).

SOMMAIRE ALPHABÉTIQUE

Absence. 52, 53	— Demande. 67	— Prescription. . . . 50, 71, 72
Conception 43, 44	— Démence. 58	— Principe 54
Enfant mal conformé. 47	— Dénonciation. 63	— Procédure 69
Existence 42	— Descendants 76	— Poursuites 66
Indignité :	— Dettes 74	— Représentation. 77
— Accroissement 70	— Discernement 58	— Restitution. 72
— Accusation calomnieuse. 60, 61	— Donataire. 67	— Tiers. 73
— Action personnelle. . . . 68	— Excusabilité 57	— Torts graves. 54
— Aliénation 73	— Grâce. 57	— Volonté. 58
— Blessures. 58	— Hypothèque 73	Légitimité. . . . . 43 à 45
— Cas. 55	— Légataire. 67	Militaire absent. 53
— Circonstances atténuantes. 57	— Légitime défense 58	Monstre 48
— Complice. 56	— Meurtre 56	Mort civile. 51
— Condamnation impossible. 59	— Mineur 58	Preuve. 49, 50
— Confusion. 75	— Pardon. 57, 62	Viabilité 46, 49, 50
— Contumace. 56	— Prédécès 59	

SECTION I.

DES CONDITIONS D'EXISTENCE.

42. — Existence. — Pour pouvoir succéder, de son chef ou par représentation (Hureaux, I, p. 125), il faut nécessairement exister à l'instant de l'ouverture de la succession. Dès lors, sont incapables de succéder : 1° celui qui n'est pas encore conçu ; 2° L'enfant qui n'est pas né viable (*C. civ.* 725).

43. — Conception. — L'époque de la conception ne pouvant être constatée d'une manière précise, quand la femme se déclare enceinte après le décès de son mari, il y a présomption que l'enfant a été conçu pendant le mariage s'il naît dans les trois cents jours qui suivent sa dissolution (*Arg. C. civ. 315*), il est donc légitime et hérite du mari. (Vazeille, *725*, 1 ; Toullier IV, 95 ; Demolombe XIII, 148 ; Aubry et Rau, § 592, 2 ; Aix, 19 mars 1807. Voir cependant Marcadé, *725*, 6 ; Chabot, *725*, 5).

44. — Ligne collatérale. — Ce principe, applicable aussi en ligne collatérale, conduit à décider que l'enfant né moins de trois cents jours après le décès de son frère ou de tout autre parent est son héritier. (Toullier, IV, 95 ; Vazeille, *725*, 7 ; Belost-Jolimont, art. 725 ; Duranton, VI, 72 ; Taulier, III, p. 125 ; Troplong, *Donat.*, 606 ; Demolombe, XIII, 184 ; Aubry et Rau, § 592-3 ; Paris, 19 juillet 1819 ; Cass., 8 février 1821 et 28 nov. 1833 ; Grenoble, 20 janv. 1853; Poitiers, 24 juill. 1865 ; S. 34, I, 668, 53, II, 717. Contra Marcadé, *725*, 3 à 6 ; Mourlon, II, p. 19 et 20 ; Massé et Vergé, § 354-2 ; Coin-Delisle, *906*, 6).

45. — Preuve contraire. — Il en serait autrement dans le cas du n° 44, si ceux qui contestent à l'enfant sa qualité d'héritier apportent la preuve de sa conception postérieure à l'ouverture de la succession, comme par exemple s'il est issu d'un mariage contracté postérieurement à cette ouverture. (Toullier et Duvergier IV, 95 note *a* ; Chabot, *725*, 7 ; Demante, III, 32 *bis* ; Demolombe, XIII, 185).

46. — Viabilité. — L'enfant n'est pas viable quand il est sorti mort du sein de sa mère. On considère aussi comme né non viable l'enfant né vivant, mais non conformé pour vivre et qui meurt peu après. (Marcadé, *725*, 1 et *728*, 5 ; Toullier, IV, 97 ; Duranton, VI, 74 ; Demante, III, 32 *bis* ; Chabot, *725*, 12 ; Vazeille, *725*, 3 ; Demolombe, XIII, 181 ; Mourlon, II, p. 21 ; Limoges, 12 janv. 1813 ; Angers, 25 mai 1822 ; Bordeaux, 8 fév. 1830; Lyon, 24 mars 1876 ; Droit, 14 sept.)

47. — Enfant mal conformé. — On considère encore comme non viable, l'enfant né moins de cent quatre-vingts jours après le mariage sans avoir atteint le terme nécessaire pour vivre et qui meurt peu d'instants après sa naissance ; à moins qu'il ne soit établi que la conception était antérieure au mariage. (Marcadé, *725*, 2 ; Toullier, IV, 98 ; Roll., *Viabilité*, 5 ; Troplong, *Donat.*, 601. Contra Demante, III, 32 bis ; Demolombe, XIII, 187).

48. — Monstre. — Il en est de même d'un enfant né viable, mais qui a la tête d'un animal quelconque et le reste du corps semblable à celui de l'homme ; il est considéré comme monstre et ne peut hériter. Il en serait autrement si, étant monstrueusement conformé dans ses membres, il avait la tête humaine, la tête étant le siège de l'intelligence. (Chabot, *725*, 13 ; Duranton, VI, p. 96 ; Massé et Vergé, § 43-1 et 354-1 ; Troplong, *Donat.*, 605; Demolombe, XIII, 182 ; Roll., *Monstre*, 3.

49. — Preuve de viabilité. — La preuve que l'enfant est né viable doit être faite par ses héritiers et non par ceux qui prétendent qu'il n'est pas né vivant, puisque c'est à ceux qui réclament la succession du chef d'un individu à prouver qu'il existait lors de son ouverture. (*C. civ.*, *135*, *136* ; Marcadé, *725*, 6 ; Chabot, *725*, 8 ; Toullier, IV, 93 ; Duranton, VI, 78 ; Demante, III, 29 bis ; Demolombe, XIII, 186 ; Montpellier, arrêt du 25 juill. 1872 ; S. 72, II, 189 ; Contra, Massé et Vergé, § 354-2 ; Bordeaux, 8 fév. 1830). — Mais quand il est établi que l'enfant est né vivant, c'est à ceux qui prétendent qu'il n'est pas né viable à en faire la preuve. (Marcadé, *725*, 6 ; Demolombe, XIII, 269).

50. — Mode de preuve. — La preuve, dans les deux cas, s'établit au moyen soit de l'acte de naissance, qui fait foi de la vie de l'enfant jusqu'à inscription de faux (Marcadé, *725*, 6 ; Paris, 13 flor. an XII) ; — soit, si l'acte de naissance constate qu'il a été présenté sans vie, par la preuve testimoniale dont l'appréciation appartient aux magistrats. (Marcadé, 725, 6; Demolombe, XIII, 186; Limoges, 12 janv. 1813; Angers, 25 mai 1822).

51. — Mort civile. — La loi déclarait aussi incapable de succéder, celui qui est mort civilement (*C. civ.*, 725, 3°). Mais la mort civile a été abolie par la loi du 31 mai 1854.

52. — Absent. — Quand, parmi les appelés à la succession, figure un individu dont l'existence n'est pas reconnue, que son absence ait été déclarée ou qu'il soit simplement présumé absent, elle est dévolue, à son exclusion, à ceux qui auraient concouru avec lui, ou à ceux qui l'auraient recueillie à son défaut (*C. civ.*, 136). S'il a des descendants, ceux-ci, dans les cas où la représentation est admise, viennent à la succession comme le représentant, *infra* n° 94. Par suite, c'est entre ceux qui recueillent la succession à défaut de l'absent que le partage a lieu, alors même que les héritiers auraient procédé à l'inventaire contradictoirement avec un notaire commis pour agir en son nom.

53. — Absent militaire. — La disposition de l'art. 136 cesse d'être applicable lorsque l'absent, à l'époque de sa disparition, était militaire en campagne; dans ce cas, un curateur doit être nommé à l'absent, à l'effet de faire procéder à l'inventaire et à la vente du mobilier et en recevoir le prix, à la charge de rendre compte à l'absent (Loi du 11 vent. an II). Mais, dans le but d'éviter cette nomination, les héritiers présents peuvent remplir les formalités voulues par la loi du 13 juin 1817, remise en vigueur par une loi récente du 9 août 1871, afin d'arriver à la constatation légale de son décès.

SECTION II.

DE L'INDIGNITÉ.

54. — Principe. — Un individu capable de succéder peut en être déclaré indigne, s'il s'est rendu coupable de torts graves envers le *de cujus*. C'est une satisfaction donnée à la morale et aux convenances publiques.

55. — Cas d'indignité. — Sont indignes de succéder, et comme tels exclus des successions : 1° Celui qui a été condamné pour avoir donné ou tenté de donner la mort au défunt; 2° Celui qui a porté contre le défunt une accusation capitale jugée calomnieuse; 3° L'héritier majeur qui, instruit du meurtre du défunt, ne l'a pas dénoncé à la justice (*C. civ. 725*). Ces dispositions sont applicables aussi aux successeurs irréguliers, mais non aux donataires ou légataires (Belost-Jolim. 727, obs. 3; Aubry et Rau, § 591-1).

56. — 1ᵉʳ Cas. — Meurtre. — L'indignité est encourue contre le successible qui a été condamné pour avoir donné ou tenté de donner la mort au défunt, que ce soit comme auteur principal ou comme complice (Marcadé, 728, 2; Toullier, IV, 106; Duranton, VI, 89; Taulier, III, p. 128; Demante, III, 35 *bis*; Demolombe, XIII, 221); par un arrêt contradictoire ou par contumace (Demolombe, XIII, 224; Aubry et Rau, § 593-6).

57. — Excusabilité. — Pardon. — Grâce. — L'indignité est encourue même quand le coupable aurait été déclaré excusable en vertu des art. 321, 322, 324, 325 du Code pénal (Vazeille, 728, 3; Demante, III, 35 *bis*; Duvergier sur Toullier, IV, 106, note 1; Massé et Vergé, § 355-1; Mourlon, II, p. 24; Demolombe, XIII, 252; Hureaux, I, 132; Aubry et Rau, § 593-5; Contra Marcadé, 728, 2; Chabot et Belost-Jolimont, 727, 4; Poujol, 727, 4; Duranton, VI, 95; Taulier, III, p. 129), ou aurait obtenu le bénéfice des circonstances atténuantes (Duranton, VI, 96; Demante, III, 35 *bis*; Demolombe, XIII, 233); et lors même que le défunt aurait accordé son pardon à son parent condamné (Marcadé, 728, 5; Chabot, 727, 11; Vazeille, 727, 9; Duranton, VI, 109; Massé et Vergé, § 355-4; Roll., *Indign.*, 11; Taulier, III, p. 130; Mourlon, II, p. 27; Demolombe, XIII, 226, 243; Hureaux, I, 134; Contra Toullier, IV, 109), ou que ce dernier aurait été gracié (Marcadé, 728, 2; Hureaux, I, 135).

58. — Absence de volonté. — Mais l'indignité ne serait pas encourue s'il n'y avait pas eu *volonté* de donner la mort; par exemple : 1° si le successible ayant donné ou tenté de donner la mort était en démence (*C. pén. 64*), ou en état de légitime défense (*C. pén. 327, 328*), ou n'avait point l'âge de discernement (*C. pén. 66*);

2° Si l'homicide a été commis par maladresse, imprudence, négligence, inattention ou inobservation des règlements (*C. pén. 319*; Marcadé, *728*, 2; Chabot, *727*, 4; Poujol, *727*, 3; Duranton, VI, 94; Massé et Vergé, § 355-1; Mourlon, II, p. 24; Demolombe, XIII, 230; Hureaux, I, 131, 134; Aubry et Rau, § 593-1);

3° Si l'héritier a été condamné seulement pour avoir porté au défunt des blessures ou des coups qui auraient occasionné la mort, mais sans intention de la donner (Marcadé, *728*, 2; Duranton, VI, 106; Demante, III, 35 bis; Massé et Vergé, § 355-1; Demolombe, XIII, 231; Aubry et Rau, § 593, 7).

59. — Condamnation impossible. — Elle n'est pas encourue non plus quand la condamnation est devenue impossible, soit parce que l'action publique a été prescrite, soit parce que le coupable est mort avant ou même pendant les poursuites, mais avant le jugement (Marcadé, *728*, 2; Chabot, *727*, 8; Duranton, VI, 97; Demante, III, 3, 35 bis; Demolombe, XIII, 225; Hureaux, I, 134; Aubry et Rau, § 593-4).

60. — 2° Cas. — Accusation calomnieuse. — On considère comme une accusation capitale jugée calomnieuse, le fait de porter une dénonciation ou plainte en justice de nature à entraîner la condamnation à la peine de mort et non pas seulement une peine perpétuelle (Marcadé, *728*, 3; Belost-Jolimont sur Chabot, *727*, obs. 4; Vazeille, *727*, 10; Taulier, III, p. 131; Demante, III, 35 bis; Massé et Vergé, § 355-5; Aubry et Rau, § 593-10; Demolombe, XIII, 239; Hureaux, I, 136. CONTRA Chabot, *727*, 13; Poujol, *727*, 8; Mourlon, II, p. 25), — ou un faux témoignage dans une accusation pareillement capitale dirigée contre le défunt (Marcadé, *728*, 3; Chabot, *727*, 12; Duranton, VI, 103; Duvergier sur Toullier, IV, 109, note 6; Demante, III, 35 bis; Demolombe, XIII, 237; Aubry et Rau, § 593-9).

61. — Décision. — La décision déclarant la dénonciation calomnieuse doit avoir été rendue soit par l'arrêt de la Cour d'assises qui a acquitté le condamné, soit par jugement du tribunal correctionnel, sur les poursuites de ce dernier, dans les trois années du délit (Demolombe, XIII, 241; Mourlon, II, p. 27; Hureaux, I, 136), — ou de ses héritiers, s'il est décédé avant l'expiration des trois années (Taulier, III, p. 132; Demolombe, XIII, 242).

62. — Pardon. — Cette cause d'indignité ne pourrait être couverte par le pardon que le défunt aurait accordé à son dénonciateur (Marcadé, *728*, 5; Toullier et Duvergier, III, 109; Duranton, VI, 109; Chabot, *727*, 15; Demolombe, XIII, 243).

63. — 3° Cas. — Non dénonciation du meurtre. — L'indignité est encourue par l'héritier majeur, qui, instruit du meurtre du défunt, ne l'a pas dénoncé à la justice (*C. civ. 727*); il résulte de cette disposition que l'héritier est obligé de dénoncer le fait même du meurtre et non pas le meurtrier (Marcadé, *728*, 4; Chabot, *727*, 16; Duranton, VI, 111; Demolombe, XIII, 246; Hureaux, I, 140).

64. — Exception. — Mais le défaut de dénonciation ne peut être opposé à l'époux ou à l'épouse du meurtrier, à ses ascendants, descendants, frères, sœurs, oncles, tantes, neveux et nièces (*C. civ. 728*), ni aux alliés au même degré (Marcadé, *728*, 4; Chabot, *727*, 2; Roll., *Indig.*, 25; Duranton, VI, 11, note; Aubry et Rau, § 593-22; Massé et Vergé, § 355-11; Mourlon, II, p. 28; Demolombe, XIII, 261; Hureaux, I, 142); — en effet ce serait faire violence aux sentiments les plus sacrés de la nature, que de contraindre l'héritier à faire une dénonciation atteignant des personnes qui lui sont attachées par les liens de la parenté ou de l'alliance.

65. — Minorité. — L'individu qui, ayant hérité en minorité, n'a pas, lorsqu'il est parvenu à sa majorité, dénoncé à la justice le meurtre du défunt dont il était instruit et que la justice ignorait encore, est indigne de succéder (Marcadé, *728*, 4; Chabot, *727*, 17; Duranton, VI, 212; Demante, III, 35 bis; Demolombe, XIII, 259; Hureaux, I, 142; Aubry et Rau, § 593-21).

66. — Poursuites en indignité. — L'indignité n'a pas lieu de plein droit; elle doit être prononcée en justice (Marcadé, *728*, 6; Vazeille, *727*, 15; Toullier, IV, 113, 114; Duranton, VI, 65, 115; Demante, III, 34 bis; Mourlon, II, p. 20; Roll., *Indig.*, 20; Demolombe, XIII, 276; Hureaux, I, 150; Aubry et Rau,

§ 593-25 ; Contra Massé et Vergé, § 356-1 ; Bordeaux, 1ᵉʳ déc. 1853 ; S. 54, II, 225), — après l'ouverture de la succession, contre celui qui s'en est rendu coupable ou contre ses héritiers s'il est décédé après avoir recueilli l'hérédité, car il s'agit ici de la privation d'un droit, et non pas de l'application d'une peine (Devilleneuve, S. 54, II, 225 ; Bauby, *Rev. crit.*, 1855, p. 481 ; Massé et Vergé, § 356-1 ; Demolombe, XIII, 299 ; Hureaux, I, 153 ; Aubry et Rau, § 593-27. Contra Marcadé, *728*, 6 ; Duranton, VI, 90 ; Demante, III, 37 bis ; Mourlon, II, p. 28).

67. — Droit de l'exercer. — La demande ne peut être dirigée que par les cohéritiers de l'indigne, ou par les parents du degré subséquent qui seraient appelés à la succession à son défaut, ou encore par les donataires ou légataires du *de cujus* pour échapper à la réduction que l'héritier prétendrait leur faire subir (Marcadé, *728*, 7 ; Chabot, *727*, 21 ; Duranton, VI, 119 ; Taulier, III, p. 436 ; Demolombe, XIII, 282 ; Hureaux, I, 146 ; Aubry et Rau, § 593-2).

68. — Action personnelle. — Mais l'action étant personnelle à ceux qui ont le droit de l'intenter, elle ne pourrait être formée par leurs créanciers en vertu de l'art. 1166. (Marcadé, *728*, 7 ; Chabot, *727*, 21 ; Toullier, IV, 113 ; Duranton, VI, 115 ; Taulier, III, p. 136 ; Massé et Vergé, § 356-6. Contra Mourlon, II, p. 28 ; Demolombe, XIII, 285 ; Hureaux, I, 149 ; Aubry et Rau, § 593-21).

69. — Procédure. — La demande en indignité peut être formée par tous les cohéritiers, ou par quelques-uns, ou même seulement par l'un d'eux.

70. — Accroissement. — L'indigne est considéré comme étranger à la succession, et sa part accroit à ses cohéritiers. Toutefois si quelques-uns ou l'un seulement de ceux-ci ont obtenu le jugement, des auteurs décident qu'il n'est exclu de la succession que pour leurs parts et reste héritier quant aux parts des autres (Marcadé, *728*, 7 ; Hureaux, I, 146 ; Contra Demolombe, XIII, 285 ; Cass., 11 déc. 1813).

71. — Prescription. — L'action en indignité a le caractère d'une demande en pétition d'hérédité, et ne se prescrit, comme elle, que par trente ans, en vertu de l'art. 2262 ; elle n'est donc pas soumise à la prescription décennale de l'art. 1304 (Marcadé, *728*, 6 ; Duranton, VI, 117 ; Demante, III, 37 *bis* ; Demolombe, XIII, 289 ; Hureaux, I, 162).

72. — Restitution. — L'héritier exclu de la succession pour cause d'indignité perd la saisine héréditaire ; en conséquence il est tenu de rendre, non seulement tous les biens héréditaires avec leurs dépendances et leurs accroissements (Demolombe, XIII, 302 ; Hureaux, I, 166), — mais encore tous les fruits et les revenus dont il a eu la jouissance depuis l'ouverture de la succession (*C. civ.* 729), et les intérêts des capitaux du jour de la demande, et non du jour où il les a touchés (Toullier, IV, 114 ; Demante, III, 35 *bis* ; Belost-Jolimont, *729*, obs. 1 ; Demolombe, XIII, 307 ; Hureaux, I, 174. Contra Duranton, VI, 123 ; Marcadé, *729*, 2 ; Aubry et Rau, § 194-4) ; sans, dans aucun cas, qu'il puisse opposer la prescription de cinq ans (Marcadé, *729*, 2 ; Chabot, *729*, 2 ; Duranton, VI, 122 ; Roll., *Indig.*, 29 ; Demolombe, XIII, 309 ; Hureaux, I, 175 ; Massé et Vergé, § 356-3 ; Aubry et Rau, § 594-5).

73. — Tiers. — Mais au regard des tiers, l'indigne est à considérer comme ayant été légalement investi des droits qu'il tenait de sa qualité de successible. D'où il suit que les aliénations, même celles gratuites, et les hypothèques qu'il a consenties avant l'indignité prononcée sont valables et ne peuvent être annulées (Marcadé, *729*, 1 ; Chabot et Belost-Jolimont, *729*, 22 ; Toullier et Duvergier, IV, 115 ; Duranton, VI, 126 ; Roll., *Indig.*, 31 ; Mourlon, II, p. 31 ; Taulier, III, p. 135 ; Massé et Vergé, § 356-6 ; Aubry et Rau, § 594-13 ; Demante, III, 38 *bis* ; Bordeaux, 1ᵉʳ déc. 1853 ; S. 54, II, 225 ; Voir Demolombe, XIII, 311 à 314 ; Hureaux, I, 185), lorsqu'elles ont été faites à des tiers de bonne foi (Aubry et Rau, § 594-15) ; — sauf aux héritiers qui succèdent à sa place à exercer un recours contre lui (Marcadé, *729*, 1 ; Chabot, *730*, 3 ; Toullier, IV, 115 ; Duranton, VI, 124 ; Roll., *Indign.*, nº 30 ; Mourlon, II, p. 31).

74. — Dettes. — Si l'indigne a acquitté des dettes de l'hérédité, il a droit au remboursement de ses déboursés, avec l'intérêt à partir du jour de la demande dirigée contre lui et non pas du jour du paiement (Demolombe XIII, 308 ; Contra Aubry et Rau, § 594-9).

75. — Confusion. — La déchéance prononcée contre l'héritier indigne fait revivre en sa faveur ou contre lui tous les droits personnels ou réels, soit du chef de l'indigne contre la succession, soit du chef de la succession contre l'indigne, et qui se sont momentanément éteints par la confusion (Marcadé, 729, 3 ; Toullier, IV, 116 ; Duranton, VI, 124 ; Chabot, 730, 3 ; Demante, III, 38 bis; Demolombe, XIII, 302 ; Hureaux, I, 177 ; Aubry et Rau, § 594-7).

76. — Enfants de l'indigne. — Les enfants de l'indigne venant à la succession de leur chef et sans le secours de la représentation, ne sont pas exclus pour la faute de leur père ; mais celui-ci ne peut, en aucun cas, réclamer sur les biens de cette succession l'usufruit que la loi accorde aux père et mère sur les biens de leurs enfants (*C. civ.* 730) ; cependant les biens étant recueillis sans qu'il y ait lieu de considérer leur origine, l'indigne peut recueillir dans la succession de celui qui a hérité à sa place les biens provenus à ce dernier de la succession de l'offensé (Marcadé, 730, 2 ; Demolombe, XIII, 296 ; Troplong, *Donat.*, 580).

77. — Représentation. — Les enfants de l'indigne ne peuvent le représenter s'il a survécu au *de cujus* puisqu'on ne représente pas les personnes vivantes ; mais il en est autrement s'il l'a prédécédé, *infra* n° 102.

CHAPITRE TROISIÈME

DES DIVERS ORDRES DE SUCCESSIONS LÉGITIMES

DIVISION

Sect. 1. — *Dispositions générales ; degrés de parenté* (N°s 78 à 91).
Sect. 2. — *De la représentation* (N°s 92 à 105).
Sect. 3. — *Des successions déférées aux descendants* (N°s 106 à 111).
Sect. 4. — *Des successions déférées aux frères et sœurs, neveux et nièces seuls, ou en concours avec père et mère.*
 § 1. Frères et sœurs, neveux et nièces seuls (N°s 112 à 117).
 § 2. Frères et sœurs et descendants en concours avec père et mère (N°s 118 à 122).
Sect. 5. — *Des successions déférées aux ascendants.*
 § 1. Ascendants seuls (N°s 123 à 125).
 § 2. Ascendants et collatéraux (N°s 126 à 131).
Sect. 6. — *Des successions collatérales, autres que celles dévolues aux frères et sœurs et leurs descendants* (N°s 132 à 138).
Sect. 7. — *De la dévolution d'une ligne à l'autre* (N°s 139 à 140).
Sect. 8. — *Des ascendants héritiers à titre de retour légal.*
 § 1. Caractère du retour légal (N°s 141 à 148).
 § 2. Cas dans lesquels le retour légal a lieu (N°s 149 à 159).
 § 3. Choses auxquelles s'applique le retour légal (N°s 160 à 176).
 § 4. Effets du retour légal (N°s 177 à 184).
 § 5. Retour légal dans la succession de l'enfant adoptif (N°s 185 à 189)
 § 6. Retour légal dans la succession de l'enfant naturel (N° 190).

SOMMAIRE ALPHABÉTIQUE

Adoption :
— Hérédité 107, 108
— Représentation 95, 96
— Retour légal . 156, 185 à 189
Ascendant :
— Ascendant et collatéral . . 130
— Collatéraux 126
— Degrés 123, 124
— Division 123, 129

OUVERTURE. — ORDRES DE SUCCESSIONS.

— Frères et sœurs. 113
— Neveux et nièces. 113
— Représentation . . . . . , . 99
— Retour légal (voir ce mot).
Collatéraux :
— Ascendant. 126
— Collatéral et ascendant. . 130
— Dévolution de ligne à l'autre. 139, 140
— Division 132, 137, 138
— Double lien . . 130, 133, 134
— Douzième degré 136
— Lignes 132, 133, 134
— Même degré 135
— Usufruit. 128
Consanguins :
— Division. . . . . , ... 115
— Frères et sœurs. 112
Degrés :
— Ascendant. 123, 124
— Calcul. 85
— Collatéral 88
— Douzième (au delà du). . 136
— Générations. 82
— Parenté 82
Descendants :
— Adoptifs. 107, 108
— Deux lits 110
— Double lien 111
— Enfants. 106
— Enfant adoptif 187
— Indignité 109
— Légitimes. 107
— Mariages différents. . . . 106
— Petits-enfants. 106
— Renonciation 109
— Représentation 97, 99
Dévolution :
— Hérédité 79
— Ligne à l'autre . . . 139, 140
— Preuve. 140
Division en deux parts 89
Double lien :
— Collatéraux. . 130, 133, 134
— Descendants. 111
— Germains 130
— Représentation 105
Frères et sœurs :
— Ascendants 113
— Consanguins . 112, 115, 116
— Germains 112, 113
— Indignité. 120
— Père et mère. . . . 117 à 120
— Renonciation 120
— Représentation 160
— Survivant de père et mère. 119
— Utérins 112, 115, 116
Fruits ; Retour légal 184
Généalogie :
— Adoption 108
— Ascendants. . 87, 99, 125, 129
— Ascendants et collatéraux. 131
— Collatéraux. 90, 101, 127, 138
— Consanguins 112
— Degrés 82
— Descendants. 86, 98
— Deux lits 110
— Frères et sœurs . . 114, 122

— Générale 91
— Germains 112
— Indignité 109
— Neveux et nièces. 114
— Père et mère 122
— Renonciation 109
— Représentation 98, 99
— Utérins 112
Générations :
— Collatéraux 88
— Degrés 85
— Parenté. 85
Germains. Double lien. 130
Héritiers : parfaits et imparfaits. 78
— Réguliers et irréguliers . 78
Ligne :
— Ascendante 84
— Calcul. 85
— Collatérale . . 83, 132 à 134
— Descendante. 84
— Directe . . . . 83 à 86
— Maternelle 115, 129
— Paternelle. 115, 129
— Représentation 97
Mère (voir père et mère).
Nature des biens. 80
Neveux et nièces :
— Ascendants 113
— Père et mère 121
— Représentation 100
Origine des biens 80
Parenté :
— Degrés 82
— Dévolution 79
— Etablissement . . . , . . 81
Père et mère :
— Frères et sœurs . . 117, 118
— Indignité 120
— Neveux et nièces. 121
— Renonciation 120
— Survivant 119
— Usufruit. 128
Récoltes ; Retour légal 184
Représentation :
— Absence. 94
— Adoption 95, 96
— Ascendants 99
— Collatéraux 100
— Définition. 92
— Descendants. 97, 98
— Double lien 105
— Frères et sœurs. 100
— Indignité 102
— Légataire 93
— Neveux et nièces 100
— Partage par moitié. . . . 104
— Renonciation 102, 103
— Sœurs. 100
— Succession du représenté. 103
Retour légal :
— Acceptation. 148
— Accroissement . . . 148, 153
— Actif insuffisant 176
— Actions de sociétés 171
— Adoption . . . 166, 185 à 189
— Aïeul naturel 151
— Aliénation 164
— Ascendants 149

— Ascendant naturel 151
— Ascendant prédécédé. . . 152
— Bénéfice d'inventaire. . . 143
— Biens en nature 161
— Charges. 143, 178
— Contrats onéreux. 160
— Contribution aux dettes . 179
— Créance. 171
— Dégradations 182
— Descendants de l'adopté. 188
— Détérioration. 182
— Dettes. 178
— Don manuel 160
— Donation 162
— Donation déguisée 160
— Dot 160
— Echange 164
— Enfants naturels . . 157, 190
— Fruits. 184
— Hérédité 142
— Hérédité distincte 146
— Hypothèque. 180
— Immeuble revenu. 169
— Inaliénabilité. 161
— Indignité 158
— Indivision 148
— Inventaire. 181
— Legs. 162, 163
— Libéralités 160
— Meubles corporels 172
— Meubles fongibles 172
— Mise en communauté . . 175
— Ouverture. 145
— Partage. 148
— Partage d'ascendants. 154, 155, 160
— Père adoptif 185
— Père ou mère naturel . . 150
— Postérité 156
— Prédécès 159
— Prix. 165, 166
— Propres. 177
— Rapport. 148
— Récoltes 184
— Réméré 167
— Remploi. 173
— Renonciation. 143, 144, 148, 158
— Rente sur l'Etat 171
— Reprises 174
— Réserve. 147
— Scellés 181
— Somme d'argent 170
— Succession future. 144
— Survie. 149
— Texte législatif. 141
— Traité. 144
— Valeurs. 171
— Vente 165, 166
— Vente résolue. 168
Sœurs (voir frères et sœurs).
Souche. 104
Usufruit. 128
Utérins :
— Division. 115
— Frères et sœurs 112
— Hérédité 110

SECTION I.

DISPOSITIONS GÉNÉRALES; DEGRÉS DE PARENTÉ.

78. — Successeurs divers. — Il y a deux classes d'héritier, et, par conséquent deux espèces de successions : les héritiers parfaits ou *successeurs réguliers*, et les héritiers imparfaits ou *successeurs irréguliers*. Il n'est question sous ce chapitre que des successions régulières. Il sera traité des successions irrégulières sous le chapitre quatrième.

79. — Dévolution. — Les successions sont déférées aux enfants et descendants du défunt, à ses ascendants et à ses parents collatéraux, dans l'ordre et suivant les règles déterminés par la loi (*C. civ. 731*).

80. — Nature et origine des biens. — La loi ne considère ni la nature ni l'origine des biens pour en régler la succession (*C. civ. 732*). Que ces biens proviennent de parents du côté paternel ou du côté maternel; que le défunt en soit devenu propriétaire par successions, par donations ou par acquisitions; qu'ils soient meubles ou immeubles, ils ne forment qu'une seule masse, dont la division a lieu entre les héritiers dans la porportion de leurs droits héréditaires.

81. — Parenté. — La parenté, pour recueillir une succession, s'établit par les registres de l'état civil; toutefois les tribunaux, souverains appréciateurs des faits, peuvent admettre d'autres actes, tels que les contrats de mariage, partages, inventaires ou tous autres actes de famille (Paris, 2 mars 1814; Cass. 14 janv. 1824).

82. — Générations. Degrés. — La loi appelant à l'hérédité les parents les plus proches dans chaque catégorie de descendants, d'ascendants ou de collatéraux, sauf le cas de représentation, *infra* n° 92, il a fallu fixer la proximité de parenté. On l'établit par le nombre de générations; chaque génération s'appelle un degré (*C. civ. 735*).

83. — Ligne. — La suite des degrés forme la ligne : on appelle *ligne directe* la suite des degrés entre personnes qui descendent l'une de l'autre ; *ligne collatérale* la suite des degrés entre personnes qui ne descendent par les unes des autres, mais qui descendent d'un auteur commun (*C. civ. 736*).

84. — Ascendante; descendante. — On distingue la ligne directe en ligne directe descendante et ligne directe ascendante. La première est celle qui lie le chef avec ceux qui descendent de lui; la deuxième est celle qui lie une personne avec ceux dont elle descend (*C. civ. 736*).

85. — Directe. — Calcul. — En ligne directe on compte autant de degrés qu'il y a de générations entre les personnes : ainsi, le fils est à l'égard du père au premier degré; le petit fils au second; et réciproquement du père et de l'aïeul à l'égard des fils et petits fils (*C. civ. 737*).

86. — Généalogie de ligne directe descendante.

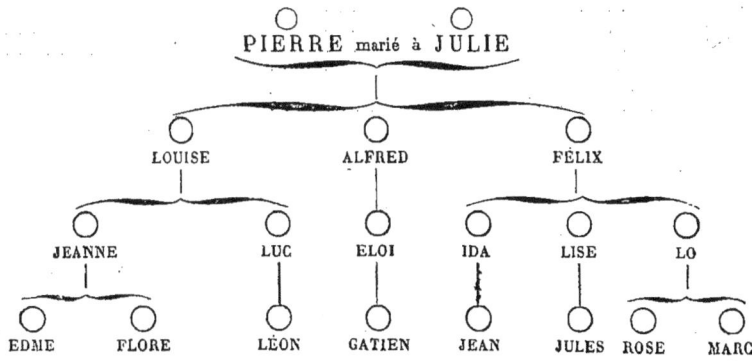

La ligne part de Pierre et de Julie : — Louise Alfred et Félix, leurs enfants, forment une première génération et sont au premier degré; Jeanne, Luc, Eloi, Ida, Lise, Lo, leurs petits-enfants, forment une deuxième génération et sont au deuxième degré; Edme, Flore,

Léon, Gatien, Jean, Jules, Rose et Marc, leurs arrière-petits-enfants, forment une troisième génération et sont au troisième degré.

87. — Généalogie en ligne directe ascendante.

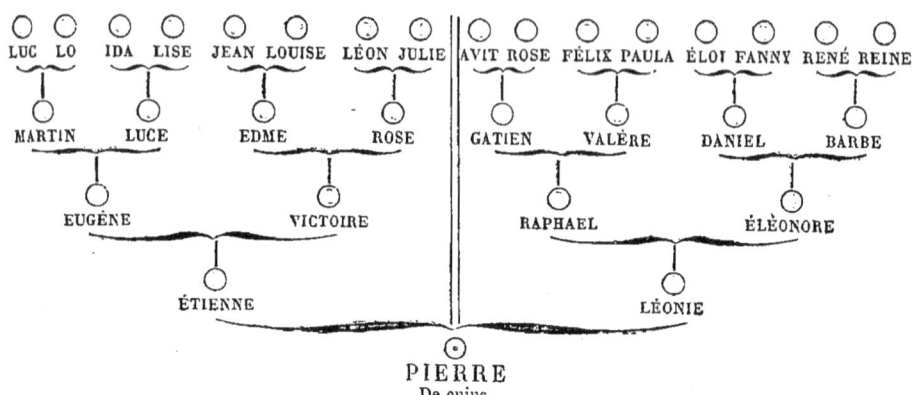

La ligne part de Pierre : Etienne et Léonie, ses père et mère, forment une première génération ascendante et sont au premier degré ; — Eugène et Victoire aïeuls paternels ; Raphaël et Eléonore aïeuls maternels forment la deuxième génération ascendante et sont au deuxième degré ; — Martin, Luce, Edme, Rose, bisaïeuls paternels, et Gatien, Valère, Daniel, Barbe, bisaïeuls maternels, forment la troisième génération ascendante et sont au troisième degré ; — Luc, Lo, Ida, Lise, Jean, Louise, Léon, Julie, trisaïeuls paternels, et Avit, Rose, Félix, Paula, Eloi, Fanny, René, Reine, trisaïeuls maternels, forment une quatrième génération ascendante et sont au quatrième degré.

88. — Ligne collatérale. — En ligne collatérale, les degrés se comptent par générations depuis l'un des parents jusques et non compris l'auteur commun, et depuis celui-ci jusqu'à l'autre parent ; ainsi, deux frères sont au deuxième degré ; l'oncle et le neveu sont au troisième degré ; les cousins germains au quatrième ; et ainsi de suite (art. 738).

89. — Division en deux parts. — Toute succession échue à des ascendants ou à des collatéraux, se divise en deux parts égales : l'une pour les parents de la ligne paternelle, l'autre pour les parents de la ligne maternelle (art. 733, infra n° 132). Cette première division opérée entre les lignes paternelle et maternelle, il ne se fait plus de division entre les diverses branches ; mais la moitié dévolue à chaque ligne appartient à l'héritier ou aux héritiers les plus proches en degrés, sauf le cas de la représentation (art. 734). Il n'y a donc plus lieu ensuite à la refente entre les diverses branches de chaque ligne (Marcadé, 734, 1).

90. — Généalogie de lignes collatérales.

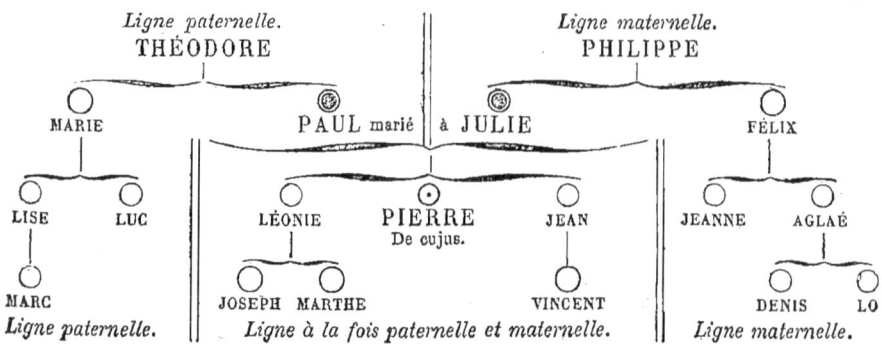

La ligne part de Pierre : on le compte, ainsi que tous les parents intermédiaires, jusqu'à l'auteur commun qu'on ne compte pas, on descend jusqu'au parent dont on veut connaître le degré de parenté, en ajoutant au nombre déjà trouvé ce parent et les parents sur lesquels on passe pour arriver jusqu'à lui ; ainsi : — Léonie et Jean, frère et sœur, sont au deuxième degré ; — Joseph, Marthe et Vincent, neveux et nièces, sont au troisième degré ; — Marie, tante paternelle, et Félix, oncle maternel, sont au troisième degré ; — Lise et Luc, cousins germains paternels, et Jeanne et Aglaé, cousines germaines maternelles, sont au quatrième degré ; — Marc, cousin issu de germain dans la ligne paternelle, et Lo et Denis, cousins issus de germains dans la ligne maternelle, sont au cinquième degré.

91. — **Généalogie des lignes ascendante, descendante et collatérale** avec l'indication de la parenté et du degré.

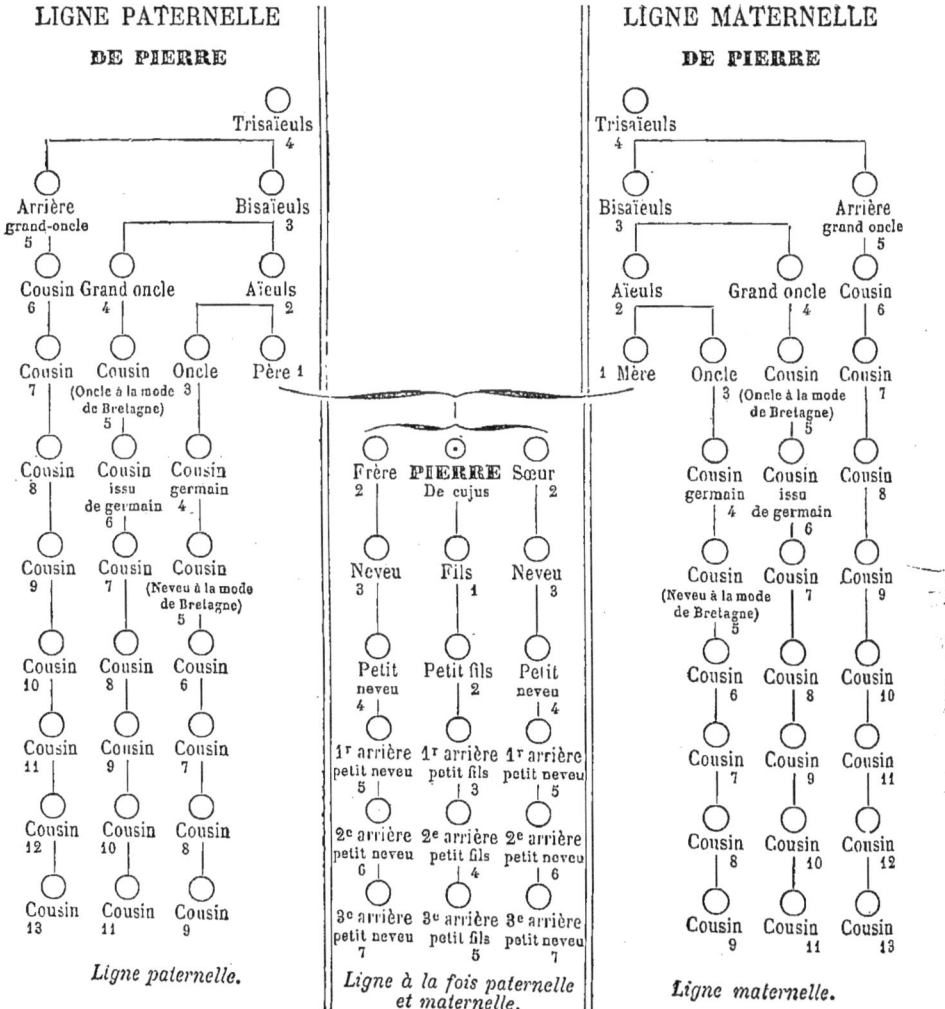

SECTION II.

DE LA REPRÉSENTATION.

92. — Définition. — La représentation est une fiction de la loi dont l'effet est de faire entrer les représentants dans la place, dans le degré et dans les droits du représenté (*C. civ. 739*); il s'ensuit que les représentants ont des droits à la succession, identiques à ceux qu'aurait eu le représenté s'il eût été vivant.

93. — Légataires. — La représentation n'a pas lieu entre légataires universels institués conjointement alors même qu'ils sont les neveux et nièces du testateur et ses seuls héritiers; dans ce cas, la succession se divise par tête et non par souche (Bordeaux, 14 juin 1859; S. 60, II, 321).

94. — Absent. — L'absent est légalement supposé mort du jour de sa disparition ou de ses dernières nouvelles, et, dès lors, ses enfants le représentent dans les successions auxquelles il serait appelé (Marcadé, *136*, 2; Duranton, I, 547; Demante, I, 119; de Moly, *absence*, 640; Demolombe, II, 209; Talandier, *ibid.*, p. 254; Valette sur Proudhon, I, 347; Hureaux, I, 16; Paris, 27 janvier 1812; Limoges, 11 mars 1823; Cass. 10 nov. 1824. CONTRA Prudhon, I, 347; Plasman, *absence*, 1, p. 327.)

95. — Enfant adoptif. — Adoptants. — L'enfant adoptif décédé est aussi représenté par ses descendants dans la succession de l'adoptant (Marcadé, *350*, 4; Toullier, II, 1015; Proudhon, II, p. 221; Duranton, III, 314; Massé et Vergé, § 179-15; Coin-Delisle, *914*, 14; Roll., *adop.*, 48; Taulier, I, p. 449; Cass., 2 déc. 1822; Paris, 27 janv. 1824; Nancy, 30 mai 1868; Cass., 10 nov. 1869; Agen, 1er juin 1885; Defrénois, *Rép. N.*, 2746. CONTRA Demolombe, VI, 140; Vallette, *explic. somm.*, p. 196; Aubry et Rau, § 560-6; Laurent, IX, 82).

96. — Enfant adoptif. — Père de l'adoptant. — Mais l'enfant adoptif, n'ayant aucun droit aux successions des parents de l'adoptant, ne peut représenter l'adoptant à la succession du père de ce dernier (Mourlon, II, p. 43; Demolombe, VI, 133; Hureaux, I, p. 133; Toulouse, 25 avril 1844; S. 45, II, 39).

97. — Ligne directe descendante. — La représentation a lieu à l'infini dans la ligne directe descendante. Elle est admise dans tous les cas, soit que les enfants du défunt concourent avec les descendants d'un enfant prédécédé, soit que tous les enfants du défunt étant morts avant lui, les descendants desdits enfants se trouvent entre eux en degrés égaux ou inégaux (*C. civ. 740*). Lorsque les descendants se trouvent tous en degrés égaux, l'objet de la représentation est non pas de faire monter les uns ou les autres à un degré plus proche, mais seulement d'introduire le partage par souche, afin de maintenir l'égalité entre les différentes branches de la descendance (Demolombe, XIII, 419).

98. — Généalogie présentant les divers cas de représentation en ligne directe descendante.

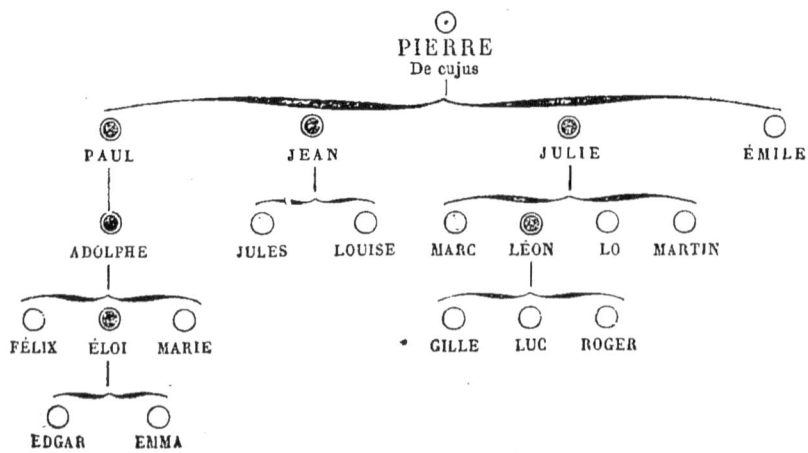

La succession de Pierre se divise en quatre parts de chacune un quart, dévolues : l'une aux descendants de Paul, soit Félix et Marie chacun pour $\frac{1}{3}$, et Edgar et Emma chacun pour $\frac{1}{6}$; — la deuxième aux descendants de Jean, soit Jules et Louise chacun pour $\frac{1}{2}$; — la troisième aux descendants de Julie, soit Marc, Lo et Martin, chacun pour $\frac{1}{4}$ et Gille, Luc, Roger chacun pour $\frac{1}{12}$; — et la quatrième à Emile.

99. — Ligne ascendante. — La représentation n'a pas lieu en faveur des ascendants ; le plus proche dans chacune des deux lignes, *infra* n° 123, exclut toujours le plus éloigné (*C. civ. 741*). La généalogie ci-après en fournit un exemple :

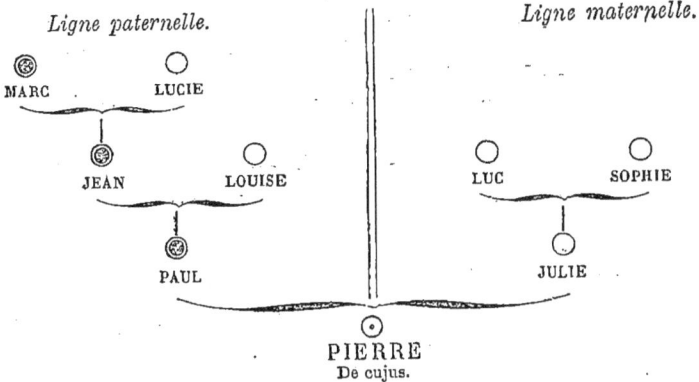

La succession de Pierre se divise en deux parts : l'une dévolue à la ligne paternelle est recueillie par Louise son aïeule paternelle à l'exclusion de Lucie sa bisaïeule ; et l'autre dévolue à la ligne maternelle est recueillie par Julie sa mère, à l'exclusion de Luc et Sophie ses aïeul et aïeule.

100. — Ligne collatérale. — En ligne collatérale, la représentation est admise en faveur des enfants ou descendants de frères ou sœurs du défunt, soit qu'ils viennent à sa succession concurremment avec des oncles ou tantes, soit que tous les frères et sœurs du défunt étant prédécédés, la succession se trouve dévolue à leurs descendants en degrés égaux ou inégaux (*C. civ. 742*). Aucune distinction n'est établie en ce qui concerne les descendants de frères et de sœurs ; en conséquence, la représentation est admise aussi en faveur des descendants de frères et sœurs utérins et consanguins (Chabot, 742, 6 ; Demolombe, XIII, 428).

101. — Généalogie. — La généalogie ci-après fournit un exemple de la représentation en ligne collatérale.

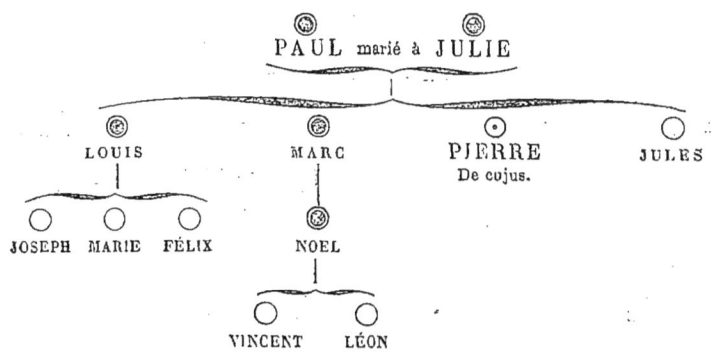

La succession de Pierre se divise en trois parts de chacune un tiers, dévolues : l'une aux descendants de Louis, son frère, qui sont Joseph, Marie et Félix, ses neveux, chacun pour $\frac{1}{5}$; — la deuxième aux descendants de Marc, son frère, qui sont : Vincent et Léon, ses arrière petits neveux chacun pour $\frac{1}{5}$; et la troisième à Jules, son frère.

102. — Héritiers renonçants ou indignes. — On ne représente que les personnes décédées, et non pas les héritiers vivants (*C. civ.* 744), quand ils ne recueillent pas la succession, soit parce qu'ils ont renoncé soit parce qu'ils ont été déclarés indignes de succéder. Mais si le coupable d'indignité a prédécédé l'offensé, l'indignité ne peut plus être prononcée, *supra* n° 59, et, dans ce cas, il est représenté par ses enfants (Marcadé, *730, 1*; Duvergier sur Toullier, IV, 112; Duranton, VI, 131; Demante, III, 39 *bis*; Massé et Vergé, § 356-8; Mourlon, II, p. 32; Demolombe, XIII, 292 et 412. Contra Chabot, *730, 1*; Toullier, IV, 198; Taulier, III, p. 138; Dalloz, *succ.*, 60; Aubry et Rau, § 597-12).

103. — Renonciation. — Succession du représenté. — On peut représenter celui à la succession duquel on a renoncé (*C. civ.*, 744), ainsi que celui de la succession duquel on a été exclu comme indigne (Marcadé, *730, 2*; Duranton, VI, 132; Demante, III, 51 *bis*; Demolombe, XIII, 294, 398). — En effet, le représentant tient sa vocation et ses droits non pas du représenté, mais de la loi seule (Demolombe, XIII, 394).

104. — Partage par souche. — Dans tous les cas où la représentation est admise, le partage s'opère par souche; si une même souche a produit plusieurs branches, la subdivision se fait aussi par souche dans chaque branche, et les membres de la même branche partagent entre eux par têtes (*C. civ.*, 743). En voir des exemples, *supra* n° 98.

105. — Double lien. — La représentation ayant lieu à l'infini dans la ligne directe descendante, comme aussi en ce qui concerne les descendants de frères et de sœurs, il s'en suit que dans une même succession, une personne peut, à la faveur de la représentation, prendre part dans deux souches, ce qui a lieu : en ligne directe, lorsque deux petits enfants du défunt, cousins germains entre eux, ont contracté mariage ensemble et sont décédés tous les deux laissant des enfants qui les représentent; — et en ligne collatérale, en faveur des petits neveux du défunt qui sont issus aussi d'un mariage entre neveu et nièce cousins germains entre eux (Chabot, *739, 4*; Duranton, VI, 175; Demante, III, 48 *bis*; Demolombe, XIII, 406).

SECTION III.

DES SUCCESSIONS DÉFÉRÉES AUX DESCENDANTS.

106. — Enfants et descendants. — Les enfants ou leurs descendants succèdent à leurs père et mère, aïeuls, aïeules, ou autres ascendants, sans distinction de sexe ni de primogéniture, et encore qu'ils soient issus de différents mariages. S'ils sont tous au premier degré ou appelés de leur chef, ils succèdent par égales portions et par têtes; mais s'ils sont à des degrés inégaux, ceux qui se trouvent au deuxième degré et à des degrés subséquents viennent par représentation, *supra* n° 98, et succèdent par souche (*C. civ.*, 745).

107. — Enfants légitimes. — Adoptifs. — On assimile aux enfants légitimes : les enfants légitimés en ce qui concerne les successions ouvertes depuis le mariage de leurs père et mère; et les enfants adoptifs, ou leurs descendants, *supra* n° 95, en ce qui concerne la succession de l'adoptant (*C. civ.*, 350).

108. — 1er exemple. — Enfant adoptif.

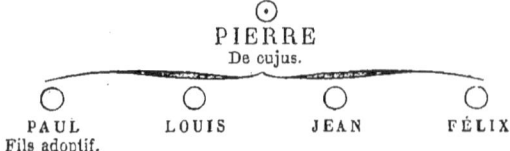

PIERRE
De cujus.

PAUL — LOUIS — JEAN — FÉLIX
Fils adoptif.

Dans le cas de la généalogie qui précède, Paul, enfant adoptif, et Louis, Jean, Félix, enfants légitimes, succèdent par tête, chacun pour un quart.

109. — 2° Exemple. — Renonciation; indignité.

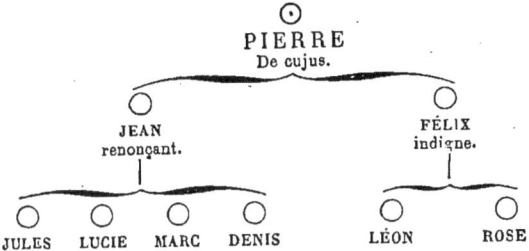

Jean et Félix ne recueillent pas la succession de Pierre leur père, Jean parce qu'il y a renoncé, Félix comme indigne. Elle est dévolue à Jules, Lucie, Marc, Denis, Léon et Rose de leur chef et par tête, soit chacun pour un sixième.

110. — 3° Exemple. — Enfants de deux lits.

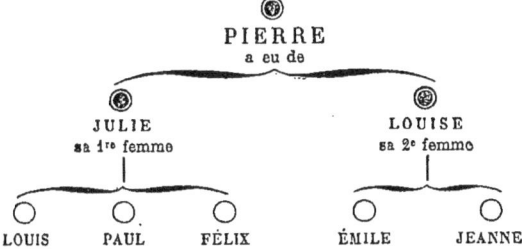

Les héritiers de Pierre sont : Louis, Paul, Félix, Emile et Jeanne ses cinq enfants, chacun pour un cinquième, comme étant issus, les trois premiers de son premier mariage, et les deux derniers de son second mariage. — Ceux de Julie sont : Louis, Paul et Félix, chacun par tiers ; et ceux de Louise sont : Emile et Jeanne, chacun pour moitié.

111. — 4° Exemple. — Double lien.

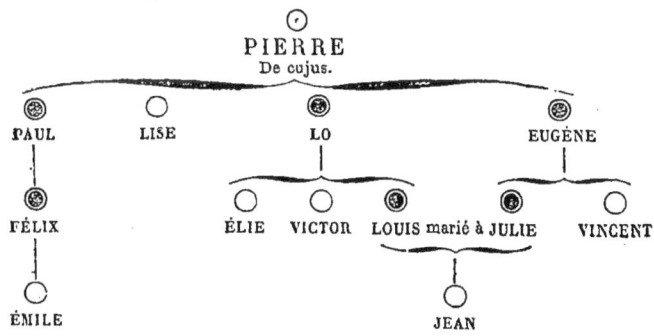

La succession de Pierre est divisée en quatre souches de chacune un quart, dévolues :

L'une à Emile petit fils, par représentation de Félix, son père, et Paul, son aïeul, soit $\frac{1}{4}$ ou 6/24

La deuxième à Lise enfant, de son chef $\frac{1}{4}$ ou. 6/24

La troisième à Elie, Victor petit fils et Jean arrière petit fils, par tiers soit chacun dans leur quart $\frac{1}{12}$, Elie et Victor par représentation de Lo, leur père, et Jean par représentation de Louis son père et Lo, son aïeul, soit Elie $\frac{1}{12}$ ou. 2/24

Victor, même quotité. 2/24

La quatrième à Vincent petit fils et Jean arrière petit fils, soit chacun dans leur quart $\frac{1}{8}$, Vincent par représentation de Eugène, son père, soit $\frac{1}{8}$ ou . . . 3/24

Et Jean par représentation de Julie, sa mère et Eugène son aïeul, pour même quotité 3/24

Auxquels on ajoute les $\frac{2}{24}$ recueillis par Jean par représentation de son père 2/24

Il se trouve prendre dans deux souches et a droit à 5/24   5/24

Total égal à l'unité 24/24

SECTION IV.

DES SUCCESSIONS DÉFÉRÉES AUX FRÈRES, SŒURS, NEVEUX ET NIÈCES SEULS, OU EN CONCOURS AVEC PÈRE ET MÈRE.

§ 1. — *Frères et sœurs et leurs descendants.*

112. — Germains, consanguins et utérins. — Les frères et sœurs sont entre eux germains, utérins ou consanguins : les *germains* sont ceux qui sont issus d'un même père et d'une même mère, tels sont, à l'égard de Pierre, Léon et Louis, dans la généalogie ci-après ; — les *consanguins* sont ceux qui sont issus d'un même père, mais de mère différentes, tels sont : Félix et Charles ; — les *utérins* sont ceux qui sont issus d'une même mère, tel est : Emile.

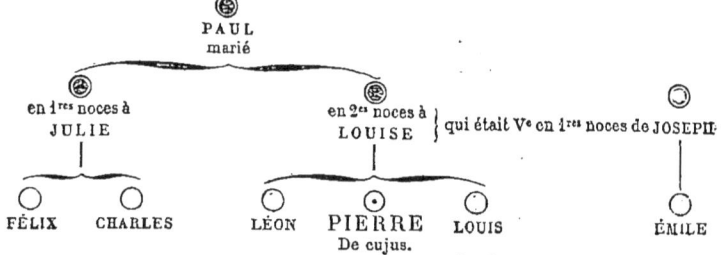

113. — Exclusion des ascendants. — Si le défunt n'a point laissé de postérité et que ses père et mère l'aient prédécédé, ses frères, sœurs ou leurs descendants sont appelés à la succession à l'exclusion des ascendants et des autres collatéraux. Ils succèdent, ou de leur chef, ou par représentation selon les règles tracées *supra* n° 100 (*C. civ.* 750).

114. — Exemple.

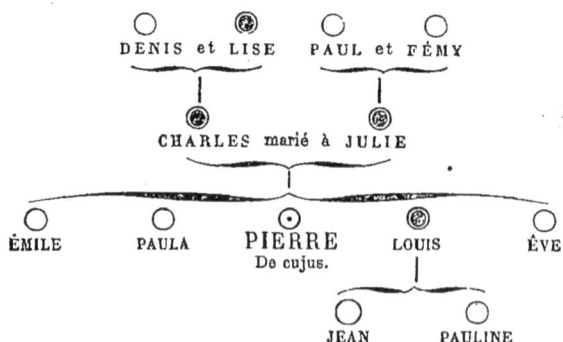

La succession de Pierre, décédé sans postérité et sans père ni mère est dévolue, à l'exclusion de Denis aïeul paternel et de Paul et Fémy aïeul et aïeule maternels à : Emile, Paula, Eve, frères et sœurs, chacun pour un quart ; et à Jean et Pauline ses neveu et nièce conjointement pour le dernier quart ou chacun pour $\frac{1}{8}$ par représentation de Louis, leur père.

115. — Lignes paternelle et maternelle. — Lorsqu'une succession échoit à des frères et sœurs germains, utérins et consanguins, elle se divise en deux parts égales, l'une pour la ligne paternelle, l'autre pour la ligne maternelle : les germains prennent part dans les deux lignes; quant aux utérins et aux consanguins, ils ne prennent part que dans leur ligne (*C. civ.* 733, 752). Ainsi, dans le cas de la généalogie tracée *supra* n° 112, la succession de Pierre est recueillie : la $\frac{1}{2}$ dévolue à la ligne paternelle, par Léon, Louis, frères germains et Félix, Charles, frères consanguins, chacun pour $\frac{1}{4}$ ou dans le total $\frac{1}{8}$; — et la $\frac{1}{2}$ dévolue à la ligne maternelle, par Léon, Louis, frères germains et Emile frère utérin, chacun pour $\frac{1}{6}$ ou dans le total $\frac{1}{6}$, soit :

Léon $\frac{1}{8}$ recueilli dans la ligne paternelle ou 3/24
$\frac{1}{6}$ dans la ligne maternelle, ou. . . 4/24
    Ensemble. 7/24
Louis, mêmes quotités 7/24
Félix $\frac{1}{8}$ recueilli dans la ligne paternelle, ou 3/24
  Charles, même quotité 3/24
Emile $\frac{1}{6}$ recueilli dans la ligne maternelle, ou 4/24
  Egal à l'unité. 24/24

116. — Utérins ou consanguins. — Si le défunt n'a laissé que des frères et sœurs utérins ou consanguins, ou des descendants d'eux (Marcadé, 733, 2; Chabot, 752, 4; Demolombe, XIII, 456; Toulouse, 27 juin 1810), ils succèdent à la totalité, à l'exclusion de tous autres parents de l'autre ligne (*C. civ.* 752) et à l'exclusion aussi des ascendants autres que les père et mère (Marcadé, 733, 2; Toullier, IV, 224; Duranton, VI, 251; Demante, III, 67 *bis*; Hureaux, I, p. 137; Aubry et Rau, § 597 *bis*-3; Demolombe, XIII, 455; Cass., 27 déc. 1809).

117. — Division en cas de concours avec père et mère. — La moitié ou les trois quarts déférés aux frères et sœurs ou leurs descendants par les art. 748, 749 et 752, dans le cas de concours avec des père et mère ou l'un d'eux, *infra* n°s 118, 119, se divisent entre eux suivant les règles qui viennent d'être rapportées (*C. civ.*, 752).

§ 2. — *Frères et sœurs ou leurs descendants concourant avec père et mère.*

118. — Frères et sœurs et père et mère. — Si le défunt, outre ses frères et sœurs ou leurs descendants a laissé ses père et mère, la succession se divise en deux portions de chacune moitié, dont l'une est déférée aux père et mère, qui la partagent par moitié entre eux soit pour chacun un quart dans le total; l'autre moitié est déférée aux frères et sœurs ou leurs descendants *supra* n° 117 (*C. civ.*, 748, 751).

119. — Frères et sœurs et survivant de père et mère. — Si le père ou la mère est prédécédé, et qu'il existe des frères et sœurs ou leurs descendants, la portion qui aurait été dévolue au père ou à la mère prédécédé, se réunit à la moitié dévolue aux frères et sœurs; de sorte que la succession est recueillie par le père ou la mère survivant pour un quart, et par les frères et sœurs ou leurs descendants pour trois quarts (*C. civ.*, 749, 751).

120. — Renonciation par l'un des père et mère. — Il en est de même si l'un des père et mère renonce à la succession ou est déclaré indigne, l'accroissement ne profitant pas à l'ascendant héritier (Marcadé, art. 752; Demante, III, 61 *bis*; Demolombe, XIII, 451; Hureaux, I, p. 139).

121. — Descendants de frères et sœurs et père et mère. — Les descendants de frères et sœurs concourent avec les père et mère, soit qu'ils viennent à la succession par représentation, *supra* n° 100, soit qu'ils y viennent de leur chef dans le cas où les frères et sœurs vivants sont renonçants ou indignes (Chabot et Belost-Jolimont, 750, 5 : Toullier, IV, 117; Duranton, VI, 195; Demolombe, XIII, 452; Aubry et Rau, § 600-5).

122. — Généalogie.

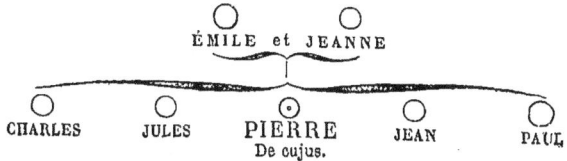

Pierre a laissé ses père et mère et quatre frères, sa succession est dévolue à ses père et mère, chacun pour un quart, soit ensemble moitié ; et à ses quatre frères conjointement, soit séparément chacun $\frac{1}{8}$ dans le total. — Si l'un des père et mère était prédécédé, le survivant recueillerait un quart et les quatre frères conjointement trois quarts ou séparément chacun $\frac{3}{16}$.

SECTION V.
DES SUCCESSIONS DÉFÉRÉES AUX ASCENDANTS.

§ 1. — *Ascendants seuls.*

123. — Division entre ascendants. — Si le défunt n'a laissé ni postérité, ni frère, ni sœur, ni descendants d'eux, sa succession se divise par moitié entre les ascendants de la ligne paternelle et les ascendants de la ligne maternelle (*C. civ.* 733, 746). L'ascendant qui se trouve au degré le plus proche, recueille la moitié affectée à sa ligne, à l'exclusion de tous autres (*C. civ.*, 746), la représentation n'ayant pas lieu en faveur des ascendants.

124. — Ascendants au même degré. — Les ascendants au même degré succèdent par tête (*C. civ.*, 746).

125. — Généalogie.

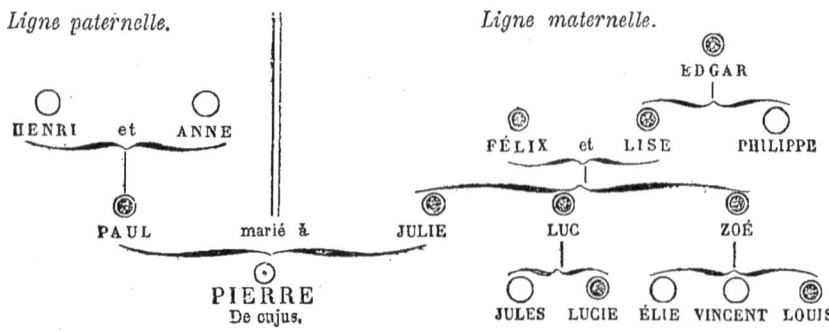

La succession de Pierre décédé sans postérité et sans frères et sœurs ou descendants d'eux, se divise en deux parts de chacune moitié : — l'une dévolue à la ligne paternelle, échoit à Marc et Lo, bizaïeuls, à l'exclusion de Claude et Anne trisaïeuls ; — l'autre devolue à la ligne maternelle, échoit à Julie mère, à l'exclusion de Vincent et Blanche aïeuls.

§ 2. — *Ascendants ou collatéraux.*

126. — Concours entre eux. —

Lorsque le défunt ne laisse ni frères et sœurs, ni descendants d'eux, et qu'il ne laisse d'ascendants que dans une ligne, la succession est dévolue pour moitié à l'ascendant ou aux ascendants les plus proches ; et pour l'autre moitié aux parents les plus proches de l'autre ligne suivant les règles établies *infra* n° 132 (*C. civ.*, 753).

127. — Généalogie.

La succession de Pierre se divise en deux parts : — l'une dévolue à la ligne paternelle est recueillie par Henri et Anne, aïeuls, chacun pour moitié ; — l'autre dévolue à la ligne maternelle est recueillie par Philippe, grand oncle et Jules, Elie, Vincent, cousins germains, étant tous au quatrième degré, chacun pour un quart.

128. — Usufruit du père ou de la mère. — Le père ou la mère concourant avec des collatéraux autres que frères et sœurs ou leurs descendants, a, outre sa moitié, l'usufruit du tiers des biens auxquels il ne succède pas en propriété (*C. civ.*, 754) ; mais aux charges dont les usufruitiers sont tenus, notamment de faire dresser l'état exigé par l'art. *600*, et de fournir caution (Marcadé, *601*, 1 et art. *754* ; Chabot, *754*, 1 ; Duranton, IV, 608 ; Demolombe, X, 489 ; Massé et Vergé, § 255-10 ; Mourlon, I, 1582).

129. — Généalogie.

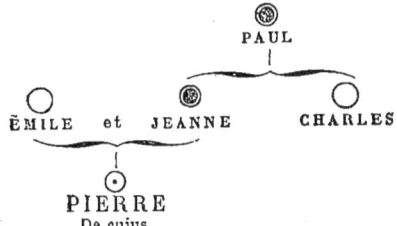

Pierre décédé sans postérité ni frères ni sœurs ou descendants d'eux, sa succession est dévolue : pour la moitié affectée à la ligne paternelle à Emile son père ; et pour la moitié affectée à la ligne maternelle à Charles son oncle. En outre Emile a l'usufruit du tiers de la moitié recueillie par Charles.

130. — Double lien. — Ascendant et collatéral. — Les parents germains, étant à la fois dans les deux lignes, prennent part dans chacune des lignes, *infra* n° 133 ; ainsi, une femme qui a épousé son cousin germain peut succéder à son propre enfant, non pas seulement comme mère pour la moitié afférente à la ligne maternelle, mais encore comme cousine dans la ligne paternelle, s'il n'y a dans cette ligne ni ascendants, ni collatéraux plus proche qu'elle (Marcadé, *733*, 4 ; Demolombe, XIII, 334, 371 ; Demante, III, 44 *bis* ; Massé et Vergé, § 366-2 ; Rouen, 22 janv. 1841 ; S. 41, II, 175). Si elle avait des frères et sœurs, elle concourrait avec eux dans la ligne paternelle ; et, de plus, en qualité de mère, elle aurait l'usufruit du tiers de la part de ses frères et sœurs, *supra* n° 128.

131. — Généalogie applicable au cas qui précède.

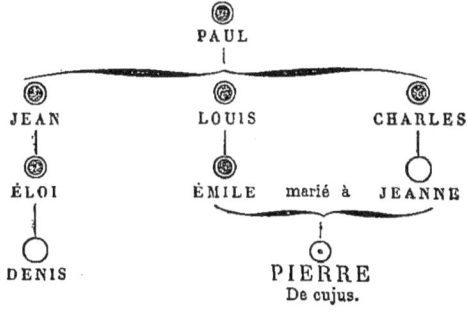

Jeanne mère du *de cujus* a droit à la totalité de la succession : moitié comme ascendante, et l'autre moitié comme parente en collatéral au 5e degré à l'exclusion de Denis qui est au 6e.

SECTION VI.

DES SUCCESSIONS COLLATÉRALES (AUTRES QUE CELLES DÉVOLUES AUX FRÈRES ET SŒURS OU LEURS DESCENDANTS).

132. — Division par lignes. —

A défaut de descendants, d'ascendants, de frères et sœurs ou descendants d'eux, la succession est dévolue pour moitié aux collatéraux les plus proches de la ligne paternelle, et pour l'autre moitié aux collatéraux les plus proches de la ligne maternelle (*C. civ.*, *733, 735*). Cette division n'a plus lieu si le *de cujus* a institué tous ses héritiers à l'effet de partager entre eux son héritage par portions égales (Demolombe, XIII, 369; Aix, 2 janv. 1811; Toulouse, 14 fév. 1829).

153. — Double lien. — Deux lignes. — Les collatéraux parents à la fois dans la ligne paternelle et dans la ligne maternelle sont germains, et, en cette qualité prennent part dans les deux lignes (Marcadé, *733*, 4; Demolombe, XIII, 367, 466 *bis*; Massé et Vergé, § 360-6; Aubry et Rau, § 597 *bis*, p. 309; Rouen, 22 janv. 1841 précité).

154. — Double lien. — Seule ligne. — Mais la parenté à un double lien dans la même ligne ne donne pas droit à une part plus forte (Marcadé, *734*, 4; Toullier, IV, 224; Massé et Vergé, § 360-12; Bruxelles, 20 avril 1809). — Il n'y a donc pas lieu d'appliquer dans une ligne en particulier la règle, écrite seulement pour l'ensemble de la succession, que les parents germains prennent part des deux côtés; par exemple, si le défunt a laissé dans la ligne paternelle trois oncles dont le premier était frère germain de son père et les deux autres seulement consanguins, cela ne les empêche pas de se partager par tiers la moitié dévolue à leur ligne.

155. — Collatéraux au même degré. — Si dans une ligne il y a concours de parents collatéraux au même degré, ils partagent par tête (*C. civ.*, *753*), qu'ils aient ou non une pareille parenté avec le *de cujus*; ainsi, le cousin germain et le grand oncle du défunt étant également au quatrième degré, concourent par tête (*supra* généalogie n° 127); de même l'arrière grand oncle et le cousin au cinquième degré, étant à un pareil degré, concourent aussi par tête.

156. — Au-delà du douzième degré. — Les parents au-delà du douzième degré ne succèdent pas (*C. civ.*, *755*). Voir la *généalogie* jusqu'au treizième degré, *supra* n° 91.

157. — Généalogie d'une succession collatérale.

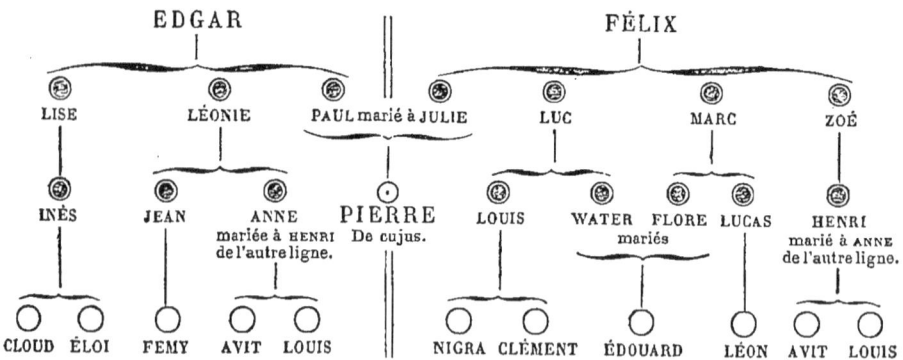

La succession de Pierre se divise en deux parts de chacune moitié : l'une dévolue à la ligne paternelle est recueillie par Cloud, Eloi, Femy, Avit et Louis, cousins au cinquième degré, chacun pour un cinquième; l'autre dévolue à la ligne maternelle est recueillie par Nigra, Clément, Edouard, Léon, Avit et Louis, chacun pour $\frac{1}{6}$. Ainsi, Avit et Louis parents à la fois dans les deux lignes prennent part des deux côtés, *supra* n° 133; tandis que Edouard parent à un double lien dans la même ligne n'a droit qu'à sa fraction dans la ligne où il figure, *supra* n° 134.

158. — Autre généalogie de succession collatérale.

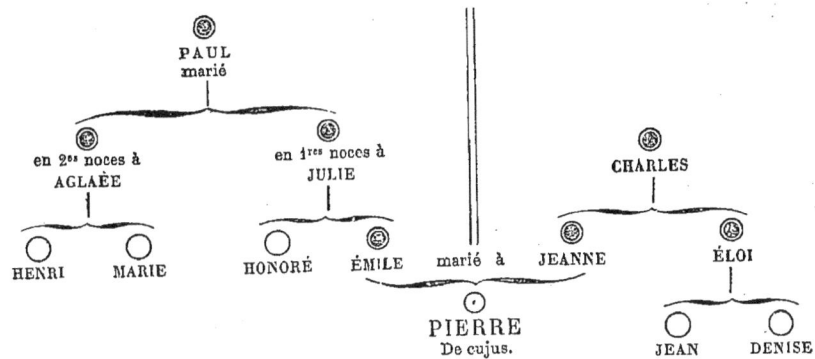

La succession de Pierre se divise en deux parts : l'une pour la ligne paternelle recueillie par Henri, Marie, Honoré, oncles et tante chacun pour un tiers, et quoique Honoré fût frère germain du père du défunt, tandis que Henri et Marie étaient seulement frère et sœur consanguins, cette distinction n'étant admise qu'à l'égard des successions déférées aux frères et sœurs ou leurs descendants, *supra* n° 112 ; quant à la moitié dévolue à la ligne maternelle elle est recueillie par Jean et Denise, cousin et cousine germains.

SECTION VII.

DE LA DÉVOLUTION D'UNE LIGNE A L'AUTRE.

159. — Ligne. — Absence de successible. — Lorsque la succession est dévolue à des ascendants ou à des collatéraux, autres que frères et sœurs ou leurs descendants, et qu'il ne se trouve aucun ascendant ni aucun parent collatéral au degré successible dans une ligne, il y a dévolution en faveur des parents de l'autre ligne qui, en conséquence, succèdent pour le tout (C. civ., 733, 755).

140. — Preuve. — L'héritier en faveur de qui la dévolution a lieu n'est point tenu de justifier qu'il n'existe pas de parents dans l'autre ligne ; il lui suffit de se mettre en possession de la succession et de faire constater sa qualité d'héritier, soit par un inventaire, soit par un acte de notoriété. Et, dès lors, il peut s'opposer à la nomination d'un notaire chargé de représenter à l'inventaire les héritiers qui pourraient se présenter par la suite (Paris, 14 janv. et 9 avril 1861 ; J. N., 17026, 17098).

— Si, dans les trente ans du jour de l'ouverture de la succession, il se présente un parent de l'autre ligne, il a droit à la restitution de la moitié dévolue à sa ligne ; mais, suivant une jurisprudence qui s'affirme de plus en plus, *infra* n° 303, sans que sa réclamation puisse nuire aux tiers qui ont traité de bonne foi avec l'héritier apparent.

SECTION VIII.

DES ASCENDANTS HÉRITIERS A TITRE DE RETOUR LÉGAL.

§ 1. — *Caractère du retour légal.*

141. — Texte législatif. — Les ascendants succèdent à l'exclusion de tous autres, aux choses par eux données à leurs enfants ou descendants décédés sans postérité, lorsque les objets donnés se retrouvent en nature dans la succession. Si les objets ont été aliénés, les ascendants recueillent le prix qui peut en être dû. Ils succèdent aussi à l'action en reprises que pouvait avoir le donataire (C. civ., 747).

142. — Titre successif. — L'ascendant donateur reprend les objets donnés à titre successif et en qualité d'héritier (Marcadé, 747, 9 ; Chabot, 747, 1 ; Toullier et Duvergier, IV, 234 ; Grenier, *Donat.*, 598 ; Duranton, VI, 215 ; Demante, III, 55 *bis* ; Taulier, III, p. 151 ; Demolombe, XIII, 481 ; Hureaux, I, 25 ; Aubry et Rau, § 608-29. V. cependant Aubry et Rau, § 640 *bis*-2).

143. — Charges. — Acceptation ou renonciation. — En cette qualité il est tenu aux mêmes charges qu'un héritier, et, comme lui, il peut renoncer, accepter sous bénéfice d'inventaire, être déclaré indigne de succéder (Marcadé, 747, 9; Chabot, 747, 15; Toullier, IV, 236; Duranton, VI, 206, 209; Demolombe, XIII, 482; Roll., *Retour légal*, 22, 23; Aubry et Rau, § 608-30; Mourlon, II, p. 55; Dijon, 23 déc. 1868; S. 70, II, 16; Poitiers, 28 déc. 1880; Defrénois, *Rép. N.*, 585.

144. — Traité. — Succession future. — En outre, puisque le retour légal est un droit successif, il ne peut, avant l'ouverture de la succession, faire l'objet d'un traité, ni d'une renonciation (Marcadé, 747, 9; Troplong, *Vente*, 250; Mourlon, II, p. 54; Roll., *Retour légal*, 27; Demolombe, XIII, 482; Angers, 18 déc. 1878; S. 79, II, 322).

145. — Ouverture du droit. — Le droit de l'ascendant donateur s'ouvre à son profit, de même que toute succession, par la mort naturelle. En cas de déclaration d'absence, il peut obtenir l'envoi en possession du bien par lui donné (Demolombe, XIII, 482; Nancy, 31 janv. 1833; S. 34, II, 603).

146. — Hérédité distincte. — Le retour légal forme une hérédité distincte de la succession ordinaire, il s'en suit que tout ascendant donateur y a droit, quand même il ne serait pas appelé à la succession ordinaire des autres biens; il en est ainsi de l'aïeul qui est exclu de la succession *ab intestat* par les père et mère ou les frères, sœurs, neveux et nièces (Marcadé, 747, 9; Chabot, 747, 3; Grenier, *Don.*, 598; Toullier, IV, 235 à 239; Mourlon, II, p. 55; Demolombe, XIII, 483; Hureaux, I, 26; Roll., *Retour légal*, 12, 29; Aubry et Rau, § 608-31, 32).

147. — Réserve légale. — Il s'en suit aussi que si l'ascendant est un aïeul exclu par le père ou la mère, la réserve légale de ces derniers ne se calcule pas sur les biens faisant retour (Marcadé, 747, 9; Vazeille, 747, 9; Saintespès, *Donat.*, II, 458; Troplong, *ibid.*, 952; Coin-Delisle, 922, 4; Taulier, IV, p. 43; Grenier et Bayle-Mouillard, *Donat.*, II, 598; Massé et Vergé, § 455-1; Demolombe, XIX, 131; Roll., *Retour légal*, 30. Contra Aubry et Rau, § 687-1; Vernet, p. 546, 547.) — Et que, si l'ascendant donateur est en même temps héritier réservataire, sa réserve ni celle des autres héritiers réservataires ne se calculent pas non plus sur les biens qui lui font retour (Marcadé, 747, 12; Chabot, 747, 16; Poujol, 747, 15; Coin-Delisle, 922, 6; Toullier, IV, 238; Troplong, *Donat.*, 952; Saintespès, *Ibid.*, 458; Demolombe, XIX, 139; Aubry et Rau, § 687-4; Hureaux, I, 25; Cass., 8 mars 1858; 28 mars 1866; S. 58, I, 545; 66, I, 217; J. N. 16295; Douai, 6 mai 1879; S. 80, II, 1. Contra : Duranton, VI, 238; Grenier, *Donat.*, II, 598 *bis*; Demante, IV, 52 *bis*).

148. — Accroissement. — Rapport. — Indivision. — Acceptation ou répudiation. — La succession de l'ascendant aux choses par lui données et la succession des héritiers ordinaires à tous les autres biens forment, l'une à côté de l'autre, deux successions en quelque sorte parallèles et tout à fait distinctes et séparées (Marcadé, 747, 9; Demolombe, XIII, 484; Hureaux, I, 25). De là les conséquences suivantes :

1° En cas de renonciation par un héritier ordinaire, il n'y a pas lieu à accroissement en faveur de l'ascendant à moins qu'il ne soit héritier ordinaire (Duranton, VI, 208; Demante, III, 56 *bis*; Demolombe, XIII, 485; Hureaux, I, 25; Aubry et Rau, § 640 *bis*, 12);

2° L'obligation respective du rapport n'existe pas entre l'ascendant donateur et les héritiers de la succession ordinaire (Demante, III, 56 *bis*; Demolombe, XIII, 486; Hureaux, I, 25);

3° Il n'y a pas d'indivision entre lui et les héritiers ordinaires, dès lors il n'y a pas lieu à partage entre eux, ni, par suite à l'exercice du retrait successoral (Demolombe, XIII, 487, 487 *bis*; Aubry et Rau, § 640 *bis*-11; Hureaux, I, 25; Cass., 8 mars 1858; S. 58, I, 545);

4° L'ascendant donateur qui se trouve appelé tout à la fois, comme donateur à la succession particulière et comme héritier à la succession générale, peut accepter l'une des hérédités et répudier l'autre (Marcadé, 747, 12; Chabot et Belost-Jolimont, 747, 16; Vazeille, 747, 3; Duranton, VI, 210; Toullier, IV, 237; Demolombe, XIII, 488; Demante, III, 56 *bis*; Aubry et Rau, § 611 *bis*-10; Douai, 6 mai 1879; S. 80, II, 1).

§ 2. — *Cas dans lesquels le retour légal a lieu.*

149. — Survie de l'ascendant. — Tous les ascendants légitimes sans distinction ont droit au retour légal; et, comme il s'agit d'une succession, ce droit ne peut s'ouvrir qu'autant que l'ascendant a survécu à l'enfant donataire. Ses héritiers ne peuvent donc l'exercer s'il a prédécédé le donataire; mais s'il a survécu, le droit au retour légal fait partie de sa succession et passe à ses héritiers (Marcadé, 747, 2; Chabot, 747, 7; Demolombe, XIII, 493; Hureaux, I, 26).

150. — Père, ou mère, naturel. — Les père et mère de l'enfant naturel ont droit aussi au retour légal (Marcadé, 747, 2; Chabot, 747, 4 et 7; Vazeille, 747, 12; Poujol, 747, 9; Duranton, VI, 221; Benoît, *Dot*, II, 89; Taulier, III, p. 153; Zach., § 373-10. CONTRA Coin-Delisle, Rev. crit., X, p. 230; Demante, III, 85 *bis*; Massé et Vergé, § 373-10; Aubry et Rau, § 608-23; Demolombe, XIII, 496; Hureaux, V, 277).

151. — Ascendant naturel. — Mais non les ascendants du père ou de la mère de l'enfant naturel à l'égard des objets dont ils ont fait donation à l'enfant naturel, ni l'aïeul *naturel* qui a fait une donation à l'enfant légitime de l'enfant par lui reconnu, puisque, dans les deux cas, il n'y a pas de lien de parenté (Marcadé, 747, 2; Chabot, Duraton, *loc. cit.*; Vazeille, 747, 15; Coin-Delisle, *loc. cit.*; Demolombe, XIII, 497; Hureaux, V, 278; Cass., 5 mars 1849; S. 49, I, 331).

152. — Ascendant prédécédé. — L'ascendant donateur seul a droit au retour légal; en conséquence, lorsqu'une donation a été faite par l'aïeul à son petit-fils, si l'aïeul est décédé lors de l'ouverture de la succession de son petit-fils, le droit de reversion n'appartient pas au fils (Duranton, VI, 285 note 2; Demolombe, XIII, 499; Hureaux, I, 26). — Et en cas de donation d'un immeuble par un père à son fils, puis par ce dernier à son fils, si ce dernier prédécède, le retour légal est exercé par son père et non par l'aïeul (Demolombe, XIII, 501).

153. — Plusieurs ascendants. — Accroissement. — Si plusieurs ascendants ont fait conjointement une donation entre vifs à leur enfant, chacun d'eux ne peut être appelé à recueillir que la portion qu'il a donnée; et la renonciation ou l'indignité de ses co-donateurs ne produit aucun accroissement à son profit (Demolombe, XIII, 502; Aubry et Rau, § 640 *bis*-15).

154. — Partage d'ascendants. — Père et mère. — Quand la libéralité résulte d'un partage d'ascendant fait par les père et mère de leurs biens personnels et de ceux de la communauté, et que l'un des enfants vient à les prédécéder, chacun d'eux reprend sur le lot échu à cet enfant les biens qui lui étaient propres et moitié de ceux provenant de la communauté.

155. — Partage d'ascendant. — Survivant de père et mère. — Si un seul des père et mère a survécu ou si le partage anticipé fait par le survivant des père et mère a compris ses biens personnels et ceux de son conjoint prédécédé, et que dans le lot de l'enfant il soit entré plus que sa part dans les biens provenant du père ou de la mère, il faut distinguer : est-ce plus que sa part dans les biens héréditaires ou dans ceux du conjoint prédécédé? Le retour légal est restreint aux seuls biens entrés dans le lot comme provenant de la donation par le survivant; — si au contraire le lot a été composé en majeure partie des biens donnés par le survivant, alors que ceux du conjoint prédécédé étaient supérieurs à ceux donnés, il n'y a lieu au retour que de la quote part des biens donnés qui représentait la quote part du donataire dans ces biens; le surplus est considéré comme l'équivalent de sa part dans les biens du conjoint prédécédé, qui, à ce moyen, lui est provenu à titre onéreux, ceux qui est exclusif du retour (Angers, 3 mai 1871; S. 71, II, 243; trib. Dunkerque, 17 mars 1876; R. P. 4489).

156. — Décès sans postérité légitime ou adoptive. — Le donateur en faisant la libéralité a dû avoir en vue le donataire et sa postérité; en conséquence, le retour légal ne peut, dans aucun cas, avoir lieu qu'autant que le donataire est décédé sans postérité. On entend par là : 1° tous les enfants et descendants légitimes du donataire, nés avant comme après la donation, même d'un autre mariage que celui en faveur duquel la donation a été faite (Chabot, 747, 10; Toullier, IV, 240; Duranton, VI, 217; Demolombe, XIII, 507).

2° L'enfant adoptif et ses descendants, quand

même l'adoption serait postérieure à la donation, puisque, en vertu de l'art. 350, l'adopté a sur la succession de l'adoptant les mêmes droits que ceux qu'y aurait l'enfant né en mariage (Marcadé, 747, 3; Chabot, 747, 13; Toullier, IV, 240; Duranton, VI, 220; Demante, III, 56 *bis*; Massé et Vergé, § 373-6; Demolombe, XIII, 508; Mourlon, II, p. 56; Hureaux, I, 27; Cass., 2 déc. 1822. CONTRA Benoît, *Dot*, II, 104; Aubry et Rau, § 608-14).

157. — Postérité naturelle. — La postérité légitime ou adoptive seule fait obstacle au retour. Quant à l'enfant naturel, il est sans droit sur les biens qui en font l'objet; on ne saurait l'assimiler au légataire, *infra* n° 163, pour lui accorder une part dans les biens donnés égale à la part qu'il prend dans la succession, puisque le legs est une aliénation tandis que ses droits dans la succession ont un caractère héréditaire (Legentil, *Revue crit.*, 1851, p. 354, 489; Pont, *ibid.*, 1852, p. 12; Aubry et Rau, § 608-15; Massé et Vergé, § 373-7; Demolombe, XIII, 510; Hureaux, I, 28; Douai, 14 mai 1851; Cass., 3 juill. 1852, 9 août 1854; Seine, 12 fév.1861; J. N. 14498, 15291, 17059; S. 51, II, 497; 54, I, 164. CONTRA Marcadé, 747, 3; Chabot et Belost-Jolimont, 747, 14; Vazeille, 747, 17; Poujol, 747, 12; Toullier, IV, 240; Duranton, VI, 219; Taulier, III, p. 154; Demante, III, 56 *bis*; Mourlon, II, p. 6; t. Beauvais, 10 juill. 1876; t. Bourgoin, 20 avril 1883; Defrénois, *Rép. N.*, 1408).

158. — Renonciation. — Indignité. — Il faut non-seulement être héritier mais encore recueillir la succession pour faire obstacle à l'exercice du retour légal; il s'en suit que si les descendants du donataire renoncent ou sont déclarés indignes, ils n'y font plus obstacle (Marcadé, 747, 3; Chabot, 747, 11; Toullier, IV, 241; Duranton, VI, 218; Demante, III, 56 *bis*; Taulier, III, p. 157; Demolombe, XIII, 505; Mourlon, II, p. 54; Hureaux, I, 29; Aubry et Rau, § 608-25).

159. — Prédécès des descendants. — L'ascendant ne peut recueillir les choses par lui données que dans la succession de l'enfant donataire lui-même, et non dans celle des descendants de cet enfant qui viendraient aussi à mourir avant le donateur sans postérité (Marcadé, 747, 4; Chabot, 747, 12; Toullier, IV, 243; Duranton, VI, 216; Demante, III, 56 *bis*; Taulier, III, p. 156; Dalloz, *Succession*, 253; Massé et Vergé, § 373-5; Aubry et Rau, § 608-24; Demolombe, XIII, 512; Mourlon, II, p. 56; Hureaux, I, 29; Agen, 9 nov. 1847; Bastia, 21 août 1848; Cass., 18 août 1818, 30 nov. 1819, 20 mars 1850; S. 47, II, 262; 49, II, 121; 50, I, 387).

§ 3. — *Choses auxquelles s'applique le retour légal.*

160. — Libéralité. — Le retour légal s'applique à toute espèce de donations entre-vifs, qu'elles soient faites en avancement d'hoirie ou par préciput; il s'applique aussi : 1° aux partages d'ascendants, *supra* n° 154, même à charge de rente viagère (Marcadé, *1078*, 2; Grenier, *Donat.*, I, 398; Toullier, V, 814; Genty, *Partage d'asc.*, p. 285; Massé et Vergé, § 374-1; Demolombe, XIII, 515; Hureaux, I, 26, p. 168, note 2; Montpellier, 11 avril 1833; Lyon, 2 avril 1840; Douai, 14 mai 1851; S. 51, II, 497).

2° Aux dots constituées par contrats de mariage, aux dons manuels, aux donations déguisées sous la forme de contrats onéreux, etc. (Demolombe, XIII, 515). Mais non aux actes qui, bien que qualifiés donations, sont en réalité des contrats à titre onéreux (Troplong, *Donat.*, 79; Demolombe, XIII, 513; Nancy, 31 janv. 1833; Agen, 12 juill. 1836; Paris, 20 déc. 1850), en tout ou pour partie.

161. — Biens en nature. — Aliénation. — L'ascendant n'est admis à exercer le retour légal qu'autant que les biens donnés se retrouvent en nature dans la succession *ab intestat*. Il n'a donc pas lieu à l'égard des biens qui ont été aliénés, même par expropriation pour utilité publique ou apport en société (Defrénois, *Rép. N.* 2532-3) à moins que l'aliénation n'ait eu lieu au mépris d'une clause de la donation imposant au donataire la condition de ne point vendre, aliéner, hypothéquer, ni échanger les biens donnés sans le consentement du donateur (Angers, 29 juin 1842; Paris, 26 janv. 1848; J. N. 11476, 13281).

162. — Donation ou legs. — Par le même principe, si le donataire a disposé de tout ou partie des biens donnés par donation, même en avancement d'hoirie ou par testament, le retour légal ne peut plus s'exercer en ce qui concerne ces biens (Marcadé, 747, 5; Grenier, Donat., 598; Tessier, Dot, I, p. 67; Chabot, 747, 20; Toullier, IV, 234; Demolombe, XIII, 523; Mourlon, II, p. 58; Hureaux, I, 31; Riom, 12 fév. 1824; Montpellier, 31 mai 1825; Besançon, 30 juill. 1828; Grenoble, 11 juill. 1829, 9 janv. 1830; Bordeaux, 15 avril 1831; Cass., 17 déc. 1812, 16 mars 1830, 2 janv. 1838; Dijon, 11 avril 1872; J. N. 20705. Contra Benoît, Dot, II, 107; Agen, 13 mars 1817, 11 déc. 1827).

163. — **Legs universel ou à titre universel.** — Si le donataire a disposé sous la forme de legs universel ou à titre universel, ces legs font obstacle au retour pour la totalité si le legs est universel et pour la quotité léguée s'il est à titre universel (Marcadé, 747, 5; Chabot et Belost-Jolimont, 747, 20; Duranton, VI, 225, 226; Demante, IV, 52 bis; Troplong, Donat., 816; Demolombe, XIII, 523; Aubry et Rau, § 608-44; Montpellier, 31 mai 1825; Besançon, 30 juill. 1828; Cass., 17 déc. 1812, 16 mars 1830, 2 janv. 1838; Aix, 8 nov. 1871; Dijon, 11 avril, 1872; Douai, 6 mai 1879; t. Caen., 1er avril 1884; Rép. N., 2342. Contra Agen, 13 mars 1817, 11 déc. 1827); alors même que le legs serait réduit comme excédant la quotité disponible (Aix, 8 nov. 1871; D., 73, II, 227).

164. — **Echange.** — Est aussi une aliénation la cession par le donataire de l'immeuble donné en échange d'un autre; quant à l'immeuble reçu, le donataire le tient de la cession qui lui en a été faite, par conséquent à titre d'acquisition et il ne fait pas retour. — Mais s'il restait dû au donataire tout ou partie de la soulte stipulée à son profit, la somme due ferait retour au donateur (Marcadé, 747, 5; Belost-Jolimont sur Chabot, 747, obs. 11 et 12; Laurent, IX, 192; t. St. Amand, 16 mars 1877; S. 78, II, 25; Demolombe, XIII, 541; Contra Toullier, IV, 245; Duranton, VI, 233; Grenier, Donat., II, 598; Taulier, III, p. 160; Mourlon, II, p. 62; Aubry et Rau, § 608-41).

165. — **Prix encore dû.** — Si le prix de la vente d'un immeuble donné est encore dû en tout ou en partie au décès du donataire, que ce prix consiste en argent, en deniers ou en marchandises, ou même en une rente (Chabot, 747, 18; Demolombe, XIII, 527; Hureaux, I, 31. Contra Marcadé, 747, 8), l'aliénation n'est pas complète ni définitive, par suite le donateur, en exerçant le retour légal succède à tous les droits du donataire contre l'acquéreur; ainsi il peut se faire payer le prix aux époques convenues, et, à défaut de paiement, poursuivre l'acquéreur, demander la résolution de la vente (Marcadé, 747, 8; Chabot, 747, 24; Toullier, IV, 230; Duranton, VI, 243, 244; Mourlon, II, p. 60; Demolombe, XIII, 530; Hureaux, I, 31).

166. — **Prix payé.** — Quand le prix n'est plus dû, il y a encore lieu à reversion s'il existe une action en reprise du bien, c'est-à-dire une action de nature à faire rentrer le bien dans le patrimoine, par exemple, la faculté de rachat, infra n° 167, ou l'annulation de l'aliénation pour une cause quelconque (Marcadé, 747, 8; Aubry et Rau, § 608-33).

167. — **Vente à réméré.** — Quand le donataire a vendu l'immeuble donné avec réserve de la faculté de réméré et que le délai fixé pour le rachat est expiré sans que le donataire l'ait exercé, la vente constitue une aliénation ordinaire exclusive du droit de retour; mais si le donataire a exercé le rachat, la vente est considérée comme n'ayant pas eu lieu et l'immeuble rentré dans ses mains fait retour au donateur (Marcadé, 747, 6; Chabot, 747, 21; Toullier, IV, 233; Duranton, VI, 232; Demolombe, XIII, 537). — Enfin si le délai du rachat n'est pas encore expiré, le donateur succède à la faculté de réméré et peut opérer le rachat en restituant le prix avec ses accessoires, sans recours contre la succession (Toullier, IV, 230; Duranton, VI, 244; Demolombe, XIII, 535; Hureaux, I, 32).

168. — **Vente résolue.** — La résolution de la vente pour défaut de paiement du prix, a pour effet d'anéantir la vente, de telle sorte que le donataire est censé avoir continué d'être propriétaire de la chose donnée qui, à ce moyen, fait retour au donateur. Il importe peu que la résolution ait été prononcée judiciairement ou qu'elle ait été consentie à l'amiable entre le vendeur et l'acheteur (Marcadé, 747, 6; Troplong, vente, 691, et Transc., 144; Mourlon, Rev. prat., II, p. 204; Cass., 10 mars 1836; S. 36, I, 167; Bourges, 12 fév. 1853; Riom,

11 déc. 1865; S. 53, II, 441; 66, II, 362; Poitiers, 28 déc. 1880; Defrénois, *Rép. N.* 585. Contra Toullier, VII, 531; Duranton, XVI, 387).

169. — Immeuble revenu au donataire. — Lorsque l'immeuble, irrévocablement aliéné par le donataire, lui est revenu ensuite comme l'ayant recueilli à titre successif dans la succession de son acquéreur, ou au moyen de la donation que celui-ci lui a faite, ou encore par suite de rétrocession, l'immeuble se retrouve bien en nature dans la succession du donataire, mais ce n'est plus comme provenant de la donation et il ne fait pas retour au donateur (Marcadé, 747, 6; Chabot, 747, 21; Duvergier sur Toullier, IV, 233; Massé et Vergé, § 374-15; Demante, III, 58 *bis*; Demolombe, XIII, 536; Mourlon, II, p. 58; Hureaux, I, 27; Aubry et Rau, § 308-46. Contra Toullier, IV, 233; Duranton, VI, 232; Benoit, *Dot*, II, 108; Taulier, III, p. 160; Belost-Jolimont, 747, obs. 7).

170. — Somme d'argent. — La règle en ce qui concerne les immeubles est d'une application facile. Mais il en est autrement quand la donation porte soit sur des choses fongibles, soit sur une somme d'argent, soit sur du mobilier corporel, soit sur une créance, des rentes sur l'Etat ou autres valeurs de bourse. Dans ces divers cas, le droit de reversion n'a lieu que quand la chose donnée se retrouve elle-même dans la succession : — S'agit-il d'une somme d'argent, il faut qu'elle existe encore dans la succession du donataire comme espèces ou au moins comme placement; si elle a été ou perdue ou dissipée, ou employée à une acquisition, elle ne fait plus retour, alors même qu'il se trouverait dans la succession du numéraire provenant d'une autre origine (Marcadé, 747, 5; Duranton, VI, 238; Mourlon, II, p. 63; Demolombe, XIII, 545; Hureaux, I, 33, 35; Aubry et Rau, § 608-45; Cass., 7 fév. 1827. Contra Chabot, 747, 22; Grenier, *Donat.*, II, 598; Toullier, IV, 245; Taulier, III, p. 161; Cass., 30 juin 1817; Lyon, 24 avril 1871; S. 72, II, 121).

171. — Créance. — Rente sur l'Etat. — Action, etc. — Ce principe s'applique aux créances, rentes sur l'Etat et autres valeurs publiques; en conséquence le donateur les reprend, ou les sommes provenant de leur remboursement si elles existent encore dans la succession; mais non si les créances ou valeurs ont été aliénées ou si les sommes provenant des remboursements ont été perdues, dissipées ou employées à un achat (mêmes autorités).

172. — Meubles corporels. — Fongibles. — A l'égard du mobilier fongible et des meubles corporels, le droit de reversion n'est admis que pour les objets qui existent encore en nature dans la succession du donataire.

173. — Remploi. — Quand le donataire en employant les créances et capitaux donnés à une acquisition d'immeuble a déclaré l'origine des deniers afin que l'immeuble lui fût propre, cet immeuble, quoique subrogé aux créances et capitaux, ne provient pas directement de la donation, par conséquent il ne fait pas retour (Marcadé, 747, 5; Demolombe, XIII, 543; Laurent, IX, 187; Aubry et Rau, § 608-48. Contra Chabot, 747, 22; Toullier, IV, 245; Duranton, VI, 240; Vazeille, 747, 24). — Il en serait autrement si le remploi en acquisition d'immeubles, ou en placements quelconques, avait lieu en exécution de la condition apposée à la libéralité (Aubry et Rau, § 608-42).

174. — Reprises. — L'ascendant donateur succède à l'action en reprise que pouvait avoir le donataire, c'est-à-dire à l'action qui appartient, soit à la femme contre son mari pour la restitution de sa dot ou la reprise de ses apports stipulés par elle en cas de renonciation à la communauté, soit à l'un ou à l'autre des époux pour la reprise des valeurs qu'il s'est réservées propres, ce qui s'applique à la donation faite depuis le mariage comme à celle faite par contrat de mariage, et sans qu'il y ait lieu de distinguer si la reprise s'exerce en nature ou en deniers (Marcadé, 747, 8; Chabot, 747, 23; Demolombe, XIII, 533; Hureaux, I, 32). — Mais l'ascendant donateur n'aurait pas droit au retour légal pour les reprises en deniers, si l'action en reprises avait été exercée par l'enfant donataire lui-même, de son vivant (Demante, III, 58 *bis*; Demolombe, XIII, 534; Aubry et Rau, § 608-47; Hureaux, I, 32; Cass., 7 fév. 1827).

175. — Mise en communauté. —

Si le conjoint donataire n'a point droit contre la communauté à la reprise des choses données, soit parce qu'elles sont tombées dans la communauté ou ont fait l'objet d'une mise en communauté ou d'un ameublissement sans réserve du droit de reprise (Demolombe, XIII, 534; Hureaux, I, 32), l'ascendant donateur est sans droit comme le donataire lui-même. Si la mise en communauté est d'une certaine somme à prendre sur les apports personnels et sur la dot constituée par un ascendant, le retour légal subit une diminution au prorata de la portion à la charge de la dot dans la mise en communauté.

176. — Actif insuffisant. — Quand le retour légal est exercé dans la succession du mari, si les reprises de la femme absorbent l'actif de la communauté, de sorte qu'il ne peut plus y avoir lieu aux reprises en deniers du mari donataire, l'ascendant donateur ne saurait avoir plus de droits que lui (Chabot, 747, 23; Duranton, VI, 242; Vazeille, 747, 25, 28).

§ 4. — *Effets du retour légal.*

177. — Propres. — Les biens recueillis par l'ascendant donateur à titre de retour légal, le sont à titre successif, par conséquent comme propres; il s'en suit que si les père et mère ont donné conjointement à leur enfant un immeuble de la communauté et que cet immeuble leur fasse retour, ce n'est plus avec sa nature d'acquêt, mais comme propre pour moitié à chacun d'eux.

178. — Dettes et charges. — Par suite du même principe, l'ascendant donateur contribue au paiement des dettes et charges de la succession et à l'acquit des legs de sommes ou de quantités qui pèsent sur l'universalité de la succession (Demolombe, XIII, 555; Douai, 6 mai 1879; S. 80, II, 1).

179. — Contribution. — Il y contribue à proportion de la valeur des objets qui lui font retour, en ce sens que, s'ils forment, par exemple, le tiers de tout l'actif de la succession, il est tenu du tiers des dettes et charges. L'ascendant est tenu *ultra vires, infra* n° 899; mais il peut accepter sous bénéfice d'inventaire (Chabot, 747, 15; Toullier, IV, 236; Vazeille, 747, 6; Demante, III, 56 *bis*;

Dalloz, *Succession*, 216; Mourlon, II, p. 55; Demolombe, XIII, 552; Cass., 13 août 1851; S. 51, I, 657. Contra Duranton, VI, 209; Hureaux, I, 36; Aubry et Rau, § 640 *bis*, 19. Voir Douai, 6 mai 1879; S. 80, II, 1).

180. — Hypothèque. — Si le donataire a hypothéqué les immeubles donnés, le donateur, en exerçant le retour légal, doit souffrir l'hypothèque, sauf à recourir contre les héritiers s'il paie au-delà de la part et portion dont il est tenu (Marcadé, 747, 7; Chabot, 747, 25; Grenier, *Donat.*, 263; Duranton, VI, 214; Demolombe, XIII, 519, 554; Hureaux, I, 37).

181. — Scellés. — Inventaire. — L'ascendant succède; par conséquent, il peut, comme tout autre héritier, requérir l'apposition des scellés et l'inventaire (Demolombe, XIII, 556; Hureaux, I, 37; Bordeaux, 4 janv. 1851; S. 52, II, 412).

182. — Dégradations. — Détériorations. — L'ascendant donateur reprend les immeubles dans l'état où ils se trouvent, sans avoir droit à aucune indemnité pour les dégradations, servitudes, prescriptions qui ont pu en diminuer la valeur, car alors le donataire a usé de son droit de même que s'il avait aliéné de quelque manière que ce fût (Marcadé, 747, 8; Chabot, 747, 25; Vazeille, 747, 20; Duranton, VI, 245; Demolombe, XIII, 557; Hureaux, I, 25; Aubry et Rau, § 640 *bis*, 9).

183. — Impenses. — Améliorations. — Mais si des impenses et des améliorations ont été faites, l'ascendant doit indemnité à la succession pour la plus value qui en est résultée, le donateur ne devant rien retirer au delà de ce qu'il a donné (Marcadé, 747, 7; Chabot, 747, 25; Vazeille, 747, 21; Duranton, VI, 246; Aubry et Rau, § 640 *bis*, 10; Taulier, III, p. 159; Massé et Vergé, § 374-6. Contra Toullier, IV, 232; Demante, III, 57 *bis*; Demolombe, XIII, 559; Hureaux, I, 37).

184. — Fruits. — Récoltes. — Quand les immeubles faisant retour sont des terres chargées de fruits et récoltes pendants par branches ou par racines, l'ascendant profite de ces fruits et récoltes (Toullier, IV, 232; Roll., *Retour légal*, 51), — à la charge de rembourser les frais de labours, engrais et semences à la succession du donataire (Marcadé, *747*, 7; Vazeille, *747*, 22; Taulier, III, p. 159; Masse et Vergé, § 374-7. CONTRA Toullier, IV, 232; Demante, III, 57 *bis*; Demolombe, XIII, 559).

§ 5. — *Retour légal en faveur du père adoptif et de ses descendants.*

185. — Origine des biens. — Si l'adopté, après avoir recueilli les libéralités de l'adoptant ou la succession de ce dernier, *supra* n° 107, meurt sans descendants légitimes, les choses données par l'adoptant ou recueillies dans sa succession, et qui existent en nature lors du décès de l'adopté, retournent à l'adoptant ou à ses descendants, à la charge de contribuer aux dettes, et sans préjudice des droits des tiers (*C. civ., 351*). — Les enfants adoptifs de l'adopté ayant les mêmes droits dans sa succession que ceux qu'y aurait l'enfant né en mariage (*C. civ., 350*), font obstacle au retour de la même manière que les descendants légitimes (Marcadé, *352*, 2; Toullier, IV, 240; Chabot, *747*, 6; Duranton, VI, 220; Demolombe, VI, 167 et 168; CONTRA Benoît, *Dot*, II, 104; Aubry et Rau, § 608-10).

186. — Enfants adoptifs de l'adoptant. — Mais le retour légal ne pourrait être réclamé par les autres enfants adoptifs de l'adoptant qui, pour ce cas, ne sauraient être considérés comme des descendants (Aubry et Rau, § 608-16; Cass., 14 fév. 1855; S. 55, I, 185; CONTRA Demolombe, VI, 174).

187. — Autres biens. — Le surplus des biens de l'adopté est recueilli par ses propres parents, et ceux-ci excluent toujours, même pour les objets spécifiés au numéro précédent, tous héritiers de l'adoptant autres que ses descendants (*C. civ., 351*).

188. — Descendants de l'adopté. — Si, du vivant de l'adoptant, et après le décès de l'adopté, les enfants ou descendants laissés par celui-ci, meurent eux-mêmes sans postérité, l'adoptant succède aux choses par lui données comme il est dit *supra* n° 185. Mais ce droit est inhérent à la personne de l'adoptant et non transmissible à ses héritiers même en ligne directe (*C. civ., 352*).

189. — Règles du retour. — Le droit de retour légal en faveur de l'ascendant ou de ses descendants légitimes dans les cas qui viennent d'être exposés s'exerce suivant les règles de l'art. 747, *supra* n°s 160 et suiv. (Marcadé, *352*, 3).

§ 6. — *Retour légal en faveur des enfants légitimes dans la succession de l'enfant naturel.*

190. — Renvoi. — Voir les explications à ce sujet, *infra* n°s 261 à 266.

CHAPITRE QUATRIÈME

DES SUCCESSIONS IRRÉGULIÈRES

SECTION I. — DES ENFANTS NATURELS

DIVISION

§ 1. Droits des enfants naturels (N°s 191 à 195).
§ 2. Quotité du droit de l'enfant naturel (N°s 196 et suiv.).
    1er Cas. Concours avec des descendants légitimes (N°s 197 à 203)
    2e Cas. Concours avec des ascendants ou des frères et sœurs (N°s 204 à 212).
    3e Cas. Concours avec des collatéraux autres que frères et sœurs (N°s 213 et 214).
    4e Cas. Absence d'héritiers (N° 215).
§ 3. Droits des enfants et descendants de l'enfant naturel (N°s 216 à 218).
§ 4. Imputation des dons faits à l'enfant naturel (N°s 219 à 225).
§ 5. Réduction des droits de l'enfant naturel (N°s 226 à 243).

SOMMAIRE ALPHABÉTIQUE

Accroissement	191
Action	192
Ascendants	195
Biens en nature	192
Cadeaux de noces	221
Capacité	223
Chose reçue	219
Descendants	219, 222, 223
Descendants de l'enfant naturel	216 à 218
Dispense de rapport	221
Fruits	192
Imputation	219 à 225
Indignité	200 à 205, 218
Inventaire	192
Legs	194
Legs universel	212
Libéralité à descendants	223
Maintien des libéralités	225
Part et portion :	
— Absence d'héritiers	215
— Ascendants	204 à 212
— Calcul	198, 199
— Cas	196
— Collatéraux	209, 213, 214
— Descendants légitimes	197 à 203
— Enfant adoptif	197
— Étranger	211
— Frères et sœurs	204 à 212
— Indignité	200 à 202, 205
— Légitime	203
— Legs	210 à 214
— Lignes	213
— Moitié	204
— Neveux et nièces	207, 208
— Renonciation	200 à 205, 208
— Représentation	206
— Tiers	197
— Totalité	215
— Trois quarts	213
Partage	192
Partage d'ascendants	192
Présents d'usage	221
Rapports	192, 219, 220, 224
Reconnaissance	193 à 195
Remplacement	216
Renonciation	218, 241
Représentation	216
Retrait successoral	192
Réduction des droits :	
— Absence d'héritiers	238
— Acceptation	228
— Action	228
— Bénéficiaire	235, 236
— Biens présents	230
— Biens à venir	231
— Cas	226
— Concours	236
— Conjoint	238
— Déclaration	227, 239
— Estimation	240
— État	238
— Excédant de moitié	243
— Héritiers présomptifs	237
— Légataire	238
— Mineur	228
— Moitié	227, 230, 242, 243
— Nue propriété	233
— Puissance paternelle	228
— Quelques enfants	235
— Remise effective	230
— Renonciation	241
— Rente viagère	234
— Retour	230
— Terme	230
— Usufruit	234
— Volonté	229
Scellés	192
Successeurs	191

§ 1. — *Droits des enfants naturels.*

191. — Droit héréditaire. — Les enfants naturels ne sont point héritiers (C. civ. 756), c'est-à-dire ne sont point héritiers légitimes. Mais ils sont successeurs ; à ce titre, ils n'ont pas seulement un simple droit de créance, mais un véritable droit héréditaire qui est, sauf la quotité, de même nature que le droit des héritiers légitimes, et doit en conséquence, être régi par les mêmes principes (Marcadé, 756, I ; Merlin, *Batard*, Sect. 2, § 4 ; Toullier, IV, 248 ; Duranton, VI, 229 ; Chabot, 756, 10 ; Demante, III, 74 *bis* ; Demolombe, XIV, 27 ; Massé et Vergé, § 407-2 ; Aubry et Rau, § 638-2 ; Cass,. 20 mai 1806, 25 août 1813, 16 juin 1847 ; Amiens, 26 nov. 1811 ; Paris, 22 mai 1813, 30 juin 1831 ; Poitiers, 10 avril 1832 ; Toulouse, 15 mars 1834 ; S. 32, II, 379 ; 34, II, 537 ; 47, I, 660 ; 52, II, 360. Contra Hureaux, V, 205).

192. — Actions attachées à ce droit. — De ce principe découlent les conséquences ci-après :

1° L'enfant naturel jouit du droit d'accroissement, *infra* n° 469 ;

2° Le rapport lui est dû par les héritiers légitimes, *infra* n° 224 ;

3° Il peut demander sa part en nature des meubles et immeubles de la succession ; — requérir l'apposition et la levée des scellés ainsi que la confection de l'inventaire (De Belleyme, II, 423 ; Bioche, *Inventaire*, 134 ; Chabot, 756, 12 ; Demolombe, XIV, 37 ; Aubry et Rau, § 638-9) ; — provoquer le partage ; — exercer le retrait successoral (Marcadé, 841, 3 ; Chabot, 841, 13 ; Toullier et Duvergier, V, 441 ; Duranton, VII, 186 ; Demante, III, 171 *bis* ; Demolombe, XVI, 39 ; Hureaux, V, 204 ; Cass., 8 juin 1826, 15 mars 1831 ; S. 31, I, 183) ;

4° Il succède dès l'instant du décès et c'est de ce moment qu'il a droit aux fruits et non pas seulement du jour de la demande (Pigeau, *Proc.*, II, p. 638 ; Aubry et Rau, § 638-7 ; Demolombe, XIII, 60, XIV, 33 ; Seine, 1er juill. 1881 ; t. Troyes, 8 fév. 1882 ; Defrénois, *Rép. N.* 407, 586. Contra Cass., 22 mars 1841 ; Bordeaux, 21 mars 1856 ; S. 41, I, 453 ; 57, II, 173) ;

5° Il est partie nécessaire à la validité du partage d'ascendants que fait son père ou sa mère. (Hureaux, V, 204 ; Demolombe, XIV, 47 *bis*).

193. — Reconnaissance. — La loi n'accorde aux enfants naturels de droits sur les biens de leurs père ou mère décédés, que lorsqu'ils ont été légalement reconnus (*C. civ. 756*) au moyen :

1° Soit d'une reconnaissance volontaire du père ou de la mère (*C. civ. 334*) ;

2° Soit d'une décision judiciaire, même postérieure au décès (Demolombe, XIV, 15 ; Hureaux, V, 199), dans les cas prévus par les art. 340 et 341 (Marcadé, *756*, 1 ; Chabot, *756*, 7 ; Duranton, III, 255 ; Valette sur Prudhon, II, p. 161 ; Demante, III, 74 *bis* ; Mourlon, II, p. 66 ; Massé et Vergé, § 370-1 ; Demolombe, XIV, 13 ; Hureaux, V, 194 ; Paris, 27 juin 1812 ; Rouen, 17 mars 1813 ; Caen, 7 avril 1832. CONTRA Merlin, *Succession*, Sect. 11, § 2, art. 1) ;

3° Soit enfin de la possession d'état, si l'on admet qu'elle peut faire preuve de la filiation naturelle (Demolombe, XIV, 14).

194. — Reconnaissance pendant le mariage. — Mais la reconnaissance faite pendant le mariage, par l'un des époux, au profit d'un enfant naturel qu'il aurait eu, avant son mariage, d'un autre que de son époux, ne peut nuire ni à celui-ci, ni aux enfants nés de ce mariage (*C. civ. 337*). Ainsi, serait contraire à la loi, et comme tel nul, le legs fait pendant le mariage, par l'un des époux, au profit de l'enfant naturel qu'il a eu avant son mariage d'un autre que de son conjoint et qu'il a reconnu pendant le mariage (Demolombe, V, 475 ; Poitiers, 5 mai 1858 ; S. 58, II, 420). — Mais s'il s'agissait d'un enfant appartenant aux deux époux, la reconnaissance, quoique faite pendant le mariage, produirait son plein et entier effet (Marcadé, *337*, 6 ; Demolombe, V, 468 ; Duranton, III, 248 ; Massé et Vergé, § 167-40).

195. — Parents du père ou de la mère. — La reconnaissance volontaire ou forcée d'un enfant naturel, n'établit la parenté légale qu'entre cet enfant et son père ou sa mère ; aussi la loi n'accorde aux enfants naturels aucun droit sur les biens des parents de leurs père ou mère (*C. civ. 756*), quand même ils ne laisseraient point d'héritiers au degré successible.

§ 2. — *Quotité du droit de l'enfant naturel.*

196. — Quatre cas. — Le droit de l'enfant naturel sur les biens de ses père ou mère décédés, est réglé ainsi qu'il suit (*C. civ. 757*) :

Ier CAS. — Concours de l'enfant naturel avec des descendants légitimes.

197. — Quotité. — Si le père ou la mère a laissé des descendants légitimes, le droit de l'enfant naturel est d'un tiers de la portion héréditaire qu'il aurait eue s'il eût été légitime. (*C. civ. 757*). On considère comme des enfants légitimes, les enfants adoptifs laissés par le père ou la mère naturels (V. Marcadé, *343*, 3 ; Demolombe, VI, 18 ; Aubry et Rau, § 605-4 ; Paris, 20 avril 1860 ; S. 60, II, 331).

198. — Calcul du droit. — L'enfant ou les enfants naturels doivent être comptés momentanément comme légitimes ; on calcule ce qu'ils auraient eu en cette qualité et on leur en attribue le tiers (Marcadé, *757*, 3 ; Toullier et Duvergier, IV, 252 ; Chabot, *757*, 12 ; Vazeille, *757*, 4 ; Poujol, *757*, 29 ; Loiseau, *Enf. natur.*, p. 124 ; Duranton, VI, 272 ; Mourlon, II, p. 69 ; Demante, III, 75 *bis* ; Massé et Vergé, § 369-10 ; Aubry et Rau, § 605, pag. 323-9 ; Demolombe, XIV, 50, 58, 67 ; Hureaux, V, 214 ; Pau, 10 avril 1818 ; Cass., 26 juin 1809, 28 juin 1831, CONTRA Gros, *Enf. natur.*, 18 et suiv. ; Blondeau, *Sépar. des patrim.*, p. 528, note 2).

199. — Application de ce calcul. — Un enfant légitime et un enfant naturel, total deux : l'enfant naturel a droit au tiers de la moitié, soit un sixième, et l'enfant légitime à cinq sixièmes ; — deux enfants légitimes et deux enfants naturels, total quatre : chaque enfant naturel a droit au tiers d'un quart, soit un douzième ; — deux enfants légitimes et quatre enfants naturels, total six : chaque enfant naturel a droit au tiers d'un sixième, soit un dix-huitième.

200. — Renonciation ou indignité de quelques enfants légitimes. — Si quelques-uns des enfants légitimes renoncent ou sont déclarés indignes, l'enfant naturel profite de l'accroissement qui en résulte, et la succession se partage entre lui et les enfants légitimes ou le seul enfant légitime qui restent héritiers, comme si les renonçants ou les indignes n'eussent point existé (Chabot, *757*, 5 ; Duranton, VI, 273 ; Massé et Vergé, § 369-8 ; Aubry et Rau, § 605-6 ; Demolombe, XIV, 65 ; Hureaux, V, 204, 210. CONTRA Loiseau, *Enf. natur.*, p. 653).

201. — De tous les enfants légitimes. — Si tous les enfants du premier degré sont renonçants ou indignes et laissent des descendants qui, dans ce cas, concourrent avec l'enfant naturel, non point par représentation, mais de leur chef, le droit de l'enfant naturel est du tiers de la totalité de la succession, puisque s'il eût été légitime, il aurait exclu les descendants des renonçants et des indignes (Marcadé, 757, 1; Vazeille, 757, 2; Demante, III, 74 bis; Duvergier sur Toullier, IV, 252; Massé et Vergé, § 369-6; Aubry et Rau, § 605-8; Demolombe, XIV, 66; Mourlon, II, p. 68. V. cep. Duranton, VI, 274; Chabot, 757, 5; Taulier, III, p. 173).

202. — Même hypothèse, — pas de descendants. — Quand les enfants légitimes ont tous renoncé ou ont tous été déclarés indignes et ne laissent point de descendants, les droits de l'enfant naturel sont de moitié, de trois quarts ou de la totalité selon que la succession régulière, à défaut des renonçants ou des indignes, est dévolue à des ascendants ou des frères et sœurs, ou à d'autres héritiers collatéraux, ou à l'enfant naturel lui-même, à défaut d'héritiers légitimes. On ne doit donc pas, pour le calcul de ses droits, avoir égard aux parents qui sont renonçants ou indignes (Marcadé, 757, 4; Chabot, 757, 11; Toullier et Duvergier, IV, 255; Duranton, VI, 285; Demante, III, 75 bis; Massé et Vergé, § 369-8; Mourlon, II, p. 68; Demolombe, XIV, 54. Contra Richefort, III, 407).

203. — Concession des droits d'enfant légitime. — Les dispositions des art. 757 et 908 du Code civil qui déterminent la part de l'enfant naturel, et le rendent incapable de recevoir au delà de cette part, n'interdisent pas aux enfants légitimes qui concourrent avec lui, de le considérer comme un enfant légitime au point de vue pécuniaire, et de lui attribuer dans les successions de ses père ou mère, après son ouverture, des droits identiques aux leurs (T. Sens, 24 juill. 1873; Journ. Not. 2658).

IIe Cas. — Concours de l'enfant naturel avec des ascendants ou des frères et sœurs.

204. — Quotité. — Le droit de l'enfant naturel est de la moitié lorsque les père ou mère ne laissent pas des descendants, mais bien des ascendants ou des frères ou sœurs (*C. civ.* 757). Dans ce cas, la succession se divise par moitié : une pour la succession régulière qui est dévolue à celui ou à ceux des ascendants et des frères et sœurs qui y sont appelés, n'y eût-il qu'un seul frère ou sœur, même utérin ou consanguin (Chabot, 757, 8; Massé et Vergé, § 369-12; Demolombe, XIV, 74; Hureaux, V, 216); — et l'autre moitié pour la succession irrégulière, qui est dévolue aux enfants naturels, qui la partagent entre eux par têtes lorsqu'ils sont plusieurs (Marcadé, 757, 3; Duranton, VI, 284; Toullier, IV, 253; Demolombe, XIV, 74; Aubry et Rau, § 605, p. 328).

205. — Renonciation; indignité. — Si tous les ascendants et frères et sœurs renoncent ou sont déclarés indignes, ils sont considérés comme inexistants; et, dans ce cas, la part des enfants naturels est de trois quarts ou de la totalité, suivant que, par suite de la renonciation ou de l'indignité, ils se trouvent concourir avec des collatéraux autres que frères et sœurs, ou avoir droit à la totalité de la succession à défaut d'héritiers (*infra* n° 215).

206. — Représentation. — Dans le cas où quelques-uns des frères et sœurs sont décédés laissant des descendants, ceux-ci les représentent; et, dès lors, viennent en concours avec leurs oncles ou tantes (Demolombe, XIV, 74; t. Béthune, 22 mai 1885; Defrénois, *Rép. N.* 2544).

207. — Neveux et nièces. — Lorsque le défunt n'a laissé que des neveux et nièces, ceux-ci ont-ils le droit à la moitié qui aurait été dévolue à leurs père et mère, comme les représentant, ou s'ils n'ont droit qu'au quart, en qualité de collatéraux autres que frères et sœurs? Les auteurs enseignent presque généralement que les droits des enfants naturels continuent d'être de moitié, en raison de ce que les neveux et nièces, par l'effet de la représentation, sont au lieu et place des frères et sœurs (Marcadé, 757, 2; Chabot, 757, 9; Poujol, 757, 25; Toullier et Duvergier, IV, 254; Cotelle, I, p. 267; Delaporte, III, p. 112; Duranton, VI, 288; Dalloz, *Succ.*, 281, 282; Pont, *Rev. de lég.* 1848, I, p. 103; Gros, *Droits succ. des enf. nat.* 55; Demante, III, 75 bis; Roll. de Vill., *Port. disp.*, 86; Demolombe, XIV, 75; Mourlon, II,

p. 72; Hureaux, V, 217; Aubry et Rau, § 605, 10; Rennes, 26 juill. 1843; S. 44, II, 341).

Mais, cette matière étant réglée sous le titre des *successions irrégulières*, il est plus juridique de décider que les droits des enfants naturels sont de trois quarts, à défaut, comme le dit la loi, de descendants, d'ascendants et de frères ou sœurs (Vazeille, *757*, 6; Belost-Jolimont, *757*, 9; Richefort, III, 376; Troplong, *Don.*, 776; Massé et Vergé, § 369-11; Cadrès, *Enf. nat.*, 193, 194; Taulier, III, p. 175; Grenier, II, 668; Loiseau, *Enf. nat.*, p. 648, Laurent, IX, 119; Riom, 29 juill. 1809; Paris, 16 juin 1812, 20 avril 1853, 28 juin 1860, 17 janv. 1865, 14 juill. 1871; Montpellier, 13 juill. 1812; Rouen, 17 mars 1813, 30 nov. 1839, 14 juill. 1840; Agen, 16 avril 1822, 16 juin 1823; Toulouse, 29 avril 1845; Grenoble, 30 déc. 1858; Douai, 4 mai 1874; Cass., 6 avril 1813, 20 fév. 1823, 28 mars 1833, 31 août 1847, 13 janv. 1862, 4 janv. 1875; S. 33, I, 284; 40, II, 524; 46, II, 50; 47, I, 785; 53, II, 318; 62, I, 225; 65, II, 2; Seine, 14 juin 1881; Paris, 24 juin 1886; Defrénois, *Rép. N.* 408, 3263).

208. — Renonciation des frères et sœurs. — Il en est ainsi, même quand le défunt a laissé des frères et sœurs, s'ils ont tous renoncé à la succession (Chambéry, 6 déc. 1876; R. N. 5372).

209. — Ascendants; collatéraux. — Le droit de l'enfant naturel est de moitié, lorsque son père ou sa mère décédé a laissé dans une ligne des ascendants et dans l'autre des collatéraux autres que frères et sœurs, ou même n'a laissé aucun parent dans cette ligne; le motif en est que c'est la parenté plus ou moins rapprochée qui en détermine le *quantum*. Le droit n'est donc pas de moitié dans la ligne des ascendants et de trois quarts ou de la totalité dans l'autre ligne (Favard, *Succ.*, sect. IV, § 1; Duranton, VI, 287; Taulier, III, p. 175; Belost-Jolimont, *757*, obs. 3; Beautemps-Beaupré, *Port. disp.*, I, 251; Gros, *Enf. nat.*, 57; Demolombe, XIV, 76; Hureaux, V, 218; Aubry et Rau, § 605-12; Bordeaux, 5 mai 1856; S. 56, II, 673; Paris, 21 nov. 1868; Journ. des Not., 19497. CONTRA, Marcadé, *757*, 4; Chabot, *757*, 13; Vazeille, *757*, 8; Poujol, *757*, 20; Toullier, IV, 256; Massé et Vergé, § 359-13; Dalloz, 285; Mourlon, II,

p. 72; Roll. de Vill., *Succ.*, 203; Paris 30 pluv. an 13; Amiens, 23 mars 1854; S. 54, II, 89; t. Poitiers, 12 mars 1884; Defrénois, *R. N.* 2493).

210. — Légataire de moitié. — Lorsque le défunt a laissé un ou plusieurs enfants naturels reconnus, des frères et sœurs légitimes et un légataire de moitié; cette moitié doit être délivrée, et l'autre moitié appartient à l'enfant ou aux enfants naturels, jusqu'à concurrence de leurs réserves, *infra* n° 1258, et aux frères et sœurs pour ce qui reste (Marcadé, art. *916*, Demolombe, XIV, 55; Cass., 29 juin 1857, 15 nov. 1859; S. 57, I, 745; 59, I, 881).

211. — Legs. — Étranger. — Enfant naturel. — Si le défunt a légué un quart de ses biens à un étranger, et les trois quarts de surplus à son enfant naturel, sa succession appartient: pour un quart au légataire étranger; pour moitié à l'enfant naturel, comme ne pouvant rien recevoir au delà de ses droits (*C. civ.*, 908); et pour le quart restant aux frères et sœurs (Paris, 14 août 1875; R. G. Defrénois, III, 2611).

212. — Legs universel. — Lorsque le parent successible que le père ou la mère de l'enfant naturel a laissé, se trouve privé de la succession par des dispositions à titre gratuit, comme, par exemple, si le *de cujus* laissant un enfant naturel et des frères et sœurs, a institué un légataire universel étranger, l'existence des frères et sœurs n'est pas moins à considérer pour la fixation de la part héréditaire de l'enfant naturel qui continue d'être de moitié; et, en présence du legs universel, il est réduit à sa réserve calculée de la même manière que s'il était enfant légitime, soit à la moitié de ses droits, ou un quart du tout, *infra* n° 1262.

IIIe CAS. — Concours de l'enfant naturel avec des collatéraux autres que frères et sœurs.

213. — Quotité. — Le droit de l'enfant naturel est des trois quarts, lorsque les père ou mère ne laissent ni descendants, ni ascendants, ni frères, ni sœurs (*C. civ., 757*). En conséquence, la succession irrégulière a trois quarts, quel que soit le nombre des enfants naturels; de sorte que s'il n'y a qu'un seul enfant, il prend les trois quarts, et s'ils sont plusieurs ils partagent par tête (Marcadé, *757*, 3 ; Duranton, VI, 289 ; Demolombe, XIV, 79 ; Hureaux, V, 221). — Et la succession légitime a le quart de surplus qui se partage entre les héritiers suivant les principes établis pour les successions régulières, *supra* n° 132. Il s'en suit que s'il n'y a d'héritiers collatéraux que dans une ligne, la dévolution profite aux héritiers légitimes ; et non pas aux enfants naturels dont le *quantum* légal ne saurait jamais s'augmenter (Marcadé, art. *758* ; Duranton, VI, 289 ; Demolombe, XIV, 76 ; Hureaux, V, 221 ; Aubry et Rau, § 605-14).

214. — **Legs à l'enfant naturel de sa quotité.** — Le père qui n'a que des collatéraux (autres que frères et sœurs) pour concourir avec son enfant naturel, peut disposer de sa succession, un quart au profit d'un étranger et les trois quarts de surplus au profit de son enfant naturel, sans que les collatéraux soient fondés à prétendre que le legs de l'enfant naturel doit être réduit aux trois quarts des trois quarts à lui légués (Cass., 14 mars 1837 ; S. 37, I, 344). — Si le legs à l'enfant naturel est de toute la portion que la loi lui permet de recueillir dans la succession du testateur, il a été décidé qu'il ne peut exiger que, pour calculer cette portion, les biens antérieurement donnés entre vifs, soient réunis fictivement aux biens existants, alors d'ailleurs qu'aucune atteinte n'est portée à sa réserve, et qu'il est seul réservataire (Orléans, 7 janv. 1860 ; S. 60, II, 225).

IV° Cas. — Succession dévolue à l'enfant naturel à défaut d'héritiers légitimes.

215. — **Total.** — L'enfant naturel a droit à la totalité des biens lorsque ses père ou mère ne laissent pas de parents au degré successible (*C. civ.*, *758*), ou lorsque les héritiers légitimes, venant à la succession, renoncent ou sont déclarés indignes (Marcadé, art. *758* ; Demolombe, XIV, 75, 81 ; Roll., *Succ.*, 212), *supra* n° 195.

§ 3. — *Droits des enfants et descendants de l'enfant naturel.*

216. — **Remplacement.** — En cas de prédécès de l'enfant naturel, ses enfants ou descendants peuvent réclamer ses droits fixés comme il est dit *supra* n°s 197 à 215 (*C. civ.*, *759*) ; c'est-à-dire le remplacent pour la réclamation de ses droits.

217. — **Descendants légitimes.** Il ne s'agit dans cet article que des enfants et descendants légitimes, et non pas des enfants naturels, quand même, à défaut de parents au degré successible, la succession serait dévolue à l'Etat (Marcadé, *759*, 1 ; Chabot et Belost-Jolimont, *759*, 1 ; Toullier, IV, 259 ; Vazeille, *759*, 1 ; Poujol, *759*, 2 ; Mourlon, II, p. 73 ; Demolombe, XIV, 88 ; Demante, III, 78 *bis* ; Hureaux, V, 223 ; Aubry et Rau, § 605, 17. Contra Roll., *Succ.*, 214).

218. — **Renonciation.** — **Indignité.** — Les descendants légitimes de l'enfant naturel ont personnellement d'après l'art. *759*, un droit héréditaire dans la succession du père ou de la mère naturels, puisque, en matière de représentation, le représentant est lui-même l'héritier du *de cujus*. En conséquence, si l'enfant naturel renonce ou est exclu de la succession comme indigne et qu'il n'y ait pas d'autres enfants, soit légitimes, soit naturels venant à la succession, ses enfants et descendants légitimes sont appelés de leur chef à réclamer les droits de leur auteur renonçant ou indigne (Belost-Jolimont sur Chabot, *759*, obs. 3 ; Duvergier sur Toullier, IV, 259 ; Massé et Vergé, § 369-20 ; Taulier, III, p. 187 ; Demante, III, 78 *bis* ; Demolombe, XIV, 85 ; Aubry et Rau, § 605-18 ; Hureaux, V, 224. Contra Marcadé, *759*, 2 ; Toullier, IV, 259 ; Duranton, VI, 294 ; Chabot, *759*, 4 ; Poujol, *759*, 2 ; Vazeille, *759*, 2 ; Dalloz, *Succ.*, 347, 348).

§ 4. — *Imputation des dons faits à l'enfant naturel.*

219. — **Choses reçues.** — L'enfant naturel ou ses descendants sont tenus d'imputer sur ce qu'ils ont droit de prétendre, tout ce qu'ils ont reçu du père ou de la mère dont la succession est ouverte, et qui serait sujet à rapport d'après les règles établies *infra* n°s 1066 et suiv. (*C. civ.*, 760). Cette disposition est complété par l'art. *908* ainsi conçu : « Les enfants naturels ne peuvent, par donation entre-vifs ou par testament, rien recevoir au delà de ce qui leur est accordé au titre des successions. »

220. — Règles du rapport. — L'imputation prescrite par l'art. 760 est assujettie aux règles qui seront établies plus loin pour les rapports, quant aux choses et aux avantages qui sont ou ne sont pas imputables, et aussi quant au mode de faire et d'exiger le rapport (Demolombe, XIV, 99; Aubry et Rau, § 638-15; Hureaux, IV, 15; Cass., 28 juin 1831, 16 juin 1847; S. 47, I, 659. Contra Marcadé, *760*, 1; Chabot, *760*, 2; Poujol, *760*, 1; Vazeille, *760*, 5; Belost-Jolimont, *760*, 5; Taulier, III, p. 188; Cass., 11 janv. 1831).

221. — Dispense du rapport. — Mais elle s'en écarte en ce que l'enfant naturel ne peut être dispensé du rapport ni par la volonté de son auteur ni par l'effet de sa renonciation à la succession, sauf son droit en renonçant de conserver le don ou réclamer le legs qui lui aurait été fait, si ce don ou ce legs n'excèdent pas ce qui lui est accordé au titre des successions (Marcadé, *760*, 3; Demolombe, XIV, 99; Hureaux, V, 231; Bordeaux, 6 août 1827). — Toutefois il n'est pas soumis à l'imputation en ce qui concerne les cadeaux de noces et présents d'usage (Marcadé, *760*, 2; Demolombe, XIV, 92; Cass., 13 janv. 1862; S. 62, I, 225).

222. — Descendants de l'enfant naturel. — Si les descendants légitimes de l'enfant naturel exercent ses droits comme le remplaçant, *supra* n° 216, ils doivent imputer tant ce qui a été reçu par leur auteur prédécédé que ce qu'ils ont reçu personnellement, *infra* n° 997, il en serait ainsi quand même par l'effet de la renonciation ou de l'indignité de leur auteur, ils viendraient de leur chef à la succession, *supra* n° 218, puisque à eux tous, ils ne peuvent obtenir une portion plus forte que celle qui est attribuée par la loi à l'enfant naturel (Marcadé, *760*, 3; Demante, III, 79 *bis*; Demolombe, XIV, 94; Hureaux, V, 231; Aubry et Rau, § 638-19.

223. — Descendants. — Capacité de recevoir. — L'incapacité de recevoir au delà de ce qui leur est accordé par la loi, établie contre les enfants naturels, ne s'étend pas à leurs descendants légitimes, la loi ne les ayant pas mentionnés, et d'ailleurs les règles d'incapacité étant de droit étroit, ne sont pas susceptibles d'être étendues; ceux-ci, après le décès de l'enfant naturel et alors qu'ils ne sauraient plus être considérés comme personnes interposées, peuvent donc personnellement recevoir au-delà de ce que ce dernier aurait pu recevoir lui-même dans la succession de son auteur (Massé et Vergé, § 418, 23; Cadrès, 235; Saintespès, II, 238; Colmar, 31 mai 1825; Douai, 9 mai 1836; S. 36, II, 573; Cass., 13 avril 1840; S. 40, I, 440; Rouen, 10 et 20 mars 1851; S. 51, II, 211, 699; Montpellier, 28 janv. 1864; S. 64, II, 84; Gand, 26 fév. 1874; Alger, 31 mai 1876; Cass., 21 juill. 1879; S. 75, II, 29; 80, I, 31. Contra, Marcadé, art. *908* et *911*; Toullier, IV, 260; Duranton, VIII, 247; Belost-Jolimont, *759*, obs. 3; Vazeille, *908*, 5; Richefort, *Etat des fam.*, II, 322; Demolombe, XIV, 95; Hureaux, V, 229; Paris, 26 déc. 1828).

224. — Rapport. — Héritiers légitimes. — De même que l'enfant naturel est soumis à l'obligation du rapport envers les héritiers légitimes, ceux-ci de leur côté doivent aussi le rapport à l'enfant naturel (Chabot et Belost-Jolimont, *757*, 17; Duranton, VI, 298; Demolombe, XIV, 31, 100; Hureaux, V, 231; Aubry et Rau, § 638-20; Roll., *Rapport*, 47; Paris, 5 juin 1826; Pau, 14 juill. 1827; Cass., 11 janv. et 28 juin 1831. Contra Toullier, IV, 285; Loiseau, *Enf. nat.*, p. 695), même des dons antérieurs à sa reconnaissance (Demolombe, XIV, 100; Aubry et Rau, § 638-23; Hureaux, V, 231; Rouen, 27 janv. 1844; Cass., 16 juin 1847; S. 47, I, 659. Contra Grenier, *Donat.*, II, 665; Poujol, *756*, 14; Richefort, II, 548; Cadrès, *Enf. nat.*, 221; Loiseau, p. 698). — A ce moyen la part de l'enfant naturel se calcule sur une masse composée tant des biens existants au décès, que de ceux dont les héritiers légitimes et l'enfant naturel doivent le rapport.

225. — Maintien des libéralités. — L'incapacité de recevoir au-delà de ce qui est fixé par la loi, en ce qui concerne les enfants naturels, n'est pas absolue, en ce sens que les parents légitimes appelés à la succession du père ou de la mère de l'enfant naturel peuvent, après l'ouverture de la succession, maintenir pour le tout la libéralité excessive faite à ce dernier en renonçant à invoquer l'art. *908* contre lui (Demolombe, XIV, 83; Hureaux, V, 220; Cass., 16 août 1841; Rennes, 26 juill. 1843; Toulouse, 7 fév. 1844; S. 41, I, 609; 44, II, 341 ; 45, II, 256).

§ 5. — *Réduction des droits de l'enfant naturel.*

226. — Cas de réduction. — Les droits de l'enfant naturel ne peuvent être augmentés (*C. civ., 908*), mais la loi permet qu'ils soient diminués. Cette diminution s'opère : soit expressément par une déclaration du père ou de la mère, jointe à une libéralité en faveur de l'enfant naturel ; — soit par l'effet de libéralités faites par le père ou la mère dans la limite de la quotité disponible. Il ne sera question ici que du premier cas; le second sera expliqué *infra* n°s 1247 et suiv.

227. — Déclaration expresse. — Moitié. — Toute réclamation est interdite à l'enfant naturel et à ses descendants (Demolombe, XIV, 117), lorsqu'il a reçu, du vivant de son père ou de sa mère, la moitié de ce qui lui est attribué par la loi, avec déclaration expresse de la part de ses père ou mère que leur intention est de réduire l'enfant naturel à la portion qu'ils lui ont assignée (*C. civ., 761*). La moitié dont il vient d'être parlé est la moitié des droits héréditaires *ab intestat* de l'enfant naturel fixés par l'article 757, et non par la moitié de sa réserve (Marcadé, *761*, 1; Vazeille, *761*, 6; Duranton, VI, 301 ; Taulier, III, p. 193; Massé et Vergé, § 369-27; Douvergier sur Toullier, IV, 262 ; Hureaux, V, 241, Demolombe, XIV, 111, Aubry et Rau, § 605-19, et 686-11. CONTRA Toullier, IV, 262; Grenier, *Don*, II, 674; Rochefort, III, 420; Demante, III, 80 *bis*; Cass., 31 août 1847; Paris, 17 janv. 1865 ; S. 47, I, 785 ; 65, II, 2).

228. — Acceptation forcée. — Le père, ou la mère, en réduisant l'enfant naturel à la moitié de ses droits fait un acte de la puissance paternelle, se libère d'une obligation naturelle, épargne à la famille la présence de l'enfant naturel dans les opérations du partage. Il s'en suit que le consentement de l'enfant n'est pas exigé pour la validité de la clause de réduction; par conséquent, si l'enfant refuse d'accepter, le père ou la mère peut faire consacrer sa volonté par une décision du tribunal Toullier, IV, 262; Belost-Jolimont, *761*, obs. 2; Taulier, III, p. 191-192; Duranton, VI, 304 ; Pont, *Rev. de législ.*, 1846, I, p. 88; Dalloz, *Succ.*, 326 ; Roll, *ibid.* 226; Massé et Vergé, § 369-22; Douai, 27 fév. 1834; Cass., 21 avril 1835; 31 août 1847; Toulouse, 29 avril 1845; Metz, 27 janv. 1853 ; Seine, 11 mars 1885; Paris, 24 juin 1886; Defrénois, *Rép. N.* 2749 et 3264. CONTRA Marcadé, *761*, 2; Chabot, *761*, 3; Vazeille, *761*, 7; Grenier, *Donat.*, II, 674; Duvergier sur Toullier, IV, 262; Demante, III, 80 *bis*; Mourlon, II, p. 67; Demolombe, XIV, 105; Aubry et Rau, § 605-20; Hureaux, V, p. 354 note ; Paris, 2 janv. 1819). — Quand l'enfant naturel est mineur, l'action est dirigée contre un tuteur *ad hoc* (Toullier, IV, 262).

229. — Expression de la volonté. — Aux termes de l'art. *761*, la déclaration de réduction doit être expresse, sans cependant qu'elle soit assujettie à des expressions sacramentelles ; il suffit que la volonté du père ou de la mère résulte de la formule employée (Marcadé, *770*, 1; Chabot, *761*, 6 ; Duranton, VI, 306; Demolombe, XIV, 107).

230. — Remise effective. — Pour que la réduction produise son effet, il faut que l'enfant ait reçu effectivement du vivant du père ou de la mère une portion de ses droits et qu'il ait eu la disposition des biens; elle ne peut donc être opérée que par une donation entre-vif des biens présents. Mais il importe peu qu'elle soit d'une somme d'argent, même payable seulement au décès du donateur, si d'ailleurs elle est productive d'intérêts ; il est indifférent aussi que le donateur ait stipulé la réserve du droit de retour pour le cas de prédécès de l'enfant naturel sans postérité, car la condition de retour n'empêche pas le dessaisissement actuel et irrévocable du donateur (Cass., 2 fév. 1870; S. 70, I, 361; CONTRA Roll. de Vill., *Succ.*, 225).

231. — Biens à venir. — La réduction ne pourrait avoir lieu ni par une donation des biens à venir (Marcadé, *761*, 2; Chabot, *761*, 3; Poujol, *761*, 8; Grenier, *Donat.*, II, 674; Toullier, IV, 262; Duranton, VI, 306 ; Dalloz, *Succ.*, 321; Roll., *Enf. nat.*, 89; Massé et Vergé, § 369-21; Demolombe, XIV, 109; Paris, 2 janv. 1819; Nancy, 22 janv. 1839); — ni par un testament (Chabot, *761*, 4; Duranton, VI, 306; Demolombe, XIV, 509; Hureaux, V,

239; Aubry et Rau, § 605-26; Pau, 24 mai 1806; Nancy, 22 janv. 1833; Rennes, 21 juill. 1860; S. 61, II, 86).

252. — Déclaration ultérieure. — La clause de réduction peut être stipulée par un acte authentique ultérieur, contenant la déclaration du donateur, et il a été décidé que, dans cette forme, elle pouvait être faite même hors la présence de l'enfant (Duranton, VI, 304; Massé et Vergé, § 369-22; Paris, 2 janv. 1819; Toulouse, 29 avril 1845; S. 46, II, 49; Cass., 31 août 1847; S. 47, I, 785. CONTRA Marcadé, 761, 2; Chabot, 761, 16; Demante, III, 80 bis; Demolombe, XIV, 106; Aubry et Rau, § 605, 21).

253. — Nue propriété. — S'il n'est donné à l'enfant naturel que des biens en nue propriété, ou des biens dont la délivrance est ajournée au décès du donateur, la clause de réduction est valable lorsque la valeur vénale de la nue propriété, au jour de la donation, est équivalente à la moitié des droits de l'enfant (Chabot, 761, 4; Toullier et Duvergier, IV, 262; Duranton, VI, 306; Massé et Vergé, § 369-21; Demolombe, XIV, 110; Hureaux, V, 240; Aubry et Rau, § 605-25. CONTRA Taulier, III, p. 191).

254. — Usufruit. — Rente viagère. — Mais si la donation était d'un usufruit, d'une rente viagère ou d'une somme à titre d'aliments, l'enfant naturel ne se trouverait point avoir reçu à l'avance l'équivalent de la moitié de ses droits, et le donateur ne pourrait imposer la condition de réduction (Roll., Enf. nat., 91 et Succ., 225; arg. Cass., 21 avr. 1835).

255. — L'un des enfants naturels réduit. — Descendants. — Lorsque il y a concours d'enfants légitimes avec des enfants naturels et que quelques-uns seulement de ces derniers ont été réduits, la réduction ne profite qu'aux enfants légitimes et non aux autres enfants naturels (Duranton, VI, 307; Vazeille, 761, 11; Demolombe, XIV, 118; Hureaux, V, 247; Aubry et Rau, § 605-28).

256. — Même hypothèse. — Collatéraux. — Il en est de même quand les enfants naturels concourent avec des ascendants, des frères ou sœurs ou d'autres collatéraux, bien que leurs droits dans ce cas, soient ensemble de moitié ou trois quarts de la succession, la réduction imposée à quelques-uns d'eux profite aux héritiers légitimes seuls, et non pas aux autres enfants naturels, soit seuls, soit en concours avec les parents légitimes (Demante, III, 80 bis; Demolombe, XIV, 118; Hureaux, V, 247; Aubry et Rau, § 605-28. CONTRA Vazeille, 761, 11; Roll., Succ. 231; CONTRA aussi Duranton, VI, 308; Taulier, III, p. 194. Selon ces derniers auteurs, la réduction profite à la fois aux héritiers légitimes et aux autres enfants naturels).

257. — Héritiers. — La clause de réduction ne produit son effet qu'autant que le donateur laisse à son décès des héritiers du même degré que ceux qui existaient au jour de la donation; d'où il suit que si, à l'époque de la donation, ses présomptifs héritiers étaient des descendants légitimes, et qu'à son décès il laisse pour héritiers des ascendants ou des frères et sœurs, la clause de réduction est sans objet (Marcadé, 761, 4; Vazeille, 761, 12; Roll., Succ., 232).

258. — Absence d'héritiers. — La clause de réduction est permise seulement en faveur de la famille; elle serait donc aussi sans objet si, à défaut d'héritiers légitimes, la succession se trouvait dévolue au conjoint survivant, ou aux autres enfants naturels, ou à l'État (Marcadé, 761, 4; Vazeille, 761, 12; Taulier, III, p. 194; Massé et Vergé, § 371-1; Demolombe, XIV, 119; Hureaux, V, 245; Aubry et Rau, § 605, 27, 30. CONTRA Belost-Jolimont, 761, obs. 3; Demante, III, 81 bis), — ou à des donataires ou légataires étrangers (Taulier, III, p. 195; Demolombe, XIV, 120; Hureaux, V, 248. CONTRA Cass., 31 août 1847; S. 47, I, 785).

259. — Donation inférieure à moitié. — Lorsque l'enfant naturel a été réduit à la moitié de ses droits, si les biens qu'il a reçus sont inférieurs à la moitié de ce qui devrait lui revenir, il ne peut réclamer que le supplément nécessaire pour parfaire la moitié (C. civ., 761). A fin de s'assurer que la portion qu'il a reçue n'est pas inférieure à ce qui devrait lui revenir, l'enfant naturel a un droit de contrôle qui lui permet d'assister à la levée des scellés, à l'inventaire et à l'estimation des biens et même de requérir ces opérations (Demolombe, XIV, 112).

240. — Estimation. — C'est d'après leur valeur au temps du décès que doivent être estimés tant les biens dépendant de la succession que ceux donnés à l'enfant (Chabot, *761*, 6 ; Duvergier sur Toullier, IV, 262; Demolombe, XIV, 113).

241. — Renonciation à réclamer le supplément. — L'enfant naturel ne peut pas du vivant du donateur, renoncer à réclamer le supplément pour parfaire la moitié de ce qui devrait lui revenir ; cette renonciation serait nulle comme constituant un pacte sur une succession future (Marcadé, *761*, 3 ; Poujol, *761*, 7 ; Massé et Vergé, § 369-25 ; Demolombe, XIV, 114 ; Hureaux, V, 242 ; Aubry et Rau, § 605-22).

242. — Donation très inférieure à moitié. — Si la portion que l'enfant naturel a reçue du vivant de ses père et mère est très notablement inférieure à la moitié de ce qui devrait lui revenir dans leur succession, la clause de réduction ne peut produire aucun effet ; et, par suite, il a le droit de réclamer sa portion héréditaire tout entière (Marcadé, *761*, 3 ; Duranton, VI, 306 ; Demante, III, 80 *bis*; Taulier, III, p. 193 ; Demolombe, XIV, 115 ; Paris, 24 juin 1886 ; Defrénois, *Rép. N.* 3264).

243. — Excédant de moitié. — Lorsque la valeur des biens donnés excède la moitié à laquelle le donateur entend réduire l'enfant naturel, ce dernier, à moins de stipulation expresse à cet égard (Vazeille, *761*, 10 ; Massé et Vergé, § 369-24 ; Demolombe, XIV, 116), n'est point tenu de restituer l'excédant ; mais si les biens donnés excédaient les droits de l'enfant naturel dans la succession du donateur, il y aurait lieu à réduction jusqu'à concurrence de la portion héréditaire (Vazeille, *761*, 10 ; Demolombe, XIV, 116 ; Hureaux, V, 243 ; Aubry et Rau, § 605-24).

SECTION II. — DES ENFANTS ADULTÉRINS OU INCESTUEUX

SOMMAIRE ALPHABÉTIQUE

Acceptation	251	Descendants	245	Pension	250
Aliments	244	Droit personnel	245	Profession	248
— assurés	248	Hérédité de	252	Quotité	246
Art mécanique	248	Héritiers	244		
Besoins	249	Libération	250		

244. — Aliments. — Les dispositions relatives aux enfants naturels ne sont pas applicables aux enfants adultérins ou incestueux ; la loi ne leur accorde que des aliments (*C. civ.*, *762*), qui sont dus par les père et mère de leur vivant, et après eux, par leurs héritiers, comme dettes de leur succession (Duranton, II, 378 ; Demolombe, IV, 16 ; Aubry et Rau, § 572-29).

245. — Descendants. — Ce droit est personnel aux enfants adultérins ou incestueux ; dès lors, il ne passe pas à leurs descendants (Massé et Vergé, § 172-5 ; Demolombe, XIV, 135).

246. — Quotité des aliments. — Ces aliments sont réglés eu égard aux facultés du père ou de la mère, au nombre et à la qualité des héritiers légitimes (*C. civ.*, *763*) ou autres successeurs, et aux besoins de celui qui les réclame (Marcadé, *art. 763* ; Chabot, *762*, 1 ; Demolombe, XIV, 126, 127 ; Hureaux, V, 263 ; Caen, 3 mai 1833).

247. — Créanciers. — Les enfants adultérins ou incestueux, seulement créanciers d'une dette d'aliments sur les successions de leurs père et mère, n'ont droit à aucune fraction des biens de ces successions, alors même qu'elles sont dévolues à l'Etat (Chabot, *762*, 2 ; Poujol, *765*, 4 ; Bedel, *Adultère*, 102 ; Demolombe, XIV, 124 ; Hureaux, V, 260, 262 ; Aubry et Rau, § 572-30 ; Nimes, 13 juill. 1824).

248. — Profession. — Aliments assurés. — Lorsque le père ou la mère de l'enfant adultérin ou incestueux, lui ont fait apprendre un art mécanique ou une profession quelconque, industrielle ou libérale (Marcadé, *art. 764* ; Demolombe, XIV, 128), ou que l'un d'eux lui a assuré des aliments de son vivant, l'enfant ne peut élever aucune réclamation contre leurs successions (*C. civ.*, 764). Il ne pourrait non plus élever une réclamation lors même que ni l'un ni l'autre de ses auteurs n'auraient rien fait pour lui, s'il n'était pas dans le besoin, parce qu'un tiers, par exemple, l'aurait élevé et mis en état de gagner sa vie, ou lui aurait fait une libéralité suffisante pour ses besoins (Marcadé, *art. 764*; Chabot, *762*, 1; Demolombe, XIV, 127; Hureaux, V, 263; Caen, 3 mai 1833).

249. — Besoin. — Dans le cas où les père ou mère ont fait apprendre à l'enfant un état d'abord lucratif, ou lui ont assuré des aliments de leur vivant, il peut encore réclamer à la succession si, à l'époque de son ouverture, les profits de son état sont devenus, sans sa faute, insuffisants pour le faire vivre ou, dans le deuxième cas, si les aliments sont devenus insuffisants (Marcadé, *art. 764*; Demolombe, XIV, 129; Hureaux, V, 265; Aubry et Rau, § 572-33).

250. — Libération. — Les père ou mère peuvent se libérer de leur obligation alimentaire au moyen, soit de la création d'une rente ou une pension, soit de la concession d'un droit viager, soit même de l'abandon à son profit d'une valeur quelconque, meuble ou immeuble, afin de l'en rendre propriétaire, sauf réduction au nécessaire convenable (*arg.* C. *civ., 908*), si la chose abandonnée excède notablement ses besoins (Demolombe, XIV, 131; Hureaux, V, 267; Cass., 15 juill. 1846: S. 46, I, 721).

251. — Acceptation. — L'acte par lequel les père ou mère assurent des aliments à leur enfant n'a pas besoin d'être accepté par celui-ci (Demolombe, XIV, 130; Hureaux, V, 266).

252. — Hérédité de l'enfant. — L'enfant adultérin ou incestueux n'a pas d'autre famille que sa postérité; en conséquence s'il décède sans laisser de postérité, sa succession est dévolue à son conjoint, et, s'il n'en a pas, à l'Etat (Marcadé, *766*, 4; Chabot, *765*, 7; Poujol, *765*, 4; Massé et Vergé, § 370-12; Demolombe, XIV, 136; Aubry et Rau, § 572-40).

SECTION III. — DE LA SUCCESSION AUX ENFANTS NATURELS DÉCÉDÉS SANS POSTÉRITÉ

SOMMAIRE ALPHABÉTIQUE

Caractère du retour 264	Frères et sœurs légitimes . . . 259, 261 à 267	Représentation . . . 257, 266, 267
Conjoint 259		Reprises 262
Consanguins 256	Frères et sœurs naturels 256	Retour légal . . . . . . 261 à 266
Descendants 253, 263	Germains 256	Saisine 260
Enfant naturel 254	Neveux légitimes 267	Utérins 256
Envoi en possession 260	Père et mère naturels 255	
Etat 259	Rapport 258	

253. — Descendants. — La succession de l'enfant naturel est dévolue de la manière suivante: s'il laisse des descendants légitimes, ou, à la fois, des descendants légitimes et des enfants naturels, elle est recueillie ainsi qu'il est dit *supra* n°⁵ 106 et suiv., 191 et suiv.

254. — Enfants naturels. — S'il laisse seulement des enfants naturels, ils recueillent sa succession à l'exclusion des père ou mère naturels, puisque d'après *l'art. 765* les père ou mère ne sont appelés qu'autant que l'enfant naturel est décédé sans postérité (Marcadé, *765*, 1; Chabot, *765*, 3; Toullier et Duvergier, IV, 269; Demante, III, 84 *bis*; Roll., *Succ.*, 250; Taulier, III, p. 197; Aubry et Rau, § 607-4; Massé et Vergé, § 370-2; Hureaux, V, 272; Demolombe, XIV, 143. CONTRA Pigeau, II, p. 639; Duranton, VI, 336).

255. — Père et mère naturels. — S'il ne laisse point de postérité, sa succession est recueillie par le père ou la mère qui l'a reconnu ou par moitié à tous les deux, s'il a été reconnu par l'un et par l'autre (*C. civ., 765*), ou au survivant des père et mère si l'un d'eux a prédécédé l'enfant naturel, qui, dans ce cas, exclut même les frères et sœurs naturels (Chabot, 765, 4; Demolombe, XIV, 146; Hureaux, V, 275; Massé et Vergé, § 370-4; Aubry et Rau, § 607-3; Riom, 4 août 1820; Contra Belost-Jolimont, 765, obs. 2). — Mais les père ou mère n'ont aucun droit dans la succession de l'enfant légitime de leur enfant naturel (Marcadé, 765, 1; Demante, III, 85 bis; Massé et Vergé, § 370-3; Demolombe, XIV, 149; Trib. Nevers, 7 janv. 1838; Caen, 9 juin 1847; Cass., 5 mars 1849; S. 39, II, 289; 47, II, 571; 49, I, 331).

256. — Frères et sœurs naturels. — S'il ne laisse ni postérité, ni père ou mère, sa succession est recueillie par ses frères ou sœurs naturels (C. civ., 766), légalement reconnus de son vivant (Cass., 29 juill. 1861; 3 avril 1872, 28 mai 1878; S. 79, I, 337). — Les frères ou sœurs succèdent par tête ou par souche, suivant qu'ils étaient avec le défunt ou germains, ou utérins ou consanguins (Marcadé, 766, 3; Chabot, 766, 7; Vazeille, 766, 5; Toullier, IV, 269; Taulier, III, p. 202; Massé et Vergé, § 370-7; Aubry et Rau, § 607-8; Dalloz, Succ., 359. Contra Demante, III, 86 bis; Demolombe, XIV, 164; Hureaux, V, 283; selon ces derniers auteurs les frères et sœurs naturels succèdent toujours par tête).

257. — Représentation. — Lorsque les enfants ou frères et sœurs naturels ont prédécédé le de cujus, leurs enfants légitimes les remplacent pour la réclamation de leurs droits (C. civ., 766; Marcadé, 766, 3; Demante, III, 84 bis; Demolombe, XIV, 144, 163; Aubry et Rau, § 607-7); — mais non leurs enfants naturels, supra n° 217 (Marcadé, 766, 3; Duvergier sur Toullier, IV, 269; Demante, III, 86 bis; Massé et Vergé, § 370-6; Aubry et Rau, § 607-2; Demolombe, XIV, 145, 162; Hureaux, V, 274, 282; Contra Chabot, 766, 6: Poujol, 766, 7; Zach., § 370-6).

258. — Rapport. — Les frères ou sœurs naturels et leurs descendants sont tenus les uns envers les autres, comme des héritiers légitimes de l'obligation du rapport infra n° 994.

259. — Conjoint. — Etat. — A défaut de frères ou sœurs naturels et de descendants d'eux, la succession de l'enfant naturel est dévolue à son conjoint survivant, et s'il n'en a pas, à l'Etat, dans les deux cas à l'exclusion de ses frères ou sœurs légitimes (Marcadé, 766, 3; Poujol, 766, 6; Vazeille, 766, 7; Toullier et Duvergier, IV, 296; Taulier, III, p. 201; Massé et Vergé, § 370-10; Demolombe, XIV, 165; Grenoble, 13 janvier 1840; S. 40, II, 216. Contra Duranton, VI, 339), — sauf ce qui est dit infra n° 261, même lorsque la mère de l'enfant naturel serait décédée avant la loi du 12 brumaire, an II (Cass., 6 avril 1868; S. 68, I, 342).

260. — Saisine. — Envoi en possession. — Les père ou mère naturels et les frères et sœurs naturels n'étant point héritiers, n'ont pas la saisine; ils doivent donc, de même que les enfants naturels, se faire envoyer en possession de la succession par justice. Voir infra n° 280 (Marcadé, 764, 4; Chabot, 765, 4; Dalloz, Succ., 400; Roll., ibid. 252; Demante, III, 89 bis; Demolombe, XIV, 166, 232; Seine, 19 déc. 1884, 4 mai 1885, Paris, 12 mars 1885; Defrénois, Rép. N. 1456, 2494, 2520, 2545).

261. — Prédécès des père et mère. — Retour successoral. — En cas de prédécès des père et mère de l'enfant naturel, les biens dont ils lui ont fait donation, même par des libéralités déguisées (Duvergier sur Toullier, IV, 269; Demolombe, XIV, 157; Grenoble, 13 janv. 1840; S. 40, II, 216), et ceux qu'il a recueillis dans leurs successions (Marcadé, 766, 2; Demante, III, 86 bis; Demolombe, XIV, 157; Aubry et Rau, § 608-20), s'ils se retrouvent en nature dans l'hérédité, passent aux frères ou sœurs légitimes (C. civ., 766); c'est à dire aux enfants légitimes du père ou de la mère d'où les biens sont provenus (Marcadé, 766, 2; Chabot, 766, 4; Demante, III, 86 bis; Demolombe, XIV, 154; Aubry et Rau, § 608-18).

262. — Reprise. — Les actions en reprises, s'il en existe, ou le prix des biens aliénés s'il est encore dû, retournent également aux frères et sœurs légitimes (C. civ., 766) supra n° 174.

263. — Autres biens. — Tous les autres biens passent aux frères et sœurs naturels ou à leurs descendants (C. civ., 766) légitimes, mais non à leurs descendants naturels, supra n° 217.

264. — Caractère du retour. —

Cette disposition établit une espèce de retour légal au profit des frères et sœurs légitimes, afin de réparer le dommage que l'enfant naturel leur avait fait dans le patrimoine de l'auteur commun (Demolombe, XIV, 152).

265. — Ouverture du droit. — Ce droit s'ouvre par le décès du père ET de la mère, c'est à dire quand l'enfant ne laisse *ni* son père, *ni* sa mère; si donc l'enfant naturel a été reconnu par son père et sa mère, il faut qu'ils soient décédés tous les deux pour que le retour ait lieu (Demante, III, 85 *bis*; Cadrès, *Enf. nat.*, 214; Demolombe, XIII, 496; XIV, 153; Hureaux, V, 287; Aubry et Rau, § 608-21, 23; Dijon, 1er août 1818; Riom, 4 août 1820; Paris, 27 nov. 1845; Seine, 12 déc. 1885; Defrénois, *Rép. N.* 3001. CONTRA Marcadé, 766, 2; Toullier, IV, 269; Duranton, VI, 338; Dalloz, *Succ.*, 366; Roll., *ibid.*, 260; Massé et Vergé, § 370-9).

266. — Prédécès de quelques uns des frères et sœurs. — Si quelques-uns des frères et sœurs légitimes ont prédécédé l'enfant naturel, laissant des enfants légitimes, ceux-ci les représentent pour la réclamation de leurs droits de retour (Marcadé, 766, 2; Demante, III, 36 *bis*; Demolombe, XIV, 156. CONTRA Massé et Vergé, § 370-9).

267. — De tous les frères et sœurs. — Mais si tous les frères et sœurs légitimes l'ont prédécédé, leurs descendants, neveux légitimes de l'enfant naturel, peuvent-ils faire la réclamation de ces droits, soit de leur chef, soit par représentation ? La question est vivement controversée : Suivant une opinion qui est aussi la nôtre, il faut décider la négative, *l'art.* 766 n'appellant que *les frères et sœur légitimes* sans ajouter leurs descendants (Grenier, *Don.*, II, p. 167; Demante, III, 36 *bis*; Massé et Vergé, § 172-9; Paris, 16 juin 1812, 10 mai 1851; Cass., 1er juin 1853; S. 53, I, 481); — D'autres au contraire, les appellent à succéder aussi bien de leur chef que par représentation (Marcadé, 766, 2; Chabot, 766, 5; Vazeille, 766, 3; Poujol, 766, 3; Duranton, VI, 337; Toulier et Duvergier, IV, 269; Demolombe, XIV, 156; Aubry et Rau, § 608-18).

SECTION IV. — DU CONJOINT SURVIVANT; DE L'ÉTAT ET DES HOSPICES

SOMMAIRE ALPHABÉTIQUE

Conjoint :		Etat :		— Fruits	275
— Aliments	271	— Absence d'héritiers	272	— Héritiers	274, 276
— Divorce	268	— Etranger	273	— Indemnité	276
— Enfant naturel	268	Hospices :		— Legs	274
— Séparation de corps	269	— Effets mobiliers	278	— Malades	279
— Successeur irrégulier	270	— Enfant	274	— Revenus	276
— Usufruit	275	— Envoi en possession	274	— Sortie	277

---

§ 1. — *Du conjoint survivant.*

268. — Divorce. — Parents. — Lorsque le défunt ne laisse ni parents au degré successible, ni enfants naturels, ni père ou mère naturels, ni frères et sœurs naturels ou descendants d'eux, les biens de sa succession appartiennent au conjoint non divorcé qui lui survit (*C. civ.*, 767). En ce qui concerne l'enfant naturel, s'il a été reconnu pendant le mariage, il ne peut écarter de la succession le conjoint survivant (*Arg. C. civ., 337*; Marcadé, *art.* 767), à moins qu'il ne soit l'enfant des deux époux, *supra* n° 194.

269. — Séparation de corps. — Le droit de successibilité appartient au conjoint survivant, sous la seule exception du cas où le mariage a été dissout par le divorce; dès lors le conjoint, séparé de corps, peut succéder à son conjoint prédécédé, même lorsque la séparation a été prononcée contre lui (Marcadé, 767, 1; Chabot, 767, 14; Toullier, IV, 271; Duranton, VI, 343; Demante, III, 87 *bis*; Massé et Vergé, § 371-6; Demolombe, XIV,

173; Hureaux, V, 291; Aubry et Rau, § 606-5).

270. — Successeur irrégulier. — Le conjoint survivant est un successeur irrégulier, les liens de la consanguinité pouvant seuls créer une succession régulière (Demolombe, XIV, 174).

271. — Existence d'héritiers. — Aliments. — Usufruit. — Le droit ancien accordait au conjoint survivant des droits dans la succession de l'époux prédécédé, tantôt sous le nom d'*augment de préciput*, tantôt sous le nom de *quarte du conjoint pauvre* ou de *douaire*. Par une regrettable méprise, le code a gardé le silence à ce sujet, de sorte que si un conjoint survivant se trouve sans ressource, il ne pourra pas réclamer d'aliments aux héritiers du prédécédé, même enrichis par la fortune de celui-ci.

Le Sénat, dans sa session de 1877 a été appelé à combler cette lacune. Il a admis, en troisième lecture, une proposition suivant laquelle, à défaut de libéralité atteignant les limites ci-après, le conjoint survivant aurait des droits en usufruit sur la succession de l'époux prédécédé, qui seraient : 1° S'il y a des enfants communs, d'un quart des biens ; 2° S'il y a des enfants d'un précédent mariage, d'une part d'enfant le moins prenant, sans pouvoir dépasser le quart des biens ; 3° Enfin s'il y a des parents autres que des descendants, quels que soient leur nombre et leur qualité, de la moitié des biens. Sauf, dans tous les cas, le droit conféré aux héritiers de faire disparaître l'usufruit en lui substituant une pension viagère, à la charge de fournir des sûretés suffisantes.

La Chambre des députés, en raison de sa dissolution à la suite de l'acte du 16 mai 1877, n'a pu examiner cette proposition qui est demeurée à l'état de projet.

§ 2. — *De l'État.*

272. — Parents ni conjoint. — A défaut de parents au degré successible, d'enfants ou autres parents naturels venant à la succession (Cass., 29 juill. 1861 ; S. 61, I, 700), et de conjoint survivant, la succession est acquise à l'État (C. civ., 529, 768).

273. — Etranger. — Quand un étranger résidant en France, y décède sans laisser aucun parent venant à sa succession ni conjoint, les biens qu'il possède en France sont acquis à l'État français, à l'exclusion de l'État du pays auquel il appartient (Demolombe, XIII, 166 *ter*; II, 178 ; Dalloz, *Succ.*, 391 ; Aubry et Rau, § 606-7 ; Massé et Vergé, § 371-2 ; Paris, 15 nov. 1833 ; Bordeaux, 17 août 1853 ; S. 33, II, 593 ; 54, II, 257).

§ 3. — *Des hospices.*

274. — Défaut d'héritiers. — Lorsqu'un enfant, élevé dans un hospice, décède avant sa sortie, son émancipation ou sa majorité, et qu'aucun héritier ou parent naturel (Demante, III, 91 ; Demolombe, XIV, 185 ; Hureaux, V, 298), ne se présente pour recueillir sa succession, cette succession, à l'exclusion de l'État, appartient à l'hospice, qui doit s'en faire envoyer en possession, à la diligence du receveur et sur les conclusions du ministère public *(Loi 15 Pluviôse an XIII, art. 8)* ; à la charge toutefois d'exécuter les dispositions testamentaires que le *de cujus* aurait faites dans la limite de sa capacité (Demante, III, 91 *bis*; Dalloz, *Succ.*, 127 ; Demolombe, XIV, 186).

275. — Fruits. — S'il se présente ensuite des héritiers, ils ne peuvent répéter les fruits que du jour de la demande (Même art.).

276. — Héritiers. — Indemnité. — Les héritiers qui se présentent pour recueillir la succession d'un enfant décédé avant sa sortie de l'hospice, son émancipation ou sa majorité, sont tenus d'indemniser l'hospice des aliments fournis et des dépenses faites pour l'enfant décédé, pendant le temps qu'il est resté à la charge de l'administration, sauf à faire entrer jusqu'à due concurrence les revenus perçus par l'hospice (*Même loi*, art. 9).

277. — Sortie de l'enfant. — Quand le décès arrive après que l'enfant est sorti de l'hospice, ou s'il y est encore, mais qu'il ait été émancipé ou soit devenu majeur, sa succession n'est plus déférée à l'hospice (Demante III, 91 *bis*; Demolombe, XIV, 191 ; Hureaux, V, 300 ; Cass., 20 juill. 1831, 29 juin 1836, 17 avril 1838 ; S. 36, I, 557 ; 38, I, 424).

278. — Effets mobiliers. — Quant

aux personnes qui, sans avoir été élevées dans un hospice, y étaient lors de leurs décès traitées ou entretenues gratuitement ou non, les effets mobiliers par elle apportés dans l'hospice, restent à l'hospice à défaut de successibles, et à l'exclusion de l'Etat, de quelque importance que soient ces effets (*Décret*, 8 nov. *1808*; avis Conseil d'Etat, 21 juill. *1841*). Ce qui ne s'applique toutefois qu'aux effets mobiliers à l'usage corporel et personnel, et non pas à l'argent comptant, ni aux créances, actions ou autres valeurs (Massé et Vergé, § 368-2; Aubry et Rau, § 606-9; Demolombe, XIV, 194; Seine, 28 nov. 1843; Bordeaux, 17 août 1853; S. 54, II, 257. Contra Dalloz, *Succ.*, 128).

279. — Malades. — A l'égard des malades qui y sont traités gratuitement, leurs effets sont toujours gardés par l'hospice comme indemnité, même en présence d'héritiers (*Mêmes décret et avis*), ou de légataires (Demante, III, 91 *bis*; Demolombe, XIV, 193; Hureaux, V, 301; Dalloz, *Succ.*, 127). — Mais si les héritiers ou autres successeurs indemnisent l'hospice de ce qui lui est dû, il doit restituer les objets (Marcadé, *art. 768*; Dalloz, *Succ.*, 126, 129; Bruxelles, 27 juillet 1822; Voir Seine, 25 nov. 1876; J. N. 21577).

SECTION V. — DE L'ENVOI EN POSSESSION DE L'HÉRÉDITÉ DÉVOLUE AUX ENFANTS ET PARENTS NATURELS, AU CONJOINT ET A L'ÉTAT

SOMMAIRE ALPHABÉTIQUE

Acte de notoriété	284	Enfant naturel	281, 287	Poursuites	293
Caution	290	Etat	286	Publications	285 à 287, 292
Compétence	283	Inaccomplissement	294	Requête	284
Conjoint	287	Inventaire	282	Scellés	282
Dommages et intérêts	294	Jugement	288	Successeur irrégulier	280
Effet rétroactif	289	Parents naturels	292	Vente mobilière	291
Emploi	290	Pétition d'hérédité	295		

280. — Successeurs irréguliers. — Les enfants naturels, le conjoint survivant et l'Etat, n'ayant pas la saisine, doivent se faire envoyer en possession par justice, *supra* n° 30.

281. — Enfants naturels. — En ce qui concerne les enfants naturels cette formalité n'est requise que dans le cas où ils sont appelés à défaut de parents (*C. civ., 773*); s'il existe des héritiers légitimes ou un légataire universel, les héritiers ou le légataire sont saisis de la totalité des biens, et c'est à eux que les enfants naturels doivent demander la délivrance ou le partage, *supra* n° 30.

282. — Scellés. — Inventaire. — Le conjoint survivant, l'administration des domaines, et aussi les enfants naturels (*C. civ., 773*), qui prétendent droit à la succession, sont tenus de faire apposer les scellés et de faire faire inventaire dans les formes prescrites pour l'acceptation des successions sous bénéfice d'inventaire (*C. civ., 769*).

283. — Compétence. — Ils doivent demander l'envoi en possession au tribunal de première instance dans le ressort duquel la succession est ouverte; le tribunal ne peut statuer sur la demande qu'après trois publications et affiches dans les formes usitées, et après avoir entendu le ministère public (*Code civ., 770*).

284. — Requête. — La demande d'envoi en possession se forme, avant comme après l'inventaire (Demolombe, XV, 203), non pas contre un curateur à succession vacante, puisqu'il existe un contradicteur en la personne du ministère public (Chabot et Belost-Jolimont, 773, 3; Duvergier sur Toullier, IV, 292; Duranton, VI, 352; Massé et Vergé, § 409-4; Aubry et Rau, § 639-11; Demante, III, 89 *bis*; Demolombe, XIV, 206; Dalloz, *Succ.*, 394; Paris, 26 mars 1835; Cass., 17 août 1840; Colmar, 18 janv. 1850; S. 35, II, 282; 40, I, 759; 51, II, 533. Contra, Toullier, IV, 292); — mais par une simple requête (Bertin,

Chamb. du cons., II, 1170; Demolombe, XIV, 205) appuyée de la justification de la qualité de conjoint ou d'enfant naturel reconnu, et d'un acte de notoriété constatant seulement qu'il n'y a point d'héritiers connus, les héritiers naturels n'étant point tenus de prouver qu'il n'en existe pas (Marcadé, 770, 2; Chabot et Belost-Jolimont, 770, 3; Vazeille, 770, 3; Duranton, VI, 352; Duvergier sur Toullier, IV, 293; Demolombe, XIV, 208, 212; Demante, III, 89 bis; Bertin, Chamb. du cons., II, 1172; Massé et Vergé, § 409-5; Aubry et Rau, § 639-14; Dalloz, Succ., 395; Hureaux, V, 311; Paris, 26 mars 1835; S. 35, II, 282. Contra Toullier, IV, 293).

285. — Publication. — S'il apparait que la demande d'envoi en possession n'est pas fondée, le tribunal, après avoir entendu le ministère public, la rejette. Si, au contraire, il y a lieu d'y donner suite, le tribunal ordonne trois publications et affiches.

286. — Etat. — A l'égard de l'Etat, une circulaire du ministre de la justice du 8 juillet 1806, porte : « Le premier acte du tribunal sur la demande d'envoi en possession est inséré dans le *Moniteur* (aujourd'hui *Journal officiel*); les trois affiches qui doivent précéder le jugement d'envoi en possession, seront apposées dans le ressort du tribunal de l'ouverture de la succession, de trois mois en trois mois; le jugement d'envoi en possession ne sera prononcé qu'un an après la demande; et jusqu'à ce jugement, aucun acte translatif de jouissance ou propriété ne sera fait qu'après qu'il aura été ordonné par le tribunal. »

287. — Enfant naturel. — Conjoint. — Cette circulaire s'applique seulement à l'Etat; en ce qui concerne l'enfant naturel et le conjoint survivant, le tribunal a un pouvoir d'appréciation qui lui permet, en ordonnant les trois publications et affiches, d'en déterminer les formes et les délais, ou d'ordonner qu'elles seront faites avec l'observation des formes et des délais prescrits à l'égard de l'Etat (Marcadé, 770, 2; Duranton, VI, 353; Massé et Vergé, § 409-6; Demante, III, 89 bis; Dalloz, Succ., 393; Demolombe, XIV, 211; Aubry et Rau, § 639-12; Voir cep. Toullier, IV, 298; Taulier, III, p. 205; Bertin, Chamb. du cons., II, 1170).

288. — Jugement. — Sur la justification que les affiches et publications ont été faites, le tribunal prononce l'envoi en possession, ou rejette la demande, ou même sursoit (Duranton, VI, 352; Roll., Succession, 301).

289. — Effet rétroactif. — Si l'envoi en possession est prononcé, quelle qu'en soit la date, il remonte au jour de l'ouverture de la succession; dès lors, c'est du jour de cette ouverture que court la prescription contre l'action en pétition d'hérédité (Paris, 11 déc. 1858; Rouen, 23 avril 1856; Caen, 25 juill. 1862; Cass., 13 juin 1855; 29 janv. 1862; Paris, 25 nov. 1862; S. 55, I, 689; 56, II, 389; 59, II, 314; 63, II, 89).

290. — Emploi. — Caution. — L'enfant et l'époux survivant sont encore tenus (mais non pas l'Etat) de faire emploi du mobilier, selon le mode déterminé par le tribunal (Bertin, Chamb. du cons., II, 1176; Duranton, VI, 355; Demolombe, XIV, 319; Hureaux, V, 317; Seine, 24 août 1853; 9 août 1854), ou de donner caution suffisante pour en assurer la restitution au cas où il se présenterait des héritiers du défunt, ou autres successeurs (Duranton, VI, 354, 357; Chabot, 771, 7; Demante, III, 89, 90 bis; Demolombe, XIV, 224; Contra Aubry et Rau, § 639-4) dans l'intervalle de trois ans, du jour de l'envoi en possession et non pas du jour où la caution a fait sa soumission (Marcadé, art. 771; Chabot, 771, 1; Duranton, VI, 356; Demolombe, XIV, 229; Contra Duranton, VI, 357; Aubry et Rau, § 639-8); — après ce temps, la caution est déchargée (C. civ., 771, 773), et il n'y a plus lieu de surveiller l'emploi. Cependant l'envoyé en possession n'est pas, après ce délai, à l'abri des réclamations de ceux qui prétendraient avoir des droits à la succession, car ils conservent pendant trente ans, du jour du décès, le droit de réclamer par la voie de la pétition d'hérédité (Duvergier sur Toullier, IV, 301; Aubry et Rau, § 639-9; Demolombe, XIV, 228; Cass., 10 fév. 1840; S. 40, I, 253).

291. — Vente mobilière. — Le mobilier, s'il est vendu, doit l'être dans la forme prescrite pour l'héritier bénéficiaire (Chabot, art. 771; Duranton, VI, 356; Demante, III, 89 bis; Demolombe, XIV, 218; Hureaux, V, 316).

292. — Parents naturels. — Les père ou mère et les frères et sœurs de l'enfant naturel appelés à sa succession à défaut de postérité, *supra* n° 255, sont aussi des héritiers irréguliers; à ce titre, ils sont, comme l'enfant naturel et le conjoint survivant, astreints à l'accomplissement des formalités prescrites par les art. 769 et suiv. *supra* n° 282 ; sauf au tribunal à les dispenser de quelques-unes de ces formalités, par exemple de celles de publications si l'enfant, étant décédé impubère, n'a pu laisser ni enfant, ni légataire : Seine, 12 nov. 1880 ; Paris, 12 mars 1885 ; Defrénois, *Rép. N.* 184 *bis*, 2520).

293. — Poursuites. — Les héritiers irréguliers, tant qu'ils n'ont pas obtenu l'envoi en possession, sont non recevables à poursuivre les débiteurs du défunt, ou les détenteurs de biens héréditaires (Aubry et Rau, § 639-2).

294. — Inaccomplissement des formalités. — Dommages - intérêts. — L'époux survivant ou l'administration des domaines qui n'auraient pas rempli les formalités qui leur sont respectivement prescrites, peuvent être condamnés aux dommages et intérêts envers les héritiers s'il s'en représente (*C. civ.*, 772); ce qui est applicable aux enfants naturels (*C. civ.*, 773), comme aussi aux père ou mère et frères ou sœurs de l'enfant naturel appelés à sa succession à défaut de postérité.

295. — Pétition d'hérédité. — Si après que l'héritier irrégulier s'est mis en possession, il se présente un héritier légitime qui réclame la succession, le possesseur est tenu de lui restituer les biens qui la composent. L'action de réclamer l'hérédité s'appelle *pétition d'hérédité*, *infra* n° 667 et suiv.

TITRE DEUXIEME

DE LA TRANSMISSION DES BIENS PAR SUCCESSION
CONTRACTUELLE OU TESTAMENTAIRE

296. — Volonté de l'homme. — Les successions régulières et celles irrégulières dont il est question sous les chapitres troisième et quatrième du Titre Premier, sont dévolues par la seule force de la loi. Il nous reste à établir les formes des dévolutions totales ou partielles des successions par la volonté de l'homme : soit au moyen d'institutions contractuelles ; soit par donations entre époux par contrat de mariage, ou pendant le mariage ; soit par dispositions testamentaires. Nos développements à cet égard seront peu étendus, ces matières étant en dehors du Titre qui fait l'objet de notre Traité.

CHAPITRE PREMIER
DE L'INSTITUTION CONTRACTUELLE

SOMMAIRE ALPHABÉTIQUE

Accroissement	306	Délivrance	307	Mariage précédent	304
Autorisation maritale	301	Descendants	297, 305	Mineur	301
Biens à venir	297	Dettes	309	Particulière	300
Capacité	301	Donataire	303	Régime dotal	309
Conditions	309	Enfants	304	Renonciation	306
Conseil judiciaire	301	Enfants à naitre	303	Saisine	307
Contrat de mariage	298	Forme	298	Transcription	299
Contre-lettre	298	Irrévocabilité	308	Universalité	300

297. — Biens à venir. — Descendants. — Les pères et mères, les autres ascendants, les parents collatéraux des époux, et même les étrangers peuvent, par contrat de mariage, disposer de tout ou partie des biens qu'ils laisseront au jour de leur décès, tant au profit des époux, qu'au profit des enfants à naître de leur mariage dans le cas où le donateur survivrait à l'époux donataire. Pareille donation quoique faite au profit seulement des époux, ou de l'un d'eux, est toujours dans le cas de survie du donateur, présumée faite au profit des enfants et descendants à naître du mariage (*C. civ. 1082*).

298. — Forme. — Cette disposition, qui reçoit dans la pratique la dénomination *d'institution contractuelle*, ne peut être faite que par contrat de mariage, ou par contre lettre au contrat de mariage (Marcadé, *1082*, 1; Coin-Delisle, *1082*, 13; Duranton, IX, 672; Demolombe, XXIII, 276; Troplong, *Donat.*, 3260; Massé et Vergé, § 517-6).

299. — Transcription. — Elle est dispensée de la transcription au bureau des hypothèques (Grenier, III, 430; Toullier, V, 845; Duranton, IX, 707; Coin-Delisle, *939*, 16; Troplong, 2372; Demolombe, XXIII, 277 et 363; Aubry et Rau, § 704-6; Laurent, XV, 188; Cass., 4 fév. 1867, 15 mai 1876; S. 67, I, 121; 77, 1, 52. CONTRA Mourlon, *Transc.*, III, 117; Flandin, *ibid.* I, 701).

300. — Universalité. — Particulière. — Elle peut avoir pour objet soit l'universalité des biens que le donateur laissera à son décès, soit une quote part de ces biens, soit même des biens déterminés comme *tel* immeuble, *telle* valeur, ou une somme fixe à prendre dans la succession du donateur (Marcadé, *1082*, 1; Coin-Delisle, *1082*, 14 à 18; Troplong, *Donat.*, 2364; Massé et Vergé, § 517-3; Saintespes, V, 1887; Demolombe, XXIII, 280; Cass., 1 mars 1821, 29 juin 1842; Besançon, 9 juin 1862; S. 42, I, 693; 62, II, 469).

501. — Capacité. — Pour faire une institution contractuelle il faut avoir la capacité de disposer par donation; en conséquence elle ne peut être faite : 1° par un mineur parvenu à l'âge de seize ans (Marcadé, *1082*, 1; Coin-Delisle, *1082*, 10; Massé et Vergé, § 517-10; Troplong, *Don.*, 2368; Mourlon, II, p. 494; Demolombe, XXIII, 280);

2° par une femme mariée non autorisée de son mari ou de justice (Marcadé, *1082*, 1; Coin-Delisle, *1082*, 11; Duranton, IX, 723; Troplong, *Don.*, 2371; Mourlon, II, p. 494; Massé et Vergé, § 517-11; Demolombe, XXIII, 283. CONTRA Grenier, 431);

3° par le pourvu d'un conseil judiciaire non assisté de son curateur (Marcadé, *1398*, 4; Demolombe, XXIII, 283; Pau, 31 juill. 1855; Agen, 21 juill. 1857; S. 55, II, 65; 57, II, 530).

502. — Femme dotale. — On décide aussi, assez généralement, que l'institution contractuelle ne peut s'appliquer à des biens frappés d'une prohibition d'aliéner; il en est ainsi pour la femme mariée sous le régime dotal en ce qui concerne ses biens dotaux (Rodière et Pont, *Contr. de mar.*, III, 1769; Odier, *ibid.*, 1248; Dalloz, *ibid.*, 3466; Pont, *Rev. crit.* 1853, p. 146; Demolombe, XXIII, 284; Nimes, 18 fév. 1834; Caen., 28 mars 1843; Agen, 28 janv. 1856; S. 34, II, 276; 49, II, 703; 56, II, 201; Agen, 6 nov. 1857; Pau, 26 février 1868; Agen, 21 juill. 1873; Rouen, 8 juin 1874; Grenoble, 13 août 1875; Poitiers, 13 juill. 1876; Cass., 8 mai 1877; S. 68, II, 73; 74, II, 303; 75, II, 323; 76, II, 291; 77, I, 252. CONTRA Duranton, IX, 724; Tessier, *Dot.*, I, p. 310 note 507; Laurent, XV, 192, 193; Troplong, *Don.*, 2371; Grenoble, 11 juin 1851; Rouen, 18 nov. 1854; Nimes, 1er fév. 1867; S. 52, II, 227; 55, II, 547; 67, II, 136; Bordeaux, 8 mai 1871; S. 71, II, 241).

303. — Donataire. — L'institution contractuelle doit s'adresser d'abord aux futurs époux ou à l'un d'eux, puis en cas de prédécès à leurs descendants; elle ne pourrait être faite directement aux enfants à naître du mariage (Marcadé, *1082*, 2; Coin-Delisle, *1082*, 27; Toullier, V, 852; Duranton, IX, 729; Troplong, *Donat.*, 2360, 2440; Demolombe, XXIII, 289 à 292; Mourlon, II, p. 494; Massé et Vergé, § 517-13; Paris, 25 mai 1849; J. N. 13808).

504. — Enfants. — Les enfants appelés à recueillir la libéralité en cas de prédécès du donataire sont ceux à naître du mariage en faveur duquel l'institution a été faite, ainsi que ceux déjà nés qui sont légitimés par ce mariage (Demolombe, XXIII, 292); — mais non pas les enfants d'un mariage antérieur, ou d'un mariage postérieur (Marcadé, *1082*, 2; Coin-Delisle, *1082*, 36; Grenier, 421; Toullier, V, 851; Duranton, IX, 722; Demolombe, XXIII, 293; Troplong, *Don.*, 2557; Mourlon, II, p. 494; Bourges, 19 déc. 1821).

505. — Descendants. — Quand les enfants du donataire ont aussi prédécédé le donateur, leurs descendants recueillent l'institution suivant les règles de la représentation (Marcadé, *1082*, 3; Coin-Delisle, *1082*, 4; Grenier, 419; Toullier, V, 843; Duranton, IX, 686; Demolombe, XXIII, 292, 328; Massé et Vergé, § 517-13).

506. — Renonciation. — Si l'un des enfants renonce, sa part accroît aux autres (Coin-Delisle, *1082*, 45; Duranton, IX, 687; Demolombe, XXIII, 329).

507. — Saisine. — Le bénéficiaire d'une institution contractuelle a, comme l'héritier, la saisine du jour du décès sans être astreint à la demande en délivrance (Troplong, *Donat.*, 2366; Seine, 27 fév. 1833; CONTRA Marcadé, *1082*, 5; Aubry et Rau, § 582-4; Massé et Vergé, § 517-27; Voir Demolombe, XXIII, 334).

508. — Irrévocabilité. — L'institution contractuelle est irrévocable en ce sens seulement que le donateur ne peut plus disposer, à titre gratuit des objets compris dans la donation (Voir Marcadé, art. *1083*; Grenier, n° 412; Coin-Delisle, *1083*, 5; Toullier, V, 835; Duranton, IX, 709; Demolombe, XXIII, 315; Cass., 26 mars 1843; Lyon, 28 janv. 1855; Cass., 31 juill. 1867; S. 47, I, 120; 55, II, 742; 68, I, 32); — si ce n'est pour sommes modiques, à titre de récompense ou autrement (*C. civ.*, *1083*), par exemple pour cadeaux ou présents d'usage, œuvres pies, ou dans l'intérêt de sa mémoire, comme l'érection de son tombeau, la célébration de messes (Coin-Delisle, *1083*, 9; Toullier, V, 834; Duranton, IX, 704; Demolombe, XXIII, 317; Troplong, *Donat.*, 2350).

509. — Conditions. — Dettes. — L'institution contractuelle peut être faite à condition de payer indistinctement toutes les dettes et charges de la succession du donateur, ou sous d'autres conditions dont l'exécution dépendrait de sa volonté, par quelque personne que la donation soit faite : le donataire est tenu d'accomplir ces conditions, s'il n'aime mieux renoncer à la donation (*Cod. civ.*, *1086*).

CHAPITRE DEUXIÈME

DES DONATIONS ENTRE ÉPOUX

SECTION I.

DES DONATIONS PAR CONTRAT DE MARIAGE.

510. — Réciproques ou uniques. — Les époux peuvent, par contrat de mariage, se faire réciproquement, ou l'un des deux à l'autre, telles donations qu'ils jugent à propos, dans les limites ci-après fixées (*C. civ.*, *1091*).

511. — Règles. — La donation de biens à venir ou de biens présents et à venir faite entre époux par contrat de mariage, soit simple, soit réciproque, est soumise aux règles établies à l'égard des donations pareilles qui leur sont faites par un tiers, *supra* n° 297, sauf qu'elle n'est point transmissible aux enfants issus du mariage, en cas de décès de l'époux donataire avant l'époux donateur (*C. civ.*, *1093*).

SECTION II.

DES DONATIONS PENDANT LE MARIAGE.

512. — Révocables. — Les époux peuvent se faire l'un à l'autre pendant le mariage, les mêmes donations que celles qui leur sont permises par contrat de mariage; mais quoique qualifiées entre vifs elles sont toujours révocables (*C. civ.*, *1096*).

313. — Actes séparés. — Les libéralités entre époux, pendant le mariage, doivent être faites par des actes séparés et distincts, mais il est permis de les faire à une même date et en contemplation l'une de l'autre (Marcadé, art. *1097*; Coin-Delisle, *1097*, 1; Troplong, *Donat.*, 2692; Grenier, 462; Toullier, V, 916; Duranton, IX, 798; Demolombe, XXIII, 450; Massé et Vergé, § 521-5; Cass., 22 juill. 1807). — Elles ne peuvent, soit par acte entre vifs, soit par testament, être mutuelles et réciproques par un seul et même acte (*C. civ.*, *1097*).

314. — Saisine. — L'époux en faveur duquel une donation a été faite par son conjoint, même pendant le mariage, est saisi par la nature de son titre des biens donnés, sans qu'il soit astreint, comme le légataire, à en demander la délivrance aux héritiers du donateur (Marcadé, *1096*, 4; Coin-Delisle, *1096*, 4; Grenier, 453; Toullier, V, 92; Demolombe, XXIII, 461; Troplong, 2429, 2659; Massé et Vergé, § 522-14; Paris, 29 août 1834; Cass., 5 avril 1836, 31 août 1853; S. 34, II, 643; 37, I, 35; 53, I, 765).

SECTION III.
DE LA QUOTITÉ DISPONIBLE ENTRE ÉPOUX.

315. — Renvoi. — Voir pour ce qui concerne la quotité disponible entre époux, *infra* n°s 1528 et suiv.

CHAPITRE TROISIÈME
DES DISPOSITIONS TESTAMENTAIRES

SOMMAIRE ALPHABÉTIQUE

Legs universel :
— Accroissement 321
— Acte de notoriété. 324
— Actions 327, 329
— Administration provisoire 329
— Assignation de parts. . . 322
— Caducité...... 319 à 322
— Caractère 319
— Charges......... 331
— Curateur 327
— Délivrance 329
— Dettes........... 331
— Droit à la chose 317
— Envoi en possession 325 à 328
— Etablissement public. . . 326
— Etendue........ 316
— Exhérédation....... 320
— Héritier à réserve 329
— Institution 318
— Intérêts......... 330
— Jouissance 330
— Legs conjoint 321
— Mesures provisoires ... 329
— Nue propriété 320
— Quotité disponible 320
— Raison sociale 323
— Saisine 323
— Surplus......... 320
— Testament authentique. . 324
— Testament olographe. . . 325
— Tombeau 323
Legs à titre universel :
— Acquit des legs...... 337
— Assignation de parts. . . 322
— Biens laissés au décès . . 334
— Caducité 322
— Calcul........... 333
— Définition........ 332
— Délivrance 335
— Droit à la chose 317
— Etendue 316
— Fruits.......... 336
— Immeubles........ 332
— Jouissance 336
— Masse......... 333, 334
— Quote part........ 332
— Quotité disponible 333
— Saisine 335
Legs particulier :
— Aliments......... 340
— Biens.......... 338
— Définition 338
— Délivrance 339
— Droit à la chose 316
— Droit successif 338
— Etendue......... 316
— Fruits........ 339 à 341
— Intérêts......... 343
— Jouissance 340
— Légataire à titre universel 337
— Préciput......... 340
— Prime.......... 342
— Somme 343
— Terme 343
— Valeurs industrielles... 342

316. — Etendue. — Les dispositions testamentaires sont, ou universelles, ou à titre universel, ou à titre particulier.

317. — Droit à la chose. — Tout legs qu'il soit universel, à titre universel ou particulier, donne au légataire du jour du décès du testateur, un droit à la chose léguée, droit transmissible à ses héritiers ou ayant cause (*C. civ.*, *1014*).

SECTION I.
DU LEGS UNIVERSEL.

318. — Institution. — Le legs universel est l'institution testamentaire, par laquelle le testateur nomme une ou plusieurs personnes pour recueillir les biens qu'il laissera à son décès (*C. civ.*, *1003*). Il importe peu que la disposition résulte d'une seule ou de plusieurs dispositions séparées (Troplong, 1773, 2188; Demolombe, XXI, 382; Hureaux, V, 149; Cass., 12 fév. 1862; S. 62, I, 385; Seine, 20 nov. 1869; Cass., 7 juill. 1886; Defrénois *Rép. N.*, 3336).

319. — Caractère. — Le caractère du legs universel est d'exclure l'héritier légitime, en sorte que si les autres dispositions testamentaires sont nulles ou caduques, c'est le légataire universel qui en profite à l'exclusion de l'héritier légitime (Marcadé, *1003*, 1; Demolombe, XXI, 532; Cass., 20 nov. 1843; 3 mars 1857; S. 43, 1, 859; 57, I, 182); — alors même que celui-ci aurait droit à une réserve, si elle est intacte (Duranton, IX, 188; Demolombe XXI, 536; Hureaux, V, 145; Agen, 28 nov. 1827).

320. — Dispositions diverses. — Constituent des legs universels, les dispositions qui ont pour objet :

1° L'universalité des biens en nue propriété (Marcadé, *1003*, 1; Coin-Delisle, *1003*, 16; Proudhon, *Usuf.*, 475; Duranton, IX, 181; Demolombe, XXI, 538; Laurent, XIII, 518; Cass., 7 août 1827; 9 janv. 1877; S. 77, I, 213; Angers, 28 mars 1878; S. 78, II, 167).

2° La quotité disponible (Marcadé, *1003*, 1; Coin-Delisle, *1003*, 9; Troplong, *Donat.*, 1774; Laurent, XIII, 515; Grenier et Bayle Mouillard, II, 289; Toullier, V, 679; Duranton, IX, 182; Demolombe, XXI, 540; Cass., 25 mai 1831; 11 avril 1838; S. 31, I, 210; 38, I, 418; Caen, 29 nov. 1875; J. N. 21551);

3° Le surplus des biens après l'indication de legs particuliers (Marcadé, *1003*, 1; Coin-Delisle, *1003*, 8; Duranton, IX, 179; Demolombe, XXI, 535, 542, 543; Laurent, XIII, 516; Douai, 26 août 1847; Cass., 5 mai 1852; 4 mai 1854; 9 août 1858; Paris, 9 janv. 1872; S. 49, I, 66; 52, I, 522; 55, I, 368; 58, I, 789; Cass., 4 fév. 1879; t. Villefranche, 8 déc. 1882; Dijon, 16 janv. 1883; Defrénois, *Rép. N.* 1174, 1380. Voir cep. Troplong, *Donat.*, 1784; Cass., 25 avril 1860, 8 janv. 1872; Paris, 2 déc. 1872; S. 60, I, 635; 72, I, 30); — mais non si la disposition était précédée d'un legs universel ou à titre universel (Marcadé, *1003*, 1; Demolombe, XXI, 543; Laurent, XIII, 516; Cass., 30 janv. 1878; S. 80, I, 208. CONTRA Troplong, *Donat.*, 1316), à moins d'intention contraire (Hureaux, V, 155; Cass., 5 mai 1852; S. 52, I, 522);

4° L'exclusion d'héritiers prononcée par le testateur; dans ce cas il y a institution implicite en faveur de ses autres héritiers (Coin-Delisle, *895*, 4; Colmar, 22 juin 1831; Bordeaux, 26 août 1850; Cass., 7 juin 1832; 30 déc. 1861, 16 déc. 1862, 17 nov. 1863; 10 fév. 1869, 31 juill. 1876, 6 nov. 1878, Grenoble, 18 fév. 1868; Metz, 6 avril 1870; Paris 27 nov. 1877, 18 déc. 1884; Seine, 21 juill. 1882, 29 avril 1885; Defrénois, *Rép. N.* 826, 2630, 2904).

321. — Legs conjoint. — Forme aussi un legs universel la disposition de l'universalité des biens en faveur de plusieurs personnes collectivement, par exemple à Charles, Emile et Jeanne, alors même qu'on ajouterait : *pour être partagé entre eux par tiers*, ou : être partagé entre eux, *moitié pour Charles et un quart pour chacun de Emile et Jeanne;* dans ce cas si l'un d'eux ne recueille pas sa part elle accroît aux autres dans la proportion de leurs parts et portion (Marcadé, *1044*,1; Demolombe, XXII, 384; Hureaux, V, 148; Laurent, XIV, 511; Bordeaux, 27 fév. 1844; Cass., 22 fév. 1841, 27 fév. 1844, 12 fév. 1862, 18 juin 1878; Paris, 9 janv. 1872; Limoges, 30 nov. 1875; Toulouse, 12 août 1884; Defrénois, *Rép. N.* 2471).

322. — Assignation de parts. — Il en est autrement quand l'assignation de parts est dans la disposition, comme, par exemple, dans le legs : *A Charles de moitié de la succession est à Emile et Jeanne de chacun un quart;* dans ce cas les legs quoique comprenant la totalité de la succession ne constituent que des legs à titre universel, et la caducité profite non pas aux co-légataires, mais aux héritiers légitimes (Toullier, V, 505; Demolombe, XXI, 537; Cass., 18 mai 1825; 19 fév. 1861, 27 mars 1876, 11 fév. 1880; S. 61, I, 421; 76, I, 217; Defrénois, *Rép. N.* 57).

323. — Saisine. — Lorsque, au décès du testateur, il n'y a pas d'héritiers à réserve, ou s'il en existe mais qu'ils soient renonçants ou indignes (Demolombe, XXI, 562), — ou exclus par des héritiers plus proches, comme les aïeuls exclus par les frères et sœurs ou descendants d'eux, *supra* n° 113 (Duranton, IX, 135; Demolombe, XXI, 562; Troplong, *Donat.*, 1814; Contra Coin-Deliste, *1004*, 5), le légataire universel est saisi de plein droit, par la mort du testateur, sans être tenu de demander la délivrance (*C. civ.*, *1006*), et il est, comme l'aurait été l'héritier légitime, tenu au paiement de toutes les dettes et des legs (Demolombe, XXI, 571). — En conséquence le légataire universel devient propriétaire du tombeau érigé par le défunt et peut y autoriser une inhumation (T. Marseille, 14 mai 1873; J. N. 20851); de même, il est en droit d'exiger des légataires particuliers l'exécution des charges imposées (Dijon, 10 mars 1882; Defrénois, *Rép. N.* 828); mais il n'a pas la propriété de la raison sociale sous laquelle le défunt faisait le commerce (Bordeaux, 18 janv. 1875; Droit, 16 oct.).

524. — Testament authentique. — Quand le testament a été passé dans la forme publique, il suffit au légataire d'établir par un acte de notoriété qu'il n'existe pas d'héritiers à réserve.

525. — Testament olographe. — Envoi en possession. — Mais si le testament est olographe ou mystique, le légataire universel est tenu de se faire envoyer en possession par une ordonnance du président mise au bas d'une requête à laquelle sont joints une expédition du testament (*C. civ.*, *1008*), et un acte de notoriété établissant la non existence d'héritiers à réserve (Debelleyme, *Ordonn.*, I, p. 32 et 121; Coin-Deliste, *1008*, 16).

526. — Établissement public. — Un établissement public peut requérir l'envoi en possession avant d'avoir obtenu l'autorisation d'accepter le legs (Caen, 20 juill. 1859; Cass., 12 déc. 1871; S. 60, II, 56; 72, I, 136; Angers, 7 avril 1881; Defrénois, *Rép. N.* 614).

527. — Exercice des droits. — Le légataire universel par testament mystique ou olographe, jusqu'à ce qu'il ait obtenu l'envoi en possession, est sans qualité pour exercer ses droits. Par conséquent, avant l'envoi en possession il ne peut répondre aux actions intentées par les créanciers de la succession; elles doivent être dirigées contre les héritiers du sang, et, à défaut, contre un curateur à la succession vacante (Demol. XXI, 515; Paris, 30 mars 1868; Bordeaux, 26 janv. 1877; S. 69, II, 17; 77, II, 232).

528. — Étranger. — L'envoi en possession prononcé par un juge étranger ne peut être exécuté en France, qu'après avoir été déclaré exécutoire par ordonnance du président du tribunal civil, qui est le juge compétent en France (Cass., 9 mars 1853; Paris, 2 fév. 1869; S. 53, I, 269; 69, II, 103).

529. — Héritiers à réserve. — Délivrance. — Lorsqu'au décès du testateur il y a des héritiers à réserve, ces héritiers sont saisis de plein droit, par sa mort, de tous les biens de la succession, et le légataire universel est tenu de leur demander la délivrance des biens compris dans le testament (*C. civ.*, *1004*), sans qu'il puisse en être dispensé par le testateur (Coin-Delisle, *1004*, 6; Troplong, *Donat.*, 1792; Toullier, V, 494; Duranton, IX, 191; Demolombe, XXI, 553). — Jusque là il ne peut exercer aucune action contre les débiteurs de la succession et les détenteurs des biens héréditaires (Duranton, IX, 200; Demolombe, XXI, 555; Laurent, XIV, 62; Limoges, 29 déc. 1868; S. 69, II, 255); — sauf cependant les mesures provisoires et urgentes, comme la nomination d'un administrateur provisoire (Debelleyme, *Référés*, II, p. 307; Bordeaux, 4 avril 1855; Paris, 18 nov. 1871; S. 56, II, 117; 71, II, 197. V. Cass., 9 juill. 1873; S. 73, I, 368).

530. — Jouissance. — Néanmoins, dans les même cas, le légataire universel a la jouissance des biens compris dans le testament, à compter du jour du décès si la demande en délivrance a été faite dans l'année depuis cette époque; si non cette jouissance ne commence que du jour de la demande formée en justice, ou du jour que la délivrance a été volontairement consentie (*C. civ.*, *1005*); à moins que le testateur n'ait ordonné qu'il aurait droit aux fruits et revenus à partir du décès (Paris, 18 nov. 1876; Droit, 19 déc.). — C'est du jour de sa jouissance qu'il supporte les intérêts des dettes.

531. — Dettes et charges. — Le légataire universel en concours avec un héritier à réserve est tenu des dettes et charges de la succession du testateur, personnellement pour sa part et portion, et hypothécairement pour le tout; et il est tenu d'acquitter tous les legs, sauf le cas de réduction, ainsi qu'il est expliqué aux art. 926 et 927 *(C. civ., 1009).*

SECTION II.
DU LEGS A TITRE UNIVERSEL.

552. — Définition. — Le legs à titre universel est celui par lequel le testateur lègue une quote part des biens dont la loi lui permet de disposer, telle qu'une moitié, un tiers, ou tous ses immeubles (Voir Cass., 3 déc. 1872; R. G. Defrénois, II, 1414), — ou tout son mobilier, ou une quotité fixe de tous ses immeubles ou de tout son mobilier *(C. civ., 1010).* Le legs de tous les immeubles ne comprend pas les prix des immeubles vendus depuis le testament, qui sont de simples créances mobilières (Douai, 25 fév. 1845; S. 45, II, 275; Voir aussi Cass., 9 avril 1872; S. 72, I, 178).

553. — Quotité disponible. — Quand le legs est de la quotité disponible, ou d'une portion de la quotité disponible, ou encore d'une portion de la succession du testateur, le calcul de la quotité léguée se fait sur une masse composée des biens existants et de ceux dont le testateur a disposé, entre vifs qui sont rapportés fictivement (Marcadé, *857*, 3; Coin-Delisle, *919*, 8; Duranton, VII, 294; Troplong, *Donat.*, 981; Cass., 8 juill. 1826, 13 mai et 19 août 1829; 8 janvier 1834; 2 mai 1838; Colmar, 21 fév. 1855; S. 34, I, 12; 38, I, 385; 55, II, 625; Lyon, 16 mai 1867; J. N. 19072; Orléans, 25 janv. 1886; Defrénois, *Rép. N.* 3222).

554. — Portion des biens laissés au décès. — Mais s'il est d'une portion des biens que le testateur *laissera* à son décès, sans autre désignation, il se calcule sur les seuls biens existants à l'époque du décès (Duranton, VII, 293; Demolombe, XVI, 293, 323; Paris, 7 mars 1840; S. 40, II, 426; Bourges, 18 mai 1874; Cass., 8 mars 1875; S. 75, I, 301; Grenoble, 13 juin 1876; Droit, 8 avril 1877).

555. — Délivrance. — Les légataires à titre universel, qu'il y ait ou non des héritiers à réserve, n'ont jamais la saisine; en conséquence ils sont tenus de demander la délivrance aux héritiers à réserve, à leur défaut aux légataires universels; et à défaut de ceux-ci aux héritiers appelés dans l'ordre établi par la loi *(C. civ., 1011).*

556. — Jouissance. — Ils ont, comme le légataire universel, la jouissance des biens compris dans le testament à compter, non pas seulement du jour de la délivrance conformément à *l'art. 1011*, mais du jour du décès si la demande en délivrance a été faite dans l'année, si non du jour de la demande formée en justice ou de la délivrance volontairement consentie (Grenier et Bayle-Mouillard, II, 297; Toullier, V, 515; Taulier, IV, p. 153; Colmet de Santerre, IV, 154 *bis*; Demolombe, XXI, 597, 598; Hureaux, V, 181; Contra Marcadé, *1006*, 2; Coin-Delisle, *1015*, 11; Troplong, *Donat.*, 1855).

557. — Acquit des legs particuliers. — Le légataire à titre universel qui absorbe toute la quotité disponible, est tenu d'acquitter tous les legs particuliers, sauf réduction (Marcadé, art. *1013*; Demolombe, XXI, 603). — Si son legs n'est que d'une quotité de la portion disponible, il est tenu d'acquitter les legs particuliers par contribution avec les héritiers naturels *(C. civ., 1013),* proportionnellement à ce qui leur reste dans la portion disponible, et non à la part qu'ils recueillent dans la succession totale (Marcadé, art. *1013*; Bugnet sur Pothier, VIII, p. 295; Mourlon, II, p. 369; Taulier, IV, p. 154; Saintespès, IV, 1406; Colmet de Santerre, IV, 156 *bis*; Contra Duranton, IX, 222; Demolombe, XXI, 606).

SECTION III.
DES LEGS PARTICULIERS.

558. — Définition. — Le legs particulier est celui qui n'a pour objet ni l'universalité ou une quote part de l'universalité, ni tous les immeubles ou tout le mobilier ou une quote part des uns ou des autres *(C. civ., 1010).* En conséquence constituent simplement des legs particuliers les dispositions qui ont pour objet : les droits successifs du testateur dans une succession; ou ses droits dans la communauté d'entre lui et son conjoint (Marcadé, *1010*, 3; Coin-Delisle, *1003*, 20; Duranton, IX, 231;

Demolombe, XXI, 533; Hureaux, V, 146; Cass., 9 avril 1834; Voir Rouen, 17 nov. 1873; S. 74, II, 101; J. N. 20891); — ou toutes les terres de labour, toutes les vignes, toutes les maisons de campagne, ou, encore, tous les immeubles possédés dans telle commune, tel département, les colonies, etc. (Marcadé, *1010*); — alors même que le testateur n'aurait pas d'autres biens (Marcadé, *1010*, 3; Coin-Delisle, *1003*, 14; Trophong, *Donat.*, 1849; Toullier, V, 150; Demolombe, XI, 533, 582-584; Cass., 15 juin 1868; S. 68, I, 388; Cass., 18 fév. 1880; Defrénois, *Rép. N.* 58.)

539. — Délivrance. — Fruits et intérêts. — Le légataire particulier ne peut se mettre en possession de la chose léguée, ni en prétendre les fruits ou intérêts, qu'à compter du jour de sa demande en délivrance formée suivant l'ordre établi par *l'art. 1011, supra* n° 335, ou du jour auquel cette délivrance lui aurait été volontairement consentie (*Code civ.*, *1014*).

540. — Jouissance du décès. — Néanmoins le légataire a droit aux fruits et intérêts à partir du jour du décès, dans chacun des cas ci-après:

1° Si le légataire lors du décès du testateur est, à un titre quelconque, en possession de la chose léguée (Marcadé, *1015*, 2; Coin-Delisle, *1015*, 27; Grenier et Bayle-Mouillard, II, 301; Toullier, V, 541; Proudhon, *Usufr.*, 386; Saintespés, 1423; Nimes, 5 janv. 1838; Limoges, 21 fév. 1839; 5 juin 1846; Bourges, 27 janv. 1838; Riom, 11 avril 1856; Montpellier, 23 juin 1858; Cass., 25 janv. 1865; S. 38, II, 116, 289; 39, II, 334; 46, II, 578; 56, II, 602; 59, II, 535; 65, I, 88. CONTRA Duranton, IX, 272; Duvergier sur Toullier, V, 541; Demolombe, XXI, 618);

2° Quand le légataire est déjà à un autre titre copropriétaire par indivis du bien légué;

3° Lorsque le legs est fait par préciput en faveur de l'un des successibles (Marcadé, *1015*, 2; Coin-Delisle, *1006*, 15; Grenier et Bayle-Mouillard, II, 305; Toullier, V, 542; CONTRA Demolombe, XXI, 619);

4° Quand la demande en délivrance a été retardée par une manœuvre de l'héritier qui aurait caché l'existence du testament (Coin-Delisle, *1015*, 12; Duranton, IX, 192; Troplong, *Donat.*, 1882; Demolombe, XXI, 636; Hureaux, V, 119);

5° Quand le testateur a expressément déclaré sa volonté dans le testament que les intérêts ou fruits courent au profit du légataire dès le jour de son décès (*C. civ.*, *1015*) ou qu'il le dispense de la demande en délivrance (Marcadé, *1015*, 2; Troplong, *Donat.*, 1856; Demolombe, XXI, 645 à 648; Hureaux, V, 122; Bourges, 3 fév. 1837; Donai, 8 mai 1847; S. 38, II, 74; 48, II, 44);

6° Quand le legs, étant d'une rente viagère ou d'une pension a été fait à titre d'aliment (même art.).

541. — Fruits. — Perception. — Si la chose léguée produit des fruits civils, comme ils s'acquièrent jour par jour, le légataire y a droit du jour de la demande en délivrance. Si elle produit des fruits naturels et industriels, ceux pendants par branches ou par racines au jour de la demande appartiennent au légataire, et, par contre, il n'a droit à aucune indemnité si la récolte a été faite par l'héritier avant cette demande (Coin-Delisle, *1015*, 13; Bayle-Mouillard, II, 298; Saintespés, IV, 1427; Demolombe, XXI, 639; Hureaux, V, 119).

542. — Valeurs industrielles. — Prime. — Quand le legs est de valeurs industrielles, le légataire particulier a droit à la prime afférente à ces valeurs par suite d'un tirage postérieur au décès, la prime devant être considérée comme un accroissement exceptionnel qui s'est adjoint, par une espèce de droit d'accession, à une chose qui était la propriété du légataire à partir du décès du testateur (Buchère, *Val. mobil.*, 456; Aix, 16 juill. 1870; S. 72, II, 193).

543. — Somme d'argent. — Terme. — Lorsque le legs est d'une somme d'argent à raison de laquelle le testateur a accordé un terme à ses héritiers ou légataires universels pour se libérer vis-à-vis du légataire, les intérêts ne courent pas du jour de la délivrance mais seulement du jour de la demande après l'expiration du terme (Seine, 19 août 1876; Droit, 3 sept.).

TITRE TROISIEME

DE L'ACCEPTATION ET DE LA RÉPUDIATION DES SUCCESSIONS

544. — Division. — Nous diviserons ce Titre en deux Chapitres qui traiteront : — Le premier, de l'acceptation pure et simple et de la renonciation ; — Et le deuxième, de l'acceptation bénéficiaire.

CHAPITRE PREMIER

DE L'ACCEPTATION PURE ET SIMPLE ET DE LA RENONCIATION

DIVISION

Sect. 1. — *Dispositions générales.*
  § 1. Du délai pour faire inventaire et délibérer (Nos 348 à 361).
  § 2. De la vente du mobilier sans attribution de qualité (Nos 362 à 365).
  § 3. De l'époque pour accepter ou renoncer (Nos 366 à 371).
  § 4. De la capacité pour accepter ou pour renoncer (Nos 372 à 381).
  § 5. De la modalité de l'acceptation ou de la renonciation (Nos 382 à 384).
Sect. 2. — *De l'acceptation pure et simple.*
  § 1. De l'acceptation par héritier (Nos 385 et suiv.).
    I. Acceptation expresse (Nos 386 à 394).
    II. Acceptation tacite (Nos 395 à 401).
  § 2. Du recélé et du divertissement (Nos 402 à 422).
  § 3. Des actes conservatoires et d'administration (Nos 423 à 429).
  § 4. Des effets de l'acceptation (Nos 430 à 431).
  § 5. De la rescision de l'acceptation (Nos 432 à 446).
  § 6. De l'acceptation par les créanciers d'un successible (Nos 447 à 461).
Sect. 3. — *De la renonciation aux successions.*
  § 1. Des formes de la renonciation (Nos 462 à 467).
  § 2. Des effets de la renonciation (Nos 468 à 473).
  § 3. De la rétractation et annulation de la renonciation (Nos 474 à 485).

SOMMAIRE ALPHABÉTIQUE

Acceptation de succession :
— Abattage . . . . . . 397, 14°
— Accroissement 445
— Acquiescement . . . . 397, 6°
— Actes d'administration
  . . . . 423, 425
— Acte conservatoire. 423, 424
— Acte écrit 386
— Agissement 396
— Aliénation . . . . . . 397, 1°
— Aliéné 376
— Annulation 443
— Autorisation maritale . . 372

— Autorisation pour vendre
  . . . . 362 à 364
— Bail . . . . 397, 3°
— Biens hors du commerce.
  . . . . 397, 13°
— Capacité 372
— Cession 367
— Commerce 364
— Compromis . . . . . . 397, 9°
— Comptes 425
— Condamnation 360
— Conditions . . . . . 382 à 384
— Congé 425

— Conseil de famille 374
— Conseil judiciaire 375
— Constructions . . . . 397, 14°
— Coupe de bois 365
— Créanciers . 442, 447 et suiv.
— Curateur 374
— Décharge 446
— Déclaration de succession 393
— Découverte de testament. 438
— Délais. (Voir délais pour faire inventaire et délibérer).
— Délaissement . . . . . 397, 8°

DU PARTAGE DES SUCCESSIONS.

— Délivrances de legs. 397, 14°
— Demande en nullité. 397, 7°, 10°
— Demande en partage. 397, 2°
— Dénonciation du meurtre 400
— Désaccord. 379, 380
— Désistement. . . . . 397, 6°
— Dettes. 435
— Dettes courantes. . . 397, 5°
— Divertissement (voir recélé).
— Dol 433
— Dommages et intérêts . . 400
— Donation . . . . 397, 1°; 434
— Droits actifs 431
— Droits de succession. 397, 5°; 431
— Droits successifs . . 397, 15°
— Echange . . . . 397, 1°
— Effets 443
— Effet rétroactif 430
— Epoque 366
— Erreur 437
— Expresse 386
— Femme 372
— Frais funéraire. 397, 5°, 431
— Gérant 424
— Gérant d'affaires . . . 397, 5°
— Greffe. 386
— Héritiers d'un successible 377, 378
— Hypothèque . . . . . 397, 1°
— Indignité. , ... 397, 8°
— Inscription 424
— Intention 395
— Interdit 374, 439, 440
— Inventaire. . . . 424, 431
— Irrévocabilité. . . . 394, 399
— Jugement. 360
— Legs. 431, 437, 438
— Lésion. . . . . . 434 à 439
— Lettre missive 390
— Location. 425
— Maison de banque 401
— Mandataire 381
— Mari 372
— Mineur . . . 374, 439, 440
— Modalités. . . . 382 à 384
— Modifications. . . . 397, 14°
— Nécessaire 387
— Obligations passives . . 431
— Ouverture. 366
— Partage. . . . . . . 397, 2°
— Payement . . . . 397, 5° 425
— Pétition d'hérédité . . 397, 8°
— Possession . . . . . 397, 13°
— Poursuites 346
— Prescription 370, 371, 424, 441
— Présomption 345
— Preuve 389
— Procès 436
— Procuration . . . 392, 397, 12°
— Prorogation de délai 390, 397, 6°
— Protestations 398
— Protêt 424
— Rapport 440
— Recélé (voir ce mot).
— Recouvrements. 397, 4°, 425
— Régime dotal. . . . 373, 382

— Remise de dette . . . 397, 6°
— Renonciation 444
— Renonciation à communauté. . . . . . . 397, 11°
— Renonciation gratuite 397, 16°
— Renonciation onéreuse 397, 17°
— Réparations. 425
— Répétition 446
— Rescision. 432 et suiv., 397, 7°
— Réserve. 382, 398
— Résolution 436
— Restitution. 382 à 384, 434, 444
— Rétraction de renonciation (voir ce mot).
— Revendication 436
— Saisie 424
— Scellés 424, 431
— Tacite 395
— Termes . . . . . . 382 à 384
— Testament 434, 438
— Titre d'héritier . . . 386, 391
— Tombeau . . . . . . 397, 13°
— Traités . . . . 397, 9°
— Transaction . . . 390, 397, 9°
— Tuteur 374
— Vente . . . . 397, 1°
— Vente du mobilier 362 à 364
— Verbale. 388
— Violence 433

Acceptation de succession par créanciers :
— Accroissements. 453
— Ajournement. 456
— Date certaine. . . . 454, 457
— Demande 456
— Désintéressement 459
— Discussion 449, 455
— Exercice des droits. . . . 452
— Gage 447
— Limitation 451, 458
— Mise en demeure. 450
— Montant 452
— Préjudice 455
— Prise de qualité 448
— Rapport. 461
— Recours. 460
— Renonciation 453
— Requête. 456
— Sommation 450
— Subrogation 448

Accroissement :
— Acceptation de succession. 453
— Enfant naturel 469
— Renonciation à succession 378, 469, 471
— Recélé 418

Administrateur provisoire :
— Compétence. 428
— Etat. 427
— Legs. 427
— Litige. 427
— Non présent 427
— Pouvoirs 426
— Référé 429
— Tribunal 428

Autorisation maritale :
— Acceptation ou répudiation. 372
— Recélé 404

Bénéfice d'inventaire :
— Désaccord 379, 380
— Interdits 374
— Mineurs. 374
— Renonciation à succession. 471
— Rétractation de renonciation. 476, 477

Délai pour faire inventaire et délibérer :
— Acceptation. 349
— Actes conservatoires . . . 355
— Ajournement 355
— Bénéfice d'inventaire. . . 353
— Clôture d'inventaire . . . 350
— Décès 352
— Délais expirés 360
— Dommages-intérêts . . . 354
— Faute. 361
— Frais . . . . 357 à 361
— Héritiers du successible. 352
— Héritiers subséquents . . 351
— Inscription 355
— Intérêts 355
— Interruption de prescription. 355
— Inventaire 348
— Inventaire inachevé . . . 350
— Nouveaux délais 358
— Poursuites. . . 346, 354, 356
— Prolongation . 349, 358, 359
— Protêt 354
— Quarante jours. 349
— Règles 347
— Renonciation 349, 351
— Saisie. 355
— Signification 355
— Trois mois 348

Mineur :
— Acceptation ou répudiation. 374
— Recélé 404

Prescription :
— Acceptation ou renonciation. 370
— Recélé 422

Rapport à succession :
— Acceptation de succession 440
— Acceptation par créanciers 461
— Recélé 405, 420
— Renonciation. 473

Recélé :
— Accroissement 418
— Adition d'hérédité 402
— Autorisation maritale. . . 404
— Caractère 402
— Commune renommée. . . 409
— Déclaration 405, 416
— Dettes. 406, 418
— Don manuel 410
— Donataire contractuel . . 419
— Droit de l'invoquer. . . . 413
— Effets 405
— Enlèvement de titres. . . 412
— Epoque 410
— Erreur 402
— Faute. 402, 407
— Femme. 404, 407
— Héritiers 403
— Institution contractuelle. . 403
— Intention frauduleuse. . . 402

TRANSMISSION. — ACCEPTATION OU RÉPUDIATION. 61

— Inventaire......... 416
— Légataire... 403, 419, 421
— Limitation......... 413
— Mari 407
— Mineur , ... [404, 415
— Négligence........ 402
— Partage.......... 420
— Prélèvement 420
— Prescription 422
— Privation de part..... 414
— Postérieur à renonciation 411
— Preuve 409
— Rapport...... 405, 420
— Remise spontanée 408
— Seul héritier 421
— Successeurs irréguliers.. 403
— Témoins 409
— Testament faux 417
— Vol 412
Renonciation à succession :
— Absence.......... 369
— Accroissement. 378, 445, 469
— Acte............ 462
— Acte unilatéral...... 466
— Acte notarié 465
— Acte sous seing privé . . 465
— Adition d'hérédité. 397, 16°, 17°
— Aliéné 376
— Autorisation maritale . . 372
— Autorisation pour vendre. 362 à 364
— Avoué........... 464
— Bénéfice d'inventaire... 471
— Capacité.......... 372
— Cession 367
— Cohéritiers 471
— Commerce......... 364
— Conditions..... 382 à 384
— Condition de donation.. 368
— Conseil de famille 374
— Conseil judiciaire..... 375
— Convention 465

— Coupe de bois........ 365
— Curateur 374
— Degré subséquent 471
— Délais (voir délais pour faire inventaire et délibérer).
— Désaccord..... 379, 380
— Dettes........... 472
— Dol 483
— Enfant naturel 469
— Epoque 366
— Erreur 483
— Faculté 345
— Femme 372
— Frais funéraires 472
— Gratuite....... 397, 16°
— Greffe 462
— Greffe incompétent ... 467
— Héritiers d'un successible. 377, 378
— Héritiers subséquents.. 351
— Interdits.......... 374
— Lésion 484
— Lieu et place....... 378
— Maladie dernière..... 472
— Mandataire 381, 463
— Mari............ 372
— Mineurs 374, 484
— Modalité .·...... 382
— Non héritier 468
— Onéreuse...... 397, 17°
— Ouverture 366
— Poursuites 346
— Prescription 370, 371
— Rapport.......... 473
— Régime dotal.... 373, 382
— Représentation...... 470
— Réserve.......... 382
— Restitution 444
— Restriction .... 382 à 384
— Rétractation (voir ce mot).
— Termes ..... 382 à 384

— Testament faux 483
— Testament nul 483
— Tiers 485
— Transmission....... 469
— Tuteur 374
— Vente du mobilier. 362, 364.
— Violence.......... 483
Rétractation de renonciation :
— Acceptation........ 477
— Acte notarié........ 476
— Bénéfice d'inventaire 476, 477
— Conjoint 478
— Créanciers 474, 485
— Délai 475
— Dol 483
— Envoi en possession .. . 478
— Enfant naturel 478
— Epoque 474
— Erreur........... 483
— Etat............ 478
— Expresse 476, 477
— Faculté 474
— Héritiers 474
— Légataire universel ... 479
— Lésion 484
— Mineur 484
— Modalités......... 476
— Prescription........ 481
— Réserve.......... 481
— Restitution 483
— Saisine ·......... 482
— Seul héritier 480
— Successeurs irréguliers.. 478
— Tacite 476, 477
— Testament faux 483
— Testament nul 483
— Violence 483
Vente du mobilier :
— Adition d'hérédité. 362 à 364
— Autorisation.... 362 à 364
— Commerce......... 364
— Coupe de bois...... 365

SECTION I.

DISPOSITIONS GÉNÉRALES.

545. — Acceptation. — Faculté de renoncer. — Celui auquel une succession est dévolue, qu'il soit héritier légitime ou successeur irrégulier, qu'il tienne son droit héréditaire de la loi ou de la volonté du *de cujus*, est de plein droit acceptant (*C. civ.* 784). Néanmoins il n'est pas tenu de l'accepter (*C. civil*, 775), et peut y renoncer. S'il accepte il peut faire son acceptation purement et simplement ou sous bénéfice d'inventaire (*C. civ.* 774).

546. — Délai. — La loi accorde au successible un délai pour prendre connaissance des forces et charges de la succession et pour délibérer sur son acceptation ou sur sa renonciation. Durant ce délai aucune poursuite ne peut être dirigée contre lui personnellement.

547. — Règles. — Les règles à ce sujet sont dominantes et doivent faire l'objet de notre premier examen.

§ 1. — *Du délai pour faire inventaire et délibérer.*

548. — Délai pour faire inventaire. — L'héritier a trois mois pour faire inventaire, à compter du jour de l'ouverture de la succession (*C. civ.* 795 ; *C. Proc.*, 774).

549. — Délai pour délibérer. — Il a de plus, pour délibérer sur son acceptation ou sur sa renonciation, un délai de quarante jours qui commencent à courir du jour de l'expiration des trois mois donnés pour l'inventaire ou du jour de la clôture de l'inventaire s'il a été terminé avant les trois mois (*C. civ.* 795;

C. Proc. 774), ou s'il a été fait après ce délai par suite de prorogation accordée en justice, *infra* n° 358.

550. — Inventaire inachevé dans le délai. — Quand l'héritier n'a pas terminé ni même commencé l'inventaire dans les trois mois, il peut le terminer ou le faire dans les quarante jours accordés pour délibérer ; mais il n'a, pour délibérer, que le temps restant à courir entre la clôture de l'inventaire et l'expiration du délai de trois mois et quarante jours (Chabot, *795*, 3 ; Bilhard, *Bénéf. d'inv.*, 52 ; Demolombe, XIV, 266 *bis* ; Aubry et Rau, § 714-3).

551. — Renonciation. — Héritiers subséquents. — A l'égard des parents du degré subséquent, qui n'ont été saisis de la succession que postérieurement au décès, par l'effet de la renonciation des parents plus proches, ce n'est qu'à partir de cette renonciation que court contre eux soit le délai de trois mois et quarante jours si l'inventaire n'a pas déjà été fait, soit seulement le délai de quarante jours si l'inventaire a déjà été fait (Marcadé, *art. 795* ; Vazeille, *795*, 2 ; Belost-Jolimont, *795*, obs. 1 ; Demolombe, XIV, 269 ; Aubry et Rau, § 614-20).

552. — Héritiers du successible. — Si l'héritier vient à mourir avant d'avoir pris qualité, ses propres héritiers, qui ont trois mois et quarante jours pour faire l'inventaire après le décès de leur auteur et pour délibérer, doivent avoir un même délai en ce qui concerne la succession qui lui est échue, puisque leur prise de qualité dans cette succession entraînerait adition d'hérédité (Chabot, *795*, 5 ; Bilhard, 55 ; Tambour, p. 237 ; Demolombe, XIV, 271 ; Aubry et Rau, § 614-4).

553. — Bénéfice d'inventaire. — Quand l'héritier a accepté bénéficiairement avant d'avoir fait inventaire, il a pris qualité et ne plus invoquer les délais pour faire inventaire et délibérer (Duranton, VII, 22 ; Tambour, *Bénéf. d'inv.*, p. 238 ; Aubry et Rau, § 614-7 ; Demolombe, XIV, 272. Voir cepend. Bilhard, *Bénéf. d'inv.* 53 ; Demante, III, 117 *bis*).

554. — Poursuites contre l'héritier. — Pendant la durée des délais accordés pour faire inventaire et pour délibérer, l'héritier ne peut être contraint à prendre qualité, il ne peut être obtenu contre lui de condamnation (*C. civ.*, 797 ; *Proc.* 174, 187) à peine de nullité et même de dommages et intérêts (Rennes, 16 mai 1871 ; Journ. des Not., art. 20530), et les délais d'appel ou de requête civile sont interrompus (*C. Proc.*, 447-487).

555. — Actes conservatoires. — Néanmoins les créanciers et légataires peuvent faire contre le successible tous actes conservatoires, par exemple : faire signifier des protêts ; requérir des inscriptions, faire la signification prescrite par *l'art.* 877 (Marcadé, *art. 877* ; Chabot, *873*, 22 ; Vazeille, *877*, 22 ; Belost-Jolimont, *877*, ob. 4 ; Duranton, VII, 458 ; Demolombe, XIV, 281 ; Massé et Vergé, § 381-7 ; Aubry et Rau, § 617-12 ; Paris, 29 déc. 1814) ; — signifier des exploits d'ajournement dont l'objet est d'interrompre les prescriptions et de faire courir les intérêts (Tambour, p. 236 ; Demolombe, XIV, 280) ; — comme aussi saisir les biens de la succession ; sauf au successible à faire suspendre l'effet de l'ajournement et de la saisie jusqu'après l'expiration des délais (Chabot, *797*, 2 ; Massé et Vergé, § 381-7 ; Aubry et Rau, § 614-9 ; Demolombe, XIV, 284 ; Bordeaux, 30 juill. 1834 ; Angers, 17 août 1848 ; S. 34, II, 688 ; 48, II, 751) ; — faire des offres réelles (Seine, 18 fév. 1882 ; Defrénois, *Rép. N.*, 588).

556. — Poursuites contre la succession. — Mais les créanciers porteurs de titres exécutoires peuvent, peuvent ces délais, exercer des poursuites sur les biens de la succession (Chabot et Belost-Jolimont, *797*, 2 ; Douai, 4 mars 1812 ; Paris, 16 août 1851 ; S. 51, II, 763).

557. — Frais. — Si l'héritier renonce, ou accepte sous bénéfice d'inventaire (Chabot, *797*, 3 ; Duranton, VII, 20 ; Demolombe, XIV, 287), lorsque les délais sont expirés ou avant, les frais par lui faits légitimement jusqu'à cette époque sont à la charge de la succession (*Code civ.*, 797), ainsi que ceux faits contre lui et auxquels il serait condamné (Chabot, *797*, 3 ; Demante, III, 120 *bis* ; Demolombe, XIV, 288). Si l'héritier les a acquittés, il a un recours contre la succession avec le privilége attaché à ces frais.

558. — Nouveaux délais. — Après l'expiration des délais ci-dessus, l'héritier, en cas de poursuites dirigées contre lui, peut demander un nouveau délai, que le tribunal saisi de la contestation accorde ou refuse suivant les circonstances (*C. civ., 798*). Les juges ont une liberté d'appréciation qui leur permet d'accorder non-seulement un nouveau délai, mais encore plusieurs délais successifs (Chabot, *797*, 5; Bilhard, 54; Massé et Vergé, § 381-14; Aubry et Rau, § 614-15; Demolombe, XIV, 292; Paris, 11 fruct. an XIII; Seine, 20 déc. 1882; Defrénois, *Rép. N.*, 1076); pour faire inventaire comme pour délibérer (Demante, III, 121 *bis*; Demolombe, XIV, 293).

559. — Prorogation. — Frais. — Les frais de poursuites, dans le cas du n° précédent, sont à la charge de la succession si l'héritier justifie ou qu'il n'avait pas eu connaissance du décès, ou que les délais ont été insuffisants, soit à raison de la situation des biens, soit à raison des contestations survenues; s'il n'en justifie pas, les frais restent à sa charge personnelle (*C. civ., 799*). A ce sujet les juges ont un même pouvoir d'appréciation que pour accorder des délais (Chabot, *798*, 5; Duranton, VII, 21; Demante, III, 121 *bis*; Demolombe, XIV, 295).

560. — Délais expirés. — L'héritier conserve néanmoins après l'expiration des délais accordés par *l'art. 795*, même de ceux donnés par le juge, la faculté de faire encore inventaire et de se porter héritier bénéficiaire, ou de renoncer, s'il n'a pas fait d'ailleurs acte d'héritier, ou s'il n'existe pas contre lui de jugement passé en force de chose jugée qui le condamne en qualité d'héritier pur et simple (*C. civ., 800*; *Proc. 174, infra* n° 498).

561. — Faute. — Frais. — Même lorsque l'héritier a obtenu le délai et qu'il a ensuite renoncé, il peut être condamné aux frais d'un jugement par défaut obtenu contre lui, en sa qualité d'héritier pendant le délai supplémentaire, s'il a laissé prendre et signifier ce jugement sans faire connaître au créancier la prolongation qui lui avait été accordée (Cass., 22 mars 1869; S. 69, I, 196).

§ 2. — *De la vente du mobilier sans attribution de qualité.*

562. — Autorisation du juge. — Le successible qui veut conserver la faculté d'accepter sous bénéfice d'inventaire ou de renoncer, ne doit, pendant les délais pour faire inventaire et délibérer, faire aucun des actes d'héritier énumérés *infra* n° 397, à peine de devenir héritier pur et simple. Si cependant il existe dans la succession des objets susceptibles de dépérir ou dispendieux à conserver, l'héritier peut, en sa qualité d'habile à succéder, et sans qu'on puisse en induire de sa part une acceptation, se faire autoriser par justice à la vente de ces objets. Cette vente doit être faite par un officier public, après les affiches et publications réglées par les lois sur la procédure (*C. civ., 796, Pr., 986*).

563. — Vente sans autorisation. — Toutefois l'habile à hériter peut vendre sans autorisation et sans formalité, les légumes d'un jardin, les œufs de la basse-cour, le lait des bestiaux, et autres petits produits dont la vente de chaque jour ne peut se faire qu'au marché et à l'amiable (Tambour, p. 333; Bertin, *Ch. du cons.*, II, 1207; Demante, III, 99 *bis*; Demolombe, XIII, 276; Cass., 1er fév. 1843; Douai, 14 mai 1855; S. 43, I, 438; 56, II, 25).

564. — Commerce. — Si le défunt était marchand en détail, le successible peut continuer les ventes quotidiennes afin de conserver l'achalandage de la maison. Cependant si le commerce a quelque importance, il est préférable que le successible obtienne du juge l'autorisation de continuer la vente des marchandises, ou plus généralement l'exploitation du commerce (Demolombe, XIV, 428).

565. — Coupe de bois. — Décide aussi que le successible qui, afin d'éviter les frais des formalités de justice qui, en raison du peu d'importance de la succession, auraient absorbé tout l'héritage, vend une coupe de petit bois dont la valeur est inférieure aux frais privilégiés de funérailles et de deuil, ne fait pas acte d'héritier (T. Montpellier, 23 janv. 1874; J. N., 20951).

§ 3. — *De l'époque pour accepter ou pour renoncer.*

566. — Succession ouverte. — Une succession ne peut être acceptée ou répudiée avant qu'elle ne soit ouverte. On ne peut donc, même par contrat de mariage, renoncer à la succession d'un homme vivant, ni aliéner les droits éventuels qu'on peut avoir à cette succession (*C. civ.*, *791*); en conséquence l'acceptation ou la répudiation d'une succession qui serait faite par suite de la fausse nouvelle de la mort d'un parent, ne produirait aucun effet, alors même que le décès aurait lieu presque immédiatement après (Chabot, 774, 3; Toullier, IV, 315; Duranton, VI, 364; Demolombe, XIV, 302; Hureaux, II, 147; Cass., 8 fév. 1812; Bourges, 22 juill. 1828).

567. — Renonciation. — Cession. — Avant l'ouverture. — La renonciaion pour un seul et même prix à une succession échue et à une succession à échoir est nulle pour le tout; il y a indivisibilité (Troplong, *Vente*, 251; Roll. de Vill., *Ren. à succ. future*, 13; Limoges, 6 avril 1838; Cass., 10 août 1840; 14 nov. 1843; Orléans, 24 mai 1849; S. 38, II, 501; 40, I, 575; 44, I, 229; 49, II, 601. Contra Duvergier, *Vente*, 231; Trib. Bastia, 26 mai 1836; S. 43, I, 33).

568. — Même hypothèse. — Condition de donation. — La renonciation à une succession non ouverte ou la cession des droits éventuels qu'on peut avoir à cette succession ne peut avoir lieu, même comme condition d'un don contractuel de biens à venir (Grenier, *Donat.*, I, 416; Troplong, *ibid.*, 2355; Massé et Vergé, § 517-29; Larombière, *1130*, 20; Roll. de Vill., *Renonc. à succ. fut.*, 9; Lyon, 16 janv. 1838; Toulouse, 15 avril 1842; Cass., 10 août 1840; 16 août 1841; 11 janv. 1853; Caen, 23 mai 1861; Agen, 17 déc. 1856; 12 déc. 1866; 13 juill. 1868; Montpellier, 12 août 1874; S. 68, II, 37, 316; 76, II, 239).

569. — Absence. — Renonciation. — La renonciation à la succession de l'absent est nulle si elle est faite avant l'envoi en possession provisoire (Cass., 3 août 1829, 21 déc. 1841; S. 42, I, 167).

570. — Prescription. — La faculté d'accepter ou de répudier une succession se prescrit par le laps de temps requis pour la prescription la plus longue des droits immobiliers (*C. civ.*, 789), c'est à dire par trente ans (*C. civ.*, 2262), qui courent du jour de son ouverture. Le successible qui n'a ni accepté, ni renoncé dans ce délai, ne peut plus ni accepter ni renoncer; par suite au regard de ceux qui ont appréhendé l'hérédité, il est considéré comme n'ayant point été appelé à la succession (Malpel, *Succ.*, 326; Vazeille, *Prescr.*, I, 365; Duranton, I, 488; Aubry et Rau, § 610-6; Hureaux, II, 73; Froissart, *Rev. Pra.*, 1858, I, p. 500; Rouen, 6 juin 1838; 23 fév. 1856; 29 juin 1870; Paris, 3 fév. 1848; 11 déc. 1858; 25 nov. 1862; Cass., 13 juin 1855; 29 janv. 1862; Caen, 25 juill. 1862; Nimes, 23 juin 1868; Bourges, 28 nov. 1871; S. 39, II, 129; 48, II, 261; 55, I, 689; 56, II, 389; 59, II, 314; 62, I, 337; 63, II, 89; 72, II, 209; J. N., art. 20395. Contra Marcadé, 789, 2; Chabot, 789, 2; Demante, III, 110 *bis*; Demolombe, XIV, 315; Roll. de Vill., *Accept. de succ.*, 38, et *Renonc. à succ.*, 40; Bordeaux, 6 mai 1841; Paris, 2 fév. 1844; Riom, 1er fév. 1847; S. 48, II, 257, 262).

571. — Exception. — Cette déchéance toutefois ne serait pas encourue en cas d'interruption ou de suspension de la prescription (Paris, 25 nov. 1862, précité); comme aussi dans le cas où le successible établirait qu'il a ignoré l'ouverture de la succession ou la délation à son profit (Aubry et Rau, § 610-18).

§ 4. — *De la capacité pour accepter ou pour renoncer.*

572. — Femme. — Mari. — Pour accepter une succession ou y renoncer, il faut être capable de s'obliger et d'aliéner. En conséquence, les femmes mariées, même séparées de biens (Toullier, IV, 341; Mourlon, II, p. 102; Demolombe, XIV, 323; Roll., *Renonc. à succ.* 25), ne peuvent pas valablement accepter une succession, même sous bénéfice d'inventaire, ou y renoncer, sans l'autorisation de leur mari ou de justice (*C. civ.*, 776). Si la succession échue à la femme est entièrement mobilière et tombe en communauté, le mari peut à ses risques et périls (Chabot, 776, 3; Toullier, IV, 301; Duranton, VI, 434; Demolombe, XIV, 326; Riom, 18 avril 1825; 19 avril 1828), l'accepter ou la répudier, sans le concours de sa femme (Chabot, 776, 3; Toullier, IV, 318; Duranton, VI, 425; Demolombe, XIV, 327. Contra Hureaux, II, 15)

573. — Femme dotale. — La succession échue à une femme dotale peut également être acceptée ou répudiée par elle avec la seule autorisation de son mari, l'art. 776 ne faisant aucune distinction entre les divers régimes de mariage. D'ailleurs, la renonciation ne saurait être considérée comme une aliénation du fonds dotal, puisque le fonds ne deviendra la propriété de la femme que par son acceptation, tandis que par sa renonciation elle est censée, en vertu de l'art. 785, n'avoir jamais été héritière (Grenoble, 16 avril 1866; S. 66, II, 221).

574. — Mineurs. — Interdits. — Les successions échues aux mineurs, même émancipés (Marcadé, *art. 776*; Chabot, *776*. 8; Demolombe, XIV, 330; Roll. de Vill., *Accep. de succ.*, 55; Douai, 30 mai 1856; S. 56, II, 559) — et aux interdits, même par suite de condamnation judiciaire (Demolombe, XIV, 331; Hureaux, II, 14), ne peuvent être acceptées que sous bénéfice d'inventaire, avec l'autorisation préalable du conseil de famille (*Code civ., 461, 776*). Cette autorisation obtenue, l'acceptation est faite au nom des mineurs non émancipés et des interdits par leurs tuteurs (*C. civ., 461*); et pour les mineurs émancipés par eux-mêmes, avec l'assistance de leurs curateurs (Chabot, *776, 8*; Toullier IV, 320; Demolombe, XIV, 330; Roll. de Vill., *Accept. de succ.*, 55; Douai, 30 mai 1856 précité).

575. — Conseil judiciaire. — Le majeur pourvu d'un conseil judiciaire peut, s'il est assisté de son conseil, accepter une succession ou y renoncer, sans autorisation du conseil de famille (Chabot, *776, 10*; Toullier, IV, 341; Taulier, III, p. 224; Duranton, VI, 476; Demolombe, XIV, 332; Roll. de Vill., *Accept. de succ.*, 56; Aubry et Rau, § 610-20).

576. — Aliéné. — L'administrateur provisoire ou le mandataire spécial n'ont qualité, pour représenter l'aliéné dans les successions où il est intéressé, qu'autant que ces successions ont été acceptées par l'aliéné à l'époque où il était en état de le faire. Si cette acceptation par l'aliéné n'a pas eu lieu, ni l'administrateur provisoire ni le mandataire spécial ne peuvent accepter pour lui. Le seul moyen à employer pour réaliser l'acceptation est de faire prononcer l'interdiction de l'aliéné (Demolombe, VIII, 838; Montpellier, 26 juill. 1875; S. 78, I, 341).

577. — Décès. — Héritiers. — Lorsque celui à qui une succession est échue, est décédé sans l'avoir répudié ou sans l'avoir acceptée expressément ou tacitement, ses héritiers peuvent l'accepter ou la répudier de son chef (*C. civ., 781*), comme étant en son lieu et place.

578. — Renonciation par héritiers du successible. — Accroissement à leur profit. — Si les héritiers du successible décédé étaient cohéritiers avec lui dans la succession primitivement ouverte, ils peuvent renoncer à cette succession de son chef, afin de demeurer seuls héritiers, ce qui les exonère de la charge de l'acquit des droits de mutation après le décès de leur cohéritier pour la part qui lui était afférente dans la succession de leur auteur (Demolombe, XIV, 343; Trib. Caen, 17 juin 1847; Valence, 13 juill. 1853; Bergerac, 24 janv. 1855; Cass., 2 mai 1849; 24 avril 1854; J. N. 13103; 13732, 15238, 15298, 15516).

579. — Désaccord. — Bénéfice d'inventaire. — Si les héritiers ne sont pas d'accord pour accepter ou pour répudier la succession, elle doit être acceptée sous bénéfice d'inventaire (*C. civ., 782*); sans que l'on puisse rendre responsables ceux qui ont été du parti de l'acceptation, des suites dommageables qu'elle pourrait avoir, en assujettissant les héritiers à un rapport qui aurait été évité par la renonciation, sauf cependant le cas de fraude résultant d'un concert dolosif avec les héritiers auxquels le rapport profite (Marcadé, *art. 782*; Taulier, III, p. 232; Mourlon, II, p. 93; Tambour, p. 415; Demolombe, XIV, 350; Voir cep. Demante, III, 702 *bis*; Belost-Jolimont, *art. 782*).

580. — Formes de l'acceptation bénéficiaire. — L'acceptation bénéficiaire, en cas de désaccord entre les héritiers, ne peut être consentie par l'un des héritiers ou par quelques-uns au nom de tous. Si l'un ou plusieurs des héritiers s'y refusent, elle doit être ordonnée par le juge (Demante, III, 102 *bis*, 5°; Demolombe, XIV, 352. CONTRA Tambour, p. 416).

581. — Mandataire. — L'acceptation ou la répudiation peut être faite par un mandataire muni d'un pouvoir spécial pour accepter ou renoncer (Demolombe, XIV, 355 *bis*).

§ 5. — *De la modalité de l'acceptation ou de la renonciation.*

582. — Termes. — Conditions. — L'acceptation et la renonciation doivent être faites sans restriction. Par conséquent l'on ne saurait y apposer soit un terme, soit une condition, soit une réserve ; ainsi l'héritier d'une femme dotale ne serait pas recevable à accepter la succession en ce qui concerne les biens dotaux, et la répudier quant aux autres biens (Marcadé, *art. 774*; Demolombe, XIV, 359 ; Cass., 20 déc. 1841 ; S. 42, I, 283).

583. — Effets d'une telle renonciation. — La renonciation qui aurait été faite à terme, sous condition ou pour partie devrait être considérée comme non avenue, ce qui replacerait l'héritier dans le même état que s'il n'avait rien fait (Marcadé, *art. 774*; Chabot, *784*, 5 ; Duranton, VI, 478 ; Aubry et Rau, § 613-3 ; Demolombe, XIV, 360 ; Cass., 29 mars 1842 ; S. 42, I, 461).

584. — Ou de l'acceptation. — Il en est de même de l'acceptation qui n'a été faite que sous condition (Marcadé, *art. 774*; Aubry et Rau, § 611-5 ; Duvergier sur Toullier, IV, 339, note 2 ; Demolombe, XIV, 361 ; Cass., 5 fév. 1806, 3 août 1808). — Mais si elle a été faite à terme ou pour partie, elle entraîne adition d'hérédité (Chabot, *774*, 10 ; Toullier, IV, 312 *bis*; Duranton, VI, 374 ; Aubry et Rau, § 611-4) ; — à moins que le contraire ne résulte de l'intention de l'acceptant, si d'ailleurs il n'a pas été fait acte d'héritier (Demolombe, XIV, 362).

SECTION II.

DE L'ACCEPTATION PURE ET SIMPLE.

§ 1. — *De l'acceptation par l'héritier.*

585. — Expresse ou tacite. — L'acceptation *pure et simple,* aussi appelée *adition d'hérédité,* est expresse ou tacite (C. civ., 778).

I. Acceptation expresse.

586. — Acte écrit. — L'acceptation est *expresse* lorsque le successible déclare dans un acte écrit, son intention d'accepter ; comme s'il accepte par acte passé au greffe (C. civ., 784), ou s'il prend le titre ou la qualité d'héritier dans un acte authentique ou privé (*Code civ.*, 778), par exemple, dans un commandement (Limoges, 19 fév. 1831 ; S. 33, II, 349).

587. — Cas d'acceptation nécessaire. — L'acceptation expresse par acte au greffe ou devant notaire est nécessaire, lorsqu'en cas de renonciation par un successible, le successible du degré subséquent veut accepter ; elle est encore utile lorsque le successible, après avoir renoncé à la succession, revient contre sa renonciation avant l'acceptation par d'autres.

588. — Acceptation verbale. — Un écrit étant exigé pour l'acceptation expresse, elle ne saurait être purement verbale (Marcadé, *778*, 2 ; Chabot, *778*, 5 ; Taulier III, p. 226 ; Duranton, VI, 372 ; Aubry et Rau, § 611 *bis*-2 ; Demolombe, XIV, 375 ; Cass., 18 nov. 1863 ; S. 64, I, 96).

589. — Preuve. — En outre on ne pourrait faire la preuve de l'acceptation par aucun des genres de preuve établis par la loi, si ce n'est cependant dans un interrogatoire sur faits et articles puisque alors elle se trouve écrite dans un acte judiciaire (Demolombe, XIV, 376).

590. — Lettre missive. — L'acceptation expresse peut résulter d'une lettre missive quand le successible y a manifesté d'une manière formelle son intention de se porter héritier ; par exemple si, dans une lettre d'affaire, il a pris le titre ou la qualité d'héritier, a demandé une prorogation de délai, proposé une transaction, etc. Il en serait autrement si dans une lettre de faire part adressée à un parent ou à un ami, il annonce qu'il est héritier ou fait confidence de ses projets relativement à la succession (Marcadé, *778*, 2 ; Chabot, *778*, 5 ; Toullier, IV, 325 ; Duranton, VI, 373 ; Demolombe, XIV, 380 ; Aubry et Rau, § 611 *bis*-3 ; Hureaux, II, 159 ; Taulier, III, p. 225. V. cep. Demante, III, 98 *bis*).

591. — Emploi du mot héritier. — D'ailleurs pour que la prise de qualité d'héritier entraîne acceptation de la succession, il faut que l'emploi du mot héritier ait eu lieu avec l'idée d'un droit de propriétaire, de maître. S'il était seulement synonyme de successible, d'habile à succéder, de parent le plus proche du défunt, les juges auraient à rechercher l'intention et pourraient décider que le mot héritier employé dans ce sens n'a pas pour effet d'entraîner l'adition d'hérédité (Marcadé, *778*, 2 ; Toullier, IV, 325 ; Duranton, VI, 373 ; Demolombe, XIV, 381 ; Demante, III, 98 *bis* ; Hureaux, II, 159 ; Aubry et Rau, § 611 *bis*-7 ; Cass., 18 nov. 1863 ; S. 64, I, 96).

592. — Procuration. — Ainsi, par exemple, l'on ne saurait voir une acceptation de la succession dans une procuration par laquelle le successible en prenant la qualité d'héritier donne pouvoir d'accepter ou de renoncer (Chabot, *778*, 26 ; Demante, III, 98 *bis* ; Demolombe, XIV, 383), ou de procéder à la levée des scellés et à l'inventaire (Marcadé, *778*, 2 ; Demolombe, XIV, 383).

593. — Déclaration de succession. — Ni dans la comparution en qualité d'héritier à la déclaration de succession après décès (Marcadé, *art.*, *779* ; Demolombe, XIV, 384 ; Paris, 5 juill. 1836 ; Cass., 1er fév. 1843 ; 7 juill. 1846 ; Bordeaux, 15 janv. 1848 ; S. 36, II, 477 ; 43, 1, 438 ; 46, I, 868 ; 48, II, 263).

594. — Irrévocabilité. — L'acceptation expresse résultant de la prise de la qualité d'héritier est irrévocable, lors même qu'elle aurait eu lieu dans une procuration restée sans effet par suite de sa révocation (Chabot, *778*, 4 ; Duranton, VI, 339 ; Hureaux, II, 160 ; Demolombe, XIV, 387 ; Cass., 4 avril 1849 ; S. 49, 1, 438) ; — ou dans un acte depuis déclaré nul pour vice de forme ou autre cause (Duvergier sur Toullier, IV, 328 ; Duranton, VI, 383 ; Demolombe, XIV, 388 ; Caen, 16 juill. 1834).

II. Acceptation tacite.

595. — Intention. — L'acceptation est tacite, quand le successible fait un acte qui suppose nécessairement son intention d'accepter, et qu'il n'aurait le droit de faire qu'en sa qualité d'héritier (*C. civ. 778*) ; ce qui doit être apprécié par les tribunaux d'après les circonstances du fait (Marcadé, *778*, 5 ; Aubry et Rau, § 611 *bis*-38 ; Bordeaux, 15 janv. 1848 ; S. 48, II, 263 ; Cass., 13 mai 1863 ; 18 avril 1866 ; 14 janv. 1868 ; S. 63, I, 377 ; 66, I, 257 ; 68, I, 257 ; Cass., 9 fév. 1874 ; S. 74, I, 359).

596. — Agissement. — On décide généralement que le fait par l'héritier d'agir, soit par lui-même, soit par un mandataire, en qualité de propriétaire des biens de la succession, entraîne adition d'hérédité.

597. — Cas divers. — Il en est ainsi des actes suivants :

1° La vente, autre que celle du mobilier dans le cas prévu, *supra* n° 362, l'échange, la donation de biens héréditaires, la constitution d'une hypothèque, d'une servitude ou d'un droit réel quelconque sur les immeubles de la succession, et généralement tous actes d'aliénation (Marcadé, *778*, 1 ; Chabot, *778*, 11, 14 ; Toullier, IV, 328 ; Duranton, VI, 384 ; Hureaux, II, 166 ; Roll. de Vill., *Acte d'hér.*, 14 ; Cass., 27 janv. 1817 ; 29 juill. 1868, 18 fév. 1880 ; Amiens, 28 avril 1869 ; S. 80, I, 264 ; Voir cep. Paris, 13 mai 1868, *loc. cit.*). — quelque minime que soit la chose dont on a disposé ; ainsi donner les hardes du défunt, même aux personnes qui l'ont soigné, même à titre d'aumône, est un acte d'acceptation (Demolombe. XIV, 463 ; Bourges, 23 janv. 1828 ; Angers, 6 juin 1829 ; Limoges, 19 fév. 1831) ;

2° La demande en partage même alors que le demandeur s'en est désisté (Cass., 3 mai 1865 ; S. 65, I, 311) ; et, à plus forte raison, le partage lui-même (Chabot, *778*, 12 ; Toullier, IV, 326 ; Duranton, VI, 386 ; Demolombe, XIV, 449 ; Roll. de Vill., *Acte d'hér.*, 19 ; Paris, 30 déc. 1837 ; J. N. 9991 ; Cass., 18 janv. 1869 ; S. 69, I, 172) ;

3° Le bail des biens (Toullier, IV, 331 ; Hureaux, II, 186 ; Roll. de Vill., *loc. cit.*, 30 ; Cass., 27 juin 1837 ; S. 37, I, 579) ; — autre que celui réputé acte de simple administration (Chabot, *778*, 14 ; Toullier, IV, 331 ; Taulier, III, p. 230 ; Demolombe, XIV, 427) ;

4° Le recouvrement de créances de la succession (Chabot, *778*, 18 ; Troplong, *Contr. de mar.*, 1519 ; Demolombe, XIV, 460 ; Cass., 18 août 1869 ; S. 70, I, 69) ;

5° Le paiement des dettes de la succession avec des deniers qui en dépendent ; mais si le paiement a eu lieu avec des deniers personnels au successible, il peut être considéré comme tiers ou comme gérant d'affaires et le paiement n'entraîne pas adition d'hérédité (Vazeille, *778*, 14 ; Duranton, VI, 402 ; De-

mante, III, 98 *bis*; Demolombe, XIV, 455; Aubry et Rau, § 611 *bis*-16; Hureaux, II, 181; Roll. de Vill., *Acte d'hér.*, 31; V. Cass. 13 mai 1863; S. 63, I, 377. CONTRA Chabot, *778*, 20); — à plus forte raison si le successible en payant a déclaré agir comme habile à hériter et sous réserve d'accepter ou de répudier (Cass., 18 août 1869; S. 1870, I, page 69).
— Toutefois le paiement, même avec des deniers de la succession, de dettes courantes qui, suivant l'usage, sont acquittées journellement n'entraînerait pas acceptation (Chabot, *778*, 19; Toullier, IV, 333; Demolombe, XIV, 427; Roll. de Vill., *Acte d'hér.*, 33; Bordeaux, 11 mai 1833; Paris, 10 janv. 1835; S. 35, II, 473), — non plus que le paiement des frais funéraires (Toullier et Duvergier, IV, 333; Duranton, VI, 404; Demolombe, XIV, 417; Hureaux, II, 182; Roll. de Vill., *Acte d'hér.*, 41, 52; Aubry et Rau, § 611 *bis*-18; Bordeaux, 11 janv. 1839; Agen, 24 nov. 1842; S. 43, II, 177); — ni celui des droits de succession qui est l'acquit d'un impôt (Marcadé, art. *779*; Belost-Jolimont, *778*, obs. 2; Massé et Vergé, § 378-14; Aubry et Rau, § 611 *bis* 17; Demolombe, XIV, 384, 456; Roll. de Vill., *Acte d'hér.*, 34; Grenoble, 12 août 1826; Montpellier, 1er juill. 1828; Lyon, 17 mai 1829; Toulouse, 7 juin 1830; Limoges, 19 fév. 1831; Paris, 5 juill. 1836; Bordeaux, 15 janv. 1848; Cass., 24 déc. 1828; 1er fév. 1843; 7 juill. 1846; S. 31, II, 66; 33, II, 349; 36, II, 477; 43, 1, 438; 46, I, 868; 48, II, 463. CONTRA Vazeille, *778*, 14; Caen, 17 janv. 1824), alors même que dans la quittance, le receveur lui attribue la qualité d'héritier (Agen, 17 juill. 1829);

6° L'acquiescement ou le désistement, la remise d'une dette ou d'un gage, la prorogation de délai en faveur d'un débiteur (Demolombe, XIV, 444);

7° La demande en nullité ou en rescision formée contre une aliénation ou une obligation consentie par le défunt (Chabot, *778*, 12; Duranton, VI, 386; Demolombe, XIV, 448);

8° La demande en délaissement d'un bien de la succession, en pétition d'hérédité, la poursuite en indignité contre un successible (Chabot, *778*, 23; Duranton, VI, 398; Demolombe, XIV, 449; Roll. de Vill., *Acte d'hér.*, 40);

9° Les traités, compromis, transactions relatifs à des biens de la succession (Chabot, *778*, 13; Duranton, VI, 386; Demolombe, XIV, 444; Roll. de Vill., *loc. cit.*, 37);

10° La demande en nullité du testament du défunt (Demolombe XIV, 448; Roll, de Vill., *loc. cit.*, 41);

11° La renonciation à communauté par le successible d'une femme (Demolombe, XIV, 446; Cass., 23 déc. 1846; J. N. 12914);

12° La procuration donnée par le successible sans prise de qualité, à l'effet de faire un acte qui suppose nécessairement l'intention d'accepter (Chabot, *778*, 27; Duranton, VI, 399; Cass., 23 déc. 1846; S. 47, I, 18). — Toutefois, d'après certains auteurs elle n'emporte acceptation tacite, qu'autant qu'elle a été exécutée avant toute révocation (Demolombe, XIV, 461; Aubry et Rau, § 661 *bis*-36; Seine, 25 mars 1884; Defrénois, *Rép. N.*, 1809);

13° La détention et la jouissance à titre de propriétaire des biens de la succession (Marcadé, *778*, 1; Demolombe, XIV, 422, 458; Cass., 20 déc. 1841, 14 janv. 1868; Chambéry, 13 mars 1882; Dijon, 13 avril 1883; Defrénois, *Rép. N.*, 975, 1628); à moins qu'il ne s'agisse de biens qui étaient indivis entre le successible et le défunt (Duranton, VI, 379; Demolombe, XIV, 403; Aubry et Rau, § 611 *bis*-23; Cass., 11 janv. 1831; 8 avril 1866; S. 31, I, 67; 66, II, 657), ou qui faisaient partie d'une société entre le défunt et son successible (Demolombe, XIV, 405; Aubry et Rau, § 611 *bis*-24); ou encore de biens qui ne sont pas dans le commerce; ainsi un successible n'est pas réputé acceptant lorsqu'il fait ensevelir un des siens dans un tombeau consacré à la sépulture de la famille (Demolombe, XIV, 453; Voir Seine, 24 déc. 1856; 3 avril 1857; Cass., 7 avril 1857; S. 57, I, 341; II, 337, 338), ou quand il recueille les armes, costumes et insignes d'honneur d'un militaire (Nimes, 2 déc. 1862; S. 64, II, 51);

14° Les changements dans la surface du sol, des constructions, des abattages de bois, des délivrance de legs, etc.;

15° La donation, vente ou transport que fait de ses droits successifs un des héritiers, soit à un étranger, soit à tous ses cohéritiers, soit à quelques-uns d'entre eux (*C. civ., 780*), à moins qu'ayant accepté sous bénéfice d'inventaire, la vente consiste uniquement dans ses droits d'héritier bénéficiaire, *infra* n° 618;

16° La renonciation à la succession, même gratuite, que fait un des héritiers au profit d'un ou de plusieurs de ses cohéritiers (*C. civ., 780*); à cet égard on doit remarquer que la renonciation étant une libéralité, ne peut être faite que dans la forme des donations; si elle a lieu au greffe elle est nulle (Marcadé, *art. 780*; Coin-Delisle, *894*, 13; Mourlon, II, p. 106; Demolombe, XIV, 442; Roll. de Vill., *Don.*, 293 et *Acte d'hér.*, 27; Caen, 26 fév. 1827); — mais n'entraîne pas moins adition d'hérédité (Marcadé, *art. 780*; Taulier, III, p. 229; Tambour, p. 212; Demolombe, XIV, 443; Hureaux, II, 166; Contra Demante, III, 100 *bis*);

17° La renonciation qu'il fait même au profit de tous ses cohéritiers indistinctement, lorsqu'il en reçoit le prix (*C. civ., 780*), puisque dans ce cas, elle produit les effets d'une cession de droits successifs.

598. — Protestations et réserves. — Les protestations et réserves du successible, lorsqu'il fait un acte entraînant acceptation tacite, seraient impuissants à en empêcher l'effet (Chabot, *778*, 28; Duranton, VI, 388; Demolombe, XIV, 464; Aubry et Rau, § 611 *bis*-31; Hureaux, II, 166; Cass., 12 avril 1815). — Il est même indifférent que cet acte soit frappé de nullité (Duranton, VI, 383; Demolombe, XIV, 465; Aubry et Rau, § 611 *bis*-32).

599. — Irrévocabilité. — L'acceptation tacite aussi bien que l'acceptation expresse *supra* n° 386, est irrévocable, et la renonciation postérieure devrait être considérée comme nulle et non avenue (Nimes, 11 fév. 1867; Cass., 23 déc. 1846; 18 janv. 1869; S. 47, I, 18; 69, I, 172).

400. — Dénonciation du meurtre. — Le successible ne fait point acte d'héritier lorsqu'il dénonce à la justice le meurtre du défunt, alors même qu'il demande et obtient des dommages-intérêts contre le meurtrier (Toullier, IV, 333; Duranton, VI, 398; Troplong, *Contr. de mar.*, 1526; Demolombe. XIV, 452).

401. — Maison de banque. — Il a été décidé, dans une espèce particulière, que le successible d'un banquier peut, sans faire acte d'héritier, continuer les affaires du défunt comme celui-ci les eût faites lui-même, recevoir ou payer, en capital et intérêts, les sommes échues, et même créer de nouveaux effets, accorder des renouvellements, recevoir et faire des dations en paiement même par anticipation, alors qu'il est constaté, en fait que tous ces actes rentraient dans les usages de la maison de banque du défunt, et qu'un banquier peut le faire, soit pour être agréable à ses clients, soit dans l'intérêt de sa maison, tous ces actes pouvant être considérés comme étant de simple administration (Cass., 3 mai 1876; Journ. Droit du 4 mai). Il nous semble plus prudent d'obtenir pour faire ces actes l'autorisation du juge du referé.

§ 2. — *Du recélé et du divertissement.*

402. — Caractère. — Les héritiers qui auraient diverti (c'est à dire détourné, soustrait) ou recélé (c'est-à-dire caché, dissimulé) des effets d'une succession, sont déchus de la faculté d'y renoncer; ils demeurent héritiers purs et simples, nonobstant leur renonciation (*C. civ., 792*); pourvu d'ailleurs que l'action de détourner ou de recéler ait eu lieu dans une intention frauduleuse, en sorte que s'il y avait eu seulement erreur ou ignorance, oubli ou négligence, ou même une faute exempte de fraude, la déchéance ne serait pas encourue (Marcadé, *art. 801*; Poujol, *801*, 1; Troplong, *Contr. de mar.*, 1566; Demolombe, XIV, 474; Cass., 11 mai 1825; 16 janv. 1832; 21 fév. 1837; Besançon, 29 avril 1856; Cass., 11 mai 1868; Paris, 10 juin 1869; S. 57, II, 767; 68, I, 343; J. N. 19766).

403. — Successeurs. — Le mot *héritiers* employé dans l'art. 792 comprend non-seulement les héritiers légitimes, mais encore tous ceux qui sont appelés à recueillir une quotité de la succession, tels sont : les successeurs irréguliers, les légataires universels ou à titre universel et les donataires de biens à venir (Demolombe, XIV, 503; Massé et Vergé, § 380-24; Cass., 5 mai 1832; 16 janv. 1834; Paris, 14 juill. 1831; 22 août 1835; Cass., 20 nov. 1872; t. Corbeil, 26 juill. 1883; Defrénois, *Rép. N.*, 1661), mais non les légataires particuliers

(Angers, 4 fév. 1869 ; R. G. Defrénois, I, 266, 3°).

404. — Femme. — Mineur. — La disposition de l'art. 792 est aussi applicable à la femme lorsqu'elle a commis personnellement le recel, quoiqu'elle ne puisse accepter qu'avec l'autorisation de son mari ou de justice (Vazeille, 794, 4 ; Tambour, p. 233 ; Demolombe, XIV, 337 bis; Cass., 4 fév. 1822 ; 10 avril 1877. S. 77, I, 248. Contra Billard, 125); — mais non au mineur, puisqu'il ne peut accepter que sous bénéfice d'inventaire (Marcadé, art. 792 ; Chabot, art. 792 ; Rodière et Pont, II, 1055 ; Taulier, III, p. 250 ; Hureaux, II, 171 ; Demolombe, XIV, 336 ; Roll. de Vill., *Recélé*, 6 ; Cass., 2 déc. 1826 ; Limoges, 30 juill. 1827 ; Rouen, 30 août 1828 ; Contra Demante, III, 113 bis; Troplong, *Cont. de mar.*, III, 1567 ; Odier, *ibid.*, I, 416 ; Mourlon, II, p. 127).

405. — Effets de la succession. — L'art. 792 s'applique au divertissement ou au recélé des effets de la succession, autrement dit des effets qui se trouvent dans l'hérédité au moment où elle s'ouvre ; il ne comprend donc pas le défaut de déclaration par l'héritier des objets dont il lui a été fait donation sans dispense de rapport (Demolombe, XIV, 476 ; Cass., 6 et 13 nov. 1855 ; Paris, 16 mai 1876 ; Rouen, 26 fév. 1877 ; R. N. 5249, 5463), — ou sous la forme d'un contrat onéreux, qui ne l'obligerait qu'au rapport dans le cas où cette donation excéderait la quotité disponible (Montpellier, 27 nov. 1867 ; Angers, 23 juin 1869 ; S. 68, II, 68 ; R. N. 2585); — ni quand il s'agit d'objets non déclarés dans un inventaire, si le cohéritier a pu croire de bonne foi, qu'il en avait la propriété légitime (Paris, 16 mai 1876 ; journ. Droit du 2 août) ; — ni le fait d'avoir commis une soustraction de valeurs commise par l'un des cohéritiers et de ne pas l'avoir immédiatement dénoncée, alors surtout qu'il a dénoncé spontanément le recel avant toute réclamation (Paris, 19 juill. 1872 ; S. 73, II, 224).

406. — Dettes. — Mais l'omission par l'héritier de déclarer une dette qu'il a contractée envers le défunt tombe sous l'application de l'art. 792 (Demolombe, XIV, 477 ; Cass., 3 mars 1848 ; S. 49, I, 363).

407. — Faute personnelle. — Le divertissement ou le recélé doit être personnel à celui à qui on l'oppose ; en conséquence le recélé commis par le mari de la femme successible ne serait pas imputable à celle-ci, ni réciproquement (Demolombe, XIV, 479 ; Agen, 6 janv. 1851 ; S. 51, II, 680).

408. — Remise spontanée. — L'héritier n'encourt pas les déchéances attachées au divertissement ou au recélé lorsque, avant toute réclamation de ses cohéritiers, il remet spontanément dans la succession les objets qu'il avait détournés (Rodière et Pont, *Contr. de mar.*, 1102 ; Troplong, *ibid.*, 1569 ; Demolombe, XIV, 480 ; Hureaux, II, 171 ; Cass., 10 déc. 1835, 3 mai 1848 ; Agen, 6 janv. 1851 ; Seine, 17 août 1883 ; *Rép.*, 1927). — S'il est décédé, son héritier évite aussi cette déchéance en faisant une pareille remise (Demolombe, XIV, 481 ; Hureaux, II, 172 ; Paris, 5 août 1839 ; Cass., 3 mai 1848 ; S. 40, II, 49 ; 49, I, 363).

409. — Preuve. — La preuve du divertissement ou du recélé doit être faite par ceux qui l'invoquent, puisqu'ils sont demandeurs. Cette preuve peut se faire par tous les moyens (Cass., 12 janv. 1870 ; R. G. Defrénois, II, 1304), même par témoins, peu importe qu'il s'agisse d'une valeur de plus de cent cinquante francs (Demolombe, XIV, 483); — mais non par la commune renommée (Demolombe, XIV, 483).

410. — Époque. — Le divertissement ou le recélé est, presque toujours, contemporain de l'ouverture de la succession ; néanmoins s'il a été commis par le successible avant le décès, en prévision de l'ouverture prochaine de la succession, il tombe sous l'application de l'art. 792 (Marcadé, *Rev. crit.*, 1852, p. 76 ; Belost-Jolimont, 792, obs. 1re ; Chardon, *Dol et fraude*, II, 386 ; Massé et Vergé, § 380-26 ; Troplong, *Contr. de mar.*, 1562 ; Demolombe, XIV, 486 ; Roll. de Vill., *Recélé*, 5 ; Paris, 14 juill. 1831 ; Cass., 10 déc. 1835 ; Riom, 10 avril 1851 ; S. 31, II, 210, 36, I, 327 ; 51, II, 565 ; Cass., 17 mars et 23 août 1869 ; Pau, 17 janv. 1872 ; R. G. Defrénois, I, 266, 1° ; II, 1305. Contra Riom, 13 fév. 1844 ; S. 44, II, 633); — alors même que le successible prétend que sa possession est le résultat d'un don manuel, si le contraire est établi (Cass., 5 août 1869, 13 mars 1882 ; *Rép. N.*, 807); — ou, s'il s'agit d'un don manuel, quand l'enfant persiste à le dissimuler dans la vue de conserver un avantage au delà de la quotité disponible Paris, 3 janv. 1874; v. cep. Bordeaux, 2 juin 1874; Aix, 21 janv. 1880; Defrén., *Rép. N.*, 36).

411. — Postérieur à la renonciation. — Si le divertissement ou le recélé est postérieur à la renonciation, alors que la succession a été acceptée par d'autres, il constitue une soustraction frauduleuse de la chose d'autrui (Voir Marcadé, *art. 792*; Chabot et Belost-Jolimont *792*, 3; Duranton, VI, 482; Taulier, III, p. 250; Demolombe, XIV, 491; Demante, III, 113 *bis*; Dijon, 28 nov. 1877).

412. — Enlèvement de titres. — Il y a aussi soustraction frauduleuse et même vol, quand un successible s'empare des titres de l'hérédité, les fait renouveler et passer exclusivement en son nom, et s'en fait payer les intérêts (Angers, 6 juin 1870; Caen, 17 fév. 1886; *R.*, 3220).

413. — Droit de l'invoquer. — Le successible ne saurait se faire un titre de sa propre faute; il ne pourrait donc pas faire tomber lui-même la renonciation qu'il aurait faite en invoquant son divertissement ou son recel (Chabot, *792*, 1; Toullier, IV, 350; Duranton, VI, 481; Demolombe, XIV, 492). — En ce qui concerne ses cohéritiers ou des tiers, il ne demeure héritier pur et simple qu'à l'égard de ceux qui ont fait prononcer en justice la nullité de la renonciation, *infra* n° 498.

414. — Privation de part. — Le successeur qui s'est rendu coupable du divertissement ou du recélé, ne peut prétendre à aucune part dans les objets divertis ou recélés (*C. civ.*, *792*); soit qu'il ait renoncé, soit qu'il ait volontairement accepté avant ou après le détournement (Chabot, *784*, 7; Toullier, IV, 350; Massé et Vergé, § 380-26; Demolombe, XIV, 497; Cass., 22 fév. 1831; S. 31, I, 273).

415. — Mineur. — Cette disposition, étant une pénalité, s'applique au mineur lorsqu'il est constaté qu'il a agi avec discernement et mauvaise foi (Marcadé, *art. 492*; Chabot, *art. 801*; Duranton, VI, 480; Demolombe, XIV, 336, 505; Roll. de Vill., *Recélé*, 7; Bordeaux, 2 déc. 1840; Cass., 3 mai 1848; S. 41, II, 215; 49, I, 363).

416. — Inventaire. — Déclarations mensongères. — Il n'est pas nécessaire qu'il y ait un recel effectif; il suffit que des déclarations mensongères et avec l'intention de détourner aient été faites dans l'inventaire (T. Lyon, 27 juin 1868; Paris, 18 mars 1869; J. N., 19415, 19687).

417. — Faux testament. — Mais l'on ne saurait assimiler aux effets du divertissement ou du recel, afin de la soumettre à la pénalité de l'art. 792, le fait par le successible d'avoir fait un faux testament pour usurper les droits de ses co-successibles (Caen, 6 août 1870; Caen, 18 fév. 1880; *Rép. N.*, 36. Contra Demolombe, XIV, 476; Dijon, 12 août 1874; S. 74, II. 89).

418. — Accroissement. — Dettes. — La part dont l'héritier est privé dans l'objet diverti ou recélé accroit à ses cohéritiers (et non pas aux parents du degré subséquent: Marcadé, *art. 792*; Taulier, III, p. 350: Demante, III, 113 *bis*-3; Demolombe, XIV, 498), sans charge des dettes dont elle pourrait être tenue, en ce sens que l'héritier délinquant continue de supporter toute sa part et portion dans les dettes (Demolombe, XIV, 500; Bordeaux, 20 fév. 1841; Paris, 26 mars 1862; S. 41, II, 327; 62, II, 391. Contra Rodière et Pont, *Cont. de mar.*, 1102; Odier, *Ibid.*, I, 511; Troplong, *Ibid.*, 1693; Roll. de Vill., *Recélé*, 21).

419. — Donataire; légataire. — L'héritier est privé dans l'objet diverti ou recélé non-seulement de sa part comme héritier, mais aussi de sa part comme donataire contractuel ou légataire (Marcadé, *art. 1477*; Massé et Vergé, § 380-27; Troplong, *Cont. de mar.*, 1692; Demolombe, XIV, 499; Roll. de Vill., *Recélé*, 20, 26; Cass., 5 avril 1832; 1er déc. 1841; 4 déc. 1844; Riom, 6 août 1840; Bourges, 10 fév. 1840; Paris, 24 juin 1843; 7 août 1858; 26 mars 1862: Bordeaux, 27 août 1861; S. 40, II, 387, 501; 41, I, 201; 43, II, 331; 43, I, 191; 60, II, 585; 62, II, 37, 391).

420. — Partage. — Prélèvement. — Lorsque l'objet recélé est rétabli en nature, le partage s'en fait entre les cohéritiers du spoliateur, à son exclusion. S'il n'est rétabli ni en nature ni en espèces, les cohéritiers, tant que le partage n'a pas été opéré, ont l'action en rapport en moins prenant contre le receleur, et, dès lors, le droit de prélever sur la part qui lui serait revenue dans les autres biens de la succession, par préférence à lui-même et à ses créanciers (*C. civ. 830*), la somme formant la valeur de la chose détournée (Demolombe, XIV, 501; Cass., 10 déc. 1835; Agen, 22 déc. 1846; S. 36, 1, 327; 47, II, 204).

421. — **Seul héritier.** — **Légataire.** — Ce droit, quand le recélé a eu lieu par un héritier unique qui est en concours avec un légataire universel ou à titre universel, appartient de la même manière à son copartageant légataire, car le rapport, dans ce cas, n'a pas sa cause dans une libéralité, mais dans la répression d'un détournement.

422. — **Prescription.** — La pénalité résultant du recel, ne constituant pas une peine proprement dite mais plutôt une réparation civile résultant d'un préjudice souffert, l'action qui en résulte ne se prescrit que par trente ans, et peut être dirigée contre les héritiers de l'auteur du fait, alors même qu'ils sont de bonne foi (T. Lyon, 15 juin 1874; J. N., 21060).

§ 3. — *Des actes conservatoires et d'administration.*

423. — **Non adition d'hérédité.** — Les actes purement conservatoires, de surveillance, et d'administration provisoire ne sont pas des actes d'adition d'hérédité si l'on n'y a pas pris le titre ou la qualité d'héritier (*C. civ. 779*). Il n'est pas nécessaire d'y énoncer que le successible n'entend pas prendre qualité; cependant, pour éviter toute équivoque, il est préférable de dire que le successible agit comme *habile à se dire héritier*, en se réservant d'accepter ou de répudier; ou mieux encore de le faire autoriser par le juge à passer ces actes (Marcadé, *art. 779*; Chabot, 779, 4, 5; Toullier, IV, 331; Duranton, VI, 405; Demolombe, XIV, 429; Aubry et Rau, § 611 *bis*-19).

424. — **Actes conservatoires.** — Ainsi le successible ne fait que des actes conservatoires en faisant apposer les scellés, procéder à un inventaire (Demolombe, XIV, 419 *ter*; Aubry et Rau, § 611 *bis*-12; Hureaux, II, 178; Cass., 15 mai 1815; Rennes, 3 mai 1820); — lorsqu'il nomme un gérant, s'il y a lieu; lorsqu'il saisit un débiteur; prend ou renouvelle une inscription; fait protester un billet; interrompt une prescription, etc. (Marcadé, *art. 779*; Demolombe, XIV, 424; Hureaux, II, 178, 179).

425. — **Acte d'administration.** — Il fait un acte de surveillance et d'administration provisoire lorsqu'il prend les clefs de la maison, l'habite pour veiller à la conservation du mobilier (Demolombe, XIV, 422; Lyon, 17 juill. 1829), fait vendre le mobilier en remplissant les formalités indiquées, *supra* n° 362, fait faire les réparations urgentes, loue les biens pour les termes d'usage des baux faits sans écrit, règle les comptes des fermiers, signifie des congés, continue les ventes quotidiennes du commerce de détail du *de cujus*, *supra* n° 364, reçoit les créances courantes, paie les dettes courantes, etc. (Marcadé, *art. 779*; Chabot, 778, 14; Taulier, III, p. 230; Toullier, IV, 331; Demolombe, XIV, 427; Douai, 14 mai 1855; Nîmes, 2 déc. 1862; S. 56, II, 25; 64, II, 51; Cass., 27 juin 1837, 10 août 1880; Defrénois, *Rép. N.* 186).

426. — **Administrateur provisoire.** — L'administration d'une succession peut être conférée à un administrateur provisoire, héritier ou non, avec les pouvoirs, en cas d'urgence, de régler tous comptes, toucher et donner main-levée, exercer toutes poursuites, consentir à toute distribution par voie d'ordre amiable réglé par le juge, faire tous actes conservatoires, prendre toutes mesures, faire faire tous travaux (Douai, 3 déc. 1867; S. 68, II, 36).

427. — **Administrateur provisoire.** — **Cas divers.** — Un administrateur provisoire à une succession peut être nommé dans d'autres circonstances, par exemple :

1° Quand plusieurs des héritiers appelés à une succession ne sont pas présents (Bordeaux, 22 nov. 1870; Caen, 22 fév. 1879; S. 80, II, 237);

2° Quant l'État prétend droit à la succession à défaut d'héritiers légitimes et de successeurs irréguliers; et, dans ce cas, même avant l'expiration des délais pour faire inventaire et délibérer (Paris, 19 nov. 1872; Cass., 9 juill. 1873; S. 73, I, 368 et II, 67);

— 3° Quand un legs a été fait à une commune, et peu importe que le conseil municipal n'ait pas encore autorisé l'acceptation (Paris, 18 nov. 1871 ; S. 71, II, 97);

4° Quand une succession est réclamée par un enfant qui n'invoque, à l'appui de sa filiation légitime, qu'une reconnaissance par acte devant notaire (Paris, 23 mai 1873; S. 74, II, 8);

5° Quand un litige est soulevé entre héritiers relativement à un immeuble indivis dont le partage est demandé, sur le maintien des pouvoirs des administrateurs ou régisseurs de cet immeuble (Lyon, 3 juin 1876 ; J. N. 21517).

428. — **Compétence.** — **Tribunal.** — La nomination de l'administrateur provisoire est faite par le tribunal du lieu de l'ouverture de la succession, en la chambre du conseil (Bertin, *Ch. du cons.*, I, 296, 305 ; Bordeaux, 22 nov. 1870 précité), et même par le juge du référé (Paris, 18 nov. 1871 précité).

429. — **Etendue des pouvoirs.** — L'administrateur ne peut, sans nécessité, aliéner les valeurs, quand surtout les intéressés s'y opposent (Seine, 21 janv. 1886 ; *Rép. N.*, 3026).

§ 4. — *Des effets de l'acceptation.*

430. — **Effet rétroactif.** — L'effet de l'acceptation remonte au jour de l'ouverture de la succession (*C. civ.*, 777), suivant l'adage : *le mort saisit le vif.*

431. — **Droits actifs.** — **Obligations passives.** — L'héritier qui a accepté purement et simplement est entièrement au lieu et place du *de cujus* dont il continue pour ainsi dire la personne ; il succède donc à tous les droits actifs et à toutes les obligations passives du défunt, qu'elles dérivent d'un contrat, d'un quasi contrat, d'un quasi délit ou même d'un délit (Chabot, *783*, 2 ; Demolombe, XIV, 518);—comme aussi à celles qui n'ont pris naissance que depuis le décès, ainsi : les frais funéraires, ceux de scellés et d'inventaire, les droits de mutation, la charge de l'acquit des legs particuliers, etc.; mais en ce qui concerne le paiement des legs, seulement jusqu'à concurrence des biens après l'acquit des dettes et charges et non pas *ultra vires* (Marcadé, *1017*, 2 ; Demante, III, 24 *bis* ; Mourlon, II, p. 96 ; Tambour, p. 280 ; Bugnet sur Pothier,

VIII, p. 210. CONTRA Toullier et Duvergier, V, 556 ; Aubry et Rau, § 617-5 ; Duranton, VI, 462 ; Chabot, *873*, 32 ; Vazeille, *1017*, 3 ; Troplong, *Donat.*, 1843 ; Demolombe, XIV, 522 ; Poitiers, 16 mars 1864 ; S. 65, II, 63 ; Angers, 1er mai 1867 ; S. 67, II, 305).

§ 5. *De la rescision de l'acceptation.*

432. — **Nullité.** — L'acceptation de la succession est irrévocable, en ce sens que l'héritier ne peut plus renoncer après avoir accepté expressément ou tacitement ; à moins pourtant que l'acceptation ne fût viciée d'une cause de nullité radicale, comme si, par exemple, elle avait été faite avant l'ouverture de la succession, *supra* n° 366.

433. — **Dol.** — **Violence.** — Le majeur ne peut attaquer l'acceptation expresse ou tacite qu'il a faite d'une succession que dans le cas où cette acceptation aurait été la suite d'un dol pratiqué envers lui (*C. civ.*, 783), ou d'une violence exercée contre lui (Marcadé, *783*, 5 ; Chabot, *776*, 3 ; Duranton, VI, 452 ; Demolombe, XIV, 536 ; Mourlon, II, p. 110 ; Roll. de Vill., *Accept. de succ.*, 101 ; Aubry et Rau, § 611-11) ; — que le dol ou la violence émane d'un cohéritier, d'un légataire, même d'un tiers qui n'en aurait point profité (Marcadé, *783*, 2 ; Bélost-Jolimont, *783*, 5 ; Toullier, IV, 341 ; Duranton, VI, 452 ; Mourlon, II, p. 109 ; Taulier, III, p. 233 ; Demante, III, 103 *bis* ; Aubry et Rau, § 611-10 ; Massé et Vergé, § 378-26 ; Demolombe, XIV, 538 ; Roll. de Vill., *Accept. de succ.*, 115 ; Cass., 5 déc. 1838 ; S. 38, I, 945).

434. Lésion. — **Testament.** — Il ne peut jamais réclamer sous prétexte de lésion excepté seulement dans le cas où la succession se trouverait absorbée ou diminuée de plus de moitié (de l'actif brut : Duranton, VI, 461 ; Mourlon, II, p. 115 ; Demolombe, XIV, 551), par la découverte d'un testament inconnu au moment de l'acceptation (*C. civ.*, 783), mais non de la diminution provenant de donations entre vifs découvertes depuis l'acceptation, même lorsqu'elles ont pour objet des sommes payables au décès (Marcadé, *783*, 3 ; Mourlon, II, p. 111 ; Demolombe, XIV, 543 ; Troplong, *Donat.*, 1177).

435. — **Dettes.** — La découverte de

dettes inconnues au moment de l'acceptation, quelque considérables qu'elles soient, n'est pas une cause de restitution de l'acceptation (Marcadé, *783*, 3; Chabot, *783*, 7; Duranton, VI, 459; Demante, III, 103 *bis*; Demolombe, XIV, 541; Aubry et Rau, § 611-12, 14; Roll. de Vill., *Accept. de succ.*, 123).

456. — Revendications; résolutions, etc. — Non plus que la diminution, si imprévue et si considérable qu'elle puisse être, résultant de revendications exercées par des tiers, ou de résolution, annulation ou rescision d'actes passés par le défunt, ou encore de la perte d'un procès concernant les biens héréditaires (Marcadé, *783*, 3; Demolombe, XIV, 542).

457. — Erreur. — Legs. — La disposition de l'art. 783, *supra* n° 434, n'est pas applicable à l'erreur dans laquelle se trouve le successible sur le point de savoir si un legs à lui fait était ou non dispensé du rapport; dès lors, il ne peut rétracter son acceptation, même tacite, et renoncer à la succession, dans le but de réclamer son legs (Marcadé, *783*, 5; Cass., 18 janv. 1869; S. 69, I, 172).

458. — Découverte de testament. — Legs. — Elle n'est pas applicable non plus au cas où le testament contenant le legs aurait été découvert depuis que le successible a accepté; il ne peut donc pour cette cause rétracter son acceptation (Marcadé, *783*, 5, note; Cass., 3 mai 1865; S. 65, I, 311; Contra Demolombe, XIV, 535).

459. — Mineur. — Interdit. — Lésion. — Quant au mineur ou à l'interdit, ou nom duquel une succession a été acceptée sous bénéfice d'inventaire, il peut attaquer l'acceptation, non seulement pour cause de dol, violence ou lésion de plus de moitié résultant de la découverte d'un testament (Marcadé, *783*, 3; Belost-Jolimont, *783*, obs. 1re; Duranton, VI, 450; Demolombe, XIV, 534. Contra Chabot, *783*, 1; Poujol, *783*, 1); — mais encore pour simple lésion (Marcadé, *783*, 7; Toullier et Duvergier, IV, 335; Duranton, VI, 450; Massé et Vergé, § 378-25; Roll, de Vill., *Accept. de succ.*, 114; Cass., 5 déc. 1838; S. 38, I, 945. Contra Chabot et Belost-Jolimont, *783*, 1; Demolombe, XIV, 534; Hureaux, II, 201; Aubry et Rau, § 611-18).

440. — Mineur. — Interdit. — Rapport. — Toutefois quoique l'acceptation bénéficiaire faite en son nom par le tuteur, dûment autorisé, ait eu pour effet de l'obliger à un rapport dont il aurait été dispensé en renonçant, on ne peut considérer l'obligation du rapport comme une lésion, et le mineur devenu majeur ne peut ni attaquer l'acceptation, ni renoncer (Marcadé, *1305*, 4; Demolombe, XIV, 555; Aubry et Rau, § 611-21; Paris, 13 fév. 1861; J. N. 17081).

441. — Prescription. — La durée de l'action en rescision de l'acceptation est de dix ans, conformément à l'art. 1304 qui s'applique aussi à l'action en nullité des actes unilatéraux (Demolombe, XIV, 555; Grenoble, 6 déc. 1842; S. 43, II, 290. Contra Marcadé, *783*, 7; Suivant cet auteur le délai est de trente ans).

442. — Créanciers. — L'acceptation pourrait encore être annulée à la demande des créanciers du successible, si la succession acceptée est notoirement mauvaise, de sorte que l'acceptation devrait être considérée comme ayant été faite en fraude de leurs droits (Marcadé, *788*, 3; Rodière et Pont, *1057*; Bugnet sur Pothier, VII, p. 292 note 2; Dufresne, *Sép. des patrim.*, 25; Demolombe, XIV, 557; Aubry et Rau, § 611-20. Contra Chabot, *881*, 2; Troplong, *Contr. de mar.*, 1500; Odier, *ibid.*, I, 476; Hureaux, II, 200).

443. — Annulation. — Effets. — La rescision ou annulation de l'acceptation prononcée sur la demande du successible a pour effet de remettre les choses dans le même état que si l'acceptation n'avait pas été faite; dès lors il peut, soit renoncer, soit accepter sous bénéfice d'inventaire, soit encore accepter purement et simplement (Marcadé, *783*, 8; Chabot, *783*, 7; Vazeille, *783*, 9; Mourlon, II, p. 99; Demolombe, XIV, 559, 560; Hureaux, II, 218).

444. — Renonciation. — Restitution. — L'héritier relevé de son acceptation et qui renonce ensuite est réputé n'avoir jamais été héritier (*C. civ.*, 785), et doit rendre à ses cohéritiers, ou aux héritiers du degré subséquent (*C. civ.*, 786), tout ce qui lui est provenu de la succession ainsi que les fruits et revenus qu'il a perçus; ses cohéritiers, de leur côté, doivent lui restituer les choses qu'il avait rapportées à la succession (Marcadé, *783*, 8; Demolombe, XIV, 565; Aubry et Rau, § 611-25).

445. — Renonciation. — Accroissement. — Les cohéritiers, qu'ils aient accepté à une date antérieure ou postérieure à l'acceptation faite par l'héritier restitué, ne peuvent se soustraire aux effets de l'accroissement ; dès lors, ils ne seraient pas admis à demander, pour cette cause, la rescision de leur acceptation, ni à abandonner la part de l'héritier restitué comme vacante, aux créanciers de la succession (Marcadé, *783*, 8; Duvergier sur Toullier, IV, 336, note 3 ; Massé et Vergé, § 376-15 ; Demolombe, XIV, 566; Contra Chabot et Belost-Jolimont, *783*, 9; Duranton, VI, 464; Mourlon, II, p. 102; Taulier, III, p. 244 ; Demante, III, 106 *bis*).

446. — Décharge. — Répétition. — L'héritier restitué contre son acceptation est déchargé des obligations qui en étaient résulté de sa part envers les créanciers de la succession et les légataires ; s'il a payé, il peut exercer l'action en répétition, conformément à l'art. 1377 (Marcadé, *783*, 8; Duranton, VI, 466; Demolombe, XIV, 567; Cass., 5 déc. 1838; S. 38, I, 945). — Mais au regard des tiers, ses engagements produisent tout leur effet, à la charge par lui de rendre ce qu'il en a retiré (Demolombe, XIV, 569).

§ 6. — *De l'acceptation par les créanciers d'un successible.*

447. — Gage des créanciers. — Les biens d'une succession deviennent le gage des créanciers des successibles aussitôt qu'elle est ouverte, sauf l'effet de la séparation des patrimoines. En conséquence, les créanciers sont admis à exercer les droits de leur débiteur, soit qu'il ait négligé de prendre qualité, soit qu'il ait renoncé.

I. Acceptation avant la prise de qualité.

448. — Prise de qualité. — L'exercice des droits des créanciers sur les biens de la succession, étant subordonné à la prise de qualité par leur débiteur successible, ils ont la faculté, si ce dernier a négligé de prendre qualité dans les délais pour faire inventaire et délibérer, *supra* n° 348, d'accepter la succession de son chef, comme subrogés à ses droits en vertu de l'art. 1166 du Code civil, sans qu'ils aient besoin d'obtenir une subrogation judiciaire (Valette sur Proudhon, *Usuf.*, 2237; Mourlon, II, p. 520; Massé et Vergé, § 554-1 ; Larombière, *1166*, 22; Demolombe, XXV, 106; Bonnier, *Rev. prat.*, I, p. 97; Cass., 23 janv. 1849 ; 2 juill. 1851; 1er juin 1858 ; Bourges, 21 mai 1859; Grenoble, 9 janv. 1858; 24 mai 1867; S. 49, I, 193; 51, I, 593; 59, I, 417, II, 172; 60, II, 432; S. 68, II, page 104 ; Contra Marcadé, *1166*, 1 ; Proudhon, *Usuf.*, 2237; Taulier, IV, p. 309 ; Bordeaux, 3 janv. 1839; S. 39, II, 226; Orléans, 3 juill. 1847 ; S. 49, II, 93).

449. — Discussion. — Il n'est pas nécessaire non plus que le successible débiteur ait été discuté dans ses biens personnels, les créanciers ne demandant que ce que leur débiteur peut demander lui-même (Toullier, IV, 402; Proudhon, *Usuf.*, 2315; Roll. de Vill., *Accep. de succ.*, 70. Contra Grenier, *Hyp.*, 425; Paris, 13 fév. 1826).

450. — Mise en demeure. — Mais le successible doit, au préalable, avoir été mis en demeure par une sommation, de prendre qualité dans un délai déterminé (Marcadé, *1166*, 11; Toullier, IV, 319 ; Roll. de Vill., *loc. cit.*, 66; Demolombe, XXV, 102. Contra Larombière, *1166*, 21).

451. — Limitation. — L'acceptation passée par les créanciers, du chef de leur débiteur, ne profite qu'à ceux qui l'ont faite (Toullier, IV, 319 ; Roll. de Vill., *Accept. de succ.*, 71).

452. — Exercice des droits. — Les créanciers, une fois cette acceptation faite, exercent les droits de leur débiteur dans la succession, jusqu'à concurrence du montant de leurs créances.

453. — Renonciation. — Si le successible renonce ensuite, ses cohéritiers, au profit desquels l'accroissement a lieu, sont sans action contre lui, pour raison de la somme prélevée par ses créanciers.

II. Acceptation après renonciation par le successible.

454. — Date certaine. — Si le successible a renoncé à la succession, ses créanciers, dont les titres avaient date certaine au jour de la renonciation, peuvent se faire autoriser en justice à accepter la succession du chef de leur débiteur, en son lieu et place.

455. — Discussion. — Préjudice.
— Mais pour cela il est nécessaire : 1° que le successible ait été, au préalable, discuté dans ses biens (Toullier, IV, 348; VI, 371; Duranton, VI, 517; Proudhon, *Usuf.*, 2314; Demolombe, XV, 80; Hureaux, II, 45 ; Roll. de Vill., *Renonc. à succ.*, 135; Aubry et Rau, § 613-39);
2° Que les créanciers établissent que la renonciation a été pour eux la cause d'un préjudice (Demante, II, 471 *bis*; Belost-Jolimont, *788*, 2; Taulier, III, p. 245; Aubry et Rau, § 613-36; Larombière, *1167*, 14; Hureaux, II, 46; Paris, 13 fév. 1826; Rennes, 6 avril 1875; S. 77, II, 289; Voir cep. Marcadé, *788*, 1; Demolombe, XV, 79).

456. — Ajournement. — La demande à fin d'être autorisé à accepter, dans ce cas, doit être formée par voie d'ajournement et non pas par requête (Duranton, VI, 518; Duvergier sur Toullier, IV, 319; Massé et Vergé, § 380-7; Demolombe, XV, 82; Hureaux, II, 49; CONTRA Chabot, *788*, 3; Poujol, *788*, 2).

457. — Date non certaine. — Quant aux créanciers dont les titres n'avaient pas date certaine au jour de la renonciation, et, à plus forte raison, ceux antérieurs à la renonciation, ils ne peuvent exercer aucune action contre la succession (Chabot, *788*, 5; Toullier, IV, 348; Duranton, VI, 512; Hureaux, II, 46 *bis*; Larombière, *1167*, 20; Roll. de Vill., *Renonc. à succ.*, 147; Paris, 6 juin 1826; Colmar, 20 mai 1836; Riom, 9 août 1843; S. 36, II, 490 ; 44, II, 15).

458. — Limitation. — L'annulation de la renonciation n'a lieu qu'en faveur des créanciers qui l'ont obtenue, et jusqu'à concurrence seulement de leurs créances; elle ne l'est pas au profit du créancier qui a renoncé (*C. civ.*, *788*), ni au profit de ses autres créanciers (Marcadé, *788*, 2; Chabot, *788*, 4; Hureaux, II, 54; Aubry et Rau, § 613-40, 57; Roll. de Vill., *Renonc. à succ.*, 146).

459. — Désintéressement. — Les cohéritiers du renonçant peuvent empêcher l'instance, ou, si le jugement est obtenu, en empêcher l'effet, en désintéressant les créanciers qui ont introduit la demande (Demolombe, XV, 87; Hureaux, II, 55 ; Larombière, *1166*, 33 ; *1167*, 19).

460. — Recours des cohéritiers.
— En aucun cas, les cohéritiers du renonçant n'ont un recours contre lui pour raison du préjudice que leur a fait éprouver l'action des créanciers : la renonciation est considérée comme n'ayant pas eu lieu jusqu'à concurrence de ce que les créanciers prennent dans la succession ; d'ailleurs, en renonçant, le successible n'a pris aucun engagement de garantie envers ses cohéritiers (Marcadé, *788*, 2; Proudhon, *Usuf.*, 2410; Massé et Vergé, § 380-11 ; Demolombe, XV, 89; Hureaux, II, 56. CONTRA Toullier, IV, 349; Duranton, VI, 520 *bis*; Mourlon, II, p. 123 ; Aubry et Rau, § 613-44).

461. — Renonciation pour ne pas rapporter. — L'acceptation par les créanciers peut être faite même lorsque le successible a renoncé pour ne point rapporter la valeur d'un don ; dans ce cas, les créanciers comme exerçant les droits de leur débiteur, sont tenus aux mêmes charges que lui, conséquemment au rapport, par imputation sur la part qui doit lui revenir (Demolombe, XV, 86).

SECTION III.

DE LA RENONCIATION AUX SUCCESSIONS.

§ 1. — *Des formes de la renonciation.*

462. — Acte. — Greffe. — La renonciation à une succession ne se présume pas; elle ne peut être faite qu'au greffe du tribunal de première instance dans l'arrondissement duquel la succession s'est ouverte, sur un registre particulier tenu à cet effet (*C. civ.* 784), sans qu'il soit besoin d'autre formalité (*Code proc.*, 997).

463. — Mandataire. — Elle est faite par le successible lui-même, ou par son mandataire, *supra* n° 381, en vertu d'une procuration par acte notarié ou sous seing privé (Duranton, VI, 472; Demolombe, XV, 14; Belost-Jolimont, *784*, obs. 2 ; Hureaux, II, 16; Aubry et Rau, § 613-9. CONTRA Chabot, *784*, 4 ; Roll. de Vill., *Renonc. à succ.*, 55).

464. — Avoué. — Dans les deux cas, on exige l'assistance d'un avoué pour certifier l'identité du renonçant (Marcadé, *art. 784*; Mourlon, II, p. 117; Hureaux, II, 21 ; Bioche, *Renonc. à comm.*, 6; Chauveau sur Carré,

Quest., 2629 et *Tarif*, II, p. 488). — Toutefois cette assistance n'est pas rigoureuse, en ce sens que le greffier peut en dispenser la personne qui comparaît devant lui, s'il en reconnaît l'identité (Marcadé, *art. 784*; Demolombe, XIV, 13 ; Hureaux, II, 21 ; Mourlon, II, p. 117; Rodière, *Proc.*, III, p. 380; Bordeaux, 21 déc. 1854; S. 55, II, 289).

465. — Convention. — La renonciation peut aussi résulter de toute convention par acte devant notaire ou sous seing privé, mais elle ne produit son effet qu'entre les parties, et n'est pas opposable aux tiers (Marcadé, *art. 784*; Coin-Delisle, *Rev. crit.*, 1857, X, p. 297; Demolombe, XV, 21 ; Hureaux, II, 19; Roll. de Vill., *Ren. à succ.*, 63 ; Aubry et Rau, § 613-11 ; Belost-Jolimont, *784*, obs. 1; Cass., 11 août 1825 ; 6 nov. 1827; 4 mars, 1856 ; S. 56, I, 872; Cass., 9 déc. 1874 ; Toulouse, 5 fév. 1883; Defrénois, *Rép. N.* 1315).

466. — Acte unilatéral. — Quant à la renonciation que le successible ferait par un acte unilatéral devant notaire ou sous seing privé, elle serait dépourvue de tout effet, même à son égard (Demolombe, XV, 20 ; Aubry et Rau, § 613-10 ; Hureaux, II, 18 ; Poitiers, 28 juin 1839; Bordeaux, 4 avril 1855; S. 40, II, 78 ; 56, II, 108).

467. — Greffe incompétent. — Il en serait de même de la renonciation faite à un greffe autre que celui de l'ouverture de la succession (Cass., 15 nov. 1858 ; S. 59, I, 9).

§ 2. — *Des effets de la renonciation.*

468. — Non-héritier. — Le successible qui renonce est censé n'avoir jamais été héritier (*C. civ.*, *785*), sa renonciation ayant pour effet d'effacer, d'anéantir rétroactivement la qualité d'héritier dont il avait été investi (Marcadé, *art. 785*; Demolombe, XV, 45).

469. — Accroissement. — La part de l'héritier renonçant accroît à ses cohéritiers; s'il est seul elle est dévolue aux héritiers du degré subséquent (*C. civ. 786*); autrement dit, la renonciation a pour effet de les rendre seuls héritiers de même que si le renonçant n'avait pas existé, de telle sorte qu'ils sont réputés avoir été seuls saisis, dès l'instant du décès, en vertu de l'art. 127 (Marcadé, *art. 785*; Demolombe, XIII, 150; XV, 45; Demante, III, 106 *bis*); — ce qui s'applique aussi à l'enfant naturel, pour la fixation de ses droits, *supra* n° 192. On ne doit donc pas considérer l'accroissement comme une transmission du renonçant à ses cohéritiers ou aux héritiers du degré subséquent.

470. — Représentation. — Dans aucun cas il n'y a lieu à représentation en faveur des descendants du renonçant, *supra* n° 102; si la succession, à défaut de cohéritiers, est dévolue aux enfants du renonçant, ils y viennent de leur chef, à titre d'héritiers du degré subséquent, et ils succèdent par tête (*C. civ.*, *787*).

471. — Cohéritiers. — Degré subséquent. — Les cohéritiers du renonçant, qu'ils aient accepté avant ou après la renonciation, sont, par le fait seul de la renonciation, réputés avoir été, dès l'origine, appelés à l'intégralité de la succession, et ne peuvent refuser la part qui leur accroît, *supra* n° 445. Mais si les héritiers du degré subséquent sont appelés à la succession à défaut de cohéritiers, ils ont la faculté soit d'accepter purement et simplement ou sous bénéfice d'inventaire, soit de renoncer (Marcadé, *783*, 8 ; Chabot, *787*, 9; Toullier, IV, 343 ; Daranton, VI, 502; Roll. de Vill., *Renonc. à succ.*, 106).

472. — Dettes. — Le successible qui a renoncé est déchargé de la contribution aux dettes de la succession. Néanmoins par faveur pour les frais funéraires et ceux de dernière maladie, on a décidé qu'ils restent à la charge personnelle des enfants, même lorsqu'ils renoncent à la succession (Trib. de paix : L'Isle (Vaucluse) 24 fév. 1860; Roujan, 17 avril 1860 ; La Fère, 27 fév. 1884; *Rép. N.*, 2124).

473. — Renonciation pour ne pas rapporter. — Le principe que le renonçant est considéré comme n'ayant point été héritier reçoit son application, même lorsque sa renonciation a été faite dans le but de ne point rapporter la valeur d'un don. En ce cas, si la succession se divise en deux parts, l'une pour la ligne paternelle, et l'autre pour la ligne maternelle, la ligne qui profite de sa renonciation n'est tenue à aucune indemnité envers l'autre ligne, encore bien que le don ou le legs fait au successible se prélève sans distinction sur la masse totale de la succession

(Marcadé, art. 786; Chabot, 786, 10; Demolombe, XV, 46 ; Roll. de Vill., *Ren. à succ.*, 75; Paris, 1er juill. 1811; Grenoble, 17 déc. 1855 ; S. 56, II, 689).

§ 3. — *De la rétractation et annulation de la renonciation.*

474. — Rétractation. — Tant que la prescription du droit d'accepter n'est pas acquise contre les héritiers qui ont renoncé, ils ont la faculté d'accepter encore la succession, si elle n'a pas déjà été acceptée par d'autres héritiers (*C. civ.*, 790). Ce droit appartient aussi à leurs héritiers en vertu de l'art. 781, *supra* n° 377 (Duranton, VI, 407 ; Demante, III, 102 *bis* ; Demolombe, XIV, 345 ; Aubry et Rau, § 613-24) ; — et à leurs créanciers comme exerçant leurs droits en vertu de l'art. 1166 (Demante, III, 180 *bis*; Hureaux, II, 50).

475. — Délai. — Ce droit dure pendant trente années à partir du jour du décès, *supra* n° 370 (Marcadé, 790, 2 ; Demante, III, 103 *bis*; Demolombe, XV, 57 ; Hureaux, II, 104 ; Aubry et Rau, § 613-17. CONTRA Belost-Jolimont, 790, obs. 1 ; Vazeille, *Presc.*, I, 373 ; Douai, 30 nov. 1854; S. 55, II, 265, qui enseignent que le renonçant le peut à toute époque même après trente ans).

476. — Modalités. — L'acceptation par laquelle le renonçant rétracte sa renonciation peut avoir lieu expressément ou tacitement (Marcadé, 790, 3, note; Demolombe, XIV, 368 ; XV, 54;. Aubry et Rau, § 613-25 ; Belost-Jolimont, 790, obs. 3 ; Rouen, 30 juin 1857; S. 58, II, 22 ; Cass., 5 juin 1860; S. 60, I, 956) ; — purement et simplement ou sous bénéfice d'inventaire (Demolombe, XIV, 54). — La loi n'exige pas que la rétractation soit constatée par acte passé au greffe; elle peut être faite par acte notarié (Nîmes, 11 fév. 1867; journ. du Not., n° 2281). — Si la rétractation est tacite, elle doit résulter de l'intention formelle de la faire (Limoges, 23 juin 1870; Cass., 18 nov. 1863; S. 64, I, 96; 71, II, 40).

477. — Acceptation. — L'acceptation de la succession par d'autres héritiers, qui fait obstacle à la rétractation, a pu avoir lieu avant la renonciation comme après, s'il s'agit de cohéritiers ; et il importe peu, à l'égard de ces cohéritiers comme des héritiers du degré subséquent, qu'elle soit faite expressément ou tacitement, purement et simplement ou sous bénéfice d'inventaire (Chabot, 790, 3 ; Duvergier sur Toullier, IV, 346; Duranton, VI, 507; Aubry et Rau, § 613-21 ; Demolombe, XIV, 64 ; Hureaux, II, 30 ; Cass., 19 mai 1835; 5 juin 1860; S. 35, I, 719 ; 60, I, 956).

478. — Successeurs irréguliers. — Si l'hérédité, par suite de la renonciation des successibles, est dévolue à un enfant ou autre parent naturel, au conjoint survivant ou à l'Etat, le renonçant peut rétracter sa renonciation tant que l'envoi en possession n'a pas été demandé (Marcadé, 790, 1 ; Chabot et Belost-Jolimont, 790, 3 ; Toullier, IV, 347; Taulier, III, p. 240; Demante, III, 111 *bis*; Massé et Vergé, § 380-22; Demolombe, XIII, 156 ; XV, 60 ; Hureaux, II, 30 ; Roll. de Vill., *Renonc. à succ.*, 126) ; — alors même que l'héritier irrégulier aurait de fait appréhendé l'hérédité (Demolombe, XV, 61 ; Aubry et Rau, § 639-21; Bordeaux, 15 janv. 1848; S. 48, II, 263).

479. — Légataire universel. — Si, à défaut de l'héritier renonçant, la succession est recueillie par un légataire universel qui a accepté, le renonçant ne peut revenir contre sa renonciation, quand même il serait héritier réservataire (Toullier, IV, 347; Demante, III, 3 *bis*; Demolombe, XV, 63; Paris, 15 janv. 1857; S. 57, II, 301).

480. — Rétractation par un seul. — Lorsqu'une succession est répudiée par tous les héritiers et qu'ensuite l'un d'eux revient contre la renonciation et l'accepte expressément ou tacitement, avant toute acceptation de la part des héritiers subséquents, elle lui est dévolue pour le tout (Marcadé, 790, 1; Demolombe, XV, 65; Rouen, 2 juill. 1857 ; Cass., 19 mai 1835; 5 juin 1860; S. 35, I, 719 ; 60, I, 956).

481. — Tiers. — La rétractation de sa renonciation n'est permise au renonçant que sans préjudice des droits qui peuvent être acquis à des tiers sur les biens de la succession, soit par prescription, soit par actes valablement faits avec le curateur à la succession vacante (*C. civ.*, 790). Ainsi, l'héritier à réserve qui a renoncé, ne peut plus, en rétractant sa renonciation, agir en réduction, soit contre les donataires, soit contre les tiers acquéreurs de bonne foi auxquels les donataires auraient transmis les immeubles qui faisaient l'objet de la donation excessive (Demolombe, XIV, 71; XIX, 223; Hureaux, II, 34; Montpellier, 28 mai 1831; S. 31, II, 217; Paris, 15 janv. 1857; S. 57, II, 301; Cass., 5 juin 1878; S. 78, I, 457).

482. — Saisine. — Sauf les exceptions indiquées au n° précédent, la rétractation de la renonciation fait revivre, d'une manière rétroactive et irrévocable, les effets de la saisine qui s'était trouvée momentanément éteinte par le fait de la renonciation (Aubry et Rau, § 611 bis-42).

483. — Restitution. — Le successible majeur peut, dans le délai de dix ans (*C. civ.*, *1304*), se faire restituer contre sa renonciation alors même que la succession a été acceptée par d'autres, dans les trois cas suivants:

1° Quand la renonciation a été la suite d'un dol ou d'une violence (Marcadé, *790*, 4; Chabot, *784*, 6; Duranton, VI, 503; Demante, II, 108 *bis*; Aubry et Rau, § 613-29; Demolombe, XV, 92);

2° Quand elle a eu lieu par erreur, par exemple: si le successible ayant renoncé pour s'en tenir à un don, l'acte de donation a été depuis annulé (Toullier, IV, 351; Vazeille, *845*, 3;

Riom, 3 fév. 1820; Nimes, 30 janvier 1827; Limoges, 14 déc. 1831; Cass., 29 mars 1842; Trib. Figeac, 4 déc. 1845; S. 32, II, 193; 42, I, 161; 46, II, 7. CONTRA Marcadé, *790*, 4; Duvergier sur Toullier, IV, 351; Demolombe, XV, 98; Cass., 2 fév. 1830; Grenoble, 20 juill. 1832; Poitiers, 7 août 1833; S. 30, I, 237; 32, II, 531; 34, II, 166);

3° S'il a renoncé en raison de l'existence d'un testament qui depuis a été déclaré faux (Vazeille, *790*, 2; Toullier, IV, 351; Taulier, III, p. 241; Roll. de Vill., *Ren. à succ.*, 114; Paris, 22 avril 1816; CONTRA Marcadé, *790*, 4; Duvergier sur Toullier, IV, 351; Chabot, *784*, 6; Demolombe, XV, 94; Aubry et Rau, § 613-21). — Il en serait autrement s'il avait été seulement annulé pour vice de forme (Marcadé, *790*, 4; Toullier, IV, 351; Roll. de Vill., *Renonc. à succ.*, 131).

484. — Mineur. — Lésion. — Quant au mineur au nom duquel une renonciation a été faite, on décide que la seule lésion est une cause de restitution de la renonciation (Marcadé, *783*, 7; Roll. de Vill., *Renonc. à succ.*, 147; Bordeaux, 17 fév. 1826).

485. — Créanciers. — Les créanciers de celui qui renonce au préjudice de leurs droits peuvent se faire autoriser en justice à accepter la succession du chef de leur débiteur. Voir à cet égard *supra* n° 454 et suiv.

CHAPITRE DEUXIÈME

DU BÉNÉFICE D'INVENTAIRE

DIVISION

SECT. 1. — *Des successeurs qui peuvent accepter sous bénéfice d'inventaire* (N°s 487 à 491).
SECT. 2. — *Des formalités de l'acceptation bénéficiaire* (N°s 492 à 498).
SECT. 3. — *Des effets du bénéfice d'inventaire* (N°s 499 et suiv.).
    §. 1. Du paiement des dettes et charges (N°s 500 à 511).
    §. 2. Des créances de l'héritier bénéficiaire (N°s 512 à 517).
    §. 3. De l'abandon de biens par l'héritier bénéficiaire (N°s 518 à 535).
SECT. 4. — *De l'administration de la succession* (N°s 536 et suiv.).
    §. 1. Des actes divers d'administration (N°s 541 à 547).
    §. 2. De la vente des meubles (N°s 548 à 555).
    §. 3. De la vente des immeubles et des rentes constituées (N°s 556 à 569).
    §. 4. Du paiement aux créanciers et aux légataires (N°s 570 à 583).

SECT. 5. — *Des garanties accordées aux créanciers et aux légataires (Nos 584 et suiv.).*
  §. 1. De la déchéance du bénéfice d'inventaire (Nos 585 à 587).
  §. 2. De la responsabilité des fautes (Nos 588 à 589).
  §. 3. De la caution à fournir par l'héritier bénéficiaire (Nos 590 à 594).
SECT. 6. — *Du compte à rendre aux créanciers et aux légataires (Nos 595 et suiv.).*
  §. 1. Des recettes (Nos 602 à 604).
  §. 2. Des dépenses (Nos 605 à 610).
  §. 3. Du reliquat (Nos 611 à 613).
SECT. 7. — *De la renonciation au bénéfice d'inventaire (Nos 614 à 621).*

SOMMAIRE ALPHABÉTIQUE

Abandon de biens :
— Acceptation 528
— Acte notarié 522
— Action en compte 522
— Administrateur 532
— Biens 527
— Conseil de famille 520
— Créanciers 526
— Curateur 533
— Décharge des dettes . . . 518
— Formes 521
— Frais 535
— Greffe 521
— Instances 523
— Interdit 520
— Légataires 526
— Mineur 520
— Notification 528
— Part indivise 527
— Partage 527
— Pouvoirs 532
— Rapport 525
— Reliquat 525
— Renonciation 524
— Reprise des biens 530
— Révocation 529
— Seul héritier 519
— Signification 528
— Tuteur 520
— Vente des biens . . . 531, 534
Acte 492
Acte d'administration 541
Acte de disposition 546
Action 542
Action de la Banque . . . 554, 555
Actions de sociétés . . . 554, 555
Administrateur . . . 538, 539, 589
Administration 536
Assurance sur la vie 505
Bail 537, 541
Carence 495
Caution par l'héritier bénéficiaire :
— Créanciers 590, 592
— Formes 593
— Hypothèque 591
— Gage 591
— Légataire 592
— Montant 592
— Séquestre 594
— Valeurs 590
Cession de droits successifs . . 503
Choix 487
Colégataires 583
Compensation 580

Compromis 543
Compte de bénéfice d'inventaire :
— Affirmation 613
— Amiable 599
— Avances 610
— Cohéritiers 600
— Contradicteur 600
— Contrainte 596, 611
— Créanciers 595
— Curateur 600
— Déchéance 598
— Délai 596
— Dépenses . . . . 605 à 610
— Droits de succession . 608 à 610
— Emploi 603
— Etablissement 601
— Forme 599
— Frais 605
— Gérant 610
— Héritiers 595, 597
— Indemnités 604
— Intérêts 603, 612
— Judiciaire 599
— Légataire 595
— Logement 607
— Notaire 610
— Nourriture 607
— Procès 605
— Rapport 604
— Recettes . . . . 602 à 604
— Réduction 606
— Reliquat 611
— Sommes payées 605
— Subrogation 609
Condamnation 498
Confusion 499, 512
Congé 541
Contrainte 501
Créances 550
Créances de l'héritier . . 499, 512
Créanciers . 508, 511, 537, 558, 565, 568, 595
Créanciers opposants . . 571 à 581
Culture 541
Curateur 516
Date certaine 513
Déchéance . . . 546, 557, 585, 598
Déconfiture 506
Défense 491
Délai 497
Délaissement 543
Délégation 564
Délivrance de legs 541
Deniers 570
Dépens 545

Désaccord 489
Détournement 587
Dettes 499, 506
Divisibilité 490
Division des dettes 507
Droits de succession . . 608 à 610
Exercice des actions 516
Exigibilité 506
Faillite 506, 512, 516
Fautes 501, 588
Garanties 584
Greffe 492
Héritier 488
Héritier créancier 567, 579
Héritier débiteur 514
Héritier légataire 515
Hypothèque 512
Immeuble 536
Inscription 541
Instance 523
Institution contractuelle . . . 488
Interdit 493, 494, 520
Intérêts 603, 612
Inventaire 491, 495, 496
Légataire . 488, 508, 577, 582, 595
Limitation 500, 502
Location 641
Masse chirographaire 568
Masse hypothécaire 568
Meubles 536
Meubles en nature 551
Meurtre 504
Mineurs . 489, 493, 494, 520, 608
Mise en demeure 501
Non opposition 578, 581
Obligation 500
Office 550
Omission 585
Opposition :
— Créanciers 571, 572
— Formes 573
— Individuelle 572
— Inscription 573
— Inventaire 573
— Légataire . 572, 577, 582, 583
— Non opposition . . . 578, 581
— Paiements 571, 574
— Prescription 576
— Recours 582, 583
— Répétition 575
— Scellés 573
Option 487
Ordre 512, 566
Partage 510
Paiements . . . 511, 564, 570 à 582

Plusieurs héritiers........ 490	— Répudiation....... 614	— Créances........ 550
Poursuites.... 498, 512, 541, 596	— Retrait successoral..... 618	— Créanciers........ 537
Préjudice............. 589	— Séparation des patrimoi-	— Droit au bail....... 537
Prescription..... 517, 541, 576	nes.............. 621	— Formes........... 548
Privation de part........ 586	— Servitudes........ 617	— Meubles en nature.... 551
Privilége............. 512	— Tacite.......... 616	— Meubles incorporels... 550
Procès............... 545	— Transaction....... 617	— Mode de vente...... 549
Rapport.............. 502	Renonciation à succession.... 524	— Obligation......... 536
Recélé............... 586	Rentes constituées....... 560	— Office............ 550
Recours.......... 552, 583	Rentes sur l'Etat.... 552 à 555	— Publications....... 549
Recouvrements......... 541	Réparations........... 541	— Rentes sur l'Etat. 552 à 555
Réduction de donation..... 502	Réparations civiles....... 604	Vente d'immeubles :
Régime dotal........... 557	Répétition......... 575, 579	— Abandon de biens. 531, 534
Reliquat............. 501	Responsabilité......... 588	— Créance à terme..... 569
Remise de dette......... 543	Retour légal.......... 488	— Créanciers... 558, 565, 568
Renonciation à bénéfice d'inven-	Saisie............. 559	— Déchéance........ 556
taire :	Saisie arrêt.......... 547	— Délégation........ 564
— Cession des droits succes-	Séparation des patrimoines 508 à 510	— Distribution....... 565
sifs........... 618	Séquestre......,,...... 594	— Formes........... 556
— Dation en paiement... 617	Successeurs irréguliers..... 488	— Héritier adjudicataire. 561,562
— Démolitions........ 617	Surenchère........ 512, 563	— Héritier créancier.... 567
— Divertissement...... 619	Syndic............. 516	— Négligence..... 558, 559
— Donation......... 617	Termes......... 506, 569	— Obligation........ 536
— Droit de l'opposer.... 620	Tiers.............. 539	— Ordre............ 566
— Ecrit............ 615	Transaction....... 543, 544	— Origine dotale...... 557
— Effets............ 621	Transfert........ 553 à 555	— Prix........ 564 à 566
— Expresse.......... 615	Vente de meubles :	— Purge............ 562
— Garantie.......... 618	— Abandon de biens. 531, 534	— Rentes constituées.... 560
— Hypothèque....... 617	— Actions de la banque. 554, 555	— Saisie............ 559
— Legs............ 617	— Actions de sociétés. 554, 555	— Surenchère........ 563
— Recélé.......... 619	— Affiches.......... 549	

486. — Acceptation. — Effets. — L'effet de l'acceptation d'une succession est de saisir celui à qui elle est dévolue de tous les biens et droits de la succession, à la charge d'en acquitter toutes les dettes et charges, quand même elles seraient supérieures à l'actif; c'est ce qu'on appelle être tenu *ultra vires* au paiement des dettes et charges, *infra* n° 899, sauf le cas d'acceptation sous bénéfice d'inventaire (*C. civ.*, 774).

SECTION I.

DES SUCCESSEURS QUI PEUVENT ACCEPTER SOUS BÉNÉFICE D'INVENTAIRE.

487. — Option. — L'acceptation d'une succession peut avoir lieu purement et simplement ou sous bénéfice d'inventaire (*C. civ.*, 774). Cette disposition est générale et absolue; il s'en suit que le choix entre l'acceptation pure et simple et l'acceptation bénéficiaire appartient à toute personne appelée à recueillir tout ou partie de l'universalité des biens d'une personne décédée, et qui à ce titre est tenue *ultra vires* au paiement des dettes et charges.

488. — Acceptation bénéfi- **ciaire. — Successeurs.** — En conséquence peuvent accepter sous bénéfice d'inventaire :

1° Tous héritiers légitimes, qu'ils soient descendants, ascendants ou collatéraux;

2° Les légataires universels ou à titre universel et les donataires de la totalité ou d'une quotité des biens à venir; en effet, les légataires étant soumis, en cas de concours avec des héritiers à réserve, au paiement des dettes et charges personnellement pour leur part et portion (*C. civ.*, 1009, 1012), et les donataires universels et à titre universel de biens à venir étant assimilés aux légataires, ils sont, de même que les héritiers, tenus *ultra vires*, à moins qu'ils n'acceptent sous bénéfice d'inventaire (Chabot et Belost-Jolimont, 774, 14; Toullier, IV, 393, 521; Grenier et Bayle-Mouillard, *Donat.*, I, 316; Taulier, IV, p. 150; Demante, III, 24 *bis*; Bilhard, *Bénéf. d'inv.*, 27; Coin-Delisle, *1009-1*; Troplong, *Donat.*, 1836; Demolombe, XIII, 160; XV, 117; XXI, 560; Cass., 16 avril 1839; 13 août 1851; Toulouse, 9 juin 1852; Poitiers, 16 mars 1864; Angers, 1er mai 1867; S. 39, I, 264; 51, I, 657; 65, II, 63; 67, II, 305. CONTRA Marcadé, *1002*, 2;

Bugnet sur Pothier, VIII, p. 243; Mourlon, II, p. 357; Duvergier sur Toullier, IV, 521; Tambour, p. 424; Aubry et Rau, § 583-11; Hureaux, II, 243. Voir aussi Duranton, VII, 14; Demante, III, 24 *bis*; Coin-Delisle, *1003*, 10; Chauveau sur Carré, *Proc.*, 755. Suivant ces derniers auteurs, les légataires ou donataires ne sont tenus *ultra vires* que lorsqu'ils ont la saisine, à défaut d'héritiers à réserve);

3° Les successeurs irréguliers, c'est-à-dire les enfants et autres parents naturels et le conjoint survivant, qui sont aussi tenus *ultra vires* à l'acquit des dettes et charges (Belost-Jolimont, *773*, obs. 5; Vazeille, *793*, 9; Demolombe, XIII, 159; XIV, 45, 258; XV, 119; Toulouse, 16 mars 1882; Defrénois, *Rép. N.*, 1573. Contra Marcadé, 724, 4; Toullier, IV, 526; Duranton, VII, 12; Demante, III, 24 *bis*; Aubry et Rau, § 639-23; Laurent, IX, 244);

4° Les successeurs appelés à la succession à titre de retour légal, tels sont : l'ascendant donateur, *supra* n° 143, l'adoptant et ses descendants, *supra* n° 189, et les frères et sœurs légitimes de l'enfant naturel, *supra* n° 261.

489. — **Mineurs. — Désaccord.** — Il est des cas où la succession ne peut être acceptée autrement que sous bénéfice d'inventaire; c'est ce qui arrive : 1° lorsqu'elle est échue à des mineurs ou à des interdits (*C. civ.*, 461, 776); 2° lorsque les héritiers de celui qui est décédé sans avoir pris qualité, ne sont pas d'accord pour accepter ou pour renoncer, *supra* n° 379.

490. — **Divisibilité.** — La faculté d'accepter sous bénéfice d'inventaire lorsqu'il y a plusieurs héritiers, est accordée à chacun d'eux individuellement et séparément; ils peuvent donc, les uns renoncer, d'autres accepter purement et simplement, d'autres enfin accepter sous bénéfice d'inventaire (Duranton, VII, 7 et 8; Demolombe, XV, 123; Aubry et Rau, § 612-6).

491. — **Défense.** — La loi en accordant ce droit au successible a voulu lui laisser une liberté d'action qui constitue un intérêt d'ordre public; dès lors le *de cujus* ne pourrait, par une disposition entre vifs ou testamentaire, interdire à son successeur le bénéfice d'inventaire en lui imposant la condition de ne pas faire inventaire et d'accepter purement et simplement, alors même que le successeur serait appelé par la volonté du *de cujus* (Chabot et Belost-Jolimont, *774*, 15; *776*, 11; Tambour, p. 273, 422, 438; Demante, III, 114 *bis*; Demolombe, XV, 126; Aubry et Rau, § 612-5; Hureaux, II, 249; Contra Duranton, VI, 15; Fréminville, *Minor.*, 554; Roll. de Vill., *Bénéf. d'inv.*, 32).

SECTION II.

DES FORMALITÉS DE L'ACCEPTATION BÉNÉFICIAIRE.

492. — **Déclaration. — Formes.** La déclaration d'un héritier qu'il entend ne prendre cette qualité que sous bénéfice d'inventaire, doit être faite au greffe du tribunal de première instance dans l'arrondissement duquel la succession s'est ouverte; elle est inscrite sur le registre destiné à recevoir les actes de renonciation (*C. civ.*, 793).

493. — **Mineurs; interdits.** — Les successions échues aux mineurs et aux interdits ne peuvent être acceptées que sous bénéfice d'inventaire, *supra* n° 489. Néanmoins il y a nécessité de passer l'acceptation bénéficiaires en leurs noms, l'art. 793 ne distinguant pas; d'ailleurs l'acte d'acceptation intéresse les tiers qui, sans cela, ne pourraient savoir si la succession a été acceptée ou non, ce qui les autoriserait, tant que la justification ne leur en serait pas faite, à refuser de se libérer envers le représentant du mineur ou de l'interdit.

494 — **Mineurs. — Défaut de déclaration.** — Même à défaut de l'acte de déclaration, le mineur ou l'interdit ne sauraient être considérés comme héritiers purs et simples et condamnés en cette qualité (Vazeille, *793*, 6; Demolombe, XIV, 315; XV, 133; Hureaux, II, 253; Aubry et Rau, § 612-9; Rouen, 24 janv. 1845; Nimes, 21 juill. 1852; Cass., 10 mars 1841; 11 déc. 1854; S. 41, I, 522; 46, II, 569; 53, II, 701; 55, I, 277; Seine, 8 mai 1877; Droit, 21 juillet. Voir cep. Demante, III, 96 *bis*; Mourlon, II, p. 109; Troplong, *Contr. de mar.*, 1507). — Mais seulement tant que dure la minorité ou l'interdiction; car si après la majorité ou la mainlevée de l'interdiction, ils ne remplissaient pas non plus les formalités voulues pour l'accepta-

tion bénéficiaire, ils pourraient être déclarés héritiers purs et simples (Tambour, p. 419; Demolombe, XIV, 336; Aubry et Rau, § 612-26).

495. — Inventaire — Procès verbal de carence. — Puisque l'héritier bénéficiaire ne supporte les dettes et les charges que jusqu'à concurrence des biens de la succession, *infra* n° 499, il est essentiel d'en constater l'importance; en conséquence la déclaration de l'héritier qu'il n'accepte la succession que sous bénéfice d'inventaire n'a d'effet qu'autant qu'elle est précédée ou suivie d'un inventaire fidèle et exact des biens de la succession, dans les formes réglées par les lois sur la procédure (Voir mon Traité *Formulaire de l'Inventaire*), et dans les délais déterminés *supra* n°s 348 et suiv. (*C. civ.*, *794*), ou d'un procès-verbal de carence, si le défunt n'a pas laissé de mobilier (Demolombe, XV, 137; Hureaux, II, 260; Carré et Chauveau, *Quest.*, 759; Paris, 24 déc. 1833; S. 34, II, 183; Voir aussi Cass., 11 juin 1844; S. 44, I, 531).

496. — Inventaire déjà fait. — L'héritier bénéficiaire est dispensé de faire dresser un inventaire, quand cette formalité a été récemment remplie à la requête d'un autre successible, ou même d'un tiers, par exemple: un héritier apparent, un successible à un degré plus rapproché qui a depuis renoncé, un curateur à succession vacante pendant le temps de sa gestion. Dans ce cas, il lui suffit de faire dresser un procès-verbal de récolement (Chabot, *795*, 2; Demolombe, XV, 138; Aubry et Rau, § 612-16).

497. — Délai pour faire inventaire. — Le délai accordé pour faire inventaire et délibérer, *supra* n°s 348 et 349, n'est pas fatal, en sorte que l'héritier qui a accepté sous bénéfice d'inventaire, peut toujours, à quelque époque que ce soit, compléter son acceptation par un inventaire (Chabot, *800*, 1; Toullier, IV, 370; Duranton, VII, 21; Roll. de Vill., *Bén. d'inv.*, 52; Colmar, 21 déc. 1830; Contra Toulouse, 12 juin 1824). Et après l'expiration des délais accordés par l'art. 795, même de ceux donnés par le juge, *supra* n° 358, l'héritier conserve encore le droit de faire faire inventaire et d'accepter sous bénéfice d'inventaire, s'il n'a pas fait d'ailleurs acte d'héritier, et s'il n'existe pas contre lui de jugement passé en force de chose jugée qui le condamne en cette qualité (*C. civ.*, *800*; *Proc.*, *174*).

498. — Poursuites des créanciers. — Mais après l'expiration des trois mois et quarante jours, les créanciers et légataires peuvent le contraindre à faire faire inventaire dans un délai déterminé, sous peine d'être déclaré héritier pur et simple. Le successible n'est réputé héritier pur et simple qu'à l'égard de ceux qui l'ont fait condamner (Arg. *C. civ.*, *1351*; Chabot, *800*, 3; Toullier, IV, 334; Duranton, VII, 25; Bilhard, n° 124; Tambour, p. 244; Demante, III, 122 *bis*; Aubry et Rau, § 612-25; Demolombe, XV, 148 à 152; Chauveau sur Carré, *Quest.* 763; Rodière, *Proc.*, II, p. 62; Mourlon, II, p. 152; Bioche, *Bénéf. d'inven.*, 31; Roll. de Vill., *ibid.*, 217, et *Chose jugée*, 137; Bordeaux, 22 nov. 1844; Toulouse, 1er avril 1844, 11 mars 1852; Grenoble, 22 juill. 1863; Cass., 19 avril 1865; S. 45, II, 199, 462; 52, II, 491; 63, II, 257; 65, I, 270; Toulouse, 5 fév. 1883; Defrénois, *Rép. N.*, 1315. Contra Marcadé, *art.* 800; Carré, *Quest.*, 763; Massé et Vergé, § 379-18; Taulier, III, p. 356; Hureaux, II, 125; Bruxelles, 9 déc. 1815; Douai, 29 juill. 1816; Riom, 10 janv. 1820 et 18 avril 1825).

SECTION III.

DES EFFETS DU BÉNÉFICE D'INVENTAIRE.

499. — Dettes héréditaires. — L'effet du bénéfice d'inventaire est de donner à l'héritier l'avantage: 1° de n'être tenu du paiement des dettes de la succession que jusqu'à concurrence de la valeur des biens qu'il a recueillis; — 2° de ne pas confondre ses biens personnels avec ceux de la succession, et de conserver contre elle le droit de réclamer le paiement de ses créances; — 3° de pouvoir se décharger du paiement des dettes en abandonnant tous les biens de la succession aux créanciers et aux légataires (*C. civ.*, *802*). Nous allons examiner séparément chacun de ces trois cas. Nous verrons ensuite l'obligation qui incombe à l'héritier bénéficiaire d'administrer la succession et de rendre compte de son administration.

§ 1. — *Du paiement des dettes et charges.*

500. — Obligations. — L'héritier bénéficiaire est successeur du défunt, en cette qualité il est tenu de ses obligations envers ses créanciers et légataires (Demolombe, XV, 159 bis; Cass., 17 mars 1852; S. 52, I, 455); — mais seulement jusqu'à concurrence du produit de la réalisation des biens qu'il a trouvés dans la succession.

501. — Contrainte. — L'héritier bénéficiaire peut cependant être contraint sur ses biens personnels dans les trois cas suivants : — 1° Si ayant été mis en demeure par les créanciers et légataires de rendre son compte de l'administration de la succession, il ne satisfait pas à cette obligation (*C. civ., 803*); — 2° Après l'apurement de son compte d'administration, mais jusqu'à concurrence seulement des sommes dont il se trouve reliquataire (même art.); — 3° Lorsqu'il a commis une faute grave dans son administration et qu'il est condamné à la réparer (*C. civ., 804*).

502. — Limitation. — Rapports. — Les biens jusqu'à concurrence desquels l'héritier bénéficiaire est tenu au paiement des dettes et charges sont ceux dont le défunt était propriétaire au jour de son décès. Mais non les biens et valeurs provenus de rapports ou de retranchements de donations, qui profitent aux héritiers seuls et non pas aux créanciers ou légataires (*C. civ., 850, 921*; Chabot, *875*, 5; Duranton, VII, 44; Massé et Vergé, § 397-5; Troplong, *Donat.*, 913; Demolombe, XV, 163; Roll. de Vill., *Bénéf. d'inv.*, 168).

503. — Cession des droits successifs. — Il n'en est pas tenu non plus sur le prix de la cession, qu'il aurait faite de ses droits d'héritier bénéficiaire, *infra* n° 618, ce prix ne se trouvant pas dans l'hérédité (Demolombe, XV, 164; Demante, III, 126 bis).

504. — Meurtre. — Réparations. — Ni sur les réparations civiles qu'il a obtenues pour le meurtre du défunt, ou pour un accident qui a entraîné la mort du défunt, et dont un tiers est responsable, car c'est comme parent qu'il y a droit et non pas seulement comme héritier (Vazeille, *802*, 7; Demolombe, XIV, 452; XV, 165; Roll. de Vill., *Compte de bénéf. d'inv.*, 18).

505. — Assurance sur la vie. — Ni sur le montant de l'assurance sur la vie contractée par le défunt, quand la police stipule que le capital assuré sera payé par l'assureur à un tiers désigné, même son présomptif héritier qui a accepté bénéficiairement (Lyon, 2 juin 1863; Colmar, 27 fév. 1865; Cass., 2 juill. 1884; Defrénois, *Rép. N.*, 2171); — mais il en est autrement si la somme a été stipulée payable à ses héritiers, car dans ce cas, elle fait partie de son patrimoine (Colmar, 19 fév. 1868; Aix, 16 mai 1871; Rouen, 12 mai 1871; Paris, 5 mars 1873; Amiens, 30 déc. 1873; Cass., 15 juill. 1875, 20 déc. 1876, 7 fév. 1877, 27 janv. 1879, 10 fév. 1880; t. Mâcon 24 janv. 1883. CONTRA Besançon, 23 juill. 1872; S. 79, I, 218, 80, I, 152; Defrénois, *Rép. N.*, 1784.

506. — Dettes. — Exigibilité. — Pour savoir si l'acceptation bénéficiaire a pour objet de rendre exigibles contre la succession les créances à termes, il y a lieu de distinguer: si la succession est en déconfiture ou en faillite, il n'est pas douteux qu'elles ne deviennent exigibles; si, au contraire, la succession, quoique acceptée bénéficiairement, présente toutes les garanties nécessaires de solvabilité, elle profite du bénéfice des termes accordés (Demolombe XV, 168, 355; Aubry et Rau, § 612-35; Hureaux, II, 276; Cass., 27 mai 1829. CONTRA Duranton, VII, 33; Paris, 7 fév. 1844).

507. — Division des dettes. — L'acceptation bénéficiaire ne fait pas obstacle au principe de la division des dettes entre les cohéritiers *infra* n° 881 (Duranton, VII, 109; Tambour, *Bénéf. d'inv.*, 291; Demolombe, XV, 169; Mourlon, II, p. 211; Hureaux, II, 227; Massé et Vergé, § 386-14; Aubry et Rau, § 618-3; Cass., 9 janv. 1827; 7 juin 1857; 5 fév. 1868; S. 57, I, 465, 68, I, 173. CONTRA Poujol, *873*, 3; Bilhard, *Bénéf. d'inv.*, 109).

508. — Séparation des patrimoines. — L'acceptation bénéficiaire de la part de tous les héritiers ou de l'un ou plusieurs d'entre eux, qu'elle ait lieu volontairement, ou qu'elle soit le résultat nécessaire de la minorité ou de l'interdiction, *supra* n° 489, a encore pour effet d'opérer de plein droit la séparation de tout le patrimoine du défunt d'avec celui de chacun des héritiers, même de ceux qui ont accepté purement et simplement (Massé et Vergé, § 385-30; Aubry et Rau, § 619-74; Dufresne, *Sépar. patrim.*, 74; Cass., 18 nov.

1833; 29 juin 1853; 11 déc. 1854; 3 août 1857; S. 33, I, 817; 53, I, 721; 55, I, 277; 58, I, 286; Contra Sérigny, *Rev. crit.*, 1858, II, p. 63; Demolombe, XV, 173; Hureaux, II, 278; Voir Paris, 9 déc. 1876; Droit, 2 fév. 1877).

509. — Séparation des patrimoines. — Créanciers et légataires. — Cette séparation a lieu en faveur des créanciers de la succession et des légataires, sans qu'ils aient besoin de la demander ni de prendre l'inscription prescrite par l'*art. 2111 du C. civ.*; et le privilége attaché à la séparation des patrimoines se continue quand même l'héritier bénéficiaire deviendrait ultérieurement héritier pur et simple (Marcadé, *802*, 2; Grenier, *Hyp.*, II, p. 433; Persil, *2111*, 7; Troplong, *Hyp.*, III, 651; Belost-Jolimont, *art. 878*; Bilhard, *113*; Massé et Vergé, § 383-33; Blondeau, *Sép. des patrim.*, p. 507; Dufresne, *ibid.* 76; Tambour, *Bénéf. d'inv.*, p. 415; Duvergier sur Toullier, IV, 539; Aubry et Rau, § 619-71, 75; Dalloz, *Succ.*, 785, 794; Hureaux, II, 273; Sérigny, *Rev. crit.*, 1858, II, p. 63; Roll. de Vill., *Bénéf. d'inv.*, 192; Paris, 8 avril 1826; 11 mai 1835; 18 mars 1844; Colmar, 9 janvier 1837; Rouen, 24 janvier 1845; Caen, 26 fév. 1849; Nimes, 21 juillet 1852; 6 nov. 1869; Cass., 8 juin 1833; 10 déc. 1839; 29 juin 1853; 11 déc. 1854; 3 août 1857; 7 août 1860; 8 juin 1863; Montpellier, 25 juill. 1865; S. 33, I, 730, 817; 35, II, 557; 37, II, 311; 40, I, 94; 46, II, 569; 49, II, 528; 53, I, 721; II, 701; 55, I, 277; 58, I, 286; 61, I, 257; 63, I, 379; Paris, 23 avril 1845; *Rép. N.*, 2649. Contra Duranton, XIX, 218; Rennes, 23 juill. 1819; Selon ces auteurs le bénéfice d'inventaire n'emporte jamais séparation des patrimoines. Suivant Marcadé, *881*, 7; Pont, *Priv.*, 301; Demolombe, XV, 172, 396; Rouen, 5 déc. 1826; Bordeaux, 24 juill. 1830, le bénéfice d'inventaire cesse d'emporter la séparation des patrimoines si le successible devient héritier pur et simple).

510. — Séparation des patrimoines. — Partage. — En cas d'acceptation pure et simple par quelques-uns des héritiers et d'acceptation bénéficiaire par les autres, la séparation des patrimoines cesse avec l'indivision; dès lors le partage a pour conséquence, en ce qui concerne l'héritier pur et simple, de mettre fin à l'état bénéficiaire, de sorte que les biens composant son lot se confondent dans son patrimoine et deviennent le gage commun de ses créanciers, sans distinction d'origine (Cass., 18 nov. 1833; 11 déc. 1854; 25 août 1858; S. 33, I, 817; 55, I, 277; 59, I, 65. Contra Cass., 3 août 1857; S. 58, I, 286).

511. — Paiement des dettes. — L'acceptation bénéficiaire opérant une séparation du patrimoine du défunt d'avec celui de l'héritier, tous les biens qui se trouvent dans l'hérédité doivent être employés au paiement des dettes de la succession et à l'acquit des legs. Quant aux créanciers personnels de l'héritier, ils ne peuvent exercer d'action sur les biens de l'hérédité qu'après l'entière extinction de ces dettes et charges (Demolombe, XV, 180).

§ 2. — *Des créances de l'héritier bénéficiaire.*

512. — Droits et actions en sa faveur. — L'héritier bénéficiaire conserve contre la succession le droit de réclamer le paiement de ses créances (*C. civ.*, 802). En effet, les deux patrimoines demeurent distincts, de sorte qu'aucune confusion ne peut s'établir. Il s'en suit que l'héritier bénéficiaire, comme les tiers, conserve tous ses droits de créancier soit personnels, soit réels, avec les priviléges, hypothèques, etc., qui y sont attachés; il peut donc produire à tous ordres et distributions, former une surenchère, exercer contre la succession une action en nullité ou en rescision d'un contrat qu'il aurait passé avec le *de cujus* (Demolombe, XV, 185); — faire déclarer la faillite du défunt (Tambour, p. 314; Demolombe, XV, 186); — exercer l'action hypothécaire contre les tiers détenteurs des immeubles hypothéqués à sa créance; — pratiquer des poursuites contre une caution fournie par le *de cujus* (Duranton, VII, 48; Chabot, *802*, 2; Tambour, p. 397; Bilhard, p. 99; Demolombe, XV, 193); — revendiquer contre le tiers acquéreur son propre bien que le *de cujus* aurait vendu (Marcadé, *802*, 2; Chabot, *802*, 2; Toullier, IV, 357; Duranton, VII, 52; Bilhard, p. 99; Troplong, *Vente*, 447; Demolombe, XV, 194; Aix, 31 juill. 1828; Grenoble, 28 mars 1835; S. 36, II, 47).

513. — Date certaine. — Les actes sous seings privés n'ont date certaine contre lui, de même que contre les autres créanciers, qu'à partir du décès (Demolombe, XV, 187; Aubry et Rau, § 618-13; Cass., 22 juin 1818).

514. — Droits et actions contre lui. — Réciproquement la succession conserve contre l'héritier bénéficiaire toutes ses créances et tous ses droits personnels et réels (Marcadé, 802, 2; Demolombe, XV, 181).

515. — Héritier légataire. — L'héritier bénéficiaire qui est en même temps légataire particulier du défunt a le droit de faire figurer son legs non attaqué parmi les charges de la succession et, par conséquent, de venir au marc-le-franc avec les autres légataires particuliers (Seine, 23 nov. 1876; Droit, 20 janv. 1877).

516. — Exercice des actions. — Les actions de l'héritier bénéficiaire contre la succession dans tous les cas où il y a lieu, sont intentées contre les autres héritiers; et s'il n'y en a pas, ou qu'elles soient intentées par tous, elles le sont contre un curateur au bénéfice d'inventaire nommé en la même forme que le curateur à succession vacante (C. Proc., 996). Toutefois, quand la succession acceptée bénéficiairement est celle d'un failli, c'est contre le syndic que les actions doivent être intentées (Marcadé, 802, 3; Demolombe, XV, 199; Hureaux, II, 313; Amiens, 14 fév. 1820. Contra Billard, 53).

517. — Prescription. — La prescription ne court pas contre l'héritier bénéficiaire à l'égard des créances qu'il a contre la succession (C. civ., 2258). En effet, l'héritier jouissant pour lui-même des biens de la succession bénéficiaire, sa jouissance est interruptive de la prescription. La suspension de la prescription dans ce cas, date non pas du jour de l'acceptation bénéficiaire, mais du jour de l'ouverture de la succession (Duranton, XXI, 316; Demolombe, XV, 203; Hureaux, II, 315; Contra Tambour, p. 317; Limoges, 16 mars 1838; S. 38, II, 428).

§ 3. — *De l'abandon de biens par l'héritier bénéficiaire.*

518. — Décharge des dettes. — L'héritier bénéficiaire tenu au paiement des dettes jusqu'à concurrence seulement du produit de la réalisation des biens, *supra* n° 499, peut s'en décharger en abandonnant tous les biens de la succession aux créanciers et aux légataires (C. civ., 802).

519. — Seul héritier. — L'abandon peut être fait par un seul des héritiers bénéficiaires quand ils sont plusieurs; dans ce cas, il ne comprend que les droits de cet héritier dans la succession, et ne produit d'effet qu'à son égard (Duranton, VII, 45; Aubry et Rau, § 618-14; Massé et Vergé, § 386-1; Demolombe, XV, 210; Douai, 29 juill. 1816).

520. — Mineur. — Interdit. — L'abandon au nom de l'héritier bénéficiaire mineur ou interdit est fait par son tuteur avec l'autorisation du conseil de famille (Cass., 12 mars 1839; S. 39, I, 274).

521. — Formes. — Greffe. — Dans certains pays, à Paris notamment, l'abandon aux créanciers et légataires s'opère par une déclaration au greffe portant abandon *à qui de droit* par l'héritier bénéficiaire, des biens de la succession, le greffier constate cet abandon par un acte qu'il dresse sur le registre des renonciations, et aucune notification n'en est faite aux créanciers ni aux légataires (Tambour, p. 381; Massé et Vergé, § 386-3; Demolombe, XV, 215).

522. — Acte notarié. — Ce mode de procéder nous semble ne pas faire une exacte application des principes: les acceptations ou les renonciations doivent seules être faites au greffe, et l'on ne saurait considérer cet abandon comme produisant l'effet d'une répudiation, *infra* n° 524. Suivant nous il serait plus rationnel que l'abandon fût fait dans la forme des actes notariés (Chabot, 802, 7; Hureaux, II, 352; Roll. de Vill., *Abandon par un hérit. bénéf.*, 20, 21; Contra Tambour, p. 381; Demolombe, XV, 215); — ou encore, en justice sur une action en compte dirigée contre l'héritier bénéficiaire.

523. — Instances. — Malgré l'abandon, l'héritier bénéficiaire conserve sa qualité d'héritier, par conséquent il continue d'être propriétaire des biens, c'est sur sa tête que continuent de résider toutes les actions, et, dès lors, c'est contre lui que les créanciers doivent former leurs instances pour obtenir un titre exécutoire contre la succession (Duranton, VII, 42; Bilhard, 439; Duvergier sur Toullier, IV, 359; Aubry et Rau, § 618-21; Demolombe, XV, 221; Douai, 29 juill. 1816; Cass., 29 déc. 1829; 1er fév. 1830; Paris, 25 juin 1838; S. 38, II, 473. CONTRA Massé et Vergé, § 386-11; Tambour, p. 384).

524. — Renonciation. — L'abandon étant un complément, une suite de l'acceptation bénéficiaire, n'entraîne point renonciation à la succession, alors même qu'il aurait été fait sous forme de renonciation; le successible ayant, par son acceptation bénéficiaire, acquis le titre indélébile d'héritier. Sa renonciation n'aurait donc que l'effet d'un abandon aux créanciers et légataires, et elle n'autoriserait pas les parents d'un degré plus éloigné à réclamer la succession (Marcadé, 802, 1; Chabot et Belost-Jolimont, 808, 8; Grenier, Donat., II, 505; Poujol, 802, 4; Duvergier sur Toullier, IV, 358; Duranton, VII, 42; Demante, III, 124 bis; Mourlon, II, p. 118; Demolombe, III, 208; Hureaux, II, 346; Aubry et Rau, § 618-19; Roll. de Vill., *Abandon par un hérit. bén.*, 34, 38; Paris, 26 déc. 1815; 3 avril 1826; 12 mai 1837; Colmar, 8 mars 1820; Toulouse, 29 mars 1832; Pau, 24 nov. 1837; Lyon, 13 avril 1837; Grenoble, 4 juin 1836; Douai, 5 avril 1848; Limoges, 30 juin 1852; Cass., 29 déc. 1829; 1er fév. 1830; 25 mars 1840; S. 32, II, 144; 37, II, 109, 392, 423; 38, II, 377; 40, I, 456; 48, II, 564; 54, II, 456. CONTRA Toullier, IV, 358, 371; Bilhard, 136; Bordeaux, 17 fév. 1826, Nancy, 14 juin 1827; Cass., 6 juin 1815).

525. — Rapport. — Reliquat. — Il s'ensuit que l'héritier bénéficiaire n'est en aucun cas dispensé du rapport qu'il doit à ses cohéritiers, de même qu'il continue d'avoir droit à sa part dans les rapports effectués par eux. Et si, après le paiement des dettes et des legs, il reste une portion libre des biens abandonnés, l'héritier bénéficiaire a seul le droit de la réclamer (Marcadé, 802, 1; Chabot, 802, 8; Duranton, VII, 42; Demolombe, XV, 213; Roll. de Vill., *loc. cit.* 35, 36; Aubry et Rau, § 618-20).

526. — Créanciers et légataires. — L'abandon doit être fait à tous les créanciers et légataires qui se sont fait connaître (Chabot, 802, 7; Duranton, VII, 42; Hureaux, II, 351; Roll. de Vill., *loc. cit.*, 9; Aubry et Rau, § 618-15. Voir cep. Demolombe, XV, 214); — sans cependant qu'il soit rigoureusement nécessaire d'y indiquer les noms des créanciers et légataires; il est donc indifférent, si on les indique, que quelques-uns aient été omis (Chabot, 802, 10, 11).

527. — Biens. — L'abandon doit comprendre tous les biens meubles et immeubles provenus de la succession en fonds et revenus, ainsi que les accroissements que les biens ont pu recevoir. L'abandon partiel serait insuffisant pour décharger entièrement l'héritier bénéficiaire du paiement des dettes (Chabot, 802, 6; Demolombe, XV, 211; Roll. de Vill., *loc. cit.*, 13). — Si l'héritier bénéficiaire n'a droit qu'à une part indivise dans la succession, c'est de cette part qu'il doit faire l'abandon. S'il y a eu partage, l'abandon est de tous les biens échus à l'héritier bénéficiaire.

528. — Acceptation. — Signification. — Il est nécessaire que les créanciers et légataires aient connaissance de l'abandon, afin qu'ils puissent continuer la gestion des biens. S'ils sont présents, ils interviennent et acceptent l'abandon. Sinon ils acceptent l'abandon par acte ultérieur, ou bien notification leur en est faite (Chabot, 802, 7; Paris, 25 juin 1838; S. 38, II, 473).

529. — Révocation. — Tant que l'abandon fait autrement qu'au greffe, *supra* n° 521, n'a été ni accepté, ni notifié, l'héritier bénéficiaire peut le révoquer.

530. — Reprise des biens. — Même après l'acceptation ou la notification, tant que les biens ne sont pas vendus, l'héritier bénéficiaire peut les reprendre, en offrant de payer intégralement les dettes et les charges de l'hérédité (Duranton, VII, 42; Duvergier sur Toullier, IV, 358; Demolombe, XV, 224; Hureaux, II, 353; Roll. de Vill., *loc. cit.*, 28. D'après Tambour, p. 362, il peut les reprendre, même sans satisfaire les créanciers et les légataires).

531. — Vente des biens. — L'abandon fait aux créanciers et aux légataires n'est pas un véritable paiement, et il ne transfère pas la propriété des biens aux mains des créanciers et légataires; ceux-ci ne peuvent donc les conserver en nature, ils sont tenus de les vendre pour le compte de la masse et de continuer la gestion dont l'héritier bénéficiaire était chargé (Marcadé, *802*, 1; Duranton, VII, 42; Hureaux, II, 345; Roll. de Vill., *loc. cit.*, 26, 30. Contra Toullier, IV, 358).

552. — Administrateur. — Dans ce but, les créanciers et légataires doivent s'entendre entre eux, afin de commettre l'un des intéressés et le charger de gérer les biens abandonnés, en lui donnant tous pouvoirs nécessaires à cet effet. (Voir T. Lyon, 13 juin 1877; Droit 24 oct.)

553. — Curateur. — Si les créanciers et légataires ne peuvent s'entendre sur le choix d'un administrateur, un curateur doit être nommé en la chambre du conseil du tribunal civil du lieu du domicile du défunt, à la requête des créanciers ou du plus diligent d'eux, à l'effet de gérer et administrer les biens abandonnés (Chabot, *802*, 8; Toullier, IV, 358; Demante, III, 124 *bis*; Massé et Vergé, § 386-11; Demolombe, XV, 220; Hureaux, II, 353; Aubry et Rau, § 618-17). — A Paris, le curateur est toujours nommé dans cette forme par suite de l'abandon fait au greffe.

554. — Mode de vente. — La vente des biens abandonnés est faite à la requête de l'administrateur nommé par les créanciers et légataires, ou du curateur nommé en la chambre du conseil, avec l'accomplissement des formes prescrites à l'héritier bénéficiaire (Duvergier sur Toullier, IV, 358; Demolombe, XV, 222; Hureaux, II, 355; Aubry et Rau, § 618-18). — Il est convenable que l'héritier bénéficiaire soit appelé à la vente et à la distribution du prix.

555. — Frais. — Les frais de l'acte d'abandon sont à la charge de la succession.

SECTION IV.
DE L'ADMINISTRATION DE LA SUCCESSION.

556. — Administration. — L'héritier bénéficiaire est chargé d'administrer les biens de la succession (*C. civ., 803*). En sa qualité d'héritier, il est administrateur de sa propre chose, mais à la charge de réaliser toutes les valeurs, afin de désintéresser les créanciers de la succession jusqu'à concurrence de ce qu'elle aura produit. Si la succession est grevée de dettes, il est tenu de vendre le mobilier, *infra* n° 548, et les immeubles, *infra* n° 556, il ne pourrait les conserver et tenir compte de leur valeur (Tambour, p. 174; Demante, III, 128 *bis*; Demolombe, XV, 273; Mourlon, II, p. 136; Roll. de Vill., *Bénéf. d'inv.*, 107; Cass., 19 fév. 1821).

557. — Créanciers. — Vente de meubles. — Les créanciers de la succession bénéficiaire ont le droit de provoquer la vente aux enchères des biens meubles, corporels et incorporels, spécialement le droit à un bail un établissement de commerce fondé par le défunt; mais ils ne peuvent exiger que le nom patronymique du fondateur soit vendu en même temps comme accessoire (T. Marseille, 2 fév. 1877; Droit, 8 avril).

558. — Administrateur. — Lorsqu'il y a plusieurs héritiers et que la succession est restée indivise, il peut être nécessaire de confier l'administration à l'un des héritiers; alors c'est au président du tribunal, sur un référé introduit devant lui, à désigner l'administrateur.

559. — Tiers. — Le tribunal sur la demande des créanciers, peut, dans certains cas exceptionnels et pour sauvegarder les droits des créanciers ou autres intéressés, adjoindre à l'héritier bénéficiaire une ou plusieurs personnes, sans le concours desquelles il ne pourra faire certains actes désignés (Demolombe, XV, 239); et même confier l'administration de la succession à un tiers (Cass., 5 août 1846; Douai, 13 août 1855; Caen, 22 fév. 1879; Paris, 6 août 1879; Seine, 16 mai 1882; Defrén., *Rép. N.*, 808).

540. — Division. — Nous allons d'abord examiner les divers actes d'administration qui peuvent être faits par l'héritier bénéficiaire, bien qu'ils ne soient pas prévus par la loi; puis nous verrons les formalités qui lui sont imposées pour la vente des biens meubles et des immeubles; enfin nous indiquerons le mode des paiements à faire aux créanciers et aux légataires.

§ 1. — *Des actes divers d'administration.*

541. — Actes d'administration. — L'héritier bénéficiaire peut faire tous les actes de pure administration; par exemple: vendre le mobilier, les coupes de bois, les récoltes, faire les recouvrements; cultiver les biens en tenant compte des fruits (Demolombe, XV, 255; Douai, 14 mai 1855; S. 56, II, 25); — poursuivre les débiteurs, renouveler les inscriptions, interrompre les prescriptions; faire les réparations, accepter les congés; louer pour les termes d'usage; délivrer les legs, payer les dettes; resilier les baux (Seine, 20 mars 1884; Defrénois, *Rép. N.*, 1864); hypothéquer, avec l'autorisation de justice (Cass., 12 juin 1865; Douai, 29 janv. 1880; Defrénois, *Rép. N.* 410).

542. — Actions. — C'est à lui qu'il appartient de continuer et suivre toutes les actions de la succession, défendre aux demandes intentées contre elle, le tout aux frais de la succession (Toullier, IV, 390; Duranton, VII, 56; Demante, III, 126 *bis*; Massé et Vergé, § 386-4; Aubry et Rau, § 618-41; Carré et Chauveau, *Proc.*, 2528; Tambour, p. 377; Demolombe, XV, 262, 343; Cass., 1er fév. 1830, 1er août 1849; 26 avril 1852; S. 49, I, 681; 52, I, 513).

543. — Délaissement. — Remise. — Transaction. — Mais ne pouvant aliéner, il n'a pas la capacité nécessaire pour *délaisser* par hypothèque (Pardessus, *Hyp.*, 1179; Troplong, *ibid.*, 810; Roll. de Vill., *Délaissement*, 40); — ni pour faire des remises aux débiteurs de la succession (Tambour, p. 343; Demolombe, XV, 269; Cass., 6 juin 1849; S. 49, I, 481); — ni pour compromettre ou transiger sur les contestations relatives aux biens de la succession (Duranton, VII, 55; Demolombe, XV, 268; Roll. de Vill., *Bénéf. d'inv.*, 87; Cass., 20 juin 1814; Bordeaux, 21 mars 1828); — et il ne peut, même en remplissant les formalités prescrites pour les mineurs, se faire autoriser en justice à transiger (Vazeille, *803*, 7; Aubry et Rau, § 618-27; Massé et Vergé, § 386-25; Paris, 30 juill. 1850; 19 août 1854; S. 50, II, 453; 56, I, 785. Contra Duvergier sur Toullier, IV, 361; Demante, III, 126 *bis*; Tambour, p. 401; Demolombe, XV, 265); — il lui faut, pour cela, le consentement des créanciers et des légataires (Duranton, VII, 55; Aubry et Rau, § 618-26; Paris, 3 juill. 1808; 22 fév. 1814; Cass., 20 juill. 1814; Bordeaux, 21 mars 1828; Limoges, 10 mars 1836; S. 36, II, 350).

544. — Transaction. — Acte d'administration. — Cependant l'héritier bénéficiaire peut transiger sur une contestation se rattachant à un acte d'administration; décidé, à cet égard, que la transaction consentie par l'héritier bénéficiaire sur l'appel du jugement, qui l'a condamné à payer une dette de la succession, peut, d'après les circonstances de la cause, être considéré comme un acte d'administration (Cass., 25 juill. 1867; S. 68, I, 12; v. Toulouse, 16 mars 1882; *Rép. N.*, 1457).

545. — Dépens. — L'héritier bénéficiaire ne supporte pas personnellement les dépens d'un procès qu'il a soutenu en sa qualité d'héritier bénéficiaire, même vis-à-vis de l'avoué qui a occupé pour lui (Montpellier, 17 juin 1867; S. 68, II, page 112); — à moins qu'il n'y ait été condamné en son nom et sans répétition, pour avoir compromis les intérêts de son administration (*C. Proc.*, *132*; Bilhard, 95; Toullier, IV, 390; Demolombe, XV, 343; Duranton, VII, 36; Massé et Vergé, § 386-40; Hureaux, II, 407; Paris, 1er déc. 1836; S. 37, II, 353).

546. — Acte de disposition. — Si l'héritier bénéficiaire a fait un acte ayant un caractère de disposition, et qui, par conséquent dépasse son droit d'administrateur, cet acte est valable, même à l'encontre des créanciers de la succession et des légataires, mais il a pour effet d'entraîner l'abdication de la qualité d'héritier bénéficiaire, *infra* n° 585, et de rendre le successible héritier pur et simple (Chabot, *803*, 2; Tambour, p. 397; Demante, III, 126 *bis*; Demolombe, XV, 259; Paris, 17 déc. 1822; Caen, 16 juill. 1834; Cass., 6 juin 1849; 3 juill. 1854; S. 33, II, 559; 49, I, 481; 54, I, 485).

547. — Saisies-Arrêts. — L'administration de l'héritier bénéficiaire ne met pas obstacle au droit des créanciers de la succession de former des saisies-arrêts entre les mains des débiteurs, afin d'arriver au paiement de leurs créances (Marcadé, *art. 808* note; Duranton, VII, 37; Massé et Vergé, § 386-24; Demolombe, XV, 228; Roger, *Saisie-arrêt*, 190; Bioche, *ibid.*, 19; Aubry et Rau, § 618-74; Carré, *Proc.*, 558 notes; Thomine, 616; Bilhard, 58; Douai, 30 mars 1830; Bourges, 15 mars 1822; Bordeaux, 19 avril 1822; 6 mai 1841; Paris, 16 août 1832; Cass., 9 mai 1849;

S. 41, II, 445; 49, I, 563; CONTRA Roll. de Vill., *Bénéf. d'inv.*, 91; Hureaux, II, 362; Paris, 27 juin 1820; Rouen, 12 août 1826; Riom, 24 août 1837; 22 août 1841; S. 39, II, 379; 41, II, 637).

§ 2. — De la vente des meubles.

548. — Formes. — L'héritier bénéficiaire ne peut vendre les meubles de la succession que par le ministère d'un officier public, aux enchères, et après les publications et affiches accoutumées (*C. civ., 805*); mais étant seul juge de l'opportunité de la vente, il n'est pas astreint à demander au président du tribunal l'autorisation d'y procéder, *supra* n° 362 (Toullier, IV, 374; Demante, III, 128 *bis*; Bioche, *Vente de meubles*, 31; Debelleyme, *Ordonn.*, II, p. 79 notes; Demolombe, XV, 281; Hureaux, II, 323; Paris, 19 mars 1852; S. 52, II, 169. CONTRA Marcadé, *805*, 2; Massé et Vergé, § 386-18; Duranton, VII, 26).

549. — Publications et affiches. — Mode de vente. — Dans tous les cas, il doit faire les publications et affiches et vendre dans la forme indiquée par les lois sur la procédure, c'est-à-dire aux enchères, à peine contre l'héritier bénéficiaire d'être réputé héritier pur et simple (*C. Proc., 989*); l'héritier bénéficiaire peut se rendre adjudicataire, *infra* n° 561. Le prix se distribue par contribution entre les créanciers opposants (*C. Proc., 990*).

550. — Meubles incorporels. — Les formalités dont il vient d'être parlé, sont applicables seulement à la vente des meubles corporels; quant aux meubles incorporels, comme un office ministériel ou des créances, l'héritier bénéficiaire peut les vendre sans l'accomplissement de formalités (Debelleyme, *Ordonn.*, p. 79; Demolombe, XV, 264, 279; Hureaux, II, 326; Aubry et Rau, § 618-29; Paris, 19 mars 1852, Seine, 25 juin 1884; t. Sens, 13 août 1885; Defrénois, *Rép. N.*, 1972, 2780).

551. — Meubles en nature. — Lorsque l'héritier bénéficiaire représente les meubles en nature, il n'est tenu que de la dépréciation ou de la détérioration causée par sa négligence (*C. civ., 805*). S'il ne représentait pas quelques-uns des objets compris en l'inventaire, il serait responsable de leur valeur et pourrait même être passible de dommages-intérêts, s'il y avait lieu; mais il ne serait pas déchu du bénéfice d'inventaire (Tambour, p. 387; Demolombe, XV, 372. Voir cep. Toullier, IV, 375).

552. — Rentes sur l'Etat. — Les rentes sur l'Etat sont insaisissables (L. L. 8 niv. an VI, art. 4; 22 flor. an VII, art. 7); les créanciers de la succession bénéficiaire n'ont donc pas le droit de former des saisies-arrêts sur les arrérages, ni d'empêcher qu'elles ne soient immatriculées au nom de l'héritier (Demolombe, XV, 166; Cons. d'Etat, 19 déc. 1839; Paris, 14 avril 1849; Cass., 8 mai 1854; S. 40, II, 281; 49, II, 413; 54, I, 309); — mais l'héritier bénéficiaire doit les réaliser, afin d'en tenir compte aux créanciers et légataires de la succession, à peine de déchéance du bénéfice d'inventaire (Demolombe, XV, 166; Paris, 22 nov. 1855; 13 juin 1856, 19 janv. 1886; Defrénois, *Rép. N.*, 2841, 2902).

553. — Transfert de rentes. — L'héritier bénéficiaire ne peut pas faire le transfert des rentes sur l'Etat même au-dessous de cinquante francs sans y avoir été préalablement autorisé (*avis conseil d'Etat, 11 janv. 1808*), à peine de déchéance du bénéfice d'inventaire (Marcadé, *805*, 1; Demolombe, XV, 281, Paris, 19 mars 1852; Cass., 4 avril 1881; Defrénois, *Rép. N.*, 187). — Cette autorisation est donnée par jugement, en chambre du conseil du tribunal de première instance du lieu du domicile du défunt.

554. — Ibid. — Mineur émancipé. — Le mineur émancipé par son père pendant le mariage et héritier bénéficiaire en raison de son état de minorité a capacité pour aliéner, avec la seule assistance du curateur à son émancipation, les rentes sur l'Etat et autres valeurs dépendant de la succession qu'il a ainsi acceptée bénéficiairement (Cass., 13 août 1883; Defrénois, *Rép. N.*, 1950 et *Comment. de la loi du* 27 février 1880, n° 103).

555. — Actions. — Valeurs diverses. — Quand aux actions de la Banque de France, et à toutes autres actions industrielles ou de finances, quelle qu'en soit l'importance, l'héritier bénéficiaire a capacité pour les vendre, ainsi qu'il le juge convenable, soit de gré à gré, soit aux enchères, ou par le ministère d'un agent de change (Demante, III,

128 *bis*; Tambour, p. 338; Demolombe, XV, 279; Paris, 19 mars 1852; 7 déc, 1853; S. 52, II, 169; 54, I, 177; T. Mayenne, 16 nov. 1876; J. N., 21686; Defrénois, *Rép.*, 187).

§ 3. — *De la vente des immeubles et des rentes constituées.*

556. — Immeubles. — En principe l'héritier bénéficiaire n'est pas tenu de vendre les immeubles de la succession (Demolombe, XV, 271; Hureaux, II, 334). Mais lorsque en raison de l'existence de dettes, il y a lieu de les vendre, cette vente doit être faite dans les formes prescrites par les loi sur la Procédure (*C. civ., 806*; *Proc., 987 et suiv.*). Si elle avait lieu sans l'accomplissement de ces formes, elle entraînerait la déchéance du bénéfice d'inventaire (*Pr. 988*), mais elle ne serait pas viciée d'une cause de nullité (Marcadé, *806*, 1; Chabot, *806*, 2; Toullier, IV, 373; Duranton, VII, 28; Demante, III, 126 *bis*; Demolombe, XV, 259; Bilhard, 127; Tambour, p. 387; Roll. de Vill., *Bénéf. d'inv.*, 127; Paris, 17 déc. 1822; Cass., 6 juin 1849; 3 juill. 1854; S. 49, I, 481; 54, I, 485; CONTRA Hureaux, II, 328).

557. — Biens d'origine dotale. Cette règle est applicable même à l'égard des biens qui étaient dotaux aux mains de la personne dont la succession a été acceptée sous bénéfice d'inventaire, la disposition absolue de la loi ne comportant aucune distinction tirée de l'origine des biens; dès lors, si ces biens sont vendus sans formalités de justice, l'héritier est déchu du bénéfice d'inventaire (Laurent, IX, 397; Cass., 28 juin 1826, 22 juill. 1884; Defrénois, *Rép. N.*, 2346. CONTRA Demolombe, XV, 379; Caen, 24 déc. 1839).

558. — Créanciers. — En vendant les immeubles de la succession, l'héritier bénéficiaire agit comme administrateur et dans l'intérêts des créanciers; ceux-ci ne peuvent donc requérir la vente des immeubles, à moins de négligence de la part de l'héritier bénéficiaire, constatée par une mise en demeure (Duranton, VII, 38; Bilhard, 59; Belost-Jolimont, *806*, obs. 3; Aubry et Rau, § 718-73; Roll. de Vill., *Bénéf. d'inv.*, 119 à 125; Paris, 24 déc. 1824; 22 nov. 1833; Nimes, 27 déc. 1825; Cass., 4 déc. 1822; 23 juill. 1833; 3 déc. 1834; S, 33, I, 621, II, 596; 35, I, 559; t. Louhans, 29 fév. 1884; Defrénois, *Rép. N.*, 1894; CONTRA Demante, III, 128 *bis*; Demolombe, XV, 228; Hureaux, II, 357).

559. — Saisie. — En cas de négligence de la part de l'héritier bénéficiaire, les créanciers et légataires ne peuvent requérir la subrogation à ses droits; ils ne peuvent que procéder à la saisie dans la forme ordinaire (Duvergier sur Toullier, IV, 359; Tambour, p. 368; Aubry et Rau, § 618-76; Nimes, 28 déc. 1825; Paris, 3 mai 1884; Defrén., *Rép. N.*, 2299. CONTRA Demolombe, XV, 230; Paris, 28 déc. 1821).

560. — Rentes constituées. — Les rentes constituées doivent être vendues avec l'accomplissement des formalités prescrites par les art. 642 et suiv. du Code de procédure (*C. Proc., 989*); cependant lorsqu'il existe en même temps des immeubles et des rentes, l'usage est de ne faire qu'une seule procédure et une seule adjudication pour le tout.

561. — Héritier adjudicataire. — L'héritier bénéficiaire peut se rendre adjudicataire des biens meubles et immeubles de la succession, qu'il poursuive lui-même la vente, ou qu'elle soit poursuivie par des créanciers après saisie immobilière (Duvergier, *Vente*, 190; Bilhard, 81; Belost-Jolimont, obs. 2; Tambour, p. 318; Demolombe, XV, 191, 273; Demante, III, 128 *bis*; Cass., 19 fév. 1821).

562. — Purge. — Et il a le droit de purger l'immeuble des privilèges et hypothèques qui le grèvent (Demolombe, XV, 191 *bis*).

563. — Surenchère. — Lorsque l'héritier bénéficiaire a hypothèque sur les immeubles de la succession, il peut valablement exercer sur ces immeubles la surenchère du dixième, même quand la vente a été poursuivie et consentie par lui, en sa qualité d'héritier bénéficiaire (Duvergier sur Toullier, IV, 376; Demolombe, XV, 183; Caen, 23 août 1839; Cass., 26 avril 1852; S. 40, II, 111; 52, I, 513; Seine, 21 déc. 1882; Defrén., *Rép. N.*, 1077).

564. — Prix. — Délégation. — L'héritier bénéficiaire est tenu de déléguer le prix des immeubles aux créanciers hypothécaires révélés par l'état sur transcription (*C. civ., 806*), et aux créanciers ayant privilège sur les immeubles.

565. — Prix. — Distribution. —

Si les prix sont suffisants pour désintéresser tous les créanciers inscrits, il n'y a pas lieu à leur distribution par la voie d'un ordre judiciaire, et les créanciers en vertu de la délégation contenue en l'art. 806, sont tenus de recevoir directement des acquéreurs (Carré, *Proc.*, article *991*; Roll. de Vill., *Bénéf. d'inv.*, 130; Voir Demolombe, XV, 290).

566. — Prix insuffisants. — Ordre. — Si les prix sont insuffisants, les créanciers peuvent encore s'entendre, afin d'en faire la distribution amiable entre eux; mais, à défaut d'accord, la distribution a lieu par voie d'ordre judiciaire, conformément aux articles 749 à 779 du Code de Procédure (*Pr.991*).

567. — Héritier créancier. — Si l'héritier bénéficiaire est au nombre des créanciers hypothécaires ou privilégiés, il exerce et fait valoir son droit, à la date de son inscription, contre la succession bénéficiaire, de même que les autres créanciers, *supra* n° 512.

568. — Créanciers. — Masses hypothécaires et chirographaires. — Les droits des créanciers hypothécaires et privilégiés sur les prix des immeubles se règlent conformément aux art. 552 à 556 Code comm., édictés pour le cas de faillite, mais qui sont applicables à tous les cas analogues de succession bénéficiaire, de cession de biens, de déconfiture; en conséquence ils peuvent prendre part à la distribution dans la masse chirographaire, à la charge de ne pouvoir toucher le montant de leur collocation postérieure dans la masse hypothécaire que sous la déduction de ce qu'ils ont perçu dans la masse chirographaire, si cet actif est insuffisant pour les payer intégralement (Duranton, VII, 34 *bis*; Demolombe, XV, 353; Demante, III, 130 *bis*; Hureaux, II, 371; Tambour, p. 355; Cass., 22 janv. 1840; S. 40, I, 275).

569. — Créance à terme. — Comme conséquence, aussi, la stipulation d'un acte de prêt hypothécaire portant que la créance ne pourra être remboursée avant l'époque fixée pour son exigibilité, ne fait pas obstacle à ce que l'héritier bénéficiaire du débiteur fasse insérer, dans le cahier des charges dressé pour la vente des immeubles, la condition que les prix seront payés comptant (Demolombe, XV, 285; Cass., 2 fév. 1853; S. 53, I, 365).

§ 4. — *Du paiement aux créanciers et aux légataires.*

570. — Deniers de la succession. — Nous avons vu *supra* n° 564 et suiv. comment les créanciers inscrits doivent être payés sur les prix des immeubles. Il nous reste à indiquer le mode des paiements lorsqu'il s'agit de deniers trouvés dans la succession ou provenant soit des recouvrements de créances, soit de la vente des meubles, soit de la vente des immeubles non hypothéqués, ou même des immeubles hypothéqués pour la portion qui n'a point été absorbée par les privilèges et les hypothèques.

571. — Créanciers opposants. — S'il y a des créanciers opposants, l'héritier bénéficiaire ne peut payer que dans l'ordre et de la manière réglés par le juge (*C. civ.*, *808*); à moins que les créanciers opposants ne s'entendent entre eux pour faire la distribution amiable des deniers (Marcadé, *art. 808*; Chabot, *808*, 3; Demolombe, XV, 294, 311); — ou que l'héritier bénéficiaire n'ait dans les mains somme suffisante pour désintéresser tous les créanciers.

572. — Droit de former opposition. — Le droit de former opposition appartient à tout créancier, et aussi aux légataires, lors même que les créances ou les legs seraient à terme ou sous condition (Demolombe, XV, 298); — mais les oppositions formées par les légataires ne peuvent pas mettre obstacle au paiement des créanciers, *infra* n° 577. Les oppositions sont individuelles et ne profitent qu'à ceux des créanciers qui les ont faites; à l'égard des autres créanciers, elles sont considérées comme n'ayant pas eu lieu (Tambour, p. 344; Demolombe, XV, 296; Hureaux, II, 369; Aubry et Rau, § 618-56).

573. — Formes de l'opposition. — L'opposition se forme par un acte extrajudiciaire quelconque fait à l'héritier, comme par exemple, une défense de payer en l'absence du créancier, une dénonciation de saisie, une signification de titre; ou encore par une intervention aux scellés, à l'inventaire ou à la vente des meubles, et même par une opposition aux mains de l'officier public qui a procédé à la vente de meubles (Chabot, *808*, 1;

Bilhard, 72; Tambour, p. 344; Demolombe, XV, 299; Hureaux, II, 367; Roll. de Vill., *Bénéf. d'inv.*, 136; Orléans, 14 avril 1859; Cass., 13 mars 1866; S. 60, II, 267; 66, I, 121); — enfin elle résulte de tout acte ou tout fait qui porte à la connaissance de l'héritier bénéficiaire l'existence de la créance (Marcadé, *808*, note; Aubry et Rau, § 618-57; Dijon, 20 janv. 1870; Cass., 25 juill. 1871; 19 déc. 1871; S. 71, I, 109; 72, I, 227 et II, 292). — On considère aussi comme un créancier opposant celui dont la créance figure à l'inventaire (Paris, 2 déc. 1859). — Mais une inscription d'hypothèque ou de privilége n'équivaut pas à un acte d'opposition (Paris, 25 juin 1807).

574. — Paiements malgré les oppositions. — Si l'héritier bénéficiaire paie des créanciers, opposants ou non, au préjudice des créanciers opposants, ceux-ci ont un recours contre l'héritier bénéficiaire, à raison du préjudice qu'ils en éprouvent, et peuvent se faire payer par lui, sur ses biens personnels, le dividende qui leur aurait été attribué (Marcadé, *809*, 2, 2°, Demante, III, 133 *bis*; Demolombe, XV, 301; Orléans, 14 avril 1859; Seine, 7 déc. 1883; *Rép.*, 1834).

575. — Répétition. — En outre ils ont l'action en répétition contre les créanciers indûment payés, car ceux-ci ont reçu plus que ce qui leur était dû par la masse de la succession bénéficiaire (Duvergier sur Toullier, IV, 380; Demante, III, 133 *bis*; Belost-Jolimont, *808*, obs. 1; Tambour, p. 347, Aubry et Rau, § 618-54, Mourlon, II, p. 145; Demolombe, XV, 303, 306.)

576. — Prescription. — Le recours du créancier opposant contre l'héritier bénéficiaire, ou contre les créanciers qui ont indûment reçu, ne se prescrit que par trente ans; la prescription de trois ans dont il est question *infra* n° 582, s'appliquant seulement à l'hypothèse où il n'y a pas de créanciers opposants (Marcadé, *art. 808*, Mourlon, II, p. 145; Demolombe, XV, 305).

577. — Légataires. — En principe, les créanciers du défunt doivent être payés avant les légataires, quels qu'ils soient. En effet, ceux-ci n'ont droit aux biens légués qu'autant qu'ils ne sont pas absorbés par le paiement des dettes de la succession; et si les dettes sont supérieures à l'actif, les legs sont caducs (Demante, III, 129; Duvergier sur Toullier, IV, 380; Demolombe, XV, 295; XVII, 28; Aubry et Rau, § 618-52; Rouen, 16 juill. 1844; Pau, 24 juin 1862; Cass., 25 nov. 1861, 18 juin 1862; S. 45, II, 360; 62, I, 49, 913; 62, II, 134.)

578. — Non-opposition. — S'il n'y a pas de créanciers opposants, l'héritier bénéficiaire paie les créanciers et les légataires à mesure qu'ils se présentent (*C. civ., 808; Proc., 990*), sans distinction entre les créanciers non privilégiés et les créanciers privilégiés, ni même entre les créanciers et légataires. L'héritier bénéficiaire est donc obligé de payer le premier qui se présente, s'il a des fonds disponibles (Toullier, IV, 383; Demolombe, XV, 309, 311.)

579. — Héritier-créancier. — Comme conséquence de ce principe, l'héritier bénéficiaire, lorsqu'il n'y a pas d'opposants, peut se payer lui-même de ce qui lui est dû par la succession; et ce paiement n'est pas sujet à restitution quand il a été fait de bonne foi et à une date certaine (Duranton, VII, 35; Demolombe, XV, 310, 327; Hureaux, II, 375; Aubry et Rau, § 618-59, Massé et Vergé, § 386-31; Bilhard, 71; Tambour, p. 343; Roll. de Vill., *Bénéf. d'inv.*, 153; Paris, 25 juin 1807; Cass., 27 juill. 1853; 23 juin 1856; S. 53, I, 726; 56, I, 797).

580. — Compensation. — Cependant il ne compense pas de plein droit ses créances contre la succession avec les valeurs par lui touchées (Marcadé, *art. 1290*; Toullier, VIII, 380; Roll. de Vill., *compte de bénéf. d'inv.*, 24; Cass., 23 juin 1856, précité. Voir cep. Hureaux, II, 376; Cass., 5 juin 1849; Caen, 10 mars 1884; Defrénois, *Rép. N.*, 2415).

581. — Créanciers non opposants. — Si l'héritier bénéficiaire paie des créanciers, opposants ou non, au préjudice de créanciers non opposants, ceux-ci, sauf le cas où ils prouveraient la fraude, n'ont action ni contre l'héritier bénéficiaire, ni contre les créanciers antérieurement payés; alors même qu'ils réclament avant l'apurement du compte, car ils sont en faute de s'être présentés tardivement, et de n'avoir point formé d'opposition (Duvergier sur Toullier, IV, 384; Duranton,

VII, 35; Belost-Jolimont, *809*, obs. 2; Demante, III, 133 *bis*; Massé et Vergé, § 386-36; Demolombe, XV, 325; Bilhard, 94; Tambour, p. 358; Aubry et Rau, § 618-62; Roll. de Vill., *Bénéf. d'inv.*, 138; Cass., 4 avril 1832; Orléans, 15 avril 1832; Montpellier, 14 mars 1850; S. 32, I, 309; 33, II, 541; 50, II, 479. Contra Marcadé, *809*, 2; Chabot, *809*, 3; Poujol, *809*, 2; Toullier, IV, 383; Taulier, III, p. 267; Hureaux, II, 369, 377).

582. — Recours contre les légataires. — Les créanciers non opposants qui ne se présentent qu'après l'apurement du compte et le paiement du reliquat, n'ont de recours à exercer que contre les légataires; ce recours se prescrit par le laps de trois ans, à compter du jour de l'apurement du compte, et du paiement du reliquat (*C. civ.*, *809*), ou, plus exactement, à compter de cette dernière époque si le paiement du reliquat est postérieur à l'apurement (Macadé, *809*, 1; Toullier, IV, 384; Demolombe, XV, 319; Hureaux, II, 390; Aubry et Rau, § 618-65).

583. — Colégataires. — Cette disposition est applicable seulement en ce qui concerne les créanciers; elle ne pourrait être invoquée par des colégataires non opposants (Demante, III, 133 *bis*; Tambour, p. 353, 354; Demolombe, XV, 328; Contra Marcadé, *809*, 2, 3°; Hureaux, II, 387).

SECTION V.

DES GARANTIES ACCORDÉES AUX CRÉANCIERS ET LÉGATAIRES.

584. — Garanties. — La loi a accordé aux créanciers et aux légataires des garanties contre les abus que l'héritier bénéficiaire commettrait dans son administration. Ces garanties sont au nombre de trois : 1° la déchéance du bénéfice d'inventaire; 2° la responsabilité de ses fautes; 3° la caution qu'il peut être tenu de fournir.

§ 1. — *De la déchéance du bénéfice d'inventaire.*

585. — Causes. — Le bénéfice d'inventaire peut cesser, soit par la renonciation expresse ou tacite du successible à la qualité d'héritier bénéficiaire, *infra* n° 614; soit par la déchéance qu'il a encourue pour l'inaccomplissement des formes prescrites par les art. 988 et 989 du C. de proc., *supra* n° 556, ou pour cause de recélé ou d'omission frauduleuse. Nous ne nous occupons ici que de ce dernier cas.

586. — Recélé. — A ce sujet, l'art. 801 porte : « L'héritier qui s'est rendu coupable de recélé, ou qui a omis sciemment et de mauvaise foi de comprendre dans l'inventaire des effets de la succession, est déchu du bénéfice d'inventaire. » En outre il ne peut prétendre aucune part dans les objets divertis ou recélés (Chabot, 784, 7; Duranton, VII, 479; Demolombe XIV, 497; Hureaux, II, 291; Cass., 22 fév. 1831); Voir pour les développements sur cette matière, *supra* n°s 402 et suiv.

587. — Détournement. — Le fait par des enfants de recevoir en dot, après le décès de leur père, des sommes détournées de la succession par leur mère tutrice, et alors qu'il n'est pas prouvé qu'ils ont connu l'origine frauduleuse de ces sommes, n'entraîne pas cette déchéance (Amiens, 2 juin 1869; S. 70, II, 205; v. Paris, 24 déc. 1880; *Rép.*, 37).

§ 2. — *De la responsabilité des fautes.*

588. — Fautes graves. — L'héritier bénéficiaire n'est tenu que des fautes graves dans l'administration dont il est chargé (*C. civ.* 804). En voici quelques exemples : ne point vendre un mobilier dispendieux à conserver; laisser accomplir une prescription; ne point renouveler une inscription; laisser un débiteur devenir insolvable; ne point louer les biens; laisser les terres sans culture; intenter une action évidemment mal fondée; détruire le mobilier; etc. C'est aux tribunaux à décider quand il y a faute grave, et leur appréciation échappe à la censure de la Cour suprême (Marcadé, *art. 804*; Chabot, *804*, 3; Demolombe, XV, 237; Aubry et Rau, § 618-37; Cass., 11 janv. 1830, 17 août 1880; S. 82, I, 400; Paris, 13 mars 1883; Defrénois, *Rép. N.*, 1262).

589. — Préjudice. — Administrateur judiciaire. — Si les fautes graves de l'héritier bénéficiaire sont de nature à causer un préjudice aux créanciers en compromettant notablement leur gage, les créanciers du défunt et les légataires sont fondés à demander que l'administration des biens soit enlevée à l'héritier pour être confiée à un administrateur nommé par le tribunal, *supra* n° 539.

§ 2. — *De la caution à fournir par l'héritier bénéficiaire.*

590. — Valeurs. — L'héritier bénéficiaire est tenu, si les créanciers ou autres personnes intéressées l'exigent, de donner caution bonne et solvable de la valeur du mobilier compris dans l'inventaire, et de la portion du prix des immeubles non déléguée aux créanciers hypothécaires. Faute par lui de fournir cette caution, les meubles sont vendus et leur prix est déposé, ainsi que la portion non déléguée du prix des immeubles, pour être employés à l'acquit des charges de la succession (*C. civ. 807*). La caution peut être exigée alors même que l'héritier bénéficiaire est notoirement solvable (Chabot, *807*, 2; Duvergier sur Toullier, IV, 386, note *a*; Demolombe, XV, 240; Aubry et Rau, § 618-67; Paris, 28 janv. 1812).

591. — Gage. — Hypothèque. L'héritier bénéficiaire peut, au lieu d'une caution, offrir un gage en nantissement suffisant (*C. civ. 2041*), ou une affectation hypothécaire sur des immeubles lui appartenant, libres de toutes charges, et d'une valeur suffisante (Toullier, IV, 422; Duranton, IV, 603; Bilhard, 66; Roll. de Vill., *Bénéf. d'inv.*, 67; Aix, 28 nov. 1831; S. 32, II, 132. CONTRA Troplong, *Cont. de mar.*, 592; Ponsot, *Cautionn.*, 386; Aubry et Rau, § 618-71).

592. — Créanciers. — Légataires. — La caution peut être demandée par un seul des créanciers ou légataires; et, même dans ce cas, elle doit être de toutes les sommes que l'héritier bénéficiaire a ou doit avoir dans les mains (Chabot, *art. 807*; Massé et Vergé, § 386-27; Demante, III, 131 *bis*; Demolombe XV, 241; Roll. de Vill., *loc. cit.*, 65; Aubry et Rau, § 618-72).

593. — Formes. — Le créancier ou tout autre intéressé qui veut obliger l'héritier bénéficiaire à donner caution, lui fait faire sommation à cet effet, par acte extrajudiciaire signifié à personne ou domicile (*C. pr.*, 992). Dans les trois jours de cette sommation, outre un jour par trois myriamètres de distance entre le domicile de l'héritier et le lieu où siège le tribunal, il est tenu de présenter caution au greffe du tribunal de l'ouverture de la succession dans les formes que nous indiquerons au titre du cautionnement (*C. pr.*, 993); s'il s'élève des difficultés relativement à la réception de la caution, les créanciers sont représentés par l'avoué le plus ancien. (*Proc.*, 994).

594. — Séquestre. — Le juge du référé ne peut, à défaut par l'héritier de fournir caution, le dépouiller de son droit d'administration, ni nommer un séquestre (Lyon, 26 janv. 1871; S. 71, II, 11). Voir cependant *supra* n° 539.

SECTION VI.

DU COMPTE A RENDRE AUX CRÉANCIERS ET AUX LÉGATAIRES.

595. — Compte. — Après que l'héritier bénéficiaire a terminé sa gestion, comme il détient tout ce qui dépend de la succession, il doit rendre compte de son administration aux créanciers et légataires (*C. civ., 803*) qui se sont fait connaître, chaque héritier bénéficiaire qui administre séparément après partage ne répond que de sa gestion. Le compte doit précéder la distribution par contribution (Nancy 19 avril 1882; Defrénois, *Rép. N.*, 809).

596. — Contrainte. — A défaut par l'héritier bénéficiaire de consentir amiablement à la reddition de son compte, les créanciers et légataires peuvent l'y contraindre en justice; et si après y avoir été contraint, il refuse encore de rendre son compte, les créanciers peuvent poursuivre sur ses biens personnels le recouvrement de leurs créances (*C. civ., 803*), pour le montant de leurs créances (Marcadé, *803*, 2; Chabot, *803*, 7; Toullier, IV, 387; Demolombe, XIV, 331; Roll. de Vill., *Bénéf. d'inv.*, 2; Cass., 23 mai 1815; 18 nov. 1816), sauf à lui à demander que les poursuites soient arrêtées en sollicitant du juge, un délai pour présenter son compte (Chabot, *803*, 7; Demolombe, XV, 332; Aubry et Rau, § 618-79; Paris, 10 janv. 1820; Riom, 30 déc. 1821).

597. — Héritier pour partie. — S'il n'est héritier que pour partie il n'est tenu au paiement que pour sa part et portion virile et non pas solidairement avec ses cohéritiers

(Aubry et Rau, § 618-78; Cass., 5 fév. 1868; S. 68, I, 173).

598. — Déchéance. — L'héritier bénéficiaire poursuivi sur ses biens personnels, à défaut par lui de rendre compte, n'est pas, pour cela déchu du bénéfice d'inventaire (Marcadé, *803*, 2; Aubry et Rau, § 618, p. 465).

599. — Amiable ou judiciaire. — Le compte peut être rendu à l'amiable ou en justice. Il est rendu à l'amiable lorsqu'il n'y a point de contestation et que toutes les parties sont majeures et maîtresses de leurs droits; alors il peut être fait indifféremment par acte notarié ou sous seing privé. Dans le cas contraire, il est rendu en justice suivant les formes prescrites par les art. 527 et suiv. du Code de procédure (*C. Proc.*, *995*).

600. — Contradicteur. — Cohéritier. — Curateur. — Si aucun créancier ne s'est fait connaître, et que l'héritier veuille rendre son compte, il doit intenter l'action en compte contre les autres héritiers ou contre un curateur à l'acceptation bénéficiaire (Marcadé, *802*, 3; Chabot, *art. 802*; Toullier, IV, 356: Roll. de Vill., *Bénéf. d'inv.*, 184), *Supra* n° 516.

601. — Établissement du compte. — Le compte contient les recettes et dépenses effectuées; il est terminé par la récapitulation de la balance des recettes et des dépenses, et il est fait un chapitre particulier des objets restant à recouvrer (*C. Proc.*, *533*), et des dettes restant à payer.

§ 1. — *Des recettes.*

602. — Sommes à porter. — Le chapitre des recettes comprend le prix des ventes de meubles et d'immeubles, l'argent comptant, les capitaux recouvrés, les intérêts, arrérages et autres fruits perçus, et généralement toutes les sommes dues à la succession, non-seulement en France, mais encore à l'étranger (Paris, 9 déc. 1864; Cass., 23 avril 1866; S. 65, II, 42; 66, I, 290); — et touchées par le rendant (Vazeille, *803*, 8; Demolombe, XV, 238; Roll. de Vill., *Compte de bénéf. d'inv.*, 15; Lyon, 21 janv. 1876; Droit, 3 octobre).

603. — Emploi. — Intérêt. — L'héritier bénéficiaire est considéré comme un dépositaire des deniers par lui recouvrés; par conséquent il n'est point tenu d'en faire emploi et, sauf le cas où il s'en est servi pour son usage personnel (*Arg. C. civ.*, *1996*), il ne peut lui être réclamé aucun intérêt des sommes restées en ses mains; il ne doit compte que des intérêts qu'il a perçus (Belost-Jolimont, *808*. obs. 4; Demolombe, XV, 257; Hureaux, II, 395; Aubry et Rau, § 618-38; Roll. de Vill., *loc. cit.*, 16; Bourges, 18 juill. 1828; Paris, 9 nov. 1843; Lyon, 21 janv. 1876; Droit, 3 oct.)

604. — Rapports. — Indemnités. — Nous avons vu, *supra* n° 504, que l'héritier bénéficiaire ne doit pas comprendre dans son compte les choses provenues de réductions de donations ou de rapports, ni les réparations civiles qu'il a obtenues pour le meurtre du défunt.

§ 2. — *Des dépenses.*

605. — Sommes à porter. — L'héritier bénéficiaire porte en dépenses: les remboursements de capitaux; les paiements d'intérêts de capitaux, arrérages de rentes, contributions, dettes courantes; les dépenses de réparations; les frais de scellés, inventaire, acceptation bénéficiaire, liquidation (Demolombe, XV, 342; Caen, 22 nov. 1861; J. N. 17545); — moins la quote part applicable aux rapports (Douai, 21 janv. 1836), — compte distribution (*C. civ.*, *810*); les frais funéraires; les dépenses qu'il a faites pour l'entretien et la réparation des biens; les frais qu'il a faits pour l'administration de la succession (Hureaux, II, 406); — même les frais et dépens des procès qu'il a soutenus dans l'intérêt de la succession, *supra* n° 545; et généralement toutes les sommes qu'il a payées pour le compte de l'hérédité ou employées aux affaires de la succession (Toullier, IV, 388; Demolombe, XV, 342; Cass., 11 août 1824; Amiens, 17 août 1836; Paris, 9 janv. 1853; S. 37, II, 353; 54, II, 752; Rouen, 16 janv. 1869; J. N., 19825).

606. — Réduction. — Toutefois les sommes payées peuvent être réduites s'il s'est livré à des profusions exorbitantes dans les dépenses (Toullier, IV, 380; Roll. de Vill., *Compte de bénéf. d'inv.*, 25).

607. — Logement. — Nourriture.
— Il ne peut réclamer d'indemnité de logement et de nourriture, ni rien retenir pour ses peines et ses soins (Chabot, *810*, 4; Vazeille, *803*, 9; Toullier, IV, 389; Demolombe, XV, 233; Roll. de Vill., *loc. cit.*, 27, 28).

608. — Droits de succession. — L'héritier bénéficiaire, même mineur, (Seine, 13 juin 1855; Toulouse, 5 mars 1863; Baume-les-Dames, 3 août 1876), est tenu personnellement envers le fisc à l'acquit des droits de mutation, lors même qu'il n'aurait aucun actif entre les mains (Championnière et Rigaud, 2566; Hureaux, II, 303; Cass., 28 oct. 1806; 3 fév. 1829; 1er fév. 1830; 24 avril 1833; 7 avril 1835; 12 juill. 1836; 28 avril 1837; 24 juin 1857; 2 juin 1869; Defrénois, *Rép. N.*, 2415). — Mais, s'il a payé avec des deniers de la succession, il a le droit de les porter en dépense, lors de la reddition de son compte (Chabot, *803*, 3; Toullier, IV, 371; Championnière et Rigaud, 3880; Demolombe, XV, 346; Rouen, 27 déc. 1837; 5 avril 1843; Bordeaux, 1er déc. 1846; 15 fév. 1849; Grenoble, 21 mars 1850; Paris, 19 janv. 1854; Caen, 10 mars 1884; t. Sens, 20 mars 1885; Defrénois, *Rép. N.*, 2415, 2521).

609. — Subrogation. — S'il en a fait l'avance de ses deniers personnels, il demeure subrogé aux droits du fisc et peut exercer les droits de ce dernier à l'encontre des créanciers, c'est-à-dire avec privilège sur les revenus, et, sur les autres biens, au marc-le-franc avec les créanciers chirographaires (Demolombe, XV, 346; Hureaux, II, 403; Aubry et Rau, § 618-43; Bordeaux, 15 fév. 1849; Cass., 24 juin 1857, 2 juin 1869; S. 57, I, 437; 69, I, 326).

610. — Avance. — Notaire. — Si l'avance des droits de mutation a été faite par un notaire comme gérant de la succession bénéficiaire, il peut se les faire rembourser par l'héritier personnellement (Angers, 25 août 1876; Caen, 10 mars 1884; Defrénois *Rép. N.*, 2415).

§ 3. — *Du reliquat.*

611. — Contrainte. — L'héritier bénéficiaire doit payer aux créanciers et légataires le reliquat de son compte, et il ne peut être contraint sur ses biens que jusqu'à concurrence seulement des sommes dont il est reliquataire (*C. civ.*, *803*).

612. — Intérêt. — L'héritier bénéficiaire ne doit l'intérêt du reliquat de son compte qu'à partir du jour de la demande en justice, et seulement pour la part, dans ce reliquat, du créancier ou du légataire qui l'a mis en demeure (Belost-Jolimont, *804*, obs. 4; Tambour; p. 373; Demolombe, XV, 348; Roll. de Vill., *loc. cit.*, 30; Cass., 22 août 1827).

613. — Affirmation. — Le compte de bénéfice d'inventaire est clos par la déclaration du rendant, qu'il présente son compte aux créanciers et aux légataires, et qu'il l'affirme sincère et véritable (*C. Proc.*, *534*).

SECTION VII.

DE LA RENONCIATION AU BÉNÉFICE D'INVENTAIRE.

614. — Répudiation. — L'héritier bénéficiaire a le droit de répudier cette qualité pour prendre celle d'héritier pur et simple.

615. — Expresse. — La renonciation à bénéfice d'inventaire peut être expresse ou tacite : Elle est expresse quand l'héritier déclare formellement son intention à cet égard dans un écrit spécial authentique ou sous seing privé, ou lorsqu'elle résulte de la qualité d'héritier pur et simple prise expressément dans un acte quelconque. Il en est autrement si l'héritier bénéficiaire, dans un acte qu'il a le droit de passer en cette qualité, a agi avec le titre *d'héritier* en omettant d'y ajouter le mot : bénéficiaire (Duranton, VII, 54; Duvergier sur Toullier, IV, 360 note *a*; Paris, 8 janv. 1808; 8 avril 1826; Rouen, 5 déc. 1826; Cass., 20 avril 1831; Aix, 4 mai 1841; S. 31, I, 166).

616. — Tacite. — Elle est tacite quand l'héritier fait un acte de disposition qu'il n'aurait le droit de passer qu'en qualité d'héritier pur et simple (Toullier, IV, 360; Demolombe, XV, 380; Roll. de Vill., *Bénéf. d'inv.*, 200; Aubry et Rau, § 618-89).

617. — Cas divers. — Il en serait ainsi de : la disposition entre-vifs à titre gratuit ou par testament; la dation en paiement; la constitution d'une servitude (Demolombe, XV, 381; Aubry et Rau, § 618-90); — la démolition des édifices; l'abatage des bois non aménagés (Caen, 24 déc. 1839; S. 40, II, 132); — la transaction qu'il aurait passée sans le consentement des créanciers et légataires si elle excède ses pouvoirs d'administrateur (Aubry et Rau, § 618-91); — la constitution d'hypothèque (Toullier, IV, 360; Demolombe, XV, 382; Rouen, 5 déc. 1826; Bordeaux, 24 juill. 1830. Contra Duvergier sur Toullier, IV, 360; Paris, 8 avril 1826; Cass., 10 fév. 1839; S. 40, I, 92).

618. — **Vente ou achat de droits successifs.** — **Garantie.** — Mais la déchéance du bénéfice d'inventaire ne serait pas encourue par le fait que l'héritier aurait vendu ses droits successifs d'héritier bénéficiaire (Marcadé, *1698*, 5; Duranton, VII, 54; Duvergier, *Vente*, II, 341; Troplong, *ibid.*, 974; Demante, III, 126 *bis*; Demolombe, XV, 164; Hureaux, II, 285; Aubry et Rau, § 618-83; Carré, *Proc.*, *art. 988*; Roll. de Vill., *Bénéf. d'inv.*, 212; Grenoble, 24 mars 1827; Contra Paris, 9 janv. 1806; Amiens, 2 mai 1806); — acquis soit directement, soit par l'exercice du retrait successoral, les droits successifs d'un de ses cohéritiers qui a accepté purement et simplement (Demolombe, XV, 392; Aubry et Rau, § 618-94; Hureaux, II, 286; Rennes, 2 mars 1820; Limoges, 13 juill. 1844; S. 44, II, 507); — conféré une garantie sur ses biens personnels aux créanciers de la succession (Demolombe, XV, 388; Paris, 3 fév. 1812; Rennes, 19 déc. 1835; S. 37, II, 176).

619. — **Recélé.** — **Divertissement.** — La renonciation à bénéfice d'inventaire résulte aussi de la déchéance encourue par l'héritier bénéficiaire pour le recélé ou le divertissement dont il s'est rendu coupable, *supra* n° 586, ou pour l'inaccomplissement des formalités que la loi prescrit en ce qui concerne la vente des meubles, *supra* n° 549, et la vente des immeubles, *supra* n° 556.

620. — **Droit de l'opposer.** — La déchéance du bénéfice d'inventaire peut être opposée par toute personne ayant intérêt à ce que l'héritier bénéficiaire soit considéré comme héritier pur et simple, même par ses créanciers personnels (Demolombe, XV, 394; Hureaux, II, 270; Caen, 16 juill. 1834; S. 35, II, 559).

621. — **Effets.** — La cessation du bénéfice d'inventaire, par la renonciation de l'héritier ou par sa déchéance, a pour effet de le rendre héritier pur et simple dès le jour de l'ouverture de la succession (*C. civ.*, 777), avec toutes les conséquences attachées à la qualité d'héritier pur et simple. Toutefois la séparation des patrimoines produite de plein droit par l'acceptation bénéficiaire continue de subsister, *supra* n° 509.

TITRE QUATRIÈME

DES SUCCESSIONS VACANTES

SOMMAIRE ALPHABÉTIQUE

Acceptation de succession	644
Acquéreurs	635
Administrateur provisoire	624
Administration	631
Algérie	636
Caisse des consignations	648
Caisse des domaines	631
Capitaux	633
Caution	640
Cessation	645
Co-associés	624
Co-propriétaires	624
Compte	646
Conditions	623
Contrainte	648
Créanciers	624, 635, 646
Curateur	627 à 630
Date certaine	637
Déclaration de succession	638
Définition	626
Délai	623
Délégation	632
Déshérence	626
Distribution	637
Etat	626
Fautes	641
Formalités	639
Héritiers	623, 646
Honoraires	647
Inventaire	625, 630
Légataires	623, 624, 646
Mesures conservatoires	625
Ministère public	624, 627
Nomination de curateur	628
Office	643
Partage	644
Paiement	631
Plusieurs curateurs	629
Poursuites	648
Préposé de l'enregistrement	633, 646
Prescription	625
Quittance	633

Recouvrement 633	Séparation des patrimoines... 642	Transport 643
Renonciation 623, 644	Successeurs irréguliers 623	Vacance 622
Responsabilité 641	Tiers 637	Vente de meubles. 625, 630, 639
Revenus 634	Transaction 644	Vente d'immeubles 639

622. — Vacance. — Lorsqu'après l'expiration des délais pour faire inventaire et pour délibérer, *supra* n° 348, il ne se présente personne pour réclamer la succession, qu'il n'y a pas d'héritier connu, ou que les héritiers connus y ont renoncé, cette succession est réputée vacante (*C. civ., 811*; *Proc., 998*).

623. — Conditions. — Trois conditions sont donc requises pour qu'une succession soit vacante : 1° que les délais pour faire inventaire et délibérer soient expirés ;

2° Qu'il ne se présente personne qui réclame la succession ; il suffirait pour y faire obstacle qu'elle fût réclamée soit par un héritier légitime, soit par des légataires ou donataires universels, soit même par des successeurs irréguliers (Poujol, *770*, 3 ; Duvergier sur Toullier, IV, 292 ; Duranton, VII, 60 ; Demante, III, 135 *bis* ; Massé et Vergé, § 410-1 ; Aubry et Rau, § 641-2 ; Demolombe, XV, 405 ; Hureaux, II, 435, 436 ; Paris, 26 mars 1835 ; Cass., 17 août 1840 ; Colmar, 18 janv. 1850 ; Rennes, 7 juill. 1831 ; S. 35, II, 282 ; 40, I, 759 ; 51, II, 533 ; 52, II, 630. CONTRA Toullier, IV, 292) ; — mais la seule présence de légataires à titre universel ou à titre particulier ne saurait y faire obstacle (Duranton, VII, 60 ; Demante, III, 135 *bis* ; Demolombe, XV, 411 ; Hureaux, II, 427 ; Aubry et Rau, § 641-6) ;

3° Qu'il n'y ait pas d'héritiers connus ou que les héritiers connus aient renoncé ; dans ce dernier cas, sans qu'il soit nécessaire de mettre en demeure de se prononcer ceux qui recueilleraient la succession à défaut des renonçants (Marcadé, *811*, 2 ; Chabot, *812*, 2 ; Toullier et Duvergier, IV, 397 ; Duranton, VII, 52 ; Mourlon, II, p. 417 ; Toullier, III, p. 269 ; Massé et Vergé, § 410-1 ; Demolombe, XV, 408 ; Aix, 17 déc. 1807 ; Paris, 31 août 1822. CONTRA Aubry et Rau, § 641-3 ; Laurent, X, 187). — La renonciation à un legs universel serait insuffisante (Seine, 17 fév. 1881 ; Defrénois, *Rép., N.*, 38).

624. — Administrateur provisoire. — Pendant les délais pour faire inventaire et délibérer tous ceux qui ont à exercer des droits sur la succession, tels que : les créanciers, les légataires à titre universels ou particuliers, des copropriétaires, des coassociés, des légataires, etc, ou le plus diligent d'eux, et à leur défaut, le ministère public peuvent, afin qu'il y ait un contradicteur pour répondre aux demandes intentées contre la succession, demander au tribunal de première instance du domicile du défunt, la nomination d'un administrateur provisoire (Duranton, VI, 352 ; Demante, III, 135 *bis* ; Demolombe, XV, 403 ; Mourlon, II, p. 147).

625. — Mesures conservatoires. — Cet administrateur fait procéder à l'inventaire et à la vente du mobilier ; il doit prendre toutes les mesures conservatoires, notamment interrompre les prescriptions qui courent contre toute succession vacante, quoique non pourvue de curateur (*C. civ., 2258*).

626. — Vacance. — Déshérence. — La succession vacante ne doit pas être confondue avec la succession en déshérence : une succession est *vacante* lorsqu'il y a incertitude sur l'existence d'héritiers ; elle est en déshérence, c'est-à-dire dévolue à l'Etat, *supra* n° 272, quand il est certain qu'il n'en existe pas (Marcadé, *811*, 1 ; Aubry et Rau, § 641-7 ; Toullier, IV, 294 ; Inst. régie, 5 mars 1806 ; Voir aussi Demolombe, XV, 413 ; Colmar, 18 janv. 1850 ; S. 51, II, 533 ; Douai, 9 mai 1865 ; S. 66, II, 321).

627. — Curateur. — Le tribunal de première instance dans l'arrondissement duquel la succession est ouverte, nomme un curateur sur la demande des personnes intéressées, *supra* n° 624, ou sur la réquisition du ministère public (*C. civ., 812* ; *Proc., 998*).

628. — Nomination. — La demande à fin de nomination d'un curateur, se forme par requête du ministère de l'avoué, alors même qu'elle émane de l'administration des domaines (Trib. Lourdes, 1er fév. 1870 ; S. 70, II, page 89) ; il n'est pas nécessaire d'appeler un contradicteur quelconque (Demolombe, XV, 425; Pigeau, *Proc.*, III, p. 719; Aubry et Rau, § 642-3).

629. — Pluralité de curateurs.
— Il ne peut être nommé qu'un seul curateur; s'il en a été nommé deux ou un plus grand nombre, le premier nommé est préféré sans qu'il soit besoin de jugement (*C. Proc., 999*). Quand les nominations ont été faites par différents tribunaux, on doit préférer celui qui a été nommé par le tribunal du vrai domicile du défunt (Poujol, *811*, 5; Toullier, IV, 399; Duranton, VII, 67; Demolombe, XV, 426; Hureaux, II, 434).

630. — Inventaire. — Vente de meubles. — Le curateur à succession vacante est tenu avant tout d'en faire constater l'état par un inventaire, si cela n'a déjà eu lieu. Il en exerce et poursuit les droits; il répond aux demandes formées contre elle; il vend les meubles si l'administrateur provisoire ne les a pas vendus.

631. — Administration. — Il administre sous la charge de faire verser le numéraire qui se trouve dans la succession, ainsi que les deniers provenant du prix des meubles et immeubles vendus et des recouvrements de créances, dans la caisse du receveur de l'enregistrement et des domaines, pour la conservation des droits et à la charge de rendre compte à qui il appartiendra. (*C. civ.*, *813*; *Pr., 1000*).

632. — Délégation. — Il peut consentir une délégation de créance en paiement d'une dette de la succession, alors surtout qu'il a obtenu, à ce sujet, l'autorisation du tribunal (Riom, 12 mars 1853; S. 53, II, 639).

633. — Recouvrements. — Capitaux. — Le curateur doit poursuivre le recouvrement des créances de la succession, mêmes de celles frappées de saisies-arrêts avant le décès si le jugement de validité n'avait pas encore acquis date certaine au jour du jugement de déclaration de vacance (Cass., 13 fév. 1865; S. 65, I, 117); — et c'est à lui qu'il appartient de donner quittance aux débiteurs, mais en y faisant concourir le préposé de l'enregistrement (Demolombe, XV, 447. Voir cep. Cass., 13 juin 1810; Bordeaux, 24 mai 1854; S. 55, II, 173); — c'est lui aussi qui encaisse les fonds reçus, moins cependant les sommes que le curateur serait autorisé à toucher par le tribunal pour les besoins de son administration (Demolombe, XV, 452; Hureaux, II, 447. Voir aussi Douai, 6 janv. 1849; Bordeaux, 24 mai 1854; Voir Cass., 29 nov. 1882; *Rép.*, 2149).

634. — Revenus. — Le curateur n'a donc pas capacité pour recevoir par lui-même les créances de la succession; cependant il est d'usage que le curateur reçoive directement les intérêts, arrérages, fermages, loyers et autres revenus, leur perception constituant un simple acte d'administration (Toullier, IV, 402; Chabot, *813*, 2; Demante, III, 137 *bis*; Demolombe, XV, 446; Nancy, 29 avril 1843; Rouen, 21 janv. 1853; S. 43, II, 492; 53, II, 417).

635. — Créanciers. — L'obligation imposée au curateur de faire verser les sommes à la caisse du préposé de l'enregistrement ne fait pas obstacle à ce que les acquéreurs des immeubles de la succession paient leurs prix aux créanciers privilégiés ou hypothécaires qui sont en ordre utile pour les recevoir (Chabot, *813*, 4; Toullier et Duvergier, IV, 402; Demolombe, XV, 451; Hureaux, II, 453; Nancy, 29 avril 1843; S. 43, II, 492).

636. — Algérie. — Pour ce qui concerne les curateurs à succession vacante en Algérie, voir ordonn. 26 déc. 1842; Cass., 20 oct. 1885; Defrénois, *Rép. N.*, 2932.

637. — Tiers. — Le curateur à la succession vacante doit sauvegarder les intérêts des tiers, en prenant les mesures conservatoires prescrites par la loi, par exemple en provoquant la distribution judiciaire des valeurs de la succession (Paris, 19 avril 1861); et, comme il représente les tiers, les actes sous seing privé ne lui sont opposables que du jour où ils ont acquis date certaine (Demante, III, 137 *bis*; Paris, 25 août 1864; S. 64, II, 207; Voir cep. Demolombe, XV, 457; Chambéry, 4 mars 1864; Bordeaux, 3 juin 1870; S. 64, II, 207; 70, II, 315).

638. — Déclaration de succession. — Il est tenu sous peine du demi-droit en sus, d'acquitter les droits de mutation dans les six mois du décès (Demolombe, XV, 416; Gabriel Demante, *Enreg.*, 677; Cass., 18 niv. an 12, 3 niv. an 13, 15 juill. 1806; 4 avril 1807; 3 déc. 1839; Amiens, 11 janv.

1853; Inst. régie, 20 juin 1808, n° 386; S. 40, I, 28; 53, II, 537); sauf à lui à obtenir une prorogation de ce délai. Mais le curateur n'est point passible de cette peine, si sa nomination a eu lieu après l'expiration des six mois, et si, à défaut de fonds disponibles, il a signifié à la régie la déclaration estimative des biens du défunt; dans le même cas, la succession vacante en est aussi dispensée (Cass., 20 janv. et 20 avril 1807; Trib. St.-Amand, 26 fév. 1831; Seine, 11 mai 1861; J. N. 17205; Instr. régie, 15 juin 1878; S. 79, II, 341).

639. — Formalités. — L'inventaire, la forme de la vente des meubles, immeubles et rentes, le mode d'administration et le compte à rendre par le curateur à la succession vacante, ont lieu dans les mêmes formes que celles prescrites à l'héritier bénéficiaire (*Code civ., 814; Pr., 1000, 1001, 1002*).

640. — Caution. — Mais le curateur n'est pas tenu de fournir caution (Duranton, VII, 70; Demante, III, 137 *bis*; Taulier, III, p. 374; Hureaux, II, 445; Aubry et Rau, § 642-6; Demolombe, XV, 433; Nancy, 29 avril 1843; S. 43, II, 492).

641. — Responsabilité. — En sa qualité d'administrateur salarié, il est responsable tant des fautes graves que des fautes légères (Marcadé, *art. 814*; Duranton, VII, 71; Massé et Vergé, § 411-5; Demante, III, 137 *bis*; Demolombe, XV, 431).

642. — Séparation des patrimoines. — Jugé que l'état de vacance d'une succession emporte de plein droit la séparation des patrimoines (Hureaux, II, 469; Amiens, 11 juin 1853; S. 53, II, 537; Voir Troplong, *Priv.*, 651; Demolombe, XV, 458).

643. — Cession de créance; d'office. — S'il dépend de la succession vacante une créance sur un particulier ou un office ministériel, le curateur, à la différence de l'héritier bénéficiaire, doit pour les vendre se faire autoriser par justice (Demolombe, XV, 442; Hureaux, II, 444).

644. — Actes divers. — Il doit obtenir une pareille autorisation pour accepter ou répudier une succession échue au *de cujus*, intervenir à un partage, vendre, transiger, etc. (Demante, III, 137 *bis*; Demolombe, XV, 443; Riom, 12 mars 1853; S. 53, II, 639; t. St.-Gaudens, 8 déc. 1878; S. 80, II, 268).

645. — Cessation. — Les fonctions du curateur cessent dès que la succession est réclamée par un successeur quelconque, héritier légitime, successeur irrégulier, légataire ou donataire universel (Demolombe, XV, 465); — et même la régie des domaines comme représentant l'Etat (Paris, 26 mars 1835; Cass., 17 août 1840; S. 35, II, 282; 40, I, 759).

646. — Compte. — Il est tenu de rendre compte de son administration aux créanciers de la succession et aux légataires du défunt, ainsi qu'au préposé des domaines ou aux héritiers et autres successeurs qui se seraient fait connaître (Demolombe, XV, 462, 463, 467; Hureaux, II, 508).

647. — Honoraires. — Le curateur a droit à des honoraires pour sa gestion, même dans le cas où le tribunal, en le nommant, a omis de statuer sur ce point (Aubry et Rau, § 642-20). A Paris, il est alloué au curateur pour ses honoraires, cinq pour cent du montant total de ses recettes.

648. — Caisse des consignations. — Contrainte. — Le directeur de la caisse des consignations a le droit de suivre, pour le compte de la caisse, le recouvrement du produit des successions vacantes; et, à cet effet, de poursuivre les curateurs, en décernant contrainte contre eux en vertu des déclarations royales des 29 fév. 1648 et 16 juill. 1669, de l'ordonn. royale du 22 mai 1816 et du décret du 21 nov. 1855 (Seine, 18 juin 1873; J. N. 21011).

TITRE CINQUIÈME

DE LA PÉTITION D'HÉRÉDITÉ

DIVISION

Sect. 1. — *Quand, par qui et contre qui la pétition d'hérédité peut être exercée* (N°s 649 à 657.)
Sect. 2. — *De l'action en pétition d'hérédité* (N°s 658 à 663).
Sect. 3. — *De la restitution* (N°s 664 à 682).
Sect. 4. — *Des effets des actes à l'égard des tiers* (N°s 683 à 692).

SOMMAIRE ALPHABÉTIQUE

Accessions 665	Délai 656	Mobilier 676
Accessoires 665	Détériorations 678	Nullité 688, 689
Actes de l'état civil 661	Dettes 681	Partage 654, 661
Actions 663	Domicile 658	Paiement 685
Administrateur 662	Dommages 674	Pièces justificatives 661
Agissement 684	Donation 691	Possesseur 652, 692
Aliénation 678, 691	Etablissement industriel . . . 672	Possession 662
Améliorations 665	Etat 659	Prescription 656, 657
Appréciation 666	Envoi en possession . . . 667, 668	Produits extraordinaires . . . 679
Bail 686	Fautes 677	Qualités héréditaires 655
Biens 664, 669	Frais 681, 682	Réparations 681
Bonne foi . . . . 665 à 673	Fruits . . . . 670 à 674, 682	Représentant du défunt . . . 683
Cessionnaire 651, 652, 656	Garantie 651	Restitution . . . . 664 et suiv.
Cession de droits successifs . . . 690	Héritier 666	Revendication 653
Charges 681	Hypothèque 686, 691	Successeur irrégulier 667, 668, 675, 692
Compétence 658	Indemnité 673, 674	Testament nul 688
Constructions 680	Impenses 680	Tiers acquéreur 657
Contrat de mariage 661	Intérêts 659	Transfert 685
Coupe extraordinaire 679	Inventaire 661	Transport 685
Créances 677	Justifications 660	Tribunal 658
Débiteur 655	Légataire 650, 652	Valeurs 677
Définition 649	Litige 654	Vente . . . . 687 à 692
Degré 649	Mauvaise foi . . . . 665 à 674	Vice de forme 689

SECTION I.

QUAND, PAR QUI ET CONTRE QUI LA PÉTITION D'HÉRÉDITÉ PEUT ÊTRE EXERCÉE.

649. — Définition. — Successible. — La pétition d'hérédité est l'action réelle que le successible, à qui une succession est dévolue en tout ou en partie, a contre la personne parente à un degré plus éloigné ou un successeur irrégulier, qui l'a recueillie, à défaut par lui de se présenter et dans l'ignorance de son existence.

650. — Légataire. — Le légataire universel en vertu d'un testament découvert depuis que les successibles se sont mis en possession de la succession, a aussi l'action en pétition d'hérédité contre eux.

651. — Cessionnaire. — Le cessionnaire d'un héritier, a, comme lui et en son lieu et place, qualité pour former l'action en pétition d'hérédité. Sauf à appeler en garantie son cédant, si le détenteur de la succession conteste sa demande, en prétendant que le cédant n'était pas héritier. Cette garantie n'aurait pas lieu si le cédant avait simplement cédé ses prétentions à la succession sauf le cas de dol.

652. — Possesseur. — La pétition d'hérédité est admise contre tout possesseur héritier, légataire universel ou à titre universel, ou cessionnaire de droits successifs, auquel le réclamant oppose sa qualité d'héritier, qu'il se soit mis en possession de la totalité de la succession, d'une partie, ou même d'un objet déterminé (Duranton, 559 ; Roll. de Vill., *Pétition d'hérédité*, 10), ou qu'il ait appréhendé un objet de la succession à quelque titre que ce soit.

653. — Revendication. — Si le litige, à l'occasion d'un objet déterminé, est soulevé, non pas en contestant la qualité d'héritier du réclamant, mais en contestant le droit de la succession à la propriété de cet objet, l'action est en revendication et non pas en pétition d'hérédité (Duranton, I, 558 ; Massé et Vergé, § 383-5 ; Belost-Jolimont, *756*, obs. 4).

654. — Partage. — Quand le possesseur a droit à une partie de la succession qu'il a appréhendée en totalité, l'action à former contre lui est une demande en partage de la succession et non plus une demande en pétition d'hérédité, sauf à faire juger, au préalable, le litige qui existerait dans le cas où le possesseur contesterait au demandeur son prétendu droit à la succession (Roll. de Vill., *Pétition d'hérédité*, 12 ; Massé et Vergé, § 616-5 ; Cass., 23 nov. 1831 ; S. 32, I, 67).

655. — Débiteur. — Le débiteur qui refuse de se libérer aux mains du réclamant en contestant sa qualité d'héritier, est aussi sujet à l'action en pétition d'hérédité. Il en serait autrement si le débiteur fondait seulement son refus sur le défaut de justification de qualités héréditaires ; dans ce cas le réclamant devrait simplement établir sa qualité par un intitulé d'inventaire ou un acte de notoriété.

656. — Prescription. — Le délai pour former l'action en pétition d'hérédité est de trente années qui courent du jour de l'ouverture de la succession, *supra* n° 372, et peut être prolongé en cas de suspension ou d'interruption de la prescription. Cette prescription est la même à l'égard de celui que se serait rendu cessionnaire des droits successifs de l'héritier apparent, puisque, étant au lieu et place de son cédant, il est soumis aux mêmes exceptions (Douai, 17 août 1822).

657. — Tiers acquéreur. — Mais le tiers acquéreur d'un objet déterminé peut invoquer la prescription de dix et vingt ans quand il s'agit d'immeubles.

SECTION II.
DE L'ACTION EN PÉTITION D'HÉRÉDITÉ.

658. — Compétence. — La pétition d'hérédité, quand la restitution n'a pas lieu à l'amiable, se forme par une action contre le possesseur devant le tribunal du lieu du domicile du *de cujus*, quels que soient les domiciles du demandeur et du défendeur (Carré, *Compét.*, I, p. 521 ; Hureaux, III, 83 ; Cass., 27 avril 1837 ; Paris, 2 juill., 1859). Toutefois des auteurs enseignent que quand la demande est formée par un seul contre un seul et qu'elle n'a pour objet que la restitution de biens dont ce dernier est détenteur, elle doit être portée devant le tribunal du domicile du défendeur (Dutruc, 310 ; Massé et Vergé, § 383-2).

659. — Etat. — La demande à fin de remise d'une succession en déshérence formée contre l'Etat, est dirigée contre le Préfet, comme représentant seul l'Etat lorsqu'il y a contestation sur le fond même du droit et qu'il ne s'agit pas d'un simple acte de gestion. L'Etat, s'il apporte un certain retard dans la restitution de la succession, peut être condamné au paiement des intérêts (Paris, 6 fév. 1875 ; Orléans, 18 nov. 1882 ; *Rép. N.*, 1220).

660. — Justification. — Le réclamant doit justifier de sa qualité par des pièces établissant : qu'il est héritier si la succession est réclamée à un successeur irrégulier ; ou qu'il est parent à un degré plus rapproché lorsque la réclamation est dirigée contre un successible, et sans que celui-ci puisse être admis à repousser l'action en demandant à prouver qu'il existe d'autres parents plus proches (Pigeau, I, p. 53 ; Aubry et Rau, § 616-3).

661. — Pièces justificatives. — Les pièces établissant, soit la parenté seule, soit la parenté à un degré plus rapproché, sont habituellement des actes de mariage, de naissance, de décès, des personnes qui figurent dans la généalogie, de manière à justifier par quelles suites de générations le réclamant a droit à l'hérédité. D'autres pièces peuvent aussi être admises, de simples présomptions même peuvent suffire (Cass., 27 juill. 1886; Defrénois, *Rép. N.*, 3265).

662. — Possession. — Pendant l'instance, celui qui a appréhendé l'hérédité demeure en possession des biens de la succession, en vertu de ce principe que la possession fait présumer le possesseur propriétaire. C'est donc lui qui continue d'en jouir, sauf la restitution des fruits, *infra* n° 670 ; mais le tribunal peut nommer un administrateur provisoire.

663. — Actions. — En conséquence, c'est contre le possesseur, ou s'il y a un administrateur contre ce dernier, que les tiers créanciers, légataires et autres doivent diriger les actions qu'ils peuvent avoir à former contre la succession ; toutefois, le possesseur actionné peut mettre en cause le demandeur en pétition d'hérédité.

SECTION III.

DE LA RESTITUTION.

664. — Biens. — Quand la demande en pétition d'hérédité a été déclarée bien fondée, le réclamant a droit à la restitution : de la succession entière, s'il y a seul droit ; ou de sa part et portion héréditaire, s'il n'y est appelé que pour partie. Si la demande a été formée par quelques-uns des héritiers contre un enfant naturel envoyé en possession, ils ont droit à la restitution du tout quand le droit est prescrit à l'égard des autres (Cass., 28 fév. 1881 ; Defrénois, *Rép. N.*, 185). — Le compte est rendu par le possesseur évincé (Cass., 9 janv. 1878 ; S. 78, I, 444).

665. — Bonne ou mauvaise foi. — La restitution est de tous les biens provenant de l'hérédité et leurs accessoires ; ainsi que des accessions et améliorations, qu'elles soient dues à un cas fortuit ou à un fait du possesseur (Aubry et Rau, § 616-10 ; Toulouse, 10 mars 1821 et 22 août 1822 ; Agen, 3 avril 1823). — Elle produit des effets différents suivant que le possesseur est de bonne ou mauvaise foi.

666. — Héritier apparent. — Le possesseur héritier apparent est considéré de bonne foi lorsqu'il s'est mis en possession de la succession dans la croyance qu'il était appelé. Il est réputé de mauvaise foi lorsqu'il s'est mis en possession sachant qu'il n'y avait pas droit en raison de l'existence de parents plus rapprochés connus de lui et auxquels il a caché l'ouverture de la succession (Duranton, I, 585 ; Aubry et Rau, § 616-23 ; Cass., 12 déc. 1826). Il s'agit là d'une question d'appréciation qui est du domaine des tribunaux.

667. — Successeur irrégulier. — Envoi en possession. — Si la pétition d'hérédité est formée contre un successeur irrégulier soumis à l'obligation de l'envoi en possession, *supra* n°s 280, 292, et qu'il se soit fait envoyer en possession, il est réputé de bonne foi ; à moins que, bien qu'ayant rempli les formalités prescrites, il ne soit prouvé qu'il savait que la succession appartenait à des parents dont il a caché l'existence (Marcadé, *art. 772* ; Demolombe, XIV, 236).

668. — Successeur irrégulier. — Non envoi en possession. — S'il n'a pas rempli les formalités d'envoi en possession, et que cette omission ait eu pour résultat d'empêcher les héritiers de connaître l'ouverture de la succession à laquelle ils étaient appelés, il est réputé de mauvaise foi et peut être condamné aux dommages et intérêts des héritiers qui se représentent (C. civ., 772 ; Duvergier sur Toullier, IV, 303 ; Demante, III, 90 *bis* ; Demolombe, IV, 251 ; Aubry et Rau, § 639-27 ; Cass., 7 juin 1837 ; Paris, 10 avril 1848 ; 30 avril 1859 ; S. 37, I, 581 ; 48, II, 213 ; 60, II, 625. Contra Marcadé, *art. 770* ; Toullier, IV, 312 ; Chabot, *773*, 6 ; Suivant lesquels l'inaccomplissement des formalités seul, rend le successeur irrégulier possesseur de mauvaise foi).

669. — Fruits postérieurs. — Le possesseur qui est de bonne foi n'est tenu de restituer que les biens qui faisaient l'importance de la succession au jour de son ouverture, avec les fruits et revenus courus ou perçus postérieurement à la demande en pétition d'hérédité.

670. — Fruits antérieurs. — Quant aux fruits et revenus recueillis, perçus et courus jusqu'au jour de la demande en pétition d'hérédité, le possesseur les conserve comme ayant fait les fruits siens en vertu de l'art. 549 du C. civil (Marcadé, *art. 722* ; Chabot, *773*, 6 ; Toullier et Duvergier, IV, 312 ; Bertin, *Ch. du cons.*, II, 1178 ; Demolombe, XIV, 235 ;

Massé et Vergé, § 583-9; Aubry et Rau, § 616-20; Hureaux, V, 319; Limoges, 27 déc. 1833; Paris, 5 juill. 1834; 1er juin 1837; 13 avril 1848; 17 janv. 1851; Cass., 17 août, 1830; 7 juin 1837; 2 fév. 1844; Colmar, 18 janv. 1850; Cass., 21 janv. 1852; S. 34, II, 416, 543; 37, I, 581; 51, II, 533; 52, I, 102; Grenoble, 4 août 1869; 1er juill. 1870; J. N. 20002, 20498; Seine, 4 juill. 1878; R. N., 5654).

671. — **Calcul des fruits.** — Le juge du fait peut, en matière de reddition de compte de fruits, suppléer aux éléments tirés de livres régulièrement tenus, de factures, de mercuriales et autres moyens de connaître exactement les recettes et dépenses effectives qu'il déclare ne pouvoir être produits à raison des circonstances de la cause, par une évaluation approximative, notamment en considérant, comme un équivalent des fruits perçus, l'intérêt à un taux déterminé, des dépenses d'acquisition et d'amélioration faites sur l'immeuble par le possesseur obligé à restitution (Cass., 16 nov. 1874; S. 77, I, 60).

672. — **Fruits industriels.** — Lorsque le possesseur d'un établissement industriel est soumis à l'obligation de rendre compte des fruits, il ne doit compte que des fruits produits par la chose, et non pas de ceux qui sont le produit de son industrie personnelle (Pau, 28 juill. 1868; S. 69, II, 69).

673. — **Indemnités.** — **Bonne foi.** — Le possesseur de bonne foi n'est passible d'aucune indemnité pour prescriptions accomplies, servitudes acquises, fouilles, démolitions, reconstructions, dégradations, etc., même quand il serait en faute, puisqu'il possédait pour lui-même (Toullier, IV, 303; Roll. de Vill., *Pét. d'hér.*, 53; Aubry et Rau, § 639-26; Voir aussi Demolombe, XIV, 237. CONTRA Hureaux, V, 321).

674. — **Indemnités — Fruits.** — **Mauvaise foi.** — Le possesseur de mauvaise foi, au contraire, est tenu à des dommages et intérêts qui consistent dans la restitution de tous les fruits des biens de la succession qu'il a recueillis ou perçus, et même de ceux qui ont été perdus par suite de sa négligence à les percevoir, qu'il en ait profité ou non; et il doit indemnité pour les dégradations, détériorations et pertes surve-nues dans les biens, les prescriptions acquises et généralement pour toutes les fautes de son administration (Toullier, IV, 303; Duranton, I, 586; Roll. de Vill., *Pét. d'hér.*, 54, 61; Aubry et Rau, § 616-14, 23; Voir aussi Demolombe, XIV, 252).

675. — **Successeur irrégulier.** — **Négligence.** — Lorsque, en raison de l'inobservation des formalités prescrites, les héritiers n'ont pu connaître l'ouverture de la succession qu'après un certain temps, le successeur irrégulier peut être déclaré responsable envers eux du préjudice que sa négligence leur a causé; il peut, même en l'absence de toute intention de mauvaise foi, leur être alloué à titre de dommages et intérêts tout ou partie des fruits qu'il a perçus (Aubry et Rau, § 639-28).

676. — **Mobilier.** — La restitution du mobilier corporel se fait dans l'état où il se trouve quand le possesseur l'a conservé en nature, ou pour sa valeur d'après la prisée de l'inventaire s'il ne peut plus le représenter; s'il l'a vendu aux enchères, la restitution est du produit de la vente. Ceci toutefois ne s'applique qu'au possesseur de bonne foi. — S'il est de mauvaise foi, et qu'il ne puisse restituer le mobilier en nature ni justifier d'une vente régulière, il en doit la valeur au jour de l'ouverture de la succession, qui s'établit d'après l'inventaire ou, à défaut par toute espèce de preuves, même par la commune renommée (Demolombe, XIV, 248).

677. — **Créances.** — **Valeurs.** — A l'égard des créances et valeurs, le possesseur en était propriétaire, il pouvait les recouvrer, les céder et transférer, les donner en nantissement; la restitution est de la créance ou valeur si elle existe encore en nature, et en cas de remboursement ou de réalisation, de la somme touchée. Si la créance est perdue, même par la faute du possesseur résultant du défaut de poursuites, du non renouvellement de l'inscription en temps utile, de l'extinction de la créance par la prescription, de l'omission de produire à l'ordre, etc., il n'est tenu qu'à la restitution du titre; comme il possédait pour lui, il n'est tenu à aucun dommage à raison de la perte (Toullier, IV, 303; Roll. de Vill., *Pét. d'hér.*, 53). — Il en serait autre-

ment si l'héritier apparent était réputé de mauvaise foi.

678. — **Immeubles.** — Le possesseur évincé restitue les immeubles dont il est encore en possession, sans qu'il soit tenu à indemnité pour les détériorations qu'il pourrait avoir commises, à moins qu'il n'en ait profité ou qu'il ne soit de mauvaise foi, *supra* n° 674. Quand à ceux aliénés, dans les cas où les aliénations sont maintenues, *infra* n° 687, il doit la restitution du prix s'il y a eu vente, ou de la valeur de l'objet quand il y a eu donation ou que le possesseur, étant de mauvaise foi, a vendu pour un prix inférieur à la valeur (Aubry et Rau, § 616-18).

679. — **Produits extraordinaires.** — Si le possesseur évincé a défriché des bois ou fait des coupes extraordinaires il doit la restitution de ce que le défrichement lui a procuré ou de la coupe extraordinaire (Demolombe, XIX, 622; Massé et Vergé, § 295-4; Contra Marcadé, 549-2).

680. — **Impenses.** — S'il a fait aux immeubles des changements, des reconstructions, des embellissements, autres que ceux qui sont charges des fruits et revenus, on lui doit compte des sommes qu'il a déboursées; à moins qu'il ne soit réputé de mauvaise foi; dans ce cas il n'a droit à indemnité pour les impenses qu'autant qu'elles ont augmenté la valeur du fonds (Chabot, 773, 6; Toullier, IV, 305; Roll. de Vill., *Suc.*, 311, et *Pét. d'hér.*, 54; Aubry et Rau, § 616-11).

681. — **Dettes.** — **Charges.** — Le possesseur évincé a droit de répéter les dépenses qu'il a faites pour le paiement des dettes de la succession, pour les grosses réparations et les reconstructions, pour le paiement des frais de scellés, d'inventaire, et, s'il s'agit d'un successeur irrégulier, pour l'acquit des frais des différentes formalités de l'envoi en possession (Demolombe, XIV, 243, Paris, 17 janv. et 1er juill. 1851; S. 51, II, 32. Voir Orléans, 18 nov. 1882; Defrénois, *Rép. N.*, 1220).

682. — **Frais d'administration.** — Quant aux dépenses d'administration, elles restent à la charge du possesseur évincé comme devant être supportées par les fruits (Dalloz, *Succ.*, 422; Paris, 17 janv. et 1er juill. 1851 précités).

SECTION IV.
DES EFFETS DES ACTES A L'ÉGARD DES TIERS.

683. — **Représentant du défunt.** — L'héritier apparent, c'est-à-dire celui qui a appréhendé la succession à défaut par d'autres de se présenter, est, aux yeux des tiers, le seul représentant du défunt et le propriétaire des biens qui composent l'hérédité; ce qui s'applique non seulement à l'héritier légitime, mais aussi à l'héritier testamentaire (Cass., 16 janv. 1843; S. 43, I, 108; Orléans, 12 août 1876; S. 77, II, 88).

684. — **Agissement.** — Il s'ensuit que les actes passés avec lui, par des tiers de bonne foi, relativement aux biens de la succession, ne peuvent pas être critiqués par les héritiers qui viendraient ensuite à réclamer l'hérédité.

685. — **Actes divers.** — Il en est ainsi des paiements opérés aux mains de l'héritier apparent, des cessions de créances qu'il aurait faites, des transferts de valeurs, etc.

686. — **Bail.** — **Hypothèque.** — En un mot, propriétaire au regard des tiers, des biens meubles et immeubles de l'hérédité, il a pu transformer les biens de la succession, modifier les placements, changer la nature des immeubles, les louer, les donner en antichrèse, les hypothéquer (Roll. de Vill., *Pét. d'hér.*, 74; Toulouse, 21 déc. 1839; S. 40, II, 168; Cass., 3 juill. 1877, 13 mai 1879; S. 78, I, 38; 79, I, 359).

687. — **Vente.** — Si l'héritier apparent a vendu les immeubles à des tiers de bonne foi qui ont traité sous l'influence de l'erreur commune, la vente est valable et ne peut être attaquée par l'héritier réel, peu importe que l'héritier apparent ait été de mauvaise foi, et même que son insolvabilité soit un obstacle à la restitution du prix (Chabot et Belost-Jolimont, 756,13; Duranton, *Vente*, I, 225; Malpel, *Succ.*, 210; Poujol, 756, 10; Demolombe, II, 243 à 250; Taulier, III, p. 211; Massé et Vergé, § 105-9; Aubry et Rau, § 616-32; Montpellier, 11 janv. 1830; S. 32, II, 454; Toulouse, 5 mars 1833; 21 déc. 1839; S. 33. II, 316; 40, II, 168; Caen, 17 juill. 1833; Limoges, 27 déc. 1833; S. 34, II, 543; Bourges, 16 juin 1837; 24 août 1843; S. 38, II, 201; 43, II, 527; Paris, 29 janv. 1848; S. 48,

II, 139; Cass., 16 janv. et 16 juin 1843; 25 nov. 1862, 13 mai 1879; Besançon, 18 juin 1864; S. 43, I, 97, 108; 65, II, 102; 79, I, 359; 80, I, 26. CONTRA Marcadé, 137, 4; Toullier, IV, 289; Duranton, I, 559 à 579; Grenier, *Hyp.*, I, p. 101; Proudhon, *Usuf.*, 1319; Troplong, *Vente*, 960; Mourlon, I, 495; Larombière, 1165, 25; Poitiers, 10 avril 1832; S. 32, II, 379; Orléans, 27 mai 1836; S. 36, II, 289; Montpellier, 9 mai 1838; S. 38, II, 492; Rennes, 12 août 1844; S. 44, II, 450; Cass., Belg., 11 juill. 1878; S. 79, II, 108).

688. — Titre vicié de nullité. — Il en est ainsi pour la vente, alors même qu'elle a été faite (par un exécuteur testamentaire, comme remplissant le mandat à lui confié à cet effet par le testateur, et que le testament a été annulé depuis pour vice de forme, si ce vice n'était ni apparent ni de nature à infirmer d'une manière quelconque l'erreur commune sous l'empire de laquelle les parties ont contracté (Cass., 4 août 1875; R. G. Defrénois, III, 2374; Voir cep. Paris, 16 mars 1866; S. 66, II, 337).

689. — Titre nul. — Jugé qu'il en est autrement quand le vendeur ne possédait l'hérédité qu'au moyen d'un titre entaché d'une nullité intrinsèque et radicale; par exemple, une institution contractuelle faite par un renvoi dans un contrat de mariage non paraphé par l'un des témoins instrumentaires, ce qui en entraîne la nullité; encore bien que l'acquéreur ait traité sur la vue d'une expédition ne portant aucune trace de cette nullité, sauf recours contre le notaire qui l'a délivrée. Dans ce cas, il manque la circonstance de l'erreur commune et invincible qui est la base du maintien des aliénations (Cass., 26 fév. 1867; Lyon, 15 mai 1868; S. 67, I, 161; 68, II, 311).

690. — Cession de droits successifs. — Est nulle, même au regard du cessionnaire de bonne foi la vente de toute l'hérédité faite par l'héritier apparent, puisque, dans ce cas, le cessionnaire est simplement en son lieu et place (Agen, 19 janv. 1842; S. 43, II, 281; Cass., 26 août 1833; S. 33, I, 737; Rouen, 16 juill. 1834; S. 34, II, 443).

691. — Aliénation. — Successeur irrégulier. — L'héritier irrégulier envoyé en possession après l'expiration du délai de trois années, *supra* n° 290, pouvait en sa qualité de propriétaire, aliéner les immeubles à titre onéreux (Belost-Jolimont, 773, obs. 4; Demante, III, 89 *bis*; Roll. de Vill., *Pét. d'hér.*, 71; Dalloz, *Succ.*, 403; Aubry et Rau, § 639-29; Massé et Vergé, § 409-12; Demolombe, XIV, 242; Cass., 3 août 1815. CONTRA Toullier, IV; 278; Chabot, art. 772; Marcadé, art. 772; Duranton, VI, 358; Taulier, III, p. 211; Hureaux, III, 201 et suiv.); — les hypothéquer, les donner (Taulier, III, p. 218; Hureaux, II, 163. CONTRA Demolombe, XIV, 241); sans être tenu à la restitution d'autre chose que ce dont il a profité (Toullier, IV, 306; Demolombe, XIV, 237; Roll. de Vill., *Pét. d'hér.*, 60); ou la valeur de l'objet en cas de donation. Mais s'il n'a pas rempli les formalités d'envoi en possession, le tiers est censé avoir eu connaissance de cette irrégularité, ce qui le place en état de mauvaise foi, et, dans ce cas, les ventes, donations et hypothèques peuvent être annulées (Demolombe, XIV, 253).

692. — Vente. — Possesseur non héritier. — A plus forte raison la vente est nulle quand celui qui l'a consentie comme possesseur d'une hérédité, n'avait aucun droit successif; par exemple, s'il s'agit de parents du père ou de la mère d'un enfant naturel, qui se sont mis en possession des biens de ce dernier (Colmar, 18 janv. 1850; S. 51, II, 533).

DEUXIÈME PARTIE

DES OPÉRATIONS DE LIQUIDATION ET PARTAGE

TITRE PRÉLIMINAIRE. — DIVISION.

693. — Partage. — Les opérations relatives au réglement et à la division des biens d'une hérédité, ou de biens indivis par suite de dissolution de communauté, ou d'expiration de société, ou d'acquisition en commun, se font sous le nom de *partage* quand elles ont simplement pour objet la division de la masse entre les divers copropriétaires.

694. — Liquidation. — Elles ont la dénomination de *liquidation* quand elles comprennent, pour arriver à la formation de la masse : l'établissement de comptes entre les copartageants pour raison, soit des biens dépendants de l'hérédité, soit des rapports à effectuer par les cohéritiers, soit des libéralités que le défunt à faites par imputation sur la quotité disponible.

695. — État liquidatif. — On donne le nom d'*état liquidatif* au travail dressé par le notaire commis judiciairement pour procéder aux opérations de compte, liquidation et partage.

696. — Amiable ou judiciaire. — Le partage, quels que soient les éléments dont il se compose, est *amiable* quand il est fait entre les parties sans recours au tribunal. — Il est *judiciaire* lorsque, en raison de l'incapacité de l'une ou plusieurs des parties ou du désaccord survenu entre les copartageants, il se fait avec l'accomplissement des formalités de justice.

697. — Définitif ou provisionnel. — Le partage amiable est *définitif* quand il a lieu entre des copartageants majeurs et maîtres de leurs droits. Il n'est que *provisionnel* lorsque la division a seulement pour objet la jouissance de biens, ou lorsque, ayant pour objet la propriété de biens indivis, il y a parmi les copartageants des mineurs, des interdits, des absents ou autres incapables, et que, néanmoins, les parties n'ont pas voulu recourir aux formalités de justice.

698. — Total ou partiel. — Le partage amiable peut avoir pour but de sortir d'indivision pour la totalité des biens ou seulement pour une partie. Dans ce dernier cas il prend le nom de *partage partiel*, ou encore d'*abandonnement à titre de partage*.

699. — Transactionnel. — Le partage est *transactionnel* : — Quand il est amiable, lorsqu'il a pour objet de mettre fin à une difficulté qui divise les copartageants ; — et quand il est judiciaire, lorsque certaines formes prescrites pour sa validité, par exemple, la division par lots et leur tirage au sort, ne doivent pas être observées.

700. — Par tête ou par souche. — Le partage se fait : — par *têtes*, quand les droits des copartageants sont égaux, par exemple, si la succession est dévolue à des enfants ou à des frères et sœurs ; — par *souche*, lorsque les droits des copartageants ne sont pas égaux, comme si une succession est dévolue à quelques-uns par tête et à d'autres par représentation ; ou si la succession se divise en deux moitiés : l'une pour les parents de la ligne paternelle et l'autre pour les parents de la ligne maternelle.

701. — Généralités. — Afin de distribuer les matières du partage dans un ordre logique, nous les diviserons en huit titres qui traiteront : — le premier, du droit d'exiger le partage ; — le deuxième, de la masse des biens à partager ; — le troisième, des incidents du partage ; — le quatrième, du partage amiable ; — le cinquième, du partage judiciaire ; — le sixième, des effets du partage ; — le septième, de la nullité et de la rescision en matière de partage ; — et le huitième, du partage entre associés et du partage entre communistes.

DROIT DE L'EXIGER. — INDIVISION. 409

TITRE PREMIER
DU DROIT D'EXIGER LE PARTAGE

DIVISION

CHAPITRE PREMIER. — Des biens laissés par le défunt.
   Sect. 1. — *De l'indivision* (N°s 705 à 713).
   Sect. 2. — *De l'obligation de partager, et des biens susceptibles de partage* (N°s 714 à 749).
CHAP. II. — De la suspension du partage (N°s 750 à 764).
CHAP. III. — De la prescription de la demande en partage (N°s 765 à 780).

SOMMAIRE ALPHABETIQUE

Abreuvoir 727
Absence 709, 780
Action 776
Adhésion 778
Algérie 749
Antérieur 778
Associés 731, 732
Biens communaux . . . 739 à 744
Biens séquestrés 749
Bois communaux 737, 738
Carrières communales 744
Cessation d'indivision 747
Cession de droits successifs . . . 769
Chapelle 727
Co-héritier absent 780
Co-propriétaire 706
Commerce 725
Communistes 703
Commune-communaux :
  — Bois 737
  — Carrières 744
  — Feux . . . . 740 à 743
  — Locataire 741
  — Mines 744
  — Partage . . . . 738 à 744
  — Plusieurs communes 738, 742
  — Section de commune . . . 743
  — Tourbières 744
Conjoint survivant 716
Cour 727
Créance 710
Détenteur des biens 770
Droits fournis 746
Eaux 722
Edifices publics 739
Etages de maison 730
Etang 723
Fonds de commerce 725
Fontaine 727
Fossé 724
Hérédité 702, 707
Indivision :
  — Abreuvoir 727
  — Administration 711
  — Association 705

— Bail 711
— Biens communaux 739 à 744
— Bois communaux . . 737, 738
— Cessation 714, 747
— Chapelle 727
— Chasse 711
— Co-acquéreurs 694
— Co-héritiers 694
— Co-propriétaires 706
— Commerce 725
— Communaux . . . 737 à 744
— Condition d'y rester . . . 776
— Convention (d') 750
— Cour 727
— Créance acquise 710
— Eaux 722
— Etages de maison 730
— Intérêt commun 710
— Mines . . . . 734 à 736
— Nue propriété 715
— Pacte de préférence . . . 721
— Partage partiel 717
— Principe 705
— Propriété contestée 745
— Servitude 718, 720
— Société 731, 732
— Succession future 708
— Superficie, droit de 718
— Usage à un tiers 719
— Usage (changement d') . 729
— Usage commun 727
— Usufruitier 715, 716
— Vente 713
Jouissance alternative 773
Jouissance séparée . . . 765 à 767
Jours 727
Lavoir 727
Legs 748
Loge de théâtre 726
Marnière 727
Mines :
  — Communales 744
  — Jouissance 735
  — Licitation 736
  — Partage 734

Mode de jouissance 772
Navires 733
Nue propriété 715, 716
Obligatoire 714
Pacage 728
Pacte de préférence 721
Partiel 717
Passage 727
Places publiques 739
Prescription :
  — Absent 780
  — Adhésion 778
  — Cession de droits successifs 769
  — Dix ou vingt ans 768
  — Indivision 776
  — Interruption 766, 779
  — Jouissance alternative . . 773
  — Jouissance séparée 765 à 767
  — Mode de jouissance . . . 772
  — Partage antérieur 778
  — Partage provisoire 777
  — Possession ultérieure . . 775
  — Précarité 774
  — Renonciation 771
  — Seul héritier 770
  — Suspension 766, 779
  — Temps 766
  — Tiers acquéreur 768
  — Trente ans 766
Promenades 739
Propriété contestée 745
Provisoire 777
Puits 727
Réserve 748
Renonciation à partage 763
Scierie 727
Servitude 718, 720
Société 703, 731, 732, 755
Succession future 708
  — Mobilière 746
Superficie, droit de 718
Suspension de partage :
  — Biens indisponibles . . . 760
  — Capacité 751
  — Condition de donation . 763

— Conseil de famille	751	
— Créanciers	764	
— Désaccord	757	
— Durée	750, 754, 761	
— Enfants naturels	758, 764	
— Héritier dissident	757	
— Héritier institué	758	
— Hypothèque	764	
— Indivision (clause de)	759	
— Interdits	751	
— Jouissance	755	
— Légataires	758, 764	
— Mineurs	751	
— Mode de jouissance	755	
— Nullité	754, 761	
— Partage d'ascendants	762	
— Plus de cinq ans	753	
— Preuve	756	
— Principe	750	
— Réduction	753, 761	
— Renouvellement	752	
— Réserve légale	760	
— Société	755	
— Testament	759 à 761	
Tourbières communales	744	
Usage (changement d')	729	
Usage commun	727	
— A un tiers	719	
Usufruitier	715, 716	
Valeurs mobilières	748	
Voies publiques	739	

702. — Hérédité. — Le partage s'applique le plus souvent à une hérédité. Pour cela il faut que la succession soit ouverte, transmise aux personnes que la loi appelle pour succéder au défunt ou qu'il a désignées lui-même, et qu'en outre les appelés à l'hérédité aient accepté la succession. La première partie du présent ouvrage traite de ces matières.

703. — Société. — Communistes. — Quand le partage a lieu entre co-associés après la dissolution d'une société, ou entre communistes pour les biens acquis en commun, voir *infra, titre huitième*.

704. — Division. — Pour qu'un partage puisse être exigé, il faut : 1° que le défunt ait laissé des biens qui sont dans l'indivision entre ses successeurs, et qu'ils soient susceptibles de partage ; 2° que le partage n'ait pas été suspendu ; 3° que le droit de provoquer le partage ne soit pas prescrit. — Ces matières vont faire l'objet de trois chapitres.

CHAPITRE PREMIER

DES BIENS LAISSÉS PAR LE DÉFUNT

SECTION I.

DE L'INDIVISION.

705. — Principe. — L'indivision, dit Marcadé, art. 815, n° 1ᵉʳ « est l'état d'une chose appartenant à plusieurs personnes, dont chacune est, pour une fraction quelconque, propriétaire de la chose entière. Ainsi, quand un défunt laisse pour héritier son père et un frère, ils se trouvent propriétaires, le premier pour un quart, le second pour trois quarts de tous les biens de la succession ; si, par exemple, il y a dans cette succession, une maison et une ferme, chaque partie des deux immeubles, chaque pierre de l'édifice, chaque molécule de terre du fonds rural, appartiennent simultanément aux deux héritiers ; le droit de chacun d'eux frappe sur la totalité de chaque immeuble, seulement le droit du premier n'existe que pour un quart, et celui du second pour trois quarts. »

706. — Copropriétaires indivis. — Sont dans un état d'indivision ou de communauté : les cohéritiers à raison des biens de la succession ; — les coacquéreurs d'immeubles acquis en commun ; — les époux ou leurs représentants après la dissolution de la communauté ; — les associés pour une œuvre quelconque, alors même que leur association n'a pas été légalement autorisée et qu'elle ne constitue pas une société (Poitiers, 19 déc. 1876 ; S. 78, II, 89) ; — et généralement tous ceux qui possèdent des biens en commun.

707. — Hérédité. — Démission de biens. — Les biens d'une hérédité sont dans l'indivision quand le défunt les a laissés tels. Si donc le défunt a par un partage testamentaire divisé l'intégralité de ses biens entre ses héritiers, ou s'il a réparti l'intégralité de ses biens entre divers légataires, il n'y a pas lieu à partage, mais simplement à un consentement à exécution de ses dispositions testamentaires.

708. — Succession future. — L'indivision entre héritiers n'existe qu'après l'ouverture de la succession. C'est à ce moment seulement qu'il y a lieu à partage. S'il était fait auparavant, à moins que ce ne soit sous forme de partage d'ascendants, il constituerait un pacte sur une succession future, comme tel nul (*C. civ.*, *1130*).

709. — Succession d'un absent. — L'envoi en possession définitive des biens d'un absent est en quelque sorte l'image de l'ouverture de la succession ; les envoyés en possession peuvent donc se contraindre réciproquement au partage et aux rapports (Demolombe, II, 153).

710. — Créance contre la succession. — Achat. — Il a été décidé que lorsqu'un héritier, même bénéficiaire, se rend pendant l'indivision, cessionnaire d'une créance contre la succession, à des conditions avantageuses, il est censé avoir agi dans l'intérêt commun et peut être tenu de faire profiter ses cohéritiers du bénéfice de cette cession (Hureaux, III, 253 ; Aubry et Rau, § 624-28 ; Aix, 4 mars 1841 ; Paris, 10 mai 1850 ; S. 41, II, 321 ; 54, II, 365. Contra Demolombe, XV, 482 ; Tambour, *Bénéf. d'inv.*, p. 308).

711. — Administration. — Bail. — Chasse. — Aucun des cohéritiers n'a qualité pour administrer au nom des autres, la masse indivise, ni même pour faire des actes d'administration, par exemple, consentir un bail (Demolombe, XV, 484 ; Hureaux, III, 237, 238 ; Troplong, *Louage*, 100) ; — conférer un droit de chasse (Cass., 19 juin 1875 ; R. G. Defrénois, III, 2631) ; sauf le recours au tribunal s'il y a désaccord entre les héritiers sur les actes d'administration à passer (Demolombe, XV, 484 ; V. Hureaux, III, 239).

712. — Vente. — Si l'un des copropriétaires vend un immeuble déterminé faisant partie de biens indivis entre lui et d'autres personnes, il y a lieu, avant d'examiner s'il convient de prononcer la nullité de la vente, d'ordonner le partage des biens indivis, ce partage pouvant avoir pour effet de lui attribuer la propriété de l'immeuble vendu.

713. — Promesse de ratification. — Décidé qu'il doit en être ainsi, même en cas de vente, par une mère, d'immeubles indivis entre elle et ses enfants, peu importe qu'elle ait promis leur ratification (Amiens, 20 mars 1876 ; J. N. 21526).

SECTION II.

DE L'OBLIGATION DE PARTAGER, ET DES BIENS SUSCEPTIBLES DE PARTAGE.

714. — Droit de sortir d'indivision. — L'indivision, outre qu'elle entrave l'exercice du droit de propriété, est un obstacle à la circulation des biens et à leur administration. L'état d'indivision ne peut donc être de longue durée ; c'est pourquoi l'art. 815 porte : « Nul ne peut être contraint à demeurer dans l'indivision, et le partage peut toujours être provoqué, nonobstant prohibitions et conventions contraires. » — Il importe peu que l'indivision au lieu d'avoir pour objet des biens en pleine propriété, porte sur des biens grevés en tout ou en partie d'un droit d'usufruit (Chabot, *815*, 5 ; Duranton, VII, 85 ; Demolombe, XV, 488 ; Dutruc, *Partage*, 214 ; Aubry et Rau, § 621 *bis*-10 ; Paris, 31 août 1813 ; Bordeaux, 20 avril 1831), — ou sur des droits d'usufruit (Demolombe, XV, 489), ou des droits résolubles (Cass., 16 nov. 1881 ; *Rép. N.*, 810).

715. — Usufruitier. — Nu propriétaire. — Il n'y a entre l'usufruitier et le nu propriétaire aucune espèce de communauté ni d'indivision. Ils ne peuvent donc, ni l'un ni l'autre, se provoquer réciproquement à un partage (Proudhon, *Usuf.*, I, 7 ; Dutruc, 246 ; Demolombe, XV, 490 ; Aubry et Rau, § 621 *bis*-11 ; Cass., 8 déc. 1846 ; S. 46, I, 16).

716. — Conjoint survivant. — Quand le conjoint survivant se trouve propriétaire, en qualité de commun en biens, d'une moitié des biens de la communauté et usufruitier de l'autre moitié, en vertu d'une convention de mariage ou comme donataire ou légataire de l'époux prédécédé, il n'y a d'indivision entre lui et les héritiers que pour la nue propriété des biens communs ; et dès lors le partage doit porter uniquement sur la nue propriété et non pas sur la pleine propriété (Douai, 23 nov. 1847; S. 48, II, 526; Angers, 4 déc. 1862; Paris, 26 nov. 1868; Cass., 27 juill. 1869; Douai, 1er juill. 1873; R. G. Defrénois, I, 648; III, 3219; Voir cep. Angers, 23 fév. 1876; Cass., 9 avril 1877; S. 77, I, 261; II, 147).

717. — Partage partiel. — Dans le cas où une partie des biens héréditaires n'est pas susceptible d'une division immédiate, par exemple, quand la possession en est soumise à une condition suspensive, ou qu'en raison de la liquidation d'un établissement commercial ou industriel le résultat n'en sera fixé que plus tard, il peut être demandé le partage actuel des autres biens, sauf au tribunal à surseoir sur cette demande, suivant les circonstances dont il est le souverain appréciateur, notamment quand on présume qu'ils seront bientôt susceptibles de division (Demolombe, XV, 494; Bordeaux, 16 août 1827; Paris, 3 juill. 1848; S. 48, II, 395; Voir cep. Dijon, 10 août 1837; S. 39, II, 421).

718. — Servitude. — Superficie — Il n'y a pas d'indivision, en cas de servitude, entre le fonds servant et le fonds dominant, ce qui exclut le partage entre eux; — ni entre le titulaire d'un droit de superficie qui porte exclusivement sur les constructions, bois et autres produits d'un sol, et le propriétaire du sol, un tel droit formant une propriété distincte et séparée d'avec celle du tréfonds, de sorte que le partage ne peut être réclamé (Cass., 16 déc. 1873; Dijon, 22 mars 1876; S. 74, I, 157; Rec. Dijon, 1876).

719. — Usage à un tiers. — Quand un immeuble est possédé en commun, mais que l'usage exclusif en a été conféré à un tiers, par exemple, comme usufruitier avec le droit de démolir les constructions, d'abattre les arbres, de couper les bois, le partage ne peut en être demandé tant que dure l'usage exclusif du tiers, ce droit de dénaturer pouvant être exercé sur certaines parties et non sur d'autres (Paris, 31 août 1813). — Mais il devrait en être autrement, et le partage pourrait être exigé quoique un tiers ait un droit d'usufruit ou l'usage exclusif de la chose, s'il ne peut en modifier la nature (Chabot et Belost-Jolimont, 815, 5; Dutruc, 214; Paris, 24 niv. an 13;

Bordeaux, 20 avril 1831; S. 31, II, 315; Voir cep. Colmar, 20 mars 1813).

720. — Servitude. — Une servitude n'étant pas une chose indéterminée, le propriétaire du fonds servant ne peut demander aucun partage ni aucune licitation de la servitude contre le propriétaire du fonds dominant (Démolombe, XV, 491).

721. — Pacte de préférence. — La convention entre copropriétaires d'un immeuble portant qu'au cas où l'un d'eux vendrait sa part indivise, les autres auraient la préférence sur l'acquéreur présenté, ne fait pas obstacle à ce que chacun des copropriétaires en demande le partage (Toulouse, 30 mai 1825).

722. — Eaux. — Les eaux dont l'usage est commun à plusieurs personnes (C. civ., 641, 644) ne sont pas non plus susceptibles de partage. Il en est ainsi de rivières, canaux, cours d'eaux, sources, etc. (Pardessus, Serv., 190).

723. — Étang. — On ne saurait comprendre dans cette classification, les étangs; ni généralement les amas d'eaux, quand ils constituent un droit privé soit de propriété, soit de jouissance; en conséquence le partage peut en être demandé (Cass., 31 janv. 1838; 5 juill. 1848; S. 38, I, 120; 48, I, 697, 698).

724. — Fossé. — Le copropriétaire d'un fossé mitoyen peut en exiger le partage, à moins qu'il ne serve d'égout ou de conduite aux immondices (Duranton, V, 361. Contra Pardessus, Serv., 185).

725. — Commerce. — Un cohéritier ne saurait contraindre ses cohéritiers à continuer en commun et par indivis l'exploitation d'un commerce particulier dépendant d'une hérédité, encore bien que cette indivision ait été ordonnée par le testament de l'auteur commun, et que tous les intéressés aient déclaré approuver ce testament (Liége, 20 therm. an 13).

726. — Loge de théâtre. — Il n'y a pas d'indivision non plus entre la propriété d'une loge dans un théâtre, avec entrée gratuite en faveur de celui à qui cette loge appartient, et le propriétaire du théâtre; mais seulement un droit de servitude. En conséquence, ce dernier ne peut en demander la licitation contre le propriétaire de la loge (Montpellier, 15 déc. 1838; S. 60, II, 494).

727. — Usage commun. — Il est, en

outre, certains biens dont le partage ne peut être demandé, quoiqu'ils soient dans un état de communauté et d'indivision, lorsqu'ils ont été mis en commun entre plusieurs propriétaires, comme étant affectés d'une servitude réciproque pour l'utilité d'autres immeubles appartenant séparément à chacun de ces propriétaires; tels sont, par exemple, une fontaine commune, un puits commun, un lavoir commun, une cour commune, un passage commun, une scierie commune, un abreuvoir commun, une chapelle commune, une marnière commune, etc. (Marcadé, *815*, 3 ; Pardessus, *Servit.*, 7 ; Toullier, III, 469 *bis* ; Duranton, V, 149 ; Vaudoré, *Droit rural*, 2 ; Roll. de Vill., *Partage*, 14 ; *Indivision*, 40 ; Demolombe, XV, 192 ; Hureaux, III, 380 ; Dutruc, 218, 219 ; Massé et Vergé, § 279-22 ; Bordeaux, 4 déc. 1835 ; Paris, 15 mars 1856 ; Caen, 13 août 1856 ; Cass., 10 déc. 1823, 21 août 1832, 10 janv. 1842, 15 fév. 1858 ; Rennes, 14 août 1867 ; Lyon, 20 mars 1868 ; S. 32, I, 775 ; 36, II, 200 ; 42, I, 311 ; 57, II, 61, 140 ; 58, I, 347 ; Cass., 23 nov. 1874, 28 juin 1876 ; S. 76, I, 344 ; v. Orléans, 9 mars 1883 ; *Rép.*, 1409).— S'il agit d'un passage commun, chacun des communistes peut prendre des jours et des ouvertures sur le passage (Paris, 12 mars 1875 ; Cass., 14 fév. 1876 ; Caen, 1er août 1879 ; S. 80, II, 13).

728. — Pacage. — Mais l'on ne considère pas comme une servitude un pacage commun établi par deux copropriétaires sur un fonds indivis entre eux. En conséquence on peut provoquer le partage tant du pacage que du fonds lui-même (Cass., 18 nov. 1818).

729. — Changement d'usage. — Si une chose employée à un usage commun, cesse d'avoir cette destination, le partage peut en être demandé. Il en est ainsi, d'un terrain autrefois à usage de cour commune, de fosse d'aisance commune, etc.

730. — Étages. — Sol. — Comme conséquence du principe établi *supra* n° 727, lorsque les différents étages d'une maison appartiennent à plusieurs, bien qu'ils aient la copropriété du sol (Cass., 22 août 1860 ; S. 61, I, 81), ce sol doit être considéré comme nécessaire à l'usage commun des différents étages, et le partage ni la licitation ne peuvent en être demandés (Cass., 31 juill. 1872 ; S. 72, I, 334).

731. — Associés. — Il n'y a pas d'indivision entre les associés pendant la durée de la société, puisque la société forme entre les associés une sorte d'être de raison, ayant des biens et des intérêts collectifs soumis à une possession et à une administration commune. Les biens d'une société ne sont donc pas susceptibles de partage pendant sa durée ; et, par suite, la créance d'une société ne se divise pas entre les associés qui ne sauraient réclamer l'imputation contre ce qu'ils doivent personnellement au débiteur, ni poursuivre individuellement le recouvrement jusqu'à concurrence de leurs parts (Demolombe, XV, 476).

732. — Chose en société. — Comme conséquence de ce principe, si une chose indivise a été mise en société par les copropriétaires de cette chose, le partage ne peut en être demandé pendant la durée de la société (Marcadé, *815*, 3 ; Duranton, VII, 79 ; Paris, 4 janv. 1823 ; Cass., 5 juill. 1825 ; S. C. N., I, 150).

733. — Navires. — Les navires ne sont pas susceptibles de partage, alors même que parmi les propriétaires, il existe des mineurs, interdits ou autres incapables (Boulay-Paty, I, p. 366 ; Pardessus, III, 622). — Mais ils peuvent être licités sur la demande des propriétaires formant ensemble la moitié de l'intérêt total dans le navire, à moins de convention contraire par écrit (*C. comm., 220*).

734. — Mines. — Une mine ne peut être vendue par lots ou partagée, sans une autorisation préalable du gouvernement, donnée dans les mêmes formes que la concession (*L. 21 avril 1810, art. 7*). — S'il en a été fait le partage en le subordonnant à l'autorisation du gouvernement, il ne peut recevoir aucune exécution tant que cette autorisation n'a pas été obtenue (Grenoble, 21 juin 1845 ; S. 46, II, 574).

735. — Part de mine. — Jouissance. — Mais la part de chacun des concessionnaires d'une mine peut être réglée par des conventions particulières, en ce qui concerne soit leur mode de jouissance individuelle, soit leur droit de propriété, soit la répartition des produits, alors qu'elles ne modifient en aucune manière la responsabilité collective des concessionnaires, soit envers le gouvernement soit envers le propriétaire du sol (Cass.,

4 juill. 1833; 19 fév. 1850; 18 avril 1853; 10 avril 1854; S. 33, I, 757; 50, I, 551; 53, I, 435; 56, I, 502).

756. — Mine. — Licitation. — L'interdiction du partage d'une mine ne fait pas obstacle à ce qu'elle soit vendue sans fractionnement sur licitation (Paris, 27 fév. 1857; Cass., 15 juin 1853; 21 avril 1857; 18 nov. 1867; S. 53, I, 700; 57, I, 760; 58, II, 570; 67, I, 419).

757. — Bois communaux. — La propriété des bois communaux ne peut jamais donner lieu à partage entre les habitants (*C. forest.*, 92; Proudhon, *usages*, 903); mais seulement à un partage de produits sous le nom de *droit d'affouage*, qui, à moins de titre ou d'usage contraire, se fait par feux, c'est-à-dire par chef de famille ou de maison ayant domicile réel et fixe dans la commune (*C. forest.*, 105; Colmar, 26 nov. 1836; Cass., 9 avril 1838; S. 36, II, 230; 38, I, 302; Voir aussi Conseil d'Etat, 22 fév. 1838; S. 38, II, 392).

758. — Ibid. — Plusieurs communes. — Néanmoins, lorsque deux ou un plus grand nombre de communes possèdent un bois par indivis, chacune conserve le droit d'en provoquer le partage (*C. forest.*, 92).

759. — Biens communaux. — Les biens communaux sont partageables. On entend par biens communaux ceux sur la propriété ou le produit desquels tous les habitants d'une ou plusieurs communes ou d'une section de commune ont des droits (L. 10 juin 1793, sect. I, art. 1 et 3). On excepte toutefois les places, promenades, voies publiques et édifices à la charge des communes (même loi, art. 5).

740. — Biens communaux. — Partage. — Le partage des biens communaux devait suivant l'art. 1er, sect. I, de la loi précitée du 10 juin 1793, avoir lieu par tête. Mais cette disposition a été abrogée par deux avis interprétatifs du Conseil d'Etat des 20 juill. 1807 et 26 avril 1808, et le partage se fait par feux, ou par chefs de famille ayant domicile, s'il n'y a titre contraire (Cons. d'Etat, 21 déc. 1825; Cass., 26 août 1816, 19 juill. 1820, 15 avril et 13 mai 1840, 15 fév. 1841, 21 janv. 1852, 26 mars 1867, 26 mai 1869; S. 40, I, 795, 902; 41, I, 421; 53, I, 39; 67, I, 334; 69, I, 463).

741. — Ibid. — Locataire. — Le droit au partage est personnel et non réel, en conséquence il appartient au locataire d'une maison, domicilié dans la commune, et non au propriétaire bailleur non domicilié, alors même que celui-ci en aurait fait la réserve (Prudhon, *Dr. d'usag.*, VI, 117.; Cass., 1er août 1842; S. 42, I, 751, 758).

742. — Ibid. — Deux communes. — Feux. — Lorsqu'il y a lieu de partager entre deux communes un bien indivis entre elles, le partage, à moins de titre contraire, doit s'en faire en raison du nombre des feux et non pas par moitié ni proportionnellement à l'étendue des territoires (Cons. d'Etat, 20 juill. 1807, 18 mars 1841; Nancy, 24 mars 1866; Cass., 12 sept. 1809, 28 mai 1838, 20 juill. 1840, 7 août 1849, 26 mars 1867, 28 déc. 1869, 17 déc. 1872; S, 38, I, 806; 40, I, 902; 41, II, 317; 49 I, 685; 67, I, 334, II, 326; 71, I, 73; 72, I, 404. Cass., 19 avril 1880, 22 août 1881; Defrénois, *Rép. N.*, 1346).

743. — Ibid. — Section de commune. — Quand un bien communal est possédé par indivis entre une commune et une section d'autre commune, cette section a seule le droit de figurer au partage, exclusivement à la commune dont elle fait partie; dès lors on ne doit compter dans le partage que le nombre des feux de la section (Proudhon, VIII, 841).

744. — Ibid. — Mines. — Carrières, tourbières. — Sont mis en réserve et, par conséquent, sont impartageables, les terrains communaux renfermant des mines, minières, carrières et autres productions minérales dont la valeur excède celle du sol qui les couvre, ou qui seraient reconnues d'une utilité générale, soit pour la commune soit pour la République (L. 10 juin 1793, sect. I, art. 9); ce qui s'applique aux marais renfermant des tourbières (Décret, 22 frimaire an XIII).

745. — Propriété contestée. — Il y a lieu de surseoir au partage demandé par un communiste quand la propriété de la chose commune est contestée à tous les communistes par un tiers qui prétend les réduire à la condition de simples usagers (Cass., 10 août 1843; S. 43, I, 913).

746. — Somme reçue. — Succes-

sion mobilière. — L'action en partage d'une succession ne peut être écartée par le motif que l'héritier qui la forme aurait déjà reçu une somme suffisante pour le remplir de sa part héréditaire, et même supérieure à celles qui ont été attribuées à ses cohéritiers par un partage fait entre eux hors sa présence (Cass., 13 mai 1861 ; S. 61, I, 641) ; — ni par le motif que la succession étant purement mobilière, la valeur du mobilier est peu importante et semble devoir être absorbée par les frais de maladie, frais funéraires, droits de mutation et autres (Cass., 30 mai 1877 ; S. 78, I, 102).

747. — **Cessation d'indivision.** — Le fait de l'existence d'un partage antérieur est un obstacle à la demande en partage, puisqu'il n'y a plus d'indivision. Mais pour cela, il faut que le partage soit définitif : un partage provisionnel ou de jouissance serait insuffisant.

748. — **Réserve.** — **Legs.** — Toutefois, jugé que celui qui, laissant des héritiers à réserve et des non réservataires, a légué aux premiers des valeurs mobilières suffisantes pour les remplir de leur réserve, ces héritiers réservataires ne peuvent (ni leurs créanciers pour eux) attaquer le testament à raison de ce qu'il les priverait de leur part dans les immeubles de la succession, et demander par suite, un nouveau partage de cette succession (Caen, 23 déc. 1857 ; S. 59, II, 417).

749. — **Algérie.** — **Séquestre.** — En Algérie les immeubles mis sous le séquestre par le gouvernement peuvent, pendant ce séquestre, être partagés entre les ayants droits alors que ce partage n'a lieu que dans la prévision du cas où les parties, malgré la déchéance qu'elles auraient encourue, obtiendraient la main levée du séquestre (Cass., 1er fév. 1875 ; S. 75, I, 80).

CHAPITRE DEUXIÈME

DE LA SUSPENSION DU PARTAGE

750. — **Principe.** — La règle que le partage peut toujours être provoqué comporte une exception qui résulte de la disposition finale de l'art 815 ainsi conçu : « On peut cependant convenir de suspendre le partage pendant un temps limité ; cette convention ne peut être obligatoire au delà de cinq ans ; mais elle peut être renouvelée.

751. — **Capacité.** — Pour consentir valablement à cette convention, il faut avoir la capacité qui est requise en ce qui concerne le partage amiable. S'il y a parmi les copropriétaires des mineurs ou des interdits, elle n'est valable à leur égard qu'autant qu'elle a été autorisée par une délibération du conseil de famille homologuée en justice (Toullier, V, 408 ; Vazeille, 815, 11 ; Roll. de Vill., *Part.*, 37).

752. — **Renouvellement.** — Au cas de renouvellement, la nouvelle période commence à courir du jour du renouvellement, alors même que la première période ne serait pas encore écoulée (Marcadé, *815*, 2 ; Chabot et Belost-Jolimont, *815*, 6 ; Demante, III, 130 *bis*; Dutruc, 7 ; Mourlon, II, p. 150 ; Massé et Vergé, § 279-21 ; Demolombe, XV, 500 ; Roll. de Vill., *Partage*, 42 ; Aubry et Rau, § 622-4).

753. — **Plus de cinq ans.** — **Réduction.** — Si les parties conviennent de suspendre le partage pendant un temps déterminé d'une durée de plus de cinq ans, la convention n'est pas nulle pour cela, mais elle est réduite à cinq ans (Marcadé, *815*, 2 ; Chabot, *815*, 2 ; Duranton, VII, 81, Dutruc, 7).

754. — **Durée illimitée.** — **Nullité.** — Si la durée était illimitée, par exemple pendant la vie de l'un des communistes ou jusqu'à l'extinction d'un usufruit, la convention ne serait même pas obligatoire pour cinq ans ; elle serait nulle (Duranton, VII, 81, Demante, III, 139 *bis*; Demolombe, XV, 502 ; Aubry et Rau, § 622-3 ; Cass.,

16 janv. 1838; Aix, 10 mai 1841; S. 38, I, 225; 41, II, 478; Contra Massé et Vergé, § 279-20; Lyon, 25 août 1875; S. 76, II, 68. V. Laurent, X, 239); — à moins, en ce qui concerne l'usufruit, que la convention ne fût une conséquence du droit accordé à l'usufruitier d'abattre les bâtiments, bois et arbres qu'il jugera à propos, *supra* n° 719.

755. — Mode de jouissance. — La terme de cinq ans ne peut être dépassé, même quand les communistes ont réglé entre eux une mode quelconque de jouissance, par exemple : s'ils ont stipulé qu'ils jouiraient soit en même temps, soit chacun séparément d'une portion distincte, soit alternativement les uns après les autres de la totalité (Duranton, VII, 76; Dutruc, 233; Demolombe, XV, 503; Cass., 15 fév. 1813, 31 janv. 1838, 5 juin 1839; S. 38, I, 120; 39, I, 468). — Il en serait autrement si l'immeuble était affecté par les copropriétaires indivis à une association commune, *supra* n° 732.

756. — Preuve. — La convention d'indivision a lieu ordinairement par écrit; mais elle peut être verbale, et dans cette forme, elle est obligatoire si son existence est établie par l'un des modes de preuve déterminés par la loi (Demolombe, XV, 504; Dutruc, 8; Contra Chabot, *815*, 7; Toullier, V, 408; Roll. de Vill., *Partage*, 40).

757. — Plusieurs communistes. — La convention d'indivision faite entre quelques-uns des communistes seulement n'est pas obligatoire pour ceux qui n'y ont point participé; et si ces derniers provoquent le partage, elle devient sans effet même entre ceux qui l'ont consentie (Chabot, *815*, 9; Duranton, VII, 83; Demolombe, XV, 507). — Suivant quelques auteurs l'héritier dissident obtient la distraction de son lot, et la convention d'indivision est exécutée entre les autres héritiers pour le surplus des biens de la succession (Vazeille *815*, 12; Dutruc, 9).

758. — Héritiers institués. Légataires. — Enfants naturels. — Si elle a été faite par les héritiers légitimes sans le concours des héritiers institués, légataires de quotités ou enfants naturels, elle n'est pas opposable à ceux-ci; en conséquence, ils ont le droit, nonobstant la convention d'indivision d'exiger qu'il soit procédé au partage, afin d'avoir divisément la quotité de biens à laquelle ils ont droit (Chabot, *815*, 9; Poujol, *815*, 6).

759. — Testament. — Clause d'indivision. — L'ancienne jurisprudence permettait au testateur d'imposer à ses légataires la condition de ne pas demander le partage pendant cinq ans. On enseigne assez généralement que cette faculté existe aussi sous l'empire du Code civil, que, dès lors, le testateur peut imposer la condition d'indivision à ses héritiers et stipuler une clause pénale pour le cas d'inexécution (Duranton, VII, 80; Duvergier sur Toullier, IV, 405 note *a*; Belost-Jolimont, *215*, 2; Roll. de Vill., *Partage*, 12; Demolombe, XV, 511; Aubry et Rau, § 622-6; Cass, 20 janv. 1836; Seine, 6 juill. 1849; S. 36, I, 83. Contra Marcadé, *815*, 1; Chabot, *815*, 2; Mourlon, II, p. 128; Taulier, III, p. 376; Massé et Vergé, § 389-3; Demante, III, 139 *bis*; Hureaux, III, 377; Dutruc, 6).

760. — Biens indisponibles. — En tout cas la condition ne peut être imposée par le testateur qu'à l'égard des biens disponibles; et non pas en ce qui concerne les biens réservés, qui doivent toujours arriver à l'héritier libres de toute charge quelconque (Marcadé, *815*, 1; Aubry et Rau, § 622-6).

761. — Temps indéfini. — Durée de plus de cinq ans. — Même en ce qui touche les biens disponibles, si l'interdiction de partager a été imposée pour un temps indéfini, elle est nulle (Bordeaux, 20 avril 1831; Aix, 10 mai 1841; t. Bagnères, 23 mai 1883; R., 1316); — mais si c'est pour une durée excédant cinq ans, elle est de plein droit réduite à ce temps (Cass., 20 janv. 1836; S. 36, I, 89).

762. — Partage d'ascendants. — Les enfants, dans un partage d'ascendants, peuvent prendre entre eux et vis-à-vis des donateurs l'obligation de suspendre le partage pendant cinq ans (Demolombe, XV, 512).

763. — Condition de donation. — Est nulle comme convention d'indivision, en ce qu'elle constitue un pacte sur une succession future, la condition apposée à une donation faite par père et mère à un enfant aux termes de son contrat de mariage, portant qu'il laissera jouir le survivant, de la succession du prédécédé, sans pouvoir demander compte ou partage (Cass., 16 janv. 1838; S. 38, 1, 225, Contra Paris, 3 juill. 1847; S. 47, II, 600).

764. — Créanciers. — La convention suspensive du partage est opposable aux créanciers personnels des héritiers, qui ne sauraient avoir plus de droits que leurs débiteurs (Demolombe, XV, 509; Rouen, 4 juill. 1843; Paris, 6 avril 1886; *Rép. N.*, 3291. Contra Chabot, *815*, 9; Massé et Vergé, § 389-5; Dutruc, 10).
— En tout cas, elle ne serait pas admise si les créanciers avaient à faire valoir une hypothèque antérieure à la convention, ou si antérieurement, ils avaient formé l'action en partage au nom de leur débiteur; et elle ne peut arrêter l'action des légataires ni celle des enfants naturels (Chabot, *815*, 9; Dutruc, 11; Aubry et Rau, § 622-5).

CHAPITRE TROISIÈME

DE LA PRESCRIPTION DE LA DEMANDE EN PARTAGE

765. — Jouissance séparée. — La règle d'après laquelle le partage peut toujours être demandé reçoit une seconde exception dans l'art. 816 ainsi conçu : « Le partage peut être demandé, même quand l'un des cohéritiers aurait joui séparément de partie des biens de la succession, s'il n'y a eu un acte de partage ou possession suffisante pour acquérir la prescription. » — Peu importe qu'il s'agisse d'immeubles ou de meubles (Marcadé, *816*, 2; Vazeille, *817, 3*; Troplong, *Prescr.*, 1066; Demolombe, XV, 531; Dutruc, 238; Contra Duranton, VII, 96).

766. — Prescription. — Temps. — La prescription de trente ans étant une exception à la demande en partage, s'il s'est écoulé trente ans du jour où un cohéritier a commencé à jouir séparément et en propre, sans interruption ni suspension, *infra* n° 779, il est propriétaire des biens dont il a joui, quand même ces biens seraient plus considérables que sa part ou même comprendraient la totalité de la succession (Marcadé, *816*, 2; Chabot, *816*, 1; Duranton, VII, 292; Troplong, *Prescript.*, 361, 393; Duvergier sur Toullier, IV, 407; Demante, III, 140 *bis*; Demolombe, XV, 543; Dutruc, 224; Hureaux, III, 367; Roll. de Vill., *Partage*, 53; Aubry et Rau, § 622-8; Taulier, III, p. 277; Bordeaux, 2 juin 1831; Cass., 9 mai 1827, 23 nov. 1831, 4 juill. 1853, 19 fév. 1872, 12 déc. 1876; S. 32, I, 67; 54, I, 108; 79, I, 452. Voir Cass., 14 nov. 1871; S. 71, I, 217).

767. — Jouissance équivalant à partage. — La règle est également applicable à la possession séparée par chacun des cohéritiers ou par quelques-uns d'eux pendant le même laps de temps, de parties distinctes égales ou inégales des biens héréditaires; cette possession équivaut à partage (Marcadé, *816*, 2; Chabot, *816*, 1; Duranton, VII, 292; Toullier, IV, 407; Troplong, *Prescript.*, 361; Demolombe, XV, 539, 544; Hureaux, III, 367; Dutruc, 223, 228; Aubry et Rau, § 622-9; Roll. de Vill., *Partage*, 53; Bordeaux, 2 juin 1831; Cass., 2 août 1841; S. 41, I, 176).

768. — Tiers acquéreur. — Si l'héritier a vendu à un tiers les biens dont il jouissait séparément, ce tiers ayant titre et bonne foi, peut opposer la prescription de ces biens par dix ou vingt ans. Dans ce cas, c'est la propriété même des biens qu'il a prescrite, et non l'action en partage (Chabot, *816*, 2; Duranton, VII, 94).

769. — Droits successifs. — Mais si l'héritier possesseur a simplement cédé ses droits successifs, le cessionnaire étant aux lieu et place de l'héritier, ne peut, comme l'héritier lui-même, prescrire l'action en partage que par trente années (Chabot et Duranton, *loc. cit.*)

770. — Seul héritier. — La prescription au profit d'un héritier détenteur des biens de la succession contre l'un de ses cohéritiers ne profite qu'à lui seul. Elle ne saurait être rendue commune aux autres cohéritiers qui ont formé une demande en partage avant l'accomplissement de la prescription (Limoges, 8 janv. 1839; S. 39, II, 263).

771. — Renonciation à prescription. — Si le partage ne peut plus être demandé contre ceux qui ont prescrit les biens, il peut l'être par ceux-ci contre leurs cohéritiers, en ce sens qu'ils peuvent renoncer à la prescription acquise à leur profit pour contraindre leurs cohéritiers au partage (Marcadé, *816*, 3 ; Dutruc, 224).

772. — Mode de jouissance. — L'on ne saurait considérer comme un partage la convention déterminant le mode et la quotité de la jouissance de chacun des héritiers (Marcadé, *816*, 2 ; Chabot, *815*, 4 ; Duranton, VII, 76 ; Demolombe, XV, 523 ; Dutruc, 233 ; Rennes, 27 mai 1812).

773. — Jouissance alternative. — Il en serait ainsi de la convention stipulant un droit à la jouissance alternative entre les héritiers par eux-mêmes ou par la perception des revenus (Marcadé, *816*, 2 ; Cass., 15 fév. 1813, 31 janv. 1838, 5 juin 1839 ; S. 38, I, 120 ; 39, I, 418).

774. — Précarité. — Dans ces divers cas, en raison de la précarité de la jouissance, l'indivision ne cesse pas et le partage est recevable, même après que trente ans se sont écoulés depuis la convention (Cass., 15 fév. 1813, 6 nov. 1821, 19 mai 1827).

775. — Possession ultérieure. — Mais si plus tard l'un des héritiers en a pris la possession exclusive, il peut en prescrire la propriété contre les autres qui, alors, sont sans droit pour en demander le partage (Cass., 2 août 1841 ; S. 41, I, 176).

776. — Indivision. — L'action en partage serait également admissible, sans qu'on puisse opposer la prescription résultant de ce que les propriétaires d'un terrain n'ont pas cessé d'en jouir promiscuement ou par indivis, alors même que la partie qui s'oppose au partage, rapporterait un titre d'après lequel elle prétendrait avoir le droit de rester dans l'indivision, les communistes ne prescrivant pas les uns contre les autres pendant la jouissance indivise (Cass., 9 mai 1827 ; Nîmes, 27 juill. 1857 ; S. 57, II, 686).

777. — Partage provisoire. — Jugé que l'acte par lequel des cohéritiers font entre eux un partage provisoire des biens de la succession, avec pouvoir de les vendre pour payer leur quote part dans les dettes, en se servant de faire plus tard une liquidation définitive, ne constitue pas une simple jouissance provisoire, mais un véritable partage, qui devient définitif si les héritiers laissent écouler plus de trente ans sans exercer la faculté qu'ils se sont réservée de demander un règlement définitif (Cass., 2 août 1841 ; S. 41, I, 776).

778. — Partage antérieur. — Adhésion. — Le demandeur en partage à qui l'on oppose un traité consenti par lui ou ses auteurs, dans lequel ils auraient adhéré à un partage antérieur et renoncé à en demander un nouveau, ne peut arguer ce traité de nullité, si, depuis, il s'est écoulé plus de dix ans (Bastia, 22 mai 1854 ; S. 54, II, 389).

779. — Suspension. — Interruption. — La prescription contre la demande en partage est susceptible de suspension et d'interruption. Décidé, à ce sujet, que la demande en partage intentée par l'un des cohéritiers contre l'héritier détenteur des biens de la succession n'interrompt pas la prescription entre ce dernier et les autres cohéritiers défendeurs (Paris, 28 juin 1825 ; Cass., 21 janv. 1834 ; Limoges, 8 janv. 1839 ; S. 34, I. 112 ; 39, II, 263) ; — à moins cependant que ceux-ci n'aient été également appelés dans l'instance (Riom, 22 juill. 1830 ; Montpellier, 16 nov. 1842 ; S. 31, II, 26 ; 43, II, 116). — Décidé aussi que l'action en partage formée contre celui qui détient des biens héréditaires en vertu d'un testament, n'est pas interruptive de la prescription qui court à son profit, lorsque cette action a été rejetée par jugement (Cass., 14 nov. 1860 ; S. 61, I, 725).

780. — Cohéritier absent. — Quand la succession est dévolue à des héritiers dont l'un est absent, si les héritiers présents, en faisant entre eux le partage de l'hérédité, réservent la part de leur cohéritier absent, celui-ci est non recevable après trente ans à demander un nouveau partage (Dutruc, 231 ; Demolombe, XV, 545).

TITRE DEUXIEME

DE LA MASSE DES BIENS A PARTAGER

781. — Saisine des héritiers. — Les héritiers sont les continuateurs de la personne décédée; en conséquence ils succèdent à tous les biens, droits et actions qui composent sa succession, sous l'obligation d'acquitter toutes ses dettes et charges (*C. civ.*, 724).

782. — Partage. — Et comme nul n'est tenu de demeurer dans l'indivision, *supra* n° 714, il y a lieu au partage de l'hérédité entre ceux à qui elle est dévolue.

783. — Biens et charges. — Nous avons à établir quels biens font l'objet de ce partage, soit que le défunt en ait eu la propriété lors de son décès, soit que les héritiers en effectuent le rapport à la masse, soit qu'ils proviennent du retranchement de donations qui excédaient la quotité disponible; et de quelles dettes et charges les héritiers sont tenus en leurs qualités de successeur.

784. — Division des matières. — Les explications à ce sujet feront l'objet de quatre chapitres qui comprendront : — Le premier, l'indication des biens et des dettes existant au décès; — Le deuxième, les rapports à effectuer à la masse; — Le troisième, les retranchements ou réductions de donations; — Un quatrième chapitre traitera du droit qui appartient aux héritiers de demander leur part en nature des biens de la succession.

CHAPITRE PREMIER

DES BIENS EXISTANTS AU DÉCÈS

DIVISION

Sect. 1. — *De la masse active.*
    § 1. Biens à comprendre dans la masse (N°s 791 à 822).
    § 2. Formation de la masse (N°s 823 à 828).
Sect. 2. — *Du passif de la succession et de son paiement.*
    § 1. Des dettes et charges à y comprendre (N°s 829 à 874).
    § 2. De l'action personnelle contre les héritiers (N°s 875 à 902).
    § 3. De l'action hypothécaire contre les héritiers (N°s 903 à 919).
    § 4. De la séparation des patrimoines (N°s 920 à 981).

SOMMAIRE ALPHABÉTIQUE

Actif de succession :
— Armes 818
— Armoiries 818
— Arrérages 794
— Assurance sur la vie 814, 815
— Compte 795, 807
— Cours . . . . 811 à 813
— Créances . . . . . . 808 à 810
— Date d'estimation 792
— Distinction 795, 797
— Dividendes 794
— Division 791
— Estimation . . 798, 803, 804
— Etat distinct 796
— Etranger 791
— Fermages 794
— Fonds . . . . 793 à 797
— Fonds de commerce . . . 806
— Fruits . . . . 793 à 797
— Immeubles en nature . . 798
— Indemnité pour meurtre . 822
— Insolvabilité 809
— Interdit 795
— Intérêts 794, 801, 811
— Jouissance divise 794
— Jouissance légale 795

DU PARTAGE DES SUCCESSIONS.

- Licitation . . . . . . 800 à 802
- Loyers 794
- Manuscrit 818
- Médaille d'honneur 818
- Meubles en nature 803
- Meubles prisés 804
- Meubles vendus 805
- Mineurs 795
- Non-communauté 795
- Nue propriété 799
- Portraits . . . . . 818 à 821
- Prescription 801
- Prix de licitation 802
- Prix d'immeubles 800
- Régime dotal 795
- Reliquat de compte 807
- Rente sur l'Etat 811
- Rente viagère 816
- Revenus 811
- Signes honorifiques . . . 818
- Tombeau 817
- Usufruit 795, 816
- Usufruitier 799
- Valeurs 793
- Valeurs cotées 811
- — non cotées . . . 812
- Vente de meubles 805

Deuil de la veuve :
- Frais funéraires 844
- Jouissance légale 844
- Régime de mariage . . . 842
- Régime dotal 845
- Séparation 842
- Succession du mari . . . 842
- Valeurs 843

Frais :
- Avance 863
- Avoué 863
- Certificat de propriété . . 868
- Compte 851
- Contestations 855
- Déduction 857
- Délivrance de legs 851
- Dépens 855
- Distraction 863
- Etat rectificatif 867
- Expédition 869
- Gratification 866
- Héritier à réserve 859
- Homologation 872
- Honoraires . . . . . 864 à 868
- Indication 871
- Inventaire 851
- Liquidation 851
- Partage 851
- Partage judiciaire 852
- Privilége . . . . . . 861 à 863
- Recours 862
- Reprises 856
- Rôles d'expédition 869
- Scellés 851
- Signification 898
- Solidarité 860
- Soulte de partage 854
- Taxe 870
- Testament 851, 853
- Usufruitier 858

Frais funéraires :
- Deuil 844
- Jouissance légale 841
- Passif de succession . . . 840

Fruits :
- Passif de succession 848 à 850
- Séparation des patrimoines 942

Honoraires :
- Certificat de propriété . . 868
- Etat rectificatif 867
- Gratification 866
- Partage 864
- Rôles 869
- Taux 865
- Taxe 870
- Testament 853

Hypothèque :
- Commandement 905
- Créanciers 905
- Délaissement 906
- Détenteurs 909
- Dettes 919
- Discussion 905
- Extension 907
- Héritiers 904, 907, 908
- Héritier créancier . 910, 917
- Indivisibilité 913
- Insolvabilité 912
- Légataires 904
- Légataire particulier . . . 903
- Purge 905
- Recours 904, 909
- Rente perpétuelle . 914 à 918
- Rentes viagères 919
- Subrogation 903, 909
- Usufruitier 918

Intérêt :
- Avances des héritiers . . 911

Jouissance légale :
- Charges de fruits 849
- Deuil de la veuve 844
- Frais funéraires 841

Légataire particulier :
- Hypothèque 903
- Subrogation 903

Masse :
- Division 874
- Formation . . . . . 824 à 827
- Ordre méthodique 823

Partage :
- Attributions 825
- Distinction des masses . . 786
- Estimation 792
- Lots . . . . 824 à 827
- Masses 785
- Masse immobilière 788
- Masse mobilière 788
- Masse unique 787
- Plusieurs successions 786, 787
- Prélèvement 828
- Régime dotal 789

Passif de succession :
- Action hypothécaire 903 à 919
- Action personnelle 879
- Arrérages 848, 849
- Avances 911
- Bénéfice d'inventaire . . . 901
- Biens dotaux 880
- Choses déterminées . . . 889
- Commandement . . . 896, 905
- Compétence 892
- Condamnation 908
- Conjoint survivant 900
- Connaissance du titre . . 894
- Contributions 881, 885

- Créance de l'héritier 910, 917
- Créanciers . . . 878, 882, 905
- Décès-notification 893
- Déduction 875, 876
- Délaissement 906
- Dernier ressort 891
- Détenteurs 909
- Dettes chirographaires . . 832
- Dettes conditionnelles . . 833
- Dettes hypothécaires 830, 919
- Dettes privilégiées 831
- Deuil de la veuve . 842 à 845
- Discussion [. 905
- Distinction 829
- Divisibilité 891
- Donataire contractuel 886, 897, 900
- Donation entre époux . . 886
- Dot 837
- Droits de mutation 847
- Enfant naturel 900
- Etat 900
- Exécution 877, 893
- Extension de l'hypothèque 907
- Extinction d'usufruit . . . 836
- Fonds (charge des) 850
- Frais funéraires . . 840, 841
- Fruits (charge des) 850
- Gages 838
- Habitation 845
- Héritiers créanciers 873, 874, 910, 917
- Hypothèque . . . . 903 à 919
- Impôts 838
- Indivisibilité 881, 882, 891, 913
- Insolvabilité . . 882, 912, 913
- Institution contractuelle . 886
- Intérêts 848, 849, 911
- Jouissance légale 849
- Jugement 908
- Légataire . . . . . . : . . 900
- Légataire à titre universel 884, 885, 897
- Légataire particulier 887, 903
- Legs 846
- Loyers 838
- Negotiorum gestor . . . 911
- Paraphernaux 880
- Poursuites des créanciers 889, 890
- Prélèvements 873, 874
- Prescription 916
- Purge 905
- Reconnaissance 916
- Recours 904, 909
- Règles 878
- Remboursement de rente 914 à 917
- Renonciation . . . . 863 à 902
- Rente perpétuelle 834, 914 à 919
- Rentes viagères . . 835, 913
- Répartition 877
- Reprises 837
- Restitution 836, 837
- Saisie immobilière 895
- Signification . . . . 893 à 898
- Solidarité 882
- Subrogation 903, 900
- Successeurs 897, 900
- Successeur irrégulier 886 à 889, 897

MASSES. — ACTIF AU DÉCÈS.

- Ultra vires 899
- Usufruit-extinction. . . . 836
- Usufruitier 918

Portraits de famille :
- Aîné 818
- Copie. 819
- Dépôt. 818
- Division. 820
- Droit personnel 821
- Garde. 818
- Licitation. 819
- Partage. 819

Régime dotal :
- Deuil de la veuve 845
- Habitation (droit d') . . . 845
- Partage. 789

Séparation des patrimoines :
- Absence de créanciers. . 955
- Absence d'inscriptions. . 968
- Acte authentique. 926
- Action 949
- Administrateur. 954
- Aliénation 965, 971
- Antichrèse 967
- Appel. 957
- Arrangement. 960
- Assurance sur la vie . . . 947
- Attribution. 933
- Bail. 967
- Bénéfice d'inventaires. . 958
- Biens. 942
- Biens dotaux 948
- Biens personnels. 981
- Caution 930, 955, 978
- Cessionnaire 936
- Chirographaires 927
- Collectivité. 940, 941
- Compensation 971
- Compétence 936
- Concours. . . . 940, 941, 981
- Conditions 927, 964
- Confusion 930, 931, 943, 963 à 966
- Créanciers 949
- Créanciers de l'héritier . 934
- Créanciers héréditaires 925, 939

- Créanciers inconnus . . . 949
- Délai 964
- Délégation 960, 971
- Défendeurs. 949
- Défense d'inscrire . 928, 970
- Demande. . . 949, 950, 952
- Dettes divisibles 978
- Distribution 950
- Divisibilité 932, 978
- Dol 965
- Donataires 936
- Dot 948
- Echange 974
- Envoi en possession . . . 964
- Faillite 956, 969
- Femme. 937
- Fondement. 922
- Fraude 965
- Fruits. 942
- Garanties. 939
- Héritiers 949
- Héritier créancier 929
- Héritier débiteur. 935
- Héritier du débiteur . . . 963
- Héritiers irréguliers . . . 964
- Hypothèque. . 927, 952, 967, 968, 971
- Hypothèque légale. . . . 953
- Immeuble . . 951, 966 à 971
- Individualité 940, 941
- Indivisibilité 977
- Inscription . . 928, 951, 953, 966 à 968, 970, 971
- Interdits 964
- Intérêts 980
- Intervention à l'inventaire 954
— au partage. 949, 954
- Jugement . . . 949, 950, 954
- Jugement préparatoire. . 926
- Légataires. . . . 928, 936, 938
- Mesures conservatoires. . 954
- Meubles 934, 964, 965
- Meurtre. 946
- Mineurs. 937, 964
- Modifications 960

- Novations. . . . . 959 à 962
- Ordre 950
- Poursuites . . 960, 961, 979
- Préférence . . 936, 950, 975
- Prescription. . 964, 966, 973
- Preuves. 926
- Principes 921
- Privilège. 927, 936, 937, 950, 967, 977
- Prix resté dû. . 965, 972, 973
- Prorogation de délai. . . 961
- Purge. 971
- Rapport à succession 915, 979
- Réduction de donation. . 945
- Renonciation 959
- Rente perpétuelle 927
- Rente viagère . . . 927, 955
- Réparations civiles. . . . 946
- Reprises matrimoniales 931, 953
- Saisie arrêt. 954
- Seul créancier . . . 932, 933
- Signification 961
- Sous-seing privé 926
- Spécialité. 944
- Successeur 936
- Succession bénéficiaire. . 958
- Succession vacante . . . 958
- Suite (droit de). . . 971, 976
- Surenchère 976
- Terme 927, 964
- Texte 924
- Tierce opposition. 949
- Titre 926
- Titre nouvel 960
- Transcription. 971
- Trois ans 964
- Vente de meubles 965

Subrogation :
- Héritiers 909
- Légataire. 903

Ultra vires :
- Etat. 900
- Héritiers 899
- Successeurs. 900

---

785. — Actif et passif. — Les biens qui font l'objet du partage d'une hérédité sont ceux que le *de cujus* possédait au jour de son décès, à la charge des dettes dont il était grevé à la même époque. D'où la nécessité d'établir deux masses : l'une des biens actifs, et l'autre des dettes et charges formant le passif à déduire du montant des biens actifs, ou à supporter par les successibles dans la proportion de leurs parts et portions.

786. — Plusieurs successions. — Distinction des masses. — Quand le partage a pour objet plusieurs successions indivises entre les mêmes héritiers, ces successions ne doivent pas être confondues en une seule masse et faire l'objet d'un seul et même partage. Mais, au contraire, il doit être procédé à autant d'opérations distinctes qu'il y a de successions, alors surtout que le tribunal l'a ainsi ordonné (Dutruc, 444; Cass., 8 juin 1859, 12 nov. 1878, 15 janv. 1879; S. 47, I, 259; 59, I, 574; 79, I, 52, 116).

— En pareil cas on établit séparément une masse active et une masse passive pour chacune des successions, puis on fait la balance afin d'en fixer le reliquat et de déterminer les droits des parties. Si l'une des successions a des droits héréditaires ou autres dans la précédente on les déduit pour les reporter à la succession ouverte ultérieurement;

exemple : une femme décède laissant son mari donataire d'un quart en pleine propriété, et des enfants issus de leur mariage ; le mari décède ensuite après s'être remarié, laissant des enfants de ses deux mariages, il y a lieu d'établir les masses active et passive de la succession de la femme, puis les masses active et passive de la succession du mari, en y faisant entrer les résultats, en ce qui le concerne, de la première opération.

787. — Ibid. — Masse unique. — Cependant, si les droits sont identiques dans les diverses successions, comme s'il s'agit des successions du père et de la mère ou d'autres ascendants, échues aux enfants dans des proportions identiques, les biens peuvent, sans inconvénient, être confondus dans une unique masse à répartir par une même division entre tous les copartageants (Cass., 22 mars 1847 ; S. 47, I, 259 ; Rouen, 17 janv. 1849 ; S. 50, II, 23). — Jugé aussi qu'un notaire chargé de dresser l'état liquidatif de deux successions distinctes a pu reporter sur l'une de ces successions l'excédant de passif de l'autre, alors qu'il a établi que les deux défunts, étant non parents, vivaient dans une communauté complète d'intérêt, que leurs fortunes étaient confondues, que tous les engagements et toutes les dettes contractés par l'un étaient réciproquement garantis et cautionnés par l'autre et que, d'ailleurs, les deux successions avaient également été acceptées sous bénéfice d'inventaire (Cass., 6 août 1873 ; S. 74, I, 56 ; J. N. 20872). — Enfin, il est incontestable que les héritiers, dans le cas où ils ont le droit de procéder à un partage amiable, peuvent consentir à la confusion des biens en une seule masse et à leur répartition par une seule division entre tous les copartageants (Dutruc, 445 ; Demolombe, XV, 616 ; Mollot, liquid. judic., 91 ; Cass., 12 janv. 1836 ; S. 36, I, 201).

788. — Masses mobilière et immobilière. — Il y a lieu aussi dans certains cas, de distinguer la masse mobilière de la masse immobilière, et, par conséquent, d'établir deux masses : l'une mobilière et l'autre immobilière. C'est ce qu'il arrive quand il y a un donataire ou un légataire des biens meubles, afin de déterminer les droits dans les biens meubles et ceux dans les biens immeubles ; comme aussi de fixer la part contributive dans les dettes à la charge des biens meubles et à la charge des biens immeubles (C. civ., 1414).

789. — Femme dotale. — Distinction. — Quand la masse de la succession est formée de valeurs mobilières et de prix de vente d'immeubles, et que parmi les intéressés, il se trouve une femme mariée sous le régime dotal, assujettie à remploi en ce qui concerne sa part dans les prix d'immeubles, il n'est pas nécessaire pour cela d'établir une distinction des valeurs mobilières et des prix d'immeubles, afin de les faire contribuer proportionnellement au paiement des dettes. La femme dotale, tenue à l'acquit des dettes en qualité de successible, doit y employer de préférence les biens qui sont libres entre ses mains ; ce n'est qu'en cas d'insuffisance des valeurs mobilières que l'excédant peut être pris sur ses immeubles dotaux conformément au § 5 de l'art. 1558 (Rouen, 29 déc. 1866 ; J. N. 18875 ; Voir aussi T. Neufchatel, 27 nov. 1872 ; Garnier, R. P., 3609).

790. — Division. — Ces principes établis nous allons rechercher quels biens forment la masse active, et de quelles dettes et charges est composée la masse passive.

SECTION I.

MASSE ACTIVE.

§ 1. — *Biens à comprendre dans la masse.*

791. — Biens de France et d'étranger. — La succession se compose activement de tous les biens, droits et actions, qui appartenaient au défunt à l'époque de son décès, quelle que soient leur consistance et en quelques lieux qu'ils soient dus et situés ; par conséquent, ceux situés à l'étranger aussi bien que ceux de France. Ces biens forment la masse active. On en fait une division détaillée de manière à les préciser et à établir la valeur pour laquelle ils entrent dans la masse.

792. — Date de l'estimation. — Cette valeur, pour les meubles comme pour les immeubles est celle du jour où il est procédé au partage, afin que l'indivision venant à cesser par le fait du partage, il ait pour résultat d'établir une égalité parfaite entre les cohéritiers et copartageants; elle ne saurait donc être celle du jour du décès (Chabot, 824-6; Bioche, 124; Dutruc, 366; Demolombe, XV, 647), — sauf cependant le cas où le partage étant rapproché du décès, il ne s'est produit dans l'intervalle aucune modification dans la valeur des biens.

793. — Valeurs. — Les biens figurent dans la masse, non-seulement pour leur valeur vénale ou leur montant en capital au jour du partage, mais aussi avec les fruits et revenus dont ils sont productifs, calculés ou recueillis jusqu'à la même époque.

794. — Fonds et fruits. — Lorsque les fruits et revenus courus antérieurement et postérieurement au décès entrent dans la masse, elle est formée de fonds et de fruits : — Les *fonds* comprennent, non-seulement les immeubles, les objets mobiliers, les sommes capitales et les créances et valeurs quelconques; mais encore les fermages, loyers, intérêts, arrérages, dividendes et autres fruits civils courus jusqu'au jour du décès. — Quant aux *fruits*, ils se composent des mêmes fermages, loyers, intérêts, arrérages, dividendes et autres fruits civils courus depuis le décès jusqu'au jour fixé pour la jouissance divide des copartageants, ainsi que des récoltes et des fruits naturels et industriels recueillis pendant le même temps. (Voir Defrénois, *Rép. N.*, 2162-4).

795. — Distinction. — Les fonds ne doivent être distingués des fruits que quand l'intérêt des parties le commande; cela est nécessaire toutes les fois que les droits de l'un ou de plusieurs des successibles leur appartiennent pour les fonds seulement et que les fruits appartiennent à d'autres; ce qui arrive :

1° Quand l'un ou plusieurs des successibles sont mariés sous le régime de la communauté, la communauté ayant droit aux revenus des biens des époux;

2° Lorsque parmi les successibles figure une femme mariée sans communauté ou sous le régime dotal sans société d'acquêts, les fruits des biens de la femme dans ces deux cas, appartenant au mari;

3° Quand les droits des successibles sont, en tout ou en partie, grevés d'usufruit au profit d'un donataire ou d'un légataire du *de cujus*, en raison de ce que les fruits courus et recueillis depuis le décès appartiennent à l'usufruitier;

4° Lorsque les biens d'un successible sont grevés de la jouissance légale de son père ou de sa mère, ce droit constituant un véritable usufruit;

5° Lorsque, parmi les copartageants, il se trouve des mineurs ou des interdits, afin de déterminer les sommes en revenus comprises dans leurs lots, en raison de ce que leur tuteur, en vertu de l'art. 456, est tenu d'en faire emploi dans les six mois.

796. — Fruits. — État distinct. — Lorsque les fruits s'appliquent à de nombreux biens et valeurs et que l'ouverture de la succession remonte à une époque éloignée, il peut être utile d'établir le compte des fruits dans un état distinct; le reliquat en est porté à la masse active.

797. — Non distinction. — Quand le partage a lieu à une époque rapprochée du décès, on peut se dispenser de porter dans la masse les revenus postérieurs à l'ouverture de la succession, en stipulant que chacun des copartageants aura droit aux revenus des biens entrés dans son lot à partir du jour du décès. Mais, dans ce cas, il faut veiller à ce que les lots soient composés de biens produisant des fruits depuis le décès, de manière à conserver l'égalité entre les copartageants.

798. — Immeubles en nature. — Les immeubles figurent dans la masse avec une désignation pour chacun d'eux comprenant : la nature, la situation par commune et lieudit, la contenance, les sections et numéros du cadastre si cela est possible, et les tenants et aboutissants. On les estime suivant leur valeur vénale au jour du partage, fixée par les parties quand le partage est amiable, et par une expertise lorsqu'il est judiciaire.

799. — Nue propriété. — Lorsque parmi les biens héréditaires, il se trouve un immeuble dont l'usufruit repose sur la tête d'un tiers, cet immeuble doit être compris dans la masse pour la valeur de la nue propriété déterminée eu égard à l'âge, à l'état de santé de l'usufruitier, et aux charges qui peuvent peser sur le nu propriétaire, suivant la nature des biens grevés d'usufruit (Orléans, 7 janv. 1860; S. 60, II, 225).

800. — Prix d'immeubles. — Quand les immeubles ont été licités, les prix de licitation en sont la représentation, et, à ce titre, entrent dans la masse avec les intérêts depuis le jour où ils ont commencé à courir.

801. — Prescription quinquennale. — La prescription quinquennale résultant de l'art. 2277 ne peut être opposée par le cohéritier adjudicataire à titre de licitation, tant que dure l'instance en partage définitif de la succession (Troplong, *Prescription*, 1032; Cass., 26 juin 1839; S. 39, I, 655).

802. — Inscriptions. — Consignation. — Avant le partage, les prix de licitation appartiennent aux cohéritiers chacun dans la proportion de sa part héréditaire; et s'il existe des inscriptions contre l'un d'eux seulement, l'adjudicataire ne peut consigner que la part afférente à ce cohéritier, et non pas le surplus du prix. Les autres cohéritiers peuvent se faire payer ce surplus sans que l'adjudicataire soit fondé à exiger qu'il soit fait un partage préalable (Seine, 12 mai 1877; Droit, 19 sept.).

803. — Meubles en nature. — Estimation. — Les meubles, quand ils n'ont pas été vendus et qu'il n'y a pas eu de prisée faite dans un inventaire régulier, sont portés dans la masse pour leur estimation convenue entre les copartageants lorsqu'ils sont tous majeurs et capables. S'ils ne s'entendent pas sur cette estimation, comme dans le cas où parmi les copartageants il y a des mineurs ou autres incapables, cette estimation est faite par gens à ce connaissant, à juste prix et sans crue (*C. civ., 825*), c'est-à-dire par experts choisis par les parties ou à défaut nommés d'office par le président du tribunal.

804. — Meubles prisés. — Quand les meubles ont été prisés dans un inventaire régulier, on les comprend dans la masse pour le montant de la prisée. Toutefois, il peut se faire que l'estimation faite dans l'inventaire soit au dessous de la valeur des objets; dans ce cas, si les parties ou quelques-unes d'elles en contestent le chiffre, il y a lieu, soit de les porter pour une somme supérieure, comme par exemple, un tiers ou un quart en sus; soit de requérir une nouvelle estimation qui, si elle est ordonnée, à lieu de la manière indiquée au numéro précédent (Mollot, n° 147). — Une nouvelle estimation peut aussi être nécessaire quand le partage se faisant après un long temps écoulé depuis le décès, les meubles se trouvent ou usés ou passés de mode.

805. — Meubles vendus. — Lorsque les meubles ont été vendus, le produit de la vente, s'il n'a pas été compris dans un compte d'administration, figure à la masse active.

806. — Fonds de commerce. — Le fonds de commerce, quand il entre en nature dans la masse partageable, *supra* n° 725, y figure pour sa valeur fixée entre les copartageants, ou par experts quand les parties ne peuvent s'entendre ou que parmi elles il y a des mineurs ou autres incapables.

807. — Reliquat de compte. — Lorsque les biens de la succession ont été gérés, soit par l'un des copartageants, soit par un tiers, en vertu des pouvoirs conférés par les parties ou par le tribunal, le compte est rendu dans un acte particulier ou dans l'une des observations préliminaires qui précèdent les opérations, et le reliquat en est porté dans la masse active.

808. — Créances recouvrables. — Les créances, quand elles sont d'un recouvrement certain, figurent dans la masse pour leur chiffre nominal, avec l'énonciation : des actes desquels elles résultent, des noms des débiteurs, des dates des échéances, du taux et des époques de paiement des intérêts, ainsi que des inscriptions qui les garantissent afin que mention puisse être faite de leurs attributions sur les registres des conservateurs des hypothèques.

809. — Créances irrécouvrables. — Lorsque les créances sont d'un recouvrement incertain ou sont litigieuses, on ne les comprend habituellement dans la masse que pour mémoire ; à moins que les parties ne soient d'accord pour en faire l'attribution à l'une d'elles ou les faire entrer dans un ou plusieurs lots, pour des sommes à forfait. Si elles entrent dans la masse pour mémoire seulement, on les laisse en commun entre les copartageants.

810. — Créances conditionnelles. — Il en est de même des créances dont l'existence est soumise à l'accomplissement d'une condition.

811. — Rentes sur l'Etat. — Valeurs cotées. — Les rentes sur l'Etat, actions de la Banque de France, actions et obligations de chemins de fer et de sociétés de finance ou d'industrie et autres valeurs cotées figurent à la masse pour leur capital, d'après le cours de la bourse, où elles sont cotées, du jour fixé pour la jouissance divise; sauf aux copartageants, dans le cas où le partage peut être fait à l'amiable, à leur donner une valeur moindre ou plus élevée si elles en conviennent. Quand les fruits sont distingués des fonds, *supra* n° 795, on distrait du montant de la valeur déterminée par le cours pour le porter dans la colonne des fruits : s'il s'agit de rentes sur l'Etat, obligations ou autres valeurs à revenu fixe, le prorata d'intérêts ou arrérages couru depuis la dernière échéance, ou depuis le décès s'il est postérieur à cette échéance; ou s'il s'agit d'actions, de parts d'intérêts dans une société ou autres valeurs à revenus variables, le prorata de revenus depuis la dernière échéance, en prenant pour base un produit similaire à celui du terme de l'année précédente.

812. — Valeurs non cotées. — Les actions, obligations, parts d'intérêt, etc., qui ne sont pas cotées, figurent dans la masse pour leur estimation convenue entre les copartageants; à défaut par eux de s'entendre, leur valeur est fixée par experts conformément à ce qui est dit *supra* n° 802.

813. — Modification dans le cours. — Si, ainsi qu'il arrive quelquefois, une modification importante dans le cours des valeurs, vient à se produire dans le temps intermédiare entre la date de l'état liquidatif et celle du jugement d'homologation qui rend le partage difinitif, les copartageants peuvent demander que le jugement d'homologation détermine pour l'évaluation des valeurs une époque autre que celle indiquée dans l'état liquidatif, ce qui est souverainement apprécié par le tribunal (Mollot, 167).

814. — Assurance sur la vie. — Actif héréditaire. — Le montant d'une assurance que le défunt a contractée sur sa vie pour être payable à son décès, à ses héritiers ou représentants, dépend de sa succession, et se trouve comme les autres valeurs successorales être le gage des créanciers de la succession. Par conséquent, la somme assurée doit figurer dans la masse active pour son chiffre intégral (T. Rouen, 30 août 1867; Colmar, 19 fév. 1868; Aix, 16 mai 1871; Rouen, 12 mai 1871; Paris, 5 mars 1873; Amiens, 30 déc. 1873, 19 déc. 1877; Cass., 15 déc. 1873, 15 juill. 1875, 20 déc. 1876, 7 fév. 1877, 27 janv. 1879, 10 fév. 1880; Lyon, 9 avril 1878, 3 déc. 1880, 8 avril 1881; Caen, 6 déc. 1881; Defrénois, *Rép. N.*, 43, 643, 1452, 1784, 1811; Contra Besançon, 23 juill. 1872; Rouen, 27 juill. 1875; Douai, 2 fév. 1876; Defrénois, *Rép. N.*, 1811). A plus forte raison il en est ainsi quand l'assuré a rendu le titre payable à son ordre, et s'est réservé le droit de le transmettre par voie d'endossement (Dijon, 3 avril 1874; S. 75, II, 319).

815. — Assurance sur la vie. — Tiers. — Mais quand la police stipule que le capital assuré sera payé par l'assureur à un tiers, même présomptif héritier de l'assuré, le contrat d'assurance a le caractère d'une stipulation licite pour autrui (*C. civ. 1121*); il crée, dès le moment du contrat, au profit du destinataire, un droit simplement suspendu dans son exercice, tant que dure la vie de l'assuré; et, au décès, le capital acquis au tiers ne fait pas partie de l'hérédité (Cass., 7 fév. 1877; Besançon, 14 mars 1883; Bordeaux, 21 mai 1885; Douai, 12 juin 1886; t. Pontarlier, 29 juill. 1886; Defrénois, *Rép. N.*, 1811, 3103, 3201, 3272).

816. — Usufruit. — Rente viagère. — Si le défunt jouissait de biens en usufruit, les fruits civils de ces biens courus jusqu'au jour de son décès appartiennent à sa succession. Il en est de même à l'égard des rentes viagères qui lui étaient servies; à moins que, par le titre constitutif, le prorata du terme courant au décès, n'ait été attribué aux débiteurs.

817. — Tombeau. — En ce qui concorne la concession de terrain à perpétuité dans un cimetière pour l'inhumation du défunt et de sa famille, on décide que, n'étant pas dans le commerce, elle ne constitue point, à proprement dit, une valeur successorale. En conséquence, la concession, avec le caveau de famille s'il y en a un, passent aux héritiers, assujettis à leur affectation spéciale, sans qu'aucune estimation doive leur être donnée, ni qu'ils puissent être licités ; et la volonté du fondateur qui a réglé la place de chacun dans la sépulture commune doit être suivie jusqu'à ce que le dernier destinataire soit venu reposer dans la tombe (Montpellier, 18 mai 1858; S. 59, II, 533; Seine, 7 mai 1870, 21 nov. 1885; *Rép. N.*, 2790). — Toutefois s'il s'agit de faire passer la propriété du tombeau de famille sur la tête de l'un des héritiers, à prix d'argent, ce qui est admis par les municipalités, il doit être estimé afin d'entrer dans son lot. V. Seine, 23 déc. 1885; Defrénois, *Rép. N.*, 3047).

818. — **Portraits de famille; signes honorifiques.** — **Dépôt; Garde.** — Les portraits de famille, les armes et armoiries, les croix de chevalerie, médailles d'honneur ou autres signes de distinction obtenues par le père ou ses ancêtres, les titres et documents nobiliaires ou historiques de famille laissés par un défunt, les livres annotés par le père ou les ancêtres, lorsqu'ils ne constituent pas une propriété littéraire, ne sont pas non plus des valeurs successorales susceptibles de partage (Demolombe, XV, 700; Trib. Rambouillet, 21 juin 1861; J. N. 17220; Dijon, 2 fév. 1865; S. 67, II, 230; Seine, 7 mai 1870; Riom, 9 janv. 1885; Angers, 12 fév. 1885; Defrénois, *Rép. N.*, 2442, 2750). — La remise en est faite à titre de dépôt ou de garde, à celui des héritiers choisi par les parties, ou désigné par le juge à défaut par elles de s'entendre, pour les représenter à la famille à toute réquisition. L'aîné de la famille, à moins que le choix n'ait porté sur lui, ne peut exiger qu'ils lui soient remis à l'exclusion des autres, ni que le dépositaire soit désigné par le sort (Demolombe, XV, 701; Aubry et Rau, § 621. Contra Caen, 12 mai 1830; Paris, 24 nov. 1846, t. Le Mans, 13 juill. 1886; Defrénois, *Rép. N.*, 3292).

819. — **Ibid.** — **Partage; Licitation.** — Il a été décidé cependant que ces objets sont des valeurs de succession susceptibles d'être partagés entre les héritiers, et que, dans le cas où ils ne peuvent être partagés en nature, ils doivent être licités entre les cohéritiers sans admission d'étrangers, mais en accordant aux cohéritiers non adjudicataires un délai suffisant pour en faire prendre copie à leurs frais (Aubry et Rau, § 621-3 ; Dutruc, 466; Mollot, 176; Lyon, 20 déc. 1861; Paris, 19 mars 1864; S. 62, II, 309; 64, II, 170).

820. — **Ibid.** — **Division.** — Dans l'usage, lorsqu'une succession est divisée en deux branches, chaque branche prend les portraits de sa famille. Le portrait du conjoint prédécédé est laissé à l'autre conjoint pendant sa vie; après son décès, il est remis à la famille du prédécédé. Quant aux portraits des héritiers, ils sont remis à ceux dont ils représentent les traits.

821. — **Ibid.** — **Droit personnel.** — Les portraits de famille constituent une propriété personnelle, à laquelle on ne saurait appliquer sans restrictions les règles mêmes relatives au droit du mari sur les objets mobiliers appartenant à sa femme. Spécialement lorsque la femme a reçu les portraits de sa mère et de sa grand'mère, du vivant de celles-ci, son mari ne saurait, au cours de la liquidation de la succession de sa belle-mère, en faire la remise à un tiers sans le consentement de sa femme (Cass., 17 fév. 1874; S. 74, I, 477; v. cep. Seine, 16 mai 1882; Defrénois, *Rép. N.*, 817).

822. — **Indemnité pour meurtre.** — Les dommages et intérêts alloués à la famille, soit contre le meurtrier en cas de poursuite criminelle, soit contre celui qui est déclaré responsable par les tribunaux de la mort du père de famille par suite d'un accident, sont acquis aux héritiers en leur qualité de parents et non pas à titre d'hérédité. En conséquence ils ne doivent pas être considérés comme une valeur successorale.

§ 2. — *Formation de la masse.*

823. — **Ordre méthodique.** — Il est utile, pour la formation de la masse, de suivre un ordre méthodique, afin de rendre plus facile, soit la composition des lots, soit les attributions.

824. — **Partage par lots.** — Si la masse est établie en vue de la composition des lots, on y fait entrer : en premier lieu, les biens meubles et immeubles existants au décès; en deuxième lieu, les objets et les sommes provenant de rapports, *infra* n°s 1066 et suiv.; en troisième lieu, les choses et les sommes provenant de la réduction de donations, s'il y a lieu, *infra* n°s 1205 et suiv.

825. — Partage par attribution. — Si la succession est purement mobilière, ou si, étant à la fois mobilière et immobilière, les meubles et les immeubles ont été vendus, la masse est à partager par la voie d'attributions. En pareil cas elle est ordinairement établie dans l'ordre suivant : les deniers comptants, le produit de la vente mobilière, les créances, les valeurs, les prix des immeubles, les sommes rapportées, les réductions de donations.

826. — Immeubles lotis à part. — Lots égaux. — Si la succession est à la fois mobilière et immobilière et que les immeubles aient fait l'objet d'une formation de lots à part, il suffit de comprendre dans la masse, les objets mobiliers, sommes, créances, valeurs, etc., à partager par voie d'attribution. Quant aux lots formés d'immeubles, ils sont tirés au sort lors du procès verbal de lecture des opérations.

827. — Même hypothèse. — Lots inégaux. — Dans le même cas de succession à la fois mobilière et immobilière, si les immeubles ont été divisés en lots inégaux, il y a lieu, si cela est possible, de compléter les lots moindres par des valeurs mobilières, afin d'éviter qu'il y ait des soultes entre les copartageants. Dans ce cas, la masse active est divisée en deux parties : — dans la première on fait entrer les lots en immeubles et les valeurs mobilières jointes à ceux de moindre importance, de manière à les égaliser tous avec le lot immobilier le plus élevé qui est pris comme type, ce qui a pour résultat de les porter à une valeur uniforme ; et lors du procès verbal de lecture, ces lots sont tirés au sort. La deuxième comprend les valeurs et choses mobilières restant à partager.

828. — Prélèvements. — Quand des prélèvements sont à opérer en raison de rapports effectués en moins prenant par des cohéritiers, *infra* n° 1200, ces prélèvements sont faits après que la masse a été établie, et, autant que possible, en objets de même nature, qualité et bonté que ceux rapportés en moins prenant.

SECTION II.
DU PASSIF DE LA SUCCESSION ET DE SON PAIEMENT.

§ 1. — *Des dettes et charges à y comprendre.*

829. — Dettes et charges. — Le passif de la succession se compose des *dettes*, c'est-à-dire les obligations dont le défunt lui-même était tenu ; et des *charges* c'est-à-dire les obligations qui n'ont pris naissance qu'après le décès, tels que : le deuil de la veuve, *infra* n° 842 ; les frais funéraires, *infra* n° 840 ; ceux des opérations relatives à l'ouverture de la succession et au partage, *infra* n° 851, etc.

830. — Dettes hypothécaires. — Les dettes dues par hypothèque figurent à la masse pour leur somme capitale et les intérêts qui en sont courus, avec l'indication de l'acte en vertu duquel elles existent, du nom du créancier, de l'époque d'exigibilité, du taux et des époques de paiement des intérêts, et des immeubles grevés de l'hypothèque.

831. — Dettes privilégiées. — Les dettes privilégiées comme, par exemple, un prix de vente ou une soulte de partage, ou les créances auxquelles un droit de privilége est attaché par les art. 2095 et suiv. du Code civil, sont comprises dans la masse, en principal et intérêts, avec une désignation suffisante pour indiquer la cause du privilége. S'il s'agit d'un prix de vente ou d'une soulte de partage, il est utile de faire les énonciations dont il est question au numéro précédent.

832. — Dettes chirographaires. — Les dettes chirographaires sont celles qui ne se trouvent garanties ni par une hypothèque, ni par un privilége ou autre droit de préférence. Elles sont mentionnées par l'indication de l'acte s'il y en a un, du nom du créancier, de leur chiffre en capital et intérêts et des époques d'exigibilité pour celles qui sont à termes.

833. — Dettes conditionnelles. — Les dettes conditionnelles, sont celles dont la demande ne pourra être faite qu'après l'avénement d'une condition ; par exemple, si le défunt les a garanties comme caution, personnellement ou hypothécairement ; ou s'il n'est tenu personnellement que pour partie, mais solidairement ou hypothécairement pour le tout. Ces dettes ne sont à comprendre effectivement dans la masse passive que pour les sommes dues personnellement par le défunt. Quant à celles dont il pourra être tenu dans le cas où la condition viendrait à s'accomplir, on ne les porte que pour mémoire dans la masse, sauf à affecter éventuellement à leur paiement des sommes ou valeurs qui doivent être attribuées ou comprises dans les lots avec la charge de cette affectation.

834. — Rentes perpétuelles. — Quand la succession est grevée de rentes perpétuelles, elles sont portées pour leur capital de remboursement fixé par le titre, qu'elles soient ou non sujettes à la retenue du cinquième, avec l'indication du chiffre de la rente, des époques de son service, des titres primordiaux et nouvels, des immeubles qui les garantissent par privilége ou hypothèque, et des inscriptions qui en ont été prises. Si elles doivent être remboursées, on comprend dans la masse la somme nécessaire pour leur remboursement, en principal, intérêts et frais. Si, au contraire, elles sont mises à la charge de celui à qui écherra l'immeuble affecté à leur garantie, elles ne sont portées que pour mémoire, comme devant être déduites de la valeur de cet immeuble, *infra* n° 914.

835. — Rentes viagères. — Les rentes viagères dont le défunt était grevé sont comprises dans la masse avec les énonciations suffisantes pour indiquer les actes en vertu desquels elles sont dues, les époques d'échéance des arrérages, et les immeubles affectés à leur garantie. Quand les héritiers demeurent chargés de les acquitter, chacun pour leur part et portion héréditaire, elles sont comprises dans la masse pour mémoire seulement. Mais si l'on affecte à leur service des sommes capitales à employer en achat de rentes sur l'Etat, obligations ou autres valeurs à revenus fixes, pour les intérêts ou arrérages être perçus par les créanciers viagers comme mode de paiement, ces sommes sont à tirer hors ligne, sauf à être comprises dans les lots ou dans les attributions avec la charge de cette affectation.

836. — Restitution. — Extinction d'usufruit. — Si le défunt jouissait d'un usufruit qui s'est éteint par son décès, cela peut constituer la succession débitrice envers les nus propriétaires; comme si, par exemple, l'usufruit portait sur des sommes capitales demeurées aux mains de l'usufruitier, ou sur des créances dont il a reçu le remboursement, ou sur du mobilier fongible dont il est devenu propriétaire à la charge de tenir compte de leur valeur ou encore sur des meubles non fongibles qui ne peuvent être restitués en nature; dans ces hypothèses et généralement dans tous les cas où le défunt était comptable de sommes envers les nus propriétaires à quelque titre que ce fût, il y a lieu de les comprendre dans la masse passive. (V. Defrénois, *Rép. N.*, 2333-24).

837. — Restitution. — Reprises. — Le mari ayant prédécédé sa femme, pouvait se trouver en qualité d'administrateur des biens de la femme ou de chef de la communauté, comptable envers elle de sommes qu'il aurait touchées en ces diverses qualités, ou du montant des reprises de cette dernière contre la communauté. Les sommes dont il pouvait être débiteur pour ces causes figurent à la masse passive; le montant en est déterminé par les opérations dont il sera question dans le livre deuxième du présent ouvrage.

838. — Impôts, loyers, gages, etc. — La masse comprend :
1° Les impôts encore dus en ce qui concerne les immeubles de la succession et l'habitation;
2° Les charges diverses, telles que : gages de concierge, abonnements d'eaux, de gaz, de toiture; primes d'assurances contre l'incendie, etc.;
3° Les gages des domestiques attachés au défunt, pendant tout le temps qu'ils doivent être gardés.

839. — Dettes payées. — Quand des dettes ont été payées depuis le décès, il peut néanmoins être utile de les comprendre dans la masse passive, si les deniers qui ont été employés à leur acquit figurent à la masse active. Il est préférable cependant d'établir un compte à ce sujet, de manière à ne porter dans la masse que des articles réels d'actif et de passif. Mais si les dettes ont été acquittées par un copartageant de ses deniers personnels, on doit comprendre dans la masse passive la somme employée par ce dernier pour leur acquit (Roll. de Vill., *Part.*, 194).

840. — Frais funéraires. — On fait figurer dans la masse les frais des funérailles du défunt en y comprenant le service religieux, celui des pompes funèbres, la concession d'un terrain dans le cimetière, l'érection d'un tombeau, etc.

841. — Ibid. — Jouissance légale. — Les frais funéraires ainsi que ceux de dernière maladie sont une charge de la jouissance légale (*C. civ.*, *385*). Si donc parmi les héritiers, il se trouve des mineurs âgés de moins de dix-huit ans dont les biens sont soumis à l'usufruit légal de leur père ou mère, la part et portion à leur charge dans les frais funéraires et ceux de dernière maladie est supportée par l'usufruitier comme charge de sa jouissance légale; et si ces frais ont été acquittés avec des deniers de la succession, l'usufruitier légal est comptable envers ses enfants de la part et portion qu'ils ont acquittée.

842. — Deuil de la veuve. — Quand le défunt a laissé une veuve, cette dernière a le devoir, par bienséance, de porter le deuil de son mari, mais aux dépens de la succession. Telle est la disposition de l'art. 1481 suivant lequel : « Le deuil de la femme est aux frais des héritiers du mari prédécédé. Il est dû même à la femme qui renonce à la communauté. » — L'obligation de porter le deuil ayant lieu dans tous les cas, la veuve y a droit, quel que soit le régime sous lequel les époux étaient mariés, alors même qu'il était exclusif de communauté (Proudhon, *Usuf.*, 212; Duranton, XV, 304; Roll. de Vill., *Deuil*, 8), — ou que les époux fussent séparés de corps et de biens (Marcadé, *art. 1481*; Roll. de Vill., *Deuil*, 9; Rodière et Pont, 1032) — sans qu'il y ait lieu de distinguer non plus le peu de temps de la durée du mariage, ni la circonstance que la femme a une fortune personnelle plus considérable que celle de son mari (Toullier, XIII, 271).

843. — Ibid. — Valeur. — La valeur du deuil, si elle n'a pas été fixée par une convention du contrat de mariage, est réglée selon la fortune du mari (*C. civ.*, *1481*), et eu égard à sa situation. Elle est habituellement du chiffre de la dépense effective faite par la veuve pour le prix tant de ses vêtements que de ceux des enfants et des domestiques (Marcadé, *art. 1481*; Toullier, XIII, 271; Duranton, XIV, 469; Pau, 27 mai 1837; S. 38, II, 291), — et dont elle doit apporter la preuve par les mémoires des fournisseurs. C'est en numéraire que le deuil est payé à la veuve; le montant en est porté à la masse passive.

844. — Ibid. — Veuve usufruitière légale. — La veuve usufruitière légale des biens de ses enfants et, à ce titre, chargée de l'acquit des frais funéraires après le décès de son mari, ne peut réclamer son indemnité de deuil, cette indemnité étant comprise dans les frais funéraires qu'elle est tenue d'acquitter comme charge de sa jouissance légale, ce qui opère confusion (Proudhon, *Usuf.*, 222; Demolombe, VI, 548; Massé et Vergé, § 189-16; Aubry et Rau, § 550 *bis*-22; Roll. de Vill., *Deuil*, 19; Douai, 22 juill. 1854; Paris, 10 août 1864; S. 55, II, 619; 64, II, 286).

845. — Régime dotal. — Deuil. — Habitation. — La veuve qui était mariée sous le régime dotal sans société d'acquêts, a le droit de se faire fournir par la succession de son mari, son deuil, et en outre l'habitation durant l'année de deuil (*C. civ.*, *1570*). Ces charges doivent figurer dans la masse passive.

846. — Legs. — On porte dans la masse passive le montant des legs en numéraire qui ont été faits par le défunt, comme formant une charge de l'hérédité (Demolombe, XVII, 3 et 4). Si la délivrance en a été consentie, les intérêts courus depuis cette délivrance, *supra* n° 339, figurent également à la masse.

847. — Droits de mutation. — Les droits de mutation après décès forment une charge personnelle des successibles; il n'y a pas lieu, par conséquent, de les faire figurer dans la masse passive. Cependant si les copartageants les supportent par parts égales, il peut être utile de les porter dans la masse passive, afin d'affecter à leur acquit des deniers provenant de l'hérédité.

848. — Intérêts et arrérages. — Les intérêts et arrérages des dettes passives sont à comprendre dans la masse pour tous ceux courus non-seulement jusqu'au décès, mais aussi jusqu'à l'époque fixée pour la jouissance divise des copartageants.

849. — Ibid. — Usufruitier légal. — L'usufruitier légal étant tenu, comme charge de sa jouissance, de l'acquit des intérêts et arrérages des capitaux dont le mineur est grevé (*C. civ.*, *385*), doit supporter la part et portion à la charge de ce dernier dans les arrérages et intérêts courus depuis le décès, et non pas aussi ceux courus antérieurement au décès, tel est l'usage adopté par la pratique et qui nous semble plus juridique (Zach., § 189-15; Duranton, III, 401; Fréd. Duranton, *Rev. hist.* 1858, p. 137; Roll. de Vill., *Usufr. légal*, 67; Lyon, 16 fév. 1835; Nimes, 9 juill. 1856; S. 35, II, 310; 57, II, 161, CONTRA Toullier, II, 1069 note; Proudhon, *Usuf.* II, 206; Massé et Vergé, § 189-15; Demolombe, VI, 544; Marcadé, *585*, 3; Mourlon, I, 1063; T. Arras, 5 juin 1859; S. 59, II, 387).

850. — Charges des fonds et des fruits. — Si les fonds sont distingués des fruits, *supra* n° 795, on met à la charge des *fonds* les capitaux des dettes passives avec les intérêts et arrérages de ces dettes jusqu'au jour du décès, ainsi que les loyers et fermages des biens tenus à location, jusqu'à la même époque; — et à la charge des *fruits*, les intérêts et arrérages des mêmes dettes passives, et les loyers et fermages des biens tenus à location, le tout pour ce qui a couru depuis le décès jusqu'au jour fixé pour la jouissance divise.

851. — Frais : Testament, inventaire, partage. — Les frais de testament, de délivrance de legs, de scellés, d'inventaire (*C. civ.*, *810*), de partage, compte et liquidation sont à porter dans la masse passive, comme donnant naissance à une dette commune aux copartageants, qui doit être supportée entre eux, chacun dans la proportion de sa part des biens mis en partage (Cass., 11 déc. 1834, 13 juin 1846; S. 35, I, 937; 46, II, 657).

852. — Ibid. — Formalités judiciaires. — Il en est ainsi en ce qui concerne le partage, alors même que les formalités judiciaires ont été nécessitées, soit par une absence ou la qualité de mineurs ou d'interdits de l'un ou de plusieurs des copartageants, soit par l'action en partage dirigée par un seul des héritiers, alors qu'ils sont tous majeurs (Chabot, *838*, 4; Bioche, 23; Dutruc, 472; Cass., 13 déc. 1880; Rép. *N.*, 412).

853. — Frais. — Testament. —

Honoraires. — En ce qui concerne le testament, la succession doit supporter les frais relatifs à sa confection et à son dépôt aux minutes d'un notaire commis quand il est olographe ou mystique, ainsi que ceux faits pour parvenir à son interprétation et à son exécution (*C. civ.*, *1016*). Mais l'honoraire proportionnel dû au notaire lors de l'ouverture du testament est à la charge des légataires universels, à titre universels et particuliers, chacun au prorata de son émolument dans sa succession. Les frais, en pareil cas, devant être supportés par celles des parties auxquelles le titre profite (T. Grenoble, 19 juin et 14 nov. 1868; t. Epernay, 2 juin 1870; t. Nancy, 21 janv. 1884; t, Gap. 3 fév. 1885. CONTRA T. St-Quentin, 25 janv. 1884; *Rép. N.*, 1679, 1813, 2387).

854. — Ibid. — Soulte de partage. — Si le lot de l'un des copartageants a été chargé d'une soulte pour plus value, ce copartageant doit supporter, en sus de sa part dans les frais de partage, les déboursés d'enregistrement et autres frais applicables à la soulte. (Cass., 12 mai 1875; S. 75, I, 349).

855. — Ibid. — Contestations. — La règle en ce qui concerne le partage, reçoit exception quand un copartageant est condamné aux dépens d'une contestation que les juges ont reconnue mal fondée. Ces dépens restent à sa charge (Chabot, *838*, 4; Bioche, 69; Dutruc, 473; Cass., 24 avril 1861; S. 61, I, 589). — Si toutes les parties succombent respectivement, les juges qui ont un pouvoir discrétionnaire pour répartir entre elles les dépens, peuvent en ordonner l'emploi en frais de partage (Cass., 21 juill. 1856; S. 56, I, 718).

856. — Ibid. — Liquidation de reprises. — Si la femme a renoncé à la communauté, les frais de la liquidation de ses reprises sont à la charge de la succession de son mari, et doivent être compris dans la masse passive. En effet, cet acte ayant pour objet de constater que le mari est débiteur envers sa femme ou d'établir sa libération, c'est, dans un cas comme dans l'autre, à lui d'en supporter les frais. Nous reviendrons d'ailleurs sur cette question, en traitant de *la liquidation des reprises*.

857. — Ibid. — Déduction. — Lorsque dans la masse, il se trouve des deniers comptants ou autres valeurs réalisables, il est d'usage de comprendre dans la masse passive, les frais de scellés, d'inventaire et de partage, et d'affecter somme suffisante à leur acquit, ce qui évite tous comptes à ce sujet entre les copartageants. Si, à défaut de fonds disponibles, cette affectation ne peut être faite, les frais sont acquittés suivant les règles ci-après.

858. — **Ibid.** — **Usufruitier.** — Quand une quotité de l'hérédité est soumise à un usufruit, ce qui arrive lorsque l'un des héritiers décède avant le partage et que sa succession appartient pour l'usufruit à l'un et pour la nue propriété à l'autre, la portion des frais de partage qui leur incombe est supportée conformément à l'article 609 du Code civil.

859. — **Ibid.** — **Héritier à réserve.** — La division des frais du partage entre les copartageants a lieu, même en présence d'un héritier à réserve en concours avec un légataire de la quotité disponible, et sans que l'héritier puisse répéter ces frais sur le légataire exclusivement, sous le prétexte qu'ils entament sa réserve (Paris, 1er août 1811).

860. — **Ibid.** — **Solidarité.** — La division des frais du partage ne concerne que les héritiers entre eux, et non pas le notaire envers lequel les parties sont tenues solidairement au paiement de ces frais (Cass., 27 janv. 1812; Toulouse, 20 avril 1847; S. 47, II, 465).

861. — **Ibid.** — **Privilége.** — Quand le partage est judiciaire, les frais de partage sont privilégiés comme constituant des frais de justice. Mais ils n'ont pas ce caractère si le partage est amiable; et, dans ce cas, ils ne sont pas privilégiés (Dutruc, 51; Lyon, 14 mai 1851; Cass., 14 fév. 1853; S. 53, I, 246).

862. — **Ibid.** — **Recours.** — Quand sur l'appel, la condamnation aux dépens est prononcée contre l'appelant, en autorisant les intimés à les prendre comme frais privilégiés, la cour peut réserver en même temps aux copartageants leur recours contre l'appelant (Cass., 5 avril 1865; S. 65, I, 375).

863. — **Ibid.** — **Distraction.** — **Avance.** — L'avoué qui, dans une instance en partage, a fait prononcer la distraction des dépens à son profit, ou qui en a fait l'avance, ainsi que la partie qui les a avancés, ne jouissent pas pour poursuivre le paiement de la totalité de ces frais contre le défendeur, du privilége accordé pour les frais de justice par l'art. 2101 (Dutruc, 471; Cass., 11 déc. 1834; Pau, 12 mai 1863; S. 35, I, 937; 63, II, 197. Contra T. Condom, 24 nov. 1864; T. Die, 29 mai 1865; S. 65, II, 350; 66, II, 97). — D'ailleurs, en supposant qu'ils eussent ce caractère à l'égard des copartageants entre eux, il ne devrait pas en être de même à l'égard des créanciers de la succession ou de ceux des héritiers (Toulouse, 16 mai 1863; S. 63, II, 197).

864. — **Honoraires des partages.** — Les honoraires des partages amiables sont proportionnels (*art. 173* du tarif de 1807). — Quant aux partages judiciaires, on avait prétendu qu'ils ne devaient être rémunérés que par des vacations, dans les termes de l'art. 171 du même tarif; mais il a été jugé que pour déterminer le chiffre des honoraires d'un partage judiciaire, on doit prendre en considération l'importance du travail du notaire, les soins par lui donnés, les difficultés élevées pendant le cours des opérations, les efforts qu'il a faits pour les surmonter, enfin l'importance des sommes (Paris, 4 janv. 1840; Orléans, 30 janv. 1872; J. N., 15593, 20872). — A ce sujet, voici comment s'exprime un magistrat : « Si les magistrats savaient par » expérience ce qu'il en coûte quelquefois de » démarches, de soins, de recherches, de » peines, et même de tracas pour arriver à » établir convenablement la liquidation d'une » succession embrouillée, ils seraient certai-» nement disposés à se montrer plus faciles » qu'ils n'ont l'habitude de l'être, quand vient » le moment de la taxe des frais dus au no-» taire » (Hureaux, III, 456).

865. — **Taux de l'honoraire.** — L'honoraire du partage, qu'il soit amiable ou judiciaire, se calcule à *tant* pour cent de l'actif net partageable, sans y comprendre les rapports en moins prenant; le taux, déterminé dans les tarifs arrêtés par les compagnies de notaires, est soumis au contrôle du tribunal quand le partage est judiciaire, ou lorsque, étant amiable, la taxe est demandée. Le *tant*

pour cent, en cas de partage judiciaire, comprend la rémunération attachée non-seulement à l'état liquidatif, mais aussi à tous les procès-verbaux de dires et autres. A Paris l'honoraire est calculé sur les bases ci-après : 1 p. $^o/_o$ jusqu'à 500,000 ; 1/2 p. $^o/_o$ de 500,000 à 1 million ; et 1/4 p. $^o/_o$ au-dessus de cette somme (Mollot, n° 204).

866. — **Gratification.** — Il était d'usage autrefois, à Paris, de comprendre dans la masse passive une somme à titre de gratification d'étude, qui était de un dixième en sus des honoraires du notaire ; cet usage n'est plus observé depuis un certain temps. Mais les parties, en considération des soins particuliers donnés à l'affaire par le clerc liquidateur, allouent souvent une gratification dont il n'est pas question dans le travail liquidatif.

867. — **Honoraire.** — **Etat rectificatif.** — Si, sur la demande en homologation, le tribunal ordonne des modifications qui obligent à un état rectificatif de la liquidation, il n'est pas dû d'honoraire supplémentaire pour cet état.

868. — **Honoraire.** — **Certificat de propriété.** — L'honoraire des certificats de propriété à délivrer en exécution des attributions, est, à Paris, compris dans l'honoraire de liquidation, et ne donne pas ouverture non plus à un honoraire supplémentaire.

869. — **Rôles d'expéditions.** — A Paris, lorsque l'honoraire proportionnel est moins élevé que le droit de rôle des expéditions et extraits à délivrer aux parties, il est remplacé par la perception du coût des rôles. Si, au contraire, l'honoraire proportionnel est supérieur au montant des rôles, les rôles ne sont pas comptés. Mais on les calcule en sus, dans tous les cas, en ce qui concerne les extraits délivrés pour les transferts aux compagnies ou pour les justifications aux tiers.

870. — **Taxe des frais.** — Quand le partage est judiciaire, les frais divers portés dans les dépenses du compte ou dans la masse passive, doivent être taxés avant la demande en homologation ; à défaut, il y serait sursis jusqu'à ce qu'il fût justifié de la taxe. Il en est ainsi notamment, des frais de l'officier public qui a procédé à la vente du mobilier, même lorsqu'ils sont compris dans son compte de vente mobilière, et de ceux dus au notaire pour les opérations de liquidation.

871. — **Indication des frais.** — Quand le partage est amiable, les frais et honoraires dus au notaire pour cette opération, ne sont pas toujours chiffrés dans la masse passive ; on mentionne parfois qu'ils seront supportés par les copartageants dans la proportion de leurs droits. Mais lorsque le partage est judiciaire, on porte dans la masse passive une somme approximative pour les frais du partage, en indiquant pour quel chiffre les honoraires du notaire s'y trouvent compris, en raison de ce que la taxe doit, obligatoirement, être obtenue avant le jugement d'homologation.

872. — **Frais d'homologation.** — Les frais de la procédure d'homologation, quand il y a lieu, figurent par évaluation dans la masse passive.

873. — **Prélèvements par héritiers.** — On porte aussi dans la masse passive les prélèvements de sommes à opérer par quelques-uns des héritiers, par exemple, pour reliquat d'un compte de tutelle ou d'administration dont le défunt pouvait être comptable envers eux, ou pour les sommes qu'ils ont pu payer en l'acquit de la succession, ou pour toute autre cause leur conférant un droit de créance contre la succession.

874. — **Division de la masse.** — Lorsque des prélèvements doivent être opérés, il est utile de diviser la masse passive en deux paragraphes distincts : l'un comprenant les prélèvements en raison de ce que les sommes qui en font l'objet devront augmenter les droits de ceux à qui ils appartiennent, à moins qu'elles ne constituent des dettes proprement dites contre la succession, auquel cas, il faudrait examiner si l'attribution pour le fournissement des prélèvements ne serait pas sujette au droit d'enregistrement de soulte, comme dation en paiement ; et, dans ce cas, il pourrait être préférable de les comprendre tout simplement dans la masse passive ; — et l'autre comprenant les dettes et charges communes, pour raison desquelles une affectation de somme équivalente est à faire sur les plus clairs deniers de la succession.

§ 2. — *De l'action personnelle contre les héritiers.*

875. — Déduction du passif. — Quand l'actif comprend des deniers comptants, des prix de vente mobilières ou d'immeubles, ou des valeurs facilement réalisables, le passif est totalisé et des deniers et valeurs sont affectés à son acquit jusqu'à concurrence du chiffre auquel il s'élève.

876. — Non déduction. — Si la succession est seulement immobilière, ou que les valeurs en dépendant ne soient pas d'une réalisation facile, les biens sont partagés en nature entre les copartageants et chacun d'eux demeure tenu à l'acquit de sa part et portion dans les dettes. Au surplus les copartageants peuvent, par le partage, convenir de tel mode de paiement des dettes que bon leur semble; mais cette convention ne saurait faire obstacle à l'exercice des droits des créanciers contre chaque héritier (Duranton, VII, 429; Demolombe, XVII, 9; Aubry et Rau, § 636-4, 6).

877. — Répartition. — Exécution. — Lorsque les cohéritiers prennent, dans le partage, l'engagement réciproque de verser en commun chacun leur part contributoire des dettes, pour les acquitter par ce moyen, cet engagement ne les constitue pas débiteurs les uns envers les autres; dès lors ils ne peuvent en poursuivre l'exécution par la voie de la saisie, ils n'ont contre le cohéritier en retard qu'une action pour l'obliger à exécuter la convention (Douai, 23 nov. 1848; S. 50, II, 176).

878. — Règles. — Avant comme après le partage, les héritiers sont tenus personnellement envers les créanciers, à l'acquit des dettes et charges de la succession, suivant les règles qui vont être établies.

879. — Action personnelle. — Les héritiers en succédant au défunt, sont tenus personnellement d'acquitter toutes ses dettes et charges, sauf acceptation bénéficiaire, *supra* n° 499.

880. — Biens dotaux. — Paraphernaux. — Toutefois, ils ne sauraient y être obligés dans une plus grande mesure que le défunt lui-même; à ce sujet on a décidé que l'héritier même pur et simple d'une femme dotale peut s'opposer à ce que les obligations qu'elle aurait contractées pendant le mariage fussent exécutées après son décès sur ses biens dotaux (Marcadé, *1554*, 7; Duranton, XV, 531; Odier, *Contr. de mar.*, II, 1248; Rodière et Pont, *ibid.*, 1768; Tessier, *Dot*, I, 62; Massé et Vergé, § 670-32; Labbé, *Rev. crit.*, IX, p. 1 et suiv.; Tambour, *Bénéf. d'inv.*, p. 392; Demolombe, XIV, 517; Caen, 24 déc. 1839; Cass., 16 déc. 1846, 30 août 1847, 14 nov. 1855; Paris, 7 mars 1851, 16 janv. 1858; Bordeaux, 23 mars 1865; S. 40, II, 132; 47, I, 194; 55, I, 437; 58, II, 502; 65, II, 334. Contra Caen, 19 mars 1836, 10 janv. 1842; S. 42, II, 209; T. Louviers, 26 janv. 1867; J. N., 18840; voir cependant ce qui est dit *surpa* n° 557). — Mais non pas à l'égard des biens paraphernaux qu'elle lui a transmis, ni sur les biens personnels de l'héritier (Riom, 18 juill. 1853; Cass., 14 nov. 1855; Paris, 16 janv. 1858; Bordeaux, 23 mars 1865; S. 58, II, 502; 65, II, 334. Voir Rouen, 7 avril 1886; Defrénois, *Rép. N.*, 3267).

881. — Contribution aux dettes. — Les cohéritiers contribuent entre eux au paiement des dettes et charges de la succession, chacun dans la proportion de ce qu'il y prend (*C. civ.*, *870*), c'est-à-dire dans la proportion chacun de sa part héréditaire, que les parts héréditaires soient égales ou inégales (Chabot, *873*, 4; Toullier, IV, 514; Duranton, VII, 427; Demolombe, XVII, 25; Aubry et Rau, § 636-2). — Il en est de même en cas d'acceptation bénéficiaire *supra* n° 507; comme aussi dans le cas où l'héritier aurait aliéné à titre gratuit ou onéreux, l'hérédité qui lui est dévolue (Aubry et Rau, § 617-16).

882. — Droits des créanciers. — Insolvabilité. — Par suite de ce principe, les créanciers ne peuvent réclamer à chaque héritier que la quote part de leur créance égale à celle de l'héritier dans la succession (*C. civ.*, *1220*), même en cas d'insolvabilité de l'un ou plusieurs des cohéritiers (Demolombe, XVII, 27; Aubry et Rau, § 636-12; Colmar, 23 nov. 1810. V. Seine, 15 mars 1881, 27 avril 1882; Defrén., *Rép.*, 191, 815). — sauf toutefois le cas où il a été stipulé par le titre créatif de la créance que la dette serait solidaire ou indivisible entre les héritiers et représentants du débiteur, ou que l'un des héritiers seul en serait chargé (*C. civ.*, 1221).

883. — Renonciation à succession. — La divisibilité des dettes existe entre les héritiers, alors même qu'après avoir renoncé à la succession de leur auteur et non tenus légalement en leur qualité d'héritiers, ils se sont spontanément et personnellement obligés à les acquitter. Une telle obligation étant prise par honneur pour la mémoire du débiteur a le caractère d'une obligation héréditaire essentiellement divisible (Cass., 18 janv. 1876; S. 76, I, 301).

884. — Légataire à titre universel. — Le légataire à titre universel contribue avec les héritiers au prorata de son émolument (*C. civ.*, 871), c'est-à-dire à proportion de la part qu'il prend dans la succession, lors même qu'il serait chargé de l'acquit de legs particuliers (Chabot, art. 871; Duvergier sur Toullier, IV, 522, note *a*; Domolombe, XVII, 33; Bastia, 8 fév. 1837; Cass., 30 avril 1884; *Rép. N.*, 2496; Contra Duranton, IV, 733; Demante, III, 205; Troplong, *Donat.*, 258). — On entend par légataire à titre universel non seulement le légataire d'une quotité, mais aussi le légataire universel qui est réduit à une quotité par le fait de l'existence d'héritiers à réserve.

885. — Ibid. — Droit des créanciers. — Cette obligation de contribuer aux dettes place les légataires à titre universel, mais seulement après la délivrance de leurs legs, dans les mêmes conditions que les héritiers légitimes; et, par suite, les créanciers ne peuvent poursuivre les héritiers que pour la part contributive à leur charge, et non pas pour la part des dettes qui est afférente aux légataires à titre universel (Chabot et Belost-Jolimont, 873, 29; Vazeille, 871, 6; Toullier, IV, 517; Grenier et Bayle-Mouillard, *Donat.*, I, 311; Demolombe, XVII, 38; Cass., 13 août 1851; Toulouse, 19 juin 1852; Bordeaux, 12 juill. 1867; Douai, 28 août 1884; Defrénois, *Rép. N.*, 2627; Contra Marcadé, 1002, 2; Duranton, VI, 92; Duvergier sur Toullier, IV, 522, note *a*; Massé et Vergé, § 405-10; Aubry et Rau, § 583-7 et 636-9).

886. — Donataires contractuels. — Entre époux. — Ce qui vient d'être dit à l'égard des légataires à titre universel, est aussi applicable aux donataires de biens à venir par contrat de mariage ou entre époux pendant le mariage, ainsi qu'aux successeurs irréguliers.

887. — Légataire particulier. — Quant au légataire particulier, il n'est pas tenu des dettes et charges, sauf toutefois l'action hypothécaire sur l'immeuble légué (*C. civ.*, 871). Ce qui est applicable même dans le cas où le legs particulier a été fait par préciput à l'un des héritiers légitimes; à moins qu'il ne s'agisse d'un partage testamentaire fait par le défunt entre ses successibles (Demolombe, XVII, 30).

888. — Successeurs irréguliers. — Si le défunt, n'ayant pas d'héritiers légitimes, a laissé soit des successeurs irréguliers seuls ou en concours avec des légataires ou avec des donataires à titre universel, soit seulement des légataires ou des donataires universels ou à titre universel, chacun d'eux est tenu de contribuer aux dettes et charges suivant les règles qui viennent d'être rapportées.

889. — Successeurs inégaux. — Choses déterminées. — Lorsque certaines personnes sont appelées à succéder à des choses particulières et déterminées, comme l'ascendant qui exerce le retour successoral, ou le légataire à titre universel de tous les immeubles ou de tout le mobilier, ou d'une quotité fixe des uns ou des autres, la portion des dettes que ces personnes doivent supporter ne peut être déterminée que par une estimation comparative des biens ou une évaluation; c'est pour cette portion seulement que les créanciers ont le droit de poursuite. Mais avant la liquidation, les créanciers peuvent poursuivre ces personnes dans la proportion de leur part virile; sauf à elles à obtenir en justice un délai suffisant pour la fixation de leur part contributive (Marcadé, 873, 2; Chabot, 873, 29; Duranton, VI, 209; Demante, III, 209 *bis*; Demolombe, XVII, 43, 44. Voir cep. Toullier et Duvergier, IV, 554; Belost-Jolimont, 747, obs. 10).

890. — Poursuites des créanciers. — Les héritiers et autres successeurs étant personnellement tenus des dettes comme représentant la personne du défunt, les créanciers peuvent agir contre eux, comme ils auraient pu le faire contre le défunt lui-même, soit par voie d'exécution, soit par voie de demande.

891. — Dernier ressort. — Par suite du principe de la divisibilité des créances et des dettes entre les héritiers, est en dernier ressort le jugement rendu sur une demande en paiement de 3,000 fr. formée originairement par l'auteur commun ou contre lui, si, en l'absence de contrat d'indivision, chacun des héritiers n'a plus dans l'instance qu'un intérêt inférieur au taux du dernier ressort (Cass., 30 nov. 1875; S. 76, I, 25. Voir aussi Cass., 18 et 25 janv. 1860, 15 juin 1874; S. 60, I, 121 et 122; 75, I, 351).

892. — Compétence. — Les demandes intentées contre les héritiers par les créanciers du défunt avant le partage doivent être portées devant le tribunal du lieu où la succession est ouverte (*C. proc.*, 59). Mais cette disposition s'applique seulement au cas où il peut y avoir lieu à partage de l'hérédité, c'est-à-dire au cas où il y a plusieurs héritiers; s'il n'existe qu'un seul héritier, la règle *actor sequitur forum rei* reprend son empire (Chabot, 822, 6; Toullier, IV, 414; Aubry et Rau, § 590-9; Cass., 18 juin 1807; 20 avril 1836; Paris, 26 juin 1841; Orléans, 11 nov. 1845; S. 36, I, 264; 41, II, 539; 46, II, 187; Cass., 11 juin 1879; S. 80, I, 33; v. Nimes, 21 mai 1884; Defrénois, *Rép. N.*, 2195).

893. — Signification de titres. — A l'égard de la voie d'exécution, l'art. 877 porte : « Les titres exécutoires contre le défunt sont pareillement exécutoires contre l'héritier personnellement; néanmoins les créanciers ne peuvent en poursuivre l'exécution que huit jours après la signification de ces titres à la personne ou au domicile de l'héritier. » — Et, dans ce cas, ils doivent agir par voie d'exécution et non pas par voie d'action ordinaire (Demolombe, XVII, 52; Montpellier, 12 janv. 1832).

894. — Connaissance du titre. — La signification doit être faite par huissier; elle ne saurait être suppléée par la connaissance que l'héritier aurait eue du titre d'une autre manière (Belost-Jolimont, 877, obs. 2; Demolombe, XVII, 53; Aubry et Rau, § 617-13; Pau, 3 sep. 1829; Rennes, 10 fév. 1875; S. 77, II, 38. Contra Angers, 21 mars 1834; S. 34, II, 230); — à moins cependant que la connaissance ne fût positive, incontestable et complète (Orléans, 15 fév. 1876; S. 76, II, 265); — ou encore que le débiteur n'eût reconnu par un acte l'existence du titre exécutoire.

895. — Saisie immobilière. — La disposition de l'art. 877 est applicable même en cas de procédure de saisie immobilière commencée du vivant du *de cujus*. L'héritier pour s'en prévaloir, n'est pas tenu de notifier au saisissant le décès de son auteur (Orléans, 15 fév. 1876; S. 76, II, 265; Demolombe, XVII, 51; Laurent, XI, 75).

896. — Commandement. — Il peut être fait un commandement dans les huit jours; en effet le commandement doit précéder l'exécution, et pour cette raison, il ne saurait être considéré comme un acte d'exécution (Favard, *Saisie immob.*, § I, n° 4; Carré, *Proc.*, quest. 2203; Demolombe, XVII, 57; Grenoble, 22 juin 1826; Cass., 22 mars 1832; Rouen, 9 avril 1834; Angers, 20 mai 1834; Liége, 16 avril 1859. Contra Persil, *hyp.*, II, p. 308; Chauveau sur Carré, quest. 2200; Cass., 31 août 1825; Bastia, 12 fév. 1833; Bourges, 11 mars 1844; v. Besançon, 8 déc. 1884; Bordeaux, 9 fév. 1886; *Rép.*, 2594, 3268).

897. — Successeurs. — L'art. 877 s'applique à tous successeurs, et, par conséquent aux successeurs irréguliers, ainsi qu'aux légataires et aux donataires universels ou à titre universel (Marcadé, *art.* 877; Demolombe, XVII, 60; Hureaux, III, 34, Contra Mourlon, II, p. 190).

898. — Frais de signification. — La signification prescrite par l'art. 877 avant de poursuivre contre les héritiers les titres exécutoires contre le défunt remplace le jugement que dans l'ancien droit le créancier devait obtenir contre eux à leurs frais; elle est au surplus, une mesure dictée dans l'intérêt des héritiers, afin de leur faire connaître les obligations qu'ils pouvaient ignorer, et il est juste qu'ils en paient les frais. Les frais en sont donc à la charge des héritiers, et ils doivent être compris dans les offres de la créance faites au créancier (T. Yvetot, 21 fév. 1874; Rennes, 10 fév. 1875; S. 77, II, 38; t. Chartres

14 août 1877; Grenoble, 2 fév. 1884; Defrénois, *Rép. N.*, 2248).

899. — Obligations des héritiers. — Ultra vires. — Les héritiers qui acceptent la succession purement et simplement, sont tenus au paiement de toutes les dettes et charges de la succession, chacun pour sa part, quelque supérieures qu'elles soient à l'actif de la succession; c'est ce qu'on appelle être tenu *ultra vires*.

900. — Autres successeurs. — La même obligation pèse sur le légataire ou donataire contractuel universel ou à titre universel, *supra* n° 488, 2°, comme aussi sur les enfants naturels et le conjoint survivant, *supra* n° 488, 3°; mais non en ce qui concerne l'Etat.

901. — Acceptation bénéficiaire. — S'ils acceptent sous bénéfice d'inventaire, ils ne sont obligés que jusqu'à concurrence des biens de la succession, *supra* n° 499.

902. — Renonciation. — S'ils renoncent, ils sont affranchis de toute obligation, *supra* n° 472.

§ 3. — *De l'action hypothécaire contre les héritiers.*

903. — Légataire particulier. — Le légataire particulier n'est pas tenu à l'acquit des dettes et charges de la succession, *supra* n° 887; mais si l'objet de son legs est un immeuble grevé d'hypothèque, sa position est celle d'un tiers détenteur ordinaire qui n'est pas personnellement obligé à la dette, par conséquent il doit subir l'action hypothécaire du créancier (*C. civ.*, *871*). Et si, par suite de cette action, il a acquitté la dette dont l'immeuble légué était grevé, il est subrogé aux droits du créancier contre les héritiers et successeurs à titre universel (*C. civ.*, *874 et 1251*, 1°); il peut donc réclamer le paiement de la dette aux successeurs avec les mêmes droits que le créancier, alors même qu'il joint à sa qualité de légataire particulier celle d'héritier (Vazeille, *875*, 4; Chabot et Belost-Jolimont, *875*, 3; Toullier, IV, 533, VII, 163; Duranton, XI, 244; Massé et Vergé, § 406-3; Contra Marcadé, *art. 874*; Demante, III, 216 *bis*; Demolombe, XVII, 81).

904. — Héritiers. — Les héritiers sont tenus des dettes et charges de la succession, personnellement pour leur part et portion, *supra* n° 881, et hypothécairement pour le tout; sauf, dans ce dernier cas, leur recours soit contre leurs cohéritiers, soit contre les légataires universels ou à titre universel, à raison de la part pour laquelle ils doivent y contribuer (*C. civ.*, *873*).

905. — Actions des créanciers. — Il s'en suit qu'à l'égard des dettes hypothécaires, contre le *de cujus* chacun des détenteurs d'immeubles hypothéqués tant qu'ils sont en sa possession (Aubry et Rau, § 636-22; Chabot, *873*, 18; Toullier, IV, 531), peut être contraint au paiement de la totalité de la dette, sans qu'il ait le droit d'exiger, qu'au préalable, un commandement soit adressé à ses cohéritiers (Cass., 19 juill. 1837; 2 déc. 1867; S. 37, I, 675; 68, I, 161); — ni invoquer l'exception de discussion (Chabot, *873*, 15; Grenier, *Hyp.*, I, 473; Duranton, XX, 244; Troplong, *Hyp.*, III, 798; Pont, *ibid.*, 1181; Aubry et Rau, § 636-19); — ni arrêter les poursuites en remplissant les formalités de purge (Demolombe, XVII, 75; Aubry et Rau, § 636-20; Cass., 19 juill. 1837; S. 37, I, 675).

906. — Délaissement. — Mais cette règle ne saurait faire obstacle à ce que le cohéritier poursuivi hypothécairement, après avoir payé la part et portion à sa charge dans la dette, s'affranchisse du paiement du surplus, en délaissant les immeubles hypothéqués qui se trouvent en sa possession (*C. civ.*, *2168*, *2172*; Aubry et Rau, § 636-21; Chabot, *873*, 15; Toullier, IV, 530).

907. — Extension de l'hypothèque. — Les hypothèques judiciaires contre le défunt, qui grevaient ses immeubles présents et à venir, n'affectent pas les immeubles personnels des héritiers (Belost-Jolimont, *877*, obs. 1re; Valette, *Priv.*, 133; Demolombe, XVII, 62; Aubry et Rau, § 617-7; Caen, 4 fév. 1822).

908. — Hypothèque contre héritier. — Si un jugement de condamnation est obtenu contre l'un des héritiers pour une dette due par la succession, elle n'emporte hypothèque sur les immeubles de cet héritier que pour sa part et portion dans la dette (Toullier, IV, 528; Chabot, *873*, 12 à 14; Demolombe, XVII, 21; Aubry et Rau, § 636-13, 14).

909. — Recours. — Le cohéritier ou successeur à titre universel qui, par l'effet de l'hypothèque, a payé au delà de sa part de la dette commune, n'a de recours contre les autres héritiers ou successeurs à titre universel que pour la part que chacun d'eux doit personnellement en supporter, même dans le cas ou le cohéritier qui a payé la dette se serait fait subroger aux droits des créanciers; sans préjudice néanmoins des droits d'un cohéritier qui par l'effet du bénéfice d'inventaire, aurait conservé la faculté de réclamer le paiement de sa créance personnelle comme tout autre créancier (C. civ., 875). Ainsi, l'héritier bénéficiaire qui a payé avec subrogation une dette hypothécaire, devient créancier sur ses cohéritiers avec les droits du créancier remboursé; il peut donc réclamer le paiement de la créance à tous détenteurs d'immeubles hypothéqués, sauf à ses cohéritiers à le faire contribuer au paiement de la dette jusqu'à concurrence des biens qu'il a recueillis (Duranton, VII, 448; Aubry et Rau, § 637-18).

910. — Héritier créancier. — Un héritier qui a contre la succession une créance hypothécaire, confond la part à sa charge; mais, d'après quelques auteurs, il peut faire produire au surplus de la créance l'effet hypothécaire contre ses cohéritiers (Chabot et Belost-Jolimont, 875, 3; Toullier, IV, 533; Massé et Vergé, § 406-7. Contra Marcadé, 875, 3; Demolombe, XVII, 81; Aubry et Rau, § 637-7).

911. — Negotiorum gestor. — Le cohéritier qui, pour éviter des poursuites imminentes, a payé une dette de la succession, doit être considéré comme *negotiorum gestor*, et, à ce titre, a droit à l'intérêt de ses avances, conformément aux art. 1375 et 2001 (Pau, 30 nov. 1869; S. 70, II, 85).

912. — Insolvabilité. — En cas d'insolvabilité d'un des cohéritiers ou successeurs à titre universel, sa part dans la dette hypothécaire est répartie sur tous les autres au marc-le-franc (C. civ., 876).

913. — Dette indivisible. — Les principes exposés *supra* nos 909 à 911 pour le cas où la dette est hypothécaire, sont applicables dans toutes les circonstances où l'un des cohéritiers ou autre successeur a été forcé de faire le paiement de la totalité de la dette, comme, par exemple, si elle est indivisible (Demolombe, XVII, 86; Chabot, 875, 7; Duranton, VII, 451; Aubry et Rau, § 637-3).

914. — Rente. — Hypothèque spéciale. — Lorsque des immeubles d'une succession sont grevés de rentes par hypothèque spéciale, chacun des cohéritiers ou tout autre successeur à titre universel (Duranton, VII, 442), peut exiger que les rentes soient remboursées et les immeubles rendus libres avant qu'il soit procédé à la formation des lots. Si la rente ne grève qu'un immeuble (Demante, III, 207 *bis*; Demolombe, XVII, 92), et que les cohéritiers partagent la succession dans l'état où elle se trouve, l'immeuble grevé doit être estimé au même taux que les autres immeubles; mais il est fait déduction du capital de la rente sur sa valeur; l'héritier dans le lot duquel tombe cet immeuble demeure seul chargé du service de la rente, sans préjudice aux droits des créanciers (Marcadé, 872, 2 note; Chabot, 872, 4; Demolombe, XVII, 93; Dutruc, 436), et il doit en garantir ses cohéritiers (C. civ., 872) qui, toutefois, ne peuvent exiger qu'il fasse le remboursement de la rente (Marcadé, 872, 2 note; Demolombe, XVII, 94; V. cep. Toullier et Duvergier, IV, 418).

915. — Rente. — Hypothèque générale. — Le but de l'art. 872 étant d'éviter aux cohéritiers les actions qui, postérieurement à un partage, pourraient être dirigées contre chacun d'eux, n'est pas restreint à la rente garantie par une hypothèque spéciale, mais s'étend, au contraire, au cas où l'hypothèque grève généralement tous les immeubles de la succession (Marcadé, 872, 2; Belost-Jolimont sur Chabot, 872, obs. 1re; Duvergier sur Toullier, IV, 560 note *a*; Demante, III, 207 *bis*; Massé et Vergé, § 405-17; Aubry et Rau, § 636-25; Demolombe, XVII, 90; Dutruc, 442; Nîmes, 16 avril 1830. Contra Vazeille, 872, 8).

916. — Reconnaissance. — Prescription. — Décidé que la déclaration, dans un partage, que l'un des immeubles est grevé d'une rente, constitue une reconnaissance des droits du créancier interruptive de la prescription, alors même que le créancier n'y est pas intervenu (Troplong, *Prescr.*, 615; Caen, 19 mars 1850; Grenoble, 26 janv. 1855; Cass.,

20 août 1849, 27 janv. 1868; S. 49, I, 743; 55, II, 309; 68, I, 105).

917. — Rente due à l'un des héritiers. — Quand la rente est due à l'un des héritiers, cet héritier ne peut en exiger le remboursement; en effet, si elle tombe dans son lot il en est libéré par confusion, et si elle tombe dans le lot d'un cohéritier, celui-ci est tenu de la servir. Mais ses cohéritiers peuvent exiger qu'elle soit remboursée (Vazeille, *872*, 8; Duranton, VII, 443; Massé et Vergé, § 405-18; Dutruc, 439; Roll. de Vill., *Succ.*, 367; Voir aussi Demolombe, XVII, 96. CONTRA Caen, 20 avril 1812).

918. — Usufruitier. — La disposition de l'art. 872 n'est pas applicable entre l'usufruitier universel d'une succession et le nu-propriétaire, puisque n'étant pas cohéritiers, il n'existe entre eux, aucune indivision qui puisse donner lieu à un partage (Metz, 14 déc. 1864; S. 65, II, 16; Caen, 8 déc. 1870; S. 71, II, 97).

919. — Rentes viagères. — Dettes. — Les dispositions de l'art. 872 sont restreintes aux rentes perpétuelles, et ne s'appliquent pas aux rentes viagères, ni aux dettes hypothécaires même avec un terme très-éloigné (Marcadé, *872*, 2 et 3; Chabot, *872*, 5; Duranton, VII, 437; Aubry et Rau, § 636-30, 31; Massé et Vergé, § 405-18; Demante, III, 207 *bis*; Demolombe, VII, 95; Laurent, XI, 74. V. cep. t. Bruxelles, 6 mai 1885; Defrénois, *Rép. N.* 2723).

§ 4. — *De la séparation des patrimoines.*

920. — Division. — Afin d'expliquer dans un ordre logique les matières de la séparation des patrimoines, nous examinerons sous sept subdivisions : 1° ses causes juridiques; 2° par qui elle peut être formée; 3° contre qui; 4° sur quels biens; 5° ses formes; 6° les conditions auxquelles elle est soumise; 7° enfin ses effets.

I. Causes juridiques.

921. — Principes. — Afin d'éviter que les dettes dont un héritier est grevé ne soient une cause de préjudice pour les créanciers de la succession et les légataires, dans le cas où il aurait plus de dettes que de biens, la loi leur offre le moyen de conserver le droit d'être payés, par préférence, sur les biens de la succession en obtenant que les biens et les dettes du défunt soient séparés d'avec les biens et les dettes de l'héritier.

922. — Fondement. — L'héritier ayant la saisine des biens héréditaires sous l'obligation d'acquitter toutes les dettes et charges de la succession (*C. civ.*, *724*), ses créanciers personnels, qui ne sauraient avoir plus de droits que lui, sont tenus, si les créanciers héréditaires le demandent, de souffrir que ceux-ci exercent avant eux leurs droits de créanciers sur les biens de la succession. D'ailleurs ils ont traité avec le défunt, et il était équitable de leur réserver le bénéfice de conserver un droit de préférence à l'encontre des créanciers personnels de l'héritier.

923. — Séparation des patrimoines. — L'exercice de ce droit de préférence s'appelle séparation des patrimoines, en raison de ce qu'il a pour effet de séparer le patrimoine du défunt d'avec celui de l'héritier.

II. Par qui la séparation peut être demandée.

924. — Texte législatif. — Les créanciers de la succession peuvent demander, dans tous les cas, et contre tout créancier, la séparation du patrimoine du défunt d'avec le patrimoine de l'héritier (*C. civ. 878*).

925. — Créanciers. — Tout créancier héréditaire est admis à exercer ce droit, sous la seule condition d'établir l'existence de sa créance.

926. — Titres. — Il importe peu que son titre soit authentique ou sous-seing privé, ou même qu'il n'en existe pas si la créance peut être justifiée par l'un des modes de preuve établis par la loi (Demolombe, XVII, 106; Aubry et Rau, § 619-3; Lyon, 24 juill. 1835; Cass., 2 fév. 1885; *Rép. N.*, 2731). Il ne suffirait pas d'un jugement préparatoire ne reconnaissant aucun droit de créance en faveur du demandeur (Cass., 22 fév. 1864; S. 64, I, 418).

927. — Modalités. — Le droit de demander la séparation des patrimoines appartient non seulement aux créanciers chirographaires (Pont, *Priv.*, 299; Demolombe, XVII, 106; Massé et Vergé, § 385-3); — mais aussi aux créanciers ayant privilége et hypothèque, et à ceux garantis par une caution, afin que leur garantie, au regard des créanciers personnels de l'héritier, ait plus d'extension ; par exemple, si le privilége ou l'hypothèque sont spéciaux à certains biens, ou s'ils ne garantissent que le capital de la dette et non pas ses accessoires (Toullier, IV, 539 ; Duranton, VII, 470 ; Chabot et Belost-Jolimont, *878*, 4 ; Dufresne, *Sép. des patrim.* 9 ; Pont, 300 ; Demolombe, XVII, 107 ; Aubry et Rau, § 619-4 ; Roll. de Vill., *Sép. des patrim.*, 5 ; Pau, 30 juin 1830 ; Agen, 23 janv. 1867 ; S. 31, II, 103 ; 68, II, 20). — Il importe peu aussi que la créance soit à terme (Marcadé, *878*, 1 ; Duranton, VII, 471 ; Dufresne, 8 ; Lyon, 21 juill. 1835 ; S. 36, II, 465) ; — ou qu'elle soit soumise à une condition non encore accomplie, sauf, dans ce cas, les mesures conservatoires à prendre jusqu'à l'avénement de la condition (Marcadé, *878*, 1 ; Poujol, *878*, 2 ; Duranton, VII, 471 ; Massé et Vergé, § 385-3 ; Dufresne, 22, 23 ; Demolombe, XVII, 108) ; — ou qu'elle consiste en une rente perpétuelle ou même viagère (Demolombe, XVII, 109).

928. — Légataires. — Les légataires particuliers tenant leurs droits de la volonté du défunt, ont aussi pour gages les biens héréditaires et peuvent, comme les créanciers, demander la séparation des patrimoines (*C. civ.*, 2111 ; Marcadé, *878*, 1 ; Duranton, VII, 473 ; Demolombe, XVII, 110 ; Aubry et Rau, § 619-2 ; Dufresne, 7 ; Roll. de Vill., 12 ; Agen, 11 juin 1809 ; voir Paris, 28 avril 1865 ; S. 66, II, 49).
— Il en serait autrement si le testateur, par une clause de son testament, les avait privés du droit de prendre inscription sur les immeubles de sa succession (Angers, 22 nov. 1850 ; S. 51, II, 318).

929. — Créancier successeur. — Le créancier qui est en même temps successeur du défunt, en qualité d'héritier ou de légataire à titre universel, peut demander la séparation contre les créanciers de ses cohéritiers ou contre les légataires, pour ce qui dépasse la part et portion à sa charge dans sa créance (Toullier, IV, 539 ; Duranton, VII, 472 ; Dufresne, 13 ; Massé et Vergé, § 385-3 ; Demolombe, XVII, 111 ; Roll. de Vill., 8).

930. — Caution. — La séparation peut être demandée par le créancier, même quand il y a eu confusion dans la dette ; par exemple :

1° quand un débiteur devient héritier de celui qui l'a cautionné, afin de faire séparer le patrimoine de la caution d'avec le patrimoine du débiteur principal (Demolombe, XVII, 149 ; Caen, 9 fév. 1860, cité par cet auteur).

2° Quand la caution succède au débiteur principal, dans le but de faire séparer le patrimoine du débiteur principal d'avec celui de la caution (Chabot, *878*, 6 ; Vazeille, *878*, 3 ; Duranton, VII, 474 ; Demolombe, XVII, 150 ; Aubry et Rau, § 619-12).

931. — Reprises matrimoniales. — Lorsqu'un fils succède d'abord à sa mère, ensuite à son père, la demande peut être formée par les créanciers de la mère dans le but d'obtenir la séparation du patrimoine de celle-ci d'avec le patrimoine du père contre les créanciers du fils, quoique ce dernier ait confondu dans sa personne les reprises de sa mère contre son père (Chabot, *878*, 7 ; Duranton, VII, 473 ; Demolombe, XVII, 151 ; Aubry et Rau, § 619-13).

932. — Droit divisible. — Le droit de demander la séparation des patrimoines appartient individuellement à chacun des créanciers et légataires, et si elle n'a été demandée que par l'un ou plusieurs d'eux, elle ne profite qu'à celui ou à ceux qui l'ont demandée (Duranton, VII, 469 ; Demante, III, 219 *bis* ; Grenier, *Hyp.*, 432 ; Massé et Vergé, § 385-5 ; Aubry et Rau, § 619-7, 8 ; Demolombe, XVII, 112 ; Roll. de Vill., 51 ; Cass. 4 déc. 1871 ; T. Aix, 18 mars 1873 ; S. 71, I, 238 ; 74, II, 25).

933. — Seul créancier. — Attribution. — Le créancier ou légataire qui l'a obtenue, ne saurait donc être considéré comme le mandataire ou le représentant légal des autres créanciers du défunt ; par suite, il n'y a lieu de lui attribuer que ce qu'il aurait personnellement obtenu, ni plus ni moins, si les autres créanciers du défunt ou les autres légataires eussent été aussi diligents que lui (Marcadé, *880*, 6 ; Duranton, XIX, 487 ; Mourlon, *Priv.*, 912 ; Massé et Vergé, § 385-25 ; Aubry et Rau, § 619-54 ; Bordeaux, 26 avril 1864 ; S. 64, II, 262 ; T. Aix, 18 mars 1873 ; Voir aussi Cass., 28 avril 1869 ; S. 69, I, 313 ; 74, II, 25 ; Paris, 9 déc. 1876 ; Droit, 2 fév.).

934. — Créanciers de l'héritier.

— Les créanciers de l'héritier ne sont point admis à demander la séparation des patrimoines contre les créanciers de la succession (*C. civ., 881*). En effet, ils ont toujours le même débiteur, et les engagements qu'il contracte par le fait de son adition d'hérédité sont une conséquence du droit qui appartient à tout débiteur de contracter de nouvelles obligations, sauf aux créanciers de l'héritier à attaquer l'acceptation de leur débiteur, comme faite en fraude de leurs droits, *supra*, n° 442.

III. Contre qui la séparation peut être demandée.

955. — **Héritier débiteur.** — La séparation des patrimoines se manifeste par l'expression de la volonté des créanciers et légataires du défunt d'être payés sur les biens de la succession par préférence aux créanciers personnels de l'héritier; et, en cas de réclamation de la part de ces créanciers personnels, leur est opposée dans le but de conserver à leur égard le privilége qui en résulte (*Code civ., 2111*).

956. — **Créanciers ou autres successeurs.** — Il n'y a donc pas lieu à une demande proprement dite, puisqu'il suffit d'un privilége qui met en présence les créanciers du défunt avec ceux de l'héritier, autrement dit les fait concourir ensemble pour déterminer les droits des uns et les droits des autres. C'est en raison de cela que l'art. 878 porte qu'elle peut être demandée contre tout créancier de l'héritier (Voir Cass., 17 mars 1856; S. 56, I, 593); — ou de tous successeurs du défunt, légataires, donataires ou héritiers irréguliers (Demolombe, XVII, 126; Paris, 16 déc. 1848; Cass., 17 mars 1856; S. 56, I, 593); — comme aussi du cessionnaire des droits successifs d'un héritier (Vazeille, *880*, 6; Aix, 19 fév. 1814; Lyon, 17 nov. 1850; S. 51, II, 315. CONTRA Duranton, VII, 491; Dufresne, 113; Aubry et Rau, § 619-29; Demolombe, XVII, 127; Grenoble 19 mars 1831).

957. — **Femmes.** — **Mineurs.** — **Créanciers privilégiés.** — La séparation des patrimoines pouvant être opposée à tout créancier de l'héritier, il n'y a pas lieu de distinguer si des motifs de faveur sont attachés à leurs créances; par exemple, s'il s'agit de la femme du débiteur pour ses reprises contre son mari, de mineurs ou interdits sous la tutelle de l'héritier débiteur, ou de créanciers ayant un privilége général sur les meubles et sur les immeubles du débiteur (Chabot, *878*, 9; Duranton, VII, 469; Demolombe, XVII, 119; CONTRA Dufresne, 46); — à moins qu'il ne s'agisse d'un privilége à raison de frais faits depuis le décès pour la conservation des choses dépendant de la succession; car les créanciers, dans ce dernier cas, sont plutôt ceux de la succession que de l'héritier (Dufresne, 46; Demolombe, XVII, 120).

958. — **Légataires.** — Les créanciers du défunt qui veulent être payés par préférence aux légataires qu'il a institués, ne sont pas tenus de demander contre eux la séparation des patrimoines, quoique par son acceptation pure et simple, l'héritier soit tenu envers les légataires aussi bien qu'envers les créanciers, *supra* n° 431; en effet, les légataires ne pouvant exercer leurs droits sur la succession qu'après le paiement des dettes, il en résulte que les créanciers du défunt ont à l'égard des biens de l'hérédité un droit de préférence sur les légataires (Grenier, *Don.* II, 619; Vazeille, *874*, 13; Poujol, *874*, 7; Cass., 9 déc. 1823; Grenoble, 21 juin 1841; Rouen, 16 juill. 1844; S. 42, II, 355; 45, II, 360; CONTRA Demante, II, 219 *bis*; Dufresne, 37, 65; Demolombe, XVII, 122; Cass., 9 déc. 1823).

959. — **Créanciers du défunt.** — La séparation peut même être demandée contre les créanciers du défunt, à l'égard des garanties que leur aurait accordées l'héritier sur des biens de la succession (Demolombe, XVII, 123; Aubry et Rau § 619-52).

940. — **Collectivité.** — **Individualité.** — La séparation peut être demandée soit collectivement contre tous les créanciers de l'héritier, soit individuellement contre quelques-uns ou l'un d'eux seulement, en consentant que d'autres créanciers dignes de faveur et peu importants viennent en concours avec eux (Duranton, VII, 467; Demante, III, 219 *bis*; Dufresne, 29; Massé et Vergé, § 385, 8; Aubry et Rau, § 619-17; Demolombe, XVII, 124).

941. — **Créanciers de l'un des héritiers.** — Quand il y a plusieurs héritiers, la séparation des patrimoines peut être demandée contre les créanciers de l'un d'eux; il n'est pas nécessaire qu'elle soit demandée contre les créanciers de tous les successibles (Duranton, VII, 468; Demolombe, XVII, 125).

IV. Sur quels biens.

942. — Biens laissés au décès. — La séparation des patrimoines s'applique à tous les biens meubles et immeubles, sans exception, dont le défunt était propriétaire au jour de son décès; et aux fruits naturels ou civils qu'ils ont produits depuis le décès, tant qu'ils sont dans les mains de l'héritier ou des débiteurs (Dufresne, 118; Massé et Vergé § 385-12; Aubry et Rau, § 619-22; Demolombe, XVII, 132; Cass., 26 fév. 1849; S. 49, II, 528. CONTRA Grenier, *hyp.* II, 436; Roll. de Vill., *sép. des patrim.* 55).

943. — Héritiers. — Confusion. — La séparation des patrimoines a aussi pour effet de faire revivre les créances ci-après éteintes par confusion : 1° dans l'intérêt de créanciers du défunt et des légataires, les créances du défunt contre l'héritier (Cass., 16 juill. 1828);

2° Et dans l'intérêt des créanciers personnels de l'héritier, les créances qui appartenaient à celui-ci contre le défunt.

944. — Biens spécialisés. — Il appartient aux créanciers du défunt et aux légataires, de réclamer la séparation des patrimoines, suivant que leur intérêt le commande, soit sur tous les biens de la succession, soit sur tel ou tel bien seulement, dont le prix est mis en distribution, ou qui semble suffisant pour la garantie de leurs créances.

945. — Biens rapportés. — Mais non aux biens rapportés réellement ou fictivement à la masse de sa succession, puisque les rapports, non plus que les réductions de donations, ne sont pas dus aux créanciers ni aux légataires (Marcadé, 880, 7; Grenier, II, 436; Duranton, VII, 493; Demante, III, 219 *bis*, 2°; Chabot, *878*, 11; Dufresne, 52; Massé et Vergé, § 385-12; Aubry et Rau, § 619-23; Demolombe, XVII, 129).

946. — Réparations civiles. — Ni aux sommes allouées aux héritiers contre le meurtrier du *de cujus* à titre de réparations civiles, *supra* n° 882.

947. — Assurances sur la vie. — Ni au bénéfice d'une assurance sur la vie contractée par le défunt au nom d'un ou plusieurs de ses héritiers ou même de tous ses héritiers *nommément*. Il en est autrement quand c'est au profit de ses *héritiers et ayant cause* que l'assurance a été contractée, *supra* n°s 814 et 815.

948. — Biens dotaux. — Les créanciers d'une femme dotale décédée peuvent inscrire la séparation des patrimoines sur les immeubles provenant de sa dot lorsque par son contrat de mariage, elle s'est réservé la faculté d'aliéner ses biens dotaux et de prendre tels engagements que bon lui semblerait (Cass., 13 déc. 1853; S. 54, I, 17).

V. Formes de la demande en séparation.

949. — Action. — D'après un premier système, la séparation des patrimoines doit faire l'objet d'une action en justice et être prononcée par jugement, sur une demande formée soit par une instance principale, soit par voie d'exception et incidemment à une distribution ou un ordre ayant pour objet des deniers héréditaires ou des prix de vente d'immeubles de la succession. Mais, dans ce système, les opinions sont divisées au sujet des personnes contre lesquelles l'action doit être formée : — Suivant les uns, c'est contre les créanciers de l'héritier et non contre l'héritier lui-même, les créanciers ayant seuls intérêt à la contredire (Duvergier sur Toullier, IV, 539, note *a*; Duranton, VII, 488; Aubry et Rau, § 619-16; Poitiers, 8 août 1828; Bordeaux, 11 déc. 1834; S. 31, II, 82; 35, II, 345); — suivant d'autres, la demande est valablement formée contre l'héritier, comme étant le représentant nécessaire de ses créanciers qui d'ailleurs peuvent être inconnus, sauf l'intervention de ses créanciers personnels et celui de tierce opposition de leur part au jugement à intervenir (Poujol, *878*, 13; Belost-Jolimont, *878*, obs. 5; Massé et Vergé, § 385-10; Roll. de Vill., 16; Nancy, 14 fév. 1833; Paris, 15 nov. 1856; S. 35, II, 304; 57, II, 8; Voir aussi cour de Nancy, 14 juill. 1875; S. 76, II, 151); — Enfin, selon une opinion intermédiaire, si l'héritier a des créanciers connus, la demande en séparation doit être formée contre eux, et contre lui-même si les créanciers ne sont pas connus (Dufresne, 6 et 33; Paris, 31 juill. 1852, 14 août 1867; S. 52, II, 604; 69, 1, 417).

950. — Droit de l'opposer. — Une opinion moderne, que nous avons déjà effleurée *supra* n°,936, paraît plus juridique et nous semble devoir être suivie. Elle enseigne que ces mots de l'art. 878 : *demander la séparation des patrimoines, action en séparation*, ne désignent que le droit lui-même de préférence, le privilége, que les créanciers du défunt peuvent opposer aux créanciers de l'héritier ; *demander* veut dire : *réclamer, invoquer, opposer*. Ainsi le droit de séparation des patrimoines est un droit de préférence, un privilége, et il s'exerce de la même manière que tout autre privilége dans les ordres et dans les distributions par contribution des deniers de la succession. Par suite, il n'y a lieu à aucune demande spéciale, ni à aucun jugement pour l'exercice effectif du droit de séparation lui-même (Demolombe, XVII, 139; Belost-Jolimont, *880*, obs. 3; Dufresne, 73; Troplong, 325 ; Poitiers, 8 août 1828 ; Nîmes, 19 février 1829; Metz, 27 mai 1868; Cass., 27 juillet 1870; T. Aix, 18 mars 1873; S. 68, II, 281; 72, I, 153; 74, II, 25; Paris, 9 déc. 1876; Droit, 2 fév. 1877; CONTRA Grenier, II, 432 ; Chabot, *880*, 9, suivant lesquels la séparation des patrimoines ne peut exister qu'à la double condition : de l'inscrire dans les six mois, et de la faire prononcer en justice).

951. — Immeubles. — Relativement aux immeubles, il y a lieu à des mesures conservatoires pour conserver le droit de réclamer le bénéfice de la séparation des patrimoines. Elles consistent suivant l'art. 2111, *infra*, n° 966, en une inscription prise dans les six mois à compter de l'ouverture de la succession, sur chacun des biens de la succession spécialement désignés par leur nature et situation (Duranton, XIX, 223 ; Roll. de Vill., *sép. des patrim.*, 51 *bis*; Dufresne, 70; Troplong, 324 ; Belost-Jolimont, *878*, obs. 2 ; Aubry et Rau, § 619-41 ; Lyon, 24 déc. 1862; S. 63, II, 159; Agen, 23 janv. 1867; S. 68, II, 20; 249; Dijon, 23 nov. 1876; S. 77, II, 249 ; Cass., 30 juill. 1878; S. 79, I, 154).

952. — Hypothèque. — Avant l'expiration de ce délai, aucune hypothèque ne peut être établie avec effet sur ces biens, par les héritiers ou représentants, au préjudice des créanciers ou légataires qui ont requis l'inscription. Cette inscription produit son effet sans qu'il soit nécessaire qu'elle ait été précédée ou accompagnée d'une demande en séparation des patrimoines (Duranton, XIX, 216 ; Belost-Jolimont, *880*, obs. 3; Dufresne, 73 ; Troplong, *hyp.*, 325 ; Demolombe, XVII, 141; Poitiers, 8 août 1828 ; Nîmes, 19 fév. 1829 ; Metz, 27 mai 1868 ; Cass., 27 juill. 1870; T. Aix, 18 mars 1873 précités. CONTRA Marcadé, *880*, 4 ; Chabot, *880*, 9 ; Grenier, II, 432).

953. — Hypothèque légale. — Si les créanciers du défunt sont les héritiers de sa femme, pour raison des reprises en deniers de celle-ci, ils n'ont besoin pour conserver le privilége résultant de la séparation des patrimoines que de faire inscrire son hypothèque légale (Paris, 10 avril 1866; J. N. 18508).

954. — Meubles. — A l'égard des meubles, la loi est muette sur les mesures à employer, et il pourrait être utile de faire prononcer en justice la séparation des patrimoines, afin qu'elle soit opposable, non seulement aux créanciers et à l'héritier pour qu'il ne dissipe pas les valeurs héréditaires. Cependant il peut être pris des mesures conservatoires consistant : soit dans leur intervention à l'inventaire ou au partage, avec déclaration qu'ils entendent réclamer la séparation des patrimoines et les droits y attachés ; soit la nomination d'un administrateur judiciaire du séquestre; soit, s'il s'agit de créances, d'une saisie-arrêt validée en justice, avec même déclaration (Duranton, VII, 484, 485; Dufresne, 60, 62 ; Demolombe, XVII, 144; Cass., 8 juin 1863, 16 août 1869; S. 63, I, 379; 69, I, 417).

955. — Existence de créanciers. — Pour que la séparation puisse être réclamée, il faut que l'héritier ait des créanciers personnels. Un créancier du défunt, spécialement un légataire d'une rente viagère, ne serait pas fondé à demander, en raison de la non existence d'immeubles, que le légataire universel chargé du service de sa rente fût condamné pour en assurer le paiement, à fournir caution, ou à faire un emploi suffisant en valeurs ou en placements sur hypothèques (Paris, 31 juill. 1852, 28 avril 1865 ; 66, II, 49 ; CONTRA Demolombe, XVII, 146; Caen, 5 avril 1881; *Rép. N.*, 503).

956. — Compétence. — L'action relative à la séparation des patrimoines est de la compétence des tribunaux civils, même lorsqu'elle est formée par le créancier d'une succession contre la faillite de l'héritier (Caen, 28 mars 1871 ; S. 71, II, 208).

957. — Appel. — La séparation des patrimoines peut être invoquée pour la première fois en cause d'appel (Cass., 17 octobre 1809, 8 nov. 1815).

958. — Succession bénéficiaire. — Vacante. — L'acceptation d'une succession sous bénéfice d'inventaire, entraîne de plein droit la séparation des patrimoines, *supra* n° 508. — Il en est de même quand la succession est déclarée vacante, *supra*, n° 642.

VI. Conditions auxquelles la demande est soumise.

959. — Renonciation. — Novation. — La demande en séparation des patrimoines n'est plus recevable lorsque le créancier du défunt a renoncé à la demander. Il en est ainsi quand il y a novation dans la créance contre le défunt par l'acceptation de l'héritier pour débiteur (*C. civ., 879*). Par cette acceptation, ils ont manifesté leur volonté de suivre la foi de l'héritier, et, dès lors, à renoncer à faire acte de défiance contre lui.

960. — Cas où il y a novation. — La novation dont il vient d'être parlé ne produit pas les effets indiqués par l'art. 1471; et, par suite, elle s'établit par cela seul que le créancier a fait un acte avec l'héritier ou contre l'héritier, en sa qualité d'héritier saisi de la succession, et comme tenu de la dette personnellement envers lui, ce qui est souverainement apprécié par les tribunaux (Marcadé, *878*, 2). Il en est ainsi, par exemple, quand le créancier a poursuivi l'héritier sur ses biens personnels, ou a produit à un ordre ouvert sur celui-ci, ou a accepté de lui : soit un gage, une caution ou une hypothèque (Liége, 13 mars 1811 ; Bordeaux, 10 avril 1845 ; S. 47, II, 166), à moins que la dette ne fût commune au défunt et à l'héritier (Cass., 21 juin 1841 ; S. 41, I, 723) ; — soit une délégation sur un tiers, alors même qu'il ne déchargerait pas l'héritier (Duranton, VII, 494, 495 ; Dufresne, 28 ; Demante, III, 220 *bis* 2°; Demolombe, XVII, 163 ; Roll. de Vill., 29 ; voir cep. Massé et Vergé, § 385-30) ; — ou un titre nouvel de l'héritier (voir Cass., 3 fév. 1857 ; S. 57, I, 321). — Ou, encore, lorsqu'il intervient un arrangement entre le créancier et l'héritier, apportant des modifications dans les conditions d'existence de la créance, spécialement la transformation d'un capital en une rente (Demante, III, 220 *bis* 2°; Massé et Vergé § 385-30; Demolombe, XVII, 165 ; Roll. de Vill., 29 ; Cass., 3 fév. 1857 ; S. 57, I, 321 ; voir Rouen, 10 avril 1845 ; S. 47, II, 166).

961. — Cas où la novation n'existe pas. — Mais la novation ne résulterait pas de la signification prescrite par l'art. 977, *supra* n° 893 (Duranton, VII, 495 ; Demante, III, 220 *bis*, 4°; Demolombe, XVII, 159) ; — ni même du fait que le créancier aurait poursuivi contre lui sur les biens de la succession, l'exécution de son titre (Chabot, *878*, 4; Dufresne, 30 ; Duranton, VII, 495 ; Demolombe, XVII, 160 ; Cass., 22 juin 1841 ; S. 41, I, 723) ; — ni de ce que le créancier aurait accordé une prorogation de délai, à moins qu'il ne soit établi que le délai a été accordé à l'héritier personnellement (Chabot, *879*, 4 ; Massé et Vergé, § 385-30 ; Demolombe, XVII, 161. CONTRA Duranton, VII, 498 ; Dufresne, 29) ; — non plus du fait que le créancier aurait reçu de l'héritier les intérêts ou arrérages de sa créance, ou même aurait reçu ou exigé un à-compte, s'il ne l'a reçu ou exigé que sur les biens de la succession (Chabot, *879*, 4; Dufresne, 28 ; Massé et Vergé, § 385-30 ; Demolombe, XVII, 162 ; Roll. de Vill., 25 ; Paris, 23 mars 1824 ; voir aussi Nîmes, 21 juillet 1852 ; S. 53, II, 701 ; CONTRA Duranton, VII, 494).

962. — Restriction de la novation. — Son effet étant d'enlever au créancier qui l'a opérée le droit d'opposer la séparation des patrimoines, les autres créanciers du défunt qui ont demandé cette séparation peuvent l'exercer contre lui de la même manière que s'il s'était simplement créancier de l'héritier (Demante, III, 220 *bis*; Duranton, VII, 499; Demolombe, XVII, 169; Roll. de Vill., 35; Cass., 3 fév. 1857; S. 57, I, 321).

963. — Héritier du débiteur. — Le créancier devenu héritier de son débiteur et qui accepte purement et simplement sa succession, fait confusion dans la dette, ce qui est un obstacle à la demande en séparation. Mais s'il n'est héritier qu'en partie, la confusion ne s'opère que pour la part à sa charge, et il conserve le droit de demander la séparation contre les créanciers de ses cohéritiers pour les parts et portions dans la dette à la charge de ceux-ci (Demante, III, 220 *bis* 4°; Demolombe, XVII, 168).

964. — Meubles. — Délai. — Les meubles, par leur nature, étant susceptibles de se confondre avec ceux de l'héritier, de manière à ne pouvoir être reconnus après un certain temps, la loi dispose, à l'égard de tous créanciers même mineurs ou interdits, et de toutes créances, même conditionnelles ou à terme, que le droit de demander la séparation des patrimoines se prescrit, relativement aux meubles, par le laps de trois ans (*C. civ.*, 880); ce qui s'applique non-seulement aux meubles corporels, mais aussi aux meubles incorporels. — Ce délai court du jour de l'ouverture de la succession et non pas seulement du jour de l'acceptation de l'hérédité; à moins qu'il ne s'agisse d'héritiers irréguliers astreints à la formalité de l'envoi en possession, *supra* n° 280, à leur égard il est douteux que le délai court avant l'accomplissement de cette formalité (Chabot, *880*, 7; Duranton, VII, 482; Demante, III, 221 *bis*, 4°; Vazeille, *880*, 2; Dufresne, 57; Demolombe, XVII, 173; Voir cependant Aubry et Rau, § 619-31).

965. — Ibid. — Aliénation. — Confusion. — En outre, le droit de demander la séparation des patrimoines peut se trouver perdu, même avant l'expiration du délai de trois ans, dans les deux cas ci-après :

1° En cas d'aliénation des meubles héréditaires, à l'égard de ceux aliénés, les meubles n'ayant pas de suite par hypothèque (*C. civ.*, 2119), qu'il s'agisse de meubles corporels ou de meubles incorporels (Marcadé, *880*, 3; Demolombe, XVII, 177; Voir cep. Duranton, VII, 485); — sauf cependant le cas de dol et de fraude quand les tiers acquéreurs y ont participé (Dufresne, 47; Demolombe, XVII, 179). — Il s'en suit que quand le prix a été payé, les créanciers du défunt, en dehors du dol ou de la fraude, sont sans action contre les tiers acquéreurs (Duvergier sur Toullier, IV, 541; Dufresne, 47; Demolombe, XVII, 180; Cass., 28 avril 1840; S. 40, I, 821); mais si le prix est encore dû, il est la représentation du meuble, par conséquent constitue une créance héréditaire, soumise aux effets de la séparation des patrimoines (Chabot et Belost-Jolimont, *880*, 6, 7; Toullier et Duvergier, IV, 541; Duranton, VII, 490; Dufresne, 46, 48; Demolombe, XVII, 181; Cass., 8 sept. 1809, 26 juin et 16 juill. 1828; Grenoble, 30 août 1831; Nîmes, 21 juill. 1852; S. 32, II, 645; 53, II, 701. CONTRÀ Montpellier, 26 avril 1810).

2° Quand l'héritier a confondu les meubles de la succession avec les siens, à l'égard de ceux qui ne peuvent plus être reconnus et distingués, ce qui est souverainement apprécié par les tribunaux. Si la confusion résulte de ce que les meubles de la succession et ceux de l'héritier ont été vendus simultanément et pour un seul et même prix, la séparation des patrimoines peut néanmoins être demandée s'il existe des éléments nécessaires pour établir une ventilation (Marcadé, *880*, 3; Belost-Jolimont, *880*, obs. 2; Massé et Vergé, § 385-31; Aubry et Rau, § 619-24, 27; Dufresne, 81, 82; Demolombe, XVII, 190; Cass., 25 mai 1812; Riom, 3 août 1826; Grenoble, 7 fév. 1827 et 30 août 1831; S. 32, II, 645).

966. — Immeubles. — A l'égard des immeubles, l'action peut être exercée tant qu'ils existent dans la main de l'héritier (*C. civ.*, *880*), et pendant tout le temps que dure la créance à laquelle l'action est attachée (Demolombe, XVII, 197; Aubry et Rau, § 619-33; Cass., 8 nov. 1815; 3 mars 1835; 7 août 1860; S. 35, I, 161; 61, I, 257); — peu importe que les biens du défunt aient été confondus avec ceux de l'héritier ou du légataire universel (Paris, 10 avril 1866; J. N. 18508). — Toutefois, suivant l'art. 2111 : « Les créanciers et les lé- » gataires, qui demandent la séparation du » patrimoine du défunt, conformément à l'art. » 878, conservent à l'égard des créanciers des » héritiers ou représentants du défunt, leur pri-

» vilége sur les immeubles de la succession, par
» les inscriptions faites sur chacun de ces biens,
» dans les six mois à compter de l'ouverture
» de la succession. Avant l'expiration de ce
» délai, aucune hypothèque ne peut être établie
» avec effet sur ces biens par les héritiers ou
» représentants, au préjudice de ces héritiers
» ou légataires. » Nous devons examiner les conséquences qui se dégagent de ces textes, suivant que les immeubles sont encore dans les mains de l'héritier ou qu'ils ont été aliénés par lui.

967. — Non aliénation. — Privilége. — L'inscription prise dans les six mois du décès procure aux créanciers qui l'ont requise, le droit d'être préférés, avec effet rétroactif, aux créanciers hypothécaires de l'héritier, alors même que ceux-ci auraient inscrit leur hypothèque sur les immeubles héréditaires; comme aussi d'opposer leur privilége aux tiers qui auraient obtenu de l'héritier des droits réels sur les immeubles, tels que : Un bail de plus de 18 ans, une antichrèse, une servitude, même par des actes transcrits (Demolombe, XVII, 194; CONTRA Aubry et Rau, § 619-58). — Le délai de six mois ne peut être prolongé, même lorsque le créancier a été empêché de prendre inscription dans ce délai par un événement de force majeure (Bordeaux, 24 juin 1836; S. 37, II, 38).

967 bis. — Hypothèque. — Après les six mois, le privilége dégénère en une simple hypothèque qui produit effet simplement à la date de l'inscription, et, dès lors, prend rang après les créanciers hypothécaires de l'héritier qui ont pris inscription avant eux (C. civ., 2113, 2134); et, dans ce cas, les droits réels concédés et transcrits avant la date de leurs inscriptions peuvent leur être opposés. A ce moyen, le prix de l'immeuble, en cas de vente doit être attribué aux créanciers inscrits de l'héritier, à concurrence de leurs créances, et pour le surplus au créancier qui a inscrit la séparation des patrimoines, à l'exclusion des créanciers personnels ou cessionnaires de l'héritier (Marcadé, 880, 4; Aubry et Rau, § 619-55; Paris, 23 mars 1824; Metz, 27 mai 1868; S. 68, II, 281).

967 ter. — Inscription antérieure. — L'inscription prise par le créancier hypothécaire avant le décès du de cujus, ne nous semblerait pas, malgré un arrêt de la Cour suprême (Cass., 30 nov. 1847; S. 48, I, 179; *Adde*, Seine, 25 août 1876; Droit, 3 nov.), produire les effets de l'inscription prise dans les six mois du décès (Pont, *Priv.*, 300; Aubry et Rau, § 619-37; Demolombe, XVII, 195; Barafort, 171; Paris, 22 août 1818; Agen, 23 janv. 1867; S. 68, II, 20).

968. — Hypothèque générale.
— Mais d'un autre côté l'absence d'inscription de la séparation des patrimoines par le créancier du défunt ayant hypothèque inscrite, antérieurement au décès, ne saurait conférer aux créanciers à hypothèque générale de l'héritier, un droit de préférence à l'encontre du créancier hypothécaire du défunt, par le motif que l'hypothèque générale remonte par son inscription, ou par l'époque où elle a pris date s'il s'agit d'une hypothèque légale dispensée de l'inscription, à une date antérieure à l'inscription de ce créancier. En effet, les immeubles ne sont advenus à l'héritier que sous la charge de l'hypothèque inscrite dont ils étaient grevés, et ses créanciers qui sont ses ayants cause, ne peuvent avoir plus de droit que lui (Dufresne, 103, 104; Aubry et Rau, § 619-50; Demolombe, XVII, 196; Pau, 30 juin 1830; Grenoble, 11 mars 1854; Bordeaux, 26 avril 1864; S. 31, II, 103; 54, II, 737; 64, II, 262. CONTRA Pont, *Priv.*, 300).

969. — Faillite. — Les règles qui précèdent reçoivent leur application dans tous les cas, lors même que le *de cujus* serait déclaré en faillite après sa mort, ou que son héritier viendrait à être mis en faillite (Demolombe, XVII, 198; Aubry et Rau, § 619-44; Barafort, 155; Paris, 23 mars 1824; Cass., 22 juin 1841; S. 41, I, 723; Paris, 30 nov. 1861; P. 62, 754; Montpellier, 2 avril 1868; S. 68, II, 283).

970. — Prescriptions du défunt.
— L'inscription voulue par l'art. 2111 est obligatoire pour conserver le privilége de la séparation des patrimoines, alors même que le défunt a, par son testament, prescrit la vente d'une partie déterminée de ses biens pour le paiement de ses dettes, et que ce testament a été transcrit, la transcription ne pouvant suppléer à la formalité de l'inscription (Cass., 5 mai 1830[1].

971. — Aliénation. — Transcription. — Lorsque les immeubles ne sont plus dans les mains de l'héritier, par suite de l'aliénation qu'il en a faite depuis l'ouverture de la succession, la séparation des patrimoines peut encore être inscrite jusqu'à la transcription au bureau des hypothèques du contrat d'aliénation. Mais une fois la transcription opérée, alors même que le délai de six mois ne serait pas encore écoulé, cette formalité a pour effet de purger les immeubles des droits privilégiés et hypothécaires sujets à la formalité de l'inscription et non inscrits; et, par suite, le privilége de la séparation des patrimoines ne peut plus être opposé à l'acquéreur qui s'est libéré de son prix, dans le but d'engendrer contre lui le droit de suite (Marcadé, *880*, 4; Grenier, *hyp.*, II, 432; Duranton, VII, 490; XIX, 220, 221; Demante, III, 222 *bis*; Demolombe, XVII, 202; Aubry et Rau, § 619-47; Roll. de Vill., 49; Cass., 27 juin 1813; CONTRA Vazeille, *878*, 4; Troplong, *326*, *327*; Belost-Jolimont, *880*, obs. 4; Dufresne, 66; Colmar, 3 mars 1834; S. 34, II, 677); — ni aux créanciers personnels de l'héritier ayant hypothèque inscrite sur les immeubles (Demolombe, XVII, 203; Aubry et Rau, § 619-36); — non plus qu'aux créanciers personnels de l'héritier qui ont touché ou compensé le prix ou à qui il a été délégué en paiement (Grenoble, 21 avril 1823; Cass., 28 avril 1840; S. 40, 1, 821).

972. — Prix resté dû. — Mais si le prix est resté dû et qu'il n'y ait pas d'inscription du chef de l'héritier, les créanciers du défunt peuvent encore invoquer la séparation des patrimoins afin d'être préférés sur ce prix, comme constituant une valeur héréditaire, aux créanciers chirographaires de l'héritier (Chabot, *880*, 6; Duranton, VII, 490; Dufresne, 96; Mourlon, *Priv.*, 316; Demante, III, 226 *bis*; Pont, 302; Demolombe, XVII, 203, qui cite un arrêt de Caen, du 9 fév. 1860; Massé et Vergé, § 385-17; Aubry et Rau, § 619-28, 34; Cass., 25 juin et 16 juill. 1828; Toulouse, 26 mai 1829; Nimes, 19 fév. 1829; 21 juill. 1852; S. 53, II, 701; CONTRA Grenier, I, 60; Troplong, 568).

973. — Durée du droit sur le prix. — L'action des créanciers du défunt sur le prix de l'immeuble vendu par l'héritier, et qui n'a pas été payé, peut être opposée aux créanciers chirographaires de l'héritier pendant le même temps que si la séparation était demandée quant aux immeubles eux-mêmes, c'est-à-dire pendant 30 ans. On ne peut en ce cas appliquer la prescription de trois ans établie en ce qui concerne les meubles (Chabot, *880*, 6; Vazeille, *880*, 4; Toullier, IV, 541; Massé et Vergé, § 385-17; Demolombe, XVII, 205; Grenoble, 30 août 1831; Nimes, 27 janv. 1840; Cass., 22 juin 1841; 7 août 1860; S. 32, II, 645; 40, II, 368; 41, I, 723; 61, I, 257. CONTRA Duranton, VII, 490; Demante, III, 224 *bis*; Dufresne, 83).

974. — Échange. — La séparation des patrimoines peut être demandée, après un échange des immeubles du défunt, à l'égard des biens reçus par l'héritier en contre échange (Grenier, *hyp.* II, 420; Vazeille, *880*, 5; Roll. de Vill., 35; Nimes, 21 juill. 1852; S. 53, II, 701).

VII. Effets de la séparation des patrimoines.

975. — Préférence. — La séparation des patrimoines, ainsi que nous l'avons déjà établi, *supra* n° 950, confère aux créanciers du défunt et aux légataires qui l'ont obtenue, un droit de préférence au regard des créanciers de l'héritier. Mais entre les créanciers du défunt ou entre les légataires, elle ne crée aucun droit de préférence; ils restent toujours entre eux, par rapport à la succession, ce qu'ils étaient par rapport au défunt (Marcadé, *880*, 6; Belost-Jolimont, *870*, 3; Persil, *2111*, 4; Grenier, *hyp.*, II, 435; Duranton, XIX, 226; Demante, III, 222 *bis*; Dufresne, 93, 97, 98; Demolombe, XVII, 222; Massé et Vergé, § 385-24; Aubry et Rau, § 619-53; Grenoble, 21 juin 1841; S. 42, II, 355; Paris, 12 fév. 1878; *R. N.* 5607; CONTRA Lyon, 17 avril 1822; v. Toulouse, 16 juin 1884; Defrénois, *Rép. N.*, 2773).

976. — Droit de suite. — Surenchère. — En raison de ce que la séparation des patrimoines constitue un privilége, elle confère aussi aux créanciers, qui l'ont inscrite utilement, un droit de suite sur les biens grevés qui leur permet de les surenchérir en cas de vente (Blondeau, p. 479; Hureaux, *68*; Demante, III, 222 *bis*; G. Demante, *Rev. crit.*, 1854, p. 177; Demolombe, XVII, 209; Nimes,

16 fév. 1829; Colmar, 3 mai 1834; Orléans, 22 août 1840; S. 34, II, 678; 41, II, 513; t. Aix, 16 mars 1873; Cass., 27 juill. 1870; S. 72, I, 153; 74, II, 25. CONTRA Marcadé, 880, 4; Troplong, *hyp.*, 327; Pont, *ibid.*, 299; Dufresne, 89, 94; Aubry et Rau, § 619-67; t. Espalion, 21 janv. 1886; Defrén., *Rép. N.*, 3301.)

977. — Indivisibilité du privilége. — Le privilége résultant de la séparation des patrimoines, de même que tout autre privilége, est indivisible, en ce sens que s'il n'y a qu'un seul héritier chacun des biens de la succession est affecté pour le tout à l'encontre des créanciers de l'héritier ; et que s'il y a plusieurs héritiers, chacun des biens entrés dans le lot de chacun d'eux est affecté pour le tout à l'égard de la part et portion à sa charge dans les dettes (Demolombe, XVII, 210; Rouen, 22 mars 1881; Defrén., *Rép. N.*, 903).

978. — Divisibilité entre les héritiers. — La séparation des patrimoines ne met point obstacle à la division des dettes du défunt entre ses héritiers; dès lors elle n'apporte aucune dérogation aux règles des art. 873 et 1220. La raison en est qu'elle a pour but, non pas de contraindre les héritiers à payer au delà de leur part virile ou héréditaire et sauf recours, les créanciers du défunt avec les biens de la succession, mais d'empêcher que les créanciers des héritiers ne se fassent payer avec les biens de la succession au détriment des créanciers du défunt (Vazeille, 878, 8; Belost-Jolimont, 878, obs. 1; Aubry et Rau, § 619-68; Massé et Vergé, § 385-19; Demolombe, XVII, 211; Caen, 14 fév. 1823; 3 fév. et 9 juin 1857; Rennes, 14 janv. 1858; Limoges, 16 janv. 1860; Nancy, 13 avril 1867; S. 57, I, 321, 465; 58, II, 573; 61, II, 330; S. 68, 2e partie, page 81; CONTRA Duranton, XIX, 224; Dufresne, 114; Barafort, 187; Dollinger, 128; Demante, III, 222 *bis*; Bourges, 20 août 1832; Bordeaux, 14 juill. 1836; Caen, 17 janv. 1855; S. 32, II, 635; 37, II, 222; 57, II, 294.) — Il s'ensuit que lorsqu'un enfant débiteur principal a été cautionné par son père, et qu'il devient héritier de celui-ci seulement pour partie, le créancier ne peut obtenir par l'effet de la séparation des patrimoines, de privilége sur les biens héréditaires échus à l'enfant son débiteur, qu'à proportion de la part héréditaire de ce dernier (Demolombe, XVII, 211 *bis*; Caen, 9 fév. 1860, cité par cet auteur; Nancy, 13 avril 1867 précité).

979. — Poursuites des créanciers. — En est-il de même quand, par suite de rapports en moins prenant, les biens de la succession ne sont pas répartis entre les héritiers dans la proportion de leurs parts et portions? A ce sujet, nous empruntons à M. Demolombe, t. XVII, n° 214, l'exemple suivant : Un homme meurt laissant 100,000 fr. de biens en nature dans sa succession et 100,000 fr. de dettes; l'un des enfants a reçu par avancement d'hoirie 100,000 fr., il accepte la succession et rapporte les 100,000 fr. à lui donnés en moins prenant, de sorte que l'autre enfant a droit au prélèvement des 100,000 fr. de biens existant au décès; les dettes se divisent entre eux, soit 50,000 fr. à la charge de chacun. Si les créanciers du défunt ont obtenu la séparation des patrimoines, sur quels biens poursuivront-ils le recouvrement de leurs créances ? — Après le partage, le principe de la divisibilité des dettes domine, en ce sens que chacun des héritiers ne peut être poursuivi sur les biens à lui échus que pour la moitié à sa charge; en conséquence l'enfant non donataire, quoique ayant reçu la totalité des biens existants au décès, ne peut être poursuivi sur ces biens que pour la moitié à sa charge; sauf aux créanciers à intervenir au partage, ou si le partage est consommé, à l'attaquer s'il a été simulé dans le but de les frauder. — Mais tant que l'indivision dure, c'est-à-dire jusqu'au partage, les créanciers peuvent se faire payer pour le tout sur les biens existants de même que sur chacun de ces biens (Demolombe, XVII, 214, 215; Aubry et Rau, § 619-69).

980. — Intérêts. — Les créanciers du défunt acquièrent, par la séparation des patrimoines, le droit d'être colloqués, par préférence aux créanciers de l'héritier, pour tous les intérêts à eux dus, et non pas, en conformité de l'art. 2151, pour deux années et l'année courante (Bordeaux, 2 juill. 1846; S. 46, II, 653).

981. — Biens personnels de l'héritier. — Les créanciers du défunt et les légataires qui ont obtenu la séparation des patrimoines, doivent être payés d'abord sur les biens de l'hérédité. Ce n'est qu'en cas d'insuffisance de ces biens, et après les avoir épuisés, qu'ils peuvent recourir sur les biens personnels de l'héritier; et, dans ce cas, la séparation ne fait pas obstacle à ce qu'ils viennent sur ces biens en concours avec les créanciers personnels de l'héritier, ou même par préférence à eux dans le cas où la qualité de leur créance leur procure ce droit. Si les créanciers personnels de l'héritier avaient seuls le droit de se faire payer sur ses biens par suite de la séparation des patrimoines, ils bénéficieraient ainsi d'une espèce de séparation, contrairement à l'art. 881, et en outre, l'art. 2093 cesserait de recevoir son application à leur égard, ce qui n'est pas admissible (Merlin, *sép. des patrim.*, § 5, n° 6; Dufresne, *ibid.*, 110; Roll. de Vill., *ibid.*, 86; Chabot, *878*, 13; Vazeille, *878*, 7; Grenier, *hyp.* 437; Duranton, VII, 500; Toullier et Duvergier, IV, 548; Nicias-Gaillard, *Rev. crit.*, 1856, VIII, p. 201; Genty, *ibid.* VIII, p. 350; Massé et Vergé, § 385-21; Aubry et Rau, § 619-64; Demolombe, XVII, 220, 221. Contra Marcadé, *881*, 2; Bugnet sur Pothier, VIII, p. 221; Mourlon, II, p. 192).

CHAPITRE DEUXIÈME

DES RAPPORTS A EFFECTUER A LA MASSE

DIVISION

Sect. 1. — *Des personnes par lesquelles le rapport est dû* (N°s 984 et suiv).
  § 1. Etre héritier (N°s 989 à 996).
  § 2. Etre donataire ou légataire (N°s 997 à 1026).
  § 3. Ne pas avoir été dispensé du rapport (N°s 1027 à 1041).
  § 4. Venir à la succession (N°s 1042 à 1048).
Sect. 2. — *De la succession et des personnes auxquelles le rapport est dû*.
  § 1. A quelle succession (N°s 1049 à 1055).
  § 2. A quelles personnes (N°s 1056 à 1065).
Sect. 3. — *Des avantages sujets à rapport.*
  § 1. Rapports de legs (N°s 1066 à 1067).
  § 2. Rapports de dons entre vifs (N°s 1068 et suiv.).
    I. Choses sujettes au rapport (N°s 1069 à 1103).
    II. Choses non soumises au rapport (N°s 1104 à 1120).
  § 3. Rapports de dettes (N°s 1121 à 1135).
  § 4. Rapports de fruits (N°s 1136 à 1142).
Sect. 4. — *De la manière dont se fait le rapport.*
  § 1. Rapport d'immeubles (N°s 1143 et suiv.).
    I. En nature (N°s 1144 à 1169).
    II. En moins prenant (N°s 1170 à 1183).
    III. Retranchement (N°s 1184 à 1188).
  § 2. Rapport de meubles (N°s 1189 à 1199).
  § 3. Prélèvements (N°s 1200 à 1204).

SOMMAIRE ALPHABÉTIQUE

Abandon 1070, 1072	Achat par père 1080	Adition d'hérédité 1063
Abandon de biens. 996	Acquisition 1103	Aliénation :
Absence 995, 1005	Action 1018	— Amélioration 1181
Abstention. 1079	Action divisible 986	— Dégradation 1181
Acceptant 1042	— en indemnité 1154	— Expropriation 1174

MASSES. — RAPPORTS A SUCCESSION.

— Gratuite 1173
— Insolvabilité 1180
— Licitation 1174
— Mari 1016
— Onéreuse 1173
— Perte 1175
— Prix 1174
— Réduction de donation. . 1180
— Régime dotal. 1016
— Résolution 1168
— Retranchement. 1180
— Valeur du rapport 1174
Aliments 1108, 1114
Amélioration 1181
Ameublement 1081
Apprentissage. . . 986, 1081, 1105, 1109
Argent donné 1197
— prêté. 1199, 1202
Arrérages 1130
Association :
— Acte authentique. 1093, 1097
— Avantages 1095
— Conjoint du successible . 1097
— Dispense de rapport . . . 1096
— Indemnité 1095
— Intention 1096
— Mise de fonds 1094
— Profits 1094
— Rémunération 1095
— Société universelle. . . 1098
— Sous seing privé . 1094, 1097
Augmentation . . . 1155, 1179, 1182
Augmentation de valeur 1092
Autorisation maritale 987
Autre conjoint. 1055
Avances 1081, 1109
Avantages 1091
Aveu. 1074
Bail 1092, 1100
Bail à vie 1101, 1102
Bénéfice d'inventaire 996
Bibliothèque 1081, 1110
Bien de communauté 1054
Biens paternels et maternels . . 1073
Brevet de poste 1079
Caractères 988
Cas fortuit. 1163
Catégorie d'héritiers 992
Caution-cautionnement :
— Acceptation bénéficiaire. 1008
— Auteur 1088
— Epoux successible 1020
— Faillite 1135
— Femme successible. . . . 1135
— Père. 1021
— Petit-fils 1008
Charges 1069, 1167
Choix 1146
Chose léguée 1066
Cohéritier 989, 1056
Communauté 1123
Communauté d'habitation. . . . 1103
Compensation 1075, 1142
Conditions 988
Conjoint du successible 1010, 1011, 1019, 1020
Construction 1079
Conventions 1091
Créances 1193, 1194
Créance recouvrée. 1128

Créanciers :
— Adition d'hérédité. . . . 1063
— Argent prêté 1059
— Donateur 1072
— Droits de l'héritier 1057
— Exclus du rapport 1059
— Imputation 1065
— Legs 1064
— Successible 1065
Cumul 1062
Déchéance 986
Déduction 1069, 1130
Déficit 1146
Dégradations 1163, 1181
Degrés 992
Démission de fonctions 1079
Deniers 1198
Dépenses. 1129, 1159
Dépenses différentes 1107
Descendants de l'absent 1005
— intermédiaires . . . 1003
Détériorations 1163
Dettes :
— Argent prêté 1046, 1199
— Arrérages 1130
— Caution 1021, 1135
— Caution solidaire 1020
— Communauté 1123
— Concordat. . . . . 1132 à 1135
— Conjoint de successible 1019, 1020
— Déduction. 1130
— Délit 1122
— Dépenses. 1129
— Dividendes . . . . 1132 à 1135
— Don de créance 1022
— Donataire. . . . . 1059 à 1061
— Epoux. 1019
— Exigibilité 1124
— Faillite . . . 1020, 1132 à 1135
— Femme 1135
— Fille mariée . . . 1021, 1022
— Fruits 1127
— Garantie 1126
— Gestion 1127
— Hypothèque 1126
— Intérêt du défunt . . 1126, 1133
— Légataire . . . . . 1059 à 1062
— Père et mère 1123
— Petit-fils 1008
— Prélèvement 1203
— Prescription 1124
— Prêt à rente viagère. . . 1130
— Preuve 1122
— Principe 1121
— Quasi-contrat ; quasi-délit 1122
— Recouvrement . . . 1127, 1128
— Remise 1134
— Renonciation à succession 1126
— Rente perpétuelle 1131
— Répartition . . . 1132 à 1135
— Solidarité 1019
— Successible 1019
— Termes 1125, 1126
— Union 1132
— Vente 1126
Diminution 1155, 1179
Dispense de rapport :
— Acte postérieur 1030
— Association 1096
— Capacité 1031

— Démission de biens . . . 1034
— Don manuel . . . 1039, 1040
— Donation déguisée. 1037, 1038
— Enfant commun 1031
— En nature 1029
— Expression équipollente. 1033
— Forme 1030
— Formule 1033
— Legs universel 1034
— Limites. 1028
— Mari 1031
— Partage d'ascendant . . . 1054
— Préciput ou hors part . . 985
— Prescription 1041
— Preuve 1035, 1040
— Quotité disponible. 1028, 1034
— Reconnaissance de dettes 1034
— Remise de dette 1034
— Renonciation à libéralité 1079
— Réserve d'usufruit . . . 1036
— Retour conventionnel . . 1036
— Stipulation expresse . . . 1032
— Successible 1027
— Substitution 1034
— Substitution vulgaire . . 1036
— Tacite. 1034
— Transmission d'hérédité. 999
Dividende 1071
Divisibilité 986
Don de créance 1022
Don déguisé . . . .
Don manuel 1069
Don rénumératoire 1069
Donataire 991, 1059
Donation à légataire 991
Donation conjointe . . . 1051, 1052
Donation entre époux 1079
Donation onéreuse. 1069
Dot. . . . . 1013 à 1017
Dot de religieuse 1081
Dot non payée 1071
Dot prescrite 1076
Economies. 1120
Education 1081, 1105, 1109
Effets. 1144, 1178, 1179
En deniers 1166
Enfant commun. 1054
Enfant du premier lit 1025
Enfants naturels. . . 993, 994, 1045, 1058, 1113
En moins prenant 1170 à 1182, 1189 à 1199
En nature. . . . . 1066, 1144 à 1169
Entretien. 1081, 1105, 1109
Epoque. 1174, 1176
Epoux 1011, 1012, 1019
Equipement 1087, 1105
Etablissement 1080
Etat du successible 1106
Etranger. 1078, 1079
Estimation. 1166
Excédant. 1146
Excédant du disponible 1184
Exhérédation 1056
Exigibilité 1126
Exonération militaire . . . 1084, 1086
Faculté 1172, 1178
Faillite. . . . 1020, 1132 à 1135, 1202
Fait du donataire 1155, 1156
Faute 1163
Femme non autorisée 987

Fils de l'héritier. 1001	Libéralités diverses 1069	— Avantages. 1203, 1204
Fille dotale . . . . 1013 à 1018	— indirectes 1077	— Dettes. 1203
Fille mariée 1021, 1022	Licitation 1162	— Faillite 1202
Fille non commune 1014	Lignes. 992, 1026	— Gestion 1127
Folles dépenses 1081	Livres 1081, 1110	— Immeubles aliénés. . . . 1201
Fonds de commerce. 1081	Lots 1067	— Intérêt 1203
Forfait. 1177	Mari 1054	— Lots 1067
Frais 1081	Masse 982	— Mode 1200
Frais de contrat de mariage . . 1112	Maternels 1073	— Objets similaires. 1200
Frais de noces. 1105	Minorité. 1086	— Partage. 1200
Fruits :	Mobilier :	— Préférence 1127, 1202
— Algérie. 1140	— Argent donné 1197	— Terme 1203
— Antérieurs au décès. . . 1115,	— Argent prêté 1199	Premier mourant 1053
1119, 1136	— Créances 1193, 1194	Prêt. (Voir dettes).
— Arrérages. 1116	— Deniers 1198	Prescription 1076, 1124, 1141
— Bail à prix vil. 1102	— En nature. 1196	Présents d'usage. 1105
— Capitalisés 1120	— Estimation 1189, 1190	Présomptif héritier 997
— Civils 1119	— Incorporel. 1193	Présomption 1077
— Compensation 1142	— Moins prenant 1189	Preuve 1077, 1082, 1163
— Epoque. 1138	— Nouvelle estimation 1190, 1195	Prix payé par père 1080
— Intérêt . . . . . . 1138 à 1140	— Nue propriété 1191	Prix vil. 1099, 1100
— Ile de la Réunion 1140	— Numéraire 1197	Profits 1091
— Intérêts non dus 1115	— Office. 1195	Quittance. 1079
— Perception 1127	— Perte 1192	Rapport fictif 1061
— Postérieurs au décès. . . 1137	— Rentes 1193, 1194	Recours 1025
— Prescription 1111	— Usufruit 1191	Recouvrement 1127, 1128
— Prêt. 1138	— Valeurs de bourse . 1193, 1194	Réduction 1062
— Rétention. 1165	Moins prenant. 1066	Réduction de legs. 1079
— Taux de l'intérêt. 1140	Négligence 1163	Régime dotal. . . . 1023, 1024, 1071
— Usufruit 1117	Noces (frais de) 1105	Remboursement 1165
— Valeur 1139	Non cumul. 1044	Remise de dettes 1090, 1134
— Vente de l'usufruit. . . . 1118	Non paiement. 1017	Remplacement militaire 1084 à 1086
Gage. 1165	Nourriture. 1069, 1080, 1081, 1105,	Renonciation 1183
Gain de survie. 1079	1109	Renonciation à communauté. . 1054,
Gestion. 1127	Numéraire. 1197	1079
Habitation. 1168, 1169	Objets tombés en communauté. 1012	Renonciation à donation entre
Héritier bénéficiaire. 996	Obligation 984	époux 1079
Hors part. 985	Office 1079, 1081, 1195	Renonciation à gain de survie . 1079
Hypothèque 1167	Omission. 1055	Renonciation à legs. 1079
Impenses . . 1079, 1129, 1157 à 1161	Paiement de dettes 1081	Renonciation à succession :
Imputation . . 991, 1053, 1061, 1065	Paiement total. 1073	— Argent prêté 1046
Immeuble ou somme 1146	Parents. 992	— Avantage 1079
Immeuble de communauté . . . 1025	Parents naturels. 994	— Cumul 1044
Immeuble non aliéné. 1145	Part exprimée. 1052	— Dette 1126
Immeubles similaires . . 1145, 1171,	Part indivise. 1062	— Enfant naturel. 1045
1172	Partage 1162	— En faveur de successible 1079
Incendie. 1083, 1153, 1154	Paternels 1073	— Libéralité à père. 1007
Indemnité 1159, 1162	Patrimoine. 1104	— Non rapport 1044, 1056
Indignité. 1047, 1056	Pension viagère 1116	— Successibles de deux li-
Inégaux 1018	Père et mère 1051, 1052	gnes 1026
Insolvabilité 1180	Personne interposée. 1078	— Termes 1126
Insolvabilité du mari 1012	Perte :	Rente perpétuelle. 1131
Intérêts :	— Antérieure au décès . . . 1175	Rente viagère . . . 1069, 1116, 1130
— Avances. 1081	— Cas fortuit 1147	Réparations 1158
— Dettes. 1125, 1203	— Faculté 1178	Représentation 998, 1003 à 1008, 1048
— Dot payée deux fois . . . 1024	— Faute 1176	Réserve légale. 1006, 1079
— Indemnités 1164	— Impenses 1161	Responsabilité. 1083
— Régime dotal. 1023	— Incendie 1153, 1154	Rétention 1044, 1165
— Sommes rapportables 1136 à	— Partielle 1150	Retranchement :
1140	— Postérieure au décès. . . 1152	— Cumul 1187
Legs-légataire :	— Preuve. 1147	— Excédant du disponible. 1184
— Aliments 1114	— Responsabilité . . . 1153, 1154	— Moitié 1185
— Cumul 1062	— Tiers acquéreur . . 1151, 1152	— Portion disponible. . . . 1186
— Dispense 990	Petit-fils . . . . 1001 à 1008	— Possible 1184
— Donation postérieure . . 991	Plus values. 1159	— Récompense 1185
— Imputation 991	Préciput 985	— Vente 1187
— Non rapport 990	Préciput et hors part (Voir dis-	Revenus. (Voir fruits.)
— Réduction 1062	pense de rapport).	Services rémunérés 1069
— Réserve. 1061	Préférence. 1202	Servitude 1168, 1169
— Réunion fictive. 1061	Prélèvement :	Société universelle. 1098
— Successible . . 1000, 1060, 1062	— Argent prêté 1202	Solidarité 1019, 1051

Somme en deniers 1179	Termes 1125, 1126, 1203	Usufruit, évaluation 1183
Stipulation 1177	Tiers 1078	Valeur 1166, 1174
Substitution 1070	Transfert de valeurs 1089	Valeurs de Bourse 1193, 1194
Successeurs irréguliers 993	Transmission d'hérédité 999	Venir à succession 1042
Successibles 997, 1000, 1019, 1105, 1106	Trousseau 1111	Vente 1079, 1092, 1099, 1179
Successible décédé 1048	Tuteur 1009	Vileté de prix 1079, 1099, 1100
Succession du donateur 1049	Un des époux 1050	Volontariat 1087
Temps du partage 1176	Usage 1168, 1169	
	Usufruit 1080, 1117, 1118, 1168, 1169	

982. — Masse partageable. — Rapports. — La masse partageable, indépendamment des biens existants au décès, dont il est question *supra* n°s 791 et suiv., comprend aussi, soit en nature, soit en deniers, les rapports des dons ou legs qui ont été faits à titre d'avancement d'hoirie par le défunt aux héritiers venant à la succession.

983. — Division des matières. — Nos explications à ce sujet seront divisées en quatre sections qui traiteront : la première, des personnes qui doivent le rapport ; — la deuxième, des successions et des personnes auxquelles le rapport est dû ; — la troisième, des avantages sujets à rapport ; — et la quatrième, de la manière dont se fait le rapport.

SECTION I.

DES PERSONNES PAR LESQUELLES
LE RAPPORT EST DU.

984. — Obligation du rapport. — Tout héritier, même bénéficiaire, venant à une succession, doit rapporter à la masse de la succession, par conséquent à ses cohéritiers, tout ce qu'il a reçu du défunt par donation entre vifs, directement ou indirectement, ainsi que les sommes dont il est débiteur envers le défunt (*C. civ.*, 829, 843).

985. — Préciput ou hors part. — Il ne peut retenir les dons ni réclamer les legs à lui faits par le défunt, à moins que les dons et legs ne lui aient été faits expressément par préciput et hors part ou avec dispense de rapport (*C. civ.*, 843). *Infra*, n° 1027.

986. — Action divisible. — Les droits des héritiers dans la succession étant divisibles, et chacun d'eux pouvant renoncer à exiger de ses cohéritiers le rapport à la masse des libéralités faites par l'auteur commun, sans apporter par cette renonciation aucun empêchement au partage, l'appel formé contre l'un d'eux, d'un jugement qui a dispensé un cohéritier du rapport, ne relève pas un autre cohéritier de la déchéance qu'il a encourue en n'interjetant pas appel du même jugement dans le délai légal (Cass., 27 fév. 1877; Droit, 1er mars; voir Cass., 10 avril 1866; S. 66, I, 140).

987. — Femme non autorisée. — La femme héritière qui a reçu des libéralités de l'auteur commun, est tenue de les rapporter, sans qu'elle puisse opposer le défaut d'autorisation de son mari, s'il les a connues, et si, d'ailleurs, elles ont profité aux besoins du ménage et à l'entretien des enfants (Cass., 9 août 1870; S. 70, I, 381).

988. — Caractères du rapport. — Quatre conditions sont requises pour qu'un successible soit soumis à l'obligation du rapport : 1° Etre héritier; 2° Etre donataire ou légataire ou représentant d'un donataire du défunt; 3° N'avoir pas été dispensé du rapport; 4° Enfin venir à la succession.

§ 1. — *Etre héritier.*

989. — Cohéritiers. — Pour être tenu au rapport il faut être cohéritier, c'est-à-dire tenir son droit héréditaire de la loi.

990. — Donataires. — Légataires. — Les donataires contractuels et les légataires universels ou à titre universel, tenant leurs droits successifs du défunt, ne sont tenus à aucun rapport entre eux ni envers les héritiers, sauf réduction si les libéralités à leur profit excèdent la quotité disponible. — *Infra* n° 1209 (Marcadé, 857, 3; Chabot, 843, 11; Duranton, VII, 227, 228; Hureaux, IV, 14; Demolombe, XVI, 173; Bourges, 12 mars 1860; J. N., 16928; Paris, 23 déc. 1873; Caen, 22 janv. 1874; jur. N. 14797; S. 75, II, 80).

**991. — Légataire. — Imputation. — Bien que les légataires ne soient pas soumis à l'obligation du rapport entre eux, si un testateur après avoir institué divers légataires, a fait une donation à l'un d'eux, à la charge de prendre en moins une somme pareille dans sa succession, le testateur doit être considéré comme ayant exécuté le legs par imputation jusqu'à concurrence de la valeur de l'objet donné, qui, par suite, doit être imputé sur ses droits de légataire dans les biens qui dépendent de la succession (Seine, 12 mars 1870; Paris, 20 avril 1851; Rouen, 16 nov. 1875; Cass., 27 avril 1852, 19 juin 1876; Voir cep. Limoges, 12 juin 1852; S. 51, II, 367; 52, II, 581; 76, I, 419 et II, 47).

992. — Distinction des degrés. — Tout héritier est soumis à l'obligation du rapport, sans distinction relativement aux différentes catégories de parents; ainsi, les descendants, ascendants, collatéraux de quelque ligne et de quelque degré qu'ils soient (Cass., 5 mai 1812); — alors même qu'ils se trouveraient en présence d'héritiers d'une autre catégorie et d'une autre ligne (Grenier, 502; Demolombe, XVI, 174; Aubry et Rau, § 629-1.

993. — Successeurs irréguliers. — Par héritier on entend non seulement les héritiers légitimes, proprement dits, mais encore tous les successeurs irréguliers appelés par la loi à la succession *ab intestat*, tels que : les enfants naturels, les père et mère et frères et sœurs naturels du *de cujus*; ainsi l'enfant naturel est tenu au rapport envers les héritiers légitimes avec lesquels il se trouve en concours, de même que les héritiers légitimes en sont tenus envers lui, *infra* n° 1058 (Demolombe, XIV, 99; XVI, 175; Hureaux, IV, 15; Cass., 28 juin 1831, 16 juin 1847; S., 31, I, 18; 47, I, 660. CONTRA Marcadé, 760, 1; suivant cet auteur, l'enfant naturel doit imputer sur sa part ce qu'il a reçu selon la valeur du jour de la donation, de sorte qu'il n'est pas tenu à rapport.)

994. — Enfants naturels. — Parents naturels. — Les enfants naturels appelés à recueillir la totalité des biens de leurs père ou mère à défaut de parents légitimes, et les autres parents naturels appelés par la loi à la succession dans les hypothèses prévues par les art. 765 et 766, sont aussi respectivement tenus au rapport les uns envers les autres (Marcadé, 766-4; Demolombe, XIV, 102, 167; Aubry et Rau, §§ 629-8, 639-32; Hureaux, V, 284).

995. — Absence. — Les cohéritiers envoyés en possession provisoire des biens d'un absent peuvent se contraindre réciproquement au rapport des dons qu'ils ont reçus de l'absent, sans clause de préciput (Demolombe, II, 132).

996. — Héritier bénéficiaire. — L'héritier bénéficiaire est tenu de l'obligation du rapport envers ses cohéritiers, même lorsqu'il a fait l'abandon de tous les biens de la succession aux créanciers et légataires (Duranton, VII, 43; Demolombe, XVI, 176; Paris, 26 déc. 1815).

§ 2. — *Etre donataire ou légataire.*

997. — Successible. — Le donataire qui n'était pas héritier présomptif lors de la donation, mais qui se trouve successible au jour de l'ouverture de la succession, doit le rapport, à moins que le donateur ne l'en ait dispensé (C. civ., 846). En effet, on doit présumer que le défunt n'aurait pas fait la donation ou qu'il ne l'aurait faite que par avancement d'hoirie, s'il eût prévu que le donataire vînt à sa succession.

998. — Représentation. — Il importe peu qu'il vienne à la succession de son chef ou par représentation, car, dans l'un comme dans l'autre cas, il est héritier, et, à ce titre, soumis à l'obligation du rapport (Chabot, 760, 4; Demante, III, 184 *bis*; Duranton, VII, 230; Aubry et Rau, § 631-6; Massé et Vergé, § 398-5; Demolombe, XVI, 200; Hureaux, IV, 16; CONTRA Marcadé, 848, 2).

999. — Transmission d'hérédité. — Mais s'il ne vient à la succession que par voie de transmission, comme ayant recueilli le droit d'hérédité dans la succession de son auteur, il est dispensé du rapport des libéralités dont il a été personnellement gratifié (Duranton, VI, 410; Demolombe, XVI, 204; Aubry et Rau, § 631-6).

1000. — Légataire. — Quoique l'art. 846 semble ne s'appliquer qu'au donataire, il n'est aucunement douteux qu'il comprend aussi le légataire qui n'était pas successible lors du testament, mais qui l'est devenu au jour du décès du testateur (Chabot, *843*, 4; Grenier, II, 532; Demolombe, XVI, 180).

1001. — Petit-fils non héritier.
— Les dons et legs faits au fils de celui qui se trouve successible à l'époque de l'ouverture de la succession, sont toujours réputés faits avec dispense de rapport. — Le père venant à la succession du donateur n'est pas tenu de les rapporter (*C. civ.*, *847*); à moins qu'il ne résulte d'une convention ou d'un acte quelconque que le fils a reconnu être le vrai donateur et que son père lui a imposé l'obligation de rapporter le don à sa succession (Demolombe, XVI, 193; Hureaux, IV, 24).

1002. — Petit-fils héritier de son chef. — Pareillement le petit-fils venant de son chef à la succession du donateur, *supra* n° 106, et aussi l'enfant de l'adopté qui recueille de son chef la succession de l'adoptant par suite du prédécès de son père (Nancy, 30 mai 1868; S. 70, I, 18; J. N. 19367; Cass., 10 nov. 1869; S. 70, I, 18), n'est pas tenu de rapporter le don fait à son père, même quand il aurait accepté la succession de celui-ci (*C. civ.*, *848*), et aurait ainsi profité du don.

1003. — Petit-fils; représentation. — Mais si le petit-fils ne vient que par représentation, il doit rapporter ce qui avait été donné à son père, même quand il n'en aurait pas profité, comme, par exemple, s'il a répudié sa succession (*C. civ.*, *848*), ou l'a acceptée sous bénéfice d'inventaire (Cass., 4 mars 1872; S. 72, I, 108; J. N. 20392), — ou en a été exclu comme indigne.

1004. — Descendants intermédiaires. — Ce qui s'applique aussi aux donations faites à plusieurs descendants intermédiaires que le successible doit franchir pour arriver par représentation à la succession du donateur; par exemple, quand le successible représente à la fois son père et son aïeul, il est soumis à l'obligation du rapport des dons faits tant à lui-même, *supra* n° 998, qu'à son père et à son aïeul (Chabot, *760*, 4; Duranton, VII, 230; Massé et Vergé, § 398-5; Demante, III, 184 *bis*; Demolombe, XVI, 200; Hureaux, IV, 19, 20. Contra Marcadé, *848*, 2).

1005. — Descendants de l'absent. — Les descendants d'un absent qui viennent à la succession comme le représentant, *supra* n° 94, doivent le rapport de ce qu'ils ont reçu et aussi de ce que l'absent avait reçu lui-même (Duranton, I, 549).

1006. — Petit-fils. — Réserve légale. — Le petit-fils venant à la succession, par représentation de son père, à la succession duquel il a renoncé, doit le rapport auquel celui-ci aurait été tenu, lors même que ce rapport porterait atteinte à sa réserve légale comme si, par exemple, le don fait par l'aïeul à son fils égalait la part héréditaire de celui-ci (Chabot, *848*, 5; Demolombe, XVI, 202).

1007. — Petits-fils. — Acceptation et renonciation. — Si plusieurs petits-fils sont appelés à la succession par représentation de leur père, et que les uns aient accepté tandis que les autres ont renoncé, il est dû néanmoins le rapport intégral de la libéralité faite au père, sans que les renonçants puissent conserver jusqu'à concurrence de la quotité disponible leur part dans la libéralité, puisque par l'effet de la représentation, ils prennent la place du représenté dans toutes ses obligations vis-à-vis du défunt (Cass., 15 juin 1870; S. 70, I, 329).

1008. — Petit-fils. — Dettes. — Le rapport auquel est tenu le petit-fils venant à la succession par représention de son père, est non seulement des dons faits à ce dernier, mais encore des sommes dues par son père à la succession de l'aïeul, alors même qu'il aurait répudié la succession de son père, puisqu'il est mis à la place du représenté pour avoir les mêmes droits et aussi les mêmes obligations (Chabot, *848*, 3; Duranton, VII, 230; Demolombe, XVI, 200; Aubry et Rau, § 631-5; Grenoble, 27 déc. 1832; S. 33, II, 447; Paris, 24 avril 1858; J. N., 16441; v. aussi Cass., 3 janv. 1859; S. 59, I, 242. Contra Marcadé, *848*, 2). — Il en serait autrement, à moins de stipulation contraire, si la dette n'avait pris naissance qu'après le décès du fils, par exemple si l'aïeul a cautionné la succession de son fils à laquelle les petits-fils ont renoncé ou qu'ils ont accepté bénéficiairement (Demolombe, XVI, 201 *bis*; Cass., 3 janv. 1859; S. 59, I, 242).

1009. — Tuteur. — Jugé que des petits enfants venant à la succession de leur aïeul ne peuvent être tenus au rapport des biens aliénés par celui-ci, et dont leur mère tutrice a touché le prix pendant leur minorité, alors qu'il n'est pas établi que ce prix ait tourné à leur profit (Bastia, 23 janv. 1855; S. 55, II, 97).

1010. — Conjoint d'un successible. — Les dons et legs faits au conjoint d'un époux successible, sont réputés faits avec dispense du rapport *(C. civ., 849)*, alors même que le conjoint successible en aurait profité, comme, par exemple, si l'objet donné est tombé en communauté (Toullier, IV, 457; Duranton, VII, 235; Demolombe, XVI, 208; Aubry et Rau, § 631-7; Paris, 6 déc. 1880; Cass., 27 juill. 1881; Defrén., *Rép. N.*, 39 et 591).

1011. — Dons ou legs à des époux. — Si les dons et legs sont faits conjointement à deux époux, dont l'un seulement est successible, celui-ci en rapporte la moitié *(C. civ., 849)*; quant à l'autre moitié elle est dispensée du rapport, en raison de ce que la disposition a été faite en faveur d'un non successible.

1012. — A époux successibles. — Si les dons et legs sont faits à l'époux successible il les rapporte en entier *(C. civ., 849)*, lors même qu'il n'en aurait profité que pour une portion, ou qu'il n'en aurait pas profité du tout. Par exemple, en cas de donation d'effets mobiliers à la femme mariée, si ces effets tombent dans la communauté elle est exposée à n'en retirer qu'une portion en acceptant la communauté, ou même à n'en rien retirer si elle renonce; ou encore s'il s'agit d'une dot réservée propre qu'elle se trouve perdre par suite de l'insolvabilité de son mari; dans tous ces cas la femme doit néanmoins le rapport (Vazeille, *849*, 8; Duranton, VII, 235; Demolombe, XVI, 209; Aubry et Rau, § 631-8; Roll. de Vill., *Rapport*, 41).

1013. — Fille dotale. — Toutefois lorsque la libéralité a été faite sous forme de constitution de dot à la fille mariée sous le régime dotal, elle ne doit pas souffrir de l'imprudence que son père a pu commettre; en conséquence, si le mari était déjà insolvable, et n'avait ni art, ni profession lorsque le père à constitué une dot à sa fille, celle-ci n'est tenue de rapporter à la succession de son père que l'action qu'elle a contre son mari pour s'en faire rembourser. Mais si le mari n'est devenu insolvable que depuis le mariage, ou si, lors du mariage, il avait un métier ou une profession qui lui tenait lieu de bien, la perte de la dot tombe uniquement sur la femme (*C. civ., 1573*). Cette disposition est applicable également quand la dot a été constituée par la mère (Duranton, VII, 418; Vazeille, *850*, 10; Demolombe, XVI, 211; Rodière et Pont, I, 136; CONTRA Belot, II, p. 282); — ou par tout autre ascendant (Rodière et Pont, I, 137; Demolombe, XVI, 213); — mais non si elle a été constituée par un parent en collatéral (Demolombe, XVI, 213; CONTRA Rodière et Pont, I, 136).

1014. — Fille. — Non communauté. — L'art. 1573 est spécial au régime dotal, et ne devrait pas être étendu à un autre régime de mariage, pas même au régime exclusif de communauté (Marcadé, *1573*, 2; Chabot, *843*, 12; Grenier, *Donat.*, II, 530; Duranton, VII, 416, 420; XV, 576; Demante, III, 185 *bis*; Demolombe, XVI, 210; Hureaux, IV, 23; CONTRA Rodière et Pont, I, 137).

1015. — Fille dotale. — Dot mobilière. — La disposition de l'art. 1573 est relative à la dot purement mobilière, c'est-à-dire à celle dont le mari est immédiatement saisi pour en disposer en maître. Elle ne serait pas applicable si la dot était constituée en immeubles (Chabot, *843*, 12; Grenier, *Donat.*, II, 531; Demante, III, 202 *bis*; Demolombe, XVI, 214; Hureaux, IV, 23; CONTRA Duranton, VII, 419).

1016. — Fille dotale. — Immeuble aliénable. — Il en serait autrement toutefois si le mari avait reçu dans le contrat de mariage le pouvoir d'aliéner les immeubles sans le concours de sa femme, et qu'il les ait aliénés, car dans ce cas la perte de la dot est également due à l'imprudence du constituant (Rodière et Pont, I, 135).

1017. — Fille dotale. — Non paiement. — Si la dot constituée à la fille dotale n'a pas été payée, elle n'est pas tenue à rapport; et ses cohéritiers ne peuvent la contraindre à rapporter l'action qui lui appartient en vertu de l'art. 1569 contre son mari, pour n'avoir pas réclamé la dot (Troplong, *Cont., de mar.*, 3667; Hureaux, IV, 79;

Demolombe, XVI, 314; Cass., 21 juill. 1846; Rouen, 29 janv. 1847; S. 46, I, 826; 47, II, 572).

1018. — Rapports inégaux. — Lorsque l'actif d'une succession ne comprend pas des rapports effectués par des cohéritiers pour des sommes inégales, les uns n'ayant reçu que la part juste à laquelle ils ont droit, et d'autres au-delà, l'action en rapport formée par les héritiers qui n'ont rien reçu doit être dirigée exclusivement contre les héritiers qui ont reçu au-delà de leur part, et non pas contre ceux qui ont reçu seulement leur part, et qui, dès lors, n'ont rien à rapporter, sauf toutefois tout recours contre eux en cas d'insolvabilité. (Paris, 16 mars 1829).

1019. — Prêt aux époux. — L'un successible. — Lorsqu'un prêt a été fait à deux époux et que l'un d'eux est successible du créancier, diverses distinctions sont à établir au point de vue de l'obligation du rapport : Quand les époux se sont obligés solidairement, le conjoint successible est tenu au rapport de la totalité de la somme prêtée, si c'est la femme, sauf son recours contre son mari. Si aucune solidarité n'a été stipulée, est-ce la femme qui est successible? elle ne doit le rapport que pour moitié, sauf toujours son recours contre son mari. Est-ce le mari? il doit le rapport de la totalité, puisqu'il est tenu pour le tout au paiement des dettes de la communauté. Enfin lorsque le prêt a été fait au mari de la femme successible sans son concours, elle n'est pas tenue au rapport (Chabot, *art. 851*; Duranton, VII, 236; Demolombe, XVI, 217; Roll. de Vill., *Rapport*, 44. Contra Hureaux, IV, 92); — à moins cependant que la communauté ne soit dissoute et qu'elle ne l'ait acceptée; car alors tenue au paiement des dettes pour moitié ou, du moins, jusqu'à concurrence de son émolument (*C. civ., 1483*), elle doit effectuer le rapport dans de pareilles proportions (Duranton, VII, 236 à 238; Demolombe, XVI, 218; Hureaux, IV, 91).

1020. — Ibid. — Epoux successible. — Caution solidaire. — Si le prêt à l'époux non successible a été cautionné solidairement par l'époux successible, ce dernier est débiteur en sa qualité de caution, et doit le rapport, même lorsque son conjoint, ayant été déclaré en faillite, a obtenu un concordat (Pau, 6 juin 1864; S. 65, II, 105; Cass., 7 avril 1868; S. 68, I, 448).

1021. — Ibid. — Fille mariée débitrice solidaire. — Père caution. — La fille mariée est tenue au rapport à la succession de son père, pour l'avance faite par ce dernier en qualité de caution d'une dette contractée par le mari et la femme solidairement, alors même qu'elle aurait renoncé à la communauté (Orléans, 30 janv. 1872; J. N. 20872).

1022. — Ibid. — Fille mariée. — Don de créance sur les époux. — Lorsque les époux sont débiteurs conjoints envers le père de la femme, et que ce dernier fait donation à sa fille, par avancement d'hoirie, du montant de la créance, à quel rapport est-elle assujettie? On doit, à notre avis, considérer que la donation a eu pour résultat d'opérer une confusion aux mains de la donataire pour la moitié dont elle était tenue, et de la rendre créancière sur son mari pour l'autre moitié; de sorte que si le mari est insolvable, il lui suffit de faire le rapport en moins prenant de moitié, et en nature de l'autre moitié, ce qui place la succession dans la même situation que si la donation n'avait pas eu lieu. Autrement la donation, qui est un acte de bienfaisance, deviendrait la source d'une charge onéreuse pour la donataire, ce qui serait contraire à sa nature.

1023. — Intérêt. — Régime dotal. — Lorsque la femme mariée sous le régime dotal fait le rapport d'une somme d'argent à la succession de son père, les intérêts courus depuis l'époque de l'ouverture de la succession, ne sont pas dus par la femme et ne peuvent être prélevés sur les biens de la succession. Ces intérêts forment une dette personnelle du mari qui a joui de la dot, et les cohéritiers de la femme ne peuvent recourir que contre lui (Toulouse, 23 déc. 1835; S. 36, II, 321).

1024. — Ibid. — Dot payée deux fois. — Mais décidé que si la dot constituée à une femme dotale a, par erreur, été payée deux fois, la femme est tenue de rapporter tout ce qui a été versé; peu importe que les paiements aient été faits au mari, celui-ci ayant mandat de toucher, son fait est réputé celui de la femme (Cass., 13 avril 1842; S. 42, I, 305).

1025. — Recours. — L'enfant du premier lit du mari, obligé de rapporter l'immeuble de la deuxième communauté à lui constitué en dot par son père, a, contre celui-ci ou sa succession, un recours en garantie pour la valeur de l'immeuble au jour de l'éviction (Nancy, 17 mai 1861; S. 61, II, 473).

1026. — Successibles de deux lignes. — Renonciation. — Lorsque la succession se divise par moitié entre la ligne paternelle et la ligne maternelle, et que, parmi les successibles de l'une ou de l'autre ligne, il en est qui renoncent pour s'en tenir aux dons ou aux legs qui leur ont été faits, les autres héritiers de la même ligne ne sont pas, malgré l'avantage qui résulte pour eux de cette renonciation, tenus au rapport des dons ou legs qui ont été faits aux renonçants (Grenier, *Donat.*, II, 503; Demolombe, XVI, 220; Aubry et Rau, § 631, 4).

§ 3. — *Ne pas avoir été dispensé du rapport.*

1027. — Dispenses. — Le successible est soumis à l'obligation du rapport des dons et des legs qui lui ont été faits « à moins, dit l'art. 843, que les dons et legs ne lui aient été faits expressément par préciput et hors part, ou avec dispense de rapport. » — Et l'art. 919 porte : « La quotité disponible peut être donnée, en tout ou en partie, soit par acte entre vifs, soit par testament aux enfants ou autres successibles du donateur, sans être sujette au rapport par le donataire ou le légataire venant à la succession, pourvu que la disposition ait été faite expressément à titre de préciput ou hors part. »

1028. — Limites. — Quotité disponible. — Dans le cas même où les dons et legs ont été ont été faits par préciput ou avec dispense du rapport, l'héritier venant à partage, ne peut les retenir que jusqu'à concurrence de la quotité disponible; l'excédant est sujet à rapport (*C. civ., 844*), en suivant les règles établies à l'égard des rapports. Pourvu toutefois que cette application ne porte pas atteinte aux droits des autres cohéritiers considérés comme réservataires, notamment à ceux résultant de l'art. 930, d'après lequel l'action en réduction peut être exercée même contre les tiers détenteurs *infra* n° 1503 (Demante, III, 178 *bis*; Demolombe, XVI, 223; Cass., 14 janv. 1856; S. 56, I, 289).

1029. — En nature. — Le disposant pouvant dispenser absolument de toute espèce de rapport, peut, à plus forte raison dispenser le successible du rapport en nature, en ne laissant à sa charge que l'obligation du rapport en moins prenant, *infra* n° 1177 (Demante, III, 177 *bis*; Demolombe, XVI, 225; Cass., 9 fév. 1830).

1030. — Acte postérieur. — La dispense de rapport peut être stipulée non seulement par l'acte même qui renferme le don ou le legs, mais aussi par acte postérieur (*C. civ., 919*); et comme cet acte constitue une augmentation de la libéralité, il doit être fait dans la forme des donations entre vifs ou des testaments (Marcadé, *919*, 1; Grenier, *Donat.*, I, 491; Duranton, VII, 309; Saintespès, I, 416; Demolombe, XVI, 226; Aubry et Rau, § 632-3).

1031. — Capacité. — La dispense de rapport doit, pour produire son effet, être faite par la personne à la succession de laquelle le rapport devra être effectué; en conséquence si le mari dote un enfant commun, en biens de la communauté avec dispense de rapport, cette dispense est considérée comme non avenue quant à la moitié de la dot rapportable à la succession de la femme (Douai, 26 janv. 1861; S. 61, II, 372).

1032. — Stipulation expresse. — D'après l'art. 843, la dispense de rapport doit être expressément stipulée. Toutefois on décide généralement qu'elle peut résulter de toute expression de l'acte témoignant la volonté du disposant de l'accorder, dont l'appréciation, d'ailleurs, appartient souverainement aux magistrats (Marcadé, *843*, I; Chabot et Belost-Jolimont, *843*, 7; Toullier, IV, 456; Grenier, II, 484; Duranton, VII, 219; Demante, III, 177 *bis*; Aubry et Rau, § 632-13; Hureaux, IV, 34; Demolombe, XVI, 234; Cass., 17 mars 1825, 22 juill. 1828, 9 fév. 1830, 7 juill. 1835, 20 mars et 20 déc. 1843, 12 août 1844, 10 juin 1846, 27 mars 1850;

Caen, 2 déc. 1847, 16 déc. 1850; S. 31, I, 339; 35, I, 914; 43, I, 451; 44, I, 13; 45, I, 42; 46, I, 541; 49, II, 194; 50, I, 392; 51, II, 415; v. Chambéry, 13 mars 1882; *R. N.*, 977).

1053. — Formule. — La dispense de rapport se manifeste ordinairement par la déclaration que la disposition est faite *par préciput* ou *hors part* ou avec *dispense de rapport*. Mais, ainsi que nous venons de le dire, cette formule n'est pas sacramentelle et peut être remplacée par toute autre expression équipollente; comme si, par exemple, il est dit : que le successible cumulera la libéralité avec sa part héréditaire; — ou qu'il ne sera pas tenu de remettre à la masse l'objet donné ou légué (Levasseur, *Port. disp.* p. 166; Demolombe, XVI, 236; Hureaux, IV, 35; Massé et Vergé, § 632-7); — ou que la libéralité est faite par forme d'avantage ou pour faire jouir le successible des avantages permis par la loi (Paris, 28 juill. 1825).

1054. — Dispense tacite. — La dispense du rapport peut résulter encore soit du rapprochement des diverses clauses de l'acte, soit aussi de la nature de la disposition elle-même. Il est ainsi :

1° De la disposition universelle au profit de l'un des successibles (Grenier, *Donat.*, II, 485, Belost-Jolimont, *843*, obs. 1er, Saintespès, II, 415; Troplong, *Donat.*, II, 883; Aubry et Rau, § 632-9; Demolombe, XVI, 242; Hureaux, IV, 36; Limoges, 26 juin 1822; Besançon, 8 mars 1828; Montpellier, 9 juill. 1833; Bastia, 25 mars 1833; Caen, 16 déc. 1850; Cass., 14 mars 1853; S. 34, II, 30, 317; 51, II, 415; 53, I, 267; Montpellier, 15 mars 1869; Voir Seine, 22 fév. 1868; Journ. Droit du 4 mars; Contra Levasseur, *Quot. disp*, 152);

2° De la disposition qui a pour objet la quotité disponible, ou tout ce dont la loi permet de disposer (Hureaux, IV, 37; Aubry et Rau, § 632-10; Paris, 28 juill. 1825; Caen, 16 déc. 1850; S. 51, II, 415; Voir cep. Demolombe, XVI, 243);

3° De la disposition en faveur d'un successible grevée de substitution au profit de ses enfants nés ou à naître (Demolombe, XVI, 244; Aubry et Rau, § 632-11; Hureaux, IV, 38; Douai, 27 janv. 1819; Cass., 16 juin 1830; 23 fév. 1831; S. 31, I, 424);

4° De la disposition renfermée dans un partage d'ascendant, à l'égard, non-seulement des biens partagés, mais aussi des biens que l'ascendant aurait formellement donnés ou légués, par le même acte, à l'un de ses enfants, même sans clause expresse de préciput (Chabot, *843*, 9; Duranton, IX, 650; Demante, *Donat.*, IV, 245 *bis*; Genty, *Part. d'asc.*, 20; Aubry et Rau, § 632-12; Demolombe, XVI, 248; Hureaux, IV, 40; Limoges, 24 déc. 1835; Caen, 2 déc. 1847; S. 49, II, 193);

5° De la disposition par laquelle un testateur attribue lui-même à ses héritiers certaines portions de sa fortune, et fait à l'avance, de cette manière, la liquidation de sa propre hérédité (Paris, 4 déc. 1872; Bordeaux, 15 fév. 1882; Seine, 16 mai 1885; *Rép. N.*, 1051, 3029);

6° De la disposition avec condition de ne pas demander compte au donateur de l'administration qu'il a eue des biens du donataire (Cass., 5 avril 1854; S. 54, I, 541);

7° De la libéralité faite sous l'apparence d'une reconnaissance de dette, lorsque l'acte de reconnaissance exprime que la dette sera prélevée sur la succession avant tout partage (Cass., 16 juill. 1855; S. 56, I, 246).

1055. — Preuve testimoniale. — Toutefois le principe que la preuve de la dispense peut être recherchée en dehors de l'acte de libéralité, n'autorise pas à recourir à la preuve testimoniale pour établir la volonté du disposant (Martinique, 14 fév. 1849; Cass., 10 nov. 1852; S. 53, I, 289; Nimes, 15 déc. 1864; S. 65, II, 101).

1056. — Substitution vulgaire. — Retour. — Réserve d'usufruit. — L'on ne saurait non plus trouver une dispense de rapport, quand d'autres considérations ne concourent pas pour faire considérer la disposition comme faite par préciput, dans : la substitution vulgaire, c'est-à-dire le legs fait à un successible avec la clause que s'il vient à mourir avant le testateur, la chose léguée appartiendra à ses enfants (Demolombe, XVI, 245; Voir cep. Cass., 7 juill. 1835; S. 35, I, 914); — ni la clause de retour conventionnel (Demolombe, XVI, 246; Voir Cass., 23 fév. 1831; S. 31, I, 424); — ni la réserve d'usufruit par le donateur à son profit (Demolombe, XVI, 247; Voir Nancy, 29 nov. 1834).

1037. — Donation déguisée. — Le fait seul que le disposant a pris des précautions pour dissimuler la libéralité n'est pas suffisant pour faire preuve de son intention de dispenser du rapport. En conséquence, les donations déguisées, soit par interposition de personnes, soit sous la forme d'un contrat onéreux ne sont pas dispensées du rapport (Chabot, *843*, 16; Duvergier sur Toullier, IV, 473; Grenier, *Donat.*, II, 513; Duranton, VII, 315; Proudhon, *Usuf.*, 2396; Mourlon, II, p. 186; Demante, III, 187 *bis*; Pont, *Rev. de législ.* 1845, p. 284; Demolombe, XVI, 253; Hureaux, IV, 47; Roll. de Vill., *Rapport*, 161; Toulouse, 2 fév. 1824, 10 juin 1829; Grenoble, 10 juill. 1829; Nancy, 26 nov. 1834, 4 juin 1859; Montpellier, 26 fév. 1830, 21 nov. 1836; Limoges, 30 déc. 1837; Paris, 19 juill. 1833, 19 août 1859; Douai, 21 mai 1851; Bastia, 26 déc. 1855; Cass., 20 mars 1843, 10 nov. 1852, 16 juill., 6 nov. et 31 déc. 1855, 8 mars 1858, 18 août 1862; S. 30, II, 201; 33, II, 397; 35, II, 63; 37, II, 360; 38, II, 441; 43, I, 451; 51, II, 596; 53, I, 289; 56, I, 246, 248; II, 13; 57, I, 200; 58, I, 545; 59, II, 477; 63, I, 265; Contra Marcadé, *851*, 3; Toullier, IV, 473; Belost-Jolimont, *843*, obs. 4; Taulier, III, p. 312; Aubry et Rau, § 632, 15, 17; Massé et Vergé, § 398-17; Grenoble, 6 juill. 1821, 24 janv. 1834, 8 déc. 1835; Toulouse, 7 juill. 1829, 9 juin 1830, 9 mai 1840; Bordeaux, 29 juill. 1829, 27 avril 1839; Agen, 4 mai 1830; Caen, 23 mai 1836, 8 mai 1857; Paris, 8 fév. 1837; Cass., 3 août 1841; Douai, 27 fév. 1861; S. 30, II, 319; 31, II, 84; 37, I, 714, II, 219, 360; 39, II, 464; 41, I, 621; 61, II, 395.)

1038. — Ibid. — Dispense. — Il en serait autrement, et par conséquent, la libéralité serait dispensée du rapport s'il ressortait de la convention ou des circonstances que telle a été l'intention du disposant, ce qui est laissé à l'appréciation du juge (Troplong, *Donat.*, 862, 863; Paris, 8 août 1850; Douai, 21 mai 1851, 14 janv. 1858, 27 fév. 1861; Nancy, 4 juin, 1859; Lyon, 24 juin 1859; Cass., 3 août 1841, 20 mars 1843, 20 déc. 1843, 12 août 1844, 19 nov. 1852, 16 juill. et 31 déc. 1855, 18 août 1862; S. 41, I, 621; 43, I, 451; 44, I, 15; 51, II, 596; 53, I, 289; 56, I, 246; 57, I, 200; 59, II, 477; 60, II, 17; 61, II, 395; 63, I, 265. Contra Pont, *Rev. crit.* 1853, p. 149; Demolombe, XVI, 254; Nancy, 9 déc. 1884; Cass., 4 nov. 1885; Defrénois, *Rép. N.*, 2722, 2791).

1039. — Don manuel. — Le don manuel n'est pas non plus suffisant par lui-même pour prouver l'intention du disposant de dispenser du rapport, à moins qu'elle ne résulte de circonstances du fait (Troplong, *Donat.*, 765; Hureaux, IV, 44, 81; Demolombe, XVI, 255, 328, 330; Roll., *Rapport*, 81 à 83; Aubry et Rau, § 632-9, Cass., 12 août 1844; Rouen, 12 mars et 24 juill. 1845; Toulouse, 13 mai, 1846; Montpellier, 11 juin 1846; Bastia, 26 déc. 1855; Lyon, 18 mars 1859; Cass., 19 nov. 1861, 3 mai 1864, 12 mars 1873; S. 45, I, 42, II, 464; 46, II, 104; 48, II, 114, 115; 56, II, 13; 60, II, 20; 62, I, 145; 64, I, 273; 73, I, 208; Contra Vazeille, *843*, 20; Taulier, III, p. 316; Bordeaux, 2 mai 1831; S. 31, II, 324).

1040. — Preuve. — La preuve du don manuel peut être faite par témoin, même quand il s'agit de plus de 150 fr. (Paris, 1er mars 1875; R. G. Defrénois, III, 2648).

1041. — Prescription. — Le successible qui a reçu de son auteur un avantage indirect, ne peut, pour se soustraire au rapport envers ses cohéritiers, se prévaloir de la prescription qui aurait couru à son profit pendant la vie de l'auteur, la validité de la donation et par suite le caractère de la possession ne pouvant être appréciés qu'après la mort de celui-ci (Amiens, 17 mars 1853; S. 55, II, 97).

§ 4. — *Venir à la succession.*

1042. — Acceptation. — Le rapport n'est dû que par l'héritier venant à la succession (*C. civ.*, 843, 844).

1043. — Renonciation. — En conséquence, celui qui ne vient pas à la succession parce qu'il y a renoncé n'est pas tenu au rapport, lors même que le don ou le legs auraient été déclarés faits en avancement d'hoirie (Duranton, VII, 259; Demolombe, XVI, 262; Aubry et Rau, § 613-9); — à moins cependant que le disposant n'ait imposé au donataire, l'obligation de rapporter l'objet donné, même en renonçant à la succession (Demolombe, XVI, 263; Aubry et Rau, § 629-11).

1044. — Ibid. — Rétention. — Non cumul. — Il s'ensuit que l'héritier qui a renoncé, comme tout autre donataire ou légataire non successible, a le droit de retenir le don entre vifs ou de réclamer le legs à lui fait, jusqu'à concurrence de la quotité disponible (C. civ., 845). Mais il ne peut pas, même [en ce qui concerne le don, retenir cumulativement d'abord sa réserve légale puis la portion disponible; ce système qui avait d'abord été très controversé est aujourd'hui généralement suivi, *infra* n° 1216 (Un arrêt de Cass., chamb. réunies du 27 nov. 1863; S. 63, I, 513, a mis fin à la controverse; *adde* Cass., 22 août 1870; 10 nov. 1880; S. 81, I, 97. Voir notamment : Marcadé, 845, 2; Demolombe, XVI, 257, XIX, 50 et suiv. CONTRA Troplong, *Donation*, 786).

1045. — Ibid. — Enfant naturel. — L'enfant naturel qui renonce à la succession, peut aussi conserver le don ou réclamer le legs à lui fait, jusqu'à concurrence de la part que la loi lui accorde dans la succession (Demolombe, XIV, 99; Bordeaux, 6 août 1827).

1046. — Ibid. — Argent prêté. — Mais le renonçant ne peut retenir les sommes dont il est débiteur envers la succession pour argent prêté ou pour autre cause; il doit, comme tout autre débiteur, les payer aux héritiers (Chabot, 845, 25; Demante, III, 162 *bis*; Demolombe, XVI, 459; Roll. de Vill., *Rapport*, 74; Cass., 12 déc. 1881; *Rép. N.*, 812).

1047. — Indignité. — L'héritier exclu pour cause d'indignité, est réputé étranger à la succession; à ce titre il peut, comme s'il était étranger, retenir jusqu'à concurrence de la quotité disponible, mais non pas cumulativement avec sa réserve, le don par avancement d'hoirie qui lui a été fait (Demolombe, XIV, 264).

1048. Successible décédé. — Si un don par avancement d'hoirie a été fait à un successible qui, en suite, est décédé avant le donateur sans postérité pour le représenter, l'obligation du rapport s'est éteint par son décès, et l'objet de la donation s'impute sur la quotité disponible, de même que si la libéralité avait été faite en faveur d'un étranger (Demolombe, XVI, 264; Troplong, *Donat.*, II, 980; Cass., 19 fév. 1845, 23 fév. 1857; S. 45, I, 374; 57, I, 572).

SECTION II.

DE LA SUCCESSION ET DES PERSONNES AUXQUELLES LE RAPPORT EST DU.

§ 1. — *A quelle succession.*

1049. — Donateur. — Le rapport ne se fait qu'à la succession du donateur (C. civ., 850, c'est-à-dire seulement à la succession de celui qui a donné.

1050. — Donation par l'un des époux. — Il faut surtout pour cette question s'attacher aux donations faites à l'enfant par son contrat de mariage : — Si l'un des époux, avec des biens à lui personnels ou avec des biens de la communauté, en avancement d'hoirie sur sa succession, a doté seul personnellement l'enfant commun, il est seul donateur, et c'est à sa succession que l'enfant doit le rapport (Marcadé, *1439*, 2; Cass., 7 juillet 1835; S. 35, I, 914; Douai, 6 juill. 1853; S. 55, II, 117).

1051. — Par père et mère conjointement. — Si le père et la mère ont doté conjointement l'enfant commun, sans exprimer la portion pour laquelle ils entendaient y contribuer, ils sont personnellement donateurs chacun pour moitié; et, par suite, le rapport de la donation se fait à la succession de chacun d'eux par moitié, lors même qu'elle aurait été faite avec des biens de la communauté ou avec des biens personnels à l'un des époux (C. civ., *1438*; Chabot, 850, 5; Toullier, IV, 464; XII, 327, 331; Duranton, XIV, 284; Demolombe, XVI, 270; Roll. de Vill., *Rapport*, 62, 63; Cass., 16 nov. 1824, 3 juill. 1872; S. 72, I, 201; Bordeaux, 6 déc. 1833; S. 34, II, 243; Seine, 13 août 1874; J. N. 21104); ou qu'ils se seraient obligés solidairement à son paiement (Amiens, 1er déc. 1875; S. 77, II, 39).

1052. — Par père et mère divisément. — Si les père et mère ont exprimé la part pour laquelle ils entendaient contribuer l'un et l'autre dans la dot, chacun d'eux n'est donateur que pour la part exprimée au contrat, et c'est dans cette proportion que le rapport est fait à leurs successions.

1053. — Par premier mourant. — Imputation. — S'il est stipulé que la dot sera imputée d'abord sur la succession du premier mourant des donateurs, et subsidiairement, s'il y a lieu, sur celle du survivant, le successible doit le rapport à chacune des successions de la somme pour laquelle elle s'est trouvée y avoir contribué, d'après le résultat de la liquidation établie lors du décès du premier mourant. Nous reviendrons sur cette question en traitant de la *Liquidation de la communauté*, n°s 4188 à 4199).

1054. — Par mari. — Enfant commun. — La dot constituée par le mari seul à l'enfant commun en effets de la communauté, sans explication, est à la charge de la communauté; et si la femme ou ses représentants acceptent la communauté, le don est rapportable pour moitié à sa succession (Arg. C. civ., *1439*; Marcadé, *art. 850*; Demolombe, XVI, 274; Cass., 31 mars 1846; S. 46, I, 337). — S'ils renoncent, le don est rapportable pour le tout à la succession du mari (Marcadé, *art. 850*; Demolombe, XVI, 273; Cass., 18 mai 1824).

1055. — Rapport à autre conjoint. — L'enfant qui s'est obligé à rapporter à la succession de sa mère, une somme par lui reçue de son père en avancement d'hoirie, est tenu de faire le rapport de cette somme à la succession de son père, s'il a omis de le faire à celle de sa mère antérieurement ouverte (Cass., 24 nov. 1858; S. 59, I, 614).

§ 2. — *A quelles personnes.*

1056. — Cohéritier. — Le rapport n'est dû que par le cohéritier à son cohéritier (*C. civ., 857*), venant à partage; car si le cohéritier renonce ou est déclaré indigne, ou s'il est exclu de la succession par l'effet d'une disposition testamentaire, le rapport ne lui est pas dû (Chabot, *857*, 2; Duranton, VII, 260; Demolombe, XVI, 280; Paris, 4 déc. 1872; J. N. 20566).

1057. — Créanciers de l'héritier. — Ce droit fait partie du patrimoine de l'héritier auquel il appartient; en conséquence le rapport peut être demandé par ses créanciers comme exerçant son droit en vertu de l'art. 1166 (Marcadé, *857*, 2; Chabot et Belost-Jolimont, *857*, 2; Demante, III, 192 *bis*; Duranton, VII, 267; Massé et Vergé, § 397-10; Demolombe, XVI, 282; Aubry et Rau, § 630-17; Roll. de Vill., *Rapport*, 56; Cass., 9 juin 1835; S. 36, I, 63. Contra Toulouse, 16 janv. 1835; S. 35, II, 327).

1058. — Enfant naturel. — Le rapport est aussi dû à l'enfant naturel, quoique n'ayant pas la qualification d'héritier. Il a donc le droit de réclamer aux héritiers légitimes avec lesquels il vient en concours, le rapport des dons ou des legs qui leur ont été faits par le défunt, *supra* n° 224.

1059. — Donataires. — Créanciers de la succession. — Le rapport n'est pas dû aux donataires institués ni aux créanciers de la succession (*C. civ., 857*). Toutefois, s'il s'agit de sommes prêtées, le rapport, dans ce cas, est plutôt un paiement, et il se fait non seulement aux héritiers, mais encore aux légataires, aux donataires et aux créanciers de la succession (Duranton, VII, 264; Vazeille, *857*, 7; Roll. de Vill., *Rapport*, 55; Cass., 5 juin 1849; S. 49, I, 705).

1060. — Légataire. — Le rapport ne peut être demandé par le légataire, même lorsqu'il est successible (Marcadé, *857*, 4; Toullier et Duvergier, IV, 465; Chabot et Belost-Jolimont, *857*, 4; Demolombe, XVI, 286; Cass., 30 déc. 1816, 27 mars 1822, 16 déc. 1879; Caen, 22 janv. 1874; S. 75, II, 80; 80, I, 254). — Il en est autrement s'il conclut au rapport en sa seule qualité d'héritier (Nîmes, 15 déc. 1864; S. 65, II, 101).

1061. — Donataires; légataires. — Réunion fictive. — Le rapport d'un don n'est pas dû aux donataires institués ni aux légataires, en ce sens qu'ils ne peuvent le réclamer en nature (Cass., 5 nov. 1823). — Mais le principe que les biens donnés aux successibles doivent être réunis fictivement à la masse des biens existants dans la succession pour le calcul de la quotité disponible, *infra* n° 1320, devant aussi recevoir son application en ce qui touche le rapport, les donataires institués et les légataires, quand il existe des héritiers à réserve, peuvent demander l'imputation sur la réserve des dons rapportables, afin d'être remplis de leurs dons ou legs sur les biens existants au décès (Marcadé, *857*, 3; Demolombe, XVI, 290, 291; Aubry et Rau, § 630-16; Hureaux, IV, 66; Cass., 2 mai 1838; S. 38, I, 385).

1062. — Rapport de legs. — Cumul. — Le rapport d'un legs ne profite pas aux autres légataires. Il s'en suit : 1° qu'au regard des autres légataires, le légataire successible peut réclamer son legs, même cumulativement avec sa réserve si le testateur n'a pas exprimé le contraire, *infra* n° 1415; et si l'actif sur lequel les legs peuvent être acquittés est insuffisant pour les payer tous intégralement, la réduction doit être faite au marc le franc sur tous les legs, y compris celui de l'héritier (Chabot, *857*, 13; Duranton, VII, 261; Demolombe, XVI, 287).

2° Que l'héritier légataire fait le rapport de son legs à ses cohéritiers, de sorte que ce legs ou le dividende y afférent retombe dans la masse partageable (Demolombe, XVI, 288; Hureaux, IV, 71).

1063. — Créanciers. — Adition d'hérédité. — Encore bien que le rapport des dons entre vifs ne soit pas dû aux créanciers de la succession, si les héritiers ont fait adition d'hérédité, ce qui les a rendus débiteurs personnels des créanciers de la succession, ceux-ci peuvent, comme exerçant les droits de leurs débiteurs, en vertu de l'art. 1166, *supra* n° 1057, demander le rapport et exercer des poursuites afin d'être payés sur les biens qui en font l'objet (Marcadé, *857*, 2; Duranton, VII, 266; Chabot et Belost-Jolimont, *857*, 12; Aubry et Rau, § 630-19; Demolombe, XVI, 300; Hureaux, IV, 61; Nîmes, 6 mai 1861; S. 61, II, 369. Contra Massé et Vergé, § 307-10; Toulouse, 16 janv. 1835; S. 35, II, 369).

1064. — Créanciers. — Legs. — Quant aux legs, ils ne nuisent pas aux droits des créanciers de la succession, en raison de ce qu'ils ne peuvent être acquittés qu'après le paiement des dettes (Chabot, *857*, 12; Duranton, VII, 261; Demante, III, 192 *bis*; Demolombe, XVI, 294).

1065. — Créancier successible. — Imputation. — Lorsque le créancier est l'un des successibles, il n'a pas plus de droits que les autres créanciers en ce qui concerne les rapports; et, de même qu'il ne peut se faire payer sur les biens dont ses cohéritiers doivent le rapport, il ne serait pas fondé à imputer sa créance sur les biens dont il doit le rapport (Duvergier sur Toullier, IV, 465, note *a*; Demolombe, XVI, 299; Aubry et Rau, § 629-12; Paris, 10 août 1843, 16 mars 1850; S. 43, II, 544; 50, II, 321; Cass., 19 mars 1867; S. 67, II, 220); — comme conséquence, il a le droit de se faire payer sur les biens de la succession, sans qu'on puisse le contraindre à imputer sa créance sur les biens dont il doit le rapport, ni sur ceux dont le rapport lui est dû (Demolombe, XVI, 299; Cass., 10 juill. 1844, 5 juin 1849; S. 44, I, 593; 49, I, 705).

SECTION III.
DES AVANTAGES SUJETS A RAPPORT.

§ 1. — *Rapports de legs.*

1066. — Chose léguée. — L'héritier ne peut réclamer les legs à lui faits par le défunt, à moins qu'ils ne lui aient été faits expressément par préciput (*C. civ.*, *843*). Les legs se trouvent donc soumis à la même obligation de rapport que les dons. Par suite, l'héritier peut demander que la chose léguée lui soit attribuée par le partage en imputation sur sa part héréditaire, quand le rapport peut en être fait en moins prenant, *infra* n° 1170; mais non si le rapport doit se faire en nature, dans ce dernier cas la disposition testamentaire est considérée comme inexistante (Marcadé, *859*, 2; Demante, III, 177 *bis*; Mourlon, II, p. 148; Demolombe, XVI, 303; Douai, 5 décembre 1865; Cass., 11 fév. 1879; S. 66, II, 233; 80, I, 261; V. cep. Aubry et Rau, § 634-1; Laurent, X, 634; Caen, 23 déc. 1879; Toulouse, 16 mars 1882; Défrénois, *Rép. N.*, 42, 1573; suivant lesquels le legs doit, dans tous les cas, être considéré comme inexistant).

1067. — Prélèvement. — Lots. — Quand les legs faits à des successibles, en avancement d'hoirie, sont rapportés en moins prenant, les cohéritiers ont droit au prélèvement de biens jusqu'à due concurrence sur ceux restant, *infra* n° 1200; et ce n'est que le surplus de la masse qui doit être divisé par lots (Douai, 5 déc. 1865; S. 66, II, 233).

§ 2. — *Rapport de dons entre vifs.*

1068. — Généralité. — Nous avons à examiner quelles choses données sont sujettes à rapport, et quelles choses n'y sont pas soumises.

I. Choses sujettes au rapport.

1069. — Libéralités diverses. — Les successibles doivent le rapport de tout ce qu'ils ont reçu par donation entre-vifs directement ou indirectement, ce qui s'applique non-seulement aux donations ordinaires, mais aussi:

1° Aux dons de nue propriété (Demolombe, XVI, 247; Caen, 9 janv. 1861; J. N. 17151);

2° Aux dons manuels, *supra* n° 1037;

3° Aux dons à titre rémunératoire sous la déduction de ce qui est dû pour le service rémunéré (Chabot, *843*, 13; Massé et Vergé, § 398-14; Demolombe, XVI, 319; Troplong, *Donat.*, 1073; Aubry et Rau, § 631-13);

4° Aux donations onéreuses, sous la déduction de ce qui est dû pour les charges (Troplong, *Donat.*, 1069; Demolombe, XVI, 321);

5° A l'aliénation gratuite au profit d'un enfant, du bénéfice d'une assurance sur la vie (Rouen, 6 fév. 1878; S. 78, II, 272).

6° A la donation à charge d'une rente viagère, sous la déduction de ce que la rente viagère excédait chaque année les revenus de l'objet donné (Voir Cass., 27 juill. 1869; S. 69, I, 429).

1070. — Abandon par grevé de substitution. — L'abandon que le grevé de substitution fait en faveur de l'appelé, n'est pas une libéralité, puisque ce dernier ne tient les biens que de l'instituant; il ne donne donc pas lieu à rapport (Cass., 5 juill. 1852; S. 52, I, 741; Paris, 23 déc. 1873; Jur. du Not., art. 14797).

1071. — Dot non payée. — Pour que le donataire soit soumis au rapport de la chose donnée, il faut qu'il l'ait reçue du défunt; car rapporter c'est rendre et on ne peut rendre que ce que l'on a reçu (Demolombe, XVI, 308; Hureaux, IV, 78). — Dès lors, si une dot a été constituée par un père à sa fille et qu'il ne l'ait pas payée, elle ne peut être tenue à rapport, pas même du dividende qui lui aurait été alloué dans la faillite du donateur et auquel elle aurait renoncé; alors même qu'elle serait mariée sous le régime dotal (Cass., 21 juill. 1846; Rouen, 29 janv. 1847; S, 46, I, 826; 47, II, 572). — Peu importe qu'il ait été constaté dans le contrat que la célébration du mariage en vaudrait quittance (Paris, 2 janv. 1875; Journ. du Not., 2836).

1072. — Abandon aux créanciers du donateur. — Le successible est également dispensé du rapport, quand, par suite de conventions faites avec le donateur, il fait l'abandon aux créanciers de ce dernier, des biens compris dans la donation, ce qui équivaut à une rétrocession gratuite, de sorte qu'il est considéré comme n'ayant rien reçu (Cass., 18 août 1873; Jur. du Not., art. 14782).

1073. — Biens paternels et maternels. — La mère veuve, en mariant sa fille, lui a constitué en dot une somme d'argent imputable pour *tant* sur la succession de son père, et pour le surplus en avancement d'hoirie; si, au décès de la donatrice, il est constaté que le tout a été fourni par elle en raison de ce que la succession du père ne présentait aucun actif, il y a lieu, nonobstant la clause d'imputation, au rapport de l'intégralité de la constitution de dot. Pour qu'il en soit autrement, à l'égard de la somme imputable sur la succession du père, il faudrait qu'il résultât de l'acte, l'intention de la donatrice de dispenser sa fille du rapport de cette somme. Voir *supra* n° 1055 et *Rép. N.*, 1619-9.

1074. — Aveu. — Si le successible déclare n'avoir reçu qu'une partie des valeurs dont le rapport est demandé, il ne saurait exciper de l'indivisibilité de son aveu, quand la preuve de versements entre ses mains, supérieurs à la somme avouée, résulte pour les juges de pièces et documents produits au procès (Cass., 3 juin 1867; S. 67, I, 293).

1075. — Compensation. — La compensation ne saurait être opposée entre la créance d'un héritier contre la succession, et le rapport dont il est tenu envers ses cohéritiers à raison des avantages à lui faits par le défunt (Cass., 8 mai 1867; S. 67, I, 217).

1076. — Dot prescrite. — Il n'y a pas lieu au rapport de la dot non versée, mais prescrite par l'expiration de trente ans du jour de la célébration du mariage. Si par la prescription le débiteur ne peut plus être forcé de payer, il n'en résulte pas pour cela la présomption légale de paiement (Demolombe, XVI, 309; Hureaux, IV, 79).

1077. — Libéralité indirecte. — Preuve. — Le successible étant tenu au rapport de tout ce qu'il a reçu du défunt, même *indirectement*, il est soumis au rapport des dons que ses cohéritiers établissent par tous les genres de preuve, même par témoins, ou par registres ou papiers domestiques du père, même par présomption, avoir été déguisés sous la forme d'un contrat onéreux ou avoir eu lieu par une personne interposée (Bordeaux, 7 mai 1851; J. N. 14393; Orléans, 24 nov. 1855; S. 56, II, 385; Cass., 29 juill. 1863; S. 64, I, 79; Pau, 19 mai 1875; S. 76, II, 139; V. Cass., 13 août 1866; S. 66, I, 383).

1078. — Personne interposée. Un don est présumé avoir eu lieu par personne interposée lorsqu'il a été fait à un étranger, qui, ensuite, a transmis à titre gratuit l'objet donné à un successible du donateur. Il en est ainsi, même quand la remise faite par le tiers serait non pas d'un bien provenant du défunt, mais d'un bien qui lui appartenait à lui-même (Demolombe, XVI, 356, 357).

1079. — Don déguisé. — Un don est déguisé ou indirect lorsqu'il a eu lieu par une voie détournée, dont voici des exemples :

1° Une vente par le défunt au successible moyennant un prix déclaré payé, mais en réalité non payé (Marcadé, *851*, 5; Demolombe, XX, 98; Demante, IV, 3 *bis*);

2° Vente par un étranger à un successible pour un prix déclaré payé avec des deniers du successible, mais en réalité payé avec des deniers du défunt (Marcadé, *851*, 5; Chabot, *843*, 24; Duranton, VII, 314; Grenier, *Donat*., II, 519; Demolombe, XVI, 338; Pau, 24 déc. 1824; V. Paris, 6 fév. 1868; Jour. le Droit, 11 fév.); — dans ce cas, il peut être décidé d'après les circonstances de la cause, que le rapport sera du prix payé par le père et non de l'immeuble lui-même (Cass., 20 mars 1843; S. 43, I, 451);

3° Quittance par le défunt au successible sans versement effectif de fonds (Marcadé, *851*, 5; Nancy, 4 juin 1859; S. 59, II, 477; V. cep. Paris, 8 fév. 1837; S. 37, II, 219);

4° Renonciation par le défunt : à un legs; à un gain de survie; à une donation entre époux, en propriété ou en usufruit; à une succession avantageuse; ou, si c'est une femme, à une communauté avantageuse, de manière à en faire profiter un successible, *infra* n° 1183, au moyen de ce que la renonciation permet de faire produire effet à une libéralité en sa faveur (Chabot, *843*, 22; Duvergier sur Toullier, IV, 475; Duranton, VII, 315; Demante, III, 187 *bis*; Demolombe, XVI, 333; Aubry et Rau, § 631-26; Hureaux, IV, 84; Amiens, 24 janv. 1856; Cass., 8 mars 1858, 15 mai 1866; Toulouse, 17 juin 1867; Agen, 12 mai 1868; S. 56, II, 520; 58, I, 545; 66, I, 176; Cass., 12 mai 1875, 1er mai 1876; S. 68, II, 108; 75, I, 349; 76, I, 292; Limoges, 19 fév. 1884; Defrénois, *Rép. N.*, 2495; Cass., 27 octobre 1886; Loi du 28; CONTRA Grenier, *Donat*., II, 615; Toulouse, 3 déc. 1863; Grenoble, 2 juin 1864; S. 64, II, 173, 223; Voir aussi Bordeaux, 14 janv. 1868; J. N. 19337). — Il en serait autrement s'il était constaté que la renonciation a été faite avec la volonté de le dispenser de tout rapport à la succession (Cass., 29 janv. 1877; S. 77, I, 199).

5° Abstention par le défunt de demander la réduction d'un legs fait par son père à l'un de ses enfants, petit-fils du testateur, et ce au préjudice de sa réserve légale, dans le but d'avantager le petit enfant légataire (Caen, 13 déc. 1872; S. 73, II, 251);

6° Démission donnée par le défunt, même forcée, à un office dont il était titulaire, avec présentation de son successible (Demolombe, XVI, 334; Cass., 5 juill. 1814; Rennes, 10 déc. 1823. V. aussi Cass., 21 nov. 1815; Grenoble, 4 fév. 1837; S. 38, II, 51); — ou d'un brevet de maître de poste (Demolombe, XVI, 337; Cass., 23 juin 1851; S. 51, I, 574);

7° Constructions ou autres impenses faites par le défunt, de ses propres deniers, sur un bien appartenant à un successible (Demolombe, XVI, 337);

8° Vileté de prix d'une vente faite à un successible, *infra* n° 1099, etc.

1080. — Achat. — Père. — Usufruit. — Nue propriété. — Le père a fait l'acquisition d'un immeuble en son nom pour l'usufruit moyennant 15,000 fr., et au nom de son fils pour la nue propriété moyennant 20,000 fr.; le prix et les frais ont été payés en totalité par le père. Quel rapport est à faire par le fils? — Il est de l'immeuble lui-même si le fils n'a pas accepté l'acquisition. — S'il l'a acceptée, le rapport est des 20,000 fr. versés plus les frais y afférents comme constituant un prêt ou une avance (Pau, 24 déc. 1824). — Les 15,000 fr. versés pour l'usufruit ne sauraient être rapportables, puisqu'ils forment le prix de l'achat fait par le père directement; d'ailleurs si l'on considérait aussi cet achat comme une libéralité, elle serait dispensée du rapport, en vertu de l'art. 918, *infra* n° 1417.

1081. — Établissement. — Paiement de dettes. — Encore par application du principe que le successible est tenu au rapport de ce qu'il a reçu indirectement, le rapport est dû de ce qui a été employé :

1° Pour l'établissement de l'un des successibles (*C. civ., 851*); par exemple l'achat d'un office, d'un fonds de commerce, l'ameublement d'un cabinet, l'achat des livres d'une bibliothèque, la dot d'une religieuse (Toullier, IV, 482; Grenier, *Donat.*, II, 540; Duranton, VII, 311 ; Demolombe, XVI, 342; Hureaux, IV, 80; Aubry et Rau, § 631-15);

2° Pour le paiement de ses dettes (*même art.*); ce qui comprend non-seulement le capital mais aussi toutes sommes payées pour intérêts et frais (Caen, 21 janv. 1876; S. 76, II, 148).

— Il en serait autrement si les dettes se trouvaient être une charge personnelle du père de famille comme si elle avait pour cause les frais de nourriture, d'entretien, d'éducation, d'apprentissage (Duranton, VII, 312; Demolombe, XVI, 348); — ou, encore, qu'elles provinssent de folles dépenses qui n'auraient pu donner lieu à une condamnation en justice (Toullier, IV, 483; Duranton, VII, 312; Taulier, III, p. 343; Aubry et Rau, § 631-16; Massé et Vergé, § 398-12; Demolombe, XVI, 346, 347, 349; Hureaux, IV, 97; Contra Chabot, *851*, 2; Mourlon, II, p. 180 note).

1082. — Preuve de paiement. — Le successible qui demande à son cohéritier le rapport d'une dette payée pour lui par l'auteur commun, peut prouver l'existence de la dette et le paiement qui l'a éteinte, par tous les modes de preuve (Caen, 21 janv. 1876; S. 76, II, 148).

1083. — Responsabilité. — Le rapport est dû par le fils pour les condamnations que le père a encourues comme étant civilement responsable de ses fautes ; ainsi, par exemple, la somme payée par le père en réparation de l'incendie arrivé par la faute de son fils (Toullier, XI, 165, 271).

1084. — Remplacement au service militaire. — Lorsque le défunt a libéré un enfant du service militaire, en le faisant remplacer ou exonérer, il a acquitté une dette personnelle à l'enfant, la charge du service militaire étant personnelle. Néanmoins il faut distinguer quant au rapport :

1085. — Dans l'intérêt du père. — Si le successible établit qu'il était utile à son père pour l'exploitation de son commerce ou de sa culture, ou pour la gestion de sa fortune, le remplacement est présumé avoir être fait plutôt dans l'intérêt du père, et il n'y a pas lieu à rapport (Marcadé, *852*, 3 ; Chabot, *851*, 4; Tonllier, IV, 483; Duranton, VII, 362; Grenier, *Donat.*, II, 541 *bis* ; Massé et Vergé, § 398-11; Demolombe, XVI, 350; Mourlon, II, p. 180; Roll. de Vill., *Rapport*, 111; Toulouse, 9 janv. 1835; Douai, 30 janv. et 20 fév. 1838; Riom, 13 fév. 1844; Toulouse, 7 déc. 1867; Cass., 21 déc. 1853, 11 août 1868; Paris, 16 août 1872; S. 35, II, 413; 39, II, 132; 44, II, 633; 55, I, 276; J. N. 19407; t. Grenoble, 16 déc. 1876; Journ. du Not., 2974).

1086. — Dans l'intérêt du remplacé. — Mais si le successible n'était point dans une des conditions qui viennent d'être indiquées, le remplacement est présumé avoir eu lieu dans son intérêt personnel, et il doit le rapport de la somme déboursée (Marcadé, *852*, 3; Chabot, *851*, 4; Grenier, *Donat.*, II, 541 *bis*; Toullier, IV, 483; Duranton, VII, 362; Demante, III, 188 *bis*; Demolombe, XVI, 350, 351; Caen, 5 janv. 1811, 14 nov. 1860; Grenoble, 12 fév. 1816, 8 et 13 mars 1817; Bourges, 21 fév. 1825, 22 fév. 1829; Riom, 18 août 1829; Bordeaux, 5 juill. 1844; Amiens, 17 mars 1853; Cass., 21 déc. 1853; T. Lyon, 27 juin 1868; S. 55, I, 276, II, 97; J. Droit, 30 oct. 1868; T. Grenoble, 16 déc. 1876; Journ. N. 2974);—alors même que le remplacement a eu lieu pendant sa minorité (Grenier, II, 541 *bis*; Chabot, *851*, 4; Poujol, *851*, 6; Duranton, VII, 362; Demolombe, XVI, 350. Contra Toullier, IV, 483; Vazeille, *851*, 5).

1087. — Volontariat. — Ces règles nous paraissent aussi applicables à la prime versée pour l'équipement du volontaire d'un an, en exécution de l'art. 55 de la loi du 27 juill. 1872 sur le recrutement de l'armée.

1088. — Cautionnement. — Le cautionnement du successible par son auteur est aussi considéré comme un avantage indirect soumis à l'obligation du rapport : Si le défunt, par suite du cautionnement, avait payé la dette, il y aurait lieu au rapport de la somme payée, *supra* n° 1081; — si, au contraire, lors de l'ouverture de la succession, la dette est encore due, le successible cautionné doit rapporter à ses cohéritiers la décharge du cautionnement (Demante, III, 187 *bis*; Demolombe, XVI, 358; Aubry et Rau, § 631-21; Hureaux, IV, 84; Contra Troplong, *Donat.*, 1080); — à moins cependant que le cautionnement ne présente aucun caractère de libéralité, comme, par exemple, s'il a été consenti exclusivement dans l'intérêt du créancier (Demolombe, XVI, 359; Cass., 29 déc. 1858; S. 59, I, 209). — Si ce dernier est également successible de la caution, c'est à lui qu'incombe l'obligation du rapport si le cautionnement a été fourni dans son intérêt et sur sa demande (Paris, 21 déc. 1843; S. 44, II, 80).

1089. — Transfert de valeurs. — Lorsque des valeurs ont été transférées par le *de cujus* au profit de l'un de ses successibles, il n'y a pas lieu au rapport, s'il est établi que le transfert a eu lieu pour remplir le successible de valeurs pareilles qui lui ont été attribuées par le partage de la succession du conjoint du cédant (Cass., 20 juin 1876; Journ. du Not., 2924).

1090. — Remise de dette. — La remise d'une dette constitue, à l'égard du successible, un avantage indirect, et à ce titre, donne lieu à rapport (Duranton, VII, 309; Vazeille, *843*, 22; Demolombe, XVI, 360; Cass., 24 nov. 1858; S. 59, I, 614).

1091. — Conventions. — Profits. — Mais il n'y a point lieu à rapport des profits que l'héritier a pu retirer de conventions passées avec le défunt, si ces conventions ne présentaient aucun avantage indirect lorsqu'elles ont été faites (*C. civ.*, *853*). Elles restent donc soumises aux conditions de droit commun.

1092. — Bail. — Vente. — Il en est ainsi, en cas de location par le défunt à un successible, quand le prix est ordinaire et sérieux, peu importe que ce dernier ait retiré un grand profit de son exploitation; — ou encore de la vente par le défunt à son successible, pour un prix sérieux et raisonnable (Demolombe, XVI, 390; Aubry et Rau, § 631-28), et quel'immeuble ait ensuite acquis une grande augmentation de valeur, par le percement d'une rue, d'une route, l'établissement d'une gare, etc., etc. (Chabot, *853*, 1; Toullier, IV, 477; Duranton, VII, 339; Massé et Vergé, § 398-21; Demolombe, XVI, 376; Mourlon, II, p. 184; Hureaux, IV, 108; Roll. de Vill., *Rapport*, 183; Paris, 3 août 1860; S. 62, I, 145). — Si le bail ou la vente ont eu lieu à vil prix, voir *infra* n°s 1099, 1100.

1093. — Association. — Successible. — Pareillement il n'est pas dû de rapport pour les associations faites sans fraude entre le défunt et l'un de ses successibles, lorsque les conditions en ont été réglées par un acte authentique (*C. civ.*, *854*), qui ne saurait être remplacé par aucun équivalent.

1094. — Sous seing privé. — Il s'en suit que s'il a été fait un acte sous seing privé, même enregistré et publié conformément à la loi, et quoique l'association ait été faite sans fraude, le successible doit le rapport des profits qu'il en a retirés, sans que l'on ait à considérer si la société est civile ou commerciale, ni si elle est dissoute depuis plus de trente ans. Le successible doit aussi le rapport de la mise de fonds qu'il a retirée, s'il ne justifie pas qu'il l'a réellement fournie (Massé et Vergé, § 398-21; Aubry et Rau, § 631-31; Mourlon, II, p. 185; Duvergier sur Toullier, IV, 477; Delangle, *Sociétés*, II, 523; Demolombe, XVI, 370; Hureaux, IV, 114, 115; Paris, 28 déc. 1854, 3 août 1860; Dijon, 24 janv. 1866; Cass., 26 janv. 1842, 14 nov. 1849, 31 déc. 1855, 29 déc. 1858; S. 42, I, 114; 55, II, 344; 57, I, 200; 59, I, 600; 62,

I, 145 ; 66, II, 196. Contra Marcadé, *854*, 2; Belost-Jolimont, *854*, obs. 1; Toullier, IV, 477 ; Duranton, VII, 340 ; Taulier, III, p. 353 ; Roll. de Vill., *Rapport*, 192).

1095. — Indemnité. — Rémunération. — Il appartient cependant aux tribunaux de déterminer l'indemnité due à l'héritier associé, à titre de rémunération de son travail et de ses peines, soins et risques, et de la porter, suivant les circonstances, à une somme même égale aux avantages par lui recueillis, afin que, dans ce cas, le rapport ordonné comme hommage rendu au principe, n'ait plus en réalité d'objet (Aix, 14 avril 1858; Paris, 28 déc. 1854, 3 août 1860; Poitiers, 2 juin 1863; Cass., 19 nov. 1861, 17 août 1864 ; Paris, 26 août 1868 ; Cass., 29 juill.1869; S. 55, II, 344 ; 59, I, 600 ; 62, I, 145 ; 65, I, 121 ; Droit, 4 août 1869; V. cep. Demolombe, XVI, 398; Cass., 25 juin 1839, 17 août 1864; S. 39, I, 545; 65, I, 121).

1096. — Dispense du rapport. — Intention. — Ils peuvent aussi rechercher si l'intention du père a été que les avantages résultant de l'association fussent retenus par le fils à titre de préciput et hors part (Paris, 28 déc. 1854 ; S. 55, II, 344).

1097. — Association. — Conjoint du successible. — La disposition de l'art. 854, suivant laquelle l'authenticité est exigée à l'égard du successible, est une exception qui ne saurait être étendue au conjoint du successible. En conséquence, la fille ne doit pas le rapport à la succession de son père pour l'association faite sans fraude entre son père et son mari, bien qu'elle n'ait pas été constatée par un acte authentique (Demolombe, XVI, 375 ; Paris, 28 déc. 1854 ; Cass., 31 déc. 1855; Aix, 14 avril 1858; Dijon, 24 janvier 1866; S. 55, II, 344 ; 57, I, 200 ; 59, I, 600 ; 66, II, 196. Voir Cass., 17 août 1864 ; S. 65, I, 121); — peu importe même qu'en raison de la communauté existant entre elle et son mari, elle se trouve en profiter (Paris, 28 déc. 1854; Dijon, 24 janvier 1866 précités).

1098. — Société universelle de gains. — La société universelle de gains qui existait entre le défunt et l'un de ses successibles ne donne pas lieu au rapport (*C. civ.*, *854*). Mais la libéralité en résultant est sujette à la réduction si elle excède la quotité disponible, puisque, suivant l'art. 1840, la société universelle ne peut exister qu'entre personnes auxquelles il n'est point défendu de s'avantager au profit d'autres personnes (Duranton, XVII, 381 ; Troplong, *Sociétés*, I, 301 ; Pont, *ibid.*, 223 ; Massé et Vergé, § 715-15 ; Cass., 25 juin 1839; S. 39, I, 545. Voir cep. Duvergier, *Sociétés*, n° 119).

1099. — Vente. — Prix. — Quand le défunt a fait la vente à l'un de ses successibles d'un immeuble moyennant un prix inférieur à sa valeur véritable, si le prix est illusoire, l'obligation du rapport frappe l'immeuble lui-même (Cass., 5 avril 1827); — mais si le prix, sans atteindre la valeur entière, semble être raisonnable, le rapport est de la différence entre le prix de la vente et la valeur vénale au temps de la vente (Duranton, VII. 397; Demolombe, XVI, 394 à 396; Aubry et Rau, § 631-28; Bordeaux, 8 mai 1878; Not. 3144).

1100. — Bail. — Prix. — Lorsque le *de cujus* a fait un bail à vil prix de ses biens à un successible, les juges peuvent : — ou augmenter le prix du bail et, à ce moyen, obliger le successible au rapport de l'avantage qu'il en retirera (Duranton, VII, 342 ; Metz, 26 nov. 1818 ; Amiens, 10 janv. 1821 ; Angers, 29 janv. 1840 ; Rennes, 14 janv. 1861 ; Cass., 13 août 1817, 29 juillet 1863; S. 40, II, 112; 64, I, 78. Voir Demolombe, XVI, 445); — ou prononcer la nullité du bail, par exemple s'il a été fait pour un longue durée (Demolombe, XVI, 397; Douai, 28 mars 1839; Angers, 29 janv. 1840 ; S. 40, II, 112). Mais aucun rapport n'est dû pour les revenus dont l'enfant a profité (Bourges, 10 déc. 1879; Defrén., *Rép. N.*, 189).

1101. — Bail à vie. — Si le bail est restreint à la vie du père, il ne saurait être considéré comme un avantage indirect, ni porter atteinte à la réserve légale des autres enfants ; et par suite, il ne donne pas lieu à rapport (Demolombe, XVI, 445; Montpellier, 31 déc. 1863 et 4 juillet 1865 ; S. 66, II, 186; Caen, 13 déc. 1872 ; S. 73, II, 251).

1102. — Fruits perçus. — En tous cas, suivant le principe posé *infra* n° 1115, aucun rapport n'est dû pour raison des fruits de l'immeuble donné à bail perçus antérieurement au décès (Marcadé, *852*, 2; Chabot,

852, 2; Roll. de Vill., *Rapport*, 173; Montpellier, 31 déc. 1863, 4 juill. 1865; S. 66, II, 186).

1103. — Communauté d'habitation. — Le fils donataire contractuel de ses père et mère, sans aucune charge, mais résidant avec eux, n'est pas tenu de rapporter et de faire entrer en partage les acquisitions par lui faites en son nom propre pendant la communauté d'habitation (Cass., 26 pluv., an 3).

II. Choses non soumises au rapport.

1104. — Principe. — Les choses que l'on excepte du rapport sont les dépenses dont le caractère est, d'une part de ne point diminuer le patrimoine de celui qui les fait, comme étant presque toujours acquittées avec le fruit des économies réalisées sur les revenus; et d'autre part de ne pas augmenter le patrimoine de celui pour lequel elles sont faites (Demolombe, XVI, 406).

1105. — Nourriture, éducation, etc. — Les frais de nourriture, d'entretien, d'éducation, d'apprentissage, les frais ordinaires d'équipement, ceux de noces et présents d'usage, ne sont pas sujets à rapport (*C. civ.*, *852*); qu'ils aient été faits pour les enfants ou autres descendants, ou même pour des parents collatéraux (Marcadé, *852*, 1; Toullier, IV, 478; Taulier, II, p. 349; Demante, III, 188 *bis*; Demolombe, XVI, 411; Aubry et Rau, § 631-35; v. Douai, 8 mai 1885; Defrénois, *Rép. N.*, 2469).

1106. — Etat du successible. — Il importe peu que le successible soit mineur ou majeur, marié ou non marié, établi ou non (Demolombe, XVI, 413; Cass., 6 juin 1834; S. 35, I, 58; Lyon, 10 déc. 1880; *Rép. N.* 40).

1107. — Dépenses différentes. — Il importe peu aussi que les frais aient été très considérables pour quelques-uns des successibles et nuls ou presque nuls pour d'autres (Marcadé, *852*, 2; Toullier, IV, 478; Taulier, III, p. 350; Demante, III, 188 *bis*; Hureaux, IV, 121, 123; Demolombe, XVI, 414, 417; Bordeaux, 17 janv. 1846; S. 46, II, 644); — à moins cependant qu'ils ne soient trop considérables eu égard à la fortune du donateur, ce qui est apprécié par les tribunaux (Marcadé, *852*, 2; Chabot, *852*, 4; Duranton, VII, 357; Aubry et Rau, § 631-41; Poitiers, 2 août 1820; Cass., 14 août 1833; S. 33, I, 769; Cass., 28 juill. 1874; S. 75, II, page 299); — ou encore que le père de famille n'ait ordonné le rapport de certaines dépenses, dans le but, formellement exprimé par lui, d'établir l'égalité entre ses enfants (Bruxelles, 7 avril 1808).

1108. — Aliments. — Appréciation. — Mais les aliments fournis au successible et à sa famille dans la maison paternelle, ou au moyen d'une prestation annuelle, s'ils sont en disproportion notable avec les facultés du père de famille, et surtout s'ils ont entamé son patrimoine, constituent un avantage sujet à rapport (Marcadé, *852*, 2; Chabot, *852*, 2; Vazeille, *852*, 6; Duranton, VII, 355, 356; Nancy, 20 janv. 1830; Douai, 28 juin 1850; J. N. 13204; Seine, 27 juill. 1877; Droit, 29 août; CONTRA Toullier, IV, 278; Demolombe, XVI, 416; Douai, 26 janv. 1861; S. 61, II, 372. Voir Bordeaux, 10 fév. 1831, 17 janv. 1816; S. 31, II, 137; 46, II, 644).

1109. — Nourriture, etc. — Enfant ayant des biens. — En ce qui concerne les frais de nourriture, d'entretien, d'éducation, d'apprentissage, sont-ils également dispensés du rapport quand l'enfant a des biens personnels suffisants pour y faire face? C'est là une question de fait soumise à l'interprétation du juge : A cet égard on décide que le défunt est considéré n'avoir voulu faire qu'une avance s'il a compris ces dépenses dans un compte de tutelle ou s'il en a tenu note de manière à les réclamer. Mais que si, au contraire, il ne les a pas comprises dans le compte qu'il a rendu, ou si, n'ayant pas rendu de compte lors de son décès, il n'a aucunement tenu note de ces dépenses, ou encore si ces frais sont de nature à être compensés par les services que l'enfant a rendu en travaillant au logis, il n'y a pas lieu à rapport (Toullier, IV, 478; Demolombe, XVI, 412. Voir cep. Chabot, *852*, 2; Duranton, VII, 356).

1110. — Livres. — Bibliothèque — Dans les dépenses d'éducation on doit comprendre : les livres moins ceux qui formeraient une véritable bibliothèque, les instruments nécessaires pour les études spéciales, les frais nécessités pour l'obtention des diplomes de licencié et de docteur (Marcadé, *852*, 2; Chabot, *852*, 6; Toullier, IV, 481; Duranton, VII, 360; Demolombe, XVI, 425; Aubry et Rau, § 631-33).

1111. — Trousseau. — Le trousseau n'est pas considéré comme un présent de noces, par conséquent il est rapportable; à plus forte raison il en est ainsi de celui qui a été constitué par contrat de mariage (Belost-Jolimont sur Chabot, *852*, obs. 1re; Duranton, VII, 366; Demolombe, XVI, 432; Hureaux, IV, 125; Aubry et Rau, § 631-38; Roll. de Vill., *Rapport*, 148, 149; Cass., 11 juill. 1814; Paris, 15 janv. 1853; Grenoble, 26 août 1846; S. 47, II, 448; 53, II, 633).

1112. — Frais de contrat de mariage. — Les frais de contrat de mariage sont à la charge personnelle des époux; il s'en suit que s'ils ont été acquittés par les père et mère, ils sont rapportables (Demolombe, XVI, 435 *bis*; Douai, 18 fév. 1845; J. N, 12409).

1113. — Nourriture, etc. — Enfants naturels. — L'article 852 n'est pas restreint aux héritiers légitimes; il s'applique aussi aux enfants naturels (Marcadé, *760*, 2; Demolombe, XIV, 92; Cass., 13 janv. 1862; S. 62, I, 225).

1114. — Legs alimentaire. — L'art. 852 comprend seulement les frais de nourriture et autres qui ont été faits par le défunt lui-même de son vivant. S'il faisait un legs à l'un de ses successibles, même à titre alimentaire, pour subvenir à ses besoins, ce legs, à défaut de stipulation contraire, serait soumis à l'obligation du rapport (Chabot, *852*, 5; Grenier, II, 540; Duranton, VII, 354; Demolombe, XVI, 421; Aubry et Rau, § 631-37).

1115. — Revenus des choses données. — Les fruits et intérêts que les choses données ont pu produire avant l'ouverture de la succession ne sont pas soumis au rapport. En effet la destination des fruits est d'être employée aux besoins de la vie, à la nourriture et à l'entretien du successible et de sa famille (Marcadé, *852*, 1; Demolombe, XVI, 437; Aubry et Rau, § 631-43; Paris, 23 juin 1818). — Il n'en serait autrement, en ce qui concerne les intérêts, qu'autant qu'ils auraient été payés sans être dus (Cass., 13 avril 1842; S. 42, I, 305).

1116. — Constitution de rente. — Comme conséquence, la constitution par le défunt à l'un de ses successibles, par son contrat de mariage ou de toute autre manière, d'une rente ou pension viagère en argent ou en nature, sans expression de capital, *infra* n° 1120, ne donne pas lieu au rapport des arrérages (Marcadé, *856*, 1; Chabot, *856*, 5; Proudhon, *Usuf.*, 2396; Toullier, IV, 486; Duranton, VII, 369; Taulier, III, p. 357; Demolombe, XVI, 438; Aubry et Rau, § 631-44, 47; Cass., 31 mars 1818, 6 déc. 1880, 27 juill. 1881; Bordeaux, 17 janv. 1846; Douai, 26 janv. 1861; Dijon, 19 avril 1881; Seine, 23 déc. 1885; Defrénois, *Rép. N.*, 41, 592, 811, 3048).

1117. — Usufruit. — Il en est de même lorsque l'objet du rapport est un droit d'usufruit; dans ce cas, l'usufruitier n'est pas non plus soumis au rapport des fruits qu'il a acquis comme usufruitier avant l'ouverture de la succession (Marcadé, *856*, 2; Chabot, *856*, 5; Proudhon, *Usuf.*, 2306; Duranton, VII, 372; Demante, III, 191 *bis*; Demolombe, XVI, 444; Aubry et Rau, § 631-46; Hureaux, IV, 132; Bastia, 21 nov. 1832; Bordeaux, 17 janv. 1854; S. 33, II, 6; 54, II, 513).

1118. — Vente de l'usufruit. — Il importe peu que le donataire ait réalisé un capital au moyen de la vente de l'usufruit (Bordeaux, précité).

1119. — Fruits civils. — Le successible assujetti à l'obligation du rapport doit, quant à la perception des fruits, être considéré comme un usufruitier; il acquiert les fruits civils jour par jour, et, comme conséquence, il peut réclamer tous ceux courus jusqu'au jour du décès, qu'ils soient dus par des tiers ou par le défunt lui-même (Marcadé, *856*, 3; Chabot, *856*, 3; Toullier, IV, 486; Duranton, VII, 371; Demante, III, 191 *bis*; Aubry et Rau, § 631-45; Demolombe, XVI, 442; Cass., 31 mars 1818; Bastia, 21 nov. 1832; Bordeaux, 17 janv. 1854; S. 33, II, 6; 54, II, 513).

1120. — Fruits capitalisés. — Si les fruits et revenus ont été donnés comme capitaux ils sont sujets à rapport. Il en est ainsi d'une libéralité dont le montant a été pris sur les revenus du père, alors surtout qu'elle a absorbé la totalité des économies faites par ce dernier sur ses revenus (Marcadé, *856*, 2; Duranton, VII, 374; Demolombe, XVI, 437, 438; Lyon, 24 juin 1859; Toulouse, 20 nov. 1863; Nimes, 20 juill. 1866; S. 60, II, 17; 64, II, 7; 67, II, 133; Montpellier, 31 déc. 1863; Toulouse, 9 juill. 1875 et 21 juillet 1882; Defrénois, *Rép. N.*, 1317).

§ 3. — *Rapport de dettes.*

1121. — Principe. — Le rapport du prêt est fondé sur la présomption que celui qui a fait le prêt à son successible, a eu l'intention de lui faire une avance à imputer sur sa succession. Cette imputation, d'ailleurs, est toujours de droit, lorsque l'un des successibles a entre les mains une portion de la masse commune à partager.

1122. — Preuve. — Le successible doit le rapport à la masse de la succession des sommes dont il est débiteur envers le défunt (*C. civ.*, 829). Sa dette peut être établie par toute espèce de preuves, *supra* n° 1082 (Bordeaux, 3 mars 1868; Pau, 19 mai 1875; Caen, 21 janv. 1876; S. 68, II, 166; 76, II, 139 et 148). — même quand elle provient soit de quasi-contrats, soit de délits ou de quasi-délits (Demolombe, XVI, 474).

1123. — Dette envers père et mère. — S'il est débiteur envers son père et sa mère, il fait le rapport par moitié à la succession de chacun d'eux (Demolombe, XVI, 458; Cass., 31 mars 1846; S. 46, I, 337). — Nous examinerons en traitant *De la liquidation de la communauté*, le cas où la dette a été contractée envers la communauté existante entre les père et mère.

1124. — Exigibilité. — Prescription. — Les sommes ainsi rapportables deviennent exigibles du jour du décès, sans que le débiteur puisse opposer la prescription, même accomplie du vivant de l'auteur, puisque par le fait de la prescription, le prêt se trouverait transformé en un avantage indirect (Duranton, VII, 304; Paris, 6 mai 1846; S. 46, II, 225; Cass., 14 nov. 1849; J. N. 13943. CONTRA Demolombe, XVI, 385; Voir aussi Grenoble, 14 août 1843).

1125. — Termes. — Il ne peut profiter non plus des termes que le défunt lui a accordés (Marcadé, *829-2*; Duranton, VII, 312; Demante, III, 187 *bis*; Demolombe, XVI,

461; Hureaux, IV, 89; Aubry et Rau, § 627-8; Roll. de Vill., *Rapport*, 87).

1126. — Exception. — Il en est autrement toutefois, s'il renonce à la succession, *supra* n° 1046; — ou, en cas d'acceptation, si le prêt a été fait dans l'intérêt du défunt, comme, par exemple, s'il résulte d'un prêt à intérêt avec privilége, hypothèque ou autre garantie (Marcadé, *829*, 2; Demolombe, XVI, 381); — ou d'une vente que le défunt lui a faite; — ou, encore, s'il s'agit d'une dette contractée originairement par le successible envers un tiers dont le défunt est devenu ensuite l'ayant cause, le cessionnaire ou l'héritier (Demolombe, XVI, 473; Hureaux, IV, 89. CONTRA Demante, III, 187 *bis*, 8). — Dans ces divers cas, l'art. 853 fait obstacle à l'exigibilité avant l'échéance du terme (Duranton, VII, 312; Demante, III, 187 *bis*; Taulier, III, p. 346; Demolombe, XVI, 471; Voir cep. Hureaux, IV, 89, 108); — comme aussi à la réclamation d'intérêts si la dette n'en produisait pas, ou à la réclamation de l'intérêt à cinq pour cent, *infra* n° 1140, s'il résulte de la convention que le taux est moindre (Demolombe, XVI, 382).

1127. — Gestion des biens héréditaires. — Si un successible a géré les biens de la succession, perçu les fruits, fait le recouvrement de créances, commis des dégradations, etc., sa dette envers la succession est assimilable au rapport; par suite elle donne lieu en faveur de ses cohéritiers à un prélèvement égal sur les biens de l'hérédité *(C. civ., 830, 831)*, *infra* n° 1202, même à l'encontre des créanciers personnels de ce successible (Chabot, *828*, 1; Troplong, *Priv.*, I, 239; Demante, III, 162 *bis*; Demolombe, XVI, 475; Hureaux, IV, 96; Dutruc, 429 *bis*; Aubry et Rau, § 624-27; Troplong, *Hyp.*, I, 239; Toulouse, 2 mai 1825, 25 juill. 1828; Riom, 14 fév. 1828; Cass., 24 fév. 1829, 11 août 1830, 18 déc. 1839, 6 déc. 1844, 15 fév. 1865; Poitiers, 27 janv. 1839; Pau, 6 déc. 1844; Agen, 27 août 1856; Lyon, 6 déc. 1861; S. 39, II, 288; 40, I, 65; 45, I, 339; 45, II, 449; 56, II, 522; 65, I, 225; CONTRA Grenier, *Hyp.*, I, 159; Vazeille, *830*, 3; Agen, 3 avril 1823; Aix, 12 juill. 1826; Grenoble, 21 juill. 1826; Montpellier, 24 août 1827; Pau, 28 juill. 1828).

1128. — Somme touchée. —

Créance commune. — Toutefois le successible ne doit pas le rapport de la somme, égale à sa part héréditaire, qu'il a touchée dans une créance commune, non plus que pour la remise de dette qui lui a été faite à raison de sa part dans la dette; à moins que le paiement ou la remise n'aient eu lieu pour le compte de la succession (Chabot, *828*, 6; Dutruc, 422).

1129. — Dépenses. — Si l'héritier en jouissant des biens communs ou en les gérant a fait des dépenses à l'occasion de ces biens, il a droit au remboursement : pour les dépenses nécessaires, de l'intégralité des sommes déboursées; pour les dépenses utiles, de la plus value qu'elles ont procurée à l'immeuble au moment où elles ont été faites, sans pouvoir excéder le chiffre des dépenses; quant aux dépenses purement voluptuaires, elles ne donnent pas lieu à un remboursement, à moins qu'elles n'aient augmenté la valeur de l'immeuble, *infra* n°s 1157 à 1161.

1130. — Prêt à rente viagère. — A l'égard du prêt à rente viagère fait à un successible, le rapport est du capital reçu, déduction faite de la différence entre les arrérages payés et l'intérêt à cinq pour cent de ce capital (Chabot, *848*, 24; Grenier, 522; Voir cep. Demolombe, XVI, 386).

1131. — Rente perpétuelle. — Si le successible a constitué une rente perpétuelle au profit de son auteur, soit moyennant une somme capitale, soit comme prix de la vente de biens meubles et immeubles, il doit le rapport à la succession de la somme qui forme le prix de la constitution, et non pas de la rente perpétuelle, les cohéritiers ne pouvant être contraints à recevoir leur réserve ni leurs droits dans la succession en une rente perpétuelle à servir par l'un d'eux (Chabot, *843*, 23; Hureaux, IV, 89; Aubry et Rau, § 627-9. Voir cep. Demolombe, XVI, 386).

1132. — Prêt. — Faillite. — Le successible auquel un prêt a été fait et qui a été déclaré en état de faillite, doit le rapport de l'intégralité de la somme prêtée, alors même que le prêteur aurait encouru la déchéance à défaut de production (Paris, 8 mai 1833; S. 33, II, 514); — et non pas seulement, en cas d'union, le montant de la répartition, ni au cas où un concordat a été accordé, le montant du dividende fixé (Marcadé, *851*, 5; Chabot, *843*, 23; Grenier, 522; Duranton, VII, 310; Troplong, *Donat.*, 962; Demolombe, XVI, 384; Esnault, *Faill.*, II, p. 631; Aubry et Rau, § 631-23; Paris, 13 août 1839, 21 déc. 1843, 3 fév. 1848, 23 mai 1862; Cass., 17 avril 1850; Nimes, 1er juin 1866; Bordeaux, 16 août 1870; S. 39, II, 531; 44, II, 80; 48, II, 121; 50, I, 510; 67, II, 8; t. Rouen, 23 juin 1882; Paris, 9 mars 1883; t. Meaux, 13 juin 1883; Seine, 27 déc. 1883; Defrénois, *Rép. N.*, 1410, 1928, 2073, 3027. CONTRA Renouard, *Faill.*, p. 249; Voir aussi Douai, 14 janv. 1858; S. 58, II, 347).

1133. — Prêt. — Faillite. — Intérêts. — Cependant si la remise de fonds à titre de prêt a eu lieu à la charge du service d'intérêts ou autres produits, on peut décider qu'elle a été faite dans l'intérêt du père de famille plutôt que dans celui du successible; et, dans ce cas, le juge, souverain appréciateur des faits, peut ordonner que le rapport aura pour objet le montant de la répartition ou du dividende, et non plus la créance primitive et intégrale (Marcadé, *851*, 5; Troplong, *Donat.*, 962; Pont, *Rev. crit.*, I, p. 8; Demante, III, 187 *bis*; Massé et Vergé, § 400-8; Aubry et Rau, § 631-23; Demolombe, XVI, 384; Cass., 22 août 1843, 17 avril 1850; S. 44, I, 186; 50, I, 510; t. Meaux, 13 juin 1883; Seine, 27 déc. 1883; Defrénois, *Rép. N.*, 1410, 2073. Voir Paris 21 déc. 1843; S. 44, II, 80).

1134. — Concordat. — Dispense de rapport. — Décidé qu'il n'y a pas lieu au rapport de la somme due par un failli à son père aux termes d'un concordat qui n'avait libéré le failli que jusqu'à meilleure fortune, quand le père, au moment de son décès, en a fait remise définitive à son fils; cette remise, en de telle circonstance, doit être interprétée comme emportant une dispense de rapport (Douai, 14 janv. 1858; S. 58, II, 347).

1135. — Concordat. — Femme. Caution. — La femme successible qui s'est rendue caution solidaire envers son père de la dette de son mari, qui a été ultérieurement réduite par un concordat après faillite consenti au profit de ce dernier, demeure, malgré ce concordat, obligée envers la succession pour la totalité de la somme qu'elle a cautionnée, et doit, dès lors, en faire le rapport en entier, sans pouvoir revendiquer le bénéfice du concordat (C. comm. 545; Cass., 7 avril 1868; S. 68, I, 448. V. Cass., 12 nov. 1879; J. N. 22207).

§ 4. — Rapport de fruits.

1156. — Antérieurs au décès. — Nous avons vu, *supra* n° 1115, que les fruits civils et les revenus courus jusqu'au jour de l'ouverture de la succession restent acquis au donataire. Serait contraire à la loi et, comme telle, réputée non écrite, la condition apposée à une donation portant que si le donataire veut prendre part au partage de la succession du père, il sera tenu de payer l'intérêt de la somme donnée à partir du jour où elle lui aura été versée (Montpellier, 2 déc. 1869; S. 70, II, 171).

1157. — Postérieurs au décès. — Quant aux fruits postérieurs au décès, il en est dû le rapport suivant les règles ci-après :

1158. — Fruits. — Intérêts. — Les fruits et intérêts des choses sujettes à rapport sont dus à la masse à compter du jour de l'ouverture de la succession (*C. civ. 856*), et de plein droit (Demolombe, XVI, 446; Colmar, 24 nov. 1857; S. 58, II, 346), sans qu'il y ait lieu de distinguer si le rapport se fait en nature ou en moins prenant (Demolombe, XVI, 449); — peu importe aussi que le rapport soit d'argent, d'objets mobiliers, de biens immeubles, d'un usufruit, d'une rente viagère, ou même de sommes prêtées gratuitement ou à un intérêt moindre que le taux légal (Marcadé, *856*, 2; Duranton, VII, 369; Demolombe, XVI, 462; Hureaux, IV, 99; Cass., 2 fév. 1819; Colmar, 24 nov. 1857; S. 58, II, 346), sauf toutefois ce qui est dit *supra* n° 1126; — ou encore de sommes dues à la masse de la succession pour raison d'objets qui en dépendent, par exemple, pour la valeur du mobilier conservé par l'un des héritiers Laurent, IX, 632; Demolombe, XVI, 449; Cass., 15 fév. 1865; S. 65, I, 225); — ou de sommes dues par un tuteur (Cass., 13 juin 1881; *Rép. N.*, 813); — ou enfin de sommes capitales que l'héritier, depuis l'ouverture de la succession, a reçues d'un liquidateur par imputation sur ses droits (Cass., 5 janv. 1870 ; S. 70, I, 156). Voir *supra* n° 1023.

1159. Rapport en moins prenant. — Le donataire successible qui rapporte un immeuble en moins prenant, en raison de ce qu'il l'a vendu, doit compte des intérêts de la valeur de cet immeuble, et non des fruits qu'il a produits (Cass., 5 juill. 1876; Toulouse, 1er fév. 1877; S. 77, 1, 345; 78, II, 261).

1140. — Taux de l'intérêt. — L'intérêt doit être calculé au taux légal du lieu où la succession s'est ouverte, en sorte que ce taux est de cinq pour cent si elle s'est ouverte en France; — de six pour cent si elle s'est ouverte en Algérie (Ordonn. 7 déc. 1835; Décret 11 nov. 1849; Loi 27 août 1881); — et de neuf pour cent si elle s'est ouverte à l'Ile de la Réunion (Arrêté, 26 mars 1808; Cass., 3 juillet 1872; S. 72, I, 201).

1141. — Prescription quinquennale. — La prescription quinquennale (*C. civ., 2277*) des intérêts ou des fruits dont le rapport est dû, ne peut être invoquée tant que le partage n'a pas eu lieu (Troplong, *Presc.*, 1032; Vazeille, *ibid.*, 317, 616; Massé et Vergé, § 400-9; Dutruc, 423; Roll., *Rapport*, 215; Colmar, 1er mars 1836; Paris, 24 nov. 1838; S. 36, II, 573; 38, II, 480; Voir cep. Bastia, 5 nov. 1844; S. 46, II, 35). — Cependant dans une espèce où il s'agissait du rapport de sommes prêtées avec intérêt, on a décidé que la prescription quinquennale pouvait être opposée aux héritiers, de même qu'elle aurait pu l'être au *de cujus* (Douai, 26 janv. 1861).

1142. — Compensation entre héritiers. — Quand tous les cohéritiers ont à faire à la succession des rapports de valeurs égales, il peut être établi une compensation afin de les libérer les uns envers les autres de l'obligation du rapport; comme aussi de les dispenser de se tenir respectivement compte des fruits et intérêts, alors même que le rapport serait pour les uns de sommes d'argent dont l'intérêt est de cinq pour cent, et pour d'autres d'immeubles productifs d'un revenu moindre (Demolombe, XVI, 451 *bis*; Hureaux, IV, 129; Cass., 10 janv. et 24 fév. 1852, 17 avril 1867; S. 52, I, 271; 53, I, 159; S. 68, I, 67).

SECTION IV.

DE LA MANIÈRE DONT SE FAIT LE RAPPORT.

§ 1. — *Rapport d'immeubles.*

1143. — Généralité. — Le rapport des immeubles se fait en nature ou en moins prenant (*C. civ.*, 858). Si la libéralité a été faite par testament, voir *supra* n° 1066.

I. Rapport en nature.

1144. — Effets. — Le rapport en nature a pour effet de faire considérer l'immeuble rapporté comme s'il n'était jamais sorti du patrimoine du défunt; de là les règles qui vont être exposées, en ce qui concerne la perte de l'immeuble et les augmentations ou diminutions de valeur.

1145. — Immeuble non aliéné. — Le rapport peut être exigé en nature toutes les fois que l'immeuble donné n'a pas été aliéné par le donataire, et qu'il n'y a pas dans la succession d'immeubles de même nature, valeur et bonté, dont on puisse former des lots à peu près égaux pour les autres cohéritiers (*C. civ.*, 859).

1146. — Rapport d'immeuble ou somme. — Si la donation a été faite à la condition du rapport soit de l'immeuble donné, soit d'une somme déterminée, au choix du donataire, celui-ci ne peut être contraint à faire le rapport en nature; il suffit qu'il le fasse de la somme fixée, en perdant la différence si elle est supérieure à la valeur de l'immeuble; mais si elle est inférieure, il conserve l'excédent, sauf réduction si cet excédent est plus élevé que la quotité disponible (Demol., XVI, 527; Cass., 28 juin 1882; *Rép. N.*, 1411).

1147. — Immeuble péri. — Si l'immeuble a péri par cas fortuit, et sans la faute du donataire, il n'est pas sujet à rapport (*C. civ.*, 855); il suffit donc que le successible, à qui le rapport de l'immeuble détruit est demandé, établisse le cas fortuit qu'il allègue; et si ses cohéritiers prétendent que le cas fortuit a été déterminé par sa faute, c'est à eux de prouver la faute (Marcadé, 855, 1).

1148. — Faute du successible. — Il y a faute et, par conséquent, obligation de rapporter quand la destruction par cas fortuit est imputable à l'héritier; comme, par exemple, si un terrain a été enlevé par la violence d'un fleuve par suite du défaut d'entretien d'une digue, ou si un coup de vent a jeté bas la maison par suite de la négligence à la réparer (Marcadé, 855, 1).

1149. — Cas fortuit. — Quand la perte est arrivée par cas fortuit, par conséquent, sans être imputable au successible, il importe peu qu'elle soit arrivée avant ou après l'ouverture de la succession.

1150. — Perte partielle. — Lorsque la perte n'est que partielle, le successible doit le rapport de ce qui reste (Chabot, 855, 4; Toullier, IV, 499; Vazeille, 855, 4; Roll. de Vill., *Rapport*, 257; Aubry et Rau, § 634-18).

1151. — Tiers acquéreur. — Perte. — Ce principe reçoit aussi son application lorsque l'immeuble a péri avant l'ouverture de la succession entre les mains d'un tiers acquéreur; dans ce cas le successible, bien qu'ayant reçu le prix, ne doit pas le rapport (Marcadé, 855, 2; Toullier et Duvergier, IV, 498; Duranton, VII, 392; Demante, III, 190 *bis*; Taulier, III, p. 354; Mourlon, II, p. 196; Demolombe, XVI, 518; Hureaux, IV, 134, 170; Roll. de Vill., *Rapport*, 254; Aubry et Rau, § 634-44. Contra Vazeille, 855, 5; Belost-Jolimont, 855, obs. 2).

1152. — Ibid. — Perte postérieure au décès. — Il en serait autrement si la perte aux mains du tiers détenteur était postérieure au décès, puisque alors le rapport est d'une somme d'argent qui se trouve acquise à la masse dès le jour de l'ouverture de la succession (Marcadé, 855, 2; Hureaux, IV, 171; Demolombe, XVI, 519).

1153. — Incendie. — Lorsque l'immeuble donné est détruit par un incendie qui n'est pas imputable au successible ni aux personnes dont il répond, il n'en est pas responsable, quand même la cause de l'incendie serait ignorée; à ce cas n'est pas applicable la présomption de faute établie contre le locataire par l'art. 1733 (Demolombe, XVI, 489; Hureaux, IV, 135; Aubry et Rau, § 634-20. Contra Chabot, 855, 2; Duranton, VII, 393). — Le successible ne doit donc aucun rapport à ce sujet, pas même de l'indemnité touchée d'une compagnie d'assurances, qui est seulement l'équivalent de la chance de l'acquit des primes (Duvergier sur Toullier, IV, 498; Hureaux, IV, 136; Demolombe, XVI, 491; Roll. de Vill., *Rapport*, 255; Persil, *Assur. terrestres*, 45; Aubry et Rau, § 634-19. CONTRA Belost-Jolimont, *855*, obs. 1).

1154. — Incendie. — Bâtiment loué. — Si le bâtiment qui a été incendié était loué, le successible doit seulement le rapport de l'action en indemnité qu'il a contre le locataire, ou de l'indemnité elle-même s'il l'a touchée (Delvincourt, II, p. 42, note 5; Demolombe, XVI, 490; Voir cep. Duranton, VII, 393).

1155. — Augmentation ou diminution sans le fait du donataire. — Si l'immeuble a augmenté de valeur sans le fait du donataire, comme, par exemple, au moyen d'alluvion (*C. civ.*, 556), d'atterrissement (*C. civ.*, 559), de formation d'îles (*C. civ.*, 561), ou par suite de prescriptions; ou s'il a diminué de valeur, sans le fait ni la faute du donataire, l'augmentation ou la diminution concernent exclusivement la succession, sans qu'il y ait lieu à aucune récompense ou indemnité de part ni d'autre (Voir Cass., 20 juill. 1870; S. 71, I, 21).

1156. — Fait du donataire. — Il en est autrement lorsque les améliorations ou détériorations proviennent du fait du donataire; dans ce cas il y a lieu à un règlement suivant les bases ci-après :

1157. — Impenses utiles. — Quand le rapport se fait en nature, il doit être tenu compte au donataire des impenses qui ont amélioré la chose, eu égard à ce dont sa valeur se trouve augmentée au temps du partage (*C. civ.*, 861), ou plutôt au jour de l'ouverture de la succession, époque à laquelle l'immeuble revient dans la succession comme si la donation n'avait pas existé (Marcadé, *861*, 2; Chabot, *861*, 4; Massé et Vergé, § 400-26; Taulier, III, p. 360; Mourlon, II, p. 198; Demante, III, 197 *bis*; Aubry et Rau, § 634-23. Voir Cass. 31 janv. 1844; S. 44, I, 368. CONTRA Duranton, VII, 386; Demolombe, XVI, 499).

1158. — Réparations d'entretien. — Mais le donataire n'a droit à aucune indemnité pour les réparations d'entretien, puisqu'elles sont à la charge des fruits.

1159. — Calcul de l'indemnité. — L'art. 861, *supra* n° 1157, s'applique uniquement aux réparations utiles, c'est-à-dire à celles qui, sans être nécessaires, ont amélioré l'immeuble. Elles donnent lieu à une indemnité en faveur du donataire, non pas de ce qu'il a dépensé, mais de la plus value de l'immeuble; toutefois si la plus value est supérieure au montant des dépenses, il n'a droit qu'au remboursement de la somme dépensée (Marcadé, *864*, 1; Demante, III, 197 *bis*; Demolombe, XVI, 495; Hureaux, IV, 144).

1160. — Impenses voluptuaires. — Quant aux dépenses pour impenses voluptuaires, elles ne donnent pas lieu à indemnité, à moins qu'elles n'aient augmenté la valeur du fonds; auquel cas il serait dû une indemnité calculée comme il vient d'être dit.

1161. — Impenses nécessaires. — Il doit être pareillement tenu compte au donataire des impenses nécessaires qu'il a faites pour la conservation de la chose, encore qu'elles n'aient point amélioré le fonds (*C. civ.*, 862), et lors même que l'immeuble aurait été ensuite détruit par cas fortuit (Marcadé, *861*, 2; Demolombe, XVI, 494; Hureaux, IV, 144; Demante, III, 197 *bis*, 4°).

1162. — Part indivise. — Partage; licitation. — Si l'objet de la donation était de la portion indivise d'un immeuble, et que le successible fût devenu, par l'effet d'un partage ou d'une licitation, propriétaire de la totalité de l'immeuble, il devrait le rapport de l'immeuble en entier, puisque c'est la donation qui lui a procuré le moyen de le posséder, sauf indemnité pour les sommes qu'il a déboursées (Demolombe, XVI, 497).

1163. — Dégradations. — Détériorations. — Le donataire doit tenir compte des dégradations et détériorations qui ont diminué la valeur de l'immeuble par son fait, c'est-à-dire par sa faute ou négligence (*C. civ.*, 863), ou celles de personnes dont il doit répondre. Si l'immeuble a subi des dégradations ou a péri par la faute de personnes dont le donataire n'avait pas à répondre, il n'est tenu au rapport que de l'indemnité qu'il a touchée, ou de l'action à exercer contre elles

(Chabot, *863*, 5 ; Demolombe, XVI, 490 ; Hureaux, IV, 134 ; Roll. de Vill., *Rapport*, 253).
— Si le donataire allègue le cas fortuit, *supra* n° 1147, il doit en faire la preuve, alors surtout qu'il s'agit d'une maison qu'il habitait lui-même (Marcadé, *855*, 1 ; Chabot, *863*, 2 ; Duranton, VII, 393 ; Roll. de Vill., *Rapport*, 252 ; Aubry et Rau, § 634-22).

1164. — Intérêt. — Les indemnités dues au donataire dans les divers cas énumérés *supra* nos 1157 à 1162, et celles qu'il doit pour dégradations ou détériorations, portent intérêt de plein droit, à son profit, du jour de l'ouverture de la succession (Chabot, *862*, 3 ; Duranton, VII, 390 ; Demolombe, XVI, 446 ; Aubry et Rau, § 634-25 ; Cass., 5 juill. 1876 ; Toulouse, 1er fév. 1877 ; S. 77, I, 345 ; 78, II, 261).

1165. — Rétention. — Le cohéritier qui fait le rapport en nature d'un immeuble peut en retenir la possession jusqu'au remboursement effectif des sommes qui lui sont dues pour impenses ou améliorations (*C. civ.*, *867*) ; c'est là une espèce particulière de gage que la loi lui accorde pour mieux assurer sa créance (Hureaux, IV, 145). — Mais il doit tenir compte des fruits à ses cohéritiers, sauf à les compenser jusqu'à due concurrence avec l'intérêt des indemnités qui lui sont dues (Demante, III, 200 *bis* ; Demolombe, XVI, 504 ; Roll. de Vill., *Rapport*, 328 ; Aubry et Rau, § 634-26).

1166. — Convention de rapport en deniers. — Quand d'après la loi, le rapport d'un immeuble doit s'effectuer en nature, les cohéritiers, s'ils sont d'accord entre eux, peuvent convenir que le rapport sera fait en deniers pour la valeur de l'immeuble suivant estimation au temps du partage ; mais les juges ne pourraient l'ordonner (Demolombe, XVI, 505).

1167. — Hypothèque. — Charges. — Lorsque le rapport se fait en nature, les biens se réunissent à la masse de la succession, francs et quittes de toutes charges créées par le donataire ; mais les créanciers ayant hypothèque peuvent intervenir au partage, pour s'opposer à ce que le rapport se fasse en fraude de leurs droits (*C. civ.*, *865*).

1168. — Aliénation. — Toutefois, ainsi que nous le disons *infra* n° 1173, l'obligation du rapport n'a pas pour effet de résoudre l'aliénation, à moins qu'il ne s'agisse d'un droit d'usufruit, d'usage ou d'habitation, ou d'une servitude réelle, qui ne sont que des charges (Marcadé, *865*, 2 ; Duranton, VII, 405 ; Demante, III, 198 *bis* ; Demolombe, XVI, 507 ; Aubry et Rau, § 634-27).

1169. — Immeuble revenu au donataire. — Si par le résultat du partage, l'immeuble revient en totalité ou en partie au successible qui en a effectué le rapport, les droits des tiers revivent sur ce dont il est resté propriétaire (Marcadé, *865*, 2, Chabot, *865*, 5 ; Proudhon, *Usuf.*, 2380 ; Duranton, VII, 404 ; Duvergier sur Toullier, IV, 511 ; Demolombe, XVI, 509 ; Aubry et Rau, § 634-29 ; Hureaux, IV, 194 ; Cass., 31 mars 1818).

II. Rapport en moins prenant.

1170. — Généralité. — Le rapport n'a lieu qu'en moins prenant dans les cas ci-après :

1171. — 1er Cas. — Immeubles similaires. — Quand il existe dans la succession des immeubles de même nature, valeur et bonté dont on peut former des lots à peu près égaux pour les autres donataires (*Code civ.*, *859*) ; il est de la valeur des immeubles au jour du partage (Demolombe, XVI, 525 ; Demante, III, 196 ; Aubry et Rau, § 634-33 ; Hureaux, IV, 180 ; V. Marcadé, *859*, 2).

1172. — Droit de rapporter en nature. — Mais le donataire peut, s'il le préfère, effectuer le rapport en nature, ce qui lui est facultatif (Demante, III, 302 *bis* ; Hureaux, IV, 178 ; Demolombe, XVI, 524 ; Aubry et Rau, § 634-31).

1173. — 2e Cas. — Aliénation. — Lorsque le donataire a aliéné l'immeuble avant l'ouverture de la succession (*C. civ.*, 860), que l'aliénation ait été faite à titre onéreux ou à titre gratuit (Chabot, *859*, 2 ; Demolombe, XVI, 514 ; Hureaux, IV, 165 ; Aubry et Rau, § 634-40) ; — mais l'aliénation postérieure au décès ne ferait pas obstacle au rapport en nature (Marcadé, *859*, 1 ; Chabot, *859*, 1 ; Demante, III, 195 *bis* ; Demolombe, XVI, 513 ; Hureaux, IV, 166 ; Roll. de Vill., *Rapport*, 281 ; Voir Bastia, 5 nov. 1844 ; S. 46, II, 35).

1174. — Valeur du rapport. —

Le rapport, en cas d'aliénation, est de la valeur de l'immeuble à l'époque de l'ouverture de la succession (*C. civ., 860*), sans avoir égard au prix de la vente ; à moins que le donataire n'ait été dépossédé par suite d'une licitation ou d'une expropriation pour cause d'utilité publique, auxquels cas le rapport est du prix (Marcadé, *859,* 4 ; Chabot, *860,* 4 ; Duvergier sur Toullier, IV, 473 ; Demante, III, 196 *bis* ; Demolombe, XVI, 523 ; Massé et Vergé, § 400-13 ; Aubry et Rau, § 634-46 ; Hureaux, IV, 468 ; Toulouse, 5 août 1875 ; Cass., 17 mai 1876 ; S. 75, II, 287 ; 76, I, 292).

1175. — Immeuble péri. — Si l'immeuble a péri par cas fortuit entre les mains du tiers acquéreur avant l'ouverture de la succession, le successible est libéré du rapport, *supra* n° 1151.

1176 — 3ᵉ Cas. — Perte de l'immeuble. — Faute du donataire. — Lorsque le rapport en nature n'est pas possible par suite de la perte de l'immeuble provenant du fait ou de la faute du successible ou de ses ayants cause ; le rapport est de la valeur de l'immeuble au temps du partage (Demolombe, XVI, 526 ; Hureaux, IV, 182 ; Contra Chabot, 855, 6 ; Aubry et Rau, § 634-38 ; Dalloz, 1295 ; suivant ces auteurs, c'est au jour de l'ouverture de la succession).

1177. — 4ᵉ Cas. — Stipulation de l'acte. — Lorsque le disposant a exprimé la volonté à ce sujet :

1° Soit en accordant au donataire la faculté de retenir l'immeuble donné à la charge de faire le rapport de sa valeur ou d'une somme déterminée, *supra* n° 1146 ; ce qui peut résulter aussi de ce que, dans le contrat, le donateur a déclaré que le donataire jouirait et disposerait de l'immeuble donné en toute propriété et jouissance, et à valoir sur ses droits à prétendre dans sa succession future (Grenoble, 23 janv. 1875 ; Journ. le Droit du 9 juin).

2° Soit en stipulant expressément que le donataire aura la propriété incommutable de l'immeuble donné qui, dans aucun cas, ne devra être rapporté en nature, mais seulement une somme fixe et déterminée à forfait, *supra* n° 1146.

1178. — Effets du droit facultatif. — Dans la première hypothèse le donataire ayant la faculté de faire le rapport en nature ou en moins prenant, est soumis à toutes les règles mentionnées plus haut, de sorte que la perte de l'immeuble par cas fortuit avant ou depuis l'ouverture de la succession aurait pour objet de l'en affranchir.

1179. — Effets de la stipulation de rapport en moins prenant. — Dans la seconde hypothèse, au contraire, le rapport étant uniquement d'une somme d'argent, c'est toujours la somme déterminée qui doit être rapportée sans qu'il y ait lieu d'examiner les augmentations ou diminutions de valeur, ni même si l'immeuble a péri par cas fortuit (Duranton, VII, 392 ; Demolombe, XVI, 527 ; Hureaux, IV, 162, 163). — On range dans cette seconde classe :

1° La vente d'un immeuble à un successible avec donation du prix (Cass., 12 août 1823) ;

2° La vente d'un immeuble par un tiers à un successible avec des deniers à lui fournis par son auteur (Pau, 24 déc. 1824) ;

3° La constitution en dot d'un immeuble à une femme, avec la stipulation que le mari en sera propriétaire (Cass., 3 janv. 1831 ; S. 31, I, 10) ;

Mais non la donation déguisée sous la forme d'une vente (Poitiers, 26 mars 1825).

1180. — Aliénation. — Insolvabilité. — Si le donataire, qui a aliéné l'immeuble, est insolvable au jour de l'ouverture de la succession, la perte, quand il y a lieu, est subie par les cohéritiers, sans qu'ils puissent recourir contre l'acquéreur, à moins que la valeur de l'immeuble n'excède la quotité disponible ; auquel cas ils ont droit au retranchement de l'excédent qui s'opère suivant les règles indiquées *infra* n° 1503 (Marcadé, *860,* 3 ; Chabot, *860,* 5 ; Toullier, IV, 495 ; Massé et Vergé, § 400-14 ; Demolombe, XVI, 515 ; Aubry et Rau, § 634-43).

1181. — Aliénation. — Amélioration ; dégradations. — Dans le cas où l'immeuble a été aliéné par le donataire, les améliorations ou dégradations faites par l'acquéreur doivent être imputées conformément aux art. 861, 862, 863 (*C. civ., 864*) ; *supra* nᵒˢ 1157 et suiv.

1182. — Augmentations naturelles. — Quand avant l'ouverture de la succession l'immeuble a acquis des augmentations naturelles, ces augmentations profitent à la succession, *supra* n° 1155; et, par suite, doivent être comprises dans l'estimation, lorsque le rapport s'en fait en moins prenant.

1183. — Renonciation. — Usufruit. — Évaluation. — Quand un rapport est dû, en raison de la renonciation par le défunt à une libéralité en usufruit de manière à en faire profiter l'un de ses successibles, *supra* n° 1079, 4°, la somme à rapporter est de la valeur de l'usufruit calculée au jour de la renonciation, en tenant compte des probabilités résultant, quant à la durée de l'usufruit, de l'âge auquel le renonçant était alors parvenu (Toulouse, 17 janv. 1867; Agen, 12 mai 1868; S, 68, II, 105).

III. Retranchement.

1184. — Dispense de rapport. — Lorsque le don d'un immeuble à un successible avec dispense du rapport, excède la portion disponible, le rapport de l'excédant se fait en nature, si le retranchement de cet excédant peut s'opérer commodément (*C. civ., 866*); c'est-à-dire se fait, suivant le droit commun en matière de rapport, soit en nature, soit en moins prenant, dans les cas spécifiés *supra* n°s 1143 et suiv.; et, dans cette hypothèse, le donateur ne saurait le dispenser du rapport en nature en l'obligeant seulement au rapport de l'estimation ou d'une somme déterminée (Chabot, *857*, 4; Demolombe, XVI, 531; Rennes, 21 fév. 1834; Rouen, 14 juin 1836; S. 35, II, 314; 36, II, 496; Cass., 28 août 1876; J. N. 21536).

1185. — Excédant supérieur ou inférieur à moitié. — Dans le cas contraire, si l'excédant est de plus de moitié de la valeur de l'immeuble, le donataire doit rapporter l'immeuble en totalité, sauf à prélever sur la masse la valeur de la portion disponible; mais si cette portion excède la moitié de la valeur de l'immeuble, le donataire peut retenir l'immeuble en totalité, sauf à moins prendre et à récompenser les cohéritiers en argent ou autrement (*C. civ., 866*).

1186. — Portion disponible. — La portion qui, suivant l'art. 866, donne lieu à la rétention ou au rapport de l'immeuble, s'entend uniquement de la portion disponible, et non pas de la portion disponible cumulée avec la part héréditaire du successible (Demante, III, 159 *bis*; Demolombe, XVI, 534; Contra Duranton, VII, 402).

1187. — Vente. — Tiers acquéreur. — En cas de vente, quand le rapport en moins prenant est impossible parce que l'excédant à retrancher dépasse la part héréditaire du donataire, le tiers détenteur peut être atteint si le successible, par suite de son insolvabilité, n'indemnise pas lui-même la succession (Marcadé, *866*, 2; Demolombe, XVI, 531; Duranton, VII, 402; Demante, III, 199 *bis*; Hureaux, IV, 187).

1188. — Non successible. — Les dispositions de l'art. 866 sont inapplicables lorsque l'immeuble a été donné à un non successible; dans ce cas, l'immeuble est impartageable, et il y a lieu d'en ordonner la licitation, conformément à l'art. 1686 (Marcadé, *866*, 1; Chabot, *866*, 3; Demante, III, 199 *bis*; Demolombe, XVI, 536; Massé et Vergé, § 400-15; Colmar, 21 juillet 1869; Journ. des Not. art. 19808).

§ II. — *Rapport de meubles*.

1189. — Moins prenant. — Les objets mobiliers étant susceptibles d'être dépréciés ou sujets à des transformations, le rapport ne pouvait en être prescrit en nature. Par ces raisons, le rapport du mobilier n'a lieu qu'en moins prenant; il se fait sur le pied de la valeur du mobilier lors de la donation d'après l'état estimatif annexé à l'acte; et, à défaut de cet état, d'après une estimation par experts, à juste prix et sans crue (*C. civ., 868*), toujours suivant la valeur des objets au temps de la donation (Demolombe, XVI, 541; Aubry et Rau, § 634-4).

1190. — Estimation inexacte. — Si les cohéritiers du donataire prétendent que l'estimation faite lors de la donation est inférieure à la valeur réelle du mobilier, ils peuvent demander qu'il en soit fait une nouvelle (Demolombe, XVI, 543).

1191. — Nue propriété. — Lorsque la donation d'objets mobiliers est seulement en nue propriété, soit parce qu'ils sont grevés d'un usufruit au profit d'un tiers, soit parce que le donateur s'en est réservé l'usufruit, il semble que la valeur rapportable doive être calculée d'après une estimation à l'époque de l'extinction de l'usufruit, à moins que l'estimation n'en ait été faite au temps de la donation en prenant l'usufruit en considération (Grenier, *Donat.*, II, 637; Duranton, VII, 406; Duvergier sur Toullier, IV, 490, note *a*; Demolombe, XVI, 544, 545; Aubry et Rau, § 634-4; Riom, 23 janv. 1830; S. 33, II, 249).

1192. — Mobilier péri. — Le donataire acquiert, dès le jour de la donation, la propriété incommutable du mobilier donné; par suite, le rapport auquel il est soumis est de l'estimation, et il doit l'effectuer alors même que le mobilier aurait péri par cas fortuit (Marcadé, *855*, 1; Toullier, IV, 400; Chabot, *868*, 1; Demolombe, XV, 540; Roll. de Vill., *Rapport*, 266; Aubry et Rau, § 634-3).

1193. — Meubles incorporels. — L'art. 868 n'est pas restreint aux meubles corporels, il est applicable aussi aux meubles incorporels, tels que: les créances, les rentes constituées, les rentes sur l'Etat, les actions et obligations de finance ou d'industrie, les parts d'intérêt dans les sociétés civiles ou commerciales. Le rapport s'en fait suivant leur valeur au temps de la donation, quand même le donataire les aurait encore à l'époque de l'ouverture de la succession (Chabot, *868*, 6; Demolombe, XVI, 548; Demante, III, 201 *bis*; Massé et Vergé, § 400-5; Hureaux, IV, 157; Aubry et Rau, § 634-7; Roll. de Vill., *Rapport*, n° 272; Nimes, 24 janv. 1828; Aix, 30 avril 1833 Cass., 23 juin 1851; S. 51, I, 574; Bordeaux, 8 déc 1869; Paris, 8 janv. 1878; Cass., 8 avril 1879, 9 fév.1880; S. 71, I, 21; 78, II, 36; 80, I, 115, 325).

1194. — Créances. — Rentes constituées. — Relativement aux créances et aux rentes constituées, quelques auteurs ont exprimé l'avis que si le donataire n'en a pas encore reçu le remboursement, il lui suffit de faire le rapport des titres, pourvu que les débiteurs ne soient pas devenus insolvables par sa faute (Marcadé, *868*, 2; Duranton, VII, 413; Taulier, III, p. 371). — Mais nous pensons que la règle de l'art. 868 est applicable dans tous les cas, et que, par suite, c'est toujours le rapport en moins prenant qui doit avoir lieu (Chabot, *868*, 6; Demolombe, XVI, 548; Demante, III, 201 *bis*; Toullier et Duvergier, IV, 491; Hureaux, IV, 156; Massé et Vergé, § 400-5).

1195. — Office. — Un office ministériel est également rapportable en moins prenant, selon sa valeur au jour de la transmission à titre gratuit, lors même que depuis cet office aurait perdu de valeur, ou même aurait été supprimé sans indemnité (Duranton, VII, 413; Dard, *Offices*, p. 411; Demante, III, 201 *bis*; Demolombe, XVI, 551; Aubry et Rau, § 634-8; Cass., 5 juill. 1814, 23 juin 1851; S. 51, I, 574; Contra Marcadé, *868*, 2). — Si l'estimation officielle faite lors de la transmission est inférieure à la valeur de l'office, les cohéritiers du titulaire, étrangers aux actes relatifs à la cession, peuvent faire décider que la valeur rapportable est supérieure au prix du contrat soumis à la chancellerie (Agen, 3 mai 1872; S. 72, II, 191).

1196. — Convention de rapport en nature. — La règle de l'art. 868 n'est pas d'ordre public; dès lors il peut être stipulé par l'acte de donation que le rapport du mobilier, soit corporel soit incorporel, aura lieu en nature, ce qui, dans ce cas, soumet le rapport aux règles des art. 855, 859, 860, *supra* n°s 1145 et suiv. La volonté du donateur à ce sujet peut même être tacite et résulter tant des clauses de l'acte que des circonstances du fait (Demolombe, XVI, 552; Aubry et Rau, § 634-2; Cass., 19 juin 1849, 17 déc. 1856; S. 49, I, 399; 59, I, 121).

1197. — Argent donné. — Le rapport de l'argent donné se fait en moins prenant dans le numéraire de la succession. En cas d'insuffisance, le donataire peut se dispenser de rapporter du numéraire en abandonnant, jusqu'à due concurrence, du mobilier, et, à défaut de mobilier, des immeubles de la succession (*C. civ.*, *869*).

1198. — Rapport en deniers. — Si le mobilier et l'argent comptant sont insuffisants pour le prélèvement de ses cohéritiers, le successible, au lieu d'effectuer le rapport en moins prenant, peut, s'il le préfère, tenir compte à ses cohéritiers de la somme dont il doit le rapport (Marcadé, *869*, 1; Demante, III,

203 *bis*; Taulier, III, p. 372; Demolombe, XVI, 556; Hureaux, IV, 154; Aubry et Rau, § 634-11).

1199. — Argent prêté. — Il a été décidé, en ce qui concerne l'argent prêté, que le rapport n'en doit être fait en moins prenant, qu'autant qu'il se trouve dans l'hérédité des valeurs mobilières à partager. Dans le cas contraire, l'héritier débiteur doit payer en deniers (Paris, 13 août 1839; S. 39, II, 531).

§ 3. — *Prélevements.*

1200. — Mode de l'opérer. — Lorsque le rapport a lieu en moins prenant, les cohéritiers à qui il est dû prélèvent avant tout partage, sur les biens de la succession, une valeur égale au montant du rapport en principal et intérêts; voir cep. *supra* n° 1023. Ces prélèvements se font, autant que possible, en objets de même nature, qualité et bonté que ceux non rapportés en nature (*C. civ.*, 830). Ce prélèvement ne peut s'exercer à l'égard d'immeubles qu'un partage définitif antérieur a fait sortir du patrimoine successoral (Dijon, 6 fév. 1877; Recueil Dijon, 77, p. 89).

1201. — Aliénation d'immeubles. — Le successible donataire d'un immeuble qui en doit le rapport en argent parce qu'il l'a aliéné ou laissé périr par sa faute, ne saurait invoquer l'art. 869, qui est restreint aux dons de sommes d'argent ou de créances; en conséquence, à moins de stipulation contraire dans l'acte de donation, c'est sur les immeubles, conformément à l'art. 830, que ses cohéritiers doivent exercer le prélèvement pour raison de ce don (Mourlon, II, p. 174; Demolombe, XVI, 558; Contra Marcadé, *869*, 1; Voir aussi Demante, III, 203 *bis*; Taulier, III, p. 372).

1202. — Préférence. — Le prélèvement s'opère par préférence aux créanciers personnels du cohéritier débiteur; ce qui s'aplique aussi au cas où le rapport est d'une somme prêtée (Demante, III, 162 *bis*; Demolombe, XVI, 464; Aubry et Rau, § 624-25; Cass., 2 avril 1839; t. Lesparre, 1er août 1886; Amiens, 10 mars 1886; *Rép. N.*, 1810, 3316; Contra Grenier, *hyp.*, I, 159; Duranton, VII, 312), — ou de fruits perçus avant le partage par un cohéritier qui ne peut les restituer en argent, *supra* n° 1127. Il importe peu que le débiteur ait été déclaré en état de faillite (Cass., 28 juin 1869; Paris, 9 mars 1883; Defrénois, *Rép. N.*, 1883, 1928).

1203. — Dette envers le défunt. — Mais si un successible est débiteur envers le défunt par suite de conventions reconnues ne présenter aucun avantage indirect; comme alors il jouit du bénéfice du terme, *supra* n° 1126, et ne doit d'intérêt qu'autant que la convention en porte (Demolombe, XVI, 382, 471), — il n'y a pas lieu à un prélèvement par ses cohéritiers. La créance doit figurer dans la masse de la succession et être partagée de même que si elle fût due par un étranger (Demolombe, XVI, 471; Demante, III, 187 *bis*, 8°).

1204. — Avantages. — Les avantages attribués par l'acte de partage à l'un des copartageants pour le remplir de ses prélèvements, constituent un contrat commutatif, et non une libéralité révocable pour cause de survenance d'enfants à l'un des autres copartageants, ou rapportable à la succession de l'un des copartageants (Cass., 21 mars 1854; S. 55, I, 38).

CHAPITRE TROISIEME

DES RÉDUCTIONS DE DONATIONS

1205. — Masse partageable. — La masse partageable, quand le défunt a fait des libéralités à des étrangers ou, par préciput, à des successibles, peut aussi comprendre des objets en nature ou en deniers, provenant de retranchements des libéralités, sous forme de réduction, lorsqu'elles excèdent la quotité de ses biens dont la loi lui permet la libre disposition.

1206. — Matières à traiter. — En raison de cela nous devons expliquer dans notre *Traité des partages*, les matières se rattachant à la réserve et à la portion disponible.

Nos explications à ce sujet seront divisées en trois sections, qui traiteront de la réduction des donations et legs quand les dispositions excèdent soit la quotité disponible ordinaire, soit la quotité disponible du mineur âgé de plus de seize ans, soit la quotité disponible entre époux.

SECTION I. — DE LA RÉDUCTION DES LIBÉRALITÉS ORDINAIRES

DIVISION

§ 1. De la nature de la réserve et de la quotité disponible (Nos 1207 à 1218).
§ 2. Du montant de la réserve et de la quotité disponible (Nos 1219 et suiv.).
    I. De la réserve des descendants (Nos 1220 à 1230).
    II. De la réserve des ascendants (Nos 1231 à 1246).
    III. De la réserve des enfants naturels (Nos 1247 à 1265).
§ 3. Du droit pour les héritiers de faire réduire les dons et les legs (Nos 1266 à 1289).
§ 4. De la masse sur laquelle s'établit le calcul de la réserve et de la quotité disponible (Nos 1290 et suiv.).
    I. Biens existants dans la succession (Nos 1293 à 1319).
    II. Biens donnés entre-vifs (Nos 1320 à 1363).
    III. Déduction des dettes (Nos 1364 à 1381).
§ 5. Des libéralités sujettes à réduction (Nos 1382 à 1407).
§ 6. Des imputations sur la réserve et sur la quotité disponible (Nos 1408 à 1442).
§ 7. Des règles de la réduction (Nos 1443 et suiv.).
    I. De la réduction des legs (Nos 1446 à 1463).
    II. De la réduction des donations (Nos 1464 à 1479).
§ 8. De l'exercice et des effets de la réduction.
    I. Exercice (Nos 1480 à 1492).
    II. Effets (Nos 1493 à 1510).

SOMMAIRE ALPHABÉTIQUE

Absence 1267
Accident 1294
Actions dédoublées 1358
Aliénation :
— Discussion du donataire. 1405, 1510
— Discussion de l'acquéreur 1510
— Estimation 1344
— Fruits 1508
— Gratuite 1504
— Immeubles 1503
— Meubles. 1503
— Offre en numéraire . . . 1506
— Onéreuse 1504
— Ordre des dates . 1503, 1509, 1510
— Parcelles 1509
— Rapport 1483
— Réunion à la masse . . . 1339
— Somme d'argent 1506
— Sous acquéreurs 1510
— Vente simulée 1507
Apprentissage 1327
Approbation 1284
Ascendants (réserve des) :
— Adoptifs 1234
— Accroissements. 1243
— Collatéraux. 1242

— Droit héréditaire 1232
— Enfants 1238
— Enfants naturels . 1258 à 1261
— Exhérédations 1240
— Frères et sœurs . 1235, 1239, 1240
— Héritiers 1237
— Légataire 1241
— Légitimes 1233
— Lignes 1231, 1236
— Mère naturelle. 1265
— Père et mère. 1235
— Père naturel 1265
— Quotité 1231
— Retour légal . . . 1244 à 1246
— Renonciation à succession 1238, 1243
Association 1338
Assurance sur la vie . . 1298, 1333
Avancement d'hoirie 1279, 1325, 1408
Ayants cause. 1271
Bail 1311
Bénéfice d'inventaire 1285
Biens actuels. 1293
Biens aliénés 1339
Biens donnés 1320, 1323
Biens en nature . . 1382, 1460, 1480
Biens prescrits. 1295

Biens revenus au donateur . . . 1342
Cadeau d'usage 1327
Caution. 1269, 1474
Cession . . . . 1276 bis
Charges. 1331, 1501
Choix des biens 1383
Clause pénale 1276, 1385
Compensation 1273
Conditions 1276, 1310
Constitution viagère. 1335
Contrainte 1276
Convention contraire 1337
Co-vendeur 1269
Créances . . . . 1301 à 1303
Créance conditionnelle 1309
Créances irrécouvrables 1301 à 1308, 1326
Créance litigieuse. 1309
Créance sans action civile . . . 1309
Créanciers 1271, 1273, 1276 bis, 1277
Cumul 1415
Date du décès 1266, 1267
Déduction de dettes . . 1364 et suiv.
Délivrance 1284
Descendants (réserve des) :
— Absents. 1226
— Accroissement 1230
— Adoptifs. 1222, 1223

- Enfants. 1220
- Enfants naturels. 1248 à 1253
- Existence. 1226
- Indignes 1228, 1229
- Légitimes. 1221
- Nombre . . . . . 1224 à 1228
- Petits enfants 1220
- Postérité 1225
- Prédécès 1225
- Quotité 1224
- Premier degré 1229
- Représentations 1220
- Renonçants . 1227, 1229, 1238

Détournement frauduleux . . . 1286

Dettes :
- Bonnes œuvres 1380
- Conditionnelles. 1370
- Caution. 1370
- Estimation 1370
- Frais d'actes 1381
- Frais funéraires 1379
- Frais de procès. 1377
- Gages. 1376
- Héritier. 1367
- Impôts 1374
- Incertaines 1369
- Inconnue 1373
- Jeu 1309
- Jouissance légale. 1379
- Loyers 1375
- Obligations. 1365
- Remise. 1378
- Rente viagère. 1371
- Responsabilité 1369
- Retour légal 1372
- Solidaires. 1370
- Supérieures à actif. . . . 1368
- Titre universel 1366

Disposition des biens :
- Droit 1207
- Restriction 1208

Divisibilité. 1401

Donataire :
- Avancement d'hoirie . . 1279, 1325
- Donation antérieure . . . 1278
- Droit de faire réduire . . 1271
- Exception. 1280
- Inconnu. 1329
- Insolvable . 1326, 1486 à 1492

Donation :
- Acceptation 1476
- Avancement d'hoirie . . . 1465
- Biens à venir. 1472
- Cautionnement. 1474
- Charges. 1473
- Concours à donation . . . 1471
- Contrat onéreux 1502
- Dates 1464
- Déguisée 1328, 1473
- Entre époux . . . 1471, 1472
- Formes 1473
- Gain de survie 1468
- Institution contractuelle 1466, 1467
- Marc le franc. 1477
- Manuelle. 1328, 1473
- Même acte 1477
- Même jour 1478
- Modalités 1473
- Modification 1479

- Notification. 1476
- Nulle 1281
- Onéreuse 1331
- Ordre de réduction 1475
- Partage d'ascendants . . 1473
- Père et mère. 1468
- Préciput 1465
- Prédécès 1465
- Préférence 1470
- Rémunération 1328
- Réserve de disposer . . . 1469
- Révocation 1472
- Stipulation 1475
- Dot constituée. . . 1325, 1328
- Dot religieuse 1340
- Droits réels. 1501
- Droit de faire réduire. . . 1275

Education 1327
Effets . . . . 1493 à 1510

Enfants naturels (réserve des) :
- Absence d'héritiers. . . . 1263
- Apprentissage 1327
- Ascendants. . . . 1258 à 1261
- Calcul 1251, 1252
- Charge de cette réserve . 1253
- Collatéraux . . . 1259, 1260
- Descendants de l'enfant naturel. 1264
- Education, entretien . . . 1327
- Enfants légitimes. 1248 à 1255
- Exclusion des parents . . 1262
- Frères et sœurs . . 1258, 1262
- Légataire . . 1261, 1262, 1272
- Masse 1251
- Nourriture 1327
- Option 1407
- Présents d'usage. 1327
- Principe. 1247
- Quotité 1248
- Reconnaissance. 1252
- Réduction. 1251, 1257
- Renonciation à succession 1256
- Renonciation par enfants légitimes 1256
- Tableau 1255

Entretien 1327
Epoque 1266

Estimation :
- Actions. 1357
- Actions dédoublées . . . 1358
- Aliénation 1344
- Alluvion 1348
- Atterrissement 1348
- Augmentation 1347
- Cas fortuits 1348, 1354
- Changements . 1347 à 1349
- Choses fongibles. 1355
- Conversion de rentes . . 1360
- Créances. 1356
- Décès (temps du). 1316
- Dégradation 1347
- Dépréciation 1348
- Dettes 1370
- Diminution 1347
- Dispense de rapport . . . 1343
- Entretien. 1350
- Epoque. 1316, 1343
- Experts 1317, 1345
- Expropriation pour utilité publique. 1344

- Faits du donataire. . . . 1347
- Faits d'un tiers. 1347
- Grosses réparations . . . 1350
- Immeubles 1317
- Impenses 1347
- Insolvabilité 1347
- Licitation. 1344, 1346
- Meubles. . . 1318, 1351 à 1354
- Obligations. 1357
- Office. 1361
- Perte 1354
- Rentes converties 1360
- Rentes sur l'état 1359
- Rente viagère 1363
- Réserve d'usufruit. . . . 1362
- Successible 1352
- Travaux 1347
- Usufruit 1362, 1363
- Valeurs cotées . 1319, 1357
- Variations 1316
- Vente de meubles 1318
- Voie 1348

Etranger 1325, 1327
Exception 1280
Exercice. . . . . . . 1480 à 1492
Expropriation pour utilité publique. 1341, 1344
Fonds de commerce. 1297
Fonds de terre. . . . . 1313 bis
Fraude . . . . 1268, 1276 bis, 1330

Fruits :
- Aliénation 1508
- Antérieurs au décès . . . 1495
- Civils 1313
- Demande dans l'année. . 1494
- Demande après l'année. . 1496
- Donation déguisée 1498
- Intérêts 1497
- Naturels, industriels. 1313 bis
- Paiement. 1499
- Postérieurs au décès . . . 1494

Habitation 1501
Héritier . . . . . . 1276 bis, 1482
Hypothèques. 1501
Impenses 1500

Imputation :
- Avancement d'hoirie . . . 1408
- Cumul 1415
- Descendants du donateur. 1413
- Immeuble péri 1411
- Legs 1415
- Non successible 1412
- Petit-fils 1413
- Préciput. 1414
- Rapport. 1410
- Représentation 1409
- Réserve. 1415
- Réunion des réserves. . . 1416
- Successible 1412
- Vente à viager (voir ce mot).

Insignes 1299
Insolvabilité . 1301, 1326, 1347, 1486 à 1492
Institution contractuelle. . . . 1278
Intervention 1268
Inventaire 1285
Légataire 1271, 1272

Legs :
- Antériorité 1457
- Biens en nature 1460
- Caducs 1444

MASSES. — RÉDUCTIONS DE DONATIONS.

- Charges 1457
- Chose indivisible 1462
- Concours 1451, 1452
- Corps certains 1454
- Créancier 1455
- Dates des testaments 1443, 1446
- Débiteur . . . . . 1303 à 1308
- Hypothèses . . . . 1448 à 1450
- Insuffisance 1458
- Légataires préférés . . . 1459
- Licitation 1461
- Marc le franc . . . 1446 à 1450
- Partage 1461
- Préférence . . . . 1456 à 1459
- Quotités . . . . . 1448 à 1452
- Réduction en nature . . . 1460
- Répartition 1449
- Retranchement 1463
- Servitude 1462
- Sous legs 1453
- Stipulation de préférence. 1457
- Universel . . . . 1448 à 1452

Libéralités 1328
Libéralité inefficace 1484
Licitation 1344, 1461
Liquidation préalable 1287
Manuscrits 1297
Marc le franc 1477
Masse générale . . . . 1290 à 1292
Masse partageable 1205
Mesures conservatoires 1268
Mode fixé 1483
Nature des biens 1327, 1480
Nourriture 1327
Numéraire 1480
Nue propriété 1384, 1385
OEuvres de charité 1334
OEuvres littéraires 1297
Office 1296, 1361
Option :
- Acceptation 1400
- Biens à délivrer 1403
- Caution 1406
- Clause pénale 1385
- Collatéraux 1407
- Concours 1393
- Condition 1397, 1405
- Contribution 1402
- Divisibilité 1401
- Donataire 1390, 1404
- Don de droit viager . . . 1395
- Droit intermédiaire . . . 1394
- Durée déterminée 1397
- Enfant naturel 1407
- Evaluation . 1388 à 1390, 1398
- Exercice 1400
- Forme 1400
- Habitation 1387
- Héritier 1389
- Héritier acceptant 1399
- Hypothèses . . . 1391 à 1396
- Indivisibilité 1401
- Légataire 1390, 1404
- Legs 1395, 1396
- Libéralité conditionnelle. 1405
- Principe 1386
- Rente viagère . . . 1386, 1392, 1396
- Réserves 1405
- Réservataires 1402
- Transformations . 1396, 1404

- Usage 1387
- Usufruit 1386 1396

Partage 1277, 1485
Partage d'ascendants 1336
Perte de biens 1341, 1354
Préciput 1279, 1481, 1482
Préférence . . . . 1456 à 1459, 1470
Prescription 1288, 1289
Présents d'usage 1327
Présomptif héritier 1268
Présomption 1330
Prestation 1332
Preuve 1330
Portraits 1299
Quotité disponible :
- Accroissement . . . 1230, 1243
- Ascendants (voir ce mot).
- Assurance sur la vie . . . 1298
- Calcul 1320
- Choix des biens 1383
- Contribution aux dettes . 1404
- Cumul . . . 1216 à 1218, 1415
- Détermination 1213
- Descendants (voir ce mot).
- Disponibilité 1209
- Dot de religieuse 1340
- Enfant naturel (voir ce mot).
- Etranger 1212
- Fonds de commerce . . . 1296
- Imputation (voir ce mot)
- Indignité 1228
- Intention 1213
- Irrévocabilité 1210
- Législation 1210, 1211
- Nue propriété . . . 1384, 1385
- Office 1296
- Partage d'ascendants . . 1336
- Portraits 1299
- Quotité de biens au décès 1337
- Recélé 1314, 1315
- Règles du droit 1213
- Révocabilité 1211
- Renonciation à réserve. . 1270
- Renonciation à succession 1227, 1238, 1243, 1256
- Tombeau 1300
- Usufruit 1384, 1385

Ratification 1277
Recélé 1314, 1315
Récoltes . . . . 1313 bis
Réductible 1484
Régime dotal 1328
Règles 1443
Réglement complémentaire . . . 1308
Réméré 1341
Rente viagère 1311, 1327, 1335
Renonciation à réserve . . 1283, 1284
Renonciation à succession 1270, 1274, 1282
Réparations civiles 1294
Répartition ultérieure . . 1309, 1310
Réserves légale :
- Accroissement . . . 1230, 1243
- Ascendants (voir ce mot).
- Biens en nature 1382
- Calcul 1320
- Clause pénale 1276
- Collatéraux 1219
- Cumul . . . 1216 à 1218, 1415
- Demande en partage . . . 1214
- Demande en réduction . . 1214

- Descendants (voir ce mot).
- Enfant naturel (voir ce mot).
- Etranger 1212
- Fondement 1219
- Héritiers 1214, 1219
- Imputation (voir ce mot).
- Indignité 1228
- Indisponibilité 1209
- Irrévocabilité 1210
- Législation 1210, 1211
- Nue propriété . . . 1384, 1385
- Option 1385
- Pacte 1270
- Partage d'ascendants . . . 1336
- Principe 1219
- Proportion des biens . . . 1382
- Recélé 1314, 1315
- Représentation 1220
- Réunions 1219
- Renonciation à réserve . 1270, 1283, 1284
- Renonciation à succession 1215, 1227, 1238, 1240, 1243
- Révocabilité 1211
- Usufruit 1384, 1385

Réservataire 1271
Résolution 1342, 1493
Retour 1294, 1324, 1342
Rétention 1481, 1500
Rétractation de renonciation . . 1282
Revenus 1332
Révocation 1342
Réunion fictive 1321
Servitude 1312, 1501
Simulations 1502
Substitutions 1294
Successible 1325, 1461
Suspension de prescription . . . 1289
Tiers détenteurs . . 1269, 1288, 1503 à 1510
Tirage au sort 1485
Tombeau 1300
Transmission du droit . . . 1276 bis
Trente ans 1323
Usage 1501
Usufruit 1311, 1327, 1384, 1385, 1501
Vente de créance 1302
Vente, simulation 1502
Vente à viager :
- Achat par père 1427
- Ascendants 1428
- Capital et rente 1422
- Cas fortuit 1430
- Collatéraux 1425, 1429
- Consentement des successibles . . . . . 1437 à 1442
- Descendants 1428, 1434
- Donation 1424, 1425
- Droit commun 1419, 1442
- Enfant naturel 1434
- Enfant posthume . 1440, 1441
- Etranger 1434
- Fonds perdus 1417, 1418
- Formes du contrat 1438
- Impenses 1436
- Imputation 1430
- Intérêts 1432
- Modes divers 1420
- Nue propriété 1427
- Personne interposée . . . 1429
- Perte 1430

— Petit-fils.	1428	— Rapport à succession . . 1425, 1431 à 1434
— Prédécès.	1428	— Renonciation à succession 1428
— Présomptif héritier	1428	— Rente et capital 1422
— Preuve	1435	— Rente viagère 1417
— Prix	1439	— Répétition 1435
— Quotité épuisée	1433	
— Successible non consentant		1440, 1441
— Tiers 1421, 1431		
— Usufruit . . . 1417, 1418, 1427		
— Usufruit partiel 1423		
— Vente nulle 1426		

§ I. — *De la nature de la réserve et de la quotité disponible.*

1207. — Droit de disposer. — La propriété est le droit de disposer des choses de la manière la plus absolue, pourvu qu'on n'en fasse pas un usage prohibé par la loi (*C. civ., 544*). Chacun a donc la libre disposition de ses biens à titre onéreux ou gratuit.

1208. — Restriction. — En matière de disposition à titre gratuit, la loi apporte une restriction au droit absolu de disposer, quand le défunt laisse des descendants ou des ascendants.

1209. — Portion disponible. — Réserve. — Dans ce cas, le patrimoine du disposant se divise en deux portions : l'une dont il a la faculté de disposer, et que, pour cette raison, on appelle *portion disponible*; l'autre dont il n'a pu disposer à titre gratuit par donation ou par testament comme étant réservée aux héritiers descendants ou ascendants et que, pour cette raison, on appelle *réserve*.

1210. — Législation. — Libéralité irrévocable. — La législation à appliquer pour la détermination de la quotité disponible, est celle de l'époque de la libéralité, quand la disposition a été faite par une donation irrévocable, puisqu'elle a attribué actuellement et d'une manière définitive la propriété des biens donnés au donataire; dans ce cas il est indifférent qu'une loi postérieure ait augmenté ou diminué l'importance de la quotité disponible (Marcadé, *art. 2*, n° 5; Demolombe, I, 51; Duranton, I, 56, 57; Bordeaux, 25 mai 1808; Grenoble, 27 janv. 1809; Cass., 27 août 1822, 24 août 1825, 11 nov. 1828, 31 janv. 1832; S. 32, I, 219); — alors même que la donation est de biens à venir, si elle est irrévocable, par exemple, une institution contractuelle (Marcadé, *art. 2*, n° 7; Demolombe, I, 53).

1211. — Législation. — Libéralité révocable. — Mais c'est la loi du jour du décès qu'il faudra appliquer s'il s'agit d'une donation testamentaire ou d'une donation entre époux pendant le mariage; puisque, dans ce cas, on ne dispose pas actuellement, mais seulement pour le temps où l'on cessera d'exister (Marcadé, *art. 2*, n° 6; Demolombe, 1, 49; Douai, 29 germ., an X; Cass.¹, 28 germ., an XI; Rennes, 22 avril 1821; Cass., 23 mai 1822).

1212. — Étranger. — Les règles qui ont pour objet de déterminer la quotité disposibles sont applicables à tous les biens situés en France, quand même ils appartiendraient à un étranger ou dépendraient d'une succession ouverte en pays étranger (Marcadé, *art. 3, 4*; Merlin, *Lois*, § 6 n° 2; Toullier, I, 119; Proudhon, *Des personnes*, I, p. 91; Duranton, I, 84; Fœlix, 36; Demolombe, I, 92; Aubry et Rau, § 31-14; Paris, 7 janv. 1870; S. 70, II, 97. Voir aussi Cass., 28 avril 1836; S. 36, I, 749).

1213. — Détermination de la quotité disponible. — Pour déterminer quelle est la quotité disponible réellement comprise dans une disposition, il n'est pas rigoureusement nécessaire de consulter l'intention du disposant; même quand c'est par testament, les juges peuvent se décider par les seules règles du droit. Il en est ainsi, par exemple, dans le cas où le testateur, dans la pensée qu'il avait un héritier à réserve, a institué un légataire universel; si ce dernier fait décider qu'il n'en existe pas, c'est à lui que profite l'entière succession, sans que les héritiers puissent prétendre qu'ils ont droit à la part qui aurait été dévolue au réservataire (Cass., 25 mai 1831; S. 31, I, 210).

1214. — Descendants et ascendants. — Héritiers. — Le droit à la réserve appartient aux descendants ou ascendants en leurs qualités d'héritiers; il s'ensuit qu'il faut venir à la succession, par conséquent se porter héritier; soit pour réclamer la réserve par voie de demande en partage contre les autres hérltiers réservataires ; soit pour la réclamer par voie de demande en réduction contre les légataires ou contre les donataires entre-vifs (Marcadé, *914*, 4; Demolombe, XIX, 43; Aubry et Rau, § 679-1; Cass., 5 mars et 23 juill. 1856; S. 56, I, 385; 57, I, 9); soit enfin pour la retenir par voie d'exception contre ses cohéritiers.

1215. — Renonçant. — Dès lors, l'héritier qui renonce à la succession ne peut aucunement réclamer la réserve, ni la retenir sur le don ou le legs qui lui a été fait, mais seulement, dans ce dernier cas, jusqu'à concurrence de la quotité disponible, si elle n'a pas été épuisée par des libéralités antérieures (*C. civ. 845*); sa renonciation le rendant étranger à la succession (Marcadé, *914*, 4; Demolombe, XIX, 44, 481; Aubry et Rau, § 682-1).

1216. — Non cumul. — Comme conséquence de ce principe, l'héritier donataire ou légataire, qui renonce à la succession, ne peut pas retenir cumulativement sa réserve légale et la quotité disponible. Ainsi décidé par la Cour de Cassation, toutes Chambres réunies, dont la décision a mis fin à la controverse très-vive qui s'est engagée sur cette question. Voici les considérants sur lesquels cet arrêt s'appuie : « Il résulte de l'art. 913 du code
» civil, qui détermine la portion des biens que
» les père et mère peuvent donner, soit à leurs
» enfants hors part, soit à des étrangers, que
» la réserve n'est autre chose que la succession
» elle-même, diminuée de cette portion s'il en
» a disposé. Les enfants n'ont dès lors droit à
» cette réserve et ne la recueillent qu'à titre
» d'héritiers, et aucune disposition du code ne
» sépare la qualité de réservataire et celle d'héritier. Ils succèdent, aux termes de l'art. 745,
» à tous les biens du défunt, et sont investis
» par les art. 920 et 921, du droit de former,
» contre tous les donataires, la demande en
» réduction des donations qui excèdent la quotité disponible. — Si la donation a été faite
» à un successible réservataire, il y a lieu de
» distinguer si elle a été faite avec ou sans
» dispense de rapport. Ce n'est que lorsqu'elle
» a été faite avec dispense de rapport en vertu
» du droit que la loi a conféré aux pères et
» mères, comme un attribut de la puissance
» paternelle, que le donataire peut, en venant
» à la succession, cumuler avec la quotité disponible, sa part dans la réserve. Mais lorsque
» cette dispense n'a pas été expressément stipulée par le donateur, le donataire doit, s'il
» accepte, faire le rapport du don qu'il a reçu,
» s'il renonce il ne peut le retenir qu'à titre
» de donataire, et jusqu'à concurrence de la
» quotité disponible. Si le don excède cette quotité, il ne peut y avoir lieu de l'imputer
» d'abord sur la part du donataire dans la réserve et subsidiairement sur la portion disponible, puisque, suivant l'art. 785, le donataire renonçant n'a plus la qualité d'héritier » (Cass., Chamb. réun., 27 nov. 1863; S. 63, I, 513, où sont citées toutes les autorités dans le système du cumul ou contre ce système. Voir notamment dans le sens de l'arrêt précité : Marcadé, *845*, 2; *919*, n° 577; Demolombe, XIX, 49 et suiv.; Cass., 22 août 1870; S. 70, I, 428).

1217. — Application du non cumul. — Démontrons ceci par un exemple : Pierre décède laissant quatre enfants, et des légataires pour une somme de 25,000 fr. De son vivant il a donné entre-vifs, par avancement d'hoirie, à Emile, l'un de ses enfants, une somme de 30,000 fr. La masse des biens laissés à son décès est, toutes dettes déduites, de 70,000 fr., en y joignant les 30,000 fr. précédemment donnés, on trouve un total de 100,000 fr., dont le quart formant la quotité disponible est de 25,000 fr. Si Emile accepte la succession, il fera le rapport, *supra* n° 1042, des 30,000 fr. à lui donnés, les legs qui s'élèvent au chiffre de la quotité disponible pourront être exécutés, et chaque héritier aura droit à sa réserve étant de 18,750 fr., ce qui l'obligera à faire le rapport réel de l'excédant à ses cohéritiers, soit 11,250 fr. — Si, au contraire, Emile renonce, il prélèvera sur son don 25,000 francs, montant de la quotité disponible, ce qui lui procurera un avantage de 6,250 fr.; et ses trois frères et sœurs auraient droit chacun pour un tiers aux 75,000 fr. de surplus formés de 70,000 fr., valeur des biens existants au décès et de 5,000 fr. rapportés par Emile, à titre de réduction de donation, soit aussi, 6250 francs pour chacun en plus que dans la première hypothèse. Quant aux légataires, leurs legs ne produiront aucun effet, en raison de ce que le don fait à Emile a absorbé la quotité disponible.

1218. — Jurisprudence antérieure. — La jurisprudence réformée par l'arrêt de Cassation du 27 nov. 1863, aurait permis à l'enfant donataire, en cas de renonciation, de conserver son don entier : d'abord, pour 18,750 fr. à titre de réserve légale, puis les 11,250 fr. de surplus par imputation sur la quotité disponible, qui à ce moyen, laissait 13,750 fr. à distribuer entre les légataires, et les trois autres enfants avaient droit chacun à leur réserve étant de 18,750 fr. ; ensemble pour les légataires et pour les héritiers acceptants, une somme de 70,000 fr. montant de l'actif net au décès. Ce système avait quelque chose de plus équitable, mais il était contraire au principe que, pour avoir droit à la réserve, il faut se porter héritier, et en raison de cela il ne pouvait être maintenu.

§ 2. — *Du montant de la réserve et de la quotité disponible.*

1219. — Principe. — La réserve a pour fondement les devoirs de la parenté, l'obligation alimentaire réciproque entre ascendants et descendants, enfin l'obligation naturelle qui incombe aux père et mère, d'assurer l'avenir de leurs enfants. Il s'ensuit qu'elle n'existe qu'en faveur des héritiers descendants ou ascendants, et non pas à l'égard des héritiers collatéraux. Telle est la disposition de l'art. 916 portant : « A défaut d'ascendants et de descendants, les libéralités par actes entre-vifs ou testamentaires pourront épuiser la totalité des biens. »

I. De la réserve des descendants.

1220. — Descendants. — Les descendants auxquels la loi accorde une réserve sont, en première ligne, les enfants. Sous ce nom d'enfants, sont compris les descendants en quelque degré qu'ils se trouvent, néanmoins ils ne sont comptés que pour l'enfant qu'ils représentent dans la succession du disposant (*C. civ.*, *914*, *supra* n° 97). Ainsi, quand le *de cujus* a laissé un enfant du premier degré et des petits enfants issus d'un enfant prédécédé, ces petits enfants ne comptent que pour

une tête, et la réserve se règle comme si leur auteur était présent. Il en est de même des petits enfants qui viennent de leur chef et sans le secours de la représentation à la succession de leur aïeul par suite du prédécès de leur père qui était seul héritier (Marcadé, *914*, 1 ; Coin-Delisle, *914*-4 ; Toullier et Duvergier, V, 102 ; Grenier et Bayle-Mouill., II, 558 ; Duranton, VIII, 290 ; Saintespès, II, 325 ; Demante, IV, 46 *bis* ; Demolombe ; XIX, 77 ; Troplong, 797 ; Aubry et Rau, § 681-1 ; Massé et Vergé, § 450-2. Contra Levasseur, p. 26).

1221. — Enfants légitimes. — Les enfants ayant droit à la réserve sont les enfants légitimes et leurs descendants, comme aussi les enfants légitimés par le mariage subséquent de leurs père et mère, et les descendants de ceux-ci (Marcadé, *914*, 2).

1222. — Enfant adoptif. — L'enfant adoptif, ayant sur la succession de l'adoptant les mêmes droits qu'y aurait l'enfant de l'adoptant né en mariage (*C. civ.*, *350*), a une réserve pareille à celle de l'enfant légitime (Marcadé, *350*, 2 ; *913*, 2 ; Coin-Delisle, *913*, 13 ; Duvergier sur Toullier, II, 1100 ; Troplong, 781 ; Saintespès, II, 316 ; Demolombe, VI, 160 ; XIX, 82 ; Mourlon, II, p. 285 ; Massé et Vergé, § 449-3 ; Roll. de Vill., *Port. disp.*, 19 ; Montpellier, 8 juin 1823 ; Cass., 29 juin 1825 ; Paris, 26 mars 1839 ; S. 39, II, 200. Contra Grenier, 26 et 40 ; Toullier, II, 1100).

1223. — Prédécès de l'adopté. — En cas de prédécès de l'adopté, la réserve, dans la succession de l'adoptant, appartient à ses enfants légitimes comme le représentant, *supra* n° 95. Mais non aux enfants adoptifs de l'adopté qui ne sauraient avoir des droits (*C. civ.*, *350*) dans la succession des parents de l'adoptant (Marcadé, *914*-2).

1224. — Quotité. — Le montant de la réserve attribuée aux descendants est de la moitié des biens du disposant s'il ne laisse à son décès qu'un enfant, des deux tiers s'il laisse deux enfants, et des trois quarts s'il en laisse trois ou un plus grand nombre. C'est ce qui résulte de l'art. 913 portant : « Les libéralités, » soit par actes entre-vifs, soit par testament, » ne pourront excéder la moitié des biens du » disposant, s'il ne laisse à son décès qu'un » enfant légitime ; le tiers s'il s'en laisse deux en-

MASSES. — RÉDUCTIONS DE DONATIONS.

» fants ; le quart s'il en laisse trois ou un plus » grand nombre. » Ainsi, un enfant, la réserve est de moitié et la quotité disponible de l'autre moitié ; — deux enfants, la réserve est de un tiers pour chacun d'eux, et la quotité disponible de un tiers ; — trois enfants, la réserve est de un quart pour chacun d'eux, et la quotité disponible de un quart ; — au-delà de trois enfants, la réserve pour chacun des enfants est de sa part héréditaire dans trois quarts et la quotité disponible est invariablement de un quart (Marcadé, *914*, 1).

1225. — Enfants prédécédés sans postérité. — On ne doit pas compter pour la fixation de la réserve et de la quotité disponible, les enfants qui ne sont pas appelés du tout à la succession, parce qu'ils ont prédécédé le disposant sans laisser de descendants pour les représenter.

1226. — Enfants absents. — On ne compte pas non plus les enfants dont l'existence n'est pas reconnue, en raison de leur absence, puisque, suivant l'art. 136 du code civil, la succession est dévolue à ceux avec qui il aurait concouru ou qui l'auraient recueillie à son défaut (Marcadé, *914*, 6 ; Toullier, V, 106 ; Grenier, II, 559 ; Duranton, VIII, 301 ; Saintespès, II, 323 ; Demolombe, II, 202 ; Troplong, 782 ; Aubry et Rau, § 680-6 ; Bordeaux, 11 janv. 1834 ; S. 34, II, 312). — Il en est autrement quand l'absent a laissé des descendants qui viennent à la succession comme le représentant, *supra* n° 94 (Marcadé, *914*, 6 ; Grenier, II, 567 ; Toullier, V, 105 ; Duranton, VIII, 301 ; Troplong, 782 ; Aubry et Rau ; § 681-4).

1227. — Enfants renonçants. — Mais les enfants qui renoncent à la succession doivent être comptés pour la fixation de la réserve et de la quotité disponible. En effet, l'article 913 règle et limite les libéralités permises au père de famille sur le nombre d'enfants qu'il laisse à son décès ; c'est ce nombre d'enfants qui devient la base fixe et invariable d'après laquelle est déterminée, à l'instant même, la quotité de la portion disponible, sans que cette quotité puisse être modifiée plus tard par des événements ou des incidents qui, postérieurs au décès du père de famille, ne sauraient ni accroître ni restreindre les droits qu'il pouvait exercer de son vivant. Il importe peu que, sur le nombre d'enfants délaissés par l'auteur commun, les uns acceptent la succession, et que d'autres la répudient ; avant que ces actes ne soient intervenus, la quotité disponible se trouvait déjà fixée d'une manière invariable, et cette quotité ne saurait s'élever ou s'abaisser suivant le parti que l'un ou l'autre des enfants jugerait prudent de prendre au point de vue de ses intérêts personnels, après la mort de l'auteur commun (Grenier et Bayle-Mouillard, II, 564 ; Toullier, V, 109 ; Duranton, VIII, 299 ; Coin-Delisle, *913*, 6 ; Troplong, 784, 795 ; Saintespès, II, 312 ; Massé et Vergé, § 450-4 ; Aubry et Rau, § 681-5 ; Levasseur, 49 ; Caen, 25 juill. 1837 ; S. 37, II, 436 ; Bastia, 21 fév. 1854, 23 janv. 1855 ; S. 54, II, 422 ; 55, II, 97 ; Paris, 9 juin 1864, 11 mai 1865, 18 août 1866 ; S. 64, II, 145 ; 66, II, 185 ; 66, II, 298 ; Montpellier, 8 mars 1864 ; S. 64, II, 145 ; Pau, 21 déc. 1865 ; S. 66, II, 220 ; Grenoble, 16 avril 1866, 17 janv. 1867, S. 66, II, 221 ; 67, II, 179 ; Dijon, 20 nov. 1865 ; S. 66, II, 222 ; Orléans, 5 avril 1867 ; S. 67, II, 285 ; Cass., 13 août 1866, 25 juill. 1867, 21 juin 1869 ; Seine, 24 mai 1884 ; t. Angoulême, 27 juin 1884 ; Defrénois, *Rép. N.*, 2178, 2727. CONTRA Marcadé, *914*, 5 ; Duvergier sur Toullier, V, 109 ; Demolombe, XIX, 99 ; Rennes, 10 août 1863 ; S. 63, II, 209 ; Pau, 20 mai 1865 ; S. 66, II, 220 ; Montpellier, 25 mai 1866 ; S. 67, II, 235).

1228. — Enfant indigne. — Il en est de même de l'enfant exclu de la succession comme indigne. Il doit toujours être compté comme le renonçant, lors même que la cause de son indignité serait antérieure au décès (Duranton, VIII, 300 ; Coin-Delisle, *913*, 10 ; Vazeille, *913*, 9 ; Saintespès, II, 324 ; Voir Troplong, 795. CONTRA Demante, IV, 45 *bis*-4° ; Demolombe, XIX, 101).

1229. — Descendants des renonçants ou indignes. — Si tous les enfants sont renonçants ou indignes et ont des descendants, ceux-ci viennent à la succession de leur chef, *supra* n° 109. — Néanmoins la quotité de la réserve et de la portion disponible est toujours déterminée par le nombre des enfants du premier degré, quoiqu'ils soient tous renonçants ou indignes.

1230. — Accroissement. — Si quelques-uns des enfants seulement sont renonçants ou indignes, leurs parts accroissent à leurs cohéritiers (Troplong, 785; Aubry et Rau, § 682-12; Amiens, 17 mars 1853; Bastia, 23 janv. 1855; S. 55, II, 97).

II. De la réserve des ascendants.

1231. — Quotité. — Les libéralités par acte entre-vifs ou par testament ne peuvent excéder la moitié des biens, si, à défaut d'enfant, le défunt laisse un ou plusieurs ascendants dans chacune des lignes paternelle et maternelle, et les trois quarts s'il ne laisse d'ascendants que dans une ligne *(C. civ., 915)*. Par suite, la réserve est de moitié quand il y a des ascendants dans les deux lignes, et de un quart quand il n'y en a que dans une seule ligne.

1232. — Droit héréditaire. — Les biens ainsi réservés au profit des ascendants, sont par eux recueillis dans l'ordre où la loi les appelle à succéder; ils ont seuls droit à cette réserve dans tous les cas où un partage avec des collatéraux ne leur donnerait pas la quotité de biens à laquelle elle est fixée *(C. civ., 915)*.

1233. — Ascendants légitimes. — Les ascendants légitimes et ceux de l'enfant légitimé ont seuls droit à une réserve. Quant aux père et mère naturels, voir *infra* n° 1265.

1234. — Père adoptif. — L'adoptant n'ayant aucun droit dans la succession de son enfant adoptif, n'a évidemment aucune réserve pas même sur les biens par lui donnés à l'adopté, puisqu'il ne succède à ces biens qu'autant qu'ils se retrouvent en nature, *supra* n° 185 (Marcadé, *915*, 3; Grenier, *Adopt.*, 41; Coin-Delisle, *915*, 3; Demolombe, XIX, 108; Troplong, 816; Mourlon, II, p. 290; Roll. de Vill., *Port. disp.*, 51).

1235. — Père et mère, et frères et sœurs. — La réserve des père et mère étant toujours d'un quart pour chacun d'eux, est égale à leur part héréditaire totale quand ils concourrent avec des frères et sœurs, neveux et nièces, sans qu'on puisse prétendre la réduire à la moitié de leur part, le texte de l'article 915 étant précis (Marcadé, *915*, 1; Coin-Delisle, *915*, 2; Toullier et Duvergier, V, 116; Troplong, 803; Duranton, VIII, 304; Saintespès, II, 237 note; Vernet, p. 378; Demante, III, 50 *bis*; Demolombe, XIX, 111; Roll. de Vill., *Port. disp.*, 41. Contra Levasseur, 50).

1236. — Plusieurs ascendants dans une ligne. — La réserve des ascendants n'étant jamais de plus d'un quart par chaque ligne, lorsque dans l'une des lignes plusieurs ascendants viennent au même degré, ils y ont droit par part égale.

1237. — Ascendants héritiers. — Les ascendants, pour avoir droit à la réserve, doivent être appelés à la succession en qualité d'héritiers légitimes. Mais il importe peu qu'ils succèdent immédiatement de leur chef, ou qu'ils ne succèdent que par suite de la renonciation à succession de la part des héritiers appelés avant eux à l'hérédité (Marcadé, *915*, 2).

1238. — Renonciation des enfants. — Ainsi, quand tous les enfants et descendants renoncent à la succession, qui, par suite, se trouve dévolue aux ascendants, ceux-ci ont droit à une réserve dans les termes de l'art. 915, les enfants ne faisant obstacle à la réserve des ascendants qu'autant qu'ils se portent héritiers. D'ailleurs, les successibles qui renoncent sont censés n'avoir jamais été héritiers et leurs parts sont dévolues aux héritiers du degré subséquent, *supra* n° 469 (Marcadé, *915*, 2; Coin-Delisle, *915*, 6; Poujol, *915*, 7; Duranton, VIII, 310; Troplong, 806; Massé et Vergé, § 452-3; Vernet, p. 305; Demolombe, XIX, 116. Contra Vazeille, *915*, 3.

1239. — Ascendants et frères et sœurs. — Les frères et sœurs ou leurs ascendants excluent les ascendants autres que père et mère; dans ce cas, les ascendants, n'étant pas appelés à la succession, n'ont pas le droit de réclamer la réserve, alors même que les frères et sœurs ou leurs descendants sont privés de toute la succession par des dispositions à titre particulier, ou à titre universel, ou même par des dispositions universelles (Marcadé, *915*, 2; *1006*, 3; Grenier, 572; Toullier, V, 114; Duranton, VIII, 309, 310; Troplong, 805; Mourlon, II, p. 291; Demolombe, XIX, 122; Laurent, XII, 26; Cass., 22 mars 1869; S. 70, I, 9. Contra Coin-Delisle, *1006*, 5 et *Rev. crit.*, 1858, II, p. 1 et 413; Demante, IV, 50 *bis*; Vernet, p. 365).

1240. — Renonciation des frères et sœurs. — Les frères et sœurs et leurs descendants, bien que exhérédés de la succession par le fait de l'institution d'un donataire ou légataire universel, n'ont pas moins le titre de représentants de la succession légitime, puisque c'est à eux qu'il appartient de contester la disposition universelle, s'il y a lieu. Ils peuvent donc abdiquer ce titre qui, alors, passe aux héritiers du degré subséquent; et si ces héritiers sont des ascendants, ils sont considérés, en vertu des art. 785 et 786, comme ayant eu droit à la succession dès l'origine. Il s'en suit que quand l'hérédité d'une personne décédée sans postérité et sans père ni mère, mais laissant des ascendants et des frères et sœurs, est répudiée par ceux-ci, les ascendants qui viennent à leur place dans l'hérédité ont droit à la réserve, et recueillent, suivant l'article 915, les biens réservés, dans l'ordre où la loi les appelle à la succession (Marcadé, *915*, 2; Coin-Delisle, *915*, 6; Poujol, *915*, 7; Duranton, VIII, 310; Taulier, IV, p. 42; Troplong, 806; Saintespès, II, 343; Vernet, p. 365; Massé et Vergé, § 449-5; Demolombe, XIX, 122; Paris, 16 juill. 1839; S. 39, II, 359; Montpellier, 19 nov. 1857; S. 58, II, 609; Nimes, 16 fév. 1862; S. 62, II, 106; Cass., 11 mai 1840, 24 fév. 1863; S. 40, I, 680; 63, I, 191. CONTRA Aubry et Rau, § 680-10; Saintespès, II, 343; Roll. de Vill., *Port. disp.*, 49. Voir aussi Coin-Delisle, *1006*, 5; Demante, IV, 50 bis 8°; Vernet, p. 365).

1241. — Contestation du légataire. — Mais le légataire universel qui éprouve un préjudice par le fait de la renonciation des frères et sœurs, est admis, dans le but de déjouer la fraude, à établir que les renonçants ont tiré un profit de leur renonciation; car une renonciation dans ces conditions équivaudrait à une acceptation.

1242. — Ascendants et collatéraux. — La réserve des ascendants ne pouvant jamais être réclamée par les collatéraux, quels qu'ils soient, quand il y a concours d'ascendants et de collatéraux et que le défunt a disposé d'une partie de ses biens, les ascendants prennent sur ce qui reste leur réserve entière avant que les collatéraux puissent avoir aucune partie de l'hérédité (C. civ., *915*). — 1er *Exemple* : A... décède laissant ses père et mère et des frères et sœurs; sa fortune est de 40,000 fr., il a légué 15,000 fr.; la réserve de ses père et mère étant de 10,000 fr. pour chacun, ensemble 20,000 fr., les frères et sœurs n'ont droit qu'aux 5,000 fr. restants. S'il avait légué 25,000 fr., les père et mère pourraient faire réduire le legs de 5,000 fr., et les frères et sœurs n'auraient droit à rien (Marcadé, *916*, 4). — 2e *Exemple* : A... décède laissant 100,000 fr. de fortune, ses héritiers sont : B... son père, pour moitié, et C... son cousin maternel pour l'autre moitié, il a fait des legs se montant à 60,000 fr.; si les 40,000 francs de surplus se partageaient par moitié entre le père et le cousin, leur part serait pour chacun de 20,000 fr., mais la réserve du père étant d'un quart soit 25,000 fr., il prend en plus 5,000 fr. sur les 20,000 fr. qui seraient alloués à C..., de sorte qu'il ne reste pour ce dernier que 15,000 fr.

1243. — Renonciation par ascendants. — Accroissement. — La portion réservée pour chaque ligne étant toujours la même, quel que soit le nombre des ascendants qui la recueillent et leur degré successible, la renonciation d'un ou de plusieurs des ascendants d'un même degré produit l'accroissement au profit des autres, et même la dévolution au profit des ascendants du degré subséquent, mais pourvu que ce soit dans la même ligne; il n'y a donc ni accroissement, ni dévolution d'une ligne à l'autre. *Exemple* : X... décède sans laisser de descendants, mais laissant dans la ligne paternelle A... son père, et B... et C... ses aïeul et aïeule paternels, et dans la ligne maternelle D... sa mère; il a institué un légataire universel; chacun de ses père et mère a droit à une réserve du quart, si A... son père renonce, sa réserve de un quart passe à B... et C..., et, par conséquent, n'accroît pas à D... (Marcadé, *915*, 2).

1244. — Retour légal. — L'art. 915 en attribuant une réserve aux ascendants n'a en vue que la succession ordinaire. C'est en raison de cela que les biens faisant retour à l'ascendant donateur, dans les termes de l'article 747, ne doivent pas, quand ils font l'objet du retour, entrer dans la masse sur laquelle se calcule la quotité disponible et la réserve, que l'ascendant donateur soit appelé ou non à la succession ordinaire, *supra* n° 147. — Précisons ceci par un exemple : Paul a légué à Emile, son petit-fils, un immeuble d'une valeur de 30,000 fr. ; celui-ci décède laissant ses père et mère héritiers chacun pour moitié, après avoir disposé de biens d'une autre origine valant 20,000 fr., et laissant à son décès, indépendamment de l'immeuble provenu de Paul, des biens d'une valeur de 10,000 fr. ; Paul reprend l'immeuble par lui donné, et la masse sur laquelle se calcule la quotité disponible des père et mère, comprend les 10,000 fr. d'origine ordinaire, laissés au décès, et le rapport fictif des 20,000 fr. donnés, ensemble 30,000 fr., la quotité disponible étant de 15,000 fr., la donation de 20,000 fr. subit une réduction de 5,000 fr.

1245. — Retour légal. — Objet donné. — Donation. — Si l'enfant donataire, dans le cas de l'hypothèse précédente, a disposé à titre gratuit de l'immeuble donné, il n'y a plus lieu au retour légal en faveur de l'ascendant donateur, *supra* n° 162, l'origine, par suite, n'est pas à rechercher, et il doit, de même que tous autres biens donnés, être rapporté fictivement à la masse pour calculer la quotité disponible et la réserve (Charleville, 26 avril 1877; Laon, 1er avril 1884; *Rép. N.*, 2346).

1246. — Retour légal. — Ascendant héritier. — Lorsque l'ascendant donateur est lui-même appelé à la succession ordinaire soit seul, soit en concours avec d'autres ascendants, les exemples posés suivant les deux cas indiqués, *supra* nos 1244 et 1245, sont également applicables.

III. De la réserve des enfants naturels.

1247. — Droit à la réserve. — Les enfants naturels ayant droit à une portion des biens composant la succession de leur père ou mère, dont le *quantum* varie suivant la parenté plus ou moins rapprochée des héritiers légitimes, *supra* nos 197 et suiv., et même à la totalité si le défunt ne laisse pas de parents légitimes au degré successible, ne sauraient être entièrement dépouillés, autrement leurs droits seraient illusoires. En conséquence, ils ont une réserve dans la succession du père ou de la mère qui les a reconnus (Marcadé, *914*, 2; *921*, 5; Richefort, *Paternité*, p. 283; Grenier, II, 658 à 664; Loiseau, *Enfants naturels*, p. 677; Toullier, V, 263; Belost-Jolimont, *756*, obs. 5; Duranton, VI, 313; Demolombe, XIX, 149; Troplong, 771; Hureaux, V, 249; Massé et Vergé, § 462-11; Aubry et Rau, § 686-5; Roll. de Vill., *Port. disp.*, 53; Pau, 4 avril 1810; Toulouse, 15 mars 1834; S. 34, II, 537; Paris, 20 avril 1853; S. 53, II, 318; Paris, 24 nov. 1866; J. N. 18755; Cass., 28 juin 1809, 27 avril 1830, 28 juin 1831, 16 juin 1847; S. 31, I, 279; 47, I, 660; Contra Chabot, *756*, 7; Rouen, 31 juill. 1820).

1248. — Concours avec enfants. — Quotité. — La quotité de la réserve de l'enfant naturel, en cas de concours avec des enfants légitimes, se détermine par la part héréditaire qui lui est dévolue dans la succession de son père ou de sa mère, en réunissant le nombre des enfants naturels à celui des enfants légitimes, et en calculant la réserve sur ce qui est dévolu aux enfants naturels.

1249. — 1er Exemple. — Un enfant naturel et un enfant légitime. — La part héréditaire de l'enfant naturel est de un sixième et sa réserve des deux tiers de cette quotité, soit un neuvième ; — Ou autrement : S'il était légitime, sa réserve serait du tiers, étant enfant naturel en concours avec un enfant légitime (soit deux enfants à son égard), sa réserve est du tiers d'un tiers, soit un neuvième.

1250. — 2° Exemple. — Deux enfants naturels et deux enfants légitimes. — La part héréditaire de chacun des enfants naturels est de un douzième ou quatre/quarante-huitièmes, et la réserve de trois quarts, soit un seizième, ensemble deux seizièmes.

1251. — Calcul. — Masse. — La réserve des enfants naturels se calcule, comme celle des enfants légitimes, sur une masse formée ainsi qu'il sera dit *infra* n° 1290; et, par conséquent, avec le droit de faire réduire non-seulement les legs, mais aussi les donations antérieures ou postérieures à la reconnaissance. En effet, l'enfant naturel trouve, comme l'enfant légitime, dans l'art. 913, une garantie contre les libéralités excessives de ses auteurs, et dans les art. 920 et 921 le droit de faire réduire les libéralités qui, de quelque époque qu'elles soient, portent atteinte à la quotité légale de son droit. On ne saurait invoquer que la reconnaissance ne peut porter atteinte à l'irrévocabilité de la donation antérieure, puisqu'il ne s'agit que d'une question de réduction; d'ailleurs, les droits des tiers sont sauvegardés contre la fraude qui résulterait d'une reconnaissance simulée, puisque l'art. 339 du code civil permet à tous les intéressés et, par conséquent, aux donataires, d'attaquer un acte soi-disant de reconnaissance qu'ils soutiendraient dénué de juste fondement et leur faisant préjudice (Marcadé, *914*, 3; Duranton, VI, 311, 313; Belost-Jolimont, *756*, obs. 5; Saintespès, II, 320; Vernet, p. 515; Massé et Vergé, § 462-12; Aubry et Rau, § 686-9; Demolombe, XIX, 163, 166; Troplong, 771; Roll. de Vill., *Port. disp.*, 54; Toulouse, 15 mars 1834; Cass., 28 juin 1831, 16 juin 1847; S. 31, I, 279; 34, II, 537; 47, 1, 660. Voir cep. Toullier, IV, 263; Chabot, *756*, 20; Taulier, III, p. 176; Lyon, 16 juill. 1828; Rouen, 27 janv. 1844; S. 44, II, 534).

1252. — Calcul. — Enfants légitimes. — Le calcul, en ce qui concerne les enfants naturels, est sans influence au regard des enfants légitimes; la réserve de ceux-ci, malgré l'existence d'enfants naturels, est toujours de moitié, de deux tiers ou de trois quarts, selon qu'il existe un, deux ou trois enfants légitimes ou un plus grand nombre.

1253. — Charges de la réserve de l'enfant naturel : I° Un ou deux enfants légitimes. — La réserve des enfants naturels, lorsque la quotité disponible est absorbée par les libéralités du défunt, est supportée, quand il n'existe qu'un ou deux enfants légitimes, par la masse de la succession, comme formant le montant de leurs droits, et sur le surplus dévolu à la succession légitime, on calcule la réserve des enfants légitimes et la quotité disponible.

Exemples : 1° Un enfant légitime et un enfant naturel; la réserve de ce dernier, étant de un neuvième, *supra* n° 1249, il reste huit neuvièmes, qui appartiennent pour quatre neuvièmes à la réserve de l'enfant légitime, et pour les quatre neuvièmes de surplus à la quotité disponible;

2° Deux enfants légitimes et deux enfants naturels; la réserve de ceux-ci, étant ensemble de deux seizièmes, reste quatorze seizièmes ou vingt et un/vingt-quatrièmes qui appartiennent à la réserve des deux enfants légitimes pour quatorze/vingt-quatrièmes, et à la quotité disponible pour sept/vingt-quatrièmes.

1254. — II° Plus de deux enfants légitimes. — Mais s'il y a trois ou un plus grand nombre d'enfants légitimes, la quotité disponible est d'un quart aussi bien au regard des enfants légitimes que des enfants naturels et peut être prélevée sur la masse totale. Les trois quarts de surplus forment la réserve et sont à diviser entre les enfants légitimes et les enfants naturels, chacun dans la proportion de ses droits héréditaires (Marcadé, *916*, 1; Toullier, V, 265; Chabot, *756*, 23 à 28; Grenier, II, 670; Duranton, VI, 316; Demante, VI, 47 *bis*; Demolombe, XIX, 174; Aubry et Rau, § 686 *bis*-15; Voir cep. Belost-Jolimont, *756*, obs. 7; Troplong, 778).

1255. — Tableau de la réserve et de la quotité disponible en cas de concours de un, deux ou trois enfants naturels, avec un, deux, trois ou quatre enfants légitimes (1).

NOMBRE DES ENFANTS		RÉSERVE DES ENFANTS			PORTION DISPONIBLE.
Naturels.	Légitimes.	Naturels.	Légitimes.	Total.	
1	1	1/9	4/9	5/9	4/9
	2	3/36	22/36	25/36	11/36
	3	1/16	11/16	12/16	4/16
	4	1/20	14/20	15/20	5/20
2	1	2/12	5/12	7/12	5/12
	2	3/24	14/24	17/24	7/24
	3	2/20	13/20	15/20	5/20
	4	2/24	16/24	18/24	6/24
3	1	6/32	13/32	19/32	13/32
	2	9/60	34/60	43/60	17/60
	3	3/24	15/24	18/24	6/24
	4	3/28	18/28	21/28	7/28

1256. — Enfants légitimes renonçants. — Si tous les enfants légitimes

---

(1) Le calcul n'a pas été continué au-delà de quatre enfants légitimes, en raison de ce que la réserve est toujours de trois quarts des droits des enfants légitimes et naturels, et la quotité disponible de un quart.

du premier degré sont renonçants ou indignes, et laissent des descendants qui viennent de leur chef à la succession, les droits héréditaires de l'enfant naturel sont du tiers de la totalité, comme s'il était seul enfant légitime, *supra* n° 201, et sa réserve est de moitié de ce tiers soit un sixième.

1257. — Réduction des droits de l'enfant naturel. — Dans le cas où l'enfant naturel a été réduit à la moitié de ses droits, *supra* n° 227, il ne peut réclamer par voie d'action en réduction, une réserve supérieure à la moitié de la portion héréditaire qu'il aurait eue, par exemple : la réserve de l'enfant naturel concourant avec deux enfants légitimes est de un douzième, tandis que la moitié de sa part héréditaire est seulement de un dix-huitième ; néanmoins, il ne peut faire aucune réclamation pour la différence (Belost-Jolimont, *761*, obs. 1re; Demolombe, XIX, 163).

1258. — Concours avec ascendants ou frères et sœurs. — Quand l'enfant naturel est en concours avec des ascendants ou avec des frères et sœurs, la succession se divise en deux hérédités de chacune moitié : — l'une dévolue à la succession légitime représentée par les ascendants ou les frères et sœurs, et sur laquelle se calcule la réserve, si ce sont des ascendants, de sorte qu'en ce qui concerne cette moitié il y a lieu de distinguer : s'il n'y a d'ascendants que dans une ligne, leur réserve est du quart de la moitié, et la quotité disponible de trois quarts de la même moitié ; s'il y a des ascendants dans les deux lignes, chaque ligne a droit à une réserve du quart de la moitié, soit ensemble moitié et la quotité disponible est de moitié de cette moitié, soit un quart du tout ; enfin s'il n'y a pas d'ascendants venant à la succession, mais des frères et sœurs, toute la moitié afférente à la succession légitime est disponible. — L'autre moitié est dévolue à la succession illégitime représentée par les enfants naturels ; c'est sur cette moitié que se calculent la réserve et la quotité disponible eu égard au nombre des enfants naturels (*C. civ. 915*); de sorte que si les enfants naturels sont au nombre de un, de deux, de trois ou plus, la réserve est de moitié, deux tiers, ou trois quarts de cette moitié, et la quotité disponible de moitié, un tiers ou un quart de la même moitié (Demolombe, XIX, 179; Seine, 5 janv. 1883; *Rép. N.*, 1375).

1259. — Concours avec ascendants et collatéraux. — La quotité dévolue aux enfants naturels n'est pas augmentée par le fait de l'existence d'ascendants dans une ligne, et dans l'autre d'héritiers collatéraux autres que frères et sœurs. Même dans ce cas elle est de moitié, *supra* n° 209, et c'est sur cette moitié que se fait également le calcul de la réserve et de la quotité disponible (Demolombe, XIX, 158).

1260. — Concours avec collatéraux ordinaires. — Lorsque l'enfant naturel est en concours avec des collatéraux autres que frères et sœurs, le droit de l'enfant ou des enfants naturels est des trois quarts de la succession, *supra* n° 213 ; c'est sur ces trois quarts que se calculent la réserve et la quotité disponible eu égard au nombre des enfants (Marcadé, *916*, 1 ; Agen, 12 juill. 1811).

1261. — Concours avec ascendant et légataire universel. — Le défunt ayant institué un légataire universel a laissé comme ayant droit à sa succession, son père et trois enfants naturels, quelle est la quotité dévolue à chacun d'eux ? Sur la moitié de l'hérédité formant la succession régulière, le père a une réserve de un quart soit un huitième, reste disponible trois huitièmes ; et sur la moitié afférente à la succession irrégulière, la réserve des enfants naturels est de trois quarts ou trois huitièmes du tout, reste disponible un huitième. A ce moyen le partage s'opère de cette manière : Un huitième au père, trois huitièmes aux enfants naturels et quatre huitièmes au légataire universel. Nous ne saurions adopter la doctrine d'un tribunal (Périgueux, 23 déc. 1876; Droit, 20 janv. 1877), qui, en pareil cas, a divisé ainsi la succession : deux huitièmes pour le père, trois huitièmes pour les enfants naturels, et trois huitièmes pour le légataire universel.

1262. — Concours avec légataire universel. — Frères et sœurs. — Les règles de réduction qui viennent d'être rapportées reçoivent leur application, même quand les parents légitimes non réservataires sont exclus de la succession par le fait de l'institution d'un légataire universel, sans que l'enfant naturel puisse, dans ce cas, réclamer une réserve similaire à celle de l'enfant légitime. En effet, les successibles quoique exhérédés, ne restent pas moins les héritiers du sang ; c'est à eux qu'appartiennent l'examen et la critique du testament; s'il y avait lieu de faire annuler le legs, ce serait à ces héritiers de le faire, et ce serait eux qui profiteraient de la nullité, de même que c'est eux qui viendraient reprendre les biens si le légataire renonçait à son legs. En conséquence, en présence de frères ou sœurs exclus par un légataire universel, la réserve de l'enfant naturel est de moitié de sa moitié, soit un quart, et la quotité disponible de trois quarts (Marcadé, *916*; Cadrès, *Enf. nat.* 196 ; Gros, *ibid.*, 86 ; Troplong, 778 ; Toullier, IV, 264 ; Duranton, VI, 322 ; Vazeille, *761*, 3 ; Demolombe, XIV, 34 *bis* et 121 ; XIX, 167 ; Amiens, 23 mars 1854; Cass., 15 mars et 31 août 1847, 29 juin 1857, 7 fév. 1865; S. 47, I, 478 ; 54, II, 289 ; 57, I, 746 ; 65, I, 105 ; Lyon, 21 janv. 1869; Seine, 22 juill. 1870, 22 juill. 1872; Paris, 6 août et 2 déc. 1872; Douai, 28 avril 1874 ; Cass., 20 avril 1875; Paris, 24 juin 1886; Defrén., *R. N.*, 2815, 3263. Contra Chabot, *756*, 29; Levasseur, *Port. disp.*, 62; Massé et Vergé, § 369-8; Paris, 16 juin 1838; Toulouse, 8 juin 1839 ; S. 39, II, 358; Cass., 14 mars 1837; Bordeaux, 26 juin 1861).

1263. — Absence d'héritiers. — Si l'enfant naturel a droit à la totalité de la succession à défaut de parents au degré successible, la réserve et la quotité disponible se calculent de la même manière que quand la succession est dévolue à des enfants légitimes (Marcadé, *916*, 1; t. Corbeil, 26 juill. 1883; *Rép. N.*, 1640)..

1264. — Descendants de l'enfant naturel. — Les enfants ou descendants légitimes de l'enfant naturel le remplaçant pour la réclamation de ses droits, *supra* n° 216, ont la même réserve que leur auteur aurait eue (Marcadé, *914*, 3).

1265. — Père et mère naturels. — Les père et mère naturels, bien que succédant à leur enfant décédé sans postérité, *supra* n° 255, n'ont pas cependant de réserve dans sa succession. En effet, suivant l'art. 921 du code civil, la réduction des dispositions ne peut être demandée que par ceux au profit desquels la loi fait une réserve, ce qui ne se trouve dans aucun texte à l'égard des père et mère naturels; la dévolution qui leur est faite de la succession, ne leur confère ni le titre, ni les droits d'héritiers, mais un simple droit aux biens par préférence au fisc. L'art. 915 établissant une réserve au profit des ascendants, s'applique exclusivement aux rapports de successibilité entre les membres de la famille légitime, et suppose un ordre de succéder entre plusieurs ascendants de divers degrés dans chacune des lignes paternelle et maternelle en concurrence avec des collatéraux. Le droit des enfants naturels à une réserve n'a pas sa source dans l'art. 913 qui règle exclusivement les droits des enfants légitimes, mais dans des dispositions spéciales de la loi qui a pris soin de leur conférer expressément et d'en déterminer la mesure *(C. civ., 757 à 761).* Aucune disposition légale n'a admis un droit analogue en faveur des père et mère naturels. On ne saurait non plus trouver le principe du droit à une réserve dans les devoirs de mutuelle assistance existant entre les père et mère et l'enfant naturel, l'obligation de fournir des aliments étant du domaine du droit naturel, tandis que la réserve ne peut résulter que d'un texte positif (Marcadé, *765*, 2 ; *915*, 3 ; Malpel, 167; Chabot, *765*, 5 ; Dalloz, 355 ; Richefort, III, 438 ; Saintespès, II, 353 ; Vernet, p. 361 ; Demante, IV, 51 *bis*; Aubry et Rau, § 680-4; Massé et Vergé, § 462-13; Demolombe, XIV, 150 ; XIX, 184; Hureaux, V, 279; Nîmes, 11 juill. 1827; Douai, 5 déc. 1840; Paris, 18 nov. 1859; Cass., 26 déc. 1860; Cass., Chamb. réunies, 12 déc. 1865; S. 41, II, 125; 59, II, 663; 61, I, 321 ; 66, I, 73; Bourges, 18 déc. 1871 ; Seine, 8 mai 1886; Defrénois, *Rép. N.*, 3296; Laurent, XII, 53. Contra Merlin, *Réserve*, sect. 4, n° 20; Grenier, II, 676; Belost-Jolimont, *765*, obs. 1re; Taulier, IV, p. 190; Poujol, *765*, 3; Vazeille, *765*, 5; Mourlon, II, p. 290; Troplong, 817; Roll. de Vill., *Port. disp.*, 52; Bordeaux, 24 fév. 1834, 20 mars 1837; S. 34, II, 461; 37, II, 483; Cass., 3 mars 1846; S. 46, I, 213; Pau, 29 nov. 1860; S. 61, II, 196).

§ 3. — *Du droit pour les héritiers de faire réduire les dons et les legs.*

1266. — Date du décès. — Les dispositions soit entre-vifs, soit à cause de mort, qui excèdent la quotité disponible, sont réductibles à cette quotité lors de l'ouverture de la succession *(C. civ., 920).* La réserve prend donc naissance au jour du décès de celui dans la succession duquel elle est réclamée, et c'est à cette date qu'on doit la régler.

1267. — Absence. — L'action en réduction ne s'ouvrant que par le décès du donateur, il faut établir la preuve de ce décès pour l'exercer. Le législateur n'a pas dérogé à ce principe général, au titre de l'absence. En conséquence, si le donateur vient à être déclaré absent, les envoyés en possession provisoire de ses biens ne peuvent l'intenter en cette seule qualité sans faire la preuve de son décès (Demolombe, II, 140; Aubry et Rau, § 153-36; Orléans, 17 janv. 1862; Cass., 23 janv. 1865; S. 62, II, 55; 65, I, 89; Caen, 24 fév. 1872; S. 72, II, page 241. Contra Demante, I, 152 *bis*, 4°). — Il faut pour cela, qu'ils aient été envoyés en possession définitive de ses biens (Demolombe, II, 140).

1268. — Présomptif héritier. — La réserve étant une partie intégrante de l'hérédité, le futur héritier réservataire n'a du vivant de celui dans la succession duquel il aura le droit de la réclamer, aucune action dans le but de s'opposer à l'exécution des libéralités faites par ce dernier à son préjudice, lors même qu'il s'agirait d'un enfant du premier lit qui demanderait à intervenir dans une instance formée par son père ou sa mère remariée tendant à obtenir la réduction des avantages indirects faits au second conjoint, même après la séparation de biens prononcée (Demolombe, XIX, 199; Aubry et Rau, § 683-5; Riom, 8 août 1843; S. 44, II, 15. Contra Troplong, 935; Cass., 27 mars 1822; Grenoble, 2 juill. 1831; S. 32, II, 346). — Toutefois, les tribunaux, en cas de fraude évidente, peuvent ordonner telles mesures conservatoires que la situation leur paraîtrait exiger (Demolombe, XIX, 200. Voir aussi Grenoble, 2 juillet 1831 précité. Contra Aubry et Rau, § 683-6).

1269. — Caution ou co-vendeur. — De ce que la réserve n'est qu'un droit héréditaire, il faut conclure que le père donateur peut valablement se porter caution de la vente ou co-vendeur solidaire, pour ce qui concerne l'immeuble donné, puisque, dans ce cas, il ne s'oblige qu'envers le tiers acquéreur (Demolombe, XIX, 203, et deux arrêts par lui cités de Caen, 11 fév. 1846; Rouen, 11 mai 1857. Voir cependant Nimes, 22 déc. 1866; S. 67, II, 174; Cass., 20 juill. 1868; R. G. Defrénois, I, 445).

1270. — Renonciation à la réserve. — Comme conséquence de ce principe, les futurs héritiers réservataires ne peuvent du vivant de leur auteur, soit renoncer à leur réserve, soit faire aucun pacte y relatif (Demolombe, XIX, 204; Toulouse, 21 déc. 1821).

1271. — Donataire. — Légataire. — Créancier. — La réduction des dispositions entre-vifs ne peut-être demandée que par ceux au profit desquels la loi fait la réserve, par leurs héritiers ou ayants cause; les donataires, les légataires et les créanciers du défunt ne peuvent demander cette réduction, ni en profiter *(C. civ., 921).* En effet ils représentent le donateur et ne sauraient avoir plus de droits que lui.

1272. — Légataire. — Enfant naturel. — Néanmoins, s'il s'agit d'une donation faite à un enfant naturel au delà de sa part héréditaire, comme la réduction, pour ce qui excède cette part, est d'ordre public *(C. civ., 908),* le légataire universel, en cette seule qualité, a le droit d'en demander la réduction pour tout ce qui excède la quotité attribuée par la loi à l'enfant naturel, eu égard au degré de parenté des successibles auxquels le légataire universel est substitué (Cass., 7 fév. 1865; S. 65, I, 105. Contra Paris, 16 juin 1838; S. 38, II, 467).

1273. — Créancier. — Compensation. — Comme conséquence du principe que les créanciers ne peuvent demander la réduction ni en profiter, l'héritier renonçant qui a reçu du défunt une donation sujette à réduction, et qui est, en même temps, créancier du défunt pour des avances qu'il lui a faites, ne peut opposer à ses frères qui ont accepté la succession sous bénéfice d'inventaire, la compensation entre sa créance contre la succession et la réduction dont il est passible ; ce serait le faire profiter de cette réduction comme créancier, contre la disposition formelle de la loi (Cass., 21 juin 1869; S. 70, I, 432).

1274. — Renonciation à succession. — L'héritier donataire en avancement d'hoirie qui a renoncé à la succession, conserve, malgré sa renonciation, le droit de demander le rapport fictif des autres donations, pour composer la masse héréditaire et déterminer ensuite sur cette masse la quotité disponible (Cass., 17 mai 1843 ; S. 43, I, 689). S'il est légataire de la quotité disponible, cette quotité doit être prise uniquement sur les seuls biens existants au décès, et non pas sur les biens rapportés ; il ne saurait exiger le rapport réel des donations pour exiger au détriment des donataires la portion de biens qui lui a été léguée, et cela encore que les donataires en avancement d'hoirie se portent eux-mêmes héritiers (Cass., 2 mai 1838 ; S. 38, I, 385).

1275. — Droit de faire réduire. — Le droit de faire réduire les libéralités est un corollaire de la réserve, une sanction aux dispositions de la loi qui la fixent ; l'action en réduction appartient donc à tous ceux qui ont droit à une réserve, qu'ils soient des descendants ou des ascendants, pourvu qu'ils se portent héritiers. Cependant ce n'est pas du chef de leur auteur que cette action leur appartient, mais plutôt en vertu d'un droit qui leur est propre et qui naît à leur profit dès l'instant de l'ouverture de la succession (Marcadé, *921*, 4 ; Demolombe, XIX, 208).

1276. — Contrainte. — Clause pénale. — L'héritier à réserve ne peut être astreint pour l'exercice du droit de réduction à aucune condition ni à aucune contrainte, de sorte que l'on devrait considérer comme non écrite la disposition testamentaire qui tendrait à ce résultat ainsi que la clause pénale y attachée (Demolombe, XVIII, 282; Paris, 28 janv. 1853; Caen, 15 juin 1863; Cass., 14 mars 1866, 7 juill. 1868, 22 juill. 1874, 22 juill. 1879; Paris, 17 mars 1877; S. 64, II, 292; 66, I, 353; 69, I, 125 ; 74, I, 479 ; 77, II, 167; 80, I, 399).

1276 bis. — Cession. — Créanciers. — L'action en réduction, étant l'exercice d'un droit héréditaire, n'est pas attachée à la personne des héritiers, d'où il suit que l'héritier peut la céder, la donner, la léguer, et qu'elle passe à ses héritiers ou ayants cause. Ainsi, les créanciers personnels de l'héritier peuvent l'exercer en son lieu et place (*C. civ.*, *1166*), même malgré lui en faisant révoquer la renonciation qu'il y aurait faite en fraude de leurs créances (Marcadé, *921*, 2 ; Grenier, II, 593; Toullier, V, 125 ; Saintespès, II, 447; Massé et Vergé, § 452-11 ; Troplong, 930 ; Demolombe, XIX, 209, 210). — Les créanciers de la succession ont le même droit, si les héritiers sont devenus leurs débiteurs personnels, par le fait de leur acceptation pure et simple (Marcadé, *921*, 3 ; Toullier, V, 124 ; Coin-Delisle, *921*, 8 ; Troplong, 913 ; Saintespès, II, 451 ; Demolombe, XIX, 220).

1277. — Créanciers. — Partage consommé. — Mais jugé que les créanciers d'un héritier à réserve ne peuvent attaquer du chef de leur débiteur l'acte de partage entre-vifs qui porte atteinte à la réserve, alors que cet acte a été ratifié par l'héritier (Cass., 8 mars 1854; S. 54, I, 684).

1278. — Donataire. — Réduction. — A l'égard des donataires, même par institution contractuelle, ils ne peuvent demander la réduction en prétendant que des biens donnés à d'autres doivent entrer dans leurs mains par l'effet de la réduction dont, à ce moyen, ils profiteraient personnellement. — Ainsi, un homme ayant un seul enfant de son premier mariage a donné à sa seconde femme 100,000 fr. par contrat de mariage, et a légué à un étranger 25,000 fr., ou a fait à un étranger une donation de 25,000 fr. qui n'a pas été payée ; à son décès, il ne laisse aucun actif. Dans cette hypothèse, le légataire ou donataire n'a pas l'action en réduction pour être rempli des 25,000 fr. dont le défunt a disposé ; si ces 25,000 fr. y rentrent comme faisant partie des 75,000 fr. pour lesquels l'enfant a l'action en réduction, c'est exclusivement dans l'intérêt de ce dernier, sans que le légataire puisse en profiter (Demolombe, XIX, 216, 217; Cass., 5 août 1846; S. 46, I, 795; Bordeaux, 2 avril 1852; S. 52, II, 530).

1279. — Avancement d'hoirie. — Préciput. — Ainsi, encore, dans le cas d'un don fait par avancement d'hoirie à l'un des enfants, d'une somme même payable au décès du donateur; si, ensuite, ce dernier a légué la quotité disponible dans sa succession à l'autre de ses enfants, le donataire, en acceptant la succession, doit, conformément à l'art. 843, faire le rapport de son don à la masse héréditaire; mais si le don n'excède pas sa part virile dans la succession, le donataire a le droit de le conserver intégralement, et non pas seulement jusqu'à concurrence de sa réserve. Par suite, il n'est pas permis à l'enfant légataire par préciput de parfaire sur la somme rapportée la quotité disponible à lui léguée. En effet, d'une part, les dispositions relatives à l'irrévocabilité des donations concernent les donations par avancement d'hoirie, comme toute autre donation entre-vifs; et, d'autre part, celles qui refusent aux légataires, en cette qualité, le droit de soumettre les donataires au rapport réel des libéralités à eux faites, sont applicables, encore que ces légataires soient en même temps héritiers (Cass., 3 août 1870; Grenoble, 22 février 1871; Agen, 31 déc. 1879; S. 70, I, 393; 73, II, 48; 80, II, 97).

1280. — Donataire. — Exception. — Cette disposition, toutefois, n'interdit pas au donataire ou légataire étranger, dans le cas où l'action en réduction est formée contre lui, de la repousser en soutenant que le réservataire doit d'abord s'adresser à un donataire, même antérieur, qui a reçu plus que la loi ne lui permet, si d'ailleurs ce donataire est de ceux qui ne peuvent recevoir que dans de certaines limites. Par exemple, un homme, ayant pour seul héritier un enfant de son premier mariage, a donné à sa seconde femme 50,000 fr. puis à un étranger 30,000 fr., la masse de la succession est en biens présents de 20,000 fr., et en rapports fictifs de 80,000 fr.; ensemble 100,000 fr., dont la moitié formant la quotité disponible ordinaire est de 50,000 fr. L'enfant, pour avoir sa réduction, actionne le donataire étranger; si celui-ci devait être atteint le premier par la réduction, il aurait à rendre la totalité de son don; mais il a le droit de repousser la demande pour ce qui excède 5,000 fr., en renvoyant l'enfant à exercer contre la seconde femme l'action en réduction pour 25,000 fr. sur le don fait à celle-ci, en raison de ce qu'il existe contre elle une indisponibilité au-delà du quart de la succession (Duranton, VIII, 327; Troplong, 2585; Aubry et Rau, § 685-3; Demante, IV, 59 bis, 3°; Vernet, p. 469; Demolombe, XIX, 215; Roll. de Vill., *Réserve*, 66; Grenoble, 19 mai 1830; Paris, 10 fév. 1864; S. 65, II, 25; Cass., 3 mai 1864, 4 janv. 1869; S. 64, I, 273; 69, I, 145. Contra . Toullier, V, 883; Grenier, II, 707; Caen, 24 déc. 1862; S. 63, II, 147). — Voir aussi *infra* n° 1561.

1281. — Donation antérieure nulle. — Le donataire postérieur ou le légataire, pour échapper à la réduction, peuvent aussi prétendre que le réservataire doit d'abord faire tomber les donations antérieures quand elles sont sous le coup d'une nullité pour cause d'incapacité, de vice de forme ou autre (Duranton, VIII, 320; Aubry et Rau, § 685-4; Vernet, p. 470; Demolombe, XIX, 218).

1282. — Renonciation. — Rétractation. — Pour avoir droit à la réserve et, par suite, pour exercer l'action en réduction, il faut avoir conservé la qualité d'héritier. Si l'héritier renonce, il perd par cela même son droit à la réserve, *supra* n° 1214, et il ne peut agir en réduction contre les donataires ou légataires, alors même qu'il n'existerait aucun actif dans la succession (Marcadé, *921*, 4; Grenier et Bayle-Mouillard, II, 566 bis; Demolombe, XIX, 43; Saintespès, II, 415; Cass., 5 mars et 28 juillet 1856; S. 56, I, 385; 57, 1, 842; Voir cep. Troplong, 914, 915). — Il ne recouvrerait pas l'action en réduction, s'il acceptait ensuite, dans les termes de l'art. 790, la succession qu'il avait d'abord répudiée, *supra* n° 482.

1283. — Renonciation à la réserve. — Expresse. — L'héritier réservataire, même non rempli de sa réserve, ne serait plus recevable à former l'action en réduction, s'il y avait renoncé expressément ou tacitement (Demolombe, XIX, 126). — La renonciation à exercer l'action en réduction est expresse quand elle est faite spécialement dans un acte; et, si elle a pour objet une chose immobilière, elle doit, pour être opposable aux tiers, avoir été transcrite au bureau des hypothèques (Bruxelles, 28 oct. 1875; R. P. 4445).

1284. — Tacite. — Elle est tacite quand elle résulte d'actes ou de faits qui supposent de la part de l'héritier la volonté de ne pas réclamer. Mais la renonciation tacite ne résulterait pas du fait que l'héritier réservataire aurait reçu un legs pour lui tenir lieu de sa réserve (Grenier et Bayle-Mouillard, 650, 651; Troplong, 938; Demolombe, XIX, 229; Riom, 8 juill. 1819); — ni de la délivrance par l'héritier aux donataires ou aux légataires des biens qui ont fait l'objet de la disposition (Toullier, V, 102; Demolombe, XIX, 230; Cass., 5 juin 1821, 12 juin 1839; S. 39, I, 659); — ni, à plus forte raison, de la simple approbation de la donation ou du testament, faite par le réservataire (Toullier, V, 165; Duranton, VIII, 379 *bis*; Bayle-Mouillard, II, 650, note *a*; Demolombe, XIX, 231; Nancy, 6 mars 1840).

1285. — Inventaire. — Bénéfice d'inventaire. — L'héritier réservataire n'est pas tenu, pour exercer l'action en réduction, d'accepter sous bénéfice d'inventaire; il peut donc agir en réduction, même après avoir accepté la succession purement et simplement, la loi n'ayant nulle part soumis l'action à la condition de l'acceptation bénéficiaire. D'ailleurs, l'héritier en réclamant la réserve exerce, en vertu d'une attribution directe de la loi, un droit qui lui est propre et personnel. Il importe peu même que l'héritier n'ait pas fait dresser un inventaire, la loi ne l'exigeant pas non plus; il suffit qu'il établisse la consistance de la succession. Mais, bien entendu, sauf la preuve contraire de ceux à qui la réduction est réclamée (Marcadé, *921*, 4; Toullier, V, 556; Duranton, VI, 463; Chabot, *873*, 32; Proudhon, *Usuf.*, 340; Troplong, 940; Aubry et Rau, § 682-8; Demante, IV, 59 *bis*; Saintespès, II, 445; Vernet, p. 507; Roll. de Vill., *Réduction*, 12; Demolombe, XIV, 523; XIX, 232, 233; Bourges, 1er déc. 1821; Paris, 11 fév. 1825; Cass, 14 avril 1829, 19 mars 1878; S. 78, I, 355).

1286. — Détournement frauduleux. — Mais l'héritier, même alors qu'il a accepté sous bénéfice d'inventaire, est déchu du droit d'exercer l'action en réduction quand, par suite de détournements frauduleux, il y a impossibilité, par son fait, d'établir l'état de la succession, et, par conséquent, de vérifier si les dons ou legs portent atteinte à la réserve (Troplong, 940; Demolombe, XIX, 234; Cass., 16 janv. 1821).

1287. — Liquidation préalable. — Un héritier à réserve ne peut demander la réduction des dons ou legs faits à son cohéritier, qu'autant qu'il établit préalablement par la liquidation de l'actif et du passif de la succession, que ces dons ou legs excèdent la quotité disponible (Orléans, 5 déc. 1842; S. 46, II, 1).

1288. — Prescription. — L'action en réduction s'éteint par la prescription qui est de trente années (*C. civ.*, 2262), du jour de l'ouverture de la succession (Duranton, VIII, 378; Aubry et Rau, § 685 quater-4; Grenier et Bayle-Mouillard, II, 655; Demolombe, XIX, 236, 237; Rouen, 3 juill. 1835; S. 36, II, 98); — à moins, en ce qui concerne les tiers acquéreurs postérieurs au décès, qu'ils n'aient titre et bonne foi, et n'ignorent que l'immeuble provenait d'une donation sujette à réduction, auquel cas ils peuvent invoquer la prescription de dix et vingt ans (Duranton, VIII, 379; Troplong, 1033 à 1035; Vernet, p. 507; Demante, IV, 67 *bis*; Demolombe, XIX, 241; Roll. de Vill., *Réd. de don.* 162).

1289. — Suspension de prescription. — La suspension de la prescription, en cette matière, ne saurait résulter :

1° De la demande que l'héritier aurait formée à fin de nullité d'une donation ou d'un testament, comme portant atteinte à ses droits, s'il n'a conclu subsidiairement à l'action en réduction (Troplong, *Presc.*, II, 671);

2° De la plainte en faux, soit devant le tribunal civil, soit devant les tribunaux criminels contre la donation ou le testament (Troplong, *ibid.* 672).

§ 4. — *De la masse sur laquelle s'établit le calcul de la réserve et de la portion disponible.*

1290. — Cas où il y a lieu. — Quand le *de cujus* a fait des dispositions entre vifs qui excèdent la portion disponible, ou qu'il a donné par institution contractuelle ou légué soit sa quotité disponible, soit une quotité de biens, soit des biens déterminés à prendre dans la quotité disponible, il y a lieu à l'établissement d'une masse générale sur laquelle se calcule la portion disponible.

1291. — Quotité des biens existants. — Cette opération est sans utilité quand la libéralité est simplement d'une quotité des biens que le disposant a laissés à son décès, et qu'elle n'entame pas la réserve, *supra* nos 333, 334.

1292. — Principes généraux. — Il faut pour déterminer la réduction : 1° Former une masse de tous les biens existants au décès du donateur ou testateur; 2° y réunir fictivement ceux dont il a été disposé par donation entre-vifs, d'après leur état à l'époque des donations, et leur valeur au temps du décès du donateur; 3° déduire les dettes de la succession; 4° enfin calculer sur ce qui reste des biens après cette déduction, quelle est, eu égard à la qualité des héritiers qu'il laisse, la quotité dont il a pu disposer (*C. civ.*, 922).

I. Biens existants dans la succession.

1293. — Biens actuels. — Les biens dont le *de cujus* était propriétaire au jour de son décès doivent entrer dans la masse à former, y compris, par conséquent, ceux légués et ceux qui ont été l'objet d'une donation de biens à venir (Marcadé, *922*, 2; Coin-Delisle, *922*, 22; Saintespès, II, 479; Demolombe, XIX, 250).

1294. — Retour. — Substitutions. — Réparations civiles. — Mais on ne doit pas y porter les biens dont la restitution se fait à un donateur par l'effet de l'exercice du retour conventionnel (Marcadé, *922*, 2), ou même de retour légal, *supra* n° 1244; — non plus que ceux grevés de substitution, recueillis par les appelés après le décès du grevé, le substitué tenant les biens à lui transmis, non du grevé, mais du constituant (Demolombe, XIX, 256; Cass., 3 juill. 1852; S. 52, I, 741); — ni les sommes provenant de réparations civiles que l'héritier aurait obtenues contre le meurtrier du *de cujus*, ou contre celui qui serait responsable de sa mort si elle était la suite d'un accident, en raison de ce que le défunt n'en était pas propriétaire et qu'elle est simplement allouée pour réparer le préjudice que la mort a occasionné à l'héritier (Demolombe, XIX, 257).

1295. — Biens possédés pour prescrire. — On doit faire entrer dans la masse l'immeuble que le défunt a commencé à posséder avec toutes les conditions nécessaires pour l'acquérir par la prescription, encore bien que la prescription ne s'accomplisse qu'après son décès, car la prescription une fois acquise, a un effet rétroactif au jour où la possession a commencé (Demolombe, XIX, 259).

1296. — Office ministériel. — En un mot tous les biens qui existent dans la succession et sont susceptibles d'une valeur appréciable doivent être compris dans la masse. Il en est ainsi de la valeur d'un office ministériel; comme aussi de l'indemnité allouée aux héritiers d'un officier ministériel destitué et mise à la charge du nouveau titulaire comme condition de sa nomination par le décret qui l'a nommé directement et sans présentation (*Loi 28 avril 1816, art. 91*). Etant une sorte d'équivalent du droit de présentation, elle forme un élément de l'actif de la succession, et par conséquent doit entrer dans la masse (Demolombe, XIX, 258; Voir cep. Coin-Delisle, *922*, 17; Bayle-Mouillard, II, 602, note *a*; Saintespès, II, 463).

1297. — Fonds de commerce. — Œuvres littéraires. — Il en est de même encore : de l'achalandage d'un fonds de commerce; de la propriété des œuvres littéraires, scientifiques ou artistiques, quand le défunt les a lui même publiées ou éditées; mais non s'il s'agit de manuscrits non encore édités, à moins que le défunt n'ait déjà traité avec un éditeur pour leur publication ou qu'ils ne soient évidemment destinés à être publiés, de telle sorte qu'ils aient une valeur appréciable (Demol. XIX, 265; Paris, 18 juin 1883; *Rép. N.*, 1931).

1298. — Assurance sur la vie. — Le bénéfice d'une assurance sur la vie contractée par le défunt au profit de ses héritiers et représentants, ou à son ordre, *supra* n° 815, entre aussi dans la masse des biens existants au décès.

1299. — Portraits. — Les portraits de famille, les insignes des ordres, les médailles d'honneur, l'épée d'un officier, *supra* n° 818, sont des choses en dehors du commerce, qui ne doivent pas être comprises dans la masse (Coin-Delisle, *922*, 18; Bayle-Mouillard, IV, 602; Saintespès, II, 464; Demolombe, XIX, 261).

1300. — Tombeau. — Un tombeau de famille est une chose qui n'est pas non plus dans le commerce. En conséquence, même dans le cas où la concession dans un cimetière et le caveau de famille ont été légués à l'un des enfants, on ne doit pas les comprendre dans la masse partageable, *supra* n° 817, ni en faire effectuer le rapport fictif pour le calcul de la quotité disponible. Le père de famille en a la libre disposition en dehors de cette quotité (Cass., 7 avril 1857; S. 57, I, 341).

1501. — Créances. — Insolvabilité. — Les créances héréditaires entrent dans la masse, qu'elles existent contre des tiers ou contre les héritiers réservataires eux-mêmes, peu importe qu'ils aient accepté sous bénéfice d'inventaire (Marcadé, 922, 2; Duranton, VIII, 333; Vernet, p. 522; Aubry et Rau, § 684-6; Demol. XIX, 266), ou que l'héritier soit une femme dotale (Cass., 12 nov. 1879; S. 80, I, 65); à la condition qu'elles soient d'un recouvrement certain. Quand à celles que l'on considère comme absolument irrécouvrables par suite de l'insolvabilité du débiteur antérieure à l'ouverture de la succession (Demolombe, XIX, 354; Cass., 11 déc. 1854; S. 55, I, 364), elles ne doivent pas y figurer; non plus que celles qui sont d'un recouvrement douteux (Marcadé, 922, 2; Demolombe, XIX, 280); — à moins que les donataires ou légataires n'offrent de fournir caution pour en assurer le paiement ou de les prendre pour leur compte (Duranton, VIII, 331; Troplong, 948; Coin-Delisle, 922, 13; Saintespès, II, 461; Roll. de Vill., *Port. disp.*, 37); — ou encore que les parties ne préfèrent les comprendre à forfait quand le partage est amiable. A défaut de forfait, il y a lieu à un règlement ultérieur, si une créance considérée comme irrécouvrable, vient ensuite à être recouvrée (Marcadé, 922, 2; Demolombe, XIX, 276).

1502. — Créance irrécouvrable. — Vente. — Le mieux serait de vendre aux enchères les créances irrécouvrables et celles d'un recouvrement douteux (Marcadé, 922, 2); — dans ce cas il est utile de faire la vente avec l'autorisation de justice, de manière à ne donner ouverture au droit d'enregistrement de cession que sur le prix obtenu et non pas sur le chiffre nominal des créances cédées.

1503. — Créance irrécouvrable. — Legs au débiteur. — La créance contre un débiteur insolvable doit néanmoins entrer dans la masse quand le débiteur figure au nombre des légataires et qu'elle doit lui être attribuée, *infra* n° 1326 (Duranton, VIII, 332; Coin-Delisle, 922, 15; Demolombe, XIX, 278).

1504. — Ibid. — Attribution en partie. — Si la créance irrécouvrable ne doit être délivrée qu'en partie au débiteur, en raison de ce que son legs est sujet à réduction, on ne la comprend dans la masse que pour le montant de la somme réellement délivrée, et le surplus reste en dehors comme demeurant irrécouvrable. Plusieurs hypothèses sont à prévoir dans ce cas.

1505. — 1re hypothèse. — Un enfant. — La masse de la succession est de 100,000 francs; il y figure une créance de 40,000 fr. sur X... qui est insolvable. Le *de cujus*, ayant laissé un seul enfant, a légué à N... 40,000 fr. et à X... la créance de 40,000 fr. existant contre lui. Ces deux legs dépassent la quotité disponible de 30,000 fr.; par suite on doit les réduire de chacun 15,000 fr. Mais comme X... est insolvable, la masse doit être réduite de manière que cette insolvabilité ne nuise à personne (Coin-Delisle, 922, 15; Saintespès, II, 462; Bayle-Mouillard, IV, 602, note *a*; Troplong, 949, 950; Demolombe, XIX, 279).

Suivant M. Demolombe, *loc. cit.*, on devra calculer de la manière suivante : La libération de X... s'opère pour 25,000 fr., et il demeure débiteur de 15,000 fr.; en raison de son insolvabilité, cette somme doit être retranchée de la masse, qui, à ce moyen, est réduite à 85,000 fr., dont moitié formant la réserve est de 42,500 fr., et la quotité disponible est de même chiffre, sur quoi 25,000 fr. ayant été attribués à X..., il reste pour N... 17,500 fr.

Nous ne saurions admettre ce mode de procéder; d'abord parce qu'il est préjudiciable au légataire de somme; ensuite parce qu'il ne permet plus ultérieurement une répartition facile de l'excédant de la créance pour le cas où le légataire débiteur deviendrait solvable.

Il nous semble qu'il est facile d'adopter une méthode donnant satisfaction à tous, tant pour le présent que dans l'avenir. Voici celle que nous proposons :

L'actif certain étant de 60,000 fr. est à diviser en trois parts de chacune 20,000 fr. ; deux parts, d'ensemble 40,000 fr., forment la moitié réservée à l'héritier, et la troisième la moitié des 40,000 fr. qui sont disponibles ; quant à l'autre moitié de cette dernière somme, étant de 20,000 fr., elle représente la fraction de la créance sur X..., que l'on considère comme recouvrable.

Par suite, l'opération sera ainsi établie :

Actif certain	60,000 fr.
Fraction de la créance sur X... considérée comme étant d'un recouvrement certain. . . .	20,000
Total	80,000
La réserve de l'enfant est de .	40,000
Le légataire de 40,000 fr. à droit à	20,000
Et X... débiteur de 40,000 fr. compense en sa personne 20,000 fr. sur sa dette	20,000
Somme égale	80,000

A ce moyen, 20,000 fr. restent dûs par X...

1506. — 2ᵉ Hypothèse. — Deux enfants. — Supposons, pour mieux démontrer notre système, que le *de cujus* a laissé deux enfants, ce qui réduit la quotité disponible à un tiers. Les chiffres sont les mêmes. L'actif certain étant de 60,000 fr. est divisé en cinq parts de chacune 12,000 fr. ; quatre parts, d'ensemble 48,000 fr., représentent les deux tiers des héritiers réservataires, et la cinquième la moitié du tiers qui est disponible. Quant à l'autre moitié de ce dernier tiers étant de 12,000 fr., elle représente la fraction de la créance sur X..., considérée comme recouvrable.

Par suite, l'opération doit être ainsi établie :

Actif certain	60,000 fr.
Fraction de la créance sur X... considérée comme étant d'un recouvrement certain. . . .	12,000
Total	72,000

Cette somme appartient :
Aux enfants pour deux tiers,

soit 48,000 fr., à prendre sur les 60,000 fr.	48,000 fr.
A N..., à raison de son legs réduit, pour un sixième, soit 12,000 fr., faisant le complément des 60,000 fr.	12,000
Et à X..., pour pareille somme, sur les 40,000 fr. par lui dus, à raison de laquelle il s'opère une confusion en ses mains . . .	12,000
Somme égale	72,000

28,000 fr. restent dus sur la créance contre X...

1507. — 3ᵉ Hypothèse. — Père et mère. — Complétons notre démonstration en exposant un dernier système dont la solution présente encore plus de difficultés. — La masse de succession consiste en biens certains de 76,000 fr., et en une créance sur X... insolvable de 24,000 fr. ; ensemble 100,000 fr. Le *de cujus*, laissant pour héritiers à réserve ses père et mère, a légué à X... la créance de 24,000 fr. existant contre lui ; plus à N... 25,000 fr. et à V... 31,000 fr. à prendre sur sa succession ; ensemble 80,000 fr. La quotité disponible étant de 50,000 fr., les legs sont réductibles de 30,000 fr. soit de trois huitièmes, de sorte qu'en ce qui concerne X... le legs se trouverait réduit à 15,000 fr. sur sa créance, si elle était recouvrable. Mais en raison de ce qu'il est insolvable, il y a lieu de rechercher par une règle de proportion pour quelle somme la créance contre lui figurera dans la masse, de manière qu'elle soit égale au chiffre de la réduction de son legs, et l'on obtient les résultats ci-après :

Actif certain	76,000	f. 00
Fraction de la créance sur X... à comprendre dans la masse comme devant lui être attribuée pour son legs . .	13,411	70
Ensemble	89,411	70
La moitié réservée est de 44,705 fr. 85 c. à prendre sur les 76,000 fr. d'actif certain .	44,705	85

Et les 44,705 fr. 85 c. de surplus sont répartis entre les légataires dans la proportion du chiffre de leurs legs, savoir :

X..., sur sa créance. . .	13,411 f. 70
N..., sur les 76,000 fr. d'actif certain.	13,970 55
V..., aussi sur les 76,000 fr.	17,323 60
Chiffre égal	44,705 85

Par suite 10,588 fr. 30 c. restent dus sur la créance contre X...

1508. — Règle commune aux trois hypothèses. — A l'égard des 20,000 fr. dans la première hypothèse, 28,000 francs dans la deuxième, et 10,588 fr. 30 c. dans la troisième, formant le solde de la créance sur X..., considérée comme irrécouvrable, s'ils venaient à être recouvrés en tout ou en partie par la suite, il y aurait lieu à un nouveau règlement entre les réservataires et les légataires, qui porterait sur la somme recouvrée.

1509. — Créance sans action civile. — On assimile aux créances mauvaises : 1° Celles destituées d'action civile, comme, par exemple, une dette de jeu ;

2° Celles dont il n'existe aucun moyen de prouver juridiquement l'existence contre le débiteur ;

3° Celles qui sont litigieuses ;

4° Celles dont l'existence est soumise à une condition. — Sauf, dans chacune de ces hypothèses, répartition ultérieure entre la réserve et la quotité disponible, en cas de recouvrement de la créance (Coin-Delisle, 922, 10; Demolombe, XIX, 284 à 290 ; Aubry et Rau, § 684-7).

1510. — Condition suspensive. — On fait entrer dans la masse le bien que le défunt n'a vendu que sous une condition suspensive non encore accomplie (Coin-Delisle, 922, 10; Demolombe, XIX, 291). — Mais non pas celui que le défunt n'aurait acquis que sous une condition suspensive non encore accomplie (Demolombe, XIX, 291).

1511. — Bail. — Usufruit. — Rente viagère. — On fait aussi entrer dans la masse : un droit au bail ; un droit d'usufruit ou une rente viagère constitués sur la tête d'un tiers et qui appartenaient au défunt. L'évaluation s'en fait par une expertise.

1512. — Servitudes. — Une servitude léguée sur un fonds de la succession doit être évaluée pour savoir si le testateur a excédé la quotité disponible (Pardessus, *Servit.*, II, 270).

1513. — Fruits civils. — En ce qui concerne les fruits civils, *supra* n° 794, on comprend dans la masse ceux courus jusqu'au jour du décès.

1513 bis. — Fruits naturels ou industriels. — Les fruits naturels ou industriels pendants par branches ou par racines à l'époque du décès ne sont pas portés dans la masse ; mais les fonds de terre doivent être évalués eu égard à l'existence des fruits ou récoltes qui y sont pendants par branches ou par racines (Troplong, 954; Demolombe, XIX, 269 ; Cass., 6 fév. 1867; S. 67, 1, 223).

1514. — Recélé. — Seul héritier. — L'objet que l'héritier réservataire a diverti ou recélé n'entre pas dans la masse à l'égard de l'héritier recéleur, mais ajoute aux droits des autres héritiers réservataires et de la quotité disponible. Par exemple, le défunt ayant un seul enfant héritier à réserve, a laissé un actif de 60,000 fr., l'enfant en a diverti ou recélé 10,000 ; comme il ne peut prétendre aucun droit dans cette somme, *supra* n° 414, la masse en ce qui le concerne est seulement de 50,000 fr., dont la moitié pour sa réserve est de 25,000 fr. ; et à l'autre moitié disponible on ajoute les 10,000 fr. recélés ; de sorte que la réserve est de 25,000 fr. et la quotité disponible de 35,000 (Demolombe, XIX, 298).

1515. — Recélé. — Plusieurs héritiers. — S'il y a plusieurs héritiers à réserve, et que le recel n'ait été commis que par l'un d'eux, le retranchement se fait sur la part de celui-ci, et accroit, soit en même temps à la quotité disponible et à la réserve, soit exclusivement à la réserve, suivant que cette réserve est ou non susceptible de varier. Ainsi, dans l'exemple posé au numéro précédent, en supposant l'existence de deux enfants, la réserve est de 40,000 fr. et la quotité disponible de 20,000 ; mais l'un des enfants ayant recélé 10,000 fr., cette somme est retranchée de sa part et appartient : à son cohéritier pour deux tiers ou 6,666 fr. 66 c., et à la quotité disponible pour un tiers ou 3,333 fr. 33 c. A ce moyen, l'enfant non recéleur aura 26,666 fr. 66 c., l'enfant recéleur 10,000 fr., et la quotité disponible sera de 23,333 fr. 33 c. — S'il y avait trois enfants ou plus, le retranchement appartiendrait exclusivement à la réserve, puisque, dans ce cas, la quotité disponible est invariablement du quart (Demolombe, XIX, 299).

1516. — Estimation. — Époque. — Les biens existants au décès figurent dans la masse en les estimant d'après leur état et leur valeur au temps du décès, puisque c'est à cette époque que les droits à la réserve et à la quotité disponible doivent être fixés. Les variations dans la valeur ou dans les cours qui surviendraient par la suite ne sauraient modifier cette évaluation (Marcadé, 922, 2 ; Troplong, 955 ; Demolombe, XIX, 353 ; Cass., 11 déc. 1854, 16 juill. 1879 ; S. 55, I, 364 ; 80, I, 304).

1517. — Estimation. — Immeubles. — L'estimation des immeubles a lieu d'accord entre les parties, ou si elles ne peuvent s'entendre ou que parmi elles il y a des mineurs ou autres incapables, par des experts.

1518. — Estimation. — Mobilier. — Les objets mobiliers sont estimés à leur valeur vénale. S'ils ont été prisés dans l'inventaire au-dessous de leur valeur, il y a lieu à une nouvelle estimation par experts, *supra* n° 804. Au cas où le mobilier est vendu, c'est le produit de la vente qui doit figurer dans la masse, et non pas le montant de l'estimation qui en a été faite (Coin-Delisle, 922, 9 ; Demolombe, XIX, 363).

1519. — Estimation. — Valeurs de bourse. — Les rentes sur l'Etat, actions, obligations, parts d'intérêts et autres valeurs de bourse sont portées au moyen d'une évaluation pour celles non cotées, et à l'égard de celles cotées par le cours de la bourse du jour du décès (Marcadé, 922, 4 ; Coin-Delisle, 922, 20 ; Massé et Vergé, § 456-3 ; Troplong, 955 ; Demolombe, XIX, 359 ; Aix, 30 avril 1833 ; S. 33, II, 542 ; Bordeaux, 12 mars 1834 ; S. 35, II, 109). — Il importe peu qu'un événement antérieur au décès, mais connu depuis, ait quelques jours après fait éprouver au cours une variation considérable (Demolombe, XIX, 359 ; voir cep. Coin-Delisle, 922, 20 ; Bayle-Mouillard, IV, 636 note *a*).

II. Biens donnés entre-vifs.

1520. — Principe. — Les biens dont le défunt a disposé par acte entre-vifs sont supposés momentanément n'être pas sortis du patrimoine du défunt, et sont considérés fictivement comme y existant encore à l'époque du décès, afin de servir au calcul de la réserve et de la quotité disponible.

1521. — Réunion fictive. — La réunion fictive des biens donnés doit être faite à la masse, qu'il existe ou non des biens à l'époque du décès du donateur, puisque, s'il n'y a pas de biens existants, la réserve s'exerce uniquement sur les biens donnés.

1522. — Division. — Nous avons à rechercher d'abord quelles donations doivent faire l'objet d'un rapport fictif à la masse ; puis pour quelle valeur les biens sont fictivement rapportés.

1^{ment}. Donations à comprendre dans le rapport fictif.

1523. — Biens donnés. — Tous les biens donnés doivent être réunis à la masse, à quelque époque que la donation ait été faite, que ce soit avant ou après la naissance des héritiers réservataires, et lors même que la donation aurait plus de trente années de date.

1524. — Retour légal. — Il importe peu que les biens donnés eussent fait retour à un ascendant donateur, dans le cas où l'enfant du *de cujus* n'en aurait pas disposé, *supra* n° 1245.

1525. — Donataires. — Avancement d'hoirie. — Il importe peu à qui la donation a été faite, que ce soit à un étranger ou à un successible, même par avancement d'hoirie ; car la réunion a pour objet de déterminer la quotité disponible qui ne saurait être prélevée que sur les biens existants au décès (Marcadé, 922, 4). — Il s'ensuit que l'héritier qui est en même temps légataire par préciput de la quotité disponible, et que tout autre légataire de la quotité disponible, peut obliger les donataires, même héritiers et même lorsque le don au successible a été fait par avancement d'hoirie, à faire le rapport fictif du montant de leur don pour calculer la quotité disponible (Marcadé, 922, 4 ; Duranton, VII, 292 ; Troplong, 990; Mourlon, II, p. 306 note; Coin-Delisle, *919*, 18; Laurent, XII, 76; Demante, III, 192 *bis*; Saintespès, II, 489; Demolombe, XVI, 290; XIX, 309; Agen, 12 juil. 1825; Cass., 3 juill. 1826, 13 mai 1828, 19 août 1829, 8 janv. 1834; S. 34, I, 12; Grenoble, 22 fév. 1827; Paris, 7 mars 1840; S. 40, II, 426; Colmar, 21 fév. 1855; S. 55, II, 625). — Il en est ainsi même quand la donation a été faite à titre de constitution de dot (Troplong, 958; Demolombe, XIX, 318; Cass., 10 mars 1856; S. 56, I, 673), et de dotalité (Cass., 12 nov. 1879; S. 80, I, 65).

1526. — Donataire insolvable. — On ne comprend pas dans la masse la somme à rapporter par un donataire insolvable, quand la réduction porte sur lui, puisque, dans ce cas, elle forme une créance irrécouvrable, *supra* n° 1304. Mais s'il n'est pas atteint par la réduction il y a lieu de porter dans la masse l'objet de la donation (Laurent, XII, 71; Duranton, VIII, 332; Troplong, 949; Bayle-Mouillard, IV, 602 note; Demolombe, XIX, 277, 603; Roll. de Vill., *Port. disp.*, 432; Cass., 24 déc. 1862; S. 63, II, 127).

1527. — Nature des biens. — La réunion atteint tous les biens provenant d'une donation, qu'ils soient meubles ou immeubles, corporels ou incorporels, qu'ils soient considérables ou minimes, pourvu que la libéralité ait le caractère de la donation (V. Rouen, 21 mars 1883; Toulouse, 3 juill. 1883; *Rép. N.*, 1868, 1993); mais non les simples présents d'usage; ni les frais de nourriture, d'entretien, d'éducation, d'apprentissage et cadeaux faits pour l'un des enfants ou pour un étranger, *supra* n° 1105, ou pour un enfant naturel (Marcadé, 760, 2; Demolombe, XIV, 92; Cass., 13 janv. 1862; S. 62, I, 225); — ni la libéralité ayant pour objet un usufruit ou une rente viagère ou une jouissance gratuite de biens, pour le temps antérieur au décès, *supra* n° 1115 (Demolombe, XIX, 325).

1528. — Libéralités. — Toute donation, qu'elle soit directe ou indirecte, ostensible ou déguisée, manuelle ou résultant d'une remise de dettes, donne lieu à la réunion fictive à la masse (Cass., 18 août 1862, 20 mars 1865, 19 déc. 1882; Paris, 6 déc. 1880; Angers, 24 juill. 1884; Amiens, 23 juin 1886; Defrénois, *Rép. N.*, 65, 1242, 2371, 3179). — Il en est de même de la donation rémunératoire, sous la déduction de la valeur des services rendus (Troplong, 896; Demolombe, XIX, 317; Aubry et Rau, § 683-7, — de la donation faite par contrat de mariage, encore bien qu'elle semble avoir un caractère onéreux, puisque, en fait, elle ne constitue qu'une libéralité (Troplong, 958; Demolombe, XIX, 318; Cass., 10 mars 1856; S. 56, I, 673); à moins qu'il ne s'agisse d'une fille dotée sous le régime dotal, auquel cas, si la dot se trouvait perdue, il n'y aurait lieu de comprendre que l'action contre le mari, conformément à l'art. 1573 (Vernet, p. 427; Troplong, 899; Demolombe, XIX, 318; v. Laurent, XII, 66).

1529. — Donataires inconnus. — Il a été décidé que ces mots *donation entre vifs* comprenant, dans leur généralité, les dons de toute nature faits pour priver l'héritier de sa réserve, il importe peu, pour la formation de la masse prescrite par l'art. 922, que les gratifiés soient ou ne soient pas connus; il suffit que la libéralité soit certaine pour qu'elle doive en être un des éléments fictifs (Caen, 25 mai 1875, 28 mai 1879; Cass., 27 nov. 1877, 11 janv. 1882; Defrénois, *Rép. N.*, 627).

1530. — Preuve. — La preuve d'une libéralité, spécialement de la remise de sommes d'argent faite par l'auteur commun à l'un de ses successibles, ou même à des inconnus, étant celle d'une fraude à la loi, peut être établie par tous les moyens de preuve, même par des interrogatoires sur faits et articles, des présomptions (Laurent, XII, 335; Cass., 30 nov. 1826, 13 août 1866; Caen, 25 mai 1879; Bordeaux 7 mars 1835; S. 35, II, 263; 66, I, 383; 80, II, 281).

1531. — Donation onéreuse. — Si une donation a été faite en imposant au donataire des charges, les biens ne doivent être réunis à la masse que déduction faite de ces charges, dans la mesure où elles ont été acquittées. On ne saurait considérer les charges acquittées par le donataire comme des créances sur la succession (Cass., 27 nov. 1877; S. 78, I, 103).

1532. — Revenus. — La libéralité faite sur les revenus du défunt, même au moyen d'une prestation annuelle, donne lieu à la réunion fictive à la masse, ainsi que cela est prescrit pour le rapport, *supra* n° 1120, toutes les fois que la prestation a eu pour résultat de grever la fortune du défunt (Caen, 28 mai 1879; Cass., 11 janv. 1882; Defrén., *Rép. N.*, 627).

1333. — Assurance sur la vie.
— L'assurance contractée par le défunt sur sa vie, au profit des ses héritiers ou d'un tiers, constitue une disposition à titre gratuit. En conséquence, il doit être fait le rapport fictif à la masse du capital assuré et non pas seulement des primes versées; et si cette libéralité dépasse la quotité disponible, elle est sujette à réduction (Besançon, 15 déc. 1869; Montpellier, 15 déc. 1873; Cass., 10 nov. 1874, 21 juin 1876, 9 mai 1881; Amiens, 21 fév. 1880; Paris, 26 nov. 1878, 5 mars 1886; *Rép. N.*, 442, 3250).

1334. — Œuvres de charité. —
Il n'y a pas lieu au rapport fictif de sommes que le testateur a données de son vivant, alors qu'il s'agit simplement d'œuvres de charité et qu'elles ont été prises sur les revenus (Cass., 29 juill. 1861; Caen, 28 mai 1879; S. 62, I, 716; 80, II, 281; Laurent, XII, 63).

1335. — Constitution viagère.
— On ne saurait considérer comme des libéralités assujetties à la réduction au profit de réservataires, de nombreux contrats d'assurances souscrites par un père de famille, portant constitution de rentes viagères à son profit, alors que ces contrats conformes aux statuts et aux tarifs des compagnies d'assurances présentaient pour elles des risques considérables et produisaient un accroissement de revenus énorme pour l'assuré, qu'il n'y a eu ni dol ni fraude, et que l'assuré n'a eu aucunement l'intention de faire des libéralités aux assureurs (Seine, 7 avril 1876; Droit 3 juin).

1336. — Partage d'ascendants.
— Les biens compris dans un partage d'ascendants fait par acte entre-vifs, doivent aussi être réunis fictivement à la masse de la succession, à l'effet de calculer le montant de la quotité disponible, non seulement lorsqu'il existe des donations antérieures au partage ou que le partage renferme lui-même des avantages par préciput. Mais encore en ce qui concerne les libéralités faites depuis le partage, afin de déterminer la portion jusqu'à concurrence de laquelle ces libéralités ont pu être faites, et à la condition qu'elles s'exercent uniquement sur les biens autres que ceux compris dans le partage d'ascendants. L'on ne saurait adopter l'opinion de ceux qui enseignent que les biens compris dans le partage d'ascendants doivent être considérés comme sortis définitivement et irrévocablement du patrimoine de l'ascendant, de la même manière que si les descendants copartagés les avaient recueillis dans sa succession; de sorte que la masse partageable au décès, sur laquelle la réserve et la quotité disponible doivent être calculés, consisterait exclusivement dans les biens non compris dans le partage, parce qu'il les a réservés ou en est devenu propriétaire depuis le partage (Dalloz, 1115; Massé et Vergé, § 455-3; Coin-Delisle, *Rev. crit.*, 1857, p. 16; Troplong, 964; Larombière, *1304*, p. 78; Douai, 21 mai 1825; Agen, 26 juill. 1832; S. 36, I, 590; Dijon, 11 mai 1844; S. 44, II, 699; Cass., 4 fév. 1845; S. 45, I, 305; Angers, 25 avril et 2 juill. 1846; S. 47, II, 112; 52, II, 537 note; Bordeaux, 12 avril 1851 et 23 déc. 1852; S. 51, II, 527; 53, II, 192; Rouen, 25 avril 1853 et 25 janv. 1855; S. 54, II, 253; 56, II, 97; Rennes, 18 août 1860; S. 61, II, 375)

Il est plus exact, au contraire, de décider que les biens donnés par le partage d'ascendants entre-vifs doivent, comme ceux provenant de toute autre libéralité, être réunis fictivement à la masse. Cette règle générale est consacrée par l'art. 1076, qui soumet les partages d'ascendants faits par actes entre-vifs aux formalités, conditions et règles des donations entre-vifs; d'ailleurs, la réunion fictive exigée seulement pour la détermination de la quotité disponible, laisse subsister le partage et ne porte aucune atteinte à son irrévocabilité (Vazeille, *1077*, 3; Genty, *Part. d'asc.*, 241; Beautemps-Beaupré, *Port. disp.*, 679; Bayle-Mouillard, III, p. 214; Demante et Colmet, V, 245 *bis*; Bellaigne, *Rev. prat.*, 1860, IX, p. 296; Demolombe, XIX, 321; Roll. de Vill., *Port. disp.*, 36; Agen, 11 avril 1842; S. 42, II, 353; Caen, 23 mars 1847, 10 mai 1852; S. 48, II, 401; 53, II, 74; Angers, 2 juill. 1846, 22 juill. 1850; S. 52, II, 537; Lyon, 23 juin 1849; S. 49, II, 494; Douai, 21 mai 1851, 12 fév. 1857, 26 janv. 1861; S. 51, II, 596; 57, II, 498; 61, II, 372; Colmar, 24 déc. 1852, 21 fév. 1855,

24 mars 1857, 28 mai 1861; S. 55, II, 625; 57, II, 498; 63, II, 389; Paris, 12 janv. 1854; S. 54, II, 59; Bourges, 21 fév. 1854; S. 54, II, 253; Bordeaux, 6 avril 1854, 9 juin 1863; S. 54, II, 762; 63, II, 119; Grenoble, 4 juill. 1854; S. 54, II, 762; Besançon, 7 août 1854; S. 55, II, 599; Amiens, 12 juill. 1855; S. 56, II, 97; Rennes, 20 déc. 1860; S. 61, II, 374; Riom, 3 mai 1862; S. 62, II, 389; Dijon, 20 nov. 1865; S. 66, II, 222; Cass., 13 déc. 1843, 13 fév. 1860, 24 avril 1861, 17 août 1863, 14 mars 1866, 30 mars 1874; S. 44, I, 225; 60, I, 552; 61, I, 589; 63, I, 529; 66, I, 353; 76, I, 250; Paris, 15 mars 1873; S. 73, II, 136; t. Loudun, 26 août 1882; Defrénois, *Rép. N.*, 1151). — Il en est ainsi, alors même que des charges ont été imposées aux enfants donataires (Cass., 24 avril 1861, 14 mars 1866; S. 61, I, 589; 66, I, 353).

1557. — Convention contraire. — Mais si l'ascendant en disposant ultérieurement a entendu que les biens compris dans le partage ne soient pas rapportés fictivement, il n'y a pas lieu à la réunion fictive de ces biens (Laurent, XII, 74; Cass., 11 août 1868; J. N. 19407. V. cep. Bordeaux, 9 juin 1863; S. 63, II, 219). — Il en serait ainsi du legs d'une quotité des biens qui se trouveront dans sa succession au jour de son décès (Demolombe, XIX, 323; Cass., 19 juill. 1836, 19 avril 1857, 8 mars 1875; S. 36, I, 590; 57, I, 814; 75, I, 301; Grenoble, 13 juin 1876; *R. N.*, 5417).

1558. — Association. — Les avantages résultant d'une association faite entre le défunt et l'un de ses héritiers étant rapportables quand les conditions n'en ont pas été réglées par acte authentique, *supra* n° 1093, doivent, à plus forte raison, être réunis fictivement à la masse pour le calcul de la quotité disponible (Demolombe, XIX, 326).

1559. — Biens aliénés. — Les biens aliénés à titre onéreux ne sont pas assujettis aux règles de la réunion à la masse, alors même qu'il s'agirait, en faveur d'un autre que d'un successible, *supra* n° 1099, d'une vente à vil prix, ou de l'extinction d'un droit par la prescription (Demolombe, XIX, 329).

1540. — Dot de religieuse. — La dot constituée à une fille pour son entrée en religion doit être réunie fictivement à la masse, puisqu'elle forme une libéralité ayant pour cause une espèce d'établissement. Il n'en serait autrement qu'autant que la dot serait de peu d'importance eu égard à la position de fortune des père et mère (Troplong, 900; Demolombe, XIX, 335).

1541. — Perte des biens. — Quand les biens donnés, qu'ils soient meubles ou immeubles, ont péri par cas fortuit et sans aucune faute imputable aux donataires ou aux tiers détenteurs, ils n'entrent pas dans la composition de la masse, car ils n'existeraient pas davantage si la donation n'avait pas eu lieu (Demolombe, XIX, 338; Aubry et Rau, § 684-24). — Il importe peu que le donataire ait touché le prix du bien qui a ensuite péri aux mains du tiers acquéreur; à moins que l'aliénation n'en ait été forcée; par exemple, par suite d'expropriation pour cause d'utilité publique, ou par suite de l'exercice d'un droit de réméré (Marcadé, 922, 4; Coin-Delisle, 922, 30; Saintespès, II, 493; Demolombe, XIX, 540).

1542. — Biens revenus au donateur. — Lorsque le bien donné est rentré dans les mains du donateur et se retrouve à son décès dans sa succession, pour savoir si ce bien peut être considéré à la fois comme existant et comme provenant de donation, de manière à figurer deux fois dans la masse, ou s'il ne doit y figurer qu'une seule fois comme bien existant, il faut distinguer : — Si le bien est rentré dans les mains du donateur à titre onéreux, par exemple, par suite de la vente que le donataire lui en a faite, ce dernier s'il n'a plus le bien en a au moins l'équivalent, et il y a lieu de comprendre le bien à la masse, et comme bien existant et comme bien donné. — Mais il en est autrement, et le bien ne doit figurer à la masse qu'une seule fois comme bien existant, quand le donateur est rentré en possession par l'effet d'une résolution résultant de l'exercice du retour conventionnel ou légal, ou de la révocation de la donation, puisque alors la donation se trouve résolue; ou encore si le donateur en est redevenu propriétaire comme héritier, donataire, légataire ou successeur à tout autre titre de son donataire; dans ce cas la donation doit aussi être considérée comme n'ayant pas été faite (Demolombe,

XIX, 344 à 346 ; Aubry et Rau, § 684-27, 28; Voir cep. Duranton, VIII, 334 *bis*).

2ment. Estimation des biens.

1343. — Époque. — Les biens réunis fictivement à la masse sont estimés suivant leur état au jour de la donation et leur valeur à l'époque du décès, et non pas suivant l'estimation portée dans la donation. En voici la raison : le bien est considéré fictivement comme s'il était encore en la possession du donateur ; et comme c'est au décès que la dévolution se fait, c'est à ce moment que les droits de la réserve et de la quotité disponible doivent être irrévocablement fixés (Cass., 11 déc. 1854; S. 55, I, 364). — Cette règle reçoit son application même lorsque le donataire a été dispensé du rapport en nature, et seulement assujetti au rapport de l'estimation faite par le donateur lui-même (Cass., 14 janv. 1856; S. 56, I, 289).

1344. — Aliénation. — Il en est de même dans le cas où l'immeuble a été vendu ; toutefois si le donataire a été dépossédé par suite d'une expropriation pour cause d'utilité publique ou d'une licitation, c'est la somme touchée pour le prix de la dépossession qui doit être rapportée fictivement à la masse, et non pas la valeur de l'immeuble au jour du décès ; puisque le donateur aurait été tenu de la même manière à subir la dépossession, *supra* n° 1174.

1345. — Experts. — Les experts chargés d'estimer les biens dépendant d'une succession, à l'effet de fixer la quotité disponible, ont mission pour y comprendre les immeubles donnés par préciput à un successible, en raison de ce qu'ils doivent être réunis fictivement à la masse (Cass., 4 déc. 1876 ; S. 77, I, 75).

1346. — Licitation postérieure. — Si l'immeuble donné à un non successible est licité en raison de ce qu'il excède de plus de la moitié de sa valeur la portion disponible, *infra* n° 1461, il y a lieu pour fixer définitivement l'étendue de la quotité disponible, de prendre pour base, non pas l'estimation par experts de l'immeuble, mais le prix de l'adjudication (Colmar, 21 juill. 1869; J. N. art. 19808).

1347. — Changement. — Faits du donataire. — Les immeubles doivent être estimés suivant leur état au temps de la donation, sans tenir compte des changements provenus du fait du donataire, en ce sens que si l'immeuble a augmenté de valeur par suite de travaux ou impenses faits par le donataire, la plus value qu'ils ont procurée à l'immeuble se déduit de l'estimation (Cass., 12 août 1840; S. 40, I, 678) ; — tandis que s'il a diminué de valeur par suite de dégradations commises par le donataire, ce dernier doit indemnité pour la moins value qu'elles ont occasionnée. Les mêmes principes sont applicables au cas où les améliorations ou détériorations proviennent du fait d'un tiers acquéreur (Aubry et Rau, § 685 *ter*-12 ; Demolombe, XIX, 368). — Si le donataire auteur des dégradations est insolvable, on ne comprend pas dans la masse la somme à recouvrer contre lui, *infra* n° 1491 (Duranton, VIII, 339; Bayle-Mouillard, IV, 636, note *a*; Demolombe, XIX, 373).

1348. — Changements. — Cas fortuits. — Si les changements, qu'ils aient augmenté ou diminué la valeur du bien, sont indépendants du fait du donataire, l'estimation doit être faite suivant l'état de l'immeuble au jour du décès, puisqu'ils se seraient également produits s'il était resté aux mains du donateur ; par exemple, la hausse ou la baisse du prix de l'immeuble ayant pour cause le percement d'une nouvelle voie de communication, ou la suppression d'une ancienne voie de communication, ou encore, si l'immeuble donné s'est accru soit par l'effet d'une alluvion ou d'un atterrissement, soit par l'effet d'un progrès et d'un développement naturel, comme si le temps a fait croître le plant d'une vigne, d'un verger, d'un bois. — Ou, au contraire, si l'immeuble s'est déprécié soit par un ensablement causé par une inondation, soit par le seul progrès du temps et par vétusté, comme le plant d'une vigne qui en vieillissant a cessé d'être productif (Marcadé, 922, 4; Demolombe, XIX, 369).

1349. — Changements postérieurs au décès. — L'augmentation ou la dépréciation postérieure au décès est au profit ou à la perte de ceux qui ont des droits dans le bien ; par exemple, un immeuble d'une valeur de 20,000 fr. est, d'après le calcul établi à l'époque du décès, réductible pour moitié, c'est toujours moitié de l'immeuble qui appartiendra à chacun de l'héritier et du donataire, alors même que l'immeuble serait lors du partage d'une valeur de 30,000 fr., ou ne vaudrait plus que 15,000 fr.; à moins que le changement de valeur ne provienne du fait du donataire, auquel cas il y aurait lieu à un règlement d'indemnité (Marcadé, 922, 4; Duranton, VIII, 341; Coin-Delisle, 922, 25; Bayle-Mouillard, IV, 636; Troplong, 972; Demolombe, XIX, 366; Cass., 11 déc. 1854; S. 55, I, 364).

1550. — Frais d'entretien. — Grosses réparations. — On ne tient pas compte au donataire des frais d'entretien qui sont une charge des fruits; mais il lui est dû compte des grosses réparations que le défunt aurait été obligé de faire si l'immeuble était resté dans ses mains (Demolombe, XIX, 370).

1551. — Meubles. — La règle de l'article 922 est générale et s'applique aux meubles. En conséquence, ils doivent aussi bien que les immeubles, contrairement à ce qui se pratique en matière de rapport, *supra* n° 1189, être estimés d'après leur état à l'époque des donations et leur valeur à l'époque du décès, de même que s'ils fussent restés aux mains du donateur (Marcadé, 922, 4; Toullier, V, 139; Bayle-Mouillard, IV, 967 note *a*; Coin-Delisle, 924, 3; Troplong, 974; Aubry et Rau, § 684 *bis*-5; Massé et Vergé, § 456-3; Saintespès, II, 492; Vernet, p. 452; Demolombe, XIX, 380; Cass., 14 déc. 1830; Aix, 30 avril 1833; Bordeaux, 12 mars 1834; S. 33, 11, 542; 35, II, 109. Contra Levasseur, p. 79; Duranton, VIII, 342).

1552. — Successible. — Il en est ainsi, alors même que la libéralité a eu lieu en faveur d'un successible, si elle a été faite par préciput, ou si lui ayant été faite par avancement il a renoncé à la succession pour s'en tenir à son don, parce que, dans ce cas, il est considéré comme un donataire étranger (Toullier, V, 140; Troplong, 974; Demolombe, XIX, 383, 384).

1553. — Meubles corporels. — Les meubles corporels doivent donc être estimés : 1° d'après leur état au temps de la donation, c'est-à-dire qu'on diminuera la plus value résultant des améliorations, ou qu'on l'augmentera du montant des détériorations, autres que celles provenues du légitime usage que le donataire pouvait en faire; 2° et d'après leur valeur au temps du décès, eu égard aux variations de valeur qui ont pu se produire depuis la donation, comme celles résultant des caprices de la mode, du changement des usages et des habitudes (Demolombe, XIX, 387, 388).

1554. — Ibid. — Cas fortuits. — L'on devra, pour l'estimation, avoir égard aux diminutions de valeur ou à la perte totale des meubles par cas fortuits, lors même que ces diminutions de valeur ou perte ne seraient pas arrivées si la donation n'avait pas été faite, puisque, suivant l'art. 1302, le débiteur d'un corps certain est libéré par la perte fortuite, quand même cette perte n'aurait pas dû arriver chez le créancier (Marcadé, 922, 4; Demolombe, XIX, 389).

1555. — Choses fongibles. — Les meubles qui, à raison de leur nature de choses fongibles, sont destinés à être consommés ou vendu par le donataire, auraient dû être de même consommés ou vendus par le donateur, et, en raison de cela, doivent être réunis fictivement à la masse pour leur valeur au temps de la donation (Marcadé, 922, 4; Coin-Delisle, 922, 31; Bayle-Mouillard, IV, 967 note *a*; Saintespès, II, 492; Vernet, p. 453; Demolombe, XIX, 381. Contra Duranton, VIII, 342, note 1).

1556. — Créances. — Les créances sont portées pour leur montant nominal; mais si elles se sont trouvées perdues en partie, par exemple si, étant hypothécaires, elles n'ont donné lieu à une collocation à l'ordre que pour partie, c'est cette partie seule qui doit être comprise, et le surplus est considéré comme une créance irrécouvrable. Il en serait autrement si la créance se trouvait perdue par la faute du donataire, parce qu'il aurait négligé de renouveler l'inscription, de produire à l'ordre, etc.

1557. — Actions et obligations. — Les actions et obligations dans les compagnies de finances ou d'industrie sont portées : pour celles cotées, au cours de la bourse du jour du décès, en faisant la déduction du *prorata* de dividende ou intérêt couru au jour du décès; et pour celles non cotées pour le montant de leur valeur au jour du décès, d'après une estimation faite par les parties, ou, à défaut de s'entendre, par des experts.

1558. — Actions dédoublées. — Quand des actions ont été dédoublées, parce qu'on en a donné deux pour une, ou parce que les actionnaires ont été admis à souscrire par préférence de nouvelles actions émises, le donataire a exercé un droit attaché aux actions provenant de la libéralité ainsi que le donateur l'aurait fait lui-même par suite de quoi leur valeur a pu subir une dépréciation, et les actions nouvelles sont, comme les anciennes, assujetties à la réunion à la masse, au cours du jour du décès, mais en déduisant les sommes déboursées par le donataire à l'occasion du dédoublement.

1559. — Rentes sur l'Etat. — Les rentes sur l'Etat sont comprises dans la masse au cours de la bourse du jour du décès, sous la déduction du prorata d'arrérages couru jusque là (Amiens, 10 mars 1885; *Rép. N.*, 2905).

1560. — Conversion. — Si la donation a compris des rentes cinq pour cent, qui, depuis ont été converties en rentes quatre et demi, ce sont ces dernières rentes qui doivent figurer à la masse. Si le donataire a converti les rentes quatre et demi en rentes trois pour cent, ce sont ces dernières qui doivent également être comprises dans la masse, mais déduction faite des soultes versées pour la conversion.

1561. — Offices ministériels. — Les offices ministériels qui ont fait l'objet d'une donation sont réunis à la masse selon leur valeur à l'époque du décès du donateur en estimant la clientèle suivant son état au jour de la donation, au moyen des états de produits fournis à la chancellerie pour obtenir la nomination du donataire (Coin-Delisle, *922*, 34; Bayle-Mouillard, IV, 637, note *a*; Demolombe, XIX, 392).

1562. — Réserve d'usufruit. — Quand le donateur s'est réservé l'usufruit des biens donnés, qu'il s'agisse de meubles ou d'immeubles, comme il en a gardé la possession jusqu'à son décès, c'est suivant leur état et leur valeur à cette dernière époque qu'ils doivent figurer à la masse (Coin-Delisle, *922*, 36; Bayle-Mouillard, IV, 637 note *a*; Saintespès, II, 495; Demolombe, XIX, 382, 393).

1563. — Usufruit. — Rente viagère. — Lorsque l'objet donné est un usufruit ou une rente viagère constitués sur la tête du donataire, la réunion fictive en est faite à la masse suivant leur valeur, *infra* n° 1575, au jour du décès (Caen, 26 mars 1843; S. 43, II, 455).

III. Déduction des dettes.

1564. — Mode. — Sur les biens compris en la masse il est fait la déduction des dettes (*C. civ.*, 922). Mais la réduction ne pouvant être demandée par les créanciers, c'est seulement sur les biens existants au décès que cette déduction doit être faite. Cependant le calcul de la déduction sur la masse générale ne présente aucun inconvénient toutes les fois que le passif est inférieur à l'actif existant dans la succession (Marcadé, *922*, 1; Toullier, V, 144; Coin-Delisle, *922*, 37; Duranton, VIII, 343; Troplong, 946; Vernet, p. 419; Demolombe, XIX, 397; Massé et Vergé, § 455-2; Aubry et Rau, § 684-3; Metz, 13 juill. 1833; Cass., 14 janvier 1856; S. 35, II, 317; 56, I, 289).

1565. — Dettes. — L'expression : *Dettes*, comprend toutes les obligations auxquelles le défunt était tenu, et dont l'exécution doit avoir pour résultat d'amoindrir l'actif. Il importe peu que l'héritier réservataire en soit chargé, en raison de ce qu'il aurait accepté la succession purement et simplement (Marcadé, *922*, 3; Coin-Delisle, *922*, 39; Bayle-Mouillard, IV, 612, note *a*; Vernet, p. 425; Demolombe, XIX, 401).

1566. — Ibid. — Titre universel. — La déduction des dettes n'est exigée que lorsqu'il s'agit de dons ou legs particuliers. S'il s'agit de legs d'une quote-part, la masse doit être composée sans déduction préalable des dettes (Angers, 6 août 1880; Toulouse, 11 nov. 1885; Defrénois, *Rép. N.*, 626, 3200).

1567. — Dettes envers l'héritier. — Les créances que l'héritier à réserve peut avoir sur la succession entrent dans le passif, même dans le cas où il accepte la succession purement et simplement (Marcadé, *922*, 3; Aubry et Rau, § 686-6).

1568. — Dettes supérieures à

l'actif. — Si le passif dépasse le montant des biens existants au décès, la masse héréditaire se compose uniquement du montant des donations, et c'est sur ce montant que se calculent la réserve et la quotité disponible (Marcadé, 922, 1; Toullier, V, 144; Troplong, 946; Cass., 14 janv. 1856; S. 56, I, 289.

1569. — Dettes incertaines. — Les dettes dont l'existence est incertaine ou contestée, par exemple s'il s'agit de responsabilités pouvant incomber au *de cujus* pour des constructions qu'il a élevées en qualité d'entrepreneur ou d'architecte, les donataires et légataires doivent fournir des sûretés à l'héritier réservataire pour le cas où la dette viendrait à se révéler (Duranton, VIII, 343; Vazeille, 922, 25; Demolombe, XIX, 402; Voir cep. Coin-Delisle, 922, 40; Bayle-Mouillard, IV, 612 note *a*).

1570. — Dettes conditionnelles. — Il en sera de même s'il s'agit d'une dette conditionnelle (Marcadé, 922, 3; Troplong, 843; Demolombe, XIX, 404); — ou d'une dette solidaire dont le défunt était tenu pour le tout envers le créancier, à l'égard des portions à la charge de ses codébiteurs (Vazeille, 922, 25; Saintespès, II, 574; Demolombe, XIX, 405; Voir cep. Bayle-Mouillard, IV, 612, note *a*); — ou d'une dette à laquelle le défunt était seulement obligé comme caution (Demolombe, XIX, 406). — On pourrait aussi, par un accord entre toutes les parties, se libérer de ces obligations en versant de suite aux créanciers une somme dont on conviendrait; ou, à défaut d'accord avec les créanciers, estimer ces dettes éventuellement et à forfait à une somme fixe et en faire immédiatement la déduction (Marcadé, 922, 3).

1571. — Rentes viagères. — Les rentes viagères passives, à moins que les parties ne soient d'accord pour en fixer la valeur en un capital, moyennant l'abandon duquel l'héritier réservataire ou un autre intéressé sera chargé de son acquit à ses risques et périls, donnent lieu au prélèvement sur la succession du capital nécessaire pour acquérir des rentes sur l'Etat ou autres valeurs à revenus fixes, dont le produit annuel est égal au chiffre de la rente, et la réserve se règle provisoirement sur les autres biens, sauf à faire une répartition nouvelle au fur et à mesure de l'extinction des rentes viagères. Toutefois les donataires seraient admis à donner caution pour raison de leur portion contributoire dans les rentes, afin d'éviter l'emploi dont il vient d'être parlé (Vazeille, 922, 26; Taulier, IV, p. 507; Saintespès, II, 475; Demolombe, XIX, 407).

1572. — Dette à la charge du retour légal. — On ne comprend pas dans le passif à déduire, la part des dettes à la charge des biens qui reviennent au donateur à titre de retour légal, *supra* n° 178, puisque ces dettes ne doivent pas être supportées par la succession ordinaire (Marcadé, 922, 3).

1573. — Dette inconnue. — Quand une dette inconnue lors du règlement vient à se révéler ensuite, il y a lieu à une opération rectificative.

1574. — Impôts. — On comprend dans le passif pour être déduits de la masse, en ce qui concerne les contributions, le prorata couru jusqu'au jour du décès pour celles foncières, et l'année entière pour celles personnelles comme étant dues en totalité par le défunt lui-même dès le premier jour de l'année.

1575. — Loyers. — On y comprend aussi les loyers courus et à courir jusqu'à la fin de la jouissance, pour le bail de l'appartement que le défunt occupait, quand l'héritier ne continue pas d'en jouir personnellement; sauf à déduire les sommes que l'on retirerait d'une sous-location.

1576. — Gages. — Il en est de même des gages des serviteurs ou domestiques attachés à la personne du défunt, courus et à courir pendant le temps de leur engagement; à moins que l'héritier ne les conserve à son service, auquel cas il en serait personnellement tenu depuis le décès.

1577. — Frais de procès. — Ainsi que des frais des procès soutenus par l'héritier dans l'intérêt de la succession (Proudhon, *usuf.*, IV, 1732, 1804; Bayle-Mouillard, IV, 612, note *a*; Demolombe, XIX, 412).

1578. — Dette remise. — La dette dont remise serait faite à l'héritier personnellement doit néanmoins être portée dans la masse passive, puisque, dans ce cas, elle produit l'effet d'une libéralité; l'héritier a donc le droit de la réclamer. Mais si la remise est faite à la masse, par exemple, au moyen d'une transaction sur procès, elle profite à la masse et ne doit pas être comprise (Saintespès, II, 476; Demolombe, XIX, 413).

1579. — Frais funéraires. — On y fait figurer aussi les frais des funérailles, en y comprenant le deuil de la veuve, l'achat d'un terrain, l'érection d'un tombeau, etc., pourvu que la dépense à ce sujet soit en rapport avec la position et la situation de fortune du défunt (Marcadé, 922, 3; Toullier, V, 144; Saintespès, II, 471; Proudhon, I, 212; Demolombe, XIX, 416). — Si ces frais étaient en tout ou en partie à la charge de la jouissance légale du père ou de la mère, on en ferait la déduction, *supra* n° 841.

1580. — Bonnes œuvres, etc. — Sont à comprendre aussi les sommes minimes dont le défunt aurait prescrit l'emploi en aumônes, bonnes œuvres, messes à célébrer, etc. (Demolombe, XIX, 417; Cass., 28 nov. 1828, 16 juillet 1834; S, 34, I, 700).

1581. — Frais divers. — Entrent dans le passif à déduire, les frais de scellés, d'inventaire, de liquidation et partage, d'acte de réduction, etc., comme étant faits dans l'intérêt de tous ceux qui sont intéressés à l'opération, même des donataires entre-vifs (Duranton, VIII, 344; Marcadé, 922, 3; Coin-Delisle, 922, 38; Bayle-Mouillard, IV, 612, note *a*; Saintespès, II, 471; Vernet, p. 425; Demolombe, XIX, 418; Paris, 1er août 1811; Nimes, 25 juillet 1865; Grenoble, 11 mars 1869; S. 69, II, 291).

§ 5. — *Des libéralités sujettes à réduction.*

1582. — Biens en nature. — La réserve, en raison de ce qu'elle fait partie de la succession *ab intestat* doit être laissée en nature, en biens héréditaires. Il n'est donc pas permis, en instituant un légataire universel, de le charger d'acquitter la réserve légale avec un capital ou même des immeubles pris dans son propre patrimoine (Demolombe, XIX, 426). — Toutefois le réservataire ne serait pas fondé à demander que sa réserve fût prise proportionnellement sur les biens meubles et sur les biens immeubles de la succession; il suffit que le *de cujus* l'ait laissée dans sa succession, soit en biens meubles, soit en biens immeubles (Demolombe, XIX, 427; Aubry et Rau, § 683-2; Caen, 22 déc. 1857; S. 58, II, 417).

1583. — Choix des biens. — En conséquence, le testateur, qui aurait pu léguer des biens déterminés jusqu'à concurrence de la quotité disponible, peut aussi, en instituant un légataire de la quotité disponible, lui conférer le droit de choisir, parmi les immeubles ou les autres biens de la succession, ceux au moyen desquels il sera rempli de son legs (Aubry et Rau, § 683-3; Nimes, 13 déc. 1837; Bastia, 4 janv. 1858, 4 mars 1874; S. 38, II, 516; 58, II, 88; 74, II, 101; R. G. Defrénois, III, 2800; Voir aussi Montpellier, 27 déc. 1866; S. 67, II, 293. CONTRA Rouen, 25 fév. 1828; Chambéry, 17 janv. 1865; S. 65, II, 249).

1584. — Usufruit. — Nue propriété. — La réserve doit être laissée en pleine propriété et non pas en un droit d'usufruit, ni en un droit de nue propriété, lors même que la valeur en capital de l'usufruit ou de la nue propriété serait plus que suffisante (Demolombe, XIX, 429). — Il s'ensuit que si le père de famille a légué la nue propriété de tous ses biens à un étranger et n'a laissé que l'usufruit à son héritier réservataire, celui-ci a le droit de retenir la réserve en toute propriété, plus l'usufruit de la quotité disponible léguée en nue propriété, de sorte que la libéralité en faveur de celui-ci est réduite à la nue propriété de la quotité disponible. A ce cas ne s'applique pas l'art. 917 qui va être expliqué (Aubry et Rau, § 684 *bis*-8; Roll. de Vill., *Réserve légale*, 21; Cass., 7 juill. 1857; S. 57, I, 737; Caen, 17 mars 1858; S. 58, II, 273; Dijon, 10 déc. 1873; Paris, 17 mars 1877; S. 77, II, 167; Cass., 6 mai 1878; Caen, 13 déc. 1872; t. Annecy, 15 mai 1884; Defrénois, *Rép. N.*, 2498; Laurent, XII, 157. CONTRA Demolombe, XX, 471; Angers, 15 fév. 1867; S. 67, II, 265).

1585. — Intention contraire. — Toutefois l'usufruit de la quotité disponible, même dans le dernier cas, appartiendrait au légataire de cette quotité, si le testateur avait exprimé l'intention de réduire l'héritier à sa réserve et d'attribuer au légataire de la nue propriété tout ce dont il pouvait disposer (Angers, 15 fév. 1867; R. G. Defrénois, I, 446); — ou si le testateur avait imposé à son héritier l'option entre l'usufruit de tous ses biens ou la pleine propriété de sa réserve légale (Demolombe, XIX, 430). Mais si cette option était stipulée à titre de clause pénale elle serait considérée comme non écrite. Il en est ainsi dans le cas où après avoir légué à ses petits enfants la nue propriété et à son enfant l'usufruit, le testateur ajoute que si, contre ses intentions, l'enfant venait à prétendre à sa réserve, il lègue alors à ses petits-enfants la plus forte quotité disponible (Paris, 17 mars 1877; S. 77, II, 167; Cass., 6 mai 1878; S. 78; I, 319).

1586. — Droit viager. — Option. — Si la disposition par acte entre-vifs ou par testament est d'un usufruit ou d'une rente viagère, dont la valeur excède la quotité disponible, les héritiers réservataires ont l'option ou d'exécuter cette disposition ou de faire l'abandon de la propriété de la quotité disponible (C. civ., 917). — Ainsi, le *de cujus*, ayant un seul enfant, et laissant un actif de 200,000 fr. dont le revenu annuel est de 8,000 fr., a donné ou légué un usufruit sur des biens d'un revenu de 6,000 fr. ou une rente viagère de 6,000 fr., l'héritier a l'option ou d'exécuter entièrement la disposition ou de faire l'abandon de la quotité disponible. En effet, la disposition peut avoir été faite dans l'intérêt de l'héritier, auquel la propriété de tous les biens est laissée en lui imposant seulement une privation temporaire de jouissance portant sur la réserve.

1587. — Usage. — Habitation. — Le mot usufruit comprend les droits d'usage et d'habitation qui en sont des diminutifs.

1587 bis. — Bail. — Mais le droit d'option prévu par l'art. 917 n'est pas applicable à la donation déguisée résultant d'un bail; sa réduction s'opère suivant les règles du droit commun (Cass., 19 déc. 1882; Defrénois, *Rép. N.*, 1722).

1588. — Evaluation du droit viager. — Pour que l'héritier réservataire puisse abandonner la propriété de la quotité disponible au lieu de la disposition en viager, il n'est pas nécessaire d'évaluer la valeur vénale du droit viager d'après ses chances probables de durée, dont l'effet serait, la plupart du temps, de ne laisser qu'une nue propriété; de même qu'il n'a pas une faculté d'option suivant sa volonté, ce qui mettrait le donataire ou légataire viager à sa discrétion. Il faut, pour que l'abandon puisse être fait, qu'il établisse que le chiffre de la rente viagère ou celui du revenu de l'usufruit, dépasse le montant du revenu de la quotité disponible, de manière qu'il entame les revenus de la quote part affectée à la réserve. Il en est ainsi, dans l'espèce posée *supra* n° 1386, où le droit viager dont il a été disposé est annuellement de 6,000 fr., et, par conséquent, dépasse de 2,000 fr. les revenus de la quotité disponible (Marcadé, *917*, 1; Coin-Delisle, *917*, 4 à 7; Demante, IV, 55 *bis*, 2°; Massé et Vergé, 436-5; Bayle-Mouillard, IV, 638 note *a*; Saintespès, III, 370; Vernet, p. 454 à 456; Demolombe, XIX, 442; CONTRA Toullier, V, 142; Levasseur, 85 à 88; Grenier, IV, 638; Proudhon, *Usuf.*, 338; Duranton, VIII, 345; Taulier, IV, p. 44; Troplong, 833 à 838; Aubry et Rau, § 684 *bis*-7).

1589. — Evaluation. — Héritier. — Le droit viager ne doit donc jamais être évalué en capital en ce qui concerne l'héritier à réserve à l'égard des donataires ou des légataires, le seul mode de réduction étant celui réglé par l'art. 917.

1590. — Evaluation. — Donataire; légataire. — Mais après l'abandon par l'héritier réservataire, il peut y avoir lieu à réduction entre les donataires ou légataires de droits viagers, soit entre eux, soit avec les donataires ou légataires en pleine propriété (Marcadé, *917*, 3; Proudhon, *Usufr.*, 364; Roll. de Vill., *Port. disp.*, 296; Cass., 21 juill. 1813; Riom, 25 août 1842; Grenoble, 8 mars 1851; Douai, 14 juin 1852; S. 51, II, 516; 53, II, 97).

1591. — Diverses hypothèses. — Nous allons faire l'application de ce principe, suivant les diverses hypothèses qui sont susceptibles de se produire :

1592. — 1re hypothèse. — Option en faveur du rentier viager. — Un père décède laissant un seul enfant, sa succession est en biens existants au décès de 70,000 fr.; il a donné des biens d'une valeur de 30,000 fr.; ce qui forme une masse de 100,000 fr., dont la quotité disponible est de

50,000 fr. ; le *de cujus* a en outre légué un droit viager de 3,000 fr. de revenus, ce qui dépasse avec les dons en pleine propriété les revenus afférents à la quotité disponible. L'héritier réservataire, au lieu du service de cette rente, a la faculté d'abandonner au rentier viager la pleine propriété de ce qui reste disponible, soit 20,000 fr.

1393. — 2ᵉ **Hypothèse.** — **Concours de dispositions en viager.** — Masse de 100,000 fr.; un seul enfant héritier à réserve, la quotité disponible est de 50,000 fr. et le revenu de 2,500 fr. Le *de cujus* a disposé, en faveur d'un premier donataire, de l'usufruit de biens produisant un revenu de 2,000 fr.; puis en faveur d'un deuxième, d'une rente viagère de 1,500 fr.; l'héritier fait l'abandon de la pleine propriété de la quotité disponible, à qui appartient-elle ? Suivant ce qu'enseigne M. Demolombe, t. XIX, n° 445, le premier donataire conservera son usufruit et le second donataire aura les 500 fr. de revenu restant, plus les 50,000 fr. de nue propriété; de telle sorte que si le premier donataire a atteint un âge avancé, le second donataire pour se remplir des 1,000 fr. de rente viagère non actuellement servis aura une nue propriété de 50,000 fr., avec l'espérance de la voir se transformer bientôt en une pleine propriété. Malgré ce résultat avantageux au deuxième donataire, il n'existe pas d'autre solution ; car le premier donataire conservant tout l'objet de sa donation, ne peut élever de réclamation ; et, d'autre part, il peut se faire que le deuxième donataire attende longuement la jouissance des biens dont il n'a que la nue propriété, et que la vente de cette nue propriété produise à peine somme suffisante pour parfaire sa rente (Marcadé, *917*, 11; Coin-Delisle, *917*, 8). — Si le premier donataire au lieu d'un usufruit avait une rente viagère de 2,000 fr., il devrait être placé sur le montant de la quotité disponible, somme suffisante pour produire 2,000 fr. de revenus dont la nue propriété appartiendrait au deuxième donataire.

1394. — 3ᵉ **Hypothèse.** — **Droit viager intermédiaire.** — Masse de 100,000 fr. formée de 55,000 fr. de biens existants au décès, et de 45,000 fr. rapportés fictivement à la masse pour des donations faites à des dates différentes, alors qu'il se place entre les deux une donation de rente viagère; ainsi: 1° donation à A... de 25,000 fr.; 2° donation à B... d'une rente viagère de 2,000 f.; 3° donation à C... de 20,000 fr.; la quotité disponible est de 50,000 fr.; l'héritier réservataire peut se dispenser d'exécuter toutes les dispositions en faisant l'abandon de la quotité disponible, soit 5,000 fr. pour la parfaire sur les biens existants au décès; comment procéder? Entre les donataires, on maintiendra la donation à A... de 25,000 fr. qui ne saurait être atteinte; quant aux 20,000 fr. donnés à C..., ainsi que les 5,000 fr. abandonnés sur les biens existants, ensemble 25,000 fr., ils seront placés, et sur les intérêts, puis, pour le déficit de la rente, sur le capital, B... prélèvera chaque année le montant de sa rente étant de 2,000 fr.; ce qui restera de ce capital au décès de B..., appartiendra à C...

1395. — 4ᵉ **Hypothèse.** — **Don de droit viager.** — **Legs.** — La masse de la succession est de 100,000 francs produisant un revenu de 8,000 francs; la quotité disponible est de 50,000 fr. De son vivant, le *de cujus* a donné à A... une rente viagère de 5,000 fr.; puis par son testament, il a légué à B... 15,000 fr., et à C... 25,000 fr.; l'héritier réservataire abandonne les 50,000 fr. formant la quotité disponible, les biens la comprenant seront vendus et le produit employé à un placement dont les revenus seront affectés jusqu'à due concurrence au service de la rente viagère, et le déficit sera pris sur le capital; au décès de A..., le capital restant sera réparti entre B... et C..., à proportion du montant de leurs legs. Toutefois B... et C..., pour éviter les prélèvements de A... peuvent demander qu'il soit fait emploi sur le produit des biens affectés à la quotité disponible, de somme suffisante en un placement à fonds perdu dans une compagnie d'assurances ou autrement, pour reconstituer la rente viagère de A...; par exemple, si 30,000 fr. sont nécessaires pour cet emploi, le surplus du produit des biens sera réparti entre B... et C... dans la proportion de leurs legs.

1396. — 5ᵉ **Hypothèse.** — **Legs. Rente viagère; usufruit.** — Masse de la succession 100,000 fr., quotité disponible 50,000 fr. Le *de cujus* a fait les legs suivants : à A... une rente viagère de 2,000 fr. ; à B... une somme capitale de 25,000 fr. ; à C... un usufruit viager d'un revenu de 1,000 fr. ; à D... un immeuble d'une valeur de 15,000 fr. ; l'héritier abandonne la quotité disponible, ainsi qu'il en a le droit même dans ce cas (Marcadé, *917*, 3 ; Coin-Delisle, *917*, 8 ; Bayle-Mouillard, IV, 638, note *a* ; Demolombe, XIX, 449 ; Pau, 16 février 1874 ; S. 74, II, page 280. Voir ccp. Demante, IV, 55 *bis*, 4°). — Les biens affectés à la quotité disponible seront vendus et le produit en sera réparti entre les légataires au marc-le-franc, après évaluation en capital de la rente viagère léguée à A... et de l'usufruit légué à C... Supposons les évaluations ci-après : A... 20,000 fr. ; C... 10,000 fr. ; y joignant : B... 25,000 fr. et D... 15,000 fr., on trouve 70,000 francs ; chaque legs est réductible de deux septièmes, par suite ils sont pour : A... de 14,286 francs ; B... de 17,857 fr., C... de 7,141 fr. et D... de 10,715 fr. A ce moyen les droits viagers légués à A... et à C..., sont transformés en sommes capitales ; mais comme ils sont libres de les employer en placements viagers, ils n'éprouvent pas plus de préjudice que les légataires de capitaux (Marcadé, *917*, 3 ; Demolombe, XIX, 451).

1597. — Droit viager d'une durée déterminée. — L'héritier réservataire est libre de faire l'abandon dans tous les cas où les droits viagers dépassent le revenu de la quotité disponible, lors même que leur durée ne serait fixée que pour un temps déterminé, ou serait soumise à une condition résolutoire ou suspensive par suite de laquelle ils pourraient s'éteindre avant la mort du créancier viager (Coin-Delisle, *917*, 9 ; Saintespès, II, 376 ; Demolombe, XIX, 450).

1598. — Évaluation des droits viagers. — Dans tous les cas où il y a lieu à l'évaluation des droits viagers, *supra* n° 1396, elle se fait eu égard à l'âge et à l'état de santé de l'usufruitier ou de la personne sur la tête de laquelle la rente a été constituée, *infra* n° 1575.

1599. — Héritier acceptant. — L'héritier à réserve a le droit d'option dans tous les cas, qu'il ait accepté la succession purement et simplement ou qu'il ne l'ait acceptée que sous bénéfice d'inventaire (Marcadé, *917*, 3 ; Coin-Delisle, *917*, 8 ; Bayle-Mouillard, IV, 638, note *a*. Voir cep. Demante, IV, 55 *bis* 5°).

1400. — Formes de l'option. — L'exercice du droit d'option n'est soumis par la loi à aucune forme particulière ; il peut être fait soit par un acte notarié signifié aux donataires et légataires, soit même par un simple acte extra-judiciaire. Si l'abandon fait par l'héritier à réserve n'est pas accepté par les donataires et légataires, il y a lieu à une instance en justice pour faire constater cet abandon ; et si, ensuite, les donataires ou légataires ne sont pas d'accord entre eux sur la détermination des biens affectés à la quotité disponible, l'héritier peut faire nommer un séquestre judiciaire qui en recevra la délivrance pour eux (Coin-Delisle, *917*, 8 ; Saintespès, II, 377 ; Demolombe, XIX, 453).

1401. — Option. — Divisibilité. Il n'y a pas d'indivisibilité entre les héritiers réservataires, en ce qui concerne le droit qui appartient à chacun d'eux de réclamer ou de retenir sa réserve légale ; il s'ensuit que s'ils sont plusieurs, chacun d'eux a le droit de faire l'abandon de la quotité disponible sur sa part héréditaire, conformément à l'art. 917 (Marcadé, *917*, 2 ; Toullier, V, 143 ; Proudhon, *Usuf.*, 312 ; Grenier et Bayle-Mouillard, IV, 638, note *a* ; Coin-Delisle, *917*, 11 ; Massé et Vergé, § 456-4 ; Aubry et Rau, § 684 *bis*-15 ; Demante, IV, 55 *bis* ; Saintespès, II, 375 ; Troplong, 840 ; Demolombe, XIX, 454. Contra Duranton, VIII, 348). — Toutefois quand l'objet légué n'est pas divisible, comme, par exemple, l'usufruit d'une maison, les héritiers devront s'entendre pour exercer l'option ; et si l'un ou plusieurs d'eux ont la volonté d'exécuter la disposition, les autres devront faire entrer dans le lot de ceux-ci la maison grevée d'usufruit à la charge par eux d'en consentir seuls l'exécution au légataire (Coin-Delisle, *917*, 8, 9 ; Saintespès, II, 376 ; Troplong, 841 ; Demolombe, XIX, 455).

1402. — Réservataires et non réservataires. — Si la succession est dévolue à la fois à des héritiers réservataires et à des non réservataires ; par exemple, le père ou la mère, ou tous deux en concours avec des frères et sœurs, la réserve des père et mère étant égale à leur part héréditaire, *supra* n° 1235, les frères et sœurs demeurent seuls chargés de l'exécution des dispositions en viager sans pouvoir invoquer l'art. 917. Mais s'il n'y a d'ascendants que dans une ligne en concours avec des collatéraux autres que frères et sœurs ou descendants d'eux, comme dans ce cas la part héréditaire des ascendants, qui est de moitié, est supérieure à leur réserve légale étant d'un quart, ils contribueront dans la mesure de ce quart avec les héritiers collatéraux à l'exécution des dispositions en viager, et pourront, en ce qui les concerne, faire l'abandon permis par l'art. 917 (Coin-Delisle, *917*, 14 ; Bayle-Mouillard, IV, 638 ; Demolombe, XIX, 456).

1403. — Option. — Biens à délivrer. — Les biens que doit délivrer l'héritier réservataire ayant fait l'abandon de la quotité disponible, sont : — S'il s'agit d'une rente viagère, d'un capital en argent ; — s'il s'agit de l'usufruit d'une chose déterminée divisible, d'un capital en argent ou d'une part dans la propriété de l'immeuble légué en usufruit ; — s'il s'agit de l'usufruit de tous les biens de la succession, d'une part en nature des biens composant l'hérédité, puisque l'héritier est tenu d'abandonner la quotité disponible (Demolombe, XIX, 458 ; Aubry et Rau, § 684 *bis*-16).

1404. — Option. — Donataire ou légataire. — L'abandon de la quotité disponible au donataire ou légataire d'un droit viager est un mode d'exécution de la disposition elle-même, l'exercice d'une faculté que la loi accorde à l'héritier, de sorte que cet abandon ne change pas le titre du donataire ni du légataire, car c'est en remplacement d'un droit viager que le donataire ou légataire acquiert une pleine propriété ; de sorte que si le don ou le legs était à titre particulier, il en sera de même en ce qui concernera la chose abandonnée. Toutefois, comme la réserve ne peut être entamée, les dettes auront dû préalablement être déduites sur la masse pour fixer la quotité disponible, et si de nouvelles dettes viennent à se révéler, l'abandonnataire de la quotité disponible devra y contribuer dans la proportion de cette quotité (Coin-Delisle, *917*, 13 ; Bayle-Mouillard, IV, 638, note *a* ; Troplong, 842 ; Saintespès, II, 370 ; Voir aussi Demolombe, XIX, 459, 460).

1405. — Libéralité conditionnelle. — Comme conséquence du principe établi au numéro précédent, l'abandon de la quotité disponible, laisse la disposition soumise aux mêmes réserves ou conditions que l'auteur de la libéralité avait apposées à son don. D'où il suit que si la libéralité était subordonnée à la condition que le donataire ou légataire resterait en état de viduité, cette condition est également attachée à l'abandon de propriété pour lequel opte l'héritier (Coin-Delisle, 917, 13 ; Proudhon, *Usuf.*, I, 341 ; Aubry et Rau, § 684 *bis*-17 ; Angers, 18 fév. 1847 ; Cass., 8 janv. 1849 ; Douai, 19 juin 1861 ; S. 47, II, 209 ; 49, I, 173 ; 61, II, 472. CONTRA Demolombe, XIX, 460).

1406. — Caution. — L'abandon de la propriété de la quotité disponible n'a pas pour effet de libérer intégralement celui qui s'est rendu caution du droit viager ; la caution, alors même qu'elle se trouve être l'héritier réservataire qui a accepté bénéficiairement, reste tenue au paiement de la différence entre le montant de la quotité disponible et celui de la libéralité (Cass., 15 avril 1862 ; S. 62, I, 484).

1407. — Collatéraux. — Enfant naturel. — La faculté d'option n'existe pas au profit des collatéraux, en cas de dispositions en viager faites à un enfant naturel reconnu qui excède la quotité de ses droits, sauf aux héritiers à faire réduire la disposition comme droit viager à un chiffre équivalent à ses droits en capital (Bayle-Mouillard, IV, 638, note *a* ; Troplong, 844 ; Demolombe, XIX, 463 ; CONTRA Proudhon, I, 352).

§ 6. — *Des imputations sur la réserve et sur la quotité disponible.*

1408. — Avancement d'hoirie. Une libéralité n'est imputable sur la réserve qu'autant qu'elle a été faite par avancement d'hoirie à un successible, et que ce successible vient à la succession, parce qu'il est censé ne l'avoir reçue qu'en avancement ou par à compte de sa réserve (Levasseur, 138 ; Grenier, II, 596, Duranton, VIII, 289 ; Troplong, 980, 1012 ; Aubry et Rau, § 684 *ter*-32 ; Demolombe, XIX, 483 ; Bruxelles, 13 juin 1810 ; Cass., 9 déc.

1856; S. 57, I, 344). — Exemple : Un père a donné en avancement d'hoirie à son fils, une somme de 20,000 fr., puis a légué à un étranger la quotité disponible dans sa succession ; il décède laissant trois enfants ; l'actif de sa succession est de 80,000 fr., on y ajoute les 20,000 fr. donnés, ce qui forme une masse de 100,000 fr.; la quotité disponible est de 25,000 fr. et la réserve totale de 75,000 fr., soit pour chaque enfant de 25,000 fr. ; le légataire a droit à 25,000 fr. sur les biens existants au décès ; quant à l'enfant donataire, il est rempli de ses droits : pour 20,000 fr. au moyen de son don, et pour 5,000 fr. en biens existants au décès.

1409. — Représentation. — La règle serait aussi applicable aux enfants du donataire, petits-fils du donateur, s'ils venaient à la succession par représentation de leur père, lors même qu'ayant renoncé à la succession de leur père, ils n'auraient aucunement profité du don. S'ils viennent de leur chef, voir *infra* n° 1413.

1410. — Rapport. — D'ailleurs l'imputation sur la réserve et le rapport à la succession étant soumis aux mêmes règles, il nous suffit de renvoyer aux explications données à l'égard du rapport, *supra* n°s 1143 et suivants.

1411. — Immeuble péri. — Si un immeuble donné par avancement d'hoirie à un successible a péri par cas fortuit sans la faute du donataire, il n'est pas imputable sur la réserve, puisque, dans ce cas, il n'y a pas lieu à rapport, *supra* n° 1147.

1412. — Non successibles. — Les dons à des non successibles ne peuvent être imputés que sur la quotité disponible. En effet, n'étant pas héritiers ils ne sauraient avoir de réserves ; il en est ainsi du don fait, même par avancement d'hoirie, à un parent successible qui est décédé avant l'ouverture de la succession sans laisser d'enfants pour le représenter (Bayle-Mouillard, IV, p. 186 note ; Troplong, 989 ; Aubry et Rau, § 684 *ter*-4, 31 ; Demolombe, XIX, 479 ; Cass., 23 juin 1857 ; Limoges, 7 janv. 1860 ; S. 57, I, 572 ; 61, II, 303) ; — comme aussi au successible, qui ne vient pas à la succession, en raison de ce qu'il y a renoncé, *supra* n° 1043.

1413. — Descendants du donataire. — Par application du même principe, si l'enfant donataire a laissé un fils, petit-fils du donateur, qui vient de son chef à la succession de celui-ci, dès lors sans le secours de la représentation, parce que son père a prédécédé le donateur, ou parce qu'il est renonçant ou indigne, le petit-fils n'est pas tenu d'imputer sur sa réserve, le don fait à son père, alors même qu'il l'aurait trouvé dans sa succession ; ce don doit donc être imputé sur la quotité disponible à sa date ; et, par suite, les libéralités postérieures faites par l'aïeul ne peuvent valoir qu'autant que le don fait au fils n'épuiserait pas cette quotité (Arg. *C. civ.*, 848 ; Duranton, VIII, 294 ; Demolombe, XIX, 480 ; Aubry et Rau, § 684 *ter*-4, 31 ; Cass., 19 fév. 1845, 23 juin 1857, 12 nov. 1860, 2 avril 1862, 10 nov. 1869 ; S. 57, I, 572 ; 61, I, 138 ; 62, I, 606 ; 70, I, 18).

1414. — Libéralités par préciput. — On impute pareillement sur la quotité disponible, les libéralités faites par préciput aux successibles : « La quotité disponible, » porte l'art. 919, peut être donnée en tout ou » en partie, soit par acte entre-vifs, soit par » testament, aux enfants ou autres successi- » bles du donateur, sans être sujette au rap- » port par le donataire ou le légataire venant » à la succession, pourvu que la disposition » ait été faite expressément à titre de préciput » ou hors part. » Voir pour les développements à ce sujet, *supra*, n°s 1027 et suiv.

1415. — Cumul. — Legs ; réserve. — Le successible ne doit imputer sur sa réserve que la libéralité résultant d'une donation entre-vifs. Quant à celle faite sous forme de legs, par exemple, dans le cas où un fils laissant pour héritiers à réserve son père, a par son testament institué un légataire universel, et fait un legs particulier à son père, ce dernier, à moins qu'une volonté contraire ne résulte des termes du testament, a le droit de cumuler le legs avec sa réserve. En effet, il résulte de la combinaison des art. 843, 857, 919 et 921 du Code civil, que ceux qui ne sont appelés à une succession qu'à titre de légataire, ne peuvent demander la réduction des libéralités faites au profit des successibles, ni même profiter des réductions que ceux-ci auraient obtenues (Toullier, V, 165 ; Agen, 28 déc. 1808, 12 janvier 1824 ; Limoges, 14 juill. 1818; Bordeaux, 24 avril 1834 ; Paris, 30 avril 1855; Colmar, 7 août 1861 ; Toulouse, 24 août 1868; Rouen, 19 août 1872 ; Cass., 31 mars 1869, 6 nov. 1871 ; S. 34, II, 461 ; 56, II, 104 ; 62, II, 22 ; 68, II, 119 ; 70, I, 118 ; 71, I, 237 ; 73, II. 86 ; CONTRA Grenier et Bayle-Mouillard, II, 597 ; Vazeille, *915*, 2 ; Coin-Deliste, *919*, 8 ; Aubry et Rau, § 684 *ter*-34; Demolombe, XIX, 487 ; Roll. de Vill., *Réserve légale*, 81 ; Paris , 17 mars 1846 ; S. 46, II, 183).

1416. — Réunion des réserves. — Imputation. — Quand il existe plusieurs héritiers à réserve, et qu'un seul ou plusieurs d'eux, venant à la succession, ont reçu des dons par avancement d'hoirie, l'imputation de toutes ces donations se fait sur la réserve de tous les héritiers en masse, et non pas seulement sur la part de réserve des héritiers donataires. Exemple : B... a deux enfants ; il a donné à l'un d'eux par avancement d'hoirie 60,000 fr., et, à son décès, il laisse 24,000 fr. de biens et un légataire de la quotité disponible ; la masse partageable est de 84,000 fr. et la quotité disponible de 28,000 fr. Si l'héritier imputait son don sur sa propre réserve, il conserverait d'abord 28,000 fr. pour sa réserve, puis 28,000 fr. pour la quotité disponible ; les 40,000 fr. de surplus seraient réduits et formeraient, avec les 24,000 fr. de biens existants, la réserve de l'enfant non donataire, de cette manière le légataire n'aurait rien. Un tel résultat serait injuste, et, en outre, porterait atteinte au droit de disposer qui appartient au père de famille. Il faut donc opérer ainsi : l'enfant donataire rapporte les 60,000 fr. donnés qui se partagent par moitié entre les deux enfants, soit chacun 30,000 fr., le rapport ne se faisant pas aux légataires, *supra* n° 990 ; et le légataire a droit à la délivrance des 24,000 fr. de biens existants au décès (Levasseur, 140 ; Demante, IV, 60 *bis* ; Aubry et Rau, § 684 *ter*-36 ; Demolombe, XIX, 489 ; Aix, 2 mars 1883 ; *Rép. N.*, 1664. V. Cass., 30 août 1881, 31 mars 1885 ; Pau, 3 mars 1886 ; *Ibid.*, 839, 2576, 3270. CONTRA Paris 14 fév. 1881 ; *Ibid.*, 66).

1417. — Vente à un successible à viager. — On impute aussi sur la portion disponible la valeur en pleine propriété des biens aliénés, soit à charge de rente viagère, soit à fonds perdu, ou avec réserve d'usufruit, à l'un des successibles en ligne directe ; et l'excédant, s'il y en a, est rapporté à la masse (*C. civ.*, *918*). En raison de ce mode particulier d'aliénation et de la qualité des parties, on considère l'aliénation comme suspecte et on est disposé à y voir une libéralité déguisée sous l'apparence d'un contrat onéreux. Mais pourtant l'aliénation a pu être sérieuse, et, d'ailleurs, le père de famille semble avoir voulu transmettre la chose aliénée sans charge de rapport. Par ces motifs, il y a lieu d'imputer les biens ainsi transmis sur la quotité disponible, sans qu'on ait à rechercher si l'aliénation a eu pour objet de déguiser ou non une libéralité.

1418. — Fonds perdu. — Réserve d'usufruit. — La loi prévoit deux sortes d'aliénation : 1° A fonds perdu, c'est-à-dire soit à charge de rente viagère, soit à charge de nourrir, loger et entretenir le vendeur, soit de lui procurer un droit viager sur une autre chose, de sorte que la prestation est la représentation du fonds aliéné qui, à ce moyen, se trouve *perdu* pour l'hérédité ; — 2° ou avec réserve d'usufruit, alors même qu'elle ne serait pas faite aussi à fonds perdu au moyen de la conversion du prix de la nue propriété en une rente viagère (Marcadé, *918*, 3 ; Demolombe, XIX, 499).

1419. — Aliénation de droit commun. — Lorsque l'aliénation ne rentre pas dans les conditions qui viennent d'être indiquées, elle reste dans le droit commun et l'art. 918 est sans application. Il en est ainsi de la vente avec jouissance immédiate, même moyennant une rente perpétuelle (Demolombe, XIX, 500) ; et de la vente avec réserve d'usufruit, si le même a ensuite acquis l'usufruit (Cass., 14 janv. 1884 ; Defrén., *Rép. N.*, 2249).

1420. — Modes divers. — La disposition de l'art. 918 est applicable dans tous les cas où il y a aliénation, à viager, d'un bien meuble ou immeuble, d'un capital ou d'une valeur quelconque, en faveur d'un successible (Duranton, VIII, 322 ; Coin-Delisle, *919*, 3 ; Troplong, 859 ; Demolombe, XIX, 508) ; — que l'aliénation soit de la totalité d'un immeuble, ou d'une portion d'immeuble indivis entre l'as-

MASSES. — RÉDUCTIONS DE DONATIONS. 215

cendant et son successible (Cass., 25 nov. 1839, 14 janv. 1884; Defrénois, *Rép. N.*, 2249).

1421. — Tiers. — Il en est de même quand la réserve ou la charge du droit viager a été stipulée au profit et sur la tête d'un tiers, ou même quand le successible, moyennant un capital qui lui est fourni par l'auteur commun, s'oblige à payer, en son acquit, une rente viagère déjà existante au profit d'un tiers (Vazeille, *918*, 6; Troplong, 800; Demante, IV, 56 *bis*-4°; Massé et Vergé, § 452-11; Aubry et Rau, § 684 *ter*-14, 17; Demolombe, XIX, 504; Angers, 7 fév. 1829; Cass., 7 août 1833; S. 33, I, 699. CONTRA Marcadé, *918*, 4; Levasseur, 170; Grenier et Bayle-Mouillard, IV, 639; Coin-Delisle, *918*, 5; Saintespès, II, 392; Vernet, p. 434).

1422. — Capital. — Rente. — Lorsque dans une vente faite à un successible en ligne directe, le prix consiste tout à la fois en un capital à payer et en une rente viagère à servir, la présomption légale de gratuité, édictée par l'art. 918, ne peut atteindre la vente que pour la portion des biens aliénés dont le prix est représenté par la rente viagère; et pour le surplus l'acte conserve son caractère apparent de vente ferme; de sorte que, sauf le cas de fraude, l'art. 918 n'est pas applicable à la partie de l'immeuble dont la valeur est représentée par un capital ferme (Demolombe, XIX, 502; Cass., 13 fév. 1861; S. 61, I, 689; Angers, 13 août 1879; S. 79, II, 334. Voir cep. Vernet, p. 433; Duvergier sur Toullier, V, 132, note *a*; Cass., 25 nov. 1839; S. 40, I, 33; Rouen, 31 juillet 1843; S. 44, II, 30, suivant lesquels l'art. 918 serait applicable pour le tout, sauf à l'acquéreur à se faire restituer le prix ferme, s'il justifie qu'il l'a réellement versé).

1423. — Usufruit partiel. — Le même principe nous paraît applicable au cas d'une vente moyennant un prix ferme avec réserve de l'usufruit d'une partie seulement de l'immeuble vendu. Si donc, un père vend à l'un de ses successibles en ligne directe, certains biens sans aucune réserve, et certains autres sous réserve d'usufruit, la présomption légale de gratuité établie par l'art. 918 n'atteint le contrat que jusqu'à concurrence de la portion de biens aliénée sous cette réserve. Pour le surplus l'acte reste valable; et cela alors même que le prix a été stipulé en bloc, en tel cas, on procède par voie de ventilation pour fixer la valeur de chaque nature de biens (Bayle-Mouillard, IV, 641, note *a*; Demolombe, XIX, 503; Orléans, 14 mai 1864; Cass., 6 juin 1866; S. 65, II, 71; 66, I, 298. Voir cep. Troplong, 861).

1424. — Donation. — Réserves viagères. — L'art. 918 ne s'applique pas seulement au cas où l'aliénation a été faite sous forme de vente, mais encore à celui où elle a eu lieu sous forme de donation; pourvu toutefois que, quoique qualifiée donation, il en résulte que l'intention des parties a été d'imprimer à la disposition le caractère d'une aliénation à titre onéreux, ce qui résulterait du fait d'une réserve d'usufruit avec la charge de payer les dettes du donateur dont le montant égalerait la valeur de la nue propriété, ou de la constitution d'une rente viagère qui formerait le prix de la chose aliénée (Grenier, II, 639; Aubry et Rau, § 684 *ter*-9; Coin-Delisle, *918*, 2; Saintespès, II, 394; Vernet, p. 433; Demolombe, XIX, 506; Douai, 30 déc. 1843; Cass., 7 fév. 1848; S. 44, II, 304; 49, I, 139). — En dehors de ce cas, la disposition constituerait une donation ordinaire sujette à rapport dans les limites indiquées *supra* n° 1069 (Demolombe, XIX, 506; Duvergier sur Toullier, V, 132, note *a*).

1425. — Même donation. — Collatéraux. — Si la donation, avec des réserves en viager, a été faite à des collatéraux ou à d'autres successibles auxquels la disposition de l'art. 918 n'est pas applicable, *infra* n° 1429, elle ne profite pas de la dispense de rapport attachée à l'aliénation par cet article; et, par suite, elle est soumise au rapport à la masse de la succession conformément à l'art. 843 (Cass., 27 juill. 1869; S. 69, I, 429).

1426. — Vente nulle. — L'art. 918 n'est pas applicable au cas où l'acte d'aliénation est vicié de nullité; par exemple, s'il s'agit d'un contrat de rente viagère passé dans les vingt jours de la maladie dont l'ascendant est mort. Dans ce cas, le successible, au profit duquel l'aliénation a eu lieu, ne peut retenir le bien aliéné jusqu'à concurrence de la quotité disponible (Colmar, 20 déc. 1830).

1427. — Achat : père usufruit; fils nue propriété. — La disposition de l'art. 918 n'est pas applicable non plus, au cas d'une acquisition faite sous le nom du successible par l'ascendant, encore que le père se soit réservé l'usufruit : Une telle acquisition ne saurait être considérée comme une aliénation dans le sens de l'art. 918, la nue propriété n'ayant jamais été possédée par l'ascendant et étant passée directement sur la tête du descendant. En conséquence, si l'acquisition constitue une libéralité, elle ne s'impute pas sur la quotité disponible, supra n° 1080. (Massé et Vergé, § 455-6; Paris, 19 juill. 1833; S. 33, II, 397; Contra Demolombe, XIX, 507).

1428. — Présomptif héritier. — Pour que l'art. 918 soit applicable, il faut que l'aliénation ait été faite à un parent descendant ou ascendant (Marcadé, 918, 2; Levasseur, 172; Coin-Delisle, 918, 7; Saintespès, II, 390), qui soit à la fois, présomptif héritier au moment du contrat et successible lors de l'ouverture de la succession, et qu'en outre il se porte héritier. D'où il suit que cet article cesse d'être applicable, sauf le cas de fraude : 1° Si l'acquéreur, qui était présomptif héritier à l'époque de l'aliénation, ne vient pas à la succession parce qu'il a prédécédé le vendeur et n'a pas d'enfants pour le représenter. Il n'en serait pas de même en cas de renonciation (Aubry et Rau, § 684 ter-16; Laurent, XII, 124; Angers, 13 août 1879; S. 79, II, 334. Contra Demante, IV, 56 bis, 4°; Demolombe, XIX, 510, 511).

2° Quand l'aliénation a lieu au profit d'un parent, qui, sans être héritier présomptif au moment de la vente, se trouve successible lors de l'ouverture de la succession; par exemple, un petit-fils appelé de son chef à la succession par le prédécès de son père (Grenier et Bayle-Mouillard, IV, 642; Coin-Delisle, 918, 9; Marcadé, 918, 2; Saintespès, II, 397; Troplong, 874 à 876; Demante, IV, 56 bis 4°; Demolombe, XIX, 512; Aubry et Rau, § 684 ter-13; Paris, 2 fév. 1881; Defrén., Rép. N., 47).

1429. — Collatéraux. — Étrangers. — La présomption de dissimulation, résultant de l'art. 918, est applicable dans tous les cas où il s'agit d'un successible en ligne directe descendant ou ascendant, mais non pas à des successibles en ligne collatérale (C. civ., 918); ni, à plus forte raison, à des étrangers, par exemple, le conjoint du successible (Marcadé, 918, 7; Demolombe, XIX, 513; Laurent, XII, 126; Aubry et Rau, § 684 ter-15); comme aussi, la fille et son mari conjointement (Dijon, 25 août 1879; Defrénois, Rép. N., 48); et les père, mère, descendants. Dans ces divers cas, l'interposition de personne, à moins de fraude, ne saurait être invoquée (Marcadé, 918, 2; Coin-Delisle, 918, 9; Bayle-Mouillard, IV, 641, note a; Massé et Vergé, § 455-12; Demante, IV, 56 bis 5°; Troplong, 875; Demolombe, XIX, 514; Aubry et Rau, § 684 ter-16; Cass., 7 déc. 1857; S. 58, I, 278).

1430. — Imputation. — L'imputation de la chose aliénée, dans le cas prévu par l'art. 918, se fait sur la quotité disponible suivant son état à l'époque de l'aliénation et sa valeur au temps du décès de l'aliénateur (Bordeaux, 17 juill. 1845; S. 46, II, 440); — et aucune imputation ne doit avoir lieu si le bien aliéné a péri par cas fortuit, supra n° 1411 (Bayle-Mouillard, IV, 643, note a; Toullier, V, 136; Demolombe, XIX, 522).

1431. — Rapport. — Tiers. — Si la valeur au temps du décès excède la quotité disponible, l'excédent est rapportable en moins prenant, et non pas en nature, quand même il s'agirait d'immeubles; de sorte que les tiers acquéreurs ne peuvent pas être inquiétés (Coin-Delisle, 918, 13; Troplong, 872; Bayle-Mouillard, IV, 624, note a; Demante, IV, 56 bis, 4°; Demolombe, XIX, 525; Orléans, 2 avril 1854. Voir cep. Poitiers, 26 mars 1825; Bourges, 8 avril 1834; t. Besançon, 24 juill. 1884; Rép. N., 2628); — alors même que l'immeuble aliéné compose seul toute la succession (Coin-Delisle, 918, 13; Saintespès, II, 499; Troplong, 872; Demolombe, XIX, 524. Voir cep. Paris, 9 juill. 1825).

1432. — Intérêts. — Les intérêts des sommes rapportées par le successible sont dus à partir du jour du décès de l'ascendant (Poitiers, 23 mars 1839; S. 39, II, 295).

1433. — Quotité épuisée. — Pour qu'il y ait lieu à imputation sur la quotité disponible dans les termes de l'art. 918, il faut que cette quotité n'ait pas été épuisée par des donations antérieures à l'aliénation; autrement la chose aliénée serait rapportable pour le tout à la succession (Bayle-Mouillard, IV, 643, note a; Demolombe, XIX, 516).

1454. — Droit au rapport. — Le droit au rapport de ce qui excède la quotité disponible appartient à tous les héritiers réservataires, par conséquent, non seulement aux enfants et descendants légitimes, mais aussi aux enfants naturels (Cass., 28 juin. 1831; S. 31, I, 279).

1455. — Répétition du prix. — La présomption légale résultant de l'art. 918, soit de dissimulation, soit d'imputation sur la quotité disponible, n'est pas susceptible d'être combattue par la preuve contraire (Marcadé, 918, 1; Coin-Delisle, 918, 11; Toullier, V, 133; Duranton, VIII, 331; Saintespès, II, 388; Demante, IV, 56 bis, 8°; Vernet, p. 431; Aubry et Rau, § 684 ter-11; Demolombe, XIX, 517; Cass., 24 août 1874; S. 77, I, 343; J. N. 21031. CONTRA Cass., 19 août 1847; S. 49, I, 137). Par suite, aucune répétition ne saurait être admise, ni de la part de l'acquéreur qui prétendrait avoir payé au défunt soit un capital, soit des arrérages excédant le revenu du bien aliéné; ni de la part des cohéritiers du successible acquéreur, pour raison du prix stipulé dont ce dernier ne justifierait pas du paiement (Marcadé, 918, 5; Grenier et Bayle-Mouillard, IV, 644; Toullier, V, 133; Coin-Delisle, 918, 11; Saintespès, II, 408; Vernet, p. 137; Aubry et Rau, § 684 ter-12; Demante, IV, 56 bis, 8°; Demolombe, XIX, 318, 319; Cass., 26 janv. 1836; Poitiers, 23 mars 1839; Rouen, 31 juill. 1843; S. 36, I, 297; 39, II, 295; 44, II, 30. CONTRA Duranton, VIII, 337).

1456. — Impenses. — L'héritier peut répéter les impenses qu'il a faites à l'immeuble vendu, pour son amélioration et pour sa conservation (Paris, 9 juill. 1825).

1457. — Consentement des successibles. — En aucun cas, l'imputation et le rapport ne peuvent être demandés par ceux des autres successibles en ligne directe, qui ont consenti aux aliénations indiquées *supra* n°s 1417 et suiv. (C. civ., 918). Il ne fallait pas qu'un père voulant vendre son bien pour augmenter ses ressources, fût contraint de préférer un étranger à l'un de ses enfants; c'est en raison de cela que le législateur, par une dérogation à la règle qui prohibe les pactes sur une succession future, décide que les aliénations en viager sont considérées comme sincères quand les autres successibles ont déclaré y consentir (V. Angers, 13 août 1879; S. 79, II, 334).

1458. — Formes du consentement. — Le consentement à l'aliénation peut être donné séparément par chacun des successibles, et précéder, accompagner ou suivre l'aliénation (Coin-Delisle, 918, 18; Demolombe, XIX, 531; Aubry et Rau, § 684 ter-27; Montpellier, 6 janv. 1829; Cass., 19 août 1847; S. 49, I, 137). — Il peut même être tacite et résulter de l'exécution volontaire donnée à l'aliénation (Troplong, 851; Demolombe, XIX, 532; Coin-Delisle, 918, 16; Cass., 30 nov. 1841; Angers, 13 août 1879; S. 79, II, 334).

1459. — Consentement. — Prix. — Le fait qu'un prix aurait été versé pour obtenir le consentement, ne serait pas une cause de nullité du consentement (Demolombe, XIX, 533).

1440. — Successibles non consentants. — Le consentement n'est opposable qu'aux successibles qui l'ont donné et à leurs descendants qui les représentent, mais non pas aux successibles qui n'y ont pas consenti, non plus qu'aux enfants qui sont nés ultérieurement (Poujol, 918, 4; Vazeille, 918, 3; Troplong, 853; Duvergier sur Toullier, V, 132; Aubry et Rau, § 684 ter-28; Massé et Vergé, § 455-16; Demolombe, XIX, 527; Poitiers, 23 mars 1839; Rouen, 31 juill. 1843; S. 39, II, 295; 44, II, 30; Voir aussi Cass., 25 nov. 1839; S. 40, I, 33. CONTRA Marcadé, 918, 6; Toullier, V, 153; Grenier et Bayle-Mouillard, II, 542; Coin-Delisle, 918, 20; Saintespès, II, 407); — ni aux enfants naturels reconnus seulement depuis l'aliénation (Agen, 29 nov. 1847; S. 48, II, 29).

1441. — Titre onéreux et gratuit. — Il s'ensuit que l'aliénation est considérée comme onéreuse à l'égard de ceux qui l'ont consentie, et comme gratuite pour les autres; de sorte que la masse pour le calcul de la quotité disponible sera formé différemment pour chacune des catégories de successibles (Toullier, V, 132; Levasseur, 175; Grenier et Bayle-Mouillard, II, 644; Duranton,

VII, 328 ; Coin-Delisle, *918*, 19 ; Troplong, 852 ; Vernet, p. 443 ; Demante, IV, 56 *bis*, 9° ; Demolombe, XIX, 529).

1442. — Aliénation de droit commun. — Si l'aliénation à laquelle les cosuccessibles ont consenti n'est ni à rente viagère, ni avec réserve d'usufruit, elle constitue une vente ordinaire pour laquelle la présomption de gratuité n'existe plus ; et le consentement par eux donné ne saurait leur être opposable, car, dans ce cas, il devrait être considéré comme un pacte sur une succession future, nul en vertu des art. 791 et 1130 (Marcadé, *918*, 6 ; Coin-Delisle, *918*, 15 ; Saintespès, II, 401 ; Troplong, 856 ; Demolombe, XIX, 534 ; Cass., 12 nov. 1827 ; Grenoble, 25 mars 1831).
— Elle ne saurait non plus être opposable, à plus forte raison, si l'approbation est présumée n'avoir pas été libre, et avoir été imposée par la crainte d'une plus complète exhérédation (Caen, 13 déc. 1872 ; S. 73, II, 251).

§ 7. — *Des règles de la réduction.*

1443. — Donations et legs. — Il n'y a jamais lieu à réduire les donations entre-vifs, qu'après avoir épuisé la valeur de tous les biens compris dans les dispositions testamentaires (*C. civ.*, *923*) ; alors même, en ce qui concerne le testament, qu'il serait d'une date antérieure aux donations, le testament ne produisant son effet qu'au jour du décès (Troplong, 1011 ; Demolombe, XIX, 542).

1444. — Legs caducs. — Si donc la valeur des donations entre-vifs excède ou égale la quotité disponible, toutes les dispositions testamentaires sont caduques (*C. civ.*, *925*).

1445. — Division. — Pour rendre nos explications plus claires, nous traiterons : d'abord de la réduction des legs ; puis de la réduction des donations.

1. De la réduction des legs.

1446. — Marc le franc. — Lorsque les dispositions testamentaires excèdent, soit la quotité disponible, soit la portion de cette quotité qui reste après avoir déduit la valeur des donations entre-vifs, la réduction est faite au marc le franc, sans aucune distinction entre les legs universels et les legs particuliers (*C. civ.*, *926*) ; — et sans qu'il y ait à établir de distinction entre les dates des différents testaments (Pau, 16 fév. 1874 ; S. 74, II, 229) ; ni sur la forme employée : public, olographe ou mystique ; ni quant à la classification des legs dans le testament ; ni sur le caractère du legs : universel, à titre universel ou particulier.

1447. — Mode de l'établir. — Pour l'application de cette disposition, il faut examiner ce qui serait revenu aux différents légataires s'il n'avait pas existé de réservataires, et la réduction au marc le franc se calcule sur les résultats. En effet, le testateur est présumé avoir eu la volonté que chacun des légataires obtînt effectivement la chose ou la somme qui fait l'objet de son legs (Marcadé, *926*, 2 et 3 ; Coin-Delisle, *926*, 9 ; Toullier, V, 160, 161 ; Duranton, VII, 363 ; Troplong, 1015 ; Massé et Vergé, § 475-5 ; Demolombe, XIX, 551 à 554 ; Roll. de Vill., *Réd. de donat.*, 63, 66). — Nous allons prévoir diverses hypothèses pour mieux préciser le calcul de la réduction.

1448. — 1re Hypothèse. — Legs universel et particuliers ; quotité suffisante. — Masse 100,000 fr., réserve 50,000 fr. ; le défunt a institué A... pour légataire universel, et a légué à titre particulier : à B... 25,000 fr. ; et à C... 15,000 fr. S'il n'eût pas existé de réservataires, la succession se serait trouvée dévolue : à A... pour 60,000 fr. ; B... pour 25,000 fr. et C... pour 15,000 fr. ; c'est sur ces chiffres qu'ils sont réduits à proportion de la réserve étant de moitié, soit : A... à 30,000 fr. ; B... à 12,500 fr. ; et C... à 7,500 fr.

1449. — 2e Hypothèse. — Même cas ; Quotité insuffisante. — Même masse, même quotité disponible et même institution universelle ; le défunt a légué, en outre, à titre particulier : à B... 80,000 fr. ; à C... 50,000 ; à D... 70,000 ; ensemble 200,000 fr. Le légataire universel n'a droit à rien en raison de ce que les legs particuliers absorbent l'actif de la succession. Quant aux légataires particuliers, en l'absence de réservataires, leurs legs, par suite de l'insuffisance des biens auraient été réduits à moitié, soit : B... à 40,000 fr. ; C..... à 25,000 fr. ; et D..... à 35,000 fr. ; c'est sur ces chiffres que se fait la répartition au marc le franc de la quotité disponible étant de 50,000 fr., ce qui réduit les legs : de A... à 20,000 fr.; de B... à 12,500 fr.; et de C... à 17,500 fr.

1450. — 3ᵉ Hypothèse. — Legs universel, à titre universel et particulier; quotité suffisante et insuffisante. — Masse, 120,000 fr., réserve deux tiers soit 80,000 fr. Le défunt a institué A... pour son légataire universel, et a légué à B... le quart de la succession, puis à titre particulier : à C... 15.000 fr. et à D... 12,000. S'il n'y avait pas eu de réservataires les 120,000 fr. montant de la succession auraient appartenu : à C... 15,000 fr. et D... 12,000; puis à A..., les trois quarts des 93,000 fr. restants, soit 69,750 fr.; et à B..., le dernier quart, soit 23,250 fr. C'est sur ce chiffre qu'ils sont réduits à proportion de la réserve; c'est-à-dire A... à 23,250 fr.; B... à 7,750 fr.; C... à 5,000 fr.; et D... à 4,000 fr. ; ensemble 40,000 fr. — Si les legs particuliers, conformément à la deuxième hypothèse, dépassaient l'actif de la succession, les legs universel et à titre universel seraient caducs.

1451. — Légataire universel. — Héritiers. — Concours. — L'article 1009 du Code civil porte ce qui suit : « Le lé-
» gataire universel, qui est en concours avec
» un héritier, auquel la loi réserve une quotité
» des biens, est tenu des dettes et charges de
» la succession, personnellement pour sa part
» et portion, et hypothécairement pour le tout;
» et il est tenu d'acquitter tous les legs, sauf
» le cas de réduction, ainsi qu'il est expliqué
» aux art. 926 et 927. » Bien que cet article présente quelque obscurité, on ne saurait y voir une modification aux règles établies par les numéros qui précèdent. En effet, le calcul de la réserve et de la quotité disponible, étant établi après la déduction des dettes, la disposition ayant trait aux dettes a pour but de fixer le mode de contribution pour l'acquit du passif entre l'héritier réservataire et le légataire universel; puis la charge d'acquitter les legs, sauf le cas de réduction, est une application du principe qui, en l'absence de réservataires, mettrait tous les legs particuliers à la charge du légataire universel (Aix, 16 juill. 1870; S. 72, II, page 193); d'où une réduction proportionnelle en présence de réservataires (Voir Marcadé, 926, 3; Demolombe, XIX, 554; Mourlon, II, p. 368).

1452. — Quotité disponible. — Si le legs universel est restreint à la quotité disponible, la réduction entre le légataire universel et les légataires particuliers ne s'établit plus à raison de l'importance de la masse, mais seulement sur la quotité disponible. Exemple : masse de 120,000 fr., réserve de 60,000 ; le défunt a légué la quotité disponible dans sa succession à A..., l'instituant à cet effet pour son légataire universel; puis il a légué à titre particulier : à B..., 20,000 fr. et à C... 30,000 fr., reste 10,000 fr. pour A... — Si les legs particuliers dépassaient la quotité disponible, le légataire universel n'aurait rien (Marcadé, 926, 3; Saintespès, II, 535; Vernet, p. 476).

1453. — Sous-legs. — Les legs mis à la charge de legs soit universels soit à titre universel, soit particuliers, et que pour cette raison on appelle des *sous-legs*, sont atteints par la réduction de la même manière que les legs particuliers (Demante, IV, 64 *bis*; Demolombe, XIX, 557; Angers, 19 mars 1841; Cass., 18 juin 1862; S. 62, I, 913).

1454. — Corps certains. — L'article 926 s'applique aux legs de toute nature, soit de quantité, soit de genre, soit de corps certains. En conséquence les legs de corps certains sont soumis à la réduction comme tous les autres legs de sommes d'argent ou de quantités, et proportionnellement avec eux (Marcadé, 926, 3; Toullier, V, 157, 182; Duranton, VIII, 365; Coin-Delisle, 927, 11; Saintespès, II, 544; Aubry et Rau, § 685 *bis*-2; Demante, IV, 64 *bis*; Demolombe, XIX, 559; Orléans, 7 avril 1848; S. 51, II, 409; Paris, 23 janv. 1851; S. 51, II, 408; Cass., 3 mars 1858, 25 nov. 1861, 18 juin 1862; S. 62, I, 49, 913; Pau, 24 juin 1862; S. 63, II, 134. Contra Nimes, 11 mai 1841; S. 42, II, 407).

1455. — Créancier. — Quand un legs est fait à un créancier à la charge de renoncer à sa créance, on considère que l'objet légué est affecté d'abord au paiement de la créance, et que le surplus seulement constitue une libéralité; d'où il suit que le légataire ne peut être atteint par la réduction qu'autant que le surplus de l'objet légué sur la créance excède la quotité disponible (Toulouse, 24 janv. 1824).

1456. — Préférence. — La règle de l'art. 926 fléchit en présence d'une volonté contraire; c'est ce qui résulte de l'art. 927 ainsi conçu : « Néanmoins, dans tous les cas
» où le testateur a expressément déclaré qu'il
» entend que tel legs soit acquitté de préférence
» aux autres, cette préférence a lieu ; et le legs
» qui en est l'objet n'est réduit qu'autant que
» la valeur des autres ne remplirait pas la ré-
» serve légale. »

1457. — Stipulation de préférence. — Cette préférence doit résulter d'une volonté exprimée par le testateur dans son testament. Elle ne résulterait pas de la nature ni des motifs du legs ; comme, par exemple, s'il était : à titre de restitution, ou rémunératoire et indemne de droits de mutation par décès, d'aliments, d'un usufruit, d'un droit d'usage ou d'habitation, lors même qu'il s'agirait d'un legs à un enfant pour lui tenir lieu de sa réserve (Marcadé, *art. 927*; Levasseur, 104 ; Coin-Delisle, *927*, 11; Saintespès, II, 544; Vernet, p. 478; Demolombe, XIX, 564; Lyon, 15 avril 1822; Caen, 6 janv. 1845; Orléans, 7 avril 1848; Paris, 23 janv. 1851; S. 45, II, 393 ; 51, II, 408 ; Pau, 16 fév. 1874; S. 74, II, page 229. Contra Toullier, V, 160 ; Troplong, 1017 ; Voir aussi *infra* n° 1470). Elle ne résulterait pas non plus d'un legs de somme à acquitter sur les plus clairs deniers de la succession (Marcadé, *art. 927*; Demolombe, XIX, 565 ; Contra Roll. de Vill., *Réd. de donat.*, 53) ; — ni du fait que le legs universel a lieu à la charge d'acquitter les legs particuliers et les dettes de la succession (Grenoble, 1ᵉʳ mars 1866; S. 66, II, 225) ; — ni de l'antériorité du legs (Marcadé, *926*, 1; Toullier, V, 870 ; Duranton, IX, 349, 794 ; Troplong, 2697; Cass., 12 juill. 1848 ; S. 48, I, 473).

1458. — Insuffisance des biens. — Ce qui vient d'être dit devrait recevoir son application même dans le cas où, en l'absence d'héritiers réservataires, la réduction des legs est causée par l'insuffisance des biens de la succession pour acquitter tous les legs. Même dans ce cas, les magistrats, en l'absence d'une déclaration du testateur, ne doivent pas non plus rechercher une cause de préférence dans la nature ni les motifs des legs (Demolombe, XIX, 566. Voir cep. Coin-Delisle, *927*, 12.; Bayle-Mouillard, II, 622 note *a*; Taulier, IV, p. 52).

1459. — Légataires préférés. — Préférence. — Le testateur, quand il accorde la préférence à quelques-uns sur les autres, peut établir un droit de préférence entre les legs préférés. Si la quotité disponible est insuffisante pour fournir les legs auxquels est attaché un droit de préférence, les autres legs sont caducs, et la réduction au marc le franc atteint tous les legs déclarés également préférables (Marcadé, *art. 927*; Vernet, p. 478; Demolombe, XIX, 567).

1460. — Réduction en nature. — L'héritier ayant le droit de demander sa réserve en nature, c'est en nature que la réduction s'opère sur chaque legs. Les légataires, de leur côté, ayant le droit de réclamer leurs legs en nature dans la limite de la quotité disponible, il s'établit une indivision sur chaque legs de corps certain entre l'héritier, à proportion du chiffre de la réduction, et le légataire, à proportion du chiffre pour lequel son legs est maintenu (Duranton, VIII, 366 ; Levasseur, 105; Saintespès, II, 542; Demolombe, XIX, 569; Aubry et Rau, § 679-2 ; v. Caen, 23 déc. 1879; Defrénois, *Rép. N.*, 68).

1461. — Partage. — Licitation. — Si la chose léguée est partageable, le partage s'en fait entre l'héritier et le légataire, en observant les règles prescrites à l'égard des partages. Mais si elle est impartageable, il y a lieu à licitation, conformément à l'art. 1686.

1462. — Chose indivisible. — Quand le legs est d'une chose indivisible, comme, par exemple, une servitude, on doit rechercher à qui, de l'héritier ou du légataire appartiendra le droit le plus fort dans la chose léguée, et lui attribuer la chose entière, à la charge de tenir compte à l'autre de ses droits en argent (Voir Duranton, VIII, 366 ; Demolombe, XIX, 570; Roll. de Vill., *Réd. de don.*, 120).

1463. — Retranchement fixé par le disposant. — Quand la disposition est d'immeubles déterminés, le disposant peut conférer au donataire ou légataire, pour le cas où la libéralité serait sujette à retranchement, la faculté de désigner les immeubles sur lesquels portera le retranchement, pourvu qu'il n'en résulte aucune atteinte à la réserve des héritiers (Montpellier, 27 déc. 1866 · S. 67, II, 293).

II. De la réduction des donations.

1464. — Dates des donations. — Lorsqu'il y a lieu à la réduction des donations entre-vifs, elle se fait en commençant par la dernière donation, et ainsi de suite en remontant des dernières aux plus anciennes *(C. civ., 923)*. En effet, d'une part on doit considérer que les premières donations ont été faites sur la quotité disponible, tandis que les dernières ont entamé la réserve; et, d'autre part, si les donations avaient été, comme les legs, soumis également à une réduction au marc le franc, le donateur aurait eu le moyen de révoquer en partie les premières donations par des donations postérieures, ce qui aurait porté atteinte à l'irrévocabilité des dispositions entre-vifs.

1465. — Avancement d'hoirie. — Renonciation. — Le successible donataire par avancement d'hoirie qui renonce à la succession, de même que celui qui a prédécédé le donateur, sans laisser de postérité pour le représenter, étant considéré comme un étranger par rapport à son don, *supra* n° 1215, la réduction qui l'atteint a lieu à la date de sa donation, sans qu'il y ait lieu de considérer si une donation postérieure a été faite par préciput (Vernet, p. 487; Troplong, 1001; Demolombe, XIX, 581; Amiens, 7 déc. 1852; P. 53, I, 77; Cass., 23 juin 1857; S. 57, I, 572; Limoges, 7 janv. 1860; S. 61, II, 303; Dijon, 10 avril 1867; J. N., 19004. CONTRA Marcadé, art. 923, 2).

1466. — Institution contractuelle. — Les institutions contractuelles, quoiqu'elles semblent participer à la fois des caractères du testament et de la donation entre-vifs, sont néanmoins des donations entre-vifs, et ne sont sujettes à réduction qu'à leurs dates (Duranton, VIII, 356; Aubry et Rau, § 685 *bis*-10). — Supposons une institution contractuelle de moitié, deux legs particuliers de 15,000 fr. chacun, avec un ascendant héritier à réserve pour un quart. L'actif net est de 80,000 fr.; il appartient : à l'héritier à réserve pour 20,000 fr.; à l'institué contractuel pour moitié, soit 40,000 fr.; et les 20,000 fr. de surplus sont répartis entre les deux légataires, soit chacun 10,000 fr.

1467. — Autre exemple. — Institution contractuelle intermédiaire. — A... a fait donation : à B... de 10,000 francs, puis à C..., par institution contractuelle, de un quart de ses biens; enfin à D... de 20,000 f. Il décède laissant un seul enfant et 10,000 fr. de legs; les biens laissés à son décès sont de 30,000 fr., soit avec les 30,000 donnés, une masse de 60,000 fr.; la réserve légale est de 30,000 fr.; les réductions s'opèrent ainsi qu'il suit : sur la masse de la succession on déduit les 10,000 fr. donnés à B..., reste 50,000 fr., dont le quart pour C... est de 12,500 fr. à prendre sur les biens présents; et l'héritier, pour se remplir des 30,000 fr. montant de la réserve, prend le restant des biens existants, soit 17,500 fr. et les 12,500 fr. de surplus sur le don de D..., qui se trouve réduit à 7,500 fr. Quant aux legs, ils sont tous caducs.

1468. — Donation par père et mère. — Gains de survie. — Les père et mère font donation conjointement à l'un de leurs enfants de tous leurs biens par préciput et hors part; cette donation ne saurait avoir pour effet d'emporter renonciation de la part des époux aux gains de survie qu'ils se sont assurés par leur contrat de mariage. Il s'ensuit que si les gains de survie excèdent la quotité disponible, l'enfant donataire n'a aucun droit, en vertu de la donation préciputaire, dans la succession du prémourant; mais seulement sur celle du survivant (Cass., 30 juill. 1856; S. 57, I, 193).

1469. — Réserve de disposer. — Quand la donation est de biens présents par contrat de mariage avec réserve de la faculté de disposer de quelques-uns des objets compris dans la donation, et que le donateur est décédé sans avoir usé de cette faculté, mais après avoir fait de nouvelles dispositions entre-vifs, les objets réservés ne sont néanmoins sujets à réduction qu'après que ces dernières donations ont été épuisées (Aubry et Rau, § 685-*bis*-12; CONTRA Duranton, VIII, 358). — Mais si le donateur a usé de cette faculté, c'est à la date de la nouvelle disposition que ces objets sont atteints par la réduction.

1470. — Préférence. — La règle de l'art. 923, *supra* n° 1464, reçoit exception lorsque le disposant, en faisant à une même date plusieurs donations, a manifesté la volonté que l'une d'elles fût acquittée de préférence aux autres (*C. civ.*, 927). La volonté du disposant à ce sujet doit être expresse; mais comme la loi ne l'a pas soumise à des expressions sacramentelles, elle peut aussi s'induire, soit de la nature même de la disposition, soit de la contexture des clauses de l'acte révélant l'intention du donateur (Cass., 10 août 1870; S. 72, I, 180; J. N., 20128. Voir cep. *supra* n° 1457).

1471. — Donation entre époux par contrat de mariage. — La donation entre époux faite par contrat de mariage, même de biens à venir, est réductible à sa date, en raison de ce qu'elle participe de l'institution contractuelle. Néanmoins si un époux donataire de son conjoint par contrat de mariage, de toute la portion disponible, a concouru ultérieurement à une donation faite par son conjoint à l'un de leurs enfants, il est obligé de souffrir l'exécution de cette dernière donation de préférence à celle qui lui a été faite antérieurement (Bordeaux, 9 avril 1840; S. 41, II, 470).

1472. — Donation entre époux pendant le mariage. — Quand les libéralités de l'époux donateur excèdent la quotité disponible, la donation qu'il a faite à son conjoint pendant le mariage n'est réductible qu'après l'épuisement de toutes les dispositions testamentaires, et non pas au marc le franc avec les dispositions testamentaires. Si l'époux donateur a fait d'autres donations, c'est à sa date que la donation de biens présents faite à son conjoint, pendant le mariage, sera atteinte par la réduction (Marcadé, *923*, 1; Troplong, 2658; Aubry et Rau, § 685 *bis*-11; Demolombe, XXIII, 466; Toulouse, 21 mai 1829. Contra Duranton, VIII, 357; Colmet de Santerre, IV, 276 *bis*, 8°). — Mais si la donation est de biens à venir, comme elle ne transmet que des droits éventuels, c'est à la date du jour du décès seulement qu'elle sera atteinte par la réduction, par conséquent avant toutes les donations faites à des étrangers, et d'ailleurs les donations postérieures constituent des révocations implicites (Troplong, 2661; Colmet, IV, 276 *bis*, 8°. Contra Demolombe, XXIII, 467; Roll. de Vill., *Réd. de don.*, 103).

1473. — Modalité des donations. — La réduction s'opère suivant les distinctions ci-dessus, quelle que soit la forme de disposition employée ou la modalité attachée à la disposition. Il importe donc peu qu'il s'agisse d'une donation déguisée sous la forme d'un contrat onéreux; ou d'une donation rémunératoire, onéreuse ou mutuelle entre époux par contrat de mariage; ou d'une donation sous forme de partage d'ascendants, *supra* n° 1034; ou d'un don manuel, à moins que la chose, depuis restituée, n'ait fait ensuite l'objet d'une donation régulière, auquel cas, ce serait à la date de la dernière donation (Cass., 16 juin 1857; S. 57, I, 754). — Ou encore que la donation soit faite à terme, ou sous une condition suspensive ou résolutoire (Marcadé, *923*, 1; Bayle-Mouillard, II, 606, note *a*; Saintespès, II, 501 à 505; Troplong, 959; Massé et Vergé, § 455-4; Demolombe, XIX, 576 à 580; Cass., 6 juill. 1817; Rouen, 27 fév 1852; S. 52, II, 583).

1474. — Cautionnement. — On range aussi parmi les libéralités sujettes à réduction, le cautionnement souscrit par le *de cujus* à l'effet de garantir une donation faite par le cautionné, de manière à ce que la caution supplée à l'insuffisance des biens du cautionné ou de sa succession lorsque la donation devra recevoir son exécution. En ce cas, le cautionnement n'est pas seulement un accessoire de la donation principale, mais l'on doit y voir une libéralité directe, quoique éventuelle, de la caution envers le donataire (Cass., 12 août 1872; Grenoble, 26 mars 1875; S. 72, I, 325; 73, II, 149).

1475. — Ordre de réduction. — Stipulation. — L'ordre de réduction déterminé par l'art. 923 étant fondé sur la règle de l'irrévocabilité des donations, le donateur ne saurait imposer à son donataire la condition de souffrir la réduction postérieurement aux donations qu'il ferait ensuite.

1476. — Acceptation. — La date qui règle l'ordre de la réduction est celle du jour où la donation est devenue parfaite. Ainsi, quand la donation et l'acceptation sont contenus dans le même acte, c'est la date de cet acte; et quand l'acceptation est postérieure, c'est la date de la notification faite au donateur ou de la dispense de notification consentie par celui-ci (Duranton, VIII, 351; Vernet, p. 486; Saintespès, II, 513; Demolombe, XIX, 583; Rouen, 27 fév. 1852; S. 52, II, 183; Cass., 16 nov. 1861; S. 62, I, 89).

1477. — Même acte. — Les donations diverses renfermées dans un même acte, ne contenant pas de stipulation de préférence, supra n° 1470, sont réductibles au marc le franc, sans que l'on ait à examiner le rang qu'elles occupent dans l'acte (Marcadé, *923*, 1; Toullier, V, 146; Duranton, VIII, 852; Coin-Delisle, *923*, 11; Troplong, 995; Vernet, p. 486; Aubry et Rau, § 685 *bis*-13; Demolombe, XIX, 584).

1478. — Même jour. — Ce principe est applicable aussi, dans le cas où le donateur a fait un même jour, à plusieurs personnes, des donations différentes. Il en serait autrement : 1° Si les actes de donation indiquaient tous l'heure à laquelle chacun d'eux a été fait, la dernière donation signifiant celle qui a été faite après qu'une autre l'a précédée (Marcadé, *923*, 1; Coin-Delisle, *923*, 4; Bayle-Mouillard, II, 603, note *a*; Taulier, IV, p. 54; Troplong, 1002; Vernet, p. 486; Saintespès, II, 515; Demolombe, XIX, 586; Aubry et Rau, § 685 *bis*-4; Massé et Vergé, § 457-8);

2° Si, même sans indication de date, une donation mentionne celle qui l'a précédée (Demolombe, XIX, 587).

1479. — Modification. — Il suffit que les héritiers à réserve obtiennent le montant de la réserve, au moyen de la réduction des donations faites par leur auteur, sans qu'ils aient à rechercher par qui le complément a été fourni; ils ne peuvent donc pas se plaindre de ce que la réduction, au lieu de porter uniquement sur la donation dernière en date, a porté également sur la plus ancienne (Cass., 12 janv. 1853; S. 53, I, 65; voir aussi Cass., 12 juill. 1848; S. 48, I, 473).

§ 8. — *De l'exercice et des effets de la réduction.*

I. Exercice de la réduction.

1480. — Réduction en nature. — Lorsque l'action en réduction est dirigée contre le donataire possédant encore les biens donnés; qu'il s'agisse de biens meubles ou de biens immeubles, le donataire peut être contraint à la restitution en nature, de même que, réciproquement, il peut contraindre l'héritier à les recevoir ainsi; sauf aux parties à s'entendre dans le cas où ils conviendraient que la restitution se fera en numéraire (Marcadé, *924*, 1; Troplong, 974; Vernet, p. 487; Demolombe, XIX, 591). — Les règles exposées, supra n°s 1460 et suiv., à l'égard des legs, sont applicables aux donations.

1481. — Donation à un successible. — Toutefois, par exception à cette règle, si la donation entre-vifs réductible a été faite à l'un des successibles, il peut retenir, sur les biens donnés, la valeur de la portion qui lui appartiendrait, comme héritier, dans les biens non disponibles, s'ils sont de même nature (C. civ., 924), valeur et bonté. On doit, à ce sujet, considérer comme étant de même nature tous les immeubles quels que soient leur espèce et leur mode de culture ou d'exploitation (Caen, 16 mars 1839; S. 39, II, 356).

1482. — Héritier. — Il s'agit ici d'une donation immobilière faite par préciput à un successible qui se porte héritier, puisque l'héritier renonçant n'a aucun droit dans la réserve, supra n° 1214.

1483. — Aliénation. — Restitution. — Mode fixé. — Quand un acte de donation stipule, pour le cas de rapport, la valeur des biens en ce qui concerne ceux qui auraient été aliénés par le donataire, les termes de paiement et le taux d'intérêt pour les sommes rapportables, ces stipulations ne peuvent être appliquées au cas de restitution des biens ayant fait l'objet de la donation devenue inefficace, comme se trouvant excéder la quotité disponible (Limoges, 7 janv. 1860; S. 61, II, 303).

1484. — Libéralité inefficace. — La disposition de l'art. 924 s'applique même au cas où la libéralité se trouve inefficace à raison d'une donation antérieure absorbant la quotité disponible : le mot *réductible* embrassant dans sa généralité le retranchement total aussi bien que le retranchement partiel de la libéralité, tandis que l'art. 866, *supra* n° 1184, s'applique seulement au cas où l'immeuble donné n'est atteint que partiellement par l'action en réduction (Marcadé, *924*, 3 ; Coin-Delisle, *924*, 2 ; Saintespès, II, 521 ; Colmar, 25 juillet 1865 ; S. 66, II, 179 ; voir cep. Toullier, V, 144 ; Duranton, VIII, 402 ; Grenier et Bayle-Mouillard, IV, 627 ; Levasseur, 162 ; Demolombe, XIX, 595).

1485. — Partage. — Tirage au sort. — Dans le cas où le donataire successible a le droit de retenir sa part virile sur les biens à lui donnés, *supra* n° 1481, la règle générale qui, en matière de partage, exige le tirage au sort des lots cesse d'être applicable, et le principe d'égalité a paru au législateur suffisamment sauvegardé par l'attribution aux successibles non donataires, de biens de même nature que ceux retenus par le successible donataire (Cass., 15 nov. 1871 ; Nancy, 2 déc. 1872 ; Cass., 5 juill. 1876 ; S. 71, I, 155 ; 73, II, 83 ; 77, I, 345).

1486. — Donataire insolvable. — Dans le cas de l'insolvabilité (à l'ouverture de la succession : Coin-Delisle, *923*, 8 ; Demolombe, XIX, 351, 603 ; Cass., 11 déc. 1854 ; S. 55, I, 364) de l'un ou de plusieurs des donataires qui se trouvent soumis à la réduction, la réduction demeure sans effet contre eux pour le tout ou pour partie, suivant que l'insolvabilité est totale ou partielle, ou que le donataire est inconnu (Cass., 11 janv. 1882 ; *Rép. N.*, 627).

1487. — Donataire insolvable non réduit. — La masse totale est de 120,000 fr. formés : pour 30,000 fr. de biens existants au décès, et pour 90,000 fr. de rapports fictifs de donations dans l'ordre ci-après : 1° A... 30,000 fr. ; 2° B... 20,000 fr. ; 3° C... 15,000 fr. ; 4° D... 25,000 fr. ; la réserve est de moitié soit 60,000 fr. ; l'héritier en est rempli : pour 30,000 fr. par les biens existants au décès, et pour les 30,000 fr. de surplus, par es 25,000 fr. donnés à D... qui subit la réduction en entier, et par 5,000 fr. sur le don de C... qui subit la réduction de cette somme. Il est indifférent que A... et B... soient insolvables puisqu'ils ne sont pas atteints par la réduction (Dijon, 19 mai 1882 ; *Rép. Not.*, 1290).

1488. — Donataire insolvable réduit. — Mais si D..., atteint par la réduction, se trouve insolvable, comment procéder ?

1489. — 1er système. — Donataires antérieurs. — La réduction est exercée pour le tout contre les donataires immédiatement antérieurs à l'insolvable ; soit, dans l'espèce ci-dessus, contre C... pour 15,000 fr. montant de son don et contre B... pour même somme sur les 20,000 fr. à lui donnés, sauf à les subroger dans les droits de l'héritier réservataire contre D... ; à ce moyen, l'héritier aurait toute sa réserve, soit 60,000 fr., tandis que les premiers donataires n'auraient que 35,000 fr. au lieu de 60,000 (Grenier, II, 632 ; Toullier, V, 137 ; Troplong, 997 ; Aubry et Rau, § 684-26 ; Roll. de Vill., *Port. disp.*, 435).

1490. — 2e système. — Héritier à réserve. — L'insolvabilité retombe à la charge de l'héritier seulement ; de sorte que la réserve seule demeure incomplète de tout ce qui devrait être repris sur le donataire insolvable, sans qu'il puisse y être suppléé aux dépens du donataire antérieur. A ce moyen, dans l'espèce ci-dessus, le réservataire a seulement 30,000 fr. de biens existants au décès et 5,000 déduits du don de C..., ensemble 35,000 fr., soit 25,000 de moins que sa réserve ; tandis que A..., B... et C... donataires auront ensemble 60,000 fr. (Mourlon, II, p. 310 ; Amiens, 10 nov. 1853 ; S. 54, II, 56).

1491. — 3e système. — Donataires antérieurs et héritiers. — Ces deux systèmes blessent l'équité en ce qu'ils sont préjudiciables : le premier aux donataires, le deuxième à l'héritier réservataire. Il nous semble préférable d'adopter un troisième système enseigné par la majorité des auteurs, dont l'objet est de faire peser les conséquences de l'insolvabilité du dernier donataire, à la fois sur l'héritier et sur le donataire précédent. Pour cela, on doit ne pas comprendre dans la masse le montant de la donation faite au donataire insolvable ou la fraction pour laquelle il est réduit en cas de réduction partielle, *supra* nos 1305 à 1308, ou, s'il n'est pas entièrement insolvable, la somme qu'il est dans l'impossibilité de restituer, de manière à diminuer la quotité disponible et la réserve, proportionnellement à leur importance respective. Ainsi, dans l'espèce posée n° 1489, D... étant insolvable, on ne comprend pas dans la masse les 25,000 fr. montant de la donation, ce qui la réduit à 95,000 fr., dont 47,500 fr. pour la réserve, et 47,500 fr. pour la quotité disponible; l'héritier est rempli de sa réserve par les 30,000 fr. de biens existants au décès, les 15,000 fr. donnés à C..., et 2,500 fr. sur les 20,000 fr. donnés à B...; sauf à B..., à C..., et à l'héritier à se récupérer ensuite sur D..., s'il se trouve ultérieurement en état de payer (Marcadé, *923*, 3; Levasseur, 113, 114; Duranton, VIII, 339; Coin-Delisle, *923*, 11; Bayle-Mouillard, II, 632, note *a*; Taulier, IV, p. 54; Massé et Vergé, § 457-16; Demolombe, XIX, 605; Lyon, 5 janv. et 14 août 1855; S. 56, II, 209).

1492. — Donataire insolvable partiellement réduit. — Si le donataire insolvable n'est atteint qu'en partie par la réduction, une double opération devient nécessaire : on forme une première masse à laquelle on réunit fictivement la totalité de son don, de manière à faire ressortir ce qu'il conserve et la réduction qu'il subit; ensuite, on établit une deuxième masse à laquelle on réunit seulement ce que le donataire insolvable a conservé sur son don, le surplus étant considéré comme perdu.

II. Effets de la réduction.

1493. — Résolution. — La réduction produit l'effet d'une résolution de la donation, dont les conséquences sont les suivantes :

1494. — Fruits postérieurs au décès. — Le donataire restitue les fruits de ce qui excède la portion disponible, à compter du jour du décès du donateur, si la demande en réduction a été faite dans l'année; sinon du jour de la demande (*C. civ., 928*). Cette disposition est générale et ne distingue pas entre le donataire venant à la succession comme héritier et le donataire étranger à la succession (Cass., 26 avril 1870; S. 70, I, 377; Contra Pau, 2 janv. 1871; S. 72, II, 173; J. N. 20163).

1495. — Fruits antérieurs. — Quant aux fruits perçus, ou courus pour ceux civils, depuis la donation jusqu'au décès du donateur, ils demeurent irrévocablement acquis au donataire.

1496. — Demande après l'année. — Il en est de même de ceux perçus ou courus depuis le décès jusqu'à la demande en réduction, si elle est formée après l'année écoulée; car, ce temps passé, le donataire peut croire que son don n'est pas atteint par la réduction, et sans que l'héritier puisse alléguer qu'il serait de mauvaise foi en raison de ce qu'il connaissait le décès (Marcadé, *art. 928*; Coin-Delisle, *928*, 4; Bayle-Mouillard, II, 633, note *a*; Troplong, 1020; Demolombe, XIX, 613).

1497. — Intérêts. — Si la réduction est d'une somme d'argent, le donataire en doit de plein droit les intérêts du jour du décès, ou du jour de la demande en réduction si elle a été formée après l'année (Massé et Vergé, § 457, p. 150 texte; Demolombe, XIX, 611; Roll. de Vill., *Réd. de don.*, 153; Contra Demante, IV, 66 *bis*, 3°).

1498. — Fruits. — Donation déguisée. — Le point de départ du jour de la demande pour la restitution des fruits, quand cette demande n'a été faite qu'après l'année, est applicable aussi au cas de réduction des donations déguisées (Demolombe, XIX, 612 ; Aubry et Rau, § 685 *ter*-13; Paris, 5 août 1852; Cass., 16 août 1853; S. 55, I, 575).

1499. — Fruits. — Paiement. — L'héritier à réserve, qui agit contre un donataire en réduction de la donation, n'est pas fondé à exiger que la restitution des fruits auxquels il a droit lui soit payée en immeubles; pour obtenir ces fruits, il ne peut agir que comme créancier et non comme copropriétaire (Bayle-Mouillard, II, 633, note *a*; Troplong, 1022; Demolombe, XIX, 614; Poitiers, 27 janv. 1839; S. 39, II, 288).

1500. — Impenses. — Rétention. — Si le donataire, contre lequel l'action en revendication est exercée, a droit à une indemnité pour des impenses ou améliorations qu'il a faites à l'immeuble atteint par la réduction, il a le droit de retenir l'immeuble jusqu'à ce qu'il ait été remboursé du montant de l'indemnité (Roll. de Vill., *Réd. de don.*, 124).

1501. — Hypothèques ou autres charges. — Par l'effet de la réduction, la donation est considérée comme non avenue; et, par suite, le donataire se trouve, vis-à-vis de l'héritier réservataire, comme n'ayant jamais été propriétaire des biens atteints par la réduction. En conséquence, les immeubles à recouvrer par l'effet de la réduction, le sont sans charge des dettes ou hypothèques créées par le donataire (C. civ., 929); comme aussi des droits réels dont l'immeuble aurait pu être grevé par le donataire, tels qu'un droit d'usufruit, d'usage ou d'habitation, une servitude; et sans que celui à qui ces droits ont été conférés puisse, ainsi que cela est permis en matière d'aliénation, *infra* n° 1503, exiger que le donataire soit d'abord discuté dans ses biens (Marcadé, 930, 1; Duranton, VIII, 377; Proudhon, *Usuf.*, 1939; Troplong, 1023; Demante, IV, 67 *bis*, 2°; Demolombe, XIX, 618).

1502. — Simulation. — Quand la donation réductible a été faite sous la forme d'un contrat onéreux, et que le donataire a grevé de charges ou hypothèques ou a vendu l'immeuble donné, l'art. 929 est-il applicable? Il faut distinguer : si la simulation a eu pour objet de porter atteinte aux droits des tiers, de telle manière qu'elle puisse être considérée comme une véritable vente, les art. 929 et 930 ne sont pas applicables (Cass., 14 déc. 1826). — Mais si, au contraire, la simulation a uniquement été employée comme un moyen indirect de faire la donation; par exemple, si elle a été faite à un successible, les art. 929 et 930 sont applicables, et les tiers acquéreurs ou créanciers peuvent être évincés par les héritiers réservataires, lors même qu'ils accepteraient purement et simplement; à moins cependant que les tiers créanciers ou acquéreurs ne soient de bonne foi, ce qui doit être apprécié par les tribunaux (Duvergier sur Toullier, III, 150, note *a*; Massé et Vergé, § 457-11; Demolombe, XIX, 622 à 625; Paris, 5 août 1852; S. 52, II, 601; voir aussi Marcadé, 930, 4; Saintespès, II, 557; Troplong, 1025; Coin-Delisle, *929*, 16; Aubry et Rau, § 685 *ter*-3; Rouen, 31 juill. 1843; S. 44, II, 30).

1503. — Tiers détenteur. — L'action en réduction ou revendication peut être exercée par les héritiers contre les tiers détenteurs des immeubles faisant partie des donations et aliénés par les donataires, de la même manière et dans le même ordre que contre les donataires eux-mêmes, et discussion préalablement faite de leurs biens. Cette action doit être exercée suivant l'ordre des dates des aliénations, en commençant par la plus récente (C. civ., 930). Cette disposition s'applique uniquement aux immeubles, et non pas aux meubles corporels ou incorporels; en effet, il est présumable que le donateur, en faisant une donation mobilière, a entendu mettre à la disposition du donataire, la somme ou la valeur qui en est l'objet; dès lors, sauf le cas de fraude, l'héritier à réserve ne peut recourir contre le tiers détenteur (Marcadé, 930, 4; Coin-Delisle, 930, 1; Demolombe, XIX, 628; Roll. de Vill., *Réd. de don.*, 137; Voir cep. Caen, 21 avril 1841; S. 41, II, 433).

1504. — Titre onéreux ou gratuit. — L'art. 930 s'applique non seulement aux aliénations à titre onéreux, mais aussi aux aliénations à titre gratuit (Aubry et Rau, § 685 *ter*-8; Demolombe, XIX, 630).

1505. — Discussion du donataire. — L'art. 930 obligeant l'héritier réservataire à discuter préalablement tous les biens meubles et immeubles du donataire, à quelque lieu qu'ils soient situés, et non pas seulement ceux provenant de la donation (Marcadé, 930, 1; Levasseur, 117; Duranton, VIII, 374; Coin-Delisle, *930*, 10; Saintespès, II, 652; Demolombe, XIX, 635. Voir cep. Toullier, V, 152), — c'est à l'héritier à faire cette discussion avant d'exercer aucune action contre le tiers détenteur, sans que ce dernier soit tenu, ni de la requérir, ni de faire aucune avance de frais, ni d'indiquer les biens du donataire, les art. 2022 et 2023 n'étant pas applicables dans ce cas (Duranton, VIII, 374; Coin-Delisle, *930*, 11; Saintespès, II, 560; Troplong, 1030; Vernet, p. 500; Aubry et Rau, § 685 *ter*-3; Demante, IV, 67 *bis*, 4°; Demolombe, XIX, 633).

1506. — Offre. — Le tiers acquéreur peut échapper à l'action en revendication en offrant à l'héritier réservataire, en numéraire, la somme nécessaire pour compléter sa réserve; puisque, par le fait de l'aliénation, le droit du réservataire ne consiste plus qu'en une somme d'argent, de sorte que c'est seulement à défaut de le remplir en argent qu'il peut s'emparer de l'immeuble lui-même (Marcadé, *930*, 1; Coin-Delisle, *930*, 12; Troplong, 1031; Duranton, VIII, 373; Saintespès, II, 566; Aubry et Rau, § 685 *ter*-12; Massé et Vergé, § 57-15; Demolombe, XIX, 636).

1507. — Vente simulée. — Néanmoins, s'il est établi que la vente n'a jamais été sincère; mais, au contraire, est simulée et frauduleuse, la disposition de l'art. 930, concernant les tiers détenteurs, cesse d'être applicable; et, dans ce cas, la nullité peut en être prononcée sans apporter la preuve que la donation des immeubles vendus excède la quotité disponible, et sans que les biens du donataire aient été préalablement discutés. Il importe peu que le donateur, intervenu à la vente, se soit obligé à la garantie envers l'acquéreur (Cass., 20 juill. 1868; S. 68, I, 362).

1508. — Fruits. — Le tiers détenteur étant tenu, non pas personnellement mais subsidiairement, en cas d'insolvabilité du donataire, doit les fruits, non pas du jour du décès, en vertu de l'art. 928, mais à partir seulement du jour de la demande formée contre lui ou de la dénonciation de la demande en réduction formée contre le donataire (Marcadé, *930*; 3; Coin-Delisle, *930*, 14; Duranton, VIII, 376; Saintespès, II, 552; Troplong, 1021; Demolombe, XIX, 639. CONTRA Vernet, p. 500; Aubry et Rau, § 685 *ter*-15).

1509. — Ordre des dates. — L'article 930, en disposant que l'action devra être formée suivant l'ordre des dates des aliénations, en commençant par la plus récente, a en vue les aliénations diverses consenties par parcelles par le donataire que la réduction atteint, et non pas les aliénations consenties par les différents donataires, l'ordre des dates des donations devant être observé en tous cas (Marcadé, *930*, 2; Coin-Delisle, *930*, 8; Duranton, VIII, 371; Saintespès, II, 558; Troplong, 1032; Demolombe, XIX, 642).

1510. — Sous-acquéreurs. — Si l'acquéreur a lui-même aliéné à titre onéreux, ou gratuit (Rouen, 31 juill. 1843; S. 44, II, 30), les sous-acquéreurs ne peuvent être attaqués qu'après discussion des biens du donataire et de ceux de leur vendeur; et, entre les sous-acquéreurs, la réduction s'opère aussi par ordre de vente, en commençant par la dernière (Marcadé, *930*, 2; Demante, IV, 67 *bis*, Toullier, V, 150; Demolombe, XIX, 643; Roll. de Vill., *Réd. de don.*, 138).

SECTION II. — DE LA RÉDUCTION DES LIBÉRALITÉS FAITES PAR LES MINEURS

SOMMAIRE ALPHABÉTIQUE

Absence d'héritiers 1515	Emancipation 1511	Option 1520
Ascendants 1514	Enfants 1514	Père et mère 1524
Age 1511	Epoque 1517, 1521	Père et cousin 1523
Calcul 1521	Frères et sœurs 1524	Père légataire universel 1525
Capacité 1516, 1517	Indignité 1518	— usufruitier 1526
Caractère du legs 1519	Legs universel . . . . . 1519 à 1525	Quotités 1514
Collatéraux 1514, 1523, 1525	Limites 1513	Règle 1516
Conjoint 1513	Marc le franc 1522	Renonciation 1518
Contrat de mariage 1527	Marié 1511	Rente viagère 1520
Disponibilité 1516	Mobilier 1511	Testament 1511
Disposition excessive 1522	Moitié 1513	Usufruit 1520, 1526
Donation 1511	Motifs 1512	Viager 1520

1511. — Droit de disposer. — Le mineur, lorsqu'il est parvenu à l'âge de seize ans accomplis, peut disposer par testament (*C. civ., 904*); — mais non pas par donation, si ce n'est dans le cas prévu par l'art. 1095. Il importe peu qu'il soit émancipé et que la donation ait seulement pour objet une chose mobilière (Marcadé, *904*, 1; Demolombe,

XVIII, 418); — ou même qu'il soit marié, *infra* n° 1531.

1512. — Motifs. — Il aurait été rigoureux de refuser au mineur, dans l'intervalle entre seize et vingt un ans, le droit de faire aucune disposition. A cet âge il a tout son discernement, et il peut avoir à acquitter une dette de reconnaissance ou de pieuse tendresse ou le désir de laisser un dernier gage de reconnaissance. D'ailleurs, le testament étant un acte fait en vue de la mort, on doit penser qu'il a été conçu, même à cet âge, avec recueillement et réflexion; enfin, la disposition est révocable.

1513. — Limites. — La loi n'a pas voulu conférer au mineur âgé de plus de seize ans une capacité entière de disposer ; elle limite son droit de disposer, par testament, à la moitié des biens dont la loi permet au majeur de disposer *(C. civ., 904)*. Ce qui s'applique à toutes dispositions, à quelques personnes qu'elles soient faites, même en faveur du conjoint, *infra* n° 1531.

1514. — Quotités. — La quotité dont la disposition est permise au mineur âgé de seize ans étant de moitié, il est facile de la déterminer dans tous les cas. Elle sera : s'il laisse un ou plusieurs enfants, du quart pour un, du sixième pour deux, du huitième pour trois ou un plus grand nombre ; — si à défaut d'enfants il laisse des ascendants dans les deux lignes, du quart; et s'il n'en laisse que dans une seule ligne, des trois huitièmes ; — s'il ne laisse ni ascendants ni descendants mais seulement des collatéraux, de moitié.

1515. — Absence d'héritiers. — S'il ne laisse pas de parents au degré successible, même quand sa succession devrait passer au conjoint ou à l'Etat, ce n'est également que de moitié qu'il peut disposer (Marcadé, *916*, 2).

1516. — Règle de capacité. — La limite déterminée par l'art. 904 est fondée sur ce que le mineur n'a pas encore une expérience entière ni un jugement suffisamment sain ; par suite, la disposition à ce sujet forme une règle de capacité personnelle et non pas de disponibilité réelle, encore bien qu'il soit nécessaire de tenir compte de la qualité et du nombre des personnes appelées à son hérédité (Marcadé, *904*, 2 ; Coin-Delisle, *904*, 12; Troplong, 824; Demante, IV, 24 *bis*; Mourlon, II, p. 265; Demolombe, XVIII, 424; Grenoble, 7 juill. 1811 ; CONTRA Fœlix, *Droit international,* n° 30).

1517. — Epoque de capacité. — Pour apprécier la capacité du mineur, il faut se rattacher à l'époque du testament, et non pas à celle du décès. Il s'ensuit que la disposition ne produit son effet que dans la limite tracée *supra* n° 1514, même quand le testateur décède après avoir atteint sa majorité (Marcadé, *904*, 2; Duranton, VIII, 175 et 188; Vazeille, *903*, 2 ; Coin-Delisle, *904*, II ; Demante, IV, 22 *bis* ; Saintespès, I, 179 ; Bayle-Mouillard, IV, 583, note *a*; Troplong, 591 ; Massé et Vergé, § 417-18; Demolombe, XVIII, 425; Grenoble, 7 juill. 1811 ; Lyon, 27 août 1818 ; Cass., 30 août 1820).

1518. — Renonciation. — Indignité. — Il en est ainsi, alors même que tous les héritiers réservataires existant à son décès viendraient à renoncer à sa succession ou à être déclarés indignes (Coin-Delisle, *914*, 6 ; Troplong, 824; Aubry et Rau, § 688-2 ; Demolomhe, XVIII, 426; Bourges, 21 août 1839 ; S. 39, II, 529. CONTRA Bayle-Mouillard, IV, 583, note *a*; Marcadé, *916*, 2).

1519. — Caractère du legs. — Le legs fait par un mineur âgé de plus de seize ans, de tous les biens dont la loi lui permet de disposer, est, malgré la réduction à moitié, constitutif d'un legs universel, et, par conséquent, à défaut d'héritiers à réserve, confère la saisine au légataire (Coin-Delisle, *904*, 14; Massé et Vergé, § 498-2; Duvergier sur Toullier, V, 117 note *a* ; Poitiers, 22 janv. 1828; Cass., 25 janv. 1834; S. 34, 1, 685; Voir Amiens, 8 mars 1860; S. 60, II, 161. CONTRA Demolombe, XVIII, 427; Bourges, 21 août 1839 ; S. 39, II, 529).

1520. — Disposition en viager. — Si la disposition en usufruit ou en viager faite par un mineur âgé de plus de seize ans, excède en revenus, *supra* n° 1388, la portion dont le mineur pouvait disposer, les héritiers *ab intestat* n'ont pas, pour cela, l'option accordée par l'art. 917, *supra* n° 1386, ou d'exécuter cette disposition ou de faire l'abandon de la propriété de la quotité disponible. Il suffit qu'ils trouvent dans la succession, en valeurs quelconques, la portion de biens dont le mineur n'a pu disposer, sauf leur droit de faire réduire la disposition s'ils établissent qu'elle excède la quotité dont le mineur pouvait disposer (Duranton, IX, 195 ; Demolombe, XVIII, 427).

1521. — Calcul. — Epoque. — L'art. 904 réglant la capacité personnelle du mineur d'après le principe de la réserve et de la quotité disponible, il faut, pour déterminer la quotité dont il est capable de disposer, considérer la quotité de biens dont il aurait pu disposer s'il eût été majeur et suivant la qualité des héritiers qu'il a laissés à son décès. De sorte que si, à l'époque de son testament, le mineur avait ses père et mère, et qu'à son décès il n'ait plus que des collatéraux, la quotité disponible est, non pas d'un quart, mais de moitié (Demante, IV, 22 *bis*, 3° ; Demolombe, XVIII, 428).

1522. — Disposition excessive. — Comme conséquence, si la disposition dépasse la quotité fixée par l'art. 904, elle n'est pas nulle, mais seulement réductible ; et quand il y a plusieurs dispositions, la réduction s'en fait au marc le franc si une préférence entre elles n'a pas été stipulée (Duranton, VIII, 189 ; Troplong, 591 ; Saintespès, I, 179 ; Massé et Vergé, § 417-18 ; Demolombe, XVIII, 429 ; Turin, 30 août 1809 ; Orléans, 7 avril 1848 ; S. 51, II, 408).

1523. — Père et cousin maternel. — Legs à étranger. — Un mineur âgé de plus de seize ans a légué à un étranger la totalité de ses biens ; il décède laissant pour héritiers : de la moitié dévolue à la ligne paternelle, son père, et de l'autre moitié dévolue à la ligne maternelle, un cousin, la réduction s'opère de la manière suivante : — s'il avait été majeur, la quotité disponible aurait été de trois quarts, étant mineur elle est seulement de moitié des trois quarts, soit trois huitièmes. Les cinq huitièmes de surplus, formant la succession *ab intestat*, se partagent par moitié entre le père et le cousin (C. civ., 733), soit chacun cinq seizièmes. Il suffit que le père ait sa réserve qui est du quart ou quatre seizièmes ; en effet l'ascendant, suivant l'art. 915, ne peut réclamer sa réserve à part que dans le cas où un partage égal avec les collatéraux ne lui donnerait pas la quotité des biens à laquelle elle est fixée. Le père ne serait donc pas fondé à soutenir que sur les cinq huitièmes (ou vingt trente-deuxièmes) restant, il doit d'abord prélever son quart, soit huit trente-deuxièmes, et partager par moitié les douze trente-deuxièmes de surplus, ce qui lui donnerait quatorze trente-deuxièmes, et au légataire six trente-deuxièmes seulement (Marcadé, *916*, 2; Toullier et Duvergier, V, 117 ; Grenier et Bayle-Mouillard, IV, 578, 583 *bis*; Duranton, VIII, 191 ; Coin-Delisle, *915*, 16 ; Troplong, 819 ; Massé et Vergé, § 459-6 ; Aubry et Rau, § 688-4 ; Demolombe, XVIII, 432 ; Angers, 16 juin 1825 ; Contra Levasseur, 55 ; Poujol, *915*, 10 ; Demante, IV, 22 *bis*).

1524. — Père et mère ; frères et sœurs. — Il en serait autrement dans le cas où un partage égal entre les ascendants et les collatéraux ne donnerait pas aux ascendants la réserve à laquelle ils ont droit ; par exemple : un mineur âgé de plus de seize ans, laissant ses père et mère et des frères et sœurs, a fait un legs universel réductible à un quart ; si les trois quarts ou douze seizièmes de surplus se partageaient par moitié, les père et mère n'auraient ensemble que six seizièmes, soit chacun trois seizièmes, tandis que leur réserve est pour chacun de quatre seizièmes, ensemble huit seizièmes. Dans ce cas, la réserve des père et mère étant égale à leur part héréditaire, *supra* n° 1235, ils ont droit sur les trois quarts restant à chacun un quart, et c'est sur la part des frères et sœurs que le legs produit son effet, de sorte qu'il ne reste à partager qu'un quart entre eux (Marcadé, *916*, 2 ; Coin-Delisle, *915*, 17 ; Troplong, 820 ; Demolombe, XVIII, 433 ; Aubry et Rau, § 688-7 ; Bourges, 20 août 1839 ; S. 39, II, 529).

1525. — Père légataire universel. — Collatéraux. — Le mineur laissant son père et des parents collatéraux a institué son père légataire universel. Dans cette hypothèse, le mineur est présumé n'avoir voulu laisser à ses parents collatéraux que tout ce dont il ne pouvait pas les priver ; les collatéraux n'ont pas le droit de profiter de l'augmentation de la quotité disponible résultant de la présence de l'héritier à réserve, autrement on se prévaudrait contre l'ascendant de la réserve établie en sa faveur, ce qui serait inadmissible. En conséquence, les parents collatéraux ont droit uniquement à la moitié de leurs droits héréditaires, soit : si ce sont des frères et sœurs, à moitié de trois quarts ou trois huitièmes ; et si ce sont des collatéraux dans la ligne maternelle, à moitié de la moitié ou un quart ; de sorte que le père a droit : dans le premier cas à cinq huitièmes, et dans le deuxieme à trois quarts (Marcadé, *916*, 2 ; Grenier, IV, 583 ; Vazeille, *915*, 10 ; Roll. de Vill., *Port. disp.*, 116 ; Saintespès, II, 357 ; Troplong, 822 ; Demolombe, XVIII, 435 ; Riom, 15 mars 1824 ; Bourges, 28 janv. 1831 ; S. 31, II, 300 ; Aix, 9 juill. 1838 ; S. 38, II, 505 ; Rouen, 27 fév. 1855 ; S. 56, II, 540 ; Orléans, 13 juin 1878 ; S. 79, II, 22. Contra Laurent, XI, 151 ; Duvergier sur Toullier, V, 117 note *a* ; Aubry et Rau, § 688-5 ; Bayle-Mouillard, IV, 583 *quater*, note *a* ; Besançon, 23 nov. 1812 ; Poitiers, 22 janv. 1828 ; Toulouse, 22 juill. 1840).

1526. — Père (ou mère) usufruitier. — Dans les hypothèses prévues aux trois numéros qui précèdent, le père (ou la mère) qui est en concours avec des collatéraux, autres que frères et sœurs ou leurs descendants, a droit, indépendamment de sa part, à l'usufruit du tiers de la part dévolue aux collatéraux, dans les termes de l'art. 754 (Grenier, IV, 583 ; Vazeille, *915*, 11 ; Coin-Delisle, *915*, 19 ; Toullier, V, 117 ; Duranton, VIII, 313 ; Saintespès, II, 357 ; Troplong, 823 ; Massé et Vergé, § 459-6 ; Demolombe, XVIII, 437 ; Poitiers, 22 janv. 1828 ; Bourges, 28 janv. 1831 ; S. 31, II, 300 ; Besançon, 19 fév. 1847 ; J. N., 12980 ; Rouen, 27 fév. 1855 ; S. 56, II, 540. Contra Besançon, 23 nov. 1812 ; Riom, 15 mars 1824).

1527. — Donation par contrat de mariage. — Legs. — Quand un mineur a disposé par contrat de mariage en faveur de son conjoint, puis pendant le mariage et avant sa majorité, a légué à un tiers (ou à son conjoint), tout ce dont il pouvait disposer, la donation faite par contrat de mariage est en dehors de la quotité dont il avait le droit de disposer par testament, puisque, en ce qui le concerne, il est considéré, non pas comme *mineur* mais comme *majeur*, et, en outre, comme ayant disposé non pas par *testament* mais *entre-vifs*. Si donc il a donné à son conjoint un quart en propriété et qu'il ne laisse pas d'héritiers à réserve, il a pu disposer encore par testament de la moitié des trois quarts de surplus, soit trois huitièmes, ensemble cinq huitièmes avec le quart donné par contrat de mariage (Demolombe, XVIII, 439).

SECTION III. — DE LA RÉDUCTION DES LIBÉRALITÉS FAITES ENTRE ÉPOUX

DIVISION

§ I. De la quotité disponible entre époux quand il n'y a pas d'enfants d'un précédent mariage (Nos 1529 et suiv.).
    I. Collatéraux (Nos 1533 et 1534).
    II. Ascendants (Nos 1535 à 1543).
    III. Enfants (Nos 1544 à 1582).
    IV. Enfants naturels (Nos 1583 à 1585).
§ 2. De la quotité disponible entre époux quand le disposant a des enfants d'un précédent mariage (Nos 1586 à 1609).
§ 3. Des dispositions faites concurremment en faveur d'un époux et d'un étranger (Nos 1610 à 1625).
§ 4. Des règles communes aux dispositions soit par contrat de mariage soit pendant le mariage (Nos 1626 à 1635).

SOMMAIRE ALPHABÉTIQUE

Apport non justifié 1630	— Dates de réduction. . . . 1542	— Universalité en propriété 1540
Ascendants :	— Enfants naturels 1584	— Universalité en usufruit. 1541
— Concours avec étranger. 1542, 1543	— Héritier 1535	— Usufruit de réserve 1535, 1540
— Conjoint et étranger 1542, 1543	— Lignes 1536, 1537	Assurance sur la vie 1628
— Conjoint mineur 1538	— Même acte 1543	Collatéraux :
	— Quotité 1535, 1539	— Conjoint mineur 1534

MASSES. — RÉDUCTIONS DE DONATIONS ENTRE ÉPOUX.

- — Enfants naturels 1585
- — Totalité 1533
- Concours des quotités :
- — Application 1576
- — Concurrence 1579
- — Conditions 1558
- — Deux enfants . . . 1563 à 1567
- — Disposition antérieure . . 1564, 1569, 1570
- — Disposition postérieure . . 1565, 1571, 1572
- — Donation renouvelée . . . 1580
- — Don particulier 1560
- — Enfant naturel 1562
- — Imputation 1567
- — Libéralités simultanées (Voir ce mot).
- — Moyens d'avantager . . 1577 à 1582
- — Préférence 1578
- — Propriété 1566
- — Quotité épuisée 1571
- — Quotité non épuisée 1569, 1572
- — Quotités différentes 1559, 1563, 1568
- — Renonciation 1580, 1581
- — Répartition 1558, 1576
- — Réserves de concurrence 1579
- — Réserves de préférence . . 1578
- — Révocation 1582
- — Seul enfant . . . . 1559 à 1562
- — Simultanéité 1579
- — Systèmes différents 1573, 1574
- — Trois enfants ou plus . 1568 à 1582
- — Universalité 1561
- — Usufruit capitalisé . 1567, 1574
- — Usufruit, évaluation . . . 1575
- Concurrence 1579
- Créanciers 1633
- Disposition 1529
- Disposition à titre onéreux . . 1552
- Donateur 1634
- Donation 1530
- Donation déguisée 1629
- — Indirecte 1627
- — Renouvelée 1580
- Dot fictive 1634
- Enfant adoptif 1589, 1631
- Enfants du mariage :
- — Alternative 1555
- — Choix des quotités 1555
- — Clause de réduction . . . 1550
- — Concours des quotités (Voir ce mot).
- — Cumul 1557

- — Disponible ordinaire . . . 1545
- — Enfants naturels 1583
- — Etendue 1545
- — Immeuble en usufruit . . 1553, 1554
- — Invariable 1545
- — Légataire 1549
- — Meubles en propriété . . 1553
- — Motifs de quotité 1546
- — Nue propriété 1551
- — Option 1547, 1548
- — Personne interposée . . . 1632
- — Prêt 1552
- — Quotité 1544
- — Rente viagère 1548
- — Reprises 1554
- — Réunion fictive 1556
- — Titre onéreux 1552
- — Universalité en propriété 1549
- — Universalité en usufruit . 1549
- — Usufruit éventuel 1551
- — Usufruit, option 1547
- — Usufruit réductible 1550
- Enfant de précédents mariages :
- — Action en réduction . . . 1591
- — Calcul 1604
- — Cumul 1593
- — Détermination 1600
- — Donation antérieure . . . 1596
- — — postérieure . . . 1595
- — Don de part d'enfant . . . 1603
- — Enfant adoptif 1589
- — Enfants du mariage 1590, 1608
- — Enfants naturels 1588
- — Epoque de disposition . . 1599
- — Epoque de réduction . . . 1591
- — Exercice 1609
- — Héritier 1591
- — Indignité 1586, 1602
- — Indisponibilité 1586
- — Interdiction de disposer . 1592
- — Légitimes 1587
- — Legs 1594
- — Libéralité excessive . . . 1605
- — Limites 1592
- — Mariages successifs . . . 1598
- — Nombre 1602
- — Option 1606
- — Ouverture 1608, 1609
- — Part d'enfant 1600
- — Personne interposée . . . 1631
- — Petits enfants 1587
- — Plusieurs mariages 1598
- — Prédécès 1601
- — Quotité 1586
- — Quotité non épuisée . . . 1597

- — Quotité en usufruit . . . 1607
- — Réduction . . . . 1594 à 1597
- — Renonciation 1586, 1602
- — Rente viagère 1606
- — Restriction 1592
- — Séparation de biens . . . 1591
- — Usufruit, option 1606
- — Usufruit, quotité 1607
- Enfants naturels :
- — Ascendants 1584
- — Collatéraux 1585
- — Enfants légitimes 1583
- — Mariage subséquent . . . 1588
- — Personne interposée . . . 1631
- Fraude 1633
- Légataires 1635
- Libéralités simultanées :
- — Ascendants 1613, 1618
- — Concurrence 1610
- — Deux enfants 1613, 1621 à 1623
- — Donation 1611
- — Hypothèses . . . . 1619 à 1625
- — Legs 1611
- — Limites 1612
- — Méthodes 1617
- — Proportions diverses . . . 1616
- — Quotités communes . . . 1615
- — Quotités dépassées . 1614 et s.
- — Quotités non dépassées . 1613
- — Quotité plus élevée . . . 1614
- — Quotités respectives . . . 1612
- — Seul enfant . 1613, 1619, 1620
- — Trois enfants ou plus . . 1613, 1624, 1625
- Mineur 1531, 1534, 1538
- Nullité 1626, 1629, 1633
- Personne interposée 1629, 1631
- Préférence 1578
- Prêt à terme 1552
- Règles communes . . . 1626 à 1634
- Renonciation à donations . 1580, 1581
- Réservataires 1633, 1635
- Réserves de concurrence . . . 1579
- — de préférence 1578
- Révocabilité 1626
- Révocation de donation 1582
- Testament 1530
- Usufruit capitalisé 1567, 1574
- — Evaluation 1575
- — Eventuel 1551
- — Immeubles 1553, 1554
- — Option 1547, 1606
- — Quotité 1607
- — Réductible 1550
- — De réserve 1535, 1540
- — Universel 1541, 1549

1528. — Division. — La quotité disponible entre époux n'est pas la même que la quotité disponible ordinaire. — En outre, même entre époux, la quotité disponible est différente, suivant que l'époux donateur a laissé ou n'a pas laissé d'enfants d'un précédent mariage. Nous allons examiner séparément chacune de ces hypothèses ; nous verrons ensuite sous un troisième paragraphe quel est le sort des dispositions faites concurremment à un époux et à un étranger ; et sous un quatrième paragraphe, les règles communes aux dispositions entre époux, soit par contrat de mariage, soit pendant le mariage.

§ I. — *De la quotité disponible quand il n'y a pas d'enfants d'un précédent mariage.*

1529. — Disposition. — L'époux

peut, soit par contrat de mariage, soit pendant le mariage : pour le cas où il ne laisserait point d'enfants ni descendants, disposer en faveur de l'autre époux, en propriété de tout ce dont il pourrait disposer en faveur d'un étranger, et, en outre, de l'usufruit de la totalité de la portion dont la loi prohibe la disposition au préjudice des ascendants (1) ; — et pour le cas où l'époux donateur laisserait des enfants ou descendants, il peut donner à l'autre époux ou un quart en propriété et un autre quart en usufruit, ou la moitié de tous ses biens en usufruit seulement (*C. civ.*, *1094*).

1530. — **Testament.** — La quotité, dans tous les cas ci-dessus, est la même, que la disposition soit faite sous forme de donation par contrat de mariage ou pendant le mariage, ou sous forme de testament.

1531. — **Époux mineur.** — Quand l'époux qui dispose en faveur de son conjoint est mineur, il faut distinguer : si la libéralité a été faite par contrat de mariage, elle peut comprendre toute la quotité déterminée par l'art. 1094. Mais si elle est faite pendant le mariage, en conséquence par testament seulement, le mineur, conformément à l'art. 904, qui est applicable aussi bien au mineur marié qu'au mineur non marié, ne peut disposer au profit de son époux que de la moitié de ce dont il pourrait disposer s'il était majeur (Grenier, II, 461 ; Duranton, VIII, 187 ; Aubry et Rau, § 689-3 ; Bonnet, 1029, note 3 ; Demolombe, XVIII, 421 ; XXIII, 492 ; Paris, 11 déc. 1812 ; Limoges, 15 janv. 1822 ; Bordeaux, 24 avril 1834 ; Toulouse, 27 nov. 1841 ; Orléans, 15 mai 1879 ; Cass., 9 fév. 1880 ; S.79, II, 217 ; 80, I, 295).

1532. — **Hypothèses diverses.** — La libéralité faite par un époux en faveur de son conjoint est différente, suivant que l'époux donateur a laissé pour héritiers légitimes, soit des collatéraux, soit des ascendants, soit des enfants.

I. Collatéraux.

1533. — **Totalité.** — Quand l'époux

---

(1) Le texte de la loi dit : au préjudice des *héritiers*. Cela tient à ce que le projet du Code attribuait une réserve non-seulement aux ascendants et aux descendants, mais aussi aux frères et sœurs et leurs descendants, ainsi qu'aux oncles et tantes et aux cousins germains, et qu'après le rejet de cette réserve on a omis de modifier l'art. 1094.

donateur ne laisse ni descendants, ni ascendants venant à sa succession, *supra* n° 1239, mais seulement des parents collatéraux, il a pu disposer au profit de son conjoint de la totalité de ses biens en pleine propriété, et, par conséquent, l'instituer pour son donataire ou légataire universel.

1534. — **Époux mineur.** — Si la disposition a été faite pendant le mariage par un époux mineur, elle est réduite à la moitié des biens composant sa succession. Ainsi, en supposant une fortune de 100,000 fr., l'époux survivant aura 50,000 fr., et les héritiers collatéraux pareille somme.

II. Ascendants.

1535. — **Usufruit de réserve.** — Si l'époux ne laisse pas d'enfants, mais des ascendants venant à sa succession, *supra* n° 1237, il a pu disposer en faveur de son conjoint, en propriété de tout ce dont il aurait pu disposer en faveur d'un étranger, et, en outre, de l'usufruit de la totalité de la portion réservée aux ascendants.

1536. — **1ᵉʳ exemple.** — **Ascendants dans les deux lignes.** — Le défunt a laissé dans chaque ligne des ascendants venant à la succession, la quotité disponible en faveur de son conjoint est de moitié en propriété, et de l'usufruit de la moitié dévolue aux ascendants.

1537. — **2ᵉ exemple.** — **Ascendants dans une ligne.** — Le défunt n'a laissé d'ascendants venant à sa succession que dans une ligne, la quotité disponible est de trois quarts en pleine propriété, et de l'usufruit du quart dévolu aux ascendants.

1538. — **Conjoint mineur.** — Si la disposition a été faite pendant le mariage par un conjoint mineur, elle ne peut être exécutée que jusqu'à concurrence de moitié de la quotité disponible, *supra* n° 1531 ; ainsi, dans le cas du premier exemple, en supposant une masse de 100,000 fr., le conjoint survivant aura 25,000 fr. en pleine propriété (moitié de la quotité disponible), et 25,000 fr. en usufruit (moitié de la réserve), et les père et mère auront 50,000 fr. en propriété et 25,000 fr. en nue propriété. Si la succession est dévolue au père survivant et à trois frères et sœurs, le père aura un huitième en propriété et un huitième en nue propriété (moitié de sa réserve) ; les trois frères et sœur trois huitièmes en propriété (moitié de la quotité disponible) ; et le conjoint trois huitièmes en propriété (l'autre moitié de la quotité disponible) et un huitième en usufruit (moitié de la réserve légale) (Demolombe, XXIII, 496 ; Bonnet, 1029, note 3 ; Toulouse, 27 nov. 1841 ; S. 42, II, 124).

1539. — Ibid. — Usufruit. — Le legs par l'époux mineur à son conjoint, de l'universalité en usufruit, doit, en présence d'un ascendant, recevoir son exécution si la valeur en capital de cet usufruit n'excède pas trois huitièmes en toute propriété et un huitième en usufruit (T. Parthenay, 17 juill. 1883 ; Defrénois, *Rép. N.*, 1837. CONTRA Orléans, 15 mai 1879 ; S. 79, II, 217).

1540. — Universalité. — L'époux qui a donné ou légué à son conjoint la pleine propriété et jouissance de l'universalité de ses biens, est réputé avoir disposé de la quotité disponible la plus élevée, et, par suite, la libéralité comprend l'usufruit de la réserve légale des ascendants ; de sorte que cette réserve se trouve réduite à la nue propriété du quart (Marcadé, *1094*, 3 ; Coin-Delisle, *1094*, 7 ; Toullier, V, 867 ; Grenier, III ; 450 ; Duranton, IX, 790 ; Proudhon, *Usuf.*, I, 354 ; Troplong, 2257 ; Aubry et Rau, § 689-7 ; Bonnet, 1043 ; Massé et Vergé, § 640-15 ; Demolombe, XXIII, 504 ; Cass., 18 nov. 1840, 30 juin 1842, 3 avril 1843, 24 avril 1854, 19 mars 1862, 15 mai 1865 ; S. 41, I, 90 ; 43, I, 289, 539 ; 54, I, 430 ; 62, I, 1073 ; 65, I, 377 ; Caen, 26 mars 1843 ; S. 43, II, 455 ; Paris, 30 déc., 1847 ; S. 48, II, 138 ; Riom, 16 déc. 1846 ; S. 47, II, 249 ; Seine, 1er avril et 29 juill. 1868 ; Paris, 7 juin 1869 ; t. Laon, 1er avril 1884 ; Seine, 26 août 1884 ; Defrénois, *Rép. N.*, 2152, 2320 ; CONTRA Bastia, 12 janv. 1859 ; S. 60, II, 181 ; Toulouse, 24 août 1868 ; S. 69, II, 119).

1541. — Universalité en usufruit. — A plus forte raison la disposition produit tout son effet, quand elle est de l'usufruit de l'universalité des biens du conjoint prédécédé, ou de la toute propriété du mobilier et l'usufruit des immeubles, alors que le mobilier ne dépasse pas la quotité disponible, autrement le conjoint donataire aurait seulement l'usufruit de l'excédent, *infra* n° 1553.

1542. — Conjoint et étranger. — Actes séparés. — L'époux ayant pour héritier un ascendant, après avoir donné à un étranger les trois quarts formant la quotité disponible ordinaire, peut encore donner à son conjoint l'usufruit du quart restant, formant la réserve de l'ascendant (Marcadé, *1100*, 2 ; Coin-Delisle, *1094*, 15 ; Troplong, 2558, 2594 ; Massé et Vergé, § 460-10 ; Bonnet, 1138 ; Demolombe, XXIII, 516 ; Lyon, 20 janv. 1824, 3 fév. 1853 ; Cass., 3 janv. 1826, 18 nov. 1840, 20 déc. 1847 ; S. 41, I, 90 ; 48, I, 231 ; voir Caen, 28 mai 1858 ; J. N. 16453. CONTRA Duranton, IX, 786). — Si c'est à son conjoint qu'il a donné trois quarts en propriété, ce dernier seul peut encore recevoir un quart en usufruit sur la réserve de l'ascendant ; mais il ne saurait donner ce quart en usufruit à un étranger, la quotité disponible ordinaire étant épuisée par la libéralité faite à l'époux. S'il a donné à son conjoint l'usufruit de l'universalité de ses biens, il peut encore disposer en faveur d'un tiers de la nue propriété de la quotité disponible ordinaire.

1543. — Ibid. — Même acte. — Quand c'est par un même acte, et sans clause de préférence, que l'époux a fait à son conjoint et à un étranger des libéralités qui excèdent la quotité disponible, elles sont réductibles au marc le franc sur la quotité disponible ordinaire. Il en est ainsi, dans le cas où l'époux a disposé en faveur de son conjoint, de trois quarts en propriété, et en faveur d'un étranger d'un quart en usufruit. Voir *infra* n° 1612.

III. Enfants.

1544. — Quotité. — Quand l'époux a laissé un ou plusieurs enfants du mariage commun ou des descendants d'eux, il a pu disposer en faveur de son conjoint, soit de un quart en propriété et un autre quart en usufruit, soit de moitié en usufruit (*C. civ., 1094*). Cette quotité différencie de la quotité disponible ordinaire de l'art. 913 : 1° en ce qu'elle est plus faible s'il n'y a qu'un enfant, puisque, en faveur d'un étranger, elle est de moitié en pleine propriété ; 2° en ce qu'elle est plus forte s'il y a trois enfants ou un plus grand nombre, puisque, dans ce cas, en faveur d'un étranger elle n'est que d'un quart en propriété.

1545. — Etendue de la quotité. — L'époux ne peut disposer en faveur de son conjoint que dans les termes de l'art. 1094, qui limite la quotité disponible entre époux, sans considération du nombre des enfants, soit à un quart en propriété et un quart en usufruit, soit à moitié en usufruit. Il ne saurait, lorsqu'il n'y a qu'un seul enfant, disposer en faveur de son conjoint de la quotité disponible ordinaire étant de moitié en pleine propriété, bien qu'il puisse donnner cette moitié à un étranger (Marcadé, *1094*, 1; Coin-Delisle, *1094*, 5; Vazeille, *1094*, 6; Grenier et Bayle-Mouillard, III, 259; Proudhon, *Usuf.*, I, 355; Guilhon, 259; Toullier, V, 869; Duranton, IX, 793; Troplong, 2559; Demante, IV, 274 *bis*; Massé et Vergé, § 460-8; Saintespès, 1967; Bonnet, 1034; Demolombe, XXIII, 500; Nimes, 10 juin 1817; Riom, 8 mars 1842; S. 42, II, 254; Montpellier, 8 fév. 1843; S. 43, II, 220; Cass., 3 déc. 1844; S. 45, 1, 277; Cass., 4 janv. 1869; S. 69, I, 145; Laurent, XV, 348. Contra Benech, *quot. disp. ent. ép.*, p. 161; Aubry et Rau, § 689-5; Mourlon, II, p. 443).

1546. — Motifs de cette quotité. — D'après le projet de l'an VII, qui a servi d'élément pour la rédaction du Code civil, la quotité disponible de celui qui avait des enfants, quel qu'en fût le nombre, était fixée invariablement à un *quart* en propriété; et en édictant la faculté de disposer d'un quart en propriété et un quart en usufruit, ou de moitié en usufruit, le législateur semblait ainsi composer cette quotité : au cas où la disposition est de un quart en propriété et un quart en usufruit, 1° du quart en propriété formant la quotité disponible ordinaire, 2° et d'un autre quart en usufruit à prendre sur la réserve; — et au cas où la libéralité est de moitié en usufruit, 1° de l'usufruit du quart formant la quotité disponible, 2° et de l'usufruit d'un autre quart à prendre sur la réserve (Demolombe, XXIII, 497; Réquier, *Rev. hist. de droit franç.*, 1864, p. 97; Aubry et Rau, § 689-15).

1547. — Usufruit. — Option. — L'art. 917 du Code civil qui, au cas d'une disposition en usufruit excédant la quotité disponible, confère à l'héritier l'option, ou d'exécuter la disposition ou d'abandonnner la propriété de la quotité disponible, est inapplicable aux libéralités en usufruit faites par un époux à son conjoint dans les termes de l'art. 1094. En conséquence, si un époux a disposé en faveur de son conjoint de l'usufruit de la totalité de ses biens, la disposition est réduite à moitié en usufruit et non pas à un quart en propriété et un autre quart en usufruit. En effet, l'art. 1094 pose une alternative en fixant deux quotités disponibles différentes, dont la seconde, tout entière en jouissance, est établie d'une manière principale aussi bien que la première composée, à la fois, de jouissance et de propriété. Puis l'on doit présumer que la volonté fermement arrêtée de l'époux a été de ne faire qu'une libéralité en usufruit (Marcadé, *1094*, 2; Coin-Delisle, *1094*, 8; Troplong, 2571; Proudhon, *Usuf.*, 326; Colmet, IV, 274 *bis*, 6°; Saintespès, V, 1971; Bonnet, 1040; Demolombe, XXIII, 502; Aubry et Rau, § 589-8; Bourges, 12 mars 1839; S. 39, II, 373; Angers, 8 juill. 1840; S. 40, II, 391; Caen, 26 mars 1843, 14 mars et 24 déc. 1862; S. 43, II, 455; 62, II, 361; 63, II, 127; Orléans, 15 fév. 1867; T. Toulouse, 4 juin 1869; Cass., 10 mars 1873, 20 juin 1885; Defrénois, *Rép. N.*, 2883; Laurent, XV, 356. Contra Benech, p. 436; Boutry, 427; Rouen, 8 avril 1853; S. 55, II, 756).

1548. — Rente viagère. — Option. — Le même principe est applicable au cas où la disposition est d'une rente viagère qui excède la quotité disponible en revenus, la rente viagère, comme l'usufruit, ne pouvant être convertie en une pleine propriété; car, de même que l'usufruit, elle ne constitue qu'un droit viager. Il s'ensuit que si les biens laissés par le défunt sont d'un revenu de 3,000 fr. et qu'il ait donné 2,000 fr. de rente viagère à son conjoint, cette rente est réductible à 1,500 fr. (Demolombe, XXIII, 503; Colmet, IV, 274 *bis*, 7; Aubry et Rau, § 689-9; Cass., 10 mars 1873; Sirey, 74, I, page 17; voir aussi Rouen, 8 avril 1853; S. 55, II, 756. Contra Benech, p. 335; Proudhon, *Usuf.*, I, 345; Coin-Delisle, *1094*, 9).

1549. — Universalité. — L'époux qui a fait une libéralité universelle en pleine propriété et jouissance en faveur de son conjoint, ou encore soit de sa *quotité disponible*, soit de *tout ce dont il peut disposer*, est réputé avoir disposé de la quotité disponible la plus élevée en pleine propriété et jouissance; en conséquence, la libéralité est réduite à un quart en propriété et un autre quart en usufruit (Demolombe, XXIII, 505; Aubry et Rau, § 689-6). — Si la disposition est de l'universalité en usufruit, elle se trouve, à moins de stipulation contraire, réductible à moitié en usufruit. Il en est ainsi, même au regard d'un légataire étranger concourant avec l'époux, et qui réclame la quotité disponible établie par l'art. 913 (Orléans, 15 fév. 1867; Cass., 1er juill. 1873; S. 69, I, 145; 74, I, 17).

1550. — Usufruit. — Clause de réduction. — Mais on peut stipuler que la disposition universelle en usufruit sera convertie, en cas d'existence d'enfants, à un quart en propriété et un autre quart en usufruit. Cette conversion peut aussi être imposée, à titre de clause pénale, à défaut par les enfants de laisser au survivant l'usufruit de l'universalité des biens (Demolombe, XVIII, 281).

1551. — Usufruit éventuel. — La donation ou le legs au conjoint de l'usufruit de l'universalité des biens qui composeront la succession de l'époux disposant, comprend l'usufruit éventuel des biens dont celui-ci, lors de son décès, n'avait que la nue propriété (Duranton, IX, 255; Proudhon, *Usuf.*, 302; Saintespès, IV, 1488; Demolombe, XXI, 690; Roll. de Vill., *Port. disp.*, 134; Schneider; J. N., 15127; Rouen, 20 déc. 1852; S. 53, II, 353; Rennes, 19 mai 1863; Bordeaux, 16 janv. 1863; S. 63, II, 263; T. La Châtre, 27 août 1863; Cass., 15 mai 1865; S. 65, I, 377. Contra Dissert. J. N., 13795; T. Libourne, 9 déc. 1862; J. N., 17693). — Il en est ainsi, alors même que la nue propriété est recueillie par un ascendant donateur à titre de retour légal (T. Chateaubriand, 4 déc. 1873, R. N., 4519).

1552. — Disposition à titre onéreux. — Le mari qui, par son contrat de mariage, a institué sa femme donataire universelle en usufruit, avec dispense de caution et d'emploi, conserve le droit de disposer de ses biens à titre onéreux; par suite, il peut faire le prêt à long terme, même à son successible, d'une somme formant presque toute sa fortune, et, après son décès, la femme ne peut faire réduire le délai en prétendant que le prêt a été fait en fraude de ses droits d'usufruitière (Seine, 18 juill. 1867; J. N., 19069).

1553. — Meubles en propriété. — Immeubles en usufruit. — L'époux laissant des enfants, qui a disposé de la toute propriété de ses biens meubles et de l'usufruit de ses immeubles en faveur de son conjoint, a entendu lui laisser la possession de tout son mobilier. En conséquence, pour savoir si le legs de tout le mobilier en pleine propriété est réductible et quelle réduction il devrait subir, il faut établir une comparaison entre la valeur de tout le mobilier en propriété et celle en pleine propriété du quart des biens de toute nature composant la succession. D'où il suit que lorsque le mobilier est supérieur au quart de la succession, on doit calculer sur l'intégralité de la succession et non pas sur le mobilier seulement, le quart en propriété qui sera attribué sur le mobilier; puis le quart en usufruit sera à prendre sur l'excédent du mobilier et subsidiairement sur les immeubles. Par exemple : Si la succession est de 240,000 fr., dont 80,000 fr. en biens meubles et 160,000 fr. en biens immeubles, le conjoint donataire aura droit d'abord à 60,000 fr. en propriété sur les biens meubles, puis à l'usufruit de 60,000 fr. formés de : 20,000 fr. restant en biens meubles et 40,000 fr. sur les immeubles (Demolombe, XXIII, 546; Cass., 28 mai 1862; t. Versailles, 21 mai 1881; *Rép. N.*, 440). — Quand le mobilier est inférieur au quart de la succession, le conjoint donataire a seul droit à l'intégralité du mobilier, et, en outre, à l'usufruit d'une portion des immeubles dont la valeur formera avec celle des meubles la moitié de la totalité de la succession. Par exemple, la succession étant également de 240,000 fr., est composée de 40,000 fr. de meubles et de 200,000 fr. d'immeubles, l'époux donataire prélève les 40,000 de meubles, puis il a droit à l'usufruit de 80,000 fr., complétant la moitié, sur les immeubles (Caen, 14 mars 1862; S. 62, II, 361).

1554. — Immeubles en usufruit. — Reprises. — Lorsqu'un époux a, par contrat de mariage, fait donation à son conjoint, de l'usufruit de tous les biens immeubles qui composeront sa succession, il peut être décidé, par interprétation de la volonté des parties, que la disposition ne s'étend pas au prélèvement que cet époux avait à exercer sur la communauté pour la reprise du prix de la vente de ses immeubles aliénés, ni au prix de vente lui-même s'il était encore dû (Cass., 9 avril 1872; S. 72, I, 178. Voir Caen, 7 mai 1879; J. N., 22301).

1555. — Disposition alternative. — Choix. — Dans le cas où l'époux aurait disposé en faveur de son conjoint, sous forme alternative, de un quart en propriété et un quart en usufruit ou moitié en usufruit, le choix entre l'une ou l'autre des quotités disponibles, à défaut d'une stipulation expresse ou implicite, à ce sujet, dans l'acte de disposition, appartient aux débiteurs (*C. civ.*, *1190*, *1191*), par conséquent aux enfants (Duranton, IX, 791; Aubry et Rau, § 689-10; Bonnet, 1044; Coin-Delisle, *1094*, 11; Demolombe, XXIII, 506. Contra Vazeille, *1094*, 11; Voir aussi Marcadé, *1094*, 3).

1556. — Réunion fictive. — Lorsque la donation en usufruit est d'une quotité des biens qui *composeront la succession du prémourant*, elle se calcule sur une masse formée tant des biens existants au décès que de ceux donnés entre-vifs qui doivent y être réunis fictivement, *supra* n° 1323. Si elle est d'une quotité des biens qui se trouveront dépendre de la succession du prémourant *au moment de son décès*, elle se calcule sur les seuls biens existants au décès, sans y réunir ceux dont le prémourant a fait donation (Demolombe, XVI, 293; Paris, 7 mars 1840; Orléans, 28 janv. 1869; S. 40, II, 426; 69, II, 320).

1557. — Non cumul. — La quotité disponible, fixée par l'art. 913, ne peut être cumulée avec celle entre époux fixée par l'art. 1094; en conséquence, le père qui laisse quatre enfants ne peut disposer tout à la fois du quart de ses biens en pleine propriété au profit de l'un d'eux ou d'un étranger, et, en outre, de la moitié en usufruit au profit de son épouse, lors même que cette double disposition est faite dans un seul et même acte (Toullier, V, 870; Duranton, IX, 787; Grenier et Bayle-Mouillard, III, 602; Coin-Delisle, *1094*, 14; Troplong, 2581; Bonnet, 1024; Demolombe, XXIII, 509; Cass., 30 juill. 1813, 21 nov. 1842; S. 42, I, 897).

1558. — Concours des quotités. — Les deux quotités disponibles peuvent concourir ensemble, en ce sens que le disposant a la faculté de les répartir entre son conjoint et l'un de ses enfants ou un étranger; mais sous les conditions suivantes : 1° que le montant cumulé des libéralités n'excède pas la quotité disponible la plus forte; 2° que le gratifié autre que l'époux ne puisse rien recevoir au delà de la quotité disponible ordinaire; 3° que ce gratifié ne profite pas de l'augmentation de la quotité disponible que la loi a établie en faveur de l'époux. Nous allons faire l'application de ces principes à divers cas.

1er Cas. — Un seul enfant.

1559. — Quotités différentes. — En présence d'un seul enfant du mariage, l'époux, qui a donné à un étranger la moitié en propriété de ses biens, a épuisé la quotité disponible la plus forte, et il ne peut plus faire de libéralité en faveur de son conjoint. S'il a donné moins que moitié, par exemple : le quart, le tiers en propriété ou le quart en nue propriété, il peut disposer du surplus de la moitié en faveur de son conjoint, soit : dans la première hypothèse, d'un quart en usufruit; dans la seconde, d'un sixième en usufruit; et dans la troisième, de la moitié en usufruit. Si c'est à son conjoint qu'il a donné soit le quart en propriété et le quart en usufruit, soit moitié en usufruit, il peut encore disposer en faveur d'un étranger : dans la première hypothèse d'un quart en nue propriété; et dans la seconde de moitié en nue propriété (Marcadé, *1100*, 2; Coin-Delisle, *1094*, 14, 15; Troplong, 2584; Demolombe, XXIII, 512; Aubry et Rau, § 689-28; Cass., 21 juill. 1813; 2 fév. 1819).

1560. — Quotité entre époux dépassée. — Don particulier. — Si l'époux, sans excéder la quotité disponible ordinaire de l'art. 913, a fait à son conjoint une donation dépassant la quotité disponible entre époux, par exemple si, laissant 100,000 francs, il a fait par contrat de mariage, donation en propriété à son conjoint de biens présents se montant à 45,000 fr. avec ou sans condition de survie, et a ensuite légué à un tiers la quotité disponible étant de 50,000 fr., il y a lieu à la réduction à un quart en propriété et un quart en usufruit de la donation faite au conjoint. Toutefois, aux termes de l'art. 921, le légataire ne pouvant profiter de la réduction de la donation, réduction que l'héritier à réserve seul a le droit de demander et d'obtenir, si l'héritier à réserve ne la demande pas, le légataire ne pourra réclamer que le complément de la quotité disponible, soit 5,000 francs (Demolombe, XXIII, 514; Cass., 5 août 1846; 12 janv. 1853; S. 46, I, 795; 53, I, 65. Contra Troplong, 2585 à 2589; Bonnet, III, 1133).

1561. — Ibid. — Don universel.
— Si l'époux a fait à son conjoint, par contrat de mariage, une donation universelle en propriété ou en usufruit, et a ensuite institué un étranger légataire universel, les deux libéralités produisent leur effet sur les biens existants au décès, et, comme les deux quotités disponibles se trouvent en présence, il appartient à l'étranger dont la quotité disponible (moitié en propriété) est la plus élevée, de demander que le conjoint soit réduit à la quotité disponible moindre, soit un quart en propriété et un quart en usufruit, ou moitié en usufruit, afin de profiter de la différence, soit de un quart ou de moitié en nue propriété (Duranton, VIII, 327; Troplong, 2585; Vernet, p. 469; Demante, IV, 59 bis, 3° et 4°; Bonnet, 1133; Demolombe, XIX, 215; Toulouse, 1er fév. 1827; Grenoble, 19 mai 1830; Paris, 10 déc. 1864; S. 65, II, 25; Cass., 4 janv. 1869; S. 69, I, 145; J. N. 19508; voir cependant Coin-Delisle, 1094, 16; Bordeaux, 2 avril 1852; S. 53, II, 530; Caen, 24 déc. 1862; S. 63, II, 127; Cass., 3 mai 1864; S. 64, I, 273; Agen, 12 déc. 1866; S. 68, II, 37; Voir aussi *supra* n° 1280).

1562. — Ibid. — Enfant naturel.
— Cette réduction ne peut être demandée en présence d'un enfant naturel seulement; et si ce dernier est lui-même le légataire, il ne le peut non plus si, d'ailleurs, sa réserve est intacte (Cass., 12 juin 1866; S. 66, I, 319; J. N. 18546).

2° Cas. — Deux enfants.

1563. — Quotités différentes. —
Le mode de distribution de la quotité disponible entre le conjoint survivant et le donataire ou légataire, qu'il soit l'un des enfants ou un étranger, est d'une application plus compliquée quand l'époux donateur a laissé deux enfants. Dans ce cas, la quotité disponible ordinaire est de un tiers ou quatre douzièmes en pleine propriété, et celle en faveur du conjoint est de un quart ou trois douzièmes en pleine propriété, soit une différence de un douzième dans cette nature de biens, plus un quart ou trois douzièmes en usufruit. Si l'on évalue, *infra* n° 1575, l'usufruit à moitié, la quotité disponible entre époux sera plus forte, puisqu'elle sera de quatre douzièmes et demi, ou neuf vingt-quatrièmes, ce qui laisse libre un vingt-quatrième en faveur de la quotité disponible entre époux; — si c'est à un tiers elle sera égale, soit quatre douzièmes; — si c'est à un quart elle sera moins forte, puisqu'en réunissant un quart soit 12/48 au quart de trois douzièmes, soit 3/48, on a 15/48, tandis que la quotité disponible ordinaire est de 16/48, ce qui laisse 1/48 en faveur de cette dernière quotité. Nous allons faire l'application de ces quotités suivant que la disposition en faveur de l'enfant ou de l'étranger est antérieure ou postérieure à celle faite en faveur de l'époux.

1564. — Disposition antérieure.
— Si l'époux a donné un tiers en pleine propriété à l'un de ses enfants ou à un étranger, ce tiers est formé, en ce qui concerne les libéralités postérieures qu'il ferait à son conjoint, de un quart ou trois douzièmes, formant la quotité en pleine propriété en faveur de ce dernier, et de un douzième en pleine propriété équivalant, en supposant la capitalisation à moitié, à deux douzièmes sur le quart en usufruit, reste une quotité de un douzième en usufruit dont il peut disposer en faveur de son conjoint, et non pas un sixième en usufruit formant la différence du tiers à la moitié (Roll. de Vill., *Port. disp.*, 179; Toulouse, 20 juin 1809. Contra Coin-Delisle, 1094, 15). — S'il a donné à un étranger, soit : 1° Un quart en pleine propriété, soit 2° un quart en nue propriété, soit 3° moitié en usufruit, soit 4° un

quart en usufruit, il peut encore donner à son conjoint le complément pour parfaire la quotité disponible ordinaire, plus la quotité extraordinaire édictée en faveur du conjoint, soit : dans le premier cas, un quart en usufruit ; dans le deuxième cas, moitié en usufruit ; dans le troisième cas, un quart en nue propriété, ou un douzième en usufruit si les héritiers optent pour l'abandon au donataire étranger de la propriété de la quotité disponible, *supra* n° 1386; dans le quatrième cas, un quart en nue propriété, et un quart en usufruit.

1565. — Disposition postérieure. — La libéralité faite d'abord à l'époux rend sans effet la disposition postérieure quand elle excède la quotité disponible ordinaire; mais si elle est moindre que la quotité disponible ordinaire, la libéralité postérieure conserve son effet pour ce qui reste dans cette quotité. Nous allons en faire l'application à divers cas :

1566. — Propriété. — L'époux qui a donné à son conjoint par contrat de mariage un quart en propriété, a la faculté de disposer encore en sa faveur de un quart en usufruit ; mais si la disposition postérieure est en faveur d'un enfant ou d'un étranger, elle ne peut être que de un douzième en propriété complétant le tiers qui forme la quotité disponible ordinaire.

1567. — Usufruit. — Si la donation à l'époux est de moitié en usufruit, on devra suivre l'un des deux systèmes exposés *infra* n°s 1573 et 1574 : — si c'est le premier, l'on procédera ainsi : la donation de moitié en usufruit s'impute d'abord sur la quotité disponible ordinaire étant de un tiers, ce qui laisse libre un tiers en nue propriété, et pour le surplus, représentant la différence entre le tiers et la moitié soit un sixième, sur la réserve légale des enfants; de sorte que si un époux, après avoir donné à son conjoint moitié en usufruit, lègue soit la quotité disponible, soit un tiers en nue propriété, cette dernière disposition produit son effet, dans les deux cas, pour un tiers en nue propriété (Demolombe, XXIII, 533; Réquier, *Rev. hist. de Dr. franç.*, mars et avril 1864; Aubry et Rau, § 689-25). — Si, au contraire, c'est le deuxième système, qui est celui de la jurisprudence, l'époux après avoir donné moitié en usufruit à son conjoint,

ne peut plus disposer en faveur de l'un de ses enfants ou d'un étranger, que de la différence entre le tiers en pleine propriété et la valeur en capital de la moitié en usufruit calculée comme il est dit *infra* n° 1575 ; soit, si l'usufruit est évalué à moitié, à la différence du quart au tiers, c'est-à-dire un douzième (Agen, 5 déc. 1861, 16 déc. 1864; S. 64, II, 105; 65, II, 25 ; Paris, 10 déc. 1864; S. 65, II, 25; Cass., 12 janv. 1853, 1er mai 1876; S. 53, I, 71; 76, I, 292). — Mais comme c'est en pleine propriété que ce douzième devrait appartenir au légataire, et que le legs ne peut nuire au don irrévocable de moitié en usufruit, il faut transformer ce douzième en une nue propriété de un sixième (Paris, 31 mai 1861; J. N. 17161).

3e Cas. — Trois enfants ou plus.

1568. — Différence des quotités. — C'est ici que les difficultés deviennent grandes. Dans cette hypothèse, la quotité disponible ordinaire est de un quart ou trois douzièmes en propriété, et celle entre époux est la même en propriété, plus un quart ou trois douzièmes en usufruit ; de sorte que si l'époux a disposé par contrat de mariage, de un quart en propriété et un quart en usufruit en faveur de son conjoint, il ne peut plus faire aucune disposition en faveur soit de l'un de ses enfants, soit d'un étranger. Mais quand l'époux a disposé d'une quotité moindre, les dispositions postérieures peuvent encore être susceptibles de quelque effet suivant les distinctions ci-après, selon que la disposition en faveur d'un étranger est antérieure à celle faite à l'époux ou qu'elle est postérieure.

1569. — Disposition antérieure. — Quotité non épuisée. — Si l'époux a donné à un étranger, — ou 1° le quart de sa succession en propriété, — ou 2° le quart en nue propriété, — ou 3° le quart en usufruit, — ou 4° moitié en usufruit, il peut encore donner à son conjoint le complément pour parfaire la quotité disponible ordinaire, étant d'un quart en propriété, quand il n'est pas épuisé, plus le quart en usufruit auquel l'époux a droit sur la réserve des enfants s'il est libre, soit : — dans le premier cas, un quart en usufruit; dans le deuxième cas, moitié en usufruit ; — dans le troisième cas, un quart en nue propriété et un quart en usufruit (Demolombe, XXIII, 523 ; Grenoble, 10 avril 1812) ; — et dans le quatrième cas, un quart en nue propriété, ou un quart en usufruit si les héritiers optent pour l'abandon au donataire étranger de la propriété de la quotité disponible, *supra* n° 1386 (Toullier, V, 871 ; Duranton, IX, 764 ; Troplong, 2597 ; Massé et Vergé, § 460-12 ; Coin-Delisle, *1094*, 15 ; Proudhon, *Usuf.*, I, 360 ; Roll. de Vill., *Port. disp.*, 219 ; Toulouse, 20 juin 1809).

1570. — Ibid. — Quotité dépassée. — Le disposant a d'abord donné, par institution contractuelle, la moitié de ses biens à un étranger ou à l'un de ses enfants, puis, par une disposition postérieure, il a gratifié son conjoint de un quart en propriété et un quart en usufruit. On décide qu'il y a lieu, dans ce cas, de réduire l'étranger ou l'enfant au quart formant la quotité disponible ordinaire, et d'attribuer au conjoint survivant le quart en usufruit que la loi lui accorde sur la réserve (Bayle-Mouillard, IV, 584, note *a* ; Demolombe, XXIII, 542 ; Aubry et Rau, § 689-35 ; CONTRA Coin-Delisle, *1094*, 16).

1571. — Disposition postérieure. — Quotité épuisée. — L'époux qui a donné à son conjoint par contrat de mariage, un quart de ses biens en propriété, a épuisé la quotité disponible ordinaire ; et, quoiqu'il conserve la faculté de disposer encore d'un quart en usufruit sur la réserve en faveur de son conjoint, il ne le peut en faveur d'un de ses enfants ou d'un étranger, à l'égard desquels la quotité disponible est épuisée, et qui ne sauraient, en aucun cas, recevoir de libéralités sur la réserve. Si donc il a fait une disposition postérieure en faveur d'un étranger, on ne peut pas maintenir les deux libéralités, encore bien que réunies elles ne dépassent pas la quotité disponible la plus forte (Proudhon, *Usuf.*, I, 360 ; Troplong, 2599 ; Marcadé, *1100*, 2 ; Coin-Delisle, *1094*, 16 ; Bonnet, III, 1157 ; Benech, *Quot. disp.*, p. 260 ; Troplong, 2590, 2599 ; Bayle-Mouillard, IV, p. 1226 ; Demolombe, XXIII, 521 ; Aubry et Rau, § 689-26. CONTRA Toullier, V, 871 ; Colmet de Santerre, IV, 281 *bis*, 5°).

1572. — Ibid. — Quotité non épuisée. — Quand un époux a donné à son conjoint, par contrat de mariage, l'usufruit de la moitié des biens qui composeront sa succession, et qu'il a ensuite légué par testament à un étranger, ou, par préciput, à l'un de ses enfants, soit la quotité disponible, soit la nue propriété du quart des biens composant sa succession, ces deux dispositions doivent-elles recevoir leur exécution ; ou si, au contraire, la dernière est réductible ou caduque ? Il existe sur cette question deux systèmes que nous allons exposer :

1573. — 1er système. — Quart en nue propriété. — D'après un premier système qui a toute notre préférence, en ce qu'il repose sur des bases juridiques et aussi sur la volonté présumée des époux qui ne sauraient en se donnant moitié en usufruit être considérés comme ayant abdiqué la faculté de faire d'autres libéralités, la moitié en usufruit donnée à l'époux, suivant le principe établi *supra* n° 1546, se compose de : 1° un quart en usufruit imputable sur la quotité disponible ordinaire, étant de un quart en pleine propriété ; 2° Et un quart en usufruit attribué à l'époux donataire sur la réserve légale des enfants. Au moyen de quoi il reste libre sur la quotité disponible ordinaire un quart en nue propriété ; de sorte qu'il y a lieu à l'exécution, en concurrence, et de la moitié en usufruit donnée à l'époux, et du quart en nue propriété donné à l'étranger ou à l'enfant (Marcadé, *1100*, 2 ; Guilhon, II, 266 ; Vazeille, *1094*, 7 ; Grenier, II, 584 ; Toullier, V, 871 *bis* ; Taulier, IV, p. 442 ; Pont, *Rev. de législ.*, XVI, p. 211 ; XIX, p. 260 ; Aubry et Rau, § 689-24 ; Lauth, *Quot. disp. entre ép.*, 268 ; Réquier, *Rev. hist. de Droit franç.*, 1864, p. 103 ; Demolombe, XXIII, 527 à 537 ; Lyon, 10 fév. 1836 ; S. 36, II, 177 ; Riom, 2 avril 1841 ; S. 41, II, 328 . Toulouse, 28 janv. 1843, 13 août 1844, 12 fév. 1846, 24 juin 1852 ; S. 43, II, 194 ; 45, II, 38 ; 46, II, 1151 ; 52, II, 496 ; Grenoble, 13 déc. 1843, 15 juill. 1845 ; S. 44, II, 100 ; 46, II, 449 ; Paris, 16 nov. 1846, 10 déc. 1864 ; S. 46, II, 649 ; 65, II, 25 ; Agen, 16 déc. 1846, 30 juill. 1851, 16 déc. 1864 ; S. 47, II, 113 ; 53, II, 218 ; 65, II, 26 ; Riom, 21 mai 1853 ; S. 53, II, 591 ; t. Melun, 7 mai 1875 ; t. St.-Etienne, 6 juin 1884 ; Defrénois, *Rép. N.*, 2199).

1574. — 2ᵉ système. — Usufruit capitalisé. — Suivant un deuxième système, qui est celui de la Cour de Cassation, l'époux, par la donation de moitié en usufruit en faveur de son conjoint équivalant à un quart en propriété, a épuisé la quotité disponible ordinaire, et, par suite, il ne peut plus disposer au profit de l'un de ses enfants ou d'un étranger d'un quart en nue propriété complétant la quotité disponible fixée par l'art. 1094 du Code civil, cette dernière quotité étant, par exception, une faveur, un privilége personnels aux époux, une extension donnée à leur disponibilité en faveur du mariage, dont eux seuls peuvent profiter à l'exclusion de tous autres. En effet, porte un arrêt de cassation du 7 mars 1849 (S. 49, I, 338) : « toute donation s'impute, de plein droit, quel » que soit le donataire, sur la quotité dispo- » nible, conformément au principe général; » d'où il suit que, si la quotité disponible de » l'art. 913 se trouve absorbée par la libéralité » faite au conjoint, le droit du disposant est » épuisé à l'égard de tous autres que le conjoint » lui-même » (Conf. Duranton, IX, 794-796; Coin-Delisle, *1094*, 16; Bayle-Mouillard, IV, 524, note *a*; Troplong, 2600; Beautemps-Beaupré, I, 55; Massé et Vergé, § 460-12; Saintespès, V, 1980; Proudhon, *Usuf.*, 360; Bonnet, III, 1152; Agen, 30 août 1831, 7 janvier 1852, 10 juill. 1854, 16 déc. 1864, 12 déc. 1866; S. 32, II, 148; 53, II, 218; 54, II, 448; 65, II, 25; 68, II, 37; Limoges, 26 mars 1833; S. 33, II, 278; Aix, 18 avril 1836, 23 mai 1851; S. 36, II, 421; 51, II, 703; Besançon, 7 fév. 1840; S. 40, II, 105; Douai, 24 fév. 1840; S. 40, II, 270; Riom, 6 mai 1846; S. 46, II, 397; Paris, 12 janv. et 17 fév. 1848, 18 déc. 1864; S. 48, II, 79; 65, II, 25; Orléans, 28 déc. 1849; S. 50, II, 199; Toulouse, 23 nov. 1853; S. 53, II, 705; Cass., 21 juill. 1813, 7 janv. 1824, 21 mai 1837, 24 juillet 1839, 22 nov. 1843, 24 août 1846, 27 déc. 1848, 11 janv. et 2 août 1853; S. 37, I, 273; 39, I, 633; 44, I, 69; 47, I, 39; 49, I, 80; 53, I, 65, 728; Bordeaux, 2 juill. 1868; Toulouse, 20 déc. 1871; Montpellier, 12 août 1874; Cass., 1ᵉʳ mai 1876; S. 72, II, 97; 76, I, 292 et II, 239; R. N. 2337; Seine, 3 mars 1876; Droit, 25 août; Seine, 4 mai 1877; Droit 27 mai).

1575. — Evaluation de l'usufruit. — La majeure partie des arrêts rapportés au numéro précédent décident que l'usufruit de moitié équivaut au quart en propriété, de sorte que la quotité disponible est entièrement épuisée, ce qui rend sans objet le legs fait à l'enfant ou à un étranger. Mais si le conjoint donataire a atteint un âge avancé au décès du premier mourant, il y a lieu, si l'on applique le deuxième système ci-dessus, d'évaluer l'usufruit donné pour en déterminer la valeur en capital qui sera imputable sur la quotité disponible ordinaire. A ce sujet, M. Demolombe, t. XXIII, nᵒ 530, à l'appui de sa thèse dans le sens du premier système, s'exprime ainsi : « C'est au nom des enfants que l'on » vient supputer le nombre d'années qui reste » encore à vivre à l'époux survivant; et il fau- » dra visiter sa personne, scruter ses maladies » les plus secrètes pour mesurer aussi exacte- » ment que possible, la durée probable de son » existence. » Et M. Réquier (*Rev. hist. de droit franç.*, 1844, p. 9) s'écrie : « Quel scandale et quelle profanation! » — Mais, en attendant que la jurisprudence rapportée *supra* nᵒ 1574 se modifie, et elle se modifiera tôt ou tard, l'évaluation de l'usufruit doit avoir lieu. Cette évaluation, dans ce cas comme dans tous autres où la valeur en capital de l'usufruit est à comprendre dans la quotité disponible, se fait non pas en fixant toujours, comme en matière d'enregistrement, la valeur en capital de l'usufruit à moitié de la pleine propriété; mais d'après les circonstances particulières, eu égard à l'âge, à la santé, aux habitudes, à la profession de l'usufruitier, et autres causes pouvant influer sur la durée probable de l'usufruit au jour où il vient à s'ouvrir (Proudhon, *Usuf.*, 364; Marcadé, *1100*, 2; et *Rev. crit.*, 1852, p. 453; Duranton, IX, 795; Troplong, 2609; Aubry et Rau, § 684 *bis*-9; Massé et Vergé, § 460-14; Benech, *Quot. disp.*, p. 37; Bonnet, III, 1139; Demolombe, XXIII, 547; Riom, 23 août 1842; S. 42, II, 515; Paris, 17 fév. 1848, 10 déc. 1864; S. 48, II, 79; 65, II, 25; Grenoble, 8 mars 1851; S. 51, II, 516; Douai, 14 juin 1852; S. 53, II, 97; Toulouse, 23 nov. 1853; S. 53, II, 705; Agen, 10 juillet 1854, 12 déc. 1866; S. 54, II, 448; 68, II, 37; Cass., 24 juill. 1839, 7 mars 1849, 28 mars

1866; S. 39, I, 633 ; 49, I, 338; 66, I, 217; Bordeaux, 2 juill. 1868; Pau, 21 juill. 1868; Toulouse, 20 déc. 1871, 19 juin 1879; t. Parthenay, 17 juill. 1883; *Rép. N.*, 221, 1837).

1576. — Application. — Il s'en suit que si l'usufruit est évalué au tiers ou au quart, il restera la différence : dans le premier cas, du tiers à la moitié, soit deux douzièmes du quart ou un vingt-quatrième du tout ; et dans le deuxième cas, du quart à la moitié, soit trois douzièmes du quart ou un seizième du tout. Mais comme c'est en pleine propriété que le un vingt-quatrième ou le un seizième sont attribués aux libéralités postérieures et qu'elles ne peuvent nuire à celle irrévocable faite au conjoint, ces un vingt-quatrième ou un seizième doivent être converties en nue propriété, soit, dans le premier cas, un douzième, et dans le deuxième, un huitième (Paris, 31 mai 1861 ; J. N., 17161). — Dans ces hypothèses, si la masse est de 120,000 fr., l'usufruitier conservant 60,000 fr. formant la moitié à laquelle la libéralité postérieure n'a pu porter atteinte, le gratifié aura en nue propriété : dans la première, 10,000 fr., et dans la deuxième, 15,000 francs. — Si l'usufruit est évalué à moitié du capital il n'aura rien. — Que de complications nécessitées par ce système, et comme le premier serait d'une application plus aisée !

1577. — Moyens d'échapper au 2ᵉ système. — La jurisprudence ne permet aux époux qui se sont mutuellement fait donation de moitié en usufruit par contrat de mariage, que des libéralités fort restreintes, quand il y a deux, trois ou un plus grand nombre d'enfants. Cependant il peut se faire qu'ils s'y croient obligés, même pour réparer un préjudice qu'il aurait éprouvé ; quels moyens sont à employer pour tourner les effets de cette jurisprudence? M. Benech, *Rev. hist. de droit franç.*, 1864, p. 443, et après lui M. Demolombe, t. XXIII, nᵒˢ 535 à 537, indiquent les suivants :

1578. — 1ᵉʳ Moyen. — Préférence. — Soumettre, par le contrat de mariage, la donation de moitié en usufruit à une condition résolutoire, au moyen d'une stipulation de préférence dans les termes ci-après : « Il est expressément stipulé que si le premier » mourant des époux vient à disposer par do- » nation, ou par testament, en faveur d'un » enfant du mariage ou d'un étranger, de » tout ou partie de sa quotité disponible en » pleine ou en nue propriété, il pourra accorder au bénéficiaire du don ou du legs, le » droit de le prélever par préférence à la libéralité résultant des présentes en faveur du » survivant des époux, de manière que la réduction atteigne ledit survivant avant les » donataires ou légataires en faveur desquels » cette stipulation aura été faite. » La disposition, ainsi intervenue pendant le mariage, est considérée comme antérieure à celle faite à l'époux, et produit les effets indiqués *supra* nᵒ 1456.

1579. — 2ᵉ Moyen. — Concurrence. — Ou par une stipulation de simultanéité dans les termes ci-après : « ... pourra » accorder au bénéficiaire du don ou du legs » le droit de le prélever concurremment avec le » survivant d'eux, pour la libéralité résultant » à son profit des présentes, de manière que » les libéralités soient considérées comme si » elles avaient été faites à une même date et » par un seul acte. »

1580. — 3ᵉ Moyen. — Donation renouvelée. — Renonciation. — Quand la donation de moitié en usufruit par contrat de mariage a été faite purement et simplement, par conséquent sans réserve du droit de préférence ni de concurrence, ce qui est le cas le plus ordinaire, on procédera ainsi: Pendant le mariage, l'époux donateur dispose en faveur de l'un de ses enfants ou d'un étranger, de la nue propriété de la quotité disponible, et, en outre, par le même acte ou par un acte postérieur, en faveur de son conjoint, de l'usufruit de moitié des biens qui composeront sa succession ; il suffit que l'époux donataire, après le décès de son conjoint, renonce à la donation contenue dans son contrat de mariage et accepte celle postérieure, pour que les deux libéralités s'exécutent concurremment (Agen, 5 déc. 1861 ; S. 64, II, 103; Cass., 3 juin 1863; S. 63, I, 417 ; Rouen, 18 mai 1876; S. 77, II, 139. Voir aussi : Toulouse, 15 avril 1842; S. 42, II, 385 ; Cass., 20 déc. 1843; S. 44, I, 214 ; Bordeaux, 5 fév. 1844; S. 44, II, 345 ; Riom, 6 mai 1846; S. 46, II, 397).

I.

16

1581. — Renonciation antérieure. — Si la renonciation à la donation par contrat de mariage était faite avant le décès, elle constituerait une convention sur une succession future prohibée par l'art. 791, ce qui en entraînerait la nullité (Lyon, 16 janv. 1838; S. 38, II, 453; Poitiers, 25 juill. 1839; S. 39, II, 562; Cass., 10 août 1840, 16 août 1841; S. 40, I, 757; 41, I, 684; Toulouse, 15 avril 1842; S. 42, II, 385; Agen, 12 déc. 1866; S. 68, II, 37).

1582. — Révocation. — Si la libéralité en faveur du conjoint a été faite par une donation pendant le mariage, il est facile d'arriver au résultat que l'on désire atteindre, au moyen d'une révocation de la donation, puis d'une donation à l'un des enfants ou à un étranger de la quotité disponible en nue propriété, suivie d'une nouvelle donation au conjoint de moitié en usufruit.

IV. Enfants naturels.

1583. — Enfants naturels et enfants légitimes. — Un époux, laissant un enfant légitime et un enfant naturel reconnu avant son mariage, a donné à son conjoint un quart en pleine propriété et un quart en usufruit; comment et dans quelle proportion cette libéralité sera supportée? Le droit de l'enfant naturel étant de un sixième ou quatre vingt-quatrièmes, est grevé de un vingt-quatrième en propriété et de un vingt-quatrième en usufruit; reste pour l'enfant naturel, deux vingt-quatrièmes en propriété et un vingt-quatrième en nue propriété. En ce qui concerne l'enfant légitime, ses droits sont de cinq sixièmes, ou vingt vingt-quatrièmes, grevés de cinq vingt-quatrièmes en propriété et cinq vingt-quatrièmes en usufruit; reste : en propriété, dix vingt-quatrièmes, et en nue propriété, cinq vingt-quatrièmes. — Le même calcul est à établir sur les droits héréditaires de chacun des enfants naturels et des enfants légitimes, lorsqu'il se trouve en concours, soit plusieurs enfants légitimes, soit plusieurs enfants naturels.

1584. — Enfants naturels et ascendants. — Un époux, laissant un enfant naturel et un ascendant héritier réservataire pour un huitième, *supra* n° 1261, a institué pour légataire universel son conjoint; la réduction s'opère ainsi : la réserve de l'enfant naturel est de moitié de la moitié, soit un quart, *supra* n° 1258, et la disposition en faveur de son conjoint a pu comprendre toute la succession, sous la seule exception du quart en propriété formant la réserve légale de l'enfant naturel, et du huitième en nue propriété formant la réserve de l'ascendant, de sorte qu'il a droit à cinq huitièmes en propriété et un huitième en usufruit. — La disposition entre époux n'est donc pas réductible au cas d'existence d'enfants naturels, comme au cas d'existence d'enfants légitimes, à un quart en propriété et un quart en usufruit. En effet, l'art. 1094, qui règle en dehors du droit commun la quotité disponible entre époux, ne suppose évidemment en présence que les conjoints d'une part, et de l'autre les enfants nés du mariage ou leurs descendants; en fixant cette quotité d'une manière absolue et sans égard au nombre des enfants, le législateur a voulu dégager les époux de toute préoccupation d'intérêt personnel, et favoriser ainsi la fécondité du mariage; ce serait méconnaître sa pensée que d'étendre à l'enfant naturel le bénéfice d'une disposition imposée par un pareil motif, en lui donnant le droit de poursuivre contre l'époux survivant la réduction, dans la mesure fixée par l'art. 1094, des avantages faits à son profit par son conjoint prédécédé, lorsque d'ailleurs ces avantages laissent intacte la réserve que la loi lui assure (Cass., 12 juin. 1866; Grenoble, 7 mai 1879; S. 66, I, 319; 79, II, 336).

1585. — Enfants naturels et collatéraux. — Le même principe est applicable, à plus forte raison, quand l'enfant naturel est en concours avec des collatéraux; et, dans ce cas, l'époux peut recevoir toute la succession, moins la réserve du ou des enfants naturels (T. Béthune, 22 mai 1885; *Rép. N.*, 2550).

§ 2. — *De la quotité disponible entre époux quand le disposant a des enfants d'un précédent mariage.*

1586. — Quotité. — L'homme ou la femme qui, ayant des enfants d'un autre lit, contracte un second ou subséquent mariage, ne peut donner à son nouvel époux qu'une part d'enfant légitime, le moins prenant, et

sans que, dans aucun cas, ces donations puissent excéder le quart des biens (C. civ., 1098).
— Cette disposition constitue non une règle d'incapacité de recevoir, mais plutôt d'indisponibilité réelle ; d'où il suit que quand la libéralité excède la quotité permise par l'art. 1098, elle n'est pas nulle, mais seulement réductible si, à son décès, le disposant laisse des enfants de son précédent mariage (Demolombe, XXIII, 552; Aubry et Rau, § 690-2; Voir cep. Coin-Delisle, 1098, 2) ; — de sorte que s'il n'en existe pas, ou s'il en existe mais qu'ils soient renonçants ou indignes (Coin-Delisle, 1098, 9, 10; Demolombe, XXIII, 589, 591, 601 ; Paris, 15 janv. 1857; S. 57, II, 301), aucune restriction ne limite son droit de disposer. L'art. 1098 ne s'applique pas aux libéralités à un concubin (Alger, 10 mars 1879 ; S. 80, II, 9).

1587. — Enfants légitimes. — Petits enfants. — Par ces mots : enfants, la loi entend les enfants légitimes, qu'ils soient nés pendant le mariage, ou qu'ils aient été légitimés par le fait du précédent mariage; comme aussi les petits enfants légitimes, à quelque degré que ce soit, en cas de prédécès des enfants (Marcadé, 1094, 2 ; Grenier, 705; Toullier, V, 877; Duranton, IX, 803 ; Coin-Delisle, 1098, 16; Troplong, 2717; Demolombe, XXIII, 557, 558, 585).

1588. — Enfants naturels. — Les enfants naturels ne pouvant réclamer que la réserve à laquelle ils ont droit, supra n° 1584, ne sont pas fondés à invoquer l'art. 1098 pour faire réduire la disposition faite par leur père ou leur mère à son conjoint (Demolombe, XXIII, 559; Grenoble, 7 mai 1879; S. 79, II, 336).

1589. — Enfant adoptif. — L'enfant adoptif ne saurait non plus être assimilé à l'enfant qui serait né d'une précédente union. Il s'en suit que l'enfant adopté avant le mariage ne peut invoquer le bénéfice de l'art. 1098 à l'effet de faire réduire à la quotité déterminée par cet article, les libéralités que l'adoptant a faites à son conjoint (Troplong, 2701 ; Aubry et Rau, § 690-7; Massé et Vergé, § 461-4; t. Gap, 22 mars 1876; Journ. des Not., art. 21542; voir cep. Demolombe, XXIII, 560).

1590. — Enfants du mariage. — L'art. 1098 peut être invoqué, non seulement par les enfants de précédents mariages (d'un premier lit, deuxième, troisième, etc.) ; mais aussi par les enfants issus du mariage avec le conjoint avantagé, infra n° 1607.

1591. — Action en réduction. — Époque. — L'action en réduction établie par l'art. 1098, ayant pour objet le droit à la réserve, il faut, pour que les enfants l'exercent, qu'ils acceptent la succession de l'époux donateur et n'en soient pas exclus comme indignes. Il s'en suit que c'est seulement après l'ouverture de la succession de l'époux donateur que les enfants du premier mariage peuvent intenter l'action en réduction à raison des libéralités excessives qu'il aurait faites à son nouvel époux. Ils ne le peuvent donc pas de son vivant, même dans l'instance en séparation de biens formée par la femme contre son mari, afin de veiller à la conservation de leur future réserve, supra n° 1268. Et après son décès, ils doivent pour exercer ce droit, se porter héritiers (Toullier, V, 880 ; Duranton, IX, 818; Aubry et Rau, § 690-39; Demolombe, XXIII, 564. CONTRA Grenier, IV, 706; Troplong, 2723).

1592. — Restriction. — Limites. — C'est seulement à l'égard du nouvel époux, et aussi de ses enfants issus d'un précédent mariage, infra n° 1630, que l'art. 1098 restreint la faculté de disposer. Au profit de toutes autres personnes, même des enfants issus de son mariage avec son nouvel époux, il conserve la faculté de disposer jusqu'à concurrence de la quotité disponible ordinaire (Demolombe, XXIII, 565 ; Aubry et Rau, § 590-44).

1593. — Non-cumul. — Le disponible spécial de l'article 1098 entre dans le disponible ordinaire réglé par l'art. 913, en conséquence ne se cumule pas avec lui.

1594. — Réduction. — Legs. — Quand il y a lieu à la réduction des libéralités faites par l'époux donateur, on doit faire l'application des art. 923 et suiv., supra n° 1443; toutefois, l'époux n'a le droit de venir par contribution que jusqu'à concurrence de la quotité disponible réglée par l'art. 1098 à laquelle il doit être préalablement réduit. Par exemple, l'époux ayant un enfant de son premier mariage, a testé en faveur de son conjoint, de moitié en propriété des biens dépendant de sa succession, et en faveur d'un étranger de l'autre moitié, il laisse un actif net de 240,000 fr., on opère ainsi : Le défunt n'ayant laissé qu'un seul enfant, la quotité disponible est de moitié, à répartir au marc le franc entre le conjoint à proportion du quart de la succession, et l'étranger à proportion de moitié, soit, sur 120,000 fr., 40,000 fr. à l'époux, et 80,000 à l'étranger.

1595. — Ibid. — Donation postérieure. — Quand les dispositions ont eu lieu par donations entre-vifs, et que les donations les premières en date ont été faites à des étrangers, si elles ont épuisé la quotité disponible ordinaire il ne reste plus rien pour le nouvel époux; si elles ne l'ont pas épuisée, l'époux veuf a pu disposer en faveur de son conjoint de ce qui restait libre, mais sans pouvoir dépasser la quotité fixée par l'art. 1098. Exemple : un veuf a donné par institution contractuelle à l'un de ses enfants, soit un quart en nue propriété des biens composant sa succession, soit un quart en pleine propriété avec réserve de disposer en usufruit jusqu'à concurrence de ce quart; puis, en se remariant, a donné à son nouvel époux l'usufruit soit du quart donné, soit de biens déterminés jusqu'à concurrence du quart, cette disposition est valable pour le tout si son évaluation en capital, supra n° 1575, n'excède pas une part d'enfant le moins prenant, et jusqu'à due concurrence si elle l'excède. En supposant l'évaluation de l'usufruit à moitié, soit un huitième, l'usufruit est moins élevé que la part d'enfant en présence de quatre et cinq enfants, et se trouve égale s'il y en a six, cette part étant, quand il y a quatre enfants, de trois seizièmes, quand il y en a cinq, de trois vingtièmes, et quand il y en a six, de trois vingt-quatrièmes égale à la valeur de l'usufruit. Mais s'il y en a sept, la part d'enfant le moins prenant est de 3/28 — ou 6/56 et dépasse de 1/56 le huitième en usufruit qui représente 7/56 de sorte qu'il est réduit à 6/56, soit, en usufruit, 12/56. — Il en serait autrement, dans le dernier cas, si l'usufruit était évalué à moins que moitié (Pau, 21 juill. 1868; R.N., 2388).

1596. — Ibid. — Donation antérieure. — Lorsque la donation au conjoint est la première en date, si elle ne dépasse pas la quotité fixée par l'art. 1098, l'époux a pu disposer au profit d'autres personnes de ce qui reste libre de la quotité disponible ordinaire. Si, sans excéder la quotité disponible ordinaire, elle dépasse la quotité spéciale au conjoint, voir supra n°s 1280, 1560, 1561.

1597. — Ibid. — Quotité non épuisée. — La quotité de l'art. 1098, étant d'une part d'enfant le moins prenant, il peut se faire qu'il y ait lieu à la réduction de la libéralité sans que la quotité disponible ordinaire ait été épuisée. Exemple : un époux veuf avec cinq enfants d'un précédent lit, a, par contrat de mariage, donné à sa femme une somme de 22,500 fr. en biens présents, puis, par donation postérieure ou par testament, il a disposé en faveur de l'un de ses enfants ou d'un étranger, d'une somme de 10,000 fr. ; la masse de sa succession est de 130,000 fr., ce qui donne pour la quotité disponible ordinaire, 32,500 fr. Cette quotité n'est pas dépassée par les libéralités, cependant la femme ne pouvant recevoir qu'une part d'enfant, on procédera ainsi : Des 130,000 fr. d'actif, on déduit 10,000 fr. montant de la disposition postérieure, reste 120,000 francs à diviser entre les cinq enfants et la veuve par sixième entre eux, soit 20,000 fr. pour chacun, ce qui réduit de 2,500 fr. la libéralité faite à la femme (Demolombe, XXIII, 569; Troplong, 2712; Aubry et Rau, § 690-45; Paris, 19 juill. 1833; S. 33, II, 397).

1598. — Plusieurs mariages successifs. — Le veuf ayant enfants d'un premier mariage, qui a contracté plusieurs mariages successifs, n'a pu disposer au profit de tous ses nouveaux époux collectivement, que de la quotité fixée par l'art. 1098, et non pas de la quotité disponible ordinaire. Par exemple : un époux marié en troisièmes noces est décédé laissant quatre enfants de ses précédents mariages; la masse de sa succession est de 125,000 fr.; par son contrat de mariage avec sa deuxième femme il lui a donné 20,000 fr. de biens présents, et il a gratifié sa troisième femme, restée sa veuve, de 15,000 francs; le disponible de l'art. 1098, en présence de quatre enfants, est d'un cinquième soit 25,000 fr., on impute sur cette somme les 20,000 fr. donnés à la deuxième femme, reste pour la troisième femme 5,000 fr., de sorte que sa libéralité est réduite de 10,000 (Marcadé, *1098*, 3 ; Toullier, V, 882 ; Grenier, IV, 712 ; Troplong, 2720 ; Massé et Vergé, § 461-33 ; Aubry et Rau, § 690-46 ; Demolombe, XXIII, 572 ; Roll. de Vill., *Noces (secondes)*, 23. CONTRA Duranton, IX, 804 ; Taulier, IV, p. 246 ; voir aussi Demante, IV, 278).

1599. — Époque de disposition.
— Toutes les libéralités faites par le veuf en faveur de son conjoint, soit avant le mariage en vue de sa célébration, soit pendant le mariage, soit sous forme de legs, soit même réciproques, ou faites sous certaines charges, sont réductibles dans les termes de l'art. 1098. Cependant si la donation faite antérieurement au mariage n'a pas eu lieu en vue de sa célébration, ce qui est apprécié par les tribunaux, l'art. 1098 ne doit pas être appliqué (Marcadé, *1098*, 1 ; Troplong, 2721 ; Aubry et Rau, § 690-8 à 10 ; Demolombe, XXIII, 574 ; Paris, 23 janv. 1808).

1600. — Part d'enfant. — Détermination. — Lorsqu'il n'existe qu'un ou deux enfants du précédent mariage, quoique la quotité disponible ordinaire soit de moitié ou un tiers, le conjoint ne peut cependant recevoir qu'un quart. S'il existe trois enfants ou plus, le conjoint n'a droit qu'à une part d'enfant qui se calcule en ajoutant un au nombre des enfants, elle est donc : s'il y en a trois, du quart ; s'il y en a quatre, du cinquième ; s'il y en a cinq, du sixième, etc. (Marcadé, *1098*, 1 ; Toullier, V, 884 ; Duranton, IX, 824 ; Coin-Delisle, *1098*, 3 ; Troplong, 2705 ; Massé et Vergé, § 461-24 ; Demolombe, XXIII, 583).

1601. — Prédécès. — Les enfants sont comptés d'après leur nombre à l'époque du décès, qu'ils soient du premier ou du deuxième lit. Si l'un d'eux est décédé, ses enfants ne sont comptés, quel que soit leur nombre, que pour une tête, *supra* n° 1220.

1602. — Renonciation. — Indignité. — Les enfants renonçants, ou indignes, ne font pas nombre pour déterminer la part d'enfant (Demol., XXIII, 588 ; Aubry et Rau, § 690 p. 280 ; Laurent, XV, 353). Si tous les enfants du premier mariage du donateur sont prédécédés sans laisser de postérité, renonçants ou exclus comme indignes, l'article 1098 cesse d'être applicable (Demolombe, XXIII, 589 ; Aubry et Rau, § 690-41).

1603. — Don de part d'enfant.
— Quand l'acte de libéralité porte uniquement qu'elle est *d'une part d'enfant*, et que les enfants de l'époux veuf l'ont tous prédécédé sans laisser de postérité, ou sont renonçants, la libéralité ne peut être cependant que d'un quart : le don d'une part d'enfant ne pouvant avoir une signification plus étendue que la part la plus large qu'un second époux puisse avoir en présence d'enfants d'un lit précédent, et non pas à la moitié des biens en supposant l'existence d'un seul enfant (Marcadé, *1098*, 2 ; Demolombe, XXIII, 590 ; Grenier, 683 ; Toullier, V, 887 ; Duranton, IX, 823 ; Coin-Delisle, *1098*, 12 ; Aubry et Rau, § 690-48 ; voir cep. Paris, 14 mars 1825).

1604. — Calcul. — Quand l'époux donateur n'a pas fait de libéralités au profit d'autres personnes que son conjoint, il est aisé de calculer sa part dans les biens formant la quotité qui lui est allouée, *supra* n° 1586. — En présence de libéralités faites en faveur d'enfants, le calcul est différent, selon que les libéralités sont ou ne sont pas rapportables : si elles ont été faites par préciput (ou en faveur d'étrangers), on les retranche de la masse de la succession, et sur ce qui reste on calcule la part afférente au conjoint, sauf à celui-ci, quand sa donation est antérieure, à exiger que les libéralités postérieures soient réduites si elles excèdent la quotité disponible. — Si elles ont été faites sans clause de préciput, les libéralités sont réunies fictivement à la masse et la part d'enfant est calculée sur le tout, pourvu toutefois qu'elle ne soit prélevée que sur des biens existants au décès (Grenier, IV, 711 ; Troplong, 2710 ; Demolombe, XXIII, 594 ; Coin-Delisle, *1098*, 15 ; Paris, 20 fév. 1809, 19 juill. 1833, 9 juin 1836 ; S. 33, II, 397 ; 36, II, 354) ; — à moins qu'il ne résulte de l'acte de disposition que l'époux donateur n'a entendu donner qu'une part des biens existants à son décès (Paris, 7 mars 1840 ; Douai, 30 déc. 1843 ; S. 40, II, 426 ; 44, II, 389).

1605. — Libéralité excessive.
— Si la libéralité excessive a été faite au nouvel époux seul et a eu pour objet un corps certain, on doit le réunir aux biens existants pour

composer la masse sur laquelle se calcule la quotité de l'art. 1098 ; et s'il y a un excédant il y a lieu à la réduction de la somme à laquelle il se monte ; mais comme alors le nouvel époux aurait moins que sa part, l'excédant est à répartir entre le conjoint et les enfants. Exemple : un époux veuf a, par contrat de mariage, donné à sa deuxième femme une somme de 20,000 fr. ; il est décédé laissant quatre enfants et 60,000 fr. de biens existants au décès ; ensemble pour la masse, 80,000 fr. ; la quotité disponible est de 20,000 fr., reste 60,000 fr. pour la réserve des enfants, soit chacun 15,000 fr. ; c'est 15,000 fr. seulement qui reviennent de ce chef à la femme sur les 20,000 fr. à elle donnés ; quant aux 5,000 fr. formant l'excédant de cette libéralité, on les répartit entre la veuve et les enfants par cinquième, soit 1,000 fr. ; ensemble 16,000 fr. pour chacun de la veuve et des quatre enfants. On ne doit donc pas attribuer l'excédant aux enfants seuls (Vazeille, *1098*, 17 ; Massé et Vergé, § 461-32 ; Aubry et Rau, § 690-35 ; Colmet, IV, 278 bis, 6° ; Demolombe, XXIII, 600. CONTRA Troplong, 2706 ; 2707 ; Grenier, III, 708).

1606. — Usufruit. — Rente viagère. — Option. — Si la libéralité faite à son nouvel époux, par le veuf avec enfants d'un précédent mariage, est d'un usufruit ou d'une rente viagère qui excède la quotité disponible, elle ne saurait être réduite à l'usufruit de la quotité disponible. Il y a lieu de faire l'application de l'art. 917, *supra* n° 1386, et, par conséquent, d'accorder aux héritiers à réserve l'option ou d'exécuter la disposition en viager, quoique excessive, ou de faire l'abandon en pleine propriété de la quotité disponible (Marcadé, *1098*, 4 ; Benech, *Quot. disp.*, p. 440 ; Proudhon, *Usufr.*, 349 ; Demolombe, XIX, 462 ; Troplong, 2571, 2731 ; Aubry et Rau, § 684 bis-10 ; Cass. 1er avril 1844 ; S. 44, I, 849 ; Douai, 14 juin 1852 ; S. 53, II, 97 ; Rouen, 8 avril 1853 ; S. 55, II, 753 ; Bordeaux, 16 août 1853, 3 juill. 1855, 22 juill. 1867 ; S. 55, II, 543, 753 ; Paris, 7 janv. 1870 ; T. Mamers, 30 août 1870 ; Angers, 22 février 1872 ; Cass. 1er juill. 1873 ; Nancy, 5 mars 1873 ; Bastia, 17 janv. 1876 ; Grenoble, 9 juin 1879 ; S. 71, II, 20 ; 74, I, 17 et II, 6. CONTRA Poitiers, 27 mai 1851 ; Caen, 10 déc. 1859 ; S. 52, II, 1 ; 60, II, 615).

1607. — Quotité en usufruit. — La disposition est excessive en usufruit et, par conséquent, donne ouverture au droit d'option dont il vient d'être parlé, quand elle est soit de la totalité de la succession, soit d'une quote part supérieure à la quotité disponible. Il a été décidé à ce sujet que le legs de l'usufruit, *tel que la loi permet de le donner au conjoint*, ou de *la plus forte quotité disponible en usufruit*, peut s'entendre de l'usufruit de la moitié des biens équivalent au quart en propriété que la loi permet de lui donner ; et que, dans ce cas, les héritiers doivent, s'ils usent du droit d'option, la pleine propriété de la quotité disponible (Cass., 1er avril 1844 ; S. 44, I, 844 ; T. Compiègne, 7 avril 1873 ; Journ. des Not., art. 21163) ; — à moins que l'intention contraire n'ait été clairement manifestée (Amiens, 15 fév. 1822 ; Poitiers, 27 mai 1851 ; Caen, 10 déc. 1859 ; S. 52, II, 1 ; 60, II, 615 ; Cass., 1er juill. 1873 ; Orléans, 6 août 1874 ; S. 74, I, 17 et II, 288).

1608. — Réduction. — Enfants — L'action en réduction appartient principalement aux enfants du subséquent mariage ; en ce sens que c'est en leur personne seule qu'elle peut s'ouvrir. D'où il suit que cette action serait inexistante si tous les enfants du premier mariage étaient prédécédés sans laisser de descendants, ou s'ils étaient renonçants ou indignes, alors même qu'il existerait des enfants du deuxième lit (Troplong, 2733 ; Demolombe, XXIII, 601). — Mais quand l'action est ouverte dans la personne des enfants du premier lit, elle existe dans la succession, profite à tous ceux qui sont appelés à la succession, et, dès lors, peut être exercée non-seulement par les enfants du premier lit, mais aussi par ceux du deuxième mariage (Toullier, V, 879 ; Grenier, II, 698 ; Duranton, IX, 817 ; Coin-Delisle, *1098*, 8 ; Demolombe, XXIII, 561, 602 ; Aubry et Rau, § 690-43 ; Bordeaux, 16 août 1853 ; S. 55, II, 753 ; Caen, 3 août 1872 ; S. 74, I, 17 ; Laurent, XV, 402. CONTRA Marcadé, *1098*, 5 ; Proudhon, *Usuf.*, I, 347 ; Saintespès, 2033 ; Massé et Vergé, § 461-20).

1609. — Exercice de l'action. — L'action en réduction s'ouvre seulement au décès de l'époux donateur, *supra* n° 1591 ; d'où il suit que celui-ci ne peut l'exercer de son vivant (Demolombe, XXIII, 603 ; Troplong, 2745 ; Aubry et Rau, § 690-37 ; Grenoble, 2 juin 1831 ; Riom, 9 août 1843 ; S. 32, II, 346 ; 44, II, 15) ; — et que ce droit, de son vivant, ne peut non plus être exercé par ses créanciers (Cass., 2 mai 1855 ; S. 56, I, 178).

§ 3. — *Des dispositions faites concurremment en faveur d'un époux et d'un étranger.*

1610. — Libéralités simultanées. — Les libéralités faites au conjoint et à un étranger sont simultanées et, par conséquent, doivent être exécutées concurremment : — Si ce sont des donations, quand elles ont été faites par un seul et même acte ou à une même date, *supra* n°s 1477, 1478, sans qu'il y ait lieu de distinguer l'ordre des dispositions (Demolombe, XXIII, 518 ; Cass., 20 déc. 1847 ; 12 juill. 1848 ; 3 juill. 1863 ; S. 48, I, 231, 473 ; 63, I, 417 ; Bordeaux, 14 janv. 1868 ; Journ. des Not., 19282. Voir cep. Duranton, IX, 766 ; Aix, 18 avril 1836 ; Cass., 9 nov. 1846, 23 août 1847 ; S. 36, II, 421 ; 46, I, 801 ; 47, I, 840) ; — à moins cependant que le contraire n'ait été stipulé (Riom, 20 mai 1862 ; Cass., 3 mai 1864 ; S. 62, II, 245 ; 64, I, 273).

1611. — Legs simultanés. — Si ce sont des libéralités faites par testament, elles sont toujours considérées comme des dispositions simultanées, même quand elles sont contenues dans plusieurs testaments successifs ; les testaments ayant, quant à leurs effets, une seule et même date, celle du décès du testateur (Colmet de Sant., IV, 381, 6° ; Aubry et Rau, § 689-32 ; Bonnet, III, 1140 ; Demolombe, XXIII, 519).

1612. — Limites des libéralités simultanées. — Elles produisent leur effet dans la limite de la quotité disponible la plus étendue, en ce sens qu'elles ne sont pas sujettes à réduction si leur montant total n'excède pas la quotité disponible la plus étendue, pourvu que chacun des gratifiés n'ait rien au delà de la quotité disponible qui est déterminée à son égard ; d'où il suit que l'époux qui a donné à son conjoint une partie seulement de ce que l'art. 1094 permet de lui donner, peut donner simultanément à un tiers jusqu'à concurrence de la quotité fixée par l'art. 1094 (Troplong, 2593 ; Bonnet, III, 1138 ; Demolombe, XXIII, 516, 517 ; Turin, 15 avril 1810 ; Agen, 27 août 1816, 24 août 1822, 5 déc. 1861 ; Cass., 3 janv. 1826, 3 juin 1863, 4 janv. 1869 ; S. 63, I, 417 ; 64, II, 105 ; 69, I, 145).

1613. — Quotités non dépassées. — En conséquence, l'époux donateur peut disposer :

1° Quand il y a un ascendant réservataire, de trois quarts en pleine propriété en faveur d'un étranger et un quart en usufruit en faveur de son conjoint, ou trois quarts en nue propriété en faveur d'un étranger et la totalité en usufruit en faveur de son conjoint (Coin-Delisle, *1094*, 15 ; Marcadé, *1100*, 2 ; Cass., 3 janv. 1826 ; 18 nov. 1840 ; S. 41, I, 90 ; Contra Duranton, IX, 785) ; — si les libéralités conjointes donnent à l'époux trois quarts en propriété et à l'étranger un quart en usufruit, ces deux libéralités doivent être exécutées sur les trois quarts en propriété formant la quotité disponible, en conséquence sont réductibles au marc le franc, l'étranger ne pouvant rien recevoir sur la réserve.

2° Quand il n'y a que un seul enfant, les dispositions simultanées sont permises dans les limites indiquées *supra* n° 1559.

3° Quand il y a deux enfants, de un tiers en nue propriété en faveur d'un étranger et moitié en usufruit en faveur de son conjoint ; si la libéralité était faite à l'époux pour un quart en propriété et à un étranger pour un quart en usufruit, cette dernière disposition se trouverait porter pour deux douzièmes en usufruit sur la réserve, et, en raison de cela, il y aurait lieu à contribution au marc le franc entre les deux gratifiés, dans la proportion de leurs libéralités.

4° Quand il y a trois enfants ou un plus grand nombre, l'époux donateur peut disposer en concurrence, en faveur de son conjoint pour une moitié en usufruit, et d'un étranger pour un quart en nue propriété (Agen, 27 août 1810 ; Limoges, 24 août 1822 ; Bordeaux, 14 janv. 1868 ; Journ. des Not., 19282) ; — Mais si les libéralités simultanées donnent au conjoint un quart en propriété, et à l'étranger un quart en usufruit, ces deux libéralités ne peuvent être exécutées que sur la quotité disponible en pleine propriété étant d'un quart, l'étranger ne pouvant rien recevoir sur la réserve; en conséquence les deux libéralités sont réductibles au marc le franc conformément à l'art. 926 (Demolombe, XXIII, 522).

1614. — Quotités dépassées. — Plus forte portion. — Lorsque les libéralités faites par l'un des époux à son conjoint et à un enfant ou des étrangers dépassent la quotité disponible la plus étendue et que le disposant n'a exprimé aucun droit de préférence, elles sont réductibles au marc le franc du montant de chaque libéralité sur la quotité la plus étendue (*Arg. C. civ., 926*), sans distinction ni préférence entre l'époux et l'étranger ; mais toujours à la condition que chacun des gratifiés n'aura pas plus que la quotité déterminée à son égard (Troplong, 2606. 2617 ; Toullier, V, 872 ; Grenier, 583 ; Coin-Delisle, *1094*, 17, 18 ; Duranton, IX, 597 ; Cass., 21 nov. 1841 ; S. 42, I, 897).

1615. — Ibid. — Quotités communes. — D'autres systèmes de réduction ont été présentés : d'après l'un de ces systèmes, on doit faire concourir les gratifiés entre eux jusqu'à concurrence de la quotité disponible qui leur est commune, et attribuer le surplus à celui en faveur duquel la plus grande disponibilité est établie. Par exemple, au cas où l'époux ayant trois enfants a disposé en faveur de son conjoint de moitié en usufruit, et en faveur d'un de ses enfants d'un quart en propriété, on procéderait ainsi : en supposant un actif net de 80,000 fr., l'époux prélève d'abord son usufruit jusqu'à concurrence de 20,000 fr. sur la réserve, et la quotité disponible ordinaire, qui est de 20,000 fr., se répartit entre l'époux à proportion de son quart en usufruit évalué à moitié, soit 10,000 fr., et l'enfant pour son quart en propriété soit 20,000 fr. ; de sorte que l'époux aura un tiers ou 6,666 fr. 67 c. ; et l'enfant deux tiers, ou 13,333 fr. 33 c. (Delvincourt, II, p. 465 ; Demolombe, XXIII, 540) ; mais puisque la libéralité est seulement en usufruit en faveur du conjoint, il faudra doubler son droit, de sorte qu'il aura en usufruit 13,333 fr. 33 c. sur la quotité disponible et 20,000 fr. sur la réserve, tandis que l'enfant aura seulement 6,666 fr. 67 c.

en pleine propriété et 13,333 fr. 33 c. en nue propriété. Dans cette hypothèse, le conjoint se trouve avoir la presque totalité de sa libéralité, tandis que l'enfant n'a presque rien, alors que le disposant avait la volonté de les gratifier d'une manière à peu près égale. — Mais quand l'époux donateur a laissé des enfants d'un précédent mariage, la quotité en faveur de son conjoint étant d'une part d'enfant le moins prenant, supposons six enfants, sa quotité est d'un septième, si l'on répartit ce septième entre tous les gratifiés, la part du conjoint dans ce septième ne sera de presque rien, tandis que les autres, indépendamment de leur marc le franc dans ce septième, auront leur part entière dans les trois vingt-huitièmes qui forment la différence entre le quart et le septième. — Enfin si l'époux donateur a laissés deux enfants du mariage, quelle quotité sera considérée comme commune à l'époux et à l'étranger, celle de l'étranger étant d'un tiers en propriété et celle de l'époux de moitié en usufruit, ou un quart en propriété et un quart en usufruit. — Nous ne saurions donc adopter ce mode d'opérer.

1616. — Ibid. — Proportions diverses. — D'après un autre système, on devra prendre momentanément comme base de la réduction le disponible le plus faible pour toutes les libéralités même celles qui ont droit au disponible le plus fort, mais en ayant soin d'imprimer momentanément aussi à ces dernières libéralités une diminution proportionnelle à celle que l'on donne à leur disponible ; quand la réduction est opérée sur cette base entre toutes les libéralités, le résultat définitif pour ceux qui n'ont droit qu'au plus petit disponible, et provisoirement seulement pour les autres, se complète en partageant entre ces derniers, la part de disponible qui ne se trouve pas encore employée (Marcadé, *1100*, 3). — Mais ce système nécessite des opérations compliquées qu'aucun texte de loi n'autorise, et nous ne saurions non plus l'admettre.

1617. — Méthode préférable. — Le plus simple est de se conformer à l'article 926, dont nous allons faire l'application au cas qui nous occupe, suivant les diverses hypothèses qui sont susceptibles de se présenter.

1618. — I. Ascendants. — Un époux

a légué à son conjoint, la totalité en usufruit des biens qui composeront sa succession, a institué pour son légataire universel A..., et a légué à B... 25,000 fr. Il décède laissant pour héritier à réserve un ascendant; la masse de sa succession est nette de 120,000 fr., soit pour la réserve, un quart ou 30,000 fr.; la réduction s'opère de la manière ci-après : Si le testateur n'avait pas laissé d'héritiers à réserve, on déduirait des 120,000 fr., les 25,000 fr. légués à B..., resterait 95,000 fr. pour A... en nue propriété et pour le conjoint en usufruit. En répartissant les 90,000 fr. disponibles entre ces deux sommes, on trouve que la réduction est pour le legs universel, à une somme de 71,250 fr., et pour le legs particulier à 18,750 francs. L'époux légataire a l'usufruit des 71,250 fr. plus des 30,000 fr. formant la réserve de l'ascendant.

1619. — II. Un enfant. — 1re hypothèse. — Un époux a disposé par testament : en faveur de son conjoint de un quart en propriété et de un quart en usufruit, et en en faveur d'en étranger de moitié en propriété; il laisse un seul enfant et un actif net de 120,000 fr.; la quotité disponible est de 60,000 francs, comment opérer? Si l'on évalue l'usufruit à moitié, le legs du conjoint sera de trois huitièmes dont deux huitièmes représentent le quart en propriété et un huitième le quart en usufruit; les 60,000 fr. disponibles sont à répartir entre trois huitièmes pour l'époux, et quatre huitièmes pour le légataire, soit pour l'époux, 25,714 f. 20 c. dont deux tiers ou 17,142 f. 80 c. représentent le quart en propriété et les 8,571 fr. 40 c. de surplus le quart en usufruit, qui, par cette raison sont convertis en l'usufruit de 17,142 francs 80 cent.; le légataire a 34,285 fr. 80 c., sur quoi 8,571 fr. 40 c. sont grevés de l'usufruit du conjoint à l'encontre de pareille somme en nue propriété sur les droits de ce dernier, reste en propriété 25,714 fr. 40 c. A ce moyen les 60,000 fr. disponibles appartiennent :

A l'époux, en pleine propriété	17,142 f. 80 c.
Au même en usufruit, la nue propriété au légataire . . .	17,142 80
Au légataire en propriété .	25,714 40
Somme égale	60,000 00

1620. — 2° hypothèse. — Un époux laissant un seul enfant et un actif net de 240,000 fr., soit une quotité disponible de 120,000 fr., a légué à son conjoint moitié en usufruit, à A... moitié en nue propriété, et à B... 60,000 fr. en propriété. La réduction s'opère ainsi : Des 240,000 fr. montant de l'actif net on déduit le legs particulier étant de 60,000 fr., reste 180,000 fr., dont moitié est de 90,000 fr. qui ajoutés aux 60,000 fr. légués à B..., forment 150,000 fr. à raison desquels on établit un marc le franc sur les 120,000 fr. disponibles, ce qui donne à A... 72,000 fr. et à B... 48,000 fr. Par suite la quotité disponible appartient : pour 72,000 fr. au conjoint survivant, la nue propriété à A..., et pour 48,000 fr. à B... en propriété.

1621. — III. Deux enfants. — 1re hypothèse. — Un époux a légué un quart en propriété à l'un de ses enfants et un quart en propriété et un quart en usufruit à son conjoint; sa succession est de 120,000 fr. l'usufruit étant évalué à moitié du capital, le legs du conjoint sera, comme dans l'hypothèse du n° 1618, de trois huitièmes formant la quotité disponible la plus étendue, soit une somme de 45,000 fr. à répartir entre les trois huitièmes du conjoint et le quart, ou deux huitièmes, légué à l'enfant, ce qui donne pour le conjoint 27,000 fr., dont deux tiers en propriété, soit 18,000 fr., et un tiers ou 9,000 fr. représentant l'usufruit est doublé, ce qui le convertit en l'usufruit de 18,000 fr.; et pour l'enfant 18,000 fr. en propriété. Il appartient donc à l'époux 18,000 fr. en propriété et 18,000 fr. en usufruit dont la nue propriété reste aux héritiers, et à l'enfant légataire 18,000 fr. en propriété.

1622. — 2° hypothèse. — Un époux laissant deux enfants et un actif net de 240,000 fr. a légué : à son conjoint, moitié en usufruit; à A..., l'un de ses enfants, un tiers en nue propriété, et à B... étranger, 30,000 fr. en propriété; la réduction s'opère ainsi : De l'actif net, étant de 240,000 fr., on retranche les 30,000 fr. légués à B..., reste 210,000 fr., dont le tiers, formant le legs de A..., est de 70,000 fr., soit 100,000 fr. pour les deux legs, à raison desquels on établit un marc le franc sur 80,000 fr., montant de la quotité disponible ordinaire, ce qui donne à A... en nue propriété 56,000 fr., et à B... en propriété 24,000 fr. Quant au conjoint, il a droit à l'usufruit : 1° des 56,000 fr. attribués à B...; 2° et de 20,000 sur la réserve légale, comme formant la différence entre un tiers montant de la quotité disponible ordinaire et les trois huitièmes montant de la quotité disponible entre époux, cette différence étant de un vingt-quatrième en propriété est convertie en un douzième en usufruit, soit 20,000 fr. (Voir Cass., 3 juin 1863; S. 63, I, 417).

1623. — 3° hypothèse. — Un époux a légué : à l'un de ses enfants, par préciput, un quart en propriété de ses biens ; à son conjoint un quart en propriété et un quart en usufruit ; plus à B... un capital de 20,000 fr., et à C... une rente viagère de 3,000 fr., évaluée en raison de l'âge du légataire à 25,000 fr. de capital. Comment s'opère la réduction en supposant un actif net de 240,000 fr. ?

S'il n'y avait pas de réservataire on calculerait ainsi :

Actif net	240,000 fr.
On en déduit les legs particuliers	60,000
Reste	180,000
Le fils légataire par préciput d'un quart aurait droit à	45,000 fr.
Et le conjoint à un quart en propriété . . . . 45,000 fr.	
Et un quart en usufruit, en supposant que sa valeur soit de moitié du capital . . . 22,500	67,500
Ajoutant le legs particulier .	60,000
Réunion des legs	172,500

La quotité disponible à répartir entre les légataires est formée de :

1° Un tiers en propriété de l'actif net	80,000 fr.
2° Un douzième en usufruit représentant un vingt-quatrième en propriété.	10,000
Ensemble.	90,000

Les legs s'élevant à 172,500 fr. par suite d'un marc le franc établi sur les 90,000 fr. disponibles, sont réduits aux chiffres ci-après :

L'enfant	23,478 25
Les légataires particuliers . .	21,304 35
Le conjoint . . .	35,217 40
Sur quoi 10,000 fr. sont affectés à la libéralité en usufruit . .	10,000 00
Reste en propriété pour le conjoint . .	25,217 40 25,217 40
Somme égale à la quotité disponible en propriété	80,000 00

En outre le conjoint a l'usufruit de 20,000 francs représentant les 10,000 fr. en propriété déduits de ses droits.

A ce moyen, la succession est tenue à la délivrance des legs : en propriété pour 80,000 francs, et en usufruit pour 20,000 fr.

1624. — IV. Trois enfants ou plus. — 1re hypothèse. — Un époux est décédé laissant trois enfants (ou un plus grand nombre), et un actif net de 240,000 fr. Il a légué : à son conjoint, moitié en usufruit des biens composant sa succession ; à A..., son fils, un quart en nue propriété des mêmes biens, et à B..., son neveu, un capital de 40,000 fr. en propriété; la réduction s'opère ainsi qu'il suit : De l'actif net, étant de 240,000 francs, on déduit les 40,000 fr. légués à B..., reste 200,000 fr., dont le quart légué en nue propriété à A... et en usufruit au conjoint, est de 50,000 fr. A ce moyen on trouve qu'il a été légué en propriété 90,000 fr., tandis que la quotité disponible en propriété est seulement de 60,000 fr. formant le quart de l'actif net ; un marc le franc établi sur ce chiffre donne : pour le legs de A..., en nue propriété, 33,333 fr. 33 c. ; et pour le legs de B... en propriété, 26,666 fr. 67 c. Quant au quart en usufruit soit 60,000 fr. complétant la quotité disponible en faveur du conjoint, il est attribué en entier à ce dernier, puisque les héritiers ne peuvent être tenus de délivrer que un quart en propriété et un quart en usufruit, et que les légataires de pleine propriété ne sauraient avoir de droits dans le quart en usufruit affecté au conjoint. Il en résulte que les droits du conjoint en usufruit sont de 93,333 fr. 33 c. formés des 33,333 fr. 33 c. attribués à B... en nue propriété, et des 60,000 fr. formant le quart complémentaire en sa faveur.

1625. — 2° hypothèse. — L'époux ayant trois enfants et un actif net de 168,000 francs, a légué : à un étranger moitié en propriété, et à son conjoint un quart en propriété et un quart en usufruit ; la réduction s'opère comme il suit : le quart en pleine propriété, étant de 42,000 fr., est attribué : à l'étranger, à proportion de sa moitié (deux tiers) soit 28,000 fr.; et au conjoint, à proportion de son quart (un tiers), soit 14,000 fr.; en outre le conjoint à l'usufruit d'un autre quart, soit 42,000 fr.

Un auteur (Roll. de Vill., *Port. disp.*, n° 220), opère ainsi : La valeur de la plus forte quotité disponible est de trois huitièmes représentant vingt et un cinquante-sixièmes, les légataires y ont droit à proportion : l'étranger de quatre huitièmes, ou douze cinquante-sixièmes, et le conjoint de trois huitièmes ou neuf cinquante-sixièmes ; sur les quatorze cinquante-sixièmes formant le quart en propriété, l'étranger prendra douze cinquante-sixièmes en propriété, restera pour le conjoint : deux cinquante-sixièmes en propriété, et sept cinquante-sixièmes en usufruit, formant en usufruit quatorze cinquante-sixièmes ou le quart. A ce moyen, sur 168,000 fr., l'étranger aura 36,000 fr. en pleine propriété et la veuve 6,000 fr. en propriété et 42,000 fr. en usufruit. — Mais si au lieu de léguer à son conjoint un quart en propriété et un quart en usufruit, l'époux lui a légué moitié en usufruit et à l'un de ses enfants un quart en nue propriété, la réunion de cette nue propriété avec pareille quotité sur l'usufruit du conjoint formera un quart en pleine propriété qui devra venir au même rang que la moitié de l'étranger ; pourquoi n'en serait-il pas de même quand le quart est légué au conjoint seul? Nous ne saurions donc adopter ce mode d'opérer.

§ 4. — *Des règles communes aux dispositions soit par contrat de mariage soit pendant le mariage.*

1626. — Etendue de ces règles. — Les règles communes qui vont être rapportées s'appliquent dans la généralité de leurs termes, à tous les époux, en raison de ce qu'elles sont une sanction de la restriction apportée aux libéralités entre époux, et, dès lors, se réfèrent à l'art. 1094 aussi bien qu'à l'art. 1098 (Marcadé, *1099*, 3; Coin-Delisle, *1099*, 2; Duranton, IX, 628; Demolombe, XXIII, 607; Rouen, 23 déc. 1871; S. 72, II, 101; CONTRA Grenier, IV, 686; Toullier, V, 881). Elles se réfèrent également à l'art. 1096, en ce sens que les libéralités qu'elles prévoient sont révocables comme toutes autres libéralités faites entre époux pendant le mariage ; d'où il suit que la nullité de la donation faite par un époux à son conjoint sous le nom d'un tiers, par exemple, d'un enfant du premier lit, dans le but de soustraire cette donation à la révocabilité qui forme la condition des donations entre époux est d'ordre public (Demolombe, XXIII, 609 ; Cass., 11 nov. 1834; Paris, 14 août 1835; S. 34, I, 769; 36, II, 343; Voir cep. Bourges, 9 mars 1836 ; Cass., 7 fév. 1849; S. 36, II, 343; 49, I, 165); — et peut être proposée par le donateur lui-même (Cass., 23 avril 1850; S. 50, I, 591).

1627. — Donation indirecte. — Les époux ne peuvent se donner indirectement au delà de ce qui leur est permis par les dispositions ci-dessus (*C. civ.*, *1099*). Il résulte de ce texte que la libéralité faite entre époux sous une forme indirecte, par exemple : comme charge d'une donation ou d'une vente faite par l'un des époux, ou encore de la simple renonciation à une succession ou à un legs qu'il était appelé à recueillir de préférence à son conjoint ou conjointement avec lui, ou enfin du transfert au mari d'un office recueilli par succession par la femme pendant le mariage, est valable tout entière si elle n'excède pas la quotité disponible; et que, si elle l'excède, elle est seulement sujette à réduction, et non pas nulle (Marcadé, *1099*, 1; Demolombe, XXIII, 454, 610; Roll. de Vill., *Don entre ép.*, 86; Cass., 12 juin 1854; S. 54, I, 656; Caen, 1er déc. 1870 ; S. 71, II, 178).

1628. — Assurance sur la vie. — On considère aussi comme une libéralité indirecte, l'assurance que le mari a contractée sur sa vie, pendant le mariage, mais au profit de sa femme. En conséquence, lorsque l'assuré meurt en laissant des héritiers à réserve, la libéralité qui en résulte si elle excède la quotité disponible, est réductible dans les termes de l'art. 1094 ou de l'art. 1098 (Seine, 25 juin 1875; R. N. 4958; t. Lyon, 17 mars 1881; Paris, 3 mars 1886; *Rép. N.*, 219, 3250).

1629. — Donation déguisée. — Personne interposée. — Toute libéralité par donation ou legs (Aubry et Rau, § 690-22; Caen, 6 janv. 1845; S. 45, II, 393) qui est déguisée ou faite à personnes interposées est nulle (*C. civ.*, *1099*) pour le tout, et non pas réductible seulement à la quotité disponible; peu importe qu'elle excède ou non la quotité disponible, car ce que la loi veut réprimer c'est la fraude, et, d'ailleurs, la disposition finale de l'art. 1099, qui a son principe dans la législation romaine et l'édit de secondes noces, se justifie par le danger que présentent de telles libéralités par la fraude dont elles sont l'œuvre et par la spoliation qui en serait le résultat, si elles étaient maintenues (Marcadé, *1099*, 1; Toullier, V, 901; Grenier, IV, 691; Saintespès, 2037; Troplong, 2743; Bonnet, III, p. 203; Massé et Vergé, § 461-19; Aubry et Rau, § 690-24; Demolombe, XXIII, 451, 452, 614; Larombière, *1132*, 11; Roll. de Vill., *Don. entre ép.*, 104; Toulouse, 30 mai 1835; S. 35, II, 392; Paris, 14 août 1835; S. 36, II, 345; Limoges, 6 juill. 1842; S. 43, II, 27; Caen, 6 janv. 1845; S. 45, II, 393; Agen, 5 déc. 1849; S. 50, II, 74; Orléans, 23 fév. 1861; S. 61, II, 410; Grenoble, 29 nov. 1862; S. 63, II, 51; Cass., 30 nov. 1831, 11 nov. 1834, 29 mai 1838, 6 janv. 1845, 2 mai 1855, 11 mars 1862; S. 32, I, 34; 34, I, 769; 38, I, 481; 45, II, 393; 56, I, 178; 62, 1, 401; Dijon, 10 avril 1867; Grenoble, 19 mars 1869; Caen, 1ᵉʳ déc. 1870; Rouen, 23 déc. 1871; Pau, 24 juill. 1872; Montpellier, 28 fév. 1876; S. 76, II, 241; Cass., 23 mai 1882; *Rép. N.*, 1223. V. Cass. 5 déc. 1877; S. 78, I, 200. CONTRA Coin-Delisle, *1099*, 14; Duranton, IX, 831; Taulier, IV, p. 248; Troplong, 2744; Bourges, 29 mars 1836; S. 36, II, 343; Paris, 21 juin 1837; S. 37, II, 322; Caen, 13 nov. 1847; S. 48, II, 677; Cass., 7 fév. 1849; S. 49, I, 165; Toulouse, 26 fév. 1861; S. 61, II, 327; Lyon, 18 nov. 1862; S. 63, II, 51; Orléans, 10 fév. 1865; S. 65, II, 168; Montpellier, 4 déc. 1867; Grenoble, 21 mars 1870; Bordeaux, 16 fév. 1874; Sirey, 68, II, 256; 70, II, 240; 74, II, 206).

1630. — Apport non justifié. — Constitue une libéralité déguisée, la renonnaissance du mari par contrat du mariage, au profit de la femme, d'un apport alors qu'elle ne possédait rien, ou d'un apport supérieur à celui qu'elle a réellement effectué (Aubry et Rau, § 690-23; Cass., 31 juill. 1833; 29 mai 1838; S. 33, I, 840; 38, I, 481; Rouen, 23 déc. 1871; Pau, 24 juill. 1872; Cass., 14 avril 1886; Defrénois, *Rép. N.*, 3224).

1631. — Personnes interposées. — Sont réputées faites à personnes interposées : 1° Les donations de l'un des époux aux enfants ou à l'un des enfants de l'autre époux issus d'un autre mariage (*C. civ.*, *1100*), ou aux descendants de ces enfants (Duranton, IX, 834; Troplong, 2753; Massé et Vergé, § 461-16; Demolombe, XXIII, 619; Caen, 6 janv. 1845; Agen, 5 déc. 1849; S. 45, II, 393; 50, II, 74). — Décidé que cette présomption s'étend aux enfants naturels ou adoptifs (Marcadé, *1101*, 1; Duranton, IX, 834; Coin-Delisle, *1100*, 8; Troplong, 2754; Bonnet, III, 1115; Demolombe, XXIII, 618; Amiens, 22 déc. 1838; S. 39, II, 254; Lyon, 14 mai 1880; *Rép. N.*, 220).

— Il importe peu dans tous ces cas, que la donation ait été faite par le contrat de mariage de l'enfant ou descendant et en faveur de son mariage (Cass., 5 août 1867; Paris, 24 avril 1869; S. 68, I, 68; 69, II, 288).

2° Les donations faites par l'un des époux aux parents dont l'autre époux est héritier présomptif au jour de la donation, encore que ce dernier n'ait point survécu à son parent donataire (*C. civ.*, *1100*) ou qu'il ne lui ait pas succédé (Duranton, IX, 835; Aubry et Rau, § 690-17); ce qui s'applique également à la disposition testamentaire, alors qu'au jour de la date du testament, l'autre époux était présomptif héritier du légataire (Marcadé, *1100*, 1; Bonnet, III, 1117; Demolombe, XXIII, 622; Caen, 6 janv. 1845; S. 45, II, 393. CONTRA Coin-Delisle, *1100*, 9). — Mais la présomption d'interposition n'existe pas si, au temps de la donation, l'autre époux n'était pas héritier présomptif du donataire quoiqu'il le soit devenu depuis et lui ait survécu (Marcadé, *1100*, 1; Coin-Delisle, *1100*, 9; Demolombe, XXIII, 620).

—Elle n'existe pas non plus quand la donation n'a été faite qu'après le décès du nouvel époux, ou si, faite pendant son existence, l'exécution n'en devait avoir lieu qu'après son décès, de sorte qu'il ne pouvait pas en profiter (Troplong, 2755; Aubry et Rau, § 690-28; Colmar, 31 mai 1825; Douai, 9 mai 1836; Cass., 13 avril 1840; Caen, 13 nov. 1847; S. 36, II, 573; 40, I, 440; 48, II, 677).

1632. — Ibid. — Enfants communs. — Les enfants communs des deux époux ne sont pas des personnes interposées à l'égard des époux, alors même que l'un des époux profiterait d'une libéralité faite par son conjoint à l'un des enfants, en devenant héritier de celui-ci (Toullier, V, 903; Duranton, IX, 833; Coin-Delisle, *1100*, 8; Troplong, 2752; Aubry et Rau, § 690-29; Demolombe, XXIII, 617).

1633. — Nullité. — Réservataires. — Créanciers. — L'action en nullité d'une donation déguisée ou à personne interposée peut être exercée non pas par toute personne y ayant intérêt, comme étant une fraude à la loi, ainsi que l'enseignent: Demolombe, XXIII, 615; Boutry, 515; Bonnet, III, 1103, 1106; Colm. de Sant., IV, 279 *bis* 3°; Bordeaux, 5 juill. 1824; — mais seulement par les personnes en fraude des droits desquelles elle a été faite, tels sont: 1° Les héritiers réservataires, à la condition qu'ils viennent à la succession du donateur; ils ne le peuvent donc du vivant du donateur; jusqu'à son décès ils ont simplement le droit de provoquer des mesures conservatoires, par exemple, dans le cas où la séparation de biens viendrait à être prononcée entre les époux (Tessier, *Dot*, II, p. 248; Troplong, 2748; Cass., 27 mars 1822; Grenoble, 2 juill. 1831; Riom, 9 août 1843; Cass., 2 mai 1855; S. 32, II, 346; 44, II, 15; 56, I, 178).

2° Par les créanciers du donateur, à la condition que leurs titres soient antérieurs à la donation (Duranton, VIII, 323; Coin-Delisle, *921*, 7; Saintespès, II, 450; Troplong, 2747; Paris, 6 juin 1826; Colmar, 20 mai 1836; Toulouse, 1er déc. 1837; S. 36, II, 490; 38, II, 500); — les créanciers dont les titres sont postérieurs à la donation ne seraient donc pas fondés à le faire (Cass., 2 mai 1855; S. 56, I, 178; Alger, 7 déc. 1885; Defrén., *Rép. N.*, 3272).

1634. — Ibid. — Donateur. — Le donateur a aussi de son vivant l'exercice de cette action, quand la libéralité a été faite pendant le mariage, comme corollaire du droit de révocation auquel on ne saurait porter atteinte (Cass., 16 avril 1850; S. 50, I, 591). — Il en est autrement quand elle participe de l'irrévocabilité attachée aux conventions matrimoniales, comme, par exemple, la reconnaissance par contrat de mariage d'une dot fictive (Grenoble, 2 juill. 1831; Riom, 9 août 1843; S. 32, II, 346; 44, II, 15; Montpellier, 4 déc. 1867; S. 68, II, 256).

1635. — Ibid. — Non réservataires. — Légataires. — Quant aux héritiers non réservataires et aux légataires, une telle libéralité ne saurait être considérée comme ayant été faite avec une intention de fraude à leur égard, et ils ne seraient pas fondés à en demander la nullité (Troplong, 2749; Cass., 20 oct. 1812; 1er avril 1819; Dijon, 10 avril 1867; S. 68, II, 11; J. N., 19366).

CHAPITRE QUATRIÈME

DU DROIT POUR LES HÉRITIERS DE DEMANDER LE PARTAGE EN NATURE

DIVISION

Sect. 1. — *Des meubles* (N°s 1639 à 1648).

Sect. 2. — *Des immeubles* (N°s 1649 à 1664).

DU PARTAGE DES SUCCESSIONS.

SOMMAIRE ALPHABÉTIQUE

Communistes 1657	— Soulte. 1661	— Dissentiment 1641
Donataire. 1637	— Subdivision 1656	— Faillite 1640
Enfant naturel. 1637	— Usufruit 1658,1663	— Fonds de commerce . . . 1648
En nature 1636	Lots :	— Garde difficile 1647
Faillite 1640	— Complément en mobilier. 1659	— Majorité 1642
Immeubles partageables . 1649 et s.	— Servitude 1662	— Mémoires et papiers . . . 1645
— impartageables 1650 et s.	— Soulte. 1660,1661	— Meubles onéreux. 1647
Légataires 1637	Meubles . . . . 1639 à 1648	— Opposition 1641
Licitation :	Servitudes 1662	— Ordonnée. 1644
— Communistes 1657	Subdivision. 1656	— Part des dettes. 1646
— Convention 1650	Successeurs 1637	— Partielle. 1643
— Dettes. 1649	Usufruit 1658,1663	— Représentation. 1642
— Economie de frais 1654	Valeurs héréditaires. 1639	— Saisie 1641
— Formes 1664	Vente de meubles :	— Voix. 1642
— Partageables et non . . . 1655	— Dettes. 1642,1643	

1636. — Meubles et immeubles.
— Chacun des cohéritiers peut demander sa part en nature des meubles et immeubles de la succession *(C. civ., 826)*. Le motif en est que le partage a pour but essentiel et doit avoir pour résultat de déterminer, de déclarer la part préexistante qui appartient déjà à chaque héritier dans les meubles et dans les immeubles. (Voir Defrénois, *Rép. N.*, 2432).

1637. — Successeurs. — Cette règle s'applique à tous successeurs venant au partage ; par conséquent, non seulement à chacun des héritiers légitimes, mais encore à chacun des successeurs irréguliers, en ce qui concerne l'enfant naturel même lorsqu'il concourt avec des héritiers légitimes (Marcadé, *art. 773*; Belost-Jolimont, *757*, obs. 4; Demante, III, 74 *bis*; Demolombe, XIV, 36 ; Aubry et Rau, § 638-3; Hureaux, V, 204 ; Paris, 22 mai 1813; voir cep. Agen, 17 nov. 1869; R. G. Defrénois, II, 1321) ; — comme aussi, à chacun des légataires ou institués contractuels universels ou à titre universel (Cass., 26 avril 1847; S. 47, I, 610).

1638. — Exception. — Il faut des raisons majeures pour qu'une exception intervienne à la règle du partage en nature. C'est ce que nous allons examiner, d'abord à l'égard des meubles, puis en ce qui concerne les immeubles.

SECTION I.
DES MEUBLES.

1639. — Valeurs héréditaires.
— Les meubles doivent être partagés en nature toutes les fois que la vente n'en est pas prescrite pour les causes qui vont être rapportées. Les créances et valeurs sont aussi des choses dont le partage doit se faire en nature. Il en est de même des dossiers de recouvrements, si la division peut s'en faire commodément, faute de quoi ils devraient être licités (Rouen, 11 avril 1856; S. 56, II, 602).

1640. — Ibid. — Faillite. — Jugé aussi que l'héritier qui a laissé son cohéritier en possession des valeurs héréditaires indivises entre eux, est fondé, malgré la faillite de ce dernier survenue ultérieurement, à demander sa part intégrale dans ces valeurs : ses droits étant non ceux d'un créancier soumis à la loi des faillites, mais ceux d'un copropriétaire ou copartageant (Cass., 28 juin 1869; S. 70, I, 76).

1641. — 1re Exception. — Créanciers saisissants ou opposants.
— Une première exception au partage en nature des meubles se rencontre, quand il y a des créanciers saisissants ou opposants; dans ce cas, les meubles sont vendus publiquement suivant les formes tracées par le Code de procédure *(C. civ., 826)*, sur la demande des cohéritiers, ou même de l'un d'eux et malgré le dissentiment des autres, puisque la mesure a pour objet d'éviter la saisie qui amènerait elle-même la vente, avec cette circonstance aggravante qu'il en résulterait des frais plus considérables, des retards et des entraves pour les opérations du partage (Toullier, IV, 410; Poujol, *826*, 9; Demante, III, 159 *bis*; Demolombe, XV, 649).

1642. — 2e exception. — Dettes.
— Les meubles sont également vendus quand

la majorité des cohéritiers juge la vente nécessaire pour l'acquit des dettes et charges de la succession (*C. civ., 826*). La majorité est celle en nombre, sans que l'on ait égard à l'importance des droits héréditaires (Demante, III, 159 *bis*; Belost-Jolimont, *826*, obs. 6; Taulier, III, p. 288; Mourlon, II, p. 138; Demolombe, XV, 650; Aubry et Rau, § 624-11. Contra Toullier, IV, 416; Poujol, *827*, 9; Dutruc, *198*). — Toutefois, les héritiers qui viennent à la succession par représentation de leur auteur, n'ont à eux tous que la voix de la personne qu'ils représentent, et, par conséquent, ne peuvent voter individuellement (Dutruc, *198*).

1643. — Dettes inférieures au mobilier. — Si les dettes s'élèvent à une somme moindre que la valeur du mobilier, les héritiers, ou même l'un d'eux, peuvent exiger que la vente n'ait lieu que jusqu'à concurrence de somme nécessaire pour l'acquit des dettes, en commençant par les meubles les moins précieux et ceux qui sont susceptibles de dépérir. Le surplus du mobilier est partagé entre les héritiers (Toullier, IV, 416; Chabot et Belost-Jolimont, *826*-1; Demolombe, XV, 654; Dutruc, *198*).

1644. — Vente ordonnée. — Les tribunaux peuvent ordonner la vente du mobilier d'une succession, alors qu'il est constaté, en fait, en présence du désaccord des héritiers, qu'il est indispensable de procéder à cette vente pour éteindre les dettes exigibles ou rembourser les rentes, et dégrever les immeubles des hypothèques qui les grèvent (Demolombe, XV, 652; Cass., 11 août 1875; Droit du 29 octobre).

1645. — Mémoires et papiers. — La vente doit comprendre les mémoires et papiers d'un intérêt historique. Les lettres et papiers n'ayant qu'un intérêt de famille sont licités (Angers, 4 fév. 1869; Toulouse, 6 juill. 1880; Mans, 13 juill. 1886; *Rép. N.*, 188, 3292).

1646. — Paiement de part des dettes. — En tous cas, chacun des cohéritiers a le droit d'empêcher la vente pour sa part du mobilier, et de réclamer cette part en nature, en payant, de ses propres deniers, sa part dans les dettes et charges (Marcadé, art. 826; Toullier, IV, 416; Bioche, *Partage*, 47; Mourlon, II, p. 138; Dutruc, *198*; Cass., 18 juin 1807. Contra Demante, III, 159 *bis*; Demolombe, XV, 653; Aubry et Rau, § 624-16. V. T. Mans, 13 juill. 1886; *Rép. N.*, 3293).

1647. — Meubles onéreux ou difficiles à garder. — Quand les meubles sont onéreux ou difficiles à conserver, comme, par exemple, des chevaux et bestiaux, ils doivent être vendus nonobstant la réclamation par quelques-uns des héritiers de leur part en nature (Rouen, 16 mars 1871; R. G. Defrénois, II, 1319; voir cep. Demolombe, XV, 651).

1648. — Fonds de commerce. — Un fonds de commerce et l'achalandage y attachés, quand ils ne peuvent faire l'objet d'un article de la masse pour entrer dans un lot ou être attribués à l'un des copartageants, doivent être vendus ou licités entre les copartageants.

SECTION II.

DES IMMEUBLES.

1649. — Immeubles partageables. — Le partage des immeubles peut toujours être exigé en nature, même quand, à raison de leur situation, de leur éloignement, de la position respective des parties, ils ne conviennent pas également à tous les copartageants (Paris, 8 mars 1867; S. 67, II, 185); — ou que la succession se trouve chargée de dettes chirographaires, hypothécaires ou privilégiées, qu'elles grèvent la totalité ou une partie des immeubles; sauf aux copartageants à arrêter entre eux telles conventions qu'il y a lieu pour leur acquit, *supra* n° 876, et à inscrire le privilége de copartageant, si les dettes dont l'un ou plusieurs d'eux sont chargés grèvent par privilége ou hypothèque des immeubles échus à d'autres (voir cep. Liége, 4 août 1812).

1650. — Convention contraire. — Mais les cohéritiers, quand ils sont tous majeurs et capables, lors même que les immeubles seraient commodément partageables, peuvent convenir qu'ils seront vendus pour d'autres causes; par exemple : si aucun d'eux ne peut ou ne veut prendre dans son lot tel immeuble *(C. civ. 1686)*; ou si la vente leur semble nécessaire pour l'acquit des dettes et charges. Dans ce cas, il faut le consentement unanime des intéressés; la majorité ne suffirait pas (Demolombe, XV, 656).

1651. — Immeubles impartageables. — La loi ne crée d'exception au partage en nature, en ce qui concerne les immeubles, que quand ils sont impartageables ou difficilement partageables; c'est ce qui résulte de l'art. 827 ainsi conçu : « Si les im» meubles ne peuvent pas se partager com» modément, il doit être procédé à la vente par » licitation. »

1652. — Cas où ils sont impartageables. — C'est là une question de fait dont la solution, sur un rapport d'experts, appartient au tribunal. Il faut se rendre compte d'abord, de l'importance et de la nature des différents immeubles qui entrent dans la masse; comme aussi, du nombre, de la qualité et de la quotité des droits égaux ou inégaux des successeurs, héritiers légitimes, héritiers irréguliers, donataires ou légataires, afin de voir s'il est possible, conformément à l'art. 832, de former des lots en ne morcelant pas trop les héritages et en faisant entrer dans chaque lot, autant que possible, une pareille quantité d'immeubles de même nature et valeur (Demolombe, XV, 657; Cass., 10 mars 1826). — Si ces conditions ne se rencontrent pas, on peut être conduit à décider que les immeubles sont impartageables.

1653. — Commodité ou incommodité. — Pour décider si le partage en nature est possible ou non, il faudra rechercher si la division des biens ne sera pas une cause de dépréciation de chacune ou de plusieurs des portions divisées, ou si elle n'aura pas pour résultat d'en rendre la jouissance difficile ou onéreuse. En outre, on examinera la commodité ou l'incommodité du partage, non seulement au point de vue de la nature des immeubles, de leur situation et de leur agencement respectif; mais encore, dans de certaines limites, au point de vue de la position personnelle des copartageants, de leurs aptitudes particulières et de leurs convenances personnelles (Demolombe, XV, 657). — Ainsi, il a été décidé qu'il y a lieu à la licitation d'un immeuble, et non au partage en nature, quand il est reconnu par les juges du fait, dont l'appréciation à cet égard est souveraine, qu'il consiste en une propriété d'agrément, de valeur assez modique, et qu'il ne pourrait être partagé sans grave dépréciation (Cass., 3 fév. 1873; S. 73, 1, 313).

1654. — Economie de frais. — L'intérêt public et l'équité ne permettent pas, non plus, de déroger à la règle du partage des immeubles en nature, hors des cas spécialement déterminés par la loi elle-même. En conséquence, l'économie qui pourrait résulter de la licitation des immeubles, au lieu de leur partage en nature suivi de la vente des lots de quelques-uns des copartageants sur la poursuite de leurs créanciers, ne saurait faire mettre en oubli la règle générale et fondamentale du partage en nature (Lyon, 2 août 1877; J. N., 21888).

1655. — Immeubles partageables et impartageables. — Le partage en nature étant de droit commun et la licitation n'étant qu'une mesure exceptionnelle, si dans une succession il se trouve un immeuble impartageable et d'autres immeubles susceptibles de partage, le partage en nature ne doit pas moins être opéré quant à ces derniers immeubles, et la licitation ne saurait être ordonnée que pour l'immeuble qui est impartageable (Demolombe, XV, 657; Paris, 8 mars 1867; Caen, 24 août 1868; Amiens, 30 mai 1886; Defrén., Rép. N., 3266).

1656. — Subdivision. — Quand une succession échoit à plusieurs souches d'héritiers, le partage en nature peut être exigé entre les différentes souches, si les biens sont partageables entre elles; sauf ensuite à liciter dans les souches où le lot serait impartageable entre les membres qui les composent (Marcadé, *831*, 3; Chabot et Belost-Jolimont, *836*, 3; Demolombe, XV, 658; Demante, III, 63 *bis*, 4°; Dutruc, 372; Pau, 19 nov. 1873; S. 74, II, 86).

1657. — Acquisition en commun. — Il en est de même en cas d'acquisition en commun par deux personnes, d'un immeuble partageable en deux lots, si, avant le partage, l'une d'elles décède laissant plusieurs héritiers entre lesquels la subdivision ne pourra ensuite s'opérer (Besançon, 15 avril 1861; S. 61, II, 226).

1658. — Usufruitier. — Quand les

immeubles d'une succession, bien que grevés d'usufruit, sont facilement partageables, sans porter atteinte aux droits de l'usufruitier, le partage en nature doit en être ordonné de préférence à la licitation (Caen, 23 mars 1872; S. 72, II, 222).

1659. — Complément en valeurs mobilières. — Quand des immeubles entrés dans un lot excèdent la part héréditaire la plus forte, parce que leur division serait préjudiciable aux intérêts ou aux convenances des copartageants, on peut compléter les autres lots par des valeurs mobilières ou même par du numéraire, prélevés, dans un cas comme dans l'autre, sur l'actif de la succession lorsqu'il s'en trouve, de manière à rétablir l'égalité entre tous les lots, en prenant pour type le lot le plus élevé.

1660. — Soulte. — L'excédant de valeur de l'un ou de plusieurs des lots n'est pas non plus un obstacle au partage en nature, même quand des immeubles seuls sont à partager. Dans ce cas, on compense l'inégalité par une ou plusieurs soultes (Lyon, 30 nivôse an 12).

1661. — Soulte considérable. — La règle du partage en nature ne saurait être observée quand il ne peut avoir lieu qu'au moyen de soultes très-considérables pour le paiement desquelles le copartageant débiteur pourrait être exposé à des poursuites. Dans ce cas, il est préférable de ne pas ordonner le partage en nature, et de recourir à la licitation (Bordeaux, 17 janv. 1831; S. 31, II, 186).

1662. — Servitudes. — Des immeubles qui semblent impartageables, en raison de ce que leur division occasionnerait des difficultés d'exploitation ou de jouissance, peuvent devenir partageables au moyen de l'établissement de servitudes au profit de l'un ou de plusieurs des lots à la charge d'un autre lot. Il appartient donc aux experts, en composant les lots, de déterminer les servitudes dont l'objet est de faciliter la division des immeubles, tels que des droits de passage, des prises d'eaux pour l'irrigation ou le desséchement des terrains, et même comme cela se pratique dans certains pays, la division d'une maison par étages (*C. civ., 664*). Les servitudes, ainsi créées dans un partage judiciaire, ne dérivent pas nécessairement de l'autorité du juge, mais plutôt de la convention présumée des parties (Demolombe, XV, 658).

1663. — Usufruit. — La règle du partage en nature n'irait pas jusqu'à permettre, afin d'éviter la licitation d'un immeuble, d'en faire entrer l'usufruit dans un lot et la nue propriété dans un autre lot. Il serait contraire à l'essence du partage de substituer à la part de propriété, à laquelle chacun des copartageants a droit, une valeur en usufruit périssable et aléatoire (Demolombe, XV, 659).

1664. — Formes de la licitation. — Le mode et les formes de la licitation sont du domaine du titre *de la vente*; il n'y a pas lieu de les expliquer ici.

TITRE TROISIÈME

DES INCIDENTS DU PARTAGE

1665. — Division. — Nous considérons comme des incidents survenus à l'occasion des opérations du partage, qu'il soit amiable ou judiciaire : 1° l'opposition à partage formée par les créanciers des copartageants; 2° le retrait successoral exercé contre le cessionnaire d'un successible. Nous traiterons de ces deux cas sous deux chapitres.

CHAPITRE PREMIER

DE L'OPPOSITION A PARTAGE

DIVISION

Sect. 1. — *Des partages auxquels il peut être formé opposition* (N°s 1669 à 1674).
Sect. 2. — *Des créanciers opposants* (N°s 1675 à 1678).
Sect. 3. — *Des délais pour former opposition* (N°s 1679 à 1697).
Sect. 4. — *Des formes de l'opposition* (N°s 1698 à 1705).
Sect. 5. — *Des frais d'opposition et d'intervention* (N°s 1706 à 1708).
Sect. 6. — *Des effets de l'opposition* (N°s 1709 à 1720).

SOMMAIRE ALPHABÉTIQUE

Absence d'opposition 1709	Fraude 1687,1691,1714	— Précipité 1690
Acquéreur 1675	Gages 1718	— Provisionnel 1692
Acquisition commune 1672	Homologation 1680	— Simulé 1689
Acte extra-judiciaire 1698	Hypothèque 1717	— De société 1671
Antidate 1694	Immeubles 1669	— Sous seing privé 1693
Ayant cause 1675,1693,1695	Inscription 1704	— Verbal 1696
Bases du partage 1686	Interdiction de partager . . . 1701	Précipitation 1690
Cession de droits successifs . . 1674,	Intervention 1700	Préférence 1720
1684, 1715, 1716	Légataires 1669	Préjudice 1689
Cessionnaire 1675	Licitation 1673,1684,1717	Principes 1667
Collusion 1690	Licitation amiable 1713	Profit 1678
Communauté 1670	Mari 1676	Recevable 1680
Créanciers . . . . . . 1675 à 1678	Mépris de l'opposition 1714	Réquisition de scellés 1703
Créancier postérieur 1697	Meubles 1669	Responsabilité 1691
Date certaine 1693	Non recevable 1681	Revenus 1719
Défaut 1711	Notaire 1699	Saisie 1702
Délai 1679	Nullité 1695,1714	Simulation 1689
Délivrance de legs 1683	Opérations du partage . . 1680,1710	Société 1671
Demande en partage 1700	Opposition à scellés 1703	Sommation . . . . 1710 à 1712
Dénonciation de saisie 1702	Ouverture de succession 1669	Sous seing privé 1693
Disposition 1720	Partage amiable 1669,1712	Tiers 1689,1695,1717
Donataires 1669	— Antidaté 1694	Tierce opposition 1680
Echange 1684	— De communauté . . 1669,1670	Transaction 1684
Faillite 1688	— Consommé 1681	Transcription de saisie 1702
Femme 1676	— Entre communistes . . . 1672	Usufruitier 1675
Fixation des droits 1686	— Frauduleux 1687	Vente 1717
Formes . . . . 1699 à 1705	— D'hérédité 1669	
Frais . . . . 1706 à 1708	— Partiel 1682	

1666. — Texte législatif. — Les créanciers d'un copartageant, pour éviter que le partage ou les rapports ne soient faits en fraude de leurs droits, peuvent, s'ils ne veulent le provoquer eux-mêmes, *infra* n° 1950, s'opposer à ce qu'il y soit procédé hors de leur présence; en conséquence, ils ont le droit d'intervenir au partage, mais à leurs frais *(C. civ., 865, 882).*

1667. — Motifs. — Les créanciers d'un copartageant, s'ils ne pouvaient intervenir au partage, pourraient être lésés, par exemple, si, étant hypothécaires, il n'est attribué à leur débiteur que des valeurs mobilières, ou une soulte, ou un prix de licitation; — ou si un cohéritier leur ayant transmis des droits réels, sur des biens déterminés, ces biens tombent dans les lots de ses copartageants, ce qui a pour résultat de les résoudre par l'effet déclaratif du partage; — ou encore, si on le soumet à un rapport qu'il ne doit pas, dans le but de faire obstacle au droit de poursuite de ses créanciers. — En ce qui concerne les héritiers, il fallait fixer des limites au droit des créanciers, de manière à ne pas les exposer à des lenteurs ni à des frais préjudiciables.

1668. — Généralités. — Dans le but de donner plus de clarté à nos explications nous examinerons séparément : à quelles opérations il peut être formé opposition ; — quels créanciers ont le droit de le faire ; — jusqu'à quelle époque, en quelle forme, et aux frais de qui elle doit être formée ; — quels sont ses effets.

SECTION I.

DES PARTAGES AUXQUELS IL PEUT ÊTRE FORMÉ OPPOSITION.

1669. — Partage d'hérédité. — L'art. 882 s'applique à tous les partages d'une hérédité, qu'elle soit formée de meubles ou d'immeubles, que le partage ait lieu à l'amiable ou en justice (Paris, 2 mars 1812) ; — que l'indivision existe entre héritiers ou entre co-donataires ou co-légataires (Cass., 23 déc. 1823) ; — et sans qu'il y ait lieu de distinguer si l'ouverture de la succession est récente ou si elle remonte à une époque reculée (Pau, 28 mai 1834 ; Paris, 9 mai 1883 ; *Rép. N.*, 1835).

1670. — Partage de communauté. — La règle de l'art. 882 est applicable de la même manière au cas de partage d'une communauté conjugale après sa dissolution (Cass., 9 juill. 1866 ; S. 66, I, 361).

1671. — Partage entre associés. — Les créanciers d'un associé, après que la société est dissoute, peuvent aussi s'opposer à ce qu'il soit procédé hors leur présence au partage des biens qui en dépendent. — Toutefois, l'article 1167, qui permet aux créanciers d'attaquer les actes faits par leurs débiteurs, n'apporte de restriction, quant au mode d'exercer leurs droits, que lorsqu'il s'agit d'une succession ou d'une communauté, et non pas aussi d'une société ; dès lors, dans le silence de l'art. 1872, qui déclare applicables au partage entre associés les règles du partage des successions, le principe général posé par l'art. 1167, conserve tout son effet, et l'action du créancier contre le partage de société fait avec son débiteur en fraude de ses droits, n'est pas soumise à la restriction résultant de l'article 882 dans le cas ou l'opposition n'a pas été formée en temps utile, et s'exerce en toute liberté (Duvergier, *Sociétés*, 475 ; Troplong, *ibid.*, 1061 ; Delangle, *ibid.*, II, 706 ; Pont, *ibid.*, 785 ; Roll. de Vill., *Oppos. à part.*, 9 ; Massé et Vergé, § 721-10 ; Cass., 20 nov. 1834 ; 9 juill. 1866 ; S. 35, I, 131 ; 66, I, 361. Contra Paris, 13 juin 1807).

1672. — Biens d'acquisition commune. — Les principes exposés au numéro précédent sont applicables, par les mêmes motifs, quand le partage, entre communistes, a pour objet des biens d'acquisition commune. Il importe peu, dans ce cas, de même que lorsqu'il s'agit de biens d'une société, que le partage comprenne, en outre, des biens dépendant d'une hérédité demeurée dans l'indivision (Chambéry, 29 nov. 1876 ; Droit, 4 mai 1877).

1673. — Licitation. — La licitation est considérée aussi comme un mode de partage ; par conséquent, les créanciers d'un copartageant peuvent s'opposer à ce qu'il y soit procédé hors leur présence, et leur opposition produit les mêmes effets que s'il s'agit du partage. Voir Paris, 28 déc. 1878 ; J. N., 22183.

1674. — Cession de droits successifs. — Il en est de même de la cession de droits successifs, alors surtout qu'elle a pour effet de faire cesser l'indivision entre les héritiers ou autres successeurs, *infra* n° 1715.

SECTION II.

DES CRÉANCIERS OPPOSANTS.

1675. — Créanciers de copartageants. — Les créanciers auxquels la loi permet de former opposition au partage sont ceux des héritiers et autres successeurs, qu'ils soient chirographaires ou hypothécaires. Les créanciers ne sont pas seulement ceux à qui il est dû des sommes d'argent, mais encore tous les ayants cause intéressés à surveiller les opérations du partage, tels que : un acquéreur à titre particulier, un cessionnaire de droits successifs, un usufruitier, etc. (Duranton, VII, 508 ; Chabot, 882, 6 ; Hureaux, IV, 201 ; Dutruc, 529 ; Demolombe, XVII, 226 ;

Aubry et Rau, § 626-44; Roll. de Vill., *Oppos. à part.*, 16, 17; Nimes, 8 déc. 1806, 5 juill. 1848; S. 48, II, 689; Riom, 11 fév. 1830; Bordeaux, 29 août 1832; S. 33, II, 246; Cass., 14 août 1840, 16 fév. 1841; S. 40, I, 754; 41, I, 550; Douai, 11 janv. 1854; S. 54, II, 357; Montpellier, 10 janv. 1878; S. 78, II, 313).

1676. — Femme. — La femme peut, comme tous autres créanciers de son mari, s'opposer à ce qu'un partage soit fait, hors de sa présence, pour empêcher qu'il y soit procédé en fraude de ses droits (Turin, 9 janv. 1811).

1677. — Créanciers de la succession. — Les créanciers de la succession ne peuvent, comme les créanciers des héritiers, s'opposer à ce qu'il soit procédé au partage hors de leur présence, ni intervenir dans ce partage. En effet, rien dans l'art. 882 n'est prévu relativement aux créanciers de la succession; on n'y aperçoit pas davantage l'intention du législateur de les autoriser à intervenir dans le partage; d'ailleurs, si cette faculté existait, elle deviendrait la source de procédures frustratoires (Marcadé, *882*, 1, note 1; Vazeille, *882*, 2; Roll. de Vill., *Oppos. à part.*, 10; Turin, 9 janv. 1811; Poitiers, 21 juill. 1824; Douai, 13 juin 1863; Paris, 24 avril 1884; *Rép. N.*, 1895). Si une même personne est à la fois créancière de la succession et de l'un des successibles, elle peut, à ce dernier titre, assister au partage (Turin, 9 janv. 1811).

1678. — A qui l'opposition profite. — L'opposition à partage formée par l'un des créanciers d'un copartageant, profite uniquement à celui qui l'a faite, et non pas aux autres créanciers de ce copartageant, ni, à plus forte raison, aux créanciers d'un autre copartageant (Massé et Vergé, § 393-31; Demolombe, XVII, 236; Aubry et Rau, § 626-65; Hureaux, IV, 204; Dutruc, 528; Bordeaux, 3 mai 1833; S. 33, II, 509; Cass., 6 juill. 1858; S. 59, I, 247).

SECTION III.

DES DÉLAIS POUR FORMER OPPOSITION.

1679. — Délai. — La loi ne prescrit pas de délai pour l'opposition à partage. Elle peut être formée dès aussitôt après le décès jusqu'à ce qu'il ait été procédé aux opérations du partage; mais seulement jusque là, quand même le partage aurait été fait très peu de jours après le décès (Demolombe, XVII, 244; Duranton, VII, 509; Duvergier sur Toullier, IV, 412, note *b*; Roll. de Vill., *Oppos. à part.*, 18; Paris, 4 fév. 1837; S. 37, II, 124).

1680. — Opposition recevable. — Tierce opposition. — L'opposition est recevable tant que durent les opérations du partage, c'est-à-dire jusqu'à ce que chacun des copartageants ait été investi de la propriété de son lot; il ne suffirait pas que les parties eussent, par une convention définitive, arrêté les bases du partage. Si le partage est judiciaire, il peut être formé opposition, même après la licitation des immeubles, jusqu'au jugement d'homologation (Cass., 3 fév. 1879, 5 fév. 1883; *Rép. N.*, 2275). — Après l'homologation, les créanciers qui n'ont pas formé opposition ne peuvent se porter tiers opposants aux jugements qui ont ordonné et homologué le partage (Aubry et Rau, § 626-55; Riom, 11 fév. 1830; Orléans, 26 août 1869; S. 70, II, 113).

1681. — Opposition non recevable. — L'opposition n'est plus recevable après le partage consommé; en conséquence, toute opposition formée après le partage demeure sans effet (*C. civ.*, 882).

1682. — Partage partiel. — Un partage partiel intervenu entre cohéritiers majeurs et maîtres de leurs droits, et définitif quant aux objets qu'il comprend, est un partage consommé à l'égard de ces objets dans le sens de l'art. 882 (Dutruc, 534; Demolombe, XVII, 251; Roll. de Vill., *Oppos. à part.*, 20; Paris, 4 fév. 1837; S. 38, II, 124).

1683. — Délivrance de legs. — Il en est de même de l'acte par lequel l'héritier à réserve, unique successible, fait délivrance au légataire à titre universel de biens héréditaires, pour le remplir de la quote-part qui lui a été léguée (Cass., 23 déc. 1823).

1684. — Licitation; cession; etc. — On considère aussi que le partage est consommé toutes les fois que l'indivision a cessé, que ce soit par un partage des biens en nature, par une licitation, une cession de droits successifs, un échange, une transaction, etc. (Douai, 11 janv. 1854; S. 54, II, 357).

1685. — Tiers acquéreurs. — L'acquéreur d'un immeuble de la succession vendu par l'un des héritiers, et poursuivi en délaissement par l'héritier dans le lot duquel l'immeuble est entré, s'il n'est point intervenu au partage pour veiller à ses droits, ne peut, après que ce partage est consommé, en critiquer les opérations (Nîmes, 26 déc. 1806, 5 juill. 1848 ; S. 48, II, 689).

1686. — Fixation des droits. — On ne saurait considérer comme un partage consommé, le jugement qui a fixé les droits héréditaires des parties ou les bases du partage, en renvoyant à une époque déterminée pour l'estimation des biens et le règlement des comptes (Bordeaux, 29 août 1832 ; S. 33, II, 246 ; Cass., 4 déc. 1834 ; S. 35, I, 456).

1687. — Concert frauduleux. — Les créanciers d'un héritier qui ont négligé de former opposition au partage, ne peuvent attaquer le partage consommé, même en alléguant et en offrant de prouver qu'il a été l'œuvre d'un concert frauduleux entre leur débiteur et ses cohéritiers dans le but de préjudicier à leurs droits. En effet, l'art. 1167 du code civil, après avoir posé en principe général, que tout créancier peut attaquer les actes faits par son débiteur en fraude de ses droits, soumet, pour le créancier, l'exercice de cette action, lorsqu'il s'agit de ceux de ces droits énoncés au titre des *Successions*, et au titre du *Contrat de mariage* aux règles qui y sont prescrites. Il annonce ainsi, pour certains cas spéciaux qu'il prévoit, des restrictions au droit proclamé d'abord. Ces restrictions, en matière de partage, se rencontrent dans l'art. 882 qui interdit au créancier toute action contre un partage consommé, à moins qu'il n'y ait été procédé sans les appeler, au mépris d'une opposition qu'ils auraient formée. Cette interdiction est absolue, et comprend dans sa généralité toutes les actions qu'un créancier pourrait vouloir exercer contre un partage consommé avec son débiteur ; par conséquent celle basée sur la fraude, comme toutes les autres, quel qu'en puisse être le motif (Marcadé, *882*, 1 ; Duranton, VII, 509 ; Demante, III, 224 *bis* ; Proudhon, *Usufruit*, 1306 ; Chabot et Belost-Jolimont, *882*, 3 ; Poujol, *882*, 2 ; Vazeille, *882*, 4 ; Massé et Vergé, § 393-37 ; Roll. de Vill., *Oppos. à part.*, 46 ; Demolombe, XVII, 241 ; Hureaux, IV, 212 ; Legentil, *Revue critique*, 1852, p, 248 ; Bordeaux, 3 mai 1833, 28 nov. 1836 ; S. 33, II, 509 ; 39, II, 278 ; Pau, 28 mai 1834 ; S. 35, II, 250 ; Riom, 23 juill. 1838 ; S. 39, II, 278 ; Douai, 7 juin 1848, 15 déc. 1851 ; S. 49, II, 362 ; 52, II, 57 ; Caen, 24 avril 1863 ; S. 63, II, 170 ; Cass., 9 juill. 1866 ; S. 66, I, 361 ; Cass., 17 fév. 1874, 5 janv. 1886 ; *Rép. N.*, 3128. Contra Dutruc, 531 ; Larombière, 1167, 64 et 65 ; Bédarride, *Dol*, 1552 ; Aubry et Rau, 625-49 ; Aix, 30 nov. 1833 ; S. 34, II, 477 ; Bordeaux, 11 juill. et 25 nov. 1834 ; S. 34, II, 477 ; 35, II, 139 ; Montpellier, 11 juin 1839 ; S. 39, II, 473 ; Paris, 10 juill. 1839, 21 janv. 1858 ; S. 39, II, 328 ; 58, II, 565 ; Lyon, 11 fév. 1854 ; S. 54, II, 506 ; Grenoble, 1er juin 1850 ; S. 51, II, 608 ; Amiens, 17 mars 1869 ; Agen, 3 fév. 1885 ; *Rép. N.*, 2928).

1688. — Faillite. — Il en est ainsi, alors même que le débiteur, depuis le partage, a été déclaré en faillite. En effet, le partage est déclaratif et non attributif de propriété ; dès lors, s'il est sérieux et sincère, il ne tombe pas sous le coup des art. 446 et 449 du Code de commerce, qui annulent les actes d'aliénation faits par le failli depuis l'époque fixée pour l'ouverture de sa faillite et dans les dix jours qui l'ont précédée (Colmar, 19 janv. 1856 ; S. 56, II, 392 ; voir cep. Paris, 21 janv. 1858 ; S. 58, II, 565).

1689. — Partage simulé. — Si le partage a été simulé dans le but de frauder les créanciers d'un copartageant, il peut être attaqué par tout créancier auquel il préjudicie, encore bien qu'il ne s'y soit pas opposé. Il en est ainsi, par exemple, quand le partage n'est pas sincère, en ce qu'il a laissé la situation des parties au même et semblable état qu'elle était avant qu'il n'y fût procédé ; ou si les copartageants ont omis à dessein, des droits revenant au copartageant débiteur, dans le but de frustrer ses créanciers. Un tel acte n'est qu'un simulacre de partage, par conséquent, n'est pas réellement un partage (Marcadé, *882*, 2 ; Toullier, IV, 564 ; Duvergier, *Vente*, 11, 151 ; Dutruc, 533 ; Belost-Jolimont, *882*, obs. 1 ; Roll. de Vill., *Opp. à part.*, 41 ; Demante, III, 224 *bis* ; Hureaux, IV, 213 ; Demolombe, XVII, 242 ;

Massé et Vergé, § 393-37; Aubry et Rau, § 626-51; Bourges, 18 juill. 1832; S. 33, II, 628; Cass., 10 mars 1825, 27 nov. 1844, 22 mai 1854, 9 juill. 1866; S. 45, I, 284; 55, I, 520; 66, I, 361; Besançon, 8 fév. 1855; S. 55, II, 575; Caen, 24 avril 1863; S. 63, II, 170; Amiens, 17 mars 1869; t. Pontoise, 4 mars 1875; Lyon, 9 juin 1876; Rennes, 28 juin 1878; Paris, 10 août 1877, 9 janv. 1879, 28 déc. 1883; Defrénois, *Rép. N.*, 2099).

1690. — Partage précipité. — Le partage, même sérieux et réel, peut encore être attaqué, quand les créanciers se sont trouvés dans l'impossibilité de former opposition par suite de la précipitation avec laquelle les héritiers se sont concertés pour accomplir un partage qui leur est préjudiciable, alors surtout qu'aucune négligence n'est imputable aux créanciers. Il en est ainsi, à plus forte raison, quand une collusion frauduleuse se trouve jointe à la précipitation; par exemple, si le cohéritier débiteur s'est soumis à un rapport auquel il n'était pas obligé, ou a consenti, au profit de ses copartageants, à des prélèvements auxquels ils n'avaient pas droit (Marcadé, *882*, 2; Duranton, VII, 506 à 509; Demolombe, XVII, 243 à 247; Roll. de Vill., *Opp. à part.*, 19; Limoges, 15 avril 1856; S. 56, II, 632; Cass., 2 nov. 1844; S. 45, I, 284; Cass., 4 fév. 1857; S. 58, I, 47; Cass., 9 juill. 1866; S. 66, II, 361; Colmar, 4 mai 1869; Cass., 14 fév. 1870; T. Pontoise, 4 mars 1875; Paris, 10 août 1877; S. 78, II, 6; Paris, 9 janv. 1879; S. 79, II, 248; voir cep. Paris, 4 fév. 1837; S. 38, II, 124).

1691. — Responsabilité du cohéritier. — Le cohéritier du débiteur qui s'est sciemment associé à la fraude, dont le but était de paralyser le droit d'opposition du créancier, peut, par application de l'art. 1382 du Code civil, être condamné envers ce dernier à des dommages et intérêts (Cass., 14 fév. 1870; S. 70, I, 294).

1692 — Partage provisionnel. — Le partage ne peut être attaqué en prétendant qu'il n'est que provisionnel, en ce que les formalités prescrites par la loi dans l'intérêt des copartageants mineurs n'auraient point été remplies (Douai, 7 juillet 1848; S. 49, II, 362).

1693. — Partage sous-seing privé. — Quand un partage a été fait sous seing privé, l'opposition est recevable jusqu'à ce qu'il ait acquis date certaine. Le créancier, dans ce cas, ne saurait être considéré comme l'ayant cause du cohéritier qui est son débiteur (Marcadé, *882*, 3; Chabot, *882*, 4; Vazeille, *882*, 7; Duranton, VII, 511; Massé et Vergé, § 393-36; Dutruc, 536; Duvergier sur Toullier, IV, 412; Aubry et Rau, § 626-57; Roll. de Vill., *Opp. à part.*, 23; Orléans, 11 mai 1861; S. 62, II, 166. Contra Toullier, IV, 412).

1694. — Partage antidaté. — En tout cas, les créanciers peuvent attaquer le partage sous-seing privé qui leur est opposé, en offrant de prouver qu'il est antidaté et qu'il n'a été réellement signé qu'à une date postérieure à leur opposition ou à leur demande d'intervention (Marcadé, *882*, 3).

1695. — Poursuite en nullité. — Toutefois le créancier qui attaque le partage du chef de son débiteur (*C. civ., 1167*), est l'ayant cause de ce dernier et non plus un tiers, et il ne peut se prévaloir du défaut de date certaine (Bioche, 239; Dutruc, 540).

1696. — Partage verbal. — Le partage verbal, tant qu'il n'a pas été reconnu ou constaté par un acte ayant date certaine ou par un jugement, est considéré comme inexistant au regard des créanciers, et ne saurait faire obstacle au droit de former opposition.

1697. — Créanciers postérieurs. — En tous cas, si les droits des créanciers n'ont pris naissance que postérieurement au partage, comme ils n'avaient pas qualité pour y former opposition, ils ne sauraient être recevables à l'attaquer comme fait en fraude de leurs droits (Cass., 14 nov. 1854; S. 55, I, 55).

SECTION IV.

DES FORMES DE L'OPPOSITION.

1698. — Acte extrajudiciaire. — L'opposition à partage a lieu plus particulièrement par un acte extrajudiciaire d'huissier, signifié au débiteur du chef duquel elle est formée, ou, du moins, porté à sa connaissance

(Marcadé, *882*, 1; Chabot, *882*, 2; Dutruc, 529; Duranton, VII, 506; Bordeaux, 30 nov. 1840; J. N., 10955); — et, en outre, signifié à tous les autres copartageants, cohéritiers ou cosuccesseurs, faute de quoi elle ne produirait pas d'effet, car c'est afin que les copartageants ne soient pas exposés à un partage susceptible d'être annulé, que cette formalité est exigée (Chabot, *882*, 2; Duranton, VII, 506; Demolombe, XVII, 231; Hureaux, IV, 204; Aubry et Rau, § 626-59; Roll. de Vill., *Opp. à part.*, 5; Bordeaux, 30 nov. 1840; J. N. 10955; Cass., 24 juin 1837; S. 37, I, 106; Bourges, 27 août 1852; S. 53, II, 405; Cass., 18 fév. 1862; S. 62, I, 305; Paris, 13 déc. 1867; Droit, 24 janv.).

1699. — Signification au notaire liquidateur. — Cet acte extrajudiciaire peut être remplacé par un autre acte équivalent; par exemple, un exploit signifié au notaire chargé de procéder au partage (Paris, 15 mars 1860; S. 60, II, 486).

1700. — Demande en partage. — Ou, encore, la demande en partage ou à fin d'intervention au partage, notifiée à tous les cohéritiers (Orléans, 29 mai 1845; Limoges, 3 déc. 1861; S. 62, II, 168; Cass., 18 février 1862; S. 62, I, 305; Caen, 4 janv. 1864; S. 64, II, 169).

1701. — Interdiction de partager. — Est aussi considérée comme une opposition à partage, l'interdiction consentie par un cohéritier, envers l'un ou plusieurs de ses créanciers, de procéder au partage hors leur présence, pourvu que cette interdiction ait été signifiée à tous les cohéritiers. A défaut de cette signification, l'interdiction de partager serait considérée comme non avenue (Paris, 13 déc. 1867, 20 déc. 1878; J. N., 22183; voir cep. Dutruc, 527).

1702. — Saisie. — La saisie-arrêt et la saisie immobilière, pratiquées avant le partage sur les créances et les immeubles de la succession par les créanciers de l'un des cohéritiers, équivalent à l'opposition à partage, quand elles ont été dénoncées à tous les cohéritiers, ou que ceux-ci sont intervenus dans l'instance ouverte sur la saisie; faute de quoi elle serait sans effet à leur égard (Demolombe, XVII, 233 et 234; Hureaux, IV, 203; Massé et Vergé, § 393-31; Aubry et Rau, § 626-60; Toulouse, 11 juill. 1829; Poitiers, 10 juin 1851; S. 51, II, 609; Bourges, 27 août 1852; S. 53, II, 405; Agen, 11 déc. 1854; S. 55, II, 56; Pau, 3 fév. 1855; S. 55, II, 56; Cass., 24 janv. 1837, 19 nov. 1838, 11 nov. 1840; S. 37, I, 106; 39, I, 309; 41, I, 63. Contra Dutruc, 626). — Il ne suffirait pas, en ce qui concerne la saisie immobilière, qu'elle fût transcrite au bureau des hypothèques et dénoncée aux créanciers inscrits (Demolombe, XVII, 234. Voir cependant Cass., 11 nov. 1840 précité).

1703. — Opposition à scellés. — Il en est de même de l'opposition à la levée des scellés formée par le créancier de l'un des cohéritiers, dans la forme prescrite par les articles 926 et suiv. du code de procédure, sans qu'il soit rigoureusement nécessaire de la notifier à chacun des cohéritiers individuellement, puisque par le fait de la notification au greffe de la justice de paix, elle est réputée connue de tous les cohéritiers (Roll. de Vill., *Oppos. à part.*, 29; Chauveau sur Carré, *Quest.*, 3102 *bis*; Dutruc, 525; Massé et Vergé, § 393-31; Aubry et Rau, § 626-62, 63; Jay, *Scellés*, p. 118; Demolombe, XVII, 232; Hureaux, IV, 202; Cass., 9 juill. 1838; S. 38, I, 764; Paris, 10 juin 1858; S. 59, II, 161; Dijon, 16 mars 1874; Journ. du Not., n° 2806; Contra Marcadé, *882*, 1; Chabot, *882*, 2; Duranton, VII, 506).

1704. — Réquisition de scellés. — Mais l'on ne saurait considérer comme une opposition à partage atteignant tous les copartageants, la simple réquisition d'apposition des scellés, alors surtout qu'il n'y a été donné aucune suite; car elle n'implique en aucune manière l'intention de la part de celui qui l'a faite d'être présent aux opérations du partage (Dutruc, 525; Cass., 6 juill. 1858; S. 59, I, 247).

1705. — Prise d'inscription. — Ne constitue pas non plus une opposition à partage, l'inscription d'hypothèque prise sur les immeubles de la succession par le créancier de l'un des cohéritiers, puisque, si l'inscription conserve un droit éventuel sur les biens qui en seraient frappés, s'ils tombaient au lot du débiteur, elle ne manifeste en aucune manière, par elle seule, l'intention d'assister au partage

(Duvergier sur Toullier, IV, 563, note *a*; Dutruc, 526; Demolombe, XVII, 235; Rouen, 17 janv. 1849; S. 50, II, 23).

SECTION V.

DES FRAIS D'OPPOSITION ET D'INTERVENTION.

1706. — Exploit ou acte. — L'exploit ou l'acte, par lequel le créancier manifeste son opposition ou son intervention au partage, ne saurait préjudicier aux copartageants ; en conséquence, c'est à lui d'en supporter les frais (*C. civ.*, *882*).

1707. — Frais des contestations. — Le créancier opposant ou intervenant, supporte non-seulement les frais des contestations soulevées par lui à l'occasion du partage, et tous frais par lui faits relativement à son intervention ; mais encore tous les frais qu'il a occasionnés, par exemple, des frais de significations des actes de la poursuite qui ont dû lui être adressés par le créancier poursuivant (Cass., 27 août 1838 ; S. 38, I, 810).

1708. — Exercice des droits. — Il en est autrement quand, à défaut d'instance de la part des héritiers, le créancier exerce les droits que lui confère l'art. 1166 ; dans ce cas, ils intéressent tous les héritiers, et sont à la charge de l'hérédité (Pau, 18 nov. 1862 ; S. 63, II, 171).

SECTION VI.

DES EFFETS DE L'OPPOSITION.

1709. — Défaut d'opposition. — Si les créanciers n'ont pas formé d'opposition au partage, les copartageants peuvent, néanmoins, les y appeler, mais ils n'y sont pas tenus. Dans ce cas, ainsi que nous l'avons déjà établi, *supra* n° 1687, les créanciers ne peuvent attaquer le partage consommé, sauf le cas de dissimulation et de précipitation frauduleuse, *supra* n°s 1689, 1690.

1710. — Opposition. — Opérations du partage. — Le créancier opposant est une partie nécessaire au partage, et doit être appelé aux opérations, qu'elles soient amiables ou judiciaires. Il est appelé par une simple lettre indicative des jour et heure, quand il y a accord entre toutes les parties ; ou par une sommation quand il a lieu de penser qu'il ne se présentera pas sur un simple avertissement ou qu'il fera défaut. Lorsque le partage est amiable, le créancier est appelé afin qu'il soit présent à la lecture et à la signature. Si le partage est judiciaire, il est appelé toutes les fois que les parties doivent comparaître devant le notaire.

1711. — Défaut. — Si le créancier opposant appelé par une sommation ne se présente pas, il est prononcé défaut contre lui; et l'on procède en son absence, sans qu'il puisse être admis à critiquer le partage comme fait hors sa présence. S'il a été appelé par un simple avertissement, et qu'il ne se présente pas, l'opération est ajournée, et une sommation lui est faite à un nouveau jour.

1712. — Partage amiable. — Lorsque les héritiers sont tous présents, majeurs et capables, l'opposition à partage de la part des créanciers de l'un d'eux ne fait point obstacle à ce que le partage ait lieu amiablement. Le partage ainsi fait est définitif, pourvu que les créanciers y aient été appelés par exploit d'huissier, et quand même les créanciers sommés ne se seraient point présentés (Pigeau, *Proc.*, II, p. 134 ; Carré, *Proc.*, 3213; Chauveau, *Form. proc.*, II, p. 614; Roll. de Vill., *Oppos. à part.*, 44; Demolombe, XV, 604 ; XVII, 229 ; Dutruc, 258 ; Massé et Vergé, § 390-7 ; Aubry et Rau, § 634-7 ; Hureaux, III, 413 ; Lyon, 20 déc. 1831 ; Bordeaux, 30 nov. 1840 ; Cass., 23 janv. 1839, 30 janv. 1843 ; S. 39, I, 238 ; 43, I, 119 ; Poitiers, 19 juin 1851 ; S. 51, II, 609. Rennes, 23 mai 1884; Defrénois, *Rép. N.*, 2194).

1713. — Licitation amiable. — Quand les héritiers sont tous majeurs et que les biens sont impartageables en nature, ils peuvent, nonobstant l'opposition formée par le créancier de l'un des cohéritiers et la demande en partage par lui introduite, faire procéder à la licitation des biens devant un notaire de leur choix, à la charge d'y appeler le créancier opposant (Cass., 30 janv. 1843 ; S. 43, I, 119).

1714. — Partage au mépris de l'opposition. — S'il est procédé au partage des biens indivis sans avoir égard à l'opposition, les créanciers opposants peuvent en demander la nullité (*C. civ.*, *882*), sans qu'ils soient obligés d'établir la preuve d'un concert frauduleux entre les copartageants, ni même une intention frauduleuse de la part de leur débiteur. Toutefois, ils doivent, pour en faire prononcer la nullité, établir que le partage leur préjudicie (Marcadé, *882*, 1; Dutruc, 530; Demolombe, XVII, 237; Aubry et Rau, § 626-45; Cass., 14 nov. 1853; S. 54, I, 102; Pau, 3 fév. 1855; S. 55, II, 56; Cass., 22 déc. 1869; Sirey, 70, I, page 347; Voir aussi Lyon, 21 déc. 1831; S. 32, II, 262; Douai, 26 déc. 1853; S. 54, II, 680).

1715. — Cession de droits successifs. — L'opposition à partage, même régulièrement formée, ne nous semble pas constituer, par elle seule, une main mise, dont l'objet serait de rendre indisponible la part héréditaire de l'héritier débiteur, de manière qu'il ne puisse plus en disposer au préjudice du créancier opposant. Nous pensons, au contraire, qu'elle ne fait pas obstacle à la cession de droits successifs faite à un tiers de bonne foi, auquel on ne peut reprocher aucune intention de fraude (Massé et Vergé, § 393-33; Douai, 24 mai 1850; S. 51, II, 143; Paris, 15 mars 1860; S. 60, II, 486; Dijon, 16 mars 1874; Journ. du Not., n° 2806. Contra Demolombe, XVII, 238; Dutruc, 537; Aubry et Rau, § 626-66; Aix, 9 janv. 1832; S. 32, II, 600; Paris, 19 janv. 1843, 10 juin. 1858; S. 51, II, 143; 59, II, 161; Cass., 18 fév. 1862; S. 62, I, 305). — Mais nous sommes d'avis qu'un cohéritier, touché par l'opposition du créancier, ne saurait être considéré comme un tiers cessionnaire de bonne foi, et que s'il se faisait céder les droits successifs de l'héritier débiteur au préjudice du créancier opposant, la cession devrait être annulée sur la demande de celui-ci, qu'elle fasse ou non cesser l'indivision (Cass., 9 juill. 1838; 19 janv. 1841; S. 38, I, 764; 41, 1, 375).

1716. — Opposition après cession. — Si l'opposition à partage est formée après la cession des droits successifs, mais avant que le prix soit payé, le cédant ne peut valablement exiger que le cessionnaire lui en paie le prix au mépris de l'opposition, tant que le partage n'a pas été accompli (Dutruc, 538).

1717. — Licitation. — Tiers. — La prohibition de partager, hors la présence du créancier opposant, s'étend à la licitation, alors que l'un ou plusieurs des cohéritiers se rendent adjudicataires, et quand même elle ne ferait pas cesser entièrement l'indivision; car les cohéritiers sont en faute de ne pas avoir appelé le créancier opposant. En conséquence, le créancier opposant peut, nonobstant la licitation, demander qu'il soit donné suite aux opérations de partage (Proudhon, *Usuf.*, 2382; Chabot, *882*, 5; Dutruc, 537; Roll. de Vill., *Oppos. à part.*, 5; Demolombe, XVII, 249; Paris, 2 mars 1812; Cass., 19 mars 1825); — Mais si, sur la licitation, un étranger se rend acquéreur, les créanciers opposants ne peuvent critiquer son acquisition, par le motif qu'ils n'y ont pas été appelés; en effet, ainsi que nous l'avons déjà établi, *supra* n° 1715, l'opposition ne frappe pas d'indisponibilité la part du cohéritier contre lequel elle a été formée; et, dès lors, elle ne fait pas obstacle à ce qu'il vende ou hypothèque à des tiers de bonne foi, sa part dans les immeubles de la succession (Chabot, *882*, 5; Demolombe, XVII, 249; Roll. de Vill., *Oppos. à part.*, 7; Aubry et Rau, § 626-52; Paris, 2 mars 1812; Cass., 10 mars 1825; Bordeaux, 29 juin 1848; S. 49, II, 97; Bordeaux, 4 déc. 1872; Sirey, 73, II, page 78. Voir cep. Dutruc, 538; Caen, 4 janv. 1864; S. 64, II, 169).

1718. — Gage. — Décidé que l'intervention d'un créancier dans un partage, au nom de son débiteur, en conformité de l'article 882, constitue de la part de ce créancier, une espèce de main mise sur la portion de biens que ce partage doit attribuer à son débiteur qui, ainsi, se trouve placé sous la main de la justice, de sorte que le débiteur ne peut plus le donner en gage à un autre de ses créanciers, au préjudice des droits du créancier opposant (Cass., 11 juin 1846; S. 46, I, 444).

1719. — Revenus. — L'effet de l'opposition à partage est d'empêcher qu'il n'y soit procédé sans appeler les créanciers opposants, et non pas d'empêcher les héritiers de toucher les revenus des biens de la succession; les revenus de ces biens postérieurs au décès ne faisant pas partie de l'actif à partager, mais revenant aux héritiers et attributaires de ces biens (Seine, 14 fév. 1874; Gaz. des trib., 21 octobre).

1720. — Droit de préférence. — L'opposition à partage ne crée pas, non plus, en faveur du créancier opposant, un droit de préférence sur les valeurs qui seront attribuées par le partage à l'héritier débiteur. Elle ne fait même pas obstacle à ce que l'héritier dispose de ce qui lui a été attribué, si le créancier opposant n'a pas exercé de poursuites de saisie (Dutruc, 538).

CHAPITRE DEUXIÈME

DU RETRAIT SUCCESSORAL

DIVISION

Sect. 1. — *Des cessionnaires assujettis au retrait* (Nos 1725 à 1740).
Sect. 2. — *De ceux qui peuvent exercer le retrait* (Nos 1741 à 1767).
Sect. 3. — *Des cessions susceptibles du retrait* (Nos 1768 à 1793).
Sect. 4. — *Des conditions et des modalités du retrait* (Nos 1794 à 1806).
Sect. 5. — *Du délai pour exercer le retrait* (Nos 1807 à 1812).
Sect. 6. — *Des effets du retrait* (Nos 1813 à 1815).

SOMMAIRE ALPHABÉTIQUE

Absence 1782	Communication du bénéfice 1726, 1765
Acceptation du cessionnaire . . 1810	Communistes 1781
Accroissement 1764	Compromis 1810
Acquiescement 1766	Confusion 1814
Acquisition commune 1781	Conjoint survivant 1738, 1751
Adjonction 1766	Conseil de famille 1741
Aliénation 1814	Créancier 1737, 1755
Appel 1767	Curateur à succession vacante . . 1757
Après partage 1812	Dation en paiement 1788
Avantages 1814	Décharge 1815
Avantage partagé 1764	Délai 1808
Avant le partage 1807	Demande en partage 1810
Ayant cause 1755	Demande en retrait 1813
Bénéfice 1725	Dissimulation 1812
Bénéfice d'inventaire 1726, 1743, 1761	Donation 1810
Biens déterminés 1774	Donation onéreuse 1784
Capacité 1741	Donataire 1725, 1727, 1735, 1742, 1756,
Cédant cessionnaire 1734	1768, 1787
Cédant retrayant 1746, 1747	Droit héréditaire 1728, 1744, 1771,
Cédant successible 1759	1776
Cession aux enchères 1789	Droit au retrait 1764
— déguisée 1792	Droits successifs et autres biens 1804
— dissimulée 1812	Echange 1791, 1802, 1810
— du droit 1754	Effets . . . . 1813 à 1815
— par successible 1768	Enfant naturel 1727, 1742
— par successeur 1787	Epoque de cession 1778
Cessionnaire co-partageant . . . 1780	Exhérédation 1729, 1745
Cessionnaire devenu successible 1730	Femme 1737, 1749, 1750
Cessionnaire héritier 1813	Frais 1794, 1795
Cessionnaire non successible . . 1760	Fruits 1796
Cohéritiers 1742	Garantie 1746, 1761, 1815
Cohéritier cédant 1747	Héritiers 1725, 1726, 1756, 1768
Cohéritier successible du cédant 1758	Honoraires 1797
Cosuccessibles 1746	Hypothèque 1814
Communauté 1781	Immeubles indivis 1775, 1776
Indemne 1815	
Indignité 1732, 1745	
Intérêts 1794, 1796	
Légataire 1725, 1727, 1729, 1735, 1742, 1756, 1768, 1787	
Ligne opposée 1729, 1739, 1752	
Mandataire 1737	
Mari 1737, 1749, 1750	
Mineur 1741	
Non successible 1770	
Novation 1815	
Nullité de cession 1733	
Nullité en cas de retrait 1793	
Obligation du cessionnaire 1814, 1815	
Obligation de faire 1803	
Offres 1806	
Opération du partage 1809	
Partage annulé 1779, 1780	
Partage définitif 1811	
Partage consommé 1809, 1810	
Partage partiel 1810	
Partage provisionnel 1810	
Part héréditaire 1771	
Peines 1797	
Plusieurs cessions 1805	
Plusieurs parts 1777	
Préciput 1769	
Prescription 1808	
Principes 1722	
Prix 1791, 1799	
Prix différents 1798	
Prix exagéré 1791, 1795	
Propriété 1772	
Quote-part 1771	
Recours 1798

Remboursement du prix. 1794,1795, 1806,1815	Rétrocession........1733,1813	Transmission conjointe.....1810
Rente viagère..........1801	Révélation de succession....1790	Transmission ar cessionnaire.1786
Rente perpétuelle........1800	Revente............1798	Titre gratuit............1784
Renonciation à retrait..1763,1810	Servitude............1814	Titre gratuit et onéreux....1785
Renonciation à succession.1732,1745	Subdivision........1740,1753	Titre onéreux..........1783
Rescision.............1733	Successeurs du cohéritier....1756	Tuteur...........1737,1741
Résolution............1733	Successibles..........1742	Usufruitier......1736,1748,1773
Retour légal......1731,1745	Société............1781	Vente.............1810
Retrait consommé........1766	Soins............1797	Vente judiciaire.........1789
Retrait pour céder.......1762	Souches..........1740,1753	Ventilation...........1804
	Transcription.........1814	Voyages............1797

1721. — Texte législatif. — « Toute personne, même parente du défunt, qui n'est pas son successible, et à laquelle un cohéritier aurait cédé son droit à la succession, peut être écartée du partage, soit par tous les cohéritiers, soit par un seul, en lui remboursant le prix de la cession. » (*C. civ., 841*).

1722. — Principes. — La loi, dit Marcadé, art. *841*, I, ne voit pas d'un bon œil la cession qu'un étranger accepte des droits successifs de l'un des héritiers appelés à une succession; elle craint que cet étranger en exerçant les droits du cédant, en venant s'immiscer dans les affaires de la succession, examiner les papiers domestiques et pénétrer tous les secrets de la famille, ne jette le trouble dans les opérations du partage, et ne cause un grave préjudice aux autres héritiers. En conséquence, elle permet à ceux-ci d'enlever au cessionnaire les droits à lui cédés, en lui remboursant, bien entendu, le prix de la cession (voir aussi Demolombe, XVI, 10, 11; Aubry et Rau, § 621 *ter*-1).

1723. — Retrait successoral. — Le droit qui résulte de l'art. 841, pour les héritiers de se faire subroger forcément au cessionnaire, prend le nom de *retrait successoral*.

1724. — Généralités. — Nous avons à examiner quels cessionnaires peuvent être écartés; — par quelles personnes; — les cessions qui sont susceptibles du retrait; — à quelles conditions et dans quel délai le retrait peut être exercé; — enfin les effets du retrait.

SECTION I.

DES CESSIONNAIRES ASSUJETTIS AU RETRAIT.

1725. — Non successible. — Le retrait peut être exercé contre toute personne, même parente du défunt, qui n'est pas son successible, c'est-à-dire qui n'est pas appelée à recueillir une quote-part de l'universalité, et, par conséquent, n'a pas droit à la dévolution d'une partie de la succession, soit par la seule force de la loi, soit par l'effet des dispositions contractuelles ou testamentaires faites par le défunt. Il suffit donc que le cessionnaire, en l'une ou l'autre de ces qualités, autrement dit comme héritier, donataire ou légataire, ait le droit de se présenter au partage, pour que le retrait ne puisse être exercé contre lui, puisqu'il n'aurait pas pour résultat de l'écarter du partage, auquel il a lui-même le droit de concourir.

1726. — Héritier. — Il s'en suit que l'héritier pur et simple ou sous bénéfice d'inventaire (Demolombe, XVI, 20), auquel un de ses cohéritiers a cédé ses droits dans la succession, n'est pas soumis au retrait de la part des autres cohéritiers. Il n'est pas tenu non plus de leur communiquer le bénéfice de la cession qui lui a été faite (Demolombe, XVI, 17; Marcadé, *841*, 2; Riom, 21 janvier 1809).

1727. — Autres successeurs. — Il en est de même à l'égard de la cession faite à tous autres successibles, ayant le droit de concourir au partage, même aux successeurs irréguliers; par exemple l'enfant naturel qui se serait rendu cessionnaire des droits d'un héritier. Ce qui s'applique également aux donataires ou légataires universels ou à titre universel, en pleine propriété ou en nue propriété, qu'ils succèdent seuls ou en concours avec des héritiers (Marcadé, *841*, 2; Merlin, *Droits successifs*, n° 9; Chabot, *841*, 6; Duranton, VII, 189 à 190; Aubry et Rau, § 621 *ter*-14; Hureaux, III, 318; Dutruc, 475; Demante, III, 171 *bis* 1°; Demolombe, XVI,

19; Lyon, 17 juin 1825; Cass., 21 avril 1830; Douai, 8 fév. 1840; J. N. 10632).

1728. — Droit héréditaire. — Il n'y a pas à se préoccuper de l'importance ni de la nature du droit héréditaire, recueilli par le cessionnaire, quelque minime que soit ce droit et lors même qu'il ne procurerait pas une quote part de l'hérédité, mais seulement un droit à titre universel, comme la totalité ou une quote part des meubles ou des immeubles, cela suffit pour que le cessionnaire échappe au retrait (Demolombe, XVI, 21).

1729. — Cessionnaire non successible. — Le cessionnaire est considéré comme non successible et, par conséquent, est soumis au retrait, lorsque son unique titre, pour venir au partage, est la cession qui lui a été faite; peu importe qu'il ait été appelé par la loi à la succession du défunt, s'il en a été exclu par le testament de celui-ci; le testateur, en substituant sa volonté à celle de la loi, ayant enlevé la vocation légale au successible, exhérédé qui, faute de saisine, ne peut être réputé continuer la personne du défunt et la possession de ses biens. Par exemple, quand le défunt laissant pour héritier du sang un frère, a institué deux légataires universels et que l'un de ceux-ci a fait cession au frère de ses droits dans l'hérédité, l'autre légataire peut exercer contre lui le retrait successoral (Vazeille, *841*, 9; Duvergier sur Toullier, IV, 441, note *a*; Aubry et Rau, § 621 *ter*-18; Hureaux, III, 315, 3; Benoit, 53; Dutruc, 482; Demolombe, XVI, 23; Roll. de Vill., *Retrait successoral*, 47; t. Clermont-Ferrand, 26 juill. 1867; S. 68, II, 192; Laurent, X, 347. Contra Toullier, IV, 41; Lyon, 17 juin 1825); — ou, encore, quand la succession est dévolue pour moitié à chacune des lignes paternelle et maternelle, quand le cessionnaire de la moitié affectée à une ligne se trouve être précisément le parent qui serait venu à la succession du *de cujus* à défaut du cédant; car il n'est pas successible, la cession à lui faite ne pouvant équivaloir à une renonciation à succession et étant, au contraire, une acceptation de la part des héritiers directs; de sorte que son seul titre pour venir au partage est la cession qui lui a été faite; en conséquence, les héritiers de l'autre ligne peuvent exercer le retrait (Roll. de Vill., *Retrait success.*, 46; Aubry et Rau, § 621 *ter*-19; Marcadé, *841*, 2; Hureaux, III, 315, 1°; Massé et Vergé, § 692-30; Duvergier sur Toullier, IV, 445, note *b*; Dutruc, 485, 486; Demolombe, XVI, 27; Pau, 14 fév. 1860; S. 61, II, 113; Cass., 2 juill. 1862; S. 62, I, 859. Contra Vazeille, *841*, 11; Grenoble, 3 juillet 1824).

1730. — Cessionnaire devenu successible. — Le retrait ne peut être exercé contre le cessionnaire qui, entre la cession et l'action en retrait, et avant le partage, s'est trouvé avoir droit personnellement à une part dans la succession, comme héritier, donataire ou légataire d'un autre cohéritier (Grenoble, 6 juin 1826; Toulouse, 7 mai 1840; S. 40, II, 347); — ou même de son cédant (Caen, 28 mai 1867; S. 68, II, 271).

1731. — Retour légal. — Si le cessionnaire est successible du défunt, sans être appelé à la succession ordinaire, comme si c'est un ascendant succédant à titre de retour légal aux choses par lui données, *supra* n° 146, qui se rend cessionnaire des droits d'un héritier ordinaire, il ne peut être considéré comme venant au partage; et, dès lors, il est soumis au retrait de la part des autres héritiers (Demolombe, XVI, 24; Hureaux, III, 315, 4°).

1732. — Héritier renonçant ou indigne. — — Le cessionnaire héritier, qui a renoncé à la succession ou a été déclaré indigne avant ou après la cession, doit être considéré comme étranger à la succession, *supra* n° 468; — d'ailleurs, il n'a d'autre titre pour venir au partage que la cession qui lui a été faite. Par suite le retrait peut être exercé contre lui (Marcadé, *841*, 2; Chabot, *841*, 5; Dutruc, 483; Taulier, III, p. 297; Hureaux, III, 315, 2°, 5°; Demolombe, XVI, 25; Aubry et Rau, § 621 *ter*-17; Demante, III, 171 *bis*, 3°; Roll. de Vill., *Retrait success.*, 44; Cass., 2 déc. 1829; Contra Limoges, 14 mai 1819). — A moins, cependant, en cas de renonciation, qu'elle n'ait été faite pour s'en tenir à un don ou à un legs universel ou à titre universel, cette qualité lui donnant le droit de figurer au partage; mais non s'il s'agit d'un don ou d'un legs particulier (Marcadé, *841*, 2; Chabot, *841*, 7; Duvergier sur Toullier, IV, 441, note *a*; Demante, III, 171 *bis*, 3°; Demolombe, XVI, 26; Roll. de

Vill., *Retrait succes.*, 45; Cass., 14 mars 1810).

1753. — Héritier cédant rentré dans ses droits héréditaires. — Lorsque l'héritier, après avoir cédé ses droits successifs et avant la demande en retrait formée par ses cohéritiers, mais non après, *infra* n° 1813, est rentré dans l'intégralité de ses droits héréditaires, soit parce qu'il a fait prononcer la nullité, la rescision ou la résolution de la cession qu'il avait faite, soit parce qu'il les a acquis de son cessionnaire au moyen d'une rétrocession, il se trouve recouvrer ses droits héréditaires, replacé dans le même état que si la cession n'avait pas eu lieu, et le retrait ne peut être exercé contre lui (Merlin, *Droits successifs*, § 14 ; Dutruc, 484 ; Roll. de Vill., *Retrait success.*, 80; Demolombe, XVI, 28; Massé et Vergé, § 692-44 ; Hureaux, III, 345, 6° note; Aubry et Rau, § 621 *ter*-63 ; Orléans, 29 fév. 1832; S. 36, II, 534; Dijon, 11 janv. 1847; S. 48, II, 313).

1754. — Successible cédant cessionnaire d'un autre héritier. — Si le successible cédant devient ensuite cessionnaire des droits successifs d'un autre cohéritier, le retrait ne nous paraîtrait pas non plus admis contre lui; car sa cession lui a imprimé la qualité d'héritier ; il est successible et quoiqu'il ne se présente au partage qu'au lieu et place d'un de ses cohéritiers, par conséquent, avec son seul titre de cessionnaire, les raisons qui font qu'un étranger doit être écarté du partage, *supra* n° 1729, ne lui sont pas applicables (Duvergier sur Toullier, IV, 441, note *a*; Amiens, 11 janv. 1839; S. 39, II, 384. Contra Hureaux, III, 315, 6°; Demolombe, XVI, 29).

1755. — Légataire particulier. — Le donataire ou le légataire particulier n'a pas le droit de concourir au partage, mais seulement de se faire délivrer la chose donnée ou léguée ; dès lors, s'il se fait céder les droits d'un successible, le retrait peut être exercé contre lui (Marcadé, *841*, 2 ; Demolombe, XVI, 30; Hureaux, III, 315, 7°; Dutruc, 477).

1756. — Usufruitier. — Le donataire ou légataire universel ou à titre universel en usufruit, qui s'est rendu cessionnaire des droits successifs d'un héritier, ne saurait invoquer sa qualité d'usufruitier pour échapper au retrait; en conséquence, le retrait peut être exercé contre lui par les autres héritiers, sans qu'il y ait lieu de distinguer si son usufruit est de la totalité ou d'une quote part de la succession. En effet, il n'a qu'un droit temporaire qui s'éteint avec sa vie; et ne jouissant pas à titre d'héritier, mais à un titre différent, il n'a point le droit personnel d'entrer dans le partage, puisque l'usufruit n'établit aucune indivision entre l'usufruitier et les nu-propriétaires, *supra* n° 715. — Si, en raison de ce qu'il a droit à l'usufruit d'une quote part, une division doit être faite entre lui et les nu-propriétaires, c'est seulement un partage affecté à la jouissance, et non pas un véritable partage d'indivision (Merlin, *Droits successifs*, n°s 12 et 13 ; Proudhon, *Usuf.*, IV, 2077; Duranton, VII, 192 ; Demante, III, 171 *bis*; Duvergier sur Toullier, IV, 441, note 1; Demolombe, XVI, 31; Roll. de Vill., *Retrait success.*, 40; Hureaux, III, 315-8°; Aubry et Rau, § 621 *ter*-15 ; Caen, 17 fév. 1813; Riom, 23 avril 1818; Angers, 13 avril 1820; Dijon, 8 juill. 1826; Pau, 10 juin 1830; Cass., 17 juill. 1843; Rennes, 15 janv. 1880; t. Espalion, 22 janv. 1886; Defrénois, *Rép. N.*, 474, 3180. Contra Dutruc, 478; Angers, 13 avril 1820; Paris, 2 août 1821; Nimes, 30 mars 1830; Cass., 21 avril 1830; Bastia, 23 mars 1835 ; S. 35, II, 349; Grenoble, 7 avril 1840; S. 42, II, 5).

1757. — Mari d'une femme successible. — Le mari d'une femme successible, qui s'est rendu en son nom personnel cessionnaire des droits successifs d'un cohéritier de sa femme, ne peut échapper au retrait en alléguant qu'il a le droit d'être présent au partage, comme autorisant sa femme ou même en son nom pour raison des choses mobilières qui tombent en communauté. En voici les raisons : le mari de la femme successible n'est pas successible lui-même; c'est comme représentant ou ayant cause de sa femme qu'il concourt aux opérations du partage; d'ailleurs, la règle du retrait est toujours applicable soit à ceux qui ne se présentent au partage que pour un droit étranger à la succession comme les créanciers, soit ceux qui n'interviennent que pour le droit d'autrui, tels que le mandataire qui agit pour l'un des cohéritiers, le tuteur au nom de ses enfants, ou le mari qui représente sa femme (Duvergier sur Toullier, IV, 445, note *b*; Dutruc, 480; Roll. de Vill., *Retrait success.*, 36; Demolombe, XVI, 32; Aubry et Rau, § 621 *ter*-16; Hureaux, 315, 9°; Pau, 10 juin 1830; Bordeaux, 28 juin 1844; S. 45, II, 407; Cass., 25 juill. 1844; S. 44, I, 614; Riom, 9 mars 1846; S. 46, II, 257; Toulouse, 31 déc. 1852; S. 53, II, 23; Bordeaux, 25 mars 1857; S. 58, II, 289; Pau, 8 déc. 1862; S. 63, II, 87; Chambéry, 24 juill. 1868; Sirey, 68, II, page 347. CONTRA Grenoble, 7 avril 1840; S. 42, II, 5; T. Lyon, 22 juillet 1842; S. 44, II, 615).

1758. — Conjoint survivant. — Le retrait est admis contre le survivant de deux époux communs en biens qui s'est rendu cessionnaire d'un droit successif dans la succession de son conjoint prédécédé, alors même qu'il n'aurait pas encore été procédé à la liquidation de la communauté d'entre les époux; car pour venir au partage de la succession, il ne pourrait invoquer que sa qualité de cessionnaire et non pas celle de successible (Demolombe, XVI, 33; Paris, 2 août 1821; Bordeaux, 28 juin 1844; S. 45, II, 407; Cass., 24 nov. 1847; S. 48, I, 21; Paris, 29 juin 1878; S. 80, II, 39; Aix, 27 janv. 1880; S. 81, II, 9).

1759. — Héritier de la ligne opposée. — La cession faite de ses droits successifs par un héritier d'une ligne à un héritier de l'autre ligne n'est pas assujettie au retrait, si elle a eu lieu alors que l'indivision existait entre les deux lignes (Paris, 14 fév. 1834; S. 34, II, 650). — Mais si la cession est postérieure au partage entre les deux lignes, alors qu'il n'existe plus d'indivision dans chacune des deux lignes, qu'entre les parents qui la forment, les parents de l'autre ligne sont des étrangers, par conséquent des non successibles à leur égard; et, dans ce cas, le retrait ne nous semblerait pas devoir être admis (Duranton, VII, 188; Taulier, III, p. 299; Hureaux, III, 315, 10°; Demolombe, XVI, 34; Riom, 9 mars 1846; S. 46, II, 217; voir aussi Dutruc, 476. CONTRA Chabot, *841*, 18; Vazeille, *841*, 24; Toullier, IV, 444; Demante, III, 171 *bis*, 2°; Mourlon, II, p. 143).

1740. — Souches. — Subdivision. — La même règle serait applicable dans le cas où la succession se trouverait dévolue par souches ou par branches, en raison de ce que les héritiers y seraient appelés les uns de leur chef et les autres par représentation de leur auteur (Demolombe, XVI, 357; Hureaux, III, 315, 10°).

SECTION II.

DE CEUX QUI PEUVENT EXERCER LE RETRAIT.

1741. — Capacité. — Le retrait successoral, étant un incident au partage, il semble que pour l'exercer il faut avoir la même capacité que pour intenter la demande en partage; d'où il suit que le tuteur d'un successible ne pourrait pas l'exercer soit judiciairement, soit à l'amiable, sans une autorisation du conseil de famille (Demolombe, VII, 678; Aubry et Rau, § 621 *ter*-41; Roll. de Vill., *Tutelle*, 219. CONTRA Benoit, 19; Grenoble, 26 août 1858; S. 59, II, 289).

1742. — Successibles. — Successeur. — Le mot cohéritier, employé par l'art. 841, pour indiquer les personnes auxquelles il appartient d'exercer le retrait, désigne, de même qu'à l'égard des personnes soumises au retrait, tous les successeurs universels et à titre universel appelés au partage; par conséquent : 1° les héritiers légitimes, *supra* n° 1726;

2° Les légataires et donataires universels ou à titre universel, en pleine ou en nue propriété, *supra* n° 1727 (Marcadé, *841*, 3; Merlin, *Droits successifs*, n° 9; Poujol, *841*, 2; Belost-Jolimont, *841*, obs. 1 et 6; Vazeille, *841*, 5; Hureaux, III, 312, 2°; Massé et Vergé, § 407, 11; Demante, III, 171 *bis* 2°; Dutruc, 503; Roll. de Vill., *Retrait success.*, 11; Aubry et Rau, § 621 *ter*-21, 23; Demolombe, XVI, 40; Grenoble, 2 avril 1818; Bordeaux, 19 juill. 1826; Cass., 21 avril 1830; Bastia, 23 mars 1835; S. 35, II, 349; Caen, 19 mars 1842; S. 43, II, 96; voir aussi Cass., 5 déc. 1833; S. 34, I, 133. CONTRA Massé et Vergé, § 692-29; Bourges, 27 mai 1812; Toulouse, 20 août 1819); — mais non le donataire ou légataire à titre particulier, *supra* n° 1735;

3° Les successeurs irréguliers, notamment l'enfant naturel, qui, dès lors, peut exercer le retrait contre un cessionnaire non successible, alors même que le cédant serait un héritier légitime (Marcadé, *841*, 3 ; Merlin, *Droits successifs*, n° 9 ; Chabot et Belost-Jolimont, *841*-13 ; Hureaux, III, 312, 2° ; Toullier et Duvergier, IV, 441 ; Dutruc, 503 ; Duranton, VII, 190 ; Demante, III, 171 *bis*, 1° ; Benoit, 9 ; Roll. de Vill., *Retrait success.*, 10 ; Aubry et Rau, § 624 *ter*-22 ; Hean, *Rev. prat.*, 1864, XVIII, p. 323 ; Demolombe, XVI, 39 ; Cass., 8 juin 1826, 15 mars 1831 ; S. 31, I, 183. CONTRA Loiseau, *Enf. nat.*, p. 713).

1743. — Bénéfice d'inventaire. — Il importe peu que le successeur ait accepté sous bénéfice d'inventaire, cela ne pouvant porter atteinte ni à sa qualité de successible, ni à son droit de concourir au partage (Toullier, IV, 437 ; Chabot, *841*, 13 ; Marcadé, *841*, 3 ; Duranton, VII, 185 ; Dutruc, 503 ; Bilhard, *Bén. d'inv.*, 108 ; Roll. de Vill., *Retrait success.*, 15 ; Aubry et Rau, § 621 *ter*-25 ; Hureaux, III, 312, 11° ; Taulier, III, p. 297 ; Demolombe, XVI, 41 ; Cass., 1er déc. 1806 ; Bordeaux, 16 mars 1832 ; S. 32, II, 473. Voir cep. Grenoble, 4 juin 1836 ; S. 37, II, 109. CONTRA Benoit, *Retrait success.*, n° 10). — Et l'exercice du retrait successoral n'a pas pour effet de le constituer héritier pur et simple (Limoges, 13 juill. 1844 ; S. 45, II, 507).

1744. — Droit héréditaire. — Ce qui est dit *supra* n° 1728 est applicable de la même manière au successible qui réclame le retrait.

1745. — Venir à la succession. — Il ne suffit pas d'être parent du défunt, même être proche, pour avoir droit au retrait. Il faut, en outre, être appelé à l'hérédité et venir à la succession ; par conséquent, ne peuvent exercer le retrait :

1° Le successible qui est exclu de la succession par les dispositions testamentaires ou contractuelles, universelles, que le défunt a faites (Demolombe, XVI, 45 ; Hureaux, III, 314 ; Aubry et Rau, § 621 *ter*-28 ; Dutruc, 506 ; Nimes, 3 mai 1827) ; — mais non pas si la succession se trouve simplement absorbée par des dispositions à titre particulier (Cass., 10 juill. 1861 ; S. 61, I, 817).

2° Le successible qui a renoncé à la succession, à moins que ce ne soit pour s'en tenir à un don ou à un legs universel ou à titre universel, lui conservant le droit de concourir au partage, *supra* n° 1732 (Cass., 2 déc. 1829).

3° Le successible qui a été déclaré indigne de succéder.

4° L'ascendant qui succède à titre de retour légal aux choses par lui données relativement aux droits successifs dépendant de la succession ordinaire, *supra* n° 1731.

5° Le parent qui viendrait à la succession à défaut du cédant, *supra* n° 1729.

1746. — Cohéritier cédant. — Cessionnaire propre. — Le cohéritier, qui a cédé à un tiers tout ou partie de ses droits successifs, a promis son propre fait et s'est obligé, quant au droit qu'il a de son chef, à ne pas revenir contre la cession qu'il a consentie. Par suite, il ne peut personnellement écarter le cessionnaire en exerçant contre lui le retrait successoral, ni ses héritiers, puisqu'ils sont tenus des mêmes obligations que lui. Ses cosuccessibles seuls y ont droit (Demolombe, XVI, 48 ; Aubry et Rau, § 621 *ter*-27 ; Hureaux, III, 314, 5° ; Cass., 27 juin 1832 ; S. 32, I, 852. CONTRA Dutruc, 507).

1747. — Cohéritier cédant. — Cessionnaire des autres. — Le cohéritier cédant peut-il exercer le retrait successoral contre le cessionnaire des droits successifs de l'un de ses cohéritiers ? Il faut distinguer : S'il a cédé la totalité de ses droits, il a perdu par cela même sa qualité de successeur *venant à partage*, autrement dit de copartageant, et il est déchu du droit de réclamer le retrait (Demolombe, XVI, 49 ; Toulouse, 22 fév. 1840 ; S. 40, II, 318. CONTRA Dutruc, 507). — Mais s'il n'a cédé qu'une partie de ses droits, il conserve sa qualité de copartageant et peut écarter du partage, par le retrait successoral, le cessionnaire d'un de ses cohéritiers (Dutruc, 507 ; Demolombe, XVI, 49 ; Paris, 11 mars 1859. CONTRA Bastia, 23 mars 1835 ; S. 35, II, 349).

1748. — Usufruitier. — Les donataires ou légataires en usufruit, universels ou à titre universel, de même qu'ils sont passibles du retrait, *supra* n° 1736, n'ont pas le droit d'exercer le retrait en cette seule qualité (Demolombe, XVI, 51 ; Aubry et Rau, § 621 *t r*-24 ; Hureaux, III, 314, 7° ; Cass , 24 nov.

1847; S. 48, I, 21. Contra Merlin, *Droit success.*, 15; Proudhon, *Usuf.*, II, 746; Bastia, 23 mars 1835; S. 35, II, 349).

1749. — Mari d'une femme successible. — Le mari d'une femme successible, étant l'ayant cause de sa femme, *supra* n° 1737, ne peut exercer le retrait en son nom personnel, même quand il concourt de son chef au partage en raison de ce que les biens recueillis tombent en communauté.

1750. — Femme contre son mari. — Dans le cas où le mari s'est, en son nom personnel, rendu cessionnaire d'un cohéritier de sa femme, cette dernière a, aussi bien que les autres cohéritiers, le droit d'exercer le retrait successoral contre son mari (Toulouse, 31 déc. 1852; S. 53, II, 23). — La circonstance que la femme s'est rendue cessionnaire conjointement avec son mari ne saurait la priver du droit au retrait, son concours à la cession ne pouvant être considéré comme une renonciation de sa part à l'exercer (Chambéry, 24 juillet 1868; S. 68, II, 347; Aubry et Rau, § 621 *ter*-6; Laurent, X, 350).

1751. — Conjoint survivant. — A plus forte raison le conjoint survivant, *supra* n° 1738, n'est pas admissible, en cette seule qualité, à exercer le retrait des droits successifs cédés par un héritier du conjoint prédécédé (T. Périgueux, 11 déc. 1884; *Rép., N.*, 2422).

1752. — Héritier de ligne opposée. — Par suite du principe, établi *supra* n° 1739, le retrait peut être exercé par un héritier de la ligne opposée, qu'il soit seul ou en concours avec d'autres, tant que le partage de la succession totale entre les deux lignes n'a pas encore été opéré (Marcadé, *841*, 3; Vazeille, *841*, 3; Aubry et Rau, § 621 *ter*-36; Merlin, Rep., *Droits successifs*, n° 9, Duranton, VII, 188, Duvergier sur Toullier, IV, 443, note *a*; Dutruc, 504; Roll. de Vill., *Retrait success.*, 22; Taulier, III, p. 299; Hureaux, III, 314, 9°; Demante, III, 171 *bis*, 2°; Demolombe, XVI, 54; Massé et Vergé, § 692-29; Dutruc, 504; Paris, 14 fév. 1834; S. 34, II, 650; Pau, 14 fév. 1860; S. 61, II, 113; Cass., 2 juill. 1862; S. 62, I, 859. Voir cep. Chabot, *841*, 17; Toullier, IV, 443). — Mais, si un premier partage entre les deux lignes a eu lieu, de sorte qu'il ne reste plus à faire qu'une subdivision entre chacune des deux lignes, le retrait ne peut plus être exercé par un héritier de la ligne opposée (Toullier, IV, 444; Roll. de Vill., *Retrait success.*, 23; Demolombe, XVI, 54; Aubry et Rau, § 621 *ter*-36; Hureaux, III, 314, 9°; Dutruc, 505; Riom, 9 mars 1846; S. 46, II, 257).

1753. — Souches. — Subdivision. — Ce qui est dit, *supra* n° 1740, est également applicable en ce qui concerne le droit d'exercer le retrait.

1754. — Cession du droit. — Le droit de retrait est inséparable de la qualité de successible venant à partage; en conséquence, celui à qui il appartient, ne peut en faire la cession soit à titre onéreux, soit à titre gratuit, à moins qu'il ne l'ait déjà exercé lui-même (voir Demolombe, XVI, 58, 59).

1755. — Créanciers. — Il en découle aussi cette conséquence que les créanciers des cohéritiers, étant simplement leurs ayants-cause, ne peuvent réclamer le retrait successoral comme exerçant les droits de leurs débiteurs, la faculté d'exercer le retrait étant personnelle aux cohéritiers (Belost-Jolimont, *841*, obs. 8; Proudhon, *Usuf.*, 2345; Roll. de Vill., *Retrait success.*, 26; Dutruc, 509; Aubry et Rau, § 621 *ter*-33; Hureaux, III, 314, 11°; Demolombe, XVI, 60; Cass., 14 juill. 1834; Montpellier, 16 juill. 1853; S. 54, II, 304).

1756. — Successeurs du cohéritier. — Le droit d'exercer le retrait existe dans le patrimoine de chaque cohéritier, et, par conséquent, il se transmet avec les biens formant son hérédité, spécialement avec l'exercice de ses droits héréditaires, à ses successeurs, qu'ils soient héritiers légitimes, successeurs irréguliers, légataires ou donataires universels ou à titre universel (Duranton, VII, 193; Aubry et Rau, § 621 *ter*-30; Dutruc, 508; Demolombe, XVI, 62; Cass. 8 juin 1826. Contra Bourges, 27 mai 1812; Toulouse, 20 août 1819); — et même à un donataire ou légataire des droits successifs d'un cohéritier (Hureaux, III, 312, 3°; Demolombe, XVI, 61. Contra Aubry et Rau, § 621 *ter*-32; Bordeaux, 16 mars 1832).

1757. — Curateur à succession vacante. — Le curateur à la succession vacante de l'un des cohéritiers remplace et représente les successibles, et il est l'administrateur de la succession au même titre et avec les mêmes droits que l'héritier bénéficiaire; dès lors, il peut, comme lui, *supra* n° 1726, exercer le retrait successoral (Demolombe, XVI, 63; Aubry et Rau, § 621 *ter*-31; Hureaux, III, 312, 4°; Montpellier, 8 juin 1848; S. 49, II, 280. Contra Dutruc, 510; T. Tulle, 3 août 1842).

1758. — Cohéritier successible du cédant. — Le cohéritier qui, de son chef, peut exercer le retrait, perd-il son droit par le fait qu'il devient héritier du cédant? Il faut décider la négative : le droit qui appartient au cohéritier personnellement d'exercer le retrait successoral est né du jour de la cession, le décès du cédant n'en a pas changé, ni altéré le caractère; dès lors, le cohéritier, quoique ne pouvant exercer le retrait en qualité d'héritier du cédant, *supra* n° 1746, a conservé le droit de l'exercer de son propre chef (Pothier, *Retraits*, 155; Aubry et Rau, § 621 *ter*-34; Hureaux, III, 312, 5°; Demolombe, XVI, 64; Cass., 15 mai 1844; S. 44, I, 605).

1759. — Cédant successible du cohéritier. — Si c'est le cédant qui succède à l'un de ses cohéritiers, on décide aussi qu'il peut, comme étant aux droits de son cohéritier, exercer le retrait successoral contre son propre cessionnaire (Demolombe, XVI, 65; Hureaux, III, 312, 6°) ou contre les ayants droit de celui-ci (Chambéry, 12 fév. 1878; S. 79, II, 332). Mais cette solution ne nous semble pas à l'abri de critiques; il semble contraire à l'équité que le cédant puisse écarter lui-même son propre cessionnaire.

1760. — Cessionnaires non successibles. — Les cessionnaires non successibles n'ont pas le droit d'exercer le retrait contre d'autres cessionnaires également non successibles, lors même qu'ils seraient admis définitivement au partage par les copartageants qui ne les écarteraient pas, l'art. 841 ayant été édicté contre les cessionnaires de droits successifs et non pas en leur faveur (Demante, III, 171 *bis*, 1°; Demolombe, XVI, 56; Hureaux, III, 314, 10°).

1761. — Garantie. — Si le successible, en cédant ses droits successifs, s'est obligé expressément, envers le cessionnaire, à la garantie de la cession, ses héritiers et représentants, obligés à l'exécution de ses engagements, se trouvent aussi soumis à l'obligation de garantie, et, par suite, ne peuvent plus exercer le retrait de leur chef en qualité de cohéritiers, à moins qu'ils n'acceptent la succession que sous bénéfice d'inventaire (Voir Demolombe, XVI, 66; voir cep. Motifs de Cass., 15 mai 1844; S. 44, I, 605).

1762. — Retrait dans le but de céder. — Aucune restriction n'étant apportée par la loi dans la faculté d'exercer le retrait, il doit être admis même lorsqu'il est établi que le retrayant ne l'exerce que dans l'intention de revendre à d'autres les droits cédés (Bastia, 23 mars 1835; S. 35, II, 349).

1763. — Renonciation à retrait. — Ceux à qui il appartient de demander le retrait successoral, peuvent valablement, soit au moment de l'acte, soit depuis, renoncer gratuitement ou à prix d'argent au droit de l'exercer (Marcadé, 841, 4°; Demolombe, XVI, 67; Hureaux, III, 326); — et leur renonciation ne doit pas nécessairement être expresse; il suffit qu'elle résulte d'un acte par lequel le cohéritier a reconnu et approuvé la qualité du cessionnaire, *infra* n° 1810.

1764. — Droit d'exercer le retrait. — Le retrait, dit l'art. 841, peut être exercé soit par tous les cohéritiers, soit par un seul (Marcadé, 841, 3; Aubry et Rau, § 621 *ter*-35; Cass., 14 juin 1820; Bastia, 23 mars 1835; S. 35, II, 349). — Il en résulte que si le retrait a été exercé par tous les cohéritiers, l'avantage qui en résulte est partageable entre eux; et que s'il n'est exercé que par quelques-uns d'eux, la part de ceux qui n'y ont pas concouru accroît aux autres (Vazeille, 841, 20; Marcadé, 841, 3; Chabot, 841, 15; Hureaux, III, 318; Toullier, IV, 437; Duranton, VII, 199; Taulier, III, p. 299; Dutruc, 511; Demolombe, XVI, 70; Roll. de Vill., *Retrait success.*, 17).

1765. — Communication du bénéfice. — Lorsque l'un seul ou quelques-uns des cohéritiers ont exercé le retrait successoral, sans que les autres cohéritiers y aient concouru, ils ne sont pas obligés de mettre en commun le bénéfice que le retrait peut leur procurer. En effet, le cohéritier qui exerce le retrait est, par le fait de la subrogation qui en résulte, envisagé comme s'il s'était lui-même rendu cessionnaire des droits successifs, et, dans ce cas, il n'y aurait pas lieu au retrait contre lui, *supra* n° 1726. D'ailleurs la cause principale du retrait est, non pas d'obtenir un avantage pécuniaire, mais plutôt d'écarter le cessionnaire du partage. Enfin, si le retrait était désavantageux, le retrayant ne pourrait contraindre ses cohéritiers à contribuer avec lui dans la perte, et, par réciprocité, ceux-ci ne seraient pas fondés à lui réclamer leurs parts dans le bénéfice, s'il y en a (Marcadé, *841*, 3; Toullier, IV, 438; Chabot, *841-15*; Duranton, VII, 199; Taulier, III, p. 300; Demolombe, XVI, 71; Aubry et Rau, § 621 *ter*-37; Besançon, 12 janv. 1808; Montpellier, 7 juill. 1824; Cass., 28 juin 1836; S. 36, I, 547; t. Périgueux, 11 déc. 1884; t. Espalion, 22 janv. 1886; Defrénois, *Rép. N.*, 2422, 3134).

1766. — Retrait consommé. — Lorsque l'un des cohéritiers a formé la demande en retrait successoral contre le cessionnaire, si les autres cohéritiers veulent aussi l'exercer, ils doivent se joindre à lui de manière qu'elle leur soit commune. A défaut par eux de se joindre au demandeur, le retrait est consommé, et, dès lors, l'adjonction des autres n'est plus admissible, lorsqu'il existe soit une décision judiciaire définitive qui a admis le retrait, soit un acquiescement volontaire de la part du retrayé, ou un acte par lequel celui-ci fait l'abandon à un cohéritier de ses droits de cessionnaire (Marcadé, *841*, 3; Poujol, *841*, 7; Duvergier sur Toullier, IV, 438, note *a*; Belost-Jolimont, *841*, obs. 8; Massé et Vergé, § 692-36; Benoit, 45, 46; Roll. de Vill., *Retrait success.*, 21; Hureaux, III, 336; Malpel, 248; Demante, III, 171 *bis*, 4°; Dutruc, 512, 513; Aubry et Rau, § 621 *ter*-40: Demolombe, XVI, 72; Besançon, 12 janv. 1808; Montpellier, 7 juill. 1824; Cass., 28 juin 1836; S. 36, I, 547; Limoges, 30 juin 1852; S. 52, II, 569. Voir cep. Toullier, IV, 438; Chabot, *841-16*; Taulier, p. 320; Duranton, VII, 199).

1767. — Appel. — Le cohéritier qui ne s'est pas d'abord joint à ses cohéritiers demandeurs en retrait successoral ne peut demander, pour la première fois en appel, à participer à ce retrait; c'est là une demande nouvelle (Riom, 9 mars 1846; S. 46, II, 257).

SECTION III.

DES CESSIONS SUSCEPTIBLES DE RETRAIT.

1768. — Cession par successible. — La cession soumise au retrait est celle qui a été faite par un successible, héritier, successeur irrégulier, donataire ou légataire universel ou à titre universel, venant à partage (Merlin, *Droits success.*, n° 9; Toullier, IV, 439, 440; Demante, III, 171 *bis*; Demolombe, XVI, 76; Aubry et Rau, § 621 *ter*-13, 21; Cass., 1er déc. 1806, 16 juillet 1861; S. 61, I, 817).

1769. — Préciput. — Le retrait successoral peut être admis même à l'égard de ce qui, dans les objets cédés, pouvait appartenir au cédant comme légataire par préciput (Dutruc, 490; Cass., 1er déc. 1806).

1770. — Non successible. — Si elle a été faite par un non successible, c'est-à-dire par une personne qui n'est pas appelée au partage, par exemple, un légataire particulier, elle ne donne pas lieu au retrait.

1771. — Droits à la succession. — La cession, pour donner lieu au retrait, doit comprendre la part du cédant dans l'universalité héréditaire, de manière à procurer au cessionnaire le droit de concourir au partage en son lieu et place. Il importe peu que la cession soit de la totalité de la part héréditaire du cédant, ou seulement d'une quote-part, ou encore de ses droits successifs dans la succession mobilière ou dans la succession immobilière; dans tous ces cas, le successible a cédé ses droits à la succession pour partie; d'ailleurs, en vertu de cette cession, le cessionnaire peut se présenter au partage, et cela suffit pour que les cohéritiers aient le droit de l'écarter (Marcadé, *841*, 2; Chabot, *841*, 8; Merlin, *Droits success.*, n° 9; Toullier, IV, 447; Duranton, VII, 492; Demante, III, 171 *bis*, 1°; Dutruc, 487; Massé et Vergé, § 692-40; Aubry et Rau, § 621 *ter*-3; Roll. de Vill., *Retrait success.*, 59; Demolombe, XVI, 80; Riom, 3 mars 1814).

1772. — Propriété. — En outre, pour que le retrait soit admissible, il faut que la cession ait eu pour objet des droits successifs en pleine ou en nue propriété (Cass., 28 août 1827).

1773. — Usufruit. — Il en serait autrement de la cession faite au profit d'un tiers par un donataire contractuel ou un légataire en usufruit de la totalité ou d'une quote-part de la succession, spécialement de celle faite par le survivant de deux époux de l'usufruit de l'universalité des biens du conjoint prédécédé résultant d'une donation renfermée dans leur contrat de mariage, l'usufruitier étant un simple donataire ou légataire qui ne saurait être assimilé à un héritier. Il s'en suit que l'héritier du conjoint prédécédé ne peut exercer le retrait successoral contre le cessionnaire des droits de l'époux survivant (Demolombe, XVI, 77 ; Aubry et Rau, § 621 *ter*-12; Dijon, 17 février 1854 ; S. 54, II, 424).

1774. — Droits indivis dans des objets déterminés. — Si la cession est non pas d'une quote-part des droits héréditaires, mais seulement des droits indivis du cédant dans un ou plusieurs corps certains et déterminés dépendant de la succession, il est acheteur de choses définies, et non cessionnaire d'un droit à la succession ; il ne peut figurer lui-même aux opérations du partage, et, par suite, il n'est pas soumis au retrait (Toullier, IV, 447; Benoit, 63, 64; Aubry et Rau, § 621 *ter*-5 ; Massé et Vergé, § 692-40 ; Roll. de Vill., *Retrait success.*, 51 ; Hureaux, III, 316; Demolombe, XVI, 83 ; Cass., 22 avril 1808; Besançon, 31 janv. 1809; Rennes, 7 déc. 1819; Lyon, 17 mai 1831; S. 33, II, 156; Cass., 27 juin 1832 ; S. 32, I, 852 ; Bourges, 16 déc. 1833 ; S. 34, II, 652; Cass., 14 août 1840; S. 40, I, 753 ; Riom, 13 nov. 1846; S. 47, II, 200; Agen, 2 avril 1851; S. 52, II, 307; Cass., 26 nov. 1861; S. 62, I, 1025 ; Cass., 23 mai 1870; S. 71, I, 78; Caen, 6 juill. 1877; R. N. 5573. Voir cep. Marcadé, *841*, 2; Dutruc, 488; Demante, III, 171 *bis* ; S. 31, II, 284; Cass., 15 mai 1833 ; S. 33, I, 369; Bourges, 9 mars 1842; S. 43, II, 77; Rennes, 15 janv. 1880; Defrénois, *Rép. N.*, 474; Laurent, X, 364).

1775. — Part dans l'immeuble resté indivis. — A plus forte raison, le retrait successoral n'est pas admissible, quand, après le partage de la succession, un cohéritier a vendu sa part dans un immeuble resté indivis entre lui et ses cohéritiers ou quelques-uns d'eux, en raison de ce qu'ils sont restés indivis pour être licités entre les héritiers, ou de ce qu'ils ont été attribués indivisément à plusieurs, autrement que par souche ou par ligne, *supra* n° 1739; ou encore parce qu'ils s'en sont rendus conjointement adjudicataires par licitation ; dans cette hypothèse, il n'existe aucun des motifs qui ont fait établir le retrait successoral (Toullier, IV, 447; Duranton, VII, 201 ; Demante, III, 171 *bis*; Demolombe, XVI, 85; Roll. de Vill., *Retrait success.*, 77; Dutruc, 491; Paris, 9 ventôse an XII; Rouen, 24 mars 1806; Cass., 9 sept. 1806; Paris, 21 juin 1813; Bourges, 12 juillet 1831 ; S. 32, II, 50 ; Cass., 26 nov. 1861; S. 62, I, 1025).

1776. — Biens indivis comprenant toute la succession. — Mais il y a lieu au retrait lorsque la cession, quoique désignant des biens déterminés, s'est étendue à l'universalité de l'hérédité mobilière ou immobilière ; autrement il dépendrait de la volonté des parties d'éluder et d'anéantir, à l'aide d'une telle énumération, les effets de l'art. 841 et ses dispositions impératives (Marcadé, *841*, 2; Merlin, *Droits successifs*, n° 11; Chabot, *841*, 8; Dutruc, 488; Demolombe, XVI, 84; Roll. de Vill., *Retrait success.*, 56; Aubry et Rau, § 621 *ter*-7; Massé et Vergé, § 692-40; Cass., 1er déc. 1806; Bourges, 16 déc. 1833 ; S. 34, II, 652; Pau, 19 août 1837; S. 39, II, 153; Cass., 16 mai 1848; S. 48, I, 388; Riom, 23 nov. 1848; S. 49, II, 85; Dijon, 21 mars 1877; Recueil Dijon, 77, p. 165).

1777. — Cession de plusieurs parts. — Lorsqu'une cession de droits successifs porte non seulement sur les droits héréditaires recueillis directement par le cédant, mais encore sur d'autres droits héréditaires dans la même succession, que le cédant avait lui-même acquis de l'un de ses cohéritiers, le retrait successoral, autorisé par l'art. 841 précité, peut être exercé pour le tout. En effet, pour l'une comme pour l'autre de ces parts héréditaires, la cession à un étranger présente pour le cohéritier qui réclame le retrait les inconvénients que la loi a voulu prévenir en établissant le retrait successoral (Cass., 12 août 1868; S. 68, I, 380).

1778. — Époque de cession. — La cession est soumise au retrait, même lorsqu'elle a eu lieu pendant les opérations du partage, alors que les lots sont composés et qu'il ne reste plus qu'à les tirer au sort. Mais si la cession n'est consentie qu'après le partage terminé, elle ne donne pas lieu au retrait.

1779. — Partage annulé. — Quand un successible a cédé ses droits à l'hérédité après que le partage est consommé, et que le partage vient ensuite à être annulé pour cause de nullité ou de rescision, le partage est considéré comme n'ayant jamais existé, et les choses sont remises au même état qu'auparavant, de sorte qu'en réalité la cession a été d'un droit à l'hérédité; d'où il suit que le cessionnaire pourra être écarté du nouveau partage, sans qu'il y ait lieu de distinguer si la cession a eu lieu avant ou après la demande en rescision ou en nullité. La règle serait la même si l'acheteur d'un lot exerçait lui-même l'action en rescision comme s'étant fait céder cette action par son vendeur (Duranton, VII, 187; Dutruc, 492; Demolombe, XVI, 89, 90; voir cep. Chabot, *841*, 12; Vazeille, *841*, 17; Toullier, IV, 449; Roll. de Vill., *Retrait success.*, 64).

1780. — Ibid. — Cessionnaire copartageant. — Si le cessionnaire, antérieur au partage qui a été annulé, a concouru à ce partage, il a été accepté par les cohéritiers; ceux-ci, dès lors, sont considérés comme ayant abdiqué le droit d'exercer le retrait, et ils ne seraient plus admis à le demander dans le but de l'écarter du nouveau partage. Il en serait autrement pourtant, à l'égard d'un cohéritier qui n'aurait pas concouru au premier partage (Demolombe, XVI, 91 ; Dutruc, 493 ; Paris, 26 fév. 1816).

1781. — Communauté. — Associés. — Communistes. — Le retrait successoral, qui est une exception au droit commun, un véritable privilége, doit être renfermé dans ses limites, et ne saurait être étendu ; en conséquence, il n'est admissible qu'entre cosuccessibles et à l'égard seulement des droits dans une succession. Il s'en suit qu'il ne saurait être exercé en ce qui concerne la cession :

1° De la moitié indivise de l'un des époux dans une communauté conjugale après sa dissolution, l'art. 1476, qui règle le mode de partage de la communauté, ne renvoyant pas évidemment aux règles du retrait successoral (Marcadé, art. 1476; Toullier, XIII, 204 ; Merlin, *Droits success.*, n° 12 ; Richefort, *Etat des fam.*, III, 525; Benoit, 38 ; Demolombe, XVI, 92 ; Hureaux, III, 320 ; Bellot, *Contr. de mar.*, II, p. 480 ; Odier, *ibid.*, I, 523 ; Rodière et Pont, *ibid.*, 1106 ; Troplong, *ibid.*, 1682 ; Massé et Vergé, § 692-2 ; Aubry et Rau, § 359 *ter*-14 ; Metz, 17 mai 1820 ; Paris, 2 août 1821 ; Bordeaux, 19 juill. 1826 ; Bourges, 12 juill. 1831 ; S. 32, II, 50 ; Contra Battur, *Communauté*, II, 796 ; Vazeille, *841*, 26 ; Riom, 23 nov. 1848 ; S. 49, II, 85) ;

2° D'une portion indivise dans une société dissoute, chaque associé ayant, en vertu de l'art. 1861, le droit de s'associer une tierce personne quant à sa part dans la société, sans le consentement des autres associés ; la loi par cela lui a permis d'immiscer des tiers dans les affaires sociales, ce qui est exclusif du retrait (Merlin, *Droits success.*, n° 12 ; Duranton, XVII, 443 ; Duvergier, *Société*, 474, Troplong, *ibid.*, 1059 ; Delangle, *ibid.*, 713 ; Pont, *ibid.*, 783 ; Alauzet, *Droit commerc.*, 263; Demolombe, XVI, 92 ; Massé et Vergé, § 453-9 ; Hureaux, III, 320 ; Paris, 7 juill. 1836 ; S. 36, II, 458 ; Contra Pardessus, 1085 ; Vazeille, *841*, 26) ; à moins cependant de stipulation contraire dans l'acte de société (Cass., 17 avril 1834 ; S. 34, I, 276; Cass., 24 nov. 1856 ; S. 57, I, 516) ;

3° Celle ayant pour objet tout ou partie des droits de l'un des communistes dans les biens déterminés indivis comme ayant été acquis conjointement, ou comme étant communs entre plusieurs, à tout autre titre qu'à titre héréditaire (Demolombe, XVI, 92 ; Cass., 19 août 1806).

1782. — Absence. — Le retrait ne peut non plus être exercé, dans le cas de déclaration d'absence, pendant la durée de la possession provisoire des héritiers présomptifs, à l'égard des cessions de leurs droits consentis par quelques-uns d'eux. Il ne pourrait l'être qu'après l'envoi en possession définitive, qui a pour effet de faire considérer comme ouverte la succession de l'absent (Dutruc, 520 ; Grenoble, 3 juin 1846; S. 47, II, 394 ; Bordeaux, 23 avril 1856 ; S. 57, II, 27).

1783. — Titre onéreux. — Pour que le retrait soit admissible, il faut que la transmission des droits successifs ait été faite à titre onéreux ; autrement la condition du retrait consistant dans le remboursement du prix, ne pourrait être rempli, ce qui serait exclusif du retrait.

1784. — Titre gratuit. — Si la transmission des droits successifs a eu lieu à titre gratuit, par donation ou par testament, elle ne donne pas lieu au retrait. En effet, pour écarter le cessionnaire, il faut lui rembourser le prix de la cession, et il n'y a pas de prix dans le cas d'une donation. Il en est ainsi, alors même que la libéralité impose des conditions et charges au gratifié, si elles ne peuvent être considérées comme le prix des droits transmis (Marcadé, *841*, 2 ; Merlin, *Droits success.*, § 2, note 1 ; Chabot, *841*, 10 ; Toullier, IV, 446 ; Duranton, VII, 194 ; Roll. de Vill., *Retrait success.*, 28, 29 ; Massé et Vergé, § 692-19 ; Aubry et Rau, § 621 *ter*-8, 10 ; Dutruc, 499).

1785. — Titre gratuit et titre onéreux. — Si une transmission a eu lieu à la fois à titre gratuit et à titre onéreux, il faut rechercher ce qui domine dans cette transmission, et, dans le doute, le retrait devrait être admis ; car la libéralité peut être considérée comme faite en fraude de la loi, dans le but de faire obstacle au retrait. Le retrait toutefois ne serait pas admissible si une même personne acquiert des droits successifs de deux cohéritiers pour l'un à titre onéreux et pour l'autre à titre purement gratuit (Comp. Troplong, *Vente*, 1009 ; Duvergier, *ibid.*, II, 388 ; Roll. de Vill., *Retrait success.*, 33 ; Dutruc, 500 ; Demolombe, XVI, 95 ; Paris, 25 juin 1825).

1786. — Transmission par le cessionnaire. — Il suffit que les droits successifs aient été cédés à titre onéreux, pour que le retrait soit admissible, soit contre le cessionnaire, soit contre ceux à qui il a transmis les droits à lui cédés, soit par cession, soit par hérédité, ou même à titre gratuit, en raison de ce qu'ils sont les ayants-cause du cessionnaire (Merlin, *Droits successifs*, § 2, n°3 ; Demante, III, 178 *bis*, 5° ; Demolombe, XVI, 97 ; Hureaux, III, 315, 11°).

1787. — Cession par donataire ou légataire. — Si celui à qui des droits successifs ont été transmis par donation ou par testament, en a fait lui-même la cession à titre onéreux, le retrait est admis contre le cessionnaire (Merlin, *Droits successifs*, n° 9 ; Chabot, *841*, 10 ; Vazeille, *841*, 10 ; Dutruc, 501 ; Toullier, IV, 446 ; Duranton, VII, 194 ; Hureaux, III, 315, 12° ; Demante, III, 171 *bis*, 5° ; Benoit, 59 ; Roll. de Vill., *Retrait success.*, 32 ; Aubry et Rau, § 621 *ter*-9 ; Demolombe, XVI, 96 ; Cass., 1er déc. 1806).

1788. — Dation en paiement. — La cession de ses droits successifs, faite par un cohéritier à son créancier, pour se libérer du montant de sa dette, constitue aussi une cession à un tiers contre laquelle le retrait est admis, ainsi que nous l'avons déjà dit *supra* n° 1755, il ne suffit pas que le créancier puisse intervenir au partage pour qu'il soit considéré comme un successible ; en outre, l'art. 1701, édicté pour le retrait litigieux, ne saurait être applicable au retrait successoral, en l'absence d'une disposition spéciale de la loi (Duranton, VII, 201 ; Demolombe, XVI, 99 ; Aubry et Rau, § 621 *ter*-20. Contra Demante, III, 171 *bis* 6°. Voir aussi Cass., 12 août 1868 ; S. 68, I, 380).

1789. — Cession aux enchères. — La cession qui résulterait d'une adjudication volontaire aux enchères, consentie par l'un des cohéritiers, même après affiches et publications, ne constituerait qu'une cession ordinaire et ne serait pas par cela seul exempte du retrait. Mais, s'il s'agit d'une transmission faite par adjudication en justice, en raison de ce que les droits successifs dépendent d'une faillite ou d'une succession bénéficiaire, et qu'elle ait été nécessitée par le besoin de réaliser les biens de la faillite ou de la succession bénéficiaire ; il est douteux que le retrait soit admissible ; car les autres cohéritiers pouvaient enchérir, et, d'ailleurs, il n'y aurait rien de sérieux dans la vente si les enchérisseurs étaient sous la menace du retrait (Demolombe,

XVI, 100; Hureaux, III, 319; Paris, 14 juin 1834; S. 36, II, 113; Contra Dutruc, 496; Lyon, 19 juill. 1843; S. 44, I, 614). Il en serait autrement, en cas de cession avec l'accomplissement des formalités de justice, si l'adjudication n'avait pour objet que de régulariser une cession antérieure (Paris, 11 mai 1859; J. N. 16637).

1790. — Révélation de succession. — L'abandon d'une quotité des biens héréditaires, consenti par un cohéritier au profit d'un tiers, comme condition de la révélation que celui-ci lui a faite de l'ouverture de la succession et de son droit d'hérédité, ne constitue pas la cession proprement dite de partie de ses droits successifs, mais plutôt une remise proportionnelle dans sa part, alors surtout que le cohéritier demeure seul partie aux opérations de partage; par conséquent un tel abandon ne peut être assimilé à une cession de droits successifs et ne donne pas lieu au retrait (Paris, 2 avril 1852; S. 52, II, 671).

1791. — Prix. — En ce qui concerne le prix de la cession des droits successifs, il est indifférent qu'il consiste en une somme d'argent payée comptant ou payable à terme, ou en une rente perpétuelle, ou en une rente viagère, ou même en des objets déterminés, meubles ou immeubles, cédés en échange des droits successibles, *infra* n° 1802. Si le prix n'est pas sincère, par exemple s'il a été exagéré dans le but d'échapper au retrait, le retrayant peut établir contre le cessionnaire le prix véritable par tous les modes de preuve, même par le serment décisoire et l'interrogatoire sur faits et articles (Marcadé, *841*, 4; Chabot, *841*, 22; Toullier et Duvergier, IV, 450; Duranton, VII, 195; Massé et Vergé, § 692-22; Roll. de Vill., *Retrait success.*, 89, 90; Aubry et Rau, § 621 *ter*-50; Dutruc, 515; Demolombe, XVI, 103; Aix, 5 déc. 1809; Nimes, 4 déc. 1823; Bourges, 16 déc. 1833; Paris, 14 fév. 1834; S. 34, II, 650, 652; Bastia, 23 mars 1835; S. 35, II, 349).

1792. — Cession déguisée. — Toute cession donne ouverture au retrait, même celle déguisée, sous la fausse apparence d'une libéralité, ainsi que celle dont l'existence est dissimulée de manière que le cohéritier cédant figure seul au partage dans l'intérêt du cessionnaire comme son prête nom (Marcadé, *841*, 4; Hureaux, III, 324; Aubry et Rau, § 621 *ter*-6; Dutruc, 494; Demolombe, XVI, 102; Cass., 23 nov. 1843; S. 43, I, 409).

1793. — Cession nulle en cas de retrait. — La stipulation que la cession sera nulle dans le cas où le retrait successoral viendrait à être demandé pourrait être considérée comme ayant pour objet de créer un obstacle au droit résultant en faveur des cohéritiers de l'art. 841, en conséquence, de faire échec à une disposition de la loi, et la nullité devrait en être prononcée comme étant contraire à la loi (Demolombe, XVI, 104).

SECTION IV.

DES CONDITIONS ET DES MODALITÉS DU RETRAIT.

1794. — Remboursement du prix. — Frais. — Intérêts. — La condition principale du retrait est le remboursement au retrayé du prix de la cession (*C. civ., 841*), ce qui comprend le principal et les frais et loyaux coûts, avec les intérêts à compter du jour où il a payé son prix, de manière qu'il soit rendu absolument indemne (Marcadé, *841*, 4; Chabot, *841*, 21; Vazeille, *841*, 29; Toullier, IV, 450; Duranton, VII, 202; Hureaux, III, 328; Demolombe, XVI, 107; Dutruc, 514; Aubry et Rau, § 621 *ter*-51).

1795. — Pas plus. — Le remboursement doit être du prix réel; s'il a été frauduleusement exagéré, *supra* n° 1791, c'est le prix vrai qui doit être remboursé; et comme le retrayé s'est associé à une combinaison frauduleuse pour faire échec au retrait, il n'a droit au remboursement des frais et loyaux coûts que proportionnellement au prix vrai, le surplus reste à sa charge personnelle comme pénalité (Marcadé, *841*, 4; Chabot, *841*, 22; Toullier et Duvergier, IV, 450, note *a*; Duranton, VII, 195; Demante, III, 171 *bis*, 9°; Duvergier, *Vente*, II, 386; Demolombe, XVI, 106, Roll. de Vill., *Retrait success.*, 89; Hureaux, III, 327, 328; Dutruc, 514; Grenoble, 11 juin 1806; Aix, 5 déc. 1809; Nimes, 4 déc. 1823; Paris, 14 février 1834; S. 34, II, 650; Cass.,

1er juill. 1835 ; S. 35, I, 843 ; Bastia, 23 mars 1835 ; S. 35, II, 349).

1796. — Intérêts. — Fruits. — Si le retrayé a perçu des fruits, le retrayant doit néanmoins lui tenir compte des intérêts du prix de la cession, sans qu'il puisse être fondé à établir une compensation entre ces fruits et les intérêts, sauf à faire figurer en déduction de la somme à rembourser les fruits perçus par le cessionnaire (Demolombe, XVI, 108 ; Hureaux, III, 328, 338 ; Aubry et Rau, § 621 *ter*-57 ; Bordeaux, 25 mars 1857 ; S. 58, II, 289. Voir Dutruc, 521 ; Bastia, 23 mars 1835 ; S. 35, II, 349).

1797. — Peines. — Soins. — Voyages. — Le retrayé ne peut élever aucune réclamation, même à titre d'indemnité, pour ses peines et soins, c'est une chance qu'il a courue. Quant à ses frais de voyage, il ne peut en réclamer le remboursement qu'autant qu'il a été obligé de les faire exprès et que le cédant aurait été obligé de les faire lui-même ; c'est dans cette mesure qu'ils nous paraissent pouvoir être admis (Dutruc, 514 ; Aubry et Rau, § 621 *ter*-52 ; Hureaux, III, 329 ; Demolombe, XVI, 109 ; Cass., 1er juill. 1835 ; S. 35, I, 843).

1798. — Revente pour un prix différent. — Lorsque le cessionnaire a revendu ses droits, c'est contre le sous-cessionnaire que le retrait est exercé. Mais si le prix est supérieur ou inférieur à celui de la cession primitive, quel remboursement est à faire par le retrayant ? Le sous-cessionnaire, de même qu'un donataire ou un légataire du cessionnaire primitif, est au lieu et place de celui-ci, soumis aux mêmes obligations et avec les mêmes conditions ; par conséquent, le prix à rembourser doit toujours être celui de la première cession, avec les intérêts et les frais et loyaux coûts y afférents ; autrement, il serait loisible au cessionnaire primitif de rendre le retrait impossible en revendant à un prix exagéré, ce qui obligerait à faire contre lui la preuve souvent difficile de la fraude (Merlin, *Droits successifs*, § 2, n° 2 ; Labbé, *Rev. crit.*, 1855, p. 153, n° 28 ; Demolombe, XVI, 110 ; Aubry et Rau, § 621 *ter*-56 ; Hureaux, III, 330 ; CONTRA Besançon, 5 juin 1857 ; S. 58, II, 292). — Et le second cessionnaire qui subit le retrait a seul les chances de gain ou de perte qui en résultent ; par conséquent, il ne peut rien réclamer à son cédant, de même que celui-ci ne peut lui faire aucune réclamation, en raison de ce que le prix serait supérieur ou inférieur à celui de la première cession (Demolombe, XVI, 111).

1799. — Prix en numéraire. — Quand le prix est en numéraire, s'il a été payé, le retrayant doit en faire le remboursement en espèces au retrayé ; mais s'il est encore dû, le retrayant en devient débiteur au lieu et place du retrayé.

1800. — Rente perpétuelle. — Si la cession a été faite moyennant une rente perpétuelle, le retrayant est tenu de rembourser au retrayé les arrérages déjà payés, et de se charger pour l'avenir du service de la rente et du remboursement du capital s'il y a lieu (Demolombe, XVI, 112).

1801. — Rente viagère. — Il en est de même dans le cas où le prix consiste en une rente viagère (Chabot, *841*, 17 ; Duranton, VII, 198 ; Demolombe, XVI, 113 ; Roll. de Vill., *Retrait success.*, 97). Si la rente viagère est éteinte par le décès du cédant, le retrayant n'est tenu de rembourser au retrayé rien autre chose que les arrérages payés, de manière que le retrayant se trouve exactement dans la même situation que s'il avait directement traité avec le cédant. Il suffit que le retrayé soit entièrement indemne pour que le vœu de la loi se trouve accompli (Merlin, *Droits success.*, n° 9 ; Chabot, *841*, 24 ; Vazeille, *841*, 31 ; Toullier, IV, 451 ; Duranton, VII, 198 ; Dutruc, 498 ; Demolombe, XVI, 114 ; Roll. de Vill., *Retrait success.*, 98 ; Aubry et Rau, § 621 *ter*-54 ; Hureaux, III, 338 ; Cass., 1er déc. 1806 ; Chambéry, 12 fév. 1878 ; S. 79, II, 332 ; Laurent, X, 383).

1802. — Échange. — Le retrait successoral pouvant être exercé, même quand la cession a eu lieu par voie d'échange, au moyen de la dation d'un bien meuble ou immeuble par le cessionnaire au cédant, *supra* n° 1791 ; le remboursement au cessionnaire, dans ce cas, est de la valeur qu'avait au moment de la cession le bien meuble ou immeuble par lui cédé en échange, et dont le cédant demeure propriétaire (Marcadé, *841*, 2 ; Duranton, VII,

197; Demante, III, 171 *bis*, 7°; Belost-Jolimont, *841*, obs. 3; Troplong, *Echange*, 42; Benoit, 60; Roll. de Vill., *Retrait success.*, 65; Hureaux, III, 331; Demolombe, XVI, 115; Aubry et Rau, § 621 *ter*-53; Dutruc, 497; Cass., 19 oct. 1814; Caen, 19 mars 1842; S. 43, II, 96; Bordeaux, 30 juill. 1855; J. N., 15672; Bordeaux, 25 mars 1857; S. 58, II, 289; Chambéry, 27 janvier 1872; S. 72, II, 77; Laurent, X, 369).

1803. — Obligation de faire. — Il en serait de même si le prix consistait en une obligation de faire; par exemple, l'engagement de construire une maison (Demolombe, XVI, 116).

1804. — Droits successifs et autres biens. — Quand un cohéritier cède pour un seul et même prix ses droits successifs et des biens déterminés à lui appartenant, le retrayant ne peut être contraint de reprendre que les droits successifs; et, dans ce cas, il y a lieu à une ventilation, afin de déterminer la valeur représentative des droits successifs à rembourser au retrayé. Celui-ci ne saurait se plaindre de cela; il devait prévoir le retrait et il est en faute de ne pas avoir fixé des prix séparés (Chabot et Belost-Jolimont, *841*, obs. 13; Dutruc, 490; Demolombe, XVI, 118; Roll. de Vill., *Retrait success.*, 61; Aubry et Rau, § 621 *ter*-55; Cass., 1er déc. 1806; Riom, 2 mars 1827; Cass., 3 mai 1830; Bordeaux, 25 mars 1857; S. 58, II, 289; Riom, 18 juill. 1857; J. N., 16233; Dijon, 21 mars 1877; Recueil Dijon, 1877, p. 165). — Les frais de ventilation sont à la charge du retrayant, afin que le retrayé demeure indemne (Demolombe, XVI, 120; Hureaux, III, 333; Bordeaux, 25 mars 1857 précité; Chambéry, 12 fév. 1878; S. 79, II, 332).

1805. — Cessions par plusieurs cohéritiers. — Lorsqu'une même personne s'est rendue cessionnaire par un seul acte ou par des actes distincts, des droits successifs de plusieurs cohéritiers, les autres cohéritiers ne peuvent l'obliger à recevoir le prix des droits successifs de l'un des cédants sans lui rembourser le prix des droits successifs des autres, puisque autrement le but de la loi, qui est de l'écarter du partage, ne serait pas atteint (Demolombe, XVI, 119; Hureaux, III, 332; Toulouse, 22 fév. 1840; S. 40, II, 318).

1806. — Offres. — Le cohéritier n'est pas tenu, en demandant le retrait, de faire offre au retrayé du montant des restitutions à opérer, la loi ne l'exigeant pas. Il appartient aux tribunaux de fixer le mode et les époques de remboursement, en accordant au retrayant un délai suffisant pour qu'il se procure les fonds nécessaires (Toullier, IV, 450; Duranton, VII, Massé et Vergé, § 692-22; Aubry et Rau, § 621 *ter*-58; Duvergier, *Vente*, II, 38; Dutruc, 517; Roll. de Vill., *Retrait success.*, 93; Hureaux, III, 334; Demolombe, XVI, 121; Colmar, 11 mars 1807; Besançon, 31 janv. 1809; Pau, 10 juin 1830; S. 31, II, 52; Bourges, 16 déc. 1833; S. 34, II, 652; Bastia, 23 mars 1835; S. 35, II, 349; Bordeaux, 25 mars 1857; S. 58, II, 289).

SECTION V.

DU DÉLAI POUR EXERCER LE RETRAIT.

1807. — Avant la demande en partage. — Dès que la cession par acte authentique ou sous seing privé est parvenue à la connaissance des cohéritiers, ils peuvent exercer le retrait successoral par voie d'action, puisque, dès ce moment, le cessionnaire a un droit d'immixion dans les affaires de l'hérédité; il n'est donc pas besoin pour user de ce droit ni que les opérations du partage soient commencées, ni que le cessionnaire ait fait signifier ou notifier sa cession (Marcadé, *841*, 4; Aubry et Rau, § 621 *bis*-43, 59 à 61; Demolombe, XVI, 124; Roll. de Vill., *Retrait success.*, 79; Hureaux, III, 335; Bastia, 23 mars 1835; S. 35, II, 349; Cass., 9 août 1830; S. 35, II, 349; Cass., 7 janv. 1857; S. 57, I, 369).

1808. — Délai. — L'action en retrait successoral, comme l'action en partage, est imprescriptible; en conséquence, elle peut être exercée tant que le partage n'est pas consommé (Merlin, *Droits success.*, n° 10; Marcadé, *841*, 4; Chabot, *841*, 21; Dutruc, 519; Demolombe, XVI, 125; Cass., 14 juin 1820; Agen, 8 avril 1845; S. 46, II, 189; Rennes, 15 janv. 1880; Defrénois, *Rép. N.*, 474; Laurent, X, 375).

1809. — Opérations du partage.

— Pendant les opérations du partage et tant qu'il n'est pas consommé, le retrait successoral peut être exercé contre le cessionnaire par voie d'exception, soit qu'il ait provoqué lui-même le partage, soit qu'il ait été provoqué contre lui. Et ce droit appartient aux cohéritiers pour l'exercer quand il leur plaît et s'il leur convient, sans que le cessionnaire puisse les interpeller et les mettre en demeure de déclarer s'ils veulent, oui ou non, l'accepter comme copartageant (Marcadé, *841*, 4; Merlin, *Droits success.*, n° 10 ; Duranton, VII, 203; Hureaux, III, 322; Duvergier sur Toullier, IV, 448, note *a* ; Taulier, III, p. 392; Demolombe, XVI, 126; Massé et Vergé, § 692-45; Dutruc, 512 et 519; Aubry et Rau, § 621 *ter*-41; Cass., 14 juin 1820, 15 mai 1833; S. 33, I, 369; Bourges, 19 janv. 1830; Bordeaux, 28 juin 1844; S. 45, II, 407; Agen, 8 avril 1845; S. 46, II, 189; Toulouse, 31 déc. 1852; S. 53, II, 23; Grenoble, 16 août 1858; S. 59, II, 289; Pau, 14 fév. 1860; S. 61, II, 113. Voir cep. Marcadé, *841*, 4; Chabot, *841*, 19; Toullier, IV, 448; Massé et Vergé, § 692, 39). — Il en est ainsi, à plus forte raison, quand au premier cessionnaire avec lequel les cohéritiers avaient consenti à partager, il en a été substitué un nouveau; alors surtout, qu'à la différence du premier cessionnaire, le second est absolument étranger à la famille (Chambéry, 12 fév. 1878; S. 79, II, 332).

1810. — Renonciation à retrait.

— Nous avons déjà dit, *supra* n° 1763, que les cohéritiers peuvent renoncer soit expressément, soit tacitement, au droit d'exercer le retrait. On ne saurait faire résulter cette renonciation de ce fait que les cohéritiers auraient appelé eux-mêmes le cessionnaire aux opérations du partage, ou que le partage ayant été provoqué par lui, ils ont engagé l'instance avec lui, quand même le partage aurait été ensuite ordonné, les biens vendus par licitation, et les valeurs immatriculées aux noms des héritiers par indivis, s'il n'y a eu ni tirage au sort ni attributions respectives (Duranton, VII, 203; Taulier, III, p. 392; Massé et Vergé, § 692-38; Roll. de Vill., *Retrait success.*, 75; Aubry et Rau, § 621 *ter*-45; Laurent, X, 377; Demolombe, XVI, 127, 128 *bis*, 131; Cass., 15 mai 1833; S. 33, I, 369; Bordeaux, 28 juin 1844; S. 45, II, 407; Agen, 8 avril 1845; S. 46, II, 187; Toulouse, 31 déc. 1852; S. 52, II, 23; Grenoble, 16 août 1858; S. 59, II, 289; Nimes, 16 mai 1861; S. 61, II, 454; Chambéry, 12 fév. 1878; S. 79, II, 332; Cass., 8 nov. 1882; *Rép. N.*, 1089. CONTRA Marcadé, *841*, 4; Toullier, IV, 448; Benoit, 63 et suiv.; Toulouse, 22 fév. 1840; S. 40, II, 318); — et alors même qu'il serait intervenu un compromis entre un héritier et un cessionnaire d'un autre héritier pour confier à des arbitres le partage de la succession, tant que ce partage n'est pas consommé (Bourges, 19 janv. 1830; Toulouse, 20 avril 1857; S. 58, II, 251). — Mais la renonciation tacite pourrait être inférée d'actes desquels il résulterait que le cessionnaire a été définitivement accepté par les cohéritiers, comme s'ils faisaient volontairement : soit un partage partiel avec lui ; — soit un partage provisionnel avec lui ne stipulant pas leurs réserves au sujet du retrait ; il en serait autrement si le partage provisionnel était antérieur à la cession (Chambéry, 27 juillet 1872; Sirey, 72, II, page 77), — soit une transmission par donation, vente ou échange, consentie conjointement par les cohéritiers et le cessionnaire d'un bien dépendant de la succession (Demolombe, XVI, 127, 128; Hureaux, III, 325; Dutruc, 519; Orléans, 18 mai 1839; S. 39, II, 386; Limoges, 14 mars 1848; S. 48, II, 454; Montpellier, 18 nov. 1853; S. 54, II, 20; Rouen, 23 déc. 1872; Angers, 1er août 1873; S. 74, II, 13; voir cep. Orléans, 18 mai 1839; Toulouse, 31 déc. 1852; S. 53, II, 23; Rennes, 15 janv. 1880; Defrén., *Rép.*, *N.*, 474).

1811. — Partage définitif.

— A plus forte raison il en est ainsi quand les cohéritiers ont fait avec le cessionnaire un partage définitif de la succession, lors même que quelques objets, meubles ou immeubles, sur lesquels les droits des parties seraient liquidés auraient été laissés en commun (Grenoble, 6 juin 1826).

1812. — Après le partage.

— Le retrait pourrait même être exercé après le partage consommé, s'il était établi que la cession a été dissimulée et que le cohéritier cédant n'a concouru au partage que pour et au nom du cessionnaire. Le retrait, dans ce cas, devrait être admis à titre de dommages et intérêts (Duvergier sur Toullier, IV, 448, note *a*; Troplong, *Vente*, 998; Demolombe, XV, 132; Aubry et Rau, § 621 *ter*-49; Hureaux, III, 323. Voir Cass., 4 déc. 1820; Metz, 17 déc. 1820. CONTRA Dutruc, 495).

SECTION VI.

DES EFFETS DU RETRAIT.

1813. — Demande. — La demande à fin de retrait a pour effet de faire acquérir à ceux qui l'ont formée un droit acquis qu'aucun événement ultérieur ne saurait leur enlever; par exemple, une rétrocession consentie par le cessionnaire en faveur de son cédant, *supra* n° 1733, ni le fait qu'il deviendrait héritier de son cédant, ou qu'un autre cohéritier lui aurait fait donation de ses droits (Demolombe, XVI, 136; Dutruc, 495; Paris, 16 mai 1823; Cass., 4 mai 1829, 7 janv. 1857; S. 57, I, 369; Caen, 28 mai 1867; S. 68, II, page 271).

1814. — Retrait. — Cessionnaire. — Le retrait a pour effet au regard du cessionnaire, de mettre le retrayant en son lieu et place avec ses droits et avantages et ses obligations, de la même manière que si la cession lui avait été faite personnellement; il n'entraîne donc ni l'annulation, ni même la résolution de la cession, et ne constitue pas une rétrocession, ni une transmission de propriété, de sorte qu'il n'est pas soumis à la formalité de la transcription au bureau des hypothèques (Demolombe, XVI, 140; Aubry et Rau, § 621 *ter*-64; Hureaux, III, 338). — En conséquence, le retrayé n'a pu établir sur les biens de la succession aucun droit de servitude ou hypothèque, ni consentir à aucune aliénation. En outre, les droits que le retrayé pouvait avoir contre la succession ou que la succession pouvait avoir contre lui, renaissent de part et d'autre comme si aucune confusion n'avait eu lieu (Demolombe, XVI, 142); — enfin le retrayant, par l'effet du retrait, profite, comme subrogé au cessionnaire, des avantages éventuels qui se sont réalisés dans l'intervalle de la cession à la subrogation (Chabot, 841, 24; Toullier, IV, 451; Dutruc, 522; Demolombe, XVI, 146; Aubry et Rau, § 621 *ter*-66; Hureaux, 337, 338; Amiens, 13 mars 1806; Cass., 1er déc. 1806).

1815. — Ibid. — Cédant. — Au regard du cédant, le retrait successoral n'apporte aucune modification dans les engagements contractés envers lui par le cessionnaire, et, par conséquent, aucune novation par substitution d'un nouveau débiteur à l'ancien. D'où il suit que si, lors du retrait, tout ou partie du prix de la cession est encore dû, le cessionnaire contre lequel le retrait est exercé reste débiteur du cédant. Mais le retrayant, en privant le cessionnaire des avantages de son contrat, doit le rendre indemne; par suite, il doit lui rembourser ce qu'il a payé et, en outre, si tout ou partie du prix de la cession n'est dû qu'à terme, ou si le prix consiste en une rente perpétuelle ou viagère, il est tenu de lui rapporter immédiatement la quittance ou la décharge du cédant, ou, du moins, lui donner des sûretés, telles qu'elles le désintéressent complétement pour l'avenir : le cessionnaire ne saurait être abandonné aux chances de perte résultant de l'insolvabilité possible du retrayant (Pothier, *Des retraits*, 300; Aubry et Rau, § 621 *ter*-68 à 70; Demolombe, XVI, 143 à 145; Benoit, 135; Hureaux, III, 341; Bordeaux, 24 juill. 1850; J. N. 14227; Cass., 7 janv. 1857; S. 57, I, 369. CONTRA Labbé, *Rev. crit.*, 1855, p. 144; Mourlon, *Rev. prat.*, 1860, IX, p. 241).

TITRE QUATRIÈME

DU PARTAGE AMIABLE

DIVISION

CHAPITRE PREMIER. — Des cas où le partage peut être amiable (N°s 1819 à 1832).
CHAP. II. — Des formes du partage amiable (N°s 1833 à 1841).
CHAP. III. — Des modalités du partage amiable (N°s 1842 et suiv.).
    Sect. 1. — *Du partage de l'intégralité des biens* (N°s 1843 à 1856).
    Sect. 2. — *Du partage partiel* (N°s 1857 à 1863).
    Sect. 3. — *Du partage supplémentaire* (N°s 1864 à 1868).
    Sect. 4. — *Du partage provisionnel* (N°s 1869 à 1898).
        § 1. Des cas où il y a lieu à un partage provisionnel (N°s 1871 à 1879).
        § 2. Des effets du partage provisionnel, et du droit de requérir un partage définitif (N°s 1880 à 1898).
    Sect. 5. — *Du partage transactionnel* (N°s 1899 à 1909).
    Sect. 6. — *Du partage avec compte de tutelle* (N°s 1910 à 1914).

SOMMAIRE ALPHABÉTIQUE

Partage amiable :
— Acte adiré 1840
— Acte imparfait 1836
— Acte notarié 1833
— Acte sous seing privé . . 1834 à 1836
— Acte de notoriété. 1847
— Aliénation 1817
— Authentique 1833
— Autorisation maritale . 1826 à 1828
— Autorisation de justice. . 1827
— Bénéfice d'inventaire. . . 1821
— Biens en commun 1855
— Capacité. 1817
— Cession 1843
— Compromis 1824
— Conditions 1851
— Condition résolutoire . . 1852
— Conseil judiciaire. 1822
— Contestation 1820
— Contumace 1830
— Convention de mariage . 1825
— Créanciers 1848
— Créancier opposant. . . . 1831
— Déclaratif 1817
— Définitif 1818
— Définition. 1816
— Désaccord. 1819
— Destruction des biens . . 1853
— Division. 1850
— Donation 1843
— Droits égaux. 1844
— Droits inégaux 1845
— Echange 1843
— Ecrit 1838

— Etat liquidatif 1846
— Etranger 1832
— Exécution. 1837
— Exposé préliminaire . . . 1846
— Failli 1829
— Femme mineure 1825
— Femme paraphernale. . . 1828
— Femme séparée . . 1827, 1828
— Licitation 1843
— Lots. 1849
— Majeurs. 1819
— Mari et femme. 1826
— Mari de femme dotale . . 1825
— Masse. 1848, 1863
— Modalités. 1842, 1843
— Paraphernaux 1828
— Plusieurs successions . . 1848
— Prélèvements. 1844
— Preuve 1838, 1839
— Provisionnel 1818
— Qualités des parties . . . 1847
— Rapports 1844
— Régime dotal. . . 1824 à 1826
— Remise de titres 1856
— Rescision 1851
— Résolution 1852
— Séparation de biens. 1827, 1828
— Servitudes 1854
— Tiers 1841
— Transaction. 1843
— Translatif. 1817
— Vente 1843
— Verbal. 1838
Partage et compte de tutelle :
— Compte d'administration. 1911
— Elément du compte . . . 1911

— Opération divisée 1913
— Opération unique. 1914
— Partage. 1911
— Reddition de compte. . . 1912
— Traité. 1910
Partage partiel :
— Abandonnement à titre de partage. 1862, 1863
— Biens déterminés. 1859
— Certains biens 1857
— Définitif. 1857
— Faculté. 1857
— Immeubles 1858
— Meubles. 1858
— Stipulation 1860
— Suspension de partage . . 1861
Partage provisionnel :
— Absence . . . 1876, 1882, 1890
— Absent présumé 1879
— Aliénation. 1886
— Constitution de dot . . . 1896
— Créanciers 1893
— Définitif. . . 1882 à 1884, 1895
— Définition. 1869
— Effets divers 1880
— Effet rétroactif 1897
— Etat liquidatif 1878
— Exécution. 1886
— Expropriation forcée . . . 1894
— Femme. 1873
— Femme paraphernale . . 1874
— Femme séparée. 1874
— Fruits. 1887
— Inscription de priviléges. 1897
— Intention exprimée. . . . 1884
— Interdit 1875, 1882

- Majeurs. . . . 1871, 1881, 1882
- Mandat. 1896
- Mari. 1872
- Mineur. 1875, 1882, 1892, 1893
- Mineur émancipé 1882
- Notaire commis. 1879
- Nouveau partage. 1891 à 1894
- Nue-propriété 1873
- Paraphernaux 1874
- Porte-fort 1883
- Possession précaire. . . . 1885
- Prescription 1885, 1895
- Provisionnel pour tous. . 1881
- Ratification. . . . 1893 à 1898
- Ratification tacite 1896
- Refus de ratifier 1898
- Séparation de biens . . . 1874
- Subdivision 1889
- Suspension de partage . 1871, 1888
- Usufruitier 1877

- Vente 1896
Partage supplémentaire :
- Accessoire d'immeubles . 1868
- Omission 1866, 1867
- Partage d'ascendant . . . 1865
- Partage partiel. 1864
- Partage de succession . . 1866
- Preuve d'omission 1867
- Révision 1866
Partage transactionnel :
- Abandonnement 1903
- Acte. 1907
- Appel 1909
- Attribution 1906
- Avant partage 1901
- Avis de jurisconsultes . . 1907
- Biens héréditaires 1901
- Capacité 1900
- Conseil de famille 1907
- Contestation sur le droit. 1905
- Contestation sur le partage 1904

- Droits héréditaires. . . . 1901
- Effet déclaratif. 1903
- Femme séparée 1900
- Formalités 1907
- Homologation 1907
- Inobservation des formalités 1908
- Interdits 1906, 1907
- Légataire universel. . . . 1903
- Mineurs. 1906, 1907
- Nullité 1908
- Paraphernaux 1900
- Par partage 1902
- Principe 1899
- Séparation de biens . . . 1900
- Signification 1909
- Successibilité. 1901
- Texte législatif. 1899
- Titre onereux 1903
- Transaction pure. 1901

1816. — Définition. — Le partage (ou la liquidation) est amiable quand il se fait d'après le consentement libre des parties, sans recourir à aucune formalité de justice.

1817. — Capacité. — La loi n'exige pas, pour le partage amiable, la même capacité que pour l'aliénation. Mais pourtant elle veut certaine condition de capacité ; car le partage n'est pas seulement déclaratif, il est aussi, sous quelques rapports, translatif de propriété (Marcadé, *817, 1* ; Dutruc, XIV, 243; Aubry et Rau, § 621 *bis*-13).

1818. — Définitif. — Provisionnel. — Quand les opérations de liquidation ou de partage ont lieu à l'amiable entre les parties toutes présentes et capables, elles sont définitives. Elles ne sont que provisionnelles si, parmi les copartageants il y a des absents, des mineurs, des interdits ou autres incapables, *infra* n° 1880).

CHAPITRE PREMIER

DES CAS OU LE PARTAGE PEUT ETRE AMIABLE

1819. — Majeurs. — Le partage peut être fait à l'amiable quand les copartageants sont majeurs, jouissent de leurs droits civils, sont présents ou dûment représentés (*C. civ., 819, Pr. 985*), et qu'il n'y a pas de désaccord entre eux, *infra* n° 1926.

1820. — Contestations. — Les contestations, quand elles ont seulement pour objet les droits héréditaires ou les biens à faire entrer dans la masse, ne font pas obstacle au partage amiable, *infra* n° 1927.

1821. — Bénéfice d'inventaire. — La circonstance que l'un ou plusieurs des héritiers ou autres successeurs, ou même tous, ont accepté sous bénéfice d'inventaire, n'oblige pas au partage judiciaire, et, par conséquent, ne fait pas obstacle au partage amiable, lorsque tous les copartageants sont majeurs et capables. En effet, le partage ne porte aucune atteinte aux droits des créanciers ; d'ailleurs aucune disposition de la loi n'ordonne qu'il ait lieu en justice; et celles qui, pour la vente d'immeubles, imposent à l'héritier bénéficiaire certaines formalités réglées par les art. 987 et suiv. du Code de Procédure, ne sont pas applicables au partage (Belost-Jolimont, *806*, obs. 1; Aubry et Rau, § 618-33 ; Rennes, 19 déc. 1835 ; S. 37, II, 176 ; Cass., 26 juillet 1837 ;

S. 37, I, 755; Paris, 9 déc. 1864; S. 65, II, 42; Seine, 24 juill. 1867; J. N. 19121; Seine, 21 mars 1882; Defrénois, *Rép. N.*, 590. Voir cep. Demolombe, XV, 264).

1822. — Conseil judiciaire. — Celui qui est pourvu d'un conseil judiciaire peut procéder à un partage amiable. Mais il doit être assisté de son conseil puisque, ainsi que nous l'avons dit *supra* n° 1817, le partage peut être considéré dans certains rapports comme translatif de propriété (Marcadé, *817*; Duranton, VII, 107; Demante, III, 144; Dutruc, 24 et 272; Demolombe, XV, 562; Roll. de Vill., *Partage*, 79 et *Part. judiciaire*, 5; Hureaux, III, 348; Dalloz, *Succession*, 1662; Contra Vazeille, *817*, 3; Rouen, 19 avril 1847; S. 47, II, 363; Douai, 30 juin 1855; Dalloz, 56, II, 56).

1823. — Régime dotal. — La femme majeure, mariée sous le régime dotal, a capacité pour consentir, avec l'autorisation de son mari, au partage amiable de biens qui entrent dans sa dot, le partage ne constituant pas une aliénation dans le sens de l'art. 1554 (Marcadé, *818*, 3; Duranton, VII, 127; Demolombe, XV, 606; Demante, III, 146 *bis*; Hureaux, III, 348; Troplong, *Contr. de mar.*, 3112; Massé et Vergé, § 658-9; Mourlon, III, p. 119; Dalloz, *Contr. de mar.*, 3171; Roll. de Vill., *Part. judiciaire*, 4; Aubry et Rau, § 537-16; Bordeaux, 11 fév. 1836; S. 36, II, 323; Pau, 26 mars 1836; S. 36, II, 431; Rouen, 4 déc. 1838; S. 39, II, 191; Rouen, 23 juin, 1843; S. 43, II, 486; Caen, 9 mars 1839; S. 39, II, 351; Bordeaux, 21 juin 1844; Cass., 29 janv. 1838 et 17 déc. 1849; S. 38, I, 751; 50, I, 202; Grenoble, 18 janv. 1849; S. 35, II, 395; Bordeaux, 29 avril 1856; S. 57, II, 54; Cass., 31 janv. 1859; S. 60, I, 351. Contra Tessier, *Dot*, 171; Bioche, *Partage*, 55; Dutruc, 26; Rodière et Pont, 1857; Seriziat, *Régime dotal*, 241; Voir aussi Limoges, 9 mars 1843; S. 44, II, 64).

1824. — Régime dotal. — Compromis. — Mais la femme dotale ne peut compromettre au sujet des contestations qui peuvent s'élever au cours du partage de biens indivis; alors que sa part dans ces biens entre dans sa dot, une capacité plus grande étant exigée pour le compromis que pour le partage; en effet, l'art. 83 § 6 du Code de Procédure exige la communication au ministère public des causes des femmes mariées lorsqu'il s'agit de leurs dots; et, suivant l'art. 1004 du même Code, il n'est pas permis de compromettre sur les contestations sujettes à communication au ministère public (Dutruc, 26; Chauveau sur Carré, quest., 3264 *bis*; Rodière et Pont, 1858; Cass., 18 mai 1841, 17 déc. 1849, 22 août 1865; S. 41, I, 545; 50, I, 202; 65, I, 398; Toulouse, 1ᵉʳ juin 1871; S. 71, II, 201. Contra Bordeaux, 11 fév. 1836; 3 déc. 1840; S. 36, II, 323; 41, I, 317).

1825. — Mari de femme dotale. — La femme mineure qui se marie sous le régime dotal, peut avec la seule assistance des personnes dont le consentement est nécessaire pour la validité du mariage, conférer à son mari, par leur contrat de mariage, les pouvoirs suffisants pour procéder au partage amiable et définitif d'une succession à laquelle elle est appelée pour partie (Rodière et Pont, I, 39; Cass., 12 janv. 1847; S. 47, I, 241; Grenoble, 18 janv. 1849; S. 52, II, 395. Contra Bordeaux, 25 janv. et 1ᵉʳ fév. 1826).

1826. — Mari et femme copartageants. — Lorsque la femme a pour copartageant son mari, elle est suffisamment autorisée par le fait seul que les deux époux comparaissent à l'acte, et l'autorisation de justice n'est pas nécessaire. En effet, la femme est investie par la loi des mêmes droits civils que l'homme; l'autorisation, qui dérive de l'autorité maritale, résulte suffisamment du concours du mari à l'acte; il s'en suit que lorsque la femme traite avec son mari lui-même, le principe constitutif de la nécessité de l'autorisation maritale est respecté, et la justice n'a point à intervenir dans les conventions qui peuvent légalement se former entre eux (Bordeaux, 29 avril 1856; S. 57, II, 55).

1827. — Femme autorisée de justice. — La femme mariée, autorisée en justice, à défaut de l'autorisation du mari présumé absent, a capacité pour concourir à un partage amiable, cette autorisation ayant pour effet de l'habiliter de la même manière que si elle était autorisée de son mari; alors surtout que, étant séparée de biens d'avec son mari, ce dernier n'a aucun droit à réclamer sur les revenus (Demolombe, XV, 605; Dutruc, 22; Paris, 8 juill. 1869; Defrénois, *Rép. N.*, 3091-10). Mais si la succession échue à la femme tombe en partie dans la communauté et que le mari ne concourt pas au partage pour cause d'absence, d'interdiction ou autre, il ne peut être procédé au partage qu'en justice (Bioche, *Partage*, 10 ; Paris, 12 octobre 1836; S. 37, II, 91).

1828. — Femme séparée de biens. — Paraphernalité. — La femme séparée de biens ou mariée sous le régime dotal, s'il s'agit de ses meubles paraphernaux, a capacité pour procéder seule, par conséquent sans le concours ni l'autorisation de son mari, au partage amiable de successions purement mobilières à elle échues, puisque la femme, en vertu des art. 1536 et 1549 du Code civil, a, dans ces deux cas, la jouissance et la disposition de ses biens meubles (Marcadé, *818*, 1; Chabot, *817*, 9; Toullier, IV, 408; Duranton, VII, 128; Troplong, *Contr. de mar.*, 1421; Roll. de Vill., *Partage*, 90. CONTRA Demante, III, 146 *bis*; Dutruc, *Partage*, 31 et *Sép. de biens*, 340; Demolombe, XV, 586).
— Si le partage est judiciaire, voir *infra* n° 1980.

1829. — Failli. — Le failli peut, avec l'assistance de son syndic, procéder à un partage amiable. En effet le failli ne saurait être assimilé à un mineur ou à un interdit, car si, de plein droit, il est dessaisi de l'administration de ses biens, il conserve sous tous les autres rapports la plénitude de ses capacités ; il ne peut non plus être assimilé au non-présent, puisque le syndic, auquel la loi commerciale confie l'exercice de toutes les actions qui peuvent lui appartenir, est à la fois, au cas dont il s'agit, dans un intérêt commun le représentant du failli et de la masse de ses créanciers (Seine, 15 janv. 1868; Journ. des Not., art. 19121. CONTRA Mollot, *Liquid. judic.*, 46).
A plus forte raison, le failli a capacité pour concourir à un partage amiable quand les fonctions du syndic de sa faillite ont pris fin, *infra* n° 1988.

1830. — Contumace. — Le condamné par contumace n'étant pas en état d'interdiction légale, les actes de partage passés de bonne foi entre lui et des tiers ne peuvent être attaqués par le fisc, lorsqu'aucun séquestre n'a été apposé sur ses biens (Cass., 15 mai 1820).

1831. — Créancier opposant. — La présence d'un créancier opposant n'oblige pas non plus à un partage judiciaire, il suffit qu'il soit appelé au partage *supra* n° 1712.

1832. — Etranger. — Quand une personne de nationalité étrangère se trouve au nombre des copartageants, cette circonstance ne fait pas obstacle au partage amiable, si, d'après la loi de son pays, cette personne est capable de procéder amiablement à un partage (Chauveau sur Carré, *Quest.*, 2507, 13°; Bioche, 58 ; Dutruc, 32).

CHAPITRE DEUXIÈME

DES FORMES DU PARTAGE AMIABLE

1833. — Authentique. — Le partage amiable peut être fait dans la forme et par tels actes que les parties intéressées jugent convenables (*C. civ.*, 819); par conséquent par acte devant notaire ou par acte sous-seing privé.
— L'acte notarié est préférable, en ce qu'il n'est pas exposé à être égaré, et que l'on peut toujours y avoir recours dans le cas où une expédition se trouve perdue. Puis, dans cette forme, la justification du droit de propriété est légalement établie en cas de transmission d'immeuble ou d'hypothèque. Enfin, si l'hérédité comprend des créances privilégiées et hypothécaires ou des rentes sur l'Etat, actions de société et autres valeurs nominatives, il faut représenter des extraits du partage comme

justification du droit, soit au conservateur des hypothèques, soit aux compagnies, indépendamment des énonciations à faire dans les certificats de propriété à l'égard des rentes sur l'Etat.

1854. — Sous-seing privé. — S'il a lieu dans la forme sous-seing privé, il doit être fait en autant d'originaux qu'il y a de parties ayant un intérêt distinct (Rennes, 2 juill. 1821). — Un seul original suffit pour toutes les personnes ayant le même intérêt (*C. civ., 1325*); par exemple, s'il s'agit d'un partage fait par souche, soit parce que des héritiers viennent par représentation de leur auteur, soit parce que la succession se divise entre les lignes paternelle et maternelle, un seul original suffit pour toutes les parties dont chaque souche est formée, en raison de ce que l'intérêt est commun; il en serait autrement, si la subdivision avait lieu par le même acte entre les membres de cette souche. — Par le même motif, si le partage d'une communauté a lieu entre l'époux survivant et les héritiers prédécédés, sans subdivision entre eux, un seul original suffit pour ceux-ci; tandis qu'il faut autant d'originaux que de parties, si la subdivision entre eux se fait par le même acte.

1855. — Défaut d'originaux. — A défaut de faire autant d'originaux que de parties copartageantes, le partage serait nul. Mais cette nullité pourrait être couverte par la ratification résultant de ce que le partage a été exécuté pendant plusieurs années (Agen, 13 août 1823, joint à Cass., 13 janv. 1825; S. *Coll. nouv.*, t. 8, I, 14).

1856. — Sous-seing privé imparfait. — Quand le partage fait sous-seing privé est demeuré imparfait faute d'avoir été signé par toutes les parties, il ne peut être considéré que comme un projet de partage incomplet et sans force; dès lors, il est nul et, par suite, ne peut être opposé à une demande en partage, même à l'égard de ceux qui l'ont signé (Toullier, VIII, 348; Bruxelles, 20 mai 1807; Cass., 6 juill. 1836; S. 36, I, 876; Rouen, 9 nov. 1861; S. 62, II, 165).

1857. — Exécution. — Il en serait autrement si la nullité se trouvait couverte par le fait que le partage a été exécuté en connaissance de cause par la partie qui ne l'a pas signée, alors surtout que plus de dix années se sont écoulées depuis sa consommation (Rennes, 2 juillet 1821. Voir aussi Cass. et Rouen précités).

1858. — Verbal. — En principe, le partage doit être fait par un acte, autrement dit par un écrit. Néanmoins l'écriture n'est pas de l'essence absolue du partage; s'il a été fait verbalement, son existence peut être prouvée, comme celle des conventions ordinaires, par tous les genres de preuve que la loi détermine, notamment par l'aveu ou le serment des parties, ou bien, s'il y a un commencement de preuve par écrit, soit par la preuve testimoniale, soit par des présomptions graves, précises et concordantes. En effet, de droit commun, les conventions se forment légalement par le seul consentement des parties entre lesquelles elles interviennent, et, à l'exception de certains contrats qu'à raison de leur importance la loi, par des dispositions expresses et spéciales, soumet à des formes solennelles, l'écriture n'est exigée que pour la preuve, et non pour la validité de la convention; l'exception au droit commun ne se présume pas, et elle ne peut résulter que d'un texte clair et formel que, en ce qui concerne le partage, on ne rencontre nulle part. Vainement on prétendrait faire sortir une exception de cette nature de l'art. 816; le mot *acte* que cet article emploie n'est point par lui-même assez significatif, pour que l'on doive nécessairement en induire que dans la pensée de la loi, l'écriture est de l'essence du partage; il résulte du rapprochement de diverses dispositions du Code, qu'employé seul et sans addition du mot *écrit*, il n'exprime le plus souvent que la convention et non l'instrument destiné à le constater; la vérité de cette interprétation restreinte devient plus évidente encore, lorsqu'on voit l'art. 816, dans sa disposition finale, placer la prescription sur la même ligne que l'acte dont il a parlé d'abord, et en faire, comme de l'acte, une fin de non recevoir contre la demande en partage. D'ailleurs le législateur en introduisant le mot *acte* dans l'art. 816, n'a manifestement voulu que trancher dans le sens de la nécessité d'une convention pour opérer et parfaire le partage, la controverse qui, sous l'ancien droit, s'était élevée sur la validité du partage de fait résultant uniquement d'une jouissance divise sans convention préalable; alors il n'était contesté par personne que la convention de partage pût avoir lieu verbalement, sauf à en faire la preuve par les voies ordinaires, et il n'est pas admissible que le Code, se montrant plus exigeant que ceux dont il consacrait l'opinion, ait entendu ajouter à la nécessité d'une convention la nécessité d'un acte écrit la constatant (Dalloz, *Succession*, 1621; Duvergier sur Toullier, IV, 407; Demante, III, 140 *bis*; Dutruc, 20; Demolombe, XV, 521; Mourlon, II, p. 152; Hureaux, III, 347, 368; Aubry et Rau, § 623-9; Bourges, 19 avril 1839; S. 39, II, 422; Montpellier, 16 août 1842; S. 43, II, 148; Cass., 27 avril 1836, 21 janvier 1842, 12 juin 1844; S. 36, I, 946; 42, I, 745; 44, I, 574; Bordeaux, 20 nov. 1852; S. 53, II, 56; Grenoble, 1ᵉʳ déc. 1859; S. 60, II, 257; Agen, 25 janv. 1859; S. 59, II, 93; Lyon, 1ᵉʳ juin 1859; S. 60, II, 257; Bordeaux, 19 mars 1860; S. 60, II, 320; Metz, 20 mars 1861; S. 61, II, 259; Colmar, 5 juill. 1865; S. 66, II, 56; Cass., 21 janv. 1867; S. 67, I, 53; Lyon, 12 mars 1868; Cass., 2 janv. 1872; Paris, 23 mars 1878; S. 72, I, 129; 78, II, 256. V. Chambéry, 9 fév. 1870; S. 70, II, 123. CONTRA Marcadé, *816*, 1; Merlin, *Partage*, § 1, n° 2; Toullier, IV, 407; Duranton, VII, 96 *bis*; Bioche, *Partage*, 51; Chabot et Belost-Jolimont, *816*, 1; Massé et Vergé, § 390-10; Roll. de Vill., *Partage*, 157; Bourges, 3 mars 1823; Bastia, 29 nov. 1830, 9 janv. 1833, 2 fév. 1857; S. 31, II, 134; 33, II, 471; 57, II, 129; Colmar, 24 janv. 1832; S. 32, II, 657; Toulouse, 30 août 1837; S. 38, II, 384; Orléans, 16 juill. 1842; S. 42, II, 452; Cass., 6 juill. 1836; S. 36, I, 876; Riom, 10 mai 1855, 4 juill. 1857; S. 56, II, 1; 58, II, 103; Grenoble, 1ᵉʳ déc. 1859; S. 60, II, 257; Poitiers, 27 janv. 1864; S. 64, II, 169).

1859. — Preuve de partage. — D'ailleurs en admettant que le partage d'une succession doive nécessairement être constaté par un acte écrit, la preuve écrite du partage peut résulter de la réunion et de la combinaison de divers actes démontrant qu'il n'y a pas eu entre les héritiers simple convention verbale de partage (Cass., 20 fév. 1860; S. 60, I, 458).

1840. — Acte adiré. — Lorsque, sans représenter l'acte de partage, l'une des parties allègue qu'il a été fait par un écrit qui s'est trouvé adiré ou détruit et que son allégation est appuyée d'un commencement de preuves par écrit et de présomption graves, précises et concordantes, les juges peuvent, d'après la preuve testimoniale et les présomptions, reconnaître et déclarer la consistance des lots qui ont été attribués à chacun des copartageants; à plus forte raison il en est ainsi quand l'existence du partage est avouée par toutes les parties (Demolombe, XV, 522; Dutruc, 228; Bonnier, *Preuves*, 113; Cass., 20 janv. 1841; S. 41, I, 577).

1841. — Tiers. — La preuve de l'existence d'un partage peut être faite non seulement par les cohéritiers, dans le but de repousser une demande en partage formée par un ou plusieurs de leurs cohéritiers, ou par les créanciers de ceux-ci, comme exerçant leurs droits; — mais aussi par des tiers acquéreurs de l'un des héritiers, actionnés en délaissement des biens par eux acquis, afin d'établir que ces biens ont été attribués à leur vendeur.

CHAPITRE TROISIÈME

DES MODALITÉS DU PARTAGE AMIABLE

1842. — Hypothèses diverses. — Les copartageants, quand ils procèdent à l'amiable à la division des biens indivis entre eux, ont la faculté d'adopter tels arrangements, modalités et conditions qu'il leur plaît. Ainsi ils peuvent soit faire de suite le partage de l'intégralité des biens; — soit séparer les opérations en faisant deux partages à une même époque ou à des époques différentes, l'un comprenant les biens meubles et l'autre ayant pour objet les biens immeubles; — soit ne faire porter le partage que sur une partie déterminée des biens et faire ensuite un partage complémentaire; — soit faire un partage qui ne porte que sur la jouissance, en demeurant dans l'indivision pour la nue propriété; — soit faire un partage transactionnel, ou même joindre au partage un compte de tutelle. Nous allons examiner chacune de ces hypothèses.

SECTION I.
DU PARTAGE DE L'INTÉGRALITÉ DES BIENS.

1843. — Modes divers. — Les copropriétaires, quand ils sont tous majeurs et capables, peuvent mettre fin à l'indivision existant entre eux, soit par une division des biens dans la mesure de leurs droits respectifs, autrement dit par un partage; soit par un acte de licitation, cession, vente, échange, transaction, donation, etc., (Demolombe, XV, 614). Il ne s'agit, sous cette section, que de la division par un partage.

1844. — Droits égaux. — Quand les droits des parties sont égaux et qu'il n'y a ni rapports à faire ni prélèvements à effectuer, il y a lieu seulement, après la comparution des parties ou de leurs fondés de pouvoirs et l'indication de leurs qualités, d'établir la masse des biens qui en font l'objet, d'après leur valeur fixée d'un commun accord ou sans déterminer cette valeur; — d'attribuer à chacun des copartageants des biens déterminés pour les remplir de leurs quote-parts, par des abandonnements convenus d'accord, ou par un tirage au sort si des lots ont été formés; — de fixer la jouissance divise à telle époque qu'il leur plaît; — puis enfin de stipuler les conditions du partage.

1845 — Droits inégaux. — Mais lorsque le partage est fait entre des personnes dont les droits sont inégaux, comme s'il a lieu entre des héritiers et des légataires; ou si les héritiers sont préciputaires, ou, encore, quand des rapports sont à effectuer, des prélèvements à opérer, des libéralités à réduire, des comptes d'administration à rendre; ou enfin s'il a été procédé à la vente du mobilier, à la licitation des immeubles, il est utile de faire précéder les opérations d'un exposé afin d'en faciliter l'intelligence.

1846. — Renvoi. — Il ne sera pas question ici du partage comprenant un exposé préliminaire. Nous renvoyons à ce sujet à ce qui est dit *infra* n°⁸ 2174 et suiv., en ce qui concerne l'état liquidatif à dresser par le notaire commis; la manière de procéder est la même, que le partage soit judiciaire ou qu'il soit amiable, sauf, dans ce dernier cas, qu'il se fait en une seule opération et qu'il est immédiatement définitif.

1847. — Qualités des parties. — Si les qualités des parties n'ont été établies par aucun acte antérieur, elles sont mentionnées dans le partage d'après les déclarations des parties. Cependant il est préférable qu'elles soient constatées au moins par un acte de notoriété, afin de justifier aux tiers que le partage a bien été opéré entre tous les cohéritiers. Les conservateurs des hypothèques, ni les compagnies de chemins de fer ou autres n'admettraient pas un partage, sans la justification des qualités héréditaires. En ce qui concerne les énonciations relatives aux copartageants sur leurs qualités personnelles, voir *infra* n° 2167.

1848. — Masse. — Les cohéritiers ont toute liberté afin de s'entendre pour ne faire qu'une seule masse de deux ou un plus grand nombre de successions indivises entre eux, et en faire le partage par une seule et même opération. Dans ce cas, le créancier de l'un des copartageants ayant hypothèque sur la portion indivise de son débiteur dans les immeubles de l'une des successions, ne peut attaquer le partage, même quand le lot de son débiteur serait composé uniquement de biens provenus de l'autre succession; à moins qu'il ne prouve que ce mode de partage a été imaginé dans le but de faire fraude à ses droits (Demolombe, XV, 616; Cass., 12 janv. 1836; S. 36, I, 201; Rouen, 17 janvier 1849; S. 50, II, 23).

1849. — Lots. — Les copartageants peuvent ou faire des lots et les tirer au sort ou se les distribuer à l'amiable, ou encore se faire les uns aux autres tels abandonnements qu'ils jugent convenables. Si des lots ont été formés, voir pour leur composition et le tirage au sort, *infra* n°s 2310 et suiv.

1850. — Division des biens. — Le partage fait à l'amiable ne peut être critiqué par les copartageants sous le prétexte qu'on n'a pas fait entrer dans chaque lot la même quantité de meubles, d'immeubles, de droits ou de créances de même nature ou valeur, *infra* n° 2310. Mais le partage est rescindable en cas de dol, violence, erreur, lésion, *infra* titre septième.

1851. — Clauses et conditions. — Quand le partage est amiable, les parties peuvent stipuler telles clauses et conditions qu'elles jugent à propos, pourvu qu'elles ne soient pas contraires à la loi ou aux bonnes mœurs; ni à la nature même du partage, comme, par exemple, la rescision pour cause de lésion. Voir en ce qui concerne les stipulations à ce sujet, *infra* n°s 2252 et suiv.

1852. — Condition résolutoire. — Les cohéritiers ayant la faculté de ne faire entre eux qu'une attribution provisoire à titre de partage provisionnel, *infra* n° 1871, peuvent à plus forte raison subordonner l'existence même du partage et, par là, les effets qu'il doit produire, à l'accomplissement des conditions qu'ils ont stipulés dans l'acte; par exemple, qu'il soit fait sous forme de division entre les cohéritiers ou de cession de droits successifs, ils peuvent stipuler la condition résolutoire à défaut de paiement par le débiteur de la soulte, ou du prix de cession des droits successifs, ou de licitation (Dutruc, 48; Hureaux, IV, 267; Demolombe, XV, 613; Aubry et Rau, § 625-20; Cass., 6 janv. 1846; S. 46, I, 120; Bordeaux, 3 mars 1852; S. 52, II, 423; Nimes, 30 août 1853; S. 54, II, 368).

1853. — Destruction des biens. — Le partage, à l'égard des biens qu'il comprend, doit faire cesser l'indivision d'une manière complète et définitive; par conséquent, en cas de partage des biens susceptibles d'être détruits par les envahissements de la mer ou par une autre cause prévue, si l'on stipule à titre de garantie des lots que la destruction totale ou partielle donnera lieu à de nouveaux lots égaux des objets qui continueront d'exister, cette clause a pour effet de rendre incertaine et conditionnelle la propriété des biens, de rétablir l'indivision, si le cas prévu arrive; dès lors, en supposant que le partage soit valable, ce qui est contesté par un auteur (Demolombe, XV, 614), la convention ne peut produire son effet que pendant cinq ans, à titre de stipulation d'indivision dans les termes de l'art. 815 du Code civil (Caen, 24 janv. 1857; Pal. 58, 1063; voir cep. Caen, 19 janvier 1865; S. 65, II, 193). — Il nous semble préférable, en pareil cas, de convenir, comme conséquence de l'obligation de garantie, que le copartageant qui aura subi la perte devra être indemnisé par ses copartageants.

1854. — Servitudes. — Les copartageants peuvent constituer entre eux pour leurs convenances respectives et pour le mode de jouissance des biens, telles servitudes et telles conventions qu'il leur plaît; voir à ce sujet *infra* n° 2331 et suiv.

1855. — Biens en commun. — Les copartageants peuvent laisser entre eux tels biens en commun qu'ils jugent à propos, soit parce que leur division n'est pas actuellement possible, soit parce qu'ils sont impartageables ou ne conviennent à aucun des copartageants et que, pour ces raisons, ils doivent être vendus, soit parce qu'il s'agit de créances d'un recouvrement difficile ou de droits litigieux. D'habitude, on désigne l'un des copartageants pour les gérer et administrer, et on lui confère les pouvoirs nécessaires, *infra* n°s 2269 et suiv.

1856. — Remise de titres et pièces. — Les copartageants peuvent convenir de la remise des titres de propriété des biens partagés, soit dans les termes de l'art. 842 du Code civil, *infra* n°s 2273 et suiv., soit de telle manière et sous telles conditions qu'ils jugent à propos.

SECTION II.

DU PARTAGE PARTIEL.

1857. — Faculté. — Quand le partage est judiciaire, il doit, à moins que le tribunal ne l'ait autrement accordé dans le cas où certains objets ne sont pas actuellement partageables, *infra* n° 2048, comprendre l'intégralité des biens provenant de l'hérédité, puisque son but est de faire sortir entièrement les parties d'indivision. — Mais lorsque le partage est amiable, les parties d'accord entre elles peuvent convenir de ne faire un partage définitif qu'à l'égard de certains biens. Un partage ainsi fait doit être considéré comme définitif à l'égard des biens qu'il comprend (Demolombe, XV, 615; Duvergier sur Toullier, IV, 412; Dutruc, 47; Cass., 9 déc. 1878; J. N. 22155).

1858. — Meubles ou immeubles. — Le partage peut ne comprendre que les meubles et laisser dans l'indivision les immeubles, pour être ensuite partagés ou licités; ou, au contraire, il peut ne comprendre que les immeubles et laisser dans l'indivision les meubles pour être ensuite, soit divisés entre les cohéritiers, soit réalisés ou recouvrés conjointement par les héritiers et le prix ou le montant en être touché par eux dans la proportion de leurs droits.

1859. — Biens déterminés. — Le partage partiel peut aussi avoir pour objet certains biens déterminés, faisant partie de ceux qui dépendent de l'hérédité; par exemple, en présence d'une succession mobilière, le mobilier de maison et les rentes sur l'Etat et actions et obligations de société, en demeurant dans l'indivision à l'égard d'autres valeurs ou créances pour être soit partagées ensuite, soit réalisées et recouvrées en commun.

1860. — Stipulations. — Les copartageants, en faisant entre eux le partage partiel, soit des biens meubles, soit des biens immeubles, soit de certains biens déterminés, ont la latitude de faire telles stipulations qu'il leur convient, en ce qui concerne les biens partagés comme en ce qui touche les biens restant dans l'indivision.

1861. — Suspension de partage. — A l'égard des biens qui sont demeurés dans l'indivision, si le partage devait, pour une cause quelconque, en être reporté à une époque ultérieure, il pourrait être utile, par une stipulation de l'acte, d'en suspendre le partage pendant un certain temps, *supra* n°s 750 et suiv.

1862. — Abandonnement à titre de partage. — Il peut convenir à des cohéritiers, tout en demeurant dans l'indivi-

sion pour la plupart des biens dont la succession se compose, d'attribuer à l'un d'eux un ou plusieurs biens de la succession pour le remplir d'autant de ses droits héréditaires; par exemple, s'il se trouve dans la succession une maison dans laquelle est exploité un commerce, d'attribuer cette maison et l'établissement de commerce à celui des cohéritiers qui doit succéder à son auteur dans l'exploitation du commerce; — ou s'il en dépend une ferme qu'il convient d'attribuer au cohéritier qui doit en continuer la culture. Une telle attribution, quoique l'indivision subsiste à l'égard des autres biens, n'est par sa propre nature qu'un allotissement, un partage, puisqu'elle fait cesser l'indivision entre tous les cohéritiers, en ce qui concerne le bien qui en est l'objet (Demolombe, XVII, 285; Massé et Vergé, § 390-8; Dutruc, 468; Championnière et Rigaud, III, 2738; Bordeaux, 6 août 1827; Cass., 12 juillet 1870; 9 déc. 1878; J. N. 20032, 22155; t. Chartres, 22 déc. 1876; R. P. 4569).

1863. — Abandonnement. — Masse. — Il est nécessaire, pour arriver à l'abandonnement, d'établir la masse des biens meubles et immeubles composant l'hérédité, afin de faire ressortir que l'immeuble attribué n'est pas supérieur à la part et portion de l'abandonnataire dans les biens formant la masse de la succession, de manière que, lors de la formalité de l'enregistrement, il ne soit pas réclamé de droit de soulte (Cass., 12 juill. 1870; T. Chartres, 22 déc. 1876 précités). — Il faut aussi spécifier la valeur de l'objet abandonné pour qu'elle soit imputée lors du partage définitif sur les droits de l'abandonnataire. Enfin il y a lieu de déterminer le revenu de l'immeuble abandonné, de manière que chacun des cohéritiers prélève annuellement une somme pareille sur les revenus des biens demeurés dans l'indivision.

SECTION III.

DU PARTAGE SUPPLÉMENTAIRE.

1864. — Partage partiel. — Quand un partage a eu pour objet une partie seulement des biens de l'hérédité et que l'on partage ensuite les biens restés dans l'indivision, ce nouveau partage supplée à ce qui n'a pas été fait dans le premier partage, et par conséquent, constitue un supplément de partage.

1865. — Partage d'ascendants. — Si un ascendant, en faisant le partage anticipé de ses biens entre ses enfants, n'y a pas compris la totalité de ses biens, ceux dont il est propriétaire à l'époque de son décès doivent être partagés conformément à la loi (*C. civ.*, *1077*). Il s'agit là aussi d'un supplément de partage.

1866. — Partage de succession. — Omission. — Si dans un partage de succession, on a omis d'y faire figurer un ou plusieurs objets, cette omission ne donne pas ouverture à l'action en rescision, non plus qu'à l'action en révision de partage (Douai, 7 juin 1848; S. 49, II, 362); — mais seulement à un supplément de partage (*C. civ.*, *887*).

1867. — Preuve de l'omission. — Une demande en partage supplémentaire n'est recevable qu'autant qu'elle a pour objet des choses certaines et déterminées qu'on justifierait avoir été omises dans le partage, et non lorsqu'elle est uniquement fondée sur l'allégation que l'un des copartageants détiendrait plus que sa part héréditaire (Cass., 21 mars 1854; S. 55, I, 38).

1868. — Accessoire d'immeuble. — Il y a lieu à un supplément de partage à raison d'une chose accessoire à un immeuble entré dans le partage, bien qu'on puisse la considérer comme immeuble par destination; par exemple, une statue ornant une chapelle et placée dans une niche disposée pour la recevoir, si elle est réputée n'avoir pas été comprise dans le partage (Cass., 22 mars 1843; S. 43, I, 279).

SECTION IV.

DU PARTAGE PROVISIONNEL.

1869. — Définition. — Le partage provisionnel est celui qui, en attendant un partage définitif, a pour seul objet la jouissance des biens, de manière que chacun des copartageants fasse siens, pendant sa durée, les fruits des objets entrés dans son lot (Duranton, VII, 174; Aubry et Rau, § 623-11; Cass., 13 fév. 1813).

1870. — Division. — Nous avons à examiner : en quel cas le partage est provisionnel; — quels sont ses effets; — et du droit qui appartient aux cohéritiers de réclamer un partage définitif.

§ 1. — *Des cas où il y a lieu à un partage provisionnel.*

1871. — Majeurs. — Si les héritiers, tous majeurs et capables, font entre eux un partage en déclarant qu'il ne porte que sur la jouissance, par conséquent, est simplement provisionnel, cette convention est valable. En effet, il peut y avoir intérêt pour eux à rester dans l'indivision pendant un certain temps; par exemple, en prévision de l'établissement d'une route, d'un chemin de fer, d'un canal, etc., susceptibles de procurer une plus-value à l'un des immeubles, ou encore, parce qu'on veut attendre pour procéder à un partage définitif, la liquidation d'une exploitation commerciale. Une telle convention, toutefois, ne peut durer que pendant cinq ans à titre de suspension de partage dans les termes de l'art. 825, § 2 du Code civil (Roll. de Vill., *Part. provis.*, 2).

1872. — Mari. — Est simplement provisionnel le partage fait par le mari, sans le concours de sa femme, de biens propres à celle-ci, mais dont il a la jouissance soit comme chef de la communauté, soit comme administrateur en cas de non communauté ou de soumission au régime dotal (*C. civ.*, *818*). Mais ce droit ne lui appartient plus s'il s'agit de biens échus à sa femme séparée de biens ou paraphernale, puisque aux termes des articles 1534 et 1576, il n'en a pas la jouissance (Chabot, *818*, 5).

1873. — Femme. — Nue-propriété. — Réciproquement, la femme pourrait sans le concours de son mari, mais avec son autorisation, procéder à un partage ayant seulement pour objet la nue-propriété, et qui laisserait la jouissance indivise (Marcadé, *818*, 1).

1874. — Femme séparée ou paraphernale. — Est provisionnel le partage immobilier fait, sans l'autorisation de son mari, par la femme séparée de biens ou par la femme mariée sous le régime dotal, quant à ses paraphernaux. — Si le partage est simplement mobilier, nous avons vu, *supra* n° 1828, que la femme peut y procéder quand il est amiable sans avoir besoin d'autorisation.

1875. — Mineur. — Interdit. — De même, le partage, fait au nom d'un mineur, émancipé ou non, d'un interdit ou d'un autre incapable, sans l'accomplissement des formalités judiciaires prescrites par la loi est un partage provisionnel (*C. civ.*, 466, 840).

1876. — Absence. — Les héritiers présomptifs d'un absent, qui ont été envoyés en possession provisoire de ses biens, s'ils veulent en jouir séparément, doivent faire entre eux un partage provisionnel. Ce n'est qu'après l'envoi en possession définitif qu'ils peuvent faire le partage de la pleine propriété.

1877. — Usufruitier. — Le partage fait avec l'usufruitier d'une quotité des biens de la succession, afin qu'il ait la jouissance séparée de cette quotité, est un simple partage provisionnel à l'égard des cohéritiers. — Si un tiers a l'usufruit de la part et portion de l'un des cohéritiers dans les biens dépendant de l'hérédité, le partage fait avec lui, en dehors du nu-propriétaire, est simplement provisionnel (Proudhon, *Usuf.*, 1245).

1878. — Formalités de justice. — Quand un notaire, commis en justice pour procéder au partage d'une hérédité dans laquelle sont intéressés des mineurs ou autres incapables, a rédigé son travail et que, par le procès-verbal de communication, toutes les parties l'approuvent et renoncent aux formalités d'homologations, le partage est simplement provisionnel à l'égard des mineurs ou autres incapables.

1879. — Présumé absent. — Notaire commis. — Le notaire commis dans les termes de l'art. 113 du Code civil pour représenter un présumé absent, n'ayant pas l'administration des biens de l'absent, n'a pas capacité pour consentir en son nom un partage provisionnel; il lui serait nécessaire pour cela d'obtenir une autorisation spéciale du tribunal (Duranton, VII, 178; Demante, III, 170 *bis* 1°; Demolombe, XV, 587).

§ 2. — *Des effets du partage provisionnel et du droit de requérir un partage définitif.*

1880. — Effets divers. — Le partage peut être provisionnel à l'égard de toutes les parties, ou l'être seulement à l'égard de la femme, du mineur, de l'interdit ou autre incapable.

1881. — Provisionnel pour tous. — Le partage est provisionnel à l'égard de toutes les parties, lorsqu'il résulte des stipulations de l'acte ou des circonstances du fait, dont l'appréciation appartient aux tribunaux, que les parties ont entendu qu'il ait seulement pour objet la jouissance des biens. Dans ce cas, chacun des copartageants, ou ceux qui sont à ses droits, peuvent ensuite provoquer un partage définitif, sans avoir besoin de demander la nullité du partage provisionnel.

1882. — A l'égard des mineurs et incapables. — Lorsque le partage a été fait entre des majeurs et un mineur émancipé même assisté de son curateur, ou avec le représentant légal d'un mineur non émancipé ou d'un interdit, ou entre héritiers quand l'un d'eux est absent, sans l'observation des formalités prescrites par la loi, et que l'intention des parties ne ressort ni de l'acte, ni des circonstances du fait, on doit considérer que le partage a eu pour objet de faire cesser l'indivision; de sorte qu'il n'est provisionnel qu'à l'égard des mineurs, interdits ou autres incapables (*C. civ.*, 466, 840). Quant aux majeurs, ils ne peuvent invoquer ces articles et le partage est définitif en ce qui les concerne, même lorsqu'ils sont devenus héritiers des mineurs, ou interdits et quoique ceux-ci l'eussent pu; la garantie dont les copartageants sont respectivement tenus mettant obstacle à une telle action (Marcadé, 466, Chabot et Belost-Jolimont, 840, 7; Poujol, 840, 3; Taulier, III, p. 295; Demolombe, XV, 692; Massé et Vergé, § 221-42; Aubry et Rau, § 623-6; Hureaux, III, 392; Chauveau sur Carré, *Quest.*, 2507, 16; Dutruc, 270; Bioche, *Partage*, 66; Roll. de Vill., *Part. prov.*, 23; Boitard, *Proc.*, II, 1157; Lyon, 4 avril 1810; Colmar, 28 nov. 1816; Agen, 12 nov. 1823; Bordeaux, 16 mai 1834; S. 35, II, 192; Montpellier, 16 août 1842; S. 43, II, 148; Orléans, 24 juillet 1858; Cass., 30 août 1815, 24 juill. 1835, 13 fév. 1860; S. 36, I, 238; 60, I, 785; Lyon, 12 mars 1868; Cass., 15 juill. 1868; S. 68, II, 276 et I, 428. Voir cep. Duranton, VII, 179; Vazeille, 840,

6; Toulouse, 7 avril 1834; S. 34, II, 341; Cass., 24 juin 1839, 9 mars 1846; S. 39, I, 615; 46, I, 451; Chambéry, 9 fév. 1870; Cass., 12 janvier 1875; S. 70, II, 123; 75, I, 117. Voir Laurent, X, 284).

1883. — Porte fort. — Il en est de même, à plus forte raison, s'il résulte des circonstances, dont l'appréciation appartient aux tribunaux, que les parties ont entendu faire un partage définitif : par exemple, si, dans la pensée des parties, leur volonté était de faire un partage définitif, ou, si le représentant de l'incapable s'est porté fort pour lui avec promesse de ratification, ou le mari pour sa femme, aussi avec promesse de ratification.

1884. — Intention exprimée. — La question n'est plus douteuse, quand, dans l'acte, les copartageants majeurs et mineurs ont manifesté l'intention de faire un partage définitif et non pas simplement provisionnel; dans ce cas, les mineurs seuls peuvent demander un nouveau partage (Demolombe, XV, 690; Roll. de Vill., *Part. prov.*, 25; Cass., 24 juin 1839, 9 mars 1846 précités). — Il est nécessaire, pour éviter la controverse, que l'acte indique d'une manière précise les intentions des parties à ce sujet, et la durée des effets du partage.

1885. — Possession précaire. — Quand le partage est provisionnel à l'égard de toutes les parties, la possession est purement précaire entre les mains des copartageants; par suite, le droit de former la demande en partage est imprescriptible, même par le laps de trente années, le partage provisionnel formant un obstacle à la prescription, en tant du moins que le titre et la cause de la possession n'ont pas été intervertis (Chabot, *815*, 4; Duranton, VII, 49, 76; Demolombe, XV, 517, 542; Hureaux, III, 276; Aubry et Rau, § 623-12; Roll. de Vill., *Part. prov.*, 49; Cass., 15 fév. 1813, 5 juin 1839; S. 39, I, 468; Poitiers, 27 janv. 1864; S. 64, II, 169. Voir cep. Cass., 2 août 1841; *supra* n° 777).

1886. — Exécution. — Aliénation. — Décidé, à ce sujet, que lorsqu'un partage provisionnel a été exécuté comme partage définitif pendant un temps très-long (25 ans) et que, durant ce temps, plusieurs des copartageants ont aliéné les biens entrés dans leurs lots, à la connaissance des autres qui n'ont pas réclamé, il doit être considéré comme définitif, alors surtout que la forme provisionnelle résultait simplement de ce que les copartageants s'étaient réservé de procéder à une estimation plus exacte et de rétablir, s'il y avait lieu, l'égalité par des indemnités; il a été jugé qu'il suffisait, en pareil cas, d'examiner la valeur de chaque lot et d'accorder des indemnités supplémentaires à ceux qui y avaient droit (Lyon, 10 août 1838).

1887. — Fruits. — Les copartageants perçoivent à leur profit, les fruits des biens entrés dans leurs lots, pendant toute la durée du partage provisionnel, sans être tenus à aucune restitution, ni à aucun rapport, peu importe que l'un ou plusieurs d'eux aient joui d'une partie de biens plus considérable que celle à laquelle ils avaient réellement droit, si d'ailleurs ils ont joui de bonne foi (Demolombe, XV, 588, 590; Roll. de Vill., *Part. prov.*, 19, 29; Hureaux, III, 275; Nimes, 2 août 1827).

1888. — Suspension de partage. — Le partage simplement provisionnel, étant plutôt dans l'intérêt de l'incapable que des majeurs, il sera toujours conforme à cet intérêt de lier ces derniers en leur faisant consentir la suspension temporaire du partage définitif, *supra* n° 751.

1889. — Subdivision. — Quand le partage provisionnel, à l'égard d'un mineur seulement, a eu pour résultat l'attribution d'un lot à une branche d'héritiers au nombre desquels figure le mineur, les cohéritiers, appartenant à la même branche que le mineur, ne seraient pas recevables à former contre lui l'action en partage des immeubles indivis entrés dans leur lot, en raison de ce que le partage n'étant que provisionnel ne peut être invoqué contre lui (Cass., 4 déc. 1837; S. 38, I, 348).

1890. — Absence. — L'absence d'un héritier n'empêche pas ceux de ses cohéritiers qui sont présents de faire un partage provisionnel de la succession (Cass., 14 juin 1813). A défaut d'une manifestation contraire, le partage fait à l'amiable, bien que l'un des héritiers soit absent n'est provisionnel qu'à l'égard de celui-ci, sans que les héritiers qui y ont concouru soient recevables à exciper de la nullité résultant de l'inobservation des formalités de justice; l'absent seul peut provoquer un nouveau partage (Bordeaux, 16 mai 1834; S. 35, II, 192).

1891. — Nouveau partage. — Quand le partage n'est provisionnel qu'à l'égard des incapables, il est considéré comme ayant porté sur la propriété même des biens; par suite, il est définitif pour ce qui concerne les majeurs, en ce sens qu'ils ne peuvent le critiquer en dehors des cas de rescision prévus par la loi, ni demander un nouveau partage. Mais, en ce qui concerne la femme et les incapables, il ne produit que les effets d'un partage provisionnel, en sorte qu'ils peuvent toujours provoquer le partage définitif, même sans demander la nullité du partage provisionnel (Marcadé, art. 466; Chabot, art. 840; Toullier, IV, 307; Duranton, VII, 176; Vazeille, 840, 3; Poujol, 840, 4; Demolombe, XV, 693; Roll. de Vill., Part. prov., 21; Hureaux, III, 293; Aubry et Rau, § 623-20; Nancy, 11 déc. 1837; S. 38, II, 137; CONTRA Demante, III, 17 bis; Taulier, III, p. 295).

1892. — Avant la majorité. — Le partage provisionnel n'étant en aucune manière opposable aux mineurs, si ce n'est pendant le temps de la suspension du partage, supra n° 751, le partage, en dehors de ce cas, peut être provoqué en leurs noms avant qu'ils aient atteint leur âge de majorité (Roll. de Vill., Part. prov., 22).

1893. — Créanciers. — Les créanciers du mineur, comme exerçant ses droits en vertu de l'art. 1166, peuvent former une action tendant à faire cesser les effets d'un partage provisionnel de succession, et à faire opérer un partage définitif (Douai, 26 déc. 1853, 24 mai 1854; S. 54, II, 433, 680); — et une fois cette action intentée, elle ne saurait être arrêtée par une ratification ultérieure du partage consentie par le mineur devenu majeur (Douai, 26 déc. 1853 précité).

1894. — Expropriation forcée. — Lorsque le partage n'est provisionnel qu'à l'égard des incapables, par exemple, quand il a été fait à l'amiable quoiqu'il y ait des mineurs, les créanciers personnels des cohéritiers peuvent poursuivre l'expropriation forcée des immeubles échus à leurs débiteurs, sans être astreints à provoquer un nouveau partage; à plus forte raison, il en est ainsi à l'égard des créanciers des héritiers majeurs (Colmar, 13 juin 1831; S. 31, II, 312).

1895. — Ratification. — Si la femme ou les incapables devenus capables ratifient le partage, soit expressément, soit par l'exécution volontaire pendant plus de dix années (art. 1304 C. civ.; Belost-Jolimont, 840, obs. 3; Dutruc, 236; Aubry et Rau, § 623-22; Demolombe, XV, 692; Cass., 18 déc. 1837, 4 mai 1858; S. 38, I, 345; 58, I, 673), il devient définitif à leur égard, et, en dehors des cas de rescision, ils ne peuvent plus l'attaquer. Il en est de même si trente ans se sont écoulés, en ce qui concerne la femme, du jour de la dissolution du mariage (Vazeille, 818, 8; Toullier, IV, 408; Roll. de Vill., Part. prov., 94); — et, à l'égard de l'incapable, du jour où il est devenu capable. Dans ce cas, le partage devient définitif par l'effet de la prescription (Chabot, 840, 5; Toullier, IV, 407; Duranton, VII, 176, 177; Dutruc, 236; Aubry et Rau, § 623-21).

1896. — Ratification tacite. — Forme une ratification tacite du partage dans lequel on s'est porté fort pour lui, le fait par un mineur, dont l'appréciation appartient aux tribunaux : 1° de se constituer en dot avec l'assistance prescrite, les biens qui lui ont été attribués par ce partage; une telle clause étant comprise parmi les conventions matrimoniales (Cass., 23 fév. 1869; S. 69, I, 193);

2° De vendre en majorité les biens compris dans son lot (Paris, 19 nov. 1810);

3° De conférer le mandat à l'effet : d'administrer les immeubles à lui attribués par le partage, alors que le partage est expressément mentionné dans la procuration, et de répartir les revenus des immeubles partagés dans les termes des attributions (Cass., 4 avril 1876; S. 76, I, 214).

1897. — Ratification. — Effet rétroactif. — La ratification, expressément consentie par le mineur devenu majeur, rétroagit au jour du partage. En conséquence, c'est du jour du partage et non pas de l'acte de ratification que court le délai pour l'inscription du privilège de copartageant (Cass., 10 nov. 1862; S. 63, I, 129)

1898. — Refus de ratification.

— Si, sur l'interpellation des majeurs, les incapables, après qu'ils ont recouvré leur capacité, refusent d'approuver le partage, les majeurs recouvrent, dans ce cas, le droit de demander un partage définitif (Demolombe, XV, 692; Aubry et Rau, § 623-19; Limoges, 27 janv. 1824).

SECTION V.

DU PARTAGE TRANSACTIONNEL.

1899. — Texte de loi. — L'art. 888, en disposant que l'action en rescision est admise contre tout acte qui a pour objet de faire cesser l'indivision entre cohéritiers, encore qu'il fut qualifié *transaction*, a admis en principe le partage transactionnel.

1900. — Capacité. — Le droit de faire un partage transactionnel appartient à ceux qui ont la capacité de disposer des objets qui y sont compris (*C. civ.*, 2045), par conséquent à ceux qui ont le droit de concourir à un partage amiable, *supra* nos 1819 et suiv. — La femme séparée de biens ou dont les biens sont paraphernaux ayant la disposition de ses biens meubles peut, sans autorisation, faire le partage transactionnel d'une succession purement mobilière, de même qu'elle peut concourir seule au partage amiable d'une même succession. Quant aux mineurs et interdits, voir *infra* n° 1906.

1901. — Avant partage. — Quand les difficultés soulevées entre les cohéritiers avaient pour objet soit leurs droits héréditaires, soit les qualités de successibles ou de légataires ou donataires, donnant le droit d'y concourir, soit les biens à y comprendre, soit des questions de rapport, de préciput, de réduction ou de validité de dispositions entre-vifs ou testamentaires, et ont été tranchées par une transaction avant partage, dans le but d'en faciliter les opérations, elle constitue une transaction proprement dite, et non pas un partage transactionnel (Toulouse, 22 mars 1808; 11 juill. 1828; Nimes, 30 juin 1819; Amiens, 10 mars 1821; Cass., 3 déc. 1833, 20 fév. 1839; S. 34, I, 31; 39, I, 503; Paris, 7 juin 1851; S. 51, II, 639).

1902. — Par partage. — Il ne s'agit ici que de la transaction faite à l'occasion du partage lui-même, qu'elle ait pour objet, soit le mode de division des biens, soit l'une des contestations dont il est parlé au numéro précédent. Nous allons examiner quelques cas de partages transactionnels.

1903. — Légataire universel et héritiers. — Quand la succession est dévolue pour le tout à un légataire universel, et que, dans le but d'éviter avec les héritiers du sang un procès en nullité du testament, ou de mettre fin à une action en nullité formée par ceux-ci, le légataire universel consent à réduire son legs à une quote-part et, par suite, à partager avec les héritiers du sang les biens dépendant de l'hérédité; ou leur fait l'abandon de biens déterminés ou d'une somme fixe; une telle convention constitue en droit civil un partage transactionnel produisant un effet déclaratif et non pas un effet translatif. En voici les motifs : les biens dont se compose la succession étaient litigieux, entre, d'une part, le légataire universel comme prétendant que la succession lui était dévolue pour le tout, et, d'autre part, les héritiers du sang qui en attaquant le testament avaient aussi la prétention d'appréhender l'intégralité de l'hérédité; ils se considéraient donc respectivement comme maîtres de la chose, de sorte qu'il y avait incertitude, doute, sur le droit à la propriété des biens formant l'hérédité; et la transaction, en divisant ces biens entre le légataire universel et les héritiers du sang, a rempli chacun d'eux d'une partie de ses prétentions, par conséquent a produit l'effet d'un partage (Merlin, *Partage*, § 11, n° 5; Troplong, *Transaction*, nos 7 à 10; Massé et Vergé, § 767-2). — Toutefois, en droit fiscal, nous verrons plus loin que la jurisprudence y voit plutôt une cession à titre onéreux par le légataire universel, seul saisi de l'hérédité, aux héritiers du sang, puisque, en un tel cas, les héritiers du sang tiennent la portion de biens qui leur est abandonnée, non de la volonté du testateur lui-même, mais de la volonté de son légataire universel.

1904. — Contestation sur le partage. — La règle de l'effet déclaratif ne fait doute, ni en droit civil, ni er droit fiscal, quand les cohéritiers d'accord sur leurs droits respectifs dans la succession, sont en contestation, soit pour faire ordonner le partage contre ceux qui ne veulent pas y procéder à l'amiable ou entendent le faire ajourner, soit sur la possibilité du partage ou la nécessité d'une licitation, soit sur l'estimation des biens et la composition des lots, soit sur le mode de procéder au partage et la manière de le finir. En de tels cas, la transaction qui intervient entre les copartageants afin de sortir d'indivision est réellement un partage (Marcadé, *888*, 3; Demolombe, XVII, 440).

1905. — Contestation sur le fonds du droit. — Si les parties transigent par le partage lui-même, au moyen des attributions qu'il renferme, non pas sur des contestations relatives au mode d'y procéder, mais sur des contestations ayant trait aux droits des parties, par exemple, sur les quotités héréditaires ou sur des questions de capacité ou de réduction, ou de validité de disposition, l'effet déclaratif est également attaché au partage.

1906. — Mineurs. — Lorsqu'il se trouve parmi les cohéritiers des mineurs ou interdits le partage de l'hérédité doit avoir lieu en justice, *infra* n° 1917; mais, indépendamment de ce que les formalités de justice sont longues et dispendieuses, le tirage au sort des lots est prescrit dans les partages judiciaires; et l'on peut avoir à craindre qu'il entre dans le lot du mineur, un objet qui ne soit nullement à sa convenance; pour obvier à cela, on convient quelquefois de ne faire qu'un partage provisionnel ou l'on fait un partage définitif sans recourir aux formalités de justice, en faisant représenter le mineur par son tuteur ou autre personne qui se porte fort pour lui, avec promesse de rapporter sa ratification quand il sera devenu majeur. Aucun de ces moyens, toutefois, ne saurait assurer aux copartageants majeurs la propriété de leurs lots, de sorte qu'ils ne peuvent ni les transmettre, ni s'en servir pour obtenir soit un crédit, soit un prêt. En raison de cela, on a pensé qu'il y avait lieu d'employer un troisième moyen, consistant à faire le partage à l'amiable, sous forme de transaction, avec l'accomplissement des formes prescrites par l'art. 467 du Code civil; et ce moyen a été généralement adopté par la doctrine et la jurisprudence. Voici les motifs sur lesquels on s'appuie : le partage transactionnel par attribution de lots, quand il y a des mineurs ou interdits, est, permis par l'art. 467; en effet, cet article, qui suit immédiatement l'art. 466 relatif aux partages dans lesquels des mineurs sont intéressés, loin d'exclure les partages transactionnels du cercle de ses dispositions, est conçu dans les termes les plus généraux, et les comprend évidemment; d'ailleurs les garanties imposées par la loi, en cas de minorité de l'un des intéressés, pour parvenir à une transaction, sont non moins sérieuses que celles édictées communément pour assurer l'égalité des partages, et sont suffisantes par elles-mêmes; enfin, dans certains cas, le mineur verrait ses intérêts les plus graves et les plus dignes de respect sacrifiés impitoyablement si la voie transactionnelle lui était fermée (Chabot, *834*, 5; Marcadé, *831*, 2; Poujol, *835*, 3; Vazeille, *834*, 2; Favard, *Partage*, sect. II, § 2, art. 2, n° 5; Dutruc, *Ibid.*, 454; Mollot, *Liquid. judic.*, 74; Toullier et Duvergier, IV, 428; Demante, III, 168 *bis*; Massé et Vergé, § 390-2; Aubry et Rau, § 623-1; Cass., 30 août 1815; Angers, 7 août 1874 et 29 août 1884; *Rép. N.*, 2368. V. cep. Demolombe, XV, 608; t. Loudun, 4 fév. 1882; Defrénois, *Rép., N.*, 814).

1907. — Mineurs. — Formalités. — Le partage transactionnel fait avec des mineurs, est, conformément à l'art. 467 du Code civil, soumis aux formalités ci-après :

1° Un acte notarié ou sous-seing privé, par lequel, après avoir mis en relief la difficulté qui rend nécessaire la transaction, on procède à titre de partage transactionnel à la division des biens, ou même si les biens sont impartageables en totalité ou par partie, à leur attribution totale ou partielle à l'une ou plusieurs des parties majeures, à la charge de soultes; le tout de la même manière que si le partage avait lieu entre parties majeures. Puis, avant de clore on explique que le partage est soumis à la condition de son homologation, faute de quoi il serait considéré comme non avenu;

2° Ce projet de partage est soumis au conseil de famille du mineur ou de l'interdit, afin d'obtenir son autorisation; s'il refusait de l'autoriser, il ne pourrait être donné suite au projet de transaction (Paris, 4 fév. 1848, J. N. 13320);

3° Puis on doit obtenir l'avis de trois jurisconsultes désignés par le procureur de la République près le tribunal de première instance;

4° Enfin la transaction n'est valable qu'autant qu'elle a été homologuée par le tribunal de première instance après avoir entendu le procureur de la République. — Si le rapport du juge a été omis (*C. proc.*, 885), le partage transactionnel n'est pas moins définitif, aucun texte de loi ne prescrivant le rapport à peine de nullité (Alger, 17 mars 1874; S. 75, II, page 52).

1908. — **Inobservation des formalités.** — Si les formalités prescrites par l'art. 467 n'ont pas été entièrement observées, le partage transactionnel est nul; il en est ainsi, par exemple, quand il a été homologué par le tribunal, sans que la transaction ait été autorisée par le conseil de famille ni soumis à l'avis de trois jurisconsultes. Cette nullité peut être invoquée par le mineur devenu majeur (Cass. 17 fév. 1875; S. 75, I, 253).

1909. — **Signification. — Appel.** — Le jugement homologatif du partage transactionnel, intéressant un mineur, est un véritable jugement. En outre les intérêts sur lesquels il statue peuvent être d'une grande importance; en raison de cela, il doit être signifié à toutes les parties en cause, et au subrogé tuteur du mineur, afin de faire courir les délais d'appel (Agen, 18 déc. 1856; S. 57, II, 305; Alger, 5 mai 1873; S. 73, II, 299); et, après les délais d'appel, il est utile de lever un certificat de non opposition ni appel, afin d'établir qu'il est passé en force de chose jugée.

SECTION VI.

DU PARTAGE AVEC COMPTE DE TUTELLE

1910. — **Mineur et tuteur. — Traité.** — Aux termes de l'art. 472 du Code civil, tout traité qui intervient entre le tuteur et le mineur devenu majeur est nul, s'il n'a été précédé de la reddition d'un compte détaillé et de la remise des pièces justificatives dix jours au moins avant le traité.

1911. — **Partage entre eux.** — La prohibition de l'art. 472 ne s'applique-t-elle qu'aux traités ayant pour objet direct ou indirect l'administration tutélaire, ou si elle doit être étendue aux partages de communauté ou de succession? Décidé qu'on doit l'étendre aux partages alors qu'il s'agit de liquider, entre le conjoint survivant et son enfant ayant été sous sa tutelle, une communauté ou une succession ouvertes pendant la tutelle et que l'ex-tuteur a eu l'administration des biens indivis, quelque courte qu'ait été cette administration. En effet, le partage ayant pour but et pour résultat de déterminer les situations respectives du conjoint survivant et de l'enfant, par l'établissement de la consistance, soit des valeurs communes, soit des valeurs de la succession, dont le tuteur a eu l'administration, constitue un traité sur les éléments mêmes du compte de tutelle et tombe sous l'application de l'art. 472 du Code civil. A plus forte raison il doit en être ainsi quand le partage renferme un compte qui, d'après cet article, doit précéder de dix jours l'acte de partage (Paris, 8 mars 1867; S. 67, II, 185; voir aussi Cass., 7 fév. 1859; S. 59, I, 304. Contra Bruxelles, 29 janvier 1818; Caen, 10 mars 1857; S. 58, II, 413).

1912. — **Reddition de compte.** — Il est donc nécessaire quand le compte de tutelle est rendu par le même acte que la liquidation et le partage de la communauté ou de la succession, de le faire précéder d'un compte détaillé remis à l'ex-mineur, avec les pièces à l'appui, au moins dix jours à l'avance. Mais dans quelle forme procéder?

1913. — **Opération divisée.** — Suivant le formulaire d'Edouard Clerc et ainsi que cela se pratique dans quelques études de Paris : le notaire, commis amiablement par les parties, fait un acte liquidatif des communauté et succession, en ayant soin de s'arrêter à la fixation des droits des copartageants et sans qu'il soit question dans cet état des abandonnements et des conditions accessoires du partage. Cet état liquidatif est remis en communication avec l'inventaire, les cotes d'inventaire, et toutes les autres pièces justificatives, à l'oyant compte qui signe le récépissé d'usage, en expliquant que son compte de tutelle comprend seulement ses droits dans la succession à liquider. Dix jours après il vient déclarer qu'il a pris communication de toutes les pièces et qu'il approuve le travail du notaire liquidateur et la fixation par lui faite des droits des parties. On peut, par le même acte, le délai de dix jours étant expiré, terminer le partage en stipulant les attributions et les conventions accessoires, et ainsi mettre à jour, en même temps, et la liquidation et le compte de tutelle.

1914. — Opération unique. — Ce mode de procéder a l'inconvénient de diviser les opérations sans une utilité appréciable. En effet, les parties sont d'accord pour faire le partage ou elles ne le sont pas : dans le premier cas, pourquoi une opération scindée et non pas un partage d'ensemble ; dans le second cas, il vaut mieux ne rien faire. D'ailleurs, à quoi sert-il de diviser l'opération, la fixation des droits des parties n'étant pas suffisante par elle seule pour déterminer le *quantum* des droits dans les revenus ; en outre si, après les délais, il n'est donné aucune suite au projet de partage, on se trouvera en présence d'un travail incomplet qu'il sera difficile d'apprécier. — Voici la méthode que nous proposons en pareil cas : On fait comparaître l'ex-tuteur et les ex-mineurs ; on explique qu'il est nécessaire avant de dresser le compte de tutelle, de déterminer les droits des ex-mineurs dans la succession au moyen d'un partage ; un exposé préliminaire précède, s'il y a lieu, les opérations ; et, avant d'établir la masse, les parties expriment leur volonté de procéder immédiatement au partage d'une manière complète, de manière à se l'approprier, si bon leur semble, après les délais légaux, sans avoir besoin de le compléter ni d'y rien changer. On procède donc de la même manière que si les parties pouvaient faire valablement un partage définitif, mais en stipulant qu'il n'a, quant à présent, que la valeur d'un projet, et demeure soumis à la condition suspensive qu'il sera réitéré par les parties après les dix jours qui suivront le récépissé ; cette liquidation est suivie du compte de tutelle et du récépissé. Puis, après l'expiration du délai de dix jours, les parties, par l'acte d'approbation de compte de tutelle, réitèrent le partage et les attributions qui, à ce moyen, deviennent définitifs. Cette méthode offre l'avantage de réunir, par un seul et même acte, tout ce qui concerne le partage, ce qui simplifie grandement l'opération et la rend claire et compréhensible. En supposant qu'un désaccord survenu pendant les délais, soit un obstacle à la réitération du partage, l'acte conservera son effet de simple projet, mais un projet d'ensemble bien préférable à un projet tronqué.

TITRE CINQUIÈME

DU PARTAGE JUDICIAIRE

DIVISION

CHAPITRE PREMIER. — Des cas où le partage doit être judiciaire (N°s 1917 à 1936).

CHAP. II. — De ceux par qui et contre qui le partage peut être demandé.
   Sect. 1. — *De ceux qui peuvent demander le partage* (N°s 1937 à 1989).
   Sect. 2. — *De ceux contre qui le partage peut être demandé* (N°s 1990 à 2026).

CHAP. III. — Des formes du partage judiciaire.
   Sect. 1. — *Du tribunal compétent* (N°s 2027 à 2046)
   Sect. 2. — *De l'introduction de la demande* (N°s 2047 à 2066).
   Sect. 3. — *De l'intervention des créanciers* (N°s 2067 à 2076).
   Sect. 4. — *Du jugement* (N°s 2077 à 2125).
   Sect. 5. — *De l'expertise* (N°s 2126 à 2135).
   Sect. 6. — *De la licitation* (N°s 2136 à 2138)

Sect. 7. — *De la comparution devant le notaire* (Nos 2139 à 2150).
Sect. 8. — *De l'état liquidatif* (Nos 2151 à 2287).
Sect. 9. — *Du procès-verbal de lecture et d'approbation* (Nos 2288 à 2304).
Sect. 10. — *De la formation de lots* (Nos 2305 à 2346).
Sect. 11. — *Du procès-verbal de difficultés sur la composition des lots* (Nos 2347 à 2353).
Sect. 12. — *De l'homologation* (Nos 2354 à 2386).
Sect. 13. — *Du tirage au sort des lots* (Nos 2387 à 2401).
CHAP. IV. — Des effets du partage judiciaire (Nos 2402 à 2407).

SOMMAIRE ALPHABÉTIQUE

Abandon des voies judiciaires :
— Accord 1932, 2291
— Approbation 2290
— Cessation d'incapacité . . 1932
— Créanciers . . 1934, 2291, 2292
— Incapables 2293
— Licitation 1933, 2292
— Mineurs 2293
— Modifications 2290
— Partage provisionnel . . . 2293
Absence . . 1921, 1959 à 1963, 2000 à 2003
Acquéreur 1951, 2069, 2074
Acquiescement 2142
Adjudicataire 1931
Administrateur légal . . . 1969, 2014
Administrateur légal ad hoc . . 2015
Administrateur provisoire 1973, 2054, 2109, 2375
Affaire sommaire 2066
Ajournement 2051, 2351
Algérie 2046
Aliéné 1918, 1973
Ameublissement 1982
Appel . . . . . 2034, 2112 à 2117, 2378
Appréciation erronée 2404
Approbation 2290, 2300
Arbitrage 2294
Arrondissements différents . . . 2039
Assignation 2051
Attribution :
— Abandonnement 2234
— Affectation au passif . . . 2249
— Communauté 2245
— Confusion 2241
— Constructions 2319
— Contiguïté 2318
— Copartageant débiteur . . 2240
— Créances à terme 2238
— Créanciers opposants . . 2248
— Dettes 2321
— Division des biens 2236
— Donation 2320
— Fruits . . . . 2245 à 2247
— Immatricule . . . 2281 à 2285
— Incapables 2243
— Interdits 2243
— Jouissance légale 2246
— Lots 2318 à 2322, 2382, 2394 à 2396
— Mari 2245
— Meubles 2322
— Mineurs 2243, 2244

— Mode 2236
— Objets mobiliers 2237
— Passif 2249
— Père et pupille 2244
— Possession 2239
— Pouvoirs 2250
— Privilège 2242
— Prix de licitation 2242
— Propositions 2235
— Rapport en deniers 2241
— Rente sur l'Etat 2248
— Soulte 2250
— Tableau 2251
— Usufruitier . 2247, 2282 à 2284
— Valeurs 2239
— Vente 2318
Autorisation au tuteur . 1965 à 1967
Autorisation maritale . . 1974, 2018
Autorisation de justice . . 1975, 1977, 2019
Avoués 2065, 2111, 2143
Avant cause 1957
Bénéfice d'inventaire 1989
Biens communaux 2042, 2043
Caution 1960
Cassation 2119, 2120
Certificat de non appel 2384
Cessation des poursuites 2062
Cession de droits successifs 1947 1948, 1955, 2068
Cessionnaire 1947, 1996, 2069
Chose jugée :
— Acquiescement 2127
— Bases de l'inventaire . . . 2125
— Détournement 2122
— Erreur 2121
— Fruits 2121
— Homologation 2382
— Legs 2124
— Prescription 2123
— Redressement 2406
— Remplacement du notaire 2105
Cohéritiers 1990
Cohéritier vendeur 1949
Commandement 1952
Communauté 1981, 2018, 2027
Commune . . . 1924, 1987, 2026, 2045
Communication 2064
Compétence . . . . 2027 à 2046
Conciliation 2049, 2050
Conjoint administrateur . 1959, 2000
Conseil de famille . . . . . 1965 à 1971
Conseil judiciaire 1972, 2017

Conseil de préfecture 2042
Consignation 2120
Consommé 2376
Contestations 1927, 2108
Contredit 2303
Contumace 2024
Conventions 2300
Copropriétaires 1990
Créanciers . 1950 à 1958, 1997, 1998, 2067 à 2076, 2291, 2292, 2303
Curateur . . . 1971, 1976, 1977, 2003, 2017
Curateur au ventre 2025
Défense 2065
Définitif 2375, 2402
Définition 1915
Demande en partage :
— Administrateur 2054
— Ajournement 2051
— Conciliation 2049, 2050
— Demandeurs . . . 1937 et suiv.
— Défendeurs . . . 1990 et suiv.
— Exploit 2052
— Instance liée 2060
— Licitation 2053
— Ministère public 2064
— Partage partiel 2048
— Partage total 2047
— Plusieurs successions . . . 2047
— Priorité 2055
— Question d'état 2061
— Requête 2051
— Visa . . . . 2035 à 2059
Dernier ressort 2113
Désaccord 1926
Détenteur 1996
Deux successions 2028
Difficultés 1927
Donateur 1940, 2031
Droits successifs . . . 1929, 1947, 1948
Eglise 2026
Emphytéose . . . . 1946 bis
Enfant conçu 1986, 2025
Enfant naturel 1942, 1994
Entière succession 1953
Envoi en possession 1959, 2000
Erreur 2404, 2406
Etablissement public 1924, 1987, 1991, 2026
Etat 1924, 2046
Etat liquidatif :
— Affectation au passif . . . 2249
— Annexe 2298

PARTAGE JUDICIAIRE. 301

- Appréciation 2160
- Approbation 2290
- Balance 2213, 2224
- Biens en commun 2269 à 2272
- Bordereau à crédit 2205
- Brevet 2287
- Communauté 2245
- Communication 2288
- Comptables de l'État . . . 2172
- Compte d'administration 2209 à 2215
- Comptes présentés 2160
- Concours des parties . . . 2156
- Conditions . . . . 2252 et suiv.
- Confusion 2241, 2256
- Contestations 2302
- Contributions 2255
- Créances à terme 2238
- Créanciers opposants . . . 2248
- Déclarations d'inventaire 2201
- Délivrance de legs 2190
- Deniers comptants 2200
- Dépenses 2211
- Dépouillement d'inventaire 2192
- Dépouillement des papiers 2196
- Dettes 2232
- Difficultés graves 2162
- Division des biens 2236
- Division de la masse . . . 2229
- Documents 2149
- Donataires 2168
- Droits des parties. 2225 à 2228
- Effet déclaratif 2257
- Elément pour les masses. 2193
- Emploi 2267, 2268
- Epoux survivant . . 2181, 2182
- Examen 2288
- Exposé . . . . . 2174 et suiv.
- Faits généraux . . . 2179, 2180
- Femmes 2171, 2245
- Fonds 2212, 2214, 2218
- Fruits. 2212, 2214, 2218, 2245 à 2247
- Garantie 2258, 2259
- Généalogie 2173
- Héritiers 2168
- Homologation. (Voir ce mot.)
- Honoraires des avoués . . 2223
- Immatricule des valeurs 2281 à 2285
- Incapables 2243
- Indivision 2187, 2188
- Interdits 2243
- Inventaire . . . . 2192 à 2203
- Jouissance divise. 2117, 2253 à 2256
- Jouissance légale 2246
- Jugement 2206
- Justesse des calculs . . . 2228
- Légataires 2168
- Lettres missives 2275
- Licitation 2207
- Locations 2254
- Lots 2208, 2230, 2233
- Main-levée 2256
- Mari 2245
- Masse active 2220
- Masse passive 2222
- Méthode 2177
- Mineurs 2243, 2244

- Mobilier et immeubles . 2158, 2159
- Modifications 2161, 2373
- Notaire en second . 2152, 2153
- Notaire procédant seul . . 2150
- Objets mobiliers 2237
- Ordre chronologique . . . 2175
- Observations préliminaires 2176
- Origine de propriété . . . 2221
- Ouverture de succession. 2187
- Paiements 2199
- Paraphes 2298
- Parties 2167
- Passif à acquitter 2227
- Pièces à exiger 2150
- Plan du travail 2154
- Plan des opérations . . . 2216
- Point de droit 2163
- Portraits de famille . . . 2272
- Possession 2239
- Pouvoirs . . . 2250, 2270, 2285
- Préambule 2165
- Prélèvements 2231
- Prisée d'inventaire. 2194, 2195
- Privilège 2260, 2261
- Projet 2155, 2161, 2288
- Qualités 2169, 2170
- Quotité disponible 2219
- Rapport d'experts 2208
- Rapport à succession 2159, 2183 à 2185, 2241
- Recettes 2210
- Recouvrements 2198
- Redressement 2161
- Rédaction 2154
- Réductions de donations. 2186
- Références 2202
- Reliquat 2233
- Remplacement 2161
- Rentes sur l'État 2248
- Résumé 2203
- Revenus 2197
- Scellés 2191
- Second notaire . . . 2152, 2153
- Servitudes . . . . 2262 à 2266
- Signatures 2286, 2298
- Solutions 2178
- Subrogé tuteur 2167
- Succession mobilière . . . 2157
- Tableau des abandonnements 2251
- Testament 2189
- Titres au porteur 2283
- Titres nominatifs 2182
- Titres et papiers (voir ce mot).
- Transcription 2267
- Travail du notaire 2154 à 2159
- Tuteur 2167
- Usufruitier. 2247, 2282 à 2284
- Valeurs à primes, à lots . 2284
- Vente de meubles . 2204, 2205
- Etrangers . . 2031 à 2033, 2039
- Exécution 2116
- Expédition 2356
- Expertise :
  - Acquiescement 2127
  - Choix des experts . . . 2126
  - Dépôt du rapport . . . 2133
  - Entérinement . . . 2133 bis
  - Estimation . . 2132, 2134

- Formes 2132
- Frais 2135
- Généalogie 2130
- Lots 2134
- Mission des experts . . . 2129
- Non ordonnée 2107
- Plusieurs 2138
- Rapport 2132
- Recherches 2131
- Serment 2128, 2309
- Simple division 2134
- Valeur 2132
- Extraits 2401
- Faillite 1988, 2022, 2029
- Femme . . 1974 à 1985, 2018 à 2020, 2171, 2245
- Femme absente 2002
- Femme mineure 1976, 1977
- Fermier 1954
- Formation de lots (Voir lots).
- Grevé de restitution 1923
- Grosses 2374, 2403
- Hérédité 2027
- Héritiers présomptifs 1959
- Homologation :
  - Acquiescement 2381
  - Acte d'avoué à avoué . . 2358
  - Appel 2378, 2381
  - Assignation 2358
  - Audience publique . . . 2369
  - Autre notaire 2372
  - Avoués 2359
  - But 2355
  - Certificat de non opposition ni appel 2384
  - Chambre du conseil . . . 2370
  - Chose jugée 2382
  - Compte 2376
  - Conclusions 2360
  - Constitution d'avoué . . . 2359
  - Conversion 2365
  - Délai d'appel 2384
  - Délibération 1966
  - Demande incidente . . . 2367
  - Dépôt pour minute . . . 2385
  - Difficultés 2360
  - Distraction 2367
  - Emploi 2366
  - Epoque 2354
  - Etat rectificatif . . . 2373, 2374
  - Exécution 2380
  - Expédition 2356, 2357
  - Incidents 2361
  - Infirmation 2380
  - Jugement 2364
  - Justification aux tiers . . 2386
  - Lotissement 2376
  - Ministère public 2362
  - Modifications 2373, 2374
  - Motifs du jugement . . . 2368
  - Opposition 2377
  - Partage définitif 2375
  - Parties 2358
  - Poursuites 2355
  - Procès-verbal de rectification 2373
  - Rapport du juge 2361
  - Réclamations 2360
  - Rectification . . 2371, 2372
  - Requête 2376
  - Renvoi devant notaire . . 2363

DU PARTAGE DES SUCCESSIONS

— Signification 2383
— Subrogé-tuteur...... 2383
— Tuteur 2366
— Usufruit 2365
— Valeurs au porteur ... 2365
Hospice 1924, 1987, 2026
Hypothèque 1952
Incapables 1999
Incapacité 1964
Incident 2117
Indivision 1937, 1990
Indivisibilité de l'appel 2114
Infirmation 2116
Instance contradictoire ; ... 2377
Instance liée........... 2060
Institué contractuel...... 1940
Interdits 1918, 1920, 1935, 1965, 1989, 2005
Intérêt commun......... 2065
Intérêts opposés :
— Absents.......... 2001
— Administrateur légal 1970, 2015
— Cas où il y a lieu : 2009, 2013
— Frais 2007
— Interdit.......... 2006
— Mandataire........ 1962
— Même intérêt. ... 2010, 2065
— Mineurs .. 1968, 2006 à 2014
— Subrogé-tuteur. .. 2011, 2012
— Subrogé-tuteur ad hoc . 2012
— Tuteur 2008, 2011
Intervention des créanciers :
— Acquéreur 2069, 2074
— Cessionnaire 2068, 2069
— Détenteur......... 2069
— Des cohéritiers...... 2067
— Du défunt 2071
— Donataire......... 2070
— Frais 2076
— Inaction 2075
— Modalités......... 2072
— Nature des créances ... 2069
— Partage consommé. ... 2074
— Quotité disponible. ... 2070
— Requête 2072
— Tierce opposition. 2073
Jugement. .... 2077 et suiv.
Juge commissaire :
— Commission 2079
— Désignation........ 2180
— Difficultés 2348, 2349
— Empêchement...... 2104
— Expédition 2357
— Expert 2305, 2308
— Lots............ 2305
— Rapport.......... 2361
— Remplacement...... 2104
— Renvoi....... 2348 à 2351
— Tirage de lots 2389
Légataires 1939, 1991, 2037
Licitation :
— Appréciation 2137
— Immeubles impartageables 2136
— Jugement......... 2102
— Masse 2141
— Plusieurs expertises ... 2138
Lieux différents 2028
Lots :
— Accès à des bâtiments .. 2335
— Aqueduc 2340
— Arbres........... 2315

— Attribution. 2318, 2382, 2394 à 2396
— Autre expert........ 2352
— Bornage........... 2331
— Chemins.......... 2337
— Choix de l'expert..... 2305
— Clôtures.......... 2331
— Cohéritier......... 2305
— Constructions....... 2319
— Contestations....... 2348
— Convenances 2318
— Délivrance 2398, 2399
— Dépôt au greffe 2309
— Destination du père de famille 2343
— Dettes........ 2232, 2321
— Division d'immeubles .. 2308
— Division en deux parts. . 2329
— Donation 2320
— Droits inégaux .. 2323 à 2326
— Eaux 2339
— Enclave.......... 2338
— Femme dotale 2311
— Four 2344
— Frères et sœurs .. 2324, 2325
— Issues........... 2336
— Juge commissaire..... 2305
— Légataires 2326
— Legs en immeubles 2312
— Ligne de division 2331
— Lignes d'hérédité 2333
— Mare 2342, 2344
— Masse 2304
— Mention d'un droit.... 2346
— Meubles.......... 2322
— Mineurs 2349
— Mode de division..... 2310
— Nomination d'expert... 2306
— Nouvelle formation ... 2352
— Obligatoires 2318
— Opération préalable ... 2230
— Passage...... 2332 à 2338
— Père et mère ... 2324, 2325
— Prélèvements....... 2231
— Pressoir.......... 2344
— Prises d'eaux....... 2341
— Procès verbal de clôture. 2353
— Puits 2344
— Quotités différentes ... 2326
— Rapport d'expert..... 2309
— Réclamations....... 2347
— Rédaction du rapport... 2309
— Reliquat 2233
— Représentation...... 2328
— Requête 2307
— Serment 2326
— Servitudes..... 2331 à 2345
— Simple division...... 2134
— Sommes d'argent..... 2312
— Souches.......... 2328
— Soulte. (Voir ce mot.)
— Subdivision........ 2330
— Tirage au sort. (V. ce mot.)
— Tribunal 2306
— Usufruitier........ 2327
— Vente 2312, 2318
Majeur............. 1938
Mandataire 1962
Marais desséché....... 2044
Mari .... 1974 à 1985, 2018 à 2020
Mari interdit......... 1920, 1979

Mari mineur 1919, 1977, 1978
Même intérêt 2010
Militaire absent......... 2003
Mineur... 1917 à 1919, 1935, 1965 à 1970, 1989, 2005 à 2017
Mineur émancipé .. 1930, 1971, 2017
Ministère public......... 2064
Modifications 2290
Négligence 1950
Non communauté........ 2018
Non expertise 2107
Non présents 1922, 2004
Notaire commis :
— Absent 1921, 2000, 2101
— Aliéné 1973
— Ancienneté 2096
— Appel 2091
— Choix 2089
— Conjoint survivant. 2094, 2095
— Désaccord........ 2090
— Désignation....... 2092
— Deux notaires 2088
— Empêchement 2104
— Femme absente 2002
— Indication du défunt ... 2100
— Intérêt.......... 2098
— Inutilité......... 2083
— Jugement ultérieur .. 2086
— Licitation........ 2103
— Mandat.......... 2405
— Motifs........... 2082
— Notaires différents.... 2103
— Obligatoire 2081
— Ordonnance....... 2084
— Président de la chambre 2092
— Rapporteur....... 2404
— Refus de procéder ... 2105
— Règlement 2093
— Remplacement 2085, 2104, 2105
— Ressort.......... 2087
— Révocation 2106
— Sollicitation....... 2099
— Successeur....... 2097
— Tirage de lots 2390
Notaire en second 2300
Nu propriétaire 1993
Nue propriété.......... 1937
Omission 2404, 2407
Opposition 1998, 2112, 2377
Ouverture de succession ... 2027
Paraphernaux 1980, 2019
Partage antérieur 1957
Partage consommé 2376
Partage ordonné....... 2077, 2078
Partage partiel 1953, 2048
Partage provisionnel 1958, 1985, 2020, 2402
Partage transactionnel 1936
Pleine propriété......... 1937
Plusieurs successions 2047
Pourvoi en cassation 2119
Pouvoir au mari........ 1984
Préjudice 2404
Présence 1917
Présomption d'absence ... 1961
Prétentions 1927
Prix d'adjudication 1931
Procès verbal de clôture .. 2353
Procès verbal de difficultés :
— Ajournement...... 2351
— Dépôt........... 2350

- Greffe............ 2350
- Juge commissaire. 2348, 2349
- Mineurs.......... 2349
- Renvoi....... 2348, 2349
Procès verbal de lecture :
- Abandon des voies judiciaires..... 2290 à 2293
- Ajournement....... 2297
- Annexe de l'Etat...... 2298
- Approbation..... 2290, 2300
- Arbitrage.......... 2294
- Clôture.......... 2353
- Communication..... 2288
- Comparution...... 2288
- Contestations....... 2302
- Convention....... 2300
- Créanciers.. 2291, 2292, 2303
- Défaut......... 2296
- Dépôt au greffe..... 2301
- Dires.......... 2289
- Lots........... 2304
- Minute.......... 2301
- Modifications...... 2290
- Notaire en second.... 2300
- Rédaction........ 2289
- Second notaire..... 2300
- Signature........ 2299
- Sommation....... 2288
- Témoins instrumentaires. 2300
- Tirage de lots..... 2295
Procès verbal d'ouverture :
- Ajournement...... 2145
- Annexe......... 2148
- Aveu.......... 2147
- Avoués......... 2143
- But........... 2142
- Comparution...... 2140
- Déclarations...... 2147
- Défaut.......... 2144
- Demande........ 2146
- Documents....... 2149
- Foi............ 2147
- Intérêts......... 2146
- Licitation........ 2141
- Mandat......... 2143
- Partage général.... 2139
- Pièces à fournir..... 2150
- Requisition de procéder. 2145
- Sommation....... 2140
- Utilité.......... 2142
Procès verbal de rectification.. 2373
Procuration......... 1961
Prohibition......... 1925
Porte fort.......... 1937
Rapport à succession... 1927, 2048
Rectification....... 2078, 2373
Redressement....... 2406
Refus de partager...... 1926
Régime dotal.... 1983, 1984, 2018
Représentation....... 2010

Reprise d'instance........ 2063
Requête.......... 2051, 2072
Renonciation à succession... 2021
Responsabilité...... 2404, 2405
Retour légal........... 1941
Séparation..... 1980, 2019, 2035
Servitudes :
- Accès........ 2335, 2342
- Aqueduc........ 2340
- Arbres......... 2345
- Bornage........ 2331
- Chemins........ 2337
- Clôtures........ 2331
- Destin. du père de famille 2343
- Division........ 2331
- Eaux.......... 2339
- Enclave........ 2338
- Entrées........ 2336
- Etendue........ 2333
- Four.......... 2344
- Puits.......... 2344
- Issues.......... 2336
- Mare....... 2342, 2344
- Mention........ 2346
- Passages...... 2332 à 2338
- Pressoir........ 2344
- Preuve......... 2346
- Prises d'eaux....... 2341
- Pouvoirs du juge..... 2334
Signification........ 2110
Société............ 2027
Sommation...... 1952, 2004
Soulte de partage :
- Délai.......... 2314
- Dettes......... 2313
- Egalité des lots..... 2313
- Intérêts......... 2316
- Numéraire....... 2314
- Privilège........ 2317
- Rente......... 2315
- Revenus........ 2313
Subrogé tuteur 2011, 2012, 2016, 2383
Subrogé tuteur ad hoc...... 2012
Substitution....... 1923, 2023
Succession antérieure...... 1995
Succession mobilière.. 1928 à 1930, 1965, 1971, 2033
Succession testamentaire.... 2030
Suisse........... 2040
Superficiaire......... 1946 bis
Supplément de partage..... 2407
Syndic........... 1988, 2022
Taxe.............. 2066
Témoins instrumentaires..... 2300
Tiers détenteur........ 1996
Tierce opposition...... 2073, 2118
Tirage au sort de lots :
- Circonstances.... 2387, 2388
- Délivrance..... 2398, 2399
- Droit de l'exiger..... 2397

- Enfant naturel...... 2397
- Entérinement...... 2400
- Extraits......... 2401
- Juge commissaire.... 2389
- Légataire......... 2397
- Majeurs......... 2396
- Mode.......... 2391
- Notaire commis..... 2390
- Obligatoire..... 2393 à 2396
- Procès verbal de lecture. 2295
- Sans utilité....... 2395
- Signification....... 2388
- Sommation....... 2390
- Subdivision....... 2392
Titres et papiers (remise de) :
- Annexe ; ampliation... 2277
- Communication..... 2279
- Décharge........ 2280
- Dépôt à un notaire.... 2276
- Désignation....... 2278
- Division........ 2273
- Lettres missives..... 2275
- Par l'inventaire..... 2274
Total............. 2047
Transaction......... 1936
Transcription........ 2267
Tribunal compétent :
- Action mixte....... 2036
- Algérie......... 2046
- Appel.......... 2034
- Biens communaux. 2042, 2043
- Biens à l'étranger.... 2031
- Communes....... 2045
- Conseil de préfecture.. 2042
- Deux successions..... 2028
- Différents arrondissements 2038
- Etat........... 2046
- Etrangers et français... 2032
- Etranger ; succession mobilière......... 2033
- Exécution........ 2116
- Exception d'incompétence 2041
- Faillite.......... 2029
- Infirmation....... 2116
- Légataires....... 2037
- Lieux différents..... 2028
- Lieu d'ouverture..... 2027
- Marais desséché..... 2044
- Ouverture à l'étranger.. 2039
- Séparation....... 2035
- Succession testamentaire. 2030
- Suisse.......... 2040
Tuteur..... 1919, 1965, 2005, 2115
Tuteur ad hoc......... 2008
Tuteur à la restitution.. 1923, 2023
Usufruitier. 1943 à 1946, 1992, 1993
Vacations.......... 2111
Visas.......... 2055 à 2059
Vente..... 1949, 1951, 1956, 2069

1915. — Définition. — Les opérations de liquidation et partage sont judiciaires quand elles sont faites avec l'accomplissement des formalités de justice prescrites par la loi, en raison de l'incapacité de l'un ou de plusieurs des copartageants, ou d'un désaccord existant entre eux.

1916. — Division. — Les matières relatives au partage judiciaire seront divisées en quatre chapitres qui auront pour objet d'établir : 1° quand le partage doit être judiciaire; 2° par quelles personnes et contre quelles personnes le partage doit être demandé; 3° les formes du partage judiciaire; 4° et les effets du partage judiciaire.

CHAPITRE PREMIER

DES CAS OU LE PARTAGE DOIT ÊTRE JUDICIAIRE

1917. — **Mineurs.** — **Incapables.** — Si tous les cohéritiers ne sont pas présents, ou s'il y a parmi eux des mineurs, même émancipés, ou d'autres personnes n'ayant pas l'exercice de leurs droits civils, le partage doit être fait en justice (*C. civ.*, *466, 838*, *Proc., 984.*)

1918. — **Interdits.** — **Aliénés.** — Ce qui est applicable à l'interdit et à l'individu non interdit, qui a été placé dans un établissement public ou privé d'aliénés; l'administrateur provisoire ou le notaire chargés de représenter l'aliéné, ne sauraient consentir en son nom à un partage amiable, puisqu'ils n'ont que des pouvoirs provisoires et de surveillance (Demolombe, XV, 596; Hureaux, III, 348; Roll. de Vill., *Part. judic.* 11).

1919. — **Mari mineur.** — La présence, parmi les héritiers, d'une femme majeure, mais dont le mari est encore mineur, oblige à l'observation des formalités du partage judiciaire (*C. civ. 224*).

1920. — **Mari interdit.** — Il en est de même dans le cas où le mari est interdit; alors surtout que la succession échue à la femme tombe en partie dans la communauté, *supra* n° 1827.

1921. — **Absent.** — En ce qui concerne les héritiers non présents, une distinction est à établir : si le cohéritier est absent présumé ou même absent déclaré, le partage doit être fait en justice; le notaire commis pour représenter l'absent présumé ne saurait concourir en son nom à un partage amiable (Demolombe, II, 43.) — Mais les envoyés en possession définitifs peuvent faire le partage à l'amiable (Duranton, VII, 110; Chabot, *838*, 2; Demante, III, 147 *bis*; Roll. de Vill., *Part.*, *judic.*, 9; Demolombe, XV, 598, Hureaux, III, 348.)

1922. — **Non présent.** — Si le cohéritier est seulement non présent sur les lieux, il n'y a lieu de recourir aux formes judiciaires que s'il refuse de concourir à un partage amiable (Roll. de Vill., *Part. judic.*, 10; Demolombe, XV, 599, Aubry et Rau, § 623-4.)

1923. — **Grevé de restitution.** — Lorsque l'un ou plusieurs des cohéritiers ont été grevés par le *de cujus* de la charge de conserver et de rendre à leurs enfants nés et à naître, le partage ne peut être fait qu'en justice. En effet, les grevés de restitution, quoique majeurs, n'ont point la libre disposition de leur part héréditaire; la présence du tuteur à la restitution ou l'âge de majorité des appelés ne sauraient avoir pour effet de dispenser des formes judiciaires, les droits des enfants nés et à naître devant être sauvegardés (Pigeau, *Proc.*, II, p. 707; Hureaux, III, 348; Roll. de Vill., *Part. judic.*, 6)

1924. — **État.** — **Commune.** — **Établissement public.** — Lorsque l'indivision existe entre un particulier et l'État, un hospice ou autre établissement public, en qualité de donataire, de légataire ou à tout autre titre, comme ces établissements sont compris parmi les incapables, le partage doit être judiciaire. Mais peut être amiable le partage avec une commune autorisé dans la forme prescrite par les art. 68 et 69 de la loi du 5 avril 1884 (art. 90 § 7 de cette loi).

1925. — **Prohibition.** — **Testament.** — Le testateur, de même qu'il ne peut contraindre ses héritiers ou légataires à demeurer indéfiniment dans l'indivision, *supra* n° 761, ne pourra non plus imposer la condition de procéder au partage amiable en nature de sa succession, en présence de mineurs, interdits ou autres incapables ; une pareille condition serait contraire à la loi et comme telle nulle (Roll. de Vill., *Part. judic.*, 15.) — Toutefois, il a été jugé que le testateur peut valablement charger un exécuteur testamentaire de vendre ses immeubles sans formalité de justice, d'en toucher le prix, et d'en faire le partage et distribution entre les héritiers et légataires (Metz, 13 mai 1869 ; R. G. Defrénois, I, 404 ; S. 70, II, 20).

1926. — Désaccord. — Lors même que tous les cohéritiers sont majeurs, jouissant de leurs droits civils et présents, le partage ne peut avoir lieu qu'en justice, si l'un des cohéritiers refuse de consentir au partage, ou s'il s'élève des contestations, soit sur le mode d'y procéder, soit sur la manière de le terminer. (C. civ., *823.*) Il importe peu que le dissentiment vienne d'un seul des copartageants.

1927. — Contestations. — L'art. 823 est restreint aux difficultés soulevées entre héritiers sur la nécessité ou le mode du partage. Il cesse d'être applicable et, par conséquent, la nécessité du partage judiciaire n'existe pas par le fait de l'existence d'une contestation, quand elle n'a plus cette cause mais que, au contraire, elle a pour objet : soit de contester sa qualité d'héritier à une personne qui se présente pour recueillir la succession ; soit la prétention de l'un des cohéritiers qu'il est personnellement propriétaire d'un objet, meuble ou immeuble, que l'on veut comprendre dans la masse partageable ; soit le rapport réclamé à l'un des héritiers, quand il soutient qu'il n'y est pas obligé ; soit enfin toute autre contestation soulevée entre les héritiers sur leurs qualités ou leurs quotités héréditaires, ou sur la formation des masses. — Après la solution judiciaire de ces contestations, le partage peut être fait à l'amiable (Chabot, *823*, 1 ; Demolombe, XV, 637).

1928. — Succession mobilière. — Il y a nécessité de partager en justice, quand il y a des mineurs ou autres incapables, que la succession soit mobilière ou immobilière, ou qu'elle soit purement mobilière, la loi ne distinguant pas. (Chabot, *838*, 6 ; Toullier, IV, 408 ; Duranton, VII, 104 ; Dalloz, *succession*, 1593 ; Dutruc, 263 ; Demolombe, XV, 558 ; Aubry et Rau, § 621 *bis*-15 ; Roll. de Vill., *Part. judic.*, 13 ; Riom, 13 août 1858).

1929. — Tuteur. — Droits successifs. — Ainsi, lorsque la succession est purement mobilière, le tuteur, même avec l'autorisation du conseil de famille, ne peut faire cesser l'indivision à l'amiable, en cédant au cohéritier du mineur les droits successifs de celui-ci (Dutruc, 22 ; Demolombe, XV, 594 ; voir cep. Paris, 30 janv. 1852 ; Dalloz, 53, II, 57).

1930. — Mineur émancipé. — Il en est de même en ce qui concerne le mineur émancipé ; le fait que la succession est purement mobilière serait insuffisant pour lui permettre de procéder amiablement au partage, même avec l'assistance de son curateur (Chabot, *817*, 3 ; Toullier, IV, 408 ; Bioche, 54 ; Dutruc, 23 ; Duranton, VII, 105 ; Demolombe, XV, 594 ; Roll. de Vill., *Partage*, 77).

1931. — Adjudicataire — Un adjudicataire d'immeubles dépendant d'une succession ne saurait imposer à ses vendeurs, majeurs et maîtres de leurs droits, la nécessité d'un partage judiciaire ou même authentique ; ils ont droit aux prix dans la proportion de leurs droits héréditaires énoncés dans le jugement qui a ordonné la licitation (Seine 12 mai 1877 ; Droit 19 septembre).

1932. — Abandon des voies judiciaires. — Dans le cas où les parties peuvent s'abstenir des voies judiciaires, si elles y ont recours, elles peuvent les abandonner en tout état de cause, et s'accorder pour procéder de telle manière que bon leur semble (*C. Proc., 985*) ; ou quand les causes qui obligeaient au partage judiciaire ont cessé. Est irrévocable, le mandat donné à un notaire par les parties, toutes majeures, à l'effet de procéder au partage (Pau, 26 nov. 1873 ; Rouen, 4 fév. 1884 ; *Rép. N.*, 2228).

1933. — Ibid. — Licitation. — Si les cohéritiers ont formé une action en licitation devant le tribunal, d'immeubles dépendant de la succession, ils peuvent de même, abandonner les voies judiciaires et procéder à une licitation ou à un partage à l'amiable.

1934. — Ibid. — Créanciers opposants. — Ce droit, dans les deux cas existe, même en présence de créanciers intervenants ou opposants, sauf à les appeler aux opérations amiables. Si, après l'état liquidatif dressé par le notaire, les parties abandonnent les voies judiciaires au moyen de l'approbation de son travail et de la dispense des formalités d'homologation, voir *infra* n° 2291.

1935. — Partage avec porte fort. — Souvent, dans la pratique, même quand parmi les cohéritiers il y a des mineurs ou des interdits, les parties préfèrent encore s'abstenir des voies judiciaires pour éviter le tirage au sort des lots, et procèdent à un partage amiable par attribution; dans ce cas, si elles ne peuvent attendre la cessation de l'obstacle qui s'oppose au partage amiable, les héritiers capables ou quelques-uns d'eux, ou même des tiers, se portent forts pour les incapables, avec promesse de rapporter leur ratification après la cessation de leur incapacité, ou par leurs successeurs après leur décès.

1936. — Partage transactionnel. — Ou bien encore, elles procèdent au partage amiable sous la forme d'une transaction, en observant les formes prescrites par l'art. 467, *supra* n° 1906.

CHAPITRE DEUXIÈME

DES PERSONNES PAR QUI ET CONTRE QUI LE PARTAGE PEUT ÊTRE DEMANDÉ

SECTION I.
DE CEUX QUI PEUVENT DEMANDER LE PARTAGE.

1937. — Droit dans une chose indivise. — Pour avoir le droit de provoquer le partage, il suffit de posséder un droit dans une chose indivise, en pleine propriété ou en nue propriété (Dutruc, 249; Arg. Cass., 10 mai 1826), ou même un usufruit, *infra* n° 1943.

1938. — Cohéritier majeur. — Le cohéritier ou le copropriétaire majeur a incontestablement le droit de provoquer le partage; et son droit à ce sujet ne saurait être entravé par aucune mesure.

1939. — Légataires. — Par cohéritiers on entend tous ceux qui succèdent au défunt et, à ce titre, ont droit à une quotité dans sa succession; tels sont les légataires universels ou à titre universels, puisqu'ils sont propriétaires des choses comprises dans leurs legs à compter du jour du décès du testateur (*C. civ., 1014*). Il importe peu que le legs soit susceptible d'être annulé ou réduit, comme excédant la quotité disponible, cette question ne pouvant être décidée qu'après estimation des biens par suite d'une demande en partage (Cass., 8 fév. 1870; S. 70, I, 293).

1940. — Héritier contractuel. — Le donataire contractuel d'une quote-part de la succession peut aussi provoquer le partage; les juges ne peuvent, à son égard, modifier les règles du partage en ordonnant que sa quote-part sera prise sur une partie déterminée de la succession, plutôt que sur tels autres biens déterminés dont l'instituant aurait disposé au profit de ses héritiers légitimes, l'institution contractuelle devant être prise sur l'universalité de la succession (Cass., 26 avril 1847; S. 47, I, 610).

1941. — Retour légal. — L'ascendant qui est simplement héritier à titre de retour légal ne peut provoquer le partage de la succession contre les héritiers ordinaires, *supra* n° 148; — à moins que la chose faisant retour ne soit un droit indivis, auquel cas il peut demander le partage des biens indivis entre lui et les héritiers.

1942. — Enfants naturels. — Les enfants et père et mère naturels ont aussi le droit de demander le partage; quoique n'ayant pas la saisine ils ont un droit sur les biens héréditaires, de même nature que celui des héritiers légitimés, qui ne diffère que par la quotité, et comme eux ils peuvent provoquer le partage (Chabot, 757, 14; Demante, III, 74 bis; Duvergier sur Toullier, IV, 282; Taulier, III, p. 171; Dutruc, 251; Demolombe, XIV, 38; Roll. de Vill., *Partage*, 111; Nancy, 22 janv. 1838; Grenoble, 18 juin 1839; Cass., 22 avril 1840; Palais, 43, II, 326; 40, II, 461; Paris, 30 juin 1851; S. 52, II, 360; Rennes, 21 juill. 1860; S. 61, II, 86; Seine, 19 déc. 1884; Defrénois, *Rép. N.*, 2494. CONTRA Toullier; IV, 281; Seine, 5 février 1857; J. N. 15991); — alors même qu'il résulterait des documents trouvés après le décès que l'enfant naturel a reçu, du vivant de son auteur naturel, à titre d'avances, des sommes excédant la valeur de sa part héréditaire; car il a intérêt à faire déterminer la valeur exacte de sa part pour la déduire de sa dette, et se libérer ensuite, jusqu'à due concurrence, envers les héritiers (Cass., 1er mars 1875; Sirey, 75, I, page 200). — Cependant, il a été jugé que l'enfant naturel, étant simplement successeur irrégulier, ne peut demander à suivre sur la liquidation, alors que ce droit est revendiqué par les héritiers du sang (Paris, 2 déc. 1872; J. N., art. 20545).

1943. — Usufruitier partiel. — L'usufruitier d'une quotité des biens, c'est-à-dire celui dont le droit d'usufruit porte sur une partie comme moitié, un quart, etc., des biens de la succession, peut aussi provoquer le partage, mais seulement en ce qui concerne la jouissance, et non pas à l'égard de la propriété (Proudhon, III, 1255; Dutruc, 248; voir Cass., 24 juin 1863; S. 63, I, 339).

1944. — Usufruitier de part d'hérédité. — Quand l'usufruit repose sur la portion appartenant à l'un des copartageants, par exemple, si un héritier est décédé après avoir institué un légataire en usufruit, l'usufruitier peut provoquer le partage, afin d'obtenir un lot sur lequel son usufruit portera (Proudhon, *Usuf.*, 1245; Roll. de Vill., *Partage*, 118).

1945. — Usufruitier total. — Il en est autrement si l'usufruit porte sur la totalité des biens indivis puisque, dans ce cas, il n'y a pas d'indivision, *supra* n° 715.

1946. — Usufruitier éventuel.

— L'usufruitier dont la jouissance ne doit commencer qu'après le décès d'un précédent usufruitier, n'a qu'un droit éventuel, et, dès lors, il est sans qualité pour provoquer le partage (T. Verviers, 15 mars 1877; J. N. 21676).

1946 bis. — Superficiaire. — Emphythéose. — Ce qui est dit *supra* n°s 1943 à 1946, à l'égard de l'usufruitier est applicable à celui qui a un droit de superficie, ainsi qu'à celui qui a droit à une jouissance emphythéotique (Proudhon, *Usuf.*, 3719; Roll. de Vill., *Partage*, 119, 120).

1947. — Droits successifs. — Cessionnaire. — Le cessionnaire des droits successifs d'un cohéritier, étant au lieu et place de son cédant, peut également provoquer le partage (Chabot, 882, 6; Dutruc, 244; Roll. de Vill., *Partage*, 112; Massé et Vergé, § 388-2; Demolombe, XV, 624; Aubry et Rau, § 621 bis-4; Bordeaux, 29 avril 1829; Pau, 16 mai 1831; S. 31, II, 308; Cass., 4 déc. 1827, 27 janv. 1857; S. 57, I, 665. CONTRA Seine, 5 fév. 1857; J. N. 15991).

1948. — Ibid. — Cédant. — Quant au cédant, il conserve le droit de demander le partage, tant que la cession n'a pas été signifiée à ses cohéritiers ni acceptée par eux, ou si l'acte de cession stipule que les droits seront liquidés à ses *requête, péril et fortune* (Dutruc, 244; Roll. de Vill., *Partage*, 113; Bourges, 23 et 24 août 1831; S. 32, II, 60 et 414; Pau, 1er avril 1873; S. 73, II, 250. Voir Laurent, XXIV, 478).

1949. — Cohéritier vendeur. — Le copropriétaire indivis d'un immeuble qui a fait à un tiers la vente de partie de ses droits, peut, nonobstant la vente de la totalité de l'immeuble à laquelle il n'a pas concouru, alors qu'il ne l'a pas non plus ratifiée, demander le partage ou la licitation à raison de la part indivise qui continue de lui appartenir (Cass., 10 déc. 1844; S. 45, I, 155).

1950. — Créanciers. — Les créanciers personnels de l'un des cohéritiers ou copropriétaires, quelle que soit la cause de l'indivision (Douai, 2 mai 1848; S. 49, II, 393), même lorsqu'elle résulte d'un legs (Cass., 16 nov. 1836; S. 36, I, 900), peuvent, en cas de négligence de leur débiteur (Paris, 23 janv.

1808, et 27 fév. 1840; Cass., 26 juill. 1854, 28 fév. 1869; Rennes, 23 mai 1884; t. Vire, 31 juill. 1884; Defrénois, *Rép. N.*, 2194, 2385), demander le partage comme exerçant l'action de leur débiteur, conformément aux art. 1166 et 2205 du Code civil (Laurent, X, 300; Dalloz, *Succession*, 1571 et 2002; Demolombe, XV, 625; Aubry et Rau, § 621 *bis*-6; Paris, 27 fév. 1840; Cass., 16 nov. 1836, 2 avril 1854, 5 avril 1865, 29 juill. 1867; S. 51, I, 337; 65, I, 375; 67, I, 403), alors même que la succession ne comprendrait que des créances (Cass., 30 mai 1877; S. 78, I, 102). — Quant aux créanciers de la succession, ils n'ont pas ce droit (Demolombe, XV, 625; Aubry et Rau, § 621 *bis*-7; Laurent, X, 300; Poitiers, 20 juill. 1824).

1951. — Créanciers qui ont ce droit. — Ce ne sont pas seulement ceux à qui il est dû une somme d'argent, mais aussi tous ceux qui ont droit à une chose quelconque dans l'hérédité, comme, par exemple, les acquéreurs à titre singulier d'un cohéritier, que la vente ait compris un immeuble déterminé ou sa part indivise dans un immeuble.

1952. — Créanciers. — Hypothèque. — Si la demande en partage, formée par un créancier hypothécaire, en vertu de l'art. 2205, a pour objet un immeuble appartenant pour une partie indivise à son débiteur et possédée actuellement par un tiers détenteur, il n'est pas tenu de la faire précéder d'un commandement au débiteur, ni d'une sommation au tiers détenteur de payer ou de délaisser (Cass., 1er oct. 1810, 29 déc. 1858; S. 59, I, 607; Douai, 2 mai 1848; S. 49, II, 393).

1953. — Créanciers. — Succession entière. — Le partage, que les créanciers sont autorisés à provoquer, est un partage de la succession entière, et non pas seulement un partage partiel de l'immeuble sur lequel les créanciers auraient des droits à titre : d'acquéreurs d'une portion divise ou indivise d'un cohéritier dans certains objets déterminés de l'hérédité, ou de créanciers ayant hypothèque sur une pareille portion indivise (Dutruc, 245; Demolombe, XV, 624; Aubry et Rau, § 618 *bis*-8; Roll. de Vill., *Partage*, 127; Pau, 16 mai 1831 · S. 31, II, 308; Cass.,

16 janv. 1833, 11 février 1840; S. 33, I, 87; 40, I, 368).

1954. — Créanciers. — Fermier. — Le fermier, auquel un cohéritier aurait fait bail d'une partie des biens de la succession encore indivise, a uniquement un droit personnel et mobilier qui se résout en dommages et intérêts; dès lors il ne saurait être admis à provoquer le partage (Dutruc, 257; Nîmes, 14 déc. 1827; Cass., 22 fév. 1831; S. 31, I, 133. Voir cep. Duvergier, *Louage*, 88; Troplong, *ibid.*, 502).

1955. — Créanciers. — Droits successifs. — Cession après demande. — La cession que le cohéritier débiteur ferait de ses droits successifs après la demande en partage formée par un créancier ne saurait avoir pour effet d'écarter celui-ci du partage : Cette cession ne pouvant détruire le droit acquis au créancier par sa demande en partage (Dutruc, 253; Aix, 9 janv. 1832; S. 32, II, 157).

1956. — Créanciers. — Vente amiable. — L'action en partage introduite par le créancier d'un cohéritier n'a pas pour effet de rendre indisponibles les immeubles de la succession; dès lors le débiteur n'en conserve pas moins le droit de vendre ces immeubles à l'amiable (Dutruc, 256; Bordeaux, 29 juin 1848; S. 49, II, 97).

1957. — Créanciers. — Existence d'un partage. — Le créancier d'un cohéritier n'est plus recevable à former la demande en partage, quand il y a eu un partage, puisque, étant l'ayant cause de son débiteur, il ne saurait avoir plus de droits que lui. On peut donc lui opposer un partage sous-seing privé portant une date antérieure à sa demande, encore bien qu'il n'ait pas acquis date certaine antérieurement à sa demande (Angers, 12 janv. 1863; S. 65, II, 202; Cass., 23 juin 1866; S. 66, I, 404. Contra Orléans, 11 mai 1861; S. 62, II, 166).

1958. — Créanciers. — Partage provisionnel. — Toutefois le partage provisionnel fait au nom d'un mineur ne fait pas obstacle à l'action des créanciers; en conséquence, le créancier du mineur peut former au nom de celui-ci, une action tendant à faire cesser les effets d'un partage provisionnel de succession et à faire opérer un partage définitif (Douai, 26 déc. 1853, 24 mai 1854; S. 54, II, 481, 680).

1959. — **Absence**. — A l'égard des cohéritiers absents, pour les successions qui leur sont échues antérieurement à leur disparition ou à leurs dernières nouvelles (celles échues postérieurement étant dévolues à ceux qui les auraient recueillies s'il n'eût pas existé, conformément à l'art. 136 du Code civil), la demande en partage peut être formée par les parents envoyés en possession (*C. civ.*, 817), ou par le conjoint administrateur légal (Chabot, *817*, 8; Marcadé, *817*, 1; Duranton, VII, 129; Demante, III, 145 *bis*; Duvergier sur Toullier, IV, 408; Dutruc, 274; Roll. de Vill., *Partage*, 96; Demolombe, XV, 566. Contra Hureaux, III, 410); — mais, dans ce dernier cas, les héritiers présomptifs de l'époux absent ont le droit d'intervenir au partage pour la conservation de leurs droits (Chabot, *817*, 8; Bioche, *Partage*, 18; Roll. de Vill., *ibid.*, 98; Dutruc, 274).

1960. — **Absence. — Caution**. — L'envoyé en possession provisoire des biens d'un absent, ne peut être obligé à fournir caution quand il se borne à demander un partage des biens dans lesquels l'absent a des droits (Bourges, 26 avril 1843; S. 44, II, 23).

1961. — **Absence présumée**. — A l'égard de celui qui n'est que présumé absent, s'il a laissé une procuration, la demande en partage est formée par lui-même, poursuites de son mandataire (Chabot, *818*, 8; Demolombe, XV, 564); — ou, à défaut, par un curateur ou par le notaire commis, autorisé spécialement à cet effet par le tribunal (Chabot, *817*, 8; Duranton, VII, 111; Duvergier sur Toullier, II, 408, note *b*; Demante, III, 145 *bis*; Demolomhe, XV, 564; Roll. de Vill., *Partage*, 102, 103). — S'il s'agit seulement de défendre à la demande en partage, voir *infra* n° 2000.

1962. — **Mandataire. — Intérêt opposé**. — Si les intérêts du présumé absent sont en opposition avec ceux de son mandataire, ce dernier ne peut le représenter; et, dans ce cas, le tribunal doit lui nommer soit un curateur, soit un notaire, en leur conférant des pouvoirs spéciaux (Roll. de Vill., *Partage*, 104; Metz, 15 mars 1823).

1963. — **Succession de l'absent**. — Après trente années depuis l'envoi en possession provisoire, les envoyés en possession provisoire des biens de l'absent peuvent demander le partage de sa succession (*C. civ.*, *129*), sans être obligés d'attendre jusqu'à l'envoi en possession définitif (Demolombe, II, 128. Contra de Moly, 414). — Il en est de même s'il s'est écoulé cent ans depuis la naissance de l'absent (*même article*).

1964. — **Incapacité**. — En ce qui concerne le cohéritier ou copropriétaire, qui n'a pas par lui-même la capacité voulue pour aliéner, le droit de provoquer le partage en son nom appartient, soit à lui-même avec les autorisations et assistances prescrites, soit à celui qui le représente.

1965. — **Mineur. — Interdit. — Tuteur**. — Ainsi, l'action en partage doit être formée : pour le cohéritier mineur ou interdit, par son tuteur spécialement autorisé par le conseil de famille (*C. civ.*, 817, 840), en raison de ce que le partage, bien que déclaratif, conduit en réalité à l'aliénation de droits. Cette autorisation est exigée même dans le cas où la succession est purement mobilière (Chabot, *817*, 2; Toullier, IV, 408; Duranton, VII, 104; Dutruc, 263; Demolombe, XV, 558).

1966. — **Homologation**. — L'autorisation du conseil de famille n'est, en aucun cas, soumise à l'homologation du tribunal. Cette formalité serait inutile puisque le partage ne peut être fait qu'en justice (Marcadé, *817*, 1; Duranton, III, 586; Demante, I, 117 *bis*; Demolombe, XV, 561; Bioche, 8; Hureaux, III, 390; Roll. de Vill., *Partage*, 64; Seine, 27 mai 1884; Defrénois, *Rép. N.*, 1918).

1967. — **Défaut d'autorisation**. — Si le tuteur intente une demande en partage au nom de son pupille, sans avoir obtenu l'autorisation du conseil de famille, les poursuites ne sont pas nulles si le tuteur a été ultérieurement autorisé (Demol., VII, 715; Laurent, V, 76; Cass., 27 mars 1855; Rennes, 25 fév. 1886; *Rép. N.*, 3315). — Mais si le défaut d'autorisation n'a pas été opposé en première instance, il ne peut l'être sur l'appel (Grenoble, 21 juillet 1836; Contra Rennes, précité).

1968. — Intérêts opposés. — S'il y a opposition d'intérêts entre les mineurs ayant un même tuteur, ou entre le tuteur et son pupille, voir *infra* n°s 2006, 2011.

1969. — Mineur. — Administrateur légal. — Pour le mineur qui a ses père et mère, la demande est formée par son père administrateur légal, sans autorisation du conseil de famille, l'administration légale du père n'en comportant pas (Marcadé, II, 150; Duranton, III, 415; Massé et Vergé, § 207-12; Roll. de Vill., *Partage*, 63; Berlin, *Droit*, 3 juin 1868; Seine, 10 août 1853, 20 janv. 1854; Bourges, 11 fév. 1863; Paris, 30 avril 1867, Contra Demolombe, XV, 556).

1970. — Opposition d'intérêt. — Si les intérêts sont opposés entre le père administrateur légal et son enfant mineur voir *infra* n° 2015.

1971. — Mineur émancipé. — Pour le mineur émancipé, le partage est provoqué par lui avec l'assistance de son curateur (*C. civ.*, 840). Cette assistance est nécessaire, même quand la succession est purement mobilière (Marcadé, *817*, 1; Aubry et Rau, § 621 *bis*, 18). — Mais sans qu'il soit besoin de l'autorisation du conseil de famille, l'art. 840 du C. civ. ne l'exigeant pas (Marcadé, *482*, 1, et *817*, 1; Chabot, *817*, 3; Toullier et Duvergier, IV, 407; Freminville, *minor.*, II, 1058; Massé et Vergé, § 388-6; Duranton, VII, 105; Roll. de Vill., *Partage*, 76; Demante, III, 143 *bis*; Dutruc, 267; Demolombe, XV, 557; Hureaux, III, 392; Bordeaux, 25 janv. 1826; Paris, 3 mai 1848; Seine, 13 juin 1858. Contra Proudhon, II, p. 434; Magnin, *minor.*, II, 980; T. Dunkerque, 24 janv. 1856; Douai, 30 mai 1856; S. 56, II, 559.)

1972. — Conseil judiciaire. — Le prodigue pourvu d'un conseil judiciaire forme la demande en partage lui-même, mais avec l'assistance de son conseil (Marcadé, *817*, 2; Carré et Chauveau, *Quest.*, 2507; Pigeau, II, p. 434; Demolombe, XV, 562; Rennes, 3 janv. 1880; Defrénois, *Rép. N.*, 976; Contra Rouen, 19 avril 1847, Douai, 30 juin 1855; S. 56, II, 670).

1973. — Aliéné. — Pour l'aliéné non interdit interné, la demande est formée par l'administrateur provisoire, à défaut, par un notaire commis autorisé à cet effet (*L. 30 juin 1838, art. 32 et 36*). Le ministère public ne saurait intervenir comme partie principale (Cass., 15 mai 1878, S. 78; I, 431).

1974. — Femme mariée. — A l'égard de la femme mariée, si les objets ne tombent pas en communauté, la demande est formée par elle avec l'autorisation de son mari, que la succession soit à la fois mobilière et immobilière ou seulement purement mobilière (Chabot, *818*, 4; Toullier, IV, 408; Duranton, VII, 121; Demante, III, 146 *bis*; Dutruc, 284; Demolombe, XV, 577; Roll. de Vill., *Partage*, 85, 86; Hureaux, III, 393; Aubry et Rau, § 621 *bis*, 22. V. Cass., 4 juin 1878; S. 78, I, 464).

1975. — Ibid. — Autorisation de justice. — Si le mari est absent ou incapable ou s'il refuse d'autoriser sa femme, son autorisation peut être suppléée par celle de la justice (Demolombe, XV, 585).

1976. — Femme mineure. — La femme mineure émancipée par le mariage, peut intenter l'action en partage avec le concours de son mari, comme l'autorisant et l'assistant en qualité de curateur, sans qu'il soit besoin d'une délibération du conseil de famille (Bordeaux, 25 janv. 1825; S. coll. nouv., 8. II, 184; Marcadé, *482*, 1; Roll. de Vill., *Partage*, 78; Fréminville, *Minor.*, II, 1038; Valette sur Proudhon, II, 434; Demolombe, VIII, 304). — A Paris, il est d'usage de faire conférer au mari les fonctions de curateur de sa femme par une délibération du conseil de famille. Toutefois on décide contrairement à cet usage, que le mari est de droit curateur de sa femme, et que son autorisation, en qualité de mari, équivaut à son assistance comme curateur (Marcadé, *480*, 2; Duranton, III, 678; Demante, II, 248 *bis*, 3°; Vazeille, *Mariage*, II, 349; Valette sur Proudhon, II, p. 440, obs. 2; Taulier, II, p. 93; Mourlon, I, 1245; Demolombe, VIII, 233; Massé et Vergé, § 238-6; Aubry et Rau, § 131-3; Pau, 11 mars 1811; Paris, 15 fév. 1838; J. N. 10114; Cass, 4 fév. 1868; S. 68, I, 441).

1977. — Mari et femme mineurs. — Si les époux sont tous deux mineurs, ils doivent l'un et l'autre, pour provoquer le partage, être assisté d'un curateur à leur émancipation, nommés par le conseil de famille; en outre, il y a lieu de faire autoriser la femme par justice, à défaut de l'autorisation de son mari.

1978. — Femme majeure. — Mari mineur. — Dans ce cas, on rentre dans l'hypothèse du n° 1975 et la femme doit être autorisée par justice.

1979. — Mari interdit. — Il en est de même au cas d'interdiction du mari (Paris, 12 oct. 1836, S. 37, II, 90).

1980. — Femme séparée de biens. — Paraphernale. — L'autorisation du mari ou de justice est prescrite pour que la femme puisse provoquer le partage, même quand elle est séparée de biens contractuellement ou en justice, ou que, étant mariée sous le régime dotal, les biens provenant de l'hérédité sont paraphernaux, la femme ne pouvant sans cette autorisation, être admise à ester en justice (Chabot, *818*, 9; Duranton, VII, 128; Roll. de Vill., *Partage*, 80, 89; Grenoble, 28 juill. 1882; *R. N.*, 1078).

1981. — Femme. — Objets tombant en communauté. — Si les meubles ou immeubles échus à la femme tombent dans la communauté existant entre son mari et elle, soit parce qu'ils sont mariés sous le régime de la communauté légale, soit par suite d'une clause d'ameublissement, *infra* n° 1982, le mari, comme seul propriétaire des biens de la communauté pendant le mariage, peut provoquer le partage sans le concours de sa femme (*C. civ.* 818); alors même que par son contrat de mariage, la femme se serait réservé de reprendre ces biens en renonçant à la communauté (Chabot, *818*, 3; Toullier, IV, 408; Duranton, VII, 109; Dutruc, 282; Roll. de Vill., *Partage*, 83; Demolombe, XV, 578; Rodière et Pont, *Contr. de mar.*, 1521; Mourlon, II, p. 155; Hureaux, III, 357; Aubry et Rau, § 621 *bis*, 21).

1982. — Femme. — Ameublissement. — Lorsque le contrat de mariage contient la clause d'ameublissement par la femme de la généralité des biens meubles et immeubles à elle échus ou qui lui écherront pendant le mariage, le mari peut, en vertu du principe établi *supra* n° 1981, procéder au partage, et par conséquent, le provoquer seul et sans le concours de sa femme. Mais le concours de la femme est nécessaire quand la communauté ne devient pas propriétaire des biens ameublis, ce qui arrive dans les cas d'ameublissement d'une partie des biens ou d'ameublissement jusqu'à concurrence d'une certaine somme (Chabot, *818*, 2; Duranton, VII, 109; Vazeille, *818*, 1; Roll. de Vill., *Partage*, 82).

1983. — Régime dotal. — Lorsque les époux sont soumis au régime dotal, la circonstance que la part héréditaire de la femme entre dans la dot, ne donne pas au mari le droit de provoquer le partage sans le concours de sa femme, les termes généraux de l'art. 818 s'appliquant à tous les biens de la femme, quoiqu'ils puissent tomber sous l'administration du mari (Marcadé, *818*, 2; Chabot et Belost-Jolimont, *818*, 3; Toullier, XIV, 156; Rodière et Pont, 1761; Duranton, VII, 125; Tessier, *Dot*, II, 838; Bellot, IV, p. 137 et 412; Malpel, *succession*, 244; Vazeille, *818*, 3; Odier, III, 1181; Proudhon, *Usuf.*, III, 1245; Demante, III, 146 *bis*, Dutruc, 290; Hureaux, III, 403; Roll. de Vill., *Partage*, 87; Demolombe, XV, 584; Aubry et Rau, § 621 *bis*-23; Mourlon, II, p. 156; Agen, 24 fév. 1809; Nîmes 12 mars 1835; S. 35, II, 294; Rouen, 2 janv. 1841; Paris 14 juill. 1845; S. 45, II, 501; Cass., 21 janv. 1846; S. 46, I, 263; Pau, 21 fév. 1861; S. 62, II, 241; Bordeaux, 30 mai 1871; S. 71, II, page 147. Contra Benoit, *Dot.*, I, p. 117; Chardon. *Puiss. marit.*, 253; Troplong, *Contr. de mar.* 3110; Aix, 9 janv. 1810 et 30 avril 1841; P. 41, II, 459).

1984. — Régime dotal. — Pouvoir au mari. — Mais sous le régime dotal, on peut par une clause du contrat de mariage, conférer au mari le pouvoir de partager seul et sans le concours de sa femme, les successions et autres droits indivis qui seraient déjà échus ou viendraient à échoir à celle-ci, alors qu'ils entrent dans la dot, *supra* n° 1823. Jugé qu'un tel droit résulte du pouvoir donné au mari d'exercer toutes les actions actives et passives de la femme et de traiter de ses droits paternels et maternels (Grenoble, 18 janv. 1849; S. 52, II, 395).

1985. — Femme. — Partage provisionnel. — Dans tous les cas où le mari ne peut demander seul le partage des biens échus à sa femme, il a le droit, s'il en a la jouissance, d'en provoquer le partage provisionnel, *supra* n° 1872. Mais les copropriétaires de la femme contre lesquels l'action est formée peuvent demander qu'il soit procédé de suite à un partage définitif, en mettant la femme en cause (Chabot, *818*, *6*).

1986. — Enfant conçu. — Si un enfant seulement conçu est appelé à l'hérédité, la demande en partage de la succession ne peut être formée ni en son nom, ni par ses cohéritiers, avant l'époque de sa naissance; jusque-là, il y a, de part et d'autre, une attente nécessaire et une sorte de temps d'arrêt inévitable; car l'enfant peut ne point naître viable ou la mère accoucher de plusieurs enfants (Demolombe, XIII, 188, 189).

1987. — Communes. — Hospices etc... — On range parmi les incapables, les communes, hospices et autres établissements publics, qui ont un droit indivis dans une hérédité, en vertu du testament du défunt; et le partage ne peut être provoqué en leurs noms qu'après l'autorisation d'accepter le legs accordée par l'autorité administrative.

1988. — Faillite. — L'action en partage, à l'égard du cohéritier tombé en faillite, appartient au syndic, le jugement déclaratif de la faillite emportant de plein droit à partir de sa date, dessaisissement pour le failli de l'administration de tous ses biens même de ceux qui peuvent lui échoir postérieurement; sauf au failli à y intervenir dans le but de veiller à ses intérêts et de fournir au syndic les renseignements nécessaires (*C. comm. 443*). — Si les fonctions du syndic ont cessé antérieurement à l'ouverture de l'hérédité par la reddition et l'apurement de son compte, le failli est rentré dans ses droits, et les créanciers dans l'exercice de leurs actions individuelles sur les biens du failli (*C. comm. 539*), sans qu'ils puissent demander la réouverture de la faillite non plus que la nomination d'un nouveau juge commissaire et d'un nouveau syndic (Dijon, 8 fév. 1865; Cass., 13 août 1862, 30 juill. 1866; S. 62, I, 790; 65, II, 31; 66, I, 387); — et, par suite, il a seul le droit de provoquer le partage, sauf à ses créanciers à se rendre opposants. — Mais si la faillite a été clôturée pour cause d'insuffisance d'actif, le jugement peut être rapporté (*C. comm.*, 527, 528) et le syndic a qualité, nonobstant ce jugement, pour intervenir au partage d'une succession échue au failli et même le provoquer (Boistel, n° 1031; Rouen, 3 mai 1879; t. Guéret, 23 juin 1883. V. aussi Cass., 5 nov. 1879; Paris, 10 mai 1881, 18 juill. 1884; Défrénois, *Rép. N.*, 589, 1630, 2172).

1989. — Acceptation bénéficiaire. — La demande en partage des biens d'une succession, formée au nom d'un successible mineur ou interdit, n'est recevable devant certains tribunaux, notamment celui de la Seine, qu'après l'acceptation bénéficiaire.

SECTION II.
DE CEUX CONTRE QUI LE PARTAGE PEUT ÊTRE DEMANDÉ.

1990. — Cohéritiers. — L'action en partage doit être dirigée contre tous les cohéritiers ou copropriétaires, puisqu'il n'y a de partage qu'autant que l'indivision cesse entre eux tous (Dutruc, 295; Bioche, 21; Demolombe, XV, 617; Aubry et Rau, § 621 *bis*-9; Cass., 13 nov. 1833; Toulouse, 5 fév. 1842; Bordeaux, 14 janv. 1842; Rouen, 9 nov. 1861; S. 62, II, 165. Voir cep. Cass., 22 juin 1835; 13 déc. 1848).

1991. — Légataires. — Établissement public. — Les légataires universels ou à titre universel doivent y être appelés, peu importe qu'ils n'aient pas obtenu, ni même demandé la délivrance de leurs legs, ou qu'il s'agisse d'un établissement public qui ne peut accepter la libéralité qu'en vertu d'une autorisation du gouvernement (Cass. 8 fév. 1870; S. 70, I, 293).

1992. — Usufruitier. — Il en est de même de l'usufruitier de tout ou partie de la portion de l'un des cohéritiers dans les biens de la succession. Si le nu-propriétaire y faisait procéder hors son concours, le partage ne lui serait pas opposable (Proudhon, III, 1245; Dutruc, 248; Roll. de Vill., *Partage*, 118).

1993. — Nu-propriétaire. — Usufruitier. — Les nu-propriétaires peuvent procéder entre eux au partage de la nue-propriété des biens, en laissant de côté l'usufruitier, même partiel, institué par le défunt;

sauf à celui-ci à demander ensuite un partage de jouissance. Mais si le partage a lieu en justice, une telle demande ne serait pas admise par les tribunaux, en ce qu'elle ne ferait pas cesser l'indivision d'une manière absolue.

1994. — Enfant naturel. — Comme aussi de l'enfant naturel puisqu'il est successeur du défunt, *supra* n° 1942. Cependant il a été jugé que s'il est procédé à un partage judiciaire entre les héritiers légitimes hors la présence de l'enfant naturel, à défaut de demande en délivrance formée par cet enfant, le partage est valable (Agen, 17 nov. 1869; S. 70, II, 141).

1995. — Droits dans une succession non liquidée. — Si le défunt avait lui-même des droits dans une succession non encore liquidée, on peut, par la même assignation, mettre en cause les ayants droit à cette dernière succession, pour faire procéder simultanément, s'il y a lieu, au partage des deux successions (Chauveau et Glandez, *Form. de proc.*, 967-6).

1996. — Tiers détenteur. — Si un tiers acquéreur ou un successible lui-même, était détenteur de tout ou partie des biens de la succession, il ne suffirait pas de former la demande en partage contre lui seul; elle devrait être formée contre tous les héritiers ou acquéreurs de droits successifs (Dutruc, 297, 298; Paris, 26 nov. 1823; Cass., 6 déc. 1825, 13 nov. 1833; S. 33, I, 839). — Il en serait autrement s'il s'agissait d'un tiers détenteur acquéreur de la part indivise d'un cohéritier dans des immeubles déterminés, quand les immeubles forment en réalité toute l'importance de la succession; car, dans ce cas, l'aliénation à titre singulier produit les effets d'une cession de droits successifs (Roll. de Vill., *Partage*, 117; Liége, 21 oct. 1824; Bastia, 24 juin 1833; S. 33, II, 604).

1997. — Créancier. — Le créancier de l'un des cohéritiers ayant hypothèque sur la part indivise d'un immeuble dépendant de la succession ne peut provoquer le partage de cet immeuble contre le tiers détenteur qui l'a acquis de tous les héritiers; il doit, en même temps, demander contre ceux-ci le partage de tous les biens héréditaires (Belost-Jolimont, *816*, obs. 4; Dutruc, 299; Pau, 16 mai 1831).

1998. — Créanciers opposants. — Il n'est pas nécessaire de former la demande en partage contre les créanciers opposants; il suffit de leur en faire la dénonciation par un acte extra-judiciaire afin qu'ils puissent intervenir au partage, s'ils le jugent à propos (Mollot, 49).

1999. — Incapables. — La demande en partage dirigée contre des incapables est formée soit contre eux-mêmes, avec les assistances et autorisations prescrites, soit contre les personnes qui les représentent.

2000. — Absent. — A l'égard de l'absent, *supra* n° 1921, elle est formée contre les parents envoyés en possession ou le conjoint administrateur; et s'il n'est que présumé absent, contre lui-même s'il a laissé un mandataire (Bruxelles, 13 mai 1817); — ou, à défaut, contre le notaire commis, qui, pour défendre à la demande en partage, n'a pas besoin d'obtenir l'autorisation du tribunal (Duranton, VII, 111; Duvergier sur Toullier, IV, 408; Chabot, *817*, 8; Demante, III, 145 *bis*; Demolombe, XV, 564; Roll. de Vill., *Partage*, 101. Voir cep. Dutruc, 275).

2001. — Intérêts opposés. — S'il y a plusieurs présumés absents ayant entre eux des intérêts opposés, chacun d'eux doit être représenté par un notaire commis (Duranton, VII, 112).

2002. — Femme absente. — Quand une femme mariée et présumée absente est appelée à recueillir une part de biens qui ne tombent pas en communauté, ses cohéritiers, pour former l'instance en partage contre elle, doivent faire commettre un notaire, le mari ne saurait la représenter suffisamment (Toullier, I, 436).

2003. — Militaire absent. — Si le présumé absent est un militaire qui a disparu en temps de guerre, et que son décès n'ait pas été constaté suivant les prescriptions de la loi du 13 janvier 1817 remises en vigueur par une loi du 9 août 1871 (*Traité-Form.*, t. V, n° 8487), l'action en partage, en ce qui le concerne, doit être formée contre un curateur au présumé absent nommé par le conseil de famille, conformément à la loi du 11 ventôse an II (Nîmes, 21 fév. 1838).

2004. — Non présents. — Les copartageants domiciliés à plus de cinq myriamètres du lieu de l'ouverture de la succession, et dont l'existence n'est pas douteuse, doivent être personnellement mis en cause et appelés par des sommations à toutes les opérations du partage, sauf à prononcer défaut contre eux, s'ils ne comparaissent pas soit en personne, soit par mandataires, sans qu'on puisse les faire représenter par un notaire commis, ainsi que cela se pratique pour l'inventaire (Roll. de Vill., *Partage*, 105; voir cep. Duranton, VII, 111).

2005. — Mineurs. — Interdits. — Pour le mineur ou l'interdit, l'action est formée contre le tuteur qui, pour défendre à cette action, n'est pas obligé d'obtenir l'autorisation du conseil de famille (Marcadé, *817*, 1; Toullier, IV, 408; Duranton, VII, 102; Demante, III, 143 *bis*; Dutruc, 261; Demolombe, XV, 555; Roll. de Vill., *Partage*, 75; Aubry et Rau, § 621 *bis*-27; Riom, 16 juin 1842. V. Toulouse, 18 août 1881; *Rép. N.*, 595).

2006. — Plusieurs mineurs. — Intérêt opposé. — S'il y a plusieurs mineurs ou interdits qui aient des intérêts opposés dans le partage, leur tuteur ne peut les représenter tous; dans ce cas, il continue de représenter l'un d'eux, et il est donné à chacun des autres mineurs un tuteur spécial et particulier, appelé tuteur *ad hoc*, nommé par le conseil de famille *(C. civ., 838; C. proc., 968)*, sur la demande du tuteur, et, à son défaut, sur la proposition des autres copartageants (Bioche, 10).

2007. — Frais de nomination. — C'est aux frais des mineurs ou interdits qu'un tuteur *ad hoc* est nommé à chacun des mineurs ayant des intérêts opposés, puisque c'est dans leurs intérêts qu'ils sont faits (Bioche, 10).

2008. — Tuteur ad hoc. — Quand les mineurs ont des intérêts opposés, c'est un tuteur *ad hoc* qui doit être nommé à chacun d'eux; ce n'est pas, comme au cas où les mineurs ont des intérêts opposés avec leur tuteur, *infra* n° 2011, au subrogé tuteur à prendre la place du tuteur pour représenter l'un des mineurs. Si l'on opérait ainsi, la procédure serait irrégulière.

2009. — Intérêts opposés. — Les intérêts des mineurs ou des interdits sont opposés entre eux quand leurs droits sont différents, par exemple s'ils sont de lits différents; ou si l'un d'eux a des rapports à effectuer à la masse, ou un préciput, un prélèvement à exercer; ou encore s'il s'est élevé des contestations entre eux relativement à leurs droits (Chabot, *838*, 7; Pigeau, II, 673; Carré, *Quest.*, 3190; Dutruc, 264, 343; Roll. de Vill., *Partage*, 69; Demolombe, XV, 554; Aubry et Rau, § 621 *bis*-16; Aix, 3 mars 1807).

2010. — Même intérêt. — Quant aux mineurs qui ont des droits pareils, dès lors viennent à la succession par portions égales, un seul tuteur suffit, quel que soit leur nombre (Roll. de Vill., *Partage*, 71; Aix, 3 mars 1807). — Il en est ainsi encore des mineurs qui succèdent par représentation, du moins jusqu'à la subdivision à faire entre eux (Roll. de Vill., *Partage*, 72).

2011. — Mineur et tuteur. — Intérêts opposés. — Si un mineur (ou un interdit) et son tuteur ont des intérêts opposés dans le partage, le mineur est représenté par son subrogé-tuteur, faisant fonction de tuteur (Cass., 15 mai 1878; S. 80, I, 193).

2012. — Subrogé-tuteur. — Quand c'est avec son tuteur que le mineur a des intérêts opposés, la loi n'édicte, par aucune de ses prescriptions, la nomination d'un tuteur *ad hoc* au mineur. Dans ce cas on doit observer la disposition de l'art. 420 du Code civil, suivant lequel le subrogé-tuteur agit pour les intérêts du mineur lorsqu'ils sont en opposition avec ceux du tuteur. Et comme il y a lieu de faire des significations, en ce qui concerne le mineur, à son subrogé-tuteur autre que celui qui fait fonction de tuteur (*C. proc.*, 444), il lui est donné un subrogé-tuteur *ad hoc* nommé par le conseil de famille (Cass., 13 mai 1878; Paris, 4 déc. 1878; J. N. 22086).

2013. — Opposition d'intérêt. — Il y a opposition d'intérêt entre le tuteur et le mineur, quand il s'agit, par exemple, du partage de la communauté entre le père (ou la mère) survivant et le mineur, ou que dans un partage de succession où sont appelés le tuteur et son pupille, il se présente à leur égard l'un des cas indiqués *supra* n° 2009 (Grenoble, 10 janv. 1833; S. 33, II, 380). — Toutefois un partage ne devrait pas être annulé par le seul fait que les intérêts du mineur étaient en opposition avec ceux du tuteur, si le tuteur n'a pas figuré en son nom personnel dans le partage intéressant son pupille (Cass., 30 nov. 1875; S. 78, I, 365).

2014. — **Administrateur légal**. — Le mineur, ayant son père et sa mère, est représenté par son père administrateur légal qui, pour défendre au partage, de même que pour le provoquer, *supra* n° 1969, n'a pas besoin de l'autorisation du conseil de famille.

2015. — **Administrateur légal ad hoc**. — S'il y a opposition d'intérêt dans le partage entre le père administrateur légal et son enfant mineur, il est donné à celui-ci un administrateur légal *ad hoc* nommé par le tribunal en chambre du conseil et non par le conseil de famille, puisque, dans ce cas, il n'y a pas de conseil de famille (Laurent, IV, 310; Bertin, I, 612; Mourlon, I, 701; Paris, 9 janv. 1874; 6 avril 1876. CONTRA Aubry et Rau, § 123-6; Demolombe, VI, 422 *bis*; Bordeaux, 2 juin 1876; Douai, 5 juill. 1878; Poitiers, 4 juin 1884; Defrénois, *Rép. N.*, 2489).

2016. — **Ibid. — Subrogé-tuteur**. — Il n'est pas nécessaire non plus de désigner un subrogé-tuteur pour recevoir les significations prescrites par le Code de procédure, quand il y a lieu; la seule signification à l'administrateur *ad hoc* faire courir contre le mineur le délai d'appel (Bordeaux, 2 juin 1876; S. 76, II, 330; Cass., 14 janv. 1878; S. 78, I, 218).

2017. — **Mineur émancipé. — Conseil judiciaire**. — Pour le mineur émancipé et le prodigue pourvu d'un conseil judiciaire, l'action est dirigée contre eux-mêmes et contre leur curateur ou conseil judiciaire, au cas même où la succession est purement mobilière (Aubry et Rau, § 621 *bis*-18).

2018. — **Femme mariée**. — En ce qui concerne la femme mariée, dans le cas où le mari ne peut provoquer seul le partage, *supra* n° 1974, la demande doit être formée, par copies séparées contre la femme et le mari (*C. civ.*, 818), ce dernier tant comme assistant et autorisant sa femme qu'en son nom personnel comme ayant la jouissance de ses biens. Il importe peu que les époux soient mariés en communauté ou sous le régime dotal, ou même sans communauté (Duranton, VII, 115; Demante, III, 146 *bis*; Demolombe, XV, 573; Hureaux, III, 404).

2019. — **Femme séparée de biens. — Paraphernale**. — Quand la femme est séparée de biens ou que les biens provenant de l'hérédité lui sont paraphernaux, la demande est formée contre la femme autorisée de son mari ou de justice, puisque la femme mariée ne peut ester en justice sans autorisation (*C. civ.*, 215).

2020. — **Femme. — Partage provisionnel**. — Quand le mari, dans le cas où le partage doit être fait avec la femme, n'est actionné qu'à fin de partage provisionnel, il peut faire intervenir sa femme, et exiger que le partage soit définitif (Chabot, *818*, 6; Duranton, VII, 115; Roll. de Vill., *Partage*, 92).

2021. — **Héritier donataire. — Renonciation**. — L'héritier donataire en avancement d'hoirie contre lequel la demande en partage a été formée en sa double qualité d'héritier et de donataire, et qui renonce ensuite à la succession pour s'en tenir à son don, peut néanmoins être retenu dans l'instance en sa qualité de donataire, afin qu'il soit procédé contradictoirement avec lui à la composition de la masse héréditaire et à la fixation de la quotité disponible (Cass., 19 nov. 1861; S. 62, I, 686).

2022. — **Failli**. — La demande en partage dirigée contre un copartageant tombé en faillite, est formée contre le syndic de sa faillite, auquel il appartient de répondre à toute action mobilière ou immobilière intentée contre le failli (*C. comm.*, 443). Si les fonctions du syndic ont cessé, voir *supra* n° 1988.

2023. — **Substitution. — Appelés**. — Le tuteur à la charge de rendre devant représenter au partage les enfants nés et à naître, il ne peut y être procédé avant sa nomination (Turin, 29 déc. 1810); — en conséquence, c'est contre lui, et non contre les appelés, que l'instance en partage doit être formée, ceux-ci n'ayant qu'une simple espérance et non un droit certain (Paris, 23 déc. 1873; R. N., 4556).

2024. — **Contumace**. — Lorsqu'un condamné par contumace figure parmi les défendeurs, l'action est formée contre la régie de l'enregistrement comme le représentant (*Code instr. crim., 471*), sans qu'il soit besoin de lui faire nommer un curateur (Rodière, *Proc. crim.*, p. 325 ; Trebutien, *Droit criminel*, II, p. 468 ; Humbert, *Conséquence des conditions pénales*, 361 ; Montpellier, 26 mars 1836 ; S. 37, II, 221 ; Toulouse, 14 déc. 1857 ; S. 58, II, 405).

2025. — Curateur au ventre. — Le curateur au ventre n'a pas qualité pour défendre à une action en partage concernant l'enfant conçu ; l'action doit être ajournée jusqu'à la naissance de l'enfant (Demolombe, VII, 76, 77).

2026. — Établissement public. — La demande en partage formée contre une commune, une église, un hospice ou autre établissement public, est intentée contre le maire, les membres du conseil de fabrique, les administrateurs de l'hospice, etc. (*Loi, 18 juillet 1837, art. 19 et suiv.*). L'établissement public qui a été régulièrement autorisé à accepter un legs, dans l'espèce, une fabrique d'église, peut procéder avec les héritiers du testateur, sans une nouvelle autorisation, au partage et à la liquidation des biens composant la succession (Lettre du ministre de la justice, 2 août 1870).

CHAPITRE TROISIÈME

DES FORMES DU PARTAGE JUDICIAIRE

SECTION I.
DU TRIBUNAL COMPÉTENT.

2027 — Lieu de l'ouverture. — Le tribunal compétent pour connaître de la demande en partage est celui du lieu de l'ouverture de la succession, s'il s'agit du partage d'une hérédité (*C. civ., 822, Proc., 59, 6°*) entre cohéritiers ou colégataires (Marcadé, *822* ; Demolombe, XV, 632 ; Dutruc, 306 ; Cass., 21 fév. 1860 ; S. 60, I, 887), ou d'une communauté (*C. civ., 1476*), d'une société (*C. civ., 1872*). Le motif en est que les renseignements peuvent être mieux recueillis là où sont les titres, papiers et effets (Duranton, XVII, 469).

2028. — Deux successions. Lieux différents. — Quand deux successions dévolues à des mêmes intéressés, par exemple, celle du père et celle de la mère, se sont ouvertes dans deux ressorts différents, il y a lieu à une action différente pour chaque succession, devant le tribunal de son ouverture (Bordeaux, 20 avril 1831 ; S. 31, II, 315).

2029. — Faillite. — Le tribunal civil saisi de l'action en partage est seul compétent pour décider si l'un des cohéritiers failli est soumis au rapport des sommes dont les autres cohéritiers le prétendent débiteur envers le défunt et sur leur montant, sans qu'il y ait lieu de renvoyer à cet égard les parties devant le tribunal de commerce saisi des opérations de la faillite (Paris, 8 mai 1833 ; S. 33, II, 514).

2030. — Succession testamentaire. — La demande formée contre des héritiers testamentaires, entre lesquels est intervenu un partage des biens de la succession par un tiers qui se porte lui-même héritier testamentaire, en délaissement et en nouveau partage de ces mêmes biens, est de la compétence du tribunal du lieu de l'ouverture de la succession (Cass., 21 février 1860 ; S. 60, I, 887).

2031. — Biens à l'étranger. — Quand une succession ouverte en France et échue à des Français, comprend des immeubles situés en France et des immeubles situés à l'étranger, ou seulement des immeubles situés à l'étranger, c'est au tribunal du lieu de l'ouverture de la succession qu'appartient l'action en partage pour la totalité des biens français et étrangers ; on ne serait pas admis à prétendre qu'il y a lieu à deux partages, l'un en France, l'autre à l'étranger (Cass., 13 déc.

1842; 19 avril 1852; S. 43, I, 14; 52, I, 801; Paris, 17 nov. 1834; S. 36, II, 171; Paris, 14 janv. 1873; Besançon, 28 juill. 1875; J. N., 20642; S. 76, II, 20).

2052. — Étrangers et Français. — Il en est ainsi quand la demande est formée par un étranger contre un Français, alors même qu'il y a nécessité de statuer préjudiciellement sur la validité d'un mariage contracté entre étrangers et en pays étranger (Cass., 15 avril 1861; S. 61, I, 721).

2053. — Étranger. — Succession mobilière. — Les tribunaux français sont incompétents pour connaître de la demande en liquidation et partage de la succession mobilière d'un étranger décédé en France, alors que celui-ci n'a ni domicile légal en France, ni héritier français, les meubles et les valeurs mobilières, quelle que soit leur nature, étant, quant au droit d'en disposer et de les recueillir, soumis au statut personnel de ceux à qui ils appartiennent (Pothier, *Chose*, § 3; Merlin, *Loi*, § 6, n° 3; Chabot, *726*, 5; Duranton, I, 90; Massé et Vergé, § 29, 11; Valette sur Proudhon, I, p. 97; Demolombe, I, 94; Taulier, I, p. 57; Félix, *Droit international*, 37; Massé, *Droit comm.*, I, 554; Paris, 1er fév. 1836, 3 fév. 1838, 13 mars 1850, 6 janv. 1862, 24 déc. 1866, 29 juillet 1872; 12 mai 1874; Grenoble, 25 août 1848; Lyon, 21 juill. 1871; Pau, 17 janv. 1872; Hâvre, 22 août 1872; Cass., 5 mai 1875; Bordeaux, 24 mai 1876; Seine, 1er mai 1881; Cass., 22 fév. 1882; *Rép. N.*, 1073. CONTRA Marcadé, *art. 3, 6 et Rev. crit.*, 1851, p. 79; Lagrange, *Examen critique*, p. 32; Seine, 19 déc. 1868). — Il en est autrement quand le défunt avait son domicile légal en France (Riom, 7 avril 1835; Paris, 25 mai 1852; S. 35, II, 374; 52, II, 289); — ou quand la succession est dévolue concurremment à des héritiers étrangers et à des héritiers français (Paris, 14 juillet 1871; S. 71, II, 141).

2054. — Appel. — Les copartageants ne peuvent en aucun cas être distraits de cette juridiction; ainsi, sur une contestation entre héritiers, la cour d'appel doit renvoyer les parties devant le tribunal de première instance pour qu'il y soit procédé au partage (Bioche, *Appel*, 670; Bordeaux, 6 fév. 1829, 2 juin 1831, 3 août 1841; Limoges, 20 mai 1833; Besançon, 21 juill. 1844; Cass., 12 juin 1806, 17 nov. 1840, 20 déc. 1841, 18 janv. 1853, 25 janv. 1858, 8 mars 1858, 27 juin 1859; S. 41, I, 668; 58, I, 180, 645; 59, I, 663; Nancy, 13 fév. 1867; S. 67, II, 253. CONTRA Cass., 28 mars 1849; S. 49, I, 353. Voir aussi Liège, 27 juill. 1808).

2055. — Séparation de corps ou de biens. — Mais si une séparation de corps ou de biens est prononcée par une cour d'appel, par suite de l'infirmation d'un jugement de première instance, la cour peut, en ordonnant le partage de la communauté ou la liquidation des reprises, retenir la connaissance des contestations qui pourront s'élever sur ces opérations (Cass., 25 nov. 1840, 8 fév. 1853; S. 41, 1, 132; 53, I, 425. CONTRA Amiens. 9 mai 1865; S. 65, II, 188).

2056. — Action mixte. — S'il s'agit de la division de quelques biens indivis comme ayant été laissés en commun par le partage, ou comme ayant été acquis en commun, l'action en partage est mixte et peut être portée soit devant le tribunal du lieu du domicile des défendeurs, soit devant le tribunal du lieu de la situation des biens (Chabot, *822*, 3; Duranton, VII, 137; Toullier, IV, 413; Poncet, *Des actions*, p. 188; Roll. de Vill., *Part. judic.*, 21; Demolombe, XV, 621; Hureaux, III, 359; Dutruc, 312, 313; Rodière, *Proc.*, I, p. 117; Cass., 11 mai 1807; Paris, 22 nov. 1838; t. Lyon, 25 août 1883; Defrénois, *Rép. N.*, 2015).

2057. — Légataires particuliers. — Mais c'est devant le tribunal du lieu de la situation de l'immeuble que doit être portée l'action en partage, intentée par un légataire particulier contre des colégataires, après la délivrance de l'immeuble légué, volontairement consentie par les cohéritiers (Chauveau, *Form. proc.* 967, 4°).

2058. — Différents arrondissements. — Quand les immeubles dépendant d'une même succession sont situés dans différents arrondissements, la demande en partage est portée devant le tribunal du lieu où se trouve l'exploitation; par exemple, s'il s'agit d'une ferme, du lieu de la situation du corps de ferme; à défaut de chef-lieu d'exploitation, l'action est portée devant le tribunal du lieu où se trouvent les immeubles produisant le revenu le plus considérable (Duranton, VII, 137; Bioche, 29; Rodière, *Rev. de légis.* 1850, I, p. 181; Roll. de Vill., *Part. judic.*, 24; Cass., 11 mai 1807).

2039. — Ouverture à l'étranger. — Quand une succession ouverte à l'étranger comprend des immeubles situés en France, l'action en partage de ces immeubles doit être portée devant le tribunal de leur situation, suivant les règles qui viennent d'être rapportées (Chauveau sur Carré, *Quest.*, 262 *ter*; Bioche, *Part.*, 79; Dutruc, 319; Roll. de Vill., *Part. judic.*, 25; Colmar, 12 août 1817; Paris, 28 juin et 17 nov. 1834; S. 34, II, 385; 36, II, 171; Cass., 14 mars 1837, 16 fév. 1842; S. 37, I, 195; t. Poitiers, 29 déc. 1874; v. Martinique, 18 mai 1878; S. 78, II, 238).

2040. — Suisse. — Pour la compétence du tribunal sur l'action relative à la succession d'un Français mort en Suisse ou d'un Suisse décédé en France, v. décret 10 nov. 1869 (Lyon, 12 août 1881, 5 juin 1886; *Rép. N.*, 596, 3295).

2041. — Exception d'incompétence. — L'incompétence d'un tribunal, autre que celui de l'ouverture de la succession, n'est pas absolue; il faut, sous peine de déchéance, qu'elle soit invoquée avant toute exception ou défense au fond; elle ne saurait être opposée pour la première fois en appel (Vazeille, 822, 4; Bioche, 27; Roll. de Vill., *Partage judiciaire*, 28; Cass., 13 avril 1820).

2042. — Biens communaux. — Le mode de partage des biens communaux est réglé par la section 3, art. I et suiv. de la loi du 10 juin 1793 : Les contestations et réclamations qui peuvent s'élever, soit entre les communes, soit entre les habitants d'une même commune, relativement à l'opportunité, au mode, à la forme et à l'exécution du partage des biens communaux, sont portées devant le conseil de préfecture sur simple mémoire (même loi, sect. 5, art. 1 et 2), et sont de la compétence exclusive des tribunaux administratifs (Pau, 30 janv. 1854; Cass., 21 janv. 1852; 26 août 1856; S. 53, I, 39; 54, II, 268; 57, I, 28).

2043. — Mêmes biens. — Contestations. — Mais les tribunaux civils sont seuls compétents pour connaître des contestations relatives au fond du droit des copartageants, sauf, après avoir statué, à renvoyer les parties devant l'autorité administrative pour procéder au partage (Proudhon, VIII, 827, 943; Grenoble, 24 janv. 1849; S. 49, II, 540; Trib. Conflits, 2 mai 1850; S. 51, II, 660; Conseil d'Etat, 22 juin 1854, 14 mars 1860, 10 sept. 1864, 11 août 1869; 1er fév. 1871; S. 54, II, 791; 60, II, 218; 65, II, 181; 70, II, 301; 71, II, 53; Cass., 27 janv. 1851, 22 juin 1868; S. 51, I, 677; 68, I, 339).

2044. — Marais desséché. — C'est devant le tribunal civil, et non devant les tribunaux administratifs, que doit être portée l'action en partage entre des particuliers, relativement à des terrains provenant de marais desséchés par l'Etat ou par un concessionnaire (Cons. d'Etat, 19 oct. 1825).

2045. — Communes et particuliers. — Les tribunaux civils sont seuls compétents pour connaître des partages entre les communes et les particuliers (Proudhon, VIII, 829)

2046. — Algérie. — Etat et particuliers. — C'est à l'autorité judiciaire et non à l'autorité administrative, qu'il appartient de statuer, en Algérie, sur les actions en partage ou en licitation des immeubles indivis entre l'Etat et les particuliers (Cons. d'Etat, 28 fév. 1866, 28 mai 1868; S. 66, II, 371; 69, II, 158. Trib. conflits, 26 juill. 1873; S. 75, II, 186).

SECTION II.

DE L'INTRODUCTION DE LA DEMANDE.

2047. — Partage total. — La demande en partage peut avoir pour objet plusieurs successions indivises entre les mêmes héritiers, *supra* n° 787). Mais elle doit comprendre l'intégralité des successions; elle ne serait pas recevable, si elle était formée pour une partie seulement des biens, spécialement une partie du mobilier (Rouen, 16 mars 1871; J. N., 20169).

2048. — Exception. — Partage partiel. — Cependant si une partie des biens héréditaires n'est pas actuellement susceptible de division, en raison de ce que la possession en est soumise à une condition suspensive, ou qu'il s'agit d'un établissement industriel, ou de créances de nature à ne pouvoir être facilement et promptement liquidés, il peut être demandé le partage partiel des biens qui sont suceptibles de division immédiate, alors surtout que l'ensemble de ces derniers biens forme la majeure partie de l'actif à partager, *supra* n° *717*), et si le tribunal ordonne le partage partiel, il doit y être fait le rapport des dons de même que si le partage comprenait la totalité des biens (Demolombe, XV, 494; Bordeaux, 16 août 1827; Paris, 4 fév. 1837, 3 juill. 1848, 10 août 1861; S. 38, II, 124; 48, II, 395; 62, II, 97; Cass., 23 juill. 1839; S. 39, I, 500. Voir aussi Cass., 3 déc. 1851; S. 52, I, 241. Contra Paris, 17 août 1810; Dijon, 10 août 1837; S. 39, II, 421).

2049. — Conciliation. — Celui qui intente l'action en partage (*C. proc. 966*) appelle ses cohéritiers devant le juge de paix du lieu du domicile du défunt, pour se concilier, s'il y a lieu, sur la demande en partage (*Code proc. 50, 3°*). Mais il n'en est ainsi que quand la demande n'est formée que contre deux héritiers, toute instance contre plus de deux parties étant dispensée du préliminaire de conciliation (*C. proc., 49, 6°*); le mari, assigné pour autoriser sa femme défenderesse, est considéré comme une partie distincte et, par conséquent, fait nombre ainsi que sa femme (Rouen, 30 mars 1871; S. 72, II, 293; Cass., 20 mars 1877; S. 77, I, 457), ou quand toutes les parties sont majeures et capables (*C. proc., 49, 1°*). — Si donc il y a des mineurs, des interdits, des absents, des grevés de substitution, ou autres incapables, il n'y a pas lieu au préliminaire de conciliation (Pigeau, II, p. 675; Bioche, *Partage*, 30; Roll. de Vill., *Part. judic.*, 29).

2050. — Défaut de citation. — Décidé, en matière de partage, que, les actions des héritiers étant essentiellement divisibles, un héritier ne peut se prévaloir du défaut de citation en conciliation de son cohéritier (Cass., 22 juin 1835; S. 35, I, 849).

2051. — Ajournement. — Après le préliminaire de conciliation, s'il y a lieu, le poursuivant signifie à ses cohéritiers la demande en partage, dans la forme ordinaire des ajournements et non pas au moyen d'une requête adressée au président du tribunal, alors même que la demande serait dirigée par un grand nombre d'héritiers collectivement. Il en est ainsi à plus forte raison, quand des mineurs ou autres incapables sont intéressés (Thomine, II, 1152; Chauveau sur Carré, *Quest.*, 2509, 7°; Bioche, 104; Dutruc, 312, 313; Rouen, 2 janv. 1841. Voir cep. Rouen, 21 fév. 1837; S. 41, II, 117).

2052. — Exploit. — Pour la validité de l'exploit en matière de partage, il n'est pas nécessaire, par argument de l'art. 64 du C. proc., de désigner ni la nature des héritages indivis, ni leurs tenants et aboutissants (Liége, 21 juin 1810; Limoges, 24 déc. 1811; Thomine, 89)

2053. — Partage et licitation. — Quand il existe à la fois des immeubles partageables et des immeubles impartageables, l'exploit introductif de la demande en partage contient, en même temps, la demande en licitation pour ceux des immeubles qui seront reconnus impartageables.

2054. — Demande d'administrateur provisoire. — Quand il y a lieu de pourvoir à l'administration des biens indivis, l'exploit contient la demande de nomination jusqu'à l'accomplissement des opérations du partage, d'un administrateur provisoire, en énumérant les pouvoirs qui devront lui être conférés, *infra* n° 2109.

2055. — Priorité de la poursuite. — Une partie peut être intéressée à avoir la poursuite afin de la diriger : en ce qui concerne l'avoué poursuivant afin d'avoir la plus grande part des émoluments de la procédure. Dans ce but, l'art. 967 du C. de proc. porte : « Entre deux demandeurs, la poursuite appartient à celui qui a fait viser le premier l'original de son exploit d'ajournement par le greffier du tribunal; ce visa est daté du jour et de l'heure, » même lorsque les ayants droit n'ont pas été appelés tous en même temps (Limoges, 3 déc. 1861; S. 62, II, 168), ou que l'instance a été formée par un créancier (Chambéry, 7 mars 1883; v. Orléans, 8 déc. 1881; *Rép. N.*, 819, 1347).

2056. — Original de citation. — Il ne suffirait pas de faire viser l'original de la citation en conciliation (Bordeaux, 18 août

1864; S. 65, II, 75. Contra Orléans, 22 nov. 1862; S. 63, II, 15; Orléans, 15 mai 1876; Journ. Droit, 29 juillet). — C'est l'exploit d'ajournement proprement dit qui doit être soumis au visa (Cass., 4 mars 1873; S. 73, I, 353).

2057. — Absence de visa. — Quand ni l'un ni l'autre des exploits n'ont reçu le visa du greffier, l'antériorité se détermine par la date des exploits d'ajournement (Dutruc, 341; Cass., 28 fév. 1849; S. 49, I, 344).

2058. — Visas à un même moment. — S'il y a concurrence entre plusieurs avoués en raison de ce qu'ils ont obtenu le visa à une même heure, la priorité appartient d'usage à l'avoué de la partie ayant le plus grand intérêt, ou si les intérêts sont les mêmes, soit à l'avoué le plus ancien, soit à celui de l'aîné des héritiers (Dutruc, 341; Bioche, 101).

2059. — Visa un dimanche. — Si un exploit a été visé au greffe un dimanche et l'autre le lendemain lundi à l'ouverture du greffe, quoique, d'après l'art. 90 du décret du 30 nov. 1808, les greffes ne soient pas ouverts les dimanches et fêtes, il semble que le visa accordé le dimanche, soit jugé valable pour établir la priorité (Chauveau et Glandez, *Form. proc.*, 967, 6°).

2060. — Instance liée. — L'instance en liquidation et partage est liée contradictoirement entre les parties, de manière à rendre ensuite le jugement d'homologation non susceptible d'opposition, *infra* n° 2377, par le seul effet d'un jugement de défaut profit joint suivi de réassignation (Cass., 7 juill. 1869; S. 70, I, 14).

2061. — Question d'état-civil. — Les contestations sur l'état-civil des citoyens doivent être jugées en audience solennelle (*Ordonnance du 30 mars 1808, art. 22*); mais à la condition qu'elles fassent l'objet d'une demande principale ou reconventionnelle; par exemple, en matière de partage, une demande tendant à faire constater une filiation, et, en cette qualité, à être admissible à provoquer le partage ou à réclamer la réduction d'une libéralité (Cass., 3 fév. 1851, 9 janv. 1854, 23 nov. 1868, 1er déc. 1869; S. 51, I, 225; 54, I, 689, 69, I, 5; 70, I, 101). — Mais si sur une demande en partage, les défendeurs contestent incidemment et accessoirement l'état civil de celui qui intente l'action, il n'est pas exigé que cette contestation incidente soit jugée en audience solennelle (Bordeaux, 31 janv. 1833; S. 34, II, 543; Cass., 15 avril 1861, 16 déc. 1861, 13 mai 1868, 27 janv. 1874, 29 nov. 1876; S. 61, I, 731; 62, I, 253; 68, I, 338; 74, I, 108; 77, I, 245; Lyon, 17 mars 1863; S. 63, II, 205; Toulouse, 13 juin 1874; S. 74, II, 287).

2062. — Cessation des poursuites. — Si la partie la plus diligente vient à cesser ses poursuites, la partie défenderesse ou l'une des parties défenderesses peut se faire subroger en son lieu et place (Carré, *Quest.*, 2504 *quater*; Pigeau, II, 678; Thomine, II, p. 607; Roll. de Vill., *Part. judic.*, 31).

2063. — Reprise d'instance. — Lorsque des héritiers actionnés en partage de biens héréditaires viennent à décéder, la demande en reprise d'instance doit être formée contre leurs propres héritiers ou représentants; elle ne saurait être utilement formée contre les tiers détenteurs des biens de la succession (Cass., 12 déc. 1860; S. 62, I, 380).

2064. — Communication au ministère public. — Quand parmi les intéressés il y a des mineurs, des interdits, des aliénés, des absents, des grevés de substitution ou autres incapables, l'exploit d'ajournement est communiqué au ministère public (*C. proc., 83*) qui, dans les mêmes cas, est entendu sur l'instance en partage et sur toutes les contestations qui peuvent survenir (Pigeau, II, p. 680; Roll. de Vill. *Part. judic.*, 32; v. Cass., 15 mai 1878; S. 78, I, 341).

2065. — Intérêt commun. Même avoué. — Les parties ayant un même intérêt doivent se faire représenter par un même avoué, afin d'éviter une augmentation de frais; et, dans ce but, l'avoué choisi par un grand nombre des copartageants est tenu de les réunir dans une même défense (Dutruc, 339; Bioche, 105, 106; Cass., 19 août 1835; S. 35, I, 592).

2066. — Affaires sommaires. — Les demandes en partage sont réputées affaires sommaires tant qu'il ne s'agit que de la forme des opérations du partage sans contestations sur le fond du droit des parties (Cass., 5 août 1868; S. 69, I, 23; Nancy, 17 déc. 1872; S. 74, II, 107); il s'en suit que les frais de l'instance doivent être taxés comme en affaire sommaire, et non comme en matière ordinaire (Paris, 23 août 1851; S. 51, II, 649).

SECTION III.
DE L'INTERVENTION DES CRÉANCIERS.

2067. — Créanciers personnels. — Les créanciers personnels des copartageants, alors même qu'ils ne se sont pas rendus opposants, *supra* n° 1687, ont le droit d'intervenir, dans l'instance en partage (*C. civ.*, 882), qu'ils soient hypothécaires ou simplement chirographaires (Duranton, VII, 505; Bioche, 232; Dutruc, 345; Paris, 2 mars 1812, 24 mars 1834; Cass., 14 août 1840; S. 40, I, 754; Seine, 15 mars 1881; Defrénois, *Rép. N.*, 192).

2068. — Cession de droits successifs. — Si le successible débiteur a cédé ses droits successifs à l'un de ses cohéritiers, celui-ci, à défaut de signification de la cession aux autres cohéritiers, ne peut opposer cette cession aux créanciers du cédant, afin de les écarter des opérations du partage, où ils prétendent intervenir pour la conservation des droits de leur débiteur; la signification postérieure à l'intervention des créanciers serait tardive et sans effet à l'égard de ceux-ci (Nancy, 28 juin 1856; S. 56, II, 558).

2069. — Nature des créances. — Les créanciers sont non seulement les personnes auxquelles il est dû des sommes d'argent, mais aussi : le détenteur d'un immeuble que les héritiers veulent comprendre dans le partage, alors qu'il soutient l'avoir acquis du défunt (Dutruc, 345; Cass., 16 fév. 1841; S. 41, I, 550); — ou celui à qui l'un des héritiers a vendu un immeuble héréditaire ou sa part indivise dans un immeuble héréditaire, comme étant intéressé à ce qu'il entre dans le lot de cet héritier (Dutruc, 345; Cass., 14 août 1840; S. 40, I, 754; Nîmes, 5 juill. 1848; S. 48, II, 689); — ou encore le cessionnaire des droits successifs de l'un des cohéritiers (Dutruc, 345; Chabot, *882*, 6; Duranton, VII, 538; Bioche, 215).

2070. — Donataire. — Quotité disponible. — Le donataire dont la donation est attaquée comme excédant la quotité disponible a intérêt à surveiller les opérations du partage, ce qui lui donne le droit d'assister à la vente à titre de licitation des immeubles successoraux et aux opérations de compte, liquidation et partage de la succession (Seine, 24 avril 1873; Journ. Droit du 12 juin).

2071. — Créanciers de la succession. — Les créanciers de la succession auxquels il n'appartient pas de provoquer le partage, *supra* n° 1951, ne sauraient non plus être recevables à y intervenir (Dutruc, 348; Bioche, 222; Metz, 28 janv. 1818; Douai, 13 juin 1863; S. 63, II, 171).

2072. — Mode d'intervention. — L'intervention des créanciers s'introduit par une requête signifiée d'avoué à avoué, et elle doit être signifiée à ceux des copartageants qui n'auraient pas encore constitué avoué (Dutruc, 350).

2073. — Tierce opposition. — Le créancier d'un copartageant, même non-opposant, peut, tant que le partage n'est pas consommé, former tierce opposition au jugement qui en a fixé les bases en déterminant la quote-part de chacun des copartageants, comme il pourrait intervenir au partage lui-même (Cass., 4 déc. 1834, 3 fév. 1879; S. 35, I, 456; 79, I, 318). — Il peut de même former tierce opposition au jugement qui a fixé le montant des reprises de la femme préalablement au partage de la succession du mari (Agen, 11 déc. 1854; S. 55, II, 56).

2074. — Acquéreur. — L'acquéreur d'un immeuble de la succession vendu par l'un des héritiers, s'il n'est point intervenu au partage pour veiller à la conservation de ses droits, ne peut, après que ce partage est consommé, en critiquer les opérations (Chabot, *882*, 6; Vazeille, *882*, 2; Poujol, *882*, 2; Duranton, VII, 511; Nîmes, 26 déc. 1806, 5 juill. 1848; S. 48, II, 689; Douai, 11 janv. 1854; S. 54, II, 357).

2075. — Inaction. — Le créancier qui, après s'être rendu opposant à un partage, n'y est intervenu en aucune manière, bien que tous les actes de la procédure lui aient été signifiés, est non recevable à le critiquer après qu'il est devenu définitif (Cass., 22 janv. 1839; S. 39, 1, 238).

2076. — Frais. — Les créanciers intervenants supportent les frais de leur intervention (*C. civ., 882*), c'est-à-dire tous ceux nécessités par leur présence, même lorsqu'ils sont relatifs à des contestations soulevées par eux en première instance ou en appel (Dutruc, 351; Bordeaux, 17 janv. 1831; Orléans, 28 mars 1845); — et de tous ceux qu'ils ont occasionnés, spécialement les frais de signification des actes de la poursuite qui ont dû leur être adressés par le créancier poursuivant (Cass., 27 août 1838; S. 38, I, 810). — Ces frais sont portés dans un mémoire taxé séparément (Dutruc, 351; Cass., 27 août 1838 précité).

SECTION IV.

DU JUGEMENT.

2077. — Partage ordonné. — Le tribunal, sur les conclusions des parties, et le ministère public entendu, dans les cas où il y a lieu, rend un jugement par lequel il ordonne qu'il sera procédé aux opérations de compte, liquidation et partage.

2078. — Rectification d'acte de naissance. — Quand le tribunal est saisi à la fois, par un enfant naturel, de la demande en rectification de son acte de naissance, et en partage de la succession de la personne dont il se prétend l'enfant, il peut, si l'état civil réclamé n'est pas contesté, délaisser le demandeur à se pourvoir en rectification de son acte de naissance par les voies ordinaires en se bornant à statuer seulement sur la demande en partage (Cass., 9 mai 1855; S. 56, I, 743).

2079. — Juge-commissaire. — Le jugement qui prononce sur la demande en partage commet, s'il y a lieu, un juge conformément à l'art. 823 du Code civil, ce qui est facultatif au tribunal (Dutruc, 353; Cass., 19 nov. 1851; S. 52, 1, 32; Nancy, 4 mars 1873; Cass., 17 juin 1873, 18 juin 1877, 24 fév. 1879; S. 74, I, 379; 78, I, 417; 81 I, 445). — Il n'y a pas lieu de nommer un juge-commissaire quand le tribunal jugeant la demande en partage fondée, fixe le mode de partage et statue immédiatement sur les contestations qui peuvent s'élever (Chauveau et Glandaz, *Form. de proc.*, 968-2).

2080. — Désignation du juge. — La désignation du juge-commissaire, quand il y a lieu, doit toujours être faite par le tribunal et non pas par la cour d'appel, même lorsqu'elle infirme un jugement qui a déclaré n'y avoir lieu à partage (Cass., 27 juin 1859; S. 59, I, 665).

2081. — Notaire commis. — Le tribunal commet, en même temps, un notaire pour procéder au partage *(C. civ., 828; Proc., 969)*; cette commission est obligatoire et non pas facultative. En conséquence, les juges ne peuvent, même par motif d'économie de frais, procéder eux-mêmes à la formation de la masse, à la composition des lots et à leur attribution; ils doivent nécessairement renvoyer devant notaire (Dutruc, 356; Chabot, *828*, 4; Pigeau, II, 750; Carré, *Quest.*, 3199; Roll. de Vill., *Partage*, 122 et *Part. judic.*, 37; Bioche, III, 148, 149; Bordeaux, 3 juill. 1834; S. 36, II, 564; Cass., 19 juill. 1838; S. 38, I, 889. V. Riom, 19 août 1881; Bordeaux, 12 juin 1884; Defrénois, *Rép. N.*, 597, 2547).

2082. — Motifs. — L'orateur du Conseil d'Etat, lors de la discussion de la loi, a établi ainsi la nécessité du renvoi devant notaire : « Les partages se compliquent souvent
» d'opérations de calcul et de combinaisons
» qui ne sont pas plus du ministère des juges
» que des vérifications ou des opérations d'ex-
» perts : les juges doivent décider les questions
» contentieuses, et abandonner l'application
» de leurs décisions à ceux qui ont charge par
» la loi de les exécuter; lors même qu'on don-
» nerait aux juges la faculté de s'y livrer, ainsi
» qu'on se l'était d'abord proposé, ou ils se-
» raient détournés de leurs occupations essen-
» tielles, ou ils s'en seraient remis aux gref-
» fiers, à des commis ou aux avoués; les juges
» qui s'assujettiraient à procéder eux-mêmes
» aux comptes, à la formation de la masse
» générale, à la composition des lots, ne pour-
» raient le faire, pour les parties, avec le
» même avantage que le notaire, qui a plus
» de temps à leur donner, dont les fonctions
» ont un caractère plus amiable, plus propre
» à la conciliation. On s'est convaincu que le
» véritable esprit du Code civil est d'appeler

» les notaires, comme les délégués naturels » des tribunaux, dans tout ce que les partages » n'offrent pas de contentieux. Il en sera donc » toujours commis un, lorsque le cas le re- » querra, pour les opérations du partage, » comme il est commis un juge. La division » de leurs fonctions est faite par la nature de » leurs opérations; le juge-commissaire, pour » le rapport au tribunal, et pour préparer ses » décisions; le notaire, pour les calculs et l'ap- » plication de ce qui est décidé. »

2083. — **Non renvoi devant notaire.** — Toutefois il a été décidé que quand tout l'actif a été réalisé pour l'acquit des dettes et qu'il ne s'agit plus que de régler les droits d'un héritier dans les rapports effectués, le juge peut procéder à ce règlement sans renvoi devant notaire (Cass., 23 août 1869, 17 janv. 1870; S. 70, I, 99. Voir aussi Cass., 2 déc. 1872; S. 74, I, 62; Chauveau et Carré, V, quest. 2504 *octies*).

2084. — **Commission par ordonnance.** — Si un jugement omet de désigner le notaire, il peut y être suppléé par le président du tribunal, par une ordonnance sur simple requête (Seine, 4 mai 1861; J. N. 17133).

2085. — **Remplacement du notaire commis.** — Si, en conformité du jugement de commission portant qu'en cas d'empêchement le notaire commis sera remplacé sur simple requête par le président du tribunal, le président, en raison de ce que le notaire est le conseil de l'une des parties, ce qui fait craindre qu'il n'ait pas toute l'impartialité nécessaire, rend une ordonnance commettant un autre notaire, cette ordonnance n'est susceptible ni d'opposition, ni d'appel, même de la part du notaire. En tout cas, l'opposition ou la tierce opposition ne pourrait être portée en référé devant le président (Bordeaux, 13 juill. 1864; S. 64, II, 275).

2086. — **Commission par jugement ultérieur.** — Il n'est pas indispensable que la commission du notaire ait lieu par le jugement même qui statue sur la demande en partage, il peut être commis par un second jugement après le rapport des experts (Bioche, 111; Dutruc, 357; Cass., 23 avril 1839; S. 39, I, 587).

2087. — **Notaire du ressort.** — Le notaire commis doit avoir sa résidence dans le ressort du tribunal devant lequel l'instance en partage a été portée (Roll. de Vill., *Part. judic.*, 42). — Mais s'il s'agit d'une licitation, le tribunal peut commettre un notaire étranger à son arrondissement.

2088. — **Deux notaires.** — En supposant que deux notaires puissent être commis pour procéder conjointement au partage, il faut qu'ils aient une même résidence (Douai, 8 janv. 1853; J. N. 14951). — A ce sujet, l'art. 47 § 4 du règlement des notaires de Paris porte : « Les notaires ne doivent faire, » ni faire faire aucune demande ni sollicita- » tion à l'effet d'obtenir la nomination de deux » notaires pour procéder aux partages et liqui- » dations, contrairement aux dispositions for- » melles de l'art. 977 du Code de procédure » civile. »

2089. — **Choix du notaire.** — Les parties, si elles sont majeures et capables, peuvent, d'un accord unanime, faire le choix du notaire (Marcadé, *828*; Vazeille, *828*, 2; Roll. de Vill., *Part. judic.*, 41; Chauveau sur Carré, *Quest.*, 2504, 14; Bioche, 112; Dutruc, 357).

2090. — **Désaccord.** — Si elles ne sont pas d'accord, ou si parmi elles il y a des incapables, c'est aux juges seuls qu'il appartient de faire le choix du notaire (C. civ., *828*; Vazeille, *828*, 2; Roll. de Vill., *Part. judic.*, 41; Riom, 13 juin 1846; Nancy, 3 mars 1853; Rouen, 23 avril 1879; Jur. N., 10080; R. N., 5859).

2091. — **Appel.** — En cas d'appel, la Cour peut commettre un autre notaire (Chauveau sur Carré, *Quest.*, 2504; Caen, 29 août 1854; Jur. N. 10644).

2092. — **Désignation du notaire.** — Quand le choix du notaire appartient au tribunal, il commet ordinairement celui indiqué par les parties, ou, en cas de désaccord, le notaire détenteur de la minute de l'inventaire, ou, à défaut, du contrat de mariage; ou, s'il n'y a pas d'acte antérieur, le plus ancien (Paris, 13 juin 1832; S. 33, II, 358). Si les parties prétendent avoir des motifs sérieux pour ne pas admettre le notaire sur lequel doit porter le choix du tribunal, ce qui est apprécié par les juges (Lyon, 3 juin

1876; Droit 29 oct.), il est d'usage, à Paris notamment, de commettre le président de la chambre des notaires (Mollot, *Liquid. judic.*, n° 4 note).

2093. — Règlement. — Les règlements des chambres des notaires contiennent des dispositions relatives au notaire sur lequel devra porter le choix des parties, quant à l'indication à faire au tribunal; nous allons indiquer les règles les plus généralement admises en cette matière, sauf la décision du tribunal qui conserve toute sa liberté d'appréciation.

2094. — Conjoint survivant. — Quand il y a un époux survivant commun en biens ou en société d'acquêts, le droit d'être commis pour le partage de la communauté ou de la société d'acquêts, appartient au notaire choisi par lui (Règl. not. Paris, art. 34). — Alors même que le partage comprend, en outre, une succession échue aux enfants, même postérieurement à la dissolution de la communauté (Délib. ch. not. Paris, 7 avril 1864). — Si l'opération comprend la liquidation de deux communautés, par exemple, celle d'entre le père et la mère et celle d'entre une fille prédécédée et son mari, le droit d'être commis appartient au notaire du père ou de la mère survivant (Délib. ch. not. Paris, 25 janvier 1866).

2095. — Décès de l'époux survivant. — Si l'époux survivant vient à décéder, la préférence ne passe pas au notaire de ses héritiers; en conséquence, le droit d'être commis appartient soit au notaire réunissant le plus grand intérêt, soit au notaire le plus ancien, suivant qu'on adopte l'une ou l'autre de ces causes de préférence (Délib. ch. not. Paris, 20 mars 1862).

2096. — Ancienneté. — L'art. 47 § I du règlement des notaires de Paris porte : « En » cas de concours de deux notaires dans les » comptes, liquidations et partages judiciaires, » le droit d'être nommé pour y procéder, ap-» partient au notaire le plus ancien sauf les » exceptions contenues aux présents règle-» ments. » Ces exceptions n'existent qu'en faveur du notaire du conjoint survivant et du successeur du notaire commis dans les cas indiqués *supra* n° 2094 et *infra* n° 2097.

2097. — Successeur du notaire commis. — Néanmoins, lorsqu'un notaire déjà commis en justice, vient à décéder ou à quitter ses fonctions, avant que l'opération ait été terminée ou même commencée, le droit d'être commis, pour la même opération, en remplacement de ce notaire, passe à son successeur (Règl. not. Paris, art. 47, § 2). Mais si, par suite du décès de son client, le successeur du notaire primitivement commis, n'est plus le notaire d'aucun héritier, il n'y a pas lieu de le commettre (Délib. ch. not. Paris, 14 déc. 1871).

2098. — Plus grand intérêt. — Suivant l'art. 49 du règlement des notaires de Paris, « un notaire ne peut se prévaloir, ni du » nombre des parties qui l'ont appelé, ni de la » quotité de leurs intérêts, pour réclamer une » exception aux règles établies par l'art. 47. » — Cette règle, généralement observée par les notaires de Paris, conduit parfois à des conséquences difficilement acceptables; ainsi, il arrive qu'un notaire ayant eu pour client le défunt et ayant conservé la clientèle de presque tous les héritiers, se trouvera exclu par le notaire d'un successible faisant partie d'une souche qui vient par représentation et dont la part héréditaire peut être très-minime. Nous préférons la règle pratiquée dans un grand nombre de compagnies des notaires des départements qui, en dehors de la préférence appartenant au notaire du conjoint survivant commun en biens ou en société d'acquêts, fait porter le choix sur le notaire dont les clients réunissent la plus forte quotité d'intérêts; (T. Saint-Jean-d'Angely, 1er juin 1882; t. Villefranche (Rhône), 15 mars 1883; Defrénois, *Rép. N.*, art. 1318 et 1514).

2099. — Sollicitation. — Les notaires qui, d'après le règlement de la compagnie des notaires, ne se trouvent point appelés à être commis, doivent s'abstenir, lors même qu'ils seraient dépositaires de la minute de l'inventaire ou autres actes, de faire aucune demande ou sollicitation, directement ou indirectement, qui tendrait à obtenir des magistrats une décision contraire aux droits de leurs confrères (Règl. not. Paris, art. 47, § 3).

2100. — Notaire désigné par le défunt. — La désignation par le testateur d'un notaire qui sera chargé de la liquidation de sa succession n'oblige pas ses héritiers et autres successeurs, en ce sens que le notaire désigné ne peut s'en prévaloir, pour recevoir les actes relatifs au règlement de la succession à l'exclusion de ses confrères (Règl. not. Paris, art. 46; délib. ch. not. Paris, 20 nov. 1856). — Même dans ce cas, le choix des parties, et, à plus forte raison, celui du tribunal, peut se porter sur un autre notaire.

2101. — Notaire représentant un absent. — Le notaire chargé par le tribunal de représenter un présumé absent, est partie à l'acte; dès lors, il ne saurait être commis pour procéder aux opérations de liquidation et partage (Proudhon, 1, p. 260; Duranton, I, 395; Demolombe, II, 44; Plasman, Absence, I, p. 57).

2102. — Partage ou licitation. — Le tribunal peut, par le même jugement, ordonner le partage, s'il peut avoir lieu, ou la vente par licitation qui est faite devant un membre du tribunal ou devant un notaire commis (C. civ., 823; Proc., 970).

2103. — Notaires différents. — Le tribunal peut commettre : pour la vente des immeubles, un notaire du lieu de leur situation; et pour les opérations du partage, un notaire du lieu de l'ouverture de la succession (Rouen, 3 prairial an XII).

2104. — Empêchement du juge ou du notaire. — Si, dans le cours des opérations, le juge ou le notaire est empêché, le président du tribunal pourvoit à son remplacement par une ordonnance sur requête, laquelle n'est susceptible ni d'opposition ni d'appel (C. proc., 969); le notaire ne pourrait pas, comme à l'égard des actes ordinaires, se faire substituer par un confrère.

2105. — Refus du notaire de procéder. — Le refus du notaire de procéder, ou sa déclaration de ne pouvoir établir les bases du partage, ne sont pas assimilés à l'empêchement. Dans ces cas, les parties doivent se pourvoir devant le tribunal qui statue sur la valeur du refus, et peut, sans violer l'autorité de la chose jugée, remplacer le notaire (Chauveau, Quest., 2504, 12°; Bioche, 114; Dutruc, 358; Roll. de Vill., Part. judic., 45; Cass., 19 juill. 1838; S. 38, I, 889).

2106. — Révocation du notaire. — Le notaire commis pour procéder à un partage ou à une licitation ne peut, quand il y a des incapables, être révoqué que par le tribunal de qui il tient ses pouvoirs; et, par l'unanimité des parties, quand elles sont toutes majeures et capables (Cass., 30 avril 1855; S. 55, I, 685; Anvers, 21 nov. 1882; Rép. N., 1150).

2107. — Non-expertise. — Le tribunal, qu'il ordonne le partage ou qu'il ordonne la licitation, peut, dans le but d'épargner des frais inutiles, déclarer qu'il y sera immédiatement procédé sans expertise préalable, même lorsqu'il y a des mineurs en cause; dans le cas de licitation, le tribunal détermine la mise à prix (C. proc., 970).

2108. — Contestations. — S'il s'élève des contestations entre les héritiers relativement au mode de procéder au partage ou de le terminer, le tribunal prononce comme en matière sommaire (C. civ., 823). Mais il en est autrement s'il s'élève quelques questions touchant au fond du droit des parties, et ayant pour objet de déterminer les bases mêmes du partage; par exemple, si elle est relative aux rapports à faire par les cohéritiers et à la réduction des dispositions excessives (Chabot et Belost-Jolimont, 823; Duvergier sur Toullier, IV, 419 note b; Dutruc, 354; Demante, III, 155 bis; Massé et Vergé, § 391-1; Demolombe, XV, 637; Bioche, Part., 107; Bourges, 6 avril 1841; Paris, 23 fév. 1849; Cass., 30 juill. 1827, 18 mars 1828, 31 mars et 15 déc. 1829, 22 fév. et 14 juill. 1830, 5 août 1868; S. 69, I, 23).

2109. — Nomination d'un administrateur. — Le tribunal, en même temps qu'il ordonne le partage, peut nommer un administrateur de la succession, à l'effet de gérer et administrer les biens, retirer les papiers, titres et valeurs, toucher et recevoir les créances, réaliser les valeurs, etc. (Seine, 21 janv. 1886; Defrénois, Rép. N., 3026).

2110. — Signification. — Il n'est pas nécessaire de faire signifier à partie le jugement qui se borne à ordonner soit une expertise, soit le partage en nature ou la licitation. Il faut, pour cela, que le jugement prononce une condamnation par suite de difficultés élevées entre les intéressés (Dutruc, 363; Cass., 25 fév. 1834; S. 34, I, 196).

2111. — Avoué. — Vacations. — Lorsque l'expertise des immeubles à partager n'a pas été ordonnée par le tribunal, l'avoué poursuivant a seul droit à l'indemnité de 25 fr. allouée par l'art. 10 de l'ordonnance du 10 oct. 1841, à raison des soins et démarches pour l'estimation des biens; les avoués colicitants n'ont pas droit à l'allocation d'une pareille indemnité (Chauveau sur Carré, *Quest.*, 2535 *ter*; Cass., 2 déc. 1857, 25 mai 1859; S. 58, I, 113; 59, I, 585. Contra Dutruc, 361).

2112. — Opposition ou appel. — Toutefois le jugement qui prononce sur une demande en partage est susceptible d'opposition et d'appel conformément au droit commun (Chauveau sur Carré, *Quest.*, 2504, 13°; Bioche, 116; Dutruc, 363).

2113. — Dernier ressort. — S'il est établi que les objets à partager sont inférieurs à 1,500 fr., le jugement est en dernier ressort. Mais le jugement est susceptible d'appel, quand les biens sont d'une valeur indéterminée (Cass., 12 thermidor an XII, 19 août 1806. Voir Montpellier, 5 nov. 1853; S. 53, II, 671).

2114. — Indivisibilité de l'appel. — L'appel interjeté en temps utile par l'un ou plusieurs des cohéritiers relève les autres de la déchéance par eux encourue pour défaut d'appel dans le délai légal, l'instance en partage étant réputée indivisible (Dutruc, 293; Bastia, 14 avril 1856; S. 56, II, 634; Paris, 8 mars 1867; S. 67, II, 185. Voir Angers, 28 janv. 1863; S. 63, II, 250. Voir cep. Limoges, 18 nov. 1847; S. 48, II, 92; Cass., 10 avril 1866; S. 66, I, 140); — à plus forte raison, il en est ainsi quand le cohéritier non appelant avait un intérêt commun avec l'appelant, et a été mis en cause pendant le délai d'appel (Riom, 24 mai 1861; S. 61, II, 481).

2115. — Appel. — Tuteur. — Le tuteur défendeur à une action en partage et, dans ce cas, dispensé d'obtenir l'autorisation du conseil de famille, *supra* n° 2005, est également dispensé de cette autorisation pour interjeter appel du jugement rendu sur cette action (Nîmes, 2 juill. 1829; Riom, 10 mai 1855; S. 56, II, 1).

2116. — Appel. — Infirmation. Exécution. — L'exécution de l'arrêt qui infirme un jugement rendu en matière de partage, appartient aux juges qui ont rendu le jugement infirmé; il y a, pour ce cas, attribution spéciale aux juges du lieu de l'ouverture de la succession, en vertu de l'art. 59 du Code de procédure civile; d'ailleurs, l'art. 472 du même Code qui prescrit, qu'en cas d'infirmation d'un jugement, l'exécution appartiendra à la cour d'appel ou à un autre tribunal qu'elle aura indiqué, excepte de cette règle les cas dans lesquels la loi attribue juridiction (Talandier, *De l'appel*, p. 475; Merlin, *Quest. de droit*, *Appel*, § 14, art. 1, n° 13; Carré et Chauveau, *Quest.*, 1699 *bis* et 1700; Rivoire, 402; de Freminville, II, 1031; Thomine Desmazures, I, 522; Boitard, II, 717; Bioche, 90 et 190, Cass., 12 juin 1806; Limoges, 20 mai 1833; S. 33, II, 468; Bordeaux, 6 fév. 1829, 2 juin 1831, 3 août 1841; P. 41, II, 636; Cass., 17 nov. 1840; S. 41, I, 155; Besançon, 24 juill. 1844; P. 45, I, 774; Rennes, 28 avril 1846; P. 47, I, 269; Lyon, 15 juin 1848; S. 48, II, 267; Paris, 13 août 1850; S. 52, I, 327. Voir aussi Cass., 25 janv. et 8 mars 1858; S. 58, I, 180, 545. Contra Cass., 28 mars 1849; 11 août 1856; S. 49, I, 353; 56, I, 781; Pau, 21 janv. 1867; S. 67, II, 76).

2117. — Incident. — Appel. — Est réputé définitif le jugement qui, dans le cours d'une instance en partage, ordonne qu'un document produit et signifié par l'un des copartageants, sera pris pour base des opérations du notaire liquidateur, sans qu'aucune des parties puisse être admise à contester ultérieurement les résultats de ce document, lesquels sont déclarés exacts (*C. proc.*, 452); en conséquence, c'est à partir de la signification de ce jugement que court le délai d'appel (Cass., 14 août 1833; S. 33, I, 769).

2118. — Tierce opposition. — L'acquéreur de biens dépendant d'une succession ou le créancier d'un héritier qui n'est pas intervenu au partage, bien qu'il en ait eu connaissance, n'est pas recevable à former tierce opposition à l'arrêt qui a jugé entre les héritiers des contestations relatives à ce partage (Limoges, 13 fév. 1816). Il en est ainsi, à plus forte raison, si le créancier ne s'était point opposé à ce qu'il fût procédé au partage hors sa présence (Douai, 5 juin 1866 ; S. 67, II, 257).

2119. — Pourvoi en cassation. — Les arrêts en matière de partage sont susceptibles de pourvoi en cassation. On ne saurait considérer comme ayant renoncé au pourvoi déjà formé, celui qui exécute avec réserves générales, mais formelles, l'arrêt qui ordonne une licitation ou un partage (Cass., 25 janv. 1841 ; S. 41, I, 105).

2120. — Consignation. — Le pourvoi collectivement formé par plusieurs héritiers, même en excipant des moyens différents, ne donne lieu à la consignation que d'une seule amende (Cass., 3 juin 1867 ; S. 67, I, 293. Voir aussi Cass., 14 juillet 1852 ; S. 52, I, 664).

2121. — Chose jugée. — Fruits. — Si, sur un appel en matière de partage, l'arrêt ordonne que des biens détenus par l'un des cohéritiers seront compris dans la masse à partager et garde le silence sur les fruits produits par les biens, il ne préjuge pas, par ce silence, la question de restitution des fruits qui demeure entière et peut être l'objet d'une nouvelle demande (Cass., 13 déc. 1830 ; S. 31, I, 24).

2122. — Chose jugée. — Détournement. — L'arrêt, sur une demande en partage de valeurs inventoriées, qui déclare l'un des cohéritiers non coupable de détournements frauduleux, d'objets compris dans l'inventaire, n'a pas l'autorité de la chose jugée sur le fait du détournement d'une créance non comprise dans l'inventaire et qui fait l'objet d'une instance ultérieure et distincte (Cass., 13 mai 1846 ; S. 46, I, 547).

2123. — Chose jugée. — Prescription. — Le jugement qui repousse l'exception de prescription opposée par le défendeur à une demande en partage ou en supplément de partage, n'a pas l'effet de la chose jugée à l'égard de l'exception opposée ultérieurement par le défendeur et qui a pour objet soit un titre qui lui aurait transmis la propriété exclusive des biens dont le partage est demandé, soit un partage antérieur dans lequel ces biens ont été compris (Cass., 6 déc. 1837; S. 38, I, 33 ; Cass., 28 nov. 1843 ; S. 44, I, 55).

2124. — Chose jugée. — Legs. — Le fait que le jugement ordonnant un partage est passé en force de chose jugée, ne fait pas obstacle à ce que l'un des cohéritiers se prévale ultérieurement d'un legs universel fait à son profit par le défunt, dans un testament qui aurait été soustrait (Bordeaux, 7 janv. 1843 ; S. 43, II, 249. Voir aussi Cass., 3 mai 1841 ; S. 41, I, 720).

2125. — Chose jugée. — Bases de l'inventaire. — Le jugement ordonnant qu'un partage de communauté aura lieu sur les bases de l'inventaire, n'a pas l'autorité de la chose jugée sur le point de savoir si un immeuble compris dans l'inventaire, comme bien de la communauté, fait partie de cette communauté ou est un propre de l'époux survivant (Cass., 20 fév. 1855 ; S. 56, I, 415).

SECTION V.

DE L'EXPERTISE.

2126. — Choix des experts. — Lorsque le tribunal ordonne l'expertise, *supra* n° 2107, les héritiers, s'ils sont tous majeurs, doivent faire immédiatement le choix d'experts ; et, à défaut par eux de s'entendre ou s'il y a des mineurs, interdits ou autres incapables (Vazeille, *824*, 2 ; Belost-Jolimont, *824*, obs. 2 ; Massé et Vergé, § 391-4 ; Demolombe, XV, 642, 668 ; Demante, III, 165 *bis* ; Roll. de Vill., *Part. judic.*, 60) ; le tribunal nomme d'office un ou trois experts (*C. civ., 824 ; Proc., 971*).

2127. — Acquiescement. — Le jugement ordonnant le partage est passé en force de chose jugée quand la partie défenderesse a *acquiescé*. Jugé que, quand le tribunal a ordonné que les immeubles seraient estimés par des experts qu'il a commis, la déclaration faite par l'avoué de la partie défenderesse qu'il ne s'oppose pas à la prestation du serment des experts et qu'il la requiert au besoin, rentre dans le mandat *ad litem* de cet avoué et doit, dès lors, jusqu'à désaveu, être considérée comme emportant de la part du client lui-même acquiescement au jugement (Nîmes, 1er juin 1819, Cass., 4 mars 1862 ; S. 63, I, 268).

2128. — Prestation de serment. — L'expert ou les experts prêtent serment, soit devant le président du tribunal, soit devant un juge de paix commis par lui (*C. proc.*, *956*, *971*); ce qui est constaté par un procès-verbal dressé au greffe, contenant fixation du jour de l'expertise (*C. proc.*, *315*). Quand les parties sont majeures et maîtresses de leurs droits, elles peuvent dispenser les experts de cette formalité (Bioche, 122; Dutruc, 364; Cass., 21 juill. 1830; Nancy, 6 juill. 1838).

2129. — Mission des experts. — La mission des experts n'est pas de faire le partage. Ils doivent seulement fournir les éléments du partage en ce qui concerne les immeubles (Chabot, *824*, 2; Toullier, IV, 421; Dutruc, 365; Cass., 11 août 1808; Riom, 17 juin 1829).

2130. — Généalogie. — Les experts ne peuvent avoir aussi pour mission de vérifier une généalogie et de constater la qualité de quelques-unes des parties; c'est devant le tribunal que les droits des prétendants doivent être établis et le degré de parenté justifié (Montpellier, 16 nov. 1842; S. 43, II, 116).

2131. — Recherches. — Mais les juges peuvent charger des experts de rechercher les meubles ou valeurs héréditaires dont l'existence est incertaine, et de fruits dont la restitution peut être due par des copartageants, sauf aux parties à contester leurs opérations (Cass., 23 avril 1839; S. 39, I, 587).

2132. — Formes de l'expertise. — L'expertise a lieu en présence des parties ou elles duement appelées (*C. proc.*, *315*). Le rapport d'experts mentionne leur présence ou leur absence, et présente sommairement les bases de l'estimation, sans entrer dans le détail descriptif des biens à partager ou à liciter (*C. proc.*, *971*). Mais il doit indiquer si l'objet estimé peut être commodément partagé, de quelle manière, et fixer, enfin, en cas de division, chacune des parts qu'on peut en former et leur valeur (*C. civ.*, *824*). — Cette valeur doit être celle de l'époque de leur opération, et non pas du jour de l'ouverture de la succession (Chabot, *824*, 6; Bioche, 124; Dutruc, 366; Demolombe, XV, 647; Roll. de Vill., *Part. judic.*, 65).

2133. — Dépôt au greffe. — La minute du rapport est déposée au greffe du tribunal qui a ordonné l'expertise, sans nouveau serment de la part des experts (*C. proc.*, *319*).

2133 bis. — Entérinement. — Le poursuivant demande ensuite l'entérinement du rapport, par un simple acte de conclusion d'avoué à avoué (*C. proc.*, *971*). La demande en entérinement n'entraîne pas une approbation absolue de l'expertise; en ce sens que si l'expertise est critiquée par l'un ou plusieurs des copartageants, le demandeur est aussi recevable à la critiquer (Cass., 24 nov. 1841; S. 42, I, 548).

2134. — Simple division d'immeubles. — Si la demande en partage n'a eu pour objet que la division d'un ou plusieurs immeubles, sur lesquels les droits des intéressés ont déjà été fixés, soit par suite du partage du surplus des biens héréditaires, soit en raison de ce que les parties les ont laissés dans l'indivision, soit encore quand la succession est purement immobilière (Belost-Jolimont, *824*, obs. 1; Dutruc, 365), les experts, en procédant à l'estimation, composent les lots ainsi qu'il est prescrit par les articles 466 et 831 du Code civil; et après que leur rapport a été entériné les lots sont tirés au sort, soit devant le juge-commissaire, soit devant le notaire déjà commis par le tribunal (*C. proc.*, *975*).

2135. — Frais des experts. — Les experts peuvent, pour le règlement de leurs vacations, se faire délivrer exécutoire du montant de la taxe (*C. proc.*, *319*; Cass. 17 avril 1838; S. 38, I, 439).

SECTION VI.

DE LA LICITATION

2136. — Immeubles impartageables. — Si les immeubles ne peuvent pas se partager commodément, il y a lieu à une licitation, qui peut être amiable si tous les intéressés sont majeurs et capables, et qui doit être judiciaire s'il y a des mineurs ou autres incapables (*C. civ.*, *827*, *839*, *1686*).

2137. — Appréciation des tribunaux. — C'est aux tribunaux qu'il appartient d'apprécier si les immeubles peuvent ou ne peuvent pas se partager commodément; voir à ce sujet, *supra* n° 1031.

2138. — Plusieurs expertises. — Lorsque la situation des immeubles a exigé plusieurs expertises distinctes, et que chaque immeuble a été déclaré impartageable, il n'y a cependant pas lieu à licitation s'il résulte du rapprochement des rapports que la totalité des immeubles peut se partager commodément (*C. proc.*, 974).

SECTION VII.

DE LA COMPARUTION DEVANT LE NOTAIRE.

2139. — Partage général. — Nous ne nous occupons pas ici du cas où il ne s'agit que de la division d'un ou de plusieurs immeubles, *supra* n° 2134 ; mais plutôt de celui où le partage comprend les biens meubles et immeubles, prix de licitation, reliquats de compte, rapports, prélèvements, etc., soit que le tribunal ait ordonné le partage sans expertise préalable, soit que l'expertise ayant été ordonnée, les experts ont déclaré que le partage en nature pouvait s'opérer commodément, et leur rapport a été entériné (*C. proc.*, 976).

2140. — Sommation de comparaître. — Si les parties sont d'accord, elles se présentent volontairement devant le notaire, sur une simple convocation de celui-ci. Sinon, le poursuivant fait sommer les défendeurs par acte d'avoué à avoué, sans qu'il soit nécessaire de sommer à domicile (Bioche, 147 et 171 ; Dutruc, 405 ; Toulouse, 20 mars 1840 ; Jur. N. 4812; CONTRA Chauveau sur Carré, *Quest.*, 2506, 6° ; Roll. de Vill., *Part. judic.*, 99), de comparaître, au jour indiqué, devant le notaire commis, à l'effet de procéder aux compte, rapport, formation des masses, prélèvements, composition de lots et fournissements (*C. proc.*, 976); en leur déclarant que faute de comparaître, il sera prononcé défaut et procédé tant en absence qu'en présence.

2141. — Licitation. — Il en est de même après qu'il a été procédé à la licitation, si le prix d'adjudication doit être confondu avec d'autres objets dans une masse commune du partage, pour former la balance entre les divers lots (*C. proc.*, 976).

2142. — Procès-verbal d'ouverture. — Cette comparution a pour objet de fournir au notaire les renseignements relatifs à la succession et les documents nécessaires pour faire son travail, ce que le notaire constate par un procès-verbal d'ouverture des opérations. Ce procès-verbal est utile en ce qu'il oblige les parties à s'expliquer sur le jugement qui a ordonné le partage ; puis leur intervention à ce procès-verbal équivaut à un acquiescement (Roll. de Vill., *Part. judic.*, 56 ; Dict. not., *Liquid.*, 16 ; Colmar. 19 janv. 1832; Lyon, 17 janv. 1833 ; J. N. 8049, 8152).

2143. — Avoué. — L'avoué qui a occupé dans une instance en partage n'a pas capacité pour représenter son client devant le notaire, s'il ne justifie d'un mandat spécial, le ministère de ces officiers publics n'étant pas admis devant le notaire (*Arg. C. proc.*, 977). Si donc les parties, dans les opérations devant le notaire, sont assistées de leurs avoués, ce n'est qu'à titre de conseils ; et si un avoué se présente au nom de son client absent, sans mandat spécial de celui-ci, sa comparution n'empêche pas de prononcer défaut contre son client (Roll. de Vill., *Part. judic.*, 105 ; Riom, 14 janv. 1842; S. 42, II, 59; T. Tours, 10 janv. 1850; J. N. 11285, 13956).

2144. — Défaut. — Si l'une ou plusieurs des parties sommées ne comparaissent pas à l'heure indiquée, et que la sommation porte qu'il sera prononcé défaut de suite, le notaire prononce immédiatement défaut contre elles, et passe outre aux opérations. Si l'exploit ne contient pas cette mention, le défaut peut être également prononcé de suite; mais il est d'usage d'attendre pendant un temps qui peut n'être qu'une heure et ne doit pas excéder trois heures après celle fixée pour la comparution (Roll. de Vill., *Proc. verb. de comp.* 5; Massé, livre XIII, chap. 9).

2145. — Réquisition de procéder. — On mentionne dans le procès-verbal d'ouverture, la réquisition faite au notaire de procéder aux opérations; puis la déclaration du notaire que les opérations sont ouvertes, et que les parties sont ajournées à une époque qui sera ultérieurement fixée pour prendre connaisssance de son travail, l'approuver ou le contester.

2146. — Demande. — Intérêts. — Une demande devant le notaire commis, insérée dans son procès-verbal, afin de paiement d'une somme due à un cohéritier par la succession, et des intérêts de ce capital, équivaut à une demande en justice dans les termes de l'art. 1153, et fait courir les intérêts à la date de ce procès-verbal (Cass., 22 fév. 1813).

2147. — **Déclaration. — Aveu.** — Si les parties n'ont pas la possibilité de se procurer les titres et papiers qui doivent servir de bases aux opérations, il y est suppléé par les déclarations des parties. Les déclarations et aveux faits devant le notaire commis et consignés dans son procès-verbal, produisent l'effet d'un aveu judiciaire dans les termes de l'article 1356 du Code civil, puisque, dans ce cas, le notaire est le délégué du tribunal, et que son procès-verbal constitue un acte de procédure; en conséquence ils font pleine foi en jugement contre ceux de qui ils émanent (Roll. de Vill., *Aveu*, 32; Toullier X, 271).

2148. — **Annexe.** — Les originaux des sommations sont, d'usage, annexés au procès-verbal d'ouverture, afin d'établir, en cas d'absence d'un ou de plusieurs des intéressés, qu'ils ont été régulièrement appelés et que le défaut prononcé contre eux doit produire son effet. Il n'est pas utile d'annexer la grosse du jugement qui a ordonné le partage, puisque la minute se trouve au greffe. Il en est autrement des exploits de signification, quand le jugement a été signifié, en raison de ce que le délai pour l'appel court du jour de la signification.

2149. — **Documents.** — Si le notaire n'a pas encore, lors du procès-verbal d'ouverture, les documents nécessaire pour son travail, il mentionne qu'il procédera aux opérations dès que les titres, papiers et renseignements lui auront été fournis; c'est une mise en demeure aux parties, dont l'effet est de dégager la responsabilité du notaire en cas de négligence de ses clients.

2150. — **Pièces à fournir.** — Le notaire commis a le droit de se faire représenter par les parties intéressées, tous actes, titres, livres, registres et papiers, qu'il considère comme nécessaires pour la confection du travail liquidatif dont il est chargé (Paris, 24 août 1861; S. 62, II, 297).

SECTION VIII.

DE L'ÉTAT LIQUIDATIF.

I. Règles générales.

2151. — **Notaire procédant seul.** — Le notaire commis procède seul et sans l'assistance d'un second notaire ou de témoins (*C. Proc.* 977) aux opérations de compte, liquidation et partage. En effet, le notaire commis est le délégué du tribunal; sa mission consiste à faire un travail sans force par lui-même et qui ne doit acquérir d'autorité qu'après qu'il aura été examiné et sanctionné par le tribunal. Dans un tel cas, c'est à cet officier qu'il appartient d'y procéder seul.

2152. — **Second notaire.** — Cependant il est d'usage dans certaines compagnies de notaires, à Paris notamment, tout en ne conservant en nom dans l'état liquidatif que le notaire commis, d'admettre en concours un notaire en second quand les parties ou l'une d'elles en expriment le désir. Dans ce cas, les règlements des chambres admettent le partage des honoraires entre les deux notaires (Mollot, *Liquid. judic.*, 23 note 2). — Décidé, à ce sujet, lorsque le tribunal commet pour procéder à la liquidation d'une communauté, un notaire étranger aux parties, que le droit d'être en second appartient au notaire de l'époux survivant, quoique plus jeune, de préférence au notaire de l'enfant (Délib. chambre not. Paris, 9 juin 1870). A défaut de conjoint survivant, que le tribunal commette le notaire de l'une ou de plusieurs des parties ou un notaire étranger à la famille, le droit d'être en second, en cas de concours entre plusieurs notaires appelés par les parties, appartient soit au notaire le plus ancien, soit au notaire qui réunit le plus fort intérêt, suivant ce qui est dit *supra* nos 2096, 2098.

2153. — **Concours du second notaire.** — Lorsqu'un notaire en second a été admis, il exerce seulement une mission de contrôle dans l'intérêt de ses clients, prend communication du projet de liquidation rédigé par son confrère, et lui fait officieusement des objections sur les points susceptibles de controverse. Toutefois, le notaire commis reste maître du travail liquidatif, qu'il dresse comme délégué du tribunal, suivant ses inspirations personnelles, et en tenant compte dans la mesure de ce qui lui semble acceptable des observations présentées par son confrère. C'est en son nom seul que le travail liquidatif est fait et il est signé par lui seul. Le notaire en second intervient seulement aux procès-verbaux de dires et de clôture dans lesquelles les parties comparaissent.

2154. — Rédaction. — La mission confiée au notaire lui donne le droit de procéder *lui-même* aux opérations pour lesquelles il a été commis ; il est nommé, non pour *assister* au travail liquidatif que les parties intéressées voudraient faire, mais pour le rédiger lui-même sur les pièces et renseignements qui lui sont fournis de vives voix ou par écrit. En conséquence, il a le droit de refuser aux héritiers d'inscrire dans le procès-verbal de liquidation et partage, le plan par eux dressé des bases des opérations, sauf aux parties à le faire porter dans le procès-verbal de dires dressé lors de la communication du travail du notaire, par lequel ils ont le droit de faire telles critiques qu'ils jugent convenables (Massé, livre X, chap. 24 ; Roll. de Vill., *Part. judic.*, 104 ; Amiens, 21 déc. 1830 ; S. 33, II, 476.)

2155. — Transcription de projet. — Le notaire ne remplirait pas sa mission suivant le vœu de la loi, s'il bornait son travail à transcrire un projet de partage rédigé par l'une des parties, et à recevoir les dires et contestations des autres parties. En procédant ainsi, il pourrait être condamné à supporter personnellement les frais d'un tel travail (T. Issoudun, 5 janv. 1830, 23 déc. 1833 ; Jur. N. 2635).

2156. — Concours des parties. — Le concours permanent des parties n'est pas nécessaire au notaire commis, puisque sa mission consiste à établir lui-même comme délégué de la justice, l'opération pour laquelle il a été commis (Mollot, *liquid. jud.*, 23 ; Demolombe, XV, 662 ; Bioche, 162 ; Pigeau, II, 716 ; Dutruc, 407). — Cependant, si l'opération est simple et ne doit demander qu'un temps assez court, le notaire peut ne faire qu'un seul procès-verbal contenant à la fois, la réquisition afin d'ouverture et les opérations de partage, sauf même à les diviser par vacations si cela est nécessaire. Mais un tel mode de procéder ne doit être adopté que quand aucune difficulté n'existe, car la présence des parties peut ne pas laisser au notaire toute l'indépendance dont il a besoin (Roll. de Vill., *Part. judic.*, 115).

2157. — Succession mobilière. — Plusieurs hypothèses sont à examiner au point de vue du travail du notaire : quand la succession est purement mobilière, le notaire établit les masses, dresse les comptes, fixe les droits des parties, propose les attributions pour le fournissement de ces droits et l'affectation à l'acquit du passif.

2158. — Succession mobilière et immobilière. — Pas de rapports. — Si la succession est à la foi mobilière et immobilière, et que, en ce qui concerne les immeubles des lots ont été formés par les experts, alors que les droits des parties sont égaux et qu'aucun rapport en nature ne doit être effectué à la masse mobilière, le travail du notaire a pour objet la succession mobilière seulement, pour laquelle il opère de la même manière qu'au numéro précédent ; puis, lors du procès-verbal de lecture, les parties, en même temps qu'elles approuvent le travail, tirent les lots au sort. Si les lots sont inégaux, le notaire peut parfaire ceux de moindre importance en y réunissant certaines valeurs mobilières (*arg. c. Proc., 976*).

2159. — Même hypothèse. — Rapports. — Enfin, en présence d'une même succession, s'il y a lieu d'effectuer des rapports en nature à la masse, de déterminer la quotité disponible, de constater des réductions de libéralité, de déterminer les biens rapportés à la masse par suite de retranchements de donations, de fixer les droits des légataires ; en un mot, dans tous les cas où, en raison des intérêts divers des parties, la division des immeubles ne peut avoir lieu comme opération préliminaire de la liquidation, le travail du notaire consiste à dresser les comptes, établir les masses, et fixer les droits des parties, de manière que des lots comprenant des meubles et des immeubles soient ensuite formés d'après ces bases. Cette dernière hypothèse seule donne lieu aux opérations de formation de lots dont il sera question *infra* n°s 2303 et suiv.

2160. — Appréciations du notaire. — Les comptes que les parties peuvent présenter relativement aux opérations de liquidation et partage, doivent être soumis à l'appréciation du notaire, sauf à elles, en cas de contestations, à se pourvoir devant le tribunal; les parties ne seraient pas recevables dans leur prétention de saisir immédiatement le tribunal de leur examen (Cass., 11 nov. 1874; S. 75, I, 177).

2161. — Modifications. — L'état liquidatif dressé par le notaire tant qu'il n'est pas devenu définitif par l'acceptation des parties ou l'homologation du tribunal, ne constitue qu'un projet. Par suite, le notaire peut l'annuler et le remplacer par un nouveau travail, afin de réparer les erreurs et les omissions qu'il avait commises dans le premier (Angers, 8 avril 1870; S. 71, II, 55).

2162. — Difficultés graves. — Quand le notaire se trouve arrêté dans le cours de son travail par des difficultés graves et que leur solution doit être d'une grande influence sur l'opération; par exemple, si elles touchent aux qualités héréditaires des parties, à l'existence de rapports à effectuer à la masse, aux comptes que les copartageants se doivent, etc., le notaire doit faire tous ses efforts pour les surmonter. S'il ne peut y parvenir, les parties sont appelées devant lui afin qu'elles s'accordent sur ces difficultés ou lui fournissent les moyens de les résoudre; faute de quoi le notaire suspend la rédaction définitive des opérations jusqu'à ce que les difficultés soient jugées (Massé, Liv. X, chap. 24). — Jugé, à ce sujet que les articles 828 du code civil et 976 du code de procédure qui, en matière de partage, attribuent aux notaires le droit de procéder aux comptes entre les copartageants, à la formation de la masse générale et aux autres opérations, ne font pas obstacle à ce que les tribunaux prononcent, avant comme après la rédaction de l'état liquidatif, sur les difficultés qui leur sont soumises par les conclusions des parties, à mesure qu'elles se présentent (Cass., 25 juill. 1838; S. 38, I, 890). — Lorsque les difficultés ont été jugées, le notaire continue son travail en se conformant à la décision judiciaire qui est intervenue.

2163. — Point de droit. — Les difficultés qui ne portent que sur des points de droit doivent être tranchées par le notaire, sauf réformation par le tribunal, s'il y a lieu, sur l'instance en homologation (Cass., 25 juill.1838; S. 38, I, 890).

II. Rédaction de l'état liquidatif.

2164. — Généralité. — Les développements qui vont suivre ont pour objet de tracer la marche à suivre pour la rédaction de l'état liquidatif; mais sans présenter tous les cas susceptibles de se produire. Nous renvoyons à cet égard aux formules qui terminent ce volume.

§ 1. — *Préambule.*

2165. — Indication. — En tête de son travail, le notaire mentionne qu'il procède aux opérations de compte, liquidation et partage de *telle* succession, en conformité de *tel* jugement qui l'a commis.

2166. — Opérations. — En suite, le notaire procède de la manière ci-après :

§ 2. — *Parties. — Qualités.*

2167. — Parties. — Le notaire énonce les noms, prénoms, qualités et demeures des copartageants, demandeurs et défendeurs, en mentionnant, à l'égard des mineurs ou interdits, que leurs tuteurs agissent en leurs noms, sans que les subrogés-tuteurs aient besoin d'être présents, la loi ne le prescrivant pas; et, en ce qui concerne les mineurs émancipés et les prodigues pourvus de conseils judiciaires, qu'ils sont assistés de leurs curateurs ou conseils. On indique également les créanciers opposants, s'il y en a.

2168. — Héritiers institués. — Si la succession est *ab intestat*, les héritiers seuls figurent au partage. Si le défunt a institué des donataires ou légataires universels ou à titre universel, ils y figurent seuls si la succession leur est dévolue pour le tout, et concurremment avec les héritiers s'ils n'y sont appelés que pour partie.

2169. — Qualités. — On énonce, en outre, les qualités des héritiers, des donataires, légataires ou autres, en se référant aux actes desquels ces qualités résultent, tels que : intitulés d'inventaires, acte de notoriété, envoi en possession, etc.

2170. — Qualités modifiées. — Lorsque les qualités ont été modifiées depuis l'inventaire qui les a établies, ou depuis le jugement qui a ordonné le partage, en raison du décès de l'un des copartageants ou par suite du mariage d'une fille, ou enfin de la cessation de la minorité ou de l'interdiction, ou encore du retour d'un absent, ou parce qu'elles ont été mentionnées d'une manière erronée, le notaire constate les modifications qui se sont produites.

2171. — Femmes mariées. — En ce qui concerne les femmes mariées, il est utile de mentionner aussi leurs contrats de mariage, et le régime auquel elles sont soumises ; et si le contrat de mariage d'une femme la soumet à une condition d'emploi, on fera bien de la rapporter textuellement.

2172. — Comptables de l'Etat. — Si, parmi les copartageants, il se trouve des trésoriers-payeurs généraux, des receveurs particuliers d'arrondissement, des payeurs généraux et divisionnaires, ou des payeurs de département, des ports et des armées, ils sont tenus d'énoncer leurs titres et qualités dans les actes de partage, à peine de destitution, et, en cas d'insolvabilité envers le trésor public, d'être poursuivis comme banqueroutiers frauduleux. Les receveurs de l'enregistrement sont tenus, aussi à peine de destitution, et, en outre, de tous dommages et intérêts, de requérir l'inscription au nom du Trésor public pour la conservation de ses droits, et d'envoyer tant au procureur de la République du tribunal de première instance de l'arrondissement des biens qu'à l'agent du trésor public à Paris, le bordereau prescrit par les art. 2148 et suivants du code civil (*Loi 5 sept. 1807 art. 7*).

2173. — Tableau généalogique. — Lorsque les qualités héréditaires des copartageants présentent une certaine complication, il est d'usage, afin de faire ressortir clairement les droits de chacun, d'annexer au partage un tableau généalogique.

§ 3. — *Exposé préliminaire.*

2174. — Narration. — L'exposé préliminaire comprend la narration des faits et l'analyse des actes qu'il est utile de connaître pour la clarté des opérations.

2175. — Ordre chronologique. — L'exposé est présenté dans l'ordre chronologique des actes et des faits qui se rattachent aux opérations

2176. — Observations. — Les actes et faits spéciaux qui entrent dans l'exposé préliminaire sont groupés sous le titre d'*observations*, et numérotés de un à indéfiniment, afin que l'on ait la facilité d'y référer pour l'établissement des masses.

2177. — Méthode. — Les actes dont l'énonciation est nécessaire doivent être rapportés par une analyse claire, lucide, brève, sans cependant rien négliger de ce qui est utile pour la discussion, à l'égard des points qui ont particulièrement besoin de développements, dans le but soit d'expliquer une question litigieuse, soit de faire ressortir un élément d'actif ou de passif. Il est difficile de fixer les règles à suivre ; c'est au rédacteur à apprécier quand il devra être bref ou, au contraire, rapporter la teneur d'une stipulation. En règle générale, on doit s'abstenir de copier les documents, sauf les cas, assez rares, où la discussion porte sur le texte lui-même de la stipulation, pour en faire ressortir l'esprit ou le sens.

2178. — Solutions. — Si des questions litigieuses sont à apprécier, ou des points de droit à résoudre, le notaire, après l'exposition des faits qui y donnent lieu, indique la solution qui lui semble devoir être adoptée, et dont il fera usage dans son travail liquidatif.

2179. — Faits généraux. — Quand les opérations sont compliquées, on fait, par une première observation, l'exposé des faits généraux, en indiquant, par une espèce de sommaire, quelles seront les observations préliminaires et l'ordre dans lequel elles seront présentées.

2180. — Faits antérieurs et postérieurs. — On divise aussi, quand cela paraît utile, les observations préliminaires en deux parties qui ont trait : la première, à l'exposé des faits antérieurs au décès ; et la deuxième, à l'exposé des faits postérieurs au décès.

1re PARTIE. — *Faits antérieurs au décès.*

I. Liquidation antérieure.

2181. — Epoux survivant. — Quand la succession à partager est celle d'un époux survivant et, qu'après le décès de son conjoint prédécédé, il a été procédé entre lui et les héritiers de ce dernier au règlement de leur association conjugale, ainsi qu'au partage de sa succession, il est nécessaire de faire, dans une observation, l'analyse de cette liquidation, afin de faire ressortir que le tout à été réglé, et, si le survivant avait des droits d'usufruit, qu'ils se sont éteints par son décès. Dans ce cas, on détermine le prorata de revenus qui était acquis au jour de son décès, de manière à le comprendre dans la masse active ou dans les recettes du compte d'administration.

2182. — Biens à lui échus. — Si le *de cujus*, par le résultat de cette liquidation, s'est trouvé propriétaire de biens meubles et immeubles, soit comme en ayant effectué la reprise en nature, soit comme lui ayant été attribués ou lui étant échus, il est utile d'en faire une désignation sommaire et d'indiquer ceux qui existent encore, en se référant à l'observation ultérieure où il en sera question.

II. Rapports.

2183. — Actes de libéralité. — Dans le but de déterminer les rapports à effectuer à la succession du *de cujus*, il faut, dans une observation spéciale, faire l'analyse des actes de libéralité et autres, desquels les rapports à la masse peuvent résulter, d'après les règles établies *supra* n°s 982 et suivants.

2184. — Rapports en nature. — Pour les objets dont le rapport est fait en nature, on en mentionne la désignation sommaire avec référence aux articles de la masse où ils figureront ; et l'on indique les fruits et revenus courus ou perçus depuis le décès, qu'ils soient à comprendre dans les recettes d'un compte d'administration ou dans la masse active.

2185. — Rapports en moins prenant. — A l'égard des sommes à rapporter en moins prenant, on en établit l'importance pour les comprendre dans la masse active, avec les intérêts à compter du jour du décès.

III. Réductions de donations.

2186. — Rapport fictif. — Quand le défunt a fait des libéralités par acte entre-vifs, soit à des non-successibles, soit à des successibles à titre préciputaire, et qu'il a laissé des héritiers à réserve, on doit rechercher si les libéralités excèdent ou non la quotité disponible. Il faut, pour cela, énoncer les actes de donation par ordre des dates, de manière à en comprendre le rapport fictif à la masse pour le calcul de la quotité disponible et les réductions, s'il y a lieu ; le tout d'après ce qui est dit *supra* n°s 1207 et suivants.

2º Partie. — *Faits postérieurs au décès.*

I. Décès. — Indivision.

2187. — Ouverture de succession. — La première observation a trait à l'événement qui a donné lieu à l'indivision. Si c'est par l'ouverture d'une succession, on énonce les nom et demeure du *de cujus*, le jour, le mois, l'année et le lieu de son décès.

2188. — Autre cause d'indivision. — Ou toute autre cause d'indivision, comme, par exemple : l'absence, l'acquisition faite en commun, la dissolution d'une société, la suspension du partage à l'égard de certains biens.

II. Testament. — Délivrance de legs.

2189. — Dispositions. — Quand le défunt a fait des dispositions testamentaires, on énonce l'acte duquel elles résultent, souvent même on les rapporte textuellement, si elles ont uniquement pour objet les qualités dans lesquelles les parties agissent, il suffit de les relater en se référant aux énonciations déjà faites à ce sujet.

2190. — Délivrance. — Il y a lieu de mentionner les délivrances de legs particuliers, quand cette délivrance a déjà été consentie. S'ils doivent être délivrés postérieurement au partage, on indique le montant des legs afin de les comprendre dans la masse passive.

III. Scellés.

2191. — Apposition. — Levée. — Lorsque les scellés ont été apposés sur la réquisition de l'un des intéressés ou d'office par le juge de paix, on en fait l'énonciation, ainsi que de leur levée, par l'indication de la date des procès-verbaux d'apposition et de levée. (Voir à ce sujet notre *Traité Formulaire des scellés et de l'inventaire*).

IV. Inventaire.

2192. — Dépouillement. — Il était

d'usage autrefois, d'établir les opérations de liquidation et partage, par un dépouillement de l'inventaire, au moyen de l'analyse de chacune des cotes, sous des articles distincts, et dont on faisait ressortir en les plaçant hors ligne, dans une colonne, les sommes tant en capitaux qu'en fruits qui formaient la masse active. Et l'on mettait ces mots : *pour ordre, pour mémoire*, à l'énonciation des cotes, quand il n'en résultait aucune valeur pour la masse active, ou qu'elles ne s'appliquaient qu'à des dettes passives. — Mais cette manière de procéder avait l'inconvénient de placer les articles de la masse active souvent au milieu d'énonciation dénuées d'intérêt, ce qui rendait les recherches difficiles, et nuisait grandement à la clarté des opérations ; aussi, depuis plus de quarante ans, cette méthode a été généralement abandonnée. Il est préférable, en effet, d'exposer les actes et les faits en suivant un ordre chronologique, au lieu de les mélanger d'une manière diffuse. Aujourd'hui, c'est seulement pour faciliter le travail de la liquidation que l'on fait le dépouillement de l'inventaire.

2193. — Élément pour les masses. — L'inventaire dressé après le décès du *de cujus*, est un élément important pour l'établissement des masses active et passive, et la fixation des droits des parties. On le mentionne par la relation : de sa date, des qualités dans lesquelles les parties ont agi, du notaire instrumentant et de l'officier priseur.

2194. — Prisée. — Puis l'on fait connaître le chiffre auquel s'est élevé le montant de la prisée de l'inventaire ; mais pour *ordre* seulement quand le mobilier a été vendu, *infra* n° 2204 ; et à titre d'élément pour la masse active, *supra* n° 804, s'il a été conservé pour être partagé en nature.

2195. — Legs d'objets mobiliers. — Lorsqu'il a été fait des legs d'objets mobiliers, il y a lieu de déduire le chiffre de leur estimation, soit qu'ils aient déjà été délivrés, soit que la délivrance doive en être faite ultérieurement. Le surplus seul devra figurer à la masse.

2196. — Dépouillement des papiers. — Il est fait un dépouillement des titres, papiers et valeurs compris dans l'analyse des papiers. Il contient l'indication des cotes, du nombre des pièces, et un résumé détaillé de l'acte ou du fait, quand il est de nature à former un élément de l'actif ou du passif, et l'on en tire hors ligne le résultat : *somme, valeur* ou *objet*, afin de le retrouver avec plus de facilité lors de l'établissement des masses.

2197. — Revenus. — Les revenus, tels que : fermages, loyers, intérêts, arrérages, dividendes, etc., produits par les immeubles, créances, valeurs, qui étaient dus lors de l'inventaire ou ont couru depuis, sont mentionnés avec l'indication de leur point de départ.

2198. — Recouvrements. — Quand il a été recouvré des créances, touché des revenus, il faut dire par qui ces recouvrements ont été opérés, et faire connaître l'emploi que l'on en a fait, ou renvoyer aux recettes du compte d'administration où ils devront figurer, ou encore, à la masse active si les recouvrements donnent lieu à un rétablissement.

2199. — Paiements. — A l'égard des paiements qui ont été effectués, il faut également les mentionner, avec renvoi, soit au compte d'administration, soit à la masse passive si un héritier les a faits de ses deniers.

2200. — Deniers comptants. — Les deniers comptants trouvés lors de l'inventaire, ou constatés comme existants lors du décès, font l'objet d'une énonciation relatant : le chiffre auquel ils s'élevaient, l'emploi qui en a été fait, et le résultat à en tirer pour l'établissement des comptes et des masses.

2201. — Déclarations. — Les mêmes énonciations sont à faire relativement aux déclarations actives et passives portées dans l'inventaire.

2202. — Références. — En un mot, toutes les fois qu'un objet, créance ou valeur, compris dans l'inventaire, a subi une transformation ou a donné lieu à un recouvrement de capital ou de revenus, ou que, sur une créance passive, il a été fait un paiement de capital ou de revenus, il est utile de le mentionner, avec une référence soit pour la reddition du compte d'administration, soit pour l'établissement des masses active et passive. De cette manière on évite toute omission, en même temps qu'on opère avec clarté.

2203. — Résumé. — Si le dépouillement de l'inventaire a été fait avec soin, en faisant ressortir tout ce qui peut être un élément des comptes ou des masses active et passive, le travail relatif aux comptes et à l'établissement des masses, n'est plus qu'une simple récapitulation, ce qui le facilite grandement.

V. Vente de meubles.

2204. — Procès-verbal. — Quand le mobilier a été vendu, on relate, dans l'exposé, les formalités qui ont été remplies pour y parvenir; et, par conséquent, l'ordonnance du président si la vente a été faite sans attribution de qualité; puis le procès-verbal dressé par l'officier public qui y a procédé; et enfin, le compte de cet officier, dont le produit net est à comprendre dans le compte d'administration ou dans la masse active.

2205. — Bordereaux à crédit. — Les bordereaux des adjudications à crédit aux noms des cohéritiers, quand ils ont été déduits du montant de la vente mobilière, sont à tirer hors ligne, afin que le rétablissement en soit fait à la masse. Il en est de même pour les paiements que l'officier vendeur aurait faits en l'acquit personnel de l'un ou de plusieurs des cohéritiers.

VI. Jugement.

2206. — Énonciation. — On mentionne l'exploit introductif d'instance de la demande en partage; puis l'on rapporte textuellement le dispositif du jugement rendu sur cette demande, et l'on énonce les significations, quand il y a eu lieu de les faire, afin de constater que le jugement est passé en force de chose jugée.

VII. Licitation.

2207. — Prix. — Si le tribunal a ordonné la licitation des immeubles de la succession, ou de quelques-uns d'eux, les prix d'adjudication sont la représentation des immeubles, et, à ce titre, forment un élément de la masse partageable. Il y a donc lieu de faire une énonciation à ce sujet comprenant : en ce qui concerne le cahier des charges, sa date, la formation des lots, les mises à prix, les dates d'entrée en jouissance, les époques de paiement des prix, et le point de départ des intérêts. Puis, à l'égard de la vente, la date de la réception des enchères à la barre du tribunal ou devant le notaire commis, les noms des adjudicataires, les prix et la date des inscriptions d'office prises lors de la transcription, pour les adjudications prononcées au profit de non successibles, quand cette transcription a déjà eu lieu.

VIII. Formation de lots.

2208. — Rapports d'experts. — Dans le cas où le tribunal, en ordonnant le partage, a commis en même temps un ou plusieurs experts à l'effet de : visiter et estimer les immeubles de la succession, dire s'ils sont partageables en nature, et, en cas d'affirmative, en composer autant de lots qu'il y a de copartageants. Si les experts, après avoir reconnu la possibilité du partage en nature des immeubles, en ont formé des lots, on relate, à la suite de l'énonciation du jugement qui a ordonné le partage, le rapport dressé par les experts avec la désignation sommaire et l'estimation des propriétés comprises dans chacun des lots. Comme aussi : le dépôt qui en a été fait au greffe; la signification de ce rapport par acte d'avoué à avoué; les conclusions signifiées à fin d'entérinement; le jugement par lequel le tribunal a entériné le procès-verbal de rapport des experts et renvoyé les parties devant le notaire commis pour être procédé au tirage des lots; enfin la signification de ce jugement par acte d'avoué à avoué et à parties, ainsi qu'aux subrogés tuteurs quand il y a des mineurs non émancipés (*C. proc.*, 444); et le certificat du greffier constatant qu'il n'a été formé ni opposition ni appel.

IX. Compte d'administration.

2209. — Administrateur provisoire. — Il peut arriver qu'il y ait lieu, soit d'accord entre les parties, soit par le président du tribunal sur un référé, soit même sur l'instance en partage, de conférer l'administration provisoire des biens et valeurs qui composent la succession, à l'un des héritiers, à un tiers ou au notaire commis. Dans ce cas le travail du notaire doit mentionner la reddition du compte. (V. Bordeaux, 5 fév. 1884; *Rép. N.*, 2227).

2210. — Compte. — Recettes. —

Ce compte est dressé sous trois chapitres comprenant : le premier, les recettes. On y porte toutes les sommes dont le recouvrement a été opéré; telles que : les deniers comptants constatés par l'inventaire, le reliquat du compte de vente mobilière, les remboursements qui ont été effectués, le produit de la négociation des valeurs que l'administrateur a été autorisé à transférer, les perceptions de revenus, etc.

2211. — Dépenses. — Le deuxième chapitre est consacré aux dépenses. On y fait figurer toutes les sommes payées, telles que : les frais de dernière maladie et d'inhumation, le coût des scellés, de l'inventaire, les frais de l'instance en partage, les provisions versées aux héritiers si le tribunal l'a ordonné, les frais d'administration, etc.

2212. — Fonds et fruits. — Quand il y a lieu de distinguer les fonds des fruits et les charges des fonds de celles des fruits, *supra* n°s 794, 850. Cette distinction doit être faite à l'égard des recettes comme à l'égard des dépenses.

2213. — Balance. — Enfin par un troisième chapitre, on établit une balance entre les recettes et les dépenses, afin de fixer le reliquat du compte soit en recettes soit en dépenses.

2214. — Emprunt aux fonds ou aux fruits. — Il arrive quelquefois que le reliquat est en recettes quant aux fonds et en dépenses quant aux fruits, *et vice versa*. Dans ce cas, il est fait un emprunt au reliquat en excédant pour couvrir le reliquat en déficit, et il en est fait la restitution lors de la balance des masses. Un exemple donnera une démonstration plus claire de cette opération.

Balance du compte d'administration.

	Fonds	Fruits
Recettes	10,000ᶠ	6,000ᶠ
Dépenses	12,000	2,000
Reliquat : en dépenses quant aux fonds	2,000	
En recettes quant aux fruits . . .		4,000
On emprunte 2,000 fr. aux fruits pour couvrir le déficit en fonds . .		2,000
A ce moyen le reliquat définitif du compte est en recettes de 2,000 fr., à porter à la masse active, colonne des fruits		2,000

Balance des masses.

	Fonds	Fruits
Masse active	300,000ᶠ	25,000ᶠ
Masse passive	50,000	10,000
Reliquat actif	250,000	15,000
On déduit des fonds, 2,000 fr. pour les reporter aux fruits, à titre de restitution de l'emprunt de semblable somme, fait aux fruits par les fonds, dans le compte d'administration, ci . . .	2,000	2,000
Par suite le reliquat est réduit, en ce qui concerne les fonds, à	248,000	
Et il est porté à l'égard des fruits à		17,000

2215. — Formes du compte. — Le compte d'administration par un administrateur autre que le notaire, dans une liquidation amiable ou judiciaire, est rendu, soit par une observation, soit par un acte à part ou un état qui demeure joint à la liquidation. S'il est rendu par le notaire liquidateur, il peut également, quand il y a lieu à homologation, être dressé dans une observation de l'état liquidatif ou dans un état y annexé, puisqu'il a uniquement pour objet d'établir et de préparer les éléments de la liquidation (Cass., 6 août 1873; S. 74, I, 56). — Mais si le compte du notaire administrateur est rendu à des parties majeures contradictoirement avec elles, ou si, étant contenu dans l'état liquidatif, les parties l'approuvent par un acte ultérieur; dans le premier cas, le compte lui même, et dans le deuxième cas, l'acte d'approbation du compte ne peuvent être passés devant lui, en raison de ce qu'il instrumenterait étant partie, contrairement à la prohibition de l'art. 8 de la loi du 25 vent. an XI. Ils doivent dans ces deux cas être reçus par un autre notaire.

§ 3. — *Plan des opérations.*

2216. — Sommaire. — Sous ce titre on indique, par un espèce de sommaire, la division des chapitres qui, habituellement, sont au nombre de quatre, comprenant : le premier, l'établissement des masses; le deuxième, la fixation des droits des parties; le troisième, les attributions; et le quatrième, les conditions accessoires du partage.

2217. — Jouissance divise. — On

détermine l'époque de la jouissance divise des parties. Cette époque, quand le partage suit de près l'ouverture de la succession, est ordinairement celle du décès; dans le cas contraire, elle est contemporaine des opérations. C'est jusqu'au jour fixé pour cette jouissance que les fermages, loyers, intérêts, arrérages et autres fruits civils figurent dans la masse active, et que les intérêts des sommes dues sont compris dans la masse passive.

2218. — Fonds et fruits. — Enfin on annonce, quand il y a lieu, qu'on distinguera dans les masses, les fonds des fruits, et les charges des fonds de celles des fruits.

§ 4. — *Etablissement des masses.*

2219. — Calcul de la quotité disponible. — Il peut être nécessaire, préalablement à l'établissement de la masse partageable, de fixer la quotité disponible dans la succession, en raison de dispositions faites par le défunt, soit entre-vifs, soit testamentaires. Dans ce cas, l'opération se fait de la manière suivante : On désigne les biens existants avec l'indication de leur valeur à l'époque de l'ouverture de la succession, *supra* n° 1316; on y réunit fictivement les biens dont le défunt a disposés entre-vifs, d'après leur valeur à la même époque, *supra* n° 1343; on en déduit les dettes dont la succession est grevée, y compris les frais d'inventaire, partage, etc., *supra* n° 1364 et suivants. Ce qui reste forme le reliquat sur lequel on calcule la quotité disponible. S'il y a lieu à la réduction de donations on le constate afin de faire figurer à la masse partageable les biens sur lesquels cette réduction porte.

2220. — Masse active. — Les biens formant la masse active comprennent : 1° ceux existants au décès, pour leur valeur au jour du partage, avec les revenus dont ils sont productifs calculés jusqu'à la même époque, *supra* n°^{s} 791 à 822; 2° les biens provenant des rapports, soit en nature soit en deniers, faits par les copartageants, avec les fruits, revenus et intérêts, à partir du jour du décès, *supra* n°^{s} 1138 et 1144 à 1199; quant aux choses dont le rapport est effectué en moins prenant, il n'est pas nécessaire de les faire figurer dans la masse, lorsque les cohéritiers font le prélèvement sur la masse d'une valeur égale à leur montant, *supra* n° 1200 : il suffit, dans ce cas, d'établir, après la formation de la masse, le montant des rapports en moins prenant pour raison desquels des prélèvements seront opérés; 3° les biens provenant de la réduction de donations, avec les fruits, revenus et intérêts du jour du décès, si la demande en réduction a été faite dans l'année du décès, sinon du jour de la demande, *supra* n° 1494. — Quand les fruits sont distingués des fonds, les revenus courus depuis le décès et les fruits naturels ou industriels perçus depuis la même époque, figurent dans une deuxième colonne.

2221. — Origine de propriété. — Quand des immeubles figurent dans la masse à partager, il est utile d'établir, d'une manière régulière, l'origine de propriété de ces immeubles, alors surtout que des titres de propriété doivent demeurer en commun comme s'appliquant à des immeubles entrés dans différents lots, ce qui oblige à la remise à l'un des copartageants à la charge de communication; puis le but de l'établissement de l'origine de propriété est de constater le droit incommutable du défunt à la propriété des immeubles, ce qui écarte toute crainte de demande en revendication, et, à ce moyen, rassure les copartageants, comme aussi les tiers qui traitent avec eux. — Mais, quand il s'agit d'opérations de compte, liquidation et partage, un établissement de propriété d'une certaine longueur intercalé dans le texte, pourrait rendre le travail liquidatif d'un examen plus difficile; et, dans ce cas, il est préférable de le rédiger dans un état séparé que l'on annexe à la liquidation.

2222. — Masse passive. — La masse passive comprend l'énumération des sommes dues par la succession, *supra* n°^{s} 829 et suiv. Chaque dette forme un article de la masse; sauf cependant en ce qui concerne les dettes diverses des fournisseurs qui, d'usage, sont groupés dans un même article. Quand les fruits sont distingués des fonds, les sommes qui se trouvent être à la charge des fruits sont portées dans une 2e colonne.

2223. — Honoraires des avoués. — Le ministère public près le tribunal de la Seine, par une lettre du 26 février 1853, signale à la Chambre des notaires de Paris, comme un abus, l'usage de comprendre dans les frais de liquidation, des honoraires pour les avoués des parties. Il fait ressortir que cet usage constitue une violation manifeste de l'article 977 du code de procédure, qui dispose formellement que : si les parties se font assister d'un conseil, les honoraires de ce conseil n'entreront point dans les frais de partage et seront à leur charge. Et il prescrit de rentrer dans la stricte et rigoureuse observation de la loi.

2224. — Balance. — Les masses active et passive sont balancées, en observant toujours la distinction des capitaux et des revenus, afin de déterminer le reliquat net en fonds et en fruits. On divise ensuite ce reliquat entre les cohéritiers, chacun dans la proportion de ses droits héréditaires, de manière à déterminer le montant de leurs droits. Si, dans le cours des opérations, il a été fait un emprunt aux fonds pour acquitter une charge de fruits, *et vice versa*, on en fait la restitution avant d'établir le reliquat partageable, *supra* n° 2214, ce qui permet de fixer exactement les droits en fonds et en fruits.

§ 5. — *Fixation des droits des parties.*

2225. — Récapitulation. — On indique, dans une opération spéciale, la somme revenant à chacun des copartageants, au moyen de la récapitulation des droits qui leur appartiennent.

2226. — Détermination des droits. — Ainsi, pour chacun d'eux, la somme formant sa quotité dans le reliquat net partageable, à laquelle on ajoute, quand il y a lieu, le montant des prélèvements en sa faveur, *supra* n° 1200. Si l'un des copartageants est chargé spécialement de l'acquit du passif, ou d'une fraction du passif, on augmente ses droits de la somme qu'il est chargé de payer.

2227. — Passif à acquitter. — Quand les copartageants ne demeurent pas chargés de l'acquit du passif à proportion de leurs parts et portions héréditaires et que, en outre, l'un ou plusieurs d'eux n'en sont pas spécialement chargés, on indique à la suite de la fixation des droits des parties et sous le même paragraphe, le montant du passif à ac-quitter, au paiement duquel il sera affecté somme suffisante sur les deniers et valeurs compris en l'actif.

2228. — Justesse des calculs. — On totalise les droits des parties, ainsi que le montant du passif à acquitter ; le total, pour que l'opération soit exacte, doit être égal à l'actif brut partageable.

§ 6. — *Division de la masse.* — *Attributions.*

2229. — Division. — La masse se divise entre les ayants-droit, soit par la formation de lots, soit au moyen d'attributions.

I. Formation de lots.

2230. — Opération préalable. — Si la fixation des droits des parties est une opération préalable à la formation des lots, *supra* n° 2159, les lots, quand les parties sont majeures et capables et que le partage est amiable, sont immédiatement formés par elle, puis tirés au sort. Lorsque le partage est judiciaire, le notaire, avant de clore son travail, mentionne que les parties seront appelées devant lui pour en prendre communication, l'approuver ou le contester, et convenir du choix d'un expert s'il y a lieu.

2231. — Prélèvements. — Quand il existe dans la masse des valeurs fictives résultant de rapports en moins prenant de la part de quelques-uns des cohéritiers, des immeubles peuvent être attribués sous forme de prélèvements aux autres copartageants pour les égaliser avec ceux qui ont effectué les rapports ; dans ce cas, le notaire propose l'attribution aux copartageants ayant droit à des prélèvements de sommes, valeurs, objets ou immeubles, pour les égaliser avec celui des copartageants dont le rapport est le plus élevé.

2232. — Dettes. — Même lorsqu'il y a lieu au tirage au sort des lots, il peut être nécessaire de distraire de la masse active, les sommes et valeurs nécessaires pour acquitter le passif, dont l'affectation se fait ainsi qu'il est dit *infra* n° 2249. Il n'en serait autrement que dans le cas où la charge de l'acquit du passif devrait être répartie entre les copartageants, dans la proportion de leurs droits héréditaires.

2233. — Reliquat. — On établit ensuite une balance, dont l'objet est de distraire de la masse active, les objets affectés aux prélèvements des cohéritiers et à l'acquit du passif, et de déterminer les biens qui restent à partager, leur montant, et la part de chacun des copartageants dans ces biens, afin qu'il en soit formé des lots, s'il y a lieu.

II. Attributions.

2234. — Abandonnements. — L'actif compris dans la masse partageable peut être partagé par voie d'attributions, et par conséquent, le tirage au sort n'est pas obligatoire :

1° Quand tous les biens ont été vendus sur la licitation poursuivie entre les copartageants, de sorte qu'il n'y a plus à partager que les prix de licitation, des deniers comptants et des créances ou valeurs;

2° Quand la succession ne se compose que de valeurs mobilières et créances;

3° Quand, même en présence d'immeubles, les parties sont majeures et capables, et consentent à ce qu'ils soient aussi divisés entre eux sous la forme d'attribution.

4° Quand, lorsque la division en nature des immeubles est possible, le tribunal, pour le grand intérêt des parties, a ordonné, par un jugement passé en force de chose jugée, le partage par voie d'attribution (Cass., 30 août 1815).

2235. — Proposition d'attributions. — Le notaire, lorsque les droits des parties ont été fixés, et après s'être rendu compte des désirs et des convenances réciproques des copartageants, propose les attributions pour le fournissement de leurs droits.

2236. — Mode d'attribution. — Division des biens. — Cette opération, qui est purement mathématique, ne nécessite pas de longues explications : Le notaire, en proposant les attributions, doit le faire de manière à concilier les intérêts des parties avec la prescription de l'art. 832, portant qu'il convient de faire entrer dans chaque lot, s'il se peut, la même quantité de meubles, d'immeubles, de droits ou de créances de même nature et valeur. Ce principe doit surtout être observé à l'égard des copartageants mariés sous le régime de la communauté légale, quand la masse est à la fois mobilière et immobilière, que les immeubles existent en nature ou qu'ils soient représentés par des prix de vente en raison de ce qu'ils ont été licités; dans ce cas, il convient, autant que possible, de comprendre dans leurs attributions des immeubles ou des prix de vente, à proportion de leur part et portion dans les immeubles, afin qu'ils conservent à titre de propre une part équivalente à leurs droits immobiliers. La même règle doit être observée en ce qui concerne la femme mariée sous le régime dotal; de sorte que si des immeubles de la succession ont été vendus à des tiers, les prix de ces ventes, représentant à l'égard des héritiers des valeurs immobilières, doivent, aux termes de l'art. 832, être attribués de préférence à la femme dotale, pour compenser, s'il y a lieu, l'inégalité de sa part d'immeubles (Cass., 9 mars 1839; S. 39, II, 351; Cass., 10 mars 1856; S. 56, I, 657).

2237. — Objets mobiliers. — Les objets mobiliers dépendant de la succession, quand ils n'ont pas été vendus, font, d'habitude, l'objet d'attributions entre les ayants-droit, même dans un partage judiciaire, pour leur valeur fixée ainsi qu'il est dit *supra* n°s 803 et 804. Les tribunaux ne refusent pas d'homologuer les liquidations qui renferment de telles attributions, sauf, en cas de réclamations, à prononcer sur les difficultés soulevées entre les copartageants (Mollot, *Liquid. judic.*, 147).

2238. — Créances à terme. — Quand une créance n'est exigible qu'à de longs termes et qu'aucune garantie n'en assure le paiement, elle doit être répartie entre les copartageants dans la proportion de leurs droits (T. Pontoise, 26 janv. 1875; Journ. Droit du 21 octobre).

2239. — Valeurs. — Possession. — L'attribution de valeurs mobilières faite par une liquidation régulièrement homologuée, constitue au profit de l'attributaire une possession accompagnée de juste titre et de bonne foi, qui passe avec le même caractère à ses héritiers, de sorte que ceux-ci peuvent invoquer la disposition de l'article 2279 portant qu'en fait de meuble possession vaut titre (Paris 23 mai 1873; S. 73, II, 248).

2240. — Copartageant débiteur. — Conjoint donataire. — Lorsque la masse comprend une créance sur un cohéritier, il y a lieu de la faire figurer dans son attribution, en raison de ce qu'il est tenu d'en effectuer le rapport en moins prenant, *supra* n° 1124. — Il en est de même, dans le cas où le débiteur copartageant est un donataire ou un légataire; par exemple, s'il s'agit du partage de la succession d'une femme, entre les enfants et le mari donataire d'un quart en propriété et un quart en usufruit, et que ce dernier se trouve débiteur envers la succession pour les reprises de sa femme ou autre cause. Supposons un actif de 40,000 fr. dans lequel entre une créance de 15,000 fr. sur le mari, on doit attribuer au mari les 15,000 fr. dont il est débiteur, dont 10,000 fr. pour ses droits en pleine propriété et 5,000 fr. sur ses droits en usufruit; par suite, l'attribution effective est seulement de 5,000 fr. en usufruit.

2241. — Rapports en deniers. — Attribution à cohéritiers. — Le montant de rapports en deniers effectués par un cohéritier peut être supérieur au montant de ses droits; dans ce cas, on comprend dans son attribution une somme égale au chiffre de ses droits, à prendre sur son rapport et dont il fait confusion; quant au surplus de son rapport on l'attribue comme créance à ses copartageants. (Mollot, *Liquid. judic.*, 156). Il peut, en outre, être de l'intérêt de toutes les parties d'attribuer comme créance une partie du rapport aux cohéritiers, même quand le rapport est inférieur aux droits du copartageant qui l'effectue, lorsqu'il entre dans les convenances des copartageants qu'un objet déterminé ou sa part héréditaire dans un objet ou une valeur quelconque, soit attribué au cohéritier débiteur du rapport.

2242. — Prix de licitation. — Il convient de le faire de même lorsque la somme dont le copartageant est débiteur est le prix d'une licitation, car l'attribution à son profit dans une liquidation devenu définitive avant l'enregistrement du procès-verbal ou jugement d'adjudication, l'exonère du droit porportionnel d'enregistrement. Toutefois, s'il est débiteur envers la masse d'autres sommes pour rapport en deniers ou autre cause, il faut lui en faire l'attribution de préférence, de manière à laisser pour ses copartageants le prix de licitation, en raison de ce qu'il est garanti par le privilége de copartageant; alors surtout que sa solvabilité peut être douteuse (Mollot, *Liquid. judic.*, 151).

2243. — Mineurs. — Interdits, etc. — Les attributions à des mineurs, interdits ou autres incapables, doivent, autant que possible, avoir lieu en rentes sur l'Etat, actions de la banque de France, actions ou obligations de chemins de fer ou autres valeurs susceptibles d'être immatriculées en leurs noms (Mollot, *Liquid. judic.*, 149).

2244. — Père et pupille. — Lorsque, parmi les copartageants, figurent un père et son enfant mineur dont il est le tuteur légal, et que le père est débiteur envers la masse soit pour une créance contre lui, soit pour un rapport ou une indemnité, faut-il comprendre dans l'attribution faite au mineur la totalité ou une partie de la dette, en raison de ce qu'elle constitue un emploi au moyen du placement sur le père, alors notamment que les valeurs successorales sont des créances ou des deniers comptants que le père pourrait de suite recouvrer sans être astreint à aucun emploi envers les tiers? Ou si, au contraire, il est préférable, dans tous les cas, de ne comprendre dans les attributions des mineurs que des valeurs et créances successorales? C'est ce dernier mode qu'il convient d'adopter en principe, car l'attribution de la créance sur le père peut être une cause de préjudice pour le mineur, dans le cas où l'hypothèque légale du mineur ne la garantirait pas d'une manière suffisante; puis il pourrait se faire que la tutelle vînt à cesser avant que le père n'eût touché les créances successorales susceptibles d'être attribuées au mineur au lieu de la créance sur le père. D'ailleurs, il appartient au notaire liquidateur de peser toutes les circonstances en s'inspirant préférablement de ce qui peut être d'un plus grand intérêt pour le mineur.

2245. — Fruits. — Mari. — Communauté. — Quand une femme mariée se trouve au nombre des copartageants, et qu'en vertu de son contrat de mariage, le mari ou la communauté a droit aux fruits de ses biens, il n'est pas nécessaire, pour cela, de faire au mari une attribution directe des fruits auxquels il a droit personnellement ou comme chef de la communauté, même lorsqu'il est aussi copartageant, sauf, lors de la liquidation des reprises de la femme, à n'y comprendre que les sommes représentant sa part en fonds et à laisser au mari ou à la communauté la somme représentative de ses droits en fruits.

2246. — Fruits. — Jouissance légale. — Lorsque parmi les copartageants, il se trouve un mineur soumis à la jouissance légale de son père, ou de sa mère, et que l'usufruitier légal n'est pas copartageant, les fruits compris dans les droits du mineur ne font pas l'objet d'une attribution directe à l'usufruitier légal ; mais, au contraire, entrent dans l'attribution faite au mineur sauf, lors de la reddition du compte de tutelle, à laisser à l'usufruitier légal, les sommes ou valeurs considérées comme fruits qui ont été comprises dans l'attribution. — Mais si l'usufruitier légal est au nombre des copartageants, ses droits sont augmentés de ceux du mineur dans les fruits et, par conséquent, des attributions lui sont faites personnellement.

2247. — Fruits. — Usufruitier. — On procède de la même manière quand les biens dépendant de la succession sont grevés d'usufruit à titre universel ou à titre particulier.

2248. — Rentes sur l'Etat. — Créanciers opposants. — La disponibilité des rentes sur l'Etat étant personnelle à celui qui en est le propriétaire (*Loi 22 flor. an VII, art. 7*), une telle rente mise dans le lot d'un cohéritier, ne peut, sans le consentement de celui-ci, être attribuée à ses créanciers intervenants au partage (Toulouse, 5 mai 1838; S. 38, II, 456).

2249. — Affectation au passif; aux frais. — En ce qui concerne l'affectation au paiement du passif, spécialement les frais de liquidation, il convient de la faire sur les deniers comptants, ou le produit de la vente mobilière, ou le reliquat du compte d'administration; et, en cas d'insuffisance, sur les valeurs facilement réalisables (Roll. de Vill., *Partage*, 374).

2250. — Pouvoirs à ce sujet. — On désigne ordinairement l'un des copartageants, en le chargeant de la réalisation et du recouvrement des sommes et valeurs affectées à l'acquit du passif, et on lui confère les pouvoirs suffisants pour ces réalisation et recouvrement et pour le paiement des sommes comprises dans le passif. Si on lui attribuait, à titre de propriétaire, des immeubles, créances ou valeurs, à la charge de supporter le passif, il serait perçu le droit de soulte, suivant la nature des biens, sur tout ce qui excéderait sa part héréditaire dans les biens affectés à cet acquit. Il est préférable, afin de ne pas donner ouverture à ce droit, de faire une affectation pour l'acquit du passif et de conférer des pouvoirs à cet effet.

2251. — Tableau des abandonnements. — Pour faciliter l'intelligence des attributions et servir tout à la fois de contrôle, il est d'usage de dresser un tableau comprenant dans des colonnes distinctes, tous les articles de la masse et les attributions proposées pour le fournissement des droits des copartageants et pour l'acquit du passif.

§ 7. — *Conditions du partage.*

2252. — Généralité. — Après les attributions faites aux parties pour le fournissement de leurs droits, le partage, qu'il soit amiable ou judiciaire, se termine par l'indication des conditions du partage. Nous allons indiquer les principales.

I. Jouissance divise.

2253. — Époque. — On fixe, par une stipulation du partage, l'époque à partir de laquelle les copartageants ont, divisément, la jouissance des biens entrés dans leurs lots ou qui font l'objet de leurs attributions, et qui est, d'usage, celle du partage, par le motif que les revenus ont pu augmenter ou diminuer depuis le décès. C'est jusqu'au jour de cette jouissance que les fruits et revenus des biens sont compris dans la masse. Voir à ce sujet, *supra* n°s 792 et 794.

2254. — Locations. — On stipule, bien que cela soit de droit, que chacun des copartageants sera tenu d'exécuter, pour le temps restant à courir, les baux et locations existants des immeubles entrés dans son lot. Si une même location s'applique à des biens entrés dans des lots différents, on détermine la part de chacun des copartageants dans les loyers ou fermages.

2255. — Contributions. — Assurance. — Etc. — On mentionne aussi, comme corollaire de la fixation de la jouissance divise, l'époque à partir de laquelle chacun des copartageants acquittera, pour raison des immeubles entrés dans son lot, les charges de sa jouissance qui sont : les contributions de toute nature, les primes et cotisations d'assurances contre l'incendie, les abonnements au gaz, au service des eaux, etc. A ce sujet, il est d'usage de stipuler que les impôts applicables aux immeubles seront acquittés séparément à partir de l'entrée en jouissance. Quant aux impositions personnelles et mobilières, elles étaient une charge personnelle du défunt, et elles sont dues par la succession pour l'année entière.

2256. — Confusion. — Mainlevée. — L'attribution faite à l'un des copartageants d'une créance sur lui-même ou d'un rapport qu'il a effectué en deniers à la masse, ou encore d'un prix de licitation, a pour effet de l'en libérer par confusion (*C. civ., 1300*). Il est utile cependant de le mentionner, et si la créance était conservée par une inscription, de constater qu'au moyen de la confusion opérée aux mains du débiteur elle devra être radiée.

II. Effets du partage.

2257. — Déclaratif. — Le partage est simplement déclaratif de propriété, en ce sens que chacun des copartageants est censé avoir succédé uniquement aux biens entrés dans son lot, *infra* n°s 2409 et suiv.

III. Garantie.

2258. — Stipulation. — On verra *infra* n°s 2459 et suiv., la garantie que les copartageants se doivent entre eux et les effets qu'elle produit. On peut, par le partage, élargir cette garantie ou la restreindre en la spécialisant; mais il n'est pas permis de stipuler que les copartageants ne se devront aucune garantie (Marcadé, *art. 884*; Chabot, *884, 5*; Toullier, IV, 565; Demolombe, XVII, 347).

2259. — Non garantie de mesure. — On insère ordinairement dans les actes de partage, une clause portant que les copartageants ne se devront aucune garantie de mesure pour les immeubles entrés dans leurs lots respectifs. Cette convention produit son effet en ce sens que le copartageant dans le lot duquel se trouve le déficit de contenance ne peut réclamer qu'autant qu'il éprouve une lésion de plus du quart, *infra* n° 2471.

IV. Privilége.

2260. — Soulte. — Résolution. — Les copartageants ont un privilége sur les immeubles partagés pour la garantie des lots et du paiement des soultes, *infra* n°s 2492 et suiv. Mais non l'action résolutoire à défaut de paiement; toutefois l'existence même du partage pouvant être subordonnée à l'accomplissement des conditions y stipulées, on peut, dans un partage amiable, convenir qu'à défaut de paiement de la soulte, le partage sera résolu, *supra* n° 1852.

2261. — Restriction. — Le privilége de copartageant résulte de la loi, et non pas des conventions des parties, il ne saurait donc être stipulé *infra* n° 2503. Mais ceux à qui il est dû peuvent, par l'acte de partage, soit le restreindre, soit même s'en désister.

V. Servitudes.

2262. — Clause. — La clause de non garantie des servitudes actives ou passives est ordinairement insérée dans les actes de partage.

2263. — Servitudes actives. — En ce qui concerne la servitude active, cette clause fait obstacle à toute réclamation de la part du copartageant à qui est échu l'immeuble auquel elle est due, dans le cas où une contestation est soulevée par le propriétaire du fonds servant; à la condition cependant que leur perte n'entraînera pas une lésion de plus du quart.

2264. — Servitudes passives. — A l'égard des servitudes passives, la clause a pour effet de décharger les copartageants de bonne foi de la garantie des servitudes non apparentes dont ils ignoraient l'existence. Si les servitudes sont apparentes, voir *infra* n° 2461.

2265. — Stipulation de servitudes. — Indépendamment des servitudes pouvant exister avec des tiers, le partage peut donner lieu à la constitution de servitudes entre les copartageants ; ainsi, la division d'un immeuble entre plusieurs copartageants occasionne parfois l'obligation respective de souffrir des droits de vue, de jour, d'aspect, de passage, de mitoyenneté, etc.; en outre, dans les campagnes, quand un ensemble de maison est divisé en plusieurs habitations entrées dans des lots différents, il est d'usage assez fréquent de stipuler le droit en faveur de chaque habitation, de piler au pressoir, de cuire au four, de puiser à une source, à un puits, etc. Voir à ce sujet, *infra* n°s 2331 et suiv.

2266. — Transcription. — Les actes de partage ne sont pas assujettis à la formalité de la transcription au bureau des hypothèques (*Loi 23 mars 1855, art. 1er*). Il est nécessaire cependant de faire transcrire la disposition qui est créative d'une servitude de passage sur une parcelle de terre, pour l'exploitation d'une autre parcelle, afin que cette servitude puisse être opposable aux tiers (Pau, 26 janv. 1875 ; S. 75, II, 216).

VI. Clause d'emploi.

2267. — Femme dotale. — Si, parmi les copartageants, figure une femme dotale assujettie à emploi, il est utile de rappeler les conditions d'emploi prescrites par son contrat de mariage, au moyen d'une relation textuelle, afin d'appeler l'attention des débiteurs ou détenteurs des choses mobilières, lorsqu'ils viendront à se libérer.

2268. — Fonds et fruits. — Quand l'attribution en faveur de la femme dotale a eu pour résultat de la remplir de l'intégralité de ses droits en fonds et en fruits, il faut distinguer les sommes qui, dans son attribution, sont la représentation de ses droits en fruits, afin que le mari, comme propriétaire des revenus dotaux pendant le mariage, puisse les toucher librement.

VII. Biens en commun.

2269. — Biens actifs. — Certains biens actifs restent parfois en commun entre les copartageants. Il en est ainsi : 1° Dans le cas où le partage est amiable, de ceux qui ne sont pas commodément partageables et que, en raison de cela, les parties ont entendu ne pas comprendre dans des lots, sauf ensuite à les vendre ou liciter; mais non si le partage est judiciaire, le tribunal saisi de l'action ayant pour mission de faire cesser entièrement l'indivision, voir cependant *supra* n° 2048 ; — 2° De biens qui ne sont pas susceptibles de partage, et, dans ce cas, peu importe qu'il soit amiable ou judiciaire ; par exemple, s'il s'agit de créances d'un recouvrement désespéré, de droits litigieux, etc.

2270. — Administration. — Il est d'usage qu'un seul des copartageants soit chargé de gérer et administrer les biens actifs restés en commun ; les pouvoirs nécessaires lui sont conférés pour leur administration et recouvrement (Massé, livre X, chap. 23 ; Roll. de Vill., *Partage*, 259).

2271. — Dettes passives. — On laisse aussi quelquefois à la charge commune des copartageants, à proportion de leurs droits héréditaires, les dettes passives qui ne peuvent actuellement être éteintes, soit parce que des termes ont été stipulés, soit en raison de ce qu'il s'agit de rentes viagères ; et si une solidarité existe, ou si l'hypothèque les garantissant grève des biens entrés dans l'un ou plusieurs des lots, il est utile d'arrêter des stipulations à cet égard.

2272. — Portraits de famille; armes; etc. — S'il existe des portraits de famille, armes, armoiries, croix de chevalerie, médailles d'honneur, etc., on en mentionne la remise ou le dépôt à l'un ou à plusieurs des copartageants, et l'on arrête les conventions qui peuvent en être la conséquence, *supra* n°s 818 à 821.

VIII. Remise des titres et pièces.

2273. — Division. — On mentionne dans les conditions du partage, la remise des valeurs attribuées, ainsi que des titres, papiers et autres documents, et les stipulations s'y rattachant. A cet égard l'art. 842 du Code civil porte : « Après le partage, remise doit
» être faite à chacun des copartageants des
» titres particuliers aux objets qui lui sont
» échus. Les titres d'une propriété divisée restent à celui qui a la plus grande part, à la
» charge d'en aider ceux de ses copartageants
» qui y ont intérêt, quand il en sera requis.

» Les titres communs à toute l'hérédité sont
» remis à celui que tous les héritiers ont choisi
» pour en être dépositaire, à la charge d'en
» aider ses copartageants à toute réquisition.
» S'il y a difficulté sur ce choix, il est réglé
» par le juge; » c'est-à-dire par le tribunal, et
non par le juge-commissaire, en cas de partage
judiciaire (Chabot, 842, 2; Taulier, III, p. 294;
Dutruc, 466; Demolombe, XV, 695).

2274. — Remise par l'inventaire. — La remise des titres, lors de l'inventaire, étant un acte provisoire et conservatoire, ne peut être considérée comme attributive d'un droit en faveur de celle des parties à qui cette remise a été faite, fut-ce même l'époux survivant usufruitier des biens de son conjoint prédécédé. Dès lors, elle ne fait pas obstacle à la division des titres entre les copartageants, dans les termes de l'art. 842 (Paris, 9 avril 1828).

2275. — Lettres missives. — Les lettres relatives à l'un des cohéritiers, soit qu'elles aient été adressées au *de cujus*, soit qu'elles lui aient été remises par les destinataires, qu'elles aient été inventoriées ou non, appartiennent, en l'absence de tout intérêt commun au cohéritier qu'elles concernent (Paris, 13 déc. 1875; Journ. Droit du 18 décembre).

2276. — Dépôt à un notaire. — Quand des titres communs présentent un grand intérêt pour chacun des copartageants, et que aucune des parties ne consent à en accepter le dépôt, ils sont déposés aux minutes d'un notaire (Toullier, IV, 432; Demolombe, XV, 696).

2277. — Annexe. — Ampliation. — Il est même préférable, quand il s'agit du titre d'une rente ou d'une créance divisée entre les copartageants, de l'annexer à l'acte de partage, afin de pouvoir en délivrer des ampliations à toutes les parties intéressées (Roll. de Vill., *Partage*, n° 279, et *Annexe*, n° 34). — Quand ces ampliations doivent être délivrées sous forme exécutoire, il faut le consentement du juge et le concours du débiteur présent ou duement appelé, dans les termes de l'art. 26 de la loi du 25 ventôse an XI et de l'art. 844 du Code de procédure.

2278. — Désignation des pièces. — Il est fait, dans l'acte de partage, la désignation des titres et papiers remis à chacun des copartageants. Cela est utile surtout à l'égard des titres communs confiés à l'un des copartageants, en raison de ce qu'il en demeure responsable envers ses cointéressés (Toullier, IV, 432; Bioche, *Partage*, 208; Demolombe, XV, 697; Roll. de Vill., *Partage*, 278).

2279. — Communication. — Le copartageant tenu à la communication de titres et papiers, qui ne les représente pas sur la demande que l'un des cointéressés lui en fait, peut être contraint en justice soit d'y satisfaire, soit de fournir à ses frais une nouvelle expédition des actes et contrats (Chabot, 842, 3; Toullier, IV, 432; Bioche, 208; Duranton, VI, 171; Dutruc, 467; Duranton, VII, 171; Roll. de Vill., *Partage*, 282; Demolombe, XV, 697).

2280. — Décharge des titres. — La mention, dans le partage, que les titres ont été remis aux copartageants et qu'ils en ont fait la division entre eux dans les termes de l'art. 842, vaut de décharge à la personne qui en était dépositaire; qu'elle soit ou non indiquée dans l'acte (Roll. de Vill., *Partage*, 283). — Cependant, il est préférable d'énoncer qu'au moyen de la remise des titres aux copartageants, ceux-ci en déchargent la personne qui en était dépositaire.

IX. Immatricule des valeurs.

2281. — Quand il y a lieu. — S'il existe parmi les biens partagés, des rentes sur l'Etat, actions et obligations de chemins de fer, de finance ou d'industrie, le notaire est requis de délivrer tous certificats de propriété et extraits nécessaires pour les immatriculer aux noms des nouveaux possesseurs.

2282. — Usufruitiers. — Titres nominatifs. — Lorsque des attributions de rentes ou autres valeurs de Bourse sont faites en usufruit à l'un des copartageants, on énonce que ces rentes ou valeurs seront immatriculées en son nom pour l'usufruit et aux noms des nu-propriétaires pour la nue-propriété (V. Paris, 2 avril 1881; *Rép. N.*, 228).

2283. — Usufruitier. — Titres au porteur. — Si l'attribution en usufruit est de titres au porteur, les nu-propriétaires, même lorsque l'usufruitier est dispensé de fournir caution et de faire emploi, peuvent exiger que ces titres soient convertis en titres nominatifs en leurs noms pour la nue-propriété et au nom de l'usufruitier pour l'usufruit pendant sa vie. En effet, avons-nous dit, (*Répert. général*, I, 204) : « le nu-propriétaire » qui a la substance de la chose grevée d'usu» fruit, a incontestablement le droit de faire » constater que cette substance est à lui. » D'ailleurs, les valeurs industrielles au porteur ne peuvent être considérées comme des choses fongibles et l'usufruitier lui-même est intéressé à cette immatricule (Conf. Marseille, 3 juin 1873; t. Poitiers, 7 juill. 1875; Rouen, 19 janv. 1881; Nancy, 21 mai 1886; *Rép. N.*, 578 et 3314).

2284. — Usufruitier. — Valeurs à primes ou à lots. — Si, parmi les valeurs grevées d'usufruit, il s'en trouve qui soient remboursables avec des primes ou des lots, il est utile de mentionner dans l'acte de partage le droit pour l'usufruitier de les recevoir en cette qualité et l'emploi qu'il devra faire des sommes reçues. Décidé cependant que le nu-propriétaire a seul droit aux primes et aux lots (Defrénois, *Rép. N.*, 1373, 2341). — Mais cette décision ne nous semble pas juridique, ces primes et lots, étant des accessoires des valeurs, doivent, comme le capital, être soumis à la jouissance de l'usufruitier (Cass., 14 mars 1877; S. 78, I, 5).

2285. — Pouvoirs. — En outre il est donné les pouvoirs nécessaires, soit à une personne dénommée, soit au porteur d'un extrait, à l'effet de faire faire les immatricules, annuler les titres anciens, retirer les nouveaux titres, en donner décharge.

X. Clôture.

2286. — Signature. — Le notaire clot son travail, avec l'indication des jour, mois et an, et le signe.

2287. — Brevet. — Le notaire conserve l'état liquidatif comme brevet, pour demeurer annexé au procès-verbal de lecture. Des notaires ont pensé qu'il était préférable, après la signature de l'état liquidatif, de le placer immédiatement au rang de leurs minutes, et nous avons vu suivre cette méthode dans quelques études. Nous sommes d'avis qu'il vaut mieux conserver à l'état liquidatif sa nature de brevet jusqu'à son annexe au procès-verbal de lecture; car si les parties, étant capables, renoncent aux formes judiciaires et font entre elles un partage en dehors du travail du notaire, il pourrait arriver que la double existence du travail liquidatif et du partage donnât lieu par la suite à une apparence de contradiction qu'il est préférable d'éviter.

SECTION IX.

DU PROCÈS-VERBAL DE LECTURE ET D'APPROBATION.

2288. — Communication du travail. — L'état liquidatif est, d'usage, soumis en projet, à titre officieux, par le notaire, à l'examen des parties copartageantes et de leurs conseils. Puis les parties, sur une convocation amiable, se présentent devant le notaire pour en prendre communication. Sinon le poursuivant fait sommer les copartageants à l'effet de se trouver, à jour et heure indiqués, en l'étude du notaire, pour entendre la lecture de l'état liquidatif, l'approuver ou le contester.

2289. — Procès-verbal. — Il est dressé procès-verbal de la clôture du travail, dans lequel le notaire analyse succinctement le travail liquidatif, de manière à en faire ressortir les résultats. Après quoi les parties approuvent l'état liquidatif ou le contestent; et, dans ce dernier cas, font connaître par un dire les motifs de leur contestation.

2290. — Abandon des voies judiciaires. — Lorsque tous les copropriétaires ou cohéritiers sont majeurs, jouissant de leurs droits civils, présents ou duement représentés, comme ils peuvent s'abstenir des voies judiciaires, *supra* n° 1932, ils ont aussi la faculté de les abandonner en tout état de cause et de s'accorder pour procéder de telle manière qu'ils avisent (*C. proc.*, 985). En conséquence, ils peuvent approuver purement et simplement l'état liquidatif, ainsi que la formation des lots, ou y apporter telles modifications dont ils conviennent; et déclarer qu'au moyen de leur approbation et de l'accord intervenu entre eux le partage devient définitif, ce qui dispense de la formalité de l'homologation, alors même que la succession a été acceptée sous bénéfice d'inventaire (Seine, 24 juill. 1867 ; J. N., 19086).

2291. — Concours de tous les intéressés. — Créancier. — Pour que l'abandon des voies judiciaires puisse avoir lieu dans les termes de l'article 985 du Code de procédure, il faut l'accord de toutes les parties intéressées dans l'instance en partage. Il s'ensuit que si le créancier de l'un des cohéritiers a provoqué le partage en justice comme exerçant les droits de son débiteur dans les termes des articles 1166 et 2205 du Code civil, il a, comme le débiteur dont il exerce les droits, la faculté d'exiger que le partage soit fait en justice, et son consentement nous semble nécessaire pour l'abandon des voies judiciaires (Voir comme analogie : Aix, 9 janvier 1832 ; S. 32, II, 600 ; Bordeaux, 29 juin 1848 ; S. 49, II, 97 ; Orléans, 24 nov. 1855 ; S. 56, II, 385).

2292. — Licitation. — Partage du prix. — Si les opérations ont eu seulement pour objet la licitation en justice des immeubles indivis, les créanciers intervenus au jugement ordonnant la licitation ne peuvent pas contraindre les héritiers à conserver les formes judiciaires, pour procéder au partage des prix de la licitation ; ceux-ci, s'ils sont tous majeurs, présents et capables, ont le droit d'abandonner les voies judiciaires, et, par conséquent, de procéder à un partage amiable des prix, en y appelant les créanciers intervenants (Voir Seine, 12 mai 1877 ; Droit, 19 sept.).

2293. — Mineurs et incapables. — Partage provisionnel. — Quand les parties abandonnent les voies judiciaires en renonçant à faire homologuer le travail du notaire, et que parmi elles il se trouve des mineurs ou autres incapables, le partage non homologué constitue, à l'égard de ceux-ci, un simple partage provisionnel, *supra* n° 1878 ; à plus forte raison il en est ainsi lorsque les représentants des mineurs ou autres incapables ont agi en leurs noms.

2294. — Arbitrage. — Lorsque, sur les difficultés soulevées ou à soulever à l'occasion des opérations du partage, les parties, toutes majeures, constituent des arbitres, elles peuvent restreindre ou étendre leurs pouvoirs, et même leur imposer l'obligation de s'en rapporter, s'il y a lieu, à des experts qu'elles désignent à l'avance, ou de soumettre à des tiers, également désignés par elles à l'avance, les difficultés déterminées qui pourraient surgir et dont la solution exigerait des connaissances spéciales. Elles peuvent notamment convenir que les questions sérieuses de droit, qui s'élèveraient dans le cours de ces opérations, seront jugées par un avocat nommé dans le compromis, dont les décisions feront loi pour les parties et auxquelles les arbitres seront tenus de se conformer (Cass., 2 mai 1853 ; S. 53, I, 501).

2295. — Tirage de lots. — Lorsque des lots ont été formés en ce qui concerne les immeubles, de sorte que le travail du notaire a seulement pour objet les choses mobilières, le tirage des lots peut avoir lieu par le procès-verbal de lecture, *supra* n° 2158.

2296. — Défaut. — Si les parties sommées ne se présentent pas, ou refusent de signer le procès-verbal, le notaire prononce défaut contre elles, *supra* n° 2144.

2297. — Ajournement. — Quand les défendeurs ne sont pas en mesure de fournir immédiatement leurs dires à l'appui des contestations qu'ils soulèvent, ou même, sans contester, prétendent qu'ils ont besoin d'un certain temps pour faire un examen approfondi de l'état liquidatif et demandent que l'on s'ajourne à une époque fixée, soit pour approuver le travail du notaire, soit pour le contester, et, dans ce cas, produire leurs dires et moyens à l'appui de leurs contestations, le procès-verbal constate qu'on s'ajourne à une époque fixée, ou qui le sera ultérieurement. De même le demandeur, quand les contestations des défendeurs sont soulevées par le procès-verbal même, peut demander un ajournement pour produire son contredit.

2298. — Annexe de l'état. — L'état liquidatif est annexé au procès-verbal de lecture après avoir été signé *ne varietur* par les parties. On fait aussi quelquefois parapher par les parties les bas de pages, ainsi que les renvois et la mention des mots nuls contenus dans l'état liquidatif, ce qui est utile surtout quand le procès-verbal de lecture ne renferme pas une analyse du travail du notaire.

2299. — Signature. — Le procès-verbal est signé par les parties et le notaire, quand elles le peuvent ou le veulent (*C. proc., 981*). En cas de refus de signature, il en est fait mention dans le procès-verbal, ainsi que des motifs du refus, et il est passé outre (Bioche, 159, 171; Carré et Chauveau, *Quest.*, 2507; Dutruc, 459; Roll. de Vill., *Part. judic.*, 170).

2500. — **Second notaire ou témoins.** — Lorsque les parties, par le procès-verbal de lecture, approuvent définitivement l'état liquidatif et renoncent aux formalités d'homologation, *supra* n°s 2290, 2293, ou si, dans le cas où le partage demeure judiciaire, il intervient dans le procès-verbal une convention quelconque pour laquelle les représentants des mineurs ou autres incapables peuvent valablement agir en leurs noms, l'opération ou la convention ont le caractère d'un acte soumis aux formes ordinaires des actes notariés. Dans ce cas, le procès-verbal doit être reçu, conformément à l'art. 9 de la loi du 25 ventôse an XI, par deux notaires ou par un notaire assisté de deux témoins (Chauveau, *Form. de proc.*, p. 606).

2501. — **Minute.** — Les procès-verbaux d'approbation ou de contestation sont conservés en minute, et il en est délivré expédition ainsi que de l'état liquidatif annexé au procès-verbal de lecture, pour le tout être produit au tribunal à fin d'homologation. En effet, l'art. 977 du Code de procédure, suivant lequel le procès-verbal de dires est remis au greffe, *infra* n° 2350, ne dit pas si cette remise doit être faite en original ou par copie; en tout cas, nous pensons que c'est seulement quand le travail du notaire est une opération préalable à la formation de lots, qu'il peut y avoir lieu au dépôt au greffe du procès-verbal de dires sur les difficultés soulevées entre les parties.

2502. — **Contestations postérieures.** — L'intervention des copartageants au procès-verbal du notaire, leur signature sur le procès-verbal, non plus que le défaut de comparution, ne font aucun obstacle au droit des parties de contester plus tard les opérations du partage et de former des contestations nouvelles; aucune déchéance ne leur est donc opposable de ce chef, sauf à ce qu'ils supportent les frais de leur contestation si elle est tardive (Carré, *Quest.*, 3208; Bioche, 172; Roll. de Vill., *Part. judic.*, 189, 192; Paris, 20 fév. 1832, 12 avril 1834, 22 déc. 1838; Jur. N. 2444, 4369; Besançon, 8 fév. 1875; S. 77, II, 36).

2503. — **Créancier opposant. — Contredit.** — Un créancier opposant à partage qui n'a pas contredit lors du procès-verbal dressé par le notaire (*C. civ.*, 837; *Pr.*, 977), n'est pas pour cela déchu du droit de contester; il demeure recevable à produire ses contredits devant le tribunal, même après le rapport du juge-commissaire (Orléans, 24 nov. 1855; S. 56, II, 385).

2504. — **Masse pour formation de lots.** — Les règles qui précèdent s'appliquent au cas où l'état liquidatif a pour résultat de terminer les opérations du partage. Mais quand le travail du notaire a eu pour objet de dresser la liquidation et d'établir la masse, pour que des lots en soient ensuite formés par experts, les parties sont, de la même manière, appelées à prendre communication des opérations de liquidation, les approuver ou contester. Dans ce cas, il est procédé après cette approbation ou, en cas de contestations, après qu'elles ont été jugées, à la formation des lots (Dijon, 10 août 1837; S. 39, II, 421; Voir aussi Rennes, 21 fév. 1834; S. 35, II, 314).

SECTION X.

DE LA FORMATION DES LOTS.

2505. — **Par qui elle est faite.** — Quand il y a lieu à la formation des lots, *supra* n° 2230, ils sont faits par l'un des cohéritiers s'ils sont tous majeurs, s'ils s'accordent à l'unanimité sur le choix; et si celui qu'ils ont choisi accepte la commission; dans le cas contraire, c'est-à-dire lorsque les parties ne peuvent se mettre d'accord sur le choix de l'expert ou qu'il y a des mineurs ou interdits *supra* n° 2126, ou des absents, des non-présents (Carré et Chauveau, *quest.*, 2507; Chabot, *834*, 2), le notaire, sans qu'il soit besoin d'aucune autre procédure, renvoie les parties devant le juge-commissaire et celui-ci nomme un expert (*C. civ.* 834; *Pr.* 978); il importe peu que le tribunal ait ou non ordonné le partage sans expertise préalable (Dutruc, 452; Caen, 30 janv. 1843; T. Caen, 29 avril 1844; S. 44, II, 657, 658).

2506. — Tribunal. — Il a été décidé que le tribunal, appelé à statuer sur la demande en partage d'une succession dans laquelle se trouvent des mineurs, peut lui-même, lorsqu'il dispense de l'expertise, former les lots, au lieu de renvoyer cette opération devant le notaire commis (T. Saint-Omer, 10 fév. 1854; Jur. N. 10646. Contra Bioche Journ. Proc., art. 5626; Chauveau, Journ. des Avoués, art. 1835).

2507. — Nomination de l'expert. — Lorsque l'expert est désigné par le juge-commissaire, sa nomination a lieu sur requête, quand il y a des mineurs ou autres incapables; et sur la production du procès-verbal du notaire constatant que les parties n'ont pu s'entendre, si tous les intéressés sont majeurs et capables (C. civ. 837; Pr. 977).

2508. — Division d'immeubles. — Toutefois, lorsque la demande en partage n'a pour objet que la division d'un ou de plusieurs immeubles sur lesquels les droits des copropriétaires sont déjà liquidés, les experts chargés de procéder à l'estimation de ces immeubles, ont également mission de composer les lots et de dresser le procès-verbal de cette opération (Aubry et Rau, § 624-31).

2509. — Rapport de l'expert. — Le cohéritier choisi par les parties ou l'expert nommé pour la formation des lots, après avoir prêté serment devant le juge commissaire, en établit la composition dans un rapport qui est reçu et rédigé par le notaire à la suite du procès-verbal contenant formation de la masse (C. proc. 979). Toutefois si l'expert est commis par le jugement autorisant le partage, pour la division d'immeubles sur lesquels les droits des parties sont fixés, supra n° 2307, son rapport est dressé par lui et déposé au greffe pour être soumis à l'entérinement du tribunal, supra n° 2133 bis.

2510. — Mode de division. — Dans la formation et composition des lots, on doit éviter, autant que possible, de morceler les héritages et de diviser les exploitations; et il convient de faire entrer dans chaque lot, s'il se peut, la même quantité de meubles, d'immeubles, de droits ou de créances de même nature et valeur (C. civ. 832).

2511. — Femme dotale. — Cette règle doit être observée, à plus forte raison, lorsque parmi les copartageants, il se trouve une femme mariée sous le régime dotal. Si son lot comprenait, relativement une plus grande quantité de biens meubles, elle pourrait être exposée, à tort suivant nous, infra n° 2444, à ce qu'on exigeât d'elle l'emploi des valeurs mobilières jusqu'à concurrence de ce qu'elle aurait en moins que sa part dans les immeubles (Troplong, 3113).

2512. — Legs en immeuble. — Vente. — Si le père en faisant à l'un de ses enfants le legs de la quotité disponible, a déclaré que ce legs sera exécuté sur les immeubles de la succession, cette disposition produit son effet, supra n° 1383. Mais il ne peut valablement ajouter que le même enfant prélèvera aussi sa réserve sur les immeubles, ce qui serait contraire à l'art. 832 (Toulouse, 14 janv. 1845; S. 52, II, 397). — Il ne peut non plus vendre à ce même enfant tout ou partie du surplus de ses immeubles, moyennant un prix payable à la mort du vendeur, par suite de quoi les parts héréditaires des autres enfants devraient être composées de sommes d'argent plus fortes que si cette vente n'avait pas eu lieu, ou de créances sur l'enfant acquéreur (Douai, 10 mai 1849; S. 52, II, 397).

2513. — Soulte. — L'égalité entre les copartageants étant la base essentielle du partage, quand il n'est pas possible de faire des lots en nature, l'inégalité se compense par un retour soit en rente, soit en argent (C. civ. 833), qu'on appelle soulte. La soulte peut être aussi de l'obligation de supporter une portion plus considérable dans les dettes (Toullier, IV, 430; Chabot, 833, 3; Demolombe, XV, 675; Dutruc, 450; Roll. de Vill., Partage, 242); — ou encore de l'obligation de payer une part des revenus jusqu'à l'extinction d'un usufruit, dans le cas où l'on fait entrer dans l'un des lots un bien grevé d'usufruit (Chabot, 833, 2; Dutruc, 450; Caen, 24 août 1868; S. 69, II, 215).

2514. — Soulte en numéraire. — Quand la soulte est en numéraire, elle est d'une somme fixe, payable à une époque déterminée, qui doit être du temps nécessaire pour en réaliser le montant par la vente d'une partie des biens entrés dans le lot du cohéritier débiteur de la soulte.

2515. — Soulte en rente. — La soulte est en rente quand on charge le copartageant d'une rente perpétuelle à titre de soulte. Mais une telle obligation ne peut être imposée au copartageant qu'autant que le lot chargé de la soulte comprend des biens qui en sont grevés par privilége ou hypothèque, *supra* n° 914. On ne pourrait stipuler une soulte en rente perpétuelle en la constituant par l'acte de partage au profit du copartageant dont le lot est le moins élevé (Chabot, *833*, 2 ; Vazeille, *833*, 2 ; Dutruc, 450 ; Roll. de Vill., *Part.*, 240) ; — ni, à plus forte raison, en une rente viagère (Demolombe, XV, 659).

2516. — Intérêts de la soulte. — Les soultes en argent, s'il n'y a stipulation contraire, produisent des intérêts de plein droit à partir du jour de l'entrée en jouissance, par argument de l'art. 1652 (Chabot, *833*, 2 ; Vazeille, *833*, 5 ; Dutruc, 450 ; Dalloz, *Succ.*, 1809 ; Laurent, X, 332 ; Rennes, 10 fév. 1818 ; Bruxelles, 13 juin 1821).

2517. — Privilége. — Le privilége de copartageant est attaché à la soulte, *infra* n° 2496.

2518. — Formation de lots. — Obligation. — Les dispositions des art. 831 et 834 qui prescrivent la formation des lots et leur tirage au sort sont impératives et ne sauraient être modifiées par les tribunaux (Cass., 10 mai 1826, 19 mars 1844, 11 août 1875 ; S. 44, I, 301 ; 76, I, 468 ; Bastia, 4 janv. 1858 ; S. 58, II, 88. CONTRA Caen, 13 nov. 1845 ; S. 46, II, 141 ; Metz, 10 juin 1852 ; S. 54, II, 276). — Ainsi, ils ne pourraient ordonner une attribution d'immeubles en raison de la convenance des parties relativement aux immeubles contigus qu'elles possèdent (Rennes, 18 mai 1812) ; — ni dans le but qu'un objet de la succession déjà vendu par l'un des cohéritiers soit compris dans son lot (Toulouse, 15 janv. 1830 ; Colmar, 3 août 1832 ; S. 33, II, 52 ; Bordeaux, 29 août 1832 ; S. 33, II, 246. V. cep. Agen, 7 déc. 1823. Voir aussi *infra* n° 2394).

2519. — Construction par héritier. — Le cohéritier qui, avant partage, a élevé des constructions sur un immeuble de la succession, ne peut exiger, qu'à raison de ce fait, l'immeuble lui soit attribué sans tirage au sort (Dutruc, 453 ; Toulouse, 30 août 1837 ; S. 38, II, 384. V. cep. Cass. 11 août 1808 ; Metz, 10 juin 1852 ; S. 54, II, 276).

2520. — Donataire de biens indivis. — Le donataire d'un bien indivis avec plusieurs autres immeubles entre le donateur et des tiers, ne peut, non plus, demander que ce bien soit placé par attribution dans le lot du donateur et ne soit pas au nombre de ceux tirés au sort (Caen, 3 mars 1838 ; S. 38, II, 350).

2521. — Acquit des dettes. — Par suite du même principe, les juges ne peuvent homologuer une liquidation par laquelle, en raison de ce que les dettes absorbent la totalité de l'actif, cet actif est attribué à l'un des copartageants, sous l'obligation d'acquitter toutes les dettes (Riom, 1er avril 1834 ; S. 54, II, 617).

2522. — Meubles. — Ni attribuer les meubles à l'un des copartageants, à la charge de tenir compte à ses cohéritiers de leurs parts d'après l'estimation de l'inventaire (Cass., 27 mars 1850 ; v. Paris, 2 av. 1881 ; *Rép. N.*, 190).

2523. — Droits inégaux. — Lots. — Si les droits des héritiers sont inégaux, il appartient aux magistrats d'aviser à un procédé pour rendre le tirage possible, par application du principe que les lots doivent toujours être tirés au sort quand le partage est judiciaire, *infra* n° 2393. Voici quelques combinaisons à ce sujet :

2524. — Père. — Frère. — Si la succession est dévolue au père pour un quart et à un frère pour les trois quarts du surplus, on établit quatre lots égaux ; au tirage, le père prend un lot et le frère trois. (Marcadé, *831*, 1 ; Chabot, *831*, 4 ; Demolombe, XV, 684 ; Hureaux, III, 459 ; Boitard et Colmet-Daage, II, p. 588 ; Roll. de Vill., *Part.*, 235 ; Cass., 11 août 1808, 10 mai 1826).

2525. — Père et mère. — Frères et sœurs. — Une succession échoit aux père et mère chacun pour un quart, ensemble moitié, et à trois frères et sœurs conjointement pour l'autre moitié, on établit deux lots de chacun moitié ; puis du lot échu aux père et mère, on fait deux lots, et de celui échu aux frères et sœurs, on en fait trois.

2526. — Légataires universels. — Quotités différentes. — Pierre a institué pour ses légataires universels : Léon, pour 1/3, Louis, pour 1/4, Jean, pour 1/4, et Paul pour 1/6; on divise l'opération de cette manière : en réunissant les parts de Léon et de Paul, l'on a moitié et en réunissant celles de Jean et de Louis on a l'autre moitié ; on fait deux lots de la succession, l'un pour Léon et Paul, l'autre pour Louis et Jean ; puis du lot échu à Léon et Paul, on fait trois lots égaux, deux pour Léon et un pour Paul ; et du lot échu à Louis et Jean, on fait deux lots un pour chacun d'eux (Vazeille, *834*, 3 ; Demolombe, XV, 683 à 685 ; Dutruc, 446 ; Paris, 19 fév. 1821, 15 janv. 1836 ; Cass., 25 nov. 1834, 27 fév. 1838 ; S. 35, II, 253 ; 38, I, 216).

2527. — Usufruitier de quotité en concours avec héritiers. — Le concours entre un légataire ou donataire de quotité en usufruit et des héritiers ou des légataires universels ne saurait non plus être un obstacle à la formation et au tirage des lots. Toutefois nous ne saurions admettre l'une des solutions adoptées par M. Dutruc (*Partage* n° 455), en ce qu'il enseigne qu'on peut former un lot de plus que ne le comporte le nombre des héritiers et faire participer l'usufruitier au tirage ; puis après le décès de l'usufruitier, subdiviser entre les héritiers le lot qui lui est échu ; un tel mode de procéder aurait pour résultat de laisser les héritiers dans l'indivision pour la nue-propriété du lot affecté à l'usufruit, ce qui serait contraire à la règle qui veut que tous les biens soient partagés. Il vaut mieux asseoir l'usufruit sur une portion de chacun des lots destinés aux héritiers au moyen de l'opération suivante : Supposons un conjoint survivant donataire d'un quart en usufruit en présence de quatre enfants héritiers, chacun pour 1/4, on forme d'abord quatre lots de jouissance ; on en tire un pour le conjoint usufruitier ; puis aux trois lots restants en pleine propriété on ajoute le lot en nue propriété et l'on forme du tout quatre lots à tirer au sort par les enfants en repartissant entre eux, si cela est possible, les biens formant le lot grevés d'usufruit, ou si cela n'est pas possible, en fixant à titre de soultes les redevances à servir à ceux qui auront plus de biens en nue propriété que leurs parts, *supra* 2313 (V. Cass., 7 janv. 1878 ; S. 80, I, 145).

2528. — Représentation. — Souches. — Si des héritiers viennent de leur chef et d'autres par représentation, il y a lieu, d'abord, à la composition d'autant de lots égaux qu'il y a de souches copartageantes, si le partage peut être fait commodément de cette manière (Marcadé *831*, 3 ; Chabot, *836*, 3 ; Demolombe, XV, 685 ; Demante, III, 163 *bis* ; Dutruc, 372 ; Hureaux, III, 459 ; Besançon, 15 avril 1861 ; S. 61, II, 26 ; Pau, 19 nov. 1873 ; Sirey, 74, II, page 86) ; — puis les héritiers venant par représentation subdivisent entre eux le lot échu à leur souche, ou, s'il est impartageable, le licitent (Cass., 11 août 1875 ; S. 76, I, 468).

2529. — Division en deux parts. — Quand la succession se divise en deux parts entre les parents de la ligne paternelle et ceux de la ligne maternelle, on compose d'abord deux lots, un pour chaque ligne (Marcadé, *831*, 3 ; Mourlon, II, p. 139 ; Taulier, III, p. 292. CONTRA Demolombe, XV, 685 ; Aubry et Rau, § 624-35) ; — puis les lots se subdivisent entre les parents de chaque ligne.

2530. — Subdivision. — La subdivision dans chaque souche et dans chaque ligne a lieu avec l'observation des mêmes formes que celles prescrites pour la première division *(C. civ., 836)*.

2531. — Lignes de division. — Clôture. — Bornage. — Servitudes. — Lorsque des immeubles se trouvent divisés en plusieurs portions, qui entrent dans différents lots, le partage doit faire connaître, d'une manière précise, les lignes de division et indiquer les conditions de bornage, de clôture, s'il y a lieu, ainsi que les diverses servitudes qui peuvent être établies.

2532. — Servitude de passage. — L'expert peut établir une servitude réciproque de passage entre les divers lots sur une partie d'héritage qu'il laisse en commun entre les copartageants (Cass., 21 août 1832 ; 7 mars 1876 ; S. 32, I, 775 ; 76, I, 204 ; Bordeaux, 4 déc. 1855 ; S. 36, II, 200).

2533. — Etendue de la servitude de passage. — La clause de l'acte de partage portant que les copartageants se devront des passages pour l'accès aux biens partagés est constitutive d'une servitude de passage, non seulement en faveur des copartageants, mais aussi en faveur de leurs héritiers et ayants cause, si le contraire n'a été stipulé (Bruxelles, 16 janv. 1823).

2334. — Passage. — Pouvoirs du juge. — Décidé, qu'en l'absence de droits acquis ou d'une convention expresse dans l'acte de partage, il appartient aux tribunaux de régler les servitudes de passage que les copartageants se doivent mutuellement pour pouvoir accéder aux fonds qui leur sont respectivement échus (Bastia, 17 déc. 1856; S. 57, II, 82).

2335. — Passage. — Bâtiments. — La servitude de passage établie pour l'accès à des bâtiments entrés dans d'autres lots, peut s'exercer aussi pour le service de bâtiments construits depuis le partage (Caen, 27 août 1842; S. 43, II, 101). — Mais non pour l'exploitation d'autres immeubles, si cela doit causer un dommage aux autres copartageants (Paris, 6 nov. 1863; S. 64, II, 36).

2336. — Entrées. — Issues. — La clause d'un acte de partage portant « que les fonds sont divisés et partagés respectivement avec leurs droits d'entrées, issues, etc., » ne peut être considérée comme titre suffisant pour établir une servitude de passage d'un fonds sur l'autre; quand les entrées et issues prétendues existantes lors du partage ne sont pas constatées par ce titre ou par un autre (Grenoble, 4 mai 1824).

2337. — Chemins. — La stipulation, par un acte de partage, qu'un chemin existant sur un immeuble attribué à l'un des copartageants, restera complétement libre pour le passage avec bêtes de somme, peut, d'après les circonstances, constituer sur ce chemin, non un simple droit de servitude au profit des autres copartageants, mais un droit de propriété. Par suite, le non usage de ce chemin par l'un des copartageants pendant plus de 30 ans ne suffit pas pour lui faire perdre le droit d'y passer, si, d'ailleurs personne n'a acquis la propriété de ce chemin par une possession continue pendant un temps suffisant pour prescrire (Cass., 25 avril 1855; S. 56, I, 396)

2338. — Enclave. — Passage. — Le copartageant auquel échoit une portion enclavée d'un immeuble, dont une partie joint la voie publique, a, de plein droit, le passage sans indemnité sur cette partie, pour accéder au chemin. Il est tenu de se servir de ce passage sans pouvoir en demander un autre sur les fonds voisins, lors même qu'ils seraient plus rapprochés de la voie publique (Marcadé, 685, 5; Pardessus, *Servitudes*, 219; Toullier, III, 550; Duranton, V, 420; Massé et Vergé, § 331-7; Demolombe, XII, 602; Roll. de Vill., *Passage*, 51; Douai, 23 nov. 1850; S. 51, II, 52; Riom, 10 juill. 1850; S. 52, II, 30; Cass., 1er août 1861; S. 61, I, 945).

2339. — Eaux. — Si l'usage d'eaux provenant de sources, de cours d'eau, ou de pluies, est rendu commun aux copartageants ou aménagé entre eux, des stipulations, sur le règlement des eaux doivent être faites dans le partage. Jugé que quand, à l'occasion du partage d'un fonds de terre, il a été fait un règlement ayant pour objet de répartir entre tous les copartageants, l'usage d'eaux découlant d'un chemin, l'un d'eux ne peut, en exerçant le droit de premier occupant, pour une propriété supérieure qu'il a ultérieurement achetée, détourner, en tout ou en partie, les eaux dont s'agit, pour l'arrosement de sa nouvelle propriété et en priver ainsi ses cohéritiers (Daviel, *Eaux*, II, 900; Limoges, 1er déc. 1840; S. 41, II, 170).

2340. — Aqueduc. — La stipulation portant que les eaux, servant à l'arrosement des prairies partagées, continueront à être employées comme par le passé, ne fait pas obstacle à ce que celui des copartageants sur le lot duquel se trouve un aqueduc destiné à cet usage, le déplace, si cela lui est avantageux, alors qu'il n'en résulte de ce déplacement aucun préjudice pour les autres copartageants (Pau, 3 juin 1831; S. 31, II, 234).

2341. — Prises d'eaux. — Réparations. — La charge imposée au propriétaire d'un lot de faire, à ses frais, les réparations d'entretien pour les prises d'eaux servant à l'irrigation des terres d'un autre lot, a le même caractère de réalité que la servitude à laquelle elle est attachée, et la suit dans quelque main que passe le lot ou fonds assujetti

(Lyon, 24 fév. 1858; Cass., 7 mars 1859; S. 59, I, 904; II, 495).

2342. — Mare commune. — Accès. — L'énonciation d'un acte de partage, qu'une mare faisant partie des biens compris en la masse, restera commune entre les copartageants, oblige celui d'eux qui est propriétaire de l'héritage entourant la mare, à accorder le passage à ses copartageants sur ce terrain pour l'accès à la mare (Bourges, 8 frimaire an XI).

2343. — Destination du père de famille. — L'art. 694 du Code civil portant que si le propriétaire de deux héritages entre lesquels il existe un signe apparent de servitude, dispose de l'un des héritages sans que le contrat contienne aucune convention relative à la servitude, elle continue d'exister activement ou passivement en faveur du fonds aliéné ou sur le fonds aliéné, est applicable, non seulement au cas où le propriétaire des deux héritages a disposé de l'un des deux à titre d'aliénation, mais aussi au cas où la séparation a eu lieu, après son décès, au moyen d'un acte de partage intervenu entre ses héritiers (Demolombe, XII, 819; Cass., 7 avril 1863; S. 63, I, 369; Cass., 27 mars 1866; S. 66, I, 215; Cass., 22 avril 1873; R. G. Defrénois, III, 2593. Voir aussi Cass., 19 juin 1861; S. 63, I, 133. Contra Toulouse, 11 août 1854; S. 55, II, 609; Metz, 3 juin 1858; S. 58, II, 657; T. Barbezieux, 31 déc. 1861; S. 63, I, 315. Voir aussi Bastia, 17 déc. 1856; S. 57, II, 82). — A plus forte raison, il en est ainsi, quand l'acte de partage stipule que chaque lot supportera les servitudes apparentes dont il peut être chargé (Cass., 7 avril 1863 précité).

2344. — Pressoir. — Four. — Puits. — Mare. — Le partage peut aussi stipuler le droit en faveur d'un immeuble échu à l'un des copartageants, de piler au pressoir dépendant de bâtiments échus à un autre copartageant, ou de cuire au four échu à un autre; de tirer de l'eau à un puits, de puiser à une mare ou d'y faire abreuver ses bestiaux, etc. — Cette stipulation ne confère pas un droit de propriété sur le pressoir, le four, le puits, la mare, etc., mais constitue une simple servitude non susceptible d'être augmentée par la prescription (Caen, 17 avril 1856). Il n'en serait autrement qu'autant que le contraire semblerait résulter des stipulations de l'acte (Bordeaux, 21 déc. 1837).

2345. — Arbres. — Si des arbres fruitiers ou autres, se trouvent à une distance de la ligne séparative moindre que celle voulue par la loi *(C. civ., 671)*, les copartageants, dans les lots desquels ils existent, acquièrent, par la destination du père de famille, le droit de les conserver à cette distance (Duranton, V, 389; Coppeau, *Législ. rurale*, p. 494; Roll. de Vill., *Arbre*, 50; Arg. Cass., 28 nov. 1853; S. 54, I, 37). — Mais s'ils viennent à être arrachés, ils ne peuvent être remplacés qu'à la distance légale (Marcadé, *671*, 2; Duranton, V, 391; Massé et Vergé, § 326-8; Roll. de Vill., *Arbre*, 54; Paris, 23 août 1825; Rennes, 19 juin 1838; Bourges, 8 déc. 1841; Douai, 14 avril 1845; Caen, 22 juill. 1845; Toulouse, 1er mars 1855; Cass., 28 nov. 1853, 22 déc. 1857, 25 mars 1862, 31 juill. 1865; S. 38, II, 526; 42, II, 453; 45, II, 305; 46, II, 609; 54, I, 37; 57, II, 217; 58, I, 361; 62, I, 470; 65, I, 369. Contra Toullier, III, 513; Pardessus, I, 195; Taulier, II, p. 402; Cass., 25 mai 1812).

2346. — Preuve d'un droit mentionné. — Lorsque l'acte de partage mentionne un droit de propriété ou de servitude, en faveur de l'un des copartageants relativement à un immeuble entré dans son lot, la preuve de propriété résultant de cette énonciation ne peut, en l'absence d'un titre contraire, être infirmée que par celle d'une possession soit antérieure à cet acte, soit postérieure, réunissant les caractères nécessaires pour prescrire. Elle ne saurait être écartée par le seul motif que celui à qui l'acte de partage est opposé n'y aurait pas été partie, l'art. 1165 du Code civil n'est pas applicable à ce cas (Merlin, *Revend.*, § 2, n° 3; Riom, 4 juill. 1857; S. 58, II, 103; Cass., 22 juin 1864; S. 64, II, 349; Rouen, 1er fév. 1865; S. 66, II, 180).

SECTION XI.

DU PROCÈS-VERBAL DE DIFFICULTÉS SUR LA COMPOSITION DES LOTS.

2347. — Réclamations. — Chaque copartageant est admis à proposer ses réclamations contre la formation des lots (*C. civ.*, *835*).

2348. — Renvoi devant le juge-commissaire. — En cas de contestations, le notaire dresse procès-verbal des difficultés et des dires respectifs des parties, et les renvoie devant le juge-commissaire nommé pour le partage (*C. civ.*, *837*), sans cependant que l'inobservation de cette formalité entraîne la nullité du jugement d'homologation, alors surtout que les parties ont conclu au fonds (Cass., 9 août 1870 ; S. 70, I, 381).

2349. — Mineurs. — Mais s'il y a des mineurs, ce renvoi est obligatoire, même lorsqu'il n'y a pas de difficultés, puisque, dans ce cas, le partage doit nécessairement être soumis à l'homologation du tribunal (Voir cep. T. Metz, 26 janv. 1830 et août 1845 ; J. N. 9979, 12528).

2350. — Remise au greffe du procès-verbal. — Le procès-verbal du notaire, rédigé par acte séparé, étant une des pièces de la constatation de l'incident, est par lui remis au greffe, et y est retenu. Voir *infra* n° 2355. Le greffier dresse acte du dépôt et cet acte est signé par le notaire. Ce dépôt est prescrit dans le but que les parties puissent prendre communication au greffe du procès-verbal ; il n'est donc pas nécessaire qu'il soit expédié, ni signifié (Roll. de Vill., *Part. judic.*, 156).

2351. — Renvoi à l'audience. — Si le juge-commissaire renvoie les parties à l'audience, l'indication du jour où elles doivent comparaître leur tient lieu d'ajournement. Il n'est fait aucune sommation pour comparaître, soit devant le juge, soit à l'audience (*C. proc.*, *977*).

2352. — Nouvelle formation de lots. — Le tribunal, quand il décide que les réclamations sur la formation des lots sont fondées, peut commettre un autre expert et le charger d'une nouvelle formation de lots (Vazeille, *art. 835*).

2353. — Procès-verbal de clôture. — Après que les lots ont été faits et que les contestations sur leur formation, s'il y en a eu, ont été jugées, les parties comparaissent volontairement devant le notaire, sinon le poursuivant fait sommer les copartageants, à jour indiqué, à l'effet de se trouver en l'étude du notaire, pour assister à la clôture de son procès-verbal, et le signer avec lui, s'ils le peuvent et le veulent (*C. proc.*, *980*).

SECTION XII.

DE L'HOMOLOGATION.

2354. — Quand il y a lieu. — Après la clôture du procès-verbal, qu'il s'agisse d'un partage par voie d'attribution, *supra* n° 2234, ou d'un partage par tirage au sort à la suite de la formation des lots, *supra* n° 2230, le travail de liquidation, si les voies judiciaires ne sont pas abandonnées, *supra* n° 2290, est soumis à l'homologation du tribunal.

2355. — Poursuites. — Le notaire remet l'expédition du procès-verbal des opérations à la partie la plus diligente pour en poursuivre l'homologation par le tribunal (*C. proc.*, *981*), afin que les juges consacrent ainsi, par leur autorité, le partage qu'ils ont ordonné (Boitard et Colmet-Daage, II, p. 589).

2356. — Expédition. — L'expédition, pour la demande en homologation, comprend : les procès-verbaux d'ouverture, de comparution et de clôture et, comme pièce annexée, l'état liquidatif ; et en outre les procès-verbaux de formation et de tirage au sort des lots, quand ces opérations ont eu lieu (Pigeau, II, p. 692 ; Carré, 3209 ; Bioche, 65 ; Roll., de Vill., *Part. judic.*, 178).

2357. — Remise au juge-commissaire. — L'expédition est, non pas déposée au greffe, mais remise au juge-commissaire, et, après le jugement d'homologation, elle est rendue au poursuivant (Dutruc, 462 ; Bioche, 66 ; Roll. de Vill., *Part. judic.*, 179 ; Paris, 8 janv. 1814 ; Riom, 23 avril 1834 ; S. 34, II, 410 ; T. Amiens, 24 juill. 1874 ; Garnier, R. P., 4058).

2358. — Parties. — Les parties doivent figurer à l'instance en homologation ; à cet effet, l'art. 981 du Code de procédure prescrit que le jugement sera rendu, les parties présentes ou appelées, si toutes n'ont pas comparues au procès-verbal de clôture. Les parties sont appelées par acte d'avoué à avoué, pour celles qui ont constitué avoué, et pour les autres par assignation à domicile (Bioche, 68 ; Roll. de Vill., *Part. judic.*, 190).

2559. — **Avoués.** — Les parties sont, comme dans toutes autres instances, représentées par leurs avoués. Si l'avoué de l'une des parties s'est démis de ses fonctions, le jugement d'homologation ne peut être valablement poursuivi et rendu qu'autant que cette partie a été mise en demeure d'en constituer un nouveau (Riom, 14 janv. 1842; S. 42, II, 259).

2560. — **Difficultés.** — Le tribunal, même lorsqu'il n'a été saisi que des difficultés soulevées devant le notaire liquidateur et consignées dans le procès-verbal de clôture, peut également statuer sur toutes les réclamations nouvelles élevées à l'audience au moyen des conclusions des avoués. En effet dit M. Roll. de Villargues, *Partage judic.*, 160, le notaire n'est que le délégué du tribunal, quand il constate les difficultés qui sont faites sur son procès-verbal, et la mission qu'il remplit alors cesse d'être nécessaire, lorsque les difficultés sont portées directement devant le notaire (Douai, 24 août 1839).

2561. — **Rapport du juge-commissaire.** — Le juge-commissaire désigné par le jugement qui a ordonné le partage, *supra* n° 2079, fait un rapport au tribunal sur l'état liquidatif et sur les contestations qui ont pu être soulevées (*C. proc. 981*). Toutefois, décidé que le rapport du juge-commissaire, dans le cas où il doit avoir lieu, n'est pas prescrit à peine de nullité par la loi; et cette irrégularité ou omission est couverte par le silence des parties lorsqu'elles ont conclu et plaidé au fond, sans protestations ni réserves (Dutruc, 355; Cass., 5 août 1868; S. 69, I, 23; Cass. 18 juin 1877; Droit 19). — Il en est ainsi, à plus forte raison, quand il s'agit d'incidents survenus pendant les opérations et que les parties n'ont pas requis le rapport du juge-commissaire (Cass., 7 mars 1843; S. 43, I, 654).

2562. — **Conclusions du ministère public.** — Dans le cas où la qualité des parties requiert le ministère du procureur de la République, c'est à dire quand, parmi elles, il y a des mineurs, interdits, absents ou incapables (*C. proc. 83*), les pièces doivent lui être communiquées et il pose ses conclusions (*C. proc. 981*).

2563. — **Renvoi devant notaire.** — Le tribunal saisi de la demande en homologation, peut, pour la solution de difficultés nouvelles non proposées lors du procès-verbal de clôture, renvoyer devant le notaire pour faire préciser ces difficultés et qu'il en soit dressé procès-verbal (Seine, 2 fév. 1831; Jur. N. 2444).

2564. — **Jugement.** — Après le rapport du juge-commissaire et les conclusions du ministère public, quand il y a lieu, et que les avoués ou avocats des parties ont été entendus, le tribunal homologue le partage, s'il y a lieu (*C. Proc. 981*), et prononce sur les difficultés, qu'elles aient été soulevées sur le procès-verbal du notaire ou par des conclusions postérieures.

2565. — **Titres au porteur. — Conversion.** — Quand des valeurs au porteur ont été attribuées à des mineurs ou autres incapables, le tribunal en homologuant la liquidation, peut ordonner qu'elles seront converties en titres nominatifs (Mollot, 202), — De même quand il s'agit de titres au porteur attribués en usufruit, le tribunal peut ordonner qu'ils seront convertis en titres nominatifs, pour l'usufruit au nom de l'usufruitier, et pour la nue propriété au nom du nu-propriétaire (T. Marseille, 3 juin 1873; Poitiers, 7 juill. 1875; J.N., 20815, 21351; Rouen, 19 janv. 1881; *Rép. N.*, 578; Seine, 20 juin 1877; J.N., 21681).

2566. — **Emploi.** — Mais il n'appartient pas au tribunal d'ordonner d'office que le tuteur, en touchant les capitaux attribués au mineur, sera tenu d'en faire un emploi déterminé par le jugement; le conseil de famille du mineur est seul compétent pour l'ordonner (Mallot, 201; Cass., 24 fév. 1879; S. 81, I, 415).

2567. — **Distraction.** — Quand les demandes incidentes formées par l'un ou plusieurs des copartageants ne se rattachent pas essentiellement à l'instance à fin d'homologation, elles peuvent être distraites et faire l'objet d'une instance à part. Il en serait ainsi de l'action d'un copartageant à qui une créance dépendant de la succession a été attribuée par le partage, contre le débiteur, qu'il soit un tiers ou l'un des cohéritiers, afin d'en obtenir le paiement (Mollot, 195).

2568. — **Motifs du jugement.** — Est suffisamment motivée la décision qui, statuant sur des critiques dirigées contre un procès-verbal de liquidation et sur une demande d'enquête, se borne à déclarer « que le travail du notaire liquidateur a été fait au vu des actes de famille qu'il avait passés lui-même et qui se trouvaient dans son étude ; que ce travail rédigé avec beaucoup de soin, répond à toutes les objections des appelants et doit les faire écarter, le notaire liquidateur ayant fait une juste et exacte appréciation des droits des parties. » (Cass., 9 juill. 1877; Journ. N. 3022. Voir aussi, Cass., 21 avril 1840, 16 août 1853, 13 fév. 1860; S. 40, I, 873; 54, I, 122; 60, I, 785).

2369. — Audience publique. — Quand il y a des mineurs ou autres incapables, ou que les parties, toutes majeures, sont en désaccord, ou que l'une ou plusieurs des parties sont défaillantes ; le jugement d'homologation est rendu en audience publique, et non pas en la chambre du conseil, alors même qu'aucune contestation n'aurait été soulevée (Pigeau, *Proc.* II, p. 727 ; Chauveau sur Carré, *quest.*, 2307 ; Roll. de Vill., *Part. judic.*, 196 ; Paris, 16 janv. 1855 ; S. 55 ; II, 58).

2370. — Chambre du conseil. — Si les parties majeures et d'accord ont toutes signé le procès-verbal de clôture, elles peuvent demander l'homologation par une requête collective et, dans ce cas, le tribunal prononce en la chambre du conseil (Chauveau sur Carré, *quest.*, 2306, 8°; Bioche, 182; Dutruc, 461; Roll. de Vill., *Part. judic.*, 185).

2371. — Rectification. — Le tribunal, quand il prononce sur des difficultés, peut ordonner que le travail du notaire sera rectifié de la manière que les juges détermineront. La rectification peut être ordonnée même quand les parties ont approuvé purement et simplement l'état liquidatif, cette approbation ne dispensant pas les juges d'examiner ce travail.

2372. — Autre notaire commis. — Quand le tribunal ordonne des rectifications à l'état liquidatif dressé par le notaire commis, il peut, soit rectifier lui-même, d'après les bases adoptées, soit, si elles exigent un long travail, tout en prononçant l'homologation, renvoyer devant le notaire commis pour qu'il y soit procédé (Roll. de Vill., *Part. judic.*, 198).

— Mais le tribunal pourrait-il commettre un autre notaire pour procéder à la rectification? Nous ne le pensons pas : La loi ne permet le remplacement du notaire commis que, dans le cas où il est empêché (*C. civ. 828*; *Proc. 969*); on ne saurait considérer comme un empêchement, des rectifications à apporter dans le travail liquidatif; le jugement qui a commis le notaire pour procéder à la liquidation est passé en force de chose jugée, et, remplacer le notaire commis en dehors du cas où il est empêché, serait porter atteinte à l'autorité de la chose jugée.

2373. — Procès-verbal de rectification. — Le notaire commis devant lequel les opérations de rectification sont renvoyées, modifie son travail par un acte complémentaire et rectificatif, en se conformant au jugement ou à l'arrêt qui en a posé les bases ; puis les parties sont appelées à en prendre communication, et si de nouvelles difficultés ne sont point soulevées, l'homologation n'est pas exigée, le travail rectificatif étant l'exécution du jugement qui a prononcé l'homologation (Roll. de Vill., *Part. judic.*, 199).

2374. — Homologation de l'état liquidatif. — Décidé aussi que l'état rectificatif de liquidation doit être homologué par le tribunal quand toutes les parties ne se sont pas présentées pour l'approuver. Cependant, dans un cas où la liquidation n'avait été homologuée que sur certains points et les parties renvoyées devant le notaire pour la rectification des autres points, il a été jugé que le notaire a pu délivrer une grosse du procès-verbal rectificatif, sans qu'il fût nécessaire que cet acte eût été lui-même homologué; alors que les rectifications ordonnées n'ont dû consister que dans les opérations purement matérielles et que, d'ailleurs, le procès-verbal rectificatif n'a été l'objet d'aucune contestation, et quoique l'une des parties ne se soit pas présentée pour l'approuver (Nancy, 28 juin 1861 ; S. 61, II, 582).

2375. — Partage définitif. — Le jugement d'homologation, quand il n'y a pas lieu à la formation de lots, achève le partage qui, au moyen de l'accomplissement de cette formalité, devient définitif. Mais jusque là, alors surtout que, parmi les intéressés, il se trouve des mineurs ou autres incapables, et peu importe que tous les copartageants aient signé le procès-verbal d'approbation, l'indivision est encore considérée comme subsistante, en sorte que si, avant l'homologation, une créance comprise dans le partage a été payée à l'administrateur judiciaire de la succession, le débiteur est valablement libéré, et, si l'administrateur devient insolvable, la perte est supportée par tous les copartageants (Dutruc, 461; Lyon, 7 janv. 1859; S. 59, II, 229).

2576. — Partage consommé. — Lotissement. — Compte. — Bien que le jugement homologatif du rapport des experts concernant la composition des lots immobiliers ait renvoyé les parties devant notaire, non seulement pour procéder au tirage des lots, mais aussi pour continuer la liquidation, et ait ainsi consommé le partage immobilier au moyen du tirage au sort des lots, ce jugement ne met pas obstacle à ce que les parties, lors de la continuation de la liquidation, fassent valoir tous leurs droits pour le règlement définitif de leurs compte et pour le fournissement de leurs parts respectives. Ainsi, les parties peuvent, nonobstant le jugement, demander compte à l'un des copartageants de l'excédant de part qu'il aurait reçu par l'effet de son lotissement en immeuble; il n'y a pas chose jugée à cet égard (Cass., 7 août 1876; S. 77, 1, 466).

2577. — Opposition. — Quand l'instance en partage a été liée contradictoirement entre les parties, soit parce qu'elles ont toutes constitué avoué, soit parce qu'un jugement de profit joint a été rendu, *supra* n° 2060; elle est réputée contradictoire; en conséquence les parties qui, duement appelées, n'ont comparu ni devant le notaire, ni devant le tribunal, ne peuvent former opposition au jugement d'homologation, puisque ce jugement n'intervient, en réalité, que sur un incident de la demande en partage, et que, d'ailleurs, de semblables jugements, ne prononçant presque jamais de condamnations même aux dépens, ne sont susceptibles d'aucun des modes d'exécution exigés par l'art. 159 du Code de procédure civile pour faire cesser le délai d'opposition (Dutruc, 464; Mollot, 193; Bioche, 187; Roll. de Vill., *Part. judic.*, 203; Paris, 15 juin 1837, 25 juin et 22 déc. 1838, 23 juill. 1840; S. 38, II, 127; 40, II, 375; Paris, 30 déc. 1846, 27 nov. 1847; P. 47, I, 115; 48, II, 551; Paris, 26 mars 1857, 13 déc. 1861, 6 mars 1862; S. 57, II, 449; 62, II, 310; Cass., 7 juill. 1869, 24 juin 1874; Seine, 28 juin 1881; v. Amiens, 11 août 1885; Defrénois, *Rép. N.*, 2859. CONTRA Rodière, *Proc.*, II, p. 460; Riom, 2 fév. 1867; S. 67, II, 310; Chambéry, 2 fév. 1870; S. 70, II, 157).

2578. — Appel. — Mais il est susceptible d'appel, même de la part d'une partie qui n'a élevé aucune contestation lors du procès-verbal de lecture, tant qu'il n'y a pas été acquiescé. En effet, la loi ne contient aucune disposition qui excepte cette sorte de jugement de la règle des deux degrés de juridiction (Roll. de Vill., *Part. judic.*, 205; Paris, 15 juin 1837, 23 juill. 1840, 26 mars 1857; S. 38, II, 424; 40, II, 375; 57, II, 449). — En conséquence, le tuteur peut appeler du jugement homologatif d'un partage intéressant son pupille, alors même qu'il n'a élevé aucun contredit devant le notaire liquidateur, et, qu'en première instance, il s'en est rapporté à justice (Roll. de Vill., *Part. judic.*, 194; Paris, 23 nov. 1825; Orléans, 6 août 1874; S. 74, I, 56; J. N., 20872).

2579. — Contredits. — En cas d'appel, de nouveaux contredits peuvent être permis soit comme rentrant dans l'objet même de la demande, soit comme étant des défenses à l'action principale (Besançon, 8 février 1875; S. 77, II, 26; Lyon, 21 janvier 1876; Droit 3 oct.).

2580. — Infirmation. — Exécution. — Nous avons vu, *supra* n° 2116, que, quand la Cour d'appel infirme le jugement, l'exécution de l'arrêt infirmatif appartient néanmoins au tribunal de l'ouverture de la succession qui a rendu le jugement infirmé.

2581. — Acquiescement. — Il ne peut être interjeté appel du jugement qui a homologué le travail-liquidatif, par les parties majeures et capables qui ont approuvé le travail du notaire par le procès-verbal de clôture, alors que le jugement ne modifie pas ce travail. On considère aussi comme un acquiescement le fait par un copartageant de procéder au tirage au sort des lots, ou d'aliéner tout ou partie des objets partagés (Grenoble, 16 fév. 1816; Agen, 12 avril 1821).

2582. — **Force de chose jugée**. — Décidé que, quand un jugement, sur la demande des parties intéressées, prononce l'homologation d'un projet de liquidation dressé par un notaire, lequel fixe, sur des bases acceptées par elles, le mode d'après lequel un partage devra être effectué; il constitue une véritable décision judiciaire, laquelle, après les délais d'appel, met obstacle, en raison de l'autorité qui s'attache à la chose jugée, à l'admission de toute demande ultérieure de l'une des parties, ayant pour but de changer les bases de la liquidation homologuée (Cass., 28 mars et 9 avril 1866; S. 66, I, 246 et 247); — ou de critiquer l'opération, en ce que les lots auraient été attribués au lieu d'être tirés au sort (Angers, 9 mars 1843; S. 43, II, 348).

2583. — **Signification**. — Le jugement d'homologation est signifié à avoués et à parties, ainsi qu'au subrogé-tuteur quand le partage intéresse des mineurs ou interdits (C. proc., 444). Décidé, à ce sujet, que l'acquiescement par le tuteur, à un jugement d'homologation rendu contre le mineur, ne rend pas l'appel non recevable dans l'intérêt du mineur, si le jugement n'a pas été signifié au subrogé-tuteur (Paris, 23 juill. 1840; S. 40, II, 375).

2584. — **Certificat de non opposition ni appel**. — Après l'expiration du délai d'appel, qui est de deux mois du jour de la signification (C. proc., 443), il est délivré par le greffier du tribunal un certificat de non opposition ni appel, dont l'objet est de constater que le jugement est passé en force de chose jugée (C. proc., 548 et 981). Il doit en être ainsi, alors même qu'aucune contestation n'a été élevée entre les copartageants et que le jugement a été rendu sur leur requête collective (Paris, 10 août 1838; S. 38, II, 425).

2585. — **Dépôt pour minute**. — Afin d'établir que le partage est devenu définitif par son homologation, il est d'usage de déposer aux minutes du notaire commis, à la suite du procès-verbal de ses opérations, la grosse du jugement d'homologation, les originaux des significations et les certificats de non opposition ni appel.

2586. — **Justification aux tiers**. — Le dépôt des pièces d'homologation est surtout nécessaire comme justification aux tiers, auxquels le partage n'est opposable qu'autant que le jugement d'homologation est passé en force de chose jugée. En conséquence, le copartageant à qui des valeurs et créances ont été attribuées ne peut les faire immatriculer en son nom, ni les recouvrer qu'en justifiant d'un certificat de non opposition ni appel; peu importe qu'aucune contestation n'ait été élevée entre les copartageants et que le jugement ait été rendu sur leur requête collective (Seine, 5 juin 1858, cité par M. Mollot, p. 150; Paris, 10 août 1838; S. 38, II, 425).

SECTION XIII.
DU TIRAGE AU SORT DES LOTS.

2587. — **Quand il y a lieu**. — Lorsque le travail du notaire a consisté à composer la masse, *supra* n° 2158, que des lots ont été ensuite formés, que les contestations sur les lots ont été jugées, le tribunal, en homologuant le procès-verbal de liquidation, ordonne que les lots seront tirés au sort soit devant le juge-commissaire, soit devant le notaire (C. proc., 982).

2588. — **Signification**. — Il est procédé à ce tirage, dès que le jugement d'homologation a été signifié aux parties. Cependant, si des contestations ont été soulevées, ou si toutes les parties ne se présentent pas, il est préférable de ne procéder au tirage des lots qu'après que ce jugement est passé en force de chose jugée.

2589. — **Tirage devant le juge-commissaire**. — Quand le tirage au sort des lots a lieu devant le juge-commissaire, les parties, si elles acceptent à l'amiable la fixation du jour indiqué par le juge-commissaire, se présentent devant lui, assistées de leurs avoués, pour y procéder, au jour et à l'heure indiqués. Si elles ne peuvent s'entendre à ce sujet, ou s'il y a un désaccord entre elles, le poursuivant présente requête au juge-commissaire tendant à la fixation du jour et de l'heure du tirage, et à l'autorisation de sommer les copartageants d'y être présents; et des sommations sont faites dans ce sens par acte d'avoué à avoué (Pigeau, II, 695).

2590. — Tirage devant le notaire. — Les parties, si elles sont d'accord, se présentent volontairement devant le notaire commis, ou, si elles ne sont pas d'accord, sommation à trois jours francs au moins, est faite par le poursuivant à ses copartageants, à personne ou domicile, et non par acte d'avoué à avoué (Chauveau et Glandaz, *Form. proc.*, 980 note 1), à l'effet de se présenter devant le notaire aux jour et heure fixés.

2591. — Mode de procéder. — Il est procédé, devant le juge-commissaire ou devant le notaire, au tirage des lots de la manière suivante : une première opération indique l'ordre du tirage des lots, si les parties ne l'ont pas fixé d'accord entre elles; puis il est fait autant de bulletins qu'il y a de lots, portant chacun l'indication d'un lot : *premier lot, deuxième lot, troisième lot,* etc. Ces bulletins, pliés d'une manière uniforme, sont mis dans une urne, un chapeau ou un autre objet; chaque copartageant tire un bulletin au hasard et demeure abandonnataire du lot inscrit sur son bulletin comme lui étant échu. — On peut aussi procéder ainsi, alors surtout qu'il y a désaccord ou que toutes les parties ne sont pas présentes ou représentées : Deux espèces de bulletins sont préparées, les uns portant les noms des copartageants sont mis dans une urne, les autres contenant l'indication des lots sont placés dans une autre urne; on tire d'une urne un nom et de l'autre un numéro qui se trouve attribué au possesseur du nom; puis, un autre nom et un autre numéro, et ainsi de suite. — Si les intéressés sont absents ou s'ils ne s'accordent pas sur le choix de la personne chargée de retirer les bulletins des urnes, le notaire s'en charge (Bioche, 202 ; Dutruc, 465).

2592. — Subdivision. — Quand il y a des subdivisions occasionnées par l'inégalité des droits des copartageants, *supra* n°s 2323 et suiv., il y a lieu, en observant les formes ci-dessus, de procéder à autant de tirages successifs qu'il y a de subdivisions (Cass., 25 nov. 1834, 27 fév. 1838, 26 avril 1847; S. 35, I, 353; 38, I, 216; 47, I, 610).

2593. — Tirage obligatoire. — Lorsque le partage est judiciaire, et que des mineurs ou autres incapables y figurent, la distribution des lots ne peut avoir lieu par voie d'attribution, *supra* n° 2318, à moins que le partage ne soit transactionnel, *supra* n° 1906; ils doivent toujours être tirés au sort (Marcadé, *831*, 1; Toullier, IV, 428; Chabot et Belost-Jolimont, *834*, 5; Aubry et Rau, § 624-36; Massé et Vergé, § 391-14, Demante, III, 163 *bis*; Dutruc, 453; Demolombe, XV, 680; Hureaux, III, 458; Roll. de Vill., *Partage*, 235; Colmar, 3 août 1832; S. 33, II, 52; Nancy, 6 juillet 1837; S. 39, II, 162; Cass., 10 mai 1826, 25 nov. 1834, 27 fév. 1838, 19 mars 1844, 26 avril 1847, 27 mars 1850; S. 35, I, 253; 38, I, 216; 44, I, 310; 47, I, 310; 50, I, 369; Riom, 23 mai 1843, 1er avril 1854; S. 43, II, 384; 54, II, 617; Montpellier, 14 mai 1845; S. 45, II, 250; Bastia, 4 janv. 1858; Douai, 5 déc. 1865; S. 66, II, 233. Contra Duranton, VII, 173 *bis*; Dalloz, *Succession*, 1835; Caen, 13 nov. 1845, 3 août 1847; S. 46, II, 141; Metz, 10 juin 1852; S. 54, II, 276). — En conséquence, si les biens sont impartageables eu égard aux droits des parties, il y a lieu nécessairement à licitation (Cass., 19 mars 1844; S. 44, I, 310; voir Paris, 8 mars 1867; S. 67, II, 185).

2594. — Intérêt des parties. — Décidé néanmoins que la règle du tirage au sort peut recevoir exception dans le cas où ce mode d'opérer serait reconnu contraire à l'intérêt général des copartageants; et, que, dans ce cas, l'attribution des lots peut être faite par les juges eux-mêmes (Toulouse, 23 nov. 1832; S. 33, II, 236).

2595. — Tirage sans utilité. — En outre, si le tirage au sort ne présente aucune utilité, par exemple, quand la masse à partager se compose uniquement de sommes à rapporter et de créances, par l'attribution desquelles les lots de chacun des héritiers sont complétés; dans ce cas, le notaire liquidateur peut faire des attributions aux parties pour le fournissement de leurs droits, pourvu qu'elles ne leur causent pas de préjudice (Cass., 15 déc. 1873; S. 74, I, 199; Nancy, 2 mars 1886; Defrénois, *Rép. N.*, 3028).

2596. — Majeurs. — Attribution. — La règle qui veut que les lots soient tirés au sort souffre exception entre majeurs, lorsqu'il y a consentement de leur part à ce que la formation et attribution des lots ait lieu, d'après certaines convenances respectives (Chabot, *834*, 4; Toullier, IV, 428; Roll. de Vill., *Part. judic.*, 213; Cass., 9 mai 1827).

2397. — Droit d'exiger le tirage. — Le droit d'exiger le tirage au sort appartient à chaque copartageant; par conséquent, à tous ayants droit à une succession; ainsi : un légataire universel ou à titre universel, un donataire contractuel, un héritier préciputaire, un enfant naturel (Chabot, *757*, 15; Dutruc, *436*; Montpellier, 14 mai 1845; S. 45, II, 551; Paris, 30 juin 1851; S. 52, II, 360).

2398. — Délivrance des lots. — Le juge-commissaire ou le notaire fait aux copartageants la délivrance des lots aussitôt après le tirage (*C. proc., 982*).

2399. — Mode de délivrance. — Cette délivrance résulte de la mention faite dans le procès-verbal, par le juge-commissaire ou par le notaire, que délivrance est faite à chacun des copartageants des biens entrés dans son lot, et qu'il leur est fait remise des titres de propriété des immeubles et des titres des créances et valeurs.

2400. — Non entérinement. — Le procès-verbal des opérations du tirage au sort des lots forme l'exécution du jugement qui l'a ordonné et consomme le partage; en conséquence, il n'est pas assujetti à la formalité de l'entérinement ni de l'homologation (Roll. de Vill., *Part. judic.*, 222; Cass., 7 août 1876; S. 77, I, 466).

2401. — Extraits. — Soit le greffier, soit le notaire, sont tenus de délivrer les extraits, en tout ou en partie, du procès-verbal du partage, que les parties intéressées requièrent (*C. proc., 983*).

CHAPITRE QUATRIÈME

DES EFFETS DU PARTAGE JUDICIAIRE

2402. — Définitif. — Les partages faits conformément aux règles établies par le présent titre, dans les cas où ils ne peuvent être que judiciaires, sont définitifs. Ils ne sont que provisionnels, *supra* n° 1878, si ces règles n'ont pas été observées (*C. civ., 840*).

2403. — Grosses. — Après que les opérations de liquidation et partage sont devenues définitives, le notaire peut en délivrer des grosses en forme exécutoire, quand il y a lieu (Nancy, 28 juin 1861; S. 61, II, 582; v. Riom, 16 fév. 1882; *Rép. N.*, 1865).

2404. — Erreur. — Omission. — Non responsabilité. — Si des erreurs ont été commises par le notaire, dans le partage auquel il a procédé en vertu d'une commission de justice, ou s'il a fait une omission ou une fausse appréciation des droits des parties, il n'en est pas responsable, puisque, pour cette opération, il n'a que le caractère d'un simple rapporteur; il s'en suit que celle des parties qui éprouve un préjudice résultant d'une erreur de fait ou de calcul, n'a pas droit à des dommages-intérêts contre lui (Cass., 10 janv. 1854; S. 54, I, 135; Pau, 30 avril 1860; S. 61, II, 136).

2405. — Ibid. — Responsabilité. — Toutefois, jugé que lorsqu'en procédant à un partage destiné à remplacer un autre partage antérieurement fait entre les parties, le notaire a mis dans le lot de l'un des copartageants un immeuble qui, attribué par le premier partage à un autre copartageant, avait été par lui grevé d'hypothèque, il est responsable du préjudice résultant de l'existence de ces hypothèques pour le copartageant auquel l'immeuble a été attribué par le nouveau partage, s'il agissait à cet acte, non pas seulement en sa qualité d'officier ministériel, mais encore en qualité de mandataire salarié du copartageant lésé (Douai, 24 mai 1855; S. 56, II, 475).

2406. — Redressement. — Si la demande en redressement d'une erreur contenue dans un partage est admissible en principe (*C. proc.*, *541*), il faut pour qu'il en soit ainsi, qu'il s'agisse d'une erreur matérielle et qu'elle s'appuie sur des documents inconnus à l'époque où la liquidation a eu lieu (Cass., 27 août 1877; Droit 29). Une pareille demande doit être rejetée par l'exception de chose jugée, lorsque l'acte sur lequel elle repose, a passé sous les yeux des juges qui ont apprécié les résultats de la liquidation et consacré l'erreur qu'elle pouvait contenir (Douai, 7 juin 1848; S. 49, II, 362; Cass., 15 mars 1876; Sirey, 76, I, page 212; Lyon, 21 janvier 1876; Droit 3 oct.; Paris, 14 nov. 1876; Droit 23 nov. Voir Cass., 19 mars 1855; S. 56, I, 341).

2407. — Supplément de partage. — Lorsque des biens ou valeurs ont été omis dans la liquidation, le tribunal peut décider, sur la demande des cohéritiers, qu'il y aura lieu à un supplément de partage, *supra* n° 1866. Mais il faut pour cela que la demande ait pour objet des choses certaines et déterminées, et que le demandeur établisse qu'elles ont été omises dans la liquidation (Cass., 21 mars 1854, 7 août 1876; S. 55, I, 38; 77, I, 466).

TITRE SIXIÈME

DES EFFETS JURIDIQUES DU PARTAGE

2408. — Généralités. — Nous réunissons sous un même titre, comme formant des matières accessoires au partage les dispositions qui sont relatives : 1° à l'effet déclaratif du partage; 2° à la garantie des lots; 3° au privilége de copartageant.

CHAPITRE PREMIER

DE L'EFFET DÉCLARATIF DU PARTAGE

DIVISION

Sect. 1. — *Dispositions générales* (N°s 2409 à 2414).
Sect. 2. — *Des actes auxquels l'effet déclaratif est attaché* (N°s 2415 à 2431).
Sect. 3. — *Des choses soumises à l'effet de la règle du partage déclaratif* (N°s 2432 à 2438).
Sect. 4. — *Des effets du partage déclaratif* (N°s 2439 à 2456).

SOMMAIRE ALPHABÉTIQUE

Abandonnement 2428	Cohéritiers 2409	Echange 2423
Actes équipollents 2417	Communauté 2410, 2443	Emploi 2444
Aliénation 2440, 2453	Communistes 2412	Faillite 2414, 2452
Attributif 2409	Confusion des masses 2424	Fraude 2443
Attribution à plusieurs 2429	Conversion . . . . 2436 à 2438	Hypothèque . 2413, 2430, 2431, 2440,
Bénéfice d'inventaire 2413	Créances 2433	2441, 2446, 2448, 2453
Biens 2432, 2433	Déclaratif 2409	Hypothèque légale 2452
Cession de droits successifs . . 2421,	Distribution 2447	Immeubles . . . . 2443 à 2445
2422, 2426, 2430	Divisibilité 2433, 3456	Indivisibilité 2432, 2455
Cession et partage 2427	Donation 2425	Indivision 2409, 2426

Licitation. . . 2413, 2420, 2426, 2430, 2446, 2450	Partage ordinaire 2415	Sommation de payer 2450
Main levée. 2434	Partage ultérieur 2430	Soulte 2418
Majeur. 2455, 2456	Personnes 2439	Surenchère 2450
Meubles . . . . 2443 à 2445	Prélèvements 2419	Tiers. 2448, 2449
Mineur. 2455, 2456	Prescription . . . . 2454 à 2456	Tiers cessionnaire 2431
Nue propriété . . . . . . 2436 à 2438	Purge 2442	Transaction 2423
Ordre 2413, 2447	Régime dotal 2444	Usufruit. . . . . 2436 à 2438
Partage avec soulte. 2418	Saisie 2451	Vente 2423, 2448, 2449
Partage partiel 2416	Saisie-arrêt. 2435	
	Société. 2411	

SECTION I.

DISPOSITIONS GÉNÉRALES.

2409. — Indivision. — Cohéritiers. — L'indivision dans laquelle se trouvent les cohéritiers est soumise à la condition du partage; par suite, chacun d'eux est considéré comme propriétaire sous une condition suspensive des biens provenant de la masse héréditaire qui sont compris dans les lots de ses cohéritiers. Il s'ensuit que chaque cohéritier est censé avoir succédé seul et immédiatement à tous les effets compris dans son lot, ou à lui échus sur licitation, et n'avoir jamais eu la propriété des autres effets de la succession (*C. civ.*, *883*); autrement dit le partage est seulement *déclaratif* et non pas *attributif* de propriété. Chaque cohéritier est donc propriétaire des biens à lui échus, comme s'il les avait recueillis seul au jour du décès du *de cujus* (Marcadé, *883*, 1).

2410. — Communauté. — L'article 1476 du Code civil, soumettant le partage de la communauté à toutes les règles du partage des successions, spécialement en ce qui concerne les effets du partage, l'état déclaratif du partage est applicable de la même manière au partage des biens dépendant d'une communauté, d'où il suit que la fiction de propriété exclusive en faveur des copartageants remonte, non pas seulement au jour de la dissolution de la communauté, mais au jour où l'immeuble est entré dans la communauté, sauf, en ce qui concerne la femme ou ses héritiers, l'obligation de respecter les droits consentis sur les biens à eux échus par le mari comme chef de la communauté (Pothier, *Communauté*, 711; Rodière et Pont, 1106; Marcadé, art. *1476*).

2411. — Société. — L'art. 1872 est moins explicite que l'art. 1476, pour le renvoi au titre des successions en ce qui concerne les règles du partage des sociétés; cependant il n'est nullement douteux qu'il comprend, dans sa généralité, le principe de l'effet déclaratif, de sorte que les copartageants sont propriétaires des biens entrés dans leurs lots, dès l'origine, c'est-à-dire non pas seulement du jour de la dissolution de la société, mais à partir du jour où la société s'est formée à l'égard des biens apportés en société, et du jour où la société en est devenue propriétaire à l'égard de ceux acquis pendant sa durée (Pothier, *Sociétés*, 170; Duranton, XVII, 480; Troplong, 1063 à 1065; Massé et Vergé, § 721-10; Bédarrides, 513; Demangeat sur Bravard, p. 321 note; Pont, *Sociétés*, 794; Metz, 31 déc. 1867; S. 69, II, 5. CONTRA Duvergier, *Sociétés*, 478; Bugnet sur Pothier, 179 note; Delangle, 707; Bravard, p. 321; Alauzet, 268; Taulier, VI, p. 400). — L'effet rétroactif de cette fiction a pour résultat de détruire complètement, dans le passé, l'indivision qui a existé, sauf en ce qui concerne les droits conférés à des tiers par la société (Bordeaux, 21 août 1866; S. 67, II, 105).

2412. — Immeubles acquis en commun. — Les dispositions de l'art. 883 s'appliquent de la même manière au cas où il s'agit du partage d'immeubles appartenant par indivis à plusieurs personnes comme en ayant fait l'acquisition en commun; en effet, lorsque plusieurs personnes s'unissent pour faire l'acquisition d'un immeuble en commun, elles contractent réellement une société à titre particulier pour l'exploitation de cet immeuble ou pour la perception de ses fruits, et, lorsqu'il s'agit du partage ou de la licitation de cet immeuble, les règles du partage suivant l'article 1872, et, par conséquent, celles de l'article 883, doivent recevoir leur application comme s'il y avait partage entre cohéritiers; d'où il suit que le communiste à qui un immeuble échoit par partage ou licitation est censé en être devenu seul propriétaire à partir du jour même de l'acquisition (Grenier, *Hypothèque*, II, 399; Duranton, VII, 522; Roll. de Vill., *Licitation*, 98; Vazeille, *883*, 4; Marcadé, *883*, 2; Demante, III, 225 *bis*; Demolombe, XVII, 266; Massé et Vergé, § 279-27; Hureaux, IV, 234; Cass., 27 juill. 1819, 10 août 1824, 18 août 1829, 28 avril 1840, 29 mars 1854; S. 40, I, 821; 56, I, 49; Grenoble, 28 août 1847, 12 mars 1849; S. 48, II, 469; 49, II, 385; Lyon, 14 fév. 1853; S. 53, II, 381; Paris, 11 janv. 1867; S. 67, II, 258).

2413. — Héritier bénéficiaire. — L'effet déclaratif de l'art. 883 n'est pas restreint à l'héritier pur et simple, il s'applique aussi à l'héritier bénéficiaire qui ne saurait être considéré comme un tiers. Si donc l'héritier bénéficiaire s'est rendu adjudicataire par licitation, le créancier auquel son cohéritier a consenti hypothèque ne peut être colloqué à l'ordre ouvert sur le prix (Marcadé, *883*, note 1; Demolombe, XVII, 275; Dutruc, 548; Tambour, *Bénéf. d'inv.*, p. 320; Bilhard, *Ibid.*, 108; Cass., 12 août 1839; S. 39, I, 781; Nîmes, 6 novembre 1869; Sirey, 71, II, page 157).

2414. — Faillite. — Comme conséquence de l'effet déclaratif du partage, cet acte ne tombe pas sous l'application des dispositions des art. 446 et 447 du Code de commerce, qui annulent les actes d'aliénation et de libéralité, faits par le failli depuis l'ouverture de sa faillite ou dans les dix jours qui l'ont précédée, à la condition que le partage soit sérieux et sincère (Colmar, 19 janv. 1856; S. 56, II, 392; Pau, 28 fév. 1878; S. 79, II, 20).

SECTION II.

DES ACTES AUXQUELS L'EFFET DÉCLARATIF EST ATTACHÉ.

2415. — Partage ordinaire. — Le principe de l'effet déclaratif est attaché en premier lieu au partage ordinaire en nature, que les lots soient également ou inégalement formés de meubles ou d'immeubles.

2416. — Partage partiel. — Il est également applicable que le partage ait pour objet tous les biens de la succession ou qu'il ne comprenne que quelques-uns des biens (Marcadé, *883*, 2; Demolombe, XVII, 276; Dutruc, 47, 468; Aubry et Rau, § 625-6; Massé et Vergé. § 396-8; Paris, 3 juill. 1848, 26 déc. 1878; S. 48, II, 395; J. N., 22183).

2417. — Actes équipollents à partage. — La fiction de l'art. 883 est applicable à tout acte qui fait cesser l'indivision, quelle que soit sa qualification. Spécialement à ceux qui vont être indiqués :

2418. — Partage avec soulte. — Est un partage auquel l'art. 883 est applicable, celui qui a lieu avec une soulte ou un retour de lots, que la soulte soit d'une somme en numéraire ou d'un objet en nature.

2419. — Prélèvements. — Il en est de même de l'opération portant attribution à titre de prélèvement à l'un ou à plusieurs des cohéritiers, dans le cas où ils ont le droit de les exercer sur les biens héréditaires, soit en raison de rapports en moins prenant faits par quelques-uns des héritiers, soit pour une autre cause.

2420. — Licitation. — La licitation est expressément indiquée dans l'art. 883; et, par conséquent, produit sans contestation un effet déclaratif; il importe peu qu'elle ait été faite avec l'accomplissement des formalités de justice ou à l'amiable devant notaire; ou encore qu'elle ait pour objet de préparer le partage et de le faciliter; par exemple, pour le prix servir à acquitter les dettes (Demolombe, XVII, 271 *bis*; Dutruc, 39; Paris, 26 déc. 1878; J. N., 22183; v. Nîmes, 5 mai 1855; D. 55, II, 163).

2421. — Cession de droits successifs. — Il en est de même de la cession des droits successifs faite à l'un des cohéritiers par tous ses cohéritiers (Marcadé, *883*, 2; Demante, III, 225 *bis*; Dutruc, 543; Demolombe, XVII, 279; Cass., 29 mars 1854; S. 56, I, 49. Contra Toulouse, 14 déc. 1850; S. 51, II, 102), — même aux risques et périls du cessionnaire (Demante, III, 225 *bis*; Demolombe, XVII, 280; Aubry et Rau, § 625-7; Dutruc, 40; Cass., 10 nov. 1862; S. 63, I, 129; Nîmes, 22 août 1865; S. 66, II, 23; Limoges, 29 déc. 1868; Sirey, 69, II, page 255. Contra Grenoble, 4 janv. 1853; S. 53, II, 580; Lyon, 29 juill. 1853; S. 53, II, 581; — et quand même aussi il résulterait, soit des termes de l'acte, soit de l'exécution, que les parties ont entendu faire une vente proprement dite et non pas un partage (Marcadé, *883*, 2; Championnière et Rigaud, 2723; Dutruc, 39 ; Aubry et Rau, § 625-10; Demolombe, XVII, 283; Bourges, 26 janv. 1844; S. 45, II, 425 ; Montpellier, 21 déc. 1844; S. 45, II, 587; Cass., 5 nov. 1822, 3 mai 1841, 26 janv. 1848 ; S. 41, I, 434; 48, I, 216; Riom, 17 août 1853; S. 56, I, 49 ; Lyon, 1er mars 1865; S. 65, II, 166. CONTRA Duranton, VII, 522 *ter*. Voir aussi en matière fiscale : Cass., 12 août 1839, 20 déc. 1843, 12 nov. 1844, 29 avril, 10 juin et 18 août 1845, 29 juill. 1857; S. 39, I, 782; 44, I, 95; 45, I, 37, 496, 761, 808; 58, I, 313).

2422. — Intention contraire. — Décidé que la cession de droits successifs faite par un héritier à son seul cohéritier, bien qu'elle fasse cesser l'indivision, constitue non un partage, mais une vente, quand elle contient réserve expresse du privilége de vendeur et de l'action résolutoire, et que le vendeur ne garantit que sa qualité d'héritier. (Cass., 29 juill. 1857; S. 58, I, 313).

2423. — Actes divers. — Produit aussi l'effet du partage déclaratif, tout autre acte qui a pour objet de faire cesser l'indivision, et, à ce titre, équipolle au partage ou à la licitation, qu'il soit qualifié de vente, d'échange, de transaction ou de toute autre manière (Demante, III, 225 *bis*, 3°; Demolombe, XVII, 278; Cass., 29 mars 1854; S. 56, I, 59).

2424. — Confusion des masses. — Lorsque le partage entre les mêmes héritiers, majeurs et maîtres de leurs droits, comprend deux successions, confondues en une seule masse, *supra* n° 787, le créancier de l'un des copartageants, qui avait une hypothèque sur la portion indivise de son débiteur dans les immeubles de l'une des deux successions, ne peut critiquer un tel partage, sur le motif que le lot de son débiteur a été composé exclusivement de biens provenant de l'autre succession, ce qui en a entraîné l'extinction ; il ne le pourrait qu'en prouvant que le mode de partage dont il s'agit avait été adopté dans l'intention de faire fraude à ses droits (Marcadé, *883*, 2; Demolombe, XVII, 278 ; Cass., 22 mars 1847; S. 47, I, 259 ; Rouen, 17 janv. 1849 ; S. 50, II, 25 ; voir Cass., 3 mai 1852; S. 52, I, 447).

2425. — Donation de droits indivis. — On ne saurait étendre l'effet déclaratif du partage ou de la licitation à une donation au copropriétaire indivis des droits de son copropriétaire, dont l'objet est de faire cesser l'indivision, la donation formant un acte d'une nature essentiellement différente et pour lequel la loi n'offre pas aux tiers la garantie qu'elle offre en matière de partage. Cette assimilation ne peut être induite ni de l'article 888, ni de l'art. 1408, qui sont sans application à des actes purement gratuits et qui ne contiennent ni le caractère, ni les éléments du partage (Dutruc, 45 ; Demolombe, XVII, 283; Cass., 5 mai 1841 ; S. 41, I, 434).

2426. — Indivision continuée. — Le partage déclaratif n'est pas applicable lorsque l'indivision ne cesse pas entre les cohéritiers, comme s'il s'agit d'une licitation consentie à plusieurs des copropriétaires conjointement entre eux, ou d'une cession de droits successifs consentie par l'un des cohéritiers à tous ses cohéritiers, ou même à l'un ou à quelques-uns d'entre eux seulement. En effet, toute fiction doit être strictement restreinte au cas spécial pour lequel elle a été littéralement consacrée ; et la fiction résultant de l'art. 883, ayant pour unique objet de favoriser les partages, ne pourrait être étendue à tous actes passés entre cohéritiers pour en mettre seulement un ou plusieurs hors de l'indivision. Cette fiction ne peut donc s'appliquer qu'aux actes dont la conséquence immédiate est de faire cesser l'indivision entre tous les cohéritiers, et non aux actes qui se bornent à écarter du partage quelques-uns des héritiers et, ne faisant pas cesser l'indivision entre les autres, ne sont réellement pas des partages (Marcadé, *883*, 4; Belost-Jolimont, *883*, obs.1; Massé et Vergé, § 390-8; Flandin, *Transcript.*, I, 203; Duranton, VII, 522 *bis* ; Pont, *Privilége*, 291 ; Demante, III, 225 *bis* ; Dutruc, 38; Demolombe, XVII, 287; Aubry et Rau, § 625-11, 12; Cass., 18 mars 1829, 30 juill., 16 mars et 6 nov. 1832, 27 mai 1835, 13 août 1838, 3 déc. 1839, 28 déc. 1840, 19 janv. 1841;

6 mai 1844, 10 juin 1845, 2 avril 1851, 29 mars 1855, 18 mai 1858; S. 32, I, 159, 602; 33, I, 66; 35, I, 341; 38, I, 701; 39, I, 903; 41, I, 204, 375; 44, I, 596; 45, I, 808; 51, I, 337; 56, I, 49; 58, I, 656; Limoges, 14 fév. 1845; S. 45, II, 641; Toulouse, 16 mai 1846; S. 46, II, 297; Montpellier, 9 juin 1853; Cass., 8 mars 1875, 23 avril 1884, 19 mai 1886; Rouen, 13 déc. 1882; Toulouse, 25 mars 1886; Rép. N., 1720, 2343, 3298, 3299. Contra Championnière et Rigaud, 2734; Roll. de Vill., Licitat., 10; Duvergier, Vente, II, 147; Hureaux, IV, 238 et suiv.; Mourlon, I, 179; Paris, 11 janv. 1808; Montpellier, 19 juill. 1821, 21 déc. 1844; S. 45, II, 587; Toulouse, 14 déc. 1850; S. 51, II, 102; Metz, 20 déc. 1865; S. 66, II, 281; Bourges, 12 janv. 1878; S. 78, II, 131).

2427. — Cession et partage simultanés. — Mais, en cas de cession de droits successifs par un héritier à ses cohéritiers, si ceux-ci, par le même acte, font un partage au moyen duquel ils sortent entièrement d'indivision, une telle cession constitue non pas une vente, mais un véritable partage, alors même qu'elle a été faite aux risques et périls des cessionnaires (Cass., 10 nov. 1862; S. 63, I, 129).

2428. — Abandonnement à titre de partage. — Si l'un des cohéritiers reçoit de ses cohéritiers un ou plusieurs biens de la succession pour le remplir de la totalité ou d'une partie de sa part héréditaire, cette attribution constitue un partage, lors même que les cohéritiers restent dans l'indivision relativement aux autres biens. En effet, cet acte par lui-même n'est ni une cession ni une vente; il n'est, par sa propre nature, qu'un allottissement, qu'une attribution à titre de partage, puisqu'il fait cesser entièrement l'indivision entre tous les héritiers en ce qui concerne le bien qui a été attribué à l'un d'eux, de la même manière que la licitation fait cesser entièrement l'indivision entre tous les cohéritiers en ce qui concerne le bien dont l'un d'eux s'est rendu adjudicataire, supra n° 1862 (Demolombe, XVII, 286; Cass., 25 avril 1864; S. 64, I, 237; voir aussi Cass., 2 avril 1851; S. 51, I, 327).

2429. — Attribution à plusieurs. — De même l'acte de partage dans lequel ont figuré tous les ayants droit, pour y recevoir en entier chacun leur part héréditaire, est un acte qui fait cesser l'indivision et produit tous les effets d'un partage définitif, lors même qu'il a été fait attribution à quelques cohéritiers en commun et indivisément entre eux, d'un immeuble, comme équivalent de leurs droits (Marcadé, 883, 4; Demolombe, XVII, 286 bis; Paris, 23 fév. 1860. Voir aussi Cass., 2 avril 1851; S. 51, I, 337).

2430. — Partage (ou licitation) ultérieur. — Le partage (ou la licitation) qui intervient, soit entre le cohéritier tant de son chef que comme cessionnaire des droits d'un de ses cohéritiers et les autres cohéritiers, soit entre ceux des cohéritiers qui se sont rendus coadjudicataires sur licitation ou cessionnaires des droits successifs d'un de leurs cohéritiers, soit entre les cohéritiers auxquels il a été fait une attribution en commun par indivis pour les remplir de leurs parts héréditaires, produit aussi tous les effets d'un partage déclaratif (Demante, III, 225 bis; Demolombe, XVII, 288; Montpellier, 27 janv. 1854; Dalloz, 55, II, 113; Cass., 29 mars 1854; S. 56, I, 49; Dijon, 24 nov. 1876; Recueil Dijon, 76, p. 297). — Toutefois, le cohéritier cessionnaire est tenu sur les biens entrés dans son lot, des charges créées par son cédant, comme il le serait de celles qu'il aurait créées lui-même (Demante, III, 225 bis; Demolombe, XVII, 288); — mais il en serait autrement si l'immeuble lui était adjugé par licitation, parce qu'il est considéré, dans cette hypothèse, avoir succédé à l'objet licité, non pas comme cessionnaire, mais en vertu de sa propre vocation héréditaire (Demolombe, XVII, 288; Aubry et Rau, § 625-18, 26; Caen, 17 nov. 1841, cité par Demolombe; Cass., 27 janv. 1857; S. 57, I, 665).

2431. — Tiers cessionnaire. — Si c'est un tiers étranger à la succession qui est devenu cessionnaire de l'un des cohéritiers, l'art. 883 lui est aussi applicable, puisque la cession a eu pour effet de le mettre au lieu et place de son cédant. En conséquence, en cas de partage, les immeubles, compris dans le lot du cessionnaire, ne sont pas grevés des hypothèques créées par les copartageants pendant l'indivision: il en est de même s'il se rend adjudicataire par licitation, la licitation étant assimilée au partage (Demolombe, XVII, 289; Aubry et Rau, § 625-13; Bourges, 31 août 1814; Cass., 27 janv. 1857; S. 57, I, 665; Bordeaux, 12 juill. 1859; P. 59, 712; Contra Douai, 2 mai 1848; S. 49, II, 393); — ou s'il se rend cessionnaire des droits successifs des autres héritiers (Limoges, 29 déc., 1868; S. 69, II, 255).

SECTION III.
DES CHOSES SOUMISES A LA RÈGLE DE L'EFFET DÉCLARATIF.

2452. — Biens. — Indivisibilité. — La règle du partage déclaratif s'applique, sans conteste, à tous les biens corporels quelconques, comme aussi aux biens incorporels qui ne sont pas susceptibles de division.

2453. — Biens incorporels. — En ce qui concerne les biens incorporels, par exemple les créances, qui sont susceptibles de division, on ne ferait pas une exacte application des principes, en décidant que la règle de l'art. 883 ne leur est pas applicable, en vertu de l'art. 1220 du Code civil, suivant lequel la division s'opère de plein droit entre les héritiers dès le jour même de l'ouverture de la succession et indépendamment de tout partage (Duranton, VII, 163, 429, 519; Mourlon, II, p. 202, 203; Demante, III, 225 bis, 7; Dutruc, 547); — ni, suivant une seconde opinion diamétralement opposée, d'après laquelle la généralité des termes de l'art. 883 et la disposition de l'art. 832 s'appliquent aux biens incorporels comme aux autres biens, de sorte que la division légale, consacrée par l'art. 1220, est elle-même subordonnée aux résultats du partage (Aubry et Rau, § 635-8; Cass., 24 janv. 1837; S. 37, I, 106). — Il faut, au contraire, concilier l'art. 1220 avec les art. 832 et 883, en distinguant les faits accomplis avant le partage d'avec ceux qui ne se sont accomplis que depuis le partage. D'après l'art. 1220, chacun des cohéritiers a le droit, dès l'ouverture de la succession et avant le partage, de se faire payer la créance pour la part dont il est saisi; par suite, la compensation légale entre cette part et une dette qui lui est personnelle peut être opérée avant le partage, ou la cession qu'il en fait par un transport signifié avant le partage, ou encore la saisie-arrêt pratiquée contre lui et validée par jugement avant le partage sont définitifs, et l'effet déclaratif du partage ne peut avoir pour objet de les invalider. Mais, après le partage consommé, alors que la créance était encore entière, la règle du partage déclaratif lui est applicable comme à tous les autres biens; le cohéritier dans le lot duquel elle est entrée, est censé en avoir été toujours seul saisi *ab initio*, par conséquent, sans qu'il soit besoin de remplir les formalités de signification prescrites par l'art. 1690 en matière de cession (Aubry et Rau, § 635-11; Demolombe, XVII, 297. Contra Demante, III, 225 bis, 7°); — et l'on ne peut plus désormais lui opposer aucun paiement ni compensation, cession ou saisie-arrêt non définitivement accompli avant le partage (Marcadé, *883*, 5; Demolombe, XVII, 295; Dutruc, 547; Duranton, VII, 519; Roger, *Saisie-arrêt*, 451; Larombière, 1220-9; Rodière et Pont, *Contr. de mar.*, 432; Massé et Vergé, § 387-2 et 392-6; Bourges, 6 août 1828; Paris, 19 janv. 1831; S. 31, II, 176; Grenoble, 8 juin 1847; S. 48, II, 178; Limoges, 19 juin 1863; S. 63, II, 193; Cass., 9 nov. 1847, 23 fév. 1864, 4 déc. 1866, 30 mai 1877; S. 48, I, 289; 64, I, 398; 67, I, 5; 78, I, 102; v. Cass., 23 mars 1881; *Rép. N.*, 816).

2454. — Main-levée d'inscription. — Toujours comme conséquence de cet effet déclaratif, si, avant le partage, un des cohéritiers a fait main-levée, pour sa part héréditaire, de l'inscription hypothécaire conservant la créance, cette main-levée ne peut être opposée à l'héritier dans le lot duquel la créance est entrée, en ce sens que l'inscription continue de subsister à son égard pour la totalité de la créance (Demolombe, XVII, 296; Aubry et Rau, § 635-9; Cass., 20 déc. 1848; S. 49, I, 179).

2455. — Saisies-arrêts. — D'ailleurs, chaque cohéritier est fondé, dès l'instant de l'ouverture de la succession, et avant le partage, à former des saisies-arrêts entre les mains des débiteurs de la succession, sur les parts de ses cohéritiers, dans le but qu'il ne soit pas fait d'actes libératoires ou translatifs susceptibles de lui préjudicier en raison des rapports auxquels ses cohéritiers peuvent être tenus (Demolombe, XVII, 298; Demante, III, 225 bis, 7°).

2456. — Usufruit; nue-propriété. — Conversion en pleine propriété. — Lorsqu'une chose ou une universalité appartient à l'un pour l'usufruit et à l'autre pour la nue propriété, il n'y a aucune indivision entre eux, *supra* n° 715, de sorte que le partage ne peut être demandé. Néanmoins, si, par un acte qualifié de partage, ils attribuent à l'usufruitier une partie de la nue propriété et au nu-propriétaire une partie de l'usufruit, de manière à convertir en une pleine propriété les droits de chacun de l'usufruitier et du nu-propriétaire; une telle convention n'est pas déclarative de propriété, mais plutôt translative, et produit les effets de l'échange d'un droit d'usufruit à l'encontre d'un droit de nue propriété (Roll. de Vill., *Partage*, 398; Dict., not., *Ibid.*, 736; Garnier, 7111; Cass., 3 août 1829, 14 août 1838; S. 38, I, 709; Tribunaux, Condom, 25 janv. 1845; Cambrai, 6 fév. 1847; Versailles, 6 fév. 1851; J. N. 10111, 12281, 13213, 14474).

2457. — Usufruit; pleine propriété. — Même conversion. — Mais si une indivision existe relativement à la pleine propriété ou à la jouissance; par exemple, si un époux est donataire de son conjoint prédécédé, de un quart en pleine propriété et un quart en usufruit, ou de moitié en usufruit, et que, pour le remplir de ses droits, il lui soit abandonné en pleine propriété une partie des biens provenant de l'hérédité, cette attribution a pour objet de sortir d'indivision, par conséquent constitue un partage auquel est attaché l'effet déclaratif et rétroactif résultant de l'article 883 (Cass., 8 août 1836, 4 janv. 1865; S. 36, I, 798; 65, I, 96).

2458. — Pleine propriété. — Conversion en usufruit et en nue propriété. — De même, quand une universalité de biens, qu'elle dépende d'une communauté ou d'une succession, est dévolue en pleine propriété à deux personnes, si elles la partagent entre elles, au moyen de l'attribution à l'une de la nue propriété et à l'autre de l'usufruit, la convention caractérise le partage, puisque les parties possédaient les biens en commun et pouvaient les diviser à leur convenance. En conséquence, l'effet déclaratif, résultant de l'art. 883, est attaché à ce partage, et chacun d'eux est censé n'avoir recueilli que le droit de nue propriété ou d'usufruit qui lui est attribué (Garnier, 12341; Cass., 16 juin 1824, 20 nov. 1866; S. 67, I, 41).

SECTION IV.

DES EFFETS DU PARTAGE DÉCLARATIF.

2459. — Personnes. — La règle du partage déclaratif est applicable toutes les fois qu'il s'agit d'apprécier l'effet du partage, entre quelques personnes que ce soit et n'importe pour quel intérêt, sans qu'il y ait lieu, dans aucun cas, de le considérer comme un acte translatif de propriété; en effet, porte un arrêt de cassation du 2 décembre 1845 (S. 46, I, 21) : « C'est d'une manière générale et absolue que » l'art. 883 déclare que chaque cohéritier est » censé avoir succédé seul, et immédiatement, » à tous les effets compris dans son lot » (voir aussi Cass., 29 août 1853; S. 54, I, 707. Conf. Demolombe, XVII, 302; Voir cep. Dutruc, 14 et suiv.; Cass., 27 mai 1835, 13 août 1838; S. 35, I, 286; 38, I, 701).

2440. — Hypothèques et aliénations. — L'effet de la règle du partage déclaratif est de résoudre toutes les hypothèques légales, judiciaires ou conventionnelles et autres droits réels conférés par les cohéritiers, ainsi que les aliénations à titre gratuit ou onéreux qu'ils auraient pu consentir, quand même elles ne porteraient que sur leurs parts héréditaires dans les immeubles, l'hypothèque et l'aliénation étant considérées comme non avenues, en raison de ce qu'elles émanent d'une personne qui n'a jamais été propriétaire (Marcadé, *883*, 3; Mourlon, II, p. 201; Demante, III, 325 bis; Demolombe, XVII, 306; Duranton, VII, 522; Dutruc, 545; Aubry et Rau, § 625-16; Bourges, 14 janv. 1831; Toulouse, 15 janv. 1830, 2 avril 1855; Lyon, 14 février 1853; S. 53, II, 381; Cass., 25 janv. 1809, 6 nov. 1827, 29 avril 1840, 12 mai 1875; S. 40, I, 821; 77, I, 118; Grenoble, 12 mars 1849; S. 49, II, 385); — de manière que les immeubles passent à celui dans le lot duquel ils sont entrés affranchis de ces hypothèques, droits et aliénations, comme s'ils n'avaient jamais existé (Cass., 18 juin 1833, 6 mai 1844; S. 35, I, 294; 44, I, 267). — Si les immeubles tombent dans le lot de celui qui a conféré les hypothèques ou autres droits, voir *infra* n° 2453.

2441. — Hypothèque antérieure. — Toutefois, l'effet déclaratif est inapplicable aux priviléges et hypothèques qui ont pris naissance avant l'indivision; dès lors, ils continuent d'exister sur l'immeuble (Cass., 29 mai 1866; S. 66, I, 393).

2442 — Purge. — La purge opérée par celui qui a acquis la part indivise d'un des cohéritiers, est également subordonnée à l'événement du partage ultérieur; et, dès lors, elle est considérée comme non avenue si l'immeuble échoit ou est adjugé par licitation à un autre cohéritier (Dutruc, 545; Duvergier sur Toullier, II, 563, note *a*; Demolombe, XVII, 307; Cass., 13 fév. 1838; S. 38, I, 230).

2443. — Communauté légale. — La règle du partage déclaratif est applicable à l'époux marié sous le régime de la communauté légale, sans qu'il y ait lieu d'examiner s'il n'est entré dans son lot que des meubles ou des immeubles, ou plus de meubles ou d'immeubles que sa part proportionnelle dans chacune de ces deux natures de biens. Dans tous les cas, les meubles tombent dans la communauté et les immeubles restent propres à l'époux sans indemnité, sauf toutefois le cas de fraude. Mais si une soulte a été versée ou si un prix de licitation a été payé, il y a lieu à récompense (Marcadé, *1401*, 4; Toullier, XII, 119; Duranton, XIV, 118; Massé et Vergé, § 640-4; Rodière et Pont, 431, 432; Troplong, *Contr. de mar.*, 370; Roll. de Vill., *Communauté*, 96, 97; Demolombe, XVII, 317; Nancy, 3 mars 1837; S. 39, II, 202; Caen, 9 mars 1839; S. 39, II, 351; Douai, 9 mai 1849; S. 50, II, 351; Cass., 11 déc. 1850; S. 51, I, 253; Caen, 18 août 1880; Defrénois, *Rép. N.*, 229).

2444. — Régime dotal. — Lorsque les époux sont mariés sous le régime dotal, il n'y a pas lieu non plus de rechercher si la femme cohéritière a eu une part égale dans les meubles et dans les immeubles, les immeubles échus sont dotaux pour le tout, qu'ils soient supérieurs ou inférieurs à la part de la femme dans les immeubles indivis (Tessier, *Dot*, I, p. 275; Demolombe, XVII, 318. Contra Limoges, 22 juill. 1835; S. 39, II, 299); — comme aussi sans que la femme puisse être contrainte à l'emploi pour la portion des valeurs mobilières qui excéderait sa part proportionnelle dans les biens meubles, si son contrat de mariage ne le stipule pas; voir *supra* n° 2236. Mais si elle reçoit une soulte immobilière ou un prix de licitation, elle doit en faire emploi (Troplong, *Contr. de mar.*, 3113; Demolombe, XVII, 318; Rouen, 24 avril 1828; Caen, 9 mars 1839, 5 nov. 1845; S. 39, II, 351; 46, II, 246; Limoges, 9 mars 1843; S. 44, II, 64; Amiens, 19 juin 1847; S. 48, II, 305; Caen, 9 août 1859, 7 août 1860; S. 60, I, 977; Caen, 2 mai 1865; S. 65, II, 261. Voir aussi Cass., 10 mars 1856; S. 56, I, 658).

2445. — Décès d'un cohéritier. — Meubles; immeubles. — Quand l'un des héritiers est décédé avant le partage, laissant un légataire de ses biens meubles et un légataire de ses biens immeubles, le légataire des meubles, lors du partage, a droit à tous les objets mobiliers compris dans le lot du testateur, et le légataire des immeubles, à tous les immeubles, soultes d'immeubles et prix de licitation (Demolombe, XVII, 319).

2446. — Hypothèque. — Licitation. — Si l'un des héritiers a constitué une hypothèque sur sa part indivise dans un immeuble héréditaire qui, par le résultat de la licitation, a été adjugé à l'un de ses cohéritiers, le droit du créancier hypothécaire ne passe pas sur la part de cet héritier dans le prix de la licitation, puisque l'hypothèque, par l'effet déclaratif du partage, est censée n'avoir jamais existé (Demolombe, XVII, 320; Paris, 17 avril 1821; Caen, 25 fév. 1837; S. 38, II, 154; Besançon, 12 mai 1853; P. 53, I, 543; Nîmes, 6 nov. 1869; R. G. Defrénois, II, 1336; Angers, 8 mars 1876; Rev. judic., 1876, p. 166; Cass., 12 mai 1875; S. 77, I, 118; Caen, 18 mai 1877; S. 78, II, 141; voir cep. Aubry et Rau, § 625-24; Proudhon, *Usuf.*, V, 2392; Aix, 23 janv. 1835; S. 35, II, 267).

2447. — Distribution du prix. — Le créancier, dont le droit hypothécaire se trouve résolu par l'effet déclaratif du partage, et qui perd ainsi tout droit de suite et de préférence sur l'immeuble adjugé par licitation à l'un des copartageants, ne peut prétendre à aucune préférence sur le prix ou la portion du prix appartenant ou attribué à son débiteur, qui se distribue, au marc le franc, entre tous les créanciers de ce dernier, sans tenir compte des hypothèques consenties ou obtenues pendant l'indivision (Demolombe, XVII, 320; Nîmes, 6 nov. 1869 précité; Paris, 11 janv. 1867; S. 67, II, 258; Angers, 8 mars 1876; Alger, 8 janv. 1877; S. 77, II, 169).

2448. — Hypothèque. — Adjudication à un tiers. — Si c'est un étranger qui s'est rendu adjudicataire sur licitation, l'adjudication produit l'effet d'une vente ordinaire; chacun des héritiers doit donc être considéré comme vendeur pour sa part et les droits hypothécaires qu'il a conférés pendant l'indivision produisent leur effet à concurrence de cette part (Chabot, *883*, 5; Poujol, *883*, 3; Troplong, *Hypothèque*, I, 292; Duvergier, *Vente*, II, 147; Duranton, VII, 520; Demolombe, XVII, 272; Paris, 2 mars 1812; Caen, 25 fév. 1837; S. 38, II, 154; Nîmes, 2 août 1838; S. 39, II, 102; Douai, 2 mai et 25 juill. 1848; S. 49, II, 395, 396; Grenoble, 27 janv. 1852; S. 60, II, 11). — Toutefois, cette règle n'est rigoureusement vraie que dans le cas où, au moment de la mise en vente, les droits de chacun des cohéritiers dans l'immeuble licité étaient déjà liquidés et déterminés. Lorsque, au contraire, la licitation est une opération préparatoire du partage, et que par le résultat du partage, le prix de la licitation est attribué à quelques-uns de ses cohéritiers ou même à un seul, ceux-ci seulement, par l'effet déclaratif du partage, doivent être considérés comme vendeurs, de sorte que les hypothèques conférées par les autres cohéritiers sont résolues de plein droit au regard de cet immeuble et du prix qui en est la représentation (Demante, III, 325 *bis*; Demolombe, XVII, 273; Dutruc, 546; Aubry et Rau, § 625-23; Cass., 16 fév. 1833, 18 juin 1834, 7 août 1860; S. 33, I, 687; 34, I, 733; 61, I, 977; Grenoble, 2 juin et 19 août 1863; S. 63, II, 249; Douai, 5 juin 1866; S. 67, II, 257; Paris, 3 juill. 1872; Jur. N., 14815; Alger, 24 déc. 1877; S. 78, II, 214).

2449. — Vente à un tiers par quelques-uns des héritiers. —

Par suite du même principe, la fiction de l'article 883 ne peut être invoquée par l'acquéreur d'un immeuble vendu par une partie des cohéritiers, dans le but de repousser la demande en partage de cet immeuble formée par quelques-uns des cohéritiers non vendeurs, ou leurs créanciers exerçant leurs droits (Douai, 2 mai 1848; S. 49, II, 393).

2450. — Licitation. — Sommation de payer. — Succession. — En outre, comme c'est le partage seul qui détermine le droit du créancier ayant hypothèque sur la part indivise d'un cohéritier dans un immeuble de la succession, le créancier a seulement le droit de s'opposer à ce qu'il soit procédé au partage, hors sa présence, ou de demander à y intervenir. Il ne serait pas fondé à faire au tiers adjudicataire sommation de payer ou de délaisser, ni à exercer contre lui une surenchère; en effet, le créancier d'un héritier est l'ayant cause de celui-ci, et, pas plus que lui, il ne peut être admis à critiquer le prix de la licitation; d'ailleurs, le fait que l'un des héritiers a des créanciers, ne saurait être une cause de trouble pour les autres héritiers (Demolombe, XVII, 274; Devilleneuve; S. 48, I, 561; Paris, 26 mai 1845; S. 46, II, 78. Contra Orléans, 7 fév. 1845; S. 48, I, 561).

2451. — Saisie. — Lorsque le créancier de l'un des copropriétaires indivis d'immeubles, a, pendant l'indivision, saisi l'un des immeubles indivis, la saisie est validée par l'effet d'un partage postérieur, en vertu duquel l'immeuble a été attribué en totalité au débiteur (Lyon, 20 mai 1854; S. 55, II, 513).

2452. — Faillite du mari. — Hypothèque légale de la femme. — En cas de faillite du mari, et s'il était commerçant au moment de la célébration du mariage, ou lorsque, n'ayant pas alors d'autre profession déterminée, il est devenu commerçant dans l'année, la femme n'a d'hypothèque légale que sur les immeubles qui appartenaient au mari à l'époque de la célébration du mariage, ou qui lui sont advenus depuis, soit par succession, soit par donation entre-vifs ou testamentaire (*C. comm.*, 563); et non pas sur les immeubles que le mari a acquis pendant le mariage à titre onéreux. Mais, par suite de l'effet déclaratif résultant de l'art. 883, on doit considérer comme advenu au mari, à titre gratuit pendant le mariage, et non à titre onéreux, la totalité d'un immeuble dans lequel il avait des droits indivis et dont il s'est ensuite rendu adjudicataire sur licitation, ou qui lui a été attribué à titre de partage; en conséquence, à moins de fraude légalement caractérisée et prouvée, l'immeuble entier est grevé de l'hypothèque légale de la femme, et non pas seulement la portion qui appartenait au mari avant le partage ou la licitation (Renouard, *Faillites*, II, p. 313; Laroque-Sayssinal, *Ibid.*, p. 559; Demangeat sur Bravard-Veyrières, *Ibid.*, p. 565, note; Alauzet, *C. comm.*, IV, 1881; Pont, *Privilège*, 536; Limoges, 14 mai 1853; S. 53, II, 565; Grenoble, 5 août 1857; S. 58, II, 633; Angers, 27 mai 1864; S. 64, II, 270; Metz, 20 déc. 1865, 14 nov. 1867; S. 68, II, 270; Douai, 26 nov. 1868; S. 68, II, 334; Cass., 10 nov. 1869; S. 70, I, 5; Jur. du Not., art. 12979. CONTRA Esnault, *Faillites*, III, 600; Massé, *Droit comm.*, II, 1343; Demolombe, XVII, 328; Bourges, 2 février 1836; Paris, 8 avril 1853; S. 53, II, 565; Caen, 21 avril 1866; S. 68, II, 270).

2453. — Hypothèque ou aliénation. — Immeuble échu. — Quand, pendant l'indivision, l'un des cohéritiers a vendu, donné, légué ou hypothéqué sa part indivise dans un immeuble héréditaire, et que cet immeuble, par le partage, est entré dans son lot, les aliénations et hypothèques continuent de ne produire leur effet que sur cette part (Marcadé, *883*, 3; Demolombe, XVII, 321, 322; Duvergier sur Toullier, IV, 563, note *a*; Duranton, VII, 521; Demante, III, 225 *bis*; Dutruc, 544; Cass., 6 déc., 1826; Limoges, 22 juill. 1835; S. 39, II, 299). — Il en est autrement lorsque la vente, le don, le legs ou l'hypothèque ont eu pour objet la totalité de l'immeuble; dans ce cas, l'aliénation ou l'hypothèque produisent tous leurs effets (Marcadé, *883*, 3; Demolombe, XVII, 322; Taulier, VI, p. 61; Bordeaux, 11 juin 1857; S. 57, II, 666; Montpellier, 27 janv. 1858; S. 59, II, 309; voir cep. Bastia, 18 avril 1853; 3 mars 1858; S. 55, II, 352; 58, II, 241).

2454. — Prescription de dix ou vingt ans. — Le partage ou l'adjudication sur licitation ne constituant pas un titre d'acquisition, ne sauraient être considérés comme un juste titre, susceptible de servir de fondement à la prescription de dix ou vingt ans (Demolombe, XVII, 324; Duranton, XXI, 370; Troplong, *Prescription*, 886; Aubry et Rau, § 625-31; Colmar, 9 fév. 1848; S. 50, I, 513).

2455. — Prescription. — Majeur. — Mineur. — Droit indivisible. — Par suite de l'effet déclaratif de l'art. 883, la prescription d'un droit indivisible sur un immeuble, par exemple, d'une servitude, n'est pas suspendue au profit du cohéritier majeur par le fait de la minorité de son cohéritier et pendant l'indivision qui a subsisté entre eux, si, par le partage ultérieur, l'immeuble est devenu la propriété du majeur. S'il était permis d'invoquer cette possession commune afin de déterminer les droits des héritiers sur les biens de la succession qui n'auraient pas été compris dans le lot qui leur est échu, on ne pourrait plus dire, avec l'art. 883, que chacun d'eux est censé avoir succédé seul et immédiatement à ceux qu'il a reçus par le partage, puisqu'il y aurait alors un intervalle de temps pendant lequel il n'aurait pas été propriétaire exclusif de ces biens; la présomption, résultant de l'art. 883 est donc inconciliable avec un droit de propriété en faveur des cohéritiers, pour ce qui concerne les objets non compris dans leur lot respectif pendant tout le temps qui a précédé le partage (Cass., 2 déc. 1845, 29 août 1853; S. 46, I, 21; 54, I, 707; *Sic* Marcadé, art. *2252*; Demolombe, XVII, 326).

2456. — Même hypothèse. — Droit divisible. — S'il s'agit d'un droit divisible, la prescription accomplie contre l'un ou plusieurs des cohéritiers, pendant l'indivision, conserve tout son effet, sans que l'on puisse opposer au tiers qui a bénéficié de la prescription, le principe déclaratif résultant de l'art. 883. Dans ce cas, la chose, au moyen de la prescription acquise contre quelques-uns des héritiers, est devenue commune au tiers qui a acquis, par la prescription, la portion de l'un ou de plusieurs des cohéritiers, et les autres cohéritiers contre lesquels la prescription n'a pu courir, et c'est entre eux que la chose doit être partagée (Demolombe, XVII, 327; Troplong, *Prescription*, 868; Cass., 12 nov. 1833; S. 33, I, 825).

CHAPITRE DEUXIÈME

DE LA GARANTIE DES LOTS

DIVISION

SECT. 1. — *Règles générales* (N°s 2457 et 2458).
SECT. 2. — *Dans quel cas il y a lieu à garantie* (N°s 2459 à 2476).
SECT. 3. — *De l'objet et de la durée de l'obligation de garantie* (N°s 2477 à 2491).

SOMMAIRE ALPHABÉTIQUE

Action hypothécaire 2459	Dépossession 2459	Lésion 2466, 2471, 2478
Améliorations 2479	Dette 2485	Modalités du partage 2458
Appel en garantie 2476	Durée 2488	Non garantie 2470, 2471
Biens 2463, 2482	Époque d'estimation 2477	Numéraire 2482
Cas fortuit 2468, 2472	Évaluation 2477	Partage maintenu 2483
Cause antérieure 2467	Éviction 2459	Prescription. 2474, 2475, 2488 à 2491
— postérieure 2468	Exception . . . . 2469 à 2471	Principes 2457
Chose d'autrui 2462	Expropriation 2468	Privilège 2484, 2489
Compétence 2487	Faute du cohéritier . . . 2473 à 2476	Propriété d'un tiers 2462
Connaissance du droit 2460, 2461, 2469	Force majeure 2472	Rente 2489, 2490
Contenance 2465	Fruits 2480	Répartition 2485
Contestation 2466	Garantie étendue 2472	Rescision . . . 2466, 2471, 2478, 2483
Copartageants 2458	Habitation 2459	Revendication 2459
Crainte d'éviction 2462	Héritier bénéficiaire 2481	Servitude 2459, 2461
Créances 2464, 2472, 2491	Indemnité . . . . 2477 à 2482	Troubles 2459, 2462
Défauts cachés . . . . , . . . 2466	Inondation 2468	Usage 2459
Dépenses 2479	Insolvabilité . . . 2464, 2486, 2489	Usufruit 2459
Dépérissement 2468	Intérêts 2480	

SECTION I.

RÈGLES GÉNÉRALES

2457. — Principes. — Le partage ne serait plus une exacte répartition des choses héréditaires, si l'un des cohéritiers se trouvait atteint par une dépossession pour cause antérieure au partage. D'ailleurs le partage, ayant pour objet d'alotir les copartageants, doit entraîner la reconnaissance des droits réciproquement définis et alotis en objets héréditaires. Il s'en suit une obligation de garantie entre copartageants, édictée de la manière suivante, par l'art. 884 du Code civil : « Les coparta- » geants demeurent respectivement garants, » les uns envers les autres, des troubles et » évictions seulement qui procèdent d'une » cause antérieure au partage. »

2458. — Modalités du partage. L'obligation de garantie, dont le but est de maintenir l'égalité entre les copartageants, existe dans tous les partages, qu'ils soient amiables ou judiciaires, qu'ils aient été faits par actes notariés ou sous-seings privés, ou même verbalement, quelle que fût la cause de l'indivision, et que le partage ait eu lieu entre héritiers légitimes, successeurs irréguliers, légataires, associés, communistes, etc., (Pothier, *Succession*, chap. 4, art. 5, § 3; Duranton, VII, 523; Chabot, *887*, 9; Demolombe, XVII, 330; Aubry et Rau, § 625-44; Roll. de Vill. *Partage*, 335); — ou même avec le cessionnaire des droits successifs de l'un des héritiers (Dutruc, 565; Roll. de Vill., *Partage*, 336; Cass., 25 janv. 1820).

SECTION II.

DANS QUELS CAS IL Y A LIEU A GARANTIE.

2459. — Troubles. — Évictions. — La garantie est due quand le cohéritier a souffert un trouble ou une éviction (*C. civ.*,

884). Il suffit que le cohéritier souffre un trouble dans la propriété, la jouissance ou la possession de l'un des objets entrés dans son lot, et que ce trouble soit susceptible d'entraîner sa dépossession totale ou partielle; il n'est pas nécessaire, pour exercer l'action en garantie, que le cohéritier soit déjà évincé. On considère comme un trouble l'exercice d'une action hypothécaire qui menacerait d'éviction l'un des copartageants; ou quand un tiers revendique un immeuble compris dans le lot d'un copartageant, ou réclame un droit de propriété, d'usufruit, d'usage, d'habitation, de servitude ou un droit de bail; ou encore quand un tiers prétend qu'un droit attribué à un copartageant n'est pas dû et refuse de le laisser exercer (Demolombe, XVII, 334; Chabot, 884, 2; Vazeille, 884, 2; Dutruc, 552 bis; Roll. de Vill., Partage, 341).

2460. — Connaissance du droit réclamé. — Il faut pour qu'il y ait lieu à garantie que l'existence du droit réclamé par un tiers fût inconnue au moment du partage; si elle était connue dès le partage, ce qui est apprécié par les tribunaux, on doit considérer que le dommage en résultant a été pris en considération, lors de l'estimation de l'immeuble, et il n'y a pas lieu à garantie (Demolombe, XVII, 335; Dutruc, 555; Duranton, VII, 536; Aubry et Rau, § 625-38. Contra Roll. de Vill., Partage, 543).

2461. — Servitudes. — Ce qui vient d'être dit s'applique aux servitudes. D'où il suit que la garantie ne s'étend pas aux servitudes apparentes, en raison de ce qu'elles ont dû être vues, ni aux servitudes légales, puisqu'elles découlent de la loi, non plus qu'aux servitudes, même non apparentes, dont le copartageant qui en souffre avait connaissance lors du partage (Arg. Cass., 20 juin 1843; S. 43, I, 787; Bastia, 2 août 1854; S. 54, II, 573; Cass., 8 nov. 1854, 2 mai 1864; S. 54, I, 765; 65, I, 381; Angers, 27 fév. 1867; S. 67, II, 251).

2462. — Crainte d'éviction. — La seule crainte d'une éviction serait insuffisante pour exercer l'action en garantie, alors qu'aucune réclamation n'est faite à celui qui a cette crainte. Toutefois si un cohéritier vient à découvrir, après le partage, qu'un immeuble ou autre objet entré dans son lot est la propriété d'un tiers, il aura le droit de demander que la restitution en soit faite ; car le partage, dans ce cas, a compris la chose d'autrui (Demolombe, XVII, 340). — En outre, si un copartageant se trouve empêché de disposer par vente ou autrement d'un objet à lui échu, en raison de ce qu'il y a impossibilité d'établir le droit du défunt à la propriété de cet objet, il n'y a plus seulement une crainte d'éviction, mais un trouble, et nous pensons qu'en pareil cas le copartageant troublé peut recourir contre ses copartageants (Demolombe, XVII, 346; voir cep. Cass., 12 juill. 1853; S. 53, I, 334).

2463. — Biens. — La garantie des lots s'étend à tous les biens compris dans le partage, qu'ils soient meubles ou immeubles, corporels ou incorporels.

2464. — Créances. — Constitue aussi une éviction, la perte d'une créance pour cause d'insolvabilité du débiteur antérieure au partage (Marcadé, 886, 2; Dutruc, 559; Roll. de Vill., Partage, 351; Demolombe, XVII, 341; Aubry et Rau, § 625-41); — mais non si l'insolvabilité est postérieure au partage quand même elle serait survenue avant l'exigibilité de la créance (Dutruc, 559; Roll. de Vill., Partage, 2617; Cass., 24 déc. 1866; S. 67, I, 122). — Il en est de même du fait par un débiteur de contester au fond la créance dont le paiement lui est réclamé (Duranton, VII, 542; Dutruc, 560; Aubry et Rau, § 625-40).

2465. — Contenance. — La non existence de tout ou partie d'un objet compris dans le partage, est aussi une cause de garantie. En conséquence, si un immeuble est entré dans un lot, à raison de tant par mètre ou par are, et que la contenance réelle soit moindre que celle exprimée, il y a lieu à garantie et par suite à une indemnité en faveur de celui qui en souffre (Demolombe, XVII, 342; Dutruc, 603; Demante, III, 226 bis, 3°; Aubry et Rau, § 625-41; Massé et Vergé, § 392-7; Roll. de Vill., Partage, 349; Cass., 8 nov. 1826; Bordeaux, 16 mars 1839). — Mais si l'immeuble a plutôt été considéré en lui-même que d'après sa contenance, la garantie n'a pas lieu, sauf l'action en rescision si le copartageant éprouve une lésion de plus du quart (Aubry et Rau, § 625-43).

2466. — Défauts cachés. — La garantie est due aussi pour les défauts cachés d'un immeuble, qui en diminuent la valeur ; comme si, par exemple, s'agissant d'une maison, on vient à découvrir qu'elle est construite sur une excavation qui menace ruine. D'ailleurs, une pareille garantie, imposée en cas de vente et d'échange (*C. civ.*, *1641*, *1707*), doit, à plus forte raison, exister aussi en matière de partage, alors même qu'il n'en résulterait pas une lésion de plus du quart (Demante, III, 226 *bis*, 3°; Demolombe, XVII, 343. CONTRA Massé et Vergé, § 392-9; Aubry et Rau, § 625-55).

2467. — Cause antérieure. — L'obligation de garantie n'existe qu'autant que le trouble ou l'éviction procède d'une cause antérieure au partage (*C. civ.*, *884*) ; dont la chose était déjà affectée lorsqu'elle a été comprise dans un lot, de sorte qu'elle ne reposait pas suffisamment sur un objet héréditaire (Demolombe, XVII, 344).

2468. — Cause postérieure. — Si la cause de l'éviction est postérieure au partage, le cohéritier doit la subir sans réduction; par exemple, si, après le partage, un copartageant subit une expropriation pour cause d'utilité publique, sans indemnité ou avec une indemnité minime, ou éprouve une perte pour cas fortuit, par suite d'inondations, de dépérissement d'une vigne atteinte du phylloxera, etc. (Chabot, *884*, 4; Dutruc, 552; Demolombe, XVII, 345).

2469. — Éviction exceptée. — La garantie n'a pas lieu si l'espèce d'éviction soufferte a été exceptée par une clause particulière et expresse de l'acte de partage (*C. civ.*, *884*). Mais, à la différence de l'éviction résultant de la réclamation d'un droit par un tiers, *supra* n° 2462, on ne pourrait pas opposer au copartageant qui réclame la garantie, qu'il a eu connaissance au moment du partage de la cause de l'éviction dont il est menacé; car, suivant l'expression de M. Demolombe : « s'il connaissait le danger, il connaissait le remède, c'est-à-dire la garantie, et il se peut que, bien loin d'y renoncer, il y comptât précisément pour le cas où il serait évincé. » (Chabot, *884*, 7; Duranton, VII, 535; Dutruc, 554; Demolombe, XVII, 347, 348; Aubry et Rau, § 625-47).

2470. — Clause de non garantie. — On ne peut pas convenir que les copartageants ne se devront aucune garantie pour quelque éviction que ce soit. Une telle stipulation deviendrait bientôt de style et porterait atteinte à l'égalité qui doit régner dans les partages (Marcadé, *884*, n° 419; Chabot, *884*, 5; Toullier, IV, 565; Duranton, VII, 534; Roll., de Vill., *Partage*, 352; Massé et Vergé, § 392-16; Aubry et Rau, § 625-47; Demolombe, XVII, 347; Hureaux, IV, 351; Bourges, 26 nov. 1869; Jur. Not., 13926).

2471. — Non garantie. — Lésion. — Dans le cas où une cause d'éviction a été spécialement exceptée de la garantie par une clause particulière et expresse, si la perte qui en résulte occasionne à l'héritier une éviction de plus du quart, il peut, pour cette cause, demander la rescision du partage (Chabot, *884*, 5; Duranton, VII, 537; Vazeille, *884*, 8; Dutruc, 563; Massé et Vergé, § 393-2; voir cep. Demolombe, XVII, 351; Hureaux, IV, 350).

2472. — Garantie étendue. — La garantie entre copartageants au lieu d'être restreinte, peut être augmentée par une convention des parties; par exemple, la stipulation que les copartageants garantissent, d'une manière générale ou pour un temps limité, le remboursement d'une valeur à un taux déterminé; — ou la solvabilité actuelle et future du débiteur d'une créance (Dutruc, 562; Grenoble, 16 déc. 1843); — ou encore les cas fortuits ou de force majeure (Bordeaux, 23 janv. 1826).

2473. — Faute du cohéritier. — La garantie cesse, si c'est par sa faute que le cohéritier souffre l'éviction (*C. civ.*, *884*).

2474. — Prescription accomplie. — Il en est ainsi, par exemple quand, depuis le partage, le cohéritier a laissé accomplir la prescription d'un droit héréditaire entré dans son lot au profit d'un tiers, quand même elle aurait commencé avant le partage (Troplong, *Vente*, 425; Demolombe, XVII, 353; Hureaux, IV, 352; Bourges, 4 fév. 1823. CONTRA Bordeaux, 4 fév. 1831) ; — à moins qu'elle n'eût plus, lors du partage, que peu de temps à courir, ce qui doit être apprécié par le juge (Chabot, *884*, 6; Duranton, VII,

531 ; Dutruc, 557 ; Demolombe, XVII, 354 ; Hureaux, IV, 352 ; Aubry et Rau, § 625-35).

2475. — Prescription non opposée. — Il en est de même, en sens inverse, quand le cohéritier a négligé d'opposer une prescription contre le titre ou le droit, en vertu duquel il a subi l'éviction (Demolombe, XVII, 355 ; Hureaux, IV, 352 ; Dutruc, 557).

2476. — Omission d'appeler en justice. — Ou encore s'il s'est laissé déposséder sans appeler en garantie ses cohéritiers, dans le cas où ils auraient pu lui fournir des moyens de défense propres à empêcher la dépossession (Marcadé, 884, 1 ; Duranton, VII, 531 ; Dutruc, 557 ; Demolombe, XVII, 355 ; Roll. de Vill., *Partage*, 358).

SECTION III.

DE L'OBJET ET DE LA DURÉE DE L'OBLIGATION DE GARANTIE.

2477. — Obligation d'indemniser. — Chacun des cohéritiers est personnellement obligé, en proportion de sa part héréditaire, d'indemniser son cohéritier de la perte que lui a causée l'éviction (*C. civ.*, 885), d'après la valeur de l'objet au jour de l'éviction et non au jour du partage, de manière qu'il soit replacé dans la condition où il se fût trouvé si l'éviction ne fût pas survenue ; d'ailleurs, ce qu'il perd, c'est la valeur de la chose au jour où il en est privé (Marcadé, 885, note 1 ; Chabot et Belost-Jolimont, 884, 10 ; Toullier, IV, 564 ; Duranton, VII, 546 ; Taulier, III, p. 388 ; Dutruc, 568 ; Roll. de Vill., *Partage*, 347 ; Demante, III, 228 *bis* ; Demangeat, *Rev. prat.*, 1857, II, p. 272 ; Demolombe, XVII, 361 ; Aubry et Rau, § 625-45 ; Bourges, 26 nov. 1869 ; Jur. du Not., art. 13926. Voir Cass., 9 avril 1862 ; S. 62, I, 465. CONTRA Massé et Vergé, § 392-13 ; Hureaux, IV, 361 ; T. Saint-Marcellin, 19 janv. 1859 ; S. 59, II, 277).

2478. — Augmentation. — Lésion. — Si, par suite d'un événement quelconque, l'objet dont le copartageant est dépossédé, se trouve avoir une telle valeur au jour de l'éviction, que l'obligation de garantie de la part de ses copartageants entraîne à leur préjudice une lésion de plus du quart, ils peuvent reconventionnellement demander, pour cette cause, la rescision du partage ; car la cause de la lésion remonte, avec l'obligation de garantie, au jour du partage (Demolombe, XVII, 363).

2479. — Amélioration. — Dépenses. — La garantie, due au copartageant évincé, ne s'étend pas aux améliorations qu'il a faites sur son lot, ni, à plus forte raison, aux dépenses faites pour convertir un terrain inutile en jardin d'agrément (Cass., 9 avril 1862 ; S. 62, I, 465).

2480. — Intérêts. — Les intérêts, auxquels l'héritier dépossédé a droit, sont la représentation des fruits dont il se trouve privé ; en conséquence, ils courent à son profit non pas seulement à compter du jour de la demande, mais du jour de l'éviction (Bourges, 26 nov. 1869 précité).

2481. — Héritier bénéficiaire. — L'héritier bénéficiaire est soumis à l'obligation de garantie de la même manière que l'héritier pur et simple ; toutefois, en vertu du bénéfice attaché à sa qualité d'héritier bénéficiaire, il n'est obligé au paiement de l'indemnité que jusqu'à l'épuisement de sa part dans les biens de la succession (Demante, III, 228 *bis* ; Demolombe, XVII, 367 ; Hureaux, IV, 367).

2482. — Indemnité pécuniaire. — L'indemnité est pécuniaire ; elle ne peut donc être demandée par le garanti, ni offerte par les garants qu'en argent, et non pas en biens héréditaires (Dutruc, 567 ; Demolombe, XVII, 360 ; Hureaux, IV, 358 ; T. Saint-Marcellin, 19 janv. 1859 ; S. 59, II, 277. CONTRA Vazeille, 885, 1 et 2).

2483. — Partage maintenu. — Comme conséquence du principe posé au numéro précédent, lorsqu'un héritier est évincé d'une grande partie ou même de la totalité de son lot, le partage n'est pas pour cela anéanti, et son droit se borne à se faire indemniser par ses cohéritiers, sans qu'il puisse demander le partage des biens compris dans les lots de ses cohéritiers, ce qui porterait atteinte aux droits des tiers (Demante, III, 231 *bis* ; Dutruc, 567 ; Demolombe, XVII, 359 ; Hureaux, IV, 358. CONTRA Vazeille, 885, 1 ; Roll. de Vill. *Partage*, 346 ; Mourlon, II, p. 209).

2484. — Privilége. — Le cohéritier évincé a un privilége, *infra* n° 2459, contre chacun de ses cohéritiers, sur les immeubles entrés dans son lot, jusqu'à concurrence de la part pour laquelle il doit contribuer dans l'indemnité (Marcadé, *885*; Chabot, *884*, 2; Dutruc, 570, 577; Troplong, *Privilége*, I, 239; Demolombe, XVII, 368, 369. Voir cep. Duranton, VII, 547).

2485. — **Répartition**. — L'indemnité à laquelle a droit le copartageant dépossédé est une dette d'une nature particulière qui, afin de rétablir l'égalité, se répartit entre l'héritier dépossédé et tous ses cohéritiers, dans la proportion de leur part héréditaire, comme s'il s'agissait d'une dette nouvelle se révélant depuis le partage (Demolombe, XVII, 364).

2486. — **Insolvabilité**. — Toutefois, si l'un des cohéritiers se trouve insolvable, la portion dont il est tenu doit être également répartie entre le garanti et tous les cohéritiers solvables (*C. civ.*, *885*), contrairement à ce qui a lieu à l'égard des dettes ordinaires, *supra* n° 882; cela tient, comme le dit M. Demolombe, XVII, 365, à ce que « l'obligation réciproque de garantie dont les copartageants sont tenus, crée entre eux une sorte de société par suite de laquelle les pertes résultant de cette communauté de position, doivent être supportées en commun. » La répartition entre les solvables comprend évidemment ce qui excède les biens dévolus à l'héritier bénéficiaire et dont il n'est pas tenu, ainsi qu'on l'a dit *supra* n° 2481.

2487. — **Compétence**. — L'action en garantie du partage se porte devant le tribunal du lieu de l'ouverture de la succession (*C. civ.*, *822*), sans qu'il y ait lieu de distinguer si le partage est amiable ou judiciaire (Chabot, *882*, 1 et 2; Marcadé, *882*; Bioche, *Partage*, 96; Dutruc, 306; Roll. de Vill., *Partage*, 360; Contra Duranton, VII, 136).

2488. — **Durée. — Prescription**. — L'action en garantie peut être exercée tant qu'elle n'est pas prescrite. En vertu de l'article 2262, elle ne se prescrit que par trente années qui, conformément à l'art. 2257, ne commencent à courir que du jour du trouble ou de l'éviction. La prescription n'est donc pas de cinq années comme en ce qui concerne les rentes (Marcadé, *886*, 2; Duranton, VII, 532; Toullier, IV, 568; Demolombe, XVII, 371; Aubry et Rau, § 625-50; Roll. de Vill., *Partage*, 361).

2489. — **Rente constituée**. — La garantie de la solvabilité du débiteur d'une rente ne peut être exercée que dans les cinq ans qui suivent le partage. Il n'y a pas lieu à garantie à raison de l'insolvabilité du débiteur, quand elle n'est survenue que depuis le partage consommé (*C. civ.*, *886*). Il s'agit, dans cet article, d'une rente due par un tiers, et non pas d'une rente créée par le partage et à titre de soulte, la garantie n'aurait pas lieu dans ce cas (Caen, 10 fév. 1851; S. 53, II, 73. Voir aussi Cass., 24 déc. 1866; S. 67, I, 122); — mais seulement le privilége de copartageant, *infra* n° 2496.

2490. — **Existence de la rente**. — Il ne s'agit, dans l'art. 886, que de la garantie de la solvabilité du débiteur de la rente, et non pas de la garantie de l'existence même de la rente; dans ce dernier cas, l'action en garantie est, suivant le principe ordinaire, de trente années à partir du jour de l'éviction (Duranton, VII, 342, 345; Demante, III, 230 *bis*; Demolombe, XVII, 378).

2491. — **Créances**. — Les créances demeurent sous l'empire du droit commun, en ce sens que l'action en garantie pour l'insolvabilité antérieure au partage, *supra* n° 2464, ne se prescrit que par trente ans du jour où l'insolvabilité du débiteur s'est révélée au cohéritier et non pas seulement du jour du partage (Marcadé, *886*, n° 423; Duranton, VII, 544; Demante, III, 230 *bis*; Aubry et Rau, § 625-33; Massé et Vergé, § 392-11; Demolombe, XVII, 381, 382; Dutruc, 574; Hureaux, IV, 374; voir cep. Poujol, *886*, 3; Toullier et Duvergier, IV, 508).

CHAPITRE TROISIÈME

DU PRIVILÉGE DE COPARTAGEANT

DIVISION

Sect. 1. — *De l'existence du privilége* (Nos 2492 à 2513).
Sect. 2. — *De l'inscription du privilége* (Nos 2514 à 2525).

SOMMAIRE ALPHABÉTIQUE

Action résolutoire..... 2509, 2510
Cession de droits successifs... 2500
Cohéritiers............ 2492
Copartageants.......... 2493
Créancier hypothécaire..... 2517
Dettes successorales........ 2499
Etendue :
— Cession de droits successifs........ 2500, 2510
— Dettes successorales... 2499
— Garantie des lots..... 2495
— Licitation.......... 2502
— Restitution de fruits... 2498
— Soulte............ 2497
Eviction............... 2494
Expropriation forcée....... 2512
Folle enchère.......... 2511

Frais de justice.......... 2503
Garantie des lots... 2494, 2495, 2517
Hypothèque........... 2514
Hypothèque indivise...... 2513
Indivision............ 2508
Inscription :
— Antérieure........ 2518
— Attribution........ 2523
— Date............ 2520
— Délai............ 2514
— Délivrance ajournée... 2522
— Garantie du partage... 2517
— Homologation....... 2523
— Intérêts........... 2516
— Licitation......... 2524
— Minorité.......... 2525
— Partage partiel...... 2521

— Prolongation........ 2515
— Sous-seing privé... 2519, 2520
— Temps utile........ 2518
— Tirage de lots...... 2522
Intérêts............... 2516
Licitation... 2501, 2502, 2509, 2524
Modalités du partage...... 2493
Motifs.............. 2492
Partage partiel...... 2507, 2521
Préjudice............. 2503
Rapport à succession...... 2504
Recélé.............. 2505
Restitution de fruits...... 2498
Servitude............ 2506
Soulte............ 2496, 2497
Sous-seing privé....... 2519, 2520
Tirage de lots.......... 2522

SECTION I.

DE L'EXISTENCE DU PRIVILÉGE.

2492. — Cohéritiers. — Les cohéritiers ont un privilége sur les immeubles partagés pour la garantie des partages faits entre eux, *supra* n° 2457 et suiv., et des soultes ou retours des lots (*C. civ., 2103*, 3°). Le motif en est que le principe d'égalité, sous la foi duquel les cohéritiers ont partagé, pourrait être rompu, si celui d'eux auquel est dû une soulte ou un prix de licitation, ou qui invoque l'obligation de garantie, ne jouissait pas d'un droit de préférence pour en assurer le paiement et l'exécution.

2493. — Copartageants. — Le privilége appartient à tous copartageants, et non pas seulement aux cohéritiers, comme le porte le texte de l'art. 2103. En effet, l'art. 2109 relatif à la conservation du privilége dit le *cohéritier ou copartageant*, et les articles 1476 et 1872, concernant les partages des communautés et des sociétés, renvoient, pour les règles, au titre des successions. Le privilége est donc attaché à tout partage, qu'il ait lieu entre cohéritiers, entre codonataires ou colégataires, entre communistes, associés, etc. (Pont, *Privilége*, 200 ; Troplong, *Ibid.*, 236 ; Roll. de Vill., *Privilége de créance*, 279).

2494. — Garantie des lots. — Le privilége pour la garantie des lots a pour objet d'assurer le paiement de l'indemnité, dans le cas où l'égalité du partage vient à être rompue par l'effet d'une éviction qui a enlevé à l'un des copartageants tout ou partie des biens entrés dans son lot. Par exemple, un partage a lieu entre trois cohéritiers, l'un d'eux vient à être évincé d'un immeuble d'une valeur de 30,000 fr., il a un privilége contre ses cohéritiers pour raison de la part à leur charge dans cette somme.

2495. — Ibid. — Etendue. — Le privilége appartenant au copartageant qui a subi l'éviction, existe contre chacun de ses copartageants sur les immeubles entrés dans son lot, non pas pour la totalité de l'indemnité, mais seulement pour la somme à raison de laquelle il doit y contribuer, selon ce qui est dit *supra* n° 2485, soit, dans l'hypothèse du numéro précédent, pour 10,000 francs pouvant être augmentés, en cas d'insolvabilité, de sa part dans celle de l'insolvable, *supra* n° 2486 (Pont, *Privilége*, 202).

2496. — Soultes. — Le privilége pour soulte ou retour de lots, comprend les sommes mises à la charge des lots les plus forts pour rétablir l'égalité avec les lots les moins forts, *supra* n° 2313. Supposons une succession se montant à 60,000 fr., échue à trois enfants par tiers, composée de trois immeubles, d'une valeur : le premier de 30,000 fr., le second de 20,000 fr. et le troisième de 10,000 fr., devant former chacun un lot, en raison de ce qu'ils ne peuvent être divisés. Celui à qui écherra le premier immeuble sera chargé de payer à titre de soulte, une somme de 10,000 francs au cohéritier à qui écherra le troisième immeuble.

2497. — Ibid. — Etendue. — Le privilége, pour les soultes ou retours de lots, à moins que le contraire ne soit stipulé, grève tous les biens de la succession (*C. civ.*, 2109), et non pas seulement ceux échus au copartageant qui est chargé du paiement de la soulte. En effet, le législateur a voulu que cette créance, formant en quelque sorte le prix des droits indivis qui s'étendaient à tous les biens, destinée à tenir lieu d'une part en nature et dont la perte ferait cesser l'égalité qui doit régner dans les partages, fût parfaitement assurée (Tarrible, Rép. de Merlin, *Privilége*, sect. 4, § 3; Marcadé, *885*, 1; Duranton, XIX, 186; Aubry et Rau, § 263-27 ; Taulier, VII, p. 181 ; Troplong, *Privilége*, 237; Dutruc, 578; Paris, 4 janv. 1825 ; Caen, 10 fév. 1851 ; S. 53, II, 73. Voir cep. Pont, *Privilége*, 207). — Mais chaque cohéritier, en vertu de la garantie des lots, n'y est tenu personnellement que jusqu'à concurrence de sa part et portion virile (Marcadé, *885*; Chabot, *885*, 2; Duranton, XIX, 185; Massé et Vergé, § 392-14, 793-12; Dutruc, 570; Pont, *Privilége*, 202 ; Demolombe, XVII, 309; Cass., 19 juill. 1864; S. 64, I, 445).

2498. — Restitution de fruits. — Le privilége de copartageant conserve, avec la même étendue qu'au numéro précédent, la créance contre l'un des copartageants qui dérive des attributions du partage pour la restitution des fruits perçus par celui-ci pendant l'indivision. C'est ce qui résulte d'un arrêt de cassation du 11 août 1830 portant : « jusqu'au » partage définitif, les héritiers auxquels des » restitutions de fruits sont dues par ceux de » leurs cohéritiers qui les ont perçus, ont, sur » tous les biens de la succession, un droit réel » pour la restitution de la portion qui leur re- » vient dans les fruits, et les immeubles qui » peuvent, par l'événement du partage, être » abandonnés à l'héritier comptable et débiteur » des fruits, ne peuvent passer dans les mains » de cet héritier que grevés de la charge de » cette restitution. » Troplong, *Hypothèque*, 239; Taulier, VII, p. 181; Pont, *Privilége*, 204 ; Aubry et Rau, § 263-23 ; Dutruc, 582; Roll. de Vill., *Privilége*, 285 ; Cass., 11 août 1830; S. 31, I, 63. CONTRA Grenier, I, 159; Duranton, XIX, 187; Vazeille, *830*, 3 ; Toulouse, 9 juin 1824).

2499. — Dettes successorales. — Le privilége existe également, toujours avec une pareille étendue, à raison des sommes payées par un cohéritier en l'acquit de on cohéritier pour la quote part à la charge de ce dernier dans les dettes de la succession (Persil, *2103*, § 3, 4°; Troplong, *Hypothèque*, 239 ; Dutruc, 581; Pont, *Privilége*, 205 ; Cass. 2 avril 1839; S. 39, I, 385. CONTRA Grenier, II, 399; Duranton, XIX, 187). — Mais pourvu qu'il ait été contraint de les payer par suite de quelque action solidaire ou autre. Il en serait autrement s'il les avait volontairement acquittées (Pont, *Privilége*, 205; Toulouse, 15 janv. 1841 ; S. 41, II, 238).

2500. — Cession de droits successifs. — La cession des droits successifs, produisant tous les effets du partage lorsqu'elle fait cesser l'indivision, *supra* n° 2421, on doit considérer comme une soulte la somme qui en forme le prix, et, dès lors, elle est garantie, non pas par le privilége de vendeur, mais par le privilége de copartageant, comme la soulte et avec la même étendue (Dutruc, 579, 596 ; Pont, *Privilége*, 291; Cass., 5 nov. 1822, 29 mars 1854, 10 nov. 1862; S. 56, I,

49; 63, I, 129; Nancy, 27 juill. 1838; S. 38, II, 370; Bourges, 26 janv. 1844; S. 45, II, 426; Montpellier, 21 déc. 1844; S. 45, II, 587; Lyon, 1er mars 1865; S. 65, II, 166; Nîmes, 22 août 1865; S. 66, II, 23. Contra Toulouse, 14 déc. 1850; S. 51, II, 102; Grenoble, 4 janv. 1853; S. 53, II, 580. Voir aussi Cass., 25 janv., 1845; S. 45, I, 806).

2501. — Licitation. — Le cohéritier a, en vertu de l'art. 2109 qui complète l'article 2103, un privilége sur le bien licité, pour sa part dans le prix de l'immeuble licité, ou, en cas de partage ultérieur, pour la somme qui lui est attribuée dans ce prix, que le partage soit judiciaire ou amiable.

2502. — Ibid. — Étendue. — Le privilége, dans ce cas, ainsi que le porte l'article 2109 du Code civil, est restreint à l'immeuble licité (Duranton, XIX, 184; Troplong, *Privilége*, 239; Pont, *Ibid.*, 208; Aubry et Rau, § 263-26; voir *Rép. N.*, art. 1109, 1412).

2503. — Préjudice. — Frais de justice. — Le privilége ne pouvant résulter que de la loi, on ne saurait le stipuler. Il s'en suit qu'il ne garantit pas une créance contractée entre copartageants, comme, par exemple, une créance résultant contre un cohéritier du préjudice par lui causé à ses cohéritiers depuis l'ouverture de la succession; non plus que les frais de justice occasionnés par les contestations des créanciers d'un copartageant contre les opérations du partage (Orléans, 26 juillet 1849; S. 50, II, 49).

2504. — Rapport. — Par le même motif, la stipulation dans un acte de partage entre cohéritiers que le lot qui échoira à l'un d'eux sera soumis au privilége de ses copartageants pour le paiement d'une somme dont il leur doit le rapport, est sans effet vis-à-vis des tiers, le rapport d'un don ne conférant à ceux à qui il est attribué qu'un droit personnel contre le débiteur, sauf la garantie des lots, en cas de l'insolvabilité de celui-ci antérieure au partage (Cass., 3 août 1837; S. 37, I, 878).

2505. — Recélé. — Lorsque, après le partage d'une succession, l'un des héritiers est condamné à restituer à ses cohéritiers une somme d'argent qu'il aurait recélée ou détournée, la créance résultant de cette condamnation ne jouit point du privilége de copartageant, puisqu'elle a une cause postérieure au partage, en conséquence, n'est pas due à l'occasion du partage. Il en serait autrement si le partage était annulé; car alors il y aurait lieu au prélèvement d'une somme égale à celle détournée (Angers, 18 fév. 1847; S. 47, II, 204).

2506. — Servitude. — Le privilége de copartageant ne garantit pas non plus les charges résultant d'une servitude réelle, comme, par exemple, la charge imposée au propriétaire d'un lot, de faire à ses frais les réparations d'entretien pour les prises d'eau servant à l'irrigation des terres d'un autre lot, puisque une telle charge suit l'immeuble auquel la servitude est imposée, en quelques mains qu'il passe (Lyon, 24 fév. 1858; Cass., 7 mars 1859; S. 59, I, 904; II, 495).

2507. — Partage partiel. — Le privilége de copartageant existe en ce qui concerne le partage, même lorsqu'il est partiel; par exemple, lorsqu'il comprend les immeubles et laisse les meubles dans l'indivision (Lyon, 29 déc. 1835; S. 36, II, 534; Cass., 23 juill. 1839; S. 39, I, 560).

2508. — Indivision. — Pendant l'indivision, les cohéritiers ne sauraient avoir de privilége sur les biens de la succession pour la garantie de leurs droits héréditaires, un tel droit ne pouvant naître que du résultat du partage (Pont, *Privilége*, 200; Agen, 6 août 1852; S. 52, II, 428).

2509. — Action résolutoire. — Partage. — Licitation. — Les copartageants n'ont pas entre eux, l'action résolutoire à défaut de paiement de la soulte ou du prix de la licitation. En effet, d'après l'article 883 du Code civil, chacun des cohéritiers tient ses droits du défunt, et, par suite, est censé ne rien tenir de ses cohéritiers; au surplus, les partages fixent souvent le sort et l'état de plusieurs familles, et ils ne sauraient, sans les inconvénients les plus graves, être rescindés pour une inexécution quelconque de la part de l'un des copartageants (Belost-Jolimont, *882*, obs. 4; Demolombe, XVII, 308; Aubry et Rau, § 625-19; Massé et Vergé, § 393-8; Roll. de Vill., *Partage*, 320; Cass., 24 mars 1823, 29 déc. 1829, 9 mai 1832, 14 mai 1833;

S. 32, I, 367; 33, I, 381; Nancy, 27 juillet 1838; S. 38, II, 370; Lyon, 1er mars 1865; S. 65, II, 166); — à moins que l'action résolutoire n'ait été formellement stipulée, *supra* n° 1852.

2510. — Ibid. — Cession de droits successifs. — Il en est de même, en ce qui concerne la cession des droits successifs, quand elle fait cesser complétement l'indivision. Si elle ne l'a pas fait cesser, l'indivision continue entre tous les cohéritiers, *supra* n° 2421, et l'action en résolution est admise pour l'inexécution des conditions (Limoges, 14 fév. 1845; S. 45, II, 641; Montpellier, 9 juin 1853; S. 53, II, 406; Lyon, 29 juill. 1853; S. 53, II, 580).

2511. — Folle enchère. — Lorsque, en vertu d'une clause du cahier des charges, le colicitant, adjudicataire par suite de licitation, subit la revente sur folle enchère, l'étendue du privilége des autres colicitants, pour leur part dans le prix de l'adjudication, est déterminée, non par le prix de la première adjudication, mais par celui de l'adjudication sur folle enchère. Ils n'ont, pour la différence entre le prix de la première adjudication et celui de la revente, qu'une action personnelle contre le colicitant adjudicataire. (Rouen, 30 déc. 1850; S. 51, II, 401. Conf. Pont, *Privilége*, 208. Contra Aubry et Rau, § 625-21, 22).

2512. — Expropriation forcée. — En cas de vente, par suite d'expropriation forcée d'un immeuble indivis entre le saisi et ses cohéritiers, si ceux-ci, au lieu de demander le partage (*C. civ.*, 2205), ont déclaré, par un dire au cahier des charges, consentir à la vente forcée de l'immeuble indivis, sous la réserve de tous leurs droits sur le prix, et qu'il leur été donné acte de cette déclaration acceptée par tous les créanciers, ces cohéritiers ont le droit de prélever les parts qui leur sont afférentes dans le prix, alors même qu'ils n'auraient pris aucune inscription. En effet, leur droit consiste dans une copropriété non contestée, dont l'exercice était indépendant de toute inscription, et non dans un privilége de copartageant susceptible d'inscription (Cass., 19 avril 1858; S. 58, I, 343).

2513. — Hypothèque indivise. — Si un immeuble, indivis entre deux copropriétaires a été hypothéqué par eux pour la garantie d'une dette commune, et que l'un d'eux vienne ensuite à céder ses droits à l'autre, le privilége de copartageant qui lui appartient pour le prix de la cession ne peut être exercé au préjudice du créancier hypothécaire (Limoges, 22 nov. 1862; S. 63, II, 83).

SECTION II.

DE L'INSCRIPTION DU PRIVILÉGE.

2514. — Délai. — Le privilége de copartageant doit être inscrit au bureau des hypothèques du lieu de la situation des immeubles, dans un délai qui est: de 60 jours pour la conservation du droit de préférence, et de 45 jours pour la conservation du droit de suite *(C. civ., 2109 et Loi 23 mars 1855, art. 6)*; faute de quoi il dégénérerait en une simple hypothèque ne prenant rang, vis-à-vis des autres créanciers privilégiés et même des créanciers hypothécaires, que du jour de l'inscription (Pont, *Privilége*, I, 296; Cass., 24 déc. 1866; S. 67, 1, 122). — Il est donc prudent de ne pas laisser écouler le délai de 45 jours sans prendre l'inscription.

2515. — Prolongation. — Le délai pour prendre l'inscription ne peut être prolongé en reculant, par une clause de l'acte du partage, l'époque à laquelle les cohéritiers seraient tenus d'inscrire le privilége (Cass., 19 juin 1849; S. 49, I, 626); — ni par le fait, en cas de licitation, qu'il aurait existé entre l'héritier adjudicataire et ses cohéritiers une société relativement à l'immeuble licité, et que cette société aurait nécessité un compte qui ne pourrait être réglé que plus tard (Lyon, 21 déc. 1832; S. 32, II, 566).

2516. — Intérêts. — L'inscription du privilége de copartageant conserve, non seulement le montant de la soulte ou le prix de la licitation, mais aussi les intérêts stipulés pendant deux années et l'année courante, en vertu de l'art. 2151 du Code civil (Pont, *Privilége*, 1031; Roll. de Vill., *Inscription*, 329; Cass., 12 mai 1829). — Outre les deux années et l'année courante conservées par la première inscription, le créancier peut, suivant le même article, prendre des inscriptions particulières emportant hypothèque, à compter de leur date, pour tous autres intérêts échus qui peuvent lui être dus (Pont, *Privilége*, 207 *bis*; voir cep. Troplong, *Ibid.*, 240).

2517. — Garantie du partage.
— La nécessité de l'inscription, dans ce délai, existe, même lorsqu'il ne s'agit que du privilége pour la simple garantie du partage; l'article 2109, bien que ne s'appliquant qu'en termes exprès aux soultes et retours de lots, doit être considéré cependant comme se référant aux art. 884 et 2103 qui accordent un privilége aux copartageants pour la garantie du partage. Par suite, le créancier hypothécaire d'un copartageant qui, après inscription sur les biens de la succession, prime, quant aux immeubles échus à son débiteur, les autres cohéritiers qui, évincés de partie des valeurs à eux attribuées, prétendent exercer leur action en garantie d'éviction sur les immeubles échus à leur copartageant (Grenier, *Privilége*, II, 403; Persil, *2109*, 3; Duranton, IX, 181; Taulier, VII, p. 209; Troplong, *Privilége*, 291; Pont, *Ibid.*, 290, 294; Demolombe, XVII, 368; Cass., 12 juill. 1853; S. 53, I, 742. Contra Toulouse, 20 mai 1881; Lyon, 13 mars 1886; *Rép. N.*, 1376, 3378). — Comme il s'agit ici d'une créance éventuelle ou conditionnelle, la somme pour laquelle l'inscription sera prise devra être évaluée conformément au § 4 de l'article 2148.

2518. — Temps utile. — L'inscription ne peut précéder le partage ou la licitation, puisque, avant ces actes, il n'existe ni lot, ni somme à conserver; en conséquence, elle ne peut être valablement prise avant le partage ou l'acte équivalant à partage (Dutruc, 585; Cass., 1er mai 1860; S. 61, I, 267).

2519. — Sous-seing privé. — L'inscription du privilége de copartageant peut être utilement prise en vertu d'un partage sous-seing privé (Grenier, *Privilége*, II, 402; Troplong, *Ibid.*, 292; Pont, *Ibid.*, 294; Dutruc, 592; Roll. de Vill., *Privilége de créance*, 281).

2520. — Départ du délai. — Sous-seing privé. — Le délai de 45 ou 60 jours court : s'il s'agit d'un partage amiable, du jour de sa date, lors même qu'il serait sous-seing privé (Troplong, *Privilége*, 314 *bis*; Pont, *Ibid.*, 294; Dutruc, 592; Seine, 30 août 1867; *Jour. des Not.*, 19054); — et que l'on se serait porté fort pour un mineur, s'il a en suite ratifié, la ratification rétroagissant au jour du partage, *supra* n° 1897.

2521. — Ibid. — Partage partiel.
— Il en est ainsi, alors même que le partage est partiel, comme ne comprenant que certains objets de la succession; par exemple, les immeubles, en laissant les biens meubles dans l'indivision. Ce serait méconnaître le texte et l'esprit de l'art. 2109, que de réduire son application au cas d'une division de tous les biens meubles et immeubles de la succession, et d'une liquidation définitive des droits et prélèvements de tous les cohéritiers. Il y a partage, en effet, dans le sens de la loi, lorsque l'indivision des immeubles susceptibles de privilége et d'hypothèque a cessé, et que le tirage des lots a attribué à chaque copartageant une propriété définitive et distincte (Lyon, 29 déc. 1835; S. 36, II, 454; Cass., 23 juill. 1839; S. 39, I, 560).

2522. — Ibid. — Tirage des lots.
— Lorsque le partage comprend : un tirage de lots, quant aux immeubles, et une liquidation des droits des parties, à l'égard des valeurs mobilières et des comptes respectifs des cohéritiers, le délai pour l'inscription du privilége de copartageant court du jour du tirage au sort des lots, et non pas seulement du jour de la liquidation définitive (Lyon, 23 janv. 1866, 13 mars 1886; *Rép. N.*, 3379). — Il importe peu que les parties aient ajourné la délivrance des immeubles entrés dans leurs lots respectifs, puisque c'est du jour du tirage des lots que la propriété s'est trouvée définitivement assise sur la tête de chacun des copartageants (Montpellier, 4 janv. 1845; S. 45, II, 371; Cass., 19 juin 1849; S. 49, I, 626).

2523. — Ibid. — Attribution. — Homologation. — Si, en exécution d'une décision du tribunal passée en force de chose jugée, *supra* n° 2234, 4° le notaire commis, dans un état liquidatif sujet à homologation, proposait l'attribution d'immeubles à des cohéritiers, à la charge de soultes ou retours de lots, dont l'attribution serait faite aux autres cohéritiers; comme son travail ne constituerait qu'un simple projet devant trouver sa consécration dans le jugement d'homologation, c'est par cette homologation que la propriété est assurée à chacun des copartageants. Et, en conséquence, le délai pour inscrire le privilége de copartageant, ne court que du jour du jugement d'homologation.

2524.— Ibid. — Licitation. — En ce qui concerne la licitation, le délai pour l'inscription du privilége de copartageant, court du jour de la date du jugement d'adjudication ou du procès-verbal d'adjudication, et non pas seulement de la liquidation par laquelle le prix a été attribué aux copartageants. Dans ce cas, ceux-ci doivent provisoirement inscrire pour le prix entier de la licitation, sauf réduction ou annulation ultérieure de l'inscription, suivant les attributions du partage (Bordeaux, 15 juin 1831 ; S. 31, II, 275 ; Paris, 7 février 1833 ; Agen, 6 fév. 1852 ; Cass., 15 juin 1842, 17 nov. 1851 ; S. 42, I, 631 ; 52, I, 49 ; Orléans, 18 janv. 1879 ; S. 79, II, 85).

2525. — Minorité. — Il importe peu, dans tous les cas, que les cohéritiers soient tous majeurs, ou qu'il y ait parmi eux des mineurs, interdits ou autres incapables ; même dans ce cas, le délai court du jour de l'acte qui fait cesser l'indivision, et non pas seulement du jour de la liquidation définitive (Paris, 3 déc. 1836 ; S. 37, II, 273 ; Cass., 15 juin 1842 ; S. 42, I, 631 ; Montpellier, 4 janv. 1845 ; S. 45, II, 471 ; Colmar, 3 août 1849 ; P. 50, II, 134 ; Agen, 6 fév. 1852 ; S. 52, II, 333. CONTRA Pont, *Privilége*, 294 ; Cass., 17 fév. 1820).

TITRE SEPTIÈME

DE LA NULLITÉ ET DE LA RESCISION EN MATIÈRE DE PARTAGE

DIVISION

CHAPITRE PREMIER. — Des causes de nullité ou de rescision (Nos 2526 et suiv.)
   SECT. 1. — *De la nullité* (Nos 2527 à 2544).
   SECT. 2. — *De la rescision pour lésion* (Nos 2545 à 2591).
   SECT. 3. — *Des formes de l'action en rescision* (Nos 2592 à 2596).
CHAP. II. — De l'extinction des causes de rescision (Nos 2597 à 2611).
CHAP. III. — Des effets de la rescision (Nos 2612 à 2617).

SOMMAIRE ALPHABÉTIQUE

Administration 2612
Aliénation :
— Dol 2602
— Effets 2606
— Expropriation forcée . . . 2604
— Immeubles 2615
— Lésion 2603
— Meubles corporels . . . 2614
— Meubles incorporels . . . 2615
— Ratification 2607
— Réserves 2605
— Violence 2602
Aliéné 2537
Annulation 2529
Appel 2595
Augmentation 2616
Baux 2612
Causes 2526
Cautionnement 2569
Chose jugée 2559, 2586, 2596

Compétence 2592
Copartageants 2593
Créanciers 2587
Délai 2597
Désistement 2613
Diminution 2616
Divisibilité 2595
Dol 2530
Effets de l'aliénation 2606
Effets de la rescision . . 2612 à 2617
Enfant adultérin 2600
Erreur :
— Aléa 2585
— Aliéné 2537
— Biens héréditaires . . . 2533
— Biens inexistants 2534
— Calcul 2548
— Créance 2585
— Droit 2541
— Enfant adultérin 2540

— Etranger 2538
— Fait 2541
— Héritiers inconnus . . . 2536
— Jurisprudence 2542
— Lésion 2584
— Masses 2584
— Omission d'héritier . 2535, 2536
— Omission d'objets . . . 2532
— Précipüt 2541
— Prescription 2597
— Qualités 2539
— Quotités 2539
— Supplément 2544
Exécution volontaire . . . 2607
Expropriation forcée . . . 2604
Formes . . . . 2592 à 2596
Fruits 2590, 2617
Garantie 2533, 2534
Hypothèque 2615
Immeubles 2615

Interdits............ 2599	— Mobilier........ 2553	Mineurs........... 2599
Intérêt............. 2590	— Nature des actes..... 2570	Mise en cause........ 2593
Interruption de prescription . . 2601	— Numéraire....... 2547	Nouveau partage....... 2612
Lésion :	— Objets détournés..... 2556	Nullité............ 2528
— Actes............ 2558	— Pacte de famille..... 2557	Omission d'héritier . . . 2535 à 2537
— Aléa............ 2585	— Partage judiciaire . 2559, 2561	Partage supplémentaire 2556
— Aliénation........ 2603	— Partage par souches... 2566	Pertes............. 2616
— Appréciation....... 2555	— Partage partiel... 2564, 2565	Préjudice........ 2531, 2594
— Approbation....... 2576	— Partages secondaires . . 2566, 2610	Prescription...... 2597 à 2601
— Arbitrage......... 2560		Ratification.... 2603, 2607 à 2609
— Biens........ 2547, 2552	— Partages successifs.... 2565	Régime dotal........ 2609
— Cautionnement...... 2569	— Partage transactionnel. 2572 à 2575	Renonciation......... 2568
— Cessation d'indivision . . 2567		Résolution.......... 2615
— Cession de droits successifs...... 2577 à 2582	— Partage verbal...... 2598	Revenus............ 2617
	— Paternels......... 2557	Servitudes.......... 2615
— Chose jugée....... 2559	— Plusieurs hérédités.... 2578	Sous partages...... 2536, 2610
— Choses partagées..... 2550	— Pouvoirs du juge..... 2555	Supplément de partage.. 2532, 2538
— Créances...... 2547, 2585	— Prescription....... 2597	Supplément (offre de) :
— Dol............ 2531	— Preuve.......... 2554	— Choix.......... 2589
— Donation de droits successifs......... 2583	— Principes......... 2545	— Chose jugée...... 2586
	— Quart........... 2546	— Créanciers....... 2587
— Difficultés . . 2561, 2571, 2574, 2575	— Ratification.... 2607 à 2609	— Défendeur....... 2586
	— Renonciation....... 2568	— Dol........... 2544
— Droits successifs . 2577 à 2583	— Réserves......... 2605	— En nature....... 2589
— Echange......... 2558	— Risques....... 2580 à 2582	— Erreur.......... 2544
— Epoque d'estimation... 2551	— Tirage au sort...... 2562	— Estimation....... 2589
— Expropriation forcée... 2604	— Transaction, 2558, 2571 à 2575	— Fruits.......... 2590
— Erreur....... 2584, 2585	— Valeurs de bourse.... 2547	— Intérêts......... 2590
— Erreur de calcul..... 2548	— Vente........... 2558	— Lésion énorme..... 2586
— Estimation..... 2551, 2555	— Violence......... 2531	— Plusieurs défendeurs... 2591
— Femme.......... 2579	Lotissement.......... 2543	— Tiers détenteur..... 2587
— Femme dotale...... 2609	Masse partageable 2606, 2616	— Valeur......... 2588
— Fraude.......... 2571	Mauvaise foi......... 2617	— Violence........ 2544
— Licitation......... 2563	Meubles corporels....... 2614	Tribunal compétent....... 2592
— Mari........... 2579	— incorporels..... 2615	Usufruit............ 2615
— Maternels........ 2557	Militaire absent........ 2611	Violence............ 2530

CHAPITRE PREMIER

DES CAUSES DE NULLITÉ OU DE RESCISION

2526. — Nullité ou rescision. — Le partage, bien que devenu définitif, peut être attaqué soit parce qu'il est vicié d'une cause de nullité, soit parce que l'un des cohéritiers éprouve un préjudice résultant de ce que son lot est d'une valeur moindre que les autres lots. Nous allons examiner chacune de ces deux hypothèses.

SECTION I.

DE LA NULLITÉ.

2527. — Partage nul ou annulable. — Le partage, comme toute autre convention, peut être soit tout à fait nul, soit seulement annulable.

2528. — Partage nul. — Il est nul, inexistant, en ce sens que la nullité n'a pas besoin d'en être prononcée en justice, quand il y manque l'une des conditions absolument essentielles à sa formation (Demolombe, XVII, 388; Hureaux, V, 3; Aix, 2 nivôse an XIV; Cass., 19 juill. 1809; voir cep. Toulouse, 13 avril 1831; S. 31, II, 330); — comme si, par exemple, il n'a pas été fait entre tous les cohéritiers, *infra* n° 2535; ou si, même fait entre tous les cohéritiers, il a été établi sur de fausses bases par suite d'une erreur sur les quotités héréditaires, *infra* n° 2539; ou, encore, si l'on y a admis un étranger avec la fausse croyance qu'il était héritier, *infra* n° 2538; ou, enfin, si l'on y a compris par erreur des biens n'existant pas dans l'hérédité *infra* n° 2534.

2529. — Partage annulable. — Il est annulable quand toutes les conditions essentielles à sa formation ayant été observées, l'une d'elles est imparfaite ou vicieuse ; dans ce cas, la nullité doit être prononcée en justice.

2530. — Violence. — Dol. — Les partages peuvent être rescindés pour cause de violence ou de dol (*C. civ., 887*).

2531. — Préjudice. — L'action en rescision, dans les deux cas, existe indépendamment de toute lésion ; il s'en suit que le demandeur n'est aucunement obligé de prouver, ni d'alléguer un préjudice quelconque (Duranton, VII, 565 ; Aubry et Rau, § 626-1; Massé et Vergé, § 373-2 ; Larombière, *1116*, 8 ; Demolombe, XVII, 410. CONTRA Chabot, *887*, 2 ; Roll. de Vill., *Partage*, 302 ; Dutruc, 598).

2532. — Erreur. — Omission d'objets. — L'art. 887 ne mentionne pas l'erreur comme cause de rescision. A ce sujet, il y a lieu de distinguer : si l'erreur provient de la simple omission dans le partage d'un ou de plusieurs objets héréditaires, cette omission ne donne pas ouverture à l'action en rescision, mais seulement à un supplément à l'acte de partage, *supra* n° 1866 *(C. civ., 887)*; peu importe qu'il s'agisse d'objets détournés par l'un des cohéritiers (Demolombe, XVI, 394 ; Agen, 22 déc. 1846 ; S. 47, II, 204) ; ou dont le rapport à la masse a été omis de mauvaise foi (Dutruc, 604 ; Cass., 18 juin 1833 ; Dalloz, 33, I, 294).

2533. — Erreur. — Biens considérés comme héréditaires. — Si l'erreur a porté sur des objets considérés comme biens héréditaires, tandis qu'ils appartenaient à des tiers, ou sur des défauts cachés de la chose, il y a lieu à l'action en garantie, *supra* n° 2466.

2534. — Erreur. — Biens inexistants. — Dans le cas où l'erreur a porté sur l'existence matérielle des biens, c'est-à-dire quand on a compris dans la masse partageable des biens inexistants, le partage est frappé d'une nullité absolue, *supra* n° 2528 ; à moins que l'importance des biens inexistants ne soit peu élevée relativement aux autres biens partagés, auquel cas il y aurait lieu seulement à l'action en garantie (Marcadé, *art. 887*; Demante, III, 231 *bis*, 2° ; Demolombe, XVII, 398 ; Dutruc, 602 ; Aubry et Rau, § 626-5. Voir aussi Massé et Vergé, § 393-5 ; Cass., 12 mars 1845 ; S. 45, 1, 524).

2535. — Erreur. — Cohéritier omis. — Quand le partage n'a pas été fait entre tous les cohéritiers, parce que, par erreur ou autrement, on a omis d'y faire figurer l'un d'eux, il est de même frappé d'une nullité absolue, et chacun d'eux, ainsi que le cohéritier omis, peuvent demander un nouveau partage sans faire prononcer la nullité du premier (*Arg. C. civ., 1078* ; Marcadé, *887*, 1 ; Duranton, VII, 552; Demante, III, 231 *bis* ; Massé et Vergé, § 393-5 ; Demolombe, XVII, 400 ; Toulouse, 19 janv. 1824).

2536. — Omission. — Héritiers inconnus. — Si l'omission provient de ce que les héritiers omis ne se sont fait connaître que postérieurement au partage consommé entre les deux lignes, ces héritiers doivent être considérés vis-à-vis des tiers, notamment des héritiers de l'autre ligne, comme ayant été représentés par leurs cohéritiers et ils ne peuvent que provoquer un sous-partage des biens et valeurs composant le lot attribué à leur ligne (Massé et Vergé, § 626-6 ; Cass., 19 avril 1865 ; S. 65, I, 270).

2537. — Omission. — Héritier aliéné. — Lorsque les copartageants ont entendu faire un partage sérieux, comme si, par exemple, le cohéritier omis est privé de raison, et qu'ils lui attribuent d'office des biens, ou même une rente viagère pour le remplir de sa part ; dans ce cas, les copartageants sont garants les uns envers les autres de la validité du partage, ce qui les rend irrécevables à en provoquer un nouveau (Cass., 13 fév. 1860 ; S. 60, I, 785. Voir aussi Toulouse, 13 avril 1831 ; S. 31, II, 330).

2538. — Erreur. — Etranger. — Si l'erreur a pour cause l'admission au partage d'un individu qui n'avait aucun droit dans l'hérédité, le partage est nul en ce qui le concerne, et non pas seulement sujet à rescision (Toullier, IV, 569 ; Duranton, VII, 533 ; Demante, III, 231 *bis* ; Belost-Jolimont, *887*, 1 ;

Massé et Vergé, § 393-5; Demolombe, XVII, 401. CONTRA Marcadé, *art. 887*; Vazeille, *887*, 1; Dutruc, 599; Toulouse, 19 janv. 1824; Cass., 26 juill. 1825; Besançon, 1er mars 1827).
— Toutefois le partage peut être maintenu en ce qui concerne les autres copartageants, entre lesquels il y a lieu seulement à un supplément de partage pour les biens qui leur sont rentrés, de même que s'ils avaient été omis dans le partage (Duranton, VII, 553; Marcadé, *887*, 2; Massé et Vergé, § 393-5; Dutruc, 599; Demolombe, XVII, 405; Aubry et Rau, § 626-4).

2539. — Erreur. — Qualités. — Quotités. — De même l'erreur sur la qualité de l'un des copartageants constitue une erreur sur les bases même du partage, laquelle vicie essentiellement le consentement donné à ce contrat. En conséquence, elle est une cause de nullité donnant lieu à un nouveau partage; par exemple, si l'un d'eux n'a pris part au partage que pour sa portion héréditaire, tandis qu'il était de plus légataire par préciput, en vertu d'un testament alors ignoré; ou si l'on a tenu compte dans le partage d'un don ou d'un legs par préciput en faveur de l'un des successibles depuis annulé pour vice de forme (Chabot et Belost-Jolimont, *887*, 4; Demante, III, 231 *bis*; Mourlon, II, p. 210; Marcadé, *887*, 1; Massé et Vergé, § 393-5; Dutruc, 598; Demolombe, XVII, 407; Toulouse, 19 janvier 1824; Grenoble, 24 juill. 1830; Lyon, 6 août 1857; S. 58, II, 485; Cass., 17 nov. 1858; S. 59, I, 234; Rouen, 1er déc. 1879; *R. N.*, 77).

2540. — Erreur. — Enfants adultérins. — Toutefois décidé que le partage de la succession du père commun, opéré volontairement entre un enfant légitime et des enfants adultérins, confère à ceux-ci des droits héréditaires, et ne peut ensuite être attaqué par l'enfant légitime, alors qu'il avait connaissance de l'état des enfants adultérins (Aix, 12 déc. 1839; S. 40, II, 196). — S'il l'ignorait, le principe établi au numéro précédent demeure applicable.

2541. — Erreur de fait ou de droit. — Il importe peu, dans toutes les hypothèses, exposées *supra* nos 2532 à 2540, que l'erreur ne soit que de fait ou qu'elle soit de droit (Duranton, VII, 557; Demolombe, XVII, 402; Besançon, 1er mars 1827; Cass., 26 juill. 1825; 24 janvier 1827, 12 mars 1845; S. 45, I, 524). — Ainsi, l'erreur est une cause de nullité dans le cas où l'on a tenu compte dans le partage d'un préciput constitué par l'auteur de la succession, en faveur de l'un des copartageants, par un acte entaché d'une nullité radicale pour vice de forme (Lyon, 6 août 1857; S. 58, II, 485).

2542. — Erreur de jurisprudence. — L'erreur, fondée sur une jurisprudence, ultérieurement reconnue fausse, n'est pas une cause de nullité du partage (Rennes, 18 juill. 1820).

2543. — Lotissement. — La nullité du partage peut être demandée, quand il n'a pas été fait une égale distribution des biens de même nature entre les divers lots, *supra* n° 2310; mais le copartageant dont le lot se trouve régulièrement composé ne peut l'invoquer (Grenoble, 8 mai 1835; S. 35, II, 554).

2544. — Offre de supplément. — On verra, *infra* n° 2586, qu'en cas de demande en rescision pour cause de lésion, le défendeur peut arrêter l'instance, en fournissant ce qui manque au demandeur. Cette exception ne saurait être étendue au cas où le partage est attaqué pour cause de dol, violence ou erreur, ou pour inégalité dans la répartition des biens sous le rapport de leur qualité. Dans ce cas, il y a lieu à un nouveau partage (Marcadé, *art. 891*; Chabot, *891*, 4; Toullier, IV, 752; Massé et Vergé, § 393-23; Demante, IV, 236 *bis*; Demolombe, XVII, 411; Aubry et Rau, § 626-10; Dutruc, 628; Roll. de Vill., *Partage*, 317; Cass., 10 nov. 1847, 21 août 1848, 17 nov. 1858; S. 48, I, 690, 694; 59, I, 234. CONTRA Poujol, *891*, 2; Taulier, III, p. 398).

SECTION II.
DE LA RESCISION POUR LÉSION.

2545. — Principes. — L'égalité étant de l'essence du partage, la division de l'hérédité ne ferait pas une application de ce principe primordial, si chacun des héritiers n'avait pas une part dans les biens correspondant à la quotité de ses droits héréditaires. En conséquence, si, par une erreur ou par toute autre circonstance, le lot échu à l'un des copartageants est d'une valeur moindre que le montant de ses droits dans les biens qui forment la masse partageable, il éprouve une lésion que l'on doit réparer. — Toutefois, il ne fallait pas non plus porter atteinte à la stabilité des partages, ni nuire au droit de propriété et de disposition qui appartient à chacun des copartageants; en raison de cela, il était utile de déterminer l'importance que la lésion devrait avoir pour être une cause de rescision du partage.

2546. — Lésion. — Il peut y avoir lieu à rescision lorsque l'un des cohéritiers établit, à son préjudice, une lésion de plus du quart (*C. civ.*, *887*); qu'il s'agisse du partage d'une succession, d'une société, d'une communauté ou de toute autre indivision.

2547. — Biens incorporels. — La limite du quart est applicable seulement aux biens corporels; quant aux biens incorporels, la réclamation pourrait être admise même lorsque la lésion serait de moins du quart (Demolombe, XVII, 415; Hureaux, V, 11). — Ceci n'est exactement vrai que quand il s'agit de sommes en numéraire ou de créances; mais si le partage comprend des rentes, actions, obligations, parts d'intérêts et autres valeurs de bourse, il nous semblerait, en raison des fluctuations dans le cours de ces valeurs et des préférences susceptibles de s'y rattacher, qu'il ne faudrait pas admettre les réclamations, si elles n'avaient pas pour objet une lésion de plus du quart.

2548. — Erreur de calcul. — En tout cas, la limite du quart n'est pas applicable à la lésion résultant d'une simple erreur de calcul, qui est toujours réparable; pourvu toutefois qu'elle constitue bien une erreur dans les chiffres; par exemple, une erreur d'arithmétique, ou résulte de ce qu'un chiffre dans les colonnes a été posé à la place d'un autre; mais non pas une erreur d'appréciation ou d'estimation; dans ce dernier cas, il y aurait une lésion susceptible de rescision (Marcadé, *art. 887*; Demolombe, XVII, 416; Dutruc, 622; Hureaux, V, 12; Cass., 8 nov. 1826. Voir Paris, 24 mars 1859; P. 59, p. 536).

2549. — Lot de valeur supérieure. — Il ne suffit pas pour que la rescision soit admise, qu'un copartageant ait un lot de beaucoup supérieur au montant de ses droits; il faut que le copartageant qui se prétend lésé, ait dans son propre lot un déficit de plus du quart. Par exemple, si une masse de 50,000 fr. se trouve partagée entre cinq héritiers dans la proportion de 18,000 fr. pour l'un d'eux, et de 8,000 fr. pour chacun des autres; ceux-ci, en l'absence d'une fraude suffisante pour caractériser le dol, ne peuvent demander la rescision du partage pour cause de lésion, puisque le déficit, dans chacun de leur lot, est de moins du quart, et quoique celui qui a un excédant dans son lot, se trouve avoir une valeur plus que double de la leur (Demolombe, XVII, 417; Massé et Vergé, § 393-17; Roll. de Vill., *Lésion*, 119).

2550. — Choses partagées. — Les choses partagées seules sont à considérer pour décider s'il y a lésion, sans avoir égard à celles qui sont restées indivises et doivent faire l'objet d'un partage ultérieur (Paris, 30 messidor an XIII).

2551. — Estimation. — Pour juger s'il y a lésion, on estime les objets suivant leur valeur à l'époque du partage (*C. civ.*, *890*), sans avoir égard aux événements postérieurs par suite desquels la valeur réelle des biens compris dans les différents lots aurait augmenté ou diminué; chacun, après le partage, étant propriétaire des biens qui lui sont échus, doit en supporter les risques et profiter des avantages provenant de l'accroissement ou de la dépréciation (Demolombe, XVII, 418).

2552. — Biens à estimer. — L'estimation doit porter sur tous les biens compris dans la masse partageable, même ceux rapportés fictivement (Dutruc, 621; Paris, 18 mai 1839; Dalloz, 39, II, 216); — et non pas seulement sur les biens formant le lot du demandeur; car il est possible que d'autres biens aient été aussi surestimés (Demante, III, 231 *bis*; Demolombe, XVII, 417; Hureaux, V, 10; Paris, 24 mars 1859, P., 59, p. 356).

2553. — Mobilier. — Néanmoins, les juges, lorsqu'ils constatent une lésion considérable dans la valeur donnée aux immeubles, peuvent se dispenser de comprendre le mobilier dans la masse, si, en raison de son peu d'importance, il ne pourrait faire disparaître la lésion de plus du quart résultant du partage immobilier (Cass., 28 juill. 1869; R. G. Defrénois, I, 291).

2554. — Preuves de lésion. — La disposition de l'art. 1677, suivant laquelle en matière de vente « la preuve de la lésion » ne peut être admise que par jugement, et » dans le cas seulement où les faits articulés » seraient assez vraisemblables et assez graves » pour faire présumer la lésion, » est inapplicable en ce qui concerne le partage; en effet, l'action en rescision du partage pour cause de lésion est réciproque et essentiellement favorable, en ce qu'elle tend à rétablir l'égalité qui est de l'essence même du partage (Montpellier, 10 février 1841; S. 41, II, 219. Voir cep. Montpellier, 28 juill. 1830; S. 31, II, 92).

2555. — Pouvoirs du juge. — Le juge, en cette matière, a un pouvoir d'appréciation qui lui permet de décider souverainement, d'après les documents qui lui sont fournis, s'il y a lieu d'admettre la preuve de la lésion alléguée. Il peut donc, soit faire lui-même l'estimation d'après les pièces et documents du procès, sans expertise préalable, soit faire faire une expertise, soit même, sans avoir ordonné l'expertise, rejeter la demande en rescision si les actes et les circonstances du fait lui démontrent qu'elle n'existe pas (Toullier et Duvergier, IV, 571, note 2; Troplong, *Vente*, II, 831; Massé et Vergé, § 393-19; Demolombe, XVII, 420 à 422; Huréaux, V, 14; Dutruc, 623; Aubry et Rau, § 626-29; Cass., 3 déc. 1833, 2 mars 1837, 16 déc. 1846, 29 juin 1847; S. 34, 1, 31; 37, I, 985; 48, I, 360, 687; Montpellier, 10 fév. 1841; S. 41, II, 220; Colmar, 10 mai 1865; S. 65, II, 500).

2556. — Objets détournés. — Si le tribunal est saisi tout à la fois de l'action en rescision d'un partage fait sous forme de cession à forfait de droits successifs, et de l'action en restitution d'objets de la succession détournés par l'héritier cessionnaire, il peut refuser de prononcer la rescision et se borner à ordonner un partage supplémentaire pour les objets détournés (Cass., 28 juin 1877; Droit 1er juill.)

2557. — Biens paternels et maternels. — Lorsqu'un partage, sous forme de pacte de famille, de biens paternels et maternels, comprend à tort dans la succession du père, la moitié indivise des biens de communauté, qui dépend légalement de la succession de leur mère, voir *infra* n° 2584.

2558. — Actes entachés de rescision. — L'action en rescision est admise contre tout acte qui a pour objet de faire cesser l'indivision entre cohéritiers, encore qu'il fût qualifié de vente, d'échange et de transaction, ou de toute autre manière *(C. civ., 888)*. Par exemple, une succession étant échue à deux héritiers, si l'un d'eux cède sa part indivise à son cohéritier, en échange d'immeubles déterminés appartenant à ce dernier, quoique les parties aient entendu de bonne foi faire un échange, il faut décider cependant que cet acte, ayant pour objet de faire cesser l'indivision par rapport à l'hérédité qui leur est échue, équivaut au partage de cette hérédité et se trouve assujetti à l'action en rescision pour cause de lésion (Voir Demolombe, XVII, 432, 433 et *infra* n° 2570).

2559. — Partage judiciaire. — Le partage susceptible de rescision pour cause de lésion, est non seulement celui qui a été fait d'accord entre les parties à l'amiable, mais encore celui qui a été fait avec l'accomplissement des formalités de justice; en effet, la justice, lorsqu'elle intervient dans les opérations de liquidation et partage, coopère simplement à un acte de la juridiction volontaire, *suppose* l'égalité, mais ne *juge* pas qu'elle existe; dès lors il n'y a pas l'autorité de la *chose jugée* pouvant faire obstacle à la demande en rescision pour lésion (Marcadé, *888*, note 1; Duranton, VII, 581; Chabot, *888*, 3; Duvergier sur Toullier, IV, 580, note 1; Roll. de Vill., *Lésion*, 90; Massé et Vergé, § 393-9; Demante, III, 231 *bis*; Demolombe, XVII, 385, 425; Aubry et Rau, § 626-23; Mourlon, II, p. 242; Huréaux, V, 18; Dutruc, 606).

2560. — Sentence arbitrale. — Il en est de même du partage effectué par sentence arbitrale; en conséquence, l'action en rescision pour cause de lésion est admissible contre une sentence arbitrale portant partage, alors surtout que l'arbitre n'ayant eu à résoudre aucune difficulté, s'est borné à constater l'accord des parties (Dutruc, 607; Huréaux, V, 24; Agen, 12 nov. 1867; S. 68, II, 22).

2561. — Difficultés sérieuses.

— Toutefois, si la décision judiciaire ou par arbitres a trait non pas au fait du partage lui-même, mais à des difficultés sérieuses sur des questions relatives aux droits des copartageants ou à l'établissement des masses; par exemple, sur les rapports à effectuer à la masse, les libéralités à réduire, il y aurait autorité de la chose jugée sur les points résolus à ce sujet, et l'action en rescision pour cause de lésion ne saurait les atteindre (Vazeille, *887*, 4; Dutruc, 607; Demolombe, XVII, 425; Roll. de Vill., *Lésion*, 91; Cass., 11 juin 1838; S. 38, I, 831; Lyon, 26 fév. 1841; S. 42, II, 225).

2562. — Tirage au sort. — La rescision pour lésion est admissible même lorsque les lots ont été tirés au sort; car si le sort a pour objet d'écarter toute idée de suspicion, il n'enlève pas toujours les chances d'erreur (Demolombe, XVII, 426).

2563. — Licitation. — La licitation participe du partage; en conséquence, quand elle a eu lieu en faveur d'un copartageant, elle est soumise à l'action en rescision pour lésion, qu'elle ait été faite à l'amiable, ou en justice, dans ce dernier cas, sans l'adjonction d'étrangers (Voir Duranton, VII, 576; Chabot, *888*, 2; Dutruc, 608; Demolombe, XVII, 427). — Mais, si elle a été faite en justice avec l'adjonction d'étrangers, nous croyons qu'elle n'y est plus sujette; en effet, l'action en rescision dans ce cas, n'étant pas admise contre les étrangers pour lésion de plus des 7/12 (*C. civ., 1684*), ne doit pas l'être non plus, à plus forte raison, quand il ne s'agit que d'une lésion du quart (Contra Roll. de Vill., *Lésion*, 109).

2564. — Partage partiel. — Il n'est pas nécessaire, pour que l'action en rescision soit exercée, que le partage ait compris la totalité des biens héréditaires; il peut être exercé même à l'occasion du partage partiel ne comprenant qu'une partie des biens; par exemple, les meubles seulement, ou les immeubles seulement, ou une partie des immeubles (Demolombe, XVII, 427; Hureaux, VII, 19; Roll. de Vill., *Lésion*, 98; Aubry et Rau, § 626-12).

2565. — Partages partiels successifs. — Si un partage partiel attaqué pour lésion, a été précédé ou suivi lui-même d'autres partages partiels, la masse sur laquelle les droits des copartageants seront calculés, afin d'examiner s'il y a lésion, doit être formée de tous les biens compris dans les différents partages fractionnaires; il ne suffit pas d'apprécier le mérite de chacun des partages. En effet, le législateur a nécessairement entendu que, dans le cas de partages successifs et partiels de la même hérédité, la lésion, quoique reprochée à un seul de ces actes, serait appréciée par sa combinaison avec les autres; autrement, le désavantage de l'acte attaqué pouvant être compensé par l'avantage résultant de tous ou de certains actes semblables qui l'ont précédé ou suivi, les tribunaux seraient conduits à déclarer une lésion qui n'aurait rien de réel (Duvergier sur Toullier, IV, p. 576, note 6; Dutruc, 620; Roll. de Vill., *Lésion*, 123; Demolombe, XVII, 428; Aubry et Rau, § 626-13; Hureaux, V, 19; Rouen, 4 déc. 1838; S. 39, II, 191; Cass., 27 avril 1841; S. 41, I, 388, Contra Duranton, VII, 576; Roll. de Vill., *Lésion*, 82).

2566. — Partage par souches. — Lorsqu'un partage a eu lieu par souches et qu'il est rescindé pour cause de lésion, la nullité atteint non seulement ce partage, mais aussi les partages postérieures secondaires qui ont été faits par subdivision entre les membres des souches copartageantes. Au contraire, si la rescision n'atteint qu'un partage secondaire, le partage principal est maintenu (Duranton, VII, 585; Taulier, III, p. 393; Demolombe, XVII, 472; Roll. de Vill., *Lésion*, 94).

2567. — Cessation d'indivision. — Pour que le partage, qu'il soit total ou partiel, demeure soumis à la rescision pour lésion, il n'est pas nécessaire qu'il ait fait cesser l'indivision d'une manière absolue entre tous les cohéritiers ou seulement à l'égard d'un ou de plusieurs d'entre eux; par exemple, en supposant une succession échue à trois enfants, si, par un partage, il est attribué à l'un d'eux des biens déterminés pour le remplir des biens, et aux deux autres le surplus des biens par indivis, et que celui qui a été loti ait moins que les trois quarts de ses droits, il est lésé et, par suite, peut demander la rescision pour lésion (Demolombe, XVII, 430; Demante, III, 232 *bis*; Duvergier sur Toullier, IV, 576; Hureaux, V, 16; Toulouse, 6 déc. 1834, 23 janv.

1841; S. 35, II, 285; 41, II, 545; Limoges, 3 déc. 1840, 1ᵉʳ juill. 1844; S. 41, II, 545; 45, II, 221; Cass., 2 mars 1837, 20 mars 1844, 28 juin 1859; S. 37, 1, 985; 44, I, 307; 59, I, 753. Contra Dutruc, 609; Cass., 15 déc. 1832; S. 33, I, 104; Montpellier, 9 juin 1853; S. 53, II, 406).

2568. — Renonciation à rescision. — Les copartageants ne peuvent, par une stipulation de l'acte de partage, renoncer à la faculté de demander la rescision pour cause de lésion, même en déclarant se donner réciproquement la différence de valeur qui pourrait exister entre les lots (Marcadé, *892*, 1; Demolombe, XVII, 424; Hureaux, V, 15; Dutruc, 612; Pau, 12 janv. 1826; Nîmes, 15 janv. 1839; Dalloz, 39, II, 182).

2569. — Cautionnement. — Une obligation nulle de plein droit ne pouvant être cautionnée, on ne pourrait cautionner un copartageant qui s'obligerait à ne pas exercer l'action en rescision pour cause de lésion (Pau, 12 janv. 1826; voir aussi Cass., 15 juin 1837; S. 38, I, 477).

2570. — Nature des actes. — La disposition de l'art. 888, *supra* n° 2558, n'est pas restreinte au partage qui, par fraude ou par erreur, a été qualifié de vente, d'échange, de transaction ou de toute autre manière; elle s'applique même au cas où l'écrit contient véritablement l'un de ces actes s'il a pour objet de faire cesser l'indivision (Duvergier sur Toullier, IV, 577, note *a*; Massé et Vergé, § 393-12; Demolombe, XVII, 432; Hureaux, V, 23; Cass., 12 août 1829, 16 fév. 1842, 8 fév. 1869, 3 déc. 1878; S. 69, I, 361; 80, I, 32. Contra Chabot, *888*, 2; Marcadé, *888*, 2; Duranton, VII, 556; Amiens, 10 mars 1821. Voir Cass., 5 déc. 1842; S. 43, I, 27).

2571. — Transaction après partage. — Mais, après le partage ou l'acte qui en tient lieu, l'action en rescision n'est plus admissible contre la transaction faite sur les difficultés réelles que présentait le premier acte, même quand il n'y aurait pas eu, à ce sujet, de procès commencé (*C. civ., 888*), pourvu cependant que la transaction soit sérieuse (Grenoble, 15 avril 1807); car si elle était faite par fraude, dans le but de soustraire e partage à l'action en rescision, elle serait insuffisante pour couvrir le vice de l'acte antérieur (Marcadé, *888*, 3; Chabot, *888*, 5; Demante, III, 233 *bis*; Roll. de Vill., *Lésion*, 107; Demolombe, XVII, 434; Aubry et Rau, § 626-21; Hureaux, V, 26; Cass., 11 juin 1838; S. 38, I, 831).

2572. — Partage transactionnel. — Dans la pratique, il est d'usage, lorsque des contestations sont survenues entre des héritiers ou entre des héritiers et des légataires, de les applanir par une transaction qui est quelquefois faite par acte antérieur au partage, mais souvent aussi est renfermée dans l'acte même du partage, qui, pour cette raison, reçoit le nom de partage transactionnel, *supra* n°ˢ 1902 et suiv. Un tel partage est-il soumis à l'action en rescision pour cause de lésion de plus du quart, ou s'il bénéficie de l'irrévocabilité attachée à la transaction? Pour la solution de cette question, il faut distinguer:

2573. — Transaction sur le partage. — Si la transaction est relative aux opérations même du partage; par exemple, si elle a pour objet de régler la composition des lots ou le mode de répartition des lots, c'est le partage qui prédomine, et elle est rescindable pour cause de lésion, *supra* n° 2570.

2574. — Transaction préalable. — Si, au contraire, la transaction est antérieure au partage et porte sur des difficultés sérieuses relatives soit à la quotité des droits héréditaires de l'un ou de quelques-uns des héritiers, soit à des questions de rapport, de préciput, de réduction ou de validité de dispositions entre-vifs ou testamentaires; elle est préalable au partage, se trouve sans rapport avec l'exécution du partage; par suite, comme la décision judiciaire elle-même, *supra* n° 2559; elle a l'autorité de la chose jugée en dernier ressort, et elle est inattaquable pour cause de lésion (Toullier, IV, 580; Duranton, VII, 580; Massé et Vergé, § 393-12; Demante, III, 233 *bis*; Dutruc, 614; Aubry et Rau, § 626-20; Roll. de Vill., *Lésion*, 103; Demolombe, XVII, 439; Amiens, 10 mars 1821; Cass., 14 mars 1832, 3 déc. 1833; 20 fév. 1839; S. 32, I, 297; 34, I, 31; 39, I, 215; Contra Belost-Jolimont, *888*, obs. 1).

2575. — Transaction par le

partage. — Si la transaction a été faite par l'acte même de partage et qu'elle ait pour objet une difficulté qui ne se confonde pas non plus avec le partage; par exemple, sur une question de parenté, ou de rapport, de préciput, etc., la solution de cette question est sans influence sur le partage lui-même; en conséquence, la transaction, quoique contenue dans le partage, ne saurait être atteinte par la rescision pour lésion (Demolombe, XVII, 440, *a*; Cass., 7 fév. 1809; Nîmes, 30 juin 1819, 23 juin 1829; Amiens, 10 mars 1821; Caen, 31 mai 1859). — Mais si la transaction ne forme avec le partage qu'une seule et unique convention; par exemple, si les droits de chacun sont déterminés à forfait à un chiffre convenu, sans fixation de leurs quotités respectives, ou encore si l'on stipule que l'un aura pour ses droits et ses prétentions tels biens héréditaires, l'autre tels autres biens, etc., le caractère du partage prédomine, et l'action en rescision pour cause de lésion est admise (Demolombe, XVII, 440; Roll. de Vill., *Lésion*, 100; Cass., 16 fév. 1842, 3 décembre 1878; S. 42, I, 337; 80, I, 32. CONTRA Marcadé, *888*, 11; Demante, III, 233 *bis*, Massé et Vergé, § 393-12; Aubry et Rau, § 626-20; Dutruc, 611; Cass., 22 août 1831; S. 31, I, 327).

2576. — **Approbation.** — Le fait par un cohéritier d'approuver dans un acte de partage, un partage précédent auquel il n'a pas été partie, ne saurait équivaloir à une transaction sur le premier partage; il peut ensuite attaquer les deux partages pour cause de lésion (Bordeaux, 6 juil. 1826).

2577. — **Vente de droits successifs.** — **Partage.** — La vente de droits successifs, autre que celle dont il est question *infra* n° 2580, est aussi sujette à l'action en rescision, qu'elle comprenne l'intégralité ou une quote-part de l'intégralité de la portion héréditaire du cédant, ou même une partie déterminée de ses droits; par exemple, ses droits dans les immeubles (Cass., 8 février 1841; S. 41, I, 436; Bordeaux, 26 fév. 1851; S. 51, II, 423); — il importe peu qu'elle fasse ou non cesser l'indivision (Demolombe, XVII, 454; Montpellier, 10 juillet 1828; Toulouse, 6 déc. 1834; S. 35, II, 285; Cass., 23 janvier 1841, 20 mars 1844; S. 41, II, 545; 44, I,

307; Limoges, 1er juill. 1844; S. 45, II, 221; Cass., 28 juin 1859; S. 59, I, 753. CONTRA Montpellier, 6 mai 1831; S. 31, II, 278; Alger, 26 fév. 1866; S. 68, I, 209); — et lors même qu'elle aurait lieu sous forme de renonciation à ses droits successifs par un cohéritier en faveur de ses cohéritiers ou de l'un d'eux, si elle a eu lieu à prix d'argent (Duranton, VII, 567; Roll. de Vill., *Lésion*, 163; Dutruc, 617; Demolombe, XVII, 455; Nîmes, 2 janv. 1855; Dalloz, 55, II, 170).

2578. — **Cession de plusieurs hérédités.** — Quand la cession, pour un seul et même prix, est de droits héréditaires dans diverses successions, elle est indivisible, en ce sens que la rescision de l'acte ne peut être demandée à l'égard d'une succession sans l'être à l'égard des autres (Cass., 26 nov. 1833; S. 34, I, 125).

2579. — **Cession au mari.** — Jugé que le mari, qui a acquis la part indivise du cohéritier de sa femme, est présumé avoir agi comme administrateur des biens de sa femme et pour le compte de celle-ci, de sorte que la cession doit être considérée comme équivalant à partage, ce qui la soumet à la rescision pour lésion de plus du quart (Toulouse, 6 déc. 1834; S. 35, II, 285; Cass., 29 juin 1847; S. 48, I, 360).

2580. — **Cession aux risques du cessionnaire.** — L'action en rescision pour lésion n'est pas admise contre une vente de droits successifs faite sans fraude à l'un des cohéritiers, à ses risques et périls, par ses autres cohéritiers ou par l'un d'eux (*C. civ.*, *889*), qu'elle comprenne l'intégralité ou une quote-part des droits du cédant, et lors même qu'il aurait fait la réserve de certains biens déterminés. La raison en est que, dans ce cas, la cession constitue une vente et non pas un partage (Marcadé, *art. 889*; Vazeille, *889*, 3; Dutruc, 613, 614 *bis*; Aubry et Rau, § 626-16; Montpellier, 6 mai 1831; S. 31, II, 278; Cass., 15 déc. 1832, 3 juin 1840, 7 déc. 1847; S. 33, I, 394; 40, I, 896; 48, 1, 132; Bordeaux, 26 fév. 1851; S. 54, II, 424; Lyon, 1er mars 1865; S. 65, II, 166; Cass., 28 déc. 1874; S. 75, I, 347; Cass., 6 mars 1883; Defrénois, *Rép. N.*, 1743. Voir cep. Chabot, *889*, 2; Toullier, IV, 579; Massé et Vergé, § 393-25; Dijon,

9 mars 1830; S. 31, I, 327). — Il en serait de même dans le cas où la vente aurait eu lieu sous forme de renonciation à succession, moyennant une somme déterminée à forfait (Dutruc, 617; Demolombe, XVII, 455; Nîmes, 2 janv. 1855; Dalloz, 55, II, 170).

2581. — Mention des risques. — Il n'est pas nécessaire que l'acte mentionne expressément que la cession est aux risques et périls du cessionnaire; il suffit que cela résulte de l'intervention des parties (Duvergier sur Toullier, IV, 579; Larombière, *1304*, 22; Dutruc, 616; Roll. de Vill., *Lésion*, 155; Demante, III, 284 *bis*; Demolombe, XVII, 448; Aubry et Rau, § 626-17; Cass., 3 juin 1840, 7 déc. 1847, 30 janv. 1866; S. 40, I, 895; 48, I, 132; 68, I, 209; Cass., 22 janv. 1868; S. 68, I, 209. CONTRA Troplong, *Vente*, 790; Toulouse, 3 mars 1830).

2582. — Aucun risque. — D'un autre côté, bien que l'acte mentionne formellement que la cession a eu lieu aux risques et périls du cessionnaire, et à forfait, la rescision serait néanmoins admise si, en fait, lors de la vente, il n'y avait aucune apparence de risques à courir (Marcadé, *art. 889*, note; Chabot, *889*, 2; Toullier, IV, 579; Duranton, VII, 572; Demante, III, 234 *bis*-11; Demolombe, XVII, 450 à 452; Dutruc, 616; Hureaux, V, 34; Roll. de Vill., *Lésion*, 152; Massé et Vergé, § 393-25; Aubry et Rau, § 626-18; Angers, 22 mai 1817; Toulouse, 6 déc. 1834, 23 janv. 1841; S. 35, II, 285; 41, II, 545; Lyon, 2 avril 1819, 5 déc. 1828, 29 janv. 1836; S. 36, II, 238; Cass., 9 juill. 1839, 20 mars 1844, 29 juin 1847; S. 39, I, 566; 44, I, 307; 48, I, 360; Agen, 10 janv. 1851, 15 mai 1866; S. 51, II, 780; 66, II, 360; Limoges, 3 déc. 1840, 13 déc. 1847, 29 déc. 1868; S. 41, II, 545; 48, II, 466; Agen, 20 déc. 1872; Alger, 4 avril 1877; S. 69, II, 255; 73, II, 250; 79, II, 216); — ou si la cession a été frauduleuse, en ce sens que l'acquéreur connaissait parfaitement les forces actives et passives de l'hérédité, qui étaient, au contraire, ignorées du cédant (Toullier, IV, 579; Demolombe, XVII, 450; Cass., 21 mars 1870, 29 janv. 1872; Dijon, 12 fév. 1873; Chambéry, 2 mai 1877; Grenoble, 29 nov. 1884; Defrénois, *Rép. N.*, 2671).

2583. — Donation de droits successifs. — Pour que la rescision pour lésion soit admise il faut que l'acte ait non pas seulement pour *effet*, mais pour *objet* de faire cesser l'indivision. En conséquence, si l'un des héritiers a fait la donation de ses droits successifs à ses cohéritiers ou à l'un d'eux, cette donation ne saurait être soumise à la rescision pour cause de lésion (Demante, III, 232 *bis* 2°; Demolombe, XVII, 441. Voir Cass., 5 déc. 1842; S. 43, I, 27).

2584. — Erreur. — Masses. — Lorsque des enfants procédant au partage des successions de leur père et de leur mère, comprennent à tort dans la succession du père la moitié indivise des biens de communauté qui dépend légalement de la succession de leur mère, ceux d'entre les enfants qui se prétendraient lésés ne sont pas recevables à agir par voie d'action en supplément de partage. Ils ne sont recevables à former qu'une action en lésion fondée sur ce que l'erreur leur aurait causé un préjudice de plus du quart (Cass., 5 juill. 1875; S. 76, I, 174. Voir aussi Cass., 12 mars 1845; S. 45, I, 121).

2585. — Erreur. — Créances. — Quand l'action en rescision du partage pour cause de lésion est fondée sur ce qu'une créance a été comprise dans un lot pour une somme inférieure à sa valeur réelle, elle ne peut être écartée sous le prétexte qu'il y aurait eu transaction sur cette valeur ou convention aléatoire à son égard, s'il est établi qu'il n'y avait en réalité ni contestation, ni aléa (Paris, 4 mars 1874; S 74, II, 167).

2586. — Exception. — Supplément. — Toutefois, la faveur, due au partage et à l'immutabilité du droit de propriété, commandait de réparer l'inégalité du partage au moyen d'un supplément à fournir au copartageant lésé; telle est la disposition de l'article 891 du Code civil, portant : « Le défendeur à
» la demande en rescision peut en arrêter le
» cours et empêcher un nouveau partage en
» offrant et en fournissant au demandeur le
» supplément de sa portion héréditaire, soit en
» numéraire, soit en nature. » Ce droit appartient au défendeur, même après que le jugement prononçant la rescision a acquis force de chose jugée (Taulier, III, p. 398, Demante, III, 236 *bis*; Demolombe, XVII, 459; Aubry et

Rau, § 626-34. CONTRA Duranton, VII, 583; Roll. de Vill., *Lésion*, 132; voir Dutruc, 626). — Et il importe peu que la lésion soit considérable; par exemple, de plus de moitié (Vazeille, *891*, 2; Demolombe, XVII, 460; Massé et Vergé, § 393-23; Roll. de Vill., *Lésion*, 129).

2587. — Créanciers. — Tiers détenteurs. — Le droit d'arrêter l'action en rescision n'est pas personnel au cohéritier lésé, il peut être exercé en son nom par ses créanciers comme exerçant les droits de leur débiteur, en vertu de l'art. 1166, comme aussi par les tiers détenteurs des immeubles héréditaires qui auraient été aliénés par lui, dans le cas où ces tiers possesseurs pourraient être évincés, puisque, en cas d'éviction, ils auraient une action en garantie contre leur vendeur qui les constituerait créanciers de celui-ci (Toullier, IV, 574; Massé et Vergé, § 393-22; Dutruc, 637; Roll. de Vill., *Lésion*, 130; Aubry et Rau, § 626-37; Demolombe, XVII, 461; Caen, 13 nov. 1846, cité par Demolombe).

2588. — Valeur du supplément. — Le supplément à fournir doit être d'un chiffre égal à ce qui manquait au cohéritier lésé, pour que son lot fût, à l'époque du partage, égal au lot des autres, sans qu'il y ait à rechercher si l'un ou plusieurs des biens héréditaires ont, depuis, augmenté ou diminué de valeur (Demante, III, 236 *bis*; Taulier, III, p. 308; Demolombe, XVII, 464). — Si le défendeur livre en biens héréditaires le supplément auquel le cohéritier a droit, ces biens doivent être estimés non pas sur le pied de ce qu'ils valaient au temps du partage, mais sur le pied de leur valeur au jour de la livraison; autrement il aurait à courir des chances de gain ou de perte, et cela pourrait être la source de difficultés sur le choix des biens à fournir (Chabot, *891*, 3; Demante, III, 236 *bis*, 3°; Demolombe, XVII, 466).

2589. — Supplément en nature. — Choix. — Quand le défendeur offre le supplément en nature, c'est à lui qu'appartient, en principe, le choix des choses héréditaires qui devront le former (*Arg. C. civ., 1190*). Dans le cas où son choix porterait sur des objets que le défendeur croirait être en droit de refuser, c'est aux magistrats qu'il appartient de résoudre la difficulté, et de décider, eu égard à la nature des biens dont la succession était composée, si les biens à fournir pour le complément doivent être des immeubles ou des meubles. En outre, il y aurait lieu à une estimation par experts, si les parties ne s'accordaient pas sur l'estimation des biens offerts en supplément (Duranton, VII, 583; Dutruc, 626; Demolombe, XVII, 463; Nîmes, 31 mars 1841; Dalloz, 42, II, 42).

2590. — Supplément. — Intérêts. — Fruits. — Le cohéritier, auquel le supplément est fourni, a droit aux intérêts du numéraire, ou aux fruits de la chose livrée en nature, à compter seulement du jour de la demande en rescision, puisque jusque-là le défendeur doit être considéré comme ayant été de bonne foi (Chabot, *891*, 3; Toullier, IV, 572; Demante, III, 239 *bis*; Demolombe, XVII, 467; Hureaux, V, 45; Dutruc, 627; Roll. de Vill., *Lésion*, 133, 134).

2591. — Supplément. — Plusieurs défendeurs. — Si l'action en rescision pour lésion a été formée contre plusieurs cohéritiers, ils doivent se mettre d'accord pour fournir le supplément au cohéritier lésé; et comme cette offre est facultative, s'ils ne peuvent s'entendre entre eux, le partage doit être rescindé. Toutefois, même dans ce dernier cas, plusieurs des défendeurs (ou l'un d'entre eux seulement) peuvent encore empêcher la rescision en fournissant le supplément complet à eux seuls (ou à lui seul), sans le concours des autres cohéritiers défendeurs, et aussi sans pouvoir exercer de recours contre eux (Duranton, VII, 584; Taulier, III, p. 400; Demante, III, 236 *bis*, 5°; Demolombe, XVII, 469 à 471).

SECTION III

DES FORMES DE L'ACTION EN RESCISION.

2592. — Tribunal compétent. — La demande en rescision du partage pour cause de dol, violence, erreur, lésion se porte devant le tribunal du lieu de l'ouverture de la succession (*C. civ., 822*); en raison de ce qu'elle tend à un nouveau partage ou à un supplément de partage. Et il n'y a pas lieu de distinguer si le partage a été fait à l'amiable ou en justice (Marcadé, *art. 822*; Chabot, *822*, 1; Roll. de Vill., *Partage*, 316; Cass., 21 fév. 1860; S. 60, I, 887. CONTRA Duranton, VII, 136).

2593. — Mise en cause. — L'action en rescision d'un partage, pour dol, violence, erreur, ou pour lésion, n'est recevable qu'autant qu'elle a été formée contre tous les copartageants; par conséquent, non pas seulement ceux dont les lots sont plus élevés que leurs droits, mais aussi contre ceux dont les lots seraient moins élevés que leurs droits. Ainsi l'héritier qui se prétend lésé ne peut conclure à la rescision du partage, incidemment, dans une instance sur une action formée contre lui par l'un de ses cohéritiers, sans appeler en cause tous les autres copartageants (Duranton, VII, 584; Dutruc, 633; Demolombe, XVII, 487; Nîmes, 5 juill. 1848; S. 48, II, 689).

2594. — Créanciers. — L'action en nullité ou en rescision n'est pas personnelle au cohéritier lésé. En conséquence, ses créanciers peuvent la former comme exerçant ses droits en vertu de l'art. 1166; il importe peu qu'elle soit fondée sur la lésion de plus du quart, ou sur toute autre cause, pourvu qu'il en résulte un préjudice éprouvé par leur débiteur (Chabot et Belost-Jolimont, *882*, 3; Duranton, VII, 510; Aubry et Rau, § 626-58; Proudhon, *Usuf.*, IV, 2383; Dutruc, 634; Aix, 30 nov. 1833; S. 34, II, 320; Nîmes, 5 juill. 1848; S. 48, II, 689; Lyon, 9 juin 1876; S. 78, II, 7. CONTRA Angers, 22 mai 1817).

2595. — Appel. — Divisibilité. — L'action en nullité ou en rescision de partage est divisible, en conséquence, en cas de rejet, l'appel peut valablement être interjeté contre un seul des cohéritiers (Cass., 13 déc. 1848; S. 49, I, 23).

2596. — Chose jugée. — Le jugement qui repousse une demande en nullité de partage, pour défaut de consentement valable, ne fait pas obstacle à ce que le partage soit ultérieurement attaqué en rescision pour cause de lésion (Marcadé, *1351*, 6; Larombière, *1351*, 78; Toullier, X, 167; Chambéry, 31 août 1861; S. 62, II, 298. Voir aussi Cass., 15 juin 1837; S. 38, I, 477); — de même que la demande en rescision d'un partage pour lésion de plus du quart, ne fait pas obstacle à ce que le demandeur conclut, dans la même instance, à la nullité du même partage pour cause d'une erreur de droit qui aurait eu pour résultat de comprendre dans le partage des biens qui ne faisaient pas partie de l'hérédité (Cass., 12 mars 1845; S. 45, I, 524).

CHAPITRE DEUXIÈME

DE L'EXTINCTION DES CAUSES DE RESCISION

2597. — Prescription. — L'action en rescision se prescrit par dix ans (*C. civ.*, *1304*), qui courent : pour la violence, du jour où elle a cessé ; pour le dol, du jour où il a été découvert; pour l'erreur, du jour où elle a été reconnue; pour la lésion, du jour du partage (Marcadé, *art. 892*; Duranton, VII, 590; Demante, III, 238 *bis*; Massé et Vergé, § 393-27; Larombière, *1304*, 27; Demolombe, XVII, 477; Aubry et Rau, § 626-42; Dutruc, 635; Cass., 26 juill. 1825; 5 déc. 1842; 28 juin 1859; S. 43, I, 27; 59, I, 753; Besançon, 1er mars 1827).

2598. — Partage verbal. — Si le partage a été fait verbalement *supra* n° 1838, la prescription contre l'action en rescision pour lésion, court du jour où il a été arrêté entre les parties, et non-seulement du jour de l'acte écrit qui l'a constaté (Limoges, 5 mars 1870; S. 70, II, 220).

2599. — Mineurs. — Interdits. — A l'égard des mineurs et des interdits, la prescription ne court que du jour de la majorité ou de la levée de l'interdiction, puisque, en vertu de l'art. 2252, la prescription ne court pas contre les mineurs et les interdits

(Marcadé, *art. 892*; Massé et Vergé, § 393-27; Hureaux, V, 60; Dutruc, 635; Larombière, *1304*, 26; Aubry et Rau, § 626-43; Roll. de Vill., *Part.*, 312; Demolombe, XVII, 478; Cass., 30 mars 1830).

2600. — Enfant adultérin. — Si un enfant légitime a, par erreur, admis des enfants adultérins à partager avec lui, il ne peut plus attaquer le partage, lorsqu'il s'est écoulé dix ans depuis la découverte de l'erreur (Aix, 12 déc. 1839; S. 40, II, 176).

2601. — Interruption. — Il y a interruption de la prescription de dix ans contre l'action en rescision, lorsque le cohéritier demandeur a, avant l'expiration de dix ans, introduit une action en partage, spécialement quand l'action est formée par un successible qui a cédé ses droits successifs à ses cohéritiers (Cass., 2 mars 1837; S. 37, I, 985; voir aussi Cass., 8 fév. 1841; S. 41, I, 436).

2602. — Aliénation. — Dol, violence. — L'action en rescision n'est plus recevable pour dol ou violence, de la part du cohéritier qui a aliéné son lot en tout ou en partie, lorsque l'aliénation qu'il a faite est postérieure à la découverte du dol ou la cessation de la violence (*C. civ. 892*); ou à la connaissance de l'erreur, que l'aliénation ait lieu à titre onéreux ou à titre gratuit (Demolombe, XVII, 491; Massé et Vergé, § 393-4). — Mais l'aliénation antérieure, même avec garantie contre tous troubles et évictions, ne saurait être considérée comme emportant ratification du partage et renonciation à se prévaloir d'un vice qui ne s'était pas encore révélé (Demolombe, XVII, 485; Cass., 19 déc. 1853, 29 juill. 1856, 17 nov. 1858; S. 54, I, 686; 57, I, 824; 59, I, 234; Lyon, 6 août 1857; S. 58, II, 485).

2603. — Aliénation. — Lésion. — L'art. 892, qui vient d'être rapporté, ne s'occupe que de la violence, du dol ou de l'erreur, et non point du cas où la rescision serait demandée pour cause de lésion. Par conséquent, l'action en rescision reste soumise, dans ce cas, aux dispositions du droit commun, et, en vertu de l'art. 1338 du code civil, il ne peut y avoir une ratification résultant de l'exécution volontaire, de manière à rendre le cohéritier lésé non recevable dans son action en rescision pour lésion, qu'autant qu'il serait établi qu'il connaissait alors le vice dont l'acte pouvait être infecté, et qu'il est, par suite, réputé avoir voulu le purger de ce vice. Il s'en suit que l'aliénation pure et simple par un copartageant de tout ou partie de son lot ne constitue pas une exécution volontaire du partage, équivalent à une ratification dans le sens de l'art. 1338 du code civil, s'il n'a pas connu, lors de l'aliénation, la lésion dont il se plaint, et elle ne peut, dès lors, élever une fin de non recevoir contre l'action en rescision du partage formée postérieurement. Il appartient donc aux tribunaux de rechercher si le cohéritier, en aliénant, a entendu confirmer le partage; auquel cas, seulement l'action en rescision pour lésion serait admissible (Marcadé, *892*, 1; Toullier et Duvergier, IV, 583; Duranton, VII, 589; Dutruc, 630; Belost-Jolimont, *892*, obs. 1; Larombière, *1338*, 46; Demolombe, XVII, 497; Aubry et Rau, § 626-39; Demante, III, 237-*bis*; Mourlon, II, p. 114; Roll. de Vill., *Lésion*, 115; Massé et Vergé, § 393-26; Paris, 6 avril 1807; Bourges, 25 avril 1826; Bordeaux, 6 juill. 1826, 26 juill. 1838, 30 juill. 1849; S. 39, II, 54; 50, II, 38; Toulouse, 24 nov. 1832; S. 32, II, 316; Agen, 21 janv. 1836, 12 juin 1849; S. 36, II, 266; 50, II, 41; Nîmes, 22 mars 1839, 10 mars 1847, 22 avril 1858; S. 39, II, 461; 48, II, 560; 58, II, 586; Cass., 24 janv. 1833, 4 déc. 1850, 18 fév. 1851, 22 fév. 1854, 9 mai 1855, 26 fév. 1877; S. 33, I, 209; 51, I, 179, 340; 54, I, 173; 55, I, 791; 77, I, 264; Poitiers, 5 mars 1862; S. 64, I, 433. V. cep. Chabot, *892*, 2; Poujol, *892*, 1; Poitiers, 10 juin 1830; Grenoble, 17 juin 1831; S. 32, II, 147; Agen, 6 juin 1833; S. 34, II, 318).

2604. — Expropriation forcée. — La vente par expropriation forcée des immeubles compris dans le lot d'un cohéritier n'est point un obstacle à l'action en rescision pour lésion, précédemment intentée par un cohéritier; alors surtout que c'est sur les poursuites des défendeurs à la rescision que l'expropriation a eu lieu (Demolombe, XVII, 488; Grenoble, 8 mai 1835; S. 35, II, 554).

2605. — Aliénation avec ré-

serve. — Le demandeur en rescision du partage pour cause de lésion qui, soit avant soit après la demande, a vendu tout ou partie de son lot, ne peut en être débouté, par suite de son aliénation, s'il s'est réservé, dans l'acte de vente, la faculté de reprendre les objets vendus pour le cas où, par l'effet d'un nouveau partage, ils devraient être rapportés à la masse (Demolombe, XVII, 490; Grenoble, 8 mai 1835; S. 35, II, 554).

2606. — **Effets de l'aliénation. — Masse partageable.** — Si l'aliénation ne produit pas une fin de non recevoir contre l'action en rescision, soit par ce qu'elle a été faite antérieurement à la découverte du dol ou la cessation de la violence, soit, en cas de lésion, par ce qu'elle n'a pas été faite avec l'intention de confirmer le partage, la vente ne reste pas moins parfaite; en effet, le vendeur ne saurait évincer son acquéreur auquel il doit garantie. Mais il doit remettre l'objet vendu dans la masse en moins prenant (Duranton, VII, 588; Demante, III, 237 *bis*; Chabot et Belost-Jolimont, *892*, 2; Demolombe, XVII, 486, 503; Hureaux, V, 551; Cass., 4 déc. 1850; S. 51, I, 179).

2607. — **Ratification.** — L'action en rescision pour dol ou violence est susceptible d'être couverte par une ratification tacite qu'elle résulte, soit de l'aliénation, *supra* n° 2602, soit de tout autre acte d'exécution volontaire. A plus forte raison, elle peut être couverte par une ratification expresse (Demolombe, XVII, 479; Lyon, 6 août 1857 ; J. N. 16163). — Il en est de même de l'action en rescision pour lésion, qui peut être aussi couverte par une ratification expresse (Duranton, VII, 587; XVI, 436, 437; Toullier, IV, 505, 506; Troplong, *Vente*, 793; Dutruc, 630-*bis*; Larombière, *1338*, 26, 34, 35; Demolombe, XVII, 484; Hureaux, V, 50; Cass., 29 oct. 1814; Montpellier, 27 mars 1876; *Rev. judic.*, 76, p. 171. Contra Marcadé, *892*; Demante, III, 237-*bis*; Massé et Vergé, § 393-28).

2608. — **Modalités.** — La ratification expresse n'est valable qu'autant qu'on y trouve : 1° la substance de l'acte sujet à rescision ; 2° la mention du motif de l'action en rescision; 3° l'intention de réparer le vice sur lequel cette action est fondée (*Cod. civ.*, *1338*).

2609. — **Ratification. — Femme dotale.** — La femme mariée sous le régime dotal, bien qu'ayant qualité pour concourir à un partage amiable de ses biens dotaux, *supra* n° 1823, est sans capacité pour ratifier un tel partage. La ratification qu'elle en aurait faite ne l'empêcherait pas de demander la rescision du partage, comme contenant au préjudice de sa constitution dotale, une lésion de plus du quart (Cass., 2 juill. 1866; S. 66, I, 399).

2610. — **Sous partage.** — Le cohéritier dans une branche qui concourt au sous partage de la part attribuée par un partage principal aux héritiers de sa branche, et qui exécute ce sous-partage, ratifie par cela même le partage principal ; et par conséquent, n'est plus recevable à en provoquer la nullité (Cass., 5 mars 1861, 19 avril 1865; S. 61, I, 464; 65, I, 270; Voir aussi Cass., 3 août 1865; S. 65, I, 420).

2611. — **Militaire absent.** — Lorsque le partage d'une succession à laquelle était appelé un militaire absent a été fait entre les héritiers présents, sans tenir compte de ses droits, et que ce partage n'a pas été attaqué, on n'est pas recevable, lors du partage ultérieur de la succession de l'un des cohéritiers du militaire absent, à demander qu'il soit préalablement procédé à la liquidation des droits de ce dernier dans la première succession (Cass., 16 juill. 1862; S. 63, I, 132).

CHAPITRE TROISIÈME

DES EFFETS DE LA RESCISION

2612. — Nouveau partage. — Actes d'administration. — Lorsque le partage est rescindé pour une cause quelconque, les choses sont remises dans le même état que s'il n'y avait pas eu de partage; et il y a lieu à un nouveau partage, comme si les biens étaient toujours restés indivis. Néanmoins, les actes nécessaires ou d'administration, tels que les baux, restent valables; car les cohéritiers sont censés s'être donnés les uns aux autres le mandat d'administrer les biens compris dans leurs lots (Demolombe, XVII, 501; Hureaux, V, 66).

2613. — Désistement. — Lorsqu'un jugement a annulé un partage et ordonné un nouveau partage, le désistement de la partie qui a fait prononcer cette nullité ne peut rendre au partage annulé la force que le jugement lui a enlevée lorsque les défendeurs, loin d'acquiescer à ce désistement, demandent l'exécution du jugement qui a ordonné le nouveau partage, le bénéfice d'un jugement pouvant être invoqué par toutes les parties entre lesquelles il a été rendu. Il importe peu que ceux-ci aient, avant le jugement, aliéné les biens à eux échus par le partage annulé, et que les acquéreurs évincés par cette annulation et auxquels les défendeurs doivent garantie, aient accepté le désistement; le droit de l'accepter, étant personnel au défendeur, ne peut être exercé par ses créanciers (Cass., 11 mai 1846; S. 46, I, 691).

2614. — Meubles corporels. — Aliénation. — Les aliénations de meubles corporels, faites à des tiers de bonne foi, doivent aussi être maintenues (Demolombe, XVII, 502).

2615. — Meubles incorporels, immeubles. — Aliénation. — En ce qui concerne les aliénations de meubles incorporels ou d'immeubles, nous avons dit, *supra* n° 2606, que celles faites par le demandeur doivent être maintenues; mais il n'en serait pas de même des autres droits réels qu'il aurait conférés, tels que les droits d'usufruit, de servitude, d'hypothèque (*Arg. C. civ., 860*). — Quant aux aliénations de biens incorporels ou d'immeubles, faites par les cohéritiers défendeurs à l'action en rescision, et aux droits d'usufruit, de servitude et d'hypothèque qu'ils auraient conférés, on décide généralement que la rescision, lorsqu'elle a été prononcée, a pour effet de les résoudre (Marcadé, *887*; Chabot, *887*, 4 et 5; Malpel, 312; Toullier, IV, 572; Taulier, III, p. 400; Dutruc, 637; Demolombe, XVII, 505; Massé et Vergé, § 393-20; Hureaux, V, 67; Roll. de Vill., *Part.*, 318; Aubry et Rau, § 626-33). — Toutefois, si le demandeur, dans l'espèce le cédant de droits successifs, a figuré à l'aliénation qui a été faite à titre de licitation, il ne peut demander la nullité de l'aliénation contre l'adjudicataire; la rescision de la cession, en pareil cas, a uniquement pour effet de transporter les droits du cédant sur le prix de l'adjudication (Cass., 29 juin 1859; S. 60, I, 885).

2616. — Masse partageable. — A l'égard des rapports des cohéritiers, les uns envers les autres, l'indivision est considérée comme n'ayant pas cessé d'exister entre eux; et, par suite, les biens sont réputés avoir toujours été aux risques et périls de la masse commune, c'est elle qui profite ou préjudicie des augmentations ou diminutions de valeurs des immeubles, et qui subit les pertes survenues par cas fortuits (Taulier, III, p. 400; Demolombe, XVII, 506; Hureaux, V, 64). — Les biens existants en nature et ceux dont l'aliénation a été résolue rentrent dans cette masse avec leur valeur actuelle, ainsi que ceux qui n'y rentrent que fictivement en raison d'aliénations non résolues (Demante, III, 237 *bis*; Taulier, III, p. 400; Demolombe XVII, 507, 508; Bourges, 25 avril 1826).

2617. — Fruits et revenus. — Relativement aux fruits et revenus perçus par les copartageants jusqu'au jour de la rescision, il faut distinguer : si le partage est rescindé pour dol ou violence, ceux qui les ont pratiqués doivent restituer, depuis le partage, tout ce qui excédait la part à laquelle ils avaient droit ; tandis que les autres cohéritiers ne les doivent qu'à partir du jour où ils ont connu les vices du partage. — Et si le partage a été rescindé pour lésion, la restitution n'en peut être exigée que du jour de la demande en rescision, *supra* n° 2590, sauf en ce qui concerne le cohéritier que le tribunal déclarerait avoir été de mauvaise foi (Toullier, IV, 572 ; Chabot, *887*, 5 ; Aubry et Rau, § 626-31, 32 ; Demante, III ; 239 *bis* ; Demolombe, XVII, 511 ; Roll. de Vill., *Lésion*, 136 ; Hureaux, V, 64 ; Cass., 8 fév. 1830).

TITRE HUITIÈME

DU PARTAGE ENTRE ASSOCIÉS ET ENTRE COMMUNISTES

2618. — Généralités. — Nous comprenons à titre d'APPENDICE dans notre *Traité du partage des successions* les matières se rattachant : 1° au partage des sociétés entre les associés après leur dissolution ; 2° au partage entre communistes de biens qu'ils ont acquis par indivis. Nos explications sur ces points seront brèves, en raison de ce qu'il n'en est question ici que comme accessoire du partage des successions et dans le but d'épuiser tout ce qui se rattache à la cessation de l'indivision, de quelque manière qu'elle se soit produite. Nous en exceptons seulement l'indivision entre conjoints qui fera l'objet de notre *livre deuxième*.

CHAPITRE PREMIER

DU PARTAGE ENTRE ASSOCIÉS

DIVISION

Sect. 1. — *De la formation et de l'existence des sociétés* (N°s 2619 à 2629).
Sect. 2. — *De la dissolution des sociétés* (N°s 2630 à 2644).
Sect. 3. — *Du partage des sociétés* (N°s 2645 à 2672).

SOMMAIRE ALPHABÉTIQUE

Actions de sociétés 2624, 2625	Définition 2619	— Extinction 2633
Action en partage. 2658	Dénomination. 2625	— Faillite 2637
Administrateur 2625	Dissolution :	— Interdiction. 2637
Apports. 2619, 2668	— Accord 2643	— Justes motifs 2642
Assemblée générale. . . . 2624, 2625	— Bonne foi. 2640	— Nullité 2644
Attribution 2667	— Conseil judiciaire. 2637	— Perte 2634, 2644
Bénéfice. 2619	— Consommation 2633	— Prorogation. 2632
Commissaires 2625	— Continuation de sociétés . 2636	— Renonciation . . . 2639 à 2641
Communistes 2664	— Contre temps. 2641	— Société de commerce. . . 2644
Compétence 2656, 2657	— Décès 2635, 2636	— Terme 2642
Comptes 2661	— Déconfiture. 2637	— Volonté 2638
Conseil de surveillance 2624	— Durée illimitée. . 2639 à 2642	Droits 2665
Créanciers 2648	— Expiration 2631	Ecritures. 2662

Effets déclaratifs......... 2672	Modalités............ 2654	Reprises............. 2661
En nature............ 2668	Objet licite.......... 2619	Rescision........., ... 2656, 2670
Epoque............. 2660	Partage amiable........ 2654	Responsabilité........ 2627
Etre moral.......... 2628, 2629	Partage judiciaire...... 2655	Retrait successoral....... 2649
Formes............. 2654	Parts.............. 2665	Scellés............. 2646
Garantie des lots....... 2656, 2671	Passif............. 2666	Siége social........... 2656
Gestion des sociétés...... 2627	Personne morale...... 2628, 2629	Société anonyme....... 2625
Indemnités........... 2661	Pertes............. 2619	Société civile.......... 2620
Indivision.......... 2653, 2664	Pouvoirs de liquider....... 2652	Société en commandite simple . 2623
Interdits.......... 2652, 2669	Prélèvement........... 2661	Société en commandite par action 2624
Intérêt commun....... 2619	Preuves............ 2662	Société commerciale....... 2621
Jouissance séparée....... 2659	Prorogation de société..... 2632	Société en nom collectif.... 2622
Licitation.......... 2669, 2672	Publication.......... 2626	Société mutuelle......... 2657
Liquidateur......... 2651, 2652	Purge............. 2652	Solidarité......... 2622, 2623
Liquidation........ 2650, 2653	Raison sociale...... 2622 à 2624	Suspension........... 2660
Lots............. 2667	Recélé............. 2647	Tirage au sort......... 2667
Masse............. 2663	Récompense.......... 2661	
Mineurs.......... 2652, 2669	Règles............. 2645	

SECTION I.

DE LA FORMATION ET DE L'EXISTENCE DES SOCIÉTÉS.

2619. — Définition. — La société est un contrat par lequel deux ou plusieurs personnes conviennent de mettre quelque chose en commun dans la vue de partager le bénéfice qui pourra en résulter (*C. civ., 1832*), et de contribuer dans les pertes qu'elle pourra éprouver (*C. civ., 1855*). — Elle doit avoir un objet licite, et être contractée pour l'intérêt commun des parties. Chaque associé doit y apporter ou de l'argent, ou d'autres biens ou son industrie (*C. civ., 1833*).

2620. — Sociétés civiles. — Toutes sociétés doivent être rédigées par écrit lorsque leur objet est d'une valeur de plus de cent cinquante francs. La preuve testimoniale n'est point admise contre et outre le contenu en l'acte de société, ni sur ce qui serait allégué avoir été dit avant, lors ou depuis cet acte, encore qu'il s'agisse d'une somme ou valeur moindre de cent cinquante francs (*C. civ., 1834*). Les sociétés civiles ne sont soumises à aucune autre forme.

2621. — Sociétés commerciales. — Les sociétés commerciales sont, en outre, assujetties à des formes particulières déterminées soit par le code de commerce, soit par la loi *sur les sociétés* du 24 juillet 1867.

2622. — Société en nom collectif. — La société en nom collectif est celle qui, contractée entre deux ou un plus grand nombre de personnes, a pour objet de faire le commerce sous une raison sociale, formée seulement de noms d'associés ; et entraîne la solidarité entre tous les associés pour tous les engagements sociaux (*C. comm., 20, 21, 22*). La forme de cette société reste soumise au droit commun, en ce sens qu'elle peut être faite soit par acte authentique, soit par acte sous seing privé ; et que, dans cette dernière forme, il doit y avoir autant d'originaux qu'il y a de parties contractantes (*C. civ., 1325 ; C. comm., 39*).

2623. — Société en commandite simple. — La société en commandite simple, aussi régie sous un nom social qui doit être nécessairement celui d'un ou plusieurs des associés responsables et solidaires, se contracte entre un ou plusieurs associés responsables et solidaires, et un ou plusieurs associés, simples bailleurs de fonds, appelés *commanditaires*, qui ne sont passibles des pertes que jusqu'à concurrence des fonds qu'ils ont mis ou dû mettre dans la société et dont les noms ne peuvent figurer dans la raison sociale (*C. comm., 23, 25, 26*). — Lorsqu'il y a plusieurs associés solidaires et en nom, soit que tous gèrent ensemble, soit qu'un ou plusieurs gèrent pour tous, la société est à la fois société en nom collectif à leur égard et société en commandite à l'égard des simples bailleurs de fonds (*C. comm., 24*). — Elle est assujettie aux mêmes conditions de forme que la société en nom collectif (*C. comm., 39*).

2624. — Société en commandite par action. — La société en commandite par actions est soumise aux mêmes règles que la société en commandite simple, en ce qui concerne la raison sociale et les noms qui doivent en faire partie; les obligations des gérants; celles des actionnaires, qui ne sont passibles des pertes que jusqu'à concurrence du montant des actions par eux souscrites. Mais elle en diffère, en ce qu'elle exige : 1° la souscription, avant sa constitution, de la totalité du capital social; 2° la division du capital en actions ou coupons d'actions qui ne peuvent être moindres de cent francs, lorsque ce capital n'excède pas deux cent mille francs, et moindre de cinq cents francs, lorsqu'il est supérieur; 3° le versement, par chaque actionnaire, avant la constitution, du quart au moins du montant des actions par lui souscrites (*Loi 24 juill.* 1867, *art.* 1er); 4° la vérification des apports qui ne consistent pas en numéraire (*Même loi, art.* 4); 5° un conseil de surveillance composé de cinq actionnaires au moins, chargés de vérifier, sous leur responsabilité personnelle, si la société a été légalement constituée; et, ensuite, d'exercer une mission de contrôle, et de faire chaque année un rapport à l'assemblée générale (*Même loi, art.* 5, 6, 8, 9, 10 et 11); 6° une assemblée générale annuelle des actionnaires (*Même loi, art.* 10 et 12). — Elle est assujettie aux conditions de formes ci-après : 1° un acte de formation de société, qui peut être authentique ou sous seing-privé; dans cette dernière forme, l'acte, quel que soit le nombre des associés est fait en double original : l'un pour demeurer annexé à la déclaration de souscription et l'autre pour rester déposé au siége social (*Même loi, art.* 1); 2° la déclaration du gérant, dans un acte notarié, que le capital social a été entièrement souscrit et que chaque actionnaire a versé le quart, au moins, du montant des actions par lui souscrites, auquel acte sont annexés la liste des souscriptions, l'état des versements effectués, l'un des doubles de l'acte de société, s'il est sous seing privé, et une expédition s'il est notarié et s'il a été passé devant un autre notaire que celui qui a reçu la déclaration (*Même art.*); 3° une assemblée des actionnaires portant constitution définitive de la société et nomination du premier conseil de surveillance (*Même loi, art.* 5). — Toutefois, si un associé a fait un apport qui ne consiste pas en numéraire, ou stipulé, à son profit, des avantages particuliers, et que la société n'ait pas été formée entre ceux seulement qui étaient propriétaires par indivis de la chose apportée en société, cette assemblée fait apprécier la valeur de l'apport ou la cause des avantages stipulés; et la société n'est définitivement constituée et le conseil de surveillance nommé qu'après approbation, de l'apport ou des avantages, donnée par une autre assemblée générale sur une nouvelle convocation, laquelle ne peut statuer sur cette approbation qu'à la suite d'un rapport imprimé et tenu à la disposition des actionnaires, cinq jours au moins avant sa réunion (*Même loi, art.* 4).

2625. — Société anonyme. — La société anonyme, ainsi que son nom le porte, est une association de capitaux, dans laquelle les personnes, qui en font l'apport, ont un rôle assez secondaire. C'est ce qui résulte des art. 29 et 30 du Code de commerce, suivant lesquels : elle n'existe point sous un nom social, n'est désignée par le nom d'aucun des associés, et est dénommée par l'indication de l'objet de son entreprise. — La société anonyme est soumise aux mêmes conditions que la société en commandite par actions, en ce qui concerne : la souscription et la division du capital social (*Voir aussi C. comm.*, 34); le versement du quart au moins; la vérification des apports qui ne consistent pas en numéraire (*Loi* 24 *mars* 1867, *art.* 24); et les engagements des actionnaires, qui ne sont passibles des pertes que jusqu'à concurrence du montant de leurs actions (*C. comm.*, 33). Mais elle en diffère en ce qu'au lieu de gérants responsables, elle est administrée par un ou plusieurs mandataires à temps, révocables, salariés ou gratuits, pris parmi les associés et qui peuvent choisir parmi eux un directeur, ou, si les statuts le permettent, se substituer un mandataire étranger à la société, dont ils sont responsables envers elle (*Loi* 24 *juill. 1867, art.* 22, 25, 26, 40); les administrateurs [qui ne sont responsables que de l'exécution de leur mandat et ne contractent, à raison de leur gestion, aucune obligation personnelle et solidaire relativement aux engagements de la société (*C. comm.*, 32)], peuvent être désignés par les statuts ou nommés par l'assemblée générale ; ils ne peuvent être en fonctions plus de trois ans dans le premier cas et plus de six ans dans le second ; ils sont rééligibles, à moins de stipulations contraires. — En outre, il doit y avoir un ou plusieurs commissaires, associés ou non, nommés par l'assemblée générale, qui ont une mission de contrôle et doivent faire un rapport à l'assemblée générale, qu'ils peuvent convoquer (*Même loi, art. 32, 33, 34 et 35*) ; enfin, la société anonyme comporte une assemblée générale annuelle au moins (*Même loi, art. 27 et 28*). — La société anonyme ne peut être constituée si le nombre des associés est inférieur à sept (*Même loi, art. 23*) ; elle est assujettie, à peu de choses près, aux mêmes conditions de forme que la société en commandite par actions, savoir : 1° un acte de formation de société soit devant notaire, soit sous seing privé en double original (*Même loi, art. 1 et 21*) ; 2° la déclaration de souscription et de versement faite par le fondateur de la société (*Ibid., art. 1 et 24*) ; 3° une assemblée générale convoquée à la diligence des fondateurs, postérieurement à cette déclaration, et à laquelle elle est soumise avec les pièces à l'appui, en vérifie la sincérité et nomme les premiers administrateurs, quand ils n'ont pas été désignés par les statuts, ainsi que les commissaires, et leur acceptation est constatée par le procès-verbal, ce qui a pour objet de constituer définitivement la société (*Même loi, art. 24 et 25*). — Si un associé a fait un apport qui ne consiste pas en numéraire ou a stipulé à son profit des avantages particuliers, ils doivent être appréciés dans la même forme qu'au numéro précédent, et la deuxième assemblée qui les approuve, nomme les administrateurs et les commissaires (*Même loi, art. 4, 24 et 30*).

2626. — Publication des sociétés commerciales. — Les sociétés commerciales doivent, à peine de nullité, être rendues publiques au moyen : 1° du dépôt, dans le mois de la constitution, aux greffes de la justice de paix et du tribunal de commerce du lieu dans lequel est établi la société et de tous autres arrondissements dans lesquels la société aurait d'autres établissements de commerce, d'une expédition de l'acte de société, s'il est notarié, ou d'un double, s'il est sous seing privé, avec les expéditions des déclarations de souscription et de versement, plus la liste des souscriptions s'il s'agit d'une société anonyme, et les copies certifiées des délibérations constitutives de la société ; 2° et d'un extrait inséré dans un journal d'annonces légales de chacun des mêmes lieux (*Loi 24 juill. 1867, art. 55 à 60*).

2627. — Gestion des sociétés. — Les sociétés sont gérées savoir : la société civile par celui ou ceux qui en ont été chargés par l'acte de société (*C. civ., 1856, 1857, 1858*), ou, à défaut, par les associés dans les termes de l'art. 1859 ; — la société en nom collectif, par tous les associés ou par celui ou ceux d'entre eux qui en ont été chargés ; — la société en commandite simple ou par actions, par le ou les gérants ou par celui ou ceux qui ont été désignés à cet effet, mais non par les commanditaires ou actionnaires, à peine d'être tenus solidairement avec les associés en nom collectif pour les dettes et engagements dérivant de leurs actes de gestion ; et même, suivant les cas, de tout ou partie des autres dettes (*C. comm., 27, 28*) ; — enfin, la société anonyme, par des administrateurs, *supra* n° 2625, qui ne sont responsables que de l'exécution du mandat qu'ils ont reçu, et ne contractent, à raison de leur gestion, aucune obligation personnelle ni solidaire, relativement aux engagements de la société (*C. comm., 32*).

2628. — Être moral. — Société commerciale. — Les sociétés de commerce, anonyme, en commandite ou en nom collectif, étant accompagnées de formalités de publicités qui les font connaître au public, et ayant une dénomination ou une raison sociale sous lesquelles elles ont leur existence, possèdent des biens et passent les actes qui les intéressent, ont évidemment une personnalité, forment un être moral distinct des associés ; en ce sens que, durant leur existence et même après leur dissolution, jusqu'à complète liquidation, les biens et avoir qui en dépendent sont la propriété de l'être moral et collectif et nullement la propriété indivise des associés pris individuellement. — Cette personnification, en ce qui concerne les sociétés de commerce, a été admise et consacrée à toutes les époques et par toutes les législations; elle résulte, dans le droit moderne, de l'art. 69, § 6 du Code de procédure civile portant : « sont assignées : les sociétés de commerce, » tant qu'elles existent, en leur maison sociale; » et, s'il n'y en a pas, en la personne ou au » domicile de l'un des associés. »

2629. — Être moral. — Sociétés civiles. — Les sociétés civiles, de même que les sociétés commerciales, forment un corps moral, une personne distincte des associés ayant des droits et des obligations distincts des droits et obligations de chacun d'eux; en conséquence, tant que dure une société de cette nature, les associés n'ont, sur les immeubles en faisant partie, aucun droit indivis et privatif de copropriété, mais seulement un intérêt constituant un droit purement mobilier, qui n'est pas susceptible d'hypothèque (Proudhon, *Usufruit*, 1264, 2065; Pardessus, *Droit comm.*, 965, 1089, 1207; Troplong, *Sociétés*, 58; Taulier, VI, p. 383; Duvergier, *Sociétés*, 381; Molimer, *Ibid.*, 236; Delangle, *Ibid.*, 14; Massé et Vergé, § 719-10; Alauzet, 87; Larombière, *1291*, 6; Cass., 8 nov. 1836, 9 mai 1864, 6 mars 1872; S. 36, I, 811 ; 64, 1, 239 ; 72, I, 88; Paris, 6 mars 1849; S. 49, II, 427 ; Orléans, 26 août 1869; Sirey, 70, II, page 113, Cass., 14 nov. 1877; Dr. 17; Voir aussi Cass., 29 mai 1865; S. 65, I, 325. CONTRA Toullier, XII, 82; Aubry et Rau, § 377-16; Pont, *Sociétés*, 126). — Cela n'est nullement douteux, quand la société, ayant un caractère civil, a été constituée avec l'observation des formes propres aux sociétés commerciales (Aubry et Rau, § 377-17).

SECTION II.

DE LA DISSOLUTION DES SOCIÉTÉS.

2650. — Dissolution. — Partage. — Quand une société commerciale ou civile se trouve dissoute, elle dure encore jusqu'à ce que la liquidation en soit achevée, une indivision se trouve exister entre les associés à l'égard des biens restants, et il y a lieu entre eux au partage de ces biens dans la proportion de leurs parts et portions. Nous avons donc à examiner dans quels cas la société est dissoute. La loi établit cinq cas où la société finit.

2651. — 1ᵉʳ cas. — Expiration. — Par l'expiration du temps pour lequel elle a été contractée (*C civ.*, *1865*, *1°*).

2652. — Prorogation. — Pour que la société à temps limité se continue après son expiration, il faut que la prorogation en soit prouvée par un écrit revêtu des mêmes formes que le contrat de société (*C. civ.*, *1866*) ; et de l'accord unanime des parties. Toutefois, s'il s'agit d'une société anonyme, la continuation de la société peut être votée par une assemblée générale formée dans les termes de l'art. 31 de la loi du 24 juillet 1867.

2653. — 2ᵉ cas. — Extinction. — Consommation. — Par l'extinction de la chose ou la consommation de la négociation (*C. civ.*, *1865*, *2°*).

2654. — Perte. — Losque l'un des associés a promis de mettre en commun la propriété d'une chose, la perte survenue, avant que la mise en soit effectuée, opère la dissolution de la société par rapport à tous les associés. — La société est également dissoute dans tous les cas par la perte de la chose, lorsque la jouissance seule a été mise en commun, et que la propriété en est restée dans la main de l'associé. — Mais la société n'est pas rompue par la perte de la chose dont la propriété a déjà été apportée à la société (*C. civ.*, *1867*).

2655. — 3ᵉ cas. — Mort. — Par la mort naturelle de quelqu'un des associés (*C. civ.*, *1865*, *3°*).

2656. — Continuation. — S'il a été stipulé qu'en cas de mort de l'un des associés, la société continuerait avec son héritier ou seulement entre les associés survivants, ces dispositions seront suivies ; au second cas, l'héritier du décédé n'a droit qu'au partage de la société, eu égard à la situation de cette société lors du décès, et ne participe aux droits ultérieurs qu'autant qu'ils sont une suite nécessaire de ce qui s'est fait avant la mort de l'associé auquel il succède (*C. civ.*, *1868*).

2657. — 4ᵉ cas. — Interdiction ; déconfiture. — Par l'interdiction judiciaire ou légale, ou la déconfiture de l'un des associés (*C. civ., 1865, 4°*) ; et à plus forte raison par la faillite (Paris, 5 janv. 1853 ; S. 54, II, 341; Seine, 15 avril 1873; Cass., 10 mars 1885; *Rép. N.*, 2769); mais non par la dation d'un conseil judiciaire à l'un des associés, cela ne l'empêche pas de rester dans la société et de concourir à l'œuvre commune (Alauzet, *C. comm.*, 250 ; Aubry et Rau, § 384-9 ; Pont, *Sociétés*, 723. CONTRA Duranton, XVII, 474; Taulier, VI, p. 395; Massé et Vergé, § 720-15; Duvergier, *Sociétés*, 443, 444).

2638. — 5ᵉ cas. — Volonté. — Par la volonté qu'un seul ou plusieurs des associés expriment de n'être plus en société (*C. civ., 1865, 5°*).

2639. — Durée illimitée. — Renonciation. — La dissolution de la société par la volonté de l'une des parties ne s'applique qu'aux sociétés dont la durée est illimitée, et s'opère par une renonciation notifiée à tous les associés, pourvu que cette renonciation soit de bonne foi et non faite à contre temps (*C. civ., 1869*).

2640. — Bonne foi. — La renonciation n'est pas de bonne foi lorsque l'associé renonce pour s'approprier à lui seul le profit que les associés s'étaient proposé de retirer en commun (*C. civ., 1870*).

2641. — Contre temps. — Elle est faite à contre temps lorsque les choses ne sont plus entières, et qu'il importe à la société que sa dissolution soit différée (*C. civ., 1870*).

2642. — Société à terme. — Justes motifs. — La dissolution des sociétés à terme ne peut être demandée par l'un des associés avant le terme convenu, qu'autant qu'il y en a de justes motifs, comme lorsqu'un autre associé manque à ses engagements, ou qu'une infirmité habituelle le rend inhabile aux affaires de la société, ou autres cas semblables, dont la légitimité et la gravité sont laissées à l'arbitrage des juges (*C. civ., 1871*).

2643. — Accord unanime. — La société, en dehors des cas ci-dessus, peut encore finir par l'accord unanime des parties; en effet, étant formée par le consentement, elle peut se résoudre, sans contredit, par une volonté contraire; et il importe peu, dans cette hypothèse, que la société soit à terme ou à durée illimitée.

2644. — Sociétés de commerce — Nullité. — Perte. — Les sociétés de commerce finissent en outre : 1° par la nullité prononcée en justice pour inobservation des formes dans les termes des articles 7, 38, 41 et 56 de la loi du 24 juillet 1867; 2° en cas de perte des trois quarts du capital social d'une société anonyme, si l'assemblée générale, convoquée à cet effet, en prononce la dissolution (*Même loi, art. 37*).

SECTION III
DU PARTAGE DES SOCIÉTÉS.

2645. — Règles. — Les règles concernant le partage des successions, la forme de ce partage, et les obligations qui en résultent entre les cohéritiers s'appliquent aux partages entre associés (*C. civ., 1872*).

2646. — Scellés. — Il est pourtant certaines formalités ou pénalités applicables en matière de succession, qui ne le sont pas à l'égard des sociétés; ainsi, il n'y a pas lieu à l'apposition des scellés au siége social ni aux établissements dépendant de la société, même lorsque la société est civile (Alauzet, 266 ; Troplong, *Sociétés*, 1057 ; Pont, *ibid.*, 787. CONTRA Bruxelles, 1ᵉʳ déc. 1823).

2647. — Recélé. — Ainsi, encore, l'associé copartageant, qui a diverti ou recélé des valeurs dépendant de la société, n'est pas déchu de sa part dans ces valeurs. En effet, les déchéances sont de droit étroit; dès lors, l'art. 792 d'après lequel les héritiers qui auraient diverti ou recélé des effets d'une succession ne peuvent prétendre à aucune part dans les objets divertis ou recélés, ne saurait être étendu, par voie d'analogie, d'un cas à un autre; c'est seulement en vertu de la disposition précise de l'art. 1477 que la même déchéance est prononcée, en cas de recel, contre les époux en matière de communauté conjugale; et, à défaut d'un texte contenant la même disposition en matière de société, la déchéance dont il s'agit n'y est pas applicable (Alauzet, 264; Bravard, p. 333; Aubry et Rau, § 386-5; Pont, 787; Angers, 22 mai 1851; Toulouse, 2 juin 1862; Cass.,

28 août 1865; S. 51, II, 599; 63, II, 41; 65, I, 433; v. Cass., 20 janv. 1885; *Rép. N.*, 2696).

2648. — Créanciers. — Partage consommé. — L'art. 882 du Code civil, suivant lequel le partage consommé ne peut être attaqué, même en cas de fraude, par le créancier de l'un des héritiers alors qu'il n'a pas formé opposition à partage, n'est pas non plus applicable en matière de société, *supra* n° 1671.

2649. — Retrait successoral. — De même le retrait successoral n'est pas admis en matière de cession de droits indivis dans une société dissoute, *supra* n° 1781, 2°.

2650. — Liquidation. — Une liquidation de la société, qu'elle soit commerciale ou civile, est presque toujours indispensable, comme mesure préalable au partage entre les associés, afin d'arriver d'une manière prompte et peu couteuse au recouvrement des créances et à la réalisation des biens et valeurs jusqu'à concurrence de somme nécessaire pour payer le passif; et à l'acquit de toutes les dettes et charges sociales.

2651. — Liquidateur. — Habituellement la personne chargée de faire la liquidation de la société et qui, pour cette raison, prend le nom de liquidateur, est désignée par les statuts, ou, à défaut, par tous les associés d'un accord unanime, ou par la majorité d'entre eux dans le cas où l'acte de société le permet. S'ils ne peuvent s'entendre sur le choix du liquidateur, et que cependant il soit nécessaire d'en nommer un, cette nomination est faite par le tribunal. Quand il n'y a pas de liquidateurs nommés, la liquidation appartient à tous les associés.

2652. — Pouvoirs du liquidateur. — Le liquidateur est un mandataire muni des pouvoirs les plus étendus pour la gestion et la réalisation de l'avoir social et l'acquit des dettes et charges sociales. Les opérations du liquidateur se font à l'amiable, même quand parmi les intéressés, il se trouve des mineurs, interdits ou autres incapables, puisque la société est censée subsister encore pour se liquider. Par cette raison, si le liquidateur fait la vente d'immeubles dépendant de la société, les acquéreurs ne sont pas tenus de purger sur chacun des associés.

2653. — Indivision. — Après que les dettes sociales ont été acquittées, les biens restant forment une indivision entre les associés et doivent être partagés, suivant les règles prescrites à l'égard du partage des successions. Toutefois, ceci n'est exact qu'à l'égard des sociétés autres que celles par actions; en ce qui concerne ces dernières sociétés, il y a lieu à une liquidation complète de tout l'actif et à une répartition entre les actionnaires pour l'excédant après l'acquit du passif.

2654. — Partage amiable. — Le partage peut, comme en ce qui concerne l'hérédité, être fait à l'amiable quand les copartageants sont majeurs, jouissent de leurs droits civils, sont présents ou dûment représentés et qu'il n'existe pas de désaccord sur le mode de procéder au partage; voir à ce sujet, *supra* n°s 1819 à 1832. Le partage est assujetti aux mêmes formes que le partage des hérédités, *supra* n°s 1833 à 1841, et il est susceptible des mêmes modalités *supra* n°s 1842 à 1909.

2655. — Partage judiciaire. — Le partage des biens dépendant d'une société, fait autrement que par la liquidation, *supra* n° 2650, doit avoir lieu en justice dans les cas où cette forme de procéder est exigée à l'égard des hérédités, *supra* n°s 1917 à 1936 (Duranton, XVII, 478; Alauzet, 266; Troplong, *Sociétés*, 1056; Delangle, *ibid.*, 704; Pont, 790).

2656. — Compétence. — L'action en partage d'une société ayant pour objet tout à la fois les prestations personnelles et la division et l'attribution des lots, cette action est mixte et doit être portée devant le tribunal du lieu où la société avait son siège. Les demandes en rescision du partage et en garantie des lots sont également de la compétence du tribunal du lieu du siège de la société (Troplong, *Sociétés*, 998; Pont, *ibid.*, 797; Aix, 13 nov. 1837; S. 38, II, 130; Paris, 10 fév. 1845; S. 45, II, 461; Pau, 2 fév. 1870; S. 70, II, 139; Cass., 29 juin 1875; Journ. Droit, 30 juin; Cass., 27 déc. 1876; S. 77, I, 273).

— Si la société n'a ni siège social ni lieu d'établissement, l'action en partage est formée devant le tribunal du domicile du défendeur, si la masse partageable est purement mobilière; et devant le tribunal du lieu de la situation des immeubles, si le partage comprend des immeubles (Pont, *Sociétés*, 798).

2657. — Compétence. — Société mutuelle. — L'autorité judiciaire est compétente pour statuer sur la demande en dissolution d'une société de secours mutuels, même autorisée par le gouvernement, et pour ordonner le partage entre les membres de cette société du fonds social et autres valeurs appartenant à la société (Cons. d'Etat, 30 mars 1846; S. 46, II, 415).

2658. — Action en partage. — L'action en partage, de même que celle entre héritiers, est formée par les associés ou ceux qui les représentent. Chacun d'eux peut provoquer le partage contre les autres associés ou leurs héritiers et représentants; ce droit appartient aussi aux successeurs, même un successeur particulier à qui un associé a donné ou cédé sa part sociale (Pothier, *Sociétés*, 162; Pont, *ibid.*, 777; Alauzet, 266; Cass., 13 mai 1862; S. 62, I, 825).

2659. — Jouissance séparée. — La jouissance que l'un des associés aurait eu séparément depuis la dissolution de la société, de tout ou partie des biens sociaux, ne saurait faire obstacle à la demande en partage, s'il ne s'est pas écoulé un temps suffisant pour que cet associé les ait acquis par la prescription; voir à ce sujet, *supra* n°s 765 à 780.

2660. — Epoque. — Suspension. — La demande en partage, quand une liquidation préalable n'est pas nécessaire, peut être formée immédiatement après la dissolution de la société; mais, de même que les cohéritiers, les ex-associés, après que la société est dissoute, peuvent convenir de suspendre le partage, en observant les règles rapportées aux n°s 750 et suiv. (Taulier, VI, p. 400; Alauzet, 266; Bravard, *Sociétés*, p. 318; Pont, *ibid.*, 778. Contra Duvergier, 473; Troplong, 1058).

2661. — Comptes des associés. — Toutefois, si des associés ont des reprises ou répétitions à exercer contre la société pour des apports réservés propres ou des avances, il doit être sursis sur la demande en partage jusqu'à ce que les comptes entre associés aient été réglés; car il se pourrait qu'il n'y eût pas lieu au partage dans le cas où par le résultat du règlement des comptes, les biens indivis seraient prélevés en totalité par l'un ou plusieurs des associés pour se remplir du montant de leurs reprises (Bordeaux, 25 avril 1831; S. 31, II, 314). — Le compte s'établit, comme en matière de reprises sur la communauté, par l'indication des sommes dues par la société à l'associé et de celles que celui-ci lui doit; et le reliquat forme, soit un prélèvement sur la société, soit une récompense due par l'associé à la société (Pothier, *Sociétés*, 167; Duvergier, *ibid.*, 467; Delangle, *ibid.*, 697; Pont, *ibid.*, 779; Cass., 29 mars 1836; Orléans, 14 mars 1883; Defrén., *Rép. N.*, 1494).

2662. — Preuves. — Ecritures. — Jugé, à l'égard de ces comptes, que les écritures d'une société civile, même lorsqu'elles ont été tenues par un seul des associés, ne sont point de simples papiers domestiques appartenant à celui qui les a tenues; mais plutôt des écritures communes faisant foi entre les intéressés, quand ceux-ci ont été dans l'impossibilité de se procurer une preuve écrite l'un contre l'autre; alors surtout que le registre renfermant les écritures a été considéré par les juges du fond, comme sincère et digne de confiance, malgré ses irrégularités (Cass., 17 fév. 1869; S. 69, I, 160).

2663. — Masse partageable. — La masse à partager entre les ex-associés, comprend les biens de quelque nature qu'ils soient, qui dépendent de la société tels que : immeubles, meubles, marchandises, produits quelconques, billets, titres de créances, l'argent comptant, les procédés de fabrication, les brevets, la clientèle, le droit au bail, même la dénomination commerciale, etc.; et généralement tout ce qui peut former une valeur appréciable.

2664. — Immeubles acquis aux noms des associés. — Lorsque des copropriétaires d'immeubles par indivis ont formé entre eux une société dans laquelle ils les ont fait entrer, puis, pendant la société, ont acquis d'autres immeubles par indivis, en les excluant de cette société, un seul partage peut être provoqué pour la totalité des immeubles, après la dissolution de la société; alors surtout qu'il est établi que c'est en vue de la société que les acquisitions ultérieures ont été faites. On ne serait pas admis à prétendre qu'il doit être fait autant de partages qu'il y a eu d'acquisitions distinctes (Angers, 12 juin 1827).

2665. — Droits des copartageants. — Après que la masse est établie, on fixe les droits des ex-associés dans les biens qui la composent, suivant la part déterminée pour chacun d'eux par l'acte de société ; ou, si elle n'est pas déterminée, en proportion de sa mise dans le fonds social. Dans ce dernier cas, la part de celui qui n'a apporté que son industrie est réglée comme si la mise eût été égale à celle de l'associé qui a le moins apporté (*C. civ.*, *1853*).

2666. — Passif. — Le passif pouvant encore exister lors du partage, est déduit de l'actif, au moyen d'une affectation jusqu'à due concurrence ; ou bien est mis à la charge des copartageants, chacun à proportion de sa part dans les biens sociaux (*Même art.*). — Décidé que, lorsque les actionnaires d'une société en commandite ont réparti entre eux l'actif social par suite de la liquidation de la société, ils sont tenus à l'acquit du passif, non pas seulement à concurrence du capital originaire de leurs actions, mais, au contraire, à concurrence de toutes les sommes qu'ils ont retirées de la liquidation, sans distinction entre le capital formé par la souscription des actions, le fonds de réserve et les autres valeurs appartenant à la société (Cass., 14 avril 1869 ; S, 70, I, 75).

2667. — Attribution. — Lots. — Le partage a lieu au moyen soit d'attribution, soit de la formation de lots qui sont ensuite tirés au sort. Si le partage doit être fait en justice, les lots sont tirés au sort, *supra* 2393. Les intérêts des sommes attribuées sur un copartageant ne courent que du jour de la demande (Cass., 24 fév. 1879 ; S. 79, I, 169).

2668. — Partage en nature. — De même qu'en matière de succession, chacun des associés, en conformité de l'art. 826 du Code civil, peut demander sa part en nature des meubles et immeubles de la succession, sans que les associés ayant fait l'apport d'objets, qui se retrouvent encore en nature dans la masse, puissent se les faire attribuer par préférence aux autres copartageants, à moins de stipulations à ce sujet dans l'acte de société ; les choses apportées en société étant devenues communes au même titre que celles acquises devant la société (Pardessus, 1082 et 1084 ; Delangle, 702 et suiv. ; Demangeat sur Bravard, n°s 328 et note ; Pont, *Sociétés*, 788 ; Lyon, 23 juill. 1856 ; S. 58, II, 204).

2669. — Licitation. — Toutefois, en ce qui concerne les immeubles, quand ils ne peuvent se partager commodément, ils doivent être licités conformément à l'art. 827 du Code civil ; voir à ce sujet, *supra* n°s 1649 à 1653. S'il y a des mineurs, interdits ou autres incapables, la licitation ne peut être faite qu'en justice avec admission d'étrangers (Massé et Vergé, § 721-7 ; Delangle, *Sociétés*, 704 ; Pont, *ibid.*, 790 ; Rouen, 26 juin 1806). — Toutefois, l'acte de société peut conférer à des liquidateurs les pouvoirs de vendre les immeubles sans formalités de justice, même en présence de mineurs, interdits ou autres incapables ; dans ce cas, le partage porte sur les prix qui en sont la représentation.

2670. — Rescision. — Le partage entre associés, ou la licitation, peuvent être rescindés pour cause de lésion, de la même manière que le partage de succession, *supra* n° 2546 et suiv., quand l'un des copartageants établit, à son préjudice, une lésion de plus du quart (Pont, *Sociétés*, 791).

2671. — Garantie du partage. — Les copartageants, comme dans le cas de partage de succession, demeurent respectivement garants les uns envers les autres, des troubles et évictions, procédant d'une cause antérieure au partage, *supra* n°s 2457 et suivants.

2672. — Effet déclaratif. — Nous avons vu, *supra* n° 2411, que le partage de société produit le même effet déclaratif que le partage des successions. Il s'en suit que l'adjudication sur licitation d'un immeuble social, au profit de l'un des associés, fait disparaître toutes les charges réelles dont cet immeuble a pu être grevé pendant la société, du chef d'un autre associé, et notamment l'inscription d'hypothèque légale prise par la femme de celui-ci (Cass., 29 mai 1865, 9 mars 1886 ; Defrénois, *Rép. N.*, 3294).

CHAPITRE DEUXIÈME.

DE PARTAGE ENTRE COMMUNISTES.

SOMMAIRE ALPHABÉTIQUE

Action en partage........ 2678	Garantie des lots 2690	Retrait successoral 2679
Attribution 2686, 2687	Indivision 2673	Société 2674, 2682
Commerce.......... 2676, 2687	Industrie 2676	Souches 2685
Communistes....... 2684 à 2686	Licitation .... 2684 à 2686	Soulte 2687
Compétence 2680	Marchandises 2676, 2687	Subdivision 2685
Constructions 2675	Nullité............. 2689	Suspension 2678
Effet déclaratif 2688	Passif 2683	Tirage au sort 2681
En nature 2684	Règles 2677	Vente 2679
Formes 2681	Rescision 2689	

2673. — Indivision. — Quand plusieurs personnes se rendent conjointement acquéreurs d'un ou de plusieurs immeubles, ces immeubles leur appartiennent par indivis, à proportion du nombre des acquéreurs conjoints, soit : pour moitié, s'ils sont deux ; pour un tiers, s'ils sont trois ; pour un quart, s'ils sont quatre ; etc. — Mais il ne leur est pas interdit d'acquérir pour des portions inégales ; par exemple : s'ils sont trois, l'un pour trois sixièmes, le second pour deux sixièmes et le troisième pour un sixième. — Ou dans la proportion de leur contribution au paiement du prix ; en supposant qu'il soit de 20,000 fr., le premier pour 4,000 fr., le second pour 7,000 fr. et le troisième pour 9,000 francs. — Dans les deux cas, c'est proportionnellement, soit à la part aliquote, soit à la somme pour laquelle chacun doit contribuer dans le prix, que l'indivision s'établit entre les acquéreurs conjoints.

2674. — Société tacite. — Ainsi que nous avons déjà eu l'occasion de le dire, *supra* n° 2412, les personnes qui se sont réunies pour faire une acquisition d'immeubles en commun, sont censées avoir contracté tacitement une société à titre particulier, pour ce qui concerne la propriété, l'exploitation, la jouissance, la perception des fruits, la mise en valeur et la réalisation de ces immeubles (Cass., 14 juill. 1824).

2675. — Constructions. — Comme conséquence du même principe, si, sur les terrains acquis conjointement par indivis, les communistes ont fait élever des constructions à usage d'habitation ou pour l'industrie, l'indivision existe pour le tout, et c'est dans la proportion de leurs droits respectifs, lors de l'acquisition, que le partage doit être fait entre eux.

2676. — Commerce. — Matériel. — Marchandises. — Le même principe est applicable lorsque, dans les constructions élevées sur un terrain acquis par indivis, les communistes ont établi un commerce ou une industrie ; dans ce cas, l'agencement, le matériel et les marchandises en dépendant, à moins de convention contraire, font aussi partie de l'indivision.

2677. — Règles. — Le partage entre communistes est soumis aux mêmes règles que le partage entre associés ; toutefois, il ne comporte une liquidation de société qu'autant qu'une société de fait est venue s'y réunir.

2678. — Action en partage. — Elle appartient à chacun des communistes ou à ses héritiers et représentants et peut être provoquée aussitôt après que l'acquisition a été faite ; à moins qu'une suspension de partage n'ait été convenue dans les limites indiquées, *supra* n°s 750 et suiv. ; auquel cas le partage ne peut être demandé qu'après le temps de la suspension.

2679. — Retrait successoral. — Si l'un des copropriétaires a vendu à un tiers sa part dans les immeubles faisant l'objet de l'indivision, on ne peut écarter ce tiers du partage en exerçant contre lui le retrait successoral, *supra* n° 1781, 3°.

2680. — **Compétence.** — L'action en partage de biens acquis en commun est mixte et peut être portée devant le tribunal soit du lieu du domicile des défendeurs, soit de la situation des biens, *supra* n° 2036.

2681. — **Formes du partage.** — Il peut être fait à l'amiable, quand toutes les parties sont majeures et capables. Mais il doit avoir lieu en justice lorsque parmi les copropriétaires, il se trouve des mineurs, des interdits ou autres incapables; et, dans ce cas, les lots doivent nécessairement être tirés au sort, *supra* n° 2393.

2682. — **Biens de société et d'acquisition commune.** — Lorsque après la dissolution d'une société, une indivision se trouve exister entre les ex-associés, tant pour les immeubles dont ils avaient fait conjointement l'apport en société que pour des immeubles qu'ils ont acquis en commun durant la société, mais en les excluant de cette société, un même partage peut comprendre la totalité des immeubles, *supra* n° 2664.

2683. — **Passif.** — Si l'indivision est grevée de dettes ou autres charges, le passif peut être soit acquitté avec les deniers en provenant au moyen d'une affectation à ce sujet, soit laissé à la charge des copropriétaires chacun à proportion de sa part et portion dans les biens indivis.

2684. — **Partage en nature — Licitation.** — Le partage de l'indivision doit être fait en nature, lorsque les immeubles sont facilement partageables; dans le cas contraire, ils doivent être licités, *supra* n°s 2668, 2669.

2685. — **Souches. — Subdivision.** — De même le partage en nature peut être exigé quand il y a une ou plusieurs souches d'héritiers parmi les copropriétaires, si les biens sont reconnus partageables; sauf ensuite à subdiviser ou à liciter dans chaque souche, suivant que le lot est ou non partageable en nature, *supra* n° 1757.

2686. — **Prix de licitation.** — S'il est procédé à la vente à titre de licitation par lots, avec adjonction d'étrangers, de biens indivis entre des communistes, que l'un d'eux se rende adjudicataire d'une ou de plusieurs parcelles, et que son prix d'adjudication lui soit attribué par un partage ultérieur pour le remplir de ses droits dans les biens indivis, il est dispensé, lors de l'enregistrement, du droit proportionnel de licitation sur les parts de ses cohéritiers dans ce prix, à la condition que le partage soit enregistré avant l'acte de licitation, *infra* n° 2870.

2687. — **Attributions. — Immeubles; commerce.** — Lorsque l'indivision comprend des immeubles, un commerce, des marchandises, *supra* n° 2676, la masse est formée du tout, et si le partage est opéré au moyen de l'attribution : à l'un, des immeubles; et à l'autre, du commerce avec l'agencement, le matériel, les marchandises et généralement tout l'actif mobilier, ce mode d'attribution dérive du partage et ne saurait être considéré, même en matière fiscale, comme dissimulant une soulte. Pour qu'il en fût autrement, il faudrait faire la preuve d'un concert frauduleux entre les copartageants, dans le but d'échapper au droit fiscal.

2688. — **Effet déclaratif.** — L'effet déclaratif, résultant de l'art. 883 du Code civil, est applicable au partage entre communistes, *supra* n°s 2412, 2672.

2689. — **Rescision du partage.** — Le partage entre communistes est soumis aux mêmes causes de nullité et de rescision que le partage entre associés, *supra* n° 2670.

2690. — **Garantie des lots.** — Les règles établies, *supra* n°s 2457 et suiv. relativement à la garantie des lots entre copartageants, sont applicables au partage entre communistes.

PARTIE COMPLÉMENTAIRE

DES DROITS D'ENREGISTREMENT

2691. — Généralités. — Nous diviserons cette partie en deux chapitres qui auront pour objet : le premier, les actes divers relatifs à l'ouverture et à la transmission des successions; et le second, les actes de partage.

CHAPITRE PREMIER

DES ACTES RELATIFS A L'OUVERTURE ET A LA TRANSMISSION DES SUCCESSIONS

DIVISION

Sect. 1. — Des actes de notoriété (N°s 2692 à 2697).
Sect. 2. — Des actes relatifs à l'acceptation et à la répudiation des successions (N°s 2698 à 2704).
Sect. 3. — Des actes relatifs au bénéfice d'inventaire (N°s 2705 à 2716)

SOMMAIRE ALPHABÉTIQUE

Abandon de biens par l'héritier bénéficiaire :
— Droit fixe. 2714
— Droit proportionnel . . . 2715
Acceptation de succession. . . . 2698
Acte de notoriété :
— Acte de l'état civil 2697
— Annexe 2697
— Collectivité. 2696
— Complément 2694
— Filiation 2693
— Justification. 2694
— Pluralité . . . . 2694 à 2696
— Plusieurs successions. . . 2695
— Rectification 2696

— Tarif 2692
— Témoins certificateurs. . 2693
— Traduction. 2697
Compte de bénéfice d'inventaire :
— Acte en conséquence. . . 2709
— Dation en paiement . . . 2713
— Dépenses 2706, 2708
— Dépôt. 2710
— Libération . 2707 à 2709, 2712
— Obligation 2710, 2711
— Paiement 2712
— Quittances écrites 2709
— Recettes 2706, 2707
— Reliquat . . . . 2710 à 2712
— Tarif 2705

— Titre 2711
— Usage d'un acte 2709
Renonciation à bénéfice d'inventaire 2716
Renonciation à succession :
— Accroissement 2704
— Degré subséquent 2704
— Héritier décédé 2702
— Héritier et légataire . . . 2703
— Intérêt commun . . 2701, 2702
— Libéralité. 2704
— Pluralité . . . . . 2700 à 2704
— Tarif 2699
— Tuteur 2701
— Vente. 2704

SECTION I.

DES ACTES DE NOTORIÉTÉ.

2692. — Tarif. — L'acte de notoriété, qu'il ait pour objet de constater le nombre et la qualité des successibles appelés à une hérédité, ou toute autre attestation, par exemple, une erreur dans les nom, prénoms et qualités du défunt, qu'il soit passé devant un notaire ou devant un juge de paix, est tarifé au droit fixe de trois francs (*Lois 28 avril 1816, art. 43, n° 2, et 28 fév. 1872, art. 4*).

2693. — Témoins certificateurs. — Ne saurait être considérée comme un acte de notoriété, l'attestation par deux témoins, du nom, de l'état et de la demeure d'une partie, en conformité de l'article 11 de la loi du 25 ventôse an XI ; cette attestation fait partie intégrante de l'acte et ne donne pas ouverture à un droit particulier. Mais le droit serait dû si, en outre, les témoins attestaient la filiation des parties ou le droit à l'hérédité qui leur est dévolue ou rectifiaient une irrégularité dans les noms ou dans les prénoms (Garnier, 1029; Dict. not., *Notoriété*, 132; Délib. régie, 30 avril 1838).

2694. — Pluralité. — Notoriété ou autre acte. — Lorsque, dans toute autre circonstance, une notoriété est renfermée dans un acte à titre de justification des qualités ou comme complément des énonciations, il donne ouverture à un droit particulier de trois francs. Ainsi l'acte qui contient à la fois procuration et notoriété dans le but d'établir la qualité héréditaire du mandat, est assujetti à deux droits (Garnier, 1029; Sol., 12 janv. 1863).

2695. — Pluralité. — Plusieurs successions. — Il n'est dû qu'un seul droit sur l'acte de notoriété, même lorsqu'il constate les droits dans plusieurs successions, au profit de plusieurs, ayant un intérêt commun, ou même d'un seul; par exemple, par suite des décès successifs des père et mère et de l'un ou plusieurs des enfants, ce qui a eu pour effet de transmettre les droits à l'enfant ou aux enfants restants (Garnier, 1030; Dict. not., *Notoriété*, 133; Roll. de Vill., *ibid.*, 109; Sol., 22 fév. 1833; 10 juin 1869; R. P. 3002).

2696. — Pluralité. — Rectifications. — Si l'acte de notoriété, en établissant le nombre et la qualité des héritiers, rectifie en même temps des erreurs de noms ou de prénoms portant sur les personnes dont les successions sont transmises, cette rectification est une dépendance de l'attestation relative à la transmission des hérédités, et, dès lors, elle ne donne pas ouverture à un droit particulier. — Il en est autrement si la rectification s'applique à l'un ou à plusieurs des héritiers; dans ce cas, les rectifications ne sont plus faites dans un intérêt collectif et indivisible, mais dans l'intérêt particulier des héritiers, et il est dû autant de droits fixes de trois francs qu'il y a d'héritiers sur lesquels les rectifications portent (Garnier, 1030; Dict. not., *Notoriété*, 134; Sol., 13 déc. 1825).

2697. — Annexes. — Les actes de l'état civil, produits à l'appui des attestations faites par un acte de notoriété et annexés à cet acte, doivent être timbrés; mais ils ne sont pas assujettis à la perception d'un droit fiscal d'enregistrement. — Il en est de même de l'acte de l'état civil délivré à l'étranger dans la langue du pays, et de sa traduction en langue française, la traduction ne formant avec l'acte de l'état civil qu'un seul tout, avec ses charges et priviléges (Garnier, 17369; T. Strasbourg, 10 août 1857; Sol., 29 sept. 1857; J. N. 16192; Inst. gén., 2132, § 7).

SECTION II.

DES ACTES RELATIFS A L'ACCEPTATION ET A LA RÉPUDIATION DES SUCCESSIONS

2698. — Acceptation de succession. — L'acceptation tacite ne donne ouverture à aucun droit d'enregistrement. Si elle est faite expressément dans un acte notarié, il est dû le droit fixe de trois francs par chaque acceptant (*Lois 22 frimaire, an VII, art. 68, § 1, n° 2; 18 mai 1850, art. 8; 28 fév. 1872, art. 4*). — Quand elle est faite au greffe du tribunal, elle donne lieu au droit de quatre francs cinquante par chaque acceptant (*Lois 28 avril 1816, art. 44, § 10; 28 fév. 1872, art. 4*).

2699. — Renonciation à succession. — Elle donne ouverture aux mêmes droits que l'acceptation, en distinguant de la même manière, l'acceptation faite par acte notarié de celle faite au greffe du tribunal.

2700. — Ibid. — Pluralité. — La renonciation, de même que l'acceptation, *supra* n° 2698, donne ouverture à un droit par chaque renonçant et pour chaque succession, que la renonciation ait lieu par acte notarié ou au greffe (*Loi 22 frimaire an VII, art. 68, § 1, n° 1 et § 2, n° 6*).

2701. — Ibid. — Tuteur. — Si la renonciation est faite par un tuteur au nom de plusieurs mineurs ayant un intérêt commun, il faut néanmoins décider que chacun d'eux est renonçant, de sorte qu'il est dû un droit particulier pour chaque mineur (Garnier, 13963, 1°. Contra Roll. de Vill., *Renonciation à succ.*, 163).

2702. — Ibid. — Héritier décédé.
— Lorsqu'un héritier est décédé avant d'avoir pris qualité, et que ses successibles renoncent de son chef à la succession, en vertu de l'art. 781 du Code civil; ceux-ci usent d'un droit qui leur est commun du chef de leur auteur, par conséquent, il n'y a pas divisibilité d'intérêts entre eux; et, dès lors, quel que soit leur nombre, l'acte de renonciation ne donne ouverture qu'à un seul droit fixe (Garnier, 13963, 3°; Roll. de Vill., *Renonc. à succ.*, 164; Dict. not., *Renonciation*, 66; Sol., 21 avril 1865).

2703. — Ibid. — Héritier et légataire. — Il n'est dû qu'un seul droit sur l'acte par lequel un successible, qui se trouve en même temps légataire universel ou à titre universel du *de cujus*, renonce à la succession et au legs (Délib. régie, 9 oct. 1832).

2704. — Ibid. — Accroissement.
— L'accroissement en faveur des cosuccessibles ou la dévolution au degré subséquent, qui résultent de la renonciation pure et simple, ne sauraient donner lieu à la perception d'un droit fiscal; cet accroissement ou dévolution résultant uniquement de la loi. Il importe peu que l'héritier ait déclaré renoncer au profit de tous ceux qui appréhenderont l'hérédité (Garnier, 13980; Roll. de Vill., *Renonc. à succ.*, 169; Sol., 24 août 1827; Cass., 15 nov. 1858; S. 59, 1, 9). — Si elle était faite au profit de *l'un ou de plusieurs* des cohéritiers, elle constituerait une libéralité ou une vente suivant qu'elle serait à titre gratuit ou à titre onéreux et rendrait exigible soit le droit de donation, soit le droit de vente (Garnier, 13981, 13982; Roll. de Vill., *Renonc. à succ.*, 168; Dict. not., *Renonc.*, 73, 74; Cass., 17 août 1815, 31 mars 1817).

SECTION III.

DES ACTES RELATIFS AU BÉNÉFICE D'INVENTAIRE.

§ 1. — *Compte de bénéfice d'inventaire.*

2705. — Tarif. — Les comptes qui ne constatent aucune transmission de propriété, obligation ou libération, sont tarifés, comme actes innommés, au droit fixe de trois francs (*Lois 22 frimaire, an VII, art. 68, § 1, n° 51; 18 mai 1850, art. 8; 28 fév. 1872, art. 4*).
— Cette disposition est applicable au compte que l'héritier bénéficiaire rend aux créanciers de la succession et aux légataires.

2706. — Recettes et dépenses.
— Aucun article des lois sur l'enregistrement n'assujettit à un droit proportionnel, les sommes qui figurent, soit en recettes, soit en dépenses, dans un compte rendu; il n'y a, en effet, ni obligation, résultant de la déclaration que fait le comptable des sommes par lui reçues, ni créances résultant de l'emploi qu'il fait des sommes par lui dépensées, lorsque les sommes reçues et celles dépensées se compensent entre elles (Cass., 8 mai 1826).

2707. — Recettes. — Il s'en suit que les sommes, qui figurent en recettes dans le compte, sans énonciation de quittances données aux débiteurs, ne sont pas passibles du droit proportionnel de libération. L'administration de l'enregistrement ne serait pas admise à prétendre que cette énonciation constitue un titre de libération au profit des débiteurs dans les termes de l'art. 69, § 2, n° 11 de la loi du 22 frimaire, an VII; ni que cette énonciation devrait être appuyée par la production de pièces justificatives des paiements (Cass., 11 fév. 1828; Voir aussi Cass., 8 mai 1826 précité; T. Chateaudun, 2 juill. 1846; J. N. 12748).

2708. — Dépenses. — De même les paiements constatés dans les dépenses du compte, sans énonciation de quittances écrites, ne donnent pas, non plus, ouverture au droit proportionnel de libération.

2709. — Quittances écrites. — Mais s'il est fait mention de quittances ou autres pièces justificatives de la dépense, le droit proportionnel de libération est exigible sur le montant des quittances et autres pièces justificatives, puisqu'il en est fait usage dans un acte ultérieur; à moins qu'elles n'aient été antérieurement enregistrées ou qu'elles ne soient de la nature de celles que l'art. 537 du Code de procédure exempte de cette formalité, dans sa disposition ainsi conçue : « Les quit-
» tances de fournisseurs, ouvriers, maîtres
» de pension et autres de même nature, pro-

» duites à l'appui des comptes, sont dispen-
» sées de l'enregistrement » (Cass., 8 mai
1826). — Cette exception s'applique non-seulement aux comptes judiciaires ; mais aussi aux comptes rendus à l'amiable ou devant notaires (Décis. min. fin., 22 sept. 1807; Instr. gén., 6 oct. 1807, n° 346; 4 juill. 1809, n° 436, § 2).

2710. — **Obligations.** — Quant au reliquat du compte du bénéfice d'inventaire, s'il est constaté qu'il reste aux mains de l'héritier bénéficiaire, c'est à titre de dépositaire jusqu'au paiement qu'il en effectuera; en conséquence, cette énonciation ne peut donner ouverture au droit d'obligation (Garnier, 4807; Sol., 16 juill. 1825, 7 mai 1850, 17 sept. 1860, 22 avril 1861, 28 oct. 1864; T. Versailles, 22 nov. 1861 ; T. Perpignan, 18 mars 1863); — il en est ainsi, à plus forte raison, quand le compte est présenté sans l'intervention des créanciers (T. Avallon, 9 déc. 1846 ; J. N. 13038).

2711. — **Titre.** — Mais si, par l'arrêté du compte auquel les créanciers interviennent, l'héritier bénéficiaire s'oblige à payer à chacun d'eux, la somme qui fait l'objet de son attribution ; ou bien, si du consentement exprès de l'héritier bénéficiaire, les créanciers font la réserve formelle des sommes leur restant dues, dont le montant est déterminé, le droit de titre à un pour cent est exigible sur ces sommes (Garnier, 4807-2 : Délib., 15 déc. 1835 ; 7 janv. 1836; Seine, 3 déc. 1853 ; R. P. 1436).

2712. — **Libération.** — Quand, par l'acte même d'arrêté du compte de bénéfice d'inventaire, l'héritier bénéficiaire paie le reliquat aux créanciers, le droit de libération seul est à percevoir sur les sommes payées (Roll. de Vill., *Compte de bénéfice d'invent.*, 33, 34. Voir Cass., 1er mars 1836; S. 36, I, 391).

2713. — **Dation en paiement.** — Lorsque l'héritier bénéficiaire remet en paiement aux créanciers; des créances, objets mobiliers ou marchandises, il est dû le droit de transmission à un pour cent sur les créances et à deux pour cent sur les objets ou marchandises (Garnier, 4807, 4°).

§ 2. — *Abandon de biens.*

2714. — **Tarif.** — L'abandon de biens fait aux créanciers de la succession et aux légataires, ne leur transférant pas la propriété des biens, mais seulement le droit de les vendre, *supra* n° 531, un tel abandon est passible, comme le contrat d'abandonnement, du droit fixe de sept francs cinquante (*Lois 22 frimaire, an VII, art. 68, § 4, n° 1er, et 28 fév. 1872, art. 4*).

2715. — **Droit proportionnel.** — Il faut, pour que l'abandon soit exempté du droit proportionnel, qu'il ait été fait à tous les créanciers et légataires sans exception, pour les biens être vendus en direction. Si l'abandon avait lieu seulement au profit de quelques-uns des créanciers ou des légataires, ou même à tous les créanciers et les légataires, pour en disposer en pleine propriété, il opérerait une transmission passible du droit proportionnel suivant la nature des biens (Garnier, 3040; Sol., 20 juin 1838 ; J. N. 10056; voir cep. Dict. not., *Bénéfice d'inv.*, 219).

§ 3. — *Renonciation à bénéfice d'inventaire.*

2716. — **Tarif.** — La renonciation à bénéfice d'inventaire, *supra* n° 615, faite par un acte écrit, est assujettie au droit de trois francs comme acte innommé (*Lois 22 frimaire an VII, art. 68, § 1, n° 51 ; 18 mai 1850, art. 8 ; 28 fév. 1872, art. 4*).

CHAPITRE DEUXIÈME

DES ACTES DE PARTAGE

DIVISION.

Sect. 1. — *De la perception des droits applicables au partage.*
 § 1. Du droit gradué (Nos 2717 à 2746).
 § 2. Du droit de soulte (Nos 2747 à 2788).
 § 3. Des droits divers sur les actes et conventions se rattachant aux partages (Nos 2789 à 2817).
Sect. 2. — *De l'indivision* (Nos 2818 à 2832).
Sect. 3. — *De la justification de la copropriété* (Nos 2833 et suiv.).
 § 1. De la justification à l'égard des qualités (Nos 2834 à 2836).
 § 2. De la justification en ce qui concerne les biens (Nos 2837 à 2847).
Sect. 4. — *Des modalités diverses du partage.*
 § 1. Partage de succession (Nos 2848 à 2891).
 § 2. Partage de société (Nos 2892 à 2901).
 § 3. Partages divers (Nos 2902 à 2904).
Sect. 5. — *Des rapports à la masse.*
 § 1. Des rapports en nature (Nos 2905 à 2910).
 § 2. Des rapports en moins prenant (Nos 2911 à 2931).

SOMMAIRE ALPHABÉTIQUE

Abandon des voies judiciaires :
 — Exigibilité 2850
Acte en conséquence . . . 2812, 2813
Acquisition conjointe :
 — Division immédiate 2845
 — Division postérieure . . . 2846
Algérie :
 — Soulte 2772
Approbation :
 — Créanciers 2802
 — Droits 2792
Annexe 2807
Biens en commun 2809
Cantonnement :
 — Usagers 2904
Caractère du partage 2848
Certificat de propriété :
 — Droit gradué 2891
Cession de droits successifs :
 — Licitation 2886
 — Vente 2886
Colonies :
 — Soulte 2772
Confusion :
 — Attribution à femme . . . 2804
 — Rapport à succession . . . 2829
 — Soulte 2829, 2830
Compte d'administration :
 — Dation en paiement . . . 2795
 — Décharge 2793, 2799
 — Délégation 2795
 — Dépenses 2799
 — Énonciations 2799
 — Frais 2800, 2801
 — Honoraires 2800
 — Notaire . . . . . 2798 à 2801
 — Obligation 2793, 2794
 — Partage même 2793

 — Parties 2799
 — Quittance 2799, 2800
 — Recettes 2799
 — Reconnaissance de dette . 2796
 — Tiers 2798
Copropriété :
 — Acquisition conjointe 2845, 2846
 — Aliéné omis 2836
 — Appréciation 2838
 — Avances 2844
 — Aveu 2838
 — Bénéfices 2841
 — Contestation 2835
 — Déclaration 2837
 — Détail des biens 2837
 — Documents de famille . . 2838
 — Don manuel 2842
 — Expertise 2840
 — Fruits 2843
 — Justification . . . 2833, 2837
 — Numéraire 2841
 — Présomption 2838
 — Prêts aux successibles . . 2844
 — Qualités 2834
 — Rapport 2842
 — Sociétés 2841, 2847
 — Valeurs non-désignées . . 2839
Dation en paiement :
 — Compte d'administration . 2795
 — Soulte 2777, 2778
Décharge :
 — Compte d'administration . 2793
 — Dépôt 2803
 — Mobilier remis 2872
Décimes :
 — Actions et obligations . . 2756
 — Dissimulation 2743
 — Part d'intérêt 2757

 — Soulte 2764
Déclaration estimative :
 — Dettes non indiquées . . 2776
 — Droit gradué . . . 2736 à 2740
 — Partage partiel 2865
Délai :
 — Partage 2849
Délégation :
 — Compte d'administration . 2795
 — Frais du notaire 2801
Décharge :
 — Compte d'administration . 2798
Délégation :
 — Acquit du passif 2786
Dépôt :
 — Décharge 2803
 — Homologation 2816
 — Notaire 2803
 — Pièces 2807
Dissimulation :
 — Amende 2763
 — Cas 2742
 — Décimes 2743
 — Délai 2746, 2765
 — Droit gradué . . . 2741 à 2744
 — Insuffisance 2745
 — Lecture 2763
 — Pénalité 2743, 2764
 — Preuve 2744, 2765
 — Procédure 2766
 — Soulte 2763
Donation :
 — Renonciation à préciput . 2916
 — Renonciation à rapport . 2914
Donation de droits successifs :
 — Transcription 2887
Droit en sus :
 — Délai 2746

DU PARTAGE DES SUCCESSIONS.

- Droit gradué. 2743
- Soulte. 2764
- Sous seing privé. 2849

Droit fixe :
- Fixation des droits. . . . 2873
- Homologation 2851
- Partage. 2717
- Partage refait. 2890
- Répartition de fruits. . . 2853

Droit gradué :
- Accroissement 2745
- Approbation 2792
- Assiette. 2720
- Branches 2855
- Capital 2737
- Certificat de propriété. . 2891
- Chiffre déterminé 2738
- Compte de tutelle 2881
- Concordance 2739
- Déclaration de succession. 2739
- Déduction. . . . . 2728 à 2731
- Délai 2746
- Dissimulation. . . 2741 à 2744
- Donataire réduit 2879
- Etranger 2727, 2737
- Evaluation . . . . 2736 à 2740
- Exécution de testament . 2882
- Fruits. 2853
- Indemnité ; déduction . . 2730
- Insuffisance. 2745
- Legs ; déduction 2730
- Légataire réduit 2879
- Licitation 2870
- Masse héréditaire 2721
- Nue-propriété 2740, 2878, 2903
- Partage amiable 2850
- Partage d'ascendant 2734, 2786
- Partage complémentaire 2853, 2876
- Partage entre communistes. 2733
- Partage judiciaire 2851
- Partage partiel. (V. ce mot).
- Partage provisionnel 2874, 2875
- Partage reconnu 2889
- Partage refait 2889
- Partage de société . 2732, 2894
- Partage transactionnel . 2880, 2884
- Passif : déduction. . 2729, 2731
- Pénalité 2742
- Pluralité 2856
- Preuve de dissimulation. 2744
- Principes 2719
- Prorogation de délai. . . 2924
- Rapports compensés . . . 2724
- Rapports en deniers . . . 2722
- Rapport en moins prenant 2723
- Rapport en nature 2722
- Rapports fictifs. 2725
- Rapport omis. 2917
- Réduction de donation. . 2726
- Refus d'enregistrer . . . 2736
- Requisition de certificat de propriété 2891
- Sentence arbitrale 2854
- Souches. 2855
- Soulte. . 2727, 2728, 2752, 2778
- Soulte ; déduction . . 2729, 2731
- Subdivision. 2855
- Supplément. 2745

- Taux 2735
- Tirage des lots 2852
- Totalité des biens 2868
- Transmission. 2732
- Usufruit . . . 2740, 2878, 2903

Echange :
- Lots. 2821, 2822
- Nue-propriété 2877
- Partage. 2883
- Partage entre associés. . 2901
- Remise dans l'indivision. 2823
- Soulte. 2768
- Usufruit 2819, 2877

Enonciation de dettes. 2814

Etat liquidatif :
- Tarif 2790

Etranger :
- Prix de vente. 2771
- Rapport à succession. . . 2929
- Soulte. . . . . . 2769 à 2771
- Valeurs 2771

Expertise :
- Copropriété. 2840
- Soulte. 2762

Fixation des droits 2873

Formation de lots :
- Tarif 2791

Imputation :
- Soulte. 2753

Indivision :
- Acquit du passif . . 2826
- Biens déjà divisés 2820
- Confusion. 2829, 2830
- Créances recouvrées. . . 2826
- Echange. . . . . . 2821 à 2823
- Fruits. 2843
- Modification de lots . . . 2822
- Origines différentes 2831, 2832
- Partage partiel 2825
- Plusieurs successions. . . 2831
- Principes 2818
- Prix de vente. 2827, 2828
- Rapports égaux 2829
- Remise dans l'indivision. 2823
- Usufruit 2819
- Valeurs déjà partagées. . 2825
- Valeurs réalisées. 2826

Insuffisance :
- Droit gradué 2745

Intervention des créanciers :
- Droits. 2802

Lésion :
- Soulte. 2774

Licitation :
- Cession de droits successifs 2886
- Droit gradué 2870
- Partage judiciaire 2870
- Partage partiel. . . 2867, 2871
- Partage simultané 2870

Mandataire 2805

Mandat :
- Acquit du passif . . 2786, 2787
- Soulte. 2787

Option :
- Tarif 2815

Obligation :
- Acquit du passif 2920
- Autorisation maritale . . 2804
- Compte d'administration 2793, 2794
- Créance d'un héritier . . 2797

- Créance sur mari 2804
- Frais du notaire 2800
- Mandataire. 2805
- Porte-fort. 2805
- Rapport de dettes . . 2919, 2923
- Reconnaissance de dette. 2796
- Retrait successoral. . . . 2811
- Soulte en numéraire. . . 2755
- Subrogé tuteur. 2805

Partage :
- Aliéné omis. 2836
- Amiable 2850
- Caractère 2848
- Copropriété. (V. ce mot.)
- Délai 2849
- Détail des biens 2837
- Droit fixe. 2717
- Droit gradué. (V. ce mot.)
- Echange 2883
- Etat. 2718
- Lecture. 2763
- Nue-propriété . . . 2877, 2878
- Qualités. 2834
- Quittance. 2848
- Réduction 2879
- Soulte. (V. ce mot.)
- Sous seing privé. 2849
- Usufruit 2877, 2878
- Verbal 2849

Partage d'ascendants :
- Conjoint prédécédé. . . . 2876
- Division postérieure 2734, 2876

Partage entre associés :
- Actionnaires 2896
- Assiette du droit. 2899
- Attribution à celui qui a apporté. 2894
- Attribution à un autre. . 2895, 2896
- Cessionnaire 2897
- Droit gradué 2732, 2894
- Echange 2901
- Egalisation d'apports . . 2847
- Fonds de commerce . . . 2898
- Héritiers 2894
- Immeubles apportés . . . 2893
- Indivision antérieure. . . 2900
- Masse. 2892
- Meubles 2898
- Plus value 2894
- Règles 2892
- Soulte. 2894
- Transcription. 2899
- Transmission. 2732
- Vente. . . . . . . 2895 à 2900

Partage entre communistes :
- Division immédiate. 2845, 2903
- Division postérieure 2846, 2903
- Droit gradué. 2733
- Règles 2902
- Usufruit 2903

Partage et compte de tutelle . 2881

Partage judiciaire :
- Abandon des formes. . . 2850
- Acquit du droit. 2851
- Droit gradué 2851
- Fruits. 2853
- Licitation 2870

Partage partiel :
- Assiette du droit. 2868
- Cohéritier loti 2862, 2865, 2866

ENREGISTREMENT. — PARTAGE. 413

- Deux cohéritiers 2861
- Egalité 2863
- Egalisation immédiate. . 2857
- Egalisation postérieure . 2858, 2859
- Indivision. 2825
- Licitation...... 2867, 2871
- Lotissement 2864
- Masse. 2865
- Partage ultérieur..... 2869
- Prélèvement 2866
- Prêt............. 2861
- Rapport de dot...... 2866
- Rapport en moins prenant 2860
- Rapport en nature.... 2862
- Succession mobilière... 2859
- Valeur pareille...... 2865
- Vente postérieure 2858

Partage par branches :
- Droit gradué...... 2855

Partage par souches :
- Droit gradué...... 2855

Partage provisionnel :
- Fonds 2875
- Jouissance 2874

Partage reconnu....... 2872

Partage refait :
- Annulation judiciaire .. 2889
- Attributions maintenues. 2890
- Convention volontaire . 2888
- Droit fixe 2890
- Droit gradué....... 2889
- Soulte............ 2888

Partage supplémentaire :
- Après partage partiel .. 2869
- Droits............ 2876
- Fruits 2853

Partage transactionnel :
- Cession 2885
- Droits............ 2880
- Droit gradué....... 2884
- Héritiers du sang 2885
- Légataire universel ... 2885

Passif (acquit du) :
- Affectation 2786
- Biens réservés 2767
- Charge éventuelle 2784
- Compte........... 2786
- Constructions....... 2783
- Délégation 2786
- Dettes non indiquées... 2776
- Frais du notaire 2801
- Héritier créancier . 2777, 2779
- Héritier légataire 2778
- Indemnité......... 2783
- Indivision. 2826
- Mandat....... 2786, 2787
- Rapport de dette..... 2920
- Rente perpétuelle 2785
- Soulte........... 2775

Pluralité :
- Droit gradué....... 2856

Porte-fort 2805

Procès-verbaux :
- Approbation 2792
- Convention indépendante 2789
- Tarif 2789

Quittance :
- Compte d'administration 2799, 2800

- Créanciers 2802
- Dépôt de somme..... 2930
- Dot........... 2928, 2929
- Frais du notaire 2801
- Fruits 2931
- Héritier créancier 2779
- Partage........... 2848
- Prix............. 2927
- Retrait successoral. .. 2811
- Somme apportée . 2925 à 2929

Rapport à succession :
- Acte non mentionné ... 2921
- Acte de l'étranger 2929
- Aliénation 2906
- Attribution . . 2905, 2907, 2912
- Aucun droit 2905
- Compensation 2724, 2829, 2913
- Confusion...... 2829, 2913
- Deniers.......... 2722
- Dépôt de somme..... 2930
- Donation 2914
- Donation déguisée.... 2905
- Droit gradué... 2722 à 2725
- Egalité.......... 2829
- Epoque.......... 2908
- Fictif........... 2725
- Héritier débiteur.. 2921, 2922
- Impenses......... 2910
- Licitation........ 2927
- Meubles.......... 2911
- Moins prenant ... 2723, 2911
- Nature 2722
- Numéraire . . 2906, 2909, 2912
- Office........... 2927
- Paiement ..... 2925 à 2929
- Prix............. 2927
- Prorogation de délai... 2924
- Rapport omis....... 2917
- Réduction de donation. . 2726
- Référence 2921
- Renonciation à préciput. 2916
- Renonciation à rapport. 2914
- Rétrocession 2908
- Service militaire 2914
- Somme prêtée 2919
- Soulte 2842, 2907, 2910 à 2913
- Terme 2918, 2919
- Usufruit 2922

Rapport d'expert :
- Tarif 2791

Ratification :
- Tarif 2817

Refus d'enregistrement :
- Droit gradué 2736

Remises de pièces........ 2807

Renonciation à préciput :
- Donation 2916

Renonciation à réduction.... 2915

Requisition de certificat de propriété :
- Acte de partage 2808
- Droit gradué...... 2891

Retrait successoral :
- Droits........... 2811

Rétrocession :
- Rapport à succession... 2908

Séances :
- Droit 2806

Sentence arbitrale :
- Droit gradué...... 2854

Société. (V. partage entre associés.)

Soulte :
- Acquisition conjointe . . 2845, 2846
- Actions de sociétés.... 2756
- Algérie.......... 2772
- Amende.......... 2763
- Approbation 2792
- Attribution fictive 2773
- Avances.......... 2844
- Bénéfices........ 2841
- Biens de l'Etat...... 2751
- Biens personnels..... 2768
- Charge de ce droit.... 2750
- Charge éventuelle 2784
- Charges réciproques... 2782
- Colonies.......... 2772
- Confusion...... 2829, 2830
- Constructions....... 2783
- Créances 2758
- Dation en paiement 2777, 2778
- Déclaration estimative.. 2865
- Déduction........ 2752
- Délai........... 2765
- Dettes non indiquées... 2776
- Différence........ 2761
- Don manuel 2842
- Droit gradué 2727, 2728, 2752, 2778
- Echange 2768
- Egalisation postérieure . 2859
- Etat............ 2751
- Etranger ...... 2769 à 2771
- Expertise......... 2762
- Fruits 2843
- Héritier créancier . 2777, 2779
- Héritier légataire 2778
- Immeubles....... 2759
- Immeubles indivis 2760
- Impenses......... 2910
- Imputation....... 2753
- Indemnité........ 2783
- Lecture.......... 2763
- Lésion 2774
- Mandat......... 2787
- Meubles et immeubles. . 2759
- Mobilier......... 2759
- Modification de lots ... 2822
- Numéraire 2755, 2841
- Obligation 2755
- Obligation de sociétés .. 2756
- Origines différentes ... 2832
- Partage entre associés.. 2894
- Partage partiel. (V. ce mot.)
- Partage refait 2888
- Parts d'intérêts..... 2757
- Passif ; acquit ... 2767, 2775
- Pénalité......... 2764
- Perception indépendante. 2752
- Plus value 2762
- Prêts aux successibles .. 2844
- Preuve de dissimulation. 2765
- Principes......... 2747
- Prix à l'étranger 2771
- Prix touché.... 2827, 2828
- Rapport. . . 2842, 2860, 2907 à 2913
- Rapports égaux 2829
- Rente annuelle..... 2781
- Rente perpétuelle 2785
- Rentes sur l'Etat 2754
- Respectives 2761

DU PARTAGE DES SUCCESSIONS.

— Sociétés. 2841	Subrogé tuteur 2805	— Droit gradué. . . . 2740, 2903
— Supplément 2774	Suspension de partage :	— Indivision. 2819
— Tarif 2748	— Tarif 2810	— Partage entre communis-
— Taux 2749	Tirage des lots :	tes 2903
— Transcription. . . . 2760, 2788	— Droit gradué 2852	— Soulte. 2780, 2781
— Usufruit 2780, 2781	Transcription :	Vacations :
— Valeurs étrangères. . . . 2771	— Donation de droits suc-	— Séances. 2806
— Valeurs non désignées. . 2839	cessifs 2887	Vente :
— Vente 2768	— Partage entre associés. . 2899	— Cession de droits succes-
Sous seing privé :	— Soulte. 2760, 2788	sifs. 2886
— Justification 2838	Usagers :	— Partage entre associés. . 2895
— Partage. 2849	— Cantonnement 2904	— Partage modifié 2888
Subdivision :	Usufruit :	— Partage refait 2888
— Droit gradué. 2855	— Echange 2819	— Soulte. 2768

SECTION I.

DE LA PERCEPTION DES DROITS APPLICABLES AUX PARTAGES.

§ 1. — Du droit gradué.

2717. — Tarif. — Ancien droit fixe. — Les partages de biens meubles et immeubles, entre copropriétaires, cohéritiers, coassociés et autres communistes, étant simplement déclaratifs de propriété, *supra* n° 2409, ont été assujettis par l'art. 68, § 3, n° 2 de la loi du 22 frimaire an VII, à un droit fixe de trois francs, qui a ensuite été porté à cinq francs par l'art. 45, n° 5 de la loi du 28 avril 1816.

2718. — Gratuité. — Etat. — Les partages de biens entre l'Etat et des particuliers sont enregistrés gratis (*Loi 22 frimaire an VII, art. 70, § 2, n° 1*).

2719. — Droit gradué. — Lorsque, après les malheurs qui sont venus assaillir la patrie, on a dû créer de nouvelles ressources pour satisfaire aux besoins du Trésor, le législateur a considéré que le partage, en raison de ce qu'il a pour effet de faire cesser l'indivision dans chaque parcelle de la chose commune, et de créer sur chaque lot la propriété personnelle de chacun des copartageants, devait acquitter un droit d'enregistrement variable dans une certaine limite, à raison de son importance ; et, par l'art. 1, n° 5 de la loi du 28 février 1872, il a soumis au droit gradué :
« les partages de biens meubles et immeubles
» entre copropriétaires, cohéritiers et associés,
» à quelque titre que ce soit. »

2720. — Assiette du droit. — Le droit gradué se calcule sur « le montant de l'actif net partagé » (*Mêmes art. et §*) ; c'est-à-dire déduction faite des dettes et des charges qui grèvent l'indivision, que le partage ait lieu entre cohéritiers, coassociés, communistes ou autres.

2721. — Masse héréditaire. — Quand il s'agit du partage d'une succession, la masse pour la liquidation du droit gradué, est formée d'abord des biens existants au décès conformément à ce qui est dit *supra* n° 791 (V. Foix, 30 août 1876 ; R. P., 4521).

2722. — Rapport en nature ou en deniers. — Le montant de l'actif net partagé comprend, en outre, les biens provenant des rapports en nature ou en deniers, qui sont effectués à la masse par les successibles, pour des dons ou des avances de successions à eux faits par l'auteur commun ; le rapport, dans ce cas, ayant pour résultat de les faire rentrer dans la masse par une espèce de retour comme si l'aliénation en avait eu lieu sous une condition suspensive (Garnier, 12319 ; Sol., 27 sept. 1872). Il en est de même des intérêts des rapports lorsqu'ils sont compris dans la masse (Gaillac, 9 mai 1877 ; R. P., 4937).

2723. — Rapport en moins prenant. — Le rapport en moins prenant n'entre que fictivement dans la masse, et ne fait pas partie de l'actif net partagé ; en effet, avons-nous déjà dit : « les rapports en moins pre-
» nant ayant uniquement pour objet le rétablissement de l'égalité entre les successibles,
» les énonciations à cet égard établissent que
» les héritiers, ou quelques-uns d'eux, ont
» déjà été remplis de leurs droits successoraux en totalité ou en partie par des transmissions qui ont donné ouverture à des
» droits proportionnels d'enregistrement ; ce
» serait donc un non-sens, contraire à tous

ENREGISTREMENT. — PARTAGE; DROIT GRADUÉ.

» les principes du droit et qu'aucune disposi-
» tion législative ne justifie, que de com-
» prendre, dans l'actif, pour la détermination
» du droit gradué, les rapports en moins
» prenant effectués par les héritiers. » A plus
forte raison, il doit en être ainsi quand le
montant des rapports fictifs ne figure pas dans
la masse partageable, et que les autres cohéritiers sont égalisés par des prélèvements sur
les biens de la succession conformément à
l'article 830 du Code civil. Nous sommes toujours de cet avis. — Pourtant un arrêt de rejet
de la Chambre civile de la Cour de cassation
du 15 mars 1875, a jugé que le droit gradué
atteint même les rapports en moins prenant.
Voici les motifs sur lesquels il se fonde : « Le
» rapport, soit qu'il se fasse en nature ou en
» moins prenant, a pour but et pour résultat
» de faire rentrer d'une manière effective, à
» l'égard des copartageants, la chose qui en
» forme l'objet ou la valeur qui la représente
» dans la masse des biens indivis qu'il s'agit
» de partager. Leur réintégration dans la
» masse successorale, telle qu'elle résulte de
» la nature même du rapport, est formelle-
» ment établie par les art. 828, 829, 830 et
» 831 du Code civil, 976 et 978 du Code de
» procédure civile, qui, en réglant les opéra-
» tions du partage, ne séparent point la for-
» mation de la masse générale et la composi-
» tion des lots, des rapports, fournissements
» et prélèvements à faire par chacun des co-
» partageants. Si, dans le cas de rapports en
» moins prenant, l'héritier qui en est tenu
» conserve la chose qu'il devait rapporter, il
» n'en demeure saisi que par l'attribution que
» lui en fait la loi par imputation sur sa part
» héréditaire. A l'obligation qui lui est alors
» imposée de moins prendre sur les autres
» biens, correspond le droit des cohéritiers à
» qui le rapport est dû, de prélever une por-
» tion égale sur la masse de la succession.
» Ces valeurs, ainsi précomptées d'une part
» et prélevées de l'autre, concourent égale-
» ment pour former l'ensemble des biens
» soumis au partage ; d'où il suit que le droit
» fixe gradué, établi par l'art. 1er, § 5, de la
» loi du 28 fév. 1872, sur le montant de l'actif
» net partagé, doit être liquidé d'après la va-
» leur, tant des biens rapportés à la masse

» que des biens existants » (Conf. Seine, 5
juill. et 22 nov. 1873, 7 mars et 19 déc. 1874;
R.P., 3671, 3957, 4071, 4092. — Les motifs de
l'arrêt de la Cour de cassation qui viennent
d'être rapportés ne nous semblent pas étayés
sur une base juridique, surtout lorsqu'il y est
dit que l'héritier en faisant le rapport en
moins prenant « n'en demeure saisi que par
» l'attribution que lui en fait la loi par impu-
» tation sur sa part héréditaire. » La vérité
est que rien de pareil ne se trouve explicite-
ment ni implicitement dans aucun texte législatif; il n'y a pas lieu de lui attribuer une
chose qui lui appartient ; c'est sa propre chose
depuis le jour où elle lui a été transmise, et
ce que la loi l'oblige seulement à faire, c'est à
moins prendre sur les biens existants au décès,
ce qui, à aucun point de vue, ne saurait entraîner même l'idée de considérer un tel rapport comme faisant partie de la masse partageable. Nous pensons donc que les notaires
doivent faire tout ce qui est en leur pouvoir,
afin de réagir contre cette jurisprudence, et
nous avons la persuasion qu'elle ne résisterait
pas à un nouvel examen bien approfondi de la
question.

2724. — **Rapports compensés.**
— Quand les principes, ainsi que nous l'avons
démontré au numéro précédent, ne servent
plus de base pour l'application du droit, on
peut être conduit à des conséquences qui n'ont
plus rien de juridique. C'est ainsi qu'en suivant la voie tracée par la jurisprudence précé-
tée, on a été amené à décider que lorsque les
cohéritiers, dans le partage de la succession
de leur auteur, déclarent qu'ayant été dotés
d'une manière égale, il n'y a pas lieu de faire
le rapport des sommes par eux reçues, ces
sommes ne sont pas moins, comme valeurs
réelles de la succession, assujetties au droit
gradué (Seine, 5 déc. 1874; Caen, 23 juill. 1880;
Sédan, 6 août 1885; Rép. N., 304, 2658). —
Que l'on suppose qu'un enfant donataire ait
complètement dissipé sa dot, ait même été déclaré en faillite, où repose la valeur réelle provenant de sa donation sur laquelle on veut asseoir
le droit; nous considérons donc cette décision
comme n'ayant rien de juridique (Defrénois,
Rép. N., 1100-12, 1773-11).

2725. — **Rapports fictifs.** — Les

rapports fictifs faits à la masse, en conformité de l'article 922 du Code civil, *supra* n°s 1323 et suivants, même par un successible qui a renoncé et par suite, est devenu étranger à la succession, *supra* n° 1215, ne peuvent, à aucun titre, faire partie de la masse, et, par conséquent, ne sont pas passibles du droit gradué (Garnier, 12391, 12392; Sol., 5 nov. 1872; Jur. N., 4817).

2726. — Réduction de donation. — Mais si des biens sont restitués à la masse par suite de la réduction des libéralités, en raison de ce qu'elles excèdent la quotité disponible, *supra* n° 1480, la chose en nature qui fait ainsi retour, ou l'indemnité en cas d'aliénation, *supra* n° 1503, font partie de la masse; et, dès lors, comptent pour le calcul du droit gradué (Garnier, 12323).

2727. — Biens à l'étranger. — Lorsque le partage comprend des biens situés à l'étranger, ils font partie de l'actif net partagé et, comme tels, sont passibles du droit gradué. (Cass., 3 mars et 11 août 1884; Defrénois, *Rép. N.*, 2109, 2261). Toutefois si un droit de soulte est perçu en raison de ce que les biens à l'étranger sont inégalement répartis, *infra* n° 2769, la somme sur laquelle le droit de soulte est perçu doit être déduite pour la liquidation du droit gradué, *infra* n° 2728.

2728. — Soulte. — Lorsqu'une soulte a été stipulée, on considère la chose que le cohéritier débiteur de la soulte se trouve avoir en plus que ses droits, comme étant la représentation de cette soulte; par suite, elle ne doit pas être comprise dans l'actif net partagé, de même qu'on n'y comprendrait pas un immeuble qui aurait été licité. En conséquence, le montant de la soulte est à déduire de la masse pour la liquidation du droit gradué (Sol., 18 avril et 5 sept. 1873, cités par Garnier, 12324).

2729. — Déduction du passif. — Le droit gradué étant dû sur l'actif net partagé, on doit déduire des biens qui font l'objet du partage, toutes les dettes et les charges dont le *de cujus* était débiteur ou qui grèvent les biens partagés.

2730. — Indemnité. — Legs. — On range dans le passif à déduire : 1° l'indemnité due par la succession du conjoint prédécédé à l'époux survivant, pour la dot qui aurait été acquittée sur les biens de ce dernier, à la décharge du conjoint prédécédé, et toutes autres indemnités dont il pouvait être débiteur envers son conjoint (Délib., 27 sept. 1872; R. P., 3597); — spécialement, les reprises de la veuve renonçante ou non commune (Garnier, 12533); — 2° les legs de sommes faits par le défunt, comme formant une charge de son hérédité, *supra* n° 846 (Garnier, 12329, 3°).

2731. — Soulte affectée aux dettes. — Si une soulte a été affectée à l'acquit du passif, on ne déduit pas à la fois et la soulte et les dettes qu'elle doit servir à payer, quand la stipulation de la soulte et l'affectation au passif ont lieu par un même acte (Seine, 19 déc. 1874; R. P., 4092). — Il en serait autrement dans le cas où il serait fait d'abord un partage immobilier avec la stipulation d'une soulte dans lequel elle serait déduite pour le calcul du droit gradué; puis un partage mobilier comprenant la soulte qui serait affectée à l'acquit du passif, la déduction faite par le premier partage ne ferait pas obstacle à ce que tout le passif fût déduit dans le second (Garnier, 12329, 2° ; Sol., ... août 1873).

2732. — Partage de société. — La masse est formée des biens meubles et immeubles indivis entre les associés; on en déduit les dettes et charges sociales; ce qui reste constitue l'actif net sur lequel se calcule le droit gradué. Les apports sociaux, quand la réserve en a été faite et qu'ils ne sont pas repris en nature, font l'objet d'un prélèvement sur la masse commune qui, à ce titre, constitue un droit plus fort, d'où il suit qu'ils ne doivent pas être déduits pour le calcul du droit gradué. Toutefois, si un droit proportionnel de transmission est perçu par suite de l'attribution à un autre de l'immeuble apporté par un associé, *infra* n° 2895, la somme sur laquelle ce droit est calculé doit être déduite de la masse partageable (Sol., 9 janvier 1875; R. P., 4226).

2733. — Partage entre communistes. — La masse est formée des biens acquis en commun ou des prix de vente qui en sont la représentation, en cas de licitation.

On en déduit les dettes à la charge de l'indivision; ce qui reste forme l'actif net sur lequel se liquide le droit gradué.

2754. — Partage d'ascendant. — Si un ascendant se démet de ses biens, par un partage anticipé au profit de ses enfants, sans que la division ait lieu immédiatement entre ceux-ci, l'acte ultérieur contenant le partage entre les enfants constitue un partage et, comme tel, est soumis au droit gradué (Chartres, 22 déc. 1876; R. P., 4569. CONTRA J. N., 20631).

2755. — Taux du droit gradué. — Le droit gradué est ainsi fixé :

Pour les sommes et valeurs de 5,000 francs et au-dessous, et pour ceux des actes assujettis au droit gradué qui ne contiennent aucune énonciation de sommes et valeurs ni dispositions susceptibles d'évaluation. . 5 fr.

De 5,000 fr. exclusivement à 10,000 fr. inclusivement 10

De 10,000 fr. exclusivement à 20,000 fr. inclusivement 20

De 20,000 fr. exclusivement à 40,000 fr. inclusivement 40

De 40,000 fr. exclusivement à 60,000 fr. inclusivement 60

Et ainsi de suite, à raison de 20 francs par chaque somme ou valeur de 20,000 francs ou fraction de 20,000 francs (*Loi 28 fév. 1872, art. 2*).

2756. — Mode d'évaluation. — Si les sommes ou valeurs ne sont pas déterminées dans l'acte, c'est-à-dire, quand le chiffre ne résulte pas de la désignation du bien et qu'il ne s'agit pas de valeurs dont le capital résulte du cours de la Bourse, il y est suppléé, conformément à l'art. 16 de la loi du 22 frimaire, an VII, par une déclaration estimative des parties, certifiée et signée au pied de l'acte; faute de quoi, le receveur serait fondé à refuser l'enregistrement (Charleville, 30 déc. 1836; Rennes, 11 avril 1838; Vire, 23 août 1838).

2757. — Capital. — L'évaluation, en ce qui concerne les immeubles, qu'ils soient situés en France ou à l'étranger, est de la valeur en capital, et non pas en revenu. En ce qui concerne les meubles meublants, objets mobiliers, bijoux, etc., ainsi que les immeubles situés à l'étranger, elle est laissée entièrement à l'appréciation des parties, l'Administration n'ayant pas de moyen de contrôle; cependant, si elle était dérisoire, elle serait considérée comme n'ayant pas été faite, et le receveur pourrait refuser l'enregistrement.

2758. — Chiffre déterminé. — L'évaluation doit être d'un chiffre déterminé, précis; il ne suffirait pas de déclarer que la valeur est comprise entre l'une des sommes formant la division du tarif du droit gradué, par exemple, au-dessous de 5,000 francs, ou bien entre 5,000 et 10,000 (R. P., 1873, p. 9, n° 10).

2759. — Déclaration de succession. — Concordance. — L'évaluation, en ce qui concerne les biens meubles compris dans le partage, doit concorder avec celle contenue dans la déclaration de succession, qu'elle ait précédé ou suivi le partage; la déclaration de succession étant un acte susceptible d'établir la dissimulation, *infra* n° 2744.

2740. — Usufruit. — Nue-propriété. — La nue-propriété ou l'usufruit, pour la détermination du droit gradué, sont évalués par la déclaration estimative des parties, sans que les règles particulières de l'art. 15, n° 7 de la loi du 22 frimaire, an VII, pour la transmission des biens en usufruit ou en nue-propriété puissent être appliquées (Sol., 27 nov. et 17 déc. 1873; Garnier, R. G. 5180; R. P., 3793).

2741. — Dissimulation. — Texte législatif. — Si, dans le délai de deux années, à partir de l'enregistrement du partage, la dissimulation des sommes ou valeurs ayant servi de base à la perception du droit, est établie par des actes ou écrits émanés des parties, ou par des jugements, il est perçu, indépendamment des droits simples supplémentaires, un droit en sus, lequel ne peut être inférieur à 50 francs (*Loi 28 fév. 1872, art. 3*).

2742. — Cas de dissimulation. — Il y a dissimulation : 1° quand une chose est déclarée pour une somme moindre que sa véritable valeur; par exemple, un domaine est évalué à 100,000 fr., tandis que sa valeur est de 200,000 fr.; — 2° quand une chose est indiquée comme étant moindre qu'elle n'est réellement; par exemple, si une créance de 100,000 fr. est portée comme étant seulement de 60,000 fr.; ou si une ferme de 100 hectares est portée comme étant seulement de 80 hectares.

2743. — Pénalité. — La dissimulation est punie d'un droit en sus, lequel ne peut être inférieur à 50 francs. Si donc la dissimulation porte sur une somme de 60,000 francs, il est perçu, outre le droit simple, un droit en sus de 60 francs; si elle porte sur une somme de 40,000 francs ou au-dessous, quelque minime qu'elle soit, il est dû, outre le droit simple, un droit en sus de 50 francs. Dans tous les cas, il est dû en outre le double décime et demi.

2744. — Preuve de dissimulation. — La dissimulation ne peut être prouvée que par des actes émanés des parties ou par des jugements, ce qui a lieu quand il résulte d'actes émanés des parties, comme la déclaration de succession antérieure au partage, ou d'un jugement, qu'une chose est d'une valeur supérieure ou plus importante, ou si, dans le cas où les sommes ou valeurs, n'ayant pu être déterminées au moment de la rédaction de l'acte que par une évaluation, l'Administration établit, par des actes postérieurs ou par un jugement intervenu entre les parties, que l'évaluation est insuffisante. Mais la Régie ne serait pas admise à provoquer une expertise, ni une enquête, pour établir la dissimulation ou l'insuffisance (Demante, n° 204).

2745. — Insuffisance. — Dans la discussion de la loi, il a été expliqué que le droit en sus ne serait encouru qu'en cas de dissimulation faite de mauvaise foi, et il a été fait les distinctions suivantes : si l'insuffisance résulte d'actes antérieurs au contrat soumis au droit gradué, il y a alors une dissimulation intentionnelle punie d'un droit en sus ; par exemple, si une créance, étant de 50,000 francs, est portée pour 30,000 francs. — Mais si l'insuffisance n'est que le résultat de faits postérieurs à l'enregistrement de cet acte et inconnus à ce moment, il n'est dû qu'un supplément de droit simple ; par exemple, si, dans un contrat de mariage, des droits indivis dans une succession sont évalués à 50,000 francs, tandis que, par le résultat du partage postérieur, ils s'élèvent à 60,000 francs; ou si un immeuble apporté en mariage ou échu par partage, est vendu pour un prix supérieur à l'évaluation; autrement la loi n'aurait aucune sanction en ce qui concerne les immeubles (Contra J. N., 20309). — Mais la partie peut établir que l'accroissement de valeur est due à une cause postérieure au contrat, comme le renchérissement général des immeubles, l'ouverture d'une rue, etc. (R. P., 1873, p. 12, n° 13).

2746. — Délai. — Le délai pour réclamer le double droit provenant des dissimulations intentionnelles est de deux années à partir de l'enregistrement des actes (art. 3). Il en est de même de la réclamation du droit simple relatif aux simples insuffisances (R. P., 1873, p. 13, n° 4; Journ. du Not., 2554).

§ 2. — *Du droit de soulte.*

2747. — Principe. — Si, par l'article 883 du Code civil, le partage est déclaratif et non attributif de propriété des lots, et s'il en résulte nécessairement pour chacun des copartageants qu'il est réputé avoir succédé seul et immédiatement à tous les effets compris dans son lot, il n'est pas moins certain qu'à l'égard de celui des copartageants qui reçoit au delà de la part qui lui est afférente, le partage produit, quant à l'excédant de cette part, les effets d'une vente ou d'une cession à titre onéreux.

2748. — Tarif. — C'est par application de ce principe que l'art. 68, § 3, n° 2 de la loi du 22 frimaire, an VII, en soumettant les actes de partage au droit fixe (aujourd'hui remplacé par le droit gradué), ajoute : « S'il y a retour, » le droit sur ce qui en sera l'objet sera perçu » aux taux réglés pour les ventes. » — Puis l'art. 69, réglant le droit applicable aux soultes, porte : « Sont soumis au droit de » deux francs par cent francs les retours de » partages de biens meubles (§ 5, *n° 7*). » — « Et au droit de quatre francs par cent francs, » les retours de partages de biens immeubles » (§ 7, *n° 5*). »

2749. — Taux réglé pour les ventes. — Ces dispositions ne sont pas limitatives, mais seulement énonciatives des droits applicables aux natures de biens qui y sont mentionnées; en effet, le taux réglé pour les ventes n'est pas seulement de quatre et de deux pour cent, mais aussi de deux pour cent, quand il s'agit de rentes sur particuliers (art. 69, § 5, n° 2); — de un pour cent en ce qui concerne les créances (art. 69, § 3, n° 4); — de 50 centimes par 100 francs, quand il s'agit de droits ou de parts d'intérêts dans une société civile et commerciale (art. 69, § 2, n° 6); — du simple droit de transfert, en ce qui concerne les actions et obligations des sociétés, qui est de 50 centimes par 100 fr. (sans adjonction de décimes) à l'égard des titres nominatifs, et d'un droit annuel de 20 centimes par 100 fr. (aussi sans adjonction de décimes) pour les titres au porteur (*Loi 29 juin 1872, art. 3*); — enfin, sont exemptés de tout droit les transferts et mutations à titres onéreux de rentes sur l'Etat (*Loi 22 frimaire, an VII, art. 70, § 3, n° 3*).

2750. — Charge du droit de soulte — Le droit proportionnel d'enregistrement dû à raison d'une soulte incombe, comme une charge personnelle, au copartageant qui la doit, *supra* n° 854, par cette raison que la perception et la liquidation de ce droit sont fondées sur la mutation de propriété immobilière qui, au regard de la loi fiscale, est censée se faire à son profit (Cass., 12 mai 1875; S. 75, I, 349; J. N., 21209).

2751. — Etat. — La soulte payable par l'Etat, stipulée dans un partage entre l'Etat et des particuliers, ne donne ouverture à la perception d'aucun droit, puisque les ventes faites à l'Etat sont enregistrées gratis (*Loi 22 frimaire, an VII, art. 70, § 2, n° 1er*). — Si la soulte est payée à l'Etat, il est dû le droit de deux pour cent déterminé pour les ventes de biens de l'Etat (*Lois 26 vend., an VII, et 15 floréal, an X, art. 6*).

2752. — Perception indépendante. — Le droit de soulte est indépendant du droit gradué; de sorte qu'il y a lieu à la perception des deux droits, sauf la déduction sur la masse, pour le calcul du droit gradué, de la valeur des biens sur lesquels frappe le droit de soulte, *supra* n° 2728.

2753. — Imputation. — Il n'y a pas lieu, pour la liquidation du droit de soulte, d'établir une règle de proportion entre chacun des biens entrés dans le lot du copartageant débiteur de la soulte; mais plutôt de faire l'application de l'art. 1256 du Code civil, suivant lequel les imputations de paiement doivent être faites de la manière la plus avantageuse au débiteur, c'est-à-dire sur l'espèce de biens, qui est exempte de tous droits; puis sur celle qui est frappée de la fixation la moins élevée; et ainsi de suite jusqu'à la plus forte. En conséquence, à défaut d'une imputation convenue entre les parties, qui devrait être observée pour la liquidation du droit, le prix de la soulte, suivant une instruction générale du 22 sept. 1807, n° 342 et un arrêt de cassation du 6 mars 1843 (S. 43, I, 334; J. N., 11733), doit être imputée d'après les distinctions ci-après:

2754. — II. Rentes sur l'Etat. — La soulte s'impute en premier lieu sur les rentes sur l'Etat, en raison de ce qu'elles sont exemptes de tout droit; par conséquent, la soulte ne donne ouverture à aucun droit d'enregistrement jusqu'à concurrence du capital des rentes sur l'Etat, comprises dans le lot du copartageant débiteur de la soulte, puisque, dans ce cas, il y a mutation, à titre onéreux de rentes sur l'Etat (Sol., 2 fév. 1857, 5 juin 1861; Garnier, 12307).

2755. — III. Numéraire. — La même exemption s'applique au numéraire, pourvu que celui dans le lot duquel il se trouve l'emploie par l'acte même à se libérer jusqu'à due concurrence de la soulte mise à sa charge (Sol., 5 oct. 1860, citée par Garnier, 12396). — Si la soulte n'était pas payée par l'acte même, le copartageant débiteur serait considéré comme ayant reçu le montant du numéraire du copartageant créancier de la soulte, et il serait dû le droit de titre à un pour cent (Garnier, 12396).

2756. — III. Actions et obligations des sociétés. — A défaut de numéraire ou de rentes sur l'Etat, ou s'ils sont d'un chiffre moindre que le montant du retour des lots, le droit de soulte s'impute, pour le tout ou pour ce qui reste après avoir absorbé les rentes d'Etat et le numéraire, sur les actions et obligations des sociétés, qui ne donnent lieu, lorsqu'elles sont soumises à la loi du 23 juin 1857, qu'à un droit de transfert de 50 centimes par 100 francs, sans adjonction de décime, et qui nous semble devoir être perçu sur le partage; autrement la perception en serait impossible, puisque, en ce qui concerne les titres nominatifs, la mutation s'en ferait sur la représentation d'un extrait ne relatant pas la soulte, et qu'à l'égard des titres au porteur on ne pourrait plus ensuite rechercher le débiteur (CONTRA Garnier, 12398).

2757. — IV. Parts d'intérêts dans les sociétés. — L'imputation, si elle n'a pas eu lieu sur des valeurs plus favorables au débiteur, se fait ensuite sur les parts d'intérêts et droits sociaux dans une société civile et commerciale, assujettis à un droit de 50 centimes pour 100 francs par l'art. 69, § 2, n° 6, de la loi du 22 frimaire an VII, plus les décimes (Voir Cass., 14 nov. 1877; R. P., 4841).

2758. — V. Créances. — Ensuite l'imputation se fait sur les créances entrées dans le lot du cohéritier débiteur de la soulte, dont la cession est assujettie au droit de 1 p. 100 (Seine, 31 déc. 1880; Defrénois, *Rép. N.*, 514).

2759. — VII. Mobilier. — Immeubles. — Puis enfin sur le mobilier et les immeubles, d'après le tarif de deux pour cent sur les meubles et de quatre pour cent sur les immeubles, *supra* n° 2748. — La circonstance que le lot du cohéritier chargé de la soulte se compose d'immeubles et d'objets mobiliers, non détaillés et estimés article par article, n'aurait pas pour objet de rendre exigible le droit de quatre pour cent sur le tout, comme s'il s'agissait d'une vente; la disposition à ce sujet est spéciale à la vente et ne saurait, par analogie, être étendue à la soulte de partage. Il n'est donc dû que le droit spécial à chaque nature de biens, à la seule condition que sa valeur soit justifiée (Garnier, 12401; Sol., 22 fév. 1858, 17 avril 1860, 25 nov. 1862, 8 déc. 1865).

2760. — Immeuble indivis avec un tiers. — Quand l'attribution, à la charge d'une soulte, est de la moitié d'un immeuble indivis avec un tiers étranger, c'est également le droit de soulte à quatre pour cent qui est exigible; et non pas à cinq francs cinquante pour cent, y compris le droit de transcription, comme s'il s'agissait de la licitation qui ne fait pas cesser l'indivision. Le partage, même dans ce cas,

constitue une simple attribution déclarative de propriété (Dict. not., *Partage*, 760; CONTRA Délib. 17 avril 1835; J. N., 8878).

2761. — Soultes respectives. — Si un partage stipule des soultes à la charge des copartageants, les uns envers les autres, le droit de soulte, à l'égard des lots qui, à la fois, en reçoivent et paient, n'est dû que sur la différence pouvant exister entre le montant de chacune des soultes (Sol., 30 mai 1853 et 11 oct. 1860, citées par Garnier, 12402; voir aussi Cass., 21 juill. 1851; S. 51, I, 617; J. N., 14421).

2762. — Plus-value. — Expertise. — L'administration de l'enregistrement, alors même que l'acte de partage ne fait mention d'aucune soulte ni retour de lots, peut, dans le but d'établir qu'un lot est d'une valeur supérieure aux autres, requérir l'expertise des biens, et réclamer un droit de soulte sur la plus-value (Cass., 8 fév. 1813; Instr., 1517, n° 257; Sol., 22 août 1865; R. P., 2363. Voir aussi Cass., 20 mai 1863; J. N. 17773).

— En outre, si les biens ont été évalués dans l'acte de partage et qu'il ait été à la convenance des héritiers, en formant les lots, d'en composer un ou plusieurs de biens pour une valeur supérieure aux autres lots, l'administration a le droit, sans requérir l'expertise, de faire constater la plus-value de l'un ou de plusieurs des lots, et d'exiger le droit de soulte sur cette plus-value (Garnier, 12406; T. Courtrai (Belgique), 16 mai 1863).

2763. — Soulte. — Dissimulation. — Enfin, suivant l'art. 12 de loi du 23 août 1871, toute dissimulation dans la soulte d'un partage est punie d'une amende égale au quart de la somme dissimulée, et payée solidairement par les parties, sauf à la répartir entre elles et par égale part. — Et, suivant l'art. 13 de la même loi, la dissimulation peut être établie par tous les genres de preuves admises par le droit commun, si ce n'est par le serment décisoire qui ne peut être déféré, et la preuve testimoniale ne peut être invoquée que pendant dix ans à partir de l'enregistrement de l'acte. — C'est dans le but de prémunir les parties contre cette pénalité que le dernier paragraphe du même art. 13 oblige le notaire, lorsqu'il reçoit un acte de partage comprenant des immeubles, de donner lecture aux parties des dispositions de la loi à ce sujet et de faire mention expresse de cette lecture dans l'acte, à peine d'une amende de 10 francs.

2764. — Pénalité. — L'amende, d'après la Régie, est indépendante du droit simple sur l'excédant de la soulte et du droit en sus sur cet excédant, si la mutation remonte à plus de trois mois (Instr., n° 2413, § 5, n° 2; Géraud, n° 128). Cette interprétation a été vivement attaquée : — Suivant une dissertation du journal du Notariat, n° 2571, l'amende remplace le triple droit édicté par l'art. 40 de la loi de frimaire; par conséquent, le droit simple et le droit en sus sont absorbés par l'amende et ne peuvent être exigés en sus. Demante, n° 91, note 1, enseigne que le droit simple est dû, mais non celui en sus. Supposons, pour l'application de ce cas, une dissimulation de 1,000 fr. dans une soulte de partage; elle donne lieu à une amende de 250 fr., plus, si l'on admet l'interprétation de la Régie, 50 fr. pour les droits simples et décimes, et pareille somme pour le droit en sus quand la mutation remonte à plus de trois mois. — Si elle s'est produite dans un partage auquel il a été procédé entre quatre copartageants, elle est à leur charge chacun pour un quart, alors même que la soulte n'aurait été stipulée qu'entre deux copartageants.

2765. — Preuves de dissimulation. — Les genres de preuves admises par le droit commun sont : 1° L'énonciation de la dissimulation dans un acte public ou privé; 2° la preuve testimoniale (*Traité-Form.*, n°s 3481 à 3485); 3° les présomptions (*ibid.*, n°s 3486 à 3491); 4° l'aveu de la partie (*ibid.*, n°s 3504 à 3506); 6° une enquête (Sol., 29 octobre 1874; R. N., 5235; Bellac, 16 avr. 1875; Garnier, Rép. Pér., 4298). — L'administration ne peut recourir à la preuve testimoniale que pendant dix ans à partir de l'enregistrement de l'acte (§ *1 de l'art. 13*); — quant à tous les autres moyens de preuve, ils peuvent être fournis pendant trente ans (Instr., 2413, § 5, n° 2).

2766. — Procédure. — La loi du 22 frimaire an VII n'admettait que l'expertise comme moyen d'établir la dissimulation (R. G. Defrénois, I, 841). La loi du 23 août 1871 ayant édicté d'autres modes de preuves, il était nécessaire de fixer les règles à suivre pour la procédure spéciale à ce genre de preuve. Ce sont, d'après les paragraphes 2 et 3 de l'art. 13, les suivantes : 1° l'exploit d'ajournement est donné, soit devant le juge du domicile de l'un des défendeurs, soit devant celui de la situation des biens; 2° la cause est portée, suivant l'importance de la réclamation, devant le juge de paix ou devant le tribunal civil, sans préliminaire de conciliation (Géraud, n° 131; Sol., 4 oct. 1872); 3° elle est instruite et jugée comme en matière sommaire; 4° elle est sujette à appel s'il y a lieu; 5° le ministère des avoués n'est pas obligatoire; 6° les parties, si elles n'ont pas constitué d'avoué, et si elles ne sont pas domiciliées dans le lieu où siège la justice de paix ou le tribunal, sont tenues d'y faire élection de domicile, à défaut de quoi toutes significations sont valablement faites au greffe. — La transaction n'est pas admise à l'égard des dissimulations (Géraud, n° 131, 3°).

2767. — Passif. — La soulte de partage, assujettie au droit de cession à titre onéreux, se compose de tout ce que le copartageant paie à ses copartageants ou en leur acquit à des tiers. Elle existe notamment quand le copartageant reçoit un excédant de valeurs à la charge de payer un excédant de passif. Mais si ces valeurs ne lui sont pas attribuées définitivement à titre de propriétaire, la règle cesse de s'appliquer, parce qu'il n'y a pas de transmission. La somme que le copartageant doit retirer de l'aliénation de ces biens pour payer le passif n'a donc plus le caractère d'une soulte. Il a été décidé en ce sens : que si, dans un partage intervenu entre trois frères, l'un des lots a été expressément chargé de payer une portion du passif au moyen de valeurs à lui attribuées et qu'on mette d'autres valeurs en réserve pour faire face au surplus des dettes, il faut présumer que ces valeurs et ces dettes concernent exclusivement les deux autres lots. Le premier ne saurait donc être considéré comme propriétaire des biens ainsi réservés et acquitter à leur égard un droit de soulte (Cass., 1er avril 1868; R. P., 2674).

2768. — Biens personnels. — Echange. — Quand le copartageant débiteur d'une soulte envers un autre copartageant, s'en libère, non pas en numéraire, mais par la dation d'un immeuble à lui personnel, ce n'est pas le droit de vente qui est exigible, mais plutôt celui d'échange sur le revenu capitalisé de l'immeuble cédé (Garnier, 12409, 12471; Sol., 25 sept. 1819; Délib., 22 fév. 1843; Saint-Malo, 14 mars 1846; Sol., 6 mars 1856; Rennes, 15 déc. 1856; Yvetot, 26 janv. 1866; R. P., 2292; voir cep. Cass., 15 nov. 1875; S. 76, I, 322; Rép. Pér., 4272. Contra Dinan, 8 août 1873). — Toutefois, si le débiteur de la soulte n'avait reçu dans son lot qu'une valeur mobilière; par exemple, un établissement de commerce avec le matériel et les marchandises en dépendant, c'est le droit de vente (dation en paiement) qui serait dû (Délib., 23 avril 1833; Garnier, 12438, 12467-3).

2769. — Pays étranger. — Lorsqu'une succession se compose de biens situés partie en France et partie en pays étranger, les biens de France doivent, quant à la perception des droits d'enregistrement, être considérés comme une succession distincte, à part, en sorte que cette perception doit être réglée, abstraction faite des biens situés en pays étranger. En conséquence, si l'un des copartageants reçoit dans son lot la plus grande partie des immeubles situés en France, tandis que l'autre reçoit en compensation une plus grande partie des immeubles situés en pays étranger, le premier se trouve, vis-à-vis de la Régie, acquéreur de tout ce qui, dans son lot, excède sa portion virile sur les biens de France, et est tenu de payer, relativement à cet excédant, un droit proportionnel de soulte. Le motif en est que la loi de l'impôt n'a d'empire que sur le territoire français, ce qui oblige l'administration de l'enregistrement, pour la perception qui lui est confiée, des droits dûs en cas de transmission ou de mutation des biens régis par la loi française, à n'avoir aucun égard aux stipulations relatives à des biens situés hors du territoire, sur lesquels elle ne peut étendre ses recherches ni exercer les droits de surveillance et de vérification que la loi française lui a confiés (Cass., 14 nov. 1838, 8 déc. 1840, 12 déc. 1843, 3 avril 1844, (Ch. réun.) 11 nov. 1844, 15 juin 1847, 29 août 1848, 10 fév. 1869, 23 juill. 1873; S. 69, I, 239; 73, I, 478; t. Bourg, 28 avril 1882; Cass., 11 août 1884; Defrénois, *Rép. N.*, 1040, 2261).

2770. — Héritiers français et étrangers. — La même règle doit être observée, même lorsqu'il y a, à la fois, des héritiers français et des héritiers étrangers, et qu'il est fait l'attribution aux héritiers français des immeubles situés en France, et aux héritiers étrangers des immeubles situés dans leur pays; l'administration ne devant voir dans les divers héritiers que des copartageants de biens de France (Cass., 29 août 1848; S. 48, I, 624; J. N., 13530).

2771. — Prix de vente d'immeubles à l'étranger. — Valeurs étrangères. — Il a été décidé que le droit de soulte est dû, même lorsque l'attribution n'est pas des immeubles à l'étranger eux-mêmes en nature, mais du prix de ces mêmes biens vendus avant le partage, parce qu'en droit, le prix de l'immeuble vendu représente cet immeuble (Cass., 15 juin 1847, S. 47, I, 625); — ce qui s'appliquait aussi au cas d'attribution de valeurs étrangères à l'un des cohéritiers alors que des immeubles français sont attribués aux autres. — Mais aujourd'hui, les cessions de meubles à l'étranger étant assujetties aux droits proportionnels ordinaires (*Lois 23 août 1871, art. 4, et 28 fév. 1872, art. 1, § 2*), les prix de ventes d'immeubles à l'étranger et les valeurs étrangères sont considérés comme des valeurs mobilières françaises, il n'y a plus lieu de les écarter du partage pour établir la liquidation du droit; et, par conséquent, leur attribution à l'encontre d'immeuble de France ne donnerait plus ouverture au droit de soulte (Garnier, 1407, 4°; Dict. not., *Part.*, 770).

2772. — Colonies. — Algérie. — Lorsque, dans le partage d'une succession, l'un des lots se compose uniquement de biens situés en France, et l'autre de biens situés en Algérie, ou dans les colonies, sans soulte ni retour, le droit de soulte n'est pas exigible sur ce qui excède dans les biens situés en France, la part du cohéritier auquel ils sont attribués. En effet, porte une solution du 13 avril 1864 (J. N., 18326; R. P., 2146): « L'Algérie, de » même que toutes les colonies, est une dé-

» pendance de la France. La souveraineté y
» appartient à la métropole et y est exercée
» en son nom sous tous les rapports, politiques,
» législatifs, administratifs et judiciaires (or-
» donnance du 22 juillet 1834 et 15 avril 1845,
» arrêté du 9 décembre 1848). Comme consé-
» quence de cette organisation, les recettes et
» dépenses de l'Algérie font partie des recettes
» et dépenses de l'Etat et sont soumises aux
» règles de la comptabilité générale de la
» France (ord. du 17 janvier 1845). Il suit de
» là qu'il n'est pas exact de dire que les biens
» situés en Algérie sont placés hors de l'em-
» pire des lois de la métropole. D'autre part,
» l'enregistrement est établi en Algérie, aux
» termes d'une ordonnance du 19 oct. 1841;
» d'où il suit qu'il n'est pas plus exact de pré-
» tendre que les biens situés en Algérie ne
» subissent pas la perception de l'impôt de
» l'enregistrement. Au surplus, si l'opinion
» contraire était admise, il en résulterait
» qu'en France, on devrait écarter du partage
» les biens situés en Algérie, et percevoir un
» autre droit de soulte. En d'autres termes,
» on percevrait deux droits de soulte sur un
» partage qui ne renferme aucune stipulation
» de l'espèce. Ce résultat exorbitant est une
» condamnation formelle de l'opinion émise. »
(Voir aussi J. N., 13706; Garnier, 1407, 8°;
Dict. not., *Partage*, 771).

2773. — Attribution fictive. —
Si, après toutes les attributions faites, il est
stipulé que l'un des copartageants conserve
tout ou partie des valeurs attribuées à un
autre et en servira l'intérêt, et qu'il confère
hypothèque pour la garantie du paiement de
la somme qui en forme le montant, il est dû le
droit de cession sur cette somme (Chartres,
16 fév. 1850; Garnier, 12458).

2774. — Lésion. — Supplément de soulte. — Lorsque, pour arrêter l'action en supplément et empêcher un nouveau partage, le défendeur offre le supplément en numéraire, *supra* n° 2856, l'acte ou le jugement qui le constate, est passible du droit proportionnel de soulte sur le montant du supplément, suivant la nature des biens compris dans le lot chargé du paiement (Orléans, 4 avril 1876; J. N., 21643; R. P., 4610).

2775. — Charge de l'acquit du passif. — La saisine d'une hérédité a pour effet de saisir chacun des cohéritiers de sa part héréditaire dans les biens qui la composent, à la charge d'acquitter une part correspondante dans les dettes; si un héritier prend une portion plus considérable de biens, sous la condition de payer une plus forte partie des dettes de la succession, il en résulte la cession d'une portion d'immeubles de la part des cohéritiers qui l'abandonnent, et de la part de celui qui la paie de ses deniers, une acquisition jusqu'à concurrence de la partie des dettes qui excède la part à sa charge, et qui aurait dû être acquittée par ses cohéritiers, s'ils ne lui eussent cédé une quotité des biens qui leur revenaient (Cass., 6 thermidor. an XII, 2 juill. 1844; J. N., 12040; S. 44, I, 828; Saintes, 14 déc. 1837; Dijon, 30 juin 1842; Vendome, 29 juill. 1842; Caen, 21 fév. 1845; Blois, 21 août 1845; Montargis, 23 déc. 1845; Arras, 31 août 1849; Rethel, 26 janv. 1858; Bordeaux, 23 fév. 1870; Garnier, 12411; Seine, 21 nov. 1868; R. P., 2129; Cass., 3 mars 1884; Defrénois, *Rép. N.*, 2160). — Par exemple, une succession échue à trois enfants, formée de biens se montant à 60,000 francs, est grevée de dettes pour une somme de 15,000 francs; si on déduit ces dettes de la masse, il restera à partager 45,000 francs, soit pour chaque enfant 15,000 francs et que les droits de l'un des enfants soient augmentés des 15,000 fr. de dette, de manière qu'on lui attribue des biens se montant à 30,000 fr., à la charge d'acquitter les dettes, il se trouvera attributaire de 10,000 fr. en plus que ses droits et tenu d'acquitter 10,000 fr. en l'acquit de ses cohéritiers, ce qui constitue un retour de lot de 10,000 fr. passible du droit de soulte.

2776. — Charge de dettes non indiquées. — Quand un copartageant demeure chargé de toutes les dettes dont la succession peut être grevée, sans que ces dettes soient indiquées, il doit en être fait la déclaration estimative dans les termes de l'art. 16 de la loi du 22 frimaire, an VII. Si les parties déclarent qu'elles n'en connaissent pas, la régie ne peut percevoir aucun droit de soulte tant qu'elle n'a pas prouvé l'erreur de cette déclaration (Instr., 1209, § 3, n° 3; J. N., 6189).

2777. — Héritier créancier. — Cession. — La règle établie au numéro précédent est applicable dans le cas où l'un des héritiers étant créancier de la succession, soit pour une créance postérieure au décès, soit pour des avances en raison de dettes et charges de la succession qu'il a acquittées, il lui est attribué des biens et valeurs héréditaires en paiement de sa créance ; par suite, il est dû le droit de soulte, à titre de dation en paiement, jusqu'à concurrence de la part contributive des autres héritiers dans la dette (Délib., 8 nov. 1833 ; Rambouillet, 12 déc. 1845 ; Bagnères, 22 mars 1855 ; Instr., 1273-10 et 1290, § 2, n° 4 ; Garnier, 12463, 12467 ; Seine, 10 fév. 1872 ; Angoulême, 23 mars 1877 ; R. P., 4792 ; Marseille, 21 mai 1879 ; R. P., 5346). — Si c'est de l'argent comptant que reçoit l'héritier, le droit de quittance est seul exigible (Dict. not., *Partage*, 773 ; Rambouillet, 12 déc. 1845).

2778. — Héritier légataire de somme. — Attribution en immeuble. — La même règle est aussi applicable au cas où le cohéritier, légataire par préciput d'une somme d'argent, reçoit, par le partage de la succession, des immeubles pour le remplir de cette somme ; en conséquence, le droit de soulte est exigible sur ce qui excède sa part héréditaire dans la valeur de ces immeubles (Délib., 25 sept. 1822 ; Seine, 21 juin 1855 ; J. N., 15691). — Il en serait autrement, et le droit gradué de délivrance de legs serait seul dû, si le legs était d'une somme à prendre sur les biens de la succession (Dict. not., *Partage*, 792 ; Délib., 1er juin 1832 ; Angoulême, 23 mars 1877 ; précité).

2779. — Héritier créancier. — Quittance. — Lorsqu'il est énoncé dans un partage que la succession a payé à l'un des cohéritiers, qui le reconnaît, une somme dont le défunt était débiteur envers lui, cette clause forme une disposition indépendante passible du droit de quittance (Seine, 1er août 1874 ; R. P., 3959).

2780. — Charge d'usufruit. — Lots égaux. — Lorsque la masse des biens à partager comprend des biens grevés d'usufruit, et que ces biens entrent pour la nue-propriété dans un lot, tandis que les autres lots sont composés de biens en pleine propriété, cette circonstance ne saurait autoriser la perception du droit de soulte, du moment où le partage ne stipule pas un retour de lots, ni un équivalent pour la jouissance dont est privé celui qui est attributaire de la nue-propriété. En effet, le copartageant qui reçoit cette nue-propriété, n'est pas de plein droit réputé recevoir moins que ses cohéritiers ; on doit présumer, au contraire, qu'il a été tenu compte de la charge grevant son lot dans l'évaluation des biens, et que les lots, toutes compensations opérées, sont parfaitement égaux. Si l'administration prétend qu'il y a une plus value passible du droit de soulte, c'est à elle à en administrer la preuve (Garnier, 12413 ; Sol., 12 mars 1853, 6 mars 1854, 27 août 1862, 21 sept. 1865).

2781. — Charge d'usufruit. — Indemnité. — Mais si le bien grevé d'usufruit est entré dans un lot pour sa valeur en pleine propriété, l'abandonnataire de ce lot se trouve supporter une charge qui diminue son émolument, et, par contre, augmente les lots de ses copartageants, il y a une plus value de ces lots qui est passible du droit de soulte (Charolles, 22 mars 1845 ; Dict. not., *Partage*, 789). — Si ceux-ci, pour le récupérer de la jouissance dont il est privé, lui constituent une rente annuelle payable jusqu'à ce que l'usufruit ait pris fin, cette rente forme un retour de lot passible, en la capitalisant suivant l'art. 15, n° 8 de la loi du 22 frimaire an VII, du droit de soulte à quatre pour cent (Vouziers, 8 juin 1836 ; Saint-Etienne, 21 déc. 1847 ; Cass., 21 juill. 1851 ; J. N., 14421 ; S. 51, I, 617 ; Saint-Amand, 22 août 1867 ; Garnier, R. P., 2747. Contra : Roll. de Vill., *Partage*, 429) ; — si une indemnité lui était allouée en capital, c'est sur cette indemnité que le droit de soulte serait calculé (Saint-Etienne, 21 déc. 1847 ; Garnier, 12413, 2°).

2782. — Charges réciproques. — Si des charges sont imposées à chacun des lots respectivement de manière qu'elles soient réciproques, par exemple, en supposant trois copartageants, s'ils sont chargés : le premier de l'acquit d'une rente viagère, le second de souffrir un usufruit et le troisième un droit d'habitation, et que ces charges soient d'une importance à peu près égale, il n'y a pas lieu au droit de soulte (Délib., 20 et 23 fév. 1855; Sol., 16 nov. 1854, 11 juin 1861; Garnier, 12413, 4°).

2783. — Construction. — Indemnité. — Décidé que lorsque des enfants, par le partage de la succession de leur mère, fixent le montant de l'indemnité due à leur père, pour une construction qu'il a élevée sur un bien propre à sa femme, et que l'un des enfants se charge de l'acquitter pour le tout, le droit de soulte est exigible sur l'excédant de sa part (Lyon, 12 mai 1858; R. P., 1092).

2784. — Charge éventuelle. — Quand une charge éventuelle est imposée à l'un des lots, par exemple, de souffrir un usufruit au profit d'un tiers dans le cas où il survivrait à une personne désignée, le retour de lots n'est pas de la valeur de l'usufruit, mais seulement de l'expectative de la charge dont l'importance doit être évaluée en capital, sauf le droit de contrôle de l'administration (Sol., 1er déc. 1856, 16 sept. 1862, citées par Garnier, 12417).

2785. — Rente perpétuelle. — Dans le cas où l'un des copartageants est expressément chargé d'une rente perpétuelle, qui grève un immeuble entré dans son lot, comme ayant été déduite de la valeur de cet immeuble, *supra* n° 914, le droit de soulte est exigible sur la somme qui excède sa part dans le capital de la rente (Décis. minis. financ., 26 déc. 1821; Lyon, 26 avr. 1861; Garnier, 12418). — S'il n'a pas été chargé de la rente, et si, au contraire, un recours lui a été réservé contre ses copartageants, la rente, quoique continuant de grever par hypothèque un immeuble entré dans son lot, reste en réalité à la charge de tous les copartageants, ce qui est exclusif du droit de soulte.

2786. — Mandat d'acquitter le passif. — Lorsque, sans que ses droits aient été augmentés du passif, *supra* n° 2775, l'un des héritiers a été chargé de l'acquitter, et qu'une attribution de somme ou de valeurs mobilières lui a été faite dans ce but à la condition qu'il en rendra compte; il est mandataire de ses cohéritiers, à l'effet de réaliser les valeurs mobilières et d'en employer le produit à l'acquit du passif, et aucun droit de soulte ne peut être exigé; mais seulement le droit fixe de 3 fr. pour mandat conjoint (Dict. not., *Partage*, 783, 784; Roll. de Vill., *ibid.*, 426; Seine, 31 janv. 1839; Dreux, 19 août 1846; J. N. 12768. CONTRA Le Mans, 9 oct. 1862; R. P., 1688. Lons-le-Saulnier, 19 oct. 1867; voir aussi Seine, 20 juin 1868; Garnier, R. P., 2929). — Il en est ainsi, à plus forte raison, quand des valeurs sont, non pas attribuées, mais affectées à l'acquit du passif, et que l'un des copartageants a été chargé de les réaliser et d'en employer le produit à l'acquit du passif (Dict. not., *Partage* 785; Délib. 27 mars 1824, 27 mars 1828, 4 avril 1834; Seine, 31 janv. 1839; Cass., 2 fév. 1840; Mans, 12 mars 1847; Chartres, 16 fév. 1850; Lons-le-Saulnier, 19 nov. 1867; Seine, 20 juin 1868; Lure, 22 mai 1869; Garnier, 12419, 1°). — Il importe peu que l'acte énonce que des délégations et affectations sont consenties au profit des créanciers, aucun droit de délégation n'est dû si les créanciers ne sont pas présents (Garnier, 12470; Dict. not., *Partage*, 780).

2787. — Mandat. — Soulte. — Toutefois décidé que lorsque, dans un partage, les cohéritiers, par une convention relative au recouvrement des créances, ont constitué l'un d'eux pour leur mandataire, à l'effet de recouvrer le montant des créances héréditaires avec condition que le mandat serait irrévocable, que le mandataire ne pourrait s'en décharger avant le recouvrement intégral, de sommes suffisantes pour faire face à la somme attribuée à ses mandants sur ces créances, que les frais à faire par le mandataire pour la rentrée des créances seront à sa charge personnelle, qu'il payera à ses mandants des sommes fixées aléatoirement, à des époques déterminées, avec intérêt au taux légal; cette convention constitue non un mandat, mais une cession de créances assujettie au droit de soulte de un pour cent (Cass.-req., 5 juill. 1870; Garnier, R. P., 3188); CONF. Toulouse, 20 juillet 1850; J. E., 15002).

2788. — Transcription. — L'article 68, § 3, n° 2, de la loi du 22 frimaire an VII, en assujettissant les soultes au *taux réglé pour les ventes*, *supra* n° 2749, a entendu que ce taux était celui fixé en ce qui concerne les immeubles à quatre pour cent. L'on ne saurait, dans aucun cas, y ajouter le droit de transcription à un franc cinquante édicté par l'art. 52 de la loi du 28 août 1816 (Cass., 29 juill. 1819, 14 juill. et 10 août 1824; Déc. minist. fin., 8 oct. 1818, 14 oct. 1824; Instr. 903 et 1150, § 8; J. N. 3194, 4771, 4934; Garnier, 12427; R. P., 634), — lors même que la soulte est due par plusieurs copartageants à qui des immeubles ont été attribués indivisément (Délib., 19 nov. 1832, 28 juin 1833, 22 déc. 1856; J. N. 7917, 8111, 15981; R. P., 634, 782. CONTRA Cahors, 13 juill. 1861, J. N., 17269; R. P., 1545); — sauf, dans toutes les hypothèses, le cas où l'acte de partage serait volontairement présenté à la formalité de la transcription (Cass., 9 août 1860, 2 juin 1863, 10 juill. 1865, 24 mars 1868; R. P. 1806, 2140, 2328, 2631; Defrénois, *Rép. N.*, 2972-25; voir Nantes, 20 mai 1875; J. N., 21421).

§ 3. — *Des droits divers sur les actes et conventions se rattachant aux partages.*

2789. — Procès-verbaux divers. — Les procès-verbaux divers, nécessités par les opérations du partage, par exemple: le procès-verbal d'ouverture des opérations; le procès-verbal de communication de l'état liquidatif et son approbation ou contestation, quand il y a lieu à l'homologation; les procès-verbaux de dire, d'ajournement, de difficultés, de clôtures, etc., sont passibles, comme actes innommés du droit de trois francs (*Lois 22 frimaire an VII, art. 68, § 1er, n° 51; 18 mai 1850, art. 8 et 28 fév. 1872, art. 4*). — Si un procès-verbal contient, en outre, une convention quelconque; ainsi, un mandat d'administrer, une décharge, un acte de notoriété, etc., un droit particulier est dû pour cette convention.

2790. — État liquidatif. — L'état liquidatif, dressé par le notaire pour être soumis à l'examen des parties ou à l'homologation du tribunal, constitue simplement un projet, un acte préparatoire, et il est passible du droit fixe de trois francs comme acte innommé (Délib. 26 sept. 1830; 28 juin et 29 août 1831, 24 sept. 1839).

2791. — Formation des lots. — Rapport d'expert. — Le rapport d'experts reçu et rédigé par le notaire, à la suite du procès-verbal de formation de la masse, par lequel l'expert commis établit la composition des lots, *supra* n° 2309, est assujetti au droit fixe de trois francs (*Lois 28 avr. 1816, art. 43, n° 16; 28 fév. 1872, art. 4*).

2792. — Approbation. — Abandon des voies judiciaires. — Si les parties, par le procès-verbal de communication de l'état liquidatif, déclarent l'approuver purement et simplement, se dispenser de l'homologation, et, par conséquent, abandonner les voies judiciaires, que les parties soient toutes majeures ou qu'il y ait parmi elles des mineurs, le partage est définitif, et les droits gradués et proportionnels auxquels le partage donne ouverture sont exigibles (Seine, 7 fév. 1844, 3 fév. 1847, 26 déc. 1849; Dict. not., *Partage*, 846); — mais le droit fixe d'approbation n'est pas dû.

2793. — Compte d'administration. — Lorsque l'un des héritiers, ou un tiers, a été chargé d'administrer les biens de la succession, soit par toutes les parties d'un commun accord, soit par une décision du tribunal ou une ordonnance du juge du référé, *supra* n°s 428, 2109, et qu'il rend son compte d'administration par le partage lui-même ou par un état authentique ou sous seing-privé, annexé au partage, ce compte est une dépendance nécessaire du partage, avec lequel il s'incorpore, d'où il suit qu'il n'est passible d'aucun droit particulier. Ainsi, la remise faite par l'héritier administrateur du reliquat de son compte, par l'acte même de partage, à ses cohéritiers, dans la proportion de leurs attributions, ne donne ouverture à aucun droit particulier (Le Mans, 9 oct. 1862; Cass., 23 mars 1853; S. 53, I, 281; J.N., 14922).— Si ce reliquat n'est pas versé par l'acte de partage, et alors même qu'un délai serait fixé pour le versement, cette circonstance n'autoriserait pas la perception du droit d'obligation, le partage ne constituant pas un arrêté de compte, mais plutôt une liquidation fixant le compte des cohéritiers (Fontenay-le-Comte, 27 juill. 1877; J. N., 21787). — Cela ne souffrirait aucune difficulté, si le compte était rendu par l'état liquidatif, en cas de partage judiciaire, en raison de la condition suspensive qui y est attachée (Délib. 19 mai 1837; Marseille, 13 juin 1837; J. N. 9736, 10197); — mais lors de la remise postérieure des fonds, il est perçu le droit de trois francs pour décharge (*Lois, 22 frimaire an VII, art. 68, § 1er n° 22; 28 avr. 1816, art. 43-8°, et 28 fév. 1872, art. 4*). — Si le compte est rendu par acte séparé, il est passible du droit fixe de trois francs, comme acte innommé (*Lois, 22 frimaire an VII, art. 68, § 1er, n° 51; 18 mai 1850, art. 8, et 28 fév. 1872, art. 4*).

2794. — Ibid. — Obligation. — Mais le droit d'obligation est dû dans les deux cas suivants : 1° Si le cohéritier a administré sans mandat, par exemple, a reçu des créances indivises et que l'attribution soit faite à ses cohéritiers des sommes demeurées en ses mains, cette attribution conférant à ceux-ci un titre qu'ils n'avaient pas auparavant, ce qui donne ouverture au droit proportionnel d'obligation (Nogent-sur-Seine, 17 juill. 1872; R. P., 3732).

2° Quand le cohéritier, ou tiers administrateur, se reconnaît débiteur du reliquat et prend l'engagement de le payer à une époque déterminée avec intérêt (Délib., 3 mars 1824 ; J. N., 4742).

2795. — Ibid. — Dation en paiement. — Si le compte d'administration constate un reliquat en dépense dû à l'héritier administrateur, et qu'il lui soit attribué des valeurs héréditaires pour le remplir de ce reliquat, cette clause entraîne une transmission de propriété, par conséquent a le caractère d'une dation en paiement passible du droit de soulte (Seine, 21 nov. 1868, 19 déc. 1874; Garnier, Rép. Pér., 2929 et 4092). — Il en est autrement, s'il lui est fait simplement une délégation sur certaines valeurs communes, de telle sorte que la réalisation de ces valeurs soit considérée comme une suite du mandat d'administrer qui lui a été conféré; dans ce cas, la convention est une disposition essentielle du mandat et elle n'est passible d'aucun droit (Délib., 19 mai 1837; J. N., 9576; Cass., 23 mars 1853; S. 53, I, 281; J. N., 14922).

2796. — Ibid. — Reconnaissance de dette. — Décidé que lorsque, dans un partage, les héritiers se reconnaissent débiteurs envers le mari d'une cohéritière d'une somme déterminée provenant du reliquat d'un compte d'administration, cette clause, alors même que l'administration se continue, donne ouverture au droit de reconnaissance de dette à un pour cent (Seine, 5 juill. 1873; Garnier, Rép. Pér., 3898). — De même la disposition du partage, par laquelle les héritiers du mari se reconnaissent débiteurs envers la veuve, de la somme qu'elle a employée, en leur acquit, au paiement du passif, rend exigible le droit d'obligation à un pour cent (Roanne, 26 déc. 1877; R. P., 4874).

2797. — Ibid. — Créance due à héritier. — Lorsque, par l'acte de partage, l'un des héritiers est reconnu créancier personnel de la succession, le droit d'obligation à un pour cent est exigible sur cette créance, déduction faite de la part virile dont il fait confusion sur lui-même (Nogent-le-Rotrou, 4 mai 1877; R. P., 4731).

2798. — Ibid. — Tiers. — Notaire. — Si le compte d'administration est rendu par un tiers ou par le notaire qui procède aux opérations du partage, *supra* n° 2215, les règles établies, *supra* nos 2793 à 2796, sont également applicables; toutefois, si le partage constate la remise du reliquat aux abandonnataires, il est dû un droit particulier de trois francs pour décharge, *supra* n° 2793 (Dict. not., *Partage*, 863, 871; Délib., 19 mai 1837; Cass., 26 fév. 1850; J. N., 9756, 14914; Instr., 1857, § 1er).

2799. — Ibid. — Mentions. Parties. — En ce qui concerne les mentions pour les recettes et les dépenses comprises dans le compte, voir *supra* nos 2706 à 2713. Le droit de quittance n'est donc pas dû sur l'énonciation que l'administrateur a touché *telle* somme d'un débiteur désigné (Sol., 23 juin 1858; Bourgoin, 26 août 1858); — il en serait autrement, si le débiteur assistait au partage en qualité de partie, par exemple, si le compte mentionne des paiements faits à des cohéritiers pour le montant de leurs créances contre la succession; dans ce cas, le droit de quittance est exigible (Seine, 25 juill. 1862; Garnier, 12464-1).

2800. — Ibid. — Notaire rédacteur. — Le notaire rédacteur du partage ne saurait être considéré comme partie à l'acte relativement aux énonciations qui le concernent, sa mission consistant seulement à constater les conventions des parties, telles qu'elles lui sont déclarées; d'où il suit que si parmi les recettes faites par le copartageant administrateur, figurent des sommes qui lui ont été payées par le notaire rédacteur de l'acte, lequel en était débiteur, cette énonciation n'a pas pour effet de conférer au notaire un titre libératoire, mais seulement de faire connaître les forces de la succession, en vue de l'établissement de la masse partageable et n'est pas, dès lors, passible du droit de quittance (Sol., 18 déc. 1846; Instr., 1786, § 9; Cass., 3 mai 1854; S. 54, I, 478; J. N., 15264). — Il en est de même de l'énonciation de l'acte relative aux sommes dues par la succession au notaire, comme, par exemple : le chiffre des frais, déboursés et honoraires, qui lui sont dus pour actes antérieurs ou pour l'acte de partage lui-même, cette énonciation n'établit aucun lien de droit et ne fait titre ni pour, ni contre le notaire et, par conséquent, ne peut engendrer aucun droit (Délib., 11 août 1824, 13 août 1830; Sol., 18 déc. 1846; Seine, 12 août 1846; J. N., 12775; Seine, 25 juill. 1862; Montreuil, 22 août 1855 ; Garnier, 12464-4).

2801. — Ibid. — Notaire. — Droits exigibles. — Il en serait autrement, pourtant, s'il résultait de l'énonciation de l'acte, l'intention de constater une obligation ou une transmission, une libération. Ainsi le droit de un pour cent serait dû sur l'énonciation du chiffre des frais dûs au notaire, si une garantie lui était conférée pour en assurer le paiement (Décis. min. fin., 11 juin 1818; J. N., 3132), ou s'il lui était délégué en paiement une créance due à la succession (Remiremont, 31 août 1854). — Décidé aussi que si par l'acte de partage, le notaire reconnaît avoir reçu des frais à lui dus et en donne quittance, le droit de libération à cinquante centimes est exigible (Cass., 22 avril 1823; Epernay, 5 janv. 1826; voir aussi Soissons, 11 août 1869; Journ. des Not., art. 20164).

2802. — Intervention des créanciers. — Lorsque des créanciers des héritiers interviennent au partage en raison de ce qu'ils se sont opposés à ce qu'il y soit procédé hors leur présence, *supra* n° 1710 et suiv., sans qu'il soit fait aucune stipulation les concernant, leur intervention est une condition de la validité du partage; par conséquent, en dépend, et aucun droit particulier n'est exigible (Décis. min. fin., Belge, 24 oct. 1853. CONTRA Garnier, 12466, suivant lequel il serait dû le droit fixe de 3 francs). — Il en serait autrement si des agissements à leur égard étaient constatés dans l'acte, ainsi : 1° le droit fixe de 3 francs serait exigible s'ils déclaraient avoir pris connaissance du partage et l'approuver ; 2° il serait dû le droit de quittance à 50 cent. par 100 fr., si les deniers attribués à leur débiteur leur était versé en paiement d'autant de leurs créances, 3° et le droit de délégation à un pour cent, s'il leur était délégué les créances attribuées à leur débiteur.

2803 — Dépôt. — Notaire. — Décharge. — Lorsque dans la masse partageable figure une somme étant aux mains du notaire, avec énonciation qu'elle lui avait été déposée par le défunt, et qu'à la suite de la remise que le notaire en fait aux copartageants, dans la mesure de leurs attributions, ceux-ci lui en donnent décharge, il est dû seulement le droit fixe de 3 francs, *supra* n° 2793, et non pas celui de libération; et quoique aucun acte en forme n'ait constaté le dépôt, le dépôt chez un notaire étant présumé lui être fait en sa qualité d'officier public (Cass., 26 fév. 1850; S. 50, I, 394; J. N., 13974).

2804. — Mari autorisant sa femme. — Créance. — Quand un mari intervient à un partage intéressant sa femme, non pas seulement comme l'autorisant, mais aussi comme y concourant et que, dans la masse, figure une créance, sans titre enregistré, contre lui personnellement, et dont l'attribution est faite à sa femme, décidé que le droit d'obligation est dû en raison de ce que le mari est partie à l'acte et que la créance n'est pas une dette du mari envers la femme, mais une dette du mari envers son beau-père, dette qui n'est entrée dans l'avoir dotal de la femme que par suite des stipulations du partage (Grenoble, 13 mars 1869; Garnier, R. P., 2495). — Cette décision nous semble difficilement acceptable : par le fait de l'attribution à la femme, une confusion s'est légalement opérée aux mains du mari; en effet, c'est en ses mains seules que la somme pouvait passer en sa qualité d'administrateur des biens de sa femme, par suite, ce n'est pas envers sa femme qu'il s'est trouvé débiteur, mais envers lui-même comme représentant sa femme. — En tout cas, si le mari était simplement intervenu à l'acte comme autorisant sa femme, on ne saurait le considérer comme partie à l'acte et le droit de reconnaissance ne pourrait être réclamé lors même que la créance serait attribuée aux autres cohéritiers (Louhans, 31 août 1877; R. P., 4827). — Enfin, la réclamation ne pourrait en être faite non plus, s'il résultait des circonstances que le mari n'a la somme entre les mains qu'en sa seule qualité de mari et pour le compte de sa femme.

2805. — Partie. — Subrogé-tuteur. — Mandataire. — Porte fort. — Le subrogé-tuteur d'un mineur, le mandataire et le porte fort qui interviennent au partage, en ces seules qualités, agissent uniquement dans l'intérêt de ceux aux noms desquels ils comparaissent; par suite, les énonciations actives ou passives qui les intéressent personnellement doivent être envisagées comme si elles se rapportaient à des tiers tout-à-fait étrangers à l'acte, et le droit de reconnaissance de dette n'est pas exigible (Sol., Belg., 5 juill. et 22 oct. 1873; Garnier, 12472).

2806. — Vacations. — Lorsque les opérations de partage ont lieu en plusieurs séances, par vacations, *supra* n° 2156, elles ne sont pas soumises à la règle de l'inventaire; en conséquence, il est dû un droit fixe de 3 francs par chaque séance ou procès-verbal (Sol., 30 mai 1863); — puis, quand le partage est devenu définitif, le droit gradué devient exigible (Garnier, 12474-4).

2807. — Remises de pièces. — Annexe. — Dépôt. — La mention de la remise des pièces aux copartageants, et du dépôt fait à l'un d'eux quant aux titres communs, *supra* n° 2273, est une dépendance du partage, et ne donne ouverture à aucun droit. — L'annexe qui en serait faite à l'acte de partage, *supra* n° 2277, serait aussi exempte de droit. — Mais le droit fixe de 3 francs serait dû s'ils étaient déposés aux minutes d'un notaire par acte séparé, *supra* n° 2276.

2808. — Réquisition de certificat de propriété. — La réquisition faite au notaire, par l'acte de partage, de délivrer un certificat de propriété pour faire immatriculer les rentes sur l'État au nom des nouveaux possesseurs, en conformité des attributions, constitue un complément de l'opération et ne donne ouverture à aucun droit particulier (Sol., 9 nov. 1858; Garnier, 12476).

2809. — Biens demeurés en commun. — La stipulation qu'un immeuble, ou autre objet, continuera de demeurer indivis entre les copartageants, ne donne ouverture à aucun droit particulier, ni au droit gradué de société, cette clause ne modifiant en rien les droits des parties (Délib., 26 oct. 1827).

2810. — Suspension de partage. — L'acte par lequel des cohéritiers déclarent suspendre pendant un temps fixé, le partage soit de l'hérédité entière, soit de quelques-uns des biens en dépendant, *supra* n° 750, est, comme acte innommé, passible du droit fixe de 3 francs (*Lois 22 frimaire an VII, art. 68, § 1, n° 51; 18 mai 1850, art. 8; et 28 fév. 1872, art. 4*).

2811. — Retrait successoral. — Le retrait ayant pour effet de mettre le retrayant au lieu et place du retrayé, n'opère aucune transmission de propriété; en conséquence, il est seulement passible du droit de libération à 50 cent. par 100 francs sur les sommes remboursées, et du droit d'obligation à un pour cent sur les sommes que le retrayant s'oblige à payer (Championnière et Rigaud, 2160; Dict. not., *Retrait successoral*, 105; Garnier, 14708).

2812. — Acte en conséquence. — Parties. — L'interdiction imposée aux notaires, par les lois des 22 frimaire an VII, art. 41, et 16 juin 1824, art. 10, de faire aucun acte en conséquence d'un acte précédent avant qu'il ait été enregistré, est applicable aux partages, lorsque ces actes concernent les parties contractantes. En conséquence, on ne peut mentionner dans un partage : 1° une licitation ou un autre partage passés devant un autre notaire, s'ils n'ont été préalablement enregistrés (Amiens, 8 juin 1846; Vitré, 14 oct. 1847; J. N., 12750, 13197); — à moins qu'il ne s'agisse d'une licitation judiciaire, et que le partage ait pour objet d'attribuer le prix au cohéritier adjudicataire, *infra* n° 2870; — 2° une acceptation bénéficiaire ou une renonciation à communauté ou succession non enregistrées (Chatellerault, 22 janv. 1845; Niort, 17 fév. 1864; Garnier, 1142-2); — 3° un acte de cession de droits successifs passé devant un autre notaire et non encore enregistré (Saint-Gaudens, 15 mars 1876; R. P., 4399).

2813. — **Acte en conséquence. — Tiers.** — Quand l'acte mentionné dans le partage concerne des tiers, la règle cesse d'être applicable. Ainsi, on peut, sans contravention, relater des actes sous seings privés relatifs à des créances dues à des tiers, ou par eux dues aux copartageants, quand les tiers n'interviennent pas à l'acte de partage ; le partage n'étant pas constitutif, mais seulement énonciatif des créances (Cass., 24 août 1818).

2814. — **Énonciation. — Tiers.** — A plus forte raison, il n'est dû aucun droit pour l'énonciation, dans l'acte de partage, soit de dettes dues à des créanciers non présents à l'acte, soit de sommes dues par des tiers aussi non présents (Cass., 16 mars 1823).

2815. — **Option.** — Lorsque l'héritier réservataire, pour ne pas exécuter la disposition, par acte entre vifs ou par testament, d'un usufruit ou d'une rente viagère qui excèdent la quotité disponible, déclare faire l'abandon de la propriété de la quotité disponible, *supra* n° 1386, l'acte par lequel il fait cette option, *supra* n° 1400, n'est passible d'aucun droit proportionnel, l'usufruitier ou le rentier viager étant censés tenir cette quotité du disposant. Il est assujetti au simple droit fixe de trois francs comme acte innommé (*Lois 22 frimaire an VII, art. 68, § 1er, n° 51 ; 18 mai 1850, art. 8; 28 fév. 1872, art. 4*. Voir comme analogie, un arrêt de cassation du 24 août 1841; S. 41, I, 771). — Si, des énonciations de l'acte, il résultait une délivrance de legs, elle rendrait exigible le droit gradué de délivrance.

2816. — **Dépôt.** — L'acte de dépôt du jugement d'homologation et des pièces de signification et de non opposition ni appel, *supra* n° 2385, est passible du droit fixe de 3 francs (*Lois 22 frimaire an VII, art. 68, § 1er, n° 26 ; 28 avril 1816, art. 43, n° 10 ; 28 fév. 1872, art. 4*).

2817. — **Ratification.** — L'acte de ratification pure et simple d'un partage, pour couvrir le vice, soit de l'incapacité lors du partage de celui qui ratifie, soit d'une nullité pour dol, violence, erreur ou lésion, est sujet au droit fixe de 3 francs (*Lois 22 frimaire an VII, art. 68, § 1r, neo 38 ; 18 mai 1850, art. 8 ; 28 fév. 1872, art. 4*).

SECTION II.

DE L'INDIVISION.

2818. — **Principes.** — Le partage, bien que produisant un effet simplement déclaratif, *supra* n° 2409, exige pourtant, pour l'opération qui le constitue, des conditions de capacité, presque analogues à celles prescrites pour l'aliénation des biens, ce qui est justifié par le fait qu'en réalité chacun des copartageants, en raison des biens entrés dans son lot, s'est trouvé réunir à ses droits indivis ceux de ses copropriétaires dans ces biens. Il est donc nécessaire, pour que l'acte caractérise le partage et qu'il bénéficie du droit gradué, qu'il existe une indivision entre ceux qui y procèdent.

2819. — **Indivision. — Usufruit.** — Nous avons dit, *supra* n°s 705 à 713, dans quels cas et à partir de quelle époque l'indivision se trouve exister. Il n'y a pas d'indivision entre l'usufruitier d'une chose et celui qui en est le nu-propriétaire, *supra* n° 715, le partage qui intervient entre eux produirait les effets d'un échange, *supra* n° 2436. — Si l'usufruit était d'une part indivise dans une chose ou dans une universalité, voir *infra* n° 2878.

2820. — **Biens déjà divisés.** — Il ne suffit pas que l'indivision ait existé, il faut encore qu'elle existe au moment du partage ; autrement les copropriétaires pourraient faire rentrer dans l'indivision des biens qui en étaient sortis, dans le but d'échapper à un droit de licitation ou de soulte, ou même au droit de transmission s'il s'agit d'immeubles ou de choses mobilières corporelles. Nous allons en faire l'application à divers cas :

2821. — Echange de lots. — Acte postérieur. — Si deux copartageants, après le partage, se cèdent réciproquement leurs lots ou une partie des immeubles dont ils sont formés; une telle convention n'intervient qu'après que l'indivision a cessé, et elle donne ouverture au droit d'échange (Garnier, 12487; Décis. min. fin. 19 juill. 1808; Délib. 2 nov. 1825, 1er mai 1827; Bruxelles, 3 juin 1863). — Il en serait autrement, toutefois, si l'échange avait été prévu dans l'acte de partage; dans ce cas, il en forme une des conditions, et l'on ne saurait y voir qu'une suite ou un complément du partage lui-même (Cass., 20 avr. 1869; R. P., 2921).

2822. — Echange ou modification de lots. — Partage même. — Lorsque les échanges ou modifications de lots ont lieu dans le partage même, il faut rechercher s'ils ne constituent pas simplement un accessoire du partage, un mode d'attribution qui soit plus à la convenance des copartageants; dans ce cas, ils peuvent ne pas être considérés comme une transmission et aucun droit particulier n'est dû (Garnier, 12488; Décis. min. fin., 5 nov. 1811). — Mais s'il résulte de la convention qu'elle forme une modification au partage qui se trouvait définitif; par exemple, si l'un des copartageants cède à un autre copartageant son lot qui n'a été composé que de biens meubles, à l'encontre du lot de celui-ci formé de tous les immeubles, il y a transmission de propriété rendant exigible le droit de soulte à quatre pour cent (Marseille, 6 mai 1851; J. E. 15203); ou le droit de vente si la convention intervient en dehors du partage (Villefranche, 30 déc. 1847; Bourganeuf, 28 juin 1850; v. Auch, 23 janv. 1877; J. N., 21869).

2823. — Biens remis dans l'indivision. — Quand des biens partagés sont ensuite remis dans l'indivision, par l'effet d'une convention entre tous les propriétaires, il faut distinguer : si cette remise dans l'indivision a pour objet l'exploitation et la réalisation des biens dans un intérêt commun, pour en répartir ensuite les bénéfices entre eux, la convention a le caractère d'une société, et,

c'est le simple droit gradué d'apport en société qui est exigible (Garnier, 12491; Lille, 23 août 1844; Sol., 25 juin 1830, 30 déc. 1844, 20 janv. 1845). — En dehors de cette hypothèse, la convention constitue un échange ordinaire et il est dû le droit proportionnel d'échange suivant la nature des biens (Décis. min. fin., 18 juill. 1808; Délib. 2 nov. 1825; Villefranche, 30 déc. 1847; Bourganeuf, 28 juin 1850; Toulouse, 21 nov. 1862; Sol., 16 nov. 1864; R. P., 2080).

2824. — Valeurs fictives. — Il ne suffit pas non plus qu'il existe une indivision relativement à certains biens, il faut que tous les biens en fassent partie. Si donc certains biens ou valeurs étaient sortis de l'indivision au moyen de ce qu'ils auraient été recouvrés ou réalisés, ou auraient fait l'objet d'une confusion, ils ne pourraient plus entrer dans le partage, puisque alors on y comprendrait des biens appartenant personnellement aux copartageants, de sorte que l'attribution à d'autres constituerait une transmission. Nous allons examiner, à ce sujet, divers points susceptibles de se produire.

2825. — Valeurs partagées. — Les cohéritiers qui font entre eux un partage partiel, comprenant les valeurs mobilières de la succession, ne peuvent ensuite, en procédant au partage des immeubles, ou du prix de l'adjudication à titre de licitation, prononcée au profit de l'un d'eux, faire figurer dans ce partage, la totalité ou une partie des valeurs précédemment attribuées, dans le but, en rétablissant l'égalité, d'échapper au droit de soulte ou de licitation (Cass., 25 mai 1841; J. N., 11068).

2826. — Créances recouvrées. — Valeurs réalisées. — Si des créances ont été recouvrées conjointement par les copartageants, ou des valeurs réalisées et que chacun d'eux ait été mis en possession de sa part dans ces créances ou valeurs, alors même que l'acte de quittance garderait le silence sur ce point, elles ne peuvent être comprises en totalité ni en partie dans un partage ultérieur. Si elles y figuraient, on devrait les considérer comme ayant pour objet de dissimuler un retour de lot, ce qui donnerait ouverture au droit de soulte (Garnier, 15234, 2°, 4°; Sol

Belge, 12 mars 1864). — Il en serait de même si le montant des valeurs ou créances avait été employé à acquitter le passif (Argentan, 29 déc. 1859; Lyon, 26 juill. 1860; R. P., 1303; Seine, 19 déc. 1874; R. P. 4092). — Toutefois, quand des recouvrements de créance ou des réalisations de valeurs, sont contemporaines du partage et que rien ne fait présumer que le montant a été réparti entre les cohéritiers ou employé à l'acquit du passif, ces recouvrements ou réalisations peuvent être considérés comme des opérations préliminaires au partage, de manière que les sommes en provenant figurent dans la masse comme étant la représentation des valeurs ou créances. La question ne serait pas douteuse, si ces réalisations et recouvrements avaient été faits par un administrateur provisoire. En tout cas, il est utile de mentionner dans l'acte de partage que les recouvrements et réalisations ont eu lieu en vue des opérations et dans le but de les faciliter.

2827. — Prix de vente touché. — On ne saurait considérer comme étant demeuré indivis entre les héritiers le prix d'une vente immobilière par eux faite d'un immeuble indivis, alors que le contrat de vente énonce que ce prix a été payé comptant et qu'ils ont reçu leur part héréditaire, soit chacun *telle* somme; en conséquence, ce prix ne peut plus être porté dans le partage des biens restés indivis entre eux, et le droit de soulte est exigible si on le fait entrer dans l'un des lots (Mamers, 19 mai 1863; J. N., 17979; Mortagne, 1er avril 1870; Garnier, R. P., 1822, 3324).

2828. — Prix de vente non partagé. — Mais quand le prix de la vente a été stipulé payable à terme et se trouve encore dû, il n'est nullement douteux qu'il peut être confondu avec d'autres objets dans une masse commune du partage pour former la balance entre les divers lots (*C. Proc. 976*). — Le même principe nous paraîtrait applicable, même quand le prix de vente aurait été reçu en commun, s'il n'est pas établi qu'il a été réparti entre les cohéritiers (Garnier, 12334, 6°; Rouen, 24 déc. 1857; Grenoble, 2 juin 1863).

2829. — Rapports égaux. — Confusion. — L'administration a élevé à plusieurs reprises la prétention consacrée par les tribunaux dans des espèces particulières, que, lorsque des cohéritiers ont été également avantagés par des dons en avancement d'hoirie, ou que des avances égales leur ont été faites à titre de dons et de prêts, ces rapports se compensent l'un par l'autre; et que si, sans avoir égard à cette compensation, il est compris dans le lot de l'un des copartageants, une somme effectivement rapportée par un autre copartageant, cette attribution constitue une soulte passible du droit d'enregistrement (Dict. not., *Partage*, 811, 812; Seine, 31 août 1854; J. N. 15416; Beauvais, 14 fév. 1855; J. N., 15456; Sol., 14 nov. 1855; Bar-sur-Seine, 27 nov. 1855; Toulon, 5 déc. 1867; R. P., 2782). — Nous ne saurions adopter cette opinion qui, évidemment, manque de base; en effet, pour qu'il y ait compensation, il faut que deux personnes se trouvent débitrices l'une envers l'autre (*Cod. civ. 1289*), ce qui ne nous paraît pas résulter de l'obligation imposée aux héritiers de remettre dans la masse, à titre de rapports les dons à eux faits; d'ailleurs, on admet généralement que les rapports, alors même qu'ils ont lieu en moins prenant, peuvent être effectués par des sommes en numéraire; enfin, un tel système ne se concilierait pas avec la prétention de la Régie, que nous avons combattu *supra* n° 2723, de réclamer le droit gradué sur les rapports en moins prenant. Il est donc plus juridique de décider que les rapports, même égaux, peuvent être effectués en numéraire, tant que les héritiers ne s'en sont pas volontairement affranchis en convenant qu'ils se compenseront entre eux (Voir Garnier, 12335 qui cite dans ce sens un jugement du tribunal de la Seine, du 23 janv. 1857 et une décision du Min. des Fin. Belge, du 27 déc. 1872).

2830. — Confusion. — Lorsqu'une créance est due par portions égales, par les cohéritiers à la succession qu'ils ont acceptée purement et simplement, elle s'éteint par la confusion aux termes de l'art. 1300 du Code civil; par exemple, s'il s'agit de la succession d'une mère échue à trois enfants, et que ceux-ci soient débiteurs envers elle, comme héritiers purs et simples de leur père, du montant de ses reprises et créances contre ce dernier, ils ne peuvent, en raison de son extinction par la confusion, comprendre cette créance dans la masse de la succession de leur mère. Si, néanmoins, un immeuble, par le partage, a été attribué à l'un des héritiers, à la charge de payer à un cohéritier une somme prise sur sa part dans la créance, et qu'en outre, des lots en immeubles aient été complétés au moyen de sommes prises sur cette créance, le droit de soulte est exigible sur toute somme payée, à raison de cette créance, par des cohéritiers à d'autres cohéritiers (Garnier, 12336; Cass., 23 mars 1853; J. N., 14919; S. 53, I, 279; Chateaudun, 16 août 1850; Saint-Affrique, 9 janv. 1851; Florac, 1er juill. 1854; Orléans, 22 juill. 1856; Moissac, 24 fév. 1874).

2851. — Plusieurs successions. — Si le partage comprend des biens indivis provenant d'origines différentes; par exemple, entre enfants, les biens dépendant de la succession du conjoint prédécédé et ceux donnés à titre de partage anticipé par le conjoint survivant, ou encore les biens provenant de la succession du père, de la succession de la mère, de la succession d'un frère, confondus dans une même masse, il peut être fait un seul partage du tout et une unique répartition, *supra* n° 787. Ceci est également applicable en matière d'enregistrement, sans qu'il y ait à rechercher si les biens de chaque origine ont été répartis également ou inégalement : « Aucune loi, dit un arrêt de Cass. du 6 mars » 1844 (S. 44, I, 208), ne porte que, lorsque » les cohéritiers ou copropriétaires procèdent » ou font procéder au partage de biens de di» verses origines, tous indivis entre eux, ils » doivent, à l'égard de l'administration de » l'enregistrement, être considérés comme » ayant fait ou fait faire autant de partages » différents qu'il y a d'origines différentes de » biens, et, dès lors, payer le droit de soulte » sur ce que chacun d'eux a de plus que les » autres en biens de telle ou telle origine. » (Conf. Cass., 15 mai 1844; S. 44, I, 428; Instr. Régie, n° 1732, § 10).

2852. — Origines différentes. — Ce principe nous semble devoir être appliqué à tous les cas où une indivision se trouve exister entre les mêmes personnes, quoique à des titres différents; de sorte que l'opération donne simplement ouverture au droit gradué de partage et non au droit d'échange ni de soulte; mais à la condition qu'une indivision existe entre tous les copartageants relativement à la totalité des biens compris en la masse; par exemple, s'il s'agit du partage entre héritiers de biens provenus tant de l'hérédité que d'une société ayant existé entre eux ou de biens qu'ils auraient acquis en commun; ou encore du partage entre les ex-associés de biens provenant tant de la société dissoute que d'acquisitions par eux faites en commun (Garnier, 12339; Rép. N., 2971-19. Contra Saint-Quentin, 20 juin 1862; J. N., 17576; Clermont (Oise), 22 janv. 1868; R. P. 3107; Louvain (Belgique), 14 mars 1871; Gand, 10 janvier 1874, cités par Garnier). — S'il est attribué à un copartageant des biens sur lesquels il est sans droit; par exemple, si dans un partage de communauté et de succession, on attribue au conjoint survivant pour le fournissement de ses droits dans la communauté, un immeuble dépendant de la succession de l'époux prédécédé. Cette attribution constitue un échange de cet immeuble contre une quotité des droits dans la communauté, et le droit d'échange devient exigible (Voir Trib. Montmédy, 28 mai 1857). — Il en est de même quand le partage comprend un immeuble dont la propriété réside, par suite de prescription, sur la tête de l'un des copartageants et qui est attribué à un autre (Cass., 15 fév. 1881; Defrénois, *Rép. N.*, 513).

SECTION III.

DE LA JUSTIFICATION DE LA COPROPRIÉTÉ.

2853. — Copropriété — Pour qu'il y ait indivision, relativement aux biens à partager, de manière à bénéficier du droit gradué, deux conditions sont nécessaires : 1° que les personnes entre lesquelles on mentionne que l'indivision existe soient réellement copropriétaires des biens; autrement un partage pourrait déguiser une transmission à titre gratuit ou onéreux, si l'on admettait au partage une personne étrangère qui n'aurait aucun droit, à un titre quelconque, aux biens à partager, de manière à échapper par fraude, au droit fiscal de transmission; 2° que les biens compris dans la masse ont réellement une origine commune, afin qu'un prix de licitation ou une soulte ne soient pas dissimulés, dans le même but, en y faisant entrer soit des valeurs fictives, soit des sommes ou valeurs appartenant personnellement à l'un des copartageants, comme étant la représentation d'immeubles dont l'attribution serait consentie à son profit.

§ 1. — *De la justification à l'égard des qualités.*

2834. — Droits des copartageants. — On établit en indiquant, après la comparution des copartageants, les qualités de cohéritiers, de colégataires, de coassociés, de communistes, etc., avec la mention du fait qui a donné lieu à l'indivision : soit ouverture de succession, soit dissolution de société, soit acquisition en commun, etc.

2835. — Contestations. — L'administration de l'enregistrement est admise à contester ces prises de qualités, si elles lui paraissent fausses ou erronées; toutefois, il est recommandé aux préposés de l'enregistrement de n'user de ce droit qu'avec beaucoup de réserve (Garnier, 12347).

2836. — Aliéné omis. — Dans le cas où un partage a lieu entre les héritiers capables, à l'exclusion d'un héritier aliéné, en faisant entrer dans leurs lots respectifs la part revenant à celui-ci, à la charge par chacun d'eux de contribuer à son entretien, il constitue un partage simplement provisionnel à l'égard de l'incapable, et ne donne pas ouverture au droit de soulte, mais seulement au droit gradué (Délib., 14 mars 1818; Dict. not., *Partage*, 740).

§ 2. — *De la justification en ce qui concerne les biens.*

2837. — Déclaration. — L'art. 68, § 3, n° 2 de la loi de frimaire, en soumettant au droit fixe d'enregistrement, les partages de biens meubles et immeubles entre copropriétaires à quelque titre que ce soit, ajoute : « *pourvu qu'il en soit justifié.* » Cette disposition n'impose pas aux parties l'obligation de prouver que les biens et valeurs compris en la masse appartiennent réellement à la communauté, la succession, la société ou autre indivision qu'il s'agit de partager; il suffit qu'il soit fait dans l'acte un détail suffisant des biens et valeurs pour que l'administration de l'enregistrement puisse exercer son droit d'examen et de contrôle; la justification que les copartageants sont tenus de faire en conformité de cette disposition est seulement celle des qualités dans lesquelles ils agissent (Dict. not., *Partage*, 715). — Toutefois, nous pensons que si l'acte révélait des indices de fraude, les parties pourraient, dans une certaine mesure, être astreintes à *telles* justifications que les tribunaux croiraient devoir ordonner.

2838. — Appréciation. — En supposant que les parties soient soumises à des justifications, elles peuvent être établies soit par des documents de famille (Saint-Quentin, 17 mars 1852; J. N., 14826); — soit par la production de registres, notes, livres de comptes et papiers domestiques (Dict. not., *Partage*, 722; Toulon, 30 mai 1863; R. P., 2224; J. N., 18429); — soit même par les déclarations des parties, quand elles ont la valeur d'un aveu (Arbois, 26 juin 1856); — ou par des présomptions graves, précises et concordantes (Chalons-sur-Seine, 8 mai 1845; Saintes, 13 mai 1853; Garnier, 12349). — Lorsque la justification se fait par la production d'acte sous seing privé, on considère que cette production a lieu officieusement et l'administration, par une tolérance qui s'explique d'elle-même, n'exige pas qu'ils soient enregistrés (Garnier, 12349, 1°).

2839. — Valeurs non désignées. — Quand, par un partage de succession ou de société, des immeubles indivis sont attribués à l'un, et à l'autre des *valeurs de portefeuille* sans autre indication, ou les autres *valeurs de l'hérédité* sans autre désignation, et que les parties, non-seulement ne justifient pas de la réalité de ces valeurs, mais que le contraire est prouvé par les documents de la cause, l'acte qualifié partage est considéré comme renfermant, en réalité, une vente ou cession soumise à la perception du droit proportionnel (Garnier, 12318 *bis*, 12352; Cass., 13 mai 1862;

S. 62, I, 833; J. N., 17449; Seine, 3 mai 1843; Limoges, 29 mai 1850).

2840. — Expertise. — Il a même été décidé, alors d'ailleurs que cette mesure de protection avait été provoquée par les copartageants eux-mêmes, que les valeurs et créances dépendant de divers établissements industriels seraient vérifiés et évalués par experts, avec cette restriction qu'ils n'auraient égard, dans leur appréciation, qu'aux livres, registres et autres documents écrits que leur fourniraient les parties, et qui déposeraient leur procès-verbal au greffe, pour ce procès-verbal devenir, de la part des intéressés, l'objet de mémoires supplémentaires (Cass., 4 juin 1867; S. 67, I, 304; J. N., 18903; Dole, 24 mai 1876; R. P., 4477).

2841. — Numéraires. — Bénéfices. — Sociétés. — Si une somme en deniers comptants est comprise dans la masse et que l'attribution en soit faite à l'un ou plusieurs des copartageants, tandis que les autres sont lotis en immeubles, il peut être décidé, alors surtout que l'inventaire et la déclaration de succession n'en mentionnent pas l'existence, que ces sommes doivent être considérées comme des soultes payées par les copartageants lotis en immeubles (Cosne, 6 juin 1849; Lure, 31 août 1866; Laon, 28 juin 1884; *Rép. N.*, 2870). — Il en serait autrement, s'il était établi que la somme provient d'économies ou de bénéfices réalisés sur les biens communs depuis le décès (Cherbourg, 20 août 1856; Pontarlier, 5 juin 1858); — ou dans une société dont le *de cujus* faisait partie (Sol., 25 août 1860, 27 mars et 17 juill. 1862. Voir cependant Abbeville, 18 août 1843; Garnier, 12354).

2842. — Dons manuels. — Rapport. — Il a été jugé, dans des espèces antérieures à la loi du 18 mai 1850, art. 6, assujettissant aux droits d'enregistrement de donation les déclarations ou reconnaissances de dons manuels, que quand, dans un partage, la masse est formée d'immeubles et de rapports en moins prenant, de sommes d'argent qui auraient été données manuellement à quelques-uns des enfants, s'il est attribué aux uns les immeubles et aux enfants qui ont déclaré effectuer des rapports, le montant de ces rapports, il y a lieu, à défaut de justification par les parties de la réalité des rapports, de les considérer comme des soultes donnant ouverture au droit proportionnel (Le Havre, 4 déc. 1846; J. N., 12990; Digne, 22 fév. 1847; J. E., 14185; Foix, 5 fév. 1850; J. E., 14925; Mayenne, 28 août 1850; J. E., 15030; Le Havre, 27 août 1851; Dict. not., *Partage*, 716). — Actuellement le don manuel, étant assujetti au droit de même que s'il avait été fait à sa date dans un acte régulier; la fraude ne doit plus se présumer; jugé à cet égard, que si un don manuel a été reconnu dans un partage anticipé et assujetti au droit de un pour cent, on ne saurait considérer comme frauduleux le rapport qui en est opéré ultérieurement à la succession du donateur (Dict. not., *Partage*, 718; Lyon, 16 août 1854).

2843. — Fruits. — Lorsque l'un des cohéritiers a, depuis l'ouverture de la succession, perçu les fruits des biens indivis, il est tenu de faire le rapport à la masse des sommes dont il est comptable pour cette cause; et ses cohéritiers, avant partage, ont le droit de prélever sommes pareilles sur les biens communs, *supra* n° 1127. Les fruits ainsi perçus se trouvent donc augmenter la masse partageable et former un élément d'attribution, au même titre que les biens composant l'hérédité. En conséquence, l'attribution faite à celui des cohéritiers qui en est comptable, du montant des fruits qu'il a perçus depuis le décès, alors que les lots des autres sont formés uniquement d'immeubles, constitue un des éléments du partage et l'on ne saurait considérer comme une soulte la somme attribuée à celui qui a perçu les fruits, en sus de sa portion dans ces fruits (Dict. not., *Partage*, 799; Garnier, 12355; Cass., 11 août 1830; S. 31, I, 63; Seine, 27 août 1856; J. N., 16497; Sol., 22 oct. 1868. Jur. du Not., art. 13860. CONTRA Saint-Mihiel, 4 déc. 1844; Seine, 10 avril 1850; Mirecourt, 12 déc. 1853; J. N., 14272, 15176). — Il en serait autrement si l'indivision avait pour fondement, non pas une hérédité, mais une convention des parties; par exemple, une acquisition conjointe (T. Bruxelles, 14 août 1865; Sol., Belgique, 7 janv. 1873, cités par Garnier, 12355).

2844. — Prêts aux successibles.

— Si le rapport en moins prenant est, non pas de dons manuels, mais de sommes dues par les successibles pour prêts ou avances, et que la réalité n'en soit aucunement établie; par exemple, si elles n'ont pas figuré dans la déclaration de succession après le décès de l'auteur des biens partagés, le receveur est fondé à faire abstraction de ces valeurs, et, par suite, à percevoir des droits de soulte, s'il en existe, après avoir déduit ces valeurs (Garnier, 12357 à 12359; Cosne, 6 juin 1849; J. E., 14881; Limoges, 29 mai 1850; J. E. 14967; Orléans, 20 août 1851; J. E., 15301-4°; Dict. not., *Partage*, 719).

2845. — Communistes. — Division immédiate. — Quand des immeubles acquis par plusieurs personnes conjointement sans indication de parts, sont divisés entre eux par l'acte même d'acquisition ou par la déclaration de command qui en forme le complément, il n'est dû aucun droit, que la division ait lieu par portions égales ou par portions inégales, chacun d'eux étant réputé acheteur de la portion qui lui est attribuée (Garnier, 12328; Délib., 19 mars 1823, 14 avril 1824, 25 août 1826; Décis. min. fin. Belg., 28 janv. 1860). — Mais si des soultes prises en dehors de l'objet acquis sont stipulées payables à l'un des copartageants, les droits de partage (gradué) et de soulte (proportionnelle) deviennent exigibles (Délib., 28 sept. 1827; Instr. 1229, § 7).

2846. — Ibid. — Division postérieure. — Si, par un partage postérieur au contrat d'acquisition les coacquéreurs divisent entre eux les immeubles par portions inégales, il y a lieu à la perception du droit de soulte (Garnier, 12360; Evreux, 15 avr. 1837; J. E., 11768; Narbonne, 12 juin 1850; J. E., 14989; Bar-le-Duc, 16 juill. 1863; J. N., 17855); — à moins qu'ils ne se soient réservé la faculté d'indiquer plus tard la portion pour laquelle chacun d'eux sera réputé acheteur; dans ce cas, l'acte ultérieur qui détermine cette portion est l'exécution de l'achat, et il ne donne pas ouverture au droit proportionnel (Toulouse, 15 mars 1870; Bordeaux, 14 déc. 1870; R. P., 3333, 3438).

2847. — Société. — Le partage de biens dépendant d'une société doit être fait d'après les indications de l'acte de société, *supra* n° 2665, sans que l'on doive avoir égard à de prétendues égalisations d'apports non justifiés (Saint-Quentin, 12 avr. 1865; R. P., 2187).

SECTION IV.

DES MODALITÉS DIVERSES DU PARTAGE.

§ 1. — *Partage de succession*.

2848. — Caractère. — Pour qu'un acte soit assujetti au droit gradué d'enregistrement applicable aux partages, *supra* n° 2719 et suiv., il faut qu'il ait pour objet de faire cesser l'indivision entre les cohéritiers et copropriétaires, quelque qualification qui lui soit donnée. Ainsi, n'a pas le caractère du partage, l'acte par lequel les cohéritiers se bornent à donner quittance d'une somme qui leur est payée en qualité d'héritiers (Sol., sep. 1873; Garnier, 12318); — à moins qu'ils n'en fassent la répartition (Orléans, 16 mars 1880; R. N., 105).

2849. — Sous-seing privé ou verbal. — Délai. — Il importe peu que le partage soit fait devant notaire ou par acte sous seing privé, ou même qu'il soit verbal, *supra* n° 1838. — S'il a été fait sous seing privé ou verbalement, il n'est pas assujetti à l'enregistrement dans un délai déterminé, et la formalité de l'enregistrement n'est obligatoire qu'autant qu'on veut en faire usage dans un acte public ou en justice (Garnier, 12315; voir Cass., 2 juillet 1878; Sirey, 78, I, page 384). — Cependant, quand une soulte a été stipulée, l'acte est à la fois déclaratif et translatif de propriété; et il doit, en ce qui touche le droit applicable à la soulte, et sous peine d'un droit en sus à l'égard de la soulte seulement, être enregistré dans les trois mois de sa date, conformément à l'art. 22 de la loi du 22 frimaire an VII (Garnier, 12394; Dict. not., *Partage*, 728; Roll. de Vill., *ibid.*, 395, 396).

2850. — Partage amiable. — Quand un partage est fait à l'amiable, le droit gradué est dû dès qu'il est présenté à la formalité de l'enregistrement; peu importe qu'il se trouve parmi les copartageants des mineurs pour lesquels on s'est porté fort; ou encore qu'un partage fait avec l'accomplissement des formalités de justice se trouve définitif, par le fait de l'approbation de l'état liquidatif et de l'abandon des voies judiciaires, que les parties soient toutes majeures (Sol.... juin 1873; Garnier, 12327) — ou qu'il y ait des mineurs, si l'on s'est porté fort pour eux (Garnier, 10369, 2°).

2851. — Partage judiciaire. — Si le partage a lieu en justice, il ne devient définitif que par le jugement qui en prononce l'homologation. En conséquence, c'est à partir seulement du jour de ce jugement, que le droit gradué devient exigible (Bordeaux, 25 mars 1874; Amiens, 19 mars 1875; Saint-Etienne, 24 mai 1875; Cass., 19 juill. 1880; Instr. 30 août 1881; *Rép. N.*, 516). L'acquit du droit peut être fait au bureau où l'état liquidatif a été enregistré, pourvu que ce soit avant l'enregistrement du jugement d'homologation et en justifiant au receveur d'un bulletin du greffier du tribunal mentionnant l'homologation; dans ce cas, on remet au receveur des actes judiciaires un certificat du receveur des actes civils, attestant que les droits ont été perçus, et le jugement d'homologation est enregistré au droit fixe.

2852. — Tirage des lots. — Si le jugement en homologuant la liquidation et la formation des lots, renvoie devant le notaire pour le tirage au sort, c'est ce tirage qui rend le partage définitif, et, dès lors, donne ouverture au droit gradué (Garnier, 12327-3°, 12376; Sol., 17 sept. 1873; Montdidier, 28 mai 1875; Garnier, R. P., 3728, 4112; Chartres, 22 déc. 1876; R. P., 4569. Contra Avignon, 17 déc. 1874; R. P., 4037).

2853. — Fruits. — Partage supplémentaire. — Si, après un partage homologué en justice, le notaire procède à un partage supplémentaire des fruits échus pendant l'instance, cet acte n'a de partage que le nom, et constitue en réalité un compte avec répartition des fruits, entre les propriétaires des choses qui les ont produits, assujetti à un droit fixe de trois francs, comme acte de complément, et non pas au droit gradué, de même qu'il n'était pas, sous la législation précédente, passible du droit fixe de partage (Lyon, 25 fév. 1858; R. P., 1045).

2854. — Sentence arbitrale. — Si le partage s'opère au moyen d'une sentence arbitrale, le droit est dû sur l'acte de dépôt au greffe de cette sentence. Il se liquide de la même manière que s'il s'agissait d'un partage amiable ou judiciaire; et c'est le droit gradué qui est également exigible (Garnier, 12327).

2855. — Branches. — Souches. — Subdivision. — Lorsqu'un partage a lieu par branches ou par souches, et que la subdivision se fait par le même acte entre les membres de chaque souche ou branche, cette subdivision complète le partage, et il n'est dû qu'un seul droit gradué qui se calcule sur la masse totale (Garnier, 12474, 2°). — Si le partage a lieu seulement entre les branches ou souches, sans subdivision, le droit gradué est assis sur la totalité des biens; et, en outre, il est perçu le droit gradué sur les actes de subdivision d'après l'importance des biens qu'ils comprennent.

2856. — Pluralité. — Plusieurs successions. — Lorsqu'un partage comprend des biens indivis entre les mêmes personnes ayant des origines différentes, *supra* n° 2831, le droit gradué se calcule sur le montant total des biens réunis; il n'y a donc pas lieu de fixer le droit gradué en le décomposant sur chacune des hérédités ou des causes d'indivision; peu importe qu'elles soient ou non groupées en une seule masse (Garnier, 12474, 3°; Délib., 8 germ. an VIII; Sol., 10 juin 1869; R. P., 3092). — Il en est de même dans le cas où le partage est d'une communauté entre époux et de la succession du conjoint prédécédé (Garnier, 12474, 1°; Délib., 20 mars 1833, 23 fév. 1845; Strasbourg, 28 août 1844; J. N., 12090). — Mais si les indivisions diverses n'existent pas entre les mêmes personnes, il y a lieu à plusieurs partages distincts et le droit gradué doit être calculé en le décomposant sur chaque hérédité ou indivision, quoique le partage en soit fait par un même acte (Garnier, 12474, 3°).

2857. — Partage partiel. — Egalité. — Le partage fait entre tous les cohéritiers, d'une partie de l'hérédité, par exemple, de tous les meubles, en laissant les immeubles de côté, ou d'une partie de l'un et de l'autre, *supra* n°s 1858 et 1859, ne rend exigible le droit gradué que sur les biens qu'il comprend; et il n'est dû aucun droit de soulte si le parage a lieu par lots égaux.

2858. — Partage partiel. — Egalisation postérieure. — Quand le partage partiel comprend des immeubles qui sont inégalement répartis; par exemple, en supposant trois enfants entre lesquels il est fait le partage de trois immeubles d'une valeur ensemble de 420,000 fr., dont le tiers est de 140,000 fr. S'il est attribué à l'un, un immeuble valant 100,000 fr.; au deuxième, un immeuble d'une valeur de 150,000 fr.; et au troisième, un immeuble estimé 170,000 fr., mais avec stipulation que l'égalité sera rétablie au moyen du prix à provenir de la vente qui sera faite d'un immeuble resté indivis entre les copartageants, le droit de soulte est exigible sur tout ce qui dans le lot de chacun de ces deux derniers excède une somme de 120,000 fr. Le motif en est que tout acte de partage doit porter en lui-même les preuves de l'égalité des lots entre les copartageants (Cass., 12 nov. 1844; S. 45, I, 37; J. N., 12178, voir aussi Seine, 10 mars 1847; Garnier, 12384; Dict. not., *Partage*, 825; Defrénois, *Rép. N.*, art. 1676-11).

2859. — Partage partiel. — Egalisation sur succession mobilière. — Le même principe est applicable dans le cas où les immeubles dépendant d'une succession sont attribués à quelques-uns des enfants, avec convention que les autres copartageants seront remplis de leurs droits sur la succession mobilière, dont la liquidation est ajournée en raison de comptes à régler, et que l'acte ne porte pas en lui-même la preuve de l'égalité des lots, le droit de soulte est exigible sur tout ce qui excède la part virile de chaque enfant loti dans l'importance de son lot (Cass., 29 avril 1845; S. 45, I, 496; J. N., 12385; Seine, 16 août 1854; J. N., 15513; Soissons, 10 mars 1875; Garnier, Rép. Pér., 4100). — Il en serait de même s'il était dit que les inégalités des lots seront compensées par l'attribution aux copartageants qui reçoivent les lots les plus faibles, des deniers comptants, rentes sur l'Etat et bonnes créances détaillés dans l'inventaire de la succession (Bordeaux, 18 août 1845; Garnier, 12385).

2860. — Partage partiel. — Rapport en moins prenant. — La même règle serait applicable, si, en partageant inégalement les immeubles ou une partie des immeubles, ou en attribuant une partie des immeubles à quelques-uns des héritiers seulement, on stipulait que lors du partage définitif, chaque copartageant fera le rapport à la masse *en moins prenant* du montant des immeubles à lui attribués, ainsi que de toutes les valeurs mobilières ou immobilières qu'il aurait reçues de l'auteur commun en avancement d'hoirie, et que tous ces rapports et les autres valeurs actives mobilières et immobilières non comprises au partage, seraient réunis en une même masse pour être liquidés et partagés conformément aux droits de chacun. En effet, les droits sont acquis à l'instant même, tels qu'ils ressortent des énonciations de l'acte de partage, et ne peuvent être subordonnés au résultat éventuel d'une liquidation ultérieure et, par suite, le droit de soulte est exigible (Cass., 22 avril 1850; S. 50, I, 359; J. N., 14026. Conf. Nantes, 1er juill. 1840; Seine, 25 juill. 1843, 11 juin 1845, 16 août 1854; J. N., 15512; Saint-Palais, 25 nov. 1874, cités par Garnier, 12383).

2861. — Partage partiel. — Attribution à deux cohéritiers. — Décidé aussi que l'acte par lequel, avant tout partage, un cohéritier abandonne un domaine de la succession à ses deux cohéritiers, moyennant un prix déterminé, qui sera partagé entre eux lors du partage définitif, ne constitue pas un partage partiel ou un simple lotissement, mais une vente ou une licitation passible du droit proportionnel de mutation. En un tel cas, le droit du vendeur sur le domaine cesse pour faire place au droit privatif de ses deux cohéritiers, auxquels ce domaine est délaissé, et qui deviennent débiteurs du prix, en capital et intérêts, envers la masse héréditaire (Cass., 19 nov. 1843; S. 45, I, 810; J. N., 12582).

2862. — Partage partiel. — Seul enfant. — Lots. — On applique de la même manière les règles qui précèdent dans le cas où il est fait attribution à un seul des héritiers isolément, d'un ou de plusieurs immeubles déterminés, lorsque, comme dans les espèces ci-dessus, le partage ne porte pas en lui-même la preuve de l'égalité du lot du cohéritier loti avec ceux qui seront attribués aux cohéritiers non actuellement lotis (Lectoure, 12 mars 1846; J. E., 14115). — Si le lotissement a eu lieu avec condition du rapport en nature de l'immeuble lors du partage définitif, l'attribution ne constituerait qu'un partage de jouissance, et aucun droit de mutation ne serait exigible (Sol., 4 mai 1864, citée par Garnier, 12383).

2863. — Partage partiel. — Egalité des lots. — L'acte d'attribution, à titre de lotissement faite à l'un ou à plusieurs des cohéritiers, constitue simplement une opération du partage; et, par conséquent, ne donne ouverture qu'au droit gradué, lorsqu'il porte en lui-même la preuve de l'égalité des lots, au moyen de ce que, indépendamment de l'attribution d'immeubles déterminés à l'un ou à plusieurs des cohéritiers, il confère des droits actuels par indivis aux autres cohéritiers sur les autres biens de l'hérédité, de manière à établir avec certitude que l'attribution faite à l'un ou à plusieurs des cohéritiers ne dépasse pas leurs droits dans la masse indivise. En voici des exemples :

2864. — I. Lotissement. — Indivision entre héritiers non lotis. — L'hérédité, étant de 400,000 fr. est formée de : un domaine d'une valeur de 100,000 fr. et des biens meubles et immeubles évalués à 300,000 fr., il est fait une masse détaillée du tout, pour remplir les cohéritiers de leurs droits il leur est attribué : à l'un d'eux, divisement, le domaine évalué à 100,000 fr., aux trois autres, indivisement entre eux, le surplus des biens évalués à 300,000 fr.; un tel acte constitue évidemment un partage, *supra* n° 2428, ne donnant ouverture qu'au seul droit gradué. Ceci ne peut faire difficulté (Garnier, 12386).

2865. — II. Masse générale. — Seul héritier loti. — Une hérédité est dévolue à quatre enfants : par un acte intervenu entre eux tous, ils établissent la masse détaillée de tous les biens qui la composent, ou se réfèrent expressément à un acte précédent dans lequel ce détail a été fait, en indiquant la valeur estimative de chacun des biens, le montant total et la somme formant la part héréditaire de chacun d'eux ; puis, pour satisfaire à la volonté exprimée par l'un d'eux, ses cohéritiers lui cèdent et abandonnent cet immeuble pour la valeur qui lui a été donnée, par imputation sur sa part héréditaire, en stipulant que les autres cohéritiers de leur côté, prélèveront sur les biens restants, lors du partage définitif, une valeur pareille, pour raison de laquelle l'héritier loti leur fait dès à présent, en tant que de besoin, cession et abandon à titre de partage. Un tel acte n'est également passible que du droit gradué (Sol., 23 juin 1864; S. 65, II, 147; Arg. Cass., 22 avril 1850; S. 50, I, 359; J. N., 14026; Marseille, 30 août 1866; R. P., 2326). — Il en serait de même dans le cas où, en dehors de l'immeuble attribué, il ne resterait qu'un autre immeuble devant être vendu, s'il est désigné dans l'acte, et si des droits privatifs sont conférés aux cohéritiers sur le prix à en provenir (Sol., 28 avril 1864, citée par Garnier, 12386, 2°). — Si l'immeuble attribué au cohéritier loti dépassait ses droits dans la masse, il faudrait évaluer le montant du retour de lot, sur lequel le droit de soulte serait perçu, et stipuler que les autres cohéritiers seront remplis de leurs droits sur les autres biens qui devront être partagés entre eux seuls et sur la soulte dont sera débiteur le cohéritier loti.

2866. — III. Cohéritier loti. — Rapports. — Prélèvement. — Quand, après le décès de l'auteur commun, il est fait l'attribution d'un immeuble, à l'un des cohéritiers, à titre de prélèvement, pour l'égaliser avec ses cohéritiers dotés pour une somme supérieure à lui, et dont l'importance est établie dans l'acte, cet acte ne donne pas ouverture au droit de soulte, mais seulement au droit gradué de partage (Saint-Etienne, 16 déc. 1856; J. N., 16044; R. P., 801).

2867. — IV. Licitation. — Lotissement. — Constitue un partage partiel l'acte par lequel, sous le titre de pacte de famille et dans la vue du partage à intervenir, des héritiers conviennent qu'un domaine sera attribué à celui d'entre eux qui l'aura porté au chiffre le plus élevé par une espèce de licitation entre ceux des héritiers qui auront déclaré y prendre part, de manière que ce domaine forme le lot de celui qui en sera ainsi l'attributaire, et que les autres biens de la succession soient lotis entre ses cohéritiers à son exclusion. L'effet de cet acte est de dessaisir les cohéritiers de leurs droits indivis dans le domaine au profit de l'attributaire, et d'opérer réciproquement et simultanément un abandon par ce dernier, en faveur de ses cohéritiers, de ses propres droits dans les autres biens communs, qui sont expressément affectés, à son exclusion, à la formation des lots en nature pour des valeurs égales et correspondantes. Un tel acte peut donc être considéré comme un partage partiel en nature n'emportant aucune acquisition de parts indivises et ne donnant, par suite, ouverture qu'au droit gradué (Cass., 12 juill. 1870; Garnier, R. P., 3183).

2868. — Partage partiel. — Droit gradué. — Le partage partiel, toutes les fois qu'il ne constitue qu'une simple division des biens, *supra* n°s 1858 et suiv., est simplement passible du droit gradué; mais, comme ce qui caractérise le partage, est l'attribution actuelle divise ou indivise, même quand un seul cohéritier est loti, le droit gradué se liquide sur la totalité des biens indivis compris dans l'opération (Sol., 16 juin et 20 oct 1873; Garnier, R. P., 3739, 3773; Chartres, 22 oct. 1876; R. P., 4569).

2869. — Partage ultérieur des biens indivis. — Dans les mêmes cas, lorsque ultérieurement il est procédé au partage des biens demeurés indivis, un second droit gradué est perçu sur les biens compris dans ce nouveau partage, de même qu'il aurait été, sous l'ancienne législation, passible d'un droit fixe particulier, nonobstant la perception d'un pareil droit sur le partage primitif (Sol., 16 juin 1873 précitée).

2870. — Licitation. — Partage simultané. — L'adjudication sur licitation, par laquelle un héritier devient acquéreur de parts indivises appartenant à ses cohéritiers dans un immeuble, est sujette au droit de quatre pour cent sur les parts de ses cohéritiers dans le prix (*Loi 22 frimaire an VII, art. 69, § 7, n° 4*), l'art. 883 du Code civil, *supra* n° 2409, ne s'appliquant pas à la perception du droit fiscal, qui est régi par des règles spéciales. Néanmoins, lorsque le jugement d'adjudication est présenté à la formalité de l'enregistrement simultanément avec le partage qui attribue à l'héritier adjudicataire, pour le remplir de ses droits, l'excédant de sa part dans le prix, il n'y a lieu qu'à la perception du droit gradué auquel sont soumis les partages entre copropriétaires, parce que la licitation est alors considérée comme un acte d'exécution du partage et se confond dans une seule et même opération (Sol., 20 oct. 1873; R. P., 3773; S. 74, II, 59). — Mais la condition expresse de cette perception est qu'il soit justifié d'un partage définitif et obligatoire pour toutes les parties; on ne saurait considérer comme tel un état de liquidation et partage sujet à homologation à raison de la minorité de quelques-uns des héritiers, non encore homologué, et quand les parties ont élevé des contredits sur des points étrangers aux attributions (Cass., ch. réunies, 12 mai 1870; Cass., 22 juill. 1872; Valenciennes, 6 août 1874; R. P., 3110, 3509, 4131).

2871. — Licitation. — Partage partiel. — Il a été décidé que le partage, fait après licitation et présenté en même temps à la formalité de l'enregistrement, ne saurait servir de règle pour la perception du droit exigible sur la licitation, si ce partage ne s'applique qu'aux prix des biens licités et ne comprend pas toutes les valeurs de la succession (Avesne, 15 fév. 1873; Orléans, 26 mars 1875; R. G. Defrénois, III, 3670). — Mais le contraire a été jugé par le tribunal de Saint-Lô, le 18 déc. 1874, *loc. cit.*; et cette opinion nous semble préférable, rien dans la loi n'obligeant les parties à faire un partage de tous les biens. Du moment où le partage d'une partie des biens a lieu entre tous les cohéritiers et se trouve définitif, il doit être considéré comme un partage suffisant pour produire l'effet déclaratif résultant de l'art. 883, relativement aux biens qu'il comprend, *supra* n° 2416 (Seine, 27 juill. 1877; S. 78, II, 121).

2872. — Partage reconnu. — La déclaration par un héritier qu'il reconnaît avoir reçu de son frère et seul cohéritier, sa part du mobilier dépendant des successions de ses père et mère, au moyen de quoi les deux frères se tiennent respectivement quittes, ne saurait, en l'absence de la désignation et de l'attribution d'objets, équivaloir à un acte de partage; en sorte que le droit fixe de trois francs, comme décharge est seul exigible (Garnier, 12469, qui cite une décision de l'administration belge du 30 sep. 1858). — Mais si l'acte contenait l'indication des objets attribués à l'un ou plusieurs des copartageants, il équivaudrait à partage et rendrait exigible le droit gradué (Sol... janv. 1873; Garnier, 12469).

2873. — Fixation des droits. — L'opération qui se borne à établir les droits respectifs des communistes et à préparer les attributions, ne saurait être considérée comme un partage; en conséquence, il est simplement assujetti au droit fixe de trois francs comme acte innommé (Sol., 4 janv. 1873; Garnier, 12318; Dijon, 4 déc. 1876; J. N., 21696).

2874. — Partage provisionnel. — Jouissance. — Le partage provisionnel à l'égard de toutes les parties, a simplement pour objet la jouissance des biens, en laissant la propriété dans l'indivision; en conséquence, il rend exigible le droit gradué sur la valeur estimative de cette jouissance (Garnier, 10369, 1° et 12371).

2875. — Partage provisionnel. — Fonds. — S'il s'agit d'un partage qui n'est provisionnel qu'à l'égard des mineurs ou autres incapables, soit parce qu'on s'est porté fort pour eux, *supra* n°s 1882, 1883, soit parce que les voies judiciaires ont été abandonnées, *supra* n° 2293, il doit être considéré comme définitif pour la perception de l'enregistrement; en conséquence, le droit gradué se liquide sur le montant total de la masse partageable (Roll. de Vill., *Part. prov.*, 26; Garnier, 10369, 2°, 12370; La Rochelle, 9 août 1876; R. P., 874, 4584; Roanne, 26 déc. 1877; R. P., 4874).

2876. — Partage complémentaire. — Partage anticipé. — Le partage fait à la suite de la donation à titre de partage anticipé et par le même acte, ne donne pas ouverture à la perception d'un droit particulier, puisqu'il est une dépendance de la donation qui est assujettie au droit proportionnel (Sol., 14 sept. 1872). — Mais s'il a lieu par acte distinct de la donation, quoique du même jour, le droit gradué est exigible (Sol., oct. 1873). — Lorsque le partage anticipé est fait par le survivant de père et mère, et que les biens du conjoint prédécédé y sont réunis, le droit gradué est exigible sur la valeur de ces derniers biens (Sol., 15 mai 1873; Garnier, 12328).

2877. — Usufruit et nue propriété. — Échange. — Le partage entre l'usufruitier et le nu-propriétaire, ayant pour objet une chose ou une universalité qui appartient à l'un pour l'usufruit et à l'autre pour la nue propriété, et dont l'effet est de leur attribuer chacun une pleine propriété de la chose ou de l'universalité, est un échange et rend exigible le droit proportionnel applicable à ce dernier contrat (Voir les autorités citées *supra* n° 2436).

2878. — Usufruit et nue propriété. — Partage. — S'il y a indivision entre l'usufruitier et le nu-propriétaire relativement à la jouissance de la chose ou de l'universalité grevée en partie de l'usufruit, il peut être fait entre eux un partage attribuant à chacun d'eux des biens en pleine propriété, puisqu'il s'agit de sortir d'indivision, *supra* n° 2437; et un tel acte donne simplement ouverture au droit gradué, quand les lots sont égaux (Dict. not., *Partage*, 730 à 734; Roll. de Vill., *ibid.*, 399 à 402; Cass., 8 août 1836; 4 janv. 1865; R. P., 2002; Instr., 1146, § 11). — De même, une chose et une universalité appartenant à deux personnes en pleine propriété, peut être partagée au moyen de l'attribution à l'une de l'usufruit et à l'autre de la nue propriété, *supra* n° 2438; un tel acte ne rend également exigible que le droit gradué quand les lots sont égaux (Dict. not., *Partage*, 730; Garnier, 12341; Décis. min. fin., 25 janv. 1817; Instr. gén. n° 775; Cass., 16 juin 1824; Baugé, 29 oct. 1827; Délib., 8 fév. 1828; Seine, 19 mars 1830; Cass., 20 nov. 1866; S. 67, I, 41; Chartres. 1er août 1873; R. P., 3932).

2879. — Partage avec donataire ou légataire. — Réduction. — Le partage qui intervient entre l'héritier réservataire et le donataire ou légataire réduit, lorsque la chose donnée ou léguée est susceptible de division, *supra* n° 1461, est soumis aux mêmes règles que le partage de l'hérédité. En conséquence, il rend exigible le droit gradué, qui se liquide sur la valeur totale de l'immeuble indivis.

2880. — Partage transactionnel. — Le partage transactionnel, *supra* n° 1906, donne ouverture au droit gradué sur l'importance des biens partagés, et au droit de soulte quand il existe des retours de lots. Le droit n'est perçu qu'après que le partage est devenu définitif, au moyen de l'homologation par le tribunal (Garnier, 12363, 2°). — Il est perçu sur l'acte de transaction préliminaire qui est un simple projet, le droit fixe de trois francs comme acte innommé.

2881. — Partage avec compte de tutelle. — Le partage contenu dans un compte de tutelle, comme étant intervenu entre le tuteur et son ex-pupille, et qui, pour cette raison, est soumis à la condition suspensive de sa réitération après l'approbation du compte de tutelle, *supra* n° 1914, est assujetti à l'enregistrement au droit fixe de trois francs, comme acte innommé. Le droit gradué est perçu sur l'acte qui constate qu'il est devenu définitif.

2882. — Exécution du testament. — Le partage des biens d'une hérédité fait en conformité des volontés manifestées par le *de cujus* dans son testament, donne ouverture aux droits d'enregistrement de la même manière que si le partage était fait par la seule initiative des héritiers (Yvetot, 26 août 1851 ; Garnier, 12459).

2883. — Échange. — Si le partage s'opère sous la forme d'un échange, au moyen de la cession réciproque entre les copartageants de leurs parts dans les immeubles indivis entre eux, cet acte, malgré la qualification qui lui a été donnée, est un véritable partage, *supra* n° 2558, et il est assujetti au droit gradué sur la valeur des biens qu'il comprend (Péronne, 25 juin 1841 ; Bar-le-Duc, 16 juill. 1863; R. P., 1863; J. N., 17854).

2884. — Transaction. — Partage. — L'acte qualifié transaction entre copropriétaires, dont l'objet est également de faire cesser l'indivision, constitue un partage, et rend exigible le droit gradué, si le partage est pur et simple (Garnier, 12363, 1°).

2885. — Transaction. — Cession. — Mais lorsque la transaction, par laquelle les biens formant l'hérédité se trouvent divisés, n'intervient pas entre ceux-là seulement à qui l'hérédité est dévolue, mais y admet un tiers, en raison des prétentions qu'il a élevées ; par exemple, quand une succession est dévolue en entier à un légataire universel, en l'absence d'héritiers réservataires, que les héritiers du sang prétendent faire annuler le testament, et qu'un partage transactionnel a lieu entre eux et le légataire universel, dans le but de mettre fin au procès en nullité. Nous avons dit, *supra* n° 1903, qu'il conserve, en droit civil, les effets d'un partage. Mais en droit fiscal, après quelques indécisions dans la jurisprudence il a été décidé souverainement que l'abandon fait, en pareil cas, par le légataire universel, aux héritiers du sang, constitue un contrat commutatif à titre onéreux, passible du droit de vente sur les biens abandonnés, suivant leur nature. En effet, porte un arrêt de cassation du 30 janvier 1866, « toute mutation par décès s'opère par la loi » ou par testament. Le légataire universel ins- » titué par un testament même susceptible » d'être annulé, qui, en l'absence de tout hé- » ritier à réserve, a demandé et obtenu l'en- » voi en possession, et qui a accepté l'hérédité, » est investi de la qualité héréditaire et saisi » de plein droit des biens de la succession. En » cet état, il ne peut, par aucun acte de sa vo- » lonté, se dessaisir de cette qualité, et il est » réputé héritier tant qu'un jugement pronon- » çant la nullité du testament qui l'institue n'a » pas déclaré que la succession a été, dès l'o- » rigine, déférée aux héritiers *ab intestat*. Si, » abstraction faite de tout jugement, ce léga- » taire abandonne, à quelque titre que ce soit, » aux héritiers *ab intestat* qui lui contestent » son titre d'héritier, tout ou partie des biens » de la succession, cet acte d'abandon consti- » tue une véritable mutation de propriété par » le légataire au profit des héritiers *ab intestat*, » puisque ceux-ci reçoivent les biens abandon- » nés, non comme succédant directement au » défunt, mais par la volonté du légataire qui » en était légalement saisi et qui n'en con- » serve pas moins sa qualité d'héritier testa- » mentaire. » (CONF. Garnier, 17379 ; Cass., 15 févr. 1831, 19 nov. 1839, 21 mars 1842,

2 janv. 1844, 22 avr, 1845, 16 mars 1846, 5 juin 1861, (Chamb. réunies) 12 déc. 1865, 30 janv. 1866, 11 avr. 1866; S. 31, I, 120; 39, I, 910; 42, I, 313; 44, I, 19; 45, I, 444; 46, I, 321; 61, I, 738; 66, I, 73, 222; Cass., 29 août 1868; Garnier, R. P. 2784; Jonzac, 15 janv. 1877; R. P., 4778).

2886. — Cession de droits successifs. — La cession des droits successifs, lorsqu'elle est considérée comme un partage, supra n° 2421, donne ouverture au droit de quatre pour cent à l'égard des immeubles. Mais si elle ne fait pas cesser l'indivision, ou si, même en faisant cesser l'indivision, elle revêt le caractère de la vente, supra n° 2422, elle rend exigible, en outre, le droit de transcription (Garnier, 12364; Cass., 4 fév. 1822, 29 juill. 1857; S. 58, I, 313; Inst. gén., n° 2114, § 5; Nontron, 25 août 1843; J. N., 11863; Ussel, 12 mars 1858, Alby, 26 juill. 1859; Cambrai, 8 juill. 1864; Bordeaux, 22 fév. 1871, cités par Garnier, loc. cit.).

2887. — Donation de droits successifs. — La donation faite par un héritier à son cohéritier, de ses droits successifs, est un acte de libéralité assujetti aux droits à titre gratuit, suivant le degré de parenté; et la circonstance qu'elle a pour effet de faire cesser l'indivision ne saurait lui procurer le caractère du partage, supra n° 2425, de manière à ce qu'elle soit dispensée de l'acquit du droit de transcription (Garnier, 12367; Délib., 14 janv. 1834. CONTRA Délib., 17 janv., 21 juill. et 22 sept. 1824, citées par Garnier, loc. cit.).

2888. — Partage refait ou modifié. — Le partage a pour résultat de rendre chacun des copartageants propriétaire des biens entrés dans son lot; il constitue donc un titre ostensible de propriété, dont les effets ne peuvent être volontairement modifiés, sans donner lieu à l'impôt. Si donc les parties, en considération de ce que le partage est vicié d'une cause de nullité, conviennent qu'il sera procédé à un nouveau partage ou à une modification de partage, ce nouveau partage ou cette modification, s'ils n'ont pas été sanctionnés par un jugement, donnent ouverture à un droit de transmission, s'ils changent les attributions du premier partage. Il importe peu que les causes de nullité soient flagrantes, le droit est exigible du moment où la nullité n'a pas été judiciairement prononcée (Garnier, 12484; Délib., 1er mai 1827; Délib., 11 déc. 1836; Villefranche, 30 déc. 1847; Bourganeuf, 28 juin 1850; Carcassonne, 25 nov. 1852; Toulouse, 21 août 1862; Bruxelles, 3 juin 1863; Tulle, 11 fév. 1865; Cahors, 28 juin 1866; cités par Garnier, loc. cit.; Cass., 24 juin 1868; Garnier, Rép. Pér., 2786). — Le droit est celui de vente, quand des immeubles sont attribués à la place d'un droit mobilier ou d'une soulte; et celui d'échange, quand le déplacement s'opère entre deux immeubles, supra n° 2821.

2889. — Partage refait. — Annulation judiciaire. — Si la nullité du partage a été poursuivie et prononcée en justice, pour l'une des causes indiquées, supra n°s 2527 à 2591, le partage est résolu, par conséquent, considéré comme inexistant, et le nouveau partage produit l'effet d'un premier partage, et rend seulement exigible le droit gradué si, sans exprimer de soulte, il ne fait que modifier la composition et l'attribution des lots (Garnier, 12485; Bar-sur-Aube, 19 nov. 1850; J. N., 14295).

2890. — Partage refait. — Mêmes attributions. — Dans les deux cas qui viennent d'être exposés, si le nouveau partage modifie seulement l'estimation des biens, sans apporter aucun changement dans les attributions, il n'existe plus de causes à la perception d'un droit proportionnel, ni même du droit gradué et la convention donne ouverture seulement à un droit fixe de trois francs (Garnier, 12489).

2891. — Réquisition de certificat de propriété. — Quand des cohéritiers, ou des copropriétaires à tout autre titre, requièrent un notaire, par acte de son ministère, de leur délivrer un certificat de propriété pour faire immatriculer en leurs noms un titre de rente qu'ils ont recueilli conjointement, chacun pour une somme déterminée, et qu'il n'est pas justifié d'un partage antérieur, cette réquisition équivaut à un partage et donne ouverture au droit gradué. Si le certificat de propriété était délivré dans ces termes sans être précédé d'un acte de réquisition, c'est sur ce certificat que le droit serait perçu. (*Rép. N.*, 2508-15). Cependant si un titre de rente sur l'Etat est inscrit au nom de deux propriétaires chacun pour moitié, et qu'un certificat de propriété soit délivré pour obtenir la délivrance de deux titres distincts aux noms des propriétaires, ce certificat, non plus que la décharge des nouveaux titres donnés par les ayants droit, ne sauraient être considérés comme équivalant à un partage passible du droit gradué (Sol. de la régie, 4 août 1874)

§ 2. — *Partage de société.*

2892. — Règles. — Les partages de sociétés sont soumis aux règles des partages ordinaires pour ce qui concerne le droit gradué et le droit de soulte, à l'égard des immeubles acquis pendant la durée de la société, ou apportés à la société à la charge d'en payer le prix (Epinal, 11 mai 1874; R. G. Defrénois, III, 3629). — Ainsi, lorsque la masse de la société est formée d'immeubles et de créances ou valeurs ayant cette origine, et que le partage a lieu au moyen de l'attribution des immeubles à l'un des associés, et des valeurs mobilières aux autres, il n'est dû aucun droit de soulte si les lots sont égaux (Instr., 22 déc. 1807, n° 360; Cass., 19 mars 1831; v. Compiègne, 30 janv. 1878; Seine, 8 fév. 1878; R. P., 4914).

2893. — Immeubles apportés. — A l'égard des immeubles dont l'apport pur et simple a été fait à la société, on doit distinguer si, par le partage, ils échoient à l'associé qui en a fait l'apport ou à ses coassociés.

2894. — Immeuble échu à celui qui l'a apporté. — L'apport pur et simple d'un immeuble à la société, quoiqu'il lui en transfère la propriété, ne donne ouverture, par faveur pour les associations, afin de faciliter le développement des entreprises, qu'à un droit gradué qui a remplacé le droit fixe de 5 francs (*Loi 28 fév. 1872, art. 1er, § 1er*), en raison de cela, si lors du partage, après la dissolution de la société, cet immeuble est attribué à celui qui en a fait l'apport ou à ses héritiers ou autres successeurs, cette attribution ne donne ouverture à aucun droit autre que celui gradué, alors même qu'elle serait faite à la charge d'une soulte, parce que, dans ce cas, on considère, en droit fiscal, qu'il n'y a pas eu de mutation. Mais si l'immeuble a acquis une plus value, *infra* n° 2899, l'associé, en le reprenant, doit payer le droit de soulte à raison de cette plus-value, sur tout ce qui excède sa part sociale (Cass., 17 déc. 1838; S. 39, I, 539; J. N., 10228).

2895. — Immeuble échu à un autre. — Mais lorsque, par le résultat du partage, l'immeuble est échu à un associé autre que celui qui en a fait l'apport, ou lui a été adjugé sur licitation, la mutation qui s'était produite au moyen de l'apport et qui, en droit fiscal, était subordonnée à l'événement du partage, se trouve avoir produit son effet; en conséquence, il s'opère une mutation immobilière passive du droit de 5 fr. 50 par 100 fr. En effet, porte un arrêt de cassation, chambres réunies, du 6 juin 1842 (J. N., 11340; S. 42, I, 484) : « En droit, toute mutation
» de propriété d'immeuble est soumise au
» droit proportionnel; c'est par une faveur
» spéciale que la loi de l'enregistrement, en
» cas de société, comme en quelques autres
» cas exceptionnels, permet que, lorsqu'un
» associé apporte dans la société comme mise
» sociale, la propriété d'un immeuble, il ne
» soit perçu qu'un droit fixe; si, à la suite de
» la dissolution et de la liquidation de la so-
» ciété, la propriété de cet immeuble est attri-
» buée à un associé autre que l'ancien pro-
» priétaire, la mutation définitive arrivant, et
» nul droit proportionnel n'ayant été encore
» payé, on doit le payer à l'occasion de cette
» mutation. » — Un autre arrêt de la Cour de cassation du 3 fév. 1868 (J. N., 19179; S. 68, I, 185), encore plus explicite, porte : « L'acte
» constitutif d'une société dans laquelle cer-
» tains associés apportent des immeubles,
» certains autres de l'argent, ou dans laquelle,
» comme dans l'espèce, le fondateur de l'as-
» sociation met en société la propriété et
» l'exploitation d'un immeuble pour une valeur
» divisée en actions, n'opère point mutation
» de propriété envers les actionnaires, lesquels
» ne deviennent pas copropriétaires de l'im-
» meuble social, mais restent dans les condi-
» tions de tout actionnaire n'ayant dans la
» société qu'un intérêt de nature mobilière. A
» la vérité, la transmission de propriété s'o-

» père alors de l'associé qui a fait l'apport de
» l'immeuble à la personne morale de la so-
» ciété, transmission qui, dans la rigueur des
» principes, pourrait donner ouverture à des
» droits proportionnels de mutation. Toutefois,
» par une faveur spéciale, la loi fiscale affran-
» chit en pareil cas, l'acte constitutif de la
» société du droit de mutation et le soumet
» seulement à un droit fixe. Mais si, après la
» dissolution et la liquidation de la société, la
» propriété de l'immeuble est attribuée, par
» un partage ou une licitation, à des associés
» autres que ceux qui avaient apporté et mis
» en société l'immeuble dont il s'agit, il s'o-
» père alors une mutation définitive qui
» donne ouverture, sur la valeur intégrale de
» l'immeuble, à un droit proportionnel non
» perçu jusqu'alors » (Conf. Cass., 3 janv.
1832, 25 avril 1833, 29 janv. 1840, 6 juin
1842, 23 mars et 8 juill. 1846, 14 avril 1847,
5 janv. 1848, 5 fév. 1850, 8 nov. 1864, 3 fév.
1868; S. 33, I, 469, 573; 40, I, 539; 42, I,
484; 46, I, 312, 688; 47, I, 378; 48, I, 197;
50, I, 145; 65, I, 137; 68, I, 185; Seine, 9
mai 1868, 28 avril 1869; Cass., 2 déc. 1873;
R. P., 2745, 3236, 3788; S. 74, I, 225. Voir
aussi Cherbourg, 24 juillet 1877; R. P.,
4630).

2896. — Actionnaires. — La règle du numéro précédent est applicable aussi lorsque les immeubles apportés à la société sont attribués à des actionnaires, autres que ceux qui en ont fait l'apport, pour les remplir de la valeur de leurs actions; et par suite, il est dû le droit de transmission à 5 fr. 50 pour 100 (Cass., 12 août 1839, 14 fév. 1866; J. N., 10477, 18469).

2897. — Cessionnaire des droits de celui qui a fait l'apport. — Lorsque, en représentation de l'apport d'un immeuble fait à la société, il a été attribué des actions ou une part d'intérêt au propriétaire de cet immeuble, et qu'à la dissolution de la société, cet immeuble soit abandonné au cessionnaire de ces actions ou parts d'intérêts qui, dans l'origine, en ont été la représentation, la circonstance que la cession des actions ou de la part d'intérêt s'est trouvée passible d'un droit fiscal, ne dispense pas l'abandonnataire de l'acquit du droit de transmission immobilière, ces deux transmissions étant indépendantes l'une de l'autre (Cass., 8 nov. 1864; S. 65, I, 137; Seine, 9 mai 1868; Cass., 2 déc. 1873; Garnier, R. P., art. 2745 et 3788).

2898. — Meubles. — Fonds de commerce. — Les règles qui viennent d'être rappelées sont applicables de la même manière aux meubles, spécialement un fonds de commerce apporté en société. En conséquence, si un fonds de commerce apporté par l'un des associés est, à la dissolution, attribué à un autre, le droit de deux pour cent est exigible (Toulouse, 24 mai 1844; Pontoise, 25 juin 1846; Rouen, 10 avril 1873; Garnier, Rep. Per., 3897; Cosne, 4 juill. 1876; R. P., 4730).

2899. — Assiette du droit de vente. — Transcription. — Le droit de transmission, qu'il s'agisse d'un immeuble ou d'un fonds de commerce ou autre objet est exigible seulement sur la valeur pour laquelle il a formé la mise en société; mais sans distraction de la portion revenant à l'attributaire en sa qualité d'associé. En conséquence, si, pendant la durée de la société, il a été augmenté ou amélioré par des constructions ou autrement, c'est sur la valeur pour laquelle il a été transmis à la société que le droit est assis, la société étant devenue propriétaire directe des améliorations. Ces améliorations ne donnent ouverture au droit de transmission qu'autant qu'elles excèdent la part sociale de l'associé attributaire (Délib., 3 nov. 1842; Cass., 17 déc. 1838; J. N., 10228; S. 39, I, 539; Cass., 13 juill. 1840; J. N., 10713; S. 40, I, 586; Voir aussi Cass., 8 nov. 1864; R. P., 2000).
— Quant au droit de transcription, comme il est indivisible, on le perçoit sur la valeur totale de l'immeuble et, par conséquent, sur la plus-value entière (Saint-Quentin, 25 avril 1860, R. P., 1485).

2900. — Indivision antérieure. — Quand un immeuble, fonds de commerce ou autre objet indivis entre deux personnes a été apporté en société et que le partage le fait passer en entier sur la tête de l'autre ou pour une part supérieure à celle originaire, il y a mutation pour l'excédent de la part, passible du droit de quatre pour cent en ce qui concerne les immeubles, et du droit de deux pour cent à l'égard des objets mobiliers et fonds de commerce (Cass., 14 avr. 1847, 21 fév. 1853; S. 47, I, 378; 53, I, 206; J. N., 13017, 14896; Altkirch, 6 déc. 1843; Toulouse, 2 mai 1844; Mirecourt, 11 déc. 1858; Rennes, 15 mai 1861; Pontoise, 24 août 1875; Cass., 24 déc. 1879; R. P. 4303, 5422).

2901. — Échange. — Lorsque, par un partage de société se composant en totalité d'immeubles, il est attribué à l'un des associés des immeubles apportés par un autre associé, et que celui-ci reçoit dans son lot des immeubles acquis durant la société, c'est à titre d'échange, et non de vente, que la mutation s'opère; et le droit proportionnel d'échange doit seul être perçu sur cet acte (Délib., 27 oct. 1835; J. N., 9154).

§ 3. — *Partages divers.*

2902. — Partage entre communistes. — Le partage entre ceux qui ont fait indivisément l'acquisition d'immeubles est soumis, pour l'acquit des droits d'enregistrement, aux mêmes règles que le partage d'une hérédité.

2903. — Ibid. — Division. — Nous avons dit, *supra* n° 2845, à quels droits est assujettie la division des biens entre les communistes, suivant qu'elle s'opère par l'acte même d'acquisition ou par un acte ultérieur. Décidé, à ce sujet, que quand deux personnes se rendent acquéreurs conjoints d'un immeuble, il est réputé leur appartenir à chacun pour moitié; de sorte que si, par un acte postérieur, ils l'attribuent à l'un pour la nue propriété et à l'autre pour l'usufruit, cet acte constitue un partage qui n'est passible du droit de soulte qu'autant que les lots sont inégaux (Chartres, 1er août 1873; Garnier, R. P., 3932).

2904. — Cantonnement. — Usagers. — On doit assimiler à un partage sujet au droit gradué (autrefois le droit fixe de cinq francs) l'acte par lequel il est procédé à un cantonnement pour le rachat de droits d'usages forestiers soumis à ce mode d'extinction (Sol., 17 fév. 1831, 9-13 mars 1849, 10-16 août 1849, 30 mai 1859; R. P., 1329).

SECTION V.

DES RAPPORTS A LA MASSE.

§ 1. — *Des rapports en nature.*

2905. — Aucun droit. — Le rapport en nature à la masse d'un immeuble donné, même lorsque la donation a été déguisée sous la forme d'une vente (Dict. not., *Partage*, 802; Garnier, 12431; Sol., 20 sept. 1830), est l'exécution d'une condition résolutoire tacitement apposée à la libéralité qui a sa source dans la loi. Par le fait du rapport, l'immeuble se trouve dans la masse partageable, à l'égard des cohéritiers, de même que si le défunt n'en avait jamais disposé; et, dès lors, il peut être attribué à un autre que celui qui l'a rapporté, sans que cela donne ouverture à aucun droit particulier d'enregistrement (Garn., 12428 *bis*).

— Il importe peu même que le donataire ait été dispensé du rapport en nature, si nonobstant cette dispense il en fait le rapport à la masse (Garnier, 12429; Dict. not., *Partage*, 801).

2906. — Aliénation. — Quand le rapport a lieu en deniers, en raison de ce que l'immeuble donné a été aliéné, *supra* n° 1173, un tel rapport résulte de la loi, et, par conséquent, ne donne pas non plus ouverture à aucun droit particulier (Garnier, 12430; Villeneuve-sur-Lot, 6 juin 1856; Acquiesc. régie, 12-16 septembre 1856; R. P., 746).

2907. — Attribution au donataire. — Soulte. — L'attribution au donataire de l'immeuble dont il a effectué le rapport en nature, soit parce qu'il lui a été spécialement attribué, soit parce qu'il est entré dans le lot qui lui est échu, a pour résultat de le faire considérer comme n'en ayant pas effectué le rapport, de sorte qu'il en est devenu propriétaire, sans aucun intervalle de temps. Il s'en suit que s'il est chargé du paiement d'une somme à ses cohéritiers, elle ne donne pas ouverture à l'acquit du droit proportionnel; en effet, le droit de mutation ayant été, lors de l'enregistrement de la donation, perçu sur la valeur entière de l'immeuble, ne peut l'être une seconde fois sur la somme qui représente une partie de cette valeur; d'ailleurs, le donataire est dans la même position que si le donateur l'eût chargé de payer une somme à ses cohéritiers futurs, de même que cette charge n'aurait engendré aucun droit proportionnel (Cass., 21 janv. 1832), de même la somme à payer, en vertu d'une stipulation du partage, n'est passible d'aucun droit (Dict. not., *Partage*, 804; Sol., 12 juin 1832; J. N., 7844; Seine, 9 août 1878; R. P., 5140. Contra St.-Pol, 23 mars 1839; Saverne, 27 août 1844).

2908. — Époque. — Rétrocession. — Le rapport n'étant dû qu'à la succession du donateur (*C. civ.*, 850), ne saurait s'ouvrir qu'au décès de ce dernier; jusque là, .e donataire en demeure pleinement propriétaire. Si, à l'occasion du partage d'autres biens indivis entre lui et le disposant, il consent à restituer à ce dernier le montant de la donation, afin de faire rentrer l'objet dans le patrimoine dont il était sorti, la restitution ne procède plus d'un rapport; elle ne peut être considérée que comme une rétrocession volontaire soumise, quand il s'agit d'un immeuble, au droit de quatre pour cent édicté par l'art. 69, § 7, n° 1 de la loi du 22 frimaire an VII (Seine, 12 déc. 1868; Garnier, R. P., 2998).

2909. — Rapport en numéraire. — Le fait que, du consentement des copartageants, le donataire opère le rapport, par une somme d'argent, d'un immeuble qui aurait pu être exigé en nature, n'entraîne non plus l'exigibilité d'aucun droit; en effet, le rapport, d'après l'art. 858, *peut* être exigé en nature, mais c'est là un droit auquel les cohéritiers ont la faculté de renoncer; quant à la prescription de la loi relative au rapport en moins prenant (*C. civ.*, 869), elle ne prive pas le donataire du droit de faire un rapport réel en argent (Dict. not., *Partage*, 803; Sol., 30 septembre 1830, 20 août 1858; J. N., 16236, 16374; R. P., 1070; Sol., 12 fév. 1868, 4 oct. 1882; Defrénois, *Rép. N.*, 1729).

2910. — Impenses. — Le successible qui effectue le rapport en nature d'un immeuble, a droit d'être indemnisé pour les impenses qu'il a faites, *supra* n°s 1157 à 1161. Il est créancier pour cette indemnité, de sorte que le paiement en deniers mentionné dans l'acte rend exigible le droit de libération, et que, si des objets meubles et immeubles lui sont donnés en paiement, ils donnent ouverture, suivant leur nature, à un droit de soulte (Garnier, 12434).

§ 2. — *Rapports en moins prenant.*

2911. — Meubles. — Le rapport des meubles se fait en moins prenant, *supra* n° 1189, sans que le donataire puisse être admis, sans le consentement de ses cohéritiers, à restituer l'objet même de la libéralité; mais le donataire a la faculté de l'effectuer en argent. En tous cas, l'attribution faite aux cohéritiers du donataire, pour l'égaliser avec lui, d'immeubles héréditaires ne donne ouverture à aucun droit particulier (Délib., 23 fév. 1825; Garnier, 12435).

2912. — Attribution du rapport. — Lorsque le rapport de choses mobilière, ou même d'un immeuble, *supra* n° 2909, s'opère par la remise à la masse d'une somme en deniers, qui est attribuée à d'autres qu'au donataire, alors que celui-ci est loti en immeubles héréditaires, le rapport ainsi effectué ne peut être assimilé à un retour de lots, et, par suite, au droit proportionnel de soulte. En effet, quand, au lieu de payer des soultes avec leurs propres fonds, les héritiers rapportent à la succession les sommes qui ne leur ont été données qu'en avancement d'hoirie, et quand ces sommes, ainsi rapportées, sont réunies à la masse, entrent dans le partage et servent à égaliser les lots, il n'est pas dû de droit de retour, parce que chacun des héritiers prenant une part égale dans les biens de la succession, tient tout du défunt et rien de ses cohéritiers (Dict. not., *Partage*, 803, 808; Cass., 11 décembre 1855, 27 avril 1858; S., 56, I, 456; 58, I, 617; Montauban, 26 mai 1852; Castelsarrasin, 26 janv. 1855; Evreux, 14 avr. 1855; Bernay, 2 mai 1855; Seine, 23 janv. 1857; Ussel, 20 déc. 1858; Garnier, 12436, 1°; Sol., 4 oct. 1882; *Rép. N.*, art. 1729. Contra Villefranche, 10 déc. 1854; Argentan, 29 mars 1855; Alais, 12 juin 1855; J. N., 15561). — Toutefois, décidé que quand l'acte de partage, au lieu de faire rapporter, en moins prenant à la masse de la succession, les sommes dues à titre de donataire en avancement d'hoirie ou d'avances, par un héritier, attribue ces sommes à cet héritier et, en outre, lui attribue toute sa part héréditaire en immeubles, à la charge d'une soulte, on doit voir : d'abord une imputation du rapport sur les droits héréditaires convenue entre les parties, *supra* n° 2909; puis une attribution immobilière à la charge d'un retour de lots; et, par conséquent, le droit de soulte est dû. On ne saurait en exonérer les parties en adoptant une combinaison préférable pour leur intérêts, alors qu'ils sont censés avoir répudiés ce mode de procéder (Cass., 1er juin 1853; S. 53, I, 503; J. N., 15026); c'est, dans l'espèce, un vice de rédaction qui a donné ouverture au droit; on l'aurait évité en attribuant le rapport aux cohéritiers.

2913. — Rapport. — Paiement de somme donnée. — Le cohéritier qui accepte la succession, doit le rapport de la donation en avancement d'hoirie qui lui a été faite. Si cette donation avait pour objet une somme d'argent non payée au décès, la dette du donateur se subdivise entre ses successeurs. Le donataire fait confusion de sa sa part, et le surplus s'éteint par compensation; car si le donataire est créancier de la succession, il est débiteur d'un rapport égal envers elle. La donation ne peut donc revivre même fictivement. Par conséquent, si, par suite des opérations du partage, l'un des héritiers se trouve chargé de payer au donataire le montant de sa libéralité, c'est le résultat d'une soulte passible du droit proportionnel (Tournon, 17 mars 1869; Garnier, Rép. Pér., 2997).

2914. — Renonciation au rapport. — L'ouverture de la succession a pour conséquence de faire évanouir la libéralité, en obligeant le donataire à remettre l'objet donné dans la masse ou la somme qui en est la représentation. Si les cohéritiers renoncent à réclamer le rapport, ils disposent à titre gratuit d'un objet faisant partie de l'hérédité, ce qui rend exigible le droit de donation (Neufchâtel, 27 août 1857; Seine, 21 juill. 1866; R. P., 888, 2374). — Il en serait autrement si les cohéritiers reconnaissaient simplement qu'un avantage fait à l'un d'eux ne donne pas lieu à rapport, soit parce que telle était la volonté du défunt alors qu'elle résulte implicitement de la libéralité, soit parce qu'il s'agit de l'acquit d'une charge incombant à l'auteur commun; par exemple, le remplacement ou l'exonération au service militaire d'un successible dans l'intérêt du père, *supra* n° 1085 (Sol., 2 mars, 1869; R. P. 3116).

2915. — Renonciation à réduction. — Quand un don fait soit à un étranger, soit à un successible par préciput et hors part, se trouve excéder la quotité disponible, les héritiers ont le droit de le faire réduire, afin d'être remplis de leur réserve; mais aussi ils peuvent y renoncer, la réduction ne s'opérant pas de plein droit comme le rapport, *supra* n°s 1283, 1284. Dans ce cas, le donataire conserve la chose qui lui a été donnée et la renonciation ne saurait à aucun point de vue être considérée comme une libéralité. Il en est de même de la renonciation par les héritiers légitimes à faire réduire une libéralité faite à l'enfant naturel qui excède ses droits, *supra* n° 225 (Tours, 4 juin 1864; R. P., 1974).

2916. — Renonciation à préciput. — L'enfant donataire par préciput et hors part, à ce titre dispensé du rapport, qui, néanmoins, en effectue le rapport à la masse, même en déclarant que telle était l'intention du père de famille, fait à ses frères et sœurs, pour ce qui excède sa part héréditaire, une libéralité passible du droit de donation (Neufchatel; 27 août 1857; J. N., 16322; Seine, 2 fév. 1867, R. P., 2502; J. N., 19006). — En outre, si sa donation est d'une somme d'argent qu'il rapporte en deniers à la masse, et que, par le résultat du partage, il se trouve rempli de sa part héréditaire en immeubles, tandis que la somme par lui rapportée est attribuée à ses cohéritiers, le droit d'enregistrement de soulte est exigible sur cette somme (Dict. not., *Partage*, 806; Saint-Pol, 23 mars 1839; Toulouse, 30 mars 1865; R. P., 2173; J. N., 18367). — Il en serait autrement, dans ce dernier cas, si le rapport à la masse était imposée par le père de famille, comme condition du partage anticipé par lui fait entre ses enfants (Cass., 11 déc. 1855; S. 56, I, 456; J. N., 15683).

2917. — Rapport omis. — Si le partage a lieu suivant les parts héréditaires, que plus tard on s'aperçoive qu'un cohéritier a omis d'effectuer le rapport d'une somme qu'il a reçue par avancement d'hoirie, et que cet héritier abandonne à ses cohéritiers, pour les remplir de leurs parts dans cette somme, une partie des immeubles compris dans son lot, cet abandon ne rend pas exigible le droit de soulte, mais seulement le droit gradué sur le montant du rapport (Délib. régie, 23 fév. 1825; Dict. N., *Partage*, 807).

2918. — Terme. — Rapport de don. — Lorsqu'un don rapporté en argent a été attribué à des cohéritiers et qu'un délai a été stipulé pour le paiement, cette stipulation n'est pas créative d'une obligation proprement dite, mais est plutôt la conséquence du rapport d'une somme constituée par un contrat enregistré, et le droit de titre à un pour cent n'est pas exigible (Délib., 27 août 1833; Garnier, 12413; Dict. not.. *Partage*, 809, 815).

2919. — Terme. — Sommes prêtées. — Il en est autrement s'il s'agit du rapport d'une somme prêtée par le défunt à l'un de ses successibles, sans titre enregistré; dans ce cas, si un terme a été stipulé pour le paiement, ou même, sans qu'un terme soit stipulé, si l'acte de partage n'en constate pas le paiement, le cohéritier est débiteur en vertu du partage qui devient le titre de la créance; la convention à ce sujet est indépendante de la division des biens, et il est dû le droit de titre à un pour cent sur la somme à l'occasion de laquelle le terme a été accordé (Garnier, 12444; Dict. not., *Partage*, 813, 814; Amiens, 19 déc. 1839; Dunkerque, 8 nov. 1844; Reims, 13 déc. 1845; Grenoble, 14 nov. 1848; Saint-Menehould, 11 mars 1851; Etampe, 7 août 1861; Hazebrouck, 3 janv. 1873; Nogent-sur-Seine, 17 juill. 1873; Seine, 31 déc. 1880; Defrénois, *Rép. N.*, 514).

2920. — Somme prêtée. — Acquit du passif. — Si la créance due par l'un des cohéritiers, sans titre enregistré, demeure indivise entre les héritiers pour être affectée à l'acquit du passif, le droit d'obligation est exigible sur les parts et portions de ses cohéritiers dans la créance (Hazebrouck, 3 janv. 1873; Seine, 19 déc. 1874; Garnier, R. P., 4092).

2921. — Héritier débiteur. — Acte non mentionné. — Référence. — Lorsque la somme prêtée sans titre enregistré, est attribuée à l'héritier débiteur, son énonciation dans l'acte et l'attribution qui en est faite ne donnent ouverture à aucun droit particulier, alors même qu'il résulterait de l'inventaire antérieur au partage qu'elle serait établie par des reconnaissances qu'il aurait souscrites, si, dans le partage, on ne s'y réfère pas, et si l'on ne les mentionne pas. On ne saurait conclure, par induction, qu'il en a été fait usage, afin de réclamer le droit de titre et une amende contre le notaire (Cass., 19 avril 1864; Cass., ch. réunies, 27 mai 1867; S. 64, I, 238; 67, I, 302; J. N., 17996, 18864).

2922. — Héritier débiteur. — Usufruit. — Il en est ainsi, même lorsque la somme n'a été attribuée à l'héritier débiteur qu'en nue-propriété et que l'usufruit, s'il s'agit du partage de la succession de l'époux prédécédé, a été compris dans le lot attribué en usufruit au conjoint survivant (Seine, 5 fév. 1864; J. N., 18084).

2923. — Titre mentionné. — Cependant, dans les hypothèses prévues aux trois numéros qui précèdent, le droit de titre à un pour cent serait dû, si le partage constatait l'existence d'un titre écrit non enregistré, puisque, en pareil cas, on fait mention dans le partage d'un acte non enregistré (Garnier, 12445; Lille, 5 juin 1858). — Mais il en serait autrement si l'on énonçait seulement de simples notes relatives à des comptes décrits dans l'inventaire (Seine, 7 fév. 1855, 24 nov. 1860; J. N., 15486, 17025).

2924. — Titre enregistré. — Délai. — Si le titre de créance a été enregistré, ou s'il s'agit d'un rapport, les attributions à terme aux cohéritiers ne sont pas passibles du droit d'obligation, mais du droit gradué de prorogation de délai (Garnier, 12447; Gaillac, 9 mai 1877; Seine, 9 août 1878; R. P., 4735, 5140).

2925. — Rapport. — Paiement. — La mention, dans l'acte de partage, que le successible a payé à ses cohéritiers, les sommes à eux attribuées sur le rapport de don qu'il a fait à la masse, n'engendre aucun droit particulier de quittance. En effet, par ce rapport et ce paiement, il ne fait que remettre à la succession ce qui, par la fiction de la loi et d'après le sens de l'art. 883 du Code civil, est considéré comme n'ayant jamais cessé d'en faire partie; d'où il suit que cette remise, bien qu'en fait elle opère, vis-à-vis des autres cohéritiers, la libération de celui qui rapporte, n'est, en réalité, qu'un des éléments du partage, et ainsi, la disposition de l'acte du partage qui constate ce rapport et ce paiement n'est elle-même qu'une partie intégrante de cet acte (Cass., 2 mai 1826; Délib., 23 fév. 1825; Garnier, 12448; Dict. not., *Partage*, 816).

2926. — Rapport de dettes. — Paiement. — La règle du numéro précédent est applicable, même lorsque le paiement est de sommes dues au défunt et rapportées à la masse avec ou sans énonciation de titre; le rapport, dans ce cas, étant aussi l'un des éléments essentiels du partage (Sol., 26 nov. 1868, 10 juin 1869; Garnier, Rép. Pér., art. 2862 et 3092).

2927. — Prix de vente. — Il importe peu que la créance rapportée à la masse par l'un des cohéritiers soit le prix d'une vente à lui faite par le défunt d'un immeuble ou d'un fonds de commerce, ou d'un office, *supra* n° 1195; du moment où le paiement aux cohéritiers dérive d'une attribution faite par l'acte même, ce paiement est un élément du partage, en dépend, et, dès lors, il est dispensé du droit de quittance (Garnier, 12451, Contra Montpellier, 19 fév. 1856). — Nous pensons qu'il doit en être de même dans le cas où il s'agit du prix d'un immeuble de la succession précédemment adjugé à titre de licitation à l'un des cohéritiers ou du montant d'enchères à la vente mobilière (Sol., 18 sept. 1860); — quand il est constaté qu'il a fait le rapport du prix à la masse, qu'il a été attribué à ce titre à ses cohéritiers et que le paiement des sommes à eux attribuées leur a été fait par l'acte de partage; la remise de ce prix dans la masse constitue un rapport; par suite le paiement est l'un des éléments du partage et le droit d'enregistrement de quittance n'est pas dû sur les sommes payées (Dict. not., *Partage*, 817; Sol., 13 janv. 1863 et 29 janv. 1866; R. P., 1688, 2553. Contra Garnier, 12451; Seine, 21 juin 1855; J. N., 15691).

2928. — Paiement de dot. — Décidé aussi que si, dans un partage, spécialement dans un partage d'ascendants, il est constaté que l'un des copartageants a fait le rapport d'une somme à lui donnée par ses père et mère, dans son contrat de mariage; et payée depuis, sans mention de quittance enregistrée; ce rapport forme un des éléments nécessaires du partage et ne peut, dès lors, donner ouverture au droit de quittance (Sol., 21 janv. 1870; Journ. des Not., art. 19819); — à moins qu'on ne se réfère à l'inventaire où se trouve mentionnée la quittance sous seing privé de cette somme (Seine, 23 déc. 1859; Arras, 27 janv. 1869; Garnier, Rép. Pér., 2861).

2929. — Paiement de dot. — Acte de l'étranger. — Un notaire, en faisant le partage d'une succession peut, pour justifier un rapport, mentionner l'existence de la donation antérieure non enregistrée, passée hors du territoire et ayant pour objet une somme payable à terme. Le rapport, en effet, ne se fonde pas directement sur la libéralité, mais sur le paiement de la somme avant le décès. Le rappel du contrat de donation n'est donc qu'une indication surabondante qu'on ne peut assimiler à la mention prohibée par la loi (Seine, 20 mars 1869; Garnier, Rép. Pér., 2942).

2930. — Dépôt de somme. — Le rapport à la masse par un héritier d'une somme qui lui a été remise à titre de dépôt par le défunt, quand l'attribution en est faite pour le tout ou pour partie à des cohéritiers, et que le paiement en est fait par l'acte même, ne donne pas non plus ouverture au droit de quittance, les règles du prêt étant applicables au dépôt (Dict. not., *Partage*, 818. Contra Garnier, 12452; Délib., 19 mars 1833).

2931. — Fruits. — Le cohéritier qui a perçu les fruits des biens de la succession, pendant l'indivision, doit en effectuer le rapport à la masse, *supra* n° 1127. Ce rapport est également un élément du partage non passible du droit de libération (Garnier, 12453).

FORMULES

FORMULES

2952. — Généralités. — Les formules ne doivent pas être considérées comme ayant uniquement pour but de servir de modèles pour des opérations similaires. Il faut, au contraire, y voir une application du droit qui est, si nous pouvons nous exprimer ainsi, ce qu'est la gravure au texte alors qu'elle en reflète les moindres détails. Nos formules se présentent donc sous un double aspect : 1° Servir de guide dans des cas analogues; 2° Faire une application pratique des matières qui s'y rattachent. — Pour mieux les faire apprécier, nous donnons, en regard des formules, un résumé des matières du droit qui s'y rapportent, avec renvoi aux numéros du traité qui précède. — Nos explications, comme les formules, sont divisées en six chapitres qui traitent : Le premier, des actes relatifs à l'ouverture et à la transmission des hérédités; le deuxième, des actes relatifs à l'acceptation et à la répudiation des successions, au bénéfice d'inventaire, et aux successions vacantes; le troisième, des actes divers se rattachant aux opérations du partage; le quatrième, du partage amiable; le cinquième, du partage judiciaire; et le sixième, du partage entre associés et entre communistes.

CHAPITRE PREMIER

DES ACTES RELATIFS A L'OUVERTURE ET A LA TRANSMISSION DES HÉRÉDITÉS

SOMMAIRE ALPHABÉTIQUE DU TEXTE

Absence 2966, 2967
Acte de notoriété :
— Absence 2966, 2967
— Donation entre époux . . 2965
— Institution contractuelle. 2965
— Legs universel 2965
— Qualités héréditaires. . . 2934
Accroissement 2968
Adoption. 2942
Ascendants :
— Aïeul 2950
— Collatéraux. 2953, 2954
— Enfant naturel 2949
— Frères et sœurs . 2947 à 2949
— Lignes 2952
Collatéraux :
— Ascendants. 2953, 2954
— Double lien. 2956
— Enfants naturels 2958
— Hérédité 2955
— Père et mère. 2951
Conjoint 2962
Consanguins 2946
Descendants :
— Enfants 2939, 2940

— Enfants adoptifs 2942
— Enfants légitimes . 2942, 2943
— Petits enfants. 2941
— Représentation. 2940
Dévolution; ligne à l'autre . . 2957
Donation entre époux. 2965
Double lien 2956
Enfants naturels :
— Absence d'héritiers. . . . 2959
— Ascendants 2949
— Collatéraux. 2958
— Enfants légitimes 2943
— Frères et sœurs 2949
— Réduction 2944
Enfants naturels (successions des) :
— Frères et sœurs 2961
— Père et mère 2960
Etat; absence d'héritiers . . . 2963
Etrangers 2936
Frères et sœurs :
— Consanguins 2946
— Enfants naturels 2949
— Germains 2945, 2946
— Père et mère . . . 2947 à 2949

— Utérins 2946
Hospice; hérédité. 2964
Indignité; exclusion 2938
Institution contractuelle . . . 2965
Intitulé d'inventaire. 2933
Legs universel. 2965
Ligne; dévolution 2957
Neveux et nièces 2945
Part de l'enfant naturel 2959
Père et mère :
— Collatéraux. 2951, 2953
— Frères et sœurs . 2947 à 2949
— Usufruit 2947
Réduction des droits de l'enfant naturel. 2944
Représentation 2940
Renonciation à succession. . . . 2968
Retour légal 2950
Succession; décès. 2935
Survie; présomption de. 2935
Usufruit 2947
Utérins; frères et sœurs . . . 2946
Viabilité 2937

SOMMAIRES DES FORMULES D'ACTES DE NOTORIÉTÉS

Form. 1. — Présomption de survie.
Form. 2. — Français et étrangers.

Form. 3. — Non viabilité.
Form. 4. — Indignité.

Form. 5. — Enfants.
Form. 6. — Enfants; petits-enfants, et arrière-petits-enfants.
Form. 7. — Petits enfants héritiers de leur chef.
Form. 8. — Enfants légitimes et enfants adoptifs.
Form. 9. — Enfants légitimes, enfants naturels et descendants d'enfant naturel.
Form. 10. — Enfants légitimes et enfant naturel réduit à moitié de ses droits.
Form. 11. — Frères et sœurs; neveux et nièces.
Form. 12. — Frères et sœurs germains, utérins et consanguins.
Form. 13. — Père et mère; frères et sœurs.
Form. 14. — Mère et frères et sœurs.
Form. 15. — Père; frères et sœurs; enfants naturels.
Form. 16. — Père et aïeul maternel; retour légal.
Form. 17. — Père et collatéraux.
Form. 18. — Ascendants dans les deux lignes.
Form. 19. — Héritier à la fois ascendant et collatéral.
Form. 20. — Ascendant et collatéraux.
Form. 21. — Collatéraux dans les deux lignes.
Form. 22. — Collatéraux; double lien.
Form. 23. — Dévolution d'une ligne à l'autre.
Form. 24. — Collatéraux; enfants naturels et descendants d'enfant naturel.
Form. 25. — Enfant naturel; absence de parents légitimes.
Form. 26. — Succession de l'enfant naturel; mère.
Form. 27. — Même succession; frères et sœurs légitimes et naturels.
Form. 28. — Conjoint survivant.
Form. 29. — Succession en deshérence. Etat.
Fotm. 30. — Hospice.
Form. 31. — Absence d'héritiers à réserve.
Form. 32. — Notoriété pour faire déclarer une absence.
Form. 33. — Absence donnant lieu à rectification d'intitulé d'inventaire.
Form. 34. — Successible d'un degré plus éloigné, par suite de renonciation à succession.

2953. — Intitulés d'inventaires.
— L'ouverture d'une succession et la transmission qui en est faite à des héritiers saisis par la loi (28 à 31), s'établissent, au regard des tiers, par les intitulés des inventaires dressés après les décès de ceux dont les successions sont transmises. Voir, à ce sujet, mon *Traité et formulaire des scellés et de l'inventaire.*

2954. — Actes de notoriétés. —
A défaut d'inventaire, cette justification se fait au moyen de la représentation d'actes de

§ 1. — ACTES DE NOTORIÉTÉS.

FORMULE 1. — Présomption de survie [N° 2935].

Pardevant M°.....

Ont comparu

M. Charles-Henri Le Roy, propriétaire, demeurant à.....
Et M. Paul-Louis Maillard, avocat, demeurant à.....
Lesquels ont, par ces présentes, certifié comme étant de vérité et notoriété publique:
Qu'ils ont parfaitement connu M. Emile Destrez, en son vivant propriétaire, demeurant à....., né à..... le.....; et Mlle Jeanne Destrez, sa fille, née à...... le....., du mariage d'entre mondit sieur Destrez et Mme Olympe Nortel, restée sa veuve.
Que M. Emile Destrez et Mlle Jeanne Destrez sont tous deux décédés dans la nuit du dix au onze avril mil huit cent soixante-dix-huit, lors de l'irruption soudaine d'eaux violentes provenant de l'inondation de la Loire, qui ont englouti subitement la maison qu'ils habitaient;
Qu'ayant trouvé la mort dans un même événement, sans qu'il ait été possible de distinguer lequel est décédé le premier, le fait de la survie de Mlle Jeanne Destrez résulte de la présomption déterminée par les articles 721 et 722 du Code civil, en raison de ce que, lors de cet événement, M. Destrez était âgé de soixante-deux ans, et Mlle Jeanne Destrez de dix-sept ans; ainsi constaté, à la suite d'une enquête, suivant jugement contradictoirement rendu par le tribunal civil de....., le....., entre Mme veuve Destrez et M. Horace Destrez, propriétaire, demeurant à....., qui aurait été le seul héritier de M. Emile Destrez, son frère, si celui-ci eût survécu à sa fille; ledit jugement signifié à M. Horace Destrez, par exploit de....., huissier à....., en date du....., et non frappé d'appel, comme le constate un certificat délivré par le greffier du tribunal civil de..... le.....
Qu'à ce moyen, M. Emile Destrez a laissé pour seule et unique héritière, Mlle Jeanne Destrez, sa fille,
Et que Mlle Jeanne Destrez, décédée saisie de ses droits de seule héritière de son père, a laissé pour ses seuls héritiers, savoir:
De la moitié dévolue à la ligne maternelle, Mme Olympe Nortel, sa mère, veuve de M. Emile Destrez, demeurant à...; indépendamment de l'usufruit du tiers de la moitié dévolue à la ligne paternelle, conformément à l'article 754 du Code civil.

notoriétés, par lesquels deux témoins attestent, comme étant de notoriété publique, le décès et les noms des héritiers appelés à recueillir la succession. Nous donnons ici des actes de notoriété suivant les divers modes d'hérédités ; ce qui nous offre l'occasion de rappeler les dispositions applicables suivant les différents cas.

2955. — Décès ; survie. — Pour qu'une succession soit transmise, il faut la double circonstance : du décès d'une personne (9 à 11), et de la survie de ceux que la loi appelle à lui succéder (13). La survie est facile à établir quand on justifie de l'instant précis des décès successifs tant de celui dont les biens sont transmis, que de celui en faveur de qui cette transmission s'est opérée. — S'il s'agit de deux personnes appelées respectivement à la succession l'une de l'autre (22 à 27), qui ont péri dans un même événement, sans que l'on puisse reconnaître laquelle est décédée la première, la survie est présumée et se détermine, soit par les circonstances du fait, soit par les circonstances résultant de la force de l'âge ou du sexe : par exemple, au-dessous de 15 ans, le plus âgé ; au-dessus de 60 ans, le moins âgé ; entre 15 et 60 ans, le plus jeune s'ils sont du même sexe, ou, s'il y a différence de sexe, le mâle, quand la différence d'âge n'excède pas une année ; au-dessous de 15 ans ou au-dessus de 60 ans et de 15 à 60 ans, ces derniers (14 à 18). — Si les présomptions de survie ne sont pas applicables, les successions sont déférées séparément (19 à 25).

2956. — Étrangers. — La loi appelle à l'hérédité les parents qu'elle désigne suivant les différents cas, sans distinction de nationalité. En conséquence, les étrangers ont le droit de succéder en France de la même manière que les Français, sauf le prélèvement en faveur de ceux-ci, quand ils se trouvent exclus de biens situés dans un pays étranger par les lois de ce pays (32 à 38). — Si la succession d'un étranger vient à s'ouvrir en France, les opé-

---

Et de la moitié dévolue à la ligne paternelle, M. Horace DESTREZ, son oncle, propriétaire, demeurant à....; ladite moitié grevée pour un tiers de l'usufruit de Mme veuve DESTREZ, ainsi qu'il vient d'être dit.

A l'appui de leurs déclarations, les comparants ont représenté :

1° Les expéditions des actes de décès de M. et Mlle DESTREZ, délivrées par M. le maire de..... le.....;

2° La grosse du jugement rendu par le tribunal civil de. ..., le.....;

3° L'original de la signification faite à M. Horace DESTREZ;

4° Et l'original du certificat de non appel délivré par le greffier du tribunal civil de.....

Lesquelles pièces sont demeurées ci-annexées, après que sur chacune d'elles il a été apposé une mention d'annexe signée des notaires — *ou* du notaire et des témoins.

DONT ACTE. Fait et passé, etc.

Enregistrement. Voir n° 2692.

FORMULE 2. — Français et étrangers [N° 2936].

Mêmes comparutions qu'en la Formule 1.

Lesquels ont, par ces présentes, déclaré avoir parfaitement connu M. César DUBIEF, en son vivant propriétaire, domicilié à Londres (Wesminster), 25, square Victoria.

Et ils ont certifié, pour vérité et notoriété publique :

Que M. DUBIEF était d'origine française et a eu son domicile à Versailles, jusqu'en mil huit cent quarante-huit ; qu'à cette époque il s'est fixé en Angleterre et a été naturalisé anglais, suivant un acte du Parlement d'Angleterre, en date du six avril mil huit cent cinquante-cinq;

Qu'il est décédé en son domicile, à Londres, le dix avril mil huit cent soixante-dix-huit;

Qu'après son décès, il n'a pas été fait d'inventaire;

Et qu'il a laissé pour seuls héritiers ses quatre enfants, savoir :

1° M. Honoré DUBIEF, négociant, demeurant à Paris, rue..... n°.....

2 Mme Charlotte-Louise DUBIEF, épouse de M. Maxime DUCHAMP, architecte, avec lequel elle demeure à Paris, rue..... n°.....

M. Honoré DUBIEF et Mme DUCHAMP, de nationalité française, issus du premier mariage

rations qui y sont relatives appartiennent aux agents consulaires de son pays, quand il existe des conventions à ce sujet (39 à 41).

2937. — Viabilité. — Pour succéder, il suffit d'être conçu; en conséquence, celui qui naît dans les 300 jours qui suivent l'ouverture de la succession, est héritier s'il est légitime et que sa conception antérieure ne soit pas prouvée (42 à 45). Mais il faut que l'enfant naisse viable : s'il est né mort ou si, même vivant, il n'était pas conformé pour vivre et meurt peu après, il est considéré comme n'ayant point eu d'existence et n'hérite pas (46 à 50).

---

de M. César Dubief avec Mme Hélène Dalin, décédée à Versailles le deux juin mil huit cent quarante-cinq;

3° M. John-William Dubief, ingénieur, demeurant à Londres, George-Park-Street, 18.

4° Mme Mary Dubief, épouse de M. Edwart Water, esquire, domiciliés à Londres, Princes Garden hyde Park, 12.

M. John-William Dubief et Mme Water, de nationalité anglaise, issus du mariage de M. César Dubief avec Mme Mary Dryw, sa seconde épouse, restée sa veuve.

A l'appui de leurs déclarations, les comparants ont représenté :

1° Une copie en langue anglaise de l'acte de décès de M. César Dubief, délivrée par le greffier de la paroisse de..... le..... et revêtue de diverses légalisations dont la dernière émane du ministère des Affaires étrangères de France; ensemble la traduction qui en a été faite le....., par M. Duca, traducteur assermenté près la Cour d'appel de Paris, dont la signature a été légalisée par M. le président de la Cour d'appel de Paris;

2° Un extrait délivré, en langue anglaise, par le greffier du Parlement d'Angleterre, le..... de l'acte de naturalisation de M. Dubief et revêtu des mêmes légalisations; ensemble la traduction qui en a été aussi faite par M. Duca, le.....

Ces pièces sont demeurées ci-annexées après avoir été certifiées véritables par les comparants et que sur chacune d'elles mention de l'annexe a été apposée.

Dont acte. Fait et passé, etc.

Enregistrement Voir n° 2692.

FORMULE 3. — Non viabilité [N° 2937].

Comparutions comme en la Formule 1.

Lesquels ont, par ces présentes, déclaré avoir parfaitement connu M. Joseph Vallée, en son vivant, cultivateur, demeurant à....., époux de Mme Claire Minier, restée sa veuve.

Et ils ont certifié comme étant de vérité et notoriété publique

Que M. Vallée est décédé en sa demeure, le deux mars mil huit cent soixante-dix-huit;

Qu'il n'a pas été dressé d'inventaire après son décès;

Que Mme Claire Minier, sa veuve, était enceinte, mais qu'elle est accouchée d'un enfant mort-né, ainsi qu'il résulte d'un acte de l'état civil, rédigé sur le registre des décès de la mairie de....., constatant que l'enfant a été présenté sans vie;

Que, par suite, à défaut de descendants et d'ascendants, M. Vallée a laissé pour seules héritières, chacune pour moitié, ses deux sœurs :

1° Mme Anne Vallée, épouse de M. Louis Delattre, avocat, demeurant à.....

2° Et Mlle Céleste Vallée, majeure, célibataire, demeurant à.....

A l'appui de leurs déclarations, les comparants ont représenté :

1° Une copie délivrée à la mairie de..... le....., de l'acte de décès de M. Vallée;

2° Et une copie délivrée à la même mairie, le....., de l'acte de l'état civil, dressé le....., constatant que l'enfant dont Mme Vallée est accouchée a été présenté sans vie.

Ces pièces sont demeurées ci-jointes, après que sur chacune d'elles il a été apposé une mention d'annexe signée des notaires.

Dont acte. Fait et passé, etc.

Enregistrement. Voir n° 2692.

FORMULE 4. — Indignité [N° 2938].

Mêmes comparutions qu'en la formule 1.

Lesquels ont, par ces présentes, déclaré avoir parfaitement connu M. Eloi Gautier, en son vivant rentier, demeurant à....., veuf de Mme Elise Poilly et non remarié;

2938. — Indignité. — Un individu, étant capable d'hériter, peut cependant être exclu de la succession, s'il est déclaré indigne, par le motif qu'il a été condamné soit pour avoir donné la mort au défunt, soit pour avoir calomnieusement porté contre lui une accusation capitale, ou parce que, instruit du meurtre du défunt, il ne l'a pas dénoncé à la justice. Dans ce cas, la succession est dévolue à ceux qui auraient concouru avec lui, ou, s'il est seul, à ceux qui auraient recueilli la succession à son défaut (54 à 77).

2939. — Enfants. — L'hérédité, quand le défunt a laissé des enfants qui lui ont tous

Et ils ont attesté pour vérité et notoriété publique :
Que M. GAUTIER est décédé à..... le.....;
Qu'après son décès il n'a pas été fait d'inventaire;
Qu'il a laissé pour seuls habiles à se présenter pour recueillir sa succession, ses deux enfants :
1° Mme Jeanne GAUTIER, épouse de M. Antoine CAHEN, négociant, demeurant à.....;
2° Et M. Théodore GAUTIER, sans profession, demeurant à.....
Mais que, sur la demande que Mme CAHEN a formée, avec l'autorisation de son mari, contre M. Théodore GAUTIER, il est intervenu le....., contradictoirement entre eux, un jugement du tribunal civil de....., par lequel M. Théodore GAUTIER a été déclaré indigne de succéder à M. Eloi GAUTIER, son père; ledit jugement signifié à M. Théodore GAUTIER, suivant exploit de....., huissier à....., en date du....., et non attaqué par la voie d'appel, ainsi que le constate un certificat délivré par le greffier du tribunal civil de....., le.....
Et que, par suite, Mme CAHEN s'est trouvée être la seule et unique héritière de M. 'oi GAUTIER, son père.
A l'appui de leurs déclarations, les comparants ont représenté :
1° Une copie délivrée à la mairie de....., le..... de l'acte de décès de M. Eloi GAUTIER;
2° Un extrait du jugement d'indignité;
3° L'original de la signification de ce jugement;
4° Et le certificat de non appel.
Ces pièces sont demeurées ci-jointes, après que sur chacune d'elles, il a été apposé une mention de l'annexe, signée des notaires.
DONT ACTE. Fait et passé, etc.
Enregistrement. Voir n° 2692.

FORMULE 5. — Enfants [N° 2939].

PAR DEVANT M^e.....

ONT COMPARU

M. Louis DARLAY, propriétaire, demeurant à.....
Et M. Charles FAVART, négociant, demeurant à.....
Lesquels ont, par ces présentes, déclaré avoir parfaitement connu M. Léon-Emile BONNEAU, en son vivant propriétaire, demeurant à....., rue....., n°....., époux de Mme Jeanne RICHARD, restée sa veuve, avec laquelle il était marié sous le régime de la communauté légale de biens, à défaut de contrat qui ait précédé leur mariage célébré à la mairie de..... le..... — *Ou bien :* Avec laquelle il était marié sous le régime de la communauté réduite aux acquêts, aux termes de leur contrat de mariage, passé devant M^e....., notaire à....., le.....
Et ils ont attesté pour vérité et notoriété publique :
Que M. BONNEAU est décédé en son domicile sus-indiqué, le quinze janvier mil huit cent soixante-dix-huit;
Qu'il n'a pas été fait d'inventaire après son décès;
Et qu'il a laissé pour seuls héritiers, chacun pour un quart, ses quatre enfants, issus de son mariage avec ladite dame, savoir :
1° M. Hector BONNEAU, négociant, demeurant à.....;
2° Mme Virginie BONNEAU, épouse de M. Eloi LECLERC, propriétaire, avec lequel elle demeure à.....;
3° M. Paul BONNEAU, docteur en médecine, demeurant à.....;
4° Mlle Charlotte BONNEAU, majeure, célibataire, sans profession, demeurant à.....
A l'appui de leur déclaration en ce qui concerne le décès, les comparants ont représenté une expédition de l'acte de décès de M. BONNEAU, inscrit sur les registres des actes de décès de....., le.....; ladite copie délivrée par le maire de....., le...... est demeurée ci-annexée après

survécu, est dévolue à ceux-ci comme formant la première génération, et ils la recueillent par tête (78 à 86, 106).

2940. — Enfants et descendants. — Si les héritiers appelés à recueillir l'hérédité sont des enfants et des descendants d'enfants prédécédés par représentation de leurs auteurs, ils forment : la première génération, pour les enfants ; la deuxième pour les petits-enfants à la représentation des enfants ; la troisième pour les arrière-petits-enfants, qui représentent les petits-enfants et les enfants (92 à 98, 110, 111). Dans ce cas, il est utile d'ouvrir une colonne pour y faire figurer les parts de chacun, afin d'établir que la succession a été appréhendée pour le tout

---

que dessus il a été apposé une mention d'annexe, signée des notaires — *ou* des notaire et témoins.

DONT ACTE. Fait et passé, etc.

Enregistrement. Voir n° 2692.

FORMULE 6. — Enfants, petits-enfants et arrière-petits-enfants [N° 2940].

Comparutions comme en la Formule 5.

Lesquels ont, par ces présentes, déclaré avoir parfaitement connu M. Charles AMEL, en son vivant rentier, demeurant à....., veuf de Mme Léonie FLESSE et non remarié.

Et ils ont certifié pour vérité et notoriété publique :

Que M. AMEL est décédé en son domicile, le.....;

Qu'après son décès il n'a pas été fait d'inventaire ;

Et qu'il a laissé pour seuls héritiers ses enfants et petits-enfants, savoir :

1° M. Ulysse AMEL, propriétaire, demeurant à.....;

2° M. Anatole AMEL, ancien préfet, demeurant à.....;

Ses deux fils, chacun pour son quart, ensemble douze vingt-quatrièmes. . . . 12/24

3° M. Honoré MALOT, rentier, demeurant à.....;

4° M. Ambroise MALOT, négociant, demeurant à.....;

5° M. Hector MALOT, restaurateur, demeurant à.....;

Ses petits-enfants conjointement pour un quart, soit chacun pour un douzième, par représentation de Mme Fanny AMEL, leur mère, décédée à....., le....., épouse de M. Charles MALOT, et fille de M. AMEL *de cujus*, ensemble six vingt-quatrièmes. . . 6/24

6° Mme Héloïse PUGET, veuve de M. Jean DUVAL ; ladite dame rentière, demeurant à.....

Sa petite-fille, pour la moitié du dernier quart, soit un huitième ou trois vingt-quatrième, par représentation de Mme Louise AMEL, sa mère, décédée à....., le....., veuve de M. Eloi PUGET. 3/24

7° M. Emile PUGET ;

8° M. Joseph PUGET,

9° Et Mlle Jeanne PUGET,

Mineurs, sous la tutelle légale de Mme Aglaée CORBIN, veuve de M. Georges PUGET, leur mère ; ladite dame demeurant à.....

Ses arrière-petits-enfants, conjointement pour l'autre moitié du dernier quart ou chacun pour un vingt-quatrième, par représentation de : 1° M. Georges PUGET, leur père, décédé à....., le....., fils de Mme PUGET, née AMEL ; 2° Et de madite dame PUGET, née AMEL, leur aïeule, décédée, fille de M. AMEL *de cujus* ; ensemble trois vingt-quatrièmes. 3/24

Total égal à l'unité. 24/24

A l'appui de leur déclaration, en ce qui concerne le décès de M. Charles AMEL, les comparants ont représenté, etc. (*Le surplus comme en la formule* 5).

FORMULE 7. — Petits-enfants héritiers de leur chef [N° 2941].

Comparutions comme en la Formule 5.

Lesquels ont, par ces présentes, déclaré avoir parfaitement connu Mme Caroline HOQUET, épouse de M. Claude BENOIT, cultivateur, avec lequel elle demeurait à.....

Et ils ont certifié pour vérité et notoriété publique :

Que Mme BENOIT est décédée en son domicile, le.....

Qu'il n'a pas été fait d'inventaire après son décès ;

2041. — Petits-enfants de leur chef. — Les petits-enfants viennent de leur chef à la succession, par conséquent, sans le secours de la représentation, quand ils la recueillent à la place de leur auteur, qui était unique enfant du *de cujus*, ou à la place de leurs auteurs renonçants ou indignes (106, 109).

2042. — Enfants légitimes et adoptifs. — Lorsque le défunt laisse à la fois un ou plusieurs enfants adoptifs et des enfants légitimes nés depuis l'adoption, ils ont des droits égaux; et, par conséquent, viennent par tête à la succession, ou leurs descendants comme les représentant (107, 108).

2043. — Enfants légitimes et

Et qu'elle a laissé pour seuls héritiers, chacun pour un tiers, ses trois petits-enfants, issus du mariage de M. Léon Benoit, décédé à....., le....., avec Mme Ernestine Dollé, restée sa veuve; savoir :
1º M. Paul Benoit, banquier, demeurant à.....;
2º Mme Esther Benoit, veuve de M. Denis Trouvey; ladite dame, demeurant à.....;
3º Et Mlle Estelle Benoit, majeure célibataire, demeurant à.....
Venant de leur chef à la succession de Mme Benoit, née Hoquet, leur aïeule, par suite du prédécès de M. Léon Benoit, leur père, qui était unique enfant de ladite dame.
A l'appui de leur déclaration, etc. (*Voir pour le surplus la formule* 5).

FORMULE 8. — Enfants légitimes et enfants adoptifs [Nº 2042].

Comparutions comme en la Formule 5.

Lesquels ont, par ces présentes, déclaré avoir parfaitement connu M. Félix Ganey, en son vivant propriétaire, demeurant à....., époux de Mme Marie Dalin, restée sa veuve; avec laquelle il était séparé contractuellement quant aux biens, aux termes de leur contrat de mariage passé devant M^e....., notaire à....., le.....
Et ils ont certifié pour vérité et notoriété publique :
Que M. Ganey est décédé à....., le.....;
Qu'après son décès, il n'a pas été fait d'inventaire;
Et qu'il a laissé pour seuls héritiers, chacun pour un tiers :
1º M. Armand Ganey-Coimet, orfèvre-bijoutier, demeurant à....., son fils adoptif; ainsi que cette qualité d'enfant adoptif résulte : D'un acte d'adoption dressé par M. le juge de paix du canton de....., le.....; — d'un jugement du tribunal civil de....., en date du....., prononçant qu'il y avait lieu à adoption; — enfin d'un arrêt de la Cour d'appel de....., rendu le....., portant confirmation dudit jugement. Laquelle adoption a été inscrite sur les registres de l'état civil de la commune de....., le.....
2º M. Louis Ganey, négociant, demeurant à.....;
3º Et Mlle Lucrèce Ganey, majeure, demeurant à.....
Ses deux enfants légitimes, issus de son mariage avec madite dame Marie Dalin, célébré à la mairie de....., le.....; par conséquent postérieurement à ladite adoption.
A l'appui de leurs déclarations, en ce qui concerne le décès et l'adoption, les comparants ont représenté :
1º Une copie de l'acte de décès de M. Félix Ganey, inscrit sur les registres des décès de la commune de....., le....., et délivrée par le maire de cette commune, le....., dont la signature a été légalisée par M. le juge de paix du canton de.....;
2º Une copie de l'acte dressé à la mairie de....., contenant l'inscription de l'adoption de M. Ganey-Coimet; ladite copie délivrée par le greffier du tribunal civil de....., le.....
Ces deux pièces sont demeurées ci-annexées après que sur chacune d'elles il a été apposé une mention d'annexe signée des notaires — *ou* des notaire et témoins.
Dont acte. Fait et passé, etc.
Enregistrement. Voir nº 2692.

Formule 9. — Enfants légitimes; enfant naturel et descendants d'enfant naturel [Nº 2943].

Comparutions comme en la formule 5.

Lesquels ont, par ces présentes, déclaré avoir parfaitement connu M. Louis Malard, en son vivant propriétaire, demeurant à....., veuf de Mme Anna Lauret, et non remarié.

enfants naturels. — Quand le défunt laisse, pour lui succéder, des enfants légitimes en concours avec des enfants naturels (191 à 195), ou les descendants légitimes de ceux-ci comme les représentant (216), sa succession est recueillie par les enfants naturels ou leurs descendants, à proportion du tiers de la part qu'ils auraient eue s'ils eussent été tous légitimes, et par les enfants légitimes pour tout le surplus (197 à 203).

2944. — Réduction des droits de l'enfant naturel. — Lorsque le père de famille a usé de la faculté que la loi lui accorde de remettre, de son vivant, à son enfant naturel, la moitié de ses droits, en le réduisant aux biens donnés, l'enfant naturel est sans

---

Et ils ont certifié pour vérité et notoriété publique :
Que M. MALARD est décédé à......, le.....;
Qu'après son décès il n'a pas été fait d'inventaire ;
Et qu'il a laissé pour seul et unique héritier, M. Gaston MALARD, étudiant en droit, demeurant à....., son fils, issu de son mariage avec ladite dame, contracté à la mairie de....., le.....; mais n'ayant droit dans sa succession qu'à sept neuvièmes ; par suite de l'existence d'un enfant naturel et des descendants d'un autre enfant naturel ;
Qu'il a laissé, en outre, comme ayant des droits dans sa succession :
1° M. Aimé MALARD, pharmacien, demeurant à....., pour un neuvième, en qualité d'enfant naturel reconnu par M. Louis MALARD, suivant acte passé devant M^e....., notaire à......, le.....;
2° M. Auguste NOBLET, ingénieur, demeurant à..... ;
3° Mlle Héloïse NOBLET, majeure, célibataire, demeurant à.....
Ces deux derniers, conjointement pour le neuvième de surplus, soit chacun pour un dix-huitième, comme remplaçants Mme veuve MALARD, leur mère, décédée épouse de M. Victor NOBLET; ladite dame, aussi enfant naturelle, reconnue par M. MALARD, *de cujus*, suivant déclaration passée devant M. le maire de....., le....., dont une expédition délivrée par M. le greffier du tribunal civil de....., le....., porte cette mention : Enregistré à..... etc. (*Copier*).
A l'appui de leurs déclarations, les comparants ont représenté :
1° Une expédition de l'acte de reconnaissance de M. Aimé MALARD, délivrée par M^e....., notaire ;
2° L'expédition enregistrée de l'acte de l'état civil, portant reconnaissance de Mlle Zoé MALARD ;
3° Et une expédition de l'acte de décès de M. Louis MALARD, délivrée, etc. (*Le surplus comme en la formule précédente*).

FORMULE 10. — Enfants légitimes et enfant naturel réduit à moitié de ses droits [N° 2944].

Comparutions comme en la Formule 5.

Lesquels ont, par ces présentes, déclaré avoir parfaitement connu M. Anatole BOLLÉ, en son vivant rentier, demeurant à....., époux de Mme Virginie BÉRET, restée sa veuve.
Et ils ont certifié pour vérité et notoriété publique :
Que M. BOLLÉ est décédé en sa demeure, le.....;
Qu'après son décès, il n'a pas été fait d'inventaire ;
Et qu'il a laissé pour seuls héritiers, chacun pour moitié, ses deux enfants, issus de son mariage avec Mlle Virginie BÉRET, savoir :
1° M. Octave BOLLÉ, négociant, demeurant à..... ;
2° Mlle Jeanne BOLLÉ, majeure, célibataire, demeurant à.....
Les comparants déclarant, en outre, que M. Anatole BOLLÉ avait un enfant naturel reconnu : M. Léon BOLLÉ, rentier, demeurant à.....; mais que, par acte passé devant M^e....., notaire à....., le....., il lui a fait donation d'un titre de deux mille francs de rente trois pour cent, sur l'Etat français, en un certificat n°..... de la sixième série, dont il a été mis de suite en possession et jouissance ; avec stipulation que cette donation était faite dans le but de le remplir de tous droits dans sa succession, pour le cas où à son décès, il laisserait des enfants légitimes ; qu'en conséquence, il entendait formellement réduire ses droits à la rente donnée ; sauf à l'enfant naturel, dans le cas où cette rente serait moindre que la moitié des droits à lui accordés par l'art. 757 du Code civil, à réclamer, en numéraire, le supplément nécessaire pour parfaire cette moitié. Qu'au surplus M. Léon BOLLÉ a reconnu

droit dans la succession ; à moins que les biens à lui donnés ne soient inférieurs à la moitié de ses droits, auquel cas il peut seulement réclamer le supplément nécessaire pour parfaire cette moitié (226 à 243). Voir *infra* n° 2999.

2945. — Frères et sœurs germains et descendants. — A défaut de postérité et de père et mère, la succession est dévolue aux frères et sœurs du défunt, et si quelques-uns d'eux sont décédés laissant de la postérité, ceux-ci viennent recueillir la part de leur auteur comme le représentant (100 à 105, 113, 114).

2946. — Frères et sœurs germains, utérins et consanguins. — Si le défunt est issu de père et de mère qui

être rempli de tous ses droits, au moyen de cette donation, par acte devant Me....., notaire à....., du.....; et, par suite, a renoncé à tous autres droits dans la succession de M. Anatole Bollé, suivant déclaration passée au greffe du tribunal civil de...., le.....

A l'appui de leurs déclarations, les comparants ont représenté :

1° Une expédition de l'acte de décès, etc. (*Le surplus comme en la formule* 8);

2° Une expédition de la renonciation par M. Léon Bollé, délivrée par le greffier du tribunal de.....

Ces deux pièces sont demeurées (*Voir formule* 8).

FORMULE 11. — Frères et sœurs; neveux et nièces [N° 2945].

Comparutions comme en la Formule 5.

Lesquels ont, par ces présentes, déclaré avoir parfaitement connu M. Auguste Delval, en son vivant rentier, célibataire, demeurant à.....

Et ils ont certifié pour vérité et notoriété publique :

Que M. Delval est décédé en son domicile, le.....;

Qu'après son décès il n'a pas été fait d'inventaire;

Et qu'à défaut de descendants et de père et de mère, il a laissé pour seuls héritiers, savoir :

1° M. Joseph Delval, fabricant de serrures, demeurant à.....;

2° Mme Adèle Delval, épouse de M. Baptiste Marcel, manufacturier, avec lequel elle demeure à.....;

Ses frère et sœur germains, chacun pour un tiers;

3° M. Eloi Delval, grainetier, demeurant à.....;

Son neveu, pour la moitié du tiers de surplus, par représentation de M. Honoré Delval, son père, décédé à....., le....., frère germain de M. Delval, *de cujus*;

4° M. Siméon Cahen, cultivateur, demeurant à.....;

5° Et Mme Zoé Cahen, épouse de M. Jacques Dognon, carrossier, avec lequel elle demeure à.....;

Ses petit-neveu et petite-nièce, conjointement pour l'autre moitié du dernier tiers, soit chacun pour un douzième, par représentation de Mme Germaine Delval, leur mère, décédée à....., le....., épouse de M. Marc Cahen, nièce de M. Delval *de cujus*, et de mondit sieur Honoré Delval, leur aïeul maternel.

A l'appui de leur déclaration, etc. (*Le surplus, comme en la formule* 5).

FORMULE 12. — Frères et sœurs germains, utérins et consanguins [N° 2946].

Comparutions comme en la formule 5.

Lesquels ont, par ces présentes, déclaré avoir parfaitement connu Mlle Claire-Ernestine Pichot, en son vivant majeure, célibataire, demeurant à.....

Et ils ont certifié pour vérité et notoriété publique :

Que Mlle Pichot est décédée en son domicile, le.....;

Qu'il n'a pas été fait d'inventaire après son décès;

Et qu'à défaut de descendants et de père et mère, elle a laissé pour seuls héritiers, savoir :

1° M. Charles Pichot, ingénieur civil, demeurant à.....;

2° Mlle Léonie Pichot, majeure, célibataire, demeurant à.....;

Ses frère et sœur germains, chacun pour sept vingt-quatrièmes, dont : un huitième, ou trois vingt-quatrièmes, comme ayant droit chacun pour un quart dans la moitié dévolue à la ligne paternelle; et un sixième ou quatre vingt-quatrièmes, comme ayant droit chacun

ont laissé, en outre, des enfants d'un mariage antérieur ou postérieur, la succession se divise en deux moitiés : l'une, dévolue à la ligne paternelle, se partage entre les germains et les consanguins ; l'autre, dévolue à la ligne maternelle, se partage entre les germains et les utérins. D'où il suit que les germains prennent part dans les deux lignes, tandis que les consanguins et les utérins ne prennent part que dans la ligne qui leur est afférente (112, 115, 116).

2947. — Père et mère ; frères et sœurs. — Si le défunt a laissé ses père et mère et des frères et sœurs ou descendants d'eux, on considère que les biens par lui laissés accroissent à ses père et mère et ses frères et sœurs ou descendants d'eux comme ayant formé un seul tout avec lui, et sa succession appartient aux père et mère chacun pour un quart, et aux frères et sœurs conjointement pour l'autre moitié à partager entre eux par tête ou par souche (117, 118, 121, 122).

2948. — Mère et frères et sœurs.

---

pour un tiers dans la moitié dévolue à la ligne maternelle, soit ensemble quatorze vingt-quatrièmes 14/24

    M. Charles PICHOT et Mlle Léonie PICHOT, issus, ainsi que Mlle PICHOT *de cujus*, du mariage d'entre M. Noel PICHOT et Mme Léontine LEBERT, tous deux unis en secondes noces, et décédés.

  3° M. Honoré PICHOT, négociant, demeurant à.....

  4° Et Mme Zoé PICHOT, épouse de M. Jacques POMET, usinier, demeurant à.....

Ses frère et sœur consanguins, chacun pour un quart dans la moitié dévolue à la ligne paternelle, ou trois vingt-quatrièmes dans le total ; ensemble six vingt-quatrièmes.   6/24

    M. Honoré PICHOT et Mme POMET, issus du mariage de M. Noël PICHOT avec Mme Désirée BOULAY, sa première femme.

  5° M. Ernest DUBOIS, foulonnier, demeurant à.....

Son frère utérin, pour un tiers dans la moitié dévolue à la ligne maternelle, ou quatre vingt-quatrièmes dans le total. 4/24

    M. DUBOIS, issu du mariage de Mme Léontine LEBERT avec M. Julien DUBOIS, son premier mari.

                  Total égal à l'unité. 21/24

A l'appui de leur déclaration, etc. (*Voir formule* 5).

FORMULE 13. — Père et mère ; frères et sœurs [N° 2947].

Comparutions comme en la Formule 5.

Lesquels ont, par ces présentes, déclaré avoir parfaitement connu Mme Laure BAILLET, veuve de M. Hector MEUNIER, en son vivant demeurant à.....

Et ils ont certifié pour vérité et notoriété publique :

Que Mme MEUNIER est décédée en son domicile, le.....;

Qu'il n'a pas été fait d'inventaire après son décès ;

Et, qu'à défaut de descendants, elle a laissé pour seuls héritiers :

1° M. Eutrope BAILLET, rentier, et Mme Adèle DUVAL, son épouse, demeurant ensemble à....., ses père et mère, chacun pour un quart, soit ensemble moitié ;

2° M. Robert BAILLET, docteur en médecine, demeurant à.....;

3° Mlle Lydie BAILLET, majeure, célibataire, demeurant à.....;

4° Et Mlle Mathilde BAILLET, mineure, née à....., le....., sous l'administration légale de M. Eutrope BAILLET, son père.

Ses frères et sœurs germains, conjointement pour moitié, soit chacun pour un sixième.

A l'appui de leur déclaration, etc. (*Voir formule* 5).

FORMULE 14. — Mère et frères et sœurs [N° 2948].

Comparutions comme en la Formule 5.

Lesquels ont, par ces présentes, déclaré avoir parfaitement connu M. Auguste COLIN, en son vivant mineur, sous la tutelle légale de Mme Ernestine DIDIER, veuve de M. Georges COLIN, sa mère, demeurant à.....

Et ils ont certifié pour vérité et notoriété publique :

Que le mineur COLIN est décédé à....., le.....;

— Si l'un des père et mère est décédé, ou renonçant, le quart qui lui aurait été dévolu accroît aux frères et sœurs ou à leurs descendants qui, à ce moyen, ont trois quarts (119, 120).

2949. — Père; frères et sœurs; enfants naturels. — Lorsque des ascendants ou des frères et sœurs et descendants d'eux, concourent avec un ou plusieurs enfants naturels du défunt, la succession se divise en deux moitiés : l'une, dévolue à la succession légitime, se partage entre les frères et sœurs ou descendants d'eux, ou, si les père et mère ou l'un d'eux sont existants, entre eux et les frères et sœurs ou descendants ; l'autre moitié, dévolue à la succession illégitime, appartient à l'enfant naturel s'il est seul, ou, quand ils sont plusieurs, se partage entre eux (204 à 212).

2950. — Père et aïeul maternel. — Retour légal. — A défaut de frères et sœurs ou descendants d'eux, la succession

---

Qu'après son décès il n'a pas été fait d'inventaire ;
Et qu'il a laissé pour seuls héritiers, savoir :
1º Mme COLIN, née DIDIER, sa mère susnommée, pour un quart
2º M. Eugène COLIN, pharmacien, demeurant à.....;
3º Et Mme Héloïse COLIN, épouse de M. Anatole SIMONET, cultivateur, demeurant à.....;
Ses frère et sœur germains, conjointement pour trois quarts ou, séparément, chacun pour trois huitièmes.
A l'appui de leurs déclarations, etc. (*Voir formule* 5).

FORMULE 15. — Père ; frères et sœurs ; enfants naturels [Nº 2949].

Comparutions comme en la Formule 5.

Lesquels ont, par ces présentes, déclaré avoir parfaitement connu M. Alexandre GERMAIN, en son vivant cultivateur, célibataire, demeurant à.....
Et ils ont certifié, pour vérité et notoriété publique :
Que M. GERMAIN est décédé à....., le.....;
Qu'après son décès il n'a pas été fait d'inventaire ;
Et qu'il a laissé :
1ᵉⁿᵗ Pour ses seuls héritiers légitimes, mais recueillant seulement la moitié de son hérédité, en raison de l'existence d'enfants naturels :
1º M. Théodore GERMAIN, propriétaire, demeurant à....., son père, pour un quart de ladite moitié, soit dans le total, deux seizièmes. 2/16
2º M. Valentin GERMAIN, carrossier, demeurant à.....
3º Et Mme Virginie GERMAIN, épouse de M. Jean GALET, menuisier, demeurant à.....
Ses frère et sœur germains, conjointement pour les trois quarts de surplus dans ladite moitié, soit dans le total, chacun trois seizièmes ; ensemble six seizièmes. . . 6/16
2ᵉⁿᵗ Et comme ayant droit à moitié conjointement, dans sa succession, en vertu des dispositions de l'article 757 du Code civil, ses deux enfants naturels ci-après nommés, qu'il a reconnus, suivant acte passé devant Me....., notaire à....., le.....
1º M. Ambroise GERMAIN, cultivateur, demeurant à.....
2º Et Mlle Adélaïde GERMAIN, mineure, sous la tutelle dative de M. Honoré CADUC, propriétaire, demeurant à..... ; nommé à cette fonction, suivant délibération du conseil de famille de ladite mineure, réuni sous la présidence de M. le juge de paix du canton de....., le......
Soit, pour chacun des enfants naturels, un quart du tout ou quatre seizièmes ; ensemble huit seizièmes. 8/16
Egal à l'unité. 16/16
A l'appui de leur déclaration, etc. (*Voir formule* 5).

FORMULE 16. — Père et aïeul maternel. — Retour légal [Nº 2950].

Comparutions comme en la Formule 5.

Lesquels ont, par ces présentes, déclaré avoir parfaitement connu Mlle Hélène COURTIN, en son vivant mineure, sous la tutelle légale de M. Victor COURTIN, son père, propriétaire, demeurant à.....

se divise par moitié entre les ascendants de la ligne paternelle et les ascendants de la ligne maternelle, et la moitié, dans chaque ligne, est recueillie par l'ascendant le plus proche en degré; s'ils sont plusieurs, elle se divise par tête entre eux (87, 89, 99, 123 à 125). — Toutefois, quand le défunt n'a pas laissé de postérité, les ascendants, qu'ils soient ou non appelés à l'hérédité, succèdent, à l'exclusion de tous autres, aux choses par eux données, lorsqu'elles se retrouvent en nature dans la succession; comme aussi aux choses qui sont considérées comme en étant la représentation, par exemple, le prix de vente encore dû ou l'action en reprises (141 à 190).

2951. — Père (ou mère) et collatéraux. — S'il n'y a d'ascendants que dans une ligne, la succession leur est dévolue pour la moitié afférente à cette ligne ; et l'autre moitié appartient aux parents collatéraux les plus proches de l'autre ligne (126, 127). Quand la moitié dévolue à sa ligne, est recueillie par le père (ou la mère), il a droit, en outre, à l'usufruit du tiers de la moitié dévolue aux parents collatéraux (128, 129).

2952. — Ascendants dans les

Et ils ont certifié, pour vérité et notoriété publique :
Que la mineure Hélène COURTIN est décédée à...... le.....;
Qu'il n'a pas été fait d'inventaire après son décès ;
Et, qu'à défaut de frères et sœurs ou descendants d'eux, elle a laissé pour seuls héritiers, savoir :
De la moitié dévolue à la ligne paternelle, M. Victor COURTIN, son père ;
Et de la moitié dévolue à la ligne maternelle, M. Théodule MÉREL, son aïeul maternel, propriétaire, demeurant à.....
Sauf les droits de retour légal de M. MÉREL, en vertu de l'article 747 du Code civil, sur les biens dont il a fait donation à ladite mineure, sa petite-fille, aux termes d'un acte passé devant Me....., notaire à....., le....., et qui existent encore en nature.
A l'appui de leur déclaration, etc. (*Voir formule* 5).

FORMULE 17. — Père et collatéraux [N° 2951].

Les quatre premiers alinéas comme en la Formule précédente.

Et, qu'à défaut de frères et sœurs ou descendants d'eux, et d'ascendants dans la ligne maternelle, elle a laissé pour seuls héritiers :
De la moitié dévolue à la ligne paternelle, M. Victor COURTIN, son père, indépendamment de l'usufruit, en vertu de l'article 754 du Code civil, du tiers de la moitié afférente à la ligne maternelle.
Et de la moitié dévolue à la ligne paternelle, M. Jérome MÉREL, son oncle, rentier, demeurant à.....; ladite moitié grevée de l'usufruit du tiers, en faveur de M. COURTIN père, ainsi qu'il vient d'être dit.
A l'appui de leur déclaration, etc. (*Voir formule* 5).

FORMULE 18. — Ascendants dans les deux lignes [N° 2952].

Comparutions comme en la Formule 5.

Lesquels ont, par ces présentes, déclaré avoir parfaitement connu M. Ambroise MALOT, en son vivant mineur, sous la tutelle de M. Chrysostome MALOT, son aïeul paternel, officier retraité, demeurant à.....
Et ils ont certifié pour vérité et notoriété publique :
Que le mineur MALOT est décédé à....., le.....;
Qu'il n'a pas été fait d'inventaire après son décès ;
Et que, à défaut de descendants, de père et mère et de frères et sœurs ou descendants d'eux, il a laissé pour seuls héritiers, savoir :
De la moitié afférente à la ligne paternelle, M. Chrysostome MALOT, rentier, et Mme Véronique FOURNIER, son épouse, demeurant ensemble à ...., aïeul et aïeule paternels.
Et de la moitié afférente à la ligne maternelle, Mme Artémise LANCEL, veuve de M. Baptiste ANCEL, son aïeule maternelle.
A l'appui de leur déclaration, etc. (*Voir la formule* 5).

deux lignes. — Les principes rapportés, supra n° 2950, sont applicables.

2953. — Parent à la fois ascendant et collatéral. — Le mariage entre cousins germains crée une parenté entre eux et leurs enfants, non-seulement comme ascendants mais aussi comme collatéraux, quand il n'existe pas de parents plus proches en degrés ; et, en un tel cas, le père (ou la mère) survivant peut être appelé à la totalité de la succession de son enfant, moitié comme ascendant pour la ligne y afférente, et moitié comme collatéral pour l'autre ligne (130, 131).

2954. — Ascendants et collatéraux. — Les ascendants, autres que père et mère, ont droit seulement à la moitié dévolue à leur ligne, supra n° 2950, et sont sans droit dans la moitié dévolue aux parents collatéraux.

2955. — Collatéraux seuls. — Quand des collatéraux sont appelés pour le tout à la succession, elle appartient : une moitié, aux parents les plus proches en degré dans la ligne paternelle ; et l'autre moitié aux parents les plus proches dans la ligne maternelle. Les parents au même degré dans chaque

FORMULE 19. — Héritier à la fois ascendant et collatéral [N° 2953].

Comparutions, voir Formule 5.

Lesquels ont, par ces présentes, déclaré avoir parfaitement connu M. Vincent HEULARD, en son vivant célibataire, étudiant en médecine, demeurant à.....

Et ils ont certifié pour vérité et notoriété publique :

Que M. HEULARD est décédé à....., le..... ;

Qu'après son décès il n'a pas été fait d'inventaire ;

Et que, à défaut de descendant, d'autre ascendant, et de frères et sœurs ou descendants d'eux, il a laissé pour seule et unique héritière, sa mère, Mme Hortense HEULARD, veuve de M. Marc HEULARD, rentière, demeurant à..... ; savoir :

De la moitié dévolue à la ligne maternelle, en sa qualité de mère ;

Et de la moitié dévolue à la ligne paternelle, en sa qualité de parente en collatéral au de cujus la plus proche en degré, ayant épousé son cousin germain paternel.

A l'appui de leur déclaration, etc. (*Voir formule* 5).

FORMULE 20. — Ascendant et collatéraux [N° 2954].

Comparutions, voir Formule 5.

Lesquels ont, par ces présentes, déclaré avoir parfaitement connu Mlle Dorothée CASSIN, en son vivant majeure, célibataire, religieuse au couvent de.....

Et ils ont affirmé pour vérité et notoriété publique :

Que Mlle CASSIN est décédée à..... ;

Qu'il n'a pas été fait d'inventaire après son décès ;

Et que, à défaut de frères et sœurs ou descendants d'eux et d'autres ascendants, elle a laissé pour seuls héritiers, savoir :

1ent De la moitié dévolue à la ligne paternelle, M. Matthieu CASSIN, son aïeul paternel, rentier, demeurant à..... ;

2ent Et de la moitié dévolue à la ligne maternelle, ses cousins et cousine germains ci-après nommés :

1° M. Robert MARCEL, forgeron, demeurant à..... ;

2° M. Stanislas MARCEL, menuisier, demeurant à.... ;

3° Et Mme Honorine MARCEL, veuve de M. Jean FAUBERT, couturière, demeurant à..... ;

Soit chacun pour un tiers dans cette moitié, ou un dixième dans le total.

A l'appui de leur déclaration, etc. (*Voir formule* 5).

FORMULE 21. — Collatéraux dans les deux lignes [N° 2955].

Comparutions comme en la Formule 5.

Lesquels ont, par ces présentes, déclaré avoir parfaitement connu Mme Éléonor BATLER, en son vivant veuve de M. Noël MOURET, demeurant à.....

Et ils ont certifié pour vérité et notoriété publique :

ligne partagent entre eux par tête (88, 90, 91, 132, 135, 138).

2956. — Collatéraux ; double lien. — Si un parent collatéral venant à la succession est issu d'un mariage contracté entre parent paternel et parent maternel, et que le degré auquel il se trouve dans chacune des lignes soit appelé à hériter, il a droit à une part dans chacune des lignes. Mais le parent à un double lien dans une même ligne, n'a droit qu'à une part (133, 134, 137).

2957. — Dévolution. — Lorsque, dans une ligne, il ne se trouve aucun parent au degré successible (jusqu'au douzième de-

---

Que Mme veuve Mouret est décédée à....., le.....;
Qu'il n'a pas été fait d'inventaire après son décès ;
Et que, à défaut de descendants, d'ascendants, de frères et sœurs ou descendants d'eux, et de parents plus proches en degrés, elle a laissé pour seuls héritiers ; savoir :
De la moitié afférente à la ligne paternelle :
1° M. Achille Batler, son grand oncle (quatrième degré), rentier, demeurant à..... ;
2° Et M. Alphonse Batler, son cousin germain (quatrième degré), faïencier, demeurant à..... ;
Soit chacun moitié dans cette moitié ou un quart du total.
Et de la moitié afférente à la ligne maternelle, ses trois cousins et cousine au cinquième degré :
1° M. Jacques Castel, rentier, demeurant à..... ;
2° M. Eloi Castel, boucher, demeurant à..... ;
3° Et Mme Désirée Castel, épouse de M. Siméon Gervais, cafetier, demeurant à.....
Soit chacun pour un tiers dans cette moitié, ou un sixième du total.
A l'appui de leur déclaration, etc. (*Voir formule* 5).

FORMULE 22. — Collatéraux; double lien [N° 2956].

Comparutions comme en la Formule 5.

Lesquels ont, par ces présentes, déclaré avoir parfaitement connu (*Comme à la précédente formule, jusqu'à la fin du cinquième alinéa*).
De la moitié afférente à la ligne paternelle, M. Auguste Batler, son cousin au cinquième degré, propriétaire, demeurant à.....
Et de la moitié afférente à la ligne maternelle, ses quatre cousins et cousines au cinquième degré ci-après nommés, chacun pour un quart dans cette moitié ou un huitième du total :
1° M. Auguste Batler, ci-dessus nommé ;
2° M. Boniface Gatelet, charron, demeurant à..... ;
3° M. Maxime Gatelet, serrurier, demeurant à..... ;
4° Et Mme Pélagie Gatelet, épouse de M. Albert Maillard, cordonnier, demeurant à.....
Etant fait observer que M. Batler prend part dans les deux lignes :
Dans la ligne paternelle, comme parent par son père, M. Anatole Batler, qui était cousin germain du *de cujus* dans cette ligne.
Et dans la ligne maternelle, comme parent par Eléonore Gatelet, sa mère, épouse dudit Anatole Batler, laquelle était cousine germaine du *de cujus* dans cette ligne.
A ce moyen il a droit :
Dans la ligne paternelle, à moitié ou quatre huitièmes. 4/8
Et dans la ligne maternelle, à un huitième. 1/8
Ensemble, cinq huitièmes. 5/8
A l'appui de leur déclaration (*Voir formule* 5).

FORMULE 23. — Dévolution d'une ligne à l'autre [N° 2957].

Comparutions comme en la Formule 5.

Lesquels ont, par ces présentes, déclaré avoir parfaitement connu M. Henri Durand, en son vivant célibataire, entrepreneur de peinture, demeurant à.....
Et ils ont certifié pour vérité et notoriété publique :
Que M. Durand est décédé en son domicile, le..... ;
Qu'après son décès il n'a pas été fait d'inventaire ;

gré), il y a dévolution en faveur des parents de l'autre ligne, qui, en pareil cas, succèdent pour le tout (139, 140).

2958. — Collatéraux et enfants naturels. — Les collatéraux (autres que frères et sœurs), qui concourent avec un ou plusieurs enfants naturels du défunt, ont droit à l'hérédité pour un quart seulement; et le partagent entre eux suivant les règles qui précèdent. Les trois quarts de surplus appartiennent à l'enfant ou aux enfants naturels : s'il n'y en a qu'un, il a droit à la totalité des trois quarts; s'ils sont plusieurs, ils partagent par tête; et si l'un d'eux est

---

Qu'il a laissé pour héritière, dans la ligne maternelle, Mme Thérèse Darty, veuve de M. Jérôme Durand, sa mère, demeurant à.....

Et qu'il n'existe aucun parent connu dans la ligne paternelle;

De sorte que, suivant les dispositions des articles 733 et 755 du Code civil, la moitié afférente à la ligne paternelle se trouve dévolue à Mme veuve Durand, mère du *de cujus*, qui, à ce moyen, hérite de la totalité de la succession de M. Durand, son fils.

A l'appui de leur déclaration, etc. (*Voir formule* 5).

FORMULE 24. — Collatéraux; enfants naturels et descendants d'enfants naturels [N° 2958].

Comparutions comme en la Formule 5.

Lesquels ont, par ces présentes, déclaré avoir parfaitement connu Mlle Antoinette Baret, en son vivant célibataire, artiste dramatique, demeurant à.....

Et ils ont certifié pour vérité et notoriété publique :

Que Mlle Baret est décédée en son domicile, le.....;

Qu'il n'a pas été fait d'inventaire après son décès;

Et qu'elle a laissé pour ses héritiers légitimes, pour un quart seulement, en raison de l'existence d'enfants naturels :

De la moitié afférente à la ligne paternelle dans ce quart :

1° M. Eloi Baret, employé, demeurant à.....;

2° M. Charles Baret, garçon de bureau, demeurant à.....;

3° M. André Baret, valet de chambre, demeurant à.....;

Ses cousins au sixième degré, chacun pour un tiers de ladite moitié du quart, soit dans le total un vingt-quatrième ou quatre quatre-vingt-seizièmes; ensemble douze quatre-vingt-seizièmes. 12/96

Et de la moitié afférente à la ligne maternelle dans ce quart :

1° M. Joseph Founay, cultivateur, demeurant à.....;

2° M. Théodore Founay, vannier, demeurant à.....;

3° Mlle Hortense Founay, majeure, célibataire, ménagère, demeurant à.....;

4° Mme Héléne Founay, veuve de M. Boniface Cotelle, directrice de poste, demeurant à.....;

Ses cousins et cousines au cinquième degré pour chacun un quart de la moitié dudit quart, soit un trente-deuxième, ou trois quatre-vingt-seizièmes du tout; ensemble douze quatre-vingt-seizièmes. 12/96

2^{ent} Et comme ayant droit conjointement à trois quarts dans sa succession, en vertu des dispositions de l'article 757 du Code civil, soit séparément :

1° M. Gabriel Baret, compositeur de musique, demeurant à....., son enfant naturel reconnu, suivant acte passé devant M^e....., notaire à....., le....., pour moitié desdits trois quarts, soit dans le total trois huitièmes ou trente-six quatre-vingt-seizièmes. 36/96

2° M. Sébastien Baret, artiste peintre, demeurant à....., pour moitié de la moitié desdits trois quarts, soit dans le total trois seizièmes, ou dix-huit quatre-vingt-seizièmes, comme étant l'un des deux enfants de M. Arthur Baret, décédé à....., le....., issus de son mariage avec Mme Aurore Blachet, restée sa veuve; mondit sieur Arthur Baret, enfant naturel, reconnu par Mlle Baret *de cujus*, suivant acte passé devant M^e....., notaire à....., le..... En conséquence, M. Sébastien Baret venant à la succession, comme réclamant pour moitié, en vertu de l'article 759 du Code civil, les droits de M. Arthur Baret, son père. 18/96

A reporter. 78/96

décédé laissant des enfants légitimes, ceux-ci le remplacent et recueillent à sa place la part qui lui était afférente (213, 214, 216 à 218).

2959. — Dévolution à l'enfant naturel. — Lorsque le défunt, ayant laissé un ou plusieurs enfants naturels, n'avait pas de parents, par exemple, s'il était lui-même enfant naturel, l'enfant ou les enfants naturels ont droit à la totalité de la succession (215, 280 à 294).

2960. — Enfant naturel. — Père et mère. — Si l'enfant naturel décède laissant des enfants légitimes ou naturels, sa succession est dévolue suivant les règles établies, *supra* n°s 2939 à 2943 et 2959. — S'il n'a pas laissé de postérité, sa succession est recueillie par le père ou la mère qui l'a reconnu, ou par moitié à tous les deux s'il a été reconnu par l'un et par l'autre, ou au survivant si l'un d'eux est prédécédé (253 à 255, 280 à 294).

2961. — Enfant naturel. — Frères

Report. 78/96

3° Mlle Héloïse Darel, mineure, sous la tutelle légale de Mme Maria Bonair, veuve de M. Edouard Darel, demeurant à....; ladite mineure, ayant droit aussi à trois seizièmes ou dix-huit quatre-vingt-seizièmes dans ladite succession, comme réclamant pour l'autre moitié les droits de M. Arthur Baret, son bisaïeul, par représentation de M. Darel, son père, et de Mme Jenny Baret, son aïeule, décédée épouse de M. Gratien Darel, laquelle était l'autre enfant de M. Arthur Baret 18/96

Total égal à l'unité. 96/96

A l'appui de leur déclaration, etc. (*Voir formule* 5).

FORMULE 25. — Enfant naturel en l'absence de parents légitimes [N° 2959].

Comparutions comme en la Formule 5.

Lesquels ont, par ces présentes, déclaré avoir parfaitement connu Mlle Irma Catier, en son vivant célibataire, rentière, demeurant à.....

Et ils ont certifié pour vérité et notoriété publique :

Que Mlle Catier est décédée à....., en son domicile, le.....;

Qu'elle n'a laissé aucun parent légitime au degré successible;

Qu'en conséquence la totalité des biens composant sa succession s'est trouvée dévolue, conformément à l'article 758 du Code civil, à ses deux enfants naturels ci-après nommés, qu'elle a reconnus suivant acte passé devant M^e....., notaire à....., en présence de témoins, le..... :

1° M. Arthur Catier, compositeur de musique, demeurant à.....;

2° Mlle Blanche Catier, majeure, artiste dramatique, demeurant à....

A l'appui de leur déclaration en ce qui concerne le décès..... etc. (*Voir formule* 5)

FORMULE 26. — Succession de l'enfant naturel. — Mère [N° 2960]

Comparutions comme en la Formule 5.

Lesquels ont, par ces présentes, déclaré avoir parfaitement connu Mlle Amanda Beslet en son vivant mineure, domiciliée chez sa mère ci-après nommée.

Et ils ont certifié pour vérité et notoriété publique :

Que Mlle Beslet est décédée à....., le.....;

Qu'elle n'a laissé aucun parent au degré successible, ni enfant naturel;

Qu'en conséquence la totalité des biens composant sa succession s'est trouvée dévolue, conformément à l'article 765 du Code civil, à Mlle Hortense Beslet, marchande de modes, demeurant à....., sa mère naturelle, qui l'avait reconnue suivant déclaration passée devant M^e...., notaire à....., en présence de témoins, le.....

A l'appui de leur déclaration, etc. (*Voir formule* 5).

FORMULE 27. — Succession de l'enfant naturel. — Frères et sœurs légitimes et naturels [2961].

Préambule et comparution, voir Formule 5.

Lesquels ont, par ces présentes, déclaré avoir parfaitement connu M. Roger Damis, en

et sœurs. — Si, dans le même cas, l'enfant naturel ne laisse pas de père ou mère, sa succession est recueillie par ses frères et sœurs naturels, et les descendants légitimes de ceux qui l'auraient prédécédés, comme les remplaçant ; — à l'exception cependant des biens dont ses père et mère lui ont fait donation ou qu'il a recueillis dans leurs successions, qui, lorsqu'il y a des enfants légitimes du père ou la mère dont ils sont provenus, passent à ces enfants, à l'exclusion des frères et sœurs naturels, quand ils se retrouvent en nature dans l'hérédité (256 à 267, 280 à 294).

2962. — Conjoint survivant. — Les biens composant la succession appartiennent au conjoint survivant, quand l'époux prédécédé n'a laissé, pour lui succéder, aucun parent légitime ou illégitime (268 à 271, 280 à 294).

2963. — État. — A défaut de parents légitimes ou illégitimes et de conjoint survivant, la succession est acquise à l'Etat, à titre de deshérence (272, 280 à 294).

---

son vivant peintre, demeurant à....... fils naturel de M. Mathias DAMIS, décédé à....., le....., qui l'avait reconnu par son acte de naissance dressé sur les registres des actes de naissance de la mairie de....., le....., dont une expédition a été enregistrée à....., le....., folio....., v° c....., au droit de.....

Et ils ont certifié pour vérité et notoriété publique :

Que M. Roger DAMIS est décédé en son domicile à....., le.....;

Qu'il était célibataire et n'a laissé aucun ascendant ni aucune postérité légitime ou naturelle ;

Qu'en conséquence, et conformément à l'article 766 du Code civil, les biens qu'il a recueillis dans la succession de M. Mathias DAMIS, son père naturel, ainsi que ceux dont ce dernier lui a fait donation, et qui existent encore en nature ou sont représentés par des prix ou des actions en reprises, appartiennent aux ci-après nommés, enfants issus du mariage d'entre M. Mathias DAMIS et Mme Héloïse BOVET, décédés :

1° M. Valentin DAMIS, coiffeur, demeurant à.....;

2° Mme Thérèse DAMIS, épouse de M. Frédéric MOREL, épicier, avec lequel elle demeure à.....;

Et que mondit sieur Roger DAMIS a laissé pour seule ayant droit à la totalité des autres biens dépendant de sa succession Mlle Ernestine DAMIS, sa sœur naturelle, célibataire, majeure, demeurant à....., comme ayant été aussi reconnue par M. Mathias DAMIS, par son acte de naissance, etc. (*Comme dessus*).

A l'appui de leur déclaration en ce qui concerne le décès, etc. (*Voir formule 5*).

FORMULE 28. — Conjoint survivant [N° 2962].

Comparutions comme en la Formule 5.

Lesquels ont, par ces présentes, déclaré avoir parfaitement connu Mme Geneviève LEBEL, en son vivant épouse de M. Chrysostome CAZAT, rentier, demeurant à....., avec lequel elle était mariée sous le régime de la communauté légale de biens, à défaut de contrat qui ait précédé leur mariage, célébré à la mairie de ....., le.....

Et ils ont certifié pour vérité et notoriété publique :

Que Mme CAZAT est décédée à....., en son domicile, le.....;

Qu'elle était fille naturelle de Mlle Claire LEBEL, décédée à..... le.....;

Que ladite dame CAZAT, ayant survécu à sa mère, n'a laissé aucun ascendant ni aucun descendant, par conséquent aucun parent au degré successible, légitime ou naturel ;

Que, par suite, les biens composant sa succession se trouvent dévolus à M. CAZAT, son mari survivant, conformément à l'article 767 du Code civil.

A l'appui de leur déclaration, etc. (*Voir formule 5*).

FORMULE 29. — Succession en déshérence. — Etat [N° 2963].

Préambule et comparutions, voir Formule 5.

Lesquels ont, par ces présentes, déclaré avoir parfaitement connu M. Alphonse GUIBERT, en son vivant célibataire, propriétaire, demeurant à.....

Et ils ont certifié pour vérité et notoriété publique :

Que M. GUIBERT est décédé en son domicile sus-indiqué le.....;

2964. — Hospice. — Dans le même cas, si la succession est celle d'un enfant élevé dans un hospice, qui s'y est ouverte avant sa sortie, son émancipation ou sa majorité, elle appartient à l'hospice, à l'exclusion de l'Etat (274 à 294).

2965. — Succession contractuelle ou testamentaire. — Dans tous les cas qui viennent d'être prévus, la succession est déférée par la seule force de la loi. — Si elle est dévolue par la volonté du défunt, au moyen : soit d'une institution contractuelle (296 à 309); soit d'une donation entre époux (310 à 314); soit de dispositions testamentaires (316 à 324), c'est le titre lui-même qui établit le droit à l'hérédité, en l'appuyant d'un acte de notoriété constatant la non-existence d'héritiers à réserve; et, en outre, d'un envoi en posses-

Qu'il n'a laissé, pour lui succéder, aucun parent au degré successible, légitime ou naturel;
Qu'en conséquence sa succession est en deshérence, et, comme telle, acquise à l'Etat, conformément à l'article 768 du Code civil.
A l'appui de leur déclaration, en ce qui concerne le décès, etc. (*Voir formule* 5).

FORMULE 30. — Hospice [N° 2964].

Comparutions comme en la Formule 5.

Lesquels ont, par ces présentes, déclaré avoir parfaitement connu M. Eustache LUND, en son vivant mineur, célibataire, domicilié à l'hospice municipal de la ville de....., où il a été élevé.
Et ils ont certifié pour vérité et notoriété publique :
Que M. LUND est décédé audit hospice, le.....;
Qu'il n'a laissé, pour lui succéder, aucun parent au degré successible légitime ou naturel;
Qu'en conséquence sa succession est en deshérence, et, comme telle, acquise à l'hospice municipal de la ville de....., en conformité de l'article 8 de la loi du 15 pluviose an XIII.
A l'appui de leur déclaration, etc. (*Voir formule* 5).

FORMULE 31. — Absence d'héritiers à réserve [N° 2965].

Préambule et comparution, voir Formule 5.

Lesquels ont, par ces présentes, déclaré avoir parfaitement connu M. Hilaire PLUMAY, en son vivant propriétaire, demeurant à....., époux de Mme Héloïse MARCEL, restée sa veuve.
Et ils ont certifié pour vérité et notoriété publique :
Que M. PLUMAY est décédé, en son domicile, le.....;
Qu'il n'a laissé, pour lui succéder, aucun descendant ni aucun ascendant; par conséquent aucun héritier ayant droit à une réserve dans sa succession;
Que, par suite, la donation qu'il a faite de l'universalité de ses biens à Mme Héloïse MARCEL, restée sa veuve, suivant acte passé devant M^e....., notaire à....., le....., a, par le fait de son décès, reçu sa pleine et entière exécution;
Ou bien : Que, par suite, le legs universel qu'il a fait à M....., aux termes de son testament reçu par M^e....., notaire à....., en présence de quatre témoins, le....., a, par le fait de son décès, reçu sa pleine et entière exécution;
Ou encore : Que, par suite, le legs universel qu'il a fait à M....., par son testament olographe, en date du....., déposé aux minutes de M^e....., notaire à....., en vertu d'une ordonnance rendue par M. le président du tribunal civil de....., le....., a pu recevoir sa pleine et entière exécution.
A l'appui de leur déclaration en ce qui concerne le décès, les comparants ont représenté, etc. (*Voir formule* 5).

FORMULE 32. — Notoriété pour faire déclarer une absence [N° 2966].

Préambule et comparution, voir Formule 5.

Lesquels ont, par ces présentes, déclaré avoir parfaitement connu M. Théodore HAMEL sans profession, ayant demeuré à.....

sion quand la disposition a été faite par un testament olographe ou mystique (325 à 328).

2966. — Absence. — La succession ne s'ouvre pas par l'absence (12). Néanmoins, comme l'absence donne lieu à l'envoi en possession provisoire en faveur des héritiers présomptifs existant au jour de la disparition ou des dernières nouvelles, puis à l'envoi en possession définitive après trente ans d'absence,

il est nécessaire de constater par un acte de notoriété, le nombre et la qualité des héritiers présomptifs.

2967. — Existence non établie. — Une succession ne peut être réclamée au nom d'un individu qu'en justifiant de son existence au moment où elle s'est ouverte (13). Il s'ensuit que si, parmi les appelés à l'hérédité, il se trouve un individu dont l'existence n'est

---

Et ils ont certifié pour vérité et notoriété publique :
Que M. HAMEL, dans le courant du mois de mai mil huit cent soixante-treize, a quitté son domicile en annonçant qu'il allait faire un voyage en Suisse et en Italie;
Que, depuis cette époque, il n'a point reparu à son domicile et n'a donné à personne de ses nouvelles, soit par lettre, soit autrement;
Qu'il n'a laissé aucune procuration à l'effet de gérer et d'administrer ses biens;
Que, par suite, ses biens et affaires sont demeurés sans aucune administration ;
Que toutes les recherches sur les causes de cette disparition ont été infructueuses et n'ont fait connaître aucune nouvelle résidence de M. HAMEL;
Enfin, qu'à l'époque de sa disparition, M. HAMEL avait pour seuls présomptifs héritiers, savoir :
Pour un quart, M. Narcisse HAMEL, propriétaire, demeurant à....., son père;
Et, pour les trois quarts de surplus, ou séparément chacun pour trois huitièmes, son frère et sa sœur ci-après nommés, issus, ainsi que lui, du mariage de mondit sieur Narcisse HAMEL, avec Mme Aglaée FRÉMY, décédée à....., le..... :
1° M. Arthur HAMEL, négociant, demeurant à.....;
2° Et Mme Hortense HAMEL, épouse de M. Victor FABRE, bijoutier, demeurant à.....
DONT ACTE. Fait et passé, etc.
Enregistrement. Voir n° 2692.

FORMULE 33. — Absence donnant lieu à rectification d'inventaire [N° 2967].

Préambule et comparutions, voir Formule 5.

Lesquels ont, par ces présentes, déclaré avoir parfaitement connu M. Stanislas DELATTRE, en son vivant, propriétaire, demeurant à....., veuf non remarié de Mme Catherine MURET.
Et ils ont certifié pour vérité et notoriété publique ;
Que M. DELATTRE est décédé, en son domicile, à....., le neuf mai mil huit cent soixante-dix-huit;
Que l'inventaire, après son décès, a été dressé par M^e....., notaire à....., en date, au commencement du.....
    A la requête de :
1° M. Baptiste DELATTRE, marchand mercier, demeurant à.....;
2° M. Anastase PICHON, carrossier, et Mme Désirée DELATTRE, son épouse, demeurant à.....;
    En présence de M^e....., notaire, demeurant à.....,
Commis à l'effet de représenter aux opérations de levée de scellés et d'inventaire, M. Louis DELATTRE, sans domicile ni résidence connus, en vertu d'une ordonnance rendue sur requête, par M. le président du tribunal civil de....., le.....
M. Baptiste DELATTRE, Mme PICHON et M. Louis DELATTRE, en qualité d'habiles à hériter chacun pour un tiers, de M. Stanislas DELATTRE, leur frère germain.
Mais que dans le courant du mois de juin mil huit cent soixante-quinze, par conséquent à une époque de beaucoup antérieure au décès de M. Stanislas DELATTRE, M. Louis DELATTRE a disparu de son domicile, et depuis n'a ni reparu ni donné à personne de ses nouvelles, soit par lettre ou autrement;
Que, par suite, son existence n'étant pas reconnue, la succession de M. Stanislas DELATTRE, en vertu des dispositions de l'article 136 du Code civil, s'est trouvée dévolue exclusivement à M. Baptiste DELATTRE et Mme PICHON;

pas reconnue, elle est dévolue, à son exclusion, à ceux qui auraient concouru avec lui ou à ceux qui l'auraient recueillie à son défaut. Sauf cependant le cas où l'absent serait un militaire disparu pendant une guerre (52, 53).

2968. — Successibles d'un degré plus éloigné. — Lorsqu'un héritier renonce à la succession, il est censé n'y avoir jamais été appelé; par suite, sa part accroît à ceux qui auraient concouru avec lui, et, s'il est seul, elle est recueillie par les héritiers du degré subséquent (468 à 473).

CHAPITRE DEUXIÈME

DES ACTES RELATIFS A L'ACCEPTATION ET A LA RÉPUDIATION DES SUCCESSIONS, AU BÉNÉFICE D'INVENTAIRE ET AUX SUCCESSIONS VACANTES.

SOMMAIRE ALPHABÉTIQUE DU TEXTE

Acceptation de succession.... 2969
Bénéfice d'inventaire :
— Abandon.......... 2990
— Actions........... 2978
— Compte.... 2975, 2983, 2990
— Délégation..... 2980, 2981
— Dépenses......... 2985
— Dettes chirographaires.. 2987
— Distribution.... 2984, 2987
— Droits de succession... 2982
— Effets............ 2973
— Formes........... 2973

— Hypothèque........ 2980
— Intérêts........... 2986
— Inventaire......... 2976
— Légataires......... 2988
— Meubles incorporels.... 2978
— Paiements...... 2984, 2985
— Privilège.......... 2987
— Prix de vente...... 2981
— Recettes.......... 2984
— Reliquat.......... 2986
— Rentes........... 2978
— Vente des immeubles.. 2979

— Vente du mobilier.... 2977
Renonciation à bénéfice d'inventaire............... 2978
Renonciation à succession :
— Acte notarié... 2970 à 2973
— Convention........ 2971
— Greffe............ 2970
— Rétractation de renonciation............ 2972
Succession vacante :
— Compte.......... 2992
— Curateur......... 2991

Qu'en conséquence M. Baptiste DELATTRE et Mme PICHON sont seuls habiles à se porter héritiers, chacun pour moitié, de M. Stanislas DELATTRE leur frère germain.

DONT ACTE. Fait et passé, etc.

Enregistrement. Voir n° 2692.

FORMULE 34. — Successibles d'un degré plus éloigné par suite de renonciation à succession [N° 2968].

Préambule et comparution, voir Formule 5.

Lesquels ont, par ces présentes, déclaré avoir parfaitement connu M. Luc CAHEN, en son vivant étudiant en droit, célibataire, demeurant à.....

Et ils ont certifié pour vérité et notoriété publique :

Que M. CAHEN est décédé en son domicile, à....., le.....;

Qu'après son décès il n'a pas été fait d'inventaire;

Et qu'à défaut de descendants, d'ascendants et de frères et sœurs ou descendants d'eux, il a laissé pour seuls habiles à recueillir sa succession :

Pour la moitié dévolue à la ligne paternelle, M. Octave CAHEN, son oncle, négociant, demeurant à.....;

Et pour la moitié dévolue à la ligne maternelle, M. Auguste COLIN, son aïeul maternel, propriétaire, demeurant à.....

Mais que mondit sieur COLIN ayant renoncé à la succession de M. Luc CAHEN, suivant déclaration passée au greffe du tribunal civil de....., le....., la moitié afférente à la ligne maternelle, à son défaut, s'est trouvée dévolue aux héritiers d'un degré plus éloigné, qui sont ses deux oncle et tante, enfants de mondit sieur COLIN ; savoir :

1° M. Ulysse COLIN, docteur en médecine, demeurant à.....;

2° Et Mme Thérèse COLIN, épouse de M. Joseph MINIER, architecte, demeurant à.....;

A l'appui de leurs déclarations, les comparants ont représenté :

1° Une expédition de l'acte de décès de M. Luc CAHEN, etc. (*Voir formule* 5).

SOMMAIRE DES FORMULES.

Form. 35. — Acceptation de succession par acte notarié.
Form. 36. — Renonciation à succession par acte notarié.
Form. 37. — Renonciation à succession par une convention.
Form. 38. — Rétractation d'une renonciation à succession.
Form. 39. — Procuration pour accepter une succession sous bénéfice d'inventaire.
Form. 40. — Renonciation à bénéfice d'inventaire.
Form. 41. — Compte de bénéfice d'inventaire.
Form. 42. — Compte avec abandon de biens par l'héritier bénéficiaire.
Form. 43. — Compte rendu par le curateur à succession vacante.

§ 1. — *Acceptation de succession.*

2969. — Acte d'acceptation. — Celui à qui une succession est échue, est de plein droit considéré comme acceptant, par application de l'adage : *le mort saisit le vif*. Il n'est donc pas nécessaire de constater l'acceptation par un acte exprès, si ce n'est dans le cas où l'héritier est tenu de justifier qu'il a pris qualité en acceptant expressément ou tacitement (345, 385 à 461). Elle peut dans ce cas être faite par acte notarié.

§ 2. — *Renonciation à succession.*

2970. — Acte de renonciation. — Mais le successible n'est pas obligé d'accepter la succession, et tant qu'il n'a pas manifesté sa volonté de l'appréhender (n°s 385 à 402), il peut abdiquer sa qualité d'héritier en renonçant (345 à 384). La renonciation à succession n'a d'effet qu'autant qu'elle est faite au greffe du tribunal civil du lieu de l'ouverture de la successsion (462 à 467). Si elle résultait d'un acte authentique ou sous seing-privé, dans le cas par exemple, où il serait urgent de procéder au partage, entre les autres cohéritiers, elle devrait ensuite être réitérée au greffe, autrement elle demeurerait sans effet, même à l'égard du renonçant (466); et, en raison de cela, il est nécessaire, si elle est faite dans cette forme, que l'acte contienne en même temps le pouvoir de renoncer.

2° Et une expédition de la renonciation de M. Colin, délivrée par M. le greffier du tribunal civil de.....

Ces pièces sont demeurées ci-annexées après que sur chacune d'elles, les notaires soussignés ont fait mention de l'annexe.

Dont acte. Fait et passé, etc.

Enregistrement. Voir n° 2692.

§ 2. — ACCEPTATIONS ET RÉPUDIATIONS DE SUCCESSIONS. — BÉNÉFICE D'INVENTAIRE.

FORMULE 35. — Acceptation de succession par acte notarié [N° 2969].

Par devant M^e.....

A comparu M. Charles Launay, ingénieur civil, demeurant à.....

Lequel a, par ces présents, déclaré qu'il accepte purement et simplement la succession de M. Claude Launay, son frère, en son vivant négociant, demeurant à....., où il est décédé le.....

Mention des présentes est consentie pour avoir lieu partout où besoin sera.

Dont acte. Fait et passé, etc.

Enregistrement. Voir n° 2698.

FORMULE 36. — Renonciation à succession par acte notarié [N° 2970].

Par devant M^e...,.

A comparu M. Joseph Meslay, cultivateur, demeurant à.....

Lequel a, par ces présentes, déclaré renoncer purement et simplement à la succession de M. Jean Meslay, son père, en son vivant, propriétaire, demeurant à..... où il est décédé le.....

Et, dans le but qu'elle soit réitérée dans la forme légale, il constitue pour son mandataire M. Léon Baret, avoué près le tribunal civil de.....

2971. — Renonciation par convention. — Néanmoins si, faite par un acte notarié ou sous seing-privé, elle résulte d'une convention entre les parties, elle produit tout son effet à leur égard; et elle n'a besoin d'être réitérée au greffe du tribunal civil, que dans le but de produire aussi son effet au regard des tiers (465).

2972. — Rétractation de renonciation. — La renonciation à succession, a pour effet de faire considérer le renonçant comme n'ayant pas été appelé à la succession, qui est dévolue à ceux qui auraient concouru avec lui ou l'auraient recueillie à son défaut (468 à 473); tellement que si la succession a été acceptée par d'autres, il ne peut se faire restituer qu'en cas de dol, violence ou erreur (483, 484). Si la succession n'a pas été acceptée par d'autres, il peut, en rétractant sa renonciation, recouvrer sa qualité d'héritier et se retrouver dans le même état que s'il n'avait pas renoncé. Cette rétractation peut être expresse ou tacite; afin de l'opposer utilement, il est préférable de la faire par acte authentique (474 à 482).

§ 3. — *Bénéfice d'inventaire.*

2973. — Acceptation bénéfi-

Auquel il donne pouvoir, de pour lui et en son nom : se présenter au greffe du tribunal civil de....., déclarer que M. Meslay comparant renonce purement et simplement à la succession de M. Jean Meslay, son père; faire toutes attestations, signer tous registres et généralement faire le nécessaire.

Dont acte. Fait et passé, etc.

Enregistrement. Voir nos 2699 à 2704.

FORMULE 37. — Renonciation à succession par une convention [No 2971].

Par devant Me.....

Ont comparu

M. Eloi Huber, avocat à la cour d'appel de....., demeurant à.....

Et M. Edmond Nicolle, peintre en bâtiments et Mme Zoé Huber, son épouse de lui autorisée, demeurant ensemble à.....

Lesquels ont dit et arrêté ce qui suit :

M. Vincent Huber, rentier, est décédé en son domicile à....., le....., laissant pour seuls habiles à se porter ses héritiers, chacun pour moitié, ses deux enfants : M. Eloi Huber et Mme Nicolle, comparants.

M. Eloi Huber reconnaît que M. Huber son père a fait, pour son éducation, des dépenses élevées relativement à sa situation de fortune, par suite desquelles elle s'est trouvée de beaucoup diminuée, sans qu'il soit assujetti à un rapport de ce chef suivant la disposition de l'art. 852 du code civil.

En considération de cela, M. Huber déclare, par ces présentes, renoncer purement et simplement à la succession de M. Vincent Huber son père; par suite, cette succession se trouve dévolue pour le tout à Mme Nicolle, sa sœur, qui accepte la renonciation.

M. Eloi Huber prend l'engagement de réitérer cette renonciation au greffe du tribunal civil de....., afin qu'elle produise son effet au regard des tiers.

Dont acte. Fait et passé, etc.

Enregistrement. Voir no 2699.

FORMULE 38. — Retractation d'une renonciation à succession [No 2972].

Par devant Me.....

A comparu M. Georges Lenez, architecte, demeurant à.....

Lequel a dit :

Que suivant acte passé au greffe du tribunal civil de..... le....., il a renoncé à la succession de M. Henri Lenez, son père, en son vivant professeur retraité, demeurant à....., où il est décédé le....., duquel il était habile à se dire le seul et unique héritier.

Que cette succession n'a pas depuis été acceptée par d'autres.

Et que, profitant des dispositions de l'art. 790 du code civil, il rétracte sa renonciation, voulant qu'elle soit considérée comme non avenue. En conséquence, il déclare accepter purement et simplement la succession de M. Henri Lenez, son père. — *Ou bien :* En consé-

claire. — L'acceptation pure et simple d'une succession a pour effet de mettre l'héritier au lieu et place du défunt, auquel il succède en continuant, pour ainsi dire, sa personne; de sorte que, recueillant tous ses biens et droits, il est tenu, par contre, de toutes ses dettes et charges, quand même, elles seraient de beaucoup supérieures aux biens (431). — Mais il peut, en acceptant bénéficiairement, n'être tenu que jusqu'à concurrence des biens et conserver, comme un tiers, ses droits contre la succession (499 à 517). L'acceptation sous bénéfice d'inventaire n'a d'effet qu'autant qu'elle est faite au greffe du tribunal civil (486 à 494).

2974. — Renonciation à bénéfice d'inventaire. — L'héritier qui a accepté sous bénéfice d'inventaire peut ensuite répudier sa qualité d'héritier bénéficiaire et accepter purement et simplement, soit tacitement en faisant des actes de disposition qui dépassent ses droits d'administrateurs (546, 556, 614 à 621); soit expressément en prenant dans un acte la qualité d'héritier pur et simple, ou en déclarant formellement dans un acte son intention à cet égard (615). Un acte de cette nature est exigé pour le transfert de rentes sur l'État au-dessus de 50 francs ou d'actions de la Banque de France, au-dessus d'une (552 à 555).

---

quence, il déclare reprendre sa qualité d'habile à se porter le seul et unique héritier de M. Henri Lenez, son père, et accepter sa succession ; mais de réserver de faire cette acceptation purement et simplement ou sous bénéfice d'inventaire, ainsi qu'il avisera.
Mention des présentes est consentie partout où besoin sera.
Dont acte. Fait et passé, etc.
Enregistrement. Voir n° 2698.

FORMULE 39. — Procuration pour accepter une succession sous bénéfice d'inventaire [N° 2973].

Par devant M^e.....

Ont comparu : 1° M. Léon Pulmey, négociant, demeurant à.....;
2° Et M. Charles Dénis, propriétaire, et Mme Charlotte Pulmey, son épouse, de lui autorisée, demeurant ensemble à.....
    M. Pulmey et Mme Dénis habiles à se porter héritiers, chacun pour moitié, de M. Octave Pulmey, leur père, en son vivant manufacturier, demeurant à......, où il est décédé le.....; ainsi que le constate l'intitulé de l'inventaire après son décès, dressé par M^e....., notaire à......, le.....
Lesquels ont, par ces présentes, constitué pour leur mandataire :
M. Théodule Ansoux, avoué près le tribunal civil de.....
Auquel ils donnent pouvoir, de pour eux et en leurs noms :
Se présenter au greffe du tribunal civil de.....; déclarer que M. Léon Pulmey et Mme Dénis acceptent sous bénéfice d'inventaire la succession de M. Octave Pulmey, leur père ; à cet effet, faire toutes attestations, signer tous registres, et généralement faire le nécessaire.
Dont acte. Fait et passé, etc.
Enregistrement. Voir n° 2698.

FORMULE 40. — Renonciation à bénéfice d'inventaire [N 2974].

Par devant M^e.....

A comparu Mlle Jenny Laville, sans profession, célibataire, demeurant à......; majeure depuis le....., comme étant née à....., le.....
Laquelle a, par ces présentes, déclaré qu'elle renonce à la qualité d'héritière bénéficiaire de M. Arthur Laville, son père, décédé à....., le....., qui a été prise en son nom suivant déclaration passée au greffe du tribunal civil de..... le.....
Voulant demeurer héritière pure et simple de M. Laville, son père.
Par suite, elle requiert le retranchement de sa qualité d'héritière bénéficiaire, sur tous titres et pièces relatifs aux biens qui lui sont provenus de la succession de son père ; spécialement sur un titre de quinze cents francs de rente trois pour cent, série 3, n° 4612.
Mention des présentes est consentie pour avoir lieu sur toutes pièces où besoin sera.
Dont acte. Fait et passé, etc.
Enregistrement. Voir n° 2716.

2975. — Compte de bénéfice d'inventaire. — L'héritier bénéficiaire administre la succession, en qualité de propriétaire des biens qui la composent, à la charge de les réaliser, pour en employer le produit à l'acquit des dettes et des legs ; et, après que sa gestion est finie, de rendre compte de son administration aux créanciers et aux légataires (536 à 547). — Dans le but de sauvegarder les droits des créanciers et des légataires, le succes-

---

FORMULE 41. — Compte de bénéfice d'inventaire [N°s 2975 à 2989].

Par devant M°.....

Ont comparu : 1° M. Léon Pulmey, négociant, demeurant à.....
2° Et M. Charles Dénis, propriétaire, et Mme Charlotte Pulmey, son épouse de lui autorisée, demeurant ensemble à.....
M. Pulmey et Mme Dénis, seuls enfants issus du mariage de M. Octave Pulmey, leur père, en son vivant manufacturier, demeurant à....., avec Mme Victorine Hardy, restée sa veuve ; en cette qualité, seuls héritiers, chacun pour moitié, de M. Pulmey, leur père, décédé à....., le....., ce qui est constaté par l'intitulé de l'inventaire analysé sous la troisième observation ci-après ; laquelle qualité d'héritiers n'a été acceptée que sous bénéfice d'inventaire, ainsi qu'on l'énoncera plus loin.
Lesquels ont, par ces présentes, rendu aux créanciers et légataires de M. Pulmey, le compte de leur gestion et administration de sa succession bénéficiaire.
Pour l'intelligence de ce compte, on le fera précéder des observations suivantes :

OBSERVATIONS PRÉLIMINAIRES.

1re Observation. — *Mariage de M. et Mme Pulmey ; contrat de mariage.*

M. et Mme Pulmey se sont mariés à la mairie de..... le.....
Préalablement à leur mariage, ils en ont arrêté les clauses et conditions civiles, suivant contrat passé devant M°....., notaire à..... le.....
Aux termes de ce contrat, qui contient adoption du régime de la communauté réduite aux acquêts, il a été constaté les apports des époux et les dots qui leur ont été constituées ; ce qu'il est inutile de rappeler ici, en raison de la renonciation à communauté par Mme Pulmey et de la liquidation de ses reprises qui seront mentionnées plus loin.
Un préciput de quinze mille francs a été stipulé en faveur du conjoint survivant ; avec stipulation que la veuve survivante y aurait droit, soit qu'elle accepte la communauté, soit qu'elle y renonce. Ce préciput a été compris dans la liquidation de reprises que l'on mentionnera sous la 8° observation.
Réserve a été stipulée en faveur de l'époux survivant, de conserver pour son compte personnel l'établissement de commerce qui serait exploité au décès du premier mourant. — Mais, Mme Pulmey a déclaré à la clôture de l'inventaire analysé dans la 3° observation, ne pas vouloir profiter de cette faculté.
Enfin, les futurs époux se sont fait donation mutuelle, au profit du survivant d'eux, du quart en usufruit des biens, meubles et immeubles qui composeraient la succession du premier mourant. — Mme Pulmey a renoncé à cette donation, ainsi qu'on l'énoncera dans la 4° observation.
Cette observation est faite pour ordre seulement..... *ordre.*

2° Observation. — *Décès de M. Pulmey ; son testament.*

M. Pulmey est décédé, en sa demeure, à..... le.....
Aux termes de son testament olographe fait à..... le...., déposé en vertu d'ordonnance aux minutes de M°....., notaire à....., le....., M. Pulmey a légué à titre particulier :
1° A M. Jean Pulmey, son neveu, demeurant à....., une somme de trente mille francs ;
2° Mlle Adélaïde Minet, sa filleule, demeurant à....., une somme de vingt mille francs.
M. Pulmey a fait, en outre, au profit de sa veuve, une disposition à laquelle elle a renoncé, ainsi qu'il est dit par la 4° observation ci-après :

3° Observation. — *Scellés.* — *Inventaire* (n° 2976).

Après le décès de M. Pulmey, les scellés ont été apposés par M. le juge de paix du canton de....., suivant son procès-verbal en date du...

COMPTE DE BÉNÉFICE D'INVENTAIRE. [Form. 41.]

sible, indépendamment de la responsabilité de ses fautes (588 et 589), et de la caution qui peut être exigée de lui (590 à 594), est tenu, à peine de déchéance de sa qualité d'héritier bénéficiaire (585 à 587), de remplir les formalités suivantes.

2976. — I. Inventaire. — Il est nécessaire que les créanciers et les légataires connaissent l'importance des biens dont la succession se compose, puisque l'héritier bénéficiaire n'est obligé envers eux que jusqu'à con-

---

Suivant deux exploits de....... huissiers à......, en date des...... M. Louis DILAY banquier, demeurant à......, et M. Eugène FLEURY, négociant, demeurant à......, se prétendant créanciers de M. PULMEY, ont déclaré s'opposer à ce que les scellés fussent levés en leur absence.

L'inventaire, après le décès de M. PULMEY, a été dressé par Me......, notaire à......, au fur et à mesure de la levée des scellés, en date au commencement du......

A la requête de :

1° Mme veuve PULMEY, tant comme ayant été commune en biens avec son défunt mari, qu'à cause de ses reprises et des avantages de survie pouvant résulter de son contrat de mariage et du testament de son mari ;

2° M. Léon PULMEY ;

3° Et M. DÉNIS, en qualité de maître des droits et actions mobiliers de sa femme.

En présence de Me......, avoué, demeurant à...... intervenant au procès-verbal de levée de scellés, comme représentant les deux créanciers opposants.

La prisée du mobilier, faite par M......, commissaire priseur à......, comprenant les meubles et objets mobiliers à l'usage du ménage, s'est élevée à 8,675 francs.

Les vêtements, linge et bijoux à l'usage personnel de Mme PULMEY, n'ont pas figuré dans la prisée, en raison de ce qu'elle en a fait la reprise en nature, en vertu de son contrat de mariage, comme étant la représentation des objets de même nature par elle apportés en mariage.

Ce mobilier a été vendu, ainsi qu'on le mentionnera dans la 5e observation.

Les matières premières, marchandises, matériel et établissement de commerce, ont été prisés par Me......, commissaire priseur, de l'avis de : MM......, experts choisis par les parties, savoir :

1° Les matières premières et les marchandises fabriquées, à 24,700 francs ;

2° Le mobilier de bureau et autres objets faisant partie du matériel, considérés comme choses mobilières, et l'établissement de commerce, à 15,000 francs.

Le tout a été vendu, ainsi qu'on le mentionnera par la 7e observation.

Les titres et papiers ont été inventoriés sous 14 cotes, dont voici le dépouillement :

1re *Cote. 2 pièces*. — Contrat de mariage de M. et Mme PULMEY, mentionné en la 1re observation ci-dessus ; et bulletin constatant que le mariage a été célébré à la mairie de......, le......

2e *Cote. 1 pièce*. — Expédition du testament de M. PULMEY (2e observation)

3e *Cote. 12 pièces*. — Ces pièces sont relatives :

1° A la liquidation et au partage entre : Mme Thérèse DEMONCHY, veuve de M. Paul HARDY et ses quatre enfants au nombre desquels figurait Mme PULMEY, tant de la communauté ayant existé entre M. et Mme HARDY que de la succession de M. HARDY, décédé à......, le......, opérés suivant acte passé devant Me......, notaire à......, le...... ;

2° Au partage anticipé que Mme veuve HARDY a fait de ses biens entre ses quatre enfants, suivant acte passé devant Me......, notaire à......, le...... ;

3° Au partage de la succession de Mme veuve HARDY, décédée à......, le...... ; opéré entre ses quatre enfants, par acte sous seing privé en date à...... du......, portant cette mention : « Enregistré, etc. » ;

4° A un legs particulier fait à Mme PULMEY par Mme TANSARD, sa tante, aux termes de son testament reçu par Me......, notaire à......, le...... ; et dont la délivrance a été faite à Mme PULMEY, aux termes d'un acte reçu par le même notaire, le......

Il n'est pas fait ici un plus grand énoncé en ce qui concerne ces actes, par suite de la liquidation des reprises en nature et en deniers de Mme PULMEY, opérée par acte devant Me......, notaire à......, du......

4e *Cote. 6 pièces*. — Ces pièces ont pour objet :

1° Le partage de la succession de M. Prosper PULMEY, décédé à...... le......, veuf de Mme Augustine FEUTRY ; opéré entre : M. Albert PULMEY, avocat, demeurant à......, M. Eugène PULMEY, notaire à......, et M. Octave PULMEY, *de cujus*, ses trois enfants et seuls héritiers, aux

concurrence de leur produit. Dans ce but, la loi prescrit la confection d'un inventaire qui, s'il n'a précédé l'acceptation bénéficiaire, doit être dressé dans le plus proche délai après cette acceptation (495 à 499, 853). — L'inventaire auquel l'héritier bénéficiaire est tenu de faire procéder, est soumis à l'accomplissement des formalités que nous avons indiquées dans notre *Traité Formulaire des scellés et de l'inventaire* ; s'il était fait en dehors de ces for-

termes d'un acte passé devant M^e....., notaire à....., le..... Pour remplir M. PULMEY *de cujus* de ses droits, il lui a été attribué :

Diverses valeurs et créances, qui ont été aliénées et recouvrées pendant le mariage, et qu'il est inutile de mentionner ici par suite de la renonciation à communauté de Mme PULMEY.

Et une propriété située à....., à usage de filature de coton, consistant en usine, avec sa chute d'eau sur la rivière de....., ses tournants, virants, broche et autres ustensiles, maison d'habitation, cour, jardin, verger, le tout d'une contenance de deux hectares.

Cette propriété, à laquelle M. PULMEY a fait des augmentations considérables, a été vendue après autorisation de justice, ainsi qu'on le rapportera dans la 7e observation.

2° Un acte sous seing privé fait triple à....., le....., portant cette mention : « Enregistré à..... le....., folio 48, verso, case 3e, reçu trois cent trente francs, décime compris, signé BALIN » ; par lequel MM. Albert et Eugène PULMEY, ont vendu à M. PULMEY, *de cujus*, les deux tiers leur appartenant dans l'établissement de filature de coton, les matières premières, marchandises et matériel en faisant partie, exploité dans ladite propriété, moyennant quinze mille francs payés comptant.

On a vu plus haut que cet établissement, exploité par M. PULMEY a son décès, a été compris dans l'inventaire.

5e *Cote. 28 pièces.* — Comprenant :

1° Les titres relatifs à l'acquisition que M. PULMEY a faite des héritiers GROSSARD, par contrat passé devant M^e....., notaire à ....., le....., d'une ferme, située commune de....., appelée ferme de *Longchamp*, consistant en corps de ferme, terres de labour et prés, d'une contenance réunie de soixante hectares. Moyennant un prix de cent vingt mille francs, payé depuis suivant quittance reçue par le même notaire, le..... ; dont cinquante mille francs provenant d'un emprunt fait de M. Ernest MILET, propriétaire, demeurant à....., qui a été subrogé dans le privilège de vendeur.

Cette ferme a été vendue depuis le décès et M. MILET a été rempli de sa créance (9e observation).

2° Les titres concernant la vente faite à M. PULMEY, par les époux LANIER, d'une maison située à....., rue..... n°....., aux termes d'un contrat passé devant M^e....., notaire à....., le....., moyennant six mille francs payés suivant quittance reçue par le même notaire, le.....

Cette maison, qui a été en partie reconstruite, formait l'habitation de ville de M. PULMEY. Elle a été aussi vendue depuis son décès (7e observation).

6e *Cote. 3 pièces.* — Relatives au bail de ladite ferme, fait à M. Joseph BENOIT, cultivateur, et Mme Honorine HAMEL, son épouse, pour neuf années, qui ont commencé le..... ; moyennant, outre les impôts fonciers, un fermage annuel de cinq mille francs, payable le onze novembre qui suit chaque récolte.

Lors du décès de M. PULMEY, il était dû l'année de fermage échue le onze novembre mil huit cent soixante dix-sept, indépendamment du prorata courant.

7e *Cote. 2 pièces.* — Comprenant deux certificats d'inscriptions de rentes sur l'Etat français, au nom de M. PULMEY, *de cujus*.

L'un de mille francs de rente trois pour cent, n° 134,523 de la série 2e; dont les arrérages au décès étaient dûs depuis le 1er octobre 1877 ;

L'autre de douze cents francs de rente cinq pour cent, n° 39,468, série 8e ; dont les arrérages au décès étaient dûs depuis le 16 novembre 1877.

Ces deux rentes ont été négociées, ainsi qu'on le mentionnera dans la 6e observation.

8e *Cote. 3 pièces.* — Comprenant les certificats d'inscription au nom de M. PULMEY, *de cujus*, des valeurs ci-après :

1° Six actions de la Banque de France, inscrites dans le registre T, folio 45;

2° Vingt actions de la Cie des Chemins de fer d'Orléans, faisant l'objet d'un certificat, n° 1,437 ;

mes, par exemple, par un acte sous seing-privé, il ne serait pas opposable aux créanciers et légataires. — Il est utile de faire précéder le compte d'une analyse de cet inventaire, en faisant ressortir tout ce qui peut être considéré comme élément d'actif ou de passif. Si cette analyse est faite avec un soin minutieux et que l'on ait la précaution, à la suite de l'énonciation relative à un bien, d'indiquer, par une référence, comment il a été réalisé ou

3º Trente obligations 3 0/0 de la Cie des Chemins de fer de l'Ouest, en un certificat nº 2,465.
    Les dividendes et intérêts étaient courants au décès, depuis la dernière échéance.
    Ces valeurs ont été transférées depuis le décès (6e observation).

9e *Cote*. 20 *pièces*. — Vingt lettres de gage de 500 francs 5 0/0, au porteur, du Crédit foncier de France, n^{os}....., avec les coupons du semestre courant au décès.
    On en énoncera la vente dans la même observation.

10e *Cote*. 8 *pièces*. — Livres et registres de commerce desquels il résultait :
1^{ent} Qu'il était dû à M. Pulmey, pour livraison de marchandises :
1º Par M. Marchal, demeurant à....., ... 6,500 fr.
2º Par M. Eloy, demeurant à....., ... 12,800 »
3º Par M. Jackson, demeurant à....., ... 4,700 »
4º Par M. Vinel, demeurant à....., ... 3,200 »
5º Par M. Rissat, demeurant à....., ... 14,300 »
6º Par M. Alouard, demeurant à....., ... 7,800 »
    Ensemble. . . . . 49,300 fr.
    Ces sommes ont été recouvrées et figureront dans les recettes.
2^{ent} Que M. Pulmey était débiteur, envers les personnes ci-après, en ce qui concernait son commerce :
1º M. Martin, armateur à....., de. . . . . 23,000 fr.
2º M. Dinay, demeurant à....., de. . . . . 31,000 »
3º M. Millet, banquier à....., du montant de son compte courant. . . . 42,315 »
4º M. Alnet, rentier, demeurant à....., de . . . . 14,500 »
    Ensemble. . . . . 110,815 fr.
    Ces sommes figureront plus loin dans l'indication des créanciers entre lesquels la distribution du reliquat devra être faite.
3^{ent} Que les billets en circulation souscrits par M. Pulmey, à l'ordre de divers, se montaient à une somme de soixante-huit mille francs.
    Ces billets, en raison de l'acceptation bénéficiaire de la succession de M. Pulmey et de l'existence d'oppositions, n'ont pu être payés lors de leur présentation. Les créances en résultant seront comprises dans celles dues par la succession.

11e *Cote*. 3 *pièces*. — Trois billets souscrits à l'ordre de M. Pulmey :
Le premier, sur timbre de 3 à 4,000 fr., par M. Barré, fabricant de rouenneries, à....., pour une somme de quatre mille francs, payable le....., ci . . . . 4,000 fr.
Le deuxième, sur timbre de 2 à 3,000 fr., par M. Fiché, négociant, à....., pour trois mille francs, payables le....., ci . . . . 3,000 »
Et le troisième, sur timbre de 5 à 6,000 fr., par M. Fabre, négociant, à....., pour cinq mille cinq cents francs, payables le....., ci . . . . 5,500 »
    Ensemble. . . . . 12,500 fr.
    Ces billets ont été recouvrés à leurs époques d'échéance ; le montant en figurera dans les recettes du compte.

12e et 13e *cotes*. — Pièces relatives aux contributions, à la patente et à l'assurance contre l'incendie. Les sommes payées pour les impôts et la patente, figureront dans le compte des dépenses.

14e *Cote*. 1 *pièce*. — Expédition représentée par M. Dénis de son contrat de mariage avec Mme Charlotte Pulmey, passé devant M^e....., notaire à....., le..... ; aux termes duquel M. et Mme Pulmey ont constitué en dot à Mme Dénis, leur fille, par avancement d'hoirie sur la succession du premier mourant des donateurs, un trousseau d'une valeur de dix mille francs ; et une somme de soixante mille francs en numéraire de suite remis et versés.
    Il n'est question ici de cette cote que pour *ordre*.
    A la suite de l'inventaire des papiers, il a été fait des déclarations desquelles il résulte :

recouvré, et, après celle relative à une dette, de mentionner son acquit ou son importance en capital, intérêts et frais, l'opération se trouve ensuite de beaucoup facilitée.

2977. — II. Vente du mobilier. — Si le mobilier n'a pas été vendu auparavant sans attribution de qualité (362 à 365), l'héritier bénéficiaire est tenu de le faire vendre aux enchères par un officier public compétent (notaire, commissaire-priseur, huissier ou greffier), en remplissant les formalités d'affiches et de publicité prescrites par l'art. 989 du code de procédure (548, 549, 551).

2978. — III. Vente des rentes et actions. — L'héritier bénéficiaire, sous peine de déchéance de cette qualité, doit, pour

---

En ce qui concerne l'actif : — Qu'il existait en deniers comptants, une somme de quatre mille trois cent douze francs;
Et que, en dehors des créances résultant de l'inventorié des papiers, il ne paraissait rien dû à la communauté d'entre M. et Mme Pulmey, ni à la succession de M. Pulmey.

En ce qui concerne le passif : — Qu'il était réclamé aux dites communauté et succession, les sommes ci-après :

Dettes privilégiées.

1° Les impôts et la patente ;
2° Les frais de l'inhumation de M. Pulmey et du tombeau qui lui a été érigé ;
3° Les frais de la dernière maladie, comprenant le médecin, le pharmacien et les garde-malades ;
4° Les salaires des domestiques et gens de service ;
5° Les fournitures de subsistance.
Ces diverses dettes, en raison du privilége qui y est attaché, ont été acquittées. Elles figurent dans les dépenses du compte.

Dettes privilégiées sur les immeubles.

La somme de cinquante mille francs due à M. Milet, avec privilége sur la ferme de Longchamp, qui a été payée sur le prix de la vente de cette ferme. (Voir *cote* 5e).

Dettes hypothécaires.

1° La somme de soixante mille francs, montant d'une obligation souscrite par M. et Mme Pulmey, solidairement entre eux, au profit de M. Emile Fresne, rentier, demeurant à....., avec hypothèque sur l'usine (*Cote* 4e) et la ferme de Longchamp (*Cote* 5e); en vertu d'une obligation passée devant M^e....., notaire à ...., le..... ;
2° La somme de quinze mille francs, montant d'une obligation souscrite solidairement par M et Mme Pulmey, au profit de M. Jean-Baptiste Follet, propriétaire, demeurant à....., avec hypothèque sur la maison située à.. .. (*Cote* 5e), aux termes d'un acte reçu par M^e....., notaire à....., le.....
Ces deux créances ont été remboursées sur le prix de vente des immeubles hypothéqués, ainsi qu'on le dira dans la 9e observation.

Dettes chirographaires.

Il n'est pas utile de relater ici les déclarations touchant les dettes chirographaires, dont le détail, présentant plus d'exactitude, sera fait dans le paragraphe relatif au passif restant à acquitter.
L'inventaire a été ensuite clos avec les serments d'usage.

4e Observation. — *Renonciation à communauté et à avantages de survie.* — *Acceptation bénéficiaire.*

Suivant déclaration passée au greffe du tribunal civil de....., le ...., Mme veuve Pulmey a déclaré renoncer à la communauté ayant existé entre elle et son défunt mari, ainsi qu'à toutes donations, tous legs et tous avantages de survie qui ont pu lui être faits par ce dernier.
Par une autre déclaration passée au même greffe, le....., M. Léon Pulmey et Mme Dénis ont déclaré accepter, sous bénéfice d'inventaire seulement, la succession de M. Pulmey, leur père.

5e Observation. — *Vente du mobilier* (n° 2977).

Le mobilier dépendant de la succession de M. Pulmey a été, après les publications et

vendre une rente sur l'État au-dessus de 50 francs, ou pour transférer des actions de la Banque de France au-dessus de une action ou des droits dans plusieurs actions excédant une action, se faire autoriser par jugement en la Chambre du conseil du tribunal civil du domicile du défunt (552 à 554). Quant aux rentes au-dessous de 50 francs, aux actions de la Banque de France au-dessous de une, à toutes valeurs industrielles et commerciales et à tous meubles incorporels, comme un office, un fonds de commerce, une créance, etc., l'héritier bénéficiaire peut les vendre dans telle forme qu'il juge convenable et sans recourir à aucun e autorisation (550, 555).

2979. — IV. Vente des immeu-

affiches voulues par la loi, vendu aux enchères, par le ministère de M^e....., commissaire priseur à....., suivant procès-verbaux en date des.....

Le montant de cette vente s'est élevé à dix mille quatre cents francs, ci . .	10,400 fr.
A quoi on ajoute cinq pour cent payés en sus du prix, ci.	520 »
Ensemble, dix mille neuf cent vingt francs	10,920 fr.
Mais on en déduit les frais de vente s'élevant à mille quinze francs. . . .	1,015 »
Reste net	9,905 fr.

Cette somme a été versée par M^e....., commissaire priseur, à M. Pulmey et M. et Mme Dénis, suivant décharge se trouvant en suite du procès-verbal d'enchères.

Elle figurera aux recettes du compte.

6e Observation. — *Vente des rentes sur l'Etat et des actions et obligations* (n° 2978).

Suivant jugement rendu sur requête, en la chambre du conseil, par le tribunal civil de....., le....., M. Pulmey et Mme Dénis, en qualité d'héritiers bénéficiaires de M. Pulmey, ont été autorisés à négocier à la bourse de Paris, les deux rentes sur l'État et les actions de la banque de France dépendant de la succession de M. Pulmey.

Les rentes et actions, en conformité de ce jugement, ont été transférées à la bourse de Paris, par l'intermédiaire de M....., agent de change, savoir :

Les mille francs de rente 3 0|0, au cours de 73 fr. 95 cent., soit, courtage déduit, une somme nette de vingt-quatre mille six cent quarante huit francs, ci		24,648 fr.
Les douze cents francs de rente 5 0|0, au cours de 109 fr. 40 cent., soit, courtage déduit, une somme nette de vingt six mille deux cent quarante-huit francs, ci		26,248 »
Les six actions de la banque de France, au cours de trois mille cent quatre-vingts francs, soit, courtage déduit, une somme nette de dix-neuf mille soixante-dix francs, ci		19,070 »

M. Pulmey et Mme Dénis ont vendu, en outre, par le même agent de change, à la bourse du même jour :

Les vingt actions d'Orléans, au cours de 1,145 fr., vingt-deux mille neuf cents francs, ci	22,900 fr.	
De quoi on déduit pour frais de conversion du nominatif au porteur et frais de courtage, cent vingt-cinq francs, ci	125 »	
Reste net, vingt-deux mille sept cent soixante-quinze francs . .	22,775 fr.	22,775 »
Les trente obligations de l'Ouest, au cours de 335 fr., dix mille cinquante francs, ci	10,050 fr.	
De quoi on déduit pour frais de conversion du nominatif au porteur, et frais de courtage, soixante francs, ci	60 »	
Reste net, neuf mille neuf cent quatre-vingt-dix francs, ci . . .	9,990 fr.	9,990 »
Les vingt lettres de gage du Crédit foncier, au cours net de cinq cent dix fr., dix-mille cinquante francs, ci.		10,050 »
Ensemble, cent douze mille sept cent quatre-vingt un francs		112,781 fr.

Cette somme figurera dans les recettes du compte.

7e Observation. — *Vente des immeubles* (n° 2979).

Sur une requête que M. Pulmey et M et Mme Dénis ont présentée au tribunal civil de....., par l'intermédiaire de M^e....., leur avoué, il est intervenu en la chambre du conseil

bles. — S'il y a lieu à la vente des immeubles, elle doit être faite avec l'accomplissement des formalités suivantes : L'héritier bénéficiaire présente requête au tribunal civil du lieu de l'ouverture de la succession; sur cette requête, et après communication au ministère public, le tribunal, par un jugement rendu en Chambre du conseil, autorise la vente soit à sa barre, soit devant un notaire qu'il commet à cet effet; puis sur un cahier des charges dressé par l'avoué et déposé au greffe, ou au notaire commis, il est procédé à l'adjudication. L'héritier bénéficiaire peut se rendre adjudicataire (556 à 563).

2980. — V. Dettes hypothécaires. — Les prix de vente devant, en vertu de la délégation résultant de l'art. 806 du code civil, être distribués entre les créanciers hypothécaires, il est nécessaire de déterminer le chiffre de leurs créances; et si le défunt a

---

de ce tribunal, le....., un jugement, par lequel M. PULMEY et M. et Mme DÉNIS, ont été autorisés à vendre, par le ministère de Me....., notaire à....., commis à cet effet :

1er LOT. — La propriété à usage de filature avec toutes ses dépendances, et le matériel immeuble par destination (3e observ., cote 4e), sur une mise à prix de quatre-vingts mille francs.

Avec faculté pour l'adjudicataire de conserver le matériel ayant nature de meuble, et les matières premières et marchandises existant au jour de la vente, moyennant le prix qui en serait faite à cette époque dans un état annexé au procès-verbal d'adjudication.

2e LOT. — La ferme de Longchamp (3e observ., cote 5e, 1º), sur une mise à prix de cent mille francs.

3e LOT. — La maison située à....., rue....., nº..... (même cote, 2º), sur une mise à prix de quinze mille francs.

Après l'accomplissement des formalités de publicité voulues par la loi, et à la suite d'un cahier de charges dressé le....., et déposé aux minutes de Me....., notaire à....., le....., il a été, suivant procès-verbal d'adjudication dressé par le même notaire, le....., procédé à l'adjudication.

En ce qui concerne l'usine, il a été déclaré que l'adjudicataire pourrait conserver le matériel ayant nature de meubles, les matières premières et les marchandises fabriquées ou en cours de fabrication, dont un état descriptif et estimatif est demeuré annexé au procès-verbal, pour une somme de quarante mille francs.

Ont été proclamés adjudicataires :

1º M. Léon PULMEY, du premier lot, moyennant un prix principal de cent cinq mille francs.

Et M. PULMEY a de suite déclaré qu'il entendait prendre le matériel, les matières premières et les marchandises fabriquées et en cours de fabrication, pour la somme de quarante mille francs.

2º M. Edouard COINTET, propriétaire, demeurant à....., du deuxième lot, moyennant un prix principal de cent quinze mille francs.

3º Et M. Eloi POUDRET, négociant, demeurant à....., du troisième lot, moyennant un prix principal de vingt-deux mille francs.

Les adjudicataires ont été mis en jouissance dès le jour de l'adjudication.

Il a été stipulé par le cahier des charges que les prix d'adjudication, ainsi que la somme fixée pour la valeur du matériel et des marchandises, seraient payables dans les quatre mois du jour de l'adjudication, avec l'intérêt à cinq pour cent par an, à compter du même jour.

Tous les frais faits pour parvenir à la vente et ceux d'adjudication, ont été mis à la charge des adjudicataires.

8e OBSERVATION. — *Liquidation des reprises de* Mme PULMEY (nº 2980).

Aux termes d'un acte passé devant Me....., notaire à....., le....., il a été procédé entre Mme veuve PULMEY, et M. PULMEY et Mme DÉNIS, héritiers bénéficiaires de M. PULMEY, aux opérations de compte et liquidation des créances et reprises de Mme PULMEY contre son défunt mari. Il en résulte que Mme PULMEY, indépendamment de ses reprises en nature, avait droit à la reprise en deniers contre son mari, d'une somme de cent soixante-deux mille francs, productive d'intérêts à cinq pour cent par an, à partir du jour du décès de ce dernier, indépendamment des frais de l'acte de liquidation de reprises, se montant à deux mille cent francs.

laissé une veuve, il faut fixer le chiffre de sa créance contre son mari par une liquidation de reprises, qui est amiable si toutes les parties sont majeures, ou judiciaire s'il y a des mineurs ou autres incapables.

2981. — VI. Paiement des prix. — Distribution. — Les immeubles étant vendus dans le but de désintéresser les créanciers hypothécaires, le prix leur appartient, suivant l'ordre de la préférence attachée à leurs créances; c'est en raison de cela que, suivant l'article 806, l'héritier bénéficiaire est tenu de leur en faire la délégation; d'où il suit que les créanciers, même quand leurs créances sont à terme, ne peuvent refuser d'en recevoir le montant directement des adjudicataires. Sauf à ce que ces prix soient distribués judiciairement, s'ils sont insuffisants et que les créanciers ne puissent s'entendre pour en faire la distribution à l'amiable (563 à 569).

Plus d'une somme de quinze mille francs montant du préciput stipulé en sa faveur, même en cas de renonciation à communauté, par son contrat de mariage analysé dans la 1re observation.

Ces créances sont conservées par une inscription d'hypothèque légale, prise au bureau des hypothèques de....., le....., vol....., n°.....

9e OBSERVATION. — *Paiement des prix d'adjudication. — Distribution entre les créanciers privilégiés et hypothécaires* (n° 2981).

Suivant acte passé devant M°....., notaire à......, le....., les adjudicataires se sont libérés des prix principaux des adjudications prononcées à leur profit, savoir :
1° M. Léon PULMEY, de la somme de cent cinq mille francs, prix du premier lot, ci . . . . 105,000 fr.
Plus deux mille cent francs, pour intérêt du jour de la vente à celui du paiement, ci. . . . . 2,100 »
Total, cent sept mille cent francs. . . . . 107,100 fr.
2° M. COINTET, de la somme de cent quinze mille francs, prix du second lot, ci . . . . 115,000 fr.
Plus deux mille trois cents francs, pour intérêt pendant le même temps, ci. . . . . 2,300 »
Total, cent dix-sept mille trois cents francs . . . . 117,300 fr.   117,300 »
3° Et M. POUDRET, de la somme de vingt-deux mille francs, prix du troisième lot, ci . . . . 22,000 fr.
Plus quatre cent quarante francs, pour intérêt pendant le même temps, ci. . . . . 440 »
Total, vingt-deux mille quatre cent quarante francs . . . . . 22,440 fr.   22,440 »
Réunion : deux cent quarante-six mille huit cent quarante francs . . . .   246,840 fr.
Cette somme, sur l'indication de M. PULMEY et de M. et Mme DENIS, a été payée directement aux créanciers privilégiés et hypothécaires inscrits sur les immeubles vendus, savoir :
1° A M. MILET, créancier privilégié inscrit sur le premier lot (3e observ., cote 5e), une somme de cinquante-six mille trois cents francs, formée de :
Cinquante mille francs, principal de sa créance, ci. . . . .   50,000 fr.
Et six mille trois cents francs, pour intérêt, ci. . . . .   6,300 »
Somme égale . . . . 56,300 fr.
2° A M. FRESNE, créancier hypothécaire inscrit sur les premier et deuxième lots (3e observ.), une somme de soixante-quatre mille six cents francs, formée de :
Soixante mille francs, principal de sa créance, ci. . . . .   60,000 f..
Et quatre mille six cents francs, pour intérêt, ci. . . . .   4,600 »
Somme égale . . . . 64,600 fr.   64,600 »
3° A M. FOLLET, créancier hypothécaire inscrit sur le troisième lot (3e observ.), une somme de quinze mille huit cent vingt francs, composée de :
Quinze mille francs, principal de sa créance, ci. . . . .   15,000 fr.
Et huit cent vingt francs, pour intérêt, ci . . . .   820 »
Somme égale . . . . 15,820 fr.   15,820 »

A reporter. . . . .   136,720 fr.

2982. — VII. Droits de succession. — L'acquit des droits de succession est, à l'égard du fisc, une charge personnelle de l'héritier, même bénéficiaire. Cependant, comme il n'a accepté la succession que dans le but de faciliter la distribution de l'actif entre les créanciers, il est admis qu'il peut les porter en dépenses quand il les a payés avec les deniers de la succession. S'il les a payés de ses deniers personnels, il est subrogé aux droits du fisc et peut les exercer en son lieu et place (608 à 610).

2983. — Compte. — Le compte de succession bénéficiaire dû aux créanciers et aux légataires, peut être rendu à l'amiable quand les parties rendantes sont toutes majeures et capables, et qu'il n'y a pas de contestations. Dans le cas contraire, il est rendu en justice.

Report . . . . 136,720 fr.

4° Et à Mme veuve PULMEY, sur sa créance pour ses reprises en deniers (9e observ.), composée de :
Cent soixante-deux mille francs en principal, ci. . . . . 162,000 fr.
Intérêt de cette somme depuis le décès de M. PULMEY, ci. . . . 6,480 »
Ensemble, cent soixante-huit mille quatre cent quatre-vingts francs. . . . . 168,480 fr.
La somme de cent dix mille cent vingt francs, restée libre, par suite des paiements faits aux créanciers ci-dessus, qui la primaient, ci. . . . . 110,120 »   110,120 »
Par suite elle est restée créancière de . . . . 58,360 fr.
A quoi on ajoute :
1° L'intérêt de cette somme depuis la date de la quittance jusqu'aujourd'hui, ci . . . . 850 »
2° Les frais de la liquidation de ses reprises . . . . 2,100 »
3° Le préciput stipulé à son profit. . . . . 15,000 »
Ensemble à ce jour . . . . 76,310 fr.

Réunion des sommes retirées par les créanciers inscrits, égale à la somme payée par les adjudicataires. . . . . 246,840 fr.
On a constaté, en outre, que M. Léon PULMEY a versé une somme de quarante mille huit cents francs, composée de :
Quarante mille francs, pour le prix du matériel et des marchandises (7e observ.), ci . . . . 40,000 fr.
Et huit cents francs pour intérêt, ci. 800 »
Somme égale . . . . 40,800 fr.
Cette somme figurera dans les recettes du compte.

10e OBSERVATION. — *Acquit des droits de succession* (n° 2982).

Les droits de succession acquittés après le décès de M. PULMEY, se sont élevés à quatre mille huit cent quarante-deux francs, ci . . . . 4,842 fr.
Par suite du privilége qui appartient à la régie, ces droits ont été acquittés sur les revenus provenant du fermage de la ferme de Longchamp; et, en conséquence, seront ci-après portés dans les sommes payées par privilége.

11e OBSERVATION. — *Exploitation de la filature* (n° 2984).

M. Léon PULMEY et M. et Mme DÉNIS, afin que la valeur de la filature ne fût pas dépréciée, ont obtenu de M. le Président du tribunal civil de....., à la date du....., par conséquent trois jours après le décès, l'autorisation d'en continuer, sans prendre qualité, l'exploitation pour le compte de la succession; cette exploitation, qui a duré jusqu'au jour de l'adjudication a produit, suivant un compte détaillé annexé au présent acte, avec lequel il sera enregistré, un bénéfice de quatre mille trois cents francs.
Cette somme figurera aux recettes du compte ci-après.

COMPTE [n° 2983].

Ces faits exposés, il est passé au compte faisant l'objet des présentes :

A défaut par les héritiers bénéficiaires de le présenter, ils y sont contraignables (595 à 600).

2984. — Recettes. — Les recettes doivent comprendre toutes les sommes touchées pour le compte de la succession bénéficiaire, en capital, intérêts et fruits, même le bénéfice provenant de l'exploitation d'un établissement industriel ou commercial qui dépendait de la succession (602 à 604).

2985. — Dépenses. — S'il n'y a pas de créanciers opposants, l'héritier bénéficiaire paie les créanciers et les légataires, à mesure qu'ils se présentent ; mais s'il y a des créanciers opposants, il ne peut les payer que dans l'ordre et de la manière réglés par le juge, à moins qu'ils ne consentent à une distribution amiable. Cependant, on admet, quand les fonds sont plus que suffisants, que l'opposition

CHAPITRE PREMIER. — RECETTES ET DÉPENSES.

§ 1. — *Recettes* [n° 2984].

M. Pulmey et M. et Mme Dénis portent en recette :

1° La somme de quatre mille trois cent douze francs, montant des deniers comptants au décès (3e observ.), ci . . . . 4,312 fr.

2° Celle de sept mille deux cents francs touchée de M. Benoit, pour le fermage de la ferme de Longchamp, composée de :
Un an au onze novembre dernier . . . . 5,000 fr.
Prorata du onze novembre au jour de la vente. . . . . 2,200 » } 7,200 »

3° Celle de quarante-neuf mille trois cents francs, touchée de MM. Marchal, Loy, Jackson, Vinel, Rissat et Alouard, résultant des livres, pour marchandises livrées (3e observ., cote 10e), ci. . . . . 49,300 »

4° Celle de douze mille cinq cents francs, reçue de MM. Barré, Fiché et Fabre, pour l'encaissement de valeurs à l'ordre de feu M. Pulmey (3e observ., cote 11e), ci . . . . 12,500 »

5° Celle de neuf mille neuf cent cinq francs, formant le produit de la vente de meubles (5e observ.), ci. . . . . 9,905 »

6° Celle de cent douze mille sept cent quatre-vingt un francs, produit de la négociation des rentes sur l'Etat, actions et obligations (6° observ.), ci . . . . 112,781 »

7° Celle de quarante mille huit cents francs provenant du matériel et des marchandises vendues à M. Léon Pulmey (10e observ.), ci. . . . . 40,800 »

8° Celle de quatre mille trois cents francs formant le bénéfice de l'exploitation de l'usine depuis le décès (12e observ.), ci. . . . . 4.300 »

Ensemble pour les recettes . . . . 241,098 fr

§ 2. — *Dépenses* [n° 2985].

Les rendants portent en dépense :

1° La somme de cent douze francs payée pour les frais d'apposition et de levée de scellés, ci. . . . . 112 fr

2° Celle de huit cent quarante francs payée pour les frais de l'inventaire après le décès de M. Pulmey, ci. . . . . 840 »

3° Celle de trente-six francs, pour les frais de l'acceptation bénéficiaire, ci . 36 »

4° Celle de deux cent soixante francs, pour le coût du jugement qui a ordonné la vente des rentes et actions de la banque, et des certificats de propriété et autres pièces produites, ci. . . . . 260 »

5° Celle de quinze cent quarante francs, pour les frais du présent compte et de ses suites, ci. . . . . 1,540 »

6° Celle de quatre mille huit cent quarante-deux francs, montant des droits de succession acquittés après le décès de M. Pulmey (11e observ.), ci. . . . 4,842 »

7° Celle de huit cent seize francs payée au percepteur pour impôts et patente, ci . . . . 816 »

8° Celle de douze cents francs payée à la fabrique de....., pour l'inhumation, ci . . . . 1,200 »

9° Celle de cinq cents francs, payée à M. Mairot, marbrier, pour le tombeau, ci . . . . 500 »

A reporter. . . . . 10,146 fr.

ne fait pas obstacle au paiement des créances privilégiées (570 à 583). — Quand l'héritier bénéficiaire a fait des paiements, il porte en dépenses les sommes payées, en indiquant les causes des dettes (605 à 607).

2986. — Reliquat. — L'héritier bénéficiaire est comptable envers les créanciers et légataires du reliquat de son compte et peut être contraint sur ses biens pour raison de la somme qui en forme le montant. Il n'en doit les intérêts que du jour de la demande en justice (601, 611 à 613).

2987. — Distribution. — Quand le reliquat du compte est insuffisant pour l'acquit de la totalité des dettes, il y a lieu d'en faire la distribution entre les créanciers ; si des droits de préférence sont attachés à certaines créances, il faut leur faire une attribution qui y corresponde. Ainsi, quand les frais de justice, d'inhumation et autres dettes privilégiées n'ont pas été acquittées, elles doivent faire l'objet d'une distraction sur l'actif à distribuer suivant le rang attaché à chacune d'elles. — Quant aux dettes chirographaires, elles don-

Report.	10,146 fr.
10° Celle de trois cents francs payée à M. Vérat, médecin, pour soins et visites pendant la dernière maladie, ci	300 »
11° Celle de cent dix francs payée à M. Loir, pharmacien, ci	110 »
12° Celle de six cents francs payée aux domestiques et gens de service, ci	600 »
13° Celle de quatre-vingt deux francs payée à M. Taplet, boucher, ci	82 »
Ensemble pour les dépenses	11,238 fr.

Balance.

Les recettes se montent à	241,098 »
Et les dépenses à	11,238 »
Reliquat en recettes	229,860 fr.

CHAPITRE DEUXIÈME. — DETTES CHIROGRAPHAIRES.

Les dettes inscrites et les dettes privilégiées, ayant été toutes payées, sauf un reliquat en ce qui concerne Mme veuve Pulmey, il reste les dettes simplement chirographaires, entre lesquelles un marc-le-franc doit être établi.

On va, sous deux paragraphes, mentionner : 1° les dettes chirographaires; et 2° la contribution à établir entre ces dettes

§ 1. — *Indication des dettes chirographaires* [n° 2986].

1° La somme de soixante-seize mille trois cent dix francs restée due à Mme veuve Pulmey sur ses créances et reprises contre son mari, ainsi qu'on l'a établi dans la 10° observation, ci . . . . 76,310 fr.

2° Celle de vingt-trois mille francs due à M. Martin, armateur, demeurant à....., (3° observ.), ci . . . . 23,000 »

3° Celle de quarante-deux mille trois cent quinze francs due à M. Millet, banquier (3° observ.), ci . . . . 42,315 fr.

Plus, deux mille deux cent vingt-cinq francs pour intérêt, depuis le décès, ci . . . . 2,225 »

Total . . . . 44,540 fr.   44,540 »

4° Celle de quatorze mille cinq cents francs due à M. Alnet, rentier, pour prêt, ci . . . . 14,500 »

5° Celle de quarante-six mille francs due à M. Thym, banquier, demeurant à....., pour le montant de valeurs en circulation au décès, souscrites à son profit, et qu'il a retirées de la circulation, ci . . . . 46,000 »

6° Celle de vingt-deux mille francs due au comptoir d'escompte de....., pour même cause, ci . . . . 22,000 »

7° Celle de quatre-vingt-six mille francs due à M. Hamel, rentier, demeurant à....., pour prêt, ci . . . . 86,000 fr.

A reporter. . . . . 226,350 fr.

nent lieu à un marc le franc sur ce qui reste après l'acquit des dettes privilégiées. Il est utile d'établir ce marc le franc dans le compte, même lorsqu'il y a des créanciers opposants, car ils peuvent s'entendre pour consentir à la distribution amiable (571).

2988. — Légataires. — Quand l'actif est absorbé par les dettes dont la succession bénéficiaire est grevée, les legs, qui constituent des charges de l'hérédité, se trouvent caducs (577).

2989. — Certifié véritable. —

Le compte de bénéfice d'inventaire doit être certifié sincère et véritable par les rendants (613).

2990. — Abandon par l'héritier bénéficiaire. — L'héritier bénéficiaire peut se décharger du paiement des dettes en abandonnant tous les biens de la succession aux créanciers et aux légataires. — L'abandon n'est pas une renonciation ; dès lors ce n'est pas par une déclaration au greffe qu'il doit se faire, mais plutôt par acte devant notaire, ou en justice sur une action en compte dirigée

---

Reports . . . . 86,000 fr. 226,350 fr.
Plus quatre mille deux cents francs pour intérêt couru depuis
le……, jusqu'à ce jour, ci. . . . . 4,200 »
Total . . . . 90,200 fr. 90,200 »
8° A M. Boursier, agent de change à……, pour le reliquat d'un compte réglé
avec M. Pulmey, soixante-six mille cinq cent cinquante francs, ci . . . . . . 66,550 »
Ensemble, trois cent quatre-vingt trois mille cent francs, ci . . . . 383,100 fr.

§ 2. — *Distribution entre les créanciers* [n° 2987]

En établissant un marc-le-franc entre ces créances sur les deux cent vingt-neuf mille huit cent soixante francs, montant du reliquat du compte ci-dessus, on trouve que le dividende à distribuer entre les créanciers est de soixante pour cent, dont le montant est pour les créanciers, savoir :

1° Mme veuve Pulmey, de quarante-cinq mille sept cent quatre-vingt-six francs,
ci . . . . 45,786 fr.
2° M. Martin, de treize mille huit cents francs, ci . . . . 13,800 »
3° M. Millet, de vingt-six mille sept cent vingt-quatre francs, ci . . . . 26,724 »
4° M. Alnet, de huit mille sept cents francs, ci . . . . 8,700 »
5° M. Thym, de vingt-sept mille six cents francs, ci . . . . 27,600 »
6° Le comptoir d'escompte de……, de treize mille deux cents francs, ci . . 13,200 »
7° M. Hamel, de cinquante-quatre mille cent vingt francs, ci . . . . . . 54,120 »
8° M. Boursier, de trente-neuf mille neuf cent trente francs, ci . . . . 39,930 »
Somme égale à celle à distribuer. 229,860 »

§ 3. — *Légataires* [n° 2988].

Tous les biens de la succession de M. Pulmey se trouvant absorbés pour le paiement des dettes qui grèvent cette succession, sans que ces dettes soient remboursées en totalité, les legs qu'il a faits à M. Jean Pulmey et à Mlle Minet se trouvent caducs.

Certifié véritable [n° 2989].

Le présent compte ainsi établi, M. Léon Pulmey et M. et Mme Dénis, le certifient sincère et véritable et le présentent aux créanciers, en leur déclarant qu'ils sont prêts à acquitter le dividende ci-dessus fixé pour chacun d'eux ; offrant de justifier des actes mentionnés dans le compte ainsi que des pièces comptables relativement aux sommes comprises dans les dépenses.

Dont acte. Fait et passé, etc.

Enregistrement. Voir n°s 2705 à 2713

FORMULE 42. — Compte avec abandon de biens par l'héritier bénéficiaire [N° 2990].

Par devant M^e……,
A comparu M. Anatole Poutret, cultivateur, demeurant à……,

contre l'héritier bénéficiaire. Quand l'héritier bénéficiaire a déjà géré les biens de la succession, fait des recettes et des dépenses, l'abandon doit être précédé du compte de sa gestion qui, d'ailleurs, peut être fait par l'acte même d'abandon. Les biens existants

---

Agissant en qualité de seul héritier sous bénéfice d'inventaire, de M. Antoine POUTRET, son frère, en son vivant employé de banque, célibataire, demeurant à....., où il est décédé, le....., ainsi qu'il résulte de la déclaration qu'il a faite au greffe du tribunal civil de....., le......

Lequel, préalablement au compte de bénéfice d'inventaire et à l'abandon, faisant l'objet des présentes, a dit et exposé ce qui suit :

EXPOSÉ.

I. L'inventaire, après le décès de M. Antoine POUTRET, a été dressé par M^e....., notaire à....., le..... ; à la requête de M. Anatole POUTRET, comparant, comme habile à se porter son seul et unique héritier.

Il résulte de cet inventaire que la succession de M. Anatole POUTRET se composait de :

1° Les meubles et objets mobiliers garnissant son habitation, prisés à deux mille cent francs.

    Ces meubles et objets ont été vendus aux enchères, après les affiches et publications prescrites, par M^e....., commissaire priseur à....., suivant le procès-verbal qu'il en a dressé à la date du..... — Le produit de cette vente s'est élevé, net de tous frais, à une somme de deux mille huit cent quinze francs, qui a été versée à M. POUTRET, comparant, le....., ainsi que le constate une décharge à cette date, se trouvant ensuite du procès-verbal de vente.

2° Une somme de quinze cents francs en deniers comptant;

3° Une somme de trois cents francs, montant de ses appointements au décès ;

4° Vingt-cinq obligations des Chemins de fer de l'Est, trois pour cent, en un certificat n° 1,215 ;

5° Une maison, habitée par le défunt, située à....., rue....., n°.....

6° Une pièce de terre plantée de vignes, située commune de....., lieudit....., contenant soixante ares, section B, n° 47 du plan cadastral.

Et que cette succession était grevée, indépendamment des dettes privilégiées payées depuis, ainsi qu'on l'énoncera ci-après, des sommes suivantes :

1° Douze mille francs dus à M. Charles LOUIT, banquier, demeurant à.....

2° Six mille francs dus à M. Jean PAYEN, propriétaire, demeurant à.....;

3° Vingt mille francs dus à M. Emile ELOY, négociant, demeurant à.....;

4° Et quinze mille francs, montant d'un legs particulier que le défunt a fait à Mlle Maria ROZE, majeure, demeurant à....., aux termes de son testament fait olographe, en date à....., du....., déposé, en vertu d'ordonnance, aux minutes de M^e....., notaire à....., le.....; duquel legs, M. POUTRET, à la demande de Mlle ROZE, a consenti la délivrance, suivant acte passé devant M^e....., notaire à....., le.....

II. M. Anatole POUTRET, indépendamment du produit de la vente des meubles, a touché le montant des deniers comptants et les appointements au décès, sur quoi il a acquitté les dettes privilégiées ; le compte de ses recettes et de ses dépenses sera établi ci-après.

III. M. Anatole POUTRET, en raison de ce qu'il demeure à une distance très-éloignée du lieu de l'ouverture de la succession, a désiré se décharger de l'administration et de la réalisation des autres biens de la succession, qui existent encore en nature ; il en fera ci-après l'abandon aux créanciers et légataires.

CES FAITS EXPOSÉS, il est passé aux compte et abandon

§ 1. — Compte.

M. POUTRET porte en recette :

1° Deux mille huit cent quinze francs, formant le produit de la vente mobilière ci. . . . . 2,815 fr

2° Quinze cents francs, montant des deniers comptants, ci. . . . . 1,500 »

3° Et trois cents francs, montant des appointements au décès, ci . . . . . 300 »

Total, quatre mille six cent quinze francs . . . . 4,615 fr.

au décès font seuls l'objet de l'abandon, et non pas les biens provenant de rapports, ni de réduction de donations, puisqu'ils ne sont pas dus aux créanciers, ni aux légataires. Les biens sont ensuite aliénés et recouvrés pour le compte de la masse; et si, après le

Report du total des recettes. . . . . 4,615 fr.

Et en dépense :
1° Cent cinquante-deux francs, payés pour frais de l'inventaire et de l'acceptation bénéficiaire, ci . . . . 152 fr.
2° Cent francs, pour les frais du présent acte, ci. . . . . 100 »
3° Seize cent vingt-cinq francs, pour droits de succession, ci . . . 1,625 »
4° Cinquante-un francs, pour impôts, ci . . . . 51 »
5° Cent quatre-vingts francs, pour inhumation et pierre tumulaire, ci 180 »
6° Deux cents francs à M. Touzet, médecin, pour soins et visites pendant la dernière maladie, ci . . . . 200 »
7° Cent quarante francs à M....., pharmacien, ci . . . . 140 »
8° Trois cents francs à Mme....., garde-malade, ci . . . . 300 »
9° Cinq cents francs à M....., restaurateur, pour la nourriture du défunt, pendant les six derniers mois, ci 500

Total, trois mille deux cent quarante-huit francs . . . . 3,248 fr. 3,248 »

Reste un reliquat en recettes, de treize cent soixante-sept francs . . . . . 1,367 fr.

M. Poutret déclare le présent compte sincère et véritable, et met à la disposition des créanciers et légataires, une expédition de l'inventaire, ainsi que les pièces comptables justificatives de ses dépenses.

§ 2. — *Abandon.*

Par ces mêmes présentes, M. Poutret, dans le but de se décharger de l'administration ultérieure et de la réalisation des biens de la succession bénéficiaire, et en vertu de la faculté qui résulte de l'article 802 du code civil,

Cède et abandonne aux créanciers et légataires de la succession bénéficiaire de M. Antoine Poutret, tous les biens et droits dépendant de cette succession, sans aucune restriction ni réserve, ce qui l'affranchit du paiement des dettes et du legs. Et il déclare être prêt à remettre à qui de droit, la somme de treize cent soixante-sept francs formant le reliquat du compte qui précède.

A ces présentes sont intervenus :
1° M. Charles Louit, banquier, demeurant à.....
2° M. Jean Payen, propriétaire, demeurant à.....
3° M. Emile Eloy, négociant, demeurant à.....
4° Mlle Maria Roze, célibataire, majeure, demeurant à.....

Les trois premiers créanciers et la quatrième légataire de M. Antoine Poutret.

Lesquels, ayant pris communication de tout ce qui précède, par la lecture que leur en a donnée Me....., l'un des notaires soussignés, ont déclaré accepter l'abandon que M. Anatole Poutret leur a fait des biens de la succession bénéficiaire.

Et, à l'instant, s'étant concertés sur la marche à suivre dans leur intérêt commun, ils ont reconnu qu'il serait utile de charger l'un d'eux de la gestion de la succession.

En conséquence, M. Eloy, qui accepte cette mission, est désigné par ses cointéressés, qui lui donnent tous pouvoirs à l'effet de : Faire procéder par toutes les voies de droit à la vente, négociation et recouvrement des biens abandonnés ; provoquer tous ordres, contributions et distributions ; exercer toutes poursuites ; en un mot, faire tout le nécessaire pour arriver à leur prompte réalisation et distribution.

Les intervenants déclarent, en outre, que le compte présenté par M. Poutret est exact dans toutes ses parties, et qu'ils l'approuvent. Enfin, ils reconnaissent que M. Poutret a versé à l'instant, en espèces comptées et délivrées à la vue des notaires soussignés, à M. Eloy, qui s'en charge en sadite qualité, la somme de treize cent soixante-sept francs, qui en forme le reliquat, et dont la distribution sera faite ultérieurement entre eux, suivant leurs droits respectifs, en dehors de M. Poutret.

Au moyen des présentes, M. Anatole Poutret se trouve déchargé tant du compte de bénéfice d'inventaire par lui présenté, que de toute gestion et administration ultérieure des biens de la succession.

Dont acte. Fait et passé, etc.

Enregistrement. Voir nos 2714 et 2715, et 2705 à 2713.

paiement des dettes et des legs, il reste un excédant, il appartient à l'héritier bénéficiaire (518 à 535).

§ 4. — *Succession vacante.*

2991. — Vacance. — Curateur. — Lorsque le délai de trois mois et 40 jours, accordé aux successibles pour faire inventaire et délibérer s'est écoulé sans qu'il se soit présenté aucun successible pour recueillir la succession, qu'il n'y a pas d'héritiers connus ou que les héritiers connus y ont renoncé, cette succession est réputée vacante, et il doit lui être donné un curateur, nommé sur la requête de toute personne intéressée, par le tribunal du lieu de l'ouverture de la succession. Ses fonctions ont pour objet, avec les formes prescrites à l'héritier bénéficiaire ; de faire faire

---

FORMULE 43. — **Compte rendu par le curateur à succession vacante**
[Nos 2991 et 2992].

PAR DEVANT Me.....

ONT COMPARU

1° M. Edouard LEBEL, avocat, demeurant à....; ayant été curateur à la succession vacante de M. Charles NOEL, en son vivant rentier, célibataire, demeurant à..... *D'une part*;
2° M. Jean CABET, forgeron, demeurant à.....;
3° Et M. Louis MACHAT, carrossier, et Mme Thérèse LHOMME, son épouse, de lui autorisée, demeurant ensemble à.....

M. CABET et Mme MACHAT seuls héritiers de M. NOEL; savoir : M. CABET de la moitié dévolue à la ligne paternelle et Mme MACHAT de la moitié dévolue à la ligne maternelle, comme étant ses cousins au cinquième degré, chacun dans sa ligne, ainsi que le constate un acte de notoriété reçu par Me....., notaire à....., le..... *D'autre part*.

Lesquels, pour arriver au compte de succession vacante faisant l'objet des présentes, ont dit et exposé ce qui suit :

I. M. Charles NOEL est décédé en son domicile, à....., le.....

Aucun héritier ne s'étant présenté pour recueillir sa succession, elle a été déclarée vacante, suivant jugement rendu par le tribunal civil de....., le.....; et M. LEBEL a, par le même jugement, été nommé curateur, avec pouvoir de vendre le mobilier et de transférer les valeurs dépendant de la succession, après avoir fait constater par un inventaire les forces et charges de l'hérédité.

II. M. LEBEL a fait procéder à l'inventaire, après le décès de M. NOEL, par Me....., notaire à....., en date du.....

Cet inventaire constate qu'il dépendait de la succession de M. NOEL :
1° Un mobilier prisé à six cent douze francs;
2° Quinze obligations de la Cie de l'Ouest, 3 0/0, en un certificat au nom du *de cujus*, n° 4625;
3° Un livret de la Caisse d'épargne de Paris, n° 6040, au nom de M. NOEL, constatant le dépôt d'une somme de huit cent cinquante francs, avec intérêt depuis le 3 janvier 1878;
4° Une somme de deux cents francs en deniers comptants

Et que la succession était grevée, outre les frais d'inhumation et de dernière maladie, de quelques petites dettes courantes, qui ont été toutes acquittées par M. LEBEL, qui les portera ci-après dans les dépenses de son compte.

III. M. LEBEL a fait procéder à la vente du mobilier par Me....., commissaire priseur, à.....; le produit de cette vente s'est élevé à une somme nette de mille vingt-cinq francs, ainsi que le constate une décharge en suite dudit procès-verbal, en date du.....

IV. Les quinze obligations de l'Ouest ont été transférées à la Bourse de Paris, par l'intermédiaire de M....., agent de change, le....., au cours de trois cent trente francs, ce qui a produit une somme nette de quatre mille neuf cent trente-cinq francs.

Le livret de la Caisse d'épargne a été remboursé.

V. Au moment où M. LEBEL allait faire le versement du produit de la succession à la caisse du receveur des domaines, M. CABET et Mme MACHAT ont justifié de leurs qualités d'héritiers et demandé qu'il leur soit rendu directement le compte de la gestion du curateur.

l'inventaire, de faire vendre le mobilier, de poursuivre le recouvrement et la réalisation de tous les biens de la succession, et d'en faire verser le produit dans la caisse du receveur de l'enregistrement et des domaines, pour la conservation des droits et à la charge d'en rendre compte à qui il appartiendra (622 à 648).

2992. — Compte. — Le curateur à succession vacante, étant un administrateur, doit rendre compte de sa gestion aux créanciers de la succession et aux légataires, ainsi qu'au préposé des domaines, ou aux héritiers et autres successeurs s'il s'en présente. Le compte est rendu dans la même forme que celui du bénéfice d'inventaire. Le curateur est contraignable pour le reliquat se trouvant en ses mains (646 à 648).

Il est procédé à ce compte de la manière suivante :

Recettes.

M. Lebel porte en recettes :
1° Deux cents francs, montant des deniers comptants au décès, ci . . . . . 200 fr.
2° Mille vingt-cinq francs, formant le produit de la vente du mobilier, ci . . . 1,025 »
3° Quatre mille neuf cent trente-cinq francs, montant du produit net du transfert des quinze obligations de l'Ouest, ci . . . . 4,935 »
4° Et huit cent soixante-dix francs, pour le remboursement du livret de la Caisse d'épargne, ci. . . . . 870 »
Ensemble, sept mille trente francs. . . . . 7,030 fr.

Dépenses.

M. Lebel porte en dépenses les sommes ci-après :
1° Cent douze francs, pour le coût du jugement qui a déclaré la succession vacante, ci . . . . 112 fr.
2° Quatre-vingt-six francs, pour frais d'apposition et de levée des scellés, ci . 86 »
3° Cent soixante-douze francs, pour les frais de l'inventaire, ci . . . . 172 »
4° Six cent quatre-vingts francs, payés pour droits de succession, ci . . . . 680 »
5° Deux cent trente francs, pour frais d'inhumation, ci . . . . 230 »
6° Soixante francs à M. Trousse, médecin, ci. . . . . 60 »
7° Quatre-vingt-cinq francs à M....., restaurateur, ci . . . . 85 »
8° Cent cinq francs à M....., tailleur, ci . . . . 105 »
9° Et trois cent cinquante francs, pour les frais et honoraires de M. Lebel, curateur, à raison de cinq pour cent sur ses encaissements, ci. . . . . 350 »
Ensemble, dix-huit cent quatre-vingts francs, ci. . . . . 1,880 »

Balance.

Les recettes se montent à sept mille trente francs, ci. . . . . 7,030 fr.
Et les dépenses à dix-huit cent quatre-vingts francs, ci . . . . 1,880 »
Reliquat en recettes, cinq mille cent cinquante francs, ci . . . . 5,150 »

M. Lebel affirme ce compte sincère et véritable et le présente à M. Cabet et M. et Mme Machat.

M. Cabet et M. et Mme Machat, après avoir examiné ce compte dans ses détails, ainsi que dans le résultat qu'il produit, déclarent l'approuver purement et simplement.

En conséquence, le reliquat en demeure fixé à la somme de cinq mille cent cinquante francs; laquelle somme, M. Lebel a de suite versé en billets de la Banque de France et espèces, comptés et délivrés à la vue des notaires soussignés, à M. Cabet et M. et Mme Machat, qui le reconnaissent et lui en donnent décharge, ainsi que de sa gestion comme curateur à la succession vacante.

Ils reconnaissent, en outre, que M. Lebel leur a fait remise d'une expédition de l'inventaire, ainsi que des titres et papiers inventoriés.

Les frais et honoraires des présentes seront acquittés par M. Cabet et M. et Mme Machat, chacun pour moitié.

Dont acte. Fait et passé, etc.

Enregistrement. Voir n°s 2705 à 2713.

CHAPITRE TROISIÈME

DES ACTES DIVERS SE RATTACHANT AUX OPÉRATIONS DU PARTAGE

SOMMAIRE ALPHABÉTIQUE DU TEXTE

Enfant adultérin ; aliments... 3000	— Ascendants........ 3011	Réduction de donation entre
Enfant naturel réduit..... 2999	— Droit viager....... 3014	époux............
Indivision.......... 3003, 3004	— Enfants.......... 3010	— Concours......... 3026
Option ; acte........ 3014, 3017	— Mineurs......... 3012	— Simultanéité....... 3027
Pacte d'indivision........ 3004	— Option.......... 3014	Réduction de legs :
Partage provisionnel :	— Réduction........ 3013	— Licitation......... 3025
— Jouissance........ 3006	Quotité disponible entre époux :	— Marc le franc....... 3023
— Propriété......... 3007	— Ascendants........ 3016	— Partage.......... 3025
— Suspension de partage.. 3008	— Droit viager....... 3017	— Préférence........ 3024
Pétition d'hérédité :	— Enfants.......... 3015	Réserve légale........ 3009
— Action.......... 2993	— Option.......... 3017	Retrait successoral :
— Bonne foi......... 2995	Réduction de donation :	— Cessionnaire écarté... 3001
— Compte.......... 2997	— Dates........... 3021	— Retrait.......... 3002
— Fruits........ 2995, 2996	— Imputation........ 3020	Suspension de partage :
— Mauvaise foi....... 2996	— Libéralité........ 3018	— Gestion.......... 3005
— Partage.......... 2998	— Licitation........ 3022	— Indivision......... 3003
— Restitution........ 2994	— Masse........... 3019	— Pacte d'indivision.... 3004
Quotité disponible ordinaire :	— Partage.......... 3022	— Pouvoirs......... 3005

§ 3. — ACTES DIVERS SE RATTACHANT AUX PARTAGES.

FORMULE 44. — Restitution et partage par suite de pétition d'hérédité
[N°s 2993 à 2998].

PAR DEVANT M°.....

ONT COMPARU : 1° M. Edgar LAMITTE, propriétaire, demeurant à.....; *D'une part.*

2° M. Théodore LASCAR, cultivateur, demeurant à.....;

3° M. Louis GERVAIS, journalier, et Mme Léontine LASCAR, son épouse, de lui autorisée, demeurant ensemble à...... *D'autre part.*

Lesquels, pour arriver à la restitution de succession et au partage faisant l'objet des présentes, ont exposé ce qui suit :

EXPOSÉ.

I. *Décès de* M. LAMITTE. — *Non inventaire.* — *Acte de notoriété.* — *Importance de la succession.*

M. Joseph LAMITTE, en son vivant contre-maître de manufacture, célibataire, demeurant à....., est décédé en son domicile, le.....

Un acte de notoriété dressé par M°....., notaire à....., le....., constate, qu'à défaut d'héritiers dans la ligne maternelle, la succession s'est trouvée dévolue pour le tout à M. Edgar LAMITTE, oncle du *de cujus*, et son seul héritier dans la ligne paternelle.

M. Edgar LAMITTE n'a pas fait dresser d'inventaire et s'est mis en possession des biens de la succession, qui consistaient en :

1° Une somme de six cents francs en deniers comptants ;

2° Les meubles meublants, linge et objets mobiliers qui garnissaient l'habitation de M. Joseph LAMITTE ;

Ces meubles et objets ont été vendus aux enchères, par le ministère de M°....., notaire à....., à la date du..... Le montant de cette vente s'est élevé à six cent quinze francs, qui ont été remis à M. Edgar LAMITTE, ainsi que le constate une décharge reçue par le même notaire, le.....

3° Une rente de soixante francs, 5 0/0 sur l'État français, en un certificat, n° 482 de la 2e série, au nom du défunt.

Cette rente a été transférée le....., à la Bourse de Paris, par M....., agent de change ; le produit de cette négociation, au taux de quatre-vingt-quinze francs, s'est élevé à une somme nette de onze cent trente-cinq francs.

SOMMAIRE DES FORMULES.

FORM. 44. — Restitution et partage par suite de pétition d'hérédité.
FORM. 45. — Déclaration par un enfant naturel qu'il est rempli de ses droits.
FORM. 46. — Dation à titre d'aliments à un enfant adultérin.
FORM. 47. — Retrait successoral.
FORM. 48. — Suspension de partage.
FORM. 49. — Partage provisionnel de jouissance.
FORM. 50. — Option par un héritier réservataire; quotité disponible ordinaire.
FORM. 51. — Autre option; quotité disponible entre époux.
FORM. 52. — Partage entre les héritiers à réserve et un donataire réduit.
FORM. 53. — Partage entre les héritiers à réserve et un légataire réduit.
FORM. 54. — Fixation des droits après réduction de dons au conjoint et à un enfant.

§ 1. — *Pétition d'hérédité.*

2995. — Action. — Lorsqu'une succession a été appréhendée par des personnes qui se sont fait connaître comme étant appelées par la loi pour la recueillir, et que, plus tard, il s'en présente d'autres qui prétendent avoir le droit de les exclure, celles-ci, si elles établissent le bien fondé de leur réclamation et si la prescription n'est pas accomplie au profit des détenteurs, peuvent se faire restituer les biens qui en sont provenus, en exerçant contre les détenteurs l'action en pétition d'hérédité. Par exemple: quand une succession est recueillie par des parents au sixième degré; ceux qui établissent qu'ils sont parents au cinquième degré; — ou bien si des parents d'une seule ligne ont recueilli la totalité de la succession, par suite de la dévolution opérée à leur profit en raison de la non existence de

---

4° Une maison située à....., rue....., n°....., édifiée sur un terrain en cour et jardin, de la contenance de soixante ares.

M. Edgar LAMITTE a fait d'importantes réparations à cette maison dans le courant de l'année.....; les mémoires par lui produits constatent que les travaux se sont élevés à une somme de douze cent trente francs.

Puis M. LAMITTE a vendu cette maison à M. Auguste LAUNAY, cultivateur, demeurant à....., suivant contrat passé devant M^e....., notaire à....., le.....; moyennant un prix de quatre mille six cents francs, qui a été payé depuis, ainsi que le constate une quittance reçue par le même notaire, le.....

5° Une pièce de terre labourable sur la commune de....., lieudit....., contenant un hectare douze ares; laquelle existe en nature;

6° Une prairie, sur la commune de....., lieudit....., contenant soixante-dix ares; qui existe aussi en nature;

7° Un bois taillis et haute futaie sur la commune de....., appelé bois du Chatel, de la contenance de douze hectares.

Ce bois, qui existe encore en nature, était aménagé en coupes réglées quant au taillis seulement, et M. LAMITTE a fait les coupes ordinaires de taillis. En outre, il a fait en l'année....., une coupe de futaies non aménagée, qui, suivant les renseignements par lui fournis, a produit une somme nette de seize cents francs.

La succession était grevée, outre les frais d'inhumation et de dernière maladie, et de diverses dettes courantes qui figureront ci-après dans les dépenses du compte, d'une somme de cinq mille francs due hypothécairement à M. Elie MONNIER, rentier, demeurant à....., suivant obligation passée devant M^e....., notaire à....., le..... Cette somme ayant été remboursée figurera aussi dans les dépenses du compte.

II. *Pétition d'hérédité par* M. LASCAR *et* Mme GERVAIS.

Quinze années après le décès de M. Joseph LAMITTE, M. LASCAR et Mme GERVAIS, se prétendant parents dans la ligne maternelle au septième degré, ont réclamé à M. Edgar LAMITTE la moitié afférente à leur ligne dans la succession. M. LAMITTE a considéré que la parenté n'était pas suffisamment justifiée, et, en raison de cela a refusé de faire droit à cette réclamation. Mais sur l'action en pétition d'hérédité par eux formée devant le tribunal civil de....., ce tribunal, par jugement du....., puis sur appel, la cour de....., par arrêt du....., ont reconnu à M. LASCAR et à Mme GERVAIS la qualité d'héritiers dans la ligne maternelle de M. Joseph LAMITTE, ordonné la restitution à leur profit de moitié de la succession, et condamné M. Edgar LAMITTE aux dépens.

parents dans l'autre ligne, et que, plus tard, il s'en présente dans cette ligne au degré successible; — ou encore, lorsque la succession a été réclamée par un enfant naturel, le conjoint survivant ou l'Etat, et que des parents légitimes à un degré successible viennent ensuite à se présenter (649 à 657).

2994. — Restitution. — Si les possesseurs reconnaissent la légitimité de la réclamation, ils font à l'amiable la restitution de la succession. Dans le cas contraire, les réclamants forment une instance contre les détenteurs devant le tribunal du lieu de l'ouverture de la succession pour faire reconnaître leurs droits et ordonner la restitution (658 à 663). — La restitution est différente suivant que les détenteurs sont de bonne ou de mauvaise foi (664 à 668).

2995. — Bonne foi. — Le possesseur de bonne foi restitue les biens existants encore en nature; quant à ceux qui n'existent plus en nature par suite de l'aliénation qu'il en a faite ou des recouvrements qu'il a opérés (683 à 692), elle est des sommes qu'il a touchées, et pour les prix encore dus des prix eux-mêmes, avec les fruits et intérêts à partir du jour de la demande en pétition d'hérédité. A l'égard de ceux perçus ou courus jusqu'au jour de cette demande, il les conserve comme ayant fait les fruits siens. Il lui est tenu compte, en déduction des sommes restituables, de la totalité des dépenses qu'il a faites pour

En exécution de ces décisions, il va être procédé aux compte et partage qui auront pour objet la restitution ordonnée.

COMPTE.

M. Edgar Lamitte rend compte, de la manière suivante, de ses recettes et de ses dépenses.

Recettes.

Il porte en recettes :
1° Six cents francs, montant des deniers comptants au décès, ci. . . . . . . 600 fr.
2° Six cent quinze francs, formant le produit de la vente mobilière, ci . . . 615 »
3° Onze cent trente-cinq francs, provenant du transfert de la rente sur l'Etat, ci. . . . . 1,135 »
4° Quatre mille six cents francs, pour le prix touché de la vente de la maison, ci . . . . 4,600 »
5° Seize cents francs, provenant d'une coupe extraordinaire du bois du Chatel, ci . . . . 1,600 »
Ensemble, huit mille cinq cent cinquante francs, ci . . . . 8,550 fr.

Dépenses.

Et en dépenses :
1° Deux cent dix francs, pour l'inhumation, ci. . . . . 210 fr.
2° Soixante francs, de frais de dernière maladie, ci. . . . . . . 60 »
3° Quatre cent huit francs, pour diverses dettes courantes, ci . . . 408 »
4° Cinq mille francs, pour le remboursement de la créance de M. Monnier, ci . . . . 5,000 »
5° Soixante-deux francs, pour frais de quittance, ci . . . . 62 »
6° Douze cent trente francs, pour réparation à la maison, ci . . . 1,230 »
Total, six mille neuf cent soixante-dix francs . . . . 6,970 fr. 6,970 »
Reliquat, en recettes, quinze cent quatre-vingts francs. . . . . . 1,580 fr.

PARTAGE.

Il est procédé en suite au partage par moitié entre M. Lamitte, et M. Lascar et Mme Gervais.
La masse à partager est ainsi formée :
1° La somme de quinze cent quatre-vingts francs, formant le reliquat du compte qui précède, ci . . . . 1,580 fr.
2° Une pièce de terre labourable, située sur la commune de....., lieudit......,
A reporter. . . . . 1,580 fr.

les réparations et impenses, autres que les réparations d'entretien qui sont charge des fruits (669 à 682).

2996. — Mauvaise foi. — S'il est réputé possesseur de mauvaise foi, il est tenu de restituer, non-seulement tous les biens en fonds, mais encore tous les fruits perçus depuis l'ouverture de la succession; et il est responsable de tous dépérissements ou de toutes pertes survenues par sa faute (668, 674 à 679); en outre, s'il a fait des impenses autres que les réparations nécessaires, il ne lui en est dû compte que jusqu'à concurrence de l'augmentation qu'elles ont procurée aux biens (680). — Quant aux ventes faites à des tiers de bonne foi, elles demeurent valables, sauf cependant le cas où la possession du détenteur ne résulte pas de la loi, mais d'un titre vicié de nullité (687 à 692).

2997. — Compte. — Le détenteur évincé rend un compte aux héritiers, dans lequel il porte en recette toutes les sommes qu'il a touchées, autres que les fruits quand il a le droit de les garder; et en dépenses, les dettes, frais, charges et droits de succession qu'il a acquittés (681, 682).

2998. — Partage. — Quand la restitution ne se fait que pour partie, comme ayant lieu à des héritiers au même degré qui ne se sont pas présentés, ou à des héritiers d'une ligne au préjudice desquels toute la succession a été appréhendée par les héritiers de l'autre

---

Report.	1,580 fr.
de la contenance de un hectare douze ares, section B, n° 168 du plan cadastral, joignant d'un côté à l'est au chemin de....., d'autre côté à M. MALET, d'un bout au sud à M. RIVET, et d'autre bout à M. NOEL, estimée trois mille deux cents francs, ci	3,200 »
3° Une prairie située même commune, lieudit....., de la contenance de soixante-dix ares, section D, n° 14 du plan cadastral, joignant d'un côté M. VINAT, d'autre côté M. ARNAL, d'un bout le chemin de....., et d'autre bout la rivière, estimée deux mille six cents francs, ci.	2,600 »
4° Un bois taillis et haute futaie, appelé bois du Chatel, situé même commune, section A, n°s 112, 113, 114 et 115 du plan cadastral, de la contenance de douze hectares, joignant d'un côté au nord à la route nationale de....., d'autre côté au sud au chemin de grande communication de....., d'un bout à l'est à divers propriétaires, et d'autre bout à l'ouest au chemin rural conduisant au marais. Un plan de ce bois dressé par les soins de M....., géomètre, devant être enregistré en même temps que ces présentes, est demeuré ci-annexé après avoir été certifié véritable par les parties. Il est estimé à quinze mille cinq cents francs, ci . . .	15,500 »
Montant de la masse, vingt deux mille huit cent quatre-vingts francs, ci . . .	22,880 »
Dont moitié est de onze mille quatre cent quarante francs, ci	11,440 fr.

LOTISSEMENT.

Les parties ont de suite formé deux lots de ces biens.

Premier lot. — Il est composé de :

1° La pièce de terre n° 2 de la masse, ci	3,200 fr.
2° La juste moitié du bois, compris dans le n° 4, à prendre du côté attenant à la route nationale de.....; cette moitié figurée au plan ci annexé par les lettres A, B, C, D, est d'une contenance de six hectares et se trouve bornée d'un côté au nord par la route nationale, d'autre côté au sud par la moitié entrée dans le second lot, d'un bout à l'est par divers propriétaires, d'autre bout par le chemin conduisant au marais. Elle est estimée sept mille sept cent cinquante francs, ci . . .	7,750 »
3° Et quatre cent quatre-vingt-dix francs, à prendre dans les quinze cent quatre-vingts francs formant le reliquat du compte de M. LAMITTE, ci	490 »
Somme égale à moitié	11,440 fr.

Second lot. — Il est composé de :

1° La prairie portée sous l'art. 2, pour deux mille six cents francs, ci . . .	2,600 fr.
2° L'autre moitié du bois compris sous le n° 4, à prendre du côté attenant au chemin de grande communication; cette moitié figurée au plan par les lettres	
A reporter.	2,600 fr.

ligne, et que les biens existent encore en nature; il y a lieu à un nouveau partage avec eux (654).

§ 2. — *Enfant naturel réduit.*

2999. — Déclaration qu'il est rempli de ses droits. — Quand une donation a été faite à l'enfant naturel, avec stipulation de réduction de ses droits aux biens donnés, *supra* n° 2944, il est nécessaire de lui faire reconnaître qu'au moyen de cette donation il est rempli de tous ses droits dans la succession; il nous paraît même utile d'obtenir qu'il renonce à tous autres droits par acte au

Report.	2,600 fr.

C, D, E, F, d'une contenance de six hectares, se trouve bornée d'un côté au sud par ce chemin, d'autre côté par l'autre moitié entrée dans le premier lot, d'un bout à l'est par divers, d'autre bout par le chemin conduisant au marais. Ladite moitié estimée sept mille sept cent cinquante francs, ci, ... 7,750 fr.

3° Et mille quatre-vingt-dix francs formant le complément du reliquat du compte-rendu par M. Lamitte, ci. . . . . 1,090 »

Somme égale à moitié . . . . 11,440 fr.

TIRAGE AU SORT.

Les lots ainsi composés ont été tirés au sort. Il est résulté de ce tirage qu'ils sont échus :
Le premier, à M. Lamitte.
Et le second, à M. Lascar et Mme Gervais conjointement et indivisément entre eux.
Les copartageants acceptent les lots qui viennent de leur échoir et se font les uns aux autres tous abandonnements et dessaisissements nécessaires.

M. Lascar et Mme Gervais se réservent de faire ultérieurement entre eux le partage ou la licitation des biens entrés dans leur lot.

CONDITIONS DU PARTAGE.

Voir *infra* formules 55 à 58.

RÈGLEMENT ENTRE M. LAMITTE, ET M. LASCAR ET Mme GERVAIS.

M. Lamitte est comptable envers ses copartageants de :
1° Mille quatre-vingt-dix francs sur le reliquat de son compte, ci. . . . . . 1,090 fr.
2° Trois cent dix francs faisant moitié de la coupe de bois faite en l'année....., pendant l'instance en pétition d'hérédité, ci . . . . 310 »
3° Et cent cinq francs, tant pour intérêt des mille quatre-vingt-dix francs depuis la demande en pétition d'hérédité, que pour le prorata du fermage de la prairie, depuis le même jour jusqu'à celui de la dernière échéance, ci. . . . . 105 »
Total, quinze cent cinq francs. . . . . 1,505 fr.
De quoi l'on déduit huit cent vingt-deux francs pour la moitié des droits de succession payés par M. Edgar Lamitte, et dont M. Lascar et Mme Gervais ont profité, puisqu'ils n'ont eu à acquitter qu'un supplément en raison de leur éloignement de parenté, ci. . . . . 822 fr.
Il est resté une somme de six cent quatre-vingt-trois francs, que M. Lamitte a de suite payée à M. Lascar et M. et Mme Gervais qui le reconnaissent et lui en donnent quittance et décharge, ci . . . . 683 fr.

DÉCHARGE.

Au moyen des présentes, les comparants déclarent qu'ils sont remplis de tous leurs droits respectifs, relativement à la succession de M. Joseph Lamitte ; comme aussi ils reconnaissent que tous comptes se trouvent réglés en ce qui concerne la restitution à laquelle M. Edgar Lamitte a été condamné.

ÉLECTION DE DOMICILE.

Pour l'exécution des présentes, les parties élisent domicile à......, en l'étude de M^e....., l'un des notaires soussignés.

Dont acte. Fait et passé, etc. — *Voir pour la cloture infra formule 55.*

Enregistrement. Voir n°s 2717 et suiv., 2793.

§ 3. — *Enfant adultérin.* — *Aliments.*

3000. — Dation d'aliments. — Les enfants adultérins ou incestueux, en raison de l'origine criminelle de leur conception, ne peuvent réclamer aucun droit dans la succession de leur père ou mère, mais seulement des aliments, si les père ou mère ne leur ont pas assuré des aliments de leur vivant ou ne leur ont pas fait apprendre un état leur permettant de subvenir à leurs besoins. La dation

---

FORMULE 45. — Déclaration par un enfant naturel qu'il est rempli de ses droits. [N° 2999].

Par devant M^e.....

A comparu M. Léon Bollé, rentier, demeurant à.....

Lequel a, par ces présentes, dit et déclaré :

Que suivant acte passé devant M^e....., notaire à....., le....., M. Anatole Bollé, son père naturel, propriétaire, demeurant à....., lui a fait donation entre vifs de deux mille francs de rente, trois pour cent sur l'Etat français, en un certificat n°..... de la 6e série, avec stipulation que cette donation, portant dessaisissement actuel, lui était faite dans le but de le remplir de tous droits dans la succession du donateur, pour le cas où, à son décès, il laisserait des enfants légitimes,

Qu'au moyen de cette donation, il se reconnaît rempli de tous ses droits dans la succession de M. Bollé donateur, décédé à....., le....., laissant pour seuls héritiers ses deux enfants légitimes : M. Octave Bollé, négociant, demeurant à..... et Mlle Jeanne Bollé, majeure, célibataire, demeurant à.....

Que, par suite, il demeure étranger à la succession de M. Bollé. Et, comme conséquence, il n'aura aucunement à intervenir aux opérations de liquidation et partage de cette succession.

Pour que cette déclaration produise son effet à l'égard des tiers, il prend l'engagement de renoncer à la succession de M. Anatole Bollé, par acte au greffe, dans le délai de huit jours.

M. Octave Bollé et Mlle Bollé, à ce intervenants, déclarent accepter les déclaration et reconnaissance passées par M. Léon Bollé et se les tenir pour signifiées.

Dont acte. Fait et passé, etc.

Enregistrement. Droit fixe : 3 francs.

FORMULE 46. — Dation à titre d'aliments à un enfant adultérin [N° 3000].

Par devant M^e.....

Ont comparu : 1° M. Jean Périn, manufacturier, demeurant à..... ;

2° Et Mlle Geneviève Lucas, majeure, célibataire, demeurant à.....

Lesquels, pour arriver à la dation à titre d'aliments, faisant l'objet des présentes, ont dit et exposé ce qui suit :

I. Mme Euphémie Lucas, veuve de M. Adolphe Périn, est décédée à....., le.....

Elle a laissé pour seul et unique héritier, M. Périn, comparant, son fils, ainsi que le constate l'intitulé de l'inventaire après son décès, dressé par M^e....., notaire à....., en date au commencement du.....

Mme Périn a laissé, en outre, comme née d'elle, Mlle Lucas, comparante, qui a été inscrite sur le registre des actes de naissance de la mairie de....., comme issue du mariage d'entre M. et Mme Périn ; mais désavouée par M. Adolphe Périn, suivant acte passé devant M^e....., notaire à....., le....., et ce désaveu a été admis par un jugement du tribunal civil de....., en date du..... Par suite Mlle Lucas, dont la conception a eu lieu pendant le mariage, s'est trouvée être l'enfant adultérin de Mme Périn.

II. Mme Périn n'ayant, par aucun moyen, assuré des aliments à Mlle Lucas, et ne l'ayant pas non plus mise dans une position lui permettant de subvenir à ses besoins, elle a droit à des aliments contre la succession de sa mère, en conformité de l'article 762 du code civil.

DATION A TITRE D'ALIMENTS.

M. Périn, afin de libérer la succession de Mme Périn de cette obligation et de faciliter à Mlle Lucas un établissement par mariage ou autrement, lui a fait l'abandon suivant :

d'aliments peut avoir lieu soit par la création d'un droit viager, soit par l'abandon d'un bien quelconque, meuble ou immeuble (244 à 252).

§ 4. — *Retrait successoral.*

3001. — Cessionnaire écarté. — Afin qu'un étranger ne puisse s'immiscer dans les opérations du partage, la loi permet d'écarter du partage toute personne à laquelle un cohéritier a cédé ses droits dans l'hérédité (1768 à 1793) et qui n'est pas, elle-même, appelée à y concourir en qualité d'héritier ou de successeur à titre universel (1721 à 1740).

3002. — Retrait. — Pour que le ces-

M. Périn, par ces présentes, cède et abandonne, à titre de dation d'aliments :
A Mlle Lucas, qui accepte :
Une rente de quinze cents francs, trois pour cent, sur l'Etat français, faisant l'objet d'un certificat, n° 127 de la 8e série, au nom de Mme veuve Périn, née Lucas, et représentant au cours du jour du décès, étant de 75 fr., une somme de trente-sept mille cinq cents francs.

Mlle Lucas aura la pleine propriété de cette rente, à compter d'aujourd'hui, avec le droit aux arrérages à partir de la dernière échéance.

Me....., notaire soussigné, est requis de délivrer le certificat de propriété nécessaire pour faire immatriculer cette rente au nom de Mlle Lucas.

Mlle Lucas reconnaît qu'au moyen de l'abandon de ladite rente, la succession de Mme Périn et M. Périn, en sa qualité de seul héritier, sont entièrement libérés envers elle de l'obligation alimentaire résultant de l'article 762 ; et elle en donne pleine et entière quittance et décharge à M. Périn.

Dont acte. Fait et passé, etc.

Enregistrement. 20 cent. par 100 fr. sur le capital (Garnier, 2116).

FORMULE 47. — **Retrait successoral** [Nos 3001 et 3002].

Par devant Me.....

Ont comparu Mme Adèle Buquet, propriétaire, veuve de M. Victor Fabre, demeurant à...... *D'une part.*
Et M. Joseph Bazire, ancien huissier, demeurant à..... *D'autre part.*

Lesquels, pour arriver au retrait successoral faisant l'objet des présentes, ont exposé ce qui suit :

I. M. Victor Fabre, en son vivant propriétaire, demeurant à....., est décédé en son domicile, le....., laissant :

1ent Mme Fabre née Buquet, sa veuve survivante, donataire de un quart en propriété et un quart en usufruit, aux termes d'un acte passé devant Me....., notaire à....., le.....

2ent Et pour seuls héritiers, chacun pour un tiers, ses trois enfants, issus de son mariage avec ladite dame :

1° Mme Fanny Fabre, épouse de M. Pierre Delas, négociant, demeurant à.....;
2° Mlle Thérèse Fabre, célibataire, majeure, demeurant à.....;
3° Et M. Paul Fabre, étudiant, demeurant à.....

Ainsi que le constate l'intitulé de l'inventaire après son décès, dressé par Me....., notaire à....., le.....

II. Suivant deux actes passés devant Me....., notaire à....., le....., M. Paul Fabre a cédé à M. Bazire, comparant, tous ses droits successifs dans la succession de M. Fabre, son père, savoir :

Par le premier, ses droits successifs mobiliers, moyennant une somme de douze mille francs, qui a été de suite payée,

Et par le second, ses droits successifs dans les immeubles dépendant de la communauté d'entre M. et Mme Fabre et de la succession de M. Fabre, qui ont été indiqués dans ledit acte, moyennant un prix de vingt-cinq mille francs, sur lequel dix mille francs ont été payés comptant ; et les quinze mille francs de surplus ont été stipulés payables le....., avec intérêt à cinq pour cent par an, à partir du....., payables de six en six mois.

M. Bazire a été chargé, en outre, d'acquitter toute la part et portion à la charge de M. Paul Fabre, dans les dettes et charges de la succession, à quelque somme qu'elles s'élèvent ainsi que tous droits de succession, comme aussi les frais et honoraires de ces deux actes.

Une expédition de ce dernier acte a été transcrite au bureau des hypothèques de....,

sionnaire soit écarté, il faut que, avant que le partage ne soit consommé (1807 à 1812), un cohéritier du cédant ou autre successeur à titre universel du défunt, ayant conservé le droit de venir à la succession, et par conséquent au partage (1741 à 1767), lui rembourse le prix de la cession, avec les frais et loyaux coûts et les intérêts à compter du jour où il s'est libéré de son prix, sauf à en déduire les fruits que le retrayé a perçus (1794 à 1806). — Le retrait a pour effet de mettre le retrayant au lieu et place du cessionnaire, mais, toutefois, sans décharger celui-ci des obligations qu'il a personnellement contractées envers son

le....., vol....., n°..... ; et le privilége de vendeur, pour les quinze mille francs restés dus, a été inscrit le....., vol....., n°.....

Il a été délivré à cette date deux certificats par le conservateur de ce bureau, constatant qu'il n'existait du chef de M. Paul FABRE, aucune transcription de mutation ni aucune inscription.

III. Par exploit du ministère de....., huissier à......, en date du....., M. BAZIRE, en sa qualité de cessionnaire des droits successifs de M. Paul FABRE, a formé contre Mme veuve FABRE, M. et Mme DELAS et Mlle FABRE, devant le tribunal civil de....., une demande en liquidation et partage, tant de la communauté ayant existé entre M. et Mme FABRE, que de la succession de M. FABRE.

Mais suivant exploit du ministère de....., huissier à....., en date du....., Mme veuve FABRE a déclaré à M. Bazire, qu'usant du droit que lui confère l'article 841 du code civil, elle entendait l'écarter du partage en exerçant, pour son compte, comme donataire de un quart en propriété des biens dépendant de la succession de son mari, le retrait successoral contre lui, des droits successifs mobiliers et immobiliers qui lui ont été cédés par M. Paul FABRE ; avec offre de lui rembourser les sommes payées sur le prix de ces droits, ainsi que tous intérêts et loyaux coûts, et d'exécuter en son lieu et place les engagements de M. BAZIRE relativement aux quinze mille francs restés dus, aux dettes et charges et aux droits de succession, qui d'ailleurs ont été en entier acquittés avec des valeurs successorales. Le même exploit contient, en outre, sommation à M. BAZIRE de se trouver cejourd'hui, à dix heures du matin, en l'étude de M^e....., l'un des notaires soussignés, pour passer l'acte de ce retrait.

M. BAZIRE ayant fait savoir à Mme FABRE qu'il était prêt à consentir au retrait par elle réclamé, les parties se présentent pour le constater.

RETRAIT.

M. BAZIRE déclare et reconnaît que Mme FABRE a exercé, conformément à l'article 841 du code civil, le retrait des droits successifs mobiliers et immobiliers dans la succession de M. FABRE, son mari, que M. Paul Fabre lui a cédés par les deux actes du....., énoncés en l'exposé qui précède, tels qu'ils résultent de ces deux actes. Au moyen de quoi Mme Fabre se trouve mise en son lieu et place, pour raison de ces droits, sans aucune restriction.

Par suite, Mme FABRE a remboursé, en billets de la Banque de France et espèces du cours, comptés et délivrés à la vue des notaires soussignés,

A M. BAZIRE, qui le reconnaît,

La somme de vingt-cinq mille huit cent soixante francs, composée de :

1° Vingt-deux mille francs, pour la restitution des sommes payées en principal par M. BAZIRE, sur les prix des cessions qui lui ont été faites, ci . . . . 22,000 fr.

2° Mille soixante francs pour les intérêts de cette somme, courus depuis le jour de la cession jusqu'aujourd'hui, ci . . . . 1,060 »

3° Trois cent soixante-quinze francs, pour un semestre d'intérêt payé à l'échéance du....., des quinze mille francs restés dus en principal, ci . . . . . 375 »

4° Et deux mille quatre cent vingt-cinq francs, pour la restitution de pareille somme payée pour les frais et loyaux coûts des deux actes de cession sus énoncés, ci . . . . 2,425 »

Somme égale . . . . 25,860 fr.

Au moyen de ces paiements, M. BAZIRE, qui le reconnaît, se trouve remboursé de toutes les sommes qu'il a déboursées pour raison des cessions de droits successifs relatées en l'exposé qui précède.

En ce qui concerne les quinze mille francs restés dus sur le prix de la cession immobilière, avec les intérêts depuis l'échéance du....., ainsi que les dettes et charges de la cédant et dont le retrayé doit le garantir (1813 à 1815).

§ 5. — *Suspension de partage.*

3003. — Indivision. — Partage. — Quand une chose appartient à plusieurs conjointement, sans que la part de chacun soit déterminée, il y a indivision entre eux (705 à 713). Et comme l'état d'indivision nuit à la libre disposition des biens qui en font l'objet, chacun des copropriétaires peut toujours, nonobstant prohibitions et conventions contraires, provoquer le partage de ces biens (714 à 749).

3004. — Pacte d'indivision. — Mais, en considération de la minorité ou autre cause d'incapacité de l'un ou de plusieurs des copartageants, ou de l'inopportunité de procéder à la division des biens résultant de ce

---

succession et les droits de succession incombant à M. Paul FABRE, Mme veuve FABRE s'oblige à en faire le paiement, de manière que M. BAZIRE ne soit aucunement inquiété ni recherché. A ce sujet, M. BAZIRE déclare qu'il ne réclame, quant à présent, aucune garantie de Mme FABRE et qu'il s'en rapporte actuellement à son engagement personnel; mais il se réserve d'exiger par la suite une garantie ou une caution, afin d'être exonéré de ses engagements, s'il vient à croire que cela est nécessaire, ce dont il sera le seul juge.

M. BAZIRE a remis à Mme FABRE, qui le reconnaît et l'en décharge, les expéditions des deux cessions relatées en l'exposé qui précède.

Pour faire signifier ces présentes à telles personnes qu'il y aura lieu, et pour les faire mentionner partout où besoin sera, tous pouvoirs sont donnés au porteur d'une expédition.

DONT ACTE. Fait et passé, etc.

Enregistrement. Voir n° 2811.

FORMULE 48. — Suspension de partage [N°s 3003 à 3005].

PAR DEVANT M^e.....

ONT COMPARU : 1° M. Luc BELIN, négociant, demeurant à..... ;

2° M. Adolphe BEAURAIN, marchand épicier, et Mme Octavie BELIN, son épouse, de lui autorisée, demeurant ensemble à..... ;

3° Et Mme Hortense LUÇAY, veuve de M. Honoré BELIN, demeurant à.....

Mme BELIN agissant au nom et comme tutrice légale de Mlle Julie BELIN, sa fille, âgée de dix-sept ans, issue de son mariage avec M. Honoré BELIN ; et, en cette qualité, autorisée spécialement à l'effet des présentes, suivant une délibération du conseil de famille de sa fille mineure, réuni sous la présidence de M. le juge de paix du canton de....., le....., et un jugement homologatif de cette délibération rendu par le tribunal civil de....., en chambre du conseil, le.....

Lesquels ont dit et arrêté ce qui suit :

I. M. Théodore BELIN, en son vivant architecte célibataire, demeurant à....., est décédé en son domicile le....., laissant pour héritiers, chacun pour un tiers, M. Luc BELIN et Mme BEAURAIN, ses frère et sœur, et la mineure BELIN, sa nièce, par représentation de M. Honoré BELIN, son père, décédé le....., frère de M. Théodore BELIN.

L'inventaire après son décès, dressé par M^e....., notaire à....., le....., constate que sa succession se compose de :

1° Divers meubles et objets mobiliers prisés à trois mille six cent quinze francs ;

2° Quinze cents francs de rente, trois pour cent, en une inscription en son nom, n° 615 de la 7e série ;

3° Quinze actions de la Cie des chemins de fer de l'Ouest, aussi en un certificat en son nom, n° 1213 ;

4° Et une maison située à....., rue....., n°....., élevée sur cave et sous-sol, d'un rez-de-chaussée divisé en boutiques et magasins, et de quatre étages carrés, divisés en appartements ; la superficie est de 630 mètres.

Et que la succession est grevée des frais d'inhumation et de dernière maladie, ainsi que de diverses dettes, le tout se montant à dix-huit cent vingt francs.

II. Le mobilier compris en l'inventaire sera incessamment vendu aux enchères ; et son produit sera affecté d'abord à l'acquit des dettes et charges dont la succession est grevée, puis au paiement des droits de succession ; et l'excédant, s'il y en a, sera touché par les copartageants, chacun pour un tiers.

En ce qui concerne la rente sur l'Etat, les actions de l'Ouest et la maison, les compa-

que le moment n'est pas favorable pour liciter les immeubles impartageables, ou encore de ce qu'il est nécessaire de liquider un établissement commercial dont le résultat formera un élément important du partage, et enfin dans tous les cas où les parties croient qu'il est de leur intérêt de ne pas faire immédiatement le partage, il peut être convenu, au moyen d'un pacte d'indivision, que le droit de demander le partage sera suspendu pendant un temps qui ne peut excéder cinq années, sauf renouvellement (750 à 764).

5005. — Gestion. — Pouvoirs. — Comme il est nécessaire de pourvoir à la gestion et à l'administration des biens indivis pendant la durée de la suspension, il faut conférer soit à l'un des copropriétaires, soit à un tiers, les pouvoirs nécessaires pour cette gestion et

---

rants, en raison de la minorité de Mlle BELIN, qui nécessiterait la vente judiciaire de la maison et le partage en justice de la succession, ont pensé qu'il était préférable d'ajourner ces opérations jusqu'au moment où Mlle BELIN sera devenue majeure, afin, à cette époque, d'arrêter entre eux, à l'amiable, telles conventions qu'il y aura lieu;

En conséquence, il a été entendu que le partage serait suspendu dans les termes ci-après :

SUSPENSION DE PARTAGE.

Les parties conviennent, par ces présentes, de suspendre pendant une durée de cinq années, à partir d'aujourd'hui, le partage de la succession de M. Théodore BELIN; et, par suite, s'interdisent, durant ce temps, de former aucune demande en partage de cette succession qui, à ce moyen, demeurera dans l'indivision.

Etant bien entendu, qu'à l'expiration des cinq années, à moins d'une nouvelle convention d'indivision, les parties rentreront dans la plénitude de leurs droits pour faire cesser cette indivision.

Par ces mêmes présentes, les parties confèrent à M. Luc BELIN, qui accepte, la gestion et l'administration, tant activement que passivement, des biens dépendant de la succession pendant la durée de l'indivision. En conséquence, il est investi notamment des pouvoirs ci-après : Toucher et recevoir tous arrérages, intérêts, dividendes, loyers échus et à échoir, ainsi que tous loyers d'avance, le remboursement d'actions qui viendraient à sortir aux tirages, et généralement toutes sommes qui peuvent et pourront être dues à raison des biens demeurés indivis, de quelque personne et pour quelque cause que ce puisse être. — En ce qui concerne la maison, faire, proroger et renouveler tous baux et locations pour une durée n'excédant pas neuf années, aux prix, charges et conditions qu'il jugera à propos; les résilier, même ceux existants, avec ou sans indemnité ; donner et accepter tous congés; faire dresser tous états de lieux; faire faire toutes réparations, passer à cet effet des devis et marchés avec tous ouvriers, architectes et entrepreneurs ; exiger des locataires les réparations à leur charge; faire toutes assurances contre l'incendie ou autres risques; signer toutes polices ; contracter tous engagements à cet égard avec telle compagnie qu'il y aura lieu; payer toutes primes et cotisations; faire toutes déclarations de sinistres; fixer à l'amiable toutes indemnités qui seront dues ou nommer tous experts pour les régler; toucher le montant des indemnités; faire tous traités et marchés pour l'entretien de la maison, son éclairage, le service des eaux et autres objets; signer tous traités, renouveler ou résilier ceux existants; payer toutes sommes dues à ce sujet. Acquitter tous impôts et contributions ordinaires et extraordinaires, et toutes taxes ; faire, si besoin est, toutes demandes en dégrèvement et diminution ; signer, à cet effet, tous mémoires et pétitions ; payer tous mémoires d'ouvriers et d'entrepreneurs ; fixer les gages du concierge, les payer, le congédier s'il y a lieu et pourvoir à son remplacement. — De toutes sommes reçues ou payées, donner ou retirer quittances et décharges, consentir mentions et subrogations, sans garantie ; faire main-levée et consentir à la radiation de toutes inscriptions, saisies, oppositions et autres empêchements. — A défaut de paiement et en cas de contestations quelconques exercer toutes poursuites, contraintes et diligences nécessaires; citer et comparaître en demandant comme en défendant devant tous juges et tribunaux compétents; obtenir toutes condamnations, les faire exécuter; poursuivre toutes saisies mobilières et immobilières, donner tous pouvoirs à cet effet; produire à tous ordres et distributions. — Faire toutes déclarations de locations verbales et de vacances. — Passer et signer tous actes; donner tous pouvoirs spéciaux et généralement faire tout ce qui sera utile et nécessaire.

Les pouvoirs qui viennent d'être conférés à M. Luc BELIN sont une dépendance de la

pour la répartition des revenus. Comme le mandat est une dépendance nécessaire de la convention d'indivision, il peut être stipulé qu'il sera irrévocable durant le temps de la suspension du partage.

§ 6. — *Partage provisionnel.*

3006. — **Jouissance.** — Dans le cas où la volonté des cohéritiers n'est pas de pro- céder immédiatement au partage des biens indivis, *supra* n° 3003, qu'ils déclarent ou non suspendre les opérations du partage, ils peuvent faire la division entre eux de la jouissance des biens provenant de l'hérédité, en demeurant dans l'indivision à l'égard de la propriété. Un tel partage, quand une convention d'indivision n'y est pas ajoutée, ne fait point obstacle à ce qu'un partage définitif s'appliquant à la pro-

---

convention d'indivision qui fait l'objet des présentes et, en conséquence, ne pourront être révoqués pendant cette indivision.

M. Luc BELIN fera la répartition des revenus et, par conséquent, rendra compte de son mandat à ses copropriétaires, tous les six mois les 1er janvier et 1er juillet.

Pour l'exécution des présentes, etc.

DONT ACTE. Fait et passé, etc.

Enregistrement. Voir n° 2810 ; plus droit de 3 fr. pour mandat.

FORMULE 49. — Partage provisionnel de jouissance [N°s 3006 à 3008].

PAR DEVANT M^e.....

ONT COMPARU : 1° M. Léon PELEY, charron, demeurant à.....;
2° M. Prosper MOUTIER, cultivateur, demeurant à.....;
   Agissant au nom et comme maître des droits et actions mobiliers, et comme administrateur des biens de Mme Octavie PELEY, son épouse, domiciliée avec lui, mais résidant en ce moment dans la maison d'aliénés de......; avec laquelle il est marié sous le régime de la communauté légale, à défaut de contrat qui ait précédé leur union, célébrée à la mairie de....., le.....,
3° Et Mme Aglaée DUTARD, veuve de M. Jules PELEY, cultivatrice, demeurant à.....
   Agissant au nom et comme tutrice légale de : Jean PELEY, née à....., le....., et Ernestine PELEY, née à....., le....., ses deux enfants mineurs issus de son mariage avec son défunt mari.

Lesquels ont dit et arrêté ce qui suit :

I. M. Jérôme PELEY, en son vivant cultivateur, et Mme Véronique DROUARD, son épouse, sont décédés en leur domicile à....., le......; le mari le..... et la femme le.....

Ils ont laissé pour seuls héritiers, ainsi que le constate un acte de notoriété reçu par M^e....., notaire à....., le.....

M. Léon PELEY et Mme MOUTIER, leurs deux enfants, chacun pour un tiers ;

Et les deux mineurs PELEY, conjointement pour le tiers de surplus, ou, séparément, chacun pour un sixième, par représentation de M. Jules PELEY, leur père, décédé à....., le.....

II. Il dépend de leurs successions un mobilier, une maison et diverses pièces de terres, prés et vigne.

En raison de l'état de Mme MOUTIER, qui est atteinte d'aliénation mentale, et de la minorité des deux petits-enfants, le partage ne peut se faire légalement qu'en justice. Mais les parties, désireuses d'éviter les frais des formalités de justice, et cependant voulant jouir séparément de leurs droits, ont résolu de faire un partage provisionnel s'appliquant seulement à la jouissance ; ce qui a eu lieu de la manière suivante :

MASSE DES BIENS A PARTAGER.

ART. 1er. Les meubles et objets mobiliers ci-après :
1° Une pelle à feu, chenets, pincettes, soufflets, garde-feu, estimés quatre francs, ci . . . . 4 fr.
2° Une table, etc. (*décrire tout le mobilier*). 606 »
    Montant de l'estimation, six cent dix francs . . . . 610 fr.

ART. 2. Une maison située à....., rue....., divisée en cuisine, deux chambres, une grange, une étable à vaches, toit à porcs, cages à lapins, poulailler, édifiée sur un terrain en cour

priété soit demandé par l'une des parties dès que cela lui convient; mais, jusqu'au partage définitif, le partage provisionnel de jouissance conserve son effet (1869 à 1898).

3007. — **Propriété.** — Si le partage a été fait entre des majeurs et des incapables, même avec le concours des représentants de ceux-ci, sans l'accomplissement des formalités de justice ou avec l'abandon de ces for-

malités, quand elles ont été commencées, le partage, à moins d'une stipulation contraire, n'est provisionnel qu'en ce qui concerne les incapables et demeure définitif à l'égard des majeurs et capables (1878, 1882 à 1884, 1889 à 1898).

3008. — **Suspension du partage.** — Si c'est en raison de la minorité d'un cohéritier qu'il est procédé à un partage provi-

---

et verger de la contenance de vingt-cinq ares, section A, n°s 17 et 18 du plan cadastral, joignant d'un côté, etc.

Art. 3. Une pièce de terre labourable, sur la commune de....., lieudit.... section B, n° 43 du plan cadastral, de la contenance de....., joignant d'un côté, etc.

Art. 4. Une autre pièce de terre labourable, etc.

Art. 5. Une vigne, située même commune, etc.

Art. 6. Un pré, situé aussi même commune, etc.

FORMATION DES LOTS. — ATTRIBUTION.

Les parties ont formé trois lots de ces biens.
Premier lot. — Il est composé de :
1° Les meubles et objets mobiliers décrits et estimés à six cent dix francs sous l'art. 1er de la masse.
2° La maison comprise sous l'art. 2.
Deuxième lot. — Il est composé de :
1° La pièce de terre faisant l'objet de l'art. 3;
2° La vigne portée sous l'art. 5.
Troisième lot. — Il est composé de :
1° La pièce de terre comprise sous l'art. 4;
2° Le pré composant l'art. 6.

Les lots ainsi établis ont été attribués entre les copartageants, pour la jouissance seulement :
Le premier à M. Léon Peley;
Le second à M. Moutier;
Et le troisième aux deux mineurs Peley.

Les copartageants acceptent les lots qui viennent de leur être attribués, et se font les uns aux autres tous abandonnements nécessaires quant à la jouissance.

CONDITIONS.

1° Les copartageants auront la jouissance séparée des biens entrés dans leurs lots, à compter du......;

2° Ils acquitteront aussi séparément, à compter du même jour, les contributions de toute nature auxquelles les immeubles peuvent et pourront être imposés;

3° Ils ne pourront exercer aucune réclamation les uns envers les autres, pour la différence en plus ou en moins qui existerait entre la contenance réelle des immeubles partagés et celle ci-dessus exprimée, quand même elle serait supérieure à un vingtième;

4° M. Léon Peley sera tenu de faire à la maison à lui attribuée, toutes les réparations grosses et menues qui deviendront nécessaires, sans pouvoir exercer aucune réclamation envers ses copartageants, même au cas où, par le résultat du partage comprenant la propriété, cette maison n'entrerait plus dans son lot;

5° Les copartageants supporteront les servitudes passives pouvant grever les immeubles entrés dans leurs lots, sauf à s'en défendre et à profiter de celles actives, s'il en existe, à leurs risques et périls;

6° Ils acquitteront par tiers les frais et honoraires des présentes.

EFFET PROVISOIRE. — SUSPENSION DE PARTAGE.

Le présent partage, ne s'appliquant qu'à la jouissance, est simplement provisionnel à

sionnel, il sera utile de faire consentir à une suspension du partage par les majeurs (1888).

§ 7. — *Réduction des libéralités.*

3009. — Réserve. — La dévolution des successions dérive de la loi qui met les parents appelés à hériter au lieu et place du défunt. Toutefois quand les parents du défunt, appelés à lui succéder, sont des collatéraux, il peut les exhéréder en instituant un donataire ou un légataire universel; auquel cas la succession est déférée par la volonté de l'homme (296). — Si le défunt a laissé des descendants ou des ascendants venant à sa succession, la loi ne lui permet pas de les exhéréder; au contraire, elle les maintient héritiers, malgré la volonté du *de cujus* et leur attribue, sous la dénomination de *réserve,* une portion des biens qu'elle déclare indisponible en faveur des descendants et, s'il n'y en a pas, en faveur des ascendants, quand ils ne sont pas exclus par des frères et sœurs ou descendants d'eux (1207 à 1218).

I. Quotité disponible ordinaire.

3010. — Enfants. — La réserve, ou quotité indisponible, est de la moitié de la succession, quand il n'y a qu'un enfant, de deux tiers, s'il y en a deux, et de trois quarts s'il y en a trois ou un plus grand nombre; et, comme conséquence, la quotité disponible est de moitié s'il n'y a qu'un enfant, d'un tiers s'ils sont deux, et d'un quart s'ils sont trois ou un plus grand nombre (1219 à 1230). — S'il s'agit d'enfants naturels, la quotité est la même; elle se calcule sur la part que la loi leur attribue (1247 à 1264).

3011. — Ascendants. — La réserve en faveur de chaque ligne d'ascendants est

---

l'égard de toutes les parties. En conséquence, il ne fera point obstacle à ce que chacun d'eux demande un partage définitif de la succession de M. et Mᵐᵉ Peley.

Toutefois, M. Léon Peley, en ce qui le concerne, s'interdit formellement de demander le partage avant cinq années à compter d'aujourd'hui; à l'expiration duquel temps les deux petits-enfants Peley seront devenus majeurs.

Lors du partage, les meubles et objets mobiliers attribués à M. Léon Peley seront compris pour leur estimation ci-dessus à l'égard des objets qui ne pourraient être représentés.

Pour l'exécution des présentes, etc.

Dont acte. Fait et passé, etc.

Enregistrement. Voir nᵒˢ 2810, 2874.

FORMULE 50. — Option par un héritier réservataire. — Quotité disponible ordinaire [Nᵒˢ 3009 à 3014].

Par devant Mᵉ.....

A comparu M. Charles Tissier, ingénieur civil, demeurant à.....

Lequel, préalablement à la déclaration d'option faisant l'objet des présentes, a exposé ce qui suit :

exposé.

I. M. Vincent Tissier, propriétaire, demeurant à....., est décédé en son domicile, le....., laissant pour seul et unique héritier M. Tissier, comparant, son fils, issu de son mariage avec Mᵐᵉ Denise Leblond, sa défunte épouse, ainsi que le constate l'intitulé de l'inventaire après son décès, qui sera ci-après relaté.

II. Aux termes de son testament fait olographe, en date à....., du....., déposé en vertu d'ordonnance aux minutes de Mᵉ....., notaire à....., le....., M. Vincent Tissier a légué à Mᵐᵉ Thérèse Viard, veuve de M. Joseph Camus, demeurant à....., une rente viagère de six mille francs, payable de trois mois en trois mois, à partir de son décès; et a imposé à son héritier la condition d'employer dans les six mois de son décès, somme nécessaire pour acquérir une rente de six mille francs, trois pour cent, qui serait immatriculée au nom de Mᵐᵉ Camus, pour l'usufruit pendant sa vie, la nue propriété à son héritier. Le testateur a stipulé, en outre, que ce legs serait indemne de tous droits de succession et de tous frais.

III. L'inventaire après le décès de M. Tissier a été dressé par Mᵉ....., notaire à....., en date au commencement du.....

Il constate que la succession de M. Tissier se compose de :

d'un quart; de sorte que si le défunt a laissé dans les deux lignes des ascendants venant à la succession, elle est de moitié et la portion disponible de pareille quotité; et que s'il n'a laissé d'ascendants que dans une ligne, elle est d'un quart, et la portion disponible de trois quarts (1231 à 1246). — Les père ou mère naturels n'ont pas droit à une réserve (1265).

3012. — Mineur. — Le mineur, en dehors des dispositions permises par contrat de mariage (*C. civ.*, *1095, 1527*), ne peut faire de dispositions que quand il est parvenu à l'âge de seize ans accomplis; mais seulement par testament (1511, 1512) et jusqu'à concurrence de la moitié des biens dont le majeur peut disposer (1513 à 1527).

3013. — Réduction. — Les libéralités qui excèdent la quotité disponible empiètent sur la réserve et doivent être ramenées, au moyen de réductions, au taux de la quotité disponible, de manière que la réserve soit intacte (voir *infra*, nos 3016 et suiv.) et revienne aux réservataires en pleine propriété, et non pas seulement en usufruit ou nue propriété (1384, 1385).

3014. — Droit viager. — Option. — Quand la libéralité comprend un bien meuble ou immeuble en propriété, il est aisé d'en déterminer le montant et d'opérer la réduction, s'il y a lieu. Mais lorsqu'elle est d'un droit viager, comme un usufruit ou une rente viagère, sa valeur est difficilement appréciable; dans ce cas, si elle excède en revenus la quotité disponible, les héritiers réservataires ont l'option soit d'exécuter la disposition, soit de faire l'abandon de la propriété de la quotité disponible. Cette option peut se faire par un acte

---

1° Les meubles et objets mobiliers inventoriés, prisés à quatre mille trois cents francs;
2° La maison que le défunt habitait, située à......, rue......, n°......, comprenant rez-de-chaussée et premier étage, avec cour et jardin, d'un revenu de six cents francs, environ;
3° Une créance hypothécaire de quatre-vingt mille francs, productive d'intérêts à cinq pour cent par an, due par M. MALET, en vertu d'une obligation passée devant M e......, notaire à......, le......;
4° Quinze cents francs de rente trois pour cent sur l'Etat français, faisant l'objet d'un certificat au nom du défunt, n° 426 de la 7e série;
5° Mille francs de rente Italienne, cinq pour cent, au nom du défunt, en un certificat n° 3125, portant la mention de timbre suivante : « Visé pour timbre, etc. »;
6° Cent obligations trois pour cent de la Cie des Chemins de fer Lombard-sud-Autriche, faisant l'objet d'un certificat n° 1512, au nom du défunt;
7° Cent obligations Ottomanes (1873), au capital nominal de cinq cents francs avec l'intérêt à six pour cent, portant la mention de timbre suivante : « Visé pour timbre au droit de......, à......, le...... » — Lesdites obligations, actuellement sans valeur, ne paient plus d'intérêt depuis longtemps.
Et que le défunt n'était grevé que de dettes courantes s'élevant à environ trois mille francs.
IV. Le revenu total des biens dépendant de la succession de M. TISSIER étant d'environ huit mille cinq cents francs, la rente viagère de six mille francs léguée à Mme CAMUS dépasse de beaucoup la quotité disponible, qui est de la moitié de ce revenu. En outre, s'il était fait un emploi en l'achat de six mille francs de rente trois pour cent au taux actuel, étant de soixante-quatorze francs par trois francs de rente, il absorberait la presque totalité de la succession.
V. Dans cette circonstance M. TISSIER, comparant, a pensé qu'il était préférable de faire l'abandon à Mme CAMUS de la propriété de la quotité disponible, ce qui a eu lieu de la manière suivante :

OPTION.

M. TISSIER, usant des dispositions de l'article 917 du code civil, déclare, par ces présentes, que, dans le but de se décharger de la rente viagère de six mille francs léguée par son père à Mme CAMUS, dont la valeur excède la quotité disponible dans la succession, il fait l'abandon à Mme CAMUS de la quotité disponible, étant de moitié en pleine propriété de la succession de M. TISSIER, son père; aux charges de droit, spécialement de supporter la moitié des dettes et charges, ainsi que l'acquit des droits de succession incombant à cette quotité.
Mme veuve CAMUS, à ce intervenante, ayant pris communication de tout ce qui précède, par la lecture que lui en a donnée Me......, l'un des notaires soussignés, a déclaré recon-

extra-judiciaire; mais il est préférable qu'elle soit faite par un acte notarié et signifié (1386 à 1407).

II. Quotité disponible entre époux.

3015. — Enfants. — Lorsque la libéralité est faite en faveur d'un conjoint, la quotité dont le conjoint donateur a pu disposer est : S'il n'a pas d'enfants d'un précédent mariage, d'un quart en propriété et un quart en usufruit, sans qu'il y ait lieu d'examiner s'il n'y qu'un seul enfant, ou si, au contraire, il y en a un grand nombre, cette quotité étant invariable (1528 à 1534 et 1544 à 1585). — Mais si l'époux donateur a laissé des enfants issus d'un précédent mariage, il ne peut donner à son nouveau conjoint qu'une part d'enfant légitime, le moins prenant, sans que, dans dans aucun cas, la libéralité puisse excéder le quart des biens (1586 à 1609).

3016. — Ascendants. — Si l'époux donateur n'a pas laissé de descendants, mais des ascendants, il a pu disposer en faveur de son conjoint de toute la quotité disponible ordinaire et, en outre, de l'usufruit de la réserve des ascendants, supra n° 3010 (1535 à 1543).

3017. — Droit viager. — Option. — La libéralité qui comprend un droit viager (usufruit ou rente viagère) qui excède la quotité disponible en revenus, est réduite à la moitié des revenus de la succession, quand il y a seulement des enfants du mariage sans que le conjoint donataire puisse être contraint

---

naître l'exactitude des faits mentionnés dans l'exposé ci-dessus, et accepter l'abandon que M. TISSIER, comparant, lui a fait de la quotité disponible en pleine propriété, pour se décharger de sa rente viagère, aux charges sus indiquées.

Les frais du présent acte seront portés comme frais de succession.
Mention des présentes est consentie sur toutes pièces où besoin sera.
DONT ACTE. Fait et passé, etc.
Enregistrement. Voir n° 2815.

FORMULE 51. — Autre option. — Quotité disponible entre époux
[Nos 3015 à 3017].

PAR DEVANT Mᵉ.....

A COMPARU M. Arthur THIRON, avocat à la cour d'appel de....., demeurant à.....

Lequel, préalablement à la déclaration d'option faisant l'objet des présentes, a exposé ce qui suit :

I. M. Onésime THIRON, en son vivant propriétaire, demeurant à....., est décédé en son domicile, le.....

Il a laissé pour seul et unique héritier M. Arthur THIRON, comparant, son fils, issu de son premier mariage avec Mᵐᵉ Maria RICHET, ainsi que le constate l'intitulé de l'inventaire après son décès, dressé par Mᵉ....., notaire à....., en date au commencement du.....

Et, en outre, pour donataire de la moitié en usufruit, sans condition de réduction, des biens composant sa succession, aux termes d'un acte de donation reçu par Mᵉ....., notaire à....., le....., enregistré, Mᵐᵉ Anastasie MAILLARD, sa seconde épouse, restée sa veuve.

II. La donation faite à Mᵐᵉ THIRON excédant la quotité disponible fixée par l'art. 1098 quand l'époux donateur a des enfants d'un précédent mariage, M. THIRON a préféré opter pour la quotité disponible en propriété ; ce qui a eu lieu de la manière suivante :

OPTION.

M. THIRON, usant des dispositions de l'art. 917 du code civil a, par ces présentes, déclaré que, dans le but de s'affranchir de l'usufruit de moitié de la succession de M. THIRON, son père, dont ce dernier a fait donation à Mᵐᵉ THIRON, née MAILLARD, sa seconde épouse, restée sa veuve, et qui excède la quotité disponible, il fait l'abandon à Mᵐᵉ veuve THIRON de la quotité disponible, étant de un quart en pleine propriété de la succession de M. THIRON; aux charges de droit, notamment de l'acquit des dettes et charges dans cette proportion.

Pour faire signifier ces présentes à Mᵐᵉ veuve THIRON, tous pouvoirs sont donnés au porteur d'une expédition.

DONT ACTE. Fait et passé, etc.
Enregistrement. Voir n° 2815.

d'opter entre la libéralité entière ou un quart en propriété et un quart en usufruit (1547 à 1549). — Mais s'il y a des enfants d'un précédent mariage, le conjoint donataire peut exiger que les enfants optent entre l'exécution de la libéralité ou la quotité disponible en propriété (1606, 1607).

III. Mode de réduction.

3018. — Libéralités. — Pour qu'il y ait lieu à la réduction d'une disposition, il faut : qu'elle constitue une libéralité ; — que le donateur soit décédé (1266 à 1270) ; — que cette réduction soit demandée par des héritiers réservataires venant à la succession (1214, 1215, 1282), et non pas par les créanciers du défunt ni par ses donataires ou légataires (1271 à 1281); — que le réservataire n'ait pas renoncé à la succession (1283 à 1287); — et enfin que le droit de faire réduire ne soit pas prescrit (1288, 1289).

3019. — Masse. — Pour déterminer le montant de la réserve et de la quotité disponible et, par conséquent, pour établir s'il y a lieu ou non à la réduction des libéralités, il y a lieu de procéder ainsi : 1° On forme une masse de tous les biens dont le défunt était propriétaire au moment de son décès ; on les estime d'après leur état et leur valeur à la même époque (1290 à 1319), en déduisant du montant de cette masse les dettes dont le défunt était grevé au jour de son décès, ainsi que les dépenses d'inhumation et les frais de scellés, d'inventaire, liquidation, partage, etc.

FORMULE 52. — **Partage entre les héritiers à réserve et un donataire réduit** [Nos 3018 à 3022].

Par devant Me......

Ont comparu : 1° M. Auguste Barré, artiste peintre, demeurant à..... ;
2° M. Eloi Vassal, entrepreneur de menuiserie et Mme Germaine Barré, son épouse, de lui autorisée, demeurant ensemble à..... ; *D'une part.*
3° Et M. Dominique Hatier, cultivateur, demeurant à..... ; *D'autre part.*
Lesquels, préalablement à la réduction de donation et au partage faisant l'objet des présentes, ont exposé ce qui suit :

EXPOSÉ.

I. Mme Arthémise Gognet, veuve de M. Antoine Barré, est décédée en son domicile, à....., le.....

Elle a laissé pour seuls héritiers, chacun pour moitié, M. Barré et Mme Vassal, ses deux enfants, ainsi que le constate l'intitulé de l'inventaire qui va être énoncé.

L'inventaire, après le décès de Mme Barré, a été dressé par Me....., notaire à....., en date au commencement du......

Cet inventaire constate que les biens dépendant de la succession de Mme Barré consistent en :

1° Les meubles et objets mobiliers inventoriés, prisés à seize cent quinze francs, ci . . . . 1,615 fr.
2° Une créance au capital de quinze mille francs, sur M. Charles Morel, ferblantier, et Mme Lucie Godet, son épouse, demeurant à....., résultant d'une obligation pour prêt, passée devant Me....., notaire à....., le....., ci . . 15,000 fr.
Prorata d'intérêt au décès, depuis le....., trois cent vingt-cinq francs, ci . . . . 325 » } 15,325 »
3° Deux mille francs de rente cinq pour cent, faisant l'objet d'un certificat au nom de Mme Barré, n° 1417 de la série 7e, représentant au cours du décès étant de cent dix francs, une somme de quarante-quatre mille francs, ci. . . 44,000 »
4° Six actions de la Banque de France, inscrites au nom de Mme Barré sur le registre coté F, folio 42; représentant au cours du jour du décès, étant de trois mille cent soixante-dix francs, une somme de dix-neuf mille vingt francs, ci. . 19,020 »
5° Une somme de douze cents francs en deniers comptants, ci. . . . . . 1,200 »
6° Les proratas de revenus au décès tant de la ferme ci-après que de divers biens dépendant de la succession de M. Barré, dont Mme Barré avait l'usufruit, s'élevant, d'après un décompte dressé entre les parties, à dix-huit cent quarante francs, ci . . . . 1,840 »

A reporter. . . . . 83,000 fr.

(1364 à 1381) ; 2° A ce qui reste, après cette déduction, on réunit fictivement tous les biens dont le défunt a disposé par donation entre-vif, directement ou indirectement, en faveur de quelque personne que ce soit, même de ses héritiers, par avancement d'hoirie (1323 à 1342), en les estimant suivant leur état au jour de la donation et leur valeur à l'époque du décès, qu'il s'agisse d'immeubles ou de biens meubles corporels et incorporels, même d'un office ministériel (1343 à 1363) ; — 3° Sur le montant total, on calcule quelle est, eu égard à la qualité des héritiers laissés par le défunt, la quotité dont il a pu disposer (1292).

5020. — Imputation. — On impute sur la réserve de chacun des héritiers venant à la succession, les libéralités qui lui ont été faites par avancement d'hoirie (1408 à 1411, 1415, 1416). — Et sur la quotité disponible, les libéralités à des non-successibles (1412, 1413) ; — ou même à des héritiers si elles ont été faites par préciput (1027 à 1038, 1414) ; ou sous forme d'une vente à viager (1417 à 1442) ; ou si, ayant été faite par avancement d'hoirie ; ils ont renoncé à la succession (1043, 1412).

5021. — Réduction de donation. — Lorsque les donations entre-vifs excèdent la quotité disponible, elles sont réductibles à cette quotité en commençant par la dernière donation, et ainsi de suite, en remontant des dernières aux plus anciennes, ce qui s'applique : à la donation faite par avancement d'hoirie à

Report.		83,000 fr.
7° Une ferme située commune de....., hameau du Beaupré, consistant en corps de ferme, verger, terres de labour et prés, d'une contenance réunie de quinze hectares, évaluée entre les parties à quarante mille francs, ci		40,000 »
Ensemble pour les biens existants au décès, cent vingt-trois mille francs, ci		123,000 fr.
Et que la succession de Mme BARRÉ était grevée des dettes ci-après :		
1° Les frais d'inhumation et de dernière maladie se montant à quinze cents francs, ci	1,500 fr.	
2° Diverses dettes courantes, s'élevant à deux mille trois cents francs, ci	2,300 »	
3° Une somme de vingt-deux mille francs, dont la succession de Mme BARRÉ est comptable envers M. Auguste BARRÉ et Mme VASSAL, comme lui ayant été attribuée en usufruit par le partage de la succession de M. BARRÉ père, opéré suivant acte passé devant M^e....., notaire à....., le....., ci	22,0000 »	
4° Et une somme de deux mille deux cents francs, à laquelle sont évalués les frais d'inventaire, ceux des présentes et de liquidation et partage, ci	2,200 »	
Total, vingt-huit mille francs, ci	28,000 fr.	28,000 »
Reste net, quatre-vingt-quinze mille francs, ci		95,000 fr.
II. Mme veuve BARRÉ a fait diverses dispositions entre vifs dont le rapport fictif va être fait à la masse pour le calcul de la quotité disponible.		
1^ent *Dot à* M. BARRÉ. — Par le contrat de mariage de M. Auguste BARRÉ avec Mme Eugénie WEIL, passé devant M^e....., notaire à....., le....., Mme veuve BARRÉ a constitué en dot à M. BARRÉ, son fils, par avancement d'hoirie, une somme de dix mille francs, qui a été de suite versée, ci		10,000 »
2^ent *Dot à* Mme VASSAL. — Par le contrat de mariage de Mme VASSAL, passé devant M^e....., notaire à....., le....., Mme veuve BARRÉ lui a constitué en dot :		
1° Par préciput et hors part, un trousseau d'une valeur de six mille francs, ci	6,000 fr.	
Et soixante-dix obligations des Chemins de fer d'Orléans, représentant, au cours du décès, étant de trois cent quarante-trois francs, une somme de vingt-quatre mille francs, ci	24,000 »	
Total, trente mille francs, ci	30,000 fr.	30,000 »
2° Et, par avancement d'hoirie, une somme de dix mille francs, ci		10,000 »
A reporter.		145,000 fr

un successible qui a renoncé à la succession, à l'institution contractuelle, à la donation entre époux par contrat de mariage et même pendant le mariage quand elle est de biens présents (1464 à 1479). — La restitution des biens atteints par la réduction se fait en nature, quand ils existent encore aux mains du donataire (1480 à 1485), sinon en deniers dont le paiement est poursuivi contre le donataire, s'il est solvable (1486 à 1492). — S'il est insolvable (1502) et qu'il s'agisse d'immeubles, la restitution est poursuivie contre les tiers détenteurs et, s'ils ne paient pas, le réservataire peut en faire la revendication entre leurs mains (1503 à 1507), d'après l'ordre des dates des ventes, en commençant par les dernières, quand une partie seulement des immeubles aliénés est atteinte par la réduction (1509, 1510). — Les fruits et intérêts sont dus par le donataire, à partir du décès, si la demande a été faite dans l'année, sinon du jour de la demande (1494 à 1500); et par les tiers détenteurs, à partir seulement de la demande (1508). Quand la restitution se fait en nature, elle produit l'effet d'une résolution (1493); d'où il suit que l'immeuble revient au réservataire franc et quitte des dettes, hypothèques et autres charges créées par le donataire (1501, 1502).

5022. — Partage. — Quand un immeuble est restituable pour partie seulement, une indivision se trouve exister entre le donataire et les héritiers à réserve à proportion des chiffres de la rétention et de la réduction. S'il est partageable, la division s'en fait en

---

Report.	145,000 fr.

Le tout a été stipulé livrable et payable le jour du mariage, dont la célébration vaudrait quittance.

3^{ent} *Donation à* M. HATIER. — Aux termes d'un acte passé devant M^e....., notaire à....., le....., Mme veuve BARRÉ a fait donation à M. HATIER, son neveu, des immeubles dont la désignation suit, que les parties ont fait estimer par deux experts suivant leur valeur au jour du décès et leur état au jour de la donation, savoir :

1° Une pièce de terre labourable, commune de....., lieudit....., de la contenance de douze hectares, section A, n° 156 du plan cadastral, joignant d'un côté, etc., estimée vingt-quatre mille francs, ci.	24,000 fr.
2° Un pré, même commune, lieudit....., de la contenance de quatre hectares, section C, n° 65; joignant d'un côté, etc., estimé douze mille francs, ci.	12,000 »
3° Un bois, même commune, appelé le bois des Célestins, de la contenance de dix hectares, section B, n°s 67 et 68; joignant, etc., estimé quatorze mille francs, ci.	14,000 »
4° Et une vigne, même commune, lieudit....., de la contenance de deux hectares, section A, n° 86, joignant, etc., estimée quinze mille francs, ci.	15,000
Montant de l'estimation . . . . 65,000 fr.	65,000 »
Ensemble pour la masse générale, deux cent dix mille francs, ci.	210,000 »
Dont le tiers, formant la quotité disponible, est de soixante-dix mille francs, ci.	70,000 fr.

Ces faits exposés, il est passé à la réduction de donation et au partage faisant l'objet des présentes.

RÉDUCTION DE DONATION.

La quotité disponible dans la succession de Mme BARRÉ est, ainsi qu'on vient de l'établir, de soixante-dix mille francs, ci	70,000 fr.
Sur cette somme on impute celle de trente mille francs, montant de la donation faite à Mme VASSAL, par préciput et hors part; laquelle, étant la première en date, ne subit pas de réduction, ci.	30,000 fr.
Reste disponible, quarante mille francs.	40,000 fr.
Cette somme s'impute sur les soixante-cinq mille francs, montant de la donation faite à M. HATIER, ci.	65,000 »
Il en résulte que cette donation excède la quotité disponible de vingt-cinq mille francs; et, par conséquent, est atteinte par la réduction pour pareille somme, ci.	25,000 fr.

nature au moyen d'un partage; dans le cas contraire, il doit être licité (1460 à 1463; 1480, 1485).

3023. — Réduction de legs. — Les legs sont sujets à la réduction avant les donations; de sorte que si la valeur des donations entre vifs excède ou égale la quotité disponible, les legs sont caducs (1443, 1444). — Lorsque les legs produisent leur effet et qu'ils excèdent soit la quotité disponible, soit ce qui reste de cette quotité, après avoir déduit la valeur des donations, la réduction s'opère au marc le franc, sans aucune distinction entre les legs universels, à titre universels et particuliers, ni entre les dates des testaments, quand il y en a plusieurs, ni entre les legs de

---

Par suite, les biens faisant l'objet de cette donation demeurent la propriété de M. HATIER, jusqu'à concurrence de quarante / soixante-cinquièmes; et font retour à la masse pour les vingt-cinq / soixante-cinquièmes de surplus.

PARTAGE
M. BARRÉ et Mme VASSAL.

Pour remplir M. BARRÉ et Mme VASSAL des vingt-cinq / soixante-cinquièmes, à raison desquels la donation à M. HATIER est réductible, M. HATIER leur cède et abandonne, à titre de partage, ce qu'ils acceptent :

1° Cinq hectares cinquante ares de terre labourable, à prendre du côté attenant à M....., dans les douze hectares faisant l'objet de l'article 1er des biens donnés, de manière à borner d'un côté M....., etc., pour onze mille francs, ci . . . . 11,000 fr.
2° Et le bois composant l'article 3 des mêmes biens, pour quatorze mille francs, ci. . . . . 14,000 »
Somme égale à la réduction . . . . 25,000 fr.

M. HATIER consent tous dessaisissements en faveur de M. BARRÉ et de Mme VASSAL, pour ces deux immeubles. En conséquence, ces immeubles se réunissent à la masse de la succession de Mme BARRÉ, sans charges des dettes, hypothèques et autres charges qui auraient pu être créées par M. HATIER.

La succession a droit à la jouissance de ces immeubles à partir du jour du décès de Mme BARRÉ. En ce qui concerne la terre labourable, elle a été ensemencée par M. HATIER, partie en blé et partie en avoine, la succession aura droit aux récoltes en blé et avoine, mais à la charge de tenir compte à M. HATIER des frais de labours, engrais et semences, dont le montant sera déterminé par une expertise à laquelle les parties feront procéder contradictoirement.

Les impôts de ces immeubles seront acquittés par la succession aussi du jour du décès.

M. HATIER.

M. HATIER demeure propriétaire incommutable des six hectares cinquante ares restant de l'art. 1er, et des immeubles articles deux et quatre, qui ne sont pas atteints par la réduction. Desquels immeubles M. BARRÉ et Mme VASSAL lui en font, en tant que de besoin, cession et abandon à titre de partage, ce qu'il accepte, pour le remplir des quarante / soixante-cinquièmes non réduits.

ÉLECTION DE DOMICILE.

Pour l'exécution des présentes, les parties élisent domicile à....., en l'étude de M°....., l'un des notaires soussignés.

DONT ACTE. Fait et passé, etc.

Enregistrement. Voir n° 2879.

FORMULE 53. — **Partage entre les héritiers à réserve et un légataire réduit** [Nos 3023 à 3025].

PAR DEVANT M°.....

ONT COMPARU : 1° M. Alfred BERTIN, quincaillier, demeurant à.....;
2° M. Théodore MURET, boucher, et Mme Zoé BERTIN, son épouse, de lui autorisée, demeurant ensemble à.....;

sommes et ceux de corps certains (1446 à 1455).

5024. — Préférence. — Toutefois, quand le testateur a stipulé une préférence en faveur d'un legs, ce legs n'est réduit qu'autant que la valeur des autres ne remplit pas la réserve légale (1456 à 1459).

5025. — Partage. — La réduction sur les legs s'opère en nature (1382, 1383), de même que les légataires peuvent demander en nature la délivrance de leurs legs. Il s'ensuit que quand le legs d'une chose certaine n'est réductible qu'en partie, il existe une indivision entre le légataire et les héritiers à réserve ; ce qui nécessite un partage lorsque la chose peut être divisée, ou une licitation si elle est impartageable (1460 à 1463).

3° Mlle Jeanne Bertin, majeure, célibataire, sans profession, demeurant à....; *D'une part.*
4° Et M. Albert Lasne, employé de commerce, demeurant à....., *D'autre part.*
Lesquels, préalablement au partage, faisant l'objet des présentes, ont exposé ce qui suit :

EXPOSÉ.

I. M. Auguste Bertin, en son vivant propriétaire, demeurant à....., est décédé en son domicile le....., laissant pour seuls héritiers, chacun pour un tiers, ses trois enfants : M. Bertin, Mme Muret et Mlle Bertin, ainsi que le constate l'intitulé de l'inventaire qui va être énoncé.

L'inventaire après son décès, dressé par M^e....., notaire à....., le....., constate que la succession se compose, indépendamment du legs d'immeuble ci-après énoncé, de :
1° Le mobilier inventorié, prisé à quinze cents francs, ci . . . . 1,500 fr.
2° Une maison située à....., consistant en un rez-de-chaussée avec grenier au-dessus, cour, jardin et verger, de la contenance de quarante-cinq ares, estimée trois mille francs, ci . . . . 3,000 »
3° Une pièce de terre labourable située commune de....., lieudit....., contenant un hectare vingt ares, estimée quatre mille francs, ci . . . . 4,000 »
4° Quarante obligations de la Cie des Chemins de fer de l'Est, représentant au cours du décès, étant de trois cent trente francs, une somme de treize mille deux cents francs, ci . . . . 13,200 »
5° Une somme de six mille francs due par M. Jean Simon, demeurant à....., pour prêt, ci . . . . 6,000 fr.
Prorata d'intérêt au décès, cent vingt francs, ci . . . . 120 »   6,120 »
6° Deniers comptants au décès, deux cents francs, ci . . . . 200 »
Total, vingt-huit mille vingt francs. . . . . 28,020 »
Et que cette succession est grevée des dettes ci-après :
1° Frais d'inhumation et de dernière maladie, trois cent dix francs, ci. . . . . 310 »
2° Dettes courantes, huit cent dix francs, ci . . . . 810 fr.
3° Les frais de l'inventaire, du testament ci-après énoncé et de partage, évalués à mille francs, ci. . . . . 1,000 »
Total, deux mille cent vingt francs, ci. . . . . 2,120 fr.   2,120 »
Reste net, vingt-cinq mille neuf cents francs, ci . . . . 25,900 »
II. Aux termes de son testament reçu par M^e....., notaire à....., le....., M. Bertin a légué :
1° A Mlle Ernestine Feutry, sa filleule, majeure, demeurant à....., une somme de quatre mille francs payable dans les six mois de son décès ; et a stipulé que ce legs serait franc de tous droits de succession et frais quelconque, et délivré par préférence à toutes autres dispositions ;
3° Et à M. Albert Lasne, comparant son cousin, une pièce de terre labourable située commune de....., lieudit....., de la contenance de un hectare quatre-vingts ares, section B, n° 65 du plan cadastral, joignant : à l'est, M. Jack ; à l'ouest, M. Dinet, au nord M. Double ; et au sud, la route. Cette pièce de terre estimée entre les parties à huit mille cinq cents francs ci . . . . 8,500 »

Ensemble pour la masse, trente-quatre mille quatre cents francs, ci . . . . 34,400 fr.
Dont le quart formant la quotité disponible est de huit mille six cents francs, ci . . . . 8,600 »

A reporter . . . . 8,600 fr.

3026. — Entre époux. — Concours des quotités. — Les règles qui précédent sont applicables aux libéralités faites par un époux en faveur de son conjoint (1626 à 1635). Toutefois, comme la quotité disponible entre époux est différente de celle ordinaire, quand il y a concours de ces quotités, la réduction se calcule sur la quotité la plus élevée, sans qu'aucun des donataires ou légataires puisse avoir plus que la quotité disponible entre époux qui lui est propre. On la calcule, suivant une jurisprudence que nous avons

Report. . . . . 8,600 fr.
On en déduit le legs à Mlle Feutry, en raison de la stipulation de préférence, soit quatre mille francs, ci . . . . 4,000 fr.
Plus quatre cent cinquante francs, montant des droits de succession dont elle a été déclarée indemne, ci . . . . 450 »
Total, quatre mille quatre cent cinquante francs, ci . . . . . . 4,450 fr. 4,450 »
Reste pour le legs de M. Lasne, quatre mille cent cinquante francs, ci. . . 4,150 fr.
Son legs étant de huit mille cinq cents francs, ci . . . . 8,500 »
Est réductible de quatre mille trois cent cinquante francs, ci . . . . . . 4,350 fr.

En conséquence, l'immeuble légué à M. Lasne demeure sa propriété pour quatre cent quinze / huit cent cinquantièmes, et dépend de la succession pour les quatre cent trente-cinq / huit cent cinquantièmes de surplus. Et les parties sont d'accord pour en faire le partage entre elles dans ces proportions.

PARTAGE

Succession. — Pour remplir la succession des quatre cent trente-cinq / huit cent cinquantièmes à raison desquels le legs est réduit, il appartiendra à la succession, et M. Lasne lui en fait cession et abandon à titre de partage, ce qui est accepté par M. Bertin, Mme Muret et Mlle Bertin.

Quatre-vingt-douze ares à prendre à l'est, du côté attenant à M. Jack, de manière à le borner d'un côté ; d'autre côté, l'autre portion attribuée à M. Lasne ; au nord, M. Double ; et au sud, la route.

M. Lasne. — Pour remplir M. Lasne de ses droits sus indiqués, M. Bertin, Mme Muret et Mlle Bertin lui attribuent la parcelle ci-après dont ils lui font délivrance :

Quatre-vingt-huit ares, faisant le complément de ladite pièce de terre, à prendre à l'ouest, du côté attenant à M. Dinet, de manière à le borner d'un côté ; d'autre côté, etc.

M. Lasne accepte cette portion et, au moyen de la délivrance qui vient de lui en être faite, se reconnaît rempli de l'intégralité de son legs, sans réserve.

Il en aura la jouissance, aux charges de droit, à compter d'aujourd'hui.

Pour l'exécution des présentes, etc.

Dont acte. Fait et passé, etc.

Enregistrement. Voir n° 2879.

FORMULE 54. — Fixation des droits après réduction de dons au conjoint et à un enfant [N°s 3026 et 3027].

Par devant M^e.....

Ont comparu : 1° M. Jules Dain, charron, demeurant à.....;

2° M. Emile Cabet, vigneron, et Mme Elise Dain, son épouse, de lui autorisée, demeurant ensemble à.....;
D'une part.

3° Et Mme Charlotte Valet, veuve de M. Jérôme Dain, propriétaire, demeurant à.....;
D'autre part.

Lesquels, préalablement à la réduction de donations et à la fixation des droits des copartageants, faisant l'objet des présentes, ont exposé ce qui suit :

EXPOSÉ.

I. M. Jérôme Dain et Mme Charlotte Valet, aujourd'hui sa veuve, ont contracté à la mairie de....., le.....

Préalablement à leur mariage, ils en ont arrêté les clauses et conditions civiles, suivant contrat passé devant M^e....., notaire à....., le.....

QUOTITÉ DISPONIBLE; RÉDUCTION; PARTAGE. [Form. 54.]

combattue (1573, 1574), en évaluant en propriété la valeur du quart en usufruit (1575), de sorte que si la valeur en propriété de cet usufruit, réunie au quart en propriété, excède la quotité disponible ordinaire, les libéralités postérieures sont caduques, et que, si elle est moindre que cette quotité, elles ne produisent leur effet que pour ce qui reste (1558 à 1582).

3027. — **Dispositions simultanées.** — Quand les libéralités à un conjoint et à un étranger ont été faites à une même

---

Par ce contrat, M. et Mme DAIN ont déclaré qu'ils se mariaient séparés de biens: et ils se sont fait donation, pour le cas d'existence d'enfants, au profit du survivant d'eux, de la moitié, en usufruit, de tous les biens qui composeraient la succession du premier mourant, avec dispense de fournir caution et de faire emploi.

II. Par le contrat de mariage de M. Jules DAIN avec Mme Céline DUBOIS, passé devant M^e....., notaire à....., le....., M. DAIN, *de cujus*, a fait donation à titre d'institution contractuelle, à M. Jules DAIN, son fils, du quart en propriété des biens meubles et immeubles qui composeraient sa succession.

III. M. Jérome DAIN est décédé, en son domicile, à....., le....., laissant :

1^{ent}. Sa veuve, née Charlotte VALET, donataire de moitié en usufruit des biens composant sa succession.

2^{ent}. Et pour ses seuls héritiers, chacun pour moitié, ses deux enfants : M. Jules DAIN et Mme CABET, outre les droits de donataire de M. Jules DAIN sus-énoncés; ainsi que le constate un acte de notoriété, à défaut d'inventaire, reçu par M^e....., notaire à....., le......

Mais, dans le but de tenir lieu d'inventaire, les parties déclarent que la succession de M. DAIN se compose de :

1° Divers meubles et objets mobiliers d'une valeur de six cents francs, ci. . .   600 fr.
2° Une créance hypothécaire de deux mille quatre cents francs sur M. et Mme BREUIL, résultant d'une obligation passée devant M^e....., notaire à....., le....., ci.   2,400 »
3° Une maison située à....., consistant en rez-de-chaussée, divisé en cuisine et chambre, avec grenier au-dessus, grange, étable à vache, toit à porcs, poulailler, avec cour et jardin contenant vingt-cinq ares, estimée quinze cents francs, ci. . . . .   1,500 »
4° Une pièce de terre labourable, sise commune de....., lieudit....., contenant soixante ares, estimée mille francs, ci. . . . .   1,000 »
5° Un verger entouré de murs, sis même commune, lieudit....., contenant....., estimé deux mille francs, ci . . . .   2,000 »
6° Un herbage enclos de haies, sis même commune, lieudit....., contenant....., estimé trois mille francs, ci . . . .   3,000 »
Montant de la masse de la succession, dix mille cinq cent francs, ci. . .   10,500 fr.

La succession n'est grevée d'aucun passif, les frais d'inhumation ayant été acquittés par la veuve et les enfants sans recours contre la succession.

Aucun rapport n'est dû à la succession de M. DAIN par ses enfants.

IV. Mme veuve DAIN étant âgée de soixante-six ans, les parties, pour la détermination de la quotité disponible en ce qui concerne la donation faite à M. Jules DAIN, évaluent la valeur de son usufruit à un tiers du capital.

CES FAITS EXPOSÉS, il est passé au calcul de la quotité disponible et à la fixation des droits.

CALCUL DE LA QUOTITÉ DISPONIBLE.

L'importance de la succession de M. DAIN est, ainsi qu'on l'a établi ci-dessus, de dix mille cinq cents francs, ci. . . . .   10,500 fr.
Dont le tiers, formant la quotité disponible ordinaire, est de trois mille cinq cents francs, ci. . . . .   3,500 »
La moitié en usufruit, donnée à Mme veuve DAIN, est de cinq mille deux cent cinquante francs, ci. . . . .   5,250 fr.
Le capital de cet usufruit est évalué à un tiers, soit dix-sept cent cinquante francs, ci. . . . .   1,750 »   1,750 »
En imputant cette somme sur la quotité disponible ordinaire, on trouve qu'il reste disponible, pour la donation faite à M. Jules DAIN, dix-sept cent cinquante francs, ci. . . . .   1,750 fr.

Cette somme est à prendre en nue propriété seulement, comme étant grevée de l'usufruit de Mme veuve DAIN,

I.

date, elles sont réductibles au marc le franc, si leur montant total excède la quotité disponible la plus étendue, pourvu que chaque gratifié n'ait rien au-delà de la quotité qui lui est propre. Cette réduction s'opère en se conformant à l'article 926 du Code civil dont les principes sont rappelés *supra* n°s 3017 et suivants (1610 à 1625).

CHAPITRE QUATRIÈME

DU PARTAGE AMIABLE

SOMMAIRE ALPHABÉTIQUE DU TEXTE

Actif de succession	3033	Nue-propriété	3063
Amende	3037, 3066	Objets en commun	3052
Conditions	3036	Opposition à partage	3057
Division en nature	3031	Origine de propriété	3040
Dol	3074	Partage d'ascendant	3058
Effets du partage	3062	Partage complémentaire	3068
Erreur	3074	Partage et compte de tutelle :	
Formes	3029	— Approbation	3078
Garantie des lots	3051	— Formes	3077
Immatricule des valeurs	3039	— Réitération	3078
Lecture	3037	Partage partiel :	
Lésion	3076	— Certains biens	3064
Licitation	3069	— Seul enfant loti	3067
Lots	3035	Partage secondaire	3065
Masse :		Partage simultané	3069
— Division	3032	Partage transactionnel :	
— Mobiliers et immobiliers	3056	— Attributions	3072
Mention du timbre	3066	— Homologation	3073
Mineur	3059	— Légataire universel	3071
Nouveau partage	3075, 3076	— Litige	3070

— Mineur	3072		
— Rescision	3070		
Passif de succession :			
— Acquit de dettes	3053		
— Crédit foncier	3054		
— Hypothèque	3054		
Plusieurs successions	3038		
Porte fort	3059		
Pouvoirs	3052		
Préambule	3030		
Prescription	3074		
Principes	3028		
Privilège de copartageant	3042		
Rapport à succession :			
— Choses rapportables	3046		
— Choses non rapportables	3047		
— Cohéritiers	3045		
— Donataire	3043		
— Hérédité	3044		
— Immeubles	3048		

FIXATION DES DROITS.

La masse de la succession est de dix mille cinq cents francs.	10,500 fr.
On déduit l'usufruit de Mme Dain, cinq mille deux cent cinquante francs, ci	5,250 »
Reste en pleine propriété, pareille somme, ci.	5,250 »
Dont la moitié pour chacun de M. Dain et Mme Cabet, est de deux mille six cent vingt-cinq francs, ci.	2,625 »
Les héritiers ont la nue propriété des cinq mille deux cent cinquante francs grevés de l'usufruit de Mme Dain, ci.	5,250 fr.
Sur cette somme, M. Dain, comme donataire de son père, a droit à dix-sept cent cinquante francs, ci.	1,750 »
Reste trois mille cinq cents francs, ci.	3,500 fr.
Dont moitié pour chacun, de M. Dain et de Mme Cabet, est de dix-sept cent cinquante francs.	1,750 »

Par suite, les droits des héritiers sont ainsi fixés :

M. DAIN.

En pleine propriété. La somme de deux mille six cent vingt-cinq francs, ci		2,625 »
En nue propriété. 1° Dix-sept cent cinquante francs, comme donataire, ci	1,750 fr.	
2° Pareille somme, comme héritier, ci	1,750 »	
Total en nue propriété, trois mille cinq cents francs.	3,500 fr.	3,500 »
A reporter.		6,125 fr.

— Meubles 3049	Rescision pour lésion . . . , . . 3076	Valeurs étrangères 3066
— Prélèvements. 3050	Retour légal 3060	Visa pour timbre 3066
Ratification :	Séparation des patrimoines. . . 3055	Violence. 3074
— Nullité 3074	Soulte 3041, 3042	
— Porte fort. 3061	Usufruit 3063	

SOMMAIRE DES FORMULES.

Form. 55. — Partage de biens meubles et immeubles ; compensation pour rapports.
Form. 56. — Autre partage. — Succession du père et d'un enfant. — Veuve usufruitière et héritière de son enfant. — Renonciation à communauté.
Form. 57. — Partage d'immeubles. — Soulte. — Privilége de copartageant.—Règlement verbal pour les meubles.
Form. 58. — Partage de biens meubles et immeubles. — Rapports en nature et en moins prenant. — Prélèvements. — Lots. — Tirage au sort.
Form. 59. — Partage de succession. — Contribution aux dettes.
Form. 60. — Partage de succession. — Légataires et héritiers. — Deux masses, l'une mobilière, l'autre immobilière.
Form. 61. — Partage de succession. — Créanciers opposants.
Form. 62. — Partage de biens provenus de la succession du père et de démission de biens par la mère.
Form. 63. — Partage entre frère et sœur, neveu et nièce. — Majeurs et mineurs. — Porte fort. — Retour légal.

Form. 64. — Ratification du partage par le mineur devenu majeur.
Form. 65. — Partage par l'attribution à l'un de l'usufruit, et à l'autre de la nue-propriété.
Form. 66. — Partage partiel. — Quotité des biens. — Valeurs françaises.
Form. 67. — Partage secondaire. — Valeurs étrangères.
Form. 68. — Partage partiel. — Seul enfant loti.
Form. 69. — Partage supplémentaire. — Prix de licitation attribué au cohéritier adjudicataire.
Form. 70. — Partage transactionnel. — Question de rapport.
Form. 71. — Partage transactionnel. — Légataire universel et héritiers du sang.
Form. 72. — Partage transactionnel. — Mineurs. — Attributions.
Form. 73. — Dépôt du jugement d'homologation.
Form. 74. — Nouveau partage après nullité pour dol.
Form. 75. — Convention approbative d'un partage rescindable pour lésion.
Form. 76. — Partage avec compte de tutelle.
Form. 77. — Approbation et réitération.

3028. — **Partage amiable.** — Le partage est amiable, c'est-à-dire est définitif par le seul consentement des parties, dès lors sans l'accomplissement des formalités de justice, quand les copartageants, tous présents ou dûment représentés, sont d'accord pour procéder ainsi, et que, parmi eux, il n'y a pas de mineurs ou autres incapables (1816 à 1832).

Report. . . . . 6,125 fr

Mme CABET.

En pleine propriété. Deux mille six cent vingt-cinq francs. . . . . 2,625 »
En nue propriété. Dix-sept cent cinquante francs. . . . . 1,750 »
Somme égale au montant de la masse . . . . 10,500 fr.
Les parties se réservent de faire ultérieurement le partage de la succession de M. Dain, suivant les bases qui viennent d'être fixées.
Si le partage a lieu de suite, voir infra, formule 55.
Pour l'exécution des présentes, etc.
Dont acte. Fait et passé, etc.
Enregistrement. Voir n° 2873.

§ 4. — PARTAGES AMIABLES.

FORMULE 55. — Partage de biens meubles et immeubles. — Compensation pour rapports [N°s 3028 à 3037].

Par devant M^e..... .

Ont comparu : 1° M. Léon Delval, négociant, demeurant à.....;

2° M. Auguste Fleuret, propriétaire, et Mme Marie Delval, son épouse, de lui autorisée, demeurant ensemble à..... .

M. et Mme Fleuret, mariés sous le régime de la communauté réduite aux acquêts

3029. — Formes. — Le partage fait à l'amiable n'est assujetti à aucune forme particulière; il peut donc être opéré par acte notarié ou sous-seing privé, ou même être verbal (1833 à 1841).

3030. — Préambule. — Le préambule est la partie du partage qui contient l'indication des noms des copartageants, les qualités auxquelles ils agissent, et l'exposé des faits nécessaires pour l'intelligence des opérations (1843 à 1847).

3031. — Partage en nature. — Chacun des héritiers a le droit de réclamer en nature sa part dans les biens meubles et im-

---

sans condition d'emploi ou de remploi, aux termes de leur contrat de mariage, passé devant M······, notaire à·····, le·····.

3° M. Paul Delval, banquier, demeurant à·····.

MM. Delval et Mme Fleuret, seuls héritiers, chacun pour un tiers, de Mme Caroline Hoque, veuve de M. Ambroise Delval, leur mère, en son vivant propriétaire, demeurant à·····, où elle est décédée, le·····; ainsi que le constate un acte de notoriété, à défaut d'inventaire, reçu par M^e·····, notaire à·····, le·····.

Lesquels ont, par ces présentes, procédé au partage de la succession de Mme Delval, leur mère.

Préalablement, ils ont dit et exposé ce qui suit :

I. La liquidation et le partage de la communauté ayant existé entre Mme Delval et M. Ambroise Delval, son mari, décédé à·····, le·····, et de la succession de M. Delval, ont eu lieu entre Mme veuve Delval et ses trois enfants, suivant acte passé devant M^e·····, notaire à····· le·····; ce qui est mentionné pour ordre seulement, aucune indivision n'ayant subsisté entre les parties, et tous comptes ayant été réglés entre elles.

II. Il n'a été procédé à aucun inventaire après le décès de Mme Delval; mais les comparants déclarent que les indications contenues aux présentes en tiendront lieu.

Il existait au décès de Mme Delval, en deniers comptants, une somme de deux mille trois cents francs, qui a été intégralement employée à l'acquit des frais d'inhumation et de dernière maladie, et de divers mémoires de fournisseurs; par suite, il n'y aura pas à comprendre de deniers comptants dans la masse ci-après, de même qu'aucun passif ne sera à déduire de l'actif, la succession n'étant grevée d'aucun autre passif que celui dont il vient d'être parlé.

En ce qui concerne les meubles et objets mobiliers, les comparants en ont fait amiablement la division entre eux. Il en résulte que ce mobilier a été prélevé en totalité dans les proportions suivantes :

Par M. Léon Delval, pour quinze cent vingt francs.	1,520 fr.
Par Mme Fleuret, pour deux mille six cents francs.	2,600 »
Et par M. Paul Delval, pour huit cent quatre-vingt francs.	880 »
Ensemble, une somme de cinq mille francs, pour laquelle ce mobilier figurera dans la masse.	5,000 fr.

III. Les comparants mentionnent ici, pour ordre seulement, qu'ils ont reçu de madame leur mère des avantages exactement pareils, aux termes de leurs contrats de mariage passés : celui de M. Léon Delval, devant M^e·····, notaire à·····, le·····; celui de Mme Fleuret, devant M^e·····, notaire à·····, le·····; et celui de M. Paul Delval, devant M^e·····, notaire à·····, le·····.

Et que, par suite, il n'y a lieu à aucun rapport, soit en nature, soit en deniers, à la succession.

MASSE A PARTAGER.

Après cet exposé, il est procédé, ainsi qu'il suit, à l'établissement de la masse à partager :

Art. 1er. — *Mobilier.* — La somme de cinq mille francs, montant des meubles et objets mobiliers, lesquels par suite d'une division entre les comparants, ont été prélevés pour les sommes ci-après, dont le rétablissement se fait à la masse :

Par M. Léon Delval, pour quinze cent vingt francs, ci.	1,520 fr.
Par Mme Fleuret, pour deux mille six cents francs.	2,600 »
Et par M. Paul Delval, pour huit cent quatre-vingt francs.	880 »
Somme égale.	5,000 fr.
Art. 2. — *Compte courant au Comptoir d'escompte.* — La somme de six mille quatre cent vingt francs, montant du solde créditeur au décès de Mme Delval, de son compte courant au Comptoir d'escompte de·····, ci.	6,420 »
A reporter.	11,420 fr.

meubles de la succession (1636 à 1638). — Toutefois, en ce qui concerne les meubles, la vente peut en être exigée quand il y a des créanciers saisissants ou opposants, ou que la majorité des cohéritiers la juge nécessaire pour l'acquit des dettes et charges (1639 à 1648); et à l'égard des immeubles, lorsqu'ils sont impartageables; dans ce cas, ils doivent être licités (1649 à 1664).

5052. — Masses. — La dévolution aux successeurs étant des biens et des charges, le partage, pour être complet, doit porter sur l'actif et le passif de l'hérédité (781 à 790).

5053. — Masse active. — Les biens

Report.	11,420 fr.
ART. 3. — *Créance* MORARD. — La somme de vingt-cinq mille francs, formant le principal d'une obligation pour prêt, que M. Cyprien MORARD, manufacturier, et Mme Olympe POLLY, son épouse, demeurant à....., ont souscrite au profit de Mme veuve DELVAL, suivant acte passé devant M°....., notaire à....., le..... Cette somme, stipulée remboursable le....., et productive d'intérêts à cinq pour cent par an, payables par semestres, les....., est garantie par une hypothèque sur une manufacture, avec bâtiments et ferme, d'une contenance de quarante hectares, situés à....., dont l'inscription a été prise au bureau des hypothèques de....., le....., vol....., n°....., ci. . . . . 25,000 fr. Plus, trois cent dix francs pour le prorata d'intérêt au décès, depuis le....., ci. . . . . 310 »	25,310 »
ART. 4. — *Rente trois pour cent.* — Quatre mille francs de rente trois pour cent, en un certificat n° 417 de la série 7, au nom de Mme veuve DELVAL, représentant au cours du jour du décès, étant de 74 fr., une somme de cent douze mille francs, ci.	112,000 »
ART. 5. — *Rente cinq pour cent.* — Deux mille cinq cents francs de rente cinq pour cent en deux titres, au nom de Mme veuve DELVAL : Le premier, de mille francs, n° 1,427, série 3e, ci . . . . . 1,000 fr. Le second, de quinze cents francs, n° 1815, même série. . . 1,500 » Somme égale. . . . . 2,500 fr. Représentant au cours du jour du décès, étant de 110 fr., une somme de cinquante-cinq mille francs, ci.	55,000 »
ART. 6. — *Maison.* — Une maison, située à....., rue....., n°....., élevée sur caves, d'un rez-de-chaussée divisé en boutiques, et de quatre étages comprenant chacun deux appartements, avec cour et jardin, d'une contenance superficielle de douze cents mètres, tenant par devant à la rue de....., au fond à M....., d'un côté, au nord, à M....., d'autre côté, à gauche, à M..... Estimée entre les parties à soixante mille francs, ci.	60,000 »
ART. 7. — *Prorata de loyers.* — Le prorata des loyers de cette maison au jour du décès, se montant, d'après un décompte fait verbalement par les parties, à douze cents francs, ci.	1,200 »
ART. 8. — *Ferme de Musset.* — Une ferme, appelée la ferme de Musset, située commune de....., consistant en un corps de ferme, verger, terres de labours et prés, en six parcelles, d'une contenance ensemble de trente hectares, comprise au plan cadastral, section A, n°s 36, 37, 38, 45, 62, 77 et 85. Estimée par les parties à soixante-quinze mille francs, ci.	75.000 »
ART. 9. — *Prorata de fermages.* — La somme de neuf cent vingt francs, montant du prorata de fermage de cette ferme, couru jusqu'au jour du décès, ci.	920 »
ART. 10. — *Clos de vignes.* — Un clos planté de vignes, avec bâtiments à usages d'habitation pour le vigneron, de cellier, pressoir, caves, ustensiles pour faire le vin, consistant en cuves, pressoirs, tonneaux, futailles et autres accessoires; ledit clos, entouré de murs, de la contenance de six hectares compris au plan cadastral, sous la section D, n°s 51, 52 et 53, tenant par devant au chemin des vignes; au fond, à M....., etc. Estimé par les parties à cinquante-cinq mille francs, ci	55,000 »
Montant de la masse partageable, trois cent quatre-vingt-quinze mille huit cent cinquante francs, ci.	395,850 »
Dont le tiers, pour chacun des copartageants, est de cent trente-un mille neuf cent cinquante francs, ci.	131,950 fr

et droits sont compris dans la masse pour leur valeur au jour du partage, sans qu'il soit nécessaire d'indiquer cette valeur dans l'acte. Quand le partage est fait à une époque rapprochée du décès, et qu'il n'existe pas de différence sensible dans le cours des biens, il est préférable, dans le but d'éviter des comptes de revenus comme aussi la distinction des fonds et des fruits et des charges de fonds et de fruits, de porter les biens pour leur valeur au jour du décès (791 à 828, 1848).

3054. — Masse passive. — Voir pour ce qui concerne la masse passive, *infra* nos 3052 à 3054.

ATTRIBUTIONS.

1er LOT. — M. LÉON DELVAL.

Pour remplir M. Léon Delval, de la somme de cent trente-un mille neuf cent cinquante francs, montant de ses droits, M. et Mme Fleuret et M. Paul Delval, lui attribuent à titre de partage :
1° La somme de quinze cent vingt francs, dont il a fait le rétablissement sous l'art. 1er, pour le mobilier par lui prélevé, ci. . . . . 1,520 fr.
2° Dix-huit cent trente francs, à toucher du Comptoir d'escompte sur le compte courant porté en l'art. 2, ci. . . . . 1,830 »
3° Dix-sept cents francs de rente trois pour cent, sur les quatre mille francs composant l'art. 4, pour quarante-sept mille six cents francs, ci. . . . . . 47,600 »
4° Neuf cents francs de rente cinq pour cent sur les deux mille cinq cents francs, faisant l'objet de l'art. 5, pour dix neuf mille huit cents francs, ci. . . 19,800 »
5° La maison portée sous l'art. 6, pour soixante mille francs, ci. . . . . . 60,000 »
6° Et douze cents francs, montant des proratas de loyers au décès, ci. . . 1,200 »
Somme égale à ses droits. . . . . 131,950 fr.

2e LOT. — Mme FLEURET.

Pour remplir Mme Fleuret de pareille somme, faisant le montant de ses droits, MM. Léon et Paul Delval lui attribuent à titre de partage :
1° La somme de deux mille six cents francs, dont elle a fait le rétablissement sous l'art. 1er, pour le mobilier par elle prélevé, ci. . . . . 2,600 fr.
2° Deux mille deux cent trente francs, à toucher du Comptoir d'escompte sur le solde du compte courant porté sous l'art. 2, ci. . . . . 2,230 »
3° Douze cents francs de rente trois pour cent, sur les quatre mille francs composant l'art. 4, pour trente-trois mille six cents francs, ci. . . . . 33,600 »
4° Huit cents francs de rente cinq pour cent, sur les deux mille cinq cents francs faisant l'objet de l'art. 5, pour dix-sept mille six cents francs, ci. . . 17,600 »
5° La ferme de Musset, composant l'art. 8, pour soixante-quinze mille francs, ci . . . . 75,000 »
6° Et neuf cent vingt francs, montant du prorata de fermage au décès, compris sous l'art. 9, ci. . . . . 920 »
Somme égale à ses droits. . . . . 131,950 fr.

3e LOT. — M. PAUL DELVAL.

Pour remplir M. Paul Delval de pareille somme de cent trente-un mille neuf cent cinquante francs, montant de ses droits, M. Léon Delval et M. et Mme Fleuret lui attribuent, à titre de partage :
1° La somme de huit cent quatre-vingt francs, dont il a fait le rétablissement sous l'art. 1er, pour le mobilier par lui prélevé, ci. . . . . 880 fr.
2° Deux mille trois cent soixante francs à toucher du Comptoir d'escompte sur le solde du compte courant faisant l'objet de l'art. 2, ci. . . . . 2,360 »
3° Vingt-cinq mille trois cent dix francs, montant de la créance Morard, portée sous l'art. 3, ci. . . . . 25,310 »
4° Onze cents francs de rente trois pour cent, sur les quatre mille francs composant l'art. 4, pour trente mille huit cents francs, ci. . . . . 30,800 »
5° Huit cents francs de rente cinq pour cent, sur les deux mille cinq cents francs faisant l'objet de l'art. 5, pour dix-sept mille six cents francs, ci. . . . 17,600 »
A reporter. . . . . 75,950 fr.

5055. — Lots. — Il faut, autant que possible, faire entrer dans chaque lot, la même quantité de biens de chaque nature. Les lots sont attribués entre les copartageants ou tirés au sort (1849, 1850). — Quand le partage porte sur des valeurs mobilières, il est utile de dresser un tableau des abandonnements dont l'objet est de faire apercevoir en un clin d'œil le mode de division.

5056. — Conditions. — Le partage se termine par l'énonciation des conditions sous lesquelles il a lieu (1851 à 1856).

5057. — Lecture de dispositions fiscales. — Quand des immeubles

Report	. . . .	76,950 fr.
6° Et le clos en vignes compris sous l'art. 10, pour cinquante-cinq mille francs, ci.	. . . .	55,000 »
Somme égale à ses droits.	. . . .	131,950 fr.

Chacun des copartageants accepte les attributions à lui faites et tous abandonnements sont consentis de part et d'autre.

Le présent partage est fait avec la garantie de droit, et sans soulte ni retour.

TABLEAU DES ABANDONNEMENTS.

Pour établir la justesse des opérations et, en même temps servir de contrôle, elles sont résumées dans le tableau suivant :

Art. de Masse	NATURE DE L'ACTIF.	ACTIF partageable.	M. Léon Delval		Mme Fleuret.		M. Paul Delval	
1	Rétablissement pour le mobilier.	5,000		1,520		2,600		880
2	Compte-courant au Comptoir d'escompte	6,420		1,830		2,230		2,360
3	Créance MORARD . . . . . , ...	25,310						25,310
4	4000 f. de rente 3 p. 100	112,000	1700	47,600	1200	33,600	1100	30,800
5	2500 f. de rente 5 p. 100 . . . . . . , . .	55,000	900	19,800	800	17,600	800	17,600
6	Maison.	60,000		60,000				
7	Proratas de loyers	1,200		1,200				
8	Ferme de Musset.	75,000				75,000		
9	Prorata de fermages	920				920		
10	Clos de vigne . . . . , ... ;	55,000						55,000
	Totaux	395,850		131,950		131,950		131,950
	Réunion des attributions égale à l'actif partageable . . .			395,850 fr.				

CONDITIONS DU PARTAGE :

1° Chacun des copartageants a la propriété et la jouissance des biens entrés dans son lot, à compter du décès de Mme DELVAL, époque fixée pour la jouissance divise.

2° Les copartageants se reconnaissent en possession du mobilier dont ils ont opéré le prélèvement, et à raison duquel chacun d'eux a fait un rétablissement sous l'art. 1er de la masse, et s'en est trouvé libéré au moyen de l'attribution qui lui en a été fait par confusion.

3° Les copartageants toucheront, dans la proportion de leurs attributions, le solde du compte courant au Comptoir d'escompte.

Quant à la créance MORARD, elle appartient en totalité à M. Paul DELVAL, à qui elle a été attribuée ; et il succède seul à toutes les garanties qui y sont attachées, spécialement au droit hypothécaire et à l'inscription prise au bureau des hypothèques de....., le....., vol....., n°.....; ce qui sera mentionné en marge de cette inscription sur la seule production d'un extrait des présentes.

4° Les rentes trois et cinq pour cent seront immatriculées au nom des ayants droit, dans la proportion de leurs attributions. M^e....., l'un des notaires soussignés, est requis de délivrer le certificat de propriété nécessaire à cet effet.

5° Les copartageants prendront les immeubles entrés dans leurs lots, dans l'état où ils se trouvent avec toutes leurs dépendances; comme aussi sans garantie, tant du bon état des

figurent dans la masse partageable, le notaire est tenu de donner lecture aux parties des art. 12 et 13 de la loi du 23 août 1871 et d'en faire mention dans l'acte, à peine d'une amende de 10 francs (Voir mon Rép. gén., t. II, p. 49).

5058. — Plusieurs successions.

---

bâtiments que des contenances indiquées. Ils ne pourront donc exercer aucune réclamation à ce sujet les uns envers les autres, quelque différence qu'il y ait entre la contenance réelle de chacun des immeubles et celle sus-exprimée.

6° Ils supporteront les servitudes passives, apparentes ou occultes, continues ou discontinues pouvant grever ces immeubles, sauf à eux à s'en défendre et à profiter de celles actives, s'il en existe, à leurs risques et périls; et sans que la présente clause puisse conférer à des tiers plus de droits que ceux qu'ils pourraient avoir en vertu de la loi ou de titres réguliers et non prescrits.

7° Ils acquitteront séparément les contributions de toute nature des immeubles entrés dans leurs lots, à compter du jour du décès de Mme DELVAL.

8° Les copartageants reconnaissent qu'ils sont en possession :
M. Léon DELVAL, des titres de propriété de la maison qui lui a été attribuée;
Mme FLEURET, des titres de la ferme qui lui a été attribuée;
Et M. Paul DELVAL, des titres de la créance MORARD et du clos en vignes, compris dans son attribution.

9° Les frais et droits du présent acte, y compris une expédition pour chacun d'eux et le coût du certificat de propriété, seront supportés par les copartageants, chacun pour un tiers.

10° Pour l'exécution des présentes, les parties élisent domicile en leurs demeures respectives.

DONT ACTE. Fait et passé, etc.

L'an mil huit cent soixante dix-huit, le.....

Après lecture, tant des présentes que des art. 12 et 13 de la loi du 23 août 1871, concernant les dissimulations, les parties ont signé avec les notaires.

Enregistrement. Voir n°s 2717 à 2754

FORMULE 56. — Autre partage. — Successions du père et d'un enfant. — Veuve usufruitière et héritière de son enfant. — Renonciation à communauté [N°s 3038 et 3039].

PAR DEVANT M^e.....

ONT COMPARU : 1° Mme Jeanne NORTIN, veuve de M. Eloi DAIX, propriétaire, demeurant à.....,

Légataire de moitié en usufruit des biens meubles et immeubles dépendant de la succession de M. DAIX, son mari, décédé en son domicile, à....., le.....; aux termes de son testament, reçu par M^e....., notaire à....., en présence de quatre témoins, le....., enregistré.

Et, en outre, héritière pour un quart, de M. Auguste DAIX, son fils, décédé en minorité à....., le....., après avoir recueilli pour un tiers la succession de M. DAIX, son père, soit dans la succession de M. DAIX son mari, pour un douzième ou deux vingt-quatrièmes.

2° M. Anatole DAIX, libraire, demeurant à.....,

3° Et Mme Germaine DAIX, veuve de M. Victor LANIER, marchande mercière, demeurant à.....,

M. DAIX et Mme LANIER, héritiers, chacun pour un tiers, de M. Eloi DAIX, leur père; et, en outre, conjointement pour trois quarts, de M. Auguste DAIX, leur frère; soit séparément, dans les deux successions réunies, chacun pour onze vingt-quatrièmes.

Ainsi que lesdites qualités héréditaires sont constatées par l'intitulé de l'inventaire, après les décès de MM. DAIX père et fils, qui sera ci-après énoncé.

Lesquels, pour arriver au partage qui fait l'objet des présentes, ont dit et exposé ce qui suit :

I. M. Eloi DAIX et Mme Jeanne NORTIN, restée sa veuve, se sont mariés à la mairie de....., le....., après avoir arrêté les clauses et conditions civiles de leur union, suivant contrat passé devant M^e....., notaire à....., le.....; lequel contient adoption du régime de la communauté réduite aux acquêts.

— Lorsqu'un même partage a pour objet la division des biens provenant de plusieurs successions dévolues aux mêmes parents, il faut, pour l'établissement des masses, distinguer : si les droits, dans chacune des successions, sont différents à l'égard de quelques-uns des

---

Il n'est pas utile de faire ici l'analyse de ce contrat, par suite de la renonciation à communauté par Mme Daix, et de la liquidation de ses reprises, qui seront ci-après mentionnées.

II. Après les décès de MM. Daix père et fils, un inventaire a été dressé par Me....., notaire à....., le......

Par les mêmes motifs, il ne sera pas fait à cet endroit le dépouillement de l'inventaire ; d'ailleurs le mobilier a été vendu aux enchères, ainsi qu'on va l'énoncer, et l'actif purement mobilier, ainsi que le passif restant à acquitter, seront compris dans les masses.

On mentionne seulement que la succession de M. Auguste Daix ne se compose que des droits dans la succession de son père.

III. Le mobilier inventorié a été vendu aux enchères, en vertu d'ordonnance et sans attribution de qualité, par le ministère de Me....., notaire à....., le..... Le produit de cette vente s'est élevé, net de tous frais, à douze cent soixante francs, ci. . . . . 1,260 fr.

Sur cette somme, il a été payé les frais d'inhumation et de dernière maladie des deux défunts, ainsi que le coût de l'inventaire et les impôts de l'année, le tout se montant à mille douze francs, ci. . . . . 1,012 »

Il est resté deux cent quarante-huit francs qui figureront dans la masse active, ci . . . . 248 fr.

IV. Mme veuve Daix a renoncé à la communauté qui avait existé entre elle et son mari, suivant déclaration passée au greffe du tribunal civil de....., le.....

Les reprises de Mme Daix ont été liquidées suivant acte passé devant Me....., notaire à....., le.....Il en résulte que Mme Daix, déduction faite des indemnités pour raison de ses propres, était créancière d'une somme de deux mille trois cents francs, qui figurera dans la masse passive.

Ces faits exposés, il est passé à l'établissement des masses.

MASSE ACTIVE.

Elle est formée de :

1° Deux cent quarante-huit francs en deniers, formant le reliquat du compte de vente mobilière, ci. . . . . 248 fr.

2° Six cents francs de rente trois pour cent, en un certificat n° 1427 de la série 8, au nom de M. Eloi Daix. Cette rente représente, au cours du jour du décès de ce dernier, étant de 74 fr. 10, une somme de quatorze mille huit cent vingt francs, ci. . . . . 14,820 »

3° Une créance de cinq mille deux cent cinquante francs sur M. Nortier, demeurant à....., actuellement exigible et non productive d'intérêts, ci. . . . 5,250 »

4° Vingt-cinq actions au porteur, de la Cie des chemins de fer d'Orléans, n{os} 43506 à 43530, avec les coupons à partir de celui échéant le.....; elles représentent au cours du jour du décès, étant de mille cinquante francs, une somme de vingt-six mille deux cent cinquante francs, ci . . . . 26,250 »

5° Soixante obligations trois pour cent au porteur, de la Cie du chemin de fer du Midi, n{os} 102617 à 102676, avec les coupons, à partir de celui échéant le..... Ces obligations, au capital nominal de cinq cents francs, représentent, au cours du jour du décès, étant de trois cent quarante francs, une somme de vingt mille quatre cents francs, ci. . . . . 20,400 »

Montant de la masse active, soixante-six mille neuf cent soixante-huit francs, ci . . . . 66,968 fr.

MASSE PASSIVE.

Elle comprend :

1° La somme de deux mille trois cents francs, montant des reprises en deniers de Mme veuve Daix (§ 5 de l'exposé), ci. . . . . 2,300 fr.

2° Celle de quinze cents francs, montant de l'indemnité de logement de nourriture et de deuil que la loi alloue à la veuve survivante, ci . . . . . . 1,500 »

A reporter. . . . . 3,800 fr.

copartageants, on doit procéder à autant d'opérations distinctes qu'il y a de successions, en établissant une masse active et une masse passive pour chacune d'elles. A la fin, on récapitule les droits de chaque copartageant dans les différentes masses, de manière à ne faire

Report	3,800 fr.
3° Celle de trois cent huit francs due pour le prorata de loyer au jour du décès, ci	308 »
4° Celle de quatre cent soixante francs due à divers fournisseurs, dont le détail est établi dans l'inventaire, ci.	460 »
5° Celle de huit mille francs due à M. Jean LEBON, rentier, demeurant à....., pour prêt, ci. . . . . 8,000 fr.	
Plus cent vingt francs, pour le prorata d'intérêts au décès, ci . . 120 »	
Ensemble, huit mille cent vingt francs, ci. . . . . 8,120 fr.	8,120 »
6° Celle de quatre cents francs, à laquelle sont évalués les frais et droits des présentes, ceux d'inventaire et de certificat de propriété, ci.	400 »
Montant de la masse passive, treize mille quatre-vingt huit francs, ci . .	13,088 fr.

BALANCE.

La masse active se monte à soixante-six mille neuf cent soixante-huit francs, ci.	66,968 fr.	»
Et la masse passive, à treize mille quatre vingt-huit francs, ci.	13,088 »	»
Reliquat actif, cinquante trois mille huit cent quatre-vingt francs, ci. .	53,880 »	»
Dont moitié en usufruit pour Mme DAIX, est de vingt-six mille neuf cent quarante francs, ci.	26,940 »	»
L'autre moitié, en pleine propriété pour les héritiers, est de pareille somme.		
Soit en propriété et en usufruit.		
Pour les deux vingt-quatrièmes de Mme DAIX, deux mille deux cent quarante-cinq francs, ci.	2,245 »	»
Et pour les onze vingt-quatrièmes de chacun, de M. Anatole DAIX et Mme LANIER, douze mille trois cent quarante-sept francs cinquante centimes, ci.	12,347 fr.	50

FIXATION DES DROITS DES PARTIES.

I. Mme VEUVE DAIX. Elle a droit :

1^{ent}. *En pleine propriété*, à :		
1° Deux mille deux cent quarante-cinq francs, pour les deux vingt-quatrièmes lui revenant dans la moitié en pleine propriété, ci	2,245 fr.	
2° Pareille somme aussi, pour ses deux quarantièmes dans la moitié grevée de son usufruit, et pour raison de laquelle il s'établit une confusion entre ses mains, ci.	2,245 »	»
3° Et celle de treize mille quatre-vingt-huit francs, montant du passif que Mme DAIX est chargée d'acquitter, ci	13,088 »	»
Total, dix-sept mille cinq cent soixante-dix-huit francs, ci.	17,578 »	»
2^{ent}. *En usufruit*, à vingt-quatre mille six cent quatre-vingt-quinze francs, formant la réunion des droits en nue propriété de M. Anatole DAIX et Mme LANIER, d'après les calculs ci-dessus, ci	24,695 »	
II. M. ANATOLE DAIX. Il a droit :		
1^{ent}. *En pleine propriété*, à douze mille trois cent quarante-sept francs cinquante centimes, pour ses onze vingt-quatrièmes en propriété, ci. . . .	12,347 »	50
2^{ent}. *En nue propriété*, à pareille somme, pour ses onze vingt-quatrièmes grevés d'usufruit, ci. . . . . 12,347 fr. 50		
III. Mme LANIER. Elle a droit :		
1^{ent}. *En pleine propriété*, à douze mille trois cent quarante-sept francs cinquante centimes, aussi pour ses onze vingt-quatrièmes en propriété, ci. .	12,347 »	50
2^{ent}. *En nue propriété*, à pareille somme, pour ses onze vingt-quatrièmes grevés d'usufruit, ci. . . . . 12,347 fr. 50		
Somme égale à la masse active brute partageable	66,968 fr.	»

qu'un seul lotissement. — Si, au contraire, les droits des copartageants sont identiques, les biens peuvent être confondus dans une masse unique et répartis par une même division (786, 787).

5059. — Immatricule de va-

ATTRIBUTIONS.

. Mme DAIX.

1ent. *Pleine propriété.* Pour remplir Mme DAIX de la somme de dix-sept mille cinq cent soixante dix-huit francs, montant de ses droits en pleine propriété, il lui est attribué à titre de partage :

1º Trente-huit francs sur le reliquat de vente mobilière porté sous l'art. 1er, ci. . . . . 38 fr

2º Les six cents francs de rente trois pour cent portés sous l'art. 2, pour quatorze mille huit cent vingt francs, ci. . . . . 14,820 »

3º Et huit obligations du Midi, nos 102617 à 102624, pour deux mille sept cent vingt francs, ci. . . . . 2,720 »

Somme égale à ses droits en propriété. . . . . 17,578 fr.

2ent. *Usufruit.* Pour remplir Mme DAIX de la somme de vingt-quatre mille six cent vingt-quinze francs, montant de ses droits en usufruit; il lui est attribué au même titre de partage, l'usufruit de :

1º Cinq cent quatre-vingt-quinze francs, à prendre sur la créance NORTIER (art. 3 de la masse), ci. . . . . 595 fr.

2º Dix actions d'Orléans, nos 43506 à 43515, sur les vingt-cinq portées à l'art. 4, pour. . . . . 10,500 »

3º Quarante obligations du Midi, nos 102625 à 102664, sur les soixante comprises à l'art. 5, pour. . . . . 13,600 »

Somme égale à ses droits en usufruit. . . . . 24,695 fr.

II. M. ANATOLE DAIX.

1ent. *Pleine propriété.* Pour remplir M. Anatole DAIX de la somme de douze mille trois cent quarante-sept francs cinquante centimes, montant de ses droits en pleine propriété, il lui est attribué à titre de partage :

1º Deux cent dix francs sur le reliquat de la vente mobilière (art 1er de la masse) ci. . . . . 210 fr. »

2º Trois cent trente-sept francs cinquante centimes, à prendre sur la créance NORTIER (art. 3), ci . . . . 337 » 50

3º Huit actions d'Orléans, nos 43516 à 43523, sur les vingt-cinq portées à l'art. 4, pour. . . . . 8,400 » »

4º Dix obligations du Midi, nos 102665 à 102674, sur les soixante comprises en l'art. 5, pour. . . . . 3,400 » »

Somme égale à ses droits en pleine propriété. . . . . 12,347 fr. 50

2ent. *Nue propriété.* Et pour le remplir de ses droits en nue propriété, étant de même somme, il lui est attribué la nue propriété des sommes et valeurs ci-après grevées de l'usufruit de Mme DAIX :

1º Deux cent quatre-vingt-dix-sept francs cinquante centimes sur la créance NORTIER (art. 3), ci . . . . 297 fr. 50

2º Cinq actions d'Orléans, nos 43506 à 43510, pour. . . . . 5,250 » »

3º Vingt obligations du Midi, nos 102625 à 102644, pour. . . . . 6,800 » »

Somme égale à ses droits en nue propriété. . . . . 12,347 fr. 50

III. Mme LANIER.

Pour remplir Mme LANIER de ses droits, étant de mêmes sommes qu'en ce qui concerne son frère, il lui est attribué à titre de partage :

1ent. *En pleine propriété :*

1º Quatre mille trois cent dix-sept francs cinquante centimes faisant le complément de la créance NORTIER (art. 3). . . . . 4,317 fr. 50

2º Sept actions d'Orléans, nos 43524 à 43530, sur les vingt-cinq portées à

A reporter. . . . . 4,317 fr. 50

leurs. — Quand des titres au porteur sont attribués à un usufruitier, il est nécessaire, dans le but de sauvegarder les droits des nu-propriétaires, de les convertir en titres nominatifs aux noms de l'usufruitier et des nu-propriétaires (2283, 2284).

3040. — Origine de propriété. — Il est utile d'établir, dans l'acte de partage,

Report.	4,317 fr. 50
l'art. 4, pour.	7,350 » »
3° Et deux obligations du Midi, n°s 102675 et 102676, pour.	680 » »
Somme égale à ses droits en pleine propriété.	12,347 fr. 50
2ent. *En nue propriété.*	
1° Deux cent quatre-vingt-dix-sept francs cinquante centimes sur la créance NORTIER, (art. 3), ci.	297 fr. 50
2° Cinq actions d'Orléans, n°s 43511 à 43515, pour.	5,250 » »
3° Vingt obligations du Midi, n°s 102645 à 102664, pour.	6,800 » »
Somme égale à ses droits en nue propriété.	12.347 » 50

ACCEPTATION.

Chacun des copartageants accepte les attributions à lui faites et tous abandonnements nécessaires sont consentis de part et d'autre.

CONDITIONS.

1° Chacun des copartageants a la propriété et la jouissance des biens compris dans son attribution à partir de....., époque du décès de M. Eloi DAIX.

2° Ils reconnaissent qu'ils ont été mis en possession divisément des titres et valeurs attribuées.

En ce qui concerne les dix actions d'Orléans et les quarante obligations du Midi, attribuées en usufruit à Mme DAIX, il est convenu qu'elles seront converties en titres nominatifs en son nom pour l'usufruit, la nue propriété à M. Anatole DAIX et Mme LANIER, conformément à leurs attributions.

Pour faire immatriculer la rente sur l'Etat attribuée à M. DAIX, Me....., est requis de délivrer le certificat de propriété nécessaire.

3° Mme DAIX s'oblige à l'acquit du passif, dont elle s'est chargée, de manière que M. Anatole DAIX et Mme LANIER ne soient aucunement inquiétés ni recherchés.

4° Au moyen des présentes, les successions de MM. DAIX père et fils se trouvent intégralement et définitivement liquidées et partagées.

5° Les copartageants déclarent pour ordre qu'aucune donation ni aucun avantage n'ont été faits par M. DAIX à ses enfants, de sorte qu'il n'y avait lieu à aucun rapport à sa succession.

Pour l'exécution des présentes, etc.

DONT ACTE. Fait et passé, etc.

Et après lecture, les parties ont signé avec les notaires.

Enregistrement. Voir n°s 2717 à 2754.

FORMULE 57. — **Partage d'immeubles.** — **Soulte.** — **Privilége de copartageant.** — **Règlement verbal pour les meubles** [N°s 3040 à 3042].

PAR DEVANT Me.....

ONT COMPARU : 1° M. Jean DESHAIES, cultivateur, demeurant à.....;

2° M. Jérome DESHAIES, charretier, demeurant à.....;

3° Et M. Edouard COSTIN, bourrelier, et Mme Eléonore DESHAIES, son épouse, de lui autorisée, demeurant ensemble à.....

M. et Mme COSTIN, mariés sous le régime de la communauté légale de biens, à défaut de contrat de mariage qui ait précédé leur union, célébrée à la mairie de....., le.....

Lesquels ont, par ces présentes, procédé au partage des biens immeubles dépendant des successions de M. Denis DESHAIES et Mme Geneviève BOULEY, épouse de ce dernier, leurs père et mère, décédés à....., le mari le....., et la femme le.....; desquels ils sont héritiers chacun pour un tiers. ainsi que le constate un acte de notoriété reçu par Me....., notaire à....., le.....

ou par un état qui y demeure annexé, l'origine de propriété des immeubles partagés (2221).

5041. — Soulte. — Le partage des biens indivis doit se faire sans trop diviser les héritages; en raison de cela et aussi de ce que certains biens ne peuvent être fractionnés, les lots n'ont pas toujours exactement la même valeur. La différence se compense par un re-

MASSE DES BIENS :

ART. 1er. Une maison, située à....., rue....., n°....., élevée sur caves et terre-plein, d'un rez-de-chaussée divisé en cuisine, chambre à feu, autre chambre sans foyer, grenier au dessus, grange, étable à vache, toit à porcs, poulailler, édifiée sur un terrain en cour et verger, de la contenance de 35 ares, section A, n°s 47 et 48 du plan cadastral; joignant d'un côté, etc.

ART. 2. Une pièce de terre labourable, de la contenance de....., située, etc.

ART. 3. Un verger, enclos de murs et haies, de la contenance de....., situé, etc.

ART. 4. Une pièce de terre plantée en vignes, de la contenance de....., située, etc.

ART. 5. Un herbage, enclos de haies dans lesquelles sont des arbres de haute futaie, de la contenance de....., située, etc.

ART. 6. Une pièce de terre labourable, de la contenance de....., située, etc.

ART. 7. Une autre, de la contenance de....., située, etc.

ART. 8. Une autre, de la contenance de....., située, etc.

ART. 9. Une prairie de la contenance d'un hectare vingt ares, située commune de....., lieudit....., section B, n° 65 du plan cadastral, joignant d'un côté le chemin du val, d'autre côté le ruisseau des fontaines, d'un bout M. CARET, d'autre bout M. BLIN.

ART. 10. Un bois taillis et haute futaie, de la contenance de deux hectares dix ares, situé commune de....., lieudit....., section H, n° 17 du plan cadastral, joignant d'un côté, au nord, le chemin du Renard, d'autre côté M. HAMEL, d'un bout M. LOIR, d'autre bout M. RAMEY.

ORIGINE DE PROPRIÉTÉ.

I. *Propres de M. DESHAIES.*

Art. 1er, 2, 5, 1/2 de l'art. 8, et 60 ares dans l'art. 9.

Ces immeubles appartenaient en propre à M. DESHAIES, comme lui ayant été attribués par M. Hector DESHAIES, tonnelier, et Mme Elvire GOMAIS, son épouse, demeurant à....., aux termes du partage anticipé qu'ils ont fait de leurs biens entre leurs deux enfants et seuls présomptifs héritiers, suivant acte passé devant Me....., notaire à....., le....., transcrit au bureau des hypothèques de....., le....., vol....., n°.....; lequel acte a reçu sa pleine et entière exécution, M. et Mme DESHAIES, donateurs, étant décédés à....., le mari le....., et la femme le....., laissant pour seuls héritiers leurs deux enfants; entre lesquels ils avaient fait ce partage, ainsi que le constate un acte de notoriété reçu par Me....., notaire à....., le.....

II. *Propres de Mme DESHAIES.*

Art. 3, 4 et moitié de l'art. 10

Ces immeubles appartenaient à Mme DESHAIES, en qualité d'héritière pour un quart de M. Antoine BOULEY, cultivateur, et Mme Catherine CARAL, ses père et mère, décédés à....., le mari le....., et la femme le....., ainsi que le constate un acte de notoriété, reçu par Me....., notaire à.....,le....., et comme composant le lot qui lui est échu par le partage de ces successions opéré entre elle et ses cohéritiers, suivant acte passé devant Me....., notaire à..., le...

III. *Acquêts.*

Art. 6, 7, 1/2 des art. 8 et 10 et surplus de l'art. 9.

Ces immeubles dépendent de la communauté qui a existé entre M. et Mme DESHAIES, à défaut de contrat qui ait précédé leur mariage célébré à la mairie de....., le....., au moyen de l'acquisition que M. DESHAIES en a faite pendant le mariage :

L'art. 6, de M....., suivant contrat passé devant Me....., notaire à....., le....., transcrit au bureau des hypothèques de....., le ....., vol....., n°.....; moyennant un prix de....., payé comptant. — *Ou payé depuis par quittance devant le même notaire du* .....

L'art. 7, de M....., etc.

L'autre 1/2 de l'art. 8, de M....., etc.

L'autre 1/2 de l'art. 10 de M....., etc.

Et 1 hect. 50 ares dans l'art. 9, de M....., etc.

tour en argent ou rente qu'on appelle soulte; les intérêts en sont dus à partir du jour fixé pour la jouissance divise des copartageants (2313 à 2316).

3042. — Privilége de copartageant. — Les copartageants ont un privilége sur les immeubles partagés pour la garantie des partages faits entre eux et du paiement des soultes (2492 à 2513). Ce privilége doit être inscrit dans le délai de quarante-cinq jours

FORMATION DES LOTS. — ATTRIBUTION.

Les copartageants ont formé trois lots des biens compris en la masse, qu'ils se sont attribués ainsi qu'il suit :

1er LOT. — M. Jean DESHAIES.

Le premier lot, attribué à titre de partage, à M. Jean DESHAIES, a été formé de :
1° La maison composant l'article premier ;
2° La pièce de terre comprise sous l'article quatre;
3° L'herbage compris sous l'article cinq;
4° Le tiers du bois, art. 10, à prendre du bout attenant à M. LOIR.

A la charge de payer à ses copartageants, pour plus-value de son lot, une somme de deux mille cinq cents francs, à titre de soulte.

2e LOT. — M. Jérome DESHAIES.

Le deuxième lot, attribué à M. Jérome DESHAIES, au même titre de partage, a été formé de :
1° Les pièces de terre composant les articles deux et six;
2° Le verger faisant l'objet de l'article trois;
3° La moitié de la prairie, article neuf, à prendre du bout attenant à M. CARET;
4° Un second tiers du bois, article dix, à prendre à la suite du tiers attribué à M. Jean DESHAIES;
5° Et une somme de huit cents francs, à toucher de Jean DESHAIES, à titre de soulte.

3e LOT. — Mme COSTIN.

Le troisième lot, attribué à Mme COSTIN, au même titre de partage, a été formé de :
1° Les pièces de terre faisant l'objet des articles sept et huit;
2° L'autre moitié de la prairie, article neuf, à prendre du bout attenant à M. BLIN;
3° Le dernier tiers du bois, article dix, à prendre du bout attenant à M. RAMAY;
4° Et une somme de dix-sept cents francs, à toucher de M. Jean DESHAIES, à titre de soulte.

ACCEPTATION.

Chacun des copartageants accepte le lot à lui attribué, et ils se font les uns aux autres tous abandonnements et dessaisissements nécessaires.

PAIEMENT DE LA SOULTE. — PRIVILÉGE.

M. Jean DESHAIES, chargé d'une soulte de deux mille cinq cents francs envers M. Jérome DESHAIES, pour huit cents francs, et Mme COSTIN, pour dix-sept cents francs, s'oblige à leur payer ces sommes dans le délai de deux années d'aujourd'hui, avec intérêt sur le pied de cinq pour cent par an, aussi à compter de ce jour, payable de six en six mois.

Ces paiements auront lieu à......, en l'étude de Me......; notaire, et ne pourront être valablement effectués qu'en espèces du cours.

A la sûreté et garantie du paiement de ces soultes, avec tous intérêts, frais et accessoires, les immeubles compris dans le lot de M. Jean DESHAIES, demeureront grevés du privilége de copartageant, à l'exception cependant de la pièce de terre, article quatre, qui, de convention expresse, en sera dégagée et affranchie.

Inscription de ce privilége sera prise au bureau des hypothèques de.....

CONDITIONS.

1° Chacun des copartageants a la propriété des biens entrés dans son lot, à partir des décès de M. et Mme DESHAIES, en vertu de l'effet rétroactif résultant de l'art. 883 du Code civil, et la jouissance divise de son lot à compter d'aujourd'hui.

Ils déclarent qu'ils se sont réglés amiablement entre eux, relativement aux récoltes de

3043. — Rapport à succession. — Successibles tenus au rapport. — L'égalité est de l'essence du par-

céréales, foins et fruits à cidre et à couteaux qui ont été faites depuis le décès de Mme Deshaies, leur mère; ainsi qu'aux labours, engrais et ensemencements des terres de labour entrées dans leurs lots, et qu'ils n'ont plus aucune réclamation à se faire les uns aux autres à ce sujet.

2° Des bornes seront plantées dans le délai d'un mois de ce jour, pour fixer les limites des parcelles attribuées dans les immeubles, articles neuf et dix de la masse. Les procès-verbaux de bornage et les honoraires du géomètre seront aux frais des copartageants, par tiers.

3° La prairie, article neuf de la masse, est irriguée par les eaux du ruisseau des fontaines, au moyen d'une rigole traversant toute la pièce et dont les vannes ne peuvent être levées que deux jours par semaine, les mardis et vendredis. Ce droit d'irrigation sera exercé par M. Jérome Deshaies et Mme Costin, chacun pour ce qui concerne la parcelle entrée dans son lot.

4° Les copartageants acquitteront séparément les impôts des immeubles entrés dans leurs lots à partir du premier janvier dernier.

5° Ils supporteront les servitudes passives, apparentes ou occultes, continues ou discontinues, pouvant grever les immeubles à eux échus, sauf à s'en défendre et à profiter de celles actives, s'il en existe, à leurs risques et périls, sans que la présente clause puisse conférer à des tiers plus de droits que ceux qu'ils pourraient avoir en vertu de la loi ou de titres réguliers et non prescrits.

6° Les copartageants seront garants les uns envers les autres de tous troubles et évictions, ainsi qu'il est de droit en matière de partage.

7° Les copartageants se reconnaissent en possession des titres de propriété des immeubles à eux attribués.

Quant aux titres communs, ils demeureront aux mains des ci-après nommés, à la charge de les communiquer à leurs copartageants, à tout besoin, sous récépissé :

M. Jean Deshaies, le partage anticipé du....., par M. et Mme Deshais-Gomais;

M. Jérome Deshaies, le partage des successions de M. et Mme Bouley, et le contrat d'acquisition de M....., pour la moitié du bois, art. 10.

Et Mme Costin, du contrat d'acquisition de M....., pour partie de la prairie, article neuf.

8° Les copartageants déclarent qu'ils se sont réglés amiablement entre eux, relativement aux objets mobiliers dépendant des successions de M. et Mme Deshaies et qu'il est revenu à chacun d'eux, net de toutes dettes, des objets pour une somme de quatre cents francs.

Ils déclarent aussi qu'il n'était dû de rapport par aucun d'eux à ces successions.

9° Les frais et droits des présentes, d'un extrait pour chaque copartageant, d'inscription aux hypothèques, de mesurage et bornage pour les immeubles divisés, seront supportés par tiers entre les copartageants. A l'exception seulement du droit d'enregistrement applicable à la soulte, qui sera supporté par M. Jean Deshaies.

Pour la perception du droit gradué d'enregistrement, les parties évaluent les immeubles partagés à une somme de trente-deux mille francs.

Pour l'exécution des présentes, etc.

Dont acte. Fait et passé, etc.

L'an mil huit cent soixante-dix-huit, le dix-huit juin.

Et après lecture, tant des présentes que des articles 12 et 13 de la loi du 23 août 1871, concernant les dissimulations, les parties ont signé avec les notaires.

Enregistrement. Voir n°s 2717 à 2788.

FORMULE 58. — **Partage de biens meubles et immeubles.** — **Rapports en nature et en moins prenant.** — **Prélèvements.** — **Lots.** — **Tirage au sort** [N°s 3043 à 3052].

Par devant M^e.....,

Ont comparu : 1° M. Edgar Almet, propriétaire cultivateur, demeurant à.....;

tage. Il s'en suit que le successible auquel des libéralités ont été faites par le défunt, est considéré comme ayant reçu, par avance, tout ou partie de ses droits dans l'hérédité, et il est tenu d'en faire le rapport à la succession (982 à 988). — Pour cela il faut : 1° que le donataire, au jour de l'ouverture de la succession, soit successible du donateur, même à titre de successeur irrégulier (219 à 225, 989 à 996), sans qu'il y ait à rechercher s'il l'était aussi au jour de la donation (997 à 1002); — 2° que le successible soit donataire ou légataire du défunt, ou qu'il vienne par représentation de son auteur donataire ou légataire, puisque,

2° M. Georges ALMET, foulonnier, demeurant à.....;
3° M. Joseph DUBLÉ, propriétaire, et Mme Hortense ALMET, son épouse, de lui autorisée, demeurant ensemble à.....
  M. et Mme DUBLÉ, mariés sous le régime de la communauté, sans condition d'emploi ni de remploi des deniers de l'épouse, aux termes de leur contrat de mariage passé devant M^e....., notaire à....., le.....
4° Mme Aglaé ALMET, veuve de M. Léon BOUTEL, rentière, demeurant à.....
  Lesquels ont, par ces présentes, procédé au partage de la succession de Mme Honorine RIANT, veuve de M. Ambroise ALMET, leur mère et aïeule, en son vivant, demeurant à....., où elle est décédée le...., desquels ils sont héritiers chacun pour un quart, Mme BOUTEL par représentation de M. Jacques ALMET, son père, ainsi qu'on le mentionnera dans la 3e observation.
  Pour l'intelligence de ce partage, il est fait l'exposé préliminaire qui suit :

EXPOSÉ PRÉLIMINAIRE.

1re OBSERVATION. — *Mariage de M. et MM^e ALMET. — Contrat de mariage. — Décès de M. ALMET. — Liquidation.*

  M. Ambroise ALMET et Mme Honorine RIANT se sont mariés à la mairie de....., le.....
  Préalablement à leur mariage, ils en ont arrêté les clauses et conditions civiles suivant contrat passé devant M^e....., notaire à....., le....., contenant adoption du régime de la communauté.
  M. Ambroise ALMET est décédé à....., le....., laissant pour seuls héritiers : MM. Jacques, Edgar et Georges ALMET et Mme DUBLÉ, alors tous mineurs, ainsi que le constate l'intitulé de l'inventaire après son décès, dressé par M^e....., notaire à....., le.....
  Suivant déclaration passée au greffe du tribunal civil de....., le....., Mme veuve ALMET a renoncé tant à la communauté ayant existé entre elle et son défunt mari, qu'à toutes donations, tous legs et tous avantages de survie qui ont pu lui être faits par ce dernier.
  Il a été procédé en justice à la liquidation de la succession de M. ALMET, suivant état dressé par M^e....., notaire à....., commis à cet effet, le....., et homologué par jugement du tribunal civil de....., en date du.....
  Ces faits sont mentionnés ici pour ordre seulement.

2e OBSERVATION. — *Dons et avantages sujets à rapports faits par Mme ALMET à ses enfants.*

  Mme ALMET a fait à ses enfants, les donations et avantages ci-après, pour raison desquels des rapports sont à faire à sa succession.

§ 1er. — Mme DUBLÉ : DOT.

  Par le contrat de mariage de M. et Mme DUBLÉ, passé devant M^e....., notaire à....., le....., contenant adoption du régime de la communauté réduite aux acquêts, Mme veuve ALMET a donné à titre de constitution de dot, par avancement d'hoirie, à Mme DUBLÉ sa fille :
  1° Un trousseau d'une valeur de six mille francs qui a été livré le jour du mariage, dont la célébration en a valu quittance, ci. . . . . 6,000 fr.
  2° Une somme de trente mille francs en numéraire, versée le même jour, ci. 30,000 »
  3° Et cinquante obligations de la Cie des chemins de fer d'Orléans, faisant alors l'objet d'un certificat n° 1612 au nom de la donatrice, représentant au cours du jour du mariage, étant de trois cent dix francs, une somme de quinze mille cinq cents francs, ci . . . . 15,500 »
  Ensemble, pour le rapport de Mme DUBLÉ, à faire en moins prenant, cinquante et un mille cinq cents francs, ci. . . . . 51,500 fr.

dans ce cas, il prend le lieu et place du représenté ; ce qui le soumet à l'obligation du rapport, non-seulement pour les libéralités faites à son auteur, mais encore pour les siennes propres (998, 1003 à 1026) ; — 3° qu'il n'ait pas été dispensé du rapport soit expressément, soit tacitement (1027 à 1041) ; — 4° qu'il vienne à la succession ; s'il renonçait, il serait considéré comme un étranger, et le rapport ne pourrait être exigé de lui, à moins de stipulation contraire (1042 à 1048).

3044. — Ibid. — A quelle succession. — Le rapport est dû à la succession de celui qui a donné. Si la donation a été faite

---

§ 2. — Donation a M. Jacques Almet, père de Mme Boutel ; dot a Mme Boutel ; somme prêtée a M. et Mme Boutel.

I. Aux termes du contrat de mariage d'entre Jacques Almet et Mme Estelle Target, passé devant M^e....., notaire à....., le....., Mme veuve Almet a fait donation par avancement d'hoirie, à M. Jacques Almet, son fils, de :

1° Divers objets mobiliers, cheval, bestiaux, instruments aratoires, le tout d'une valeur de cinq mille francs, ci. . . . . 5,000 fr.

2° Et une pièce de terre labourable, située commune de....., lieudit....., section....., n°..... du plan cadastral, de la contenance de cinq hectares.

Mme Boutel, venant à la succession par représentation de M. Jacques Almet, son père, doit le rapport de ce don, qui se fait pour le tout en moins prenant ; en ce qui concerne la pièce de terre, quoiqu'elle n'ait pas été aliénée, en raison de ce qu'il existe dans la succession d'autres immeubles de même nature et bonté. Cette pièce de terre est estimée entre les parties, pour la détermination du rapport auquel elle donne lieu, à douze mille cinq cents francs, ci. . . . . . . 12,500 »

II. Par le contrat de mariage de Mme Boutel, passé devant M^e....., notaire à....., le....., Mme veuve Almet, son aïeule lui a donné à titre de constitution de dot, une somme de vingt mille francs, qui a été versée le jour du mariage, dont la célébration en a valu quittance.

M. Jacques Almet, père de Mme Boutel, était encore existant lors de cette donation, de sorte que la donataire n'était pas présomptive héritière de la donatrice. Mais, comme au décès de la donatrice elle se trouvait son héritière, elle est tenue au rapport de cette somme à la succession, ci. . . . . 20,000 »

III. Suivant acte passé devant M^e....., notaire à....., le....., Mme Boutel et M. Boutel, son défunt mari, se sont reconnus débiteurs envers Mme veuve Almet d'une somme de six mille francs, pour prêt qu'ils se sont obligés solidairement à lui rendre le.....; et, jusqu'au remboursement, à lui en servir les intérêts, sur le pied de cinq pour cent par an, payables, chaque année, le......

Cette somme est toujours due, et Mme Boutel, quoique ayant renoncé à la communauté d'entre elle et son mari, suivant déclaration passée au greffe du tribunal civil de....., le....., doit en faire le rapport à la succession pour le tout, en raison de son obligation solidaire, ci. . . . . 6,000 fr.

Plus cinq cent soixante francs pour intérêt au décès, ci. . . . . 560 »

Total, six mille cinq cent soixante francs, ci. . . . . 6,560 fr.   6,560 »

Ensemble, pour le montant du rapport par Mme Boutel, à faire en moins prenant, quarante-quatre mille soixante francs, ci. . . . . 44,060 fr.

§ 3. — M. Edgar Almet. — Donation. — Don déguisé. — Remplacement militaire.

I Aux termes d'un acte passé devant M^e....., notaire à....., le....., Mme veuve Almet, a fait donation entre-vifs, par avancement d'hoirie, à M. Edgar Almet, son fils, de :

1° Une somme de cinq mille francs, en numéraire, dont le rapport est à faire en moins prenant, ci . . . . 5,000 fr.

2° Une créance, au capital de six mille francs, due par M. et Mme Boulard, en vertu d'une obligation reçue par M^e....., notaire à....., le.....; de laquelle somme le rapport doit aussi être fait en moins prenant, ci. . . . . 6,000 »

3° Une prairie, située commune de....., lieudit....., de la contenance de cinq hectares quarante ares, comprise au plan cadastral, sous la section B, n° 47.

Cette prairie n'a pas été aliénée par le donataire, et comme il n'existe pas,

A reporter. . . . . 11,000 fr.

par le père et la mère, le rapport est dû à leurs successions, chacun à raison de la chose ou de la somme pour laquelle il y a contribué (1049 à 1055).

5045. — Ibid. — A quelles personnes. — Le rapport est dû au cohéritier venant à partage, même au successeur illégitime, par exemple l'enfant naturel (219 à 225); mais non aux créanciers du défunt, ni à ses légataires, à moins que ce ne soit à titre de

Report.	11,000 fr.

dans la succession, d'immeubles de cette nature, M. Edgar Almet, à la demande de ses cohéritiers, en fera ci-après le rapport à la masse, ci . . . . *En nature.*
En raison d'impenses par lui faites, il lui est dû une indemnité dont la déduction va être faite sur les sommes par lui rapportables.
4° Une maison située à....., rue....., n°....., élevée sur caves d'un rez-de-chaussée et d'un premier étage avec bâtiments accessoires, d'une superficie en cour et jardin de vingt-cinq ares, section A, n°s 13, 14 et 15 du plan cadastral.
Cette maison, avec tous les bâtiments en dépendant, a été détruite par un incendie arrivé le....., sans qu'aucune faute fut imputable à M. Edgar Almet. Il n'a fait élever aucune reconstruction sur le terrain qui est demeuré en jardin. Par suite, il ne doit le rapport que de ce terrain, et il a fait connaître sa volonté de faire ce rapport en nature, ci. *En nature.*
II. Suivant contrat passé devant M^e....., notaire à....., le....., Mme veuve Almet a acquis de M. Victor Couture, cultivateur, demeurant à....., savoir :
1^{ent}. En son nom personnel, une pièce de terre de la contenance de huit hectares cinquante ares, sise commune de....., lieudit....., qui figure sur l'art. 10 de la masse partageable.
2^{ent}. Et au nom et pour le compte de M. Edgar Almet, une autre pièce de terre de la contenance de trois hectares, sise mêmes commune et lieudit.
Cette vente a été faite moyennant un prix de trente-quatre mille francs, applicable : pour dix-huit mille francs à la pièce de terre vendue à Mme Almet; et pour seize mille francs, à celle vendue à M. Edgar Almet; le tout payé comptant.
M. Edgar Almet, qui a pris possession de la pièce de terre à lui vendue, aussitôt après la vente, reconnaît que les fonds ont été versés en totalité des deniers de Mme Almet, de sorte qu'il est tenu au rapport des seize mille francs payés en son acquit, ci. . . . . 16,000 fr.
Plus treize cents francs, pour les frais du contrat d'acquisition en ce qui le concerne, ci. . . . . 1,300 »
Total, dix-sept mille trois cents francs, ci. . . . . 17,300 fr.   17,300 fr.
III. M. Edgar Almet, qui avait été porté sur les contrôles, comme soldat de la classe mil huit cent cinquante-trois, a été remplacé au service militaire par le sieur Jean Galay, moyennant le versement, par Mme veuve Almet, d'une somme de cinq mille francs, ainsi que le constate un acte reçu par M^e....., notaire à....., le.....
Lors de ce remplacement, M. Edgar Almet, travaillait dans la ferme exploitée par sa mère et a continué d'y travailler pendant plusieurs années, de sorte que le remplacement ayant eu lieu dans l'intérêt de la mère de famille, ne donne pas lieu à rapport, ci. . . . . *Ordre.*
IV. M. Edgar Almet ne s'est pas marié; mais les libéralités ci-dessus ont remplacé la dot qui lui aurait été constituée s'il était venu à se marier.
Ensemble, pour les rapports en moins prenant à effectuer par M. Edgar Almet, vingt-huit mille trois cents francs, ci. . . . . 28,300 fr.
De cette somme on déduit l'indemnité ci-après, due à M. Edgar Almet.
Pour l'assainissement de la prairie à lui donnée, et dont il effectue le rapport en nature, M. Edgar Almet l'a fait drainer en partie dans le courant de l'année.....; par suite, il a le droit d'être indemnisé de la plus-value que ces travaux ont procuré à l'immeuble. Les parties fixent cette plus-value à une somme de deux mille francs, qui vient en diminution des sommes dont il fait le rapport, ci. . . . . 2,000 »
A ce moyen il ne doit le rapport que d'une somme de vingt-six mille trois cents francs . . . . 26,300 fr.

réunion fictive pour le calcul de la quotité disponible à prélever sur les biens existants au décès (1056 à 1065).

3046. — Ibid. — Choses rapportables. — Toute libéralité faite à un successible directement ou indirectement est sujette au rapport, en raison de ce que le défunt est considéré, à moins d'intention contraire, comme ayant voulu faire une avance de succession. Il importe peu qu'il s'agisse d'une

---

§ 4. — M. Georges Almet. — Dot. — Etablissement. — Exonération.

I. Par le contrat de mariage de M. Georges Almet avec Mlle Berthe Miret, passé devant M^e....., notaire à....., le....., Mme veuve Almet a fait donation par avancement d'hoirie, à titre de constitution de dot, à M. Georges Almet, son fils, de :

1° Une somme de dix mille francs en numéraire	10,000 fr.
2° Huit cents francs de rente quatre et demi pour cent sur l'Etat français, en un certificat au nom de la donatrice, n° 142306 de la série 6e, représentant au cours d'alors, étant de cent quatre francs cinquante centimes, une somme de dix-huit mille neuf cents francs, ci.	18,900 »
Total, vingt-huit mille neuf cents francs, ci	28,900 fr.

II. M. Georges Almet a, par contrat devant M^e....., notaire à....., du....., acquis de M. Hector Martin, foulonnier, demeurant à....., une usine à usage de moulin à foulon, située à....., avec la mécanique et l'outillage en dépendant; ensemble une maison d'habitation avec terrain en cour, jardin et paturage, moyennant un prix de soixante mille francs, stipulé payable à terme.

Mme veuve Almet est intervenue à cet acte et s'est rendue caution solidaire de M. Georges Almet, jusqu'à concurrence d'une somme de trente mille francs; laquelle somme a été effectivement versée par Mme Almet, comme caution, ainsi que le constate une quittance passée devant M^e....., notaire à....., le.....; au moyen de quoi M. Georges Almet est tenu au rapport de cette somme, ci . . . . . . 20,000 »

III. M. Georges Almet, appelé au service militaire, comme soldat de la classe mil huit cent soixante-trois, en a été exonéré au moyen du versement que Mme veuve Almet a fait le ...., à la caisse du Trésorier payeur de....., d'une somme de trois mille francs. De laquelle somme le rapport est dû à la succession, en raison de ce que l'exonération a eu lieu dans l'intérêt de M. Almet seul, ci . . . . . . 3,000 »

Ensemble, pour les rapports à effectuer par M. Georges Almet, le tout en moins prenant, soixante-un mille neuf cents francs, ci. . . . . 61,900 fr.

ÉGALISATION DES RAPPORTS.

Le rapport le plus élevé, en moins prenant, est celui de M. Georges Almet, qui se monte à soixante-un mille neuf cents francs, ci. . . . . 61,900 fr.

Dans le but d'être égalisés avec lui, ses copartageants prélèveront sur les biens de la succession, avant la formation de la masse partageable, savoir :

Mme Dublé, qui a reçu cinquante un mille cinq cents francs, dix mille quatre cents francs, ci. . . . . 10,400 fr.

Mme Boutel, qui a reçu quarante-quatre mille soixante francs, dix-sept mille huit cent quarante francs, ci. . . . . 17,840 »

Et M. Edgar Almet, qui a reçu vingt-six mille trois cents francs, trente-cinq mille six cents francs. . . . . 35,600 »

Réunion des prélèvements à opérer, soixante-trois mille huit cent quarante francs, ci. . . . . 63,840 »

3e Observation. — *Décès de Mme Almet.* — *Inventaire.*

Mme veuve Almet est décédée en son domicile à....., le....., laissant pour héritiers, chacun pour un quart :

M. Edgar Almet, M. Georges Almet et Mme Dublé, ses trois enfants;

Et Mme Boutel, sa petite-fille, par représentation de M. Jacques Almet, son père décédé à....., le....., fils de ladite dame.

L'inventaire, après son décès a été dressé par M^e....., notaire à....., en date du.....

Le mobilier a été prisé à une somme de.....

On fait observer ici que sur ce mobilier il a été fait, d'accord entre les copartageants, le prélèvement d'objets, savoir :

libéralité faite par donation entre-vifs (1068 à 1076), ou par un legs (1066 et 1067), ou au moyen d'une personne interposée ou par don déguisé (1077 à 1080), ou sous forme de remise de dette, ou pour l'établissement du successible, ou le paiement de ses dettes, ou l'acquit d'une charge qui lui est personnelle (1081 à 1090). — On considère aussi comme une avance donnant lieu à rapport le prêt que le défunt a fait à son successible (1121 à 1135).
— Les fruits et intérêts des choses et sommes rapportables sont dus à compter de l'ouverture de la succession (1136 à 1142).

5047. — Ibid. — Choses non

Par M. Edgar ALMET, pour une somme de huit cents francs . . . . 800 fr.
Par Mme DUBLÉ, pour une somme de douze cents francs. . . . . 1,200 »
Et par Mme BOUTEL, pour une somme de mille francs, ci. . . . . 1,000 »
Ensemble, trois mille francs, ci . . . . 3,000 fr.

Et que le surplus du mobilier a été vendu aux enchères, par M^e....., notaire à....., suivant procès verbal en date du.....

Le produit de cette vente s'est élevé à une somme de huit mille six cents francs, dont la remise a été faite à M. Edgar ALMET, qui en rendra compte par la quatrième observation.

Les titres et papiers ont été inventoriés sous huit cotes dont voici le dépouillement :

1re cote. 5 pièces. — Contrat de mariage de M. et Mme ALMET père et mère; inventaire après le décès de M. ALMET; liquidation, et jugement d'homologation.

2e cote. 8 pièces. — Expédition d'un acte passé devant M^e....., notaire à....., le....., contenant le partage des successions de M. Albert RIANT et Mme Geneviève BARBE, sa femme, décédés à....., le mari le....., et la femme le....., entre leurs trois enfants et seuls héritiers, chacun pour un tiers, au nombre desquels figurait Mme ALMET. Le second lot échu à Mme ALMET a été composé immobilièrement de :

1° La pièce de terre donnée à M. Jacques ALMET (2e observ., § 2).
2° La prairie et la maison donnés à M. Edgar ALMET (2e observ., § 3).
3° Les immeubles qui figureront dans la masse partageable ci-après, sous les articles 4 à 8.

Les autres pièces sont anciens titres de propriété.

3e cote. Douze pièces. — 1° Expédition du contrat de la vente COUTURE mentionné sous la 2e observation, § 3, II.

2° Expédition d'un contrat passé devant M^e....., notaire à....., le....., contenant vente par M. Hilaire BLAY et Mme Caroline COROT, sa femme, demeurant à....., à Mme veuve ALMET, de trois pièces de terre en labour, sises commune de....., lieudit....., qui feront l'objet des articles 9 et 11 de la masse ci-après.

3° Anciens titres de propriété.

4e cote. 3 pièces. — 1° Certificat de quinze cents francs de rente cinq pour cent sur l'Etat français en un certificat au nom de Mme ALMET, n° 1214 de la 3e série.

2° Certificat de vingt actions de la Cie du chemin de fer du Nord, au nom de Mme veuve ALMET, n° 816.

3° Certificat de cinquante obligations trois pour cent de la Cie de l'Ouest, au nom de Mme ALMET n° 1315.

5e cote. 4 pièces. — 1° Grosse d'un acte passé devant M^e....., notaire à....., le....., aux termes duquel M. Justin LORMEL, épicier, et Mme Agnès BELLE, son épouse, demeurant à....., se sont reconnus débiteurs pour prêt, envers Mme veuve ALMET, d'une somme de quinze mille francs, qui a été stipulée remboursable le....., et productive d'intérêts à cinq pour cent par an, payables chaque année, en deux termes égaux, les.....; elle est garantie par hypothèque sur une maison sise à....., rue....., n°.....

2° Bordereau de l'inscription prise au bureau des hypothèques de....., le....., vol....., n°.....; signification à compagnie d'assurances, et état négatif d'inscription et de mutations.

A l'époque du décès il était dû le prorata d'intérêt depuis le....., se montant à deux cent soixante francs.

6e cote. 5 pièces. — Relatives à des créances contre MM....., dont le recouvrement est incertain, et, pour ce motif, demeureront en commun entre les copartageants.

7e à 10e cotes. — Impôts; assurances; et pièces diverses.

Il a été déclaré qu'il existait en deniers comptants une somme de quatre mille francs, dont la remise a été faite à M. Edgar ALMET, qui en a été constitué comptable pour l'employer jusqu'à due concurrence à l'acquit du passif

rapportables. — Il n'y a pas lieu au rapport : 1° Des profits que l'héritier a pu retirer de conventions avec le défunt, quand elles ne présentent aucun avantage indirect (1091, 1092, 1099 à 1103); ou d'une association faite sans fraude avec le défunt, si elle a été constituée par un acte notarié; mais le rapport serait dû, si elle résultait d'un acte sous-seing privé, même enregistré et publié (1093 à 1098); — 2° Des sommes dépensées pour la nourriture, l'entretien, l'éducation, l'apprentissage du successible, à moins qu'elles ne soient en disproportion notable avec les facultés du père de famille et n'aient entamé son patrimoine

---

Et qu'il était dû, indépendamment des frais d'inhumation et de dernière maladie, diverses dettes courantes se montant à huit cent quinze francs. Le tout a été acquitté par M. Edgar ALMET, et va être compris dans les dépenses de son compte.

4ᵉ OBSERVATION. — *Compte d'administration de M. Edgar* ALMET.

M. Edgar ALMET a été chargé par ses cohéritiers d'encaisser les sommes appartenant à la succession et d'acquitter le passif. Il rend compte de son administration ainsi qu'il suit :

RECETTES.

M. Edgar ALMET a reçu :
1° La somme de huit mille six cents francs, formant le produit de la vente mobilière après le décès de Mᵐᵉ ALMET (3ᵉ observ.), ci . . . . 8,600 fr.
2° Celle de quatre mille francs, montant des deniers comptants existant au décès (même observ.), ci. . . . . 4,000 »
Total, douze mille six cents francs, ci . . . . 12,600 fr.

DÉPENSES.

M. Edgar ALMET a payé :
1° A la fabrique de l'église, la somme de douze cent vingt-cinq francs, pour les frais de l'inhumation de Mᵐᵉ ALMET, ci . . . . 1,225 fr.
2° A....., etc. (Comprendre ici avec détail les frais d'inhumation, de dernière maladie, d'inventaire, et généralement toutes les dettes et charges qui ont été acquittées).
Total, pour les dépenses . . . . 6,500 fr.

BALANCE.

Les recettes se montent à douze mille six cents francs, ci. . . . . 12,600 fr.
Et les dépenses à six mille cinq cents francs, ci. . . . . 6,500 »
Reliquat en recettes, six mille cent francs, ci. . . . . 6,100 fr.

PARTAGE.

Ces faits exposés, il est passé aux opérations de partage faisant l'objet des présentes, qui seront divisées en deux parties comprenant :
La première, l'établissement de la masse mobilière et les prélèvements pour l'égalisation des rapports, les parties ayant convenu de les effectuer sur cette masse.
La deuxième, l'établissement de la masse partageable, la formation des lots, leur tirage au sort et les conditions du partage.
En raison du peu de temps qui s'est écoulé depuis le décès, les biens compris dans les masses y seront portés pour leur valeur à cette époque, et c'est du même jour que partira la jouissance divise, de sorte que les parties n'auront pas à se tenir compte respectivement des fruits et intérêts des objets et sommes rapportables, et que les fonds ne devront pas être distingués des fruits.

CHAPITRE PREMIER. — MASSE MOBILIÈRE ; PRÉLÈVEMENTS.

La masse mobilière se compose de :
1° Quinze cents francs de rente cinq pour cent sur l'Etat français, série 3, n° 1214, au nom de Mᵐᵉ ALMET, représentant au cours du jour du décès étant de cent dix francs, une somme de trente-trois mille francs, ci. . . . . 33,000 fr.
A reporter. . . . . 33,000 fr.

(1104 à 1114); — 3° Des fruits et intérêts produits par les choses données antérieurement à l'ouverture de la succession (1115 à 1119); sauf cependant le cas où la libéralité a eu pour objet des fruits capitalisés (1120).

3048. — Ibid. — Immeubles. — Le rapport des immeubles peut être exigé *en nature*, toutes les fois qu'ils n'ont pas été aliénés par le donataire et qu'il n'existe pas dans la masse d'autres immeubles similaires dont on puisse former des lots pour les autres copartageants. Quant au donataire, il peut toujours obliger ses cohéritiers à accepter le rapport en nature (1172). L'immeuble est rapporté dans l'état où il se trouve, avec les augmentations et améliorations ou les dégradations ou dété-

Report	33,000 fr.
2° Vingt actions de la Cie des chemins de fer du Nord, n°s 6425 à 6444, en un certificat au nom de Mme ALMET, n° 816, représentant au cours du jour du décès étant de trois cent vingt francs, une somme de vingt-six mille quatre cents francs, ci	26,400 »
3° Cinquante obligations, trois pour cent, de la Cie de l'Ouest, n°s 166448 à 166497, en un certificat au nom de Mme ALMET, n° 1315, représentant au cours du jour du décès, étant de trois cent quarante francs, une somme de dix-sept mille francs, ci	17,000 »
4° La somme de douze mille francs, montant de la créance sur époux LORMEL (3e obs., 5e cote). . . . . 12,000 fr. Plus prorata d'intérêt au décès. . . . . 260 » Total, douze mille deux cent soixante francs, ci. . . . . 12,260 fr.	12,260 »
5° La somme de trois mille francs dont le rétablissement est fait à la masse pour le mobilier prélevé par M. Edgar ALMET et MM^{mes} DUBLÉ et BOUTEL, ainsi qu'on l'a établi sous la 3e observation, ci.	3,000 »
6° Et la somme de six mille cent francs, reliquat du compte d'administration de M. Edgar ALMET (4e observ.), ci	6,100 »
Ensemble, pour la masse mobilière, quatre-vingt-dix-sept mille sept cent soixante francs, ci.	97,760 fr.

Pour remplir Mme DUBLÉ, Mme BOUTEL et M. Edgar ALMET des sommes qui leur reviennent pour être égalisés avec M. Georges ALMET, à raison de leurs rapports respectifs en moins prenant, ainsi qu'il est établi en fin de la deuxième observation, ils font le prélèvement à titre de partage, ce qui est consenti par tous les copartageants, savoir :

Mme DUBLÉ. — 1° Douze cents francs, valeur des objets mobiliers par elle prélevés (3e observ. et art. 5 de l'actif), ci.	1,200 fr.
2° Deux cent cinquante francs de rente cinq pour cent, à prendre sur les quinze cents francs portés art. 1er, pour cinq mille cinq cents francs, ci. . . .	5,500 »
3° Dix obligations de l'Ouest, n°s 166448 à 166457, faisant partie des cinquante comprises sous l'art. 3, pour trois mille quatre cents francs, ci	3,400 »
4° Et trois cents francs, à toucher de M. Edgar ALMET, sur les six mille cent francs faisant l'objet de l'art. 6, ci.	300 »
Somme égale à son prélèvement, ci	10,400 fr.
Mme BOUTEL. — 1° Mille francs, valeur des objets mobiliers dont elle a fait le prélèvement (3e observ. et art. 5 de l'actif), ci.	1,000 fr.
2° Cinq cents francs de rente cinq pour cent à prendre sur les quinze cents francs portés art. 1er pour onze mille francs, ci.	11,000 »
3° Dix-sept obligations de l'Ouest, n°s 166458 à 166474, sur les cinquante portées art. 3, pour cinq mille sept cent quatre-vingt francs, ci	5,780 »
4° Et soixante francs à toucher de M. Edgar ALMET, sur les six mille cent francs compris à l'art. 6, ci.	60 »
Somme égale à son prélèvement, ci.	17,840 fr.
M. Edgar ALMET. — 1° Huit cents francs, valeur des objets mobiliers dont il a fait le prélèvement (3e observ. et art. 5 de l'actif), ci.	800 fr.
2° Sept cent cinquante francs de rente cinq pour cent, faisant le complément des quinze cents francs portés à l'art. 1er, pour seize mille cinq cents francs, ci .	16,500 »
3° Dix obligations de l'Ouest, n°s 166475 à 166484, sur les cinquante portées à l'art. 3, pour trois mille quatre cents francs, ci	3,400 »
A reporter.	20,700 fr.

riorations qui ne proviennent pas du fait du donataire ; dans le cas contraire, le donataire est responsable de la dépréciation survenue par sa faute ou négligence; et, par contre, il a droit à une indemnité pour les impenses qu'il a faites, eu égard à ce dont la valeur de l'immeuble se trouve augmentée au temps du partage. Si l'immeuble a péri sans sa faute, il n'est tenu à aucun rapport (1143 à 1169). — Mais le rapport ne peut être exigé qu'en moins prenant (1180 à 1183) : 1° quand il existe dans la succession d'autres immeubles similaires (1170 à 1172) ; — 2° lorsque le donataire a aliéné l'immeuble, à titre gratuit ou onéreux, avant l'ouverture de la succession (1173 à 1183), ou l'a perdu par sa faute (1176) ; — 3° quand le do-

Report.	20,700 fr.
4° La créance Lormel, comprise sous l'art. 4, pour douze mille deux cent soixante francs, ci.	12,260
5° Et deux mille six cent quarante francs sur les six mille cent francs étant en ses mains (art. 6), et dont il fait confusion en lui-même, ci	2,640 »
Somme égale à son prélèvement, ci	35,600 fr.

Les art. 1, 4 et 5 ont été entièrement absorbés par les prélèvements qui précèdent. L'art. 2 reste en entier; il formera l'art. 2 de la masse partageable par lots.

En ce qui concerne l'art. 3, trente-sept obligations ayant été prélevées, il en reste treize, n°s 166485 à 166497, qui figureront sous l'art. 3 de la même masse.

A l'égard des six mille cent francs, art. 6, demeurés aux mains de M. Edgar Almet, ci		6,100 fr.
Il a été prélevé : Par M. Dublé, trois cents francs, ci.	300 fr.	
Par Mme Boutel, soixante francs, ci	60 »	3,000 »
Et par M. Edgar Almet, deux mille six cent quarante francs, ci.	2,640 »	
Reste trois mille cent francs, qui feront l'objet de l'art. 1er de la même masse, ci.		3,100 fr.

CHAPITRE DEUXIÈME. — PARTAGE PAR LOTS.

§ 1. — MASSE PARTAGEABLE.

La masse partageable est formée des biens ci-après, dont l'estimation a été faite d'accord entre les copartageants, suivant leur valeur au jour du décès.

I. — *Biens existant dans la succession.*

Art. 1er — La somme de trois mille cent francs en deniers, demeurée aux mains de M. Edgar Almet, par suite des prélèvements qui viennent d'avoir lieu, ci. . . . 3,100 fr.

Art. 2. — Les vingt actions de la Cie des chemins de fer du Nord, formant l'art. 2, de la masse mobilière ci-dessus, représentant vingt-six mille quatre cents francs, ci. . . . 26,400 »

Art. 3. — Les treize obligations de l'Ouest, n°s 166485 à 166497, restant, par suite des mêmes prélèvements sur les cinquante comprises à l'art. 3, soit au cours de trois cent quarante francs, quatre mille quatre vingt francs, ci . . 4,420 »

Art. 4. — Une maison située à....., élevée sur cave et terre-plein d'un rez-de-chaussée divisé en cuisine, salle à manger et chambre à coucher; d'un premier étage comprenant deux chambres à feu et une autre sans foyer; grenier au dessus; écurie, étable à vaches, grange, cellier, hangard et autres dépendances, édifiée sur un terrain en cour et verger, de la contenance de cinquante ares, section A, n°s 48, 49 et 50 du plan cadastral, joignant par devant la rue de....., sur une façade de..... mètres; au fond, M.....; d'un côté, au nord, M.....; d'autre côté, au sud, M....., estimée huit mille francs, ci. . . . 8,000 »

Art. 5. — Un verger, enclos de mur et de haies, situé à....., rue....., de la contenance de soixante-cinq ares, section A, n° 67 du plan cadastral, joignant par devant la rue, sur une façade de..... mètres; au fond, M....., séparé par un mur dépendant de ce verger; d'un côté, à l'est, M....., séparé par une haie mitoyenne; d'autre côté, à l'ouest, M....., séparé par un mur appartenant à ce dernier; estimé quatre mille francs, ci. . . . 4,000 »

Art. 6. — Un herbage, enclos de haies, situé à....., rue....., de la conte-

A reporter. . . . . 45,920 fr.

nateur a dispensé le donataire du rapport en nature (1177 à 1179). — S'il y a lieu à retranchement d'une libéralité faite à un successible par préciput et hors part, voir n°s 1184 à 1188.

3049. — Ibid. — Meubles. — Le rapport des meubles corporels ou incorporels, de même que le rapport de deniers comptants, s'opère en moins prenant, d'abord sur le numéraire et le mobilier, et, en cas d'insuffisance, sur les immeubles, sauf le droit du donataire de rapporter en deniers s'il le préfère. Le rapport a lieu sur le pied de la valeur des objets au temps de la donation (1189 à 1199).

3050. — Ibid. — Prélèvements. — Dans tous les cas de rapport en moins pre-

---

Report.	45,920 fr.
nance de deux hectares, section A, n° 83, joignant, etc. Estimé six mille francs, ci	6,000 »
ART. 7. — Une pièce de terre labourable, de la contenance de cinq hectares, sise commune de....., lieudit....., section....., n°....., joignant, etc. Estimée douze mille francs, ci	12,000 »
ART. 8. — Une autre pièce de terre labourable, de la contenance de quatre hectares, sise, etc. Estimée dix mille francs, ci.	10,000 »
ART. 9. — Une autre pièce de terre labourable, de la contenance de six hectares, sise, etc. Estimée quinze mille francs, ci.	15,000 »
ART. 10. — Une autre, aussi en labour, de la contenance de huit hectares cinquante ares, estimée vingt mille francs, ci.	20,000 »
ART. 11. — Une autre, de même nature, contenant vingt-trois hectares, sise, etc. Estimée cinquante mille francs, ci	50,000 »

II. — *Rapport par M. Edgar* ALMET *(2ᵉ observ., § 3).*

ART. 12. — Une prairie située commune de....., lieudit....., de la contenance de cinq hectares quarante ares, section B, n° 47 du plan cadastral, joignant à l'est M. CAILLE; à l'ouest M. TILLOY; au nord la rivière la Béronne, et au sud le chemin du départ, estimée seize mille francs, ci.	16,000 »
ART. 13. — Un terrain à construire, actuellement en jardin, situé à....., rue....., contenant vingt-cinq ares, section A, n°s 13, 14 et 15, joignant, etc. Estimé deux mille quatre-vingts francs	2,080 »
Montant de la masse partageable, cent soixante-dix-sept mille francs, ci.	177,000 fr.
Dont le quart, pour chacun des copartageants, est de quarante-quatre mille deux cent cinquante francs, ci.	44,250 »

§ 2. — FORMATION DES LOTS.

Premier lot.

Il est composé de :

1° Cinq cent quatre-vingt-dix francs à prendre dans les trois mille cent francs aux mains de M. Edgar ALMET, formant l'art. 1ᵉʳ, ci.	590 fr.
2° Trois actions du Nord, n°s 6425 à 6427, faisant partie des vingt composant l'art. 2, pour	3,960 »
3° Cinq obligations de l'Ouest, n°s 166485 à 166489, sur les treize portées art. 3, pour	1,700 »
4° La maison, art. 4, pour.	8,000 »
5° Deux hectares douze ares à prendre dans la pièce de terre art. 10, au sud, du côté attenant à M....., pour.	5,000 »
6° Onze hectares cinquante ares, faisant moitié de la pièce de terre art. 11, du côté de l'est, attenant a M....., pour.	25,000 »
Somme égale au quart.	44,250 fr.

Second lot.

Il est formé de :

1° Neuf cent quatre-vingt-dix francs à prendre dans les trois mille cent francs aux mains de M. Edgar ALMET, faisant l'objet de l'art. 1ᵉʳ, ci.	990 fr.
2° Sept actions du Nord, n°s 6428 à 6434, sur les vingt composant l'art. 2, pour	9.240 »
A reporter.	10,230 fr.

nant, les cohéritiers à qui il est fait, même lorsqu'il s'agit d'un rapport de dettes, prélèvent, avant tout partage, sur les biens de la succession et par préférence aux créanciers personnels du cohéritier débiteur, une valeur égale au montant du rapport en principal et intérêts (1200 à 1204).

5051. — Garantie des lots. — Les copartageants, comme conséquence de l'égalité qui doit régner entre eux, demeurent respectivement garants, les uns envers les autres, des troubles et évictions qui procèdent d'une cause antérieure au partage. Elle cesse si c'est par sa faute que le cohéritier souffre l'éviction. Elle oblige les cohéritiers, chacun pour sa part et portion, à indemniser le cohéritier qui en

Report.	10,230 fr.
3° Trois obligations de l'Ouest, n°s 166490 à 166492, sur les treize portées à l'art. 3, pour	1,020 »
4° Le verger, art. 5 de la masse, pour	4,000 »
5° L'autre moitié étant de onze hectares cinquante ares de la pièce de terre art. 11, à prendre à l'ouest, du côté attenant à M....., pour	25,000 »
6° Le tiers étant de un hectare quatre-vingts ares de la prairie art. 12, à prendre à l'est, du côté attenant à M. CAILLE, pour	4,000 »
Somme égale au quart, ci	44,250 fr

Troisième lot.

Il est formé de :

1° Neuf cent dix francs, à prendre dans les trois mille cent francs aux mains de M. Edgar ALMET, compris sous l'art. 1er, ci.	910 fr.
2° Sept action du Nord, n°s 6435 à 6441, sur les vingt composant l'art. 2, pour	9,240 »
3° Trois obligations de l'Ouest, n°s 166493 à 166495, sur les treize portées à l'art. 3, pour	1,020 »
4° L'herbage art. 6, pour	6,000 »
5° La pièce de terre labourable, art. 8, pour	10,000 »
6° La pièce de terre labourable, art. 9, pour	15,000 »
7° Et le terrain formant l'art. 13, pour	2,080 »
Somme égale au quart	44,250 fr.

Quatrième lot.

Il est formé de :

1° Six cent dix francs à prendre dans les trois mille cent francs aux mains de M. Edgar ALMET, et compris sous l'art. 1er, ci.	610 fr.
2° Trois actions du Nord, n°s 6442 à 6444, sur les vingt composant l'art. 2, pour	3,960 »
3° Deux obligations de l'Ouest, n°s 166496 et 166497, sur les treize portées à l'art. 3, pour	680 »
4° La pièce de terre labourable formant l'art. 7, pour	12,000 »
5° La pièce de terre, comprise art. 9, pour	15,000 »
6° Les deux tiers restant, étant de trois hectares soixante ares de la prairie composant l'art. 12, pour	12,000 »
Somme égale au quart	44,250 fr.

Mesurage; bornage.

Dans le délai de deux mois de ce jour, il sera fait le mesurage des pièces de terre, art. 10 et 11, et de la prairie, art. 12, divisées en plusieurs parcelles entrées dans différents lots; la séparation de ces parcelles entre ceux à qui elles écherront, sera constatée par des bornes que les copartageants feront planter sur les lignes de division.

TIRAGE AU SORT.

Les lots ainsi formés, sans soulte ni retour, ont été tirés au sort entre les copartageants. Il est résulté de ce tirage qu'ils sont échus :

Le premier lot, à Mme DUBLÉ;
Le second lot, à M. Georges ALMET;
Le troisième lot, à M. Edgar ALMET;
Et le quatrième lot, à Mme BOUTEL.

souffre. Elle se prescrit par trente années du jour du trouble ou de l'éviction. Toutefois, si la garantie porte sur l'insolvabilité du débiteur d'une rente, antérieure au partage, elle se prescrit par cinq années du jour du partage (2457 à 2491).

5052. — Objets en commun. — Pouvoirs. — Quand des objets sont laissés en commun entre les copartageants, il est utile de conférer à l'un des copartageants les pouvoirs nécessaires pour leur gestion, réalisation et recouvrement (2269, 2270).

Les copartageants acceptent respectivement les lots qui viennent de leur échoir, et se font les uns aux autres tous abandonnements nécessaires.

§ 3. — CONDITIONS DU PARTAGE.

1º Les copartageants seront garants les uns envers les autres de tous troubles et évictions, conformément à la loi.

En outre, les copartageants garantissent à M. Edgar ALMET, auquel la créance LORMEL est échue par suite de prélèvement, la solvabilité actuelle de M. et Mme LORMEL, débiteurs. Toutefois, cette garantie ne pourra être exercée que pendant un délai de six mois, à partir du jour de son échéance; à ce moyen, si, à l'expiration de ce délai, M. Edgar ALMET n'a pas fait les diligences nécessaires pour en obtenir le remboursement, son action en garantie cessera d'être recevable.

Les autres valeurs partagées restent sous le droit commun; par conséquent, sans dérogation aux art. 884 et suivants du Code civil.

2º Les copartageants prendront les immeubles entrés dans leurs lots dans l'état où ils se trouvent avec toutes leurs dépendances, spécialement les récoltes qui y sont en croissance, que l'on a prises en considération pour l'estimation à donner aux immeubles, sans aucune exception ni réserve; comme aussi sans garantie de la mesure exprimée à chaque immeuble, dont la différence en plus ou en moins, lors même qu'elle excéderait un vingtième, sera au profit ou à la perte de ceux dans les lots desquels elle se trouverait exister.

3º Ils supporteront les servitudes passives, apparentes ou occultes, continues ou discontinues, pouvant grever les immeubles à eux échus, sauf à s'en défendre et à profiter de celles actives, s'il en existe, à leurs risques et périls; sans que la présente clause puisse conférer à des tiers plus de droits que ceux qu'ils pourraient avoir en vertu de la loi ou de titres réguliers et non prescrits.

4º Les copartageants, suivant les dispositions de l'art. 883 du Code civil, ont la pleine propriété des objets compris dans leurs lots et par eux prélevés à titre d'égalisation d'apports, à compter rétroactivement de l'instant du décès de Mme veuve ALMET, et ils en ont la jouissance divise à partir du même jour.

Par suite, chacun des copartageants se trouve bénéficiaire de tous les droits quelconques attachés aux biens, valeurs et créances à lui échus ou qu'il a prélevés; spécialement M. Edgar ALMET succède seul à toutes les garanties attachées à la créance LORMEL par lui prélevée, notamment à l'hypothèque et à l'inscription qui en a été prise au bureau des hypothèques de....., le....., vol....., n°.....

5º Les copartageants acquitteront séparément les contributions de toute nature auxquelles peuvent être imposés les immeubles entrés dans leurs lots à partir du décès de Mme ALMET.

6º M. Georges ALMET, M. et Mme DUBLÉ et Mme BOUTEL reconnaissent que M. Edgar ALMET leur a immédiatement versé les sommes entrées dans leurs lots ou qui leur ont été attribuées à titre d'égalisation de rapports sur les six mille cent francs formant le reliquat en recettes de son compte d'administration; au moyen de cette remise et de la confusion opérée en ses mains pour les sommes par lui prélevées ou entrées dans son lot, il s'en trouve définitivement déchargé.

7º M^e....., notaire soussigné, est requis de délivrer tous certificats de propriété et et extraits nécessaires pour faire immatriculer les rentes et valeurs aux noms des nouveaux possesseurs.

Et pour faire faire cette immatricule, annuler tous titres anciens, requérir la délivrance de tous titres nouveaux, de les faire remettre, en donner décharge, tous pouvoirs sont donnés au porteur d'une expédition ou d'un extrait des présentes.

8º Les copartageants laissent en commun entre eux, comme dépendant de la succession de Mme ALMET:

Une créance de....., sur M....., dont le recouvrement est incertain;

3055. — Acquit des dettes. — Les dettes et charges qui grèvent la succession (829 à 874), quand il y a dans l'hérédité du numéraire ou des valeurs d'une réalisation facile sont, le plus souvent, acquittées au moyen d'une affectation spéciale. L'un des copartageants peut même en être chargé à ses risques et périls, en ajoutant leur montant au chiffre de ses droits; alors surtout que des rentes sur l'Etat sont comprises dans son lot, la soulte imputable sur des rentes de cette nature étant dispensée de l'acquit du droit proportionnel

---

Et une créance de....., sur M....., dont le recouvrement est désespéré.

Tous pouvoirs sont conférés à M. Edgar ALMET, qui accepte, à l'effet de : poursuivre le recouvrement de ces créances contre telles personnes qu'il y aura lieu; les toucher en totalité ou en partie, avec tous intérêts et accessoires; produire à tous ordres et distribution; obtenir toutes collocations, en toucher le montant; faire toutes remises; obtenir tous jugements et arrêts, les faire mettre à exécution par tous les moyens et voies de droit; donner toutes quittances; faire toutes mains levées partielles ou définitives et tous désistements de privilége, ainsi que de toutes saisies, oppositions et autres empêchements, avec comme sans constatation de paiement; passer et signer tous actes, élire domicile, donner tous pouvoirs partiels et généralement faire le nécessaire.

9° Les copartageants se reconnaissent en possession des titres de propriété des immeubles à eux échus, savoir (Voir *supra*, formule 58, page 527, 7°).

10° Les frais et honoraires des présentes, y compris une expédition (ou un extrait) pour chaque copartageant, les extraits pour les compagnies et les tiers, et le certificat à délivrer, seront supportés par les copartageants, chacun pour un quart.

11° Pour l'exécution des présentes, etc.

DONT ACTE. Fait et passé, etc. — *Voir pour la clôture la formule précédente.*

Enregistrement. Voir n°s 2717 à 2746, 2786.

FORMULE 59. — Partage de succession. — Contribution aux dettes
[N°s 3053 à 3055].

PAR DEVANT Me.....

ONT COMPARU : 1° M. Charles DÉNIS, propriétaire, demeurant à.....

2° Et M. Vincent NOEL, négociant, et Mme Geneviève DÉNIS, son épouse, de lui autorisée, demeurant ensemble à.....

M. et Mme NOEL, mariés sous le régime de la communauté, sans condition d'emploi ni de remploi, aux termes de leur contrat de mariage, passé devant Me....., notaire à....., le.....

Lesquels ont, par ces présentes, procédé au partage de la succession de M. Luc DÉNIS, leur frère germain en son vivant propriétaire, célibataire, demeurant à....., où il est décédé le..... : duquel M. Charles DÉNIS et Mme NOEL se sont trouvés les seuls héritiers, ainsi que le constate un acte de notoriété à défaut d'inventaire, reçu par Me....., notaire à....., le.....

Etant fait observer que, par son testament fait olographe, en date à ..., du....., déposé en vertu d'ordonnance, aux minutes de Me....., notaire à....., le....., M. Luc DÉNIS a légué à Mlle Rosine ACCARD, célibataire, majeure, demeurant à....., une somme de vingt-quatre mille francs, payable dans l'année de son décès, avec intérêt à cinq pour cent par an, à partir du même jour, sans qu'il soit besoin de demande en délivrance.

Et que, indépendamment de ce legs, la succession de M. Luc DÉNIS est grevée d'un passif assez important.

Les biens composant sa succession vont être partagés entre M. Charles DÉNIS et Mme NOEL.

Il sera fait ensuite la répartition entre eux des dettes et charges qui grèvent cette succession.

CHAPITRE PREMIER. — PARTAGE DES BIENS.

§ 1er. — MASSE PARTAGEABLE.

Elle est composée de :

ART. 1er. — La somme de quatre mille cinq cent douze francs, formant le produit net, après déduction des frais, de la vente du mobilier dépendant de la succession de M. Luc DÉNIS, à laquelle il a été procédé par Me QUENTIN, commissaire priseur à....., suivant procès verbal en date du....., ci. . . . . 4,512 fr.

A reporter. . . . . 4,512 fr.

(2754). — Si aucune affectation n'a été faite, les cohéritiers et autres successeurs doivent acquitter les dettes et charges de la succession, chacun dans la proportion de ce qu'il prend. Ils sont contraignables, dans cette proportion, même lorsqu'une affectation a eu lieu pour l'acquit du passif; ou qu'un seul des cohéritiers a été chargé de le payer, sauf leur recours contre celui qui en a été chargé (875 à 902).

3054. — **Action hypothécaire.** — Les cohéritiers, quoique n'étant chargés de l'acquit des dettes que dans la proportion de leur part virile, peuvent cependant être poursuivis pour le tout, lorsque par l'effet du par-

Report.	4,512 fr.
ART. 2. — Douze cents francs de rente trois pour cent sur l'Etat français, faisant l'objet d'un certificat au nom de M. Dénis *de cujus*, série 7, n° 1410, représentant au cours du jour du décès, étant de soixante-quatorze francs, une somme de trente-trois mille six cents francs, ci.	33,600 »
ART. 3. — Une maison sise à....., rue....., n°....., élevée sur caves et sous-sols d'un rez-de-chaussée et de quatre étages carrés, avec comble au dessus, édifiée sur un terrain de la contenance de huit cent douze mètres, joignant par devant à la rue, sur une façade de seize mètres, au fond à M.....; d'un côté, à l'est, à M.....; d'autre côté, à l'ouest, à M..... Cette maison est estimée entre les parties à cent mille francs, ci	100 000 »
ART. 4. — Une ferme, sise commune de....., appelée la ferme de....., consistant en corps de ferme, terres de labour, prés et pâtures, le tout de la contenance de vingt-cinq hectares, compris au plan cadastral, section..... n°s..... Cette ferme est évaluée entre les parties, à soixante-quinze mille francs, ci.	75,000 »
Ensemble, pour la masse partageable, deux cent treize mille cent douze francs, ci	213,112 fr.
Dont la moitié pour chacun des copartageants est de	106,556 fr.

§ 2. — ATTRIBUTIONS

I. *M. Charles* Dénis. — Pour le remplir de sa moitié dans les biens compris en la masse, M. et Mme Noel lui abandonnent à titre de partage :

1° La maison formant l'art. 3 de la masse, pour une somme de cent mille francs, ci	100,000 fr.
2° Deux cents francs de rente trois pour cent sur les douze cents francs composant l'art. 2, pour	5,600 »
3° Et neuf cent cinquante-six francs, à prendre dans les quatre mille cinq cent douze francs, portés sous l'art. 1er.	956 »
Somme égale à ses droits, ci	106,556 fr.

II. *Mme* Noel. — Pour la remplir de sa moitié, M. Charles Dénis lui abandonne à titre de partage :

1° La ferme composant l'art. 4 de la masse, pour soixante-quinze mille francs, ci.	75,000 fr.
2° Mille francs de rente trois pour cent sur les douze cents francs compris en l'art. 2, pour	28,000 »
3° Et trois mille cinq cent cinquante-six francs sur les quatre mille cinq cent douze francs formant l'art. 1er, ci.	3,556 »
Somme égale à sa moitié.	106,556 fr.

Chacun des copartageants accepte le lot à lui attribué et tous abandonnements nécessaires sont consentis.

CHAPITRE DEUXIÈME. — CONTRIBUTION AUX DETTES.

Les dettes et charges qui grèvent la succession de M. Luc Dénis, se composent de :

1° Huit cents francs dus à la fabrique de l'église de....., pour l'inhumation du défunt, ci	800 fr.
2° Les frais divers de dernière maladie, dus à M....., médecin, M....., pharmacien, et Mme....., garde-malade, se montant à douze cents francs, ci.	1,200 »
3° Quatre cents francs, dus à M. Pelet, marbrier, pour le monument funéraire, ci.	400 »
A reporter.	2,400 fr.

tage, ils se trouvent détenteurs d'immeubles hypothéqués à la dette, sauf leur recours contre leurs cohéritiers. Dans ce cas, il est préférable, si cela est possible, de faire une répartition des dettes en mettant la dette hypothécaire à la charge du détenteur de l'immeuble qui en est affecté, alors surtout qu'il convient de ne pas la rembourser, par exemple : s'il s'agit d'une rente perpétuelle sujette à la retenue du cinquième, ou d'un emprunt au Crédit foncier, ou encore d'une dette exigible à long terme (903 à 919).

3055. — Séparation des patrimoines. — Les créanciers de la succession et les légataires, afin que les biens de la suc-

---

Report. . . . . 2,400 fr.
4° Seize cents francs, montant de divers mémoires de fournisseurs, ci. . . 1,600 »
5° Une somme de quarante-huit mille six cent seize francs, due au Crédit foncier de France, par suite d'un décompte établi au trente-un juillet mil huit cent soixante-dix-huit, au moyen des amortissements résultant des annuités versées, sur un prêt de cinquante mille francs, que M. Luc Dénis a contracté au Crédit foncier, avec hypothèque sur la maison art. 3 de la masse attribuée à M. Charles Dénis, ainsi qu'il résulte d'un acte passé devant M°....., notaire à....., le..... Laquelle somme a été stipulée remboursable en cinquante années, à compter du trente-un juillet mil huit cent....., et en cinquante annuités de trois mille trente francs comprenant, outre l'amortissement du capital, l'intérêt à cinq pour cent par an et les frais d'administration; ces annuités payables chaque année en deux termes, les trente-un janvier et trente-un juillet, et dont le premier terme était exigible le....., ci . . . . 48,616 »
6° Une somme de vingt-cinq mille francs, que M. Luc Dénis a empruntée de M. Antoine Duval, rentier, demeurant à....., avec hypothèque sur la ferme art. 4, attribuée à Mme Noel, suivant obligation passée devant M°...... notaire à....., le.....; laquelle somme a été stipulée exigible le....., et productive d'intérêts à cinq pour cent par an, payables chaque année en deux termes égaux, les....., ci. . . . . 25,000 »
7° La somme de vingt-quatre mille francs, montant du legs que M. Luc Dénis a fait à Mlle Accard, aux termes de son testament sus-énoncé, ci . . . . . 24,000 »
Ensemble, pour le montant du passif, cent un mille six cent seize francs, ci. 101,616 fr.
Dont la moitié, à la charge de chacun des copartageants, est de cinquante mille huit cent francs, ci . . . . 50,808 fr.
Les copartageants conviennent qu'ils acquitteront divisément ce passif, savoir :
I. *M. Charles* Dénis. — 1° Pour les quarante-huit mille six cent seize francs, portés sous l'art. 5, la dette du Crédit foncier, pour l'emprunt de cinquante mille francs fait avec hypothèque sur la maison à lui attribuée; en conséquence, M. Charles Dénis se charge, à ses risques et périls, de cette dette, et fera, ainsi qu'il le jugera à propos, soit le remboursement du capital, soit le service des annuités restant encore dues; la première annuité à sa charge sera celle de l'échéance du....., ci. . . . . 48,616 fr.
2° Deux mille francs dus pour inhumation et frais de dernière maladie (n°s 1 et 2), ci. . . . . 2,000 »
3° Et cent quatre-vingt-douze francs sur les quatre cents francs portés art. 3, ci. . . . . 192 »
Somme égale à la moitié à sa charge . . . . 50,808 »
II. *Mme* Noel. — 1° La somme de vingt-cinq mille francs due à M. Duval, pour prêt, avec hypothèque sur la ferme à elle attribuée (art. 6); ensemble les intérêts à partir du semestre échéant le....., ci . . . . 25,000 fr.
2° Celle de vingt-quatre mille francs, montant du legs fait à Mlle Accard, avec avec les intérêts à partir du....., ci. . . . . 24,000 »
3° Deux cent huit francs sur l'art. 3, ci. . . . . 208 »
4° Et les seize cents francs, art. 4, ci. . . . . 1,600 »
Somme égale à la moitié à sa charge . . . . 50,808 fr.
Chacun des copartageants, M. Noel solidairement avec sa femme, s'oblige au paiement des sommes dont il s'est ci-dessus chargé, de manière que son copartageant ne soit aucunement inquiété ni recherché.
Spécialement M. et Mme Noel, qui s'y obligent solidairement, seront tenus de justifier de l'acquit du legs fait à Mlle Accard dans le mois de son exigibilité.

cession demeurent leur gage exclusif, par préférence aux créanciers de la succession, peuvent demander la séparation du patrimoine du défunt d'avec le patrimoine des héritiers (920 à 981).

3056. — Masses mobilière et immobilière. — Il y a nécessité de faire deux masses d'une même hérédité, l'une mobilière et l'autre immobilière, quand le défunt a divisé sa succession, soit en léguant aux

Les copartageants se justifieront respectivement de l'acquit des dettes courantes composant les quatre premiers articles, dans le délai d'un mois de ce jour.

Les copartageants feront en commun les démarches nécessaires pour obtenir, si cela est possible : En ce qui concerne la dette du Crédit foncier, mise à la charge de M. Charles Dénis, la décharge de l'obligation personnelle de Mme Noel; et en ce qui concerne la créance hypothécaire de M. Duval, mise à la charge de M. Noel, la décharge de l'obligation personnelle de M. Charles Dénis. Sans que, en cas d'insuccès, aucune modification ne soit apportée à la répartition ci-dessus, et sans que les copartageants puissent, pour cette cause, inscrire l'un contre l'autre le privilége de copartageant pour la garantie du partage.

Les frais des actes de libération seront supportés par les copartageants, chacun pour ce qui concerne les dettes dont il s'est chargé.

CONDITIONS DU PARTAGE.

1° Les copartageants, conformément à l'art. 883 du Code civil, ont la pleine propriété des biens à eux attribués, à compter, rétroactivement, de l'instant du décès de M. Luc Dénis.

Et ils en auront la jouissance divise à partir du....., jour fixé pour la jouissance divise. A cet égard, il est convenu que les fermages, loyers et arrérages des biens compris la masse partageable, échus et courus jusqu'à cette époque seront totalisés; qu'il en sera déduit les intérêts des dettes et legs échus et courus jusqu'à la même date, et que le reliquat sera partagé entre M. Charles Dénis et Mme Noel, chacun pour moitié. Mais, à compter de cette date, les copartageants, divisément, percevront les revenus des biens à eux attribués, et acquitteront les intérêts de dettes dont ils se sont chargés.

2° Ils prendront les immeubles entrés dans leurs lots, etc. (*Voir pour les autres conditions du partage, les formules qui précèdent*).

Dont acte. Fait et passé, etc.

L'an mil huit cent soixante-dix-huit le.....

Et après lecture, tant des présentes que des art. 12 et 13 de la loi du 23 août 1871, concernant les dissimulations, les parties ont signé avec les notaires.

Enregistrement. Voir n{os} 2775 à 2786.

FORMULE 60. — Partage de succession. — Légataires et héritiers. — Masse mobilière et masse immobilière [N° 3056].

Par devant Me.....

Ont comparu : 1° M. Jean Hérard, propriétaire, demeurant à.....;

2° Mme Hortense Hérard, veuve de M. Auguste Fortin, négociant, demeurant à.....

Héritiers, chacun pour moitié, de M. Joseph Hérard, leur frère, en son vivant propriétaire, célibataire, demeurant à....., où il est décédé le.....; ainsi que le constate un acte de notoriété, à défaut d'inventaire, reçu par Me....., notaire à....., le.....

D'une part.

3° M. Albert Firmin, étudiant en médecine, demeurant à.....

4° Et Mlle Anna Firmin, majeure, célibataire, demeurant à.....

M. et Mlle Firmin, légataires de tous les biens meubles dépendant de la succession de M. Joseph Hérard, aux termes de son testament reçu par Me....., notaire à....., en présence de quatre témoins, le.....; duquel legs la délivrance a été consentie par M. Hérard et Mme Fortin, suivant acte reçu par Me....., notaire à....., le.....

D'autre part.

Lesquels ont, par ces présentes, procédé au partage de la succession de M. Joseph Hérard.

Ils ont établi deux masses : l'une mobilière, faisant l'objet du legs à M. et Mlle Firmin; l'autre immobilière, dévolue aux héritiers.

uns ses biens meubles, et aux autres ses biens immeubles, soit en léguant ses biens meubles et en laissant ses biens immeubles à ses héritiers (788). — Dans les deux cas, les dettes sont supportées par les successeurs aux biens meubles et par les successeurs aux biens immeubles, dans la proportion du chiffre de leurs masses respectives (884).

3057. — Créanciers opposants. — Les créanciers d'un copartageant afin de

MASSE MOBILIÈRE.

Art. 1er. — Les meubles et objets mobiliers laissés par M. Joseph Hérard, décrits et estimés à deux mille six cents francs, en un état dressé entre les parties, qui est demeuré ci-annexé, après avoir été certifié véritable et revêtu d'une mention d'annexe, ci. 2,600 fr.
Art. 2. — Deux mille quatre cents francs de rente trois pour cent sur l'Etat français, au nom de M. Hérard, n° 1215 de la 7e série, représentant au cours de soixante-quatorze francs, une somme de. . . . . 67,200 »
Art. 3. — Cent obligations trois pour cent au porteur, de la Cie des chemins de fer de l'Ouest, produisant quinze francs d'intérêt annuel payables par semestre les 1er janvier et 1er juillet; elles portent les n°s....., et représentent, au cours de trois cent quarante francs, une somme de. . . . . 34,000 »
Art. 4. — La somme de deux mille deux cents francs, montant des proratas au décès des fermages et loyers des immeubles compris en la masse ci-après, ci. . . . . 2,200 »
Ensemble, pour la masse mobilière, ci. . . . . 106,000 fr.
Dont moitié est de . . . . 53,000 fr.

MASSE IMMOBILIÈRE.

Elle est formée de :
Art. 1er. — Une maison située à....., élevée sur caves, de....., etc., estimée soixante mille francs, ci. . . . . 60,000 fr.
Art. 2. — Un domaine situé à....., comprenant : maison de maître, corps de ferme, terres de labour, prés et bois....., etc., estimé cent trente mille francs, ci. . . . . 130,000 »
Art. 3. — Une ferme, etc....., estimée quarante mille francs, ci. . . . . . 40,000 »
Ensemble, pour la masse immobilière, ci. . . . . 230,000 fr.
Dont moitié est de . . . . 115,000 fr.

MASSE PASSIVE.

La masse passive est composée de :
Art. 1er. — La somme de deux mille trois cents francs, montant des frais d'inhumation, ci. . . . . 2,300 fr.
Art. 2. — Celle de....., etc.
Montant de la masse passive. . . . . 33,600 fr.
En établissant une règle de proportion à raison de ce passif entre les masses actives, mobilière et immobilière, on trouve que ce passif est à la charge :
De la masse mobilière, pour. 10,600 fr.
Et de la masse immobilière, pour. . . . . 23,000 »
Somme égale. . . . . 33,600 fr.

ATTRIBUTIONS.

Les masses ainsi établies, il est procédé de la manière suivante au partage de l'actif et à la répartition du passif.
1^{ent}. M. Jean Hérard. — Pour remplir, etc. (*Voir pour le surplus, les formules précédentes*).

FORMULE 61. — Partage de succession. — Créanciers opposants [N° 3057].

Par devant M^e.....

Ont comparu : 1° M. Edouard Caille, bijoutier, demeurant à.....

2° M. Joseph Gilles, marchand épicier, et Mme Estelle Caille, son épouse, de lui autorisée, demeurant ensemble à.....

veiller à ce que le partage ne se fasse pas en fraude de leurs droits, peuvent, par exploit d'huissier ou par tout acte équivalent (1698 à 1705), s'opposer à ce qu'il y soit procédé hors de leur présence (1666 à 1678). L'opposition est recevable tant que durent les opérations du partage, c'est-à-dire jusqu'à ce qu'il soit consommé, alors même que les créanciers allègueraient la fraude ; à moins cependant que le partage n'ait été simulé ou fait d'une manière précipitée (1679 à 1697). — Le partage est annulable s'il a été fait sans appeler l'opposant et qu'il lui préjudicie; mais s'il a été appelé, le partage est valable, lors même que le créancier ne se serait pas présenté (1709 à 1720). — Les frais d'opposition et d'intervention sont

---

Lesquels, pour arriver au partage faisant l'objet des présentes, ont dit et exposé ce qui suit :

I. M. Jean Caille, en son vivant rentier, demeurant à....., est décédé à....., le....., laissant pour seuls héritiers, chacun pour moitié : M. Edouard Caille et Mme Gilles, ses deux enfants, issus de son mariage avec Mme Claire Boutin, ainsi que le constate l'intitulé de l'inventaire qui va être énoncé.

L'inventaire, après le décès de M. Jean Caille, a été dressé par M^e....., notaire à....., le......

II. Par exploit de....., huissier à....., en date du....., M. Gustave Darel, banquier, demeurant à....., se disant créancier de M. Edouard Caille, a signifié à ce dernier et à M. et Mme Gilles, qu'il s'opposait à ce qu'il fût procédé, hors sa présence, au partage de la succession de M. Jean Caille.

Pareille signification a été faite par M. Albert Dollé, négociant, demeurant à....., autre créancier de M. Edouard Caille, suivant exploit de....., huissier à....., en date du......

III. M. Edouard Caille et M. et Mme Gilles, voulant procéder entre eux au partage amiable de la succession de M. Caille, leur père, ont, par exploit de....., huissier à....., en date du....., fait sommation à M. Darel et à M. Dollé, de se trouver ce jourd'hui, à midi précis, en l'étude de M^e....., l'un des notaires soussignés, pour être présent au partage de la succession de M. Jean Caille, leur ayant déclaré qu'il y serait procédé en leur absence comme en leur présence, et qu'en cas de non comparution défaut serait immédiatement prononcé contre eux.

En conséquence, les comparants requièrent les notaires soussignés de mentionner la comparution des créanciers sommés s'ils se présentent, sinon de prononcer défaut contre eux. Puis de procéder, sur les indications qu'ils vont lui fournir, au partage de la succession de M. Jean Caille.

A cet instant est intervenu M. Darel, ci-dessus nommé, qualifié et domicilié.

Lequel a dit de présenter pour, en conformité de la sommation qui lui a été faite, assister au partage de la succession de M. Caille.

Attendu qu'il est une heure de relevée, et que M. Dollé ne s'est pas présenté, ni personne en son nom, il est prononcé défaut contre lui.

M. Caille et M. et Mme Gilles, vu la comparution de M. Darel et l'absence de M. Dollé, ont requis qu'il soit procédé au partage, ce qui a été consenti par M. Darel.

Il y a été procédé de la manière suivante :

MASSE DES BIENS A PARTAGER.

Art. 1er. — Etc......

(*Voir pour les opérations les formules qui précèdent*).

FORMULE 62. — **Partage de biens provenus de la succession du père et de démission de biens par la mère** [N° 3058].

Par devant M^e......

Ont comparu : 1° M. Remy Quélue, propriétaire-cultivateur, demeurant à......

2° Mme Rosalie Quélue, veuve de M. Antoine Amiot, cultivatrice, demeurant à......

3° M. Jérémie Leclerc, maréchal-ferrant, et Mme Arthémise Quélue, son épouse, de lui autorisée, demeurant ensemble à......

M. et Mme Leclerc, mariés sous le régime de la communauté, sans condition d'emploi des deniers de l'épouse, aux termes de leur contrat de mariage passé devant M^e....., notaire à......; le......

4° Et Mlle Geneviève Quélue, majeure, célibataire, sans profession, demeurant à......

5058. — **Succession et partage anticipé.** — La masse peut-être formée : partie de biens provenant de la succession du conjoint prédécédé et partie de la donation à titre de partage anticipé que le survivant a faite par acte séparé à ses enfants.

Le partage ainsi opéré, après la démission de biens, n'est pas considéré comme étant l'œuvre du père de famille, d'où il suit que la prescription contre l'action en nullité ou rescision court du jour du partage, et non pas seulement du jour du décès de l'ascendant donateur.

5059. — **Porte-fort.** — La présence

Lesquels, préalablement au partage faisant l'objet des présentes, ont dit et exposé ce qui suit :

I. M. Alexandre Quélue, en son vivant propriétaire-cultivateur, demeurant à....., est décédé en son domicile à....., le....., laissant :

1ent. Sa veuve, Mme Catherine Bouchoir, avec laquelle il était marié sous le régime de la communauté légale de biens à défaut de contrat de mariage qui ait précédé leur union célébrée à la mairie de....., le.....; et, en outre, donataire de l'usufruit de la moitié des biens meubles et immeubles dépendant de la succession de son mari, aux termes d'un acte reçu par Me....., notaire à....., le.....; à laquelle donation Mme veuve Quélue a renoncé purement et simplement, suivant acte passé devant Me....., notaire à ....., le......

2ent. Et pour ses seuls héritiers, chacun pour un quart, ses quatre enfants issus de son mariage avec sa veuve survivante : M. Remy Quélue, Mme veuve Amiot, Mme Leclerc et Mlle Quélue, ainsi que le constate un acte de notoriété reçu par Me....., notaire à....., le......

II. Suivant acte passé devant Me....., notaire à....., le....., Mme veuve Quélue a fait donation entre-vifs, à titre de partage anticipé, à ses quatre enfants susnommés et seuls présomptifs héritiers, chacun pour un quart, de :

1° Ses biens immeubles propres ;

2° Et sa moitié dans les biens immeubles dépendant de la communauté d'entre elle et son mari décédé.

Cette démission de biens a été faite à la charge par les enfants, de laisser jouir Mme veuve Quélue donatrice, à titre d'usufruitière, pendant sa vie, d'une maison dépendant de la succession de M. Quélue, située à....., rue....., consistant en....., avec le terrain en cour et jardin en dépendant, d'une contenance de.....; et de faire à cette maison, pendant la durée de l'usufruit, toutes les réparations d'entretien et autres qui deviendront nécessaires.

Et, en outre, de lui servir par quart, pendant sa vie, une rente annuelle et viagère de....., à partir du....., payable au domicile de la donatrice, en quatre termes égaux, les..... de chaque année.

A la garantie du service exact de cette rente, les donataires ont hypothéqué tant les immeubles donnés que ceux provenus de la succession de leur père ; et cette hypothèque a été inscrite au bureau de....., le....., vol....., n°.....

Une expédition de ce partage anticipé a été transcrite au bureau des hypothèques de....., le....., vol....., n°......

III. Les comparants voulant sortir d'indivision, relativement aux biens provenus de la succession de leur père et à ceux dont Mme veuve Quélue leur a fait donation à titre de partage anticipé, sont convenus de faire une seule masse du tout pour être partagée entre eux. Ce qui a été fait de la manière suivante :

MASSE DES BIENS A PARTAGER :

Art. 1er. — Une maison située à....., etc.

Voir pour la suite de cette formule, celles qui précèdent, spécialement la formule 57.

Enregistrement. Voir n°s 2734, 2876.

FORMULE 63. — Partage entre frère et sœur, neveu et nièce. — **Majeurs et mineur.** — Porte fort. — Retour legal [N°s 3059 et 3060].

Par devant Me......

Ont comparu : 1° M. Théodore Brault, marchand mercier, demeurant à.....

2° Mme Hélène Brault, veuve de M. Auguste Mortier, propriétaire, demeurant à.....

d'un mineur parmi les cohéritiers nécessite le recours aux formalités de justice. Mais quand sa majorité est prochaine et que la ratification du mineur n'est pas douteuse, il est assez fréquent de procéder amiablement au partage entre les majeurs et le représentant du mineur comme se portant fort pour lui avec promesse de ratification. Il est utile, en pareil

3° Mme Hortense BRAULT, épouse assistée et autorisée de M. Joachim AUBERT, restaurateur, avec lequel elle demeure à.....

M. et Mme AUBERT, séparés contractuellement quant aux biens, aux termes de leur contrat de mariage passé devant Me....., notaire à....., le.....

4° M. Antoine MOREL, marchand de nouveautés, demeurant à.....

Agissant au nom de M. Joseph MOREL, son fils mineur, âgé de dix-huit ans, comme étant né à....., le....., de son mariage avec Mme Aglaé BRAULT; par lequel il s'oblige à faire ratifier ces présentes, par acte authentique, à ses frais, dans le mois de sa majorité. *Tous d'une part.*

5° Et M. Jacques FRESNE, propriétaire, demeurant à..... *D'autre part.*

Lesquels ont dit et exposé ce qui suit :

I. M. Théodore BRAULT, en son vivant propriétaire, demeurant à....., fils de M. Jérôme BRAULT et de Mme Véronique FRESNE, tous deux décédés, et veuf non remarié de Mme Claudine BENOIT, est décédé à....., le.....

Il n'a pas été fait d'inventaire après son décès ; mais un acte de notoriété reçu par Me....., notaire à....., constate qu'il a laissé pour seuls héritiers chacun pour un quart :

1° M. Théodore BRAULT ;
2° Mme veuve MORTIER ;
Ses frère et sœur germains ;
3° Mme AUBERT, sa nièce, par représentation de M. David BRAULT, son père, décédé frère germain du *de cujus* ;
4° Et le mineur MOREL, son neveu, par représentation de Mme MOREL née Aglaée BRAULT, sa mère, décédée sœur germaine du *de cujus*.

Mais sauf les droits de retour légal de M. Jacques FRESNE, aïeul maternel du *de cujus*, en vertu de l'article 747 du Code civil, sur les biens provenant de la donation qui sera ci-après énoncée.

II. Les comparants ont résolu de faire le partage à l'amiable de la succession de M. Théodore BRAULT, malgré la minorité de M. Joseph MOREL, pour lequel son père s'est porté fort. Ils expliquent que ce partage sera définitif à l'égard de toutes les parties ; que toutefois, dans le cas où le mineur MOREL, après le mois qui suivra sa majorité, ne ratifierait pas le présent partage dans le mois de la sommation qui lui serait faite, chacun des copartageants aurait ensuite le droit de faire procéder à un nouveau partage définitif ; et que, dans ce cas, M. MOREL père serait passible de dommages et intérêts.

III. Avant de procéder à ce partage, il y a lieu de constater l'exercice par M. FRESNE, aïeul maternel du *de cujus*, de la restitution à laquelle il a droit à titre de retour légal ; ce qui a été fait ainsi qu'il suit :

RETOUR LÉGAL :

Aux termes d'un acte passé devant Me.....,notaire à,...., le....., M. Jacques FRESNE a fait donation à M. Théodore BRAULT, son petit-fils, de :

1° Une maison, située à....., rue,....., n°....., élevée sur caves et terre plein d'un rez-de-chaussée et d'un premier étage, avec étable à vaches et hangar, édifiée sur un terrain en cour et jardin, de la contenance de.....

Cette maison existe en nature dans la succession et par conséquent fait retour. Mais il est expliqué qu'à la place du hangar, qui a été démoli, M. Théodore BRAULT a fait édifier une grange construite en briques, couverte en tuiles ; et que le donateur doit à la succession une indemnité pour la plus value résultant de l'impense que les parties fixent d'accord à douze cents francs.

La maison faisant retour est estimée par les parties à six mille francs . . 6,000 fr.

2° Une pièce de terre labourable, sise commune de....., lieudit....., de la contenance de un hectare, section B, n° 12 du plan cadastral.

M. Théodore BRAULT a vendu cette pièce de terre à M. Victor CHARTIER, cultivateur, demeurant à....., suivant contrat passé devant Me....., notaire à....., le....., moyennant un prix de quatre mille francs, sur lequel deux

A reporter. . . . . 6,000 fr.

cas, d'exprimer que le partage est, non pas provisionnel, mais définitif (1882 à 1884). — Il faut aussi prévoir le cas où le mineur refuserait de ratifier, et, pour ce cas, conférer aux majeurs le droit de demander un partage définitif (1898).

5060. — Retour légal. — Quand une partie des biens composant l'hérédité font

Report.	6,000 fr.
mille francs ont été payés comptant. Les deux mille francs de surplus, qui sont restés dus, ont été stipulés exigibles le....., et productifs d'intérêts à cinq pour cent par an, payables en un seul terme le...... — Cette somme conservée par le privilége de vendeur, inscrit d'office au bureau des hypothèques de....., le....., vol....., n°....., fait retour à M. Fresne, ci	2,000 »
3° Une autre pièce de terre labourable, sise commune de....., lieudit....., de la contenance de....., section B, n° 183 du plan cadastral.	
Cette pièce de terre a été cédée à M. Louis Bord, cultivateur, demeurant à....., en échange d'une pature sise même commune, lieudit....., contenant....., section C, n° 65 du plan cadastral. En conséquence elle n'existe pas dans la succession et, par suite, il n'y a pas lieu au retour.	
4° Un verger enclos de murs, situé commune de....., lieudit....., de la contenance de soixante ares, section B, n° 48 du plan cadastral.	
Ce verger a été vendu à M. Auguste Binet, maçon, demeurant à....., suivant contrat passé devant Me....., notaire à....., le....., moyennant un prix de deux mille francs. Mais à défaut de paiement du prix, la résolution de la vente a été prononcée, à la demande de M. Théodore Brault, suivant jugement rendu par le tribunal civil de....., le...... — Cet immeuble ainsi rentré aux mains du donataire, est considéré comme n'ayant pas été aliéné et fait retour. Il est estimé entre les parties à deux mille francs	2,000 »
5° Deux cents francs de rente trois pour cent sur l'Etat français, en un certificat n° 1221 de la 7e série.	
Cette rente a été transférée par le donataire; en conséquence elle ne donne lieu à aucun retour.	
6° Dix obligations trois pour cent de la Cie des chemins de fer de l'Ouest, portant les nos 65417. 92513 et 108612 à 108619.	
Les deux obligations nos 65417 et 92513 sont sorties au tirage de l'année....., et ont été remboursées, de sorte qu'il n'y a pas lieu au retour en ce qui les concerne. Les huit obligations nos 108612 à 108619 existent en nature et font retour; elles représentent au cours du jour du décès étant de 345 francs, une somme de deux mille sept cent soixante francs	2,760 »
Ensemble, pour la valeur des objets faisant retour au donateur, douze mille sept cent soixante francs	12,760 fr.
Si l'on déduit douze cents francs, montant de l'indemnité pour impense par lui due à la communauté (n° 1 ci-dessus), ci.	1,200 »
Reste onze mille cinq cent soixante francs	11,560 fr.

MASSE PARTAGEABLE DE SUCCESSION.

Elle est formée de :	
1° Douze cents francs montant de l'indemnité pour impense due par M. Fresne pour la cause énoncée par le numéro 1 ci-dessus	1,200 fr
2° Le mobilier, etc.	
Désigner les biens de la succession avec l'indication de leur valeur ; voir les formules précédentes).	
Montant de la masse, quarante-six mille deux cent quarante francs ci.	46,240 fr.

PASSIF A ACQUITTER.

Le passif de la succession de M. Brault se compose de :	
1° Les frais d'inhumation, étant de six cents francs.	600 »
2° Etc. (Porter toutes les dettes de la succession, y compris les frais de partage; voir les formules qui précèdent).	
Ensemble pour le passif à acquitter, six mille quatre cent vingt francs.	6,420 fr.

M. Fresne d'une part, et les héritiers de M. Brault d'autre part, contribue-

retour à un ascendant donateur, conformément à l'art. 747 du code civil (141 à 189), il est utile de le faire intervenir à l'acte de partage, afin de déterminer les biens qui lui font retour, d'en fixer le montant et de régler la contribution aux dettes.

3061. — Ratification. — La ratification expresse ou tacite, par le mineur après sa majorité, du partage dans lequel on s'est porté fort pour lui, rétroagit au jour du partage (1895 à 1897).

3062. — Effets du partage. — Le partage a pour effet de faire considérer chacun des copartageants comme ayant succédé ront dans le paiement de ce passif, à proportion du montant de la masse qui leur est propre, savoir :

M. FRESNE, à proportion de onze mille cinq cent soixante francs, pour douze cent quatre-vingt-quatre francs, ci . . . . 1,284 fr.
Et les héritiers, à proportion de quarante-six mille deux cent quarante francs, pour cinq mille cent trente-six francs. . . . . 5,136 »
Somme égale au passif. . . . . 6,420 fr.

A ce moyen, M. FRESNE demeure tenu, comme charge des biens qui lui font retour, à l'acquit de :
1° Douze cent francs, montant de l'indemnité pour impense due à la succession, ci . . . . 1,200 fr.
2° Et douze cent quatre-vingt-quatre francs, pour sa part contributive dans les dettes de la succession . . . . 1,284 »
Ensemble, une somme de deux mille quatre cent quatre-vingt-quatre francs, qu'il a de suite versée, ci . . . . 2,484 fr.

BALANCE DE SUCCESSION.

La masse partageable de la succession se monte à quarante-six mille deux cent quarante francs . . . . 46,240 fr.
Le passif dont la succession est tenue, s'élève à cinq mille cent-trente-six francs 5,136 »
Reste net quarante et un mille cent quatre francs . . . . 41,104 fr.
Dont le quart pour chacun des héritiers est de dix mille deux cent soixante seize francs . . . . 10,276 fr.

ATTRIBUTIONS.

(*Voir, en ce qui concerne les attributions aux héritiers et les conditions du partage, les formules qui précèdent, spécialement les formules 55 à 57*).

Enregistrement. Voir nos 2717 à 2746.

FORMULE 64. — Ratification du partage, par le mineur devenu majeur
[N° 3061].

PAR DEVANT M.....

A COMPARU M. Joseph MOREL, employé de commerce, demeurant à..... — Majeur depuis le....., comme étant né à....., le.....

Lequel, pour arriver à la ratification faisant l'objet des présentes, a exposé ce qui suit :
Aux termes d'un acte passé devant Me....., notaire à..., le....., il a été procédé au partage de la succession de M. Théodore BRAULT, propriétaire, décédé en son domicile, à....., le....., entre ses quatre héritiers chacun pour un quart : 1° M. Théodore BRAULT, marchand mercier, demeurant à.....; 2° Mme Hélène BRAULT, veuve de M. Auguste MORTIER, propriétaire, demeurant à.....; ses frère et sœur; 3° Mme Hortense BRAULT, épouse autorisée de M. Joachim AUBERT, restaurateur, demeurant à....., sa nièce; 4° Et M. Antoine MOREL, marchand de nouveautés, demeurant à.....; ce dernier au nom de M. Joseph MOREL comparant, son fils, neveu du *de cujus*, pour lequel il s'est porté fort, avec promesse de ratification dans le mois de sa majorité. Lequel acte contient aussi l'indication des biens qui ont été repris, à titre de retour légal, par M. Jacques FRESNE, propriétaire, demeurant à....., aïeul maternel du *de cujus*.

Les droits de M. MOREL comparant ont été fixés à une somme de dix mille deux cent soixante-seize francs.

Pour le remplir de ses droits, il lui a été attribué : 1°....., etc. (*Indiquer sommairement les biens compris dans l'attribution*).

immédiatement et exclusivement aux biens entrés dans son lot, et n'avoir jamais eu aucun droit sur les biens échus aux autres copartageants ; d'où il suit que les hypothèques et autres droits réels conférés par ceux-ci se trouvent résolus de plein droit à l'égard des biens à lui échus (2408 à 2456).

3063. — Usufruit; nue-propriété. — La même règle est applicable quand les biens indivis en pleine propriété sont attribués à l'un des copropriétaires pour l'usufruit et à l'autre pour la nue-propriété. Mais non si l'hérédité étant dévolue à l'un pour l'usufruit et à l'autre pour la nue-propriété, ils

Ces faits exposés, M. Joseph Morel, comparant, ayant pris une connaissance entière, tant par lui-même que par la lecture que lui en a donné M^e....., l'un des notaires soussignés, de l'acte de partage qui vient d'être énoncé, a déclaré approuver, confirmer et ratifier purement et simplement ce partage ; voulant qu'il reçoive sa pleine et entière exécution, selon sa forme et teneur, de même que s'il y eût concouru en majorité et l'eût signé.

Mention des présentes est consentie pour avoir lieu sur toutes pièces ou besoin sera.

Dont acte. Fait et passé, etc.

Enregistrement. Voir n° 2817.

FORMULE 65. — **Partage par l'attribution à l'un de l'usufruit et à l'autre de la nue propriété** [N°s 3062 et 3063].

Par devant M^e.....

Ont comparu : 1° M. Jules Soilard, négociant, demeurant à.....

2° Et Melle Justine Soilard, célibataire, majeure, rentière, demeurant à.....

Lesquels ont, par ces présentes, procédé au partage de la succession de M Octave Soilard, leur frère germain, en son vivant célibataire, rentier, demeurant à ...., où il est décédé le.....; duquel ils sont héritiers, chacun pour moitié, ainsi que le constate un acte de notoriété, à défaut d'inventaire, reçu par M^e....., notaire à....., le.....

MASSES DES BIENS A PARTAGER.

Art. 1er. — Les meubles et objets mobiliers garnissant l'habitation où est décédé M. Octave Soilard, décrits et estimés à...., dans un état qui est demeuré ci-annexé, après avoir été certifié véritable par les comparants et revêtu d'une mention d'annexe.

Art. 2. — Deux mille francs de rente trois pour cent sur l'Etat français, faisant l'objet d'un certificat au nom du *de cujus*, n° 1216 de la 7e série.

Art. 3. — Une ferme, située commune de....., lieudit....., consistant en corps de ferme, terres de labour, prés et bois, de la contenance de soixante hectares, section B, n°s 14, 15, 17, 19 et 21 du plan cadastral.

ATTRIBUTIONS.

I. Mlle Soilard ; *usufruit.* — Pour remplir Mlle Soilard, de sa moitié dans les biens compris en la masse ci-dessus, M. Soilard, son père, lui abandonne, à titre de partage :

L'usufruit au profit, sur la tête et pendant la vie de Mlle Soilard, de l'intégralité des biens composant ladite masse.

II. *M.* Soilard; *nue propriété.* — Et pour remplir M. Jules Soilard, de sa moitié dans les mêmes biens, Mlle Soilard lui abandonne, au même titre de partage :

La nue propriété de l'intégralité des mêmes biens.

Les copartageants acceptent les attributions qui précèdent et se font l'un à l'autre tous abandonnements et dessaisissements nécessaires.

A ce moyen Mlle Soilard aura l'usufruit et M. Soilard la nue propriété des biens composant la masse de la succession de M. Octave Soilard, et ce, à partir du jour du décès de ce dernier. Et l'usufruit se réunira à la nue propriété, aux mains de M. Jules Soilard ou de ses représentants, à compter du décès de Mlle Soilard.

La rente sur l'Etat sera immatriculée au nom de Mlle Soilard, pour l'usufruit, la nue propriété à M. Jules Soilard. — M^e....., l'un des notaires soussignés, est requis de délivrer le certificat de propriété nécessaire à cet effet.

Mlle Soilard sera tenue de toutes les charges auxquelles l'usufruit est soumis, sans cependant être assujettie à fournir caution, ce dont elle est dispensée.

Le présent partage est fait sans soulte ni retour.

se font respectivement des attributions en pleine propriété (2436 à 2438).

3064. — Partage partiel. — Quotité. — Le partage amiable peut être partiel, en ce qu'il ne comprend qu'une partie des biens dont la division a lieu entre tous les héritiers, comme, par exemple : tous les biens meubles ou tous les biens immeubles, ou une

---

Les titres de propriété de la ferme restent à Mlle Soilard, qui devra les communiquer à M. Soilard, à toute demande, sous récépissé.

Les parties déclarent que les deniers comptants et proratas de revenus au décès, se montant à deux mille cinq cents francs, ont été employés à l'acquit des dettes et charges de l'hérédité; et qu'il ne reste plus à acquitter que les frais et honoraires des présentes, qui seront supportés par moitié.

Pour l'exécution des présentes, etc.

Dont acte. Fait et passé, etc.

Après lecture, tant des présentes que des articles douze et treize de la loi du vingt-trois août mil huit cent soixante-onze, concernant les dissimulations, les parties ont signé avec les notaires.

Enregistrement. Voir n°s 2819, 2878, 2903.

FORMULE 66. — Partage partiel. — Quotité des biens — Valeurs françaises
[N° 3064]

Par devant M^e.....

Ont comparu : 1° M. Eloi Tirard, propriétaire, demeurant à.....

2° Et Mme Héloïse Tirard, veuve de M. Albert Du Meilet, propriétaire, demeurant à.....

Lesquels ont dit et arrêté ce qui suit :

I. Mme Marie-Antoinette Tirard, veuve de M. Adolphe-Frédéric Du Hamel, est décédée en son domicile, à....., le....., laissant pour seuls héritiers, chacun pour moitié, M. Tirard et Mme Du Meilet, ses frère et sœurs germains, ainsi que le constate l'intitulé de l'inventaire après son décès, dressé par M^e....., notaire à....., en date au commencement du.....

II. La succession de Mme Du Hamel est purement mobilière, ainsi que le constate l'inventaire après son décès, qui vient d'être énoncé, et consiste : partie en valeurs françaises, et partie en valeurs étrangères.

Les valeurs étrangères sont en dépôt à l'étranger, dans des établissements de dépôt ou dans des maisons de banque; leur importance ne pourra être établie avec exactitude qu'après que leur retrait aura été opéré. Pour cela, des formalités sont à remplir dans les pays où les dépôts ont été effectués, ce qui met obstacle à ce qu'il en soit fait le partage quant à présent.

Quant aux valeurs françaises, les parties ont résolu d'en faire immédiatement le partage. Ce qui a lieu de la manière suivante :

MASSE DES VALEURS FRANÇAISES.

Art. 1er. — La somme de douze mille cinq cent quinze francs, formant le produit net de la vente du mobilier dépendant de la succession de Mme Du Hamel, à laquelle il a été procédé par M^e....., notaire à....., en date des....., ci. . . . . 12,515 fr.

Art. 2. — Six mille francs de rente cinq pour cent, sur l'État français, faisant l'objet d'un certificat au nom de Mme Du Hamel, n° 864 de la 7e série, dont les arrérages se paient le quinze de chacun des mois de février, mai, août et novembre. Ils représentent, au cours de cent douze francs, une somme de cent quarante-six mille quatre cents francs ci. . . . . 146,400 »

Art. 3.—Cinquante actions des chemins de fer de Paris à Lyon et à la Méditerranée, au capital nominal de 500 fr. chacune, produisant des intérêts et dividendes, payables les premier mai et premier novembre de chaque année. Ces actions, portant les n°s 6411 à 6460, et faisant l'objet d'un certificat, n° 817, au nom de Mme Du Hamel, représentent au cours de mille soixante francs, une somme de cinquante-trois mille francs, ci . . . . 53,000 »

Art. 4.—Deux cents actions, au capital libéré de cinq cents francs chacune, de la société anonyme des houillères de Fourchambault (Cantal), dont le siège

A reporter. . . . . 211,915 fr.

PARTAGE AMIABLE; PARTIEL. [Form. 66 et 67.]

partie déterminée des uns ou des autres. Un tel partage est définitif à l'égard des biens qu'il comprend (1857 à 1861).

3065. — Partage secondaire. —

Le partage des autres biens, qui intervient ensuite, constitue un supplément de partage (1864 à 1868).

3066. — Valeurs étrangères. —

Report	211,915 fr.
est à Paris, rue de Grammont n° 12, ne produisant actuellement aucun dividende. Ces actions portant les n°s 2001 à 2200, et faisant l'objet d'un certificat au nom de Mme Du Hamel, représentent, à raison de six cent cinquante francs par action, une somme de cent trente mille francs, ci	130 000 »
Art. 5. — Cent actions de la société parisienne de chauffage et d'éclairage par le gaz, au capital libéré de cinq cents francs chacune, produisant des dividendes payables les..... de chaque année. Ces actions portant....., etc., représentent, au cours de douze cent cinquante francs, une somme de cent vingt-cinq mille francs, ci	125,000 »
Art. 6. — Trois cents obligations trois pour cent, au capital de cinq cents francs au porteur, de la Cie des chemins de fer de l'Ouest, produisant quinze francs d'intérêt annuel, payables par semestres, les premier janvier et premier juillet; ces obligations portent les n°s 86701 à 87,000, et représentent, au cours de trois cent cinquante-cinq francs, une somme de cent six mille cinq cents francs, ci	106,500 »
Ensemble, pour le montant de la masse partageable, cinq cent soixante-treize mille quatre cent quinze francs, ci	573,415 fr.

MASSE PASSIVE.

Pour l'établissement de la masse passive; la fixation des droits des parties; les attributions; et les conditions du partage, voir les formules qui précèdent.

Enregistrement. Voir n°s 2858 à 2868.

FORMULE 67. — Partage secondaire; valeurs étrangères [N°s 3065 et 3066].

Par devant M^e.....

Ont comparu : 1° M. Eloi Tirard, propriétaire, demeurant à.....,

2° Et Mme Héloïse Tirard, veuve de M. Albert Du Meilet, propriétaire, demeurant à.....

Lesquels, pour arriver au partage secondaire faisant l'objet des présentes, ont exposé ce qui suit :

Aux termes d'un acte passé devant M^e....., l'un des notaires soussignés, le....., dont la minute précède, M. Tirard et Mme Du Meilet, ont procédé au partage entre eux, des valeurs françaises dépendant de la succession de Mme Marie-Antoinette Tirard, veuve de M. Adolphe-Frédéric Du Hamel, leur sœur germaine, en son vivant demeurant à....., où elle est décédée le.....; desquels ils sont héritiers, chacun pour moitié, ainsi que le constate l'intitulé de l'inventaire après son décès, dressé par M^e....., notaire à....., en date, au commencement du.....

Ce partage constate qu'il dépendait en outre de la succession de Mme Du Hamel, des valeurs étrangères se trouvant en dépôt à l'étranger, dont l'importance ne pouvait être établie qu'après que le retrait en aurait été opéré.

Ces valeurs ayant, depuis, été retirées des lieux de dépôts, se trouvent en la possession des comparants qui en ont fait, à titre de partage secondaire, la division entre eux, de la manière suivante :

MASSE DES BIENS A PARTAGER.

Art. 1er. — Trois mille lires de rente cinq pour cent de la dette italienne, dont les arrérages se paient par semestre, les premier janvier et premier juillet, en deux titres au porteur :

L'un de mille lires, n° 141264, portant cette mention : « Visé pour timbre, à Paris, le....., n°..... reçu.

L'autre, de deux mille lires, n° 264548, portant cette mention : « Visé pour timbre, à Paris, le....., n°....., reçu.

Quand le partage, qu'il soit authentique ou sous seing privé, comprend des titres de rente ou effets publics d'un gouvernement étranger, ou tous autres titres étrangers non cotés aux bourses françaises, il faut faire mention de la date et du numéro du visa pour timbre apposés

---

Ces trois mille lires de rente représentent, au cours de soixante-seize francs, une somme de quarante-cinq mille neuf cents francs, ci. . . . . 45,900 fr.

Art. 2. — Quarante-six mille dollars de capital nominal de l'Emprunt six pour cent du gouvernement des Etats-Unis d'Amérique, émission du 1er juillet 1865, produisant deux mille sept cent soixante dollars d'intérêt, payables en or par semestre les 1er janvier et 1er juillet de chaque année. Ils forment cinquante-deux titres ou *bonds* au porteur, dont :

Quarante de mille dollars chaque, portant les nos 7411 à 7450. Chacun de ces bonds est revêtu de cette mention : « Visé pour timbre, à Paris, le....., nos....., reçu neuf francs, » soit ensemble, quarante mille dollars, ci. . . 40,000 d.

Et dix de cinq cents dollars chaque, nos 38614 à 38623, portant tous cette mention : « Visé pour timbre à Paris, le....., nos....., reçu » quatre francs cinquante centimes; » ensemble cinq mille dollars, ci. 5,000

Chiffre égal. . . . . 45,000 d.

Ces quarante-cinq mille dollars représentent, au cours de 120 d. pour cent, cours de la bourse de New-York du....., et au change de cinq francs dix centimes par dollar, et sur le pied de six mille cent vingt francs par mille dollars, une somme de deux cent soixante-quinze mille quatre cents francs. . . . . . . 275,400 »

Art. 3. — Dix mille dollars de capital nominal de l'emprunt six pour cent de la ville de New-York, produisant six cents dollars d'intérêt annuel, payables les 1er janvier, avril, juillet et octobre de chaque année, faisant l'objet de deux titres au nom de Mme du Hamel :

L'un, n° 748, pour dix mille dollars, remboursables le 1er août 1881, portant cette mention : « Visé pour timbre à Paris, le....., n°....., reçu 374 fr. 40 c. y compris décimes, » ci. . . . . 6,000 d.

L'autre, n° 804, pour quatre mille dollars remboursables le 1er octobre 1882, portant cette mention : « Visé pour timbre à Paris, le....., n°....., reçu 249 fr. 60 c. décimes compris, ci . . . . 4,000 »

Chiffre égal. . . . . 10.000 d.

Ces dix mille dollars représentent au cours de 110 dollars pour 100, et au change de 5.10 par dollar, une somme de cinquante-six mille cent francs . . . . 56,100 »

Art. 4. — Cinq cents actions nominatives au capital nominal de cinquante dollars chacune, du chemin de fer de Terre-Haute et Richmond (Etats-Unis d'Amérique), produisant des dividendes payables les 1er janvier et 1er juillet de chaque année, faisant l'objet de cinq certificats de chacun cent actions au nom de Mme du Hamel, nos 6001 à 6500, portant tous cette mention : « Visé pour timbre à Paris, le....., nos....., reçu 315 francs, décimes compris.»

Ces actions représentent au cours de 145 D. pour cent dollars, et au change de cinq francs dix centimes, soit sur le pied de 369 fr. 75 c. par action, une somme de cent quatre-vingt-quatre mille huit cent soixante-quinze francs . . . . 184,875 »

Art. 5. — Une somme de sept mille sept cent vingt-cinq francs formant le reliquat du compte de M. Scott banquier à New-York, valeur au jour du décès de Mme du Hamel, ci. . . . . 7,725 »

Etant fait observer que les comparants se sont réglés entre eux relativement aux coupons d'intérêts, arrérages et dividendes échus depuis le décès; et que le cours des valeurs ci-dessus ne comprend que les proratas des termes courants.

Ensemble pour la masse partageable, cinq cent soixante-dix mille francs, ci 570,000 fr.

Dont moitié pour chacun des copartageants est de deux cent quatre-vingt-cinq mille francs, ci. . . . . 285,000 »

COMPOSITION DE LOTS

Les comparants ont formé deux lots des valeurs comprises en la masse qui précède.

Premier lot. — Il est composé de :

sur ces titres, ainsi que du montant du droit payé, à peine d'une amende de 5 p. 100 du montant du titre, ne pouvant être inférieure à 50 fr. et d'une amende de 50 fr. contre l'officier public (L. 30 mars 1872, art. 2).

3067. — Partage partiel. —

1° Les trois mille lires de rente italienne, composant l'art. 1er de la masse, pour quarante-cinq mille neuf cents francs . . . . 45,900 fr.
2° Vingt-deux mille cinq cents dollars de rente des Etats-Unis, en vingt-cinq bonds faisant partie des cinquante portés à l'article deux, dont vingt de mille dollars, nos 7411 à 7430, et cinq de cinq cents dollars, nos 38614 à 38618, pour cent trente-sept mille sept cents francs. . . . . 137,700 »
3° Deux cent soixante actions du chemin de fer de Terre-Haute et Richmond, faisant partie des cinq cents comprises en l'article quatre, nos 6001 à 6260, pour quatre-vingt-seize mille cent trente-cinq francs. . . . . 96,135 »
4° Et cinq mille deux cent soixante cinq francs, sur le numéraire porté en l'art. 5, ci . . . . 5,265 »
Somme égale à moitié. . . . . 285,000 fr.

Second lot. — Il est composé de :
1° Vingt-deux mille cinq cents dollars (comme au § 2 du 2e lot, sauf modification dans les numéros des titres) . . . . 137,700 fr.
2° Les dix mille dollars de l'emprunt de New-York, composant l'article trois, pour . . . . 56,100 »
3° Deux cent quarante actions du chemin de fer de Terre-Haute et Richmond, faisant le complément des cinq cents comprises en l'article quatre, nos 6261 à 6500, pour . . . . 88,740 »
4° Et deux mille quatre cent soixante francs sur le numéraire porté en l'art. 5, ci . . . . 2,460 »
Somme égale à moitié . . . . 285,000 fr.

TIRAGE AU SORT

Les lots ainsi composés ont été tirés au sort. Il est résulté de ce tirage qu'ils sont échus :
Le premier, à Mme Du Meilet;
Et le second, à M. Tirard.
Les copartageants acceptent les lots à eux échus et se font l'un à l'autre tous abandonnements et dessaisissements nécessaires.

CONDITIONS DU PARTAGE :

1° Le présent partage est fait sans soulte ni retour de part ni d'autre, et sous la garantie de droit en matière de partage.
Etant bien entendu que les valeurs entrées dans les lots sont aux risques et bénéfices des abandonnataires des lots, de manière qu'il n'y ait lieu à aucune réclamation de part ni d'autre à raison des différences qui pourraient survenir dans le cours de ces valeurs.
2° Chacun des copartageants est propriétaire des valeurs entrées dans son lot à partir rétroactivement du décès de Mme du Hamel; et il en aura la jouissance par la perception, à partir de la dernière échéance, des arrérages, intérêts ou dividendes dont elles sont productives.
2° Les copartageants renouvellent par ces présentes, la réquisition déjà par eux faite à Me....., l'un des notaires soussignés, dans l'acte de partage partiel sus-énoncé, de délivrer tous certificats de propriété et extraits nécessaires pour faire immatriculer aux noms des nouveaux possesseurs, les rentes, actions et obligations comprises dans les deux actes de partage.
4° Au moyen tant du partage partiel sus-énoncé, que du présent partage secondaire, la succession de Mme du Hamel se trouve entièrement et définitivement liquidée et partagée.
5° Pour l'exécution des présentes, etc.
Dont acte. Fait et passé, etc.
Enregistrement. Voir n° 2869.

FORMULE 68. — Partage partiel. — Seul enfant loti [N° 3067].

Par devant Me.....

Ont comparu : 1° M. Léon Rivet, propriétaire, demeurant à.....

Seul enfant loti. — Il peut être à la convenance des héritiers d'attribuer à titre de partage un immeuble de la succession à l'un d'eux, et de demeurer dans l'indivision pour le surplus des biens. Il est nécessaire, en un tel cas, pour éviter que l'enregistrement ne réclame le droit de soulte sur les parts des autres cohéritiers dans l'immeuble, d'établir, par l'énonciation de tous les biens de l'hérédité, que cet immeuble est moindre que la part de l'héritier abandonnataire; et, en outre, de faire une attribution aux autres cohéritiers

---

2° M. Jules RIVET, négociant, demeurant à.....

3° Et Mme Octavie RIVET, veuve de M. Pascal FIRMIN, propriétaire, demeurant à.....

Lesquels pour arriver à l'attribution faisant l'objet des présentes, ont dit et exposé ce qui suit :

I. M. Antoine RIVET est décédé à....., le....., veuf non remarié de Mme Héloïse ROBERT, laissant pour seuls héritiers, chacun pour un tiers, ses trois enfants : MM. Léon et Jules RIVET, et Mme veuve FIRMIN; ainsi que le constate l'intitulé de l'inventaire après son décès, dressé par M^e....., notaire à....., en date au commencement du.....

II. En raison de ce qu'une usine à usage de filature de coton dépendant de cette succession est difficilement réalisable en ce moment, par suite de la crise qui pèse actuellement sur l'industrie cotonnière, et de ce que cette usine forme l'élément le plus important du partage, les parties ont résolu de suspendre ce partage pendant un temps indéterminé, en laissant à chacun d'eux le droit de le provoquer quand le moment lui paraîtra opportun.

Néanmoins, M. Léon RIVET, à qui le domaine de Beauchamp est destiné, ayant le désir de faire au château qui fait partie de ce domaine des changements assez considérables, ses cohéritiers, en attendant le partage définitif, ont consenti à lui en faire l'abandon à titre de partage, par imputation sur ses droits dans la succession,

Dans le but d'établir que ce domaine est d'une valeur moindre que la part héréditaire de M. Léon RIVET, les parties ont composé de la manière suivante, la masse de la succession.

MASSE.

ART. 1er. — Un domaine, appelé *de Beauchamp*, situé commune de....., consistant en château, parc, corps de ferme, terres de labour, prés, vignes et bois, de la contenance de cent-soixante hectares, compris au plan cadastral, section B, n^{os}..... — Ce domaine est estimé par les parties à trois cent mille francs . . . . 300,000 fr.

ART. 2. — Une ferme, située commune de....., lieudit....., consistant en corps de ferme, terres de labour et prés, d'une contenance de....., section A, n^{os}....., du plan cadastral. Estimée par les parties à cent soixante mille francs . . . . 160,000 »

ART. 3. — Une usine à usage de filature de coton, située à....., mue par la rivière de....., consistant en bâtiments, outillage, métiers, broches; maison d'habitation, cour, jardin, verger, prairies, le tout de la contenance de....., section C, n^{os}....., du plan cadastral. Estimée par les parties à deux cent mille francs. . . 200,000 »

ART. 4. — Une maison, située à....., rue....., n°....., élevée sur caves et sous-sol, d'un rez-de-chaussée divisé en magasins, et de cinq étages carrés ayant chacun deux appartements, édifiée sur un terrain d'une contenance de onze cent vingt mètres. Estimée par les parties à trois cent mille francs . . . . . . 300,000 »

ART. 5. — Cinq mille francs de rente trois pour cent sur l'Etat français, faisant l'objet d'un certificat au nom de M. Antoine RIVET, n° 1415 de la série 7e. Cette rente représente au cour du jour du décès, étant de 72 francs, une somme de cent vingt mille francs. 120,000 »

Montant de la masse, un million quatre-vingt mille francs . . . . . . 1,080,000 fr.

ATTRIBUTION.

M. Léon RIVET. — Pour remplir M. Léon RIVET d'autant de ses droits dans la masse qui vient d'être établie, M. Jules RIVET et Mme veuve FIRMIN, lui cèdent et abandonnent à titre de partage, ce qu'il accepte :

Le domaine de Beauchamp, faisant l'objet de l'art. 1er de la masse, pour trois cent mille francs.

Et dans le but qu'il y ait égalité entre les cohéritiers quant aux droits actuellement conférés, M. Léon RIVET abandonne au même titre de partage, à chacun de M. Jules RIVET et Mme FIRMIN, qui acceptent :

d'une pareille valeur sur les biens demeurés indivis (1862, 1863).

3068. — Partage complémentaire. — Lors du partage des biens restés dans l'indivision, les cohéritiers prélèvent sur la masse une valeur pareille à celle de l'immeuble précédemment attribué et le surplus est partageable par portions égales.

3069. — Prix de licitation. — Quand un immeuble a été adjugé à titre de licitation à l'un des copartageants, et que, avant l'enregistrement du procès-verbal d'adjudica-

---

Une valeur de trois cent mille francs sur les biens composant les art. 2, 3, 4, et 5 de la masse.

A ce moyen, lors du partage complémentaire, la masse sera formée des biens portés aux articles 2, 3, 4 et 5, pour la valeur estimative qui leur sera alors donnée. Sur cette masse, M. Jules Rivet et Mme Firmin, prélèveront des biens chacun jusqu'à concurrence de trois cent mille francs. Le surplus sera partagé par tiers entre les cohéritiers.

CONDITIONS DU PARTAGE.

1° M. Léon Rivet, au moyen des présentes, est propriétaire du domaine de Beauchamp, à compter du jour du décès de M. Rivet père. Il en aura la jouissance divise à partir du même jour.

Pour être égalisés avec M. Léon Rivet, relativement à cette jouissance, il est convenu que chacun de M. Jules Rivet et Mme Firmin, jusqu'à l'époque où il sera procédé au partage complémentaire, prélèvera chaque année, à compter du décès de M. Rivet père, une somme nette de dix mille francs, sur les revenus des art. 2, 3, 4 et 5. Le surplus des revenus de ces biens, après déduction des charges de la jouissance, sera partagé par tiers entre les cohéritiers.

2°, 3°, 4°, 5° (*Clauses relatives à la prise par M. Léon Rivet, du domaine dans l'état où il se trouve, sans garantie de contenance; aux servitudes; et à l'acquit des impôts sur ce domaine; à la remise des titres s'y appliquant; voir formule* 55).

6° Les frais des présentes seront supportés par les copartageants, chacun pour un tiers.

Dont acte. Fait et passé, etc.

Et après lecture tant des présentes que des art. 12 et 13 de la loi du 23 août 1871 concernant les dissimulations, les parties ont signé avec les notaires.

Enregistrement. Voir n°s 2858 à 2868.

FORMULE 69. — Partage supplémentaire. — Prix de licitation attribué au cohéritier adjudicataire [N°s 3068 et 3069].

Par devant M^e.....

Ont comparu : 1° M. Léon Rivet, propriétaire, demeurant à....,

2° M. Jules Rivet, négociant demeurant à.....

3° Et Mme Octavie Rivet, veuve de M. Pascal Firmin, propriétaire, demeurant à.....

Lesquels pour arriver au partage complémentaire faisant l'objet des présentes, ont exposé ce qui suit :

I. M. Antoine Rivet est décédé à....., le..... Il a laissé pour seuls héritiers, chacun pour un tiers, MM. Léon et Jules Rivet et Mme Firmin, ses trois enfants, ainsi que le constate l'intitulé de l'inventaire après son décès, dressé par M^e....., notaire à....., le.....

II. Suivant acte passé devant M^e....., l'un des notaires soussignés, le....., dont la minute précède, M. Jules Rivet et Mme Firmin, ont attribué à M. Léon Rivet, pour le remplir d'autant de ses droits héréditaires, un domaine, appelé de Beauchamp, situé commune de....., pour une somme de trois cent mille francs; et il a été abandonné au même titre de partage à chacun de M. Jules Rivet et Mme Firmin, une pareille valeur à prendre sur les autres biens. De manière que lors du partage complémentaire, ceux-ci prélèvent des biens jusqu'à concurrence chacun de trois cent mille francs ; pour le surplus être partagé par tiers.

III. Il dépendait de la succession une usine à usage de filature de coton, située à..... Cette usine a été mise volontairement en vente, par les comparants, aux conditions exprimées en un cahier d'enchères rédigé par M^e......, l'un des notaires soussignés, le......; par lequel il a été stipulé que l'adjudicataire entrerait en jouissance le jour de l'adjudication et paierait le prix dans le délai de quatre mois, avec intérêt à cinq pour cent, à partir du même jour.

tion, le prix lui est attribué par un partage définitif, l'immeuble est considéré comme lui étant échu par l'effet des opérations du partage; et il n'est perçu aucun droit proportionnel sur le procès-verbal (2870, 2871).

5070. — Partage transaction-

Puis aux termes d'un procès-verbal d'adjudication dressé par le même notaire, le....., qui sera enregistré avec ces présentes en raison de l'attribution du prix au cohéritier adjudicataire, l'usine mise en vente a été adjugée, à titre de licitation, à M. Jules Rivet, l'un des comparants, moyennant un prix principal de deux cent dix mille francs.

Ces faits exposés, il est procédé au partage :

MASSE A PARTAGER :

Art. 1er. — Une somme de quatre mille francs restée libre, après l'acquit de toutes les dettes et charges de la succession, sur le produit de la vente mobilière à laquelle il a été procédé par Me....., notaire à....., le..... . . . . 4,000 fr.
Art. 2. — La somme de deux cent dix mille francs, formant le prix de l'adjudication à titre de licitation, prononcée au profit de M. Jules Rivet, de l'usine à usage de filature de coton, ci . . . . 210,000 »
Art. 3. — Cinq mille francs de rente trois pour cent sur l'Etat français, au nom de M. Rivet père, n° 1415 de la série 7e. Elle représente au cours de 77 fr. une somme de . . . . 145,000 »
Art. 4. — Une ferme située, etc. (la désigner). Cette ferme est estimée cent soixante-dix mille francs . . . . 170,000 »
Art. 5. — Une maison située à....., (la désigner). Cette maison est estimée trois cent cinquante mille francs . . . . 350,000 »
Montant de la masse, huit cent soixante dix-neuf mille francs. . . . . . 879,000 fr.
Il doit être prélevé en vertu du partage partiel du..... :
Par M. Jules Rivet, trois cent mille francs . . . . 300,000 ⎫
Par Mme Firmin, même somme. . . . . 300,000 ⎬ 600,000 »
Reste à partager, deux cent soixante dix-neuf mille francs . . . . 279,000 fr.
Dont le tiers, pour chacun des copartageants, est de . . . . 93,000 »
A ce moyen, les copartageants ont droit :
1ent. M. *Jules* Rivet à : 1° Trois cent mille francs, montant de son prélèvement, ci . . . . 300,000 fr.
2° Et quatre-vingt treize mille francs pour son tiers dans le reliquat, ci . . 93,000 »
Ensemble, trois cent quatre vingt treize mille francs, ci . . . . 393,000 fr.
2ent. *Mme* Firmin à pareilles sommes, ci . . . . 393,000 »
3ent. Et M. Léon Rivet, à quatre-vingt-treize mille francs pour son tiers dans le reliquat, ci . . . . 93,000 »
Somme égale à la masse partageable . . . . 879,000 fr.

ATTRIBUTIONS.

1ent. *M. Jules* Rivet. — Pour remplir M. Jules Rivet de la somme de trois cent quatre-vingt-treize mille francs, faisant l'importance de ses droits, il lui est attribué à titre de partage :
Par confusion : La somme de deux cent dix mille francs formant le prix de la licitation prononcée à son profit (art. 2 de la masse); au moyen de quoi, M. Jules Rivet est considéré comme abandonnataire à titre de partage de la totalité de l'usine à lui adjugée, ci . . . . 210,000 »
Et par abandonnement réel : 1° La ferme composant l'art. 4, pour . . . 170,000 »
2° Quatre cents francs de rente trois pour cent, sur les cinq mille portés en l'art. 3, pour . . . . 11,600 »
3° Et quatorze cents francs de numéraire, sur les quatre mille francs compris en l'art. 1er, ci . . . . 1,400 »
Somme égale à ses droits. . . . . 393,000 fr.
2ent. *Mme* Firmin. — Pour la remplir de pareille somme montant de ses droits, il lui est attribué à titre de partage :
1° La maison formant l'art. 5, pour trois cent cinquante mille francs, ci . . 350,000 fr.
A reporter. . . . . 350,000 fr.

ncl.— **Rapport**. — La transaction avant la division des biens, qui a pour objet de trancher une question litigieuse, afin de faciliter les opérations du partage, constitue une transaction, qui est définitive quand toutes les parties sont majeurs et capables, et ne saurait

                                                 Report. . . . . 350,000 fr.
2° Et quinze cents francs de rente trois pour cent, sur la rente comprise en l'art. 3, pour . . . . 43,500 »
Total, trois cent quatre-vingt-treize mille cinq cents francs. . . . . . . 393,500 fr.
Ses droits étant seulement de. . . . . 393,000 »
Elle a en trop cinq cents francs qu'elle paiera, à titre de soulte, à M. Léon Rivet, ci . . . . 500 fr.
3ent. *M. Léon* Rivet. — Pour le remplir de ses droits, étant de quatre-vingt-treize mille francs, il lui est attribué à titre de partage :
1° Trois mille cent francs de rente, sur la rente trois pour cent faisant l'objet de l'art. 3, pour. . . . . 89,900 fr.
2° Deux mille six cents francs de numéraire, sur les quatre mille francs portés en l'art. 1er, ci . . . . 2,600 »
3° Et cinq cents francs à titre de soulte sur Mme Firmin, qui lui en a fait de suite le paiement, ci. . . . . 500 »
Somme égale à ses droits . . . . 93,000 fr.

                             ACCEPTATION.

Chacun des copartageants accepte les immeubles, valeurs et sommes à lui attribués, et tous abandonnements sont respectivement consentis.

                        CONDITIONS DU PARTAGE

Voir pour le surplus de l'acte, les formules qui précèdent.
Enregistrement. Voir nos 2869 à 2871.

FORMULE 70. — Partage transactionnel. — Question de rapport [N° 3070].

Par devant Me.....

Ont comparu : 1° M. Alexis Ginet, propriétaire-cultivateur, demeurant à.....
2° Et M. Adrien Lansel, propriétaire, et Mme Victorine Ginet, son épouse de lui autorisée, demeurant ensemble à.....
    M. et Mme Lansel, mariés sous le régime de la communauté, sans condition d'emploi des deniers de l'épouse, aux termes de leur contrat de mariage passé devant Me....., notaire à....., le.....
    Lesquels, pour arriver au partage transactionnel de la succession de Mme veuve Ginet, leur mère, ont dit et exposé ce qui suit :
    I. Mme Antoinette Burin, veuve de M. Christophe Ginet, est décédée en son domicile à....., le.....
    Elle a laissé pour seuls héritiers, chacun pour moitié, ses deux enfants : M. Ginet et Mme Lansel comparants ; ainsi que le constate un acte de notoriété, à défaut d'inventaire, reçu par Me....., notaire à....., le.....
    II. Aucune libéralité n'a été faite à M. Ginet par sa mère, de sorte qu'il n'est assujetti à aucun rapport à sa succession.
    III. En ce qui concerne Mme Lansel, par son contrat de mariage plus haut énoncé, Mme veuve Ginet sa mère, lui a constitué en dot, un trousseau d'une valeur de deux mille francs, et une somme de dix mille francs en numéraire ; ensemble douze mille francs. Avec condition que Mme Lansel ne pourrait exercer aucune réclamation envers sa mère, pour raison de ses droits dans la succession de son père.
    Mme Lansel a élevé la prétention que les douze mille francs à elle donnés par sa mère, ne pouvaient donner lieu à un rapport à sa succession, en raison de ce que la condition apposée à la libéralité constituait une dispense tacite du rapport.
    M. Ginet soutenait, au contraire, que la donatrice n'avait eu nullement l'intention de dispenser Mme Lansel du rapport ; que la clause de n'exercer aucune réclamation était surabondante et sans valeur, le règlement de la succession de M. Ginet père opéré suivant acte passé devant Me....., notaire à....., le....., par conséquent à une date bien antérieure au

être rescindée dans le cas où le partage qui en est la suite viendrait à être annulé (1899 à 1901). — Mais, lorsque la transaction se rattache au partage, en ce qu'elle a pour objet la division de l'hérédité comme solution de la question litigieuse, ou si elle porte sur les opérations de partage, elle constitue simplement un partage et, comme tel, produit l'effet dé-

---

contrat de mariage, ayant constaté qu'il ne dépendait absolument rien de cette succession, dont l'actif était insuffisant pour faire face à l'acquit du passif et au paiement des reprises de Mme veuve Ginet.

Les comparants n'ayant pu se mettre d'accord sur ce point, M. Ginet a formé contre M. et Mme Lansel, devant le tribunal civil de....., une action en partage de la succession de Mme veuve Ginet, et en rapport par Mme Lansel.

L'affaire était sur le point d'être plaidée, quand les parties se sont rapprochées et ont fait à titre de transaction, l'arrangement ci-après.

TRANSACTION.

Les comparants, après avoir respectivement pesé et apprécié les prétentions élevées par chacun d'eux, relativement à la dot constituée à Mme Lansel, et désireux d'éviter, par de mutuelles concessions, la solution incertaine des tribunaux, sont convenus de ce qui suit à titre de transaction à forfait :

Sans se prononcer sur la question de savoir si la dot constituée à Mme Lansel est rapportable ou non à la succession de Mme Ginet, les parties conviennent que Mme Lansel conservera les douze mille francs faisant le montant de cette dot.

Et que M. Ginet, de son côté, fera le prélèvement de biens sur la masse de la succession, jusqu'à concurrence d'une somme de six mille francs.

Au moyen de quoi toutes réclamations de M. Ginet, à fin de rapport de la dot constituée à Mme Lansel, sont éteintes et anéanties; Mme Lansel demeure propriétaire incommutable de cette dot; par contre, M. Ginet a droit au prélèvement de biens de la succession pour une somme de six mille francs; enfin tout le surplus des biens de la succession est partageable par moitié entre M. Ginet et Mme Lansel.

PRÉLÈVEMENT.

M. Ginet, comme exécution de la convention qui précède, et du consentement de M. et Mme Lansel, opère le prélèvement, à titre de partage, d'une pièce de terre en labour de la contenance de deux hectares, sise commune de....., lieudit....., section A, n° 48 du plan cadastral; à laquelle les parties sont d'accord de donner une valeur de six mille francs.

M. Ginet sera propriétaire de cette pièce de terre et en aura la jouissance à compter du jour du décès de Mme Ginet.

MASSE PARTAGEABLE PAR MOITIÉ.

Le surplus de la succession de Mme veuve Ginet, partageable par moitié entre M. Ginet et Mme Lansel, consiste en :

Art. 1er. — Le mobilier, etc. (*Voir pour le surplus de l'acte de partage, les formules précédentes*).

Enregistrement. Voir n°s 2880 à 2884.

FORMULE 71. — Partage transactionnel. — Légataire universel et héritiers du sang [N° 3071].

Par devant M^e.....

Ont comparu : 1° Mme Rosa Bonné, veuve de de M. Charles Leduc, rentière, demeurant à.....

Agissant comme se disant légataire universel de M. Robert Derasse, en son vivant, capitaine en retraite, célibataire, demeurant à....., où il est décédé le.....; aux termes de son testament qui sera ci-après énoncé.

D'une part.

2° M. Edouard Derasse, chef de bureau à la préfecture de....., demeurant à.....

3° Mme Geneviève Derasse, veuve de M. Athanase Lecour, rentière, demeurant à.....

Héritiers du sang, chacun pour moitié, de M. Robert Derasse, leur frère germain; ainsi que le constate un acte de notoriété reçu par M^e....., notaire à....., le.....

D'autre part.

claratif de l'art. 883, et demeure sujette à la rescision pour lésion (1904, 1905, 2423, 2572 à 2575).

5071. — Ibid. — Légataire uni-versel et héritiers du sang. — La transaction au moyen du partage de l'hérédité, qui intervient entre le légataire universel institué par le défunt et les héritiers du sang,

---

Lesquels préalablement au partage transactionnel de la succession de M. Robert Derasse, ont dit et exposé ce qui suit :

I. Aux termes d'un testament représenté par Mme Leduc, fait sous la forme olographe le....., déposé en vertu d'ordonnance aux minutes de M^e....., notaire à....., le....., M. Robert Derasse aurait fait la disposition dont la teneur suit :

« Je lègue à la veuve Leduc née Rosa Bonné, tous mes biens; Paris, le 14 avril 1878, signé R. Derasse. »

Mme veuve Leduc, après avoir fait constater par un acte de notoriété devant M^e....., notaire à....., le....., que M. Robert Derasse n'a laissé, pour lui succéder, aucun héritier à réserve, a le....., présenté requête à M. le président du tribunal civil de....., afin d'être envoyée en possession du legs universel à elle fait;

Mais, dès le....., M. Edouard Derasse et Mme Lecour avaient signifié au greffe du tribunal civil de....., par exploit de..... huissier à..., un acte extrajudiciaire, portant qu'ils s'opposaient formellement à ce que Mme Leduc fût envoyée en possession du prétendu legs universel par elle invoqué, et déclaraient qu'ils allaient attaquer ce testament comme nul, et, en tout cas, comme ne renfermant pas une disposition universelle.

Depuis, M. Edouard Derasse et Mme Lecour ont introduit devant le tribunal civil de....., une action en nullité du testament invoqué par Mme Leduc, parce qu'ils ne reconnaissent pas qu'il soit écrit de la main de M. Robert Derasse; en deuxième lieu, ils prétendent que la disposition de ce testament a seulement pour objet les biens que le testateur possédait à l'époque de sa confection, et non pas l'universalité des biens laissés par le *de cujus*.

Avant faire droit, le tribunal, par jugement du....., a ordonné que Mme Leduc devrait établir la preuve que ce testament a été écrit par M. Robert Derasse; et, dans ce but, a nommé experts M...... et M....., à l'effet de faire l'examen de l'écrit testamentaire, et de dire, par la comparaison avec des écritures authentiques de ce dernier, s'il a été écrit de sa main.

II. Les choses étant en cet état, les parties se sont rapprochées, et sont convenues de mettre fin au litige par un partage transactionnel, dans les termes ci-après.

PARTAGE TRANSACTIONNEL.

Les comparants, après s'être rendu compte de leurs prétentions respectives, les avoir pesées et appréciées, et désireux d'éviter la longueur d'un procès ainsi que sa solution toujours incertaine, sont convenues de ce qui suit, à titre de transaction à forfait sur tous procès nés et à naître relativement à la succession de M. Robert Derasse.

Les biens dépendant de la succession de M. Robert Derasse seront divisés en deux moitiés qui sont déférées :

L'une à Mme veuve Leduc, pour la remplir de tous droits quelconques à raison du testament de M. Derasse, que M. Edouard Derasse et Mme Lecour, seuls héritiers de M. Robert Derasse, exécutent dans cette limite ; faisant au besoin toute délivrance de cette quotité à Mme Leduc, sans aucune restriction ni réserve.

Et l'autre à M. Edouard Derasse et Mme Lecour, conjointement et par moitié entre eux, pour l'extinction de toutes les réclamations et contestations par eux soulevées, ainsi que pour les remplir de tous leurs droits et prétentions.

Le passif sera supporté dans la même proportion.

Par suite, la succession est considérée comme ayant été déférée pour moitié seulement à Mme Leduc; de sorte que l'autre moitié se trouve appréhendée par les héritiers.

Au moyen de cette transaction, les parties se désistent purement et simplement de toutes actions et de toutes décisions, oppositions et autres procédures, relativement à l'instance portée devant le tribunal civil de....., qui est mise à néant.

Et de suite, il est procédé entre les comparants à la division des biens de l'hérédité dans la proportion ci-dessus.

MASSE DES BIENS.

Art. 1er. — Le mobilier, etc. (*Voir pour la formation de la masse les formules qui précèdent*).

dans le but de mettre fin à l'action en nullité du testament, a pour résultat de remplir les parties de leurs prétentions relativement à l'hérédité qui se trouvait litigieuse, et, dès lors, produit, en droit civil, les effets attachés au partage (1903).

3072. — Ibid. — Mineur. — Partage par attribution. — Le partage transactionnel, quand il est nécessité par la présence d'un mineur, dans le but de faire un partage par attribution de lots, en raison de ce que le tirage au sort présenterait des diffi-

ATTRIBUTIONS.

1ent. *Mme* LEDUC. — Pour remplir Mme LEDUC de sa moitié dans la succession, ainsi qu'il résulte de la transaction qui précède, M. Edouard DERASSE et Mme LECOUR lui cèdent et abandonnent, à titre de partage transactionnel à forfait :
1°...... etc.
2ent. *M. Edouard* DERASSE *et Mme* LECOUR. — Pour les remplir de leur moitié résultant aussi de la transaction, Mme LEDUC leur cède et abandonne au même titre de partage transactionnel à forfait ;
1°....., etc.
Chacun des copartageants accepte les objets, immeubles, sommes et valeurs compris dans son attribution, et tous abandonnements et dessaisissements nécessaires sont respectivement consentis.
A ce moyen, les copartageants se reconnaissent remplis de tous leurs droits et prétentions, et renoncent à exercer, par la suite, aucune réclamation les uns envers les autres pour quelque cause que ce puisse être.

CONDITIONS DU PARTAGE.

1°......, etc. (*Voir les formules qui précèdent*).
Enregistrement. Voir n° 2885.

FORMULE 72. — Partage transactionnel. — Mineur. — Attributions [N° 3072].

PAR DEVANT Me......

ONT COMPARU : 1° M. Auguste HOULIN, cultivateur, demeurant à......
2° Mme Ernestine HOULIN, veuve de M. Jérome BOULEAU, cultivatrice, demeurant à......
3° M. Emile TARRAL, tonnelier, demeurant à......
Ce dernier agissant au nom et comme tuteur naturel et légal de Eugène TARRAL, son enfant mineur, né à......, le......, issu de son mariage avec Mme Eugénie HOULIN, décédée à......, le......
Lesquels pour arriver au partage transactionnel de la succession de M. Bruno HOULIN, ont dit et exposé ce qui suit :
I. M. Bruno HOULIN, en son vivant propriétaire cultivateur, demeurant à..., est décédé en son domicile à..., le..., laissant pour seuls héritiers chacun pour un tiers : 1° M. Auguste HOULIN, 2° Mme veuve BOULEAU ; ses deux enfants issus de son mariage avec Mme Laure BUDIN, décédée à....., le.....; 3° Et le mineur TARRAL, son petit-fils, par représentation de Mme TARRAL, sa mère, décédée fille de M. HOULIN *de cujus*, comme étant issue du même mariage, ainsi que le constate l'intitulé de l'inventaire qui va être énoncé.
La qualité d'héritier, en ce qui concerne le mineur TARRAL, a été acceptée sous bénéfice d'inventaire, suivant déclaration passée au greffe du tribunal civil de....., le......
II. La consistance de la succession de M. HOULIN père a été établie par l'inventaire après son décès, auquel les comparants ont fait procéder par Me....., notaire à....., à la date du......
Il résulte aussi des pièces analysées dans cet inventaire, qu'après le décès de Mme HOULIN mère, il a été procédé entre : d'une part, M. HOULIN mari survivant, et d'autre part, M. Auguste HOULIN, Mme veuve BOULEAU et Mme TARRAL, ses trois enfants, à la liquidation et au partage tant de la communauté ayant existé entre M. et Mme HOULIN, que de la succession de M. HOULIN ; et que les rapports auxquels les enfants étaient soumis ont été en totalité effectués, de sorte qu'il n'y a plus lieu à aucun rapport à la succession de M. HOULIN.
III. La succession de M. HOULIN père est, pour la presque totalité composée d'immeubles. Le partage n'en est possible en nature qu'autant qu'il sera fait au moyen d'attributions, et non pas par la formation de lots devant être tirés au sort. Le motif en est que les immeubles partagés entre les enfants après le décès de Mme HOULIN et ceux qui sont actuellement à partager comme dépendant de la succession de M. HOULIN, sont, pour la plus grande partie

cultés ou serait préjudiciable aux intérêts des parties, est valable et définitif, s'il a été fait avec l'accomplissement des formalités prescrites par l'art. 467 du code civil (1906, 1907). L'acte qui constate la convention du partage est de plein droit soumis à la condition de son homologation ; cependant, il est préférable de faire mention de la condition suspensive.

3073. — Ibid. — Dépôt des pièces d'homologation. — Les formalités prescrites doivent être rigoureusement ob-

limitrophes entre eux, et forment trois exploitations différentes : chacune comprenant un lot échu à un enfant par le premier partage et des immeubles dépendant de la succession de M. Houlin; de sorte que, pour chacun des héritiers, il y a nécessité de former son lot d'immeubles avoisinant ceux qui lui sont échus par le premier partage, avec lesquels ils ne forment qu'une même exploitation. — En dehors d'un partage par attributions, il faudrait soit liciter la totalité des immeubles, soit après les lots tirés faire des échanges pour lesquels le mineur se trouverait également incapable. Un tel mode de procéder, non seulement serait contraire aux convenances réciproques des héritiers, mais encore leur causerait un préjudice considérable.

En raison de cela, les parties, dans le but d'éviter les difficultés d'exécution dont il vient d'être parlé, sont convenues de faire le partage par attribution sous forme de transaction, avec l'accomplissement, en ce qui concerne le mineur Tarral, des formalités prescrites par l'article 467 du Code civil.

Il est procédé à ce partage de la manière suivante

MASSE DES BIENS A PARTAGER.

Art. 1er. — Etc. (*Etablir la masse et fixer les droits des copartageants; voir formules 55 et suiv.*).

COMPOSITION DES LOTS.

Premier lot. — Il est composé de : 1° etc.
Deuxième lot. — Il est composé de : 1° etc.
Troisième lot. — Il est composé de : 1° etc.

ATTRIBUTIONS.

Les lots ainsi formés ont été attribués par les copartageants, à titre de partage transactionnel
Le premier lot, à M. Auguste Houlin ;
Le deuxième lot, à Mme veuve Bouleau ;
Et le troisième lot, au mineur Eugène Tarral.
Les copartageants acceptent les lots qui viennent de leur être attribués, M. Emile Tarral au nom de son enfant mineur, et se consentent respectivement tous abandonnements et dessaisissements nécessaires.

CONDITIONS DU PARTAGE.

Voir les formules 55 et suivantes.

EFFET SUSPENSIF.

Le présent partage est soumis à la condition de son homologation par le tribunal civil de....., avec l'accomplissement des formalités prescrites par l'art. 467 du Code civil. En conséquence, à défaut de cette homologation, que chacune des parties pourra poursuivre, dans un délai de six mois à compter d'aujourd'hui, le présent partage sera considéré comme non avenu à l'égard de toutes les parties, et ne produira aucun effet. Mais si cette homologation est obtenue, le présent partage demeurera définitif à l'égard de toutes les parties, par le fait seul du jugement qui le constatera ; lequel jugement sera déposé par acte en suite des présentes.

Dont acte. Fait et passé, etc.
Enregistrement. Voir n° 2884.

FORMULE 73. — **Dépôt du jugement d'homologation du partage transactionnel** [N° 3073].

Par devant Me.....

Ont comparu : 1° etc. (*Mêmes comparutions qu'en la formule précédente*).

servées, afin que la justification en puisse être faite. Il est utile de déposer à la suite du projet de partage transactionnel, la grosse du jugement d'homologation et les originaux de l'exploit de signification et du certificat de non appel (1908, 1909).

3074. — Nullité de partage. — Dol; violence; erreur. — Un partage est radicalement nul, quand il y manque une des conditions essentielles pour sa formation (2526 à 2528). Il est annulable quand, toutes ces conditions ayant été observées, l'une d'elle est imparfaite ou affectée d'un vice; par exemple : en cas de dol, violence, erreur; ou s'il n'a pas été fait une égale distribution de biens de même nature entre les différents lots. Dans ces différents cas, l'action existe indépendamment de tout préjudice, et le défendeur

---

Lesquels, pour arriver au dépôt faisant l'objet des présentes, ont exposé ce qui suit :
Aux termes d'un acte passé devant M^e....., l'un des notaires soussignés, le....., dont la minute précède, les comparants ont procédé au partage, à titre transactionnel, par la voie d'attributions, des biens dépendant de la succession de M. Bruno HOULIN, père de M. Auguste HOULIN et de Mme BOULEAU, et aïeul du mineur TARRAL, duquel ils sont héritiers, chacun pour un tiers ; avec condition que ce partage transactionnel, en ce qui concerne le mineur TARRAL, devrait être homologué par le tribunal civil de....., avec l'accomplissement des formalités prescrites par l'art. 467 du Code civil, et ne demeurerait définitif qu'autant que cette homologation serait obtenue.

Le partage transactionnel qui vient d'être énoncé a été soumis au conseil de famille du mineur TARRAL, qui, par sa délibération en date du....., prise sous la présidence de M. le juge de paix du canton de ....., l'a formellement autorisé; par la même délibération, M..... a été nommé subrogé tuteur *ad hoc* du mineur Tarral, à l'effet de recevoir la signification du jugement d'homologation.

Puis MM....., jurisconsultes désignés par M. le procureur de la République près le tribunal civil de....., ont donné un avis conforme à la date du.....

Enfin, suivant jugement du tribunal civil de....., en date du....., rendu sur le rapport de M..... juge et les conclusions de M. le procureur de la République, ledit partage transactionnel a été homologué purement et simplement.

Ce jugement a été signifié à M. Auguste HOULIN, Mme BOULEAU, M. Emile TARRAL, tuteur du mineur TARRAL, et M....., subrogé-tuteur *ad hoc*, par exploit de....., huissier à....., en date du.....; et il n'a été formé aucun appel de ce jugement, ainsi que le constate un certificat délivré par le greffier du tribunal civil de....., le.....

DÉPÔT.

Ces faits exposés, les comparants ont, par ces présentes, déposé à M^e....., l'un des notaires soussignés, et l'ont requis de mettre au rang de ses minutes à la date de ce jour, afin de justifier que, par suite du jugement d'homologation, passé en force de chose jugée, le partage transactionnel énoncé en l'exposé qui précède demeure définitif :

1° La grosse du jugement d'homologation ;
2° L'original de l'exploit de signification ;
3° Et le certificat de non opposition ni appel.

Ces pièces sont demeurées ci-annexées, après que sur chacune d'elles, il a été apposé une mention d'annexe signée des notaires.

DONT ACTE. Fait et passé, etc.

Enregistrement. Voir n° 2816.

FORMULE 74. — **Nouveau partage après nullité pour dol** [N°s 3074 et 3075].

PAR DEVANT M^e.....

ONT COMPARU : 1° M. Luc TOLLÉ, cultivateur, demeurant à.....
2° Et Mlle Jenny TOLLÉ, modiste, demeurant à.....

Lesquels, pour arriver au nouveau partage, faisant l'objet des présentes, ont exposé ce qui suit :

I. Mme Antoinette CORNIER veuve de M. Louis TOLLÉ, est décédée à....., le....., laissant pour seuls héritiers, chacun pour moitié, ses deux enfants : M. Luc TOLLÉ et Mlle Jenny TOLLÉ, ainsi que le constate un acte de notoriété, à défaut d'inventaire, reçu par M^e.... notaire à....., le.....

ne peut arrêter l'instance en fournissant ce qui manque au demandeur (2529 à 2544). Toutefois la nullité ne peut plus être demandée en cas de prescription ou de ratification expresse ou tacite (2597 à 2611).

5075. — Nouveau partage. — La nullité du partage prononcée en justice, a pour effet de remettre les choses dans le même état que s'il n'y avait pas eu de partage. En conséquence, l'indivision renaît et il y a lieu à un nouveau partage (2612 à 2617).

5076. — Rescision du partage. — Comme sanction du principe de l'égalité dans la division des biens entre les copartageants, si l'un d'eux établit qu'à l'époque du partage son lot était d'une valeur moindre que ceux de ses copartageants, et que le déficit lui cause un préjudice de plus du quart, le par-

---

II. Suivant acte passé devant M⁰....., notaire à....., le....., M. Tollé et Mˡˡᵉ Tollé ont procédé entre eux, au partage des biens dépendant de la succession de leur mère.
Le lot attribué à Mˡˡᵉ Tollé a été formé de :
1° Une maison située à....., rue....., n°.....
2° Une rente perpétuelle de....., au capital de....., due par M.....
3° Et une soulte de six mille francs que M. Tollé son frère, s'est obligé à lui payer dans un délai de cinq années.
III. Mˡˡᵉ Tollé, ayant depuis découvert que M. Tollé son frère avait employé des manœuvres dolosives dans le but de la tromper sur la consistance et la valeur réelle des biens compris dans son attribution, a introduit contre lui, devant le tribunal civil de....., une demande tendant à faire déclarer le partage nul pour cause de dol.
Et suivant jugement contradictoire, en date du....., le tribunal a dit à bon droit la demande formée par Mˡˡᵉ Tollé, en conséquence a déclaré nul et non avenu le partage du....., et ordonné qu'il serait procédé à un nouveau partage de la succession de Mᵐᵉ Tollé.
IV. Les parties se présentent devant M⁰....., notaire soussigné, pour, en exécution de ce jugement, procéder à nouveau au partage des biens de la succession de Mᵐᵉ Tollé qui, par suite de l'annulation du partage du....., sont rentrés dans l'indivision.
Ce qui a eu lieu de la manière suivante :

MASSE DES BIENS A PARTAGER.

ART. 1ᵉʳ. — Une maison, située à....., etc.
Voir pour la suite de l'acte les formules précédentes).
Enregistrement. Voir n°ˢ 2889, 2890.

FORMULE 75. — Convention approbative d'un partage rescindable pour lésion [N° 3076].

PAR DEVANT M⁰.....

ONT COMPARU : 1° M. Albert MARTIAL, cultivateur, demeurant à.....
2° M. Alexandre ALISON, charpentier, et Mᵐᵉ Estelle MARTIAL, son épouse de lui autorisée, demeurant ensemble à.....
Lesquels ont dit et exposé ce qui suit :
I. Aux termes d'un acte reçu par M⁰....., notaire à....., le....., M. MARTIAL et M. et Mᵐᵉ ALISON ont procédé au partage des biens immeubles dépendant de la succession de M. Jérôme MARTIAL, père de M. MARTIAL et de Mᵐᵉ ALISON, décédé en son domicile à....., le....., duquel M. MARTIAL et Mᵐᵉ ALISON étaient seuls héritiers, chacun pour moitié, ainsi que le constate un acte de notoriété, à défaut d'inventaire, reçu par M⁰....., notaire à....., le.....
Le lot attribué à M. MARTIAL a été composé de : 1° etc.
Et celui attribué à Mᵐᵉ ALISON de : 1° etc.
II. M. et Mᵐᵉ ALISON ont, depuis, élevé la prétention que le lot attribué à Mᵐᵉ ALISON était d'une valeur inférieure de plus du quart à ses droits dans les immeubles partagés, de sorte qu'en raison de la lésion par elle soufferte, le partage était rescindable.
Et par exploit de....., huissier à....., en date du....., M. et Mᵐᵉ ALISON ont introduit contre M. MARTIAL, devant le tribunal civil de....., une demande en rescision du partage, pour cause de lésion.
Sur cette demande, le tribunal, avant de faire droit, a, le....., commis M. Luc PINEL, géomètre, demeurant à....., à l'effet de faire une estimation des biens dépendant de la succession, suivant leur valeur au temps du partage.

tage est rescindable pour lésion ; ce qui a lieu même lorsque l'acte qui opère la cessation de l'indivision a été qualifié de vente, d'échange, de transaction ou de toute autre manière ; à moins, en ce qui concerne la cession de droits successifs, qu'elle n'ait été faite, sans fraude, aux risques et périls du cessionnaire (2545 à 2585, 2592 à 2596). — Toutefois, dans le cas où la rescision est admissible, même quand elle a été prononcée, le défendeur peut en arrêter le cours et empêcher un nouveau partage, en couvrant le demandeur de son déficit en nature ou en numéraire (2586 à 2691). La rescision pour lésion s'éteint par la prescrip-

---

M. PINEL, après avoir prêté serment devant le président du tribunal civil de....., a vu et visité les immeubles, et a dressé à la date du....., son rapport, qui a été déposé au greffe du tribunal civil de....., le.....
Il en résulte que les immeubles partagés étaient, au temps du partage, d'une valeur de vingt-six mille francs, ci. . . . . 26,000 fr.
Dont la moitié était de treize mille francs, ci . . . . 13,000 »
Et que les biens formant le lot attribué à Mme ALISON, étaient d'une valeur de neuf mille deux cents francs, seulement, ci . . . . 9,200 »
Soit un déficit de trois mille huit cents francs, par conséquent supérieur au quart, ci. . . . . 3,800 fr.
Et par jugement contradictoire en date du....., le tribunal a admis la lésion signalée par l'expert ; et, par suite, a déclaré le partage rescindé pour cause de lésion de plus du quart, et a dit que les immeubles rentreraient dans l'indivision pour faire l'objet d'un nouveau partage.
III. M. MARTIAL, dans le but d'arrêter l'effet du jugement qui a prononcé la rescision et de maintenir le partage, a offert à M. et à Mme ALISON, conformément à l'article 891 du Code civil, le supplément de la part héréditaire de Mme ALISON, la plus grande partie en nature par l'attribution d'un immeuble héréditaire, et le surplus en numéraire.
Les parties étant d'accord sur l'immeuble qui en doit faire l'objet, il est passé à cette attribution.

ATTRIBUTION.

M. MARTIAL, pour remplir Mme ALISON du supplément auquel elle a droit, étant de trois mille huit cents francs, lui cède et abandonne, à titre de supplément de son attribution, ce qui est accepté par Mme ALISON, avec l'autorisation de son mari :
1° Une pièce de terre labourable, de la contenance de un hectare soixante ares, située commune de....., lieudit....., section A, n° 82 du plan cadastral ; joignant, etc., formant le n° 6 du lot de M. MARTIAL, pour sa valeur fixée par l'expert, à trois mille deux cents francs, ci . . . . 3,200 fr.
2° Et une somme de six cents francs, en numéraire, que M. MARTIAL a de suite payée, en espèces du cours, comptées et délivrées à la vue des notaires soussignés, et à M. et Mme ALISON, qui le reconnaissent et lui en donnent quittance, ci. 600 »
Somme égale, trois mille huit cents francs, ci . . . . 3,800 fr.
Mme ALISON est propriétaire de la pièce de terre à elle attribuée, à partir du décès de M. MARTIAL père, et elle en aura la jouissance par la perception à son profit des fermages, à compter du....., jour de la demande en rescision.
Au moyen des présentes, sauf l'attribution supplémentaire qui précède, le partage du....., conserve son plein et entier effet, et demeure inattaquable pour cause de rescision.
Pour l'exécution des présentes, etc.
DONT ACTE. Fait et passé, etc.
Et après lecture tant des présentes que des art. 12 et 13 de la loi du 23 août 1871, concernant les dissimulations, les parties ont signé avec les notaires.
Enregistrement. Voir n° 2774.

FORMULE 76. — Partage avec compte de tutelle [N° 3077].

PAR DEVANT M^e.....
ONT COMPARU : 1° M. Jules GUILLOT, propriétaire, demeurant à.....
2° M. Isidore GUILLOT, docteur en médecine, demeurant à.....
3° Et Mlle Olympe GUILLOT, célibataire, majeure, demeurant à.....
Lesquels, pour arriver au partage avec compte de tutelle, faisant l'objet des présentes, ont dit et exposé ce qui suit :

tion ou par la ratification expresse ou tacite (2597 à 2611). Si la rescision est prononcée et que le défendeur ne couvre pas le déficit, les biens rentrent dans l'indivision et un nouveau partage devient nécessaire (2612 à 2617).

5077. — Partage et compte de tutelle. — Le partage d'une hérédité, ou d'une communauté, indivise entre le mineur devenu majeur et son ex-tuteur, peut être considéré comme un traité, ce qui soumet sa validité à la condition qu'il ait été précédé d'un compte détaillé et de la remise des pièces justificatives dix jours au moins à l'avance. En

EXPOSÉ.

I. Mme Elisa GAUTIER, épouse de M. Jules GUILLOT, d'avec lequel elle était contractuellement séparée quant aux biens, est décédée, en son domicile, à....., le....., laissant :

1^{ent}. M. Jules GUILLOT, son mari survivant, légataire d'un quart en pleine propriété des biens composant sa succession, aux termes de son testament reçu par M^e....., notaire à....., en présence de quatre témoins, le.....

2^{ent}. Et pour seuls héritiers chacun pour moitié, ses deux enfants issus de son mariage avec M. GUILLOT : 1° M. Isidore GUILLOT, majeur; 2° et Mlle GUILLOT, alors mineure sous la tutelle légale de M. GUILLOT, son père, ainsi que le constate l'intitulé de l'inventaire après son décès qui va être énoncé.

II. L'inventaire après le décès de Mme GUILLOT, a été dressé par M^e....., notaire à....., en date au commencement du.....

A la requête de M. GUILLOT, mari survivant, tant en son nom que comme tuteur légal de Mlle GUILLOT, sa fille; et de M. Isidore GUILLOT.

En présence de M. Yves GAUTIER, propriétaire, demeurant à....., subrogé-tuteur de Mlle GUILLOT.

La prisée du mobilier faite par M^e....., commissaire-priseur à....., s'est élevée à.....

Les papiers ont été inventoriés sous huit cotes, dont voici le dépouillement :

COTE 1re. — 6 *Pièces*, etc. (*Voir pour le dépouillement de l'inventaire les formules 57, 58 et suivantes. En faire ressortir l'actif et le passif*).

III. Mlle GUILLOT, lors du décès de sa mère, était âgée de près de dix-neuf ans. Sa majorité se trouvant assez prochaine, MM. GUILLOT père et fils ont pensé qu'il valait mieux, dans l'intérêt de toutes les parties, attendre le moment où elle deviendrait majeure pour procéder au partage de la succession de Mme GUILLOT; et jusque là, de laisser à M. GUILLOT père la gestion de tous les biens qui le composent.

Aujourd'hui Mlle GUILLOT est parvenue à sa majorité, et M. GUILLOT, son père, doit lui rendre compte de la tutelle qu'il a eue de ses biens. Mais, pour établir ce compte, il faut d'abord déterminer les droits de Mlle GUILLOT dans la succession de sa mère, et à cet effet, procéder au partage de la succession de Mme GUILLOT.

Ce qui a eu lieu de la manière ci-après :

PLAN DES OPÉRATIONS.

Le compte de la tutelle de Mlle GUILLOT n'ayant pas été préalablement rendu par Monsieur son père, et apuré, il y a des doutes sur la question de savoir s'il peut, dès à présent, être procédé entre M. GUILLOT père et Mlle sa fille, aux opérations de compte, liquidation et partage de la succession de Mme GUILLOT, et à l'attribution définitive de biens et valeurs pour le fournissement des droits de Mlle GUILLOT.

Néanmoins, les parties ont exprimé la volonté que le tout fût établi dès maintenant d'une manière complète, afin qu'après l'expiration des délais légaux d'examen et d'apurement, elles puissent, si elles le jugent à propos, s'approprier le présent partage et ses résultats, sans avoir besoin de le compléter ni d'y rien changer.

En conséquence, à la réquisition expresse des comparants, il va être, sous une première partie, procédé au partage de la succession de Mme GUILLOT, qui, quant à présent, n'aura entre toutes les parties, que la valeur d'un projet, mais dont la rédaction sera celle d'un partage définitif.

Par la seconde partie, M. GUILLOT rendra son compte de tutelle à Mlle GUILLOT sa fille.

PREMIÈRE PARTIE. — PARTAGE.

(*Voir pour les opérations du partage, les formules qui précèdent*).

CONDITION SUSPENSIVE.

Le présent partage est soumis à la condition suspensive de l'approbation par Mlle GUILLOT

pareil cas, on rédige le partage entier et le compte de tutelle, avec récépissé, par un même acte, en stipulant que le partage demeurera soumis à la condition suspensive de l'approbation du compte après le délai de dix jours (1910 à 1914).

3078. — Approbation et réitération. — L'approbation du compte de tutelle une fois les dix jours écoulés, rend le partage définitif. Cependant, pour plus de précaution, il est utile de le faire réitérer par les parties (1914).

CHAPITRE CINQUIEME

DU PARTAGE JUDICIAIRE

SOMMAIRE ALPHABÉTIQUE DU TEXTE

Abandon des voies judiciaires . 3094	Demandeurs. 3081	Homologation. 3100, 3111
Attributions. 3090, 3098	Dépôt 3100	Immeubles lotis. 3114
Clôture 3092, 3110	Difficultés. 3109	Instance. 3101
Communication 3093	Division 3108	Juge commissaire. 3101
Comparution 3104	Etat liquidatif. . . . 3084, 3096, 3105	Jugement. 3101
Compétence 3101	Expertise 3102, 3107	Lecture 3099, 3107
Conciliation 3101	Exposé. 3086	Licitation 3103
Conditions. 3094	Fixation des droits 3089	Lots 3108
Créanciers intervenants. 3101	Fonds et fruits. 3088	Lots complétés 3097
Défendeurs 3082	Formes. 3083	Masse 3087, 3097, 3106

du compte de tutelle qui va suivre. En conséquence, à défaut de cette approbation dans le délai d'un mois de ce jour, le présent partage sera considéré comme nul et non avenu. Mais par le fait seul de l'approbation du compte de tutelle, il demeurera définitif à l'égard de toutes les parties.

DEUXIÈME PARTIE. — COMPTE DE TUTELLE.

Par ces mêmes présentes, M. GUILLOT a rendu à Mlle GUILLOT, sa fille, le compte de la gestion et de l'administration qu'il a eues de ses biens, en qualité de tuteur, depuis le..... date du décès de Mme GUILLOT, jusqu'au....., époque de la majorité de Mlle GUILLOT.

Il résulte du partage qui précède, que la fortune de Mlle GUILLOT se compose des biens et valeurs à elle ci-dessus attribués pour la remplir de ses droits, se composant de :
1° ....., etc.

RECETTES.

M. GUILLOT porte en recettes :
1° ....., etc. (*Compte de tutelle suivant la formule ordinaire; puis récépissé du compte et des pièces à l'appui*).

DONT ACTE. Fait et passé, etc.

Enregistrement. Voir n° 2881.

FORMULE 77. — **Approbation du compte de tutelle et réitération du partage** [N° 3078].

Et le..... mil huit cent soixante-dix-huit......

PAR DEVANT M^e.....

ONT COMPARU : 1° M. Jules GUILLOT, propriétaire, demeurant à.....
2° M. Isidore GUILLOT, docteur en médecine, demeurant à.....
3° Et Mlle Olympe GUILLOT, célibataire, majeure, demeurant à.....
Lesquels ont dit et arrêté ce qui suit :
Aux termes d'un acte reçu par M^e....., l'un des notaires soussignés, le....., dont la minute précède, il a été procédé : 1^{ent} Entre M. Jules GUILLOT, et M. Isidore GUILLOT et Mlle GUILLOT, ses deux enfants, au partage de la succession de Mme Elisa GAUTIER, décédée, épouse de M. Jules GUILLOT et mère de M. Isidore GUILLOT et Mlle GUILLOT.

PARTAGE JUDICIAIRE. [Form. 78.]

Notaire commis........ 3101
Partage définitif........ 3112
Partage en justice........ 3080
Parties............ 3085
Poursuites........... 3101
Prélèvements.......... 3106
Prescription.......... 3081
Procès-verbal d'ouverture.... 3079
Servitudes........... 3108
Soulte............ 3108
Tirage au sort,...... 3099, 3112
Visa............. 3101

SOMMAIRE DES FORMULES.

1re hypothèse. — Enfants majeurs. — Veuve usufruitière. — Masse mobilière. — Prix de licitation. — Fonds et fruits.
FORM. 78. — Procès-verbal d'ouverture. — Comparution volontaire.
FORM. 79. — Etat liquidatif.
FORM. 80. — Procès-verbal de lecture. — Approbation. — Abandon des voies judiciaires.
2e Hypothèse. — Majeurs et mineurs. — Succession mobilière et immobilière. — Lots en immeubles, complétés par des valeurs mobilières.
FORM. 81. — Etat liquidatif.
FORM. 82. — Procès-verbal de lecture. — Tirage au sort.
FORM. 83. — Dépôt des pièces d'homologation.
3e Hypothèse. — Héritiers; créanciers intervenants. — Masse mobilière et immobilière. —
Expertise. — Lots formés devant notaire. — Contestation. — Prélèvements. — Tirage au sort.
FORM. 84. — Procès-verbal d'ouverture des opérations. — Sommation.
FORM. 85. — Etat liquidatif.
FORM. 86. — Procès-verbal de lecture. — Prélèvements d'immeubles. — Désaccord sur le choix d'un expert. — Masse des biens à partager.
FORM. 87. — Rapport d'experts. — Formation des lots.
FORM. 88. — Procès-verbal de difficultés sur la formation des lots.
FORM. 89. — Procès-verbal de clôture.
FORM. 90. — Tirage au sort de lots après homologation.
FORM. 91. — Tirage au sort de lots quand des immeubles seuls sont à partager.

3079. — Procès-verbal d'ouverture. — On fait assez rarement un procès-verbal d'ouverture. Cependant il est quelquefois utile (n. 2142). Quand les parties sont

2ent. Et au compte de tutelle rendu par M. Jules GUILLOT à Mlle GUILLOT, sa fille, dont le reliquat en faveur de cette dernière s'est élevé à douze cent six francs.

Duquel acte, un double, avec les pièces à l'appui du compte, ont été remis à Mlle GUILLOT, pour être examinés pendant les délais voulus par la loi.

Il a été dit que le partage était soumis à la condition de l'approbation du compte par Mlle GUILLOT, dans le délai d'un mois, et que par le fait seul de cette approbation, il demeurerait définitif à l'égard de toutes les parties.

Ceci exposé, Mlle GUILLOT reconnaît avoir examiné le compte de tutelle à elle rendu par son père, ainsi que les pièces à l'appui, et avoir trouvé le tout parfaitement exact et régulier.

En conséquence, elle approuve purement et simplement ce compte de tutelle, dont le reliquat demeure définitivement fixé à la somme de douze cent six francs.

Laquelle somme a été de suite payée par M. GUILLOT père à Mlle GUILLOT sa fille, qui lui en donne décharge définitive et sans réserve.

Par suite de cette approbation, les parties constatent que le partage de la succession de Mme GUILLOT, effectué par l'acte sus-énoncé, demeure définitif ; et en tant que de besoin, les comparants déclarent le réitérer, et, spécialement, les attributions qu'ils se sont faites les uns aux autres pour le fournissement de leurs droits. Voulant que ce partage produise le même effet que s'il avait eu lieu après l'apurement du compte de tutelle rendu par M. GUILLOT père à sa fille.

Mention des présentes est consentie pour avoir lieu sur toutes pièces où besoin sera.

DONT ACTE. Fait et passé, etc.

Enregistrement. Voir n° 2881.

§ 5. — DES PARTAGES JUDICIAIRES

1re HYPOTHÈSE. — *Enfants majeurs. — Veuve usufruitière. — Masse mobilière; prix de licitation. — Compte d'administration. — Fonds et fruits.*

FORMULE 78. — Procès-verbal d'ouverture. — Comparution volontaire
[N° 3079].

L'an mil huit cent soixante-dix-huit, le....... — A....., en l'étude de Me MICHAUT, notaire.
PAR DEVANT Me Louis MICHAUT, notaire à....., soussigné,

d'accord pour comparaître à l'amiable on peut se dispenser de faire des sommations.

3080. — Partage en justice. — Le partage a lieu en justice quand il ne peut se faire à l'amiable, soit en raison d'un désaccord entre les parties majeures et capables;

Procédant seul, comme ayant été commis à l'effet des présentes opérations, aux termes du jugement qui va être énoncé.

Ont volontairement comparu :

1º Mme Geneviève BERT, veuve de M. Claude FABRE, en son vivant propriétaire, ladite dame demeurant à.....

Agissant en qualité de veuve survivante de M. Claude FABRE, décédé à..... le 15 décembre 1877, avec lequel elle était mariée séparée de biens, ainsi qu'il résulte de leur contrat de mariage passé devant M^e....., notaire à....., le.....

Et comme donataire de moitié en usufruit des biens meubles et immeubles composant la succession de son défunt mari, aux termes d'un acte de donation reçu par M^e....., notaire à....., le....., enregistré.

2º M. Jacques FABRE, négociant, demeurant à.....

3º Et Mme Esther FABRE, veuve de M. Edgar TABARIN, rentière, demeurant à.....

M. FABRE et Mme TABARIN, frère et sœur germains, issus du mariage de M. et Mme FABRE, susnommés ; et, en cette qualité, héritiers chacun pour moitié de M. Claude FABRE, leur père, ainsi que le constate l'intitulé de l'inventaire après son décès, dressé par M^e....., notaire à....., le.....

Lesquels ont dit et exposé ce qui suit :

Aux termes d'un jugement rendu par le tribunal civil de....., le....., il a été ordonné qu'aux requête, poursuites et diligence de M. Jacques FABRE, en présence de Mmes FABRE et TABARIN, ou elles dûment appelées, il serait procédé devant Me MICHAUT, notaire soussigné, que le tribunal a commis à cet effet, aux opérations de compte, liquidation et partage de la succession de M. Claude FABRE, et, préalablement, a ordonné la vente à titre de licitation, devant le même notaire, d'une maison située à.....

La licitation ayant eu lieu, il peut maintenant être procédé aux opérations de liquidation.

En conséquence, les comparants se présentent devant Me MICHAUT, notaire soussigné, et le requièrent de procéder aux opérations de compte, liquidation et partage de la succession de M. FABRE, à l'aide des documents qu'il a actuellement aux mains, comme ayant procédé à l'inventaire, offrent de lui remettre, s'il y a lieu, toutes autres pièces et tous documents qui pourraient lui être utiles.

Me MICHAUT, déférant à cette réquisition, déclare ouvertes les opérations de compte, liquidation et partage de la succession de M. FABRE.

Il procédera à cette opération, hors la présence des parties, pour ensuite son travail leur être soumis.

De tout ce que dessus a été dressé le présent procès-verbal, qui a été fait et rédigé à....., en l'étude de Me MICHAUT, notaire, les jour, mois et an susdits.

Et après lecture, les comparants ont signé avec les notaires.

Enregistrement. Voir nº 2789.

FORMULE 79. — Etat liquidatif [Nºs 3080 à 3092].

ETAT des opérations de compte, liquidation et partage de la succession de M. Claude FABRE, en son vivant rentier, demeurant à....., où il est décédé le 15 décembre 1877.

Dressé par Me Louis MICHAUT, notaire à....., soussigné, commis à cet effet par le jugement qui sera ci-après énoncé.

NOMS ET QUALITÉS DES PARTIES.

Les opérations ont lieu entre :

1º M. Jacques FABRE, négociant, demeurant à.....

Demandeur, ayant pour avoué M^e....., exerçant près le tribunal civil de.....

2º Mme Geneviève BERT, veuve de M. Claude FABRE, demeurant à.....

3º Et Mme Esther FABRE, veuve de M. Edgar TABARIN, demeurant à.....

Défenderesses, ayant pour avoué M^e....., exerçant près le même tribunal.

Mme veuve FABRE, agissant en sa qualité de veuve survivante et de donataire de moitié en usufruit des biens dépendant de la succession de son mari, aux termes d'un acte de donation reçu par M^e....., notaire à....., le.....

soit parce que, au nombre des parties, il y a des mineurs ou autres incapables (1917 à 1935).

3081. — **Demandeurs.** — Le droit de former la demande en partage, quand l'action n'est pas prescrite (765 à 780), appartient

M. Jacques FABRE et Mme TABARIN, frère et sœur germains, comme étant issus du mariage d'entre M. et Mme FABRE, et, en cette qualité, seuls héritiers, chacun pour moitié, de M. Claude FABRE, leur père.

EXPOSÉ PRÉLIMINAIRE.

Pour l'intelligence des opérations, on va, sous diverses observations, exposer les faits et analyser les actes qu'il est utile de connaître :

1re OBSERVATION. — *Mariage de M. et Mme FABRE.* — *Contrat de mariage.*

M. Claude FABRE et Mme Geneviève BERT, restée sa veuve, se sont mariés à la mairie de....., le.....

Préalablement à leur mariage, ils en ont arrêté les clauses et conditions civiles, suivant contrat passé devant Me....., notaire à....., le.....

Aux termes de ce contrat, ils ont déclaré qu'ils seraient séparés de biens, et que chacun d'eux aurait la gestion et l'administration de ses biens; et, en ce qui concerne la femme, le droit d'aliéner son mobilier.

Il est constaté par l'inventaire, qui sera mentionné plus loin, que M. FABRE n'était aucunement comptable envers sa femme, qui avait conservé par elle-même la gestion et l'administration de ses biens.

Il n'est donc question de ce contrat que pour ordre seulement.

2e OBSERVATION. — *Donation à Mme FABRE par son mari.*

Suivant acte passé devant Me....., notaire à....., le....., enregistré, M. FABRE a fait donation à la dame restée sa veuve, pour le cas arrivé d'existence d'enfant, de la quotité disponible en usufruit, étant de moitié dans les biens composant sa succession.

Pour Mme FABRE jouir de cet usufruit pendant sa vie à compter du jour du décès de M. FABRE, avec dispense de fournir caution et de faire emploi, mais à la charge de faire inventaire.

3e OBSERVATION. — *Décès de M. FABRE.* — *Inventaire.*

M. FABRE est décédé à....., le 15 décembre 1877.

Inventaire après son décès a été dressé par Me....., notaire à....., le.....; à la requête de Mme veuve FABRE, M. Jacques FABRE et Mme TABARIN, aux mêmes qualités que ci-dessus.

La prisée du mobilier a été faite par Me....., commissaire-priseur à...... — Cette prisée s'est élevée à 2500 francs; ce qui est mentionné pour ordre seulement, le mobilier ayant été vendu, ainsi qu'on le dira par la 4e observation.

Les titres et papiers ont été inventoriés sous dix cotes dont voici le dépouillement

COTE 1re. — *Deux pièces.* — Contrat de mariage d'entre M. et Mme FABRE, et bulletin relatif au mariage; le tout mentionné dans la 1re observation.

COTE 2. — *Une pièce.* — Expédition de la donation entre époux énoncée dans la deuxième observation.

COTE 3. — *Une pièce.* — Extrait d'un acte passé devant Me....., notaire à....., le....., contenant partage entre M. Claude FABRE et ses deux frère et sœur des successions de M. Jean FABRE et Mme Léonie SAGLIER, leurs père et mère décédés; par lequel partage, il est échu à M. FABRE, divers immeubles, valeurs et créances, tous aliénés et recouvrés depuis; il n'en est question ici que pour *ordre.*

COTE 4. — *Quatre pièces.* — Relatives à la vente qui a été faite à M. Claude FABRE, par M. Jules BOURET et Mme Esther DANGIN, sa femme, demeurant à....., d'une maison située à....., par contrat passé devant Me....., notaire à....., le.....

Cette maison qui s'est trouvée dépendre de la succession de M. Claude FABRE, a été depuis licitée, ainsi qu'on le dira par la sixième observation.

COTE 5. — *Huit pièces.* — Relatives aux locations de boutiques et appartements dans cette maison. Les loyers au décès et ceux courus jusqu'au jour de la vente figurent dans le compte d'administration établi par la septième observation.

COTE 6. — *Quatre pièces* :

1º Certificat d'inscription au nom de M. Claude FABRE de 2000 fr. de rente trois pour

à tous ceux (héritiers, légataires, donataires, communistes, etc.) qui ont, en pleine ou en nue-propriété, une part indivise dans une universalité ou dans une chose ; comme aussi à

---

cent sur l'Etat français, n° 1518 de la septième série, dont les arrérages étaient alors courants depuis le 1er octobre.

2° Autre certificat, au même nom, de 2500 fr. de rente cinq pour cent, n° 1417 de la troisième série, dont les arrérages étaient alors courants depuis le 16 novembre.

3° Certificat de quarante obligations, trois pour cent, de la compagnie des chemins de fer de Paris à Lyon et Méditerranée, émission nouvelle, au nom de M. FABRE, n° 846, dont les arrérages étaient alors courants depuis le 1er octobre.

4° Certificat de cent actions de la compagnie d'Orléans, au nom du défunt, n° 1410, dont le dividende était courant depuis le 1er octobre.

Ces valeurs font l'objet des articles 2, 3, 4 et 5 de la masse, et les arrérages, intérêts et dividendes échus depuis le décès sont compris dans le compte d'administration de M. FABRE.

COTE 7. — *Quatre pièces.* — Relatives aux impôts de l'année qui se trouvaient entièrement soldés.

COTE 8. — *Six pièces.* — Relatives à l'assurance contre l'incendie de la maison, dont la prime courante avait été payée.

COTE 9. — *Quinze pièces.* — Factures acquittées, reçus et autres ne présentant aucun actif ni aucun passif.

COTE 10. — *Deux pièces.* — La première, représentée par M. Jacques FABRE, est l'expédition de son contrat de mariage avec Mme Laure PELERIN, portant adoption du régime de la communauté, reçu par Me....., notaire à....., le.....; par lequel contrat M. et Mme FABRE père et mère ont constitué en dot, chacun pour moitié, à M. FABRE leur fils, une somme de trente mille francs en valeurs, créance et numéraire.

La dot constituée à M. FABRE ayant été fournie par ses père et mère, chacun pour moitié, le rapport de 15,000 fr. va être effectué à la succession de M. FABRE.

La deuxième est l'expédition, représentée par Mme TABARIN, de son contrat de mariage, reçu par Me....., notaire à....., le.....; aux termes duquel, M. FABRE père a constitué en dot à Mme TABARIN, par avancement d'hoirie sur sa succession, une somme de vingt-cinq mille francs, stipulée payable le jour du mariage, dont la célébration en vaudrait quittance.

Le rapport de cette somme sera effectué sous l'art. 9 de la masse.

Il a été déclaré qu'il existait en deniers comptants au décès, une somme de six cent trente francs; laquelle a été remise à M. FABRE fils, qui la comprendra dans son compte d'administration ci-après;

Qu'il n'était dû à la succession rien autre chose que les sommes résultant de l'inventorié des papiers;

Mais qu'il était réclamé à la succession :

1ent. Les frais d'inhumation et de dernière maladie, se montant ensemble à seize cent dix francs.

2ent. Divers mémoires de fournisseurs s'élevant à huit cent cinquante francs.

Toutes ces sommes ont été acquittées par M. Jacques FABRE, qui les comprendra dans les dépenses de son compte.

3ent. Les dettes hypothécaires ci-après :

1° Un emprunt de vingt mille francs, fait au Crédit foncier de France, par M. Claude FABRE, avec hypothèque sur la maison désignée en la cote 4 ci-dessus, suivant acte passé devant Me....., notaire à....., le.....; laquelle somme a été stipulée remboursable en cinquante annuités de douze cent douze francs, comprenant, outre l'amortissement, l'intérêt à cinq pour cent, les frais d'administration à raison de soixante centimes par cent francs, payables par semestres les trente-un janvier et trente-un juillet de chaque année. Lors du décès, il n'était dû que le semestre courant.

Cette créance a été mise à la charge de l'adjudicataire ainsi qu'il le sera dit en la sixième observation.

2° Une somme de quinze mille francs, empruntée de M. Eustache SAGNY, rentier, demeurant à....., avec hypothèque sur la même maison, suivant acte passé devant Me....., notaire à....., le.....; laquelle somme a été stipulée remboursable le....., et productive d'intérêts à cinq pour cent par an, payables par semestres les 24 juin et 24 décembre de chaque année. A l'époque du décès, il n'était dû que le semestre d'intérêt courant.

Cette dette fera l'objet de l'art. 1er de la masse passive.

L'inventaire a été terminé par les serments d'usage.

leurs créanciers et ayants cause (1937 à 1989).

3082. — Défendeurs. — Le partage est demandé contre ceux qui sont cohéritiers

4ᵉ OBSERVATION. — *Vente du mobilier.*

Le mobilier dépendant de la succession de M. FABRE a été vendu aux enchères par Mᵉ....., commissaire-priseur à....., suivant procès-verbal des.....
Le montant de cette vente s'est élevé à trois mille six cent vingt francs, ci . . 3,620 fr.
A quoi il a été ajouté cinq pour cent en sus, s'élevant à cent quatre-vingt-un francs, ci. . . . . 181 »
Ensemble, trois mille huit cent un francs, ci . . . . 3,801 fr.
Il en a été déduit :
1º Pour les frais de la vente, y compris la décharge du commissaire-priseur, suivant son mémoire taxé, trois cent cinquante-deux francs, ci . . . . 352 fr.
2º Les bordereaux d'adjudication à crédit, étant :
Pour Mᵐᵉ veuve FABRE, de 1,120
Pour M. FABRE fils, de. . . . . 360 »
Et pour Mᵐᵉ TABARIN, de . . . . 849 »
Ensemble, deux mille six cent quatre-vingt-un francs, ci . . . . . 2,681 fr. 2,681 »
Il est resté onze cent vingt francs, qui ont été versés à M. FABRE fils le....., ; ainsi que le constate une décharge à cette date, en suite du procès-verbal de vente, ci 1,120 fr.
Cette somme, ainsi que le bordereau à crédit de M. FABRE fils, figureront dans les recettes de son compte d'administration.
Quant aux bordereaux à crédit de Mᵐᵉˢ FABRE et TARARIN, le rétablissement en sera fait à la masse par ces deux dames.

5ᵉ OBSERVATION. — *Jugement ordonnant le partage et la licitation.*

Sur la demande en partage de la succession de M. FABRE, formée par M. FABRE fils contre Mᵐᵉ veuve FABRE et Mᵐᵉ TABARIN, par exploit de....., huissier à....., en date du....., il est intervenu le....., un jugement contradictoire rendu par le tribunal civil de....., aux termes duquel il a été ordonné qu'aux requête, poursuites et diligences de M. FABRE fils, en présence de Mᵐᵉ veuve FABRE et Mᵐᵉ TABARIN, ou elles dûment appelées, il serait procédé par Mᵉ MICHAUT, notaire soussigné, que le tribunal a commis à cet effet, aux opérations de compte, liquidation et partage de la succession de M. FABRE; et préalablement, a ordonné que la maison sise à....., rue....., nº....., serait vendue par licitation devant le même notaire, sur la mise à prix de quarante mille francs.
Ce jugement a été signifié à Mᵐᵉˢ FABRE et TABARIN par exploit de....,, huissier, à....., en date du......

6ᵉ OBSERVATION. — *Licitation de la maison.*

Mᵉ MICHAUT, notaire soussigné, commis à cet effet, a dressé le......, le cahier des charges pour parvenir à la vente de la maison située à....., rue....., nº.....; et le dépôt en a été fait au rang de ses minutes par acte en date du même jour.
Il a été stipulé par ce cahier des charges : que l'adjudicataire serait propriétaire de l'immeuble vendu à compter du jour de l'adjudication, et qu'il en aurait la jouissance par la perception à son profit des loyers, à partir du 1ᵉʳ juillet 1878 ;
Que, sur le prix d'adjudication, l'adjudicataire conserverait entre ses mains, une somme de dix sept mille six cent quatre francs, pour laquelle il serait chargé, à ses risques et périls et à forfait, de rembourser au Crédit foncier de France, société anonyme, ayant son siège à Paris, rue Neuve des Capucines, nº 19, et au profit de laquelle l'adjudication vaudrait de délégation expresse, l'emprunt de vingt mille francs mentionné dans la troisième observation ci-dessus ; et ce, à commencer par le terme qui écherra le 1ᵉʳ janvier 1879. Il a été dit que l'adjudicataire ferait ce paiement sur les simples quittances du Crédit foncier, hors la présence des vendeurs; et que le Crédit foncier, délégataire, aurait le droit de consentir tous désistements de privilège et action résolutoire avec main-levée de l'inscription d'office à prendre lors de la transcription du procès-verbal d'adjudication, pour raison de la somme de dix-sept mille six cent quatre francs et de tous intérêts et accessoires;
Que le surplus du prix serait payable dans le délai de quatre mois du jour de l'adjudication, avec intérêt à cinq pour cent par an, à partir du 1ᵉʳ juillet 1878, époque fixée pour l'entrée en jouissance ;

ou copropriétaires, et, à ce titre, ont une part indivise dans l'universalité ou dans la chose (1990 à 2026).

5085. — Formes. — Le partage judiciaire est ordonné en justice, et, à moins d'abandon des formes judiciaires, ne devient dé-

---

Que les frais faits pour parvenir à la vente seraient payés par l'adjudicataire en sus du prix d'adjudication,

Après l'accomplissement des formalités voulues par la loi, et suivant procès verbal d'adjudication dressé par Me....., notaire à...., le....., il a été procédé à l'adjucation.

M. Honoré Labat, propriétaire, demeurant à....,a été déclaré adjudicataire, moyennant un prix principal de soixante-deux mille francs, ci. . . . . 62,000 fr.

Duquel on déduit, dix-sept mille six cent-quatre francs, que l'adjudicataire a été chargé de payer au Crédit foncier ainsi qu'on l'a dit plus haut, ci . . . . 17.604 »

Reste une somme de quarante-quatre mille trois cent quatre-vingt-seize francs qui formera l'art. 6 de la masse, ci . . . . 44,396 fr.

Une expédition de ce procès verbal d'adjutication a été transcrite au bureau des hypotèques de....., le....., vol....., n°.....; et lors de cette transcription, inscription a été prise d'office contre M. Labat, vol....., n°......

7° Observation. — *Compte d'administration de M. Fabre fils.*

M. Fabre fils a été chargé verbalement par ses copartageants d'encaisser les fonds disponibles, de recevoir les revenus et d'acquitter les frais d'inhumation et de dernière maladie, ainsi que les dettes courantes et les frais.

Il rend son compte d'administration de la manière ci-après:

En raison de la communauté d'acquêts existant entre M. Fabre fils et sa femme, comme aussi des droits d'usufruit appartenant à Mme veuve Fabre, on distinguera: dans les recettes les fonds d'avec les fruits, et dans les dépenses les charges des fonds d'avec celle des fruits.

RECETTES.	Fonds	Fruits
M. Fabre porte en recettes:		
1° Six cent trente francs, montant des deniers comptants au décès (3e observ.) ci	630	
2° Quatorze cent quatre-vingt francs, formés du reliquat du compte de vente mobilière et de ses enchères à crédit (4e observation) ci . . .	1,480	
3° Onze cent vingt-cinq francs, reçus de M. Perin, mercier, pour loyer d'une boutique du 1er octobre 1877 au 1er juillet 1878, sur le pied de 1500 fr. par an. Cette somme est à porter:		
Dans la colonne des fonds, pour 312 fr. représentant la loyer couru jusqu'au décès, ci	312	
Et dans celles des fruits, pour 813 fr. représentant le temps écoulé depuis le décès, ci.		813
4° Treize cent cinquante francs, reçus de M. Dimar pour loyer d'une autre boutique, pendant le même temps, sur le pied de 1800 francs par an. Cette somme est à porter:		
Dans la colonne des fonds, pour 375 francs représentant le loyer couru antérieurement au décès, ci	375	
Et dans celle des fruits, pour 975 francs représentant le loyer couru depuis le décès, ci		975
5° Douze cents francs, reçus de M. Dubois pour loyer d'un appartement au deuxième étage, pendant le même temps, sur le pied de 1600 francs par an. Cette somme est à porter :		
Dans la colonne des fonds, pour 367 francs, représentant le loyer couru antérieurment au décès, ci.	367	
Et dans celle des fruits, pour 833 francs, représentant le loyer postérieur au décès, ci		833
6° Neuf cents francs, reçus de M. Accard, pour loyer d'un appartement au troisième étage pendant le même temps, sur le pied de 1200 fr. par an. Cette somme est à porter:		
A reporter.	3,164	2,621

finitif qu'après son homologation, *infra* nos 3101 et suivants.

5084. — État liquidatif. — Nous avons indiqué, *supra* nos 2151 à 2287, la marche à suivre pour la rédaction de l'état liquidatif. Notre formule 79e en est l'application.

SUITE DES RECETTES.	Fonds	Fruits
Reports.	3,164	2,621
Dans la colonne des fonds, pour 250 fr. représentant le loyer couru antérieurement au décès, ci	250	
Et dans celle des fruits, pour 650 fr. représentant le loyer postérieur au décès, ci.		650
7° Quinze cents francs, pour arrérages du 1er octobre 1877 au 1er juillet 1878, de 2,000 francs de rente, trois pour cent ; la quelle somme est à porter :		
Dans la colonne des fonds, pour 417 francs représentant les arrérages antérieurs au décès, ci	417	
Et dans celles des fruits, pour 1083 francs représentant les arrérages postérieurs au décès, ci		1,083
8° Douze cent cinquante francs, pour arrérages du 16 novembre 1877 au 16 mai 1878, de 2,500 fr. de rente cinq pour cent ; laquelle somme est à porter :		
Dans la colonne des fonds, pour 104 francs représentant les arrérages antérieurs au décès, ci	104	
Et dans celle des fruits, pour 1146 francs représentant les arrérages postérieurs au décès, ci		1,146
9° Deux cent quatre-vingt-dix francs, pour six mois d'intérêt au 1er avril 1878, de 40 obligations de Paris à Lyon et Méditerranée, émission nouvelle ; laquelle somme est à porter :		
Dans la colonne des fonds, pour 121 francs représentant les intérêts antérieurs au décès, ci	121	
Et dans celles des fruits, pour 169 francs représentant ceux postérieurs au décès, ci		169
10° Trois mille quatre cent cinquante francs, pour le dividende au 1er avril 1878, de 100 actions d'Orléans ; à porter :		
Dans la colonne des fonds, pour 1437 francs représentant le temps antérieur au décès, ci	1,437	
Et dans celle, des fruits, pour 2013 francs représentant le temps postérieur au décès, ci		2,013
Ensemble, pour les recettes :		
En fonds, cinq mille quatre cent quatre-vingt-treize francs, ci. . .	5,493	
En fruits, sept mille six cent quatre-vingt-deux francs, ci		7,682

DÉPENSES.	CHARGES DES	
	Fonds	Fruits
M. Fabre porte en dépenses :		
1° 850 francs, payés à la fabrique de l'église de....., pour frais d'inhumation, ci.	850	
2° 360 francs, payés à M. Bider, médecin, pour soins et visites, ci.	360	
3° 200 francs, à M. Orney, médecin, pour consultation, ci	200	
4° 200 francs, payés à Mme Dinard, garde-malade, ci	200	
5° 800 francs, payés à M. Inard, entrepreneur de maçonnerie, pour son mémoire de travaux à la maison, ci	800	
6° 1200 francs, payés à M. Courier peintre, pour même cause, ci. .	1,200	
7° 360 francs, à M. Murel, menuisier, ci	360	
8° 250 francs, à M. Bidel, boulanger, ci	250	
9° 120 francs, à M. Carol, épicier, ci	120	
10° 120 francs, à M. Monnier, boucher, ci	120	
11° 360 francs, à M. Michaut, pour les frais de l'inventaire, ci . . .	360	
A reporter.	4,820	

5085. — Parties.

— Voir en ce qui concerne l'indication des parties (2167 à 2173).

5086. — Exposé.

— Nous avons dit (2174 à 2215) l'ordre dans lequel l'exposé doit être rédigé.

SUITE DES DÉPENSES.	CHARGES DES	
	Fonds	Fruits
Report.	4,820	
12° 606 francs, payés au Crédit foncier, pour le semestre d'annuité au 31 janvier 1878. Cette somme est :		
A la charge des fonds, pour 476 francs représentant l'amortissement pour le semestre, ainsi que les intérêts et frais d'administation antérieurs au décès, ci	476	
Et à celle des fruits, pour 130 francs, représentant les intérêts et frais d'administration postérieurs au décès. ci		130
13° 598 francs, payés au Crédit foncier pour le semestre d'annuité au 31 janvier 1878, déduction faite de 8 francs de bonification d'intérêt pour anticipation du paiement. Cette somme est :		
A la charge des fonds, pour 108 francs représentant l'amortissement, ci	108	
Et à celle des fruits, pour le surplus, ci		490
14° 750 francs, payés pour un an d'intérêt, échu le 24 juin 1878, des 15000 francs dus à M. Sagny. Cette somme est :		
A la charge des fonds, pour 356 francs représentant les intérêts courus antérieurement au décès, ci	356	
Et à celle des fruits, pour les 394 francs de surplus, ci.		394
15° Cinq cent huit francs, payés au percepteur, pour la moitié des impôts de l'année sur la maison, l'autre moitié étant à la charge de l'adjudicataire, ci		508
Ensemble pour les dépenses :		
A la charge des fonds, cinq mille sept cent soixante francs, ci. . .	5,760	
Et à celle des fruits, quinze cent vingt-deux francs, ci.		1,522
BALANCE.	Fonds	Fruits
Les recettes se montent :		
En fonds, à cinq mille quatre cent quatre-vingt-treize francs, ci . .	5,493	
En fruits, à sept mille six cent quatre-vingt deux francs, ci		7,682
Et les dépenses s'élèvent :		
A la charge des fonds, à cinq mille sept cent soixante francs, ci . .	5,760	
Et à celle des fruits, à quinze cent vingt-deux francs, ci		1,522
Reliquat en recettes quant aux fruits, six mille cent soixante francs, ci		6,160
Et en dépenses quant aux fonds, deux cent soixante-sept francs, ci	267	
Cette dernière somme est empruntée aux fruits, sauf restitution lors de la balance de la masse, ci.		267
Par suite, le reliquat en recettes du présent compte, pour le tout en fruits, est de cinq mille huit cent quatre-vingt-treize francs, ci . . .		5,893

LIQUIDATION.

Ces faits exposés, il est passé aux opérations de liquidation.

Elles seront divisées en trois chapitres qui comprendront :

Le premier, l'établissement des masses active et passive.

Le deuxième, la fixation des droits des parties et les attributions proposées pour le fournissement de ces droits.

Le troisième, les conditions du partage.

Par les motifs exprimés en tête de la septième observation, on distinguera : dans l'actif, les fonds d'avec les fruits, et dans le passif, la charge des fonds d'avec celle des fruits.

La jouissance divise est fixée au 1er août 1878.

5087. — Masse. — Dans l'espèce, la masse est mobilière, le seul immeuble dépendant de la succession ayant été licité et adjugé à un étranger. S'il avait été adjugé à un cohéritier, voir *supra* n° 3069.

5088. — Fonds et fruits. —

	Fonds	Fruits
CHAPITRE PREMIER. — ETABLISSEMENT DES MASSES. § 1er. MASSE ACTIVE.		

ART. 1er. — *Reliquat du compte de M. Fabre fils.*
La somme de cinq mille huit cent quatre-vingt-treize francs, formant le reliquat en fruits du compte de M. Fabre fils, établi par la septième observation, ci **5,893**

ART. 2. — *Rente trois pour cent.*
Une rente de deux mille francs, trois pour cent, sur l'Etat français, en une inscription au nom de M. Claude Fabre, n° 1518 de la série 7e, payable par trimestres, les 1er janvier, avril, juillet et octobre (3me obs. Enonciation de la cote 6). — Elle représente au cours de 76 fr. 80 c. par trois francs de rente, une somme de cinquante et un mille deux cents francs, ci . . . . 51,200 fr.
On en déduit, pour la porter dans la colonne des fruits, une somme de cent soixante-sept francs représentant le prorata d'arrérages couru du 1er juillet au 1er août, ci . . . . . . 167 »   **167**
Reste en fonds cinquante et un mille trente-trois francs, ci 51,033 fr.   **51,033**

ART. 3. — *Rente cinq pour cent.*
Une rente de deux mille cinq cents francs, cinq pour cent, sur l'Etat français, en une inscription au nom de M. Claude Fabre, n° 1417 de la série 3e, payable par trimestre, les 16 février, mai, août et novembre (3e observ. Enonciation de la cote 6e). — Elle représente au cours de 114 fr. 50 c. par 5 fr. de rente, une somme de cinquante-sept mille deux cent cinquante fr., ci . . . . 57,250 fr.
On en déduit pour la porter dans la colonne des fruits, une somme de cinq cent vingt francs représentant le prorata d'arrérages couru du 16 mai au 1er août, ci . . . . . . 520 fr.   **520**
Reste en fonds, cinquante-six mille sept cent trente francs, ci. . . . . 56,730 fr.   **56,730**

ART. 4. — *Obligations de Paris à Lyon et Méditerranée.*
Quarante obligations trois pour cent, de la Compagnie des chemins de fer de Paris à Lyon et Méditerranée, émission nouvelle, remboursables à cinq cents francs, produisant quinze francs d'intérêt annuel, payables les 1er avril et 1er octobre; elles portent les n°s 4710 à 4749, et font l'objet d'un certificat au nom de M. Claude Fabre, n° 1845. — Elles représentent au cours de 350 francs une somme de quatorze mille francs, ci . . . . 14,000 fr.
On en déduit pour la porter dans la colonne des fruits, une somme de deux cents francs représentant les intérêts courus du 1er avril au 1er août, ci . . . . 200 »   **200**
Reste en fonds, treize mille huit cents francs, ci. . . . 13,800 fr.   **13,800**

ART. 5. *Actions d'Orléans.*
Cent actions de la compagnie des chemins de fer d'Orléans, au capital nominal de cinq cents francs, produisant des dividendes payables les 1er avril et 1er octobre. Ces actions portant les n°s 14601 à 14700 font l'objet d'un certificat n° 1410 au nom de M. Claude Fabre, et représentent au cours de onze cent cinquante francs, une somme de cent quinze mille francs, ci. . . . . 115,000 fr.
On en déduit pour la porter dans la colonne des fruits, une somme de deux mille deux cents francs représentant le prorata du dividende présumé du 1er avril au 1er août, ci. . 2,200 »   **2,200**
Reste à porter dans la colonne des fonds, cent douze mille huit cents francs, ci . . . . 112,800 fr.   **112,800**

A reporter. **234,363** **8,980**

Il y a lieu de distinguer les fonds des fruits et les charges des fonds de celle des fruits, quand les fruits appartiennent à d'autres qu'aux héritiers ; par exemple : quand ils tombent dans une communauté, ou appartiennent à un usufruitier. Cette distinc-

MASSE ACTIVE (suite).	Fonds	Fruits
Report.	234,363	8,980
ART. 6. — *Prix de M.* LABAT. La somme de quarante-quatre mille trois cent quatre-vingt-seize francs, due par M. LABAT, pour le prix de la vente à lui faite de la maison située à...., après déduction de la dette du Crédit foncier (6ᵉ observ.), ci . . . . 44,396 fr.	44,396	
Plus cent quatre-vingt-cinq francs, pour l'intérêt de cette somme depuis le 1ᵉʳ juillet jusqu'au 1ᵉʳ août, ci. . . . . 185 »		185
Total : quarante-quatre mille cinq cent quatre-vingt-un francs, ci . . . . 44,581 fr.		
ART. 7. — *Rétablissements par* Mᵐᵉˢ FABRE *et* TABARIN. Les sommes ci-après, dont Mᵐᵉˢ FABRE et TABARIN font le rétablissement à la masse pour leurs enchères à crédit à la vente mobilière (4ᵉ observ.), savoir :		
Mᵐᵉ FABRE, de onze cent vingt francs, ci	1,120	
Mᵐᵉ TABARIN, de huit cent quarante-neuf francs, ci.	849	
ART. 8. — *Rapport par M.* FABRE. La somme de quinze mille francs rapportée par M. FABRE, comme formant la moitié pour laquelle M. FABRE son père a contribué dans la dot de trente mille francs, que ses père et mère lui ont constituée (3ᵉ observ., énonciation de la cote 10ᵉ), ci . . . . 15,000 fr.	15,000	
Et 469 francs, pour l'intérêt de cette somme couru du jour du décès au 1ᵉʳ août 1878, ci . . . . 469 »		469
Total : quinze mille quatre cent soixante-neuf francs, ci . 15,469 fr.		
ART. 9. — *Rapport par* Mᵐᵉ TABARIN. La somme de vingt-cinq mille francs, dont Mᵐᵉ TABARIN effectue le rapport, pour le montant de la dot que son père lui a constituée (3ᵉ observ., énonciation de la cote 10ᵉ), ci . . . . 25,000 fr.	25,000	
Et 788 francs pour l'intérêt de cette somme couru du jour du décès au 1ᵉʳ août 1878, ci . . . . 788 »		788
Ensemble . . . . 25,788 fr.		
Montant de la masse active :		
En fonds, trois cent vingt mille sept cent vingt-huit francs, ci. . .	320,728	
En fruits, dix mille quatre cent vingt-deux francs, ci		10,422
Réunion : trois cent trente-un mille cent cinquante francs	331,150	

	CHARGES DES	
§ 2. MASSE PASSIVE.	Fonds	Fruits
Art. 1ᵉʳ. — *Créance de M.* SAGNY. La somme de quinze mille francs, due à M. SAGNY, pour le montant de l'obligation mentionnée en la troisième observation, ci . 15,000 fr	15,000	
Et celle de soixante-quinze francs, pour intérêt couru du 24 juin au 1ᵉʳ août, ci . . . . 75 »		75
Total : quinze mille soixante-quinze francs, ci. . . . . 15,075 fr.		
ART. 2. — *Deuil de* Mᵐᵉ FABRE. La somme de deux mille francs, montant de l'indemnité de deuil allouée à Mᵐᵉ FABRE, ci.	2,000	
ART. 3. — *Frais de liquidation et autres.* La somme de trois mille neuf cent vingt-cinq francs, à laquelle sont évalués, sauf à augmenter ou diminuer après taxe, les frais de liquidation, ceux d'homologation, s'il y a lieu, et les frais de la quittance SAGNY,		
A reporter.	17,000	75

tion est à faire dans les masses et dans le compte d'administration (793 à 797 et 848 à 850).

5089. — Fixation des droits. — Après avoir établi les masses, on fixe les droits des parties et la somme qui sera affectée à

MASSE PASSIVE (*suite*).	CHARGE DES	
	Fonds	Fruits
Report.	17,000	75 »
dans laquelle somme les honoraires de la présente liquidation entrent pour trois mille francs, ci	3,925	
Ensemble, pour la masse passive :		
A la charge des fonds, vingt mille neuf cent vingt-cinq francs . .	20,925	
A la charge des fruits, soixante-quinze francs, ci		75 »
Réunion : vingt et un mille francs, ci	21,000	

§ 3. — BALANCE.

	Fonds	Fruits
La masse active se monte :		
En fonds, à	320,728	
En fruits, à		10,422 »
Et la masse passive s'élève :		
A la charge des fonds, à	20,925	
A la charge des fruits, à		75 »
Reliquat actif :		
En fonds	299,803	
En fruits		10,347 »
On restitue aux fruits 267 francs empruntés par les fonds, lors du compte d'administration de M. FABRE fils, établi sous la 7e observation, ci	267	267 »
Déduisant cette somme des fonds, reste un reliquat actif de deux cent quatre-vingt-dix-neuf mille cinq cent trente-six francs, ci . . .	299,536	
Et les ajoutant aux fruits, on trouve un reliquat total de dix mille six cent quatorze francs, ci		10,614 »
Dont moitié en usufruit pour Mme veuve FABRE est :		
En fonds, de cent quarante-neuf mille sept cent soixante-huit francs, ci	149,768	
En fruits, de cinq mille trois cent sept francs, ci		5,307 »
L'autre moitié se divise entre M. FABRE fils et Mme TABARIN par moitié entre eux, soit pour chacun :		
En fonds, soixante quatorze mille huit cent quatre-vingt-quatre francs, ci . . . . 74,884 fr.	74,884	
En fruits, deux mille six cent cinquante-trois francs cinquante centimes, ci 2,653 50		2,653 50
Total, soixante dix-sept mille cinq cent trente-sept francs cinquante centimes. 77,537 50		

CHAPITRE DEUXIÈME. — FIXATION DES DROITS DES PARTIES ET ATTRIBUTIONS.

§ 1. — FIXATION DES DROITS DES PARTIES.

I. — Mme *veuve* FABRE.

Elle a droit comme usufruitière:
En fonds, à . . . . 149,768 fr.
En fruits, à . . . . 5,307 »
Total : cent cinquante-cinq mille soixante-quinze francs . . . . 155,075 fr.

II. — M. FABRE *fils*.

Il a droit :
1ent En pleine propriété, à 77,537 fr. 50 centimes, dont : 74,884 fr. en fonds et 2,653 fr. 50 en fruits, ci 77,537 50

A reporter. 232,612 50

l'acquit du passif. Le montant du tout est égal à l'actif brut partageable.

3090. — **Attributions**. — Le notaire propose les attributions, en se rendant compte

Report.	232,612 50
2ent En nue propriété, à 74,884 francs faisant moitié des 149,768 francs en fonds, grevés de l'usufruit de Mme veuve FABRE, ci	74,884 fr,

III. — Mme TABARIN.

Elle a droit également :
1ent. En pleine propriété, à 77,537 fr, 50 cent., ci 77,537 50
2ent. En nue propriété, à 74,884 francs, ci. . . . . 74,884 fr.

IV. — *Acquit du passif.*

Le passif à acquitter, compris en la masse passive, est de vingt et un mille francs, ci . . . . 21,000 »
Somme égale à l'actif brut . . . . 331,150 »

§ 2. — ATTRIBUTIONS.

I. — *Mme veuve* FABRE.

Pour remplir Mme veuve FABRE de la somme de cent cinquante-cinq mille soixante-quinze francs, montant de ses droits comme usufruitière et dans les revenus, le notaire soussigné propose de lui attribuer, à titre de partage :

	Usufruit	Revenus
1º Quatre mille cent trente francs, à prendre sur le reliquat du compte de M. FABRE fils, composant l'article 1er de la masse, savoir :		
566 fr. 50 cent. pour demeurer grevés de son usufruit, ci	566 50	
Et 3,563 fr. 50 cent. sur ses droits dans les revenus, ci		3,563 50
2º Mille francs de rente, trois pour cent, sur les deux mille francs composant l'art. 2 de la masse, pour vingt-cinq mille six cents francs dont : 25,516 fr, 50 cent. sur ses droits comme usufruitière, ci. . . .	25,516 50	
Et 83 fr. 50 de proratas sur ses droits dans les revenus, ci. . . .		83 50
3º Douze cent cinquante francs de rente, cinq pour cent, sur les deux mille cinq cents francs, faisant l'objet de l'article 3, pour vingt-huit mille six cent vingt-cinq francs, dont : 28,365 fr. sur ses droits comme usufruitière, ci.	28,365 »	
Et 260 fr. de proratas, sur ses droits dans les revenus, ci		260 »
4º Les quarante obligations de Paris à Lyon et Méditerranée, composant l'art. 4, pour quatorze mille francs, dont : 13,800 fr. sur ses droits comme usufruitière, ci.	13,800 »	
Et 200 francs de proratas, sur ses droits dans les revenus, ci . .		200 »
5º Cinquante actions d'Orléans, nos 14601 à 14650, sur les cent portées à l'art. 5, pour cinquante-sept mille cinq cents francs, dont : 56,400 fr. sur ses droits comme usufruitière, ci	56,400 »	
Et 1100 fr. de proratas sur ses droits dans les revenus, ci		1,100 »
6º Vingt-quatre mille francs de capital, sur le prix de M. LABAT, porté art. 6, ci	24,000 »	
Et 100 francs d'intérêt sur les revenus, ci.		100 »
7º Les onze cent vingt francs, dont Mme FABRE a fait le rétablissement par l'art. 6, ci.	1,120 »	
Somme égale aux droits, en capital, de Mme FABRE, comme usufruitière, ci	149,768 »	
Et à ses droits dans les revenus		5,307 »

II. — *M. FABRE fils.*

Pour remplir M. FABRE fils de ses droits en pleine propriété et en nue propriété, le notaire soussigné propose de lui attribuer à titre de partage.

1ent En pleine propriété.
1º Sept cent quatre-vingt-trois francs cinquante centimes, sur le reliquat de son compte porté en l'article 1er et dont il fera confusion en lui même, ci. . . 783 50

A reporter. 783 50

les désirs, des aptitudes et des besoins de chacun. En ce qui concerne les mineurs et in- | terdits, l'attribution doit, autant que possible, être de sommes placées. Les attributions

Report.	783 50
2° La somme de 15,469 francs qu'il a rapportée sous l'art. 8 de la masse, et dont il fera aussi confusion en lui-même, ci.	15,469 fr.
3° 600 francs de rente, trois pour cent, faisant partie des 2,000 francs compris en l'article 2, pour	15,360 »
4° 750 francs de rente, cinq pour cent, dans les 2500 fr. composant l'article 3, pour	17,175 »
5° Vingt cinq actions d'Orléans, n°s 14651 à 14675, sur les cent portées art. 5, pour . .	28,750 »
Somme égale à ces droits en propriété.	77,537 fr.

2^{ent} En une propriété, les sommes et valeurs ci-après formant moitié de celles grevées de l'usufruit de Mme FABRE :

1° 283 fr. 25 cent. sur le reliquat du compte de M. FABRE porté en l'art. 1er, ci	283 25
2° 500 fr. de rente, trois pour cent, sur les 2000 fr. composant l'art. 2, pour .	12,758 25
3° 625 fr. de rente, cinq pour cent, sur les 2500 fr. composant l'art. 3, pour	14,182 50
4° Vingt obligations de Paris à Lyon et Méditerranée, n°s 4710 à 4729 sur les quarante portées en l'art. 4, pour	6,900 »
5° Vingt cinq actions d'Orléans, n°s 14601 à 14625, sur les cent comprises en l'art. 5, pour	28,200 »
6° 12,000 francs sur le prix de M. LABAT (art. 6), ci	12,000 »
7° Et 560 francs, faisant moitié de 1120 francs que Mme FABRE a rétabli à la masse (art. 7), ci.	560 »
Somme égale à ses droits en nue propriété	74,884 fr.

III. — Mme TABARIN.

Pour remplir Mme TABARIN de ses droits en pleine propriété et en nue propriété, le notaire soussigné propose de lui attribuer à titre de partage :

1^{ent} en pleine propriété :

1° 25,788 fr. rapportés par Mme TABARIN, par l'art. 9 de la masse, et dont elle fera confusion en elle-même, ci	25,788 fr.
2° 460 fr. 50 cent. à toucher sur le reliquat du compte d'administration porté à l'art. 1er, ci.	460 50
3° 400 fr. de rente trois pour cent, sur les 2000 fr. portés à l'art. 2, pour . .	10,240 »
4° 500 fr. de rente, cinq pour cent. sur les 2500 fr. compris à l'art. 3, pour . .	11,450 »
5° Vingt cinq actions d'Orléans, n°s 14676 à 14700, sur les cent composant l'art. 5, pour 28,750 fr., ci	28,750 »
6° Et 849 fr. dont Mme TABARIN a fait le rétablissement sous l'art. 7 de la masse, et pour lesquels une confusion s'opérera en sa personne, ci	849 »
Somme égale à ses droits en pleine propriété	77,537 50

2^{ent} En nue propriété, les sommes et valeurs ci après, etc.
(*Le surplus de la même manière qu'en ce qui concerne M. FABRE fils*).

IV. — *Acquit du passif.*

Pour l'acquit du passif, se montant à la somme de vingt-deux mille francs, le notaire soussigné propose d'affecter :

1° Une somme de 519 francs, sur le reliquat du compte porté à l'art. 1er, ci .	519 fr.
2° Et celle de 20,481 francs, sur la créance due par M. LABAT (art. 6), dont 20,396 francs en principal et 85 fr. en intérêt, ci	20,481 »
Somme égale	21,000 fr.

M. FABRE fils sera chargé de toucher ces sommes et de les employer au paiement du passif. En conséquence, il est investi des pouvoirs les plus étendus à l'effet de les recevoir en principal, intérêts et accessoires, en donner quittance avec désistement de privilège et main-levée de l'inscription d'office; payer les sommes dues aussi en principal, intérêts et accessoires, en retirer quittance; passer et signer tous actes; élire domicile; substituer; et généralement faire le nécessaire

580 DU PARTAGE DES SUCCESSIONS.

sont en suite récapitulées dans un tableau (2234 à 2251).

5091. — Conditions. — Le notaire termine son travail en indiquant les conditions du partage (2252 à 2285).

5092. — Clôture. — Puis il le clot, le

TABLEAU DES ABANDONNEMENTS.

Pour rendre les opérations plus claires, et, en même temps, servir de contrôle, elles sont résumées dans le tableau suivant:

ART. DE MASSE	NATURE DE L'ACTIF	MASSE partageable	Mme veuve FABRE		M. FABRE fils		Mme TABARIN		ACQUIT du passif
			Usufruit	Revenus	Pleine propriété	Nue-propriété	Pleine propriété	Nue-propriété	
1	Reliquat du compte de M. FABRE fils	5,893	566 50	3,563 50	783 50	283 25	460 50	283 25	519
2	2,000 f. de rente 3 p. %	51,200 1000	25,516 50	83 50	15,360 600	12,758 25 500	10,240 400	12,758 25 500	»
3	2,500 f. de rente 5 p. %	57,250 1250	28,365	260	17,175 750	14,182 50 625	11,450 500	14,182 50 625	»
4	40 obligations P. L. M.	14,000 40	13,800	200	»	20	»	20	»
5	100 actions Orléans	115,000 50	56,400	1,100	25 28,750	28,200 25	25 28,750	28,200 25	»
6	Prix de M. LABAT	44,396	24,000	100	»	12,000	»	12,000	20,396
	Intérêt	185							85
7	Rétablissement Madame FABRE	1,120	1,120	»					
	Rétablissement Madame TABARIN	849					849	560	
8	Rapport M. FABRE	15,469			15,469				
9	Rapport Madame TABARIN	25,788					25,788		
	Totaux	331,150	149,768	5,307	77,537 50	74,884	77,537 50	74,884	21,000

Réunion des abandonnements, égale à la masse partageable........ 331,150 fr.

signe et le conserve en brevet pour être annexé au procès-verbal de lecture (2286, 2287).

5093. — Communication. — L'état liquidatif est ensuite communiqué aux parties, qui l'approuvent ou le contestent (2288 à 2304).

5094. — Abandon des voies ju-

CHAPITRE TROISIÈME. — CONDITIONS DU PARTAGE.

1° Par le seul fait de l'approbation du présent travail ou de son homologation en justice, les copartageants feront et disposeront des objets, sommes et valeurs compris dans leurs attributions, comme de chose leur appartenant en pleine propriété. Et ils auront droit, chacun pour ce qui le concerne, aux intérêts, arrérages, dividendes et autres revenus dont ils sont productifs, à partir du 1er août 1878, jour fixé pour la jouissance divise.

2° En ce qui concerne les valeurs attribuées en usufruit à Mme veuve FABRE, cette dame touchera tous intérêts, arrérages, dividendes et produits quelconques, sans avoir à justifier d'aucun certificat de vie, les compagnies étant dispensées de surveiller son existence.

En cas de remboursement de tout ou partie des valeurs grevées de cet usufruit, les primes qui pourront y être attachées augmenteront le capital, et Mme FABRE aura le droit de toucher sur ses seules quittances, sans le concours des nu-propriétaires, le montant des sommes capitales remboursées et des primes, à la seule condition d'en faire emploi, à son choix, soit en valeurs de même nature, soit en achat de rentes sur l'Etat ou en obligations des grandes lignes de chemins de fer français. Les compagnies ou autres détenteurs des sommes versées ne seront pas tenus de surveiller ces emplois; les agents de change chargés des emplois, entre les mains desquels les versements seront faits, en demeureront seuls responsables.

Les valeurs acquises à titre d'emploi seront immatriculées aux noms de l'usufruitière et des nu-propriétaires, de la même manière que celles dont le remboursement aura été opéré.

A l'égard des vingt-quatre mille francs attribués à Mme FABRE en usufruit sur le prix de vente de M. LABAT, ils seront touchés par cette dame, sur ses simples quittances; et, la donation à elle faite la dispensant de faire emploi, elle ne sera astreinte à aucune justification d'emploi. Cependant si elle juge à propos de l'employer, ce que le débiteur du prix n'aura aucunement à surveiller, cet emploi devra être fait en rentes sur l'Etat ou en obligations des grandes compagnies des chemins de fer français, et en deux titres de chacun moitié, en son nom pour l'usufruit, la nue-propriété : l'un à M. FABRE fils et l'autre à Mme TABARIN. Les remboursements qui seraient faits ensuite, de ces valeurs, seraient soumis aux conditions qui viennent d'être fixées à l'égard des valeurs attribuées en usufruit.

3° Le présent partage est fait sous la garantie ordinaire et de droit entre les copartageants; et, par le seul fait de son approbation ou de son homologation, les copartageants demeureront respectivement subrogés dans tous les droits, actions, priviléges et inscriptions concernant les sommes et valeurs attribuées.

4° Après que le présent partage sera devenu définitif, par son approbation ou son homologation, Me MICHAUT, notaire soussigné, délivrera les certificats de propriété et extraits nécessaires, pour les immatricules aux noms des nouveaux ayant droit.

Le présent état, fait et rédigé par Me MICHAUT, a été signé par lui, en son étude, le dix août mil huit cent soixante-dix-huit.

Enregistrement. Voir n° 2790.

FORMULE 80. — Procès-verbal de lecture. — Approbation. — Abandon des voies judiciaires [N°s 3093 et 3094].

Et le dix août mil huit cent soixante-dix-huit.

PAR DEVANT Me Louis MICHAUT et son collègue, notaire à....., soussignés — *ou* assisté des témoins ci-après nommés :

ONT COMPARU

1° Mme Geneviève BERT, veuve de M. Claude FABRE, demeurant à.....
2° M. Jacques FABRE, négociant, demeurant à.....
3° Et Mme Esther FABRE, veuve de M. Edgar TABARIN, rentière, demeurant à.....

Lesquels ont dit se présenter volontairement pour entendre la lecture de l'état des opérations de compte, liquidation et partage de la succession de M. Claude FABRE, dressé par Me MICHAUT, l'un des notaires soussignés, commis à cet effet.

diciaires. — Les parties, quand elles sont toutes majeures et capables, ont la faculté d'approuver le travail du notaire, de se l'assimiler et, par suite, d'abandonner les voies ju-

---

De suite, Mᵉ MICHAUT a donné lecture et communication de l'état par lui dressé à la date de ce jour d'hui, duquel il résulte ce qui suit :
Le compte d'administration de M. FABRE fils, présente un reliquat en recettes, de cinq mille huit cent quatre-vingt-treize francs.
La masse active se monte en fonds et en fruits, à trois cent trente-un mille cent cinquante francs.
Et la masse passive, à vingt et un mille francs.
Les droits des copartageants ont été fixés :
Ceux de Mᵐᵉ veuve FABRE : en usufruit, à cent quarante-neuf mille sept cent soixante-huit francs, plus une somme de cinq mille trois cent sept francs, formant ses droits dans les revenus.
Et ceux de chacun de M. FABRE fils et de Mᵐᵉ TABARIN, à soixante-dix-sept mille cinq cent trente-sept francs cinquante centimes en pleine propriété; et soixante-quatorze mille huit cent quatre-vingt-quatre francs en nue-propriété grevés de l'usufruit de Mᵐᵉ FABRE.
Des attributions ont été proposées pour le fournissement de ces droits :
La jouissance divise a été fixée au 1ᵉʳ août 1878.
Les comparants, après avoir pris, par eux-mêmes, une nouvelle communication de cet état liquidatif, et avoir vérifié les calculs qu'ils ont trouvé justes et égaux, déclarent l'approuver purement et simplement, dans toutes ses parties, ainsi que dans les résultats qu'il présente.
Spécialement, ils approuvent : l'établissement des masses active et passive, la fixation des droits des copartageants et les attributions qui ont été faites à chacun d'eux pour le fournissement de leurs droits, et l'affectation de somme et créances pour l'acquit du passif, avec les pouvoirs conférés à M. FABRE fils pour le recouvrement des valeurs affectées au paiement du passif et pour acquitter ce passif.
Ils approuvent également les conditions du partage, spécialement celles relatives au remboursement des valeurs attribuées en usufruit à Mᵐᵉ FABRE; et, y ajoutant, les parties conviennent que Mᵐᵉ FABRE, bien que dispensée d'emploi par la donation que son mari lui a faite, devra faire emploi des 24,000 fr. à elle attribués en usufruit sur le prix de la vente à M. LABAT, soit en rentes sur l'État, soit en obligations des principales lignes de chemins de fer français, à son choix, dont l'immatricule sera faite en deux titres de chacun moitié, aux noms de Mᵐᵉ FABRE pour l'usufruit; la nue-propriété : l'un à M. FABRE fils et l'autre à Mᵐᵉ TABARIN. M. LABAT ne sera en aucune manière tenu de surveiller cet emploi ; et il sera libéré par le versement aux mains de Mᵐᵉ FABRE, qui a le droit de recevoir sur sa seule quittance et de donner main-levée de l'inscription d'office. Les valeurs acquises à titre d'emploi de ce prix seront considérées comme des valeurs attribuées par le présent partage, et, en conséquence, soumises aux conditions insérées dans l'état liquidatif à l'égard des valeurs attribuées.
Les comparants donnent respectivement à M. FABRE fils bonne et valable décharge relativement à l'administration dont il s'était chargé, acceptent le compte par lui rendu dans l'état liquidatif, et reconnaissent qu'il leur a fait la remise des sommes qui leur ont été attribuées sur le reliquat de son compte.
Mᵉ MICHAUT est requis de délivrer tous certificats de propriété et extraits nécessaires pour l'immatricule des valeurs attribuées.
Les comparants donnent, en outre, pouvoir à M. FABRE fils, l'un d'eux (*ou* à M.....), à l'effet de faire faire les immatricules des valeurs attribuées aux noms des abandonnataires, conformément à leurs attributions ; présenter et signer tous bordereaux ; requérir la délivrance de certificats, annuler tous titres anciens, se faire remettre tous titres nouveaux, en donner décharge, et généralement faire le nécessaire.
Au moyen des présentes, le partage de la succession de M. Claude FABRE, opéré par l'état liquidatif sus-énoncé, demeure définitif ; et, par suite, il n'y a pas lieu à son homologation par le tribunal, les parties déclarant expressément abandonner les voies judiciaires.
Ledit état liquidatif, écrit sur dix feuilles de papier au timbre de un franc quatre-vingt centimes, contenant l'approbation de quatre renvois et de vingt-cinq mots rayés comme nuls, est demeuré ci-annexé, après avoir été certifié *ne varietur* par les comparants, et que dessus il a été apposé une mention le constatant, signée des parties et des notaires.

PARTAGE JUDICIAIRE. [Form. 81.]

diciaires, ce qui dispense de l'homologation (1932, 1933, 2290 à 2293).

3095. — Meubles et immeubles.
— La formule 81 prévoit le cas d'une succes-

Mention des présentes est consentie pour avoir lieu sur toutes pièces et partout où besoin sera.
De tout ce que dessus a été dressé le présent procès-verbal, qui a été fait et rédigé à....., en l'étude de M° Michaut, notaire.
Le jour, mois et an susdits,
Et après lecture, les parties ont signé avec les notaires.
Enregistrement. Voir n° 2792.

2° Hypothèse. — *Majeurs et mineurs.* — *Succession mobilière et immobilière,* — *Lots en immeubles complétés par des valeurs mobilières.*

FORMULE 81. — Etat liquidatif [N°ˢ 3095 à 3098].

Etat des opérations de compte, liquidation et partage de la succession de Mme Flore Tabur, veuve de M. Florent Maillard, décédée en son domicile, à....., le.....
Dressé par M° Emile Aunet, notaire à....., soussigné, commis à cet effet par jugement du tribunal civil de....., en date du.....

NOMS DES PARTIES.

Les opérations ont eu lieu entre :
1° M. Joseph Tabur, étudiant en médecine, demeurant à.....
2° Mlle Emma Tabur, majeure, sans profession, demeurant à.....
Demandeurs, ayant pour avoué M° Manet, exerçant près le tribunal civil de.....
3° Et M. Octave Marchant, propriétaire, demeurant à.....
Ce dernier au nom et comme tuteur légal de Albert Marchant, son fils mineur, né à....., le....., issu de son mariage avec Mme Albertine Tabur, décédée à....., le.....
Défendeur, ayant pour avoué M° Lacroix, exerçant près le même tribunal.

QUALITÉS.

M. et Mlle Tabur, héritiers chacun pour un tiers de Mme veuve Maillard, née Flore Tabur, leur sœur germaine.
Et le mineur Marchant, héritier pour le dernier tiers de Mme veuve Maillard, sa tante, par représentation de Mme Marchant, sa mère, décédée sœur germaine de ladite dame.
Ainsi que ces qualités sont constatées par l'intitulé de l'inventaire après le décès de Mme Maillard, dont l'analyse sera faite par la deuxième observation.
Laquelle qualité d'héritier a été acceptée pour le mineur Marchant, sous bénéfice d'inventaire seulement, suivant déclaration passée au greffe du tribunal civil de....., le.....

EXPOSÉ PRÉLIMINAIRE.

On va, sous diverses observations, exposer les faits et analyser les actes qu'il est nécessaire de connaître pour l'intelligence des opérations.

1re OBSERVATION. — *Mariage de Mme Maillard.* — *Décès de son mari.* — *Liquidation.*

M. Florent Maillard et Mme Flore Tabur se sont mariés à la mairie de....., le.....
Préalablement à leur mariage, ils en ont arrêté les clauses et conditions civiles, suivant contrat, contenant adoption du régime de la communauté, passé devant M°....., notaire à....., le.....
M. Maillard est décédé à....., le....., laissant sa veuve survivante commune en biens, et donataire, aux termes du contrat de mariage qui vient d'être énoncé, de moitié en usufruit des biens dépendant de sa succession.
Et pour seuls héritiers, chacun pour moitié, M. Hilaire Maillard, bijoutier, demeurant à....., et Mme Octavie Maillard, épouse de M. Victor Lemaire, propriétaire, demeurant à.....; ainsi que le constate l'intitulé de l'inventaire après son décès, dressé par M°....., notaire à....., le.....
Il a été procédé entre Mme veuve Maillard et les héritiers de son mari, à la liquidation

sion à la fois mobilière et immobilière liquidée par une même opération.

5096. — État liquidatif. — Après le préambule et l'indication des noms et qualités des parties, on mentionne par un exposé : le partage opéré après le décès du conjoint et au partage, tant de la communauté ayant existé entre M. et Mme Maillard, que de la succession de M. Maillard, suivant acte reçu par M^e....., notaire à....., le ....

Aux termes de cet acte, Mme Maillard, indépendamment de ses reprises en nature, a été remplie, par l'attribution de biens de la communauté, de ses droits tant pour ses reprises en deniers que pour sa moitié dans les bénéfices de communauté.

Et pour la remplir de ses droits comme usufruitière de moitié des biens dépendant de la succession de son mari, il lui a été attribué l'usufruit de :

1° Trois mille francs de rente trois pour cent, sur l'État français, qui ont été immatriculés en deux titres de chacun quinze cents francs, pour l'usufruit en son nom, la nue propriété : pour un titre portant le n° 1416 de la cinquième série à M. Hilaire Maillard ; et pour l'autre, portant le n° 1417, à Mme Lemaire.

2° Et quatre-vingts actions de la Société parisienne d'Éclairage par le gaz, n°s 2816 à 2895, qui ont été immatriculées en deux titres de chacun quarante actions ; l'un n°s 2816 à 2855, au nom de Mme Maillard, pour l'usufruit, la nue-propriété à M. Hilaire Maillard ; l'autre, n°s 2856 à 2895, au nom de la même dame pour l'usufruit, la nue-propriété à Mme Lemaire.

2me OBSERVATION. — *Décès de Mme Maillard.* — *Inventaire.*

Mme Maillard est décédée à....., le.....

L'inventaire, après son décès, a été dressé par Me Aunet, notaire soussigné, le.....; à la requête de M. et Mlle Tabur et de M. Marchant, tuteur de son fils mineur, en présence de M. Jean Gallet, employé, demeurant à....., subrogé-tuteur dudit mineur.

La prisée du mobilier faite par M....., commissaire priseur à....., s'est élevée à six mille deux cent cinquante francs. On énoncera par la troisième observation ci-après la vente de ce mobilier.

Il résulte des papiers inventoriés et des déclarations faites par les parties, que la succession de Mme Maillard, indépendamment du mobilier dont il vient d'être parlé, se composait :

Mobilièrement de :

1° Une somme de trois mille six cents francs, en deniers comptants, qui a été déposée à Me Aunet, notaire.

2° Un solde créditeur au décès, de huit mille cinq cent douze francs, dans la maison de banque de M. Huret. Lequel solde a été touché depuis par Me Aunet, notaire.

3° Le prorata au décès, touché depuis par Me Aunet, des trois mille francs de rente et des quatre-vingts actions du Gaz, grevés de l'usufruit de Mme Maillard.

4° Les proratas de fermages et loyers, touchés aussi depuis par Me Aunet, des immeubles ci-après désignés.

5° 2,000 francs de rente trois pour cent sur l'État français, en trois titres, l'un de mille francs et de cinq cents francs.

6° 300 obligations trois pour cent, de la Compagnie du chemin de fer de l'Ouest, en trois certificats, l'un de cent cinquante obligations, le deuxième de quatre-vingt et le troisième de soixante-dix.

7° 150 obligations trois pour cent au porteur, émission nouvelle, des chemins de fer du sud de l'Autriche, de la Lombardie et de l'Italie centrale, dites obligations lombardes.

Immobilièrement de :

1° Une maison située à....., rue....., n°.....

2° Une ferme située à....., appelée la ferme du Chant, consistant en corps de ferme, terres de labour, prés et pâtures, d'une contenance de trente-huit hectares.

3° Un domaine, situé à....., section de....., consistant en maison de maître, corps de ferme, terres de labour, prés, vignes et bois, d'une contenance de quarante-deux hectares.

4° Diverses pièces de terre et prés, d'une contenance de vingt-huit hectares, situées commune de....., à divers lieux dits.

Et que la succession de Mme Maillard n'était grevée que des frais d'inhumation et de dernière maladie, et de divers mémoires de fournitures courantes. Le tout, s'élevant à six mille huit cents francs, a été depuis acquitté par Me Aunet.

L'inventaire a été clos et arrêté après les serments d'usag

premier mourant, afin d'en faire ressortir les droits ou obligations du conjoint survivant, après le décès duquel il est procédé; puis le décès du survivant, l'inventaire après son décès, la vente du mobilier, l'instance en partage, l'expertise en rapportant les conclusions

3e OBSERVATION. — *Vente de mobilier.*

Le mobilier dépendant de la succession de Mme MAILLARD a été vendu aux enchères, par M^e....., commissaire-priseur à....., suivant procès-verbal en date du...... Le montant de cette vente s'est élevé à une somme de sept mille trois cents francs, qui a été versée à Me AUNET, notaire, administrateur de la succession, suivant décharge en date du....., se trouvant en suite du procès-verbal de vente.

4e OBSERVATION. — *Demande en partage. — Jugement. Expertise. Lots.*

I. Sur la demande en liquidation et partage de la succession de Mme MAILLARD, formée par M. et Mlle TABUR contre M. MARCHANT tuteur de son fils mineur, le tribunal civil de....., a rendu le....., un jugement par lequel :

Il a ordonné qu'aux requête, poursuites et diligences de M. et Mlle TABUR, en présence de M. MARCHANT, tuteur de son fils mineur, ou lui dûment appelé, il serait par Me AUNET, notaire soussigné, procédé aux opérations de compte, liquidation et partage de la succession de Mme MAILLARD, a désigné M..... juge, pour faire le rapport sur ces opérations.

Le tribunal a en outre ordonné l'expertise des immeubles de la succession et nommé pour y procéder, M. DOLIN, géomètre, expert en propriétés, demeurant à......, avec mission de rechercher et de dire si les immeubles sont commodément partageables et, dans ce cas, d'indiquer le mode de division, les parts à en former et leurs valeurs ; au cas où des immeubles seraient impartageables, d'en indiquer la valeur.

Et, attendu qu'il y avait lieu de pourvoir à l'administration de la succession, a nommé administrateur provisoire pendant six mois, Me AUNET, notaire soussigné, avec pouvoir de gérer et administrer la succession tant activement que passivement, aux charges de droit.

En cas d'empêchement du juge ou du notaire commis, a ordonné qu'il serait pourvu à leur remplacement par M. le président du tribunal sur simple requête.

Ce jugement a été signifié à M. MARCHANT tuteur de son enfant mineur , et à M. GALLET subrogé tuteur, par exploit de....., huissier à....., en date du......

II. M. DOLIN, expert, après avoir prêté serment le....., devant M. le président du tribunal civil de....., a vu et visité les immeubles et, les parties dûment appelées, a dressé à la date des....., son rapport, qu'il a déposé au greffe du tribunal civil de....., le.......

Il résulte de ce rapport:

1^{ent}. Que la maison située à....., rue....., n°....., est impartageable, eu égard aux droits des parties, et devra être licitée sur une mise à prix de quatre-vingt mille francs.

2^{ent}. Que les autres immeubles peuvent être divisés en trois lots qu'il a formés de la manière suivante :

1er *Lot.* — Une ferme, appelée la ferme du Chant, située commune de....., consistant en corps de ferme, avec cour et verger, terres labourables, prés et patures, d'une contenance réunie de trente-huit hectares, compris au plan cadastral de la commune de....., section B, n°s 84, 85, 86, 91, 92, 102 et 104.

Ce premier lot a été estimé quatre vingt-dix-mille francs.

2e *Lot.* — Un domaine, appelé le Paravey, situé commune de....., consistant en maison de maitre, avec parc, corps de ferme, terres de labour, prés, vignes et bois, d'une contenance de quarante-deux hectares, porté au plan cadastral de cette commune, section A, n°s 45, 46, 47, 48, 50, 52, 65, 86.

Ce second lot a été estimé cent cinq mille francs.

3me *Lot.* — Diverses pièces de terre en labour et prés, situées commune de......, savoir:

1° Labour, lieudit......, de la contenance de quinze hectares, section B, n° 43 du plan cadastral.

2° Labour, lieudit......, de la contenance de dix hectares, section C, n° 15 du plan cadastral.

3° Prairie, lieudit......, de la contenance de cinq hectares, section H, n° 26 du plan cadastral.

Ce troisième lot a été estimé soixante-dix-huit mille francs.

III. Ce rapport d'expert a été entériné par un jugement du tribunal civil de....., en date du....., aux termes duquel le tribunal a ordonné:

de l'expert, la licitation, le compte de la gestion du notaire qui a été nommé administrateur provisoire.

5097. — Masse. — La masse active est divisée en deux paragraphes : Par le premier, dans le but d'éviter des soultes ou retours de

---

Qu'aux requête, poursuites et diligences de M. et Mlle Tabur, en présence de M. Marchant, en sa qualité de tuteur, ou lui dûment appelé, il serait procédé, en l'audience des criées de ce tribunal, sur le cahier des charges qui serait dressé par M°....., avoué, et déposé au greffe, après l'accomplissement des formalités voulues par la loi, à la vente et adjudication au plus offrant et dernier enchérisseur, de la maison sise à....., rue....., n°....., sur la mise à prix de quatre-vingt mille francs.

Et que les lots, formés par l'expert, seraient tirés au sort devant M° Aunet, notaire soussigné, que le tribunal a commis à cet effet.

A compensé les dépens entre les parties, pour être employés en frais privilégiés de vente, dont distraction au profit des avoués qui l'ont requise.

Ce jugement a été signifié à M. Marchant tuteur et M. Gallet, subrogé-tuteur du mineur Marchant, par exploit de....., huissier à....., en date du.....

5me OBSERVATION. — *Licitation de la maison.*

En exécution du jugement qui vient d'être énoncé et aux requête, poursuites et diligences de M. et Mlle Tabur, il a été procédé de la manière suivante, à la vente de la maison, située à....., rue....... n°.......

Le cahier des charges pour y parvenir, a été dressé par M°....., avoué, le....., et le dépôt en a été fait au greffe du tribunal civil de....., le.....

Par ce cahier des charges, il a été stipulé, entre autres clauses et conditions :

1° Que l'adjudicataire entrerait en jouissance à compter du premier jour du terme de location qui suivrait l'adjudication, c'est à dire le 1er juillet 1878, et acquitterait les charges de sa jouissance, tels que impôts, abonnement au gaz, eaux de la ville, prime d'assurance etc., à partir du même jour.

2° Que le prix d'adjudication serait payable dans un délai de quatre mois, à compter du jour de l'adjudication, avec intérêt sur le pied de cinq pour cent par an, à partir du 1er juillet 1878.

3° Que l'adjudicataire, en sus de son prix, tiendrait compte aux locataires des loyers par eux payés d'avance.

Après l'accomplissement des formalités prescrites par la loi, il a été, suivant jugement rendu à l'audience des criées du tribunal civil de....., le....., procédé à la mise en vente de la maison dont il s'agit.

M. Adolphe Bochet, propriétaire, demeurant à....., par l'intermédiaire de M°....., avoué, qui lui en a passé déclaration, a été déclaré adjudicataire de cette maison, moyennant un prix principal de cent quinze mille francs.

Il s'est libéré des frais faits pour parvenir à la vente, s'élevant à deux mille six cent vingt francs, et comprenant ceux de l'instance en partage, ainsi que le constate une quittance du.... se trouvant en suite du jugement d'adjudication.

Une grosse de ce jugement a été transcrite au bureau des hypothèques de...., le...., vol..., n°......; et, lors de cette transcription, inscription a été prise d'office, à la date du même jour, vol......, n°......

Le prix d'adjudication sera porté à la masse active.

6° OBSERVATION. — *Compte d'administration de M. Aunet.*

M° Aunet dresse de la manière suivante, le compte de sa gestion comme administrateur provisoire de la succession, en vertu du jugement mentionné dans la 4e observation.

§ 1. — RECETTES.

M° Aunet porte en recettes :

I. Trois mille six cents francs, montant des deniers comptants au décès (2e observation), ci. . . . . 3,600 fr.

II. Huit mille cinq cent-douze francs, reçus de M. Hurel banquier, pour le solde du compte courant de Mme Mailard (même observ.), ci . . . . 8,512 »

III. Sept mille trois cents francs, touchés du commissaire-priseur, pour le montant de la vente mobilière (3e observ.), ci . . . . 7,300 »

A reporter. . . . . 19,412 fr.

lots entre les copartageants, en raison de ce que les lots en immeubles ne sont pas d'une égale valeur, on prend pour type le lot le plus élevé et on complète les lots moins élevés par des valeurs mobilières ou des prix de licitation (*C. proc.* 970). Les lots ainsi complétés sont

Report.	19,412 fr.

IV. Les arrérages, intérêts et dividendes des valeurs jusqu'à la dernière échéance, savoir :

1° Proratas au décès des valeurs qui étaient grevées de l'usufruit de Mme MAILLARD (1re observ.), ci. 615

2° 1,500 fr., pour arrérages du 1er octobre 1877 au 1er janvier 1878, des 2,000 fr. de rente trois pour cent. 1,500

3° 4,365 fr., pour intérêt du 1er janvier 1877 au 1er juillet 1878, des 300 obligations de l'Ouest, ci 4,365

4° 1,050 fr., pour le semestre d'intérêt au 1er avril 1878, des 150 obligations Lombardes, ci 1,050

  } 7,530 »

V. Les loyers de la maison sise à......, rue......, n°......, jusque et y compris le terme du 1er juillet 1878.

1° De M. BUREL, marchand de meubles 2,600
2° De M. ALLARD, rentier 1,800
3° De M. NÉGRET, employé 1,500
4° De M. DURANT, négociant 2,300

  } 8,200 »

VI. Les fermages des immeubles ruraux :

1° De M. LEBLÉ, pour fermages de la ferme du Chant, du......, au......, 1,860
2° De M. LORMEL, pour fermages du domaine du Paravey, du..., au...., 2,300
3° De M. PLISSIER, pour fermages des immeubles de......, jusque et y compris le terme du....., ... 1,510

  } 5,670 »

Ensemble pour les recettes . . . . 40,812 fr.

DÉPENSES

Me AUNET porte en dépenses :

1° etc. (*Faire l'énumération des sommes payées pour frais d'inhumation et de dernière maladie, l'acquit des mémoires de fournitures, les dépenses de réparations aux immeubles, s'il en a été fait, les frais d'inventaire, les honoraires d'administration, etc.*)

Ensemble, pour les dépenses. . . . . 15,610 fr.

BALANCE.

Les recettes se montent à. . . . . 40,812 »
Et les dépenses à . . . . 15,610 »
Excédant en recettes, vingt-cinq mille deux cent-deux francs. . . . . 25,202 fr.
Cette somme figurera dans la masse active

LIQUIDATION

Ces faits exposés, il est passé aux opérations de liquidation,

PLAN DU TRAVAIL

Le présent travail sera divisé en trois chapitres, qui auront pour objet :
Le premier, l'établissement des masses active et passive, avec division de l'actif en deux paragraphes comprenant : le premier, les valeurs qui feront l'objet d'un tirage au sort ; et le deuxième, les valeurs qui seront attribuées directement.
Le deuxième, la fixation des droits des parties et les attributions.
Et le troisième, les conditions du partage.
Les arrérages, intérêts et dividendes des valeurs et créances seront compris dans la masse jusqu'au 1er août 1878, époque fixée pour la jouissance divise.
On ne distinguera pas, dans les masses, les fonds d'avec les fruits, ni les charges des fonds de celles des fruits.

CHAP. PREMIER. — ETABLISSEMENT DES MASSES.

MASSE ACTIVE

Suivant ce qui vient d'être dit, on va diviser la masse active en deux paragraphes destinés à être attribués aux copartageants par la voie du sort. Dans un deuxième paragraphe, on porte tout le surplus de l'actif qui est partageable par la voie d'attributions.

distincts, comprenant : l'un, les valeurs partageables par la voie du sort ; et l'autre, les valeurs partageables par la voie d'attributions.

§ 1er — MASSE PARTAGEABLE PAR LA VOIE DU SORT.

ART. 1er. — *Premier lot.*
Le premier lot des biens à partager par la voie du tirage au sort comprendra les valeurs suivantes :
1° Les immeubles formant le premier lot, désignés en la 4e observation de l'exposé, et estimés à quatre-vingt-dix mille francs, ci . . . . 90,000 fr.
2° Cinq cents francs de rente, trois pour cent, faisant l'objet d'un certificat au nom de Mme MAILLARD, n° 1704 de la 5e Série, représentant au cours de 75 francs, une somme de douze mille cinq cents, ci . . . . 12,500 »
3° Et deux mille cinq cents francs, à prendre sur les vingt-cinq mille deux cents francs, formant le reliquat du compte de Me AUNET établi par la 6e observation, ci. . . . . 2,500 »
Ensemble, cent cinq mille francs . . . . 105,000 fr.

ART. 2 — *Deuxième lot.*
Le deuxième lot comprend seulement le domaine de Paravey, qui fait l'objet du deuxième lot, désigné en la même observation, pour une estimation de cent cinq mille francs. ci . . . . 105,000 »

ART. 3. — *Troisième lot.*
Le troisième lot est composé de :
1° Les immeubles composant le troisième lot du rapport d'expert, désignés en la même observation, pour une valeur de soixante dix-huit mille francs, ci 78,000
2° Mille francs de rente, trois pour cent au nom de Mme MAILLARD, n° 2515 de la 4e série ; représentant au cours de soixante-quinze francs, une somme de vingt-cinq mille francs, ci. 25,000
3° Et une somme de deux mille francs, à prendre sur les vingt cinq mille deux cent-quatre francs, formant le reliquat en recette du compte de Me AUNET, établi par la 6e observation, ci 2.000
Ensemble, cent cinq mille francs 105,000   105,000 »
Réunion des trois articles, formant les lots à tirer au sort entre les parties, trois cent quinze mille francs, ci. . . . . 315,000 fr.

§ 2. — MASSE PARTAGEABLES PAR ATTRIBUTIONS.

ART. 4. — *Rente trois pour cent.*
Cinq cents francs de rente trois pour cent, en un certificat au nom de Mme MAILLARD, n° 1648 de la 4e Série, représentant au cours de soixante-quinze francs, une somme de douze mille cinq cents francs, ci . . . . 12,500 »

ART. 5. — *Obligations de l'Ouest.*
Trois cents obligations, trois pour cent, de la compagnie des chemins de fer de l'Ouest, au capital de cinq cents francs, produisant quinze francs d'intérêt annuel, payables les 1er janvier et 1er juillet ; en trois certificats au nom de Mme MAILLARD.
L'un, n° 1510, comprenant cent cinquante obligations, nos 62510 à 62659, ci. 150
Le second, n° 1608, comprenant quatre-vingts obligations, nos 72825 à 73904, ci 80
Et le troisième, n° 1728, comprenant soixante-dix obligations, nos 83701 à 83770, ci 70
Nombre égal. 300
Ces obligations représentent au cours de trois cent cinquante francs, une somme de cent cinq mille francs, ci . . . . 105,000 »
A reporter. . . . . 432,500 fr.

5098. — Attributions.

Les propositions d'attributions comprennent pour chacun des copartageants : d'abord le lot qui lui écherra par le tirage au sort, puis des sommes

Report.		432,500 fr.

Art. 6. — *Obligations lombardes.*
Cent cinquante obligations, trois pour cent, au porteur, émission nouvelle, de la compagnie du chemin de fer du sud du l'Autriche, de la Lombardie et de l'Italie centrale, au capital nominal de cinq cents francs, produisant quinze francs d'intérêt annuel, payables les 1er avril et 1er octobre. Ces obligations, portant les nos 106841 à 107890, représentent au cours de deux cent quarante-cinq francs, une somme de trente-six mille sept cent-cinquante francs, ci . . 36,750 »

Art. 7. — *Prix de M. Bochet.*
La somme de cent quinze mille francs, due par M. Bochet, pour le prix d'adjudication de la maison, rue....., n°....., (5e observ.), ci 115,000
Plus, quatre cent soixante-dix-neuf francs pour l'intérêt de cette somme du 1er juillet au 1er août, ci 479
Ensemble, cent quinze mille quatre cent soixante-dix-neuf fr., ci . 115,479   115,479 »

Art. 8. — *Reliquat du compte de Me Aunet.*
La somme de vingt mille sept cent deux francs, formant le complément du reliquat de compte d'administration de Me Aunet, établi par la 6me observation, ci 20,702   20,702 »
Si à cette somme, on ajoute :
Celle de 2,500 fr. portée à l'art. 1er. 2,500
Et celle de 2,000 fr. comprise à l'art. 2 2,000
On trouve une somme égale au reliquat de compte. 25,202
Montant de la masse active, six cent cinq mille quatre cent trente-un fr., ci. 605,431 fr.

MASSE PASSIVE

Art. 1er. — *Frais de liquidation.*
La somme de six mille deux cents francs, à laquelle sont évalués les frais, droits et honoraires de la présente liquidation, y compris une expédition pour chacune des parties, et les extraits pour les mutations de valeurs, sauf à augmenter ou diminuer après taxe. Dans laquelle somme les honoraires sont entrés pour un chiffre de cinq mille francs, ci   6,200 »

Art. 2. — *Frais d'homologation.*
La somme de cinq cents francs, mise en réserve pour faire face aux frais d'homologation, ci . . . . 500 »
Montant de la masse passive, six mille sept cents francs, ci. . . . . . . 6,700 fr.

BALANCE.

La masse active est de six cent cinq mille quatre cent trente-un francs, ci . 605,431 fr.
Et la masse passive, de six mille sept cents francs, ci . . . . 6,700 »
Reliquat actif, cinq cent quatre-vingt-dix-huit mille sept cent trente et un francs, ci. . . . . 598,731 fr.
Dont le tiers pour chacun des copartageants est de . . . . 199,577 fr.

CHAPITRE DEUXIÈME. — FIXATION DES DROITS DES PARTIES ET ATTRIBUTIONS

§ 1er. FIXATION DES DROITS.

I. M. Tabur. — Il a droit à une somme de cent quatre-vingt-dix-neuf mille cinq cent soixante-dix-sept francs, ci. . . . . 199,577 »
II. Mlle Tabur. — Elle a droit à même somme, ci . . . . 199,577 »
III. *Mineur* Marchand. — Il a droit aussi à même somme, ... 199,577 »
Acquit du passif. — Le passif à acquitter est de six mille sept cents francs, ci   6,700 »
Somme égale à l'actif brut . . . . 605,431 fr.

§ 2. ATTRIBUTIONS.

I. *M.* Tabur. — Pour remplir M. Tabur de la somme de cent quatre-vingt-dix-neuf mille cinq cent soixante-dix-sept francs, montant de ses droits, le notaire soussigné propose de lui attribuer à titre de partage :

et valeurs sur l'actif partageable par voie d'abandonnement.

5099. — Lecture. — Tirage. —
Le procès-verbal de lecture et de communica-

1° Les objets composant le lot qui écherra à M. TABUR, par le tirage au sort auquel il sera procédé lors du procès-verbal de lecture des présentes, pour cent cinq mille francs, ci. . . . . 105,000 fr.
2° Cent obligations de l'Ouest, n°s 62510 à 62609, sur le certificat n° 1510, compris à l'art. 5, pour trente-cinq mille francs, ci . . . . 35,000 »
3° Cinquante obligations Lombardes, n°s 106841 à 106890, pour douze mille deux cent cinquante francs . . . . 12,250 »
4° Quarante-deux mille six cent soixante-dix-sept francs, à toucher de M. BOCHET sur son prix d'acquisition compris à l'art. 7; dont : 42,500 francs en principal et 177 francs d'intérêt, ci. . . . . 42,677 »
5° Et quatre mille six cent cinquante francs, à prendre sur le reliquat du compte de Me AUNET porté à l'art. 8, ci. . . . . 4,650 »
Somme égale à ses droits. . . . . 199,577 fr.

II. *Mlle TABUR*. — Pour remplir Mlle TABUR de pareille somme montant de ses droits, le notaire soussigné propose de lui attribuer à titre de partage :

1° Les objets composant le lot qui écherra à Mlle TABUR, par le tirage au sort auquel il sera procédé lors du procès-verbal de lecture, pour cent cinq mille francs, ci. . . 105,000 fr.
2° Cent obligations de l'Ouest, n°s 62610 à 62659 (50) et 72825 à 72874 (50), sur les certificats n°s 1510 et 1608 compris à l'art. 5, pour trente-cinq mille francs, ci. 35,000 fr.
3° Cinquante obligations Lombardes, n°s 106891 à 106940, sur les cent cinquante portées à l'art. 6, pour douze mille deux cent cinquante francs, ci . . 12,250 »
4° Quarante-deux mille six cent soixante-dix-sept francs, à toucher de M. BOCHET, sur son prix d'adjudication compris à l'art. 7, dont : 42,500 fr, en principal et 177 fr. d'intérêts, ci. . . . . 42,677 »
5° Et quatre mille six cent cinquante francs, à prendre sur le reliquat du compte de Me AUNET porté à l'art. 8, ci. . . . . 4,650 »
Somme égale à ses droits . . . . 199,577 fr.

III. *Mineur MARCHANT*. — Pour remplir le mineur MARCHANT, aussi de pareille somme faisant le montant de ses droits, le notaire soussigné propose de lui attribuer à titre de partage :

1° Les objets composant le lot qui écherra au mineur MARCHANT, par le tirage au sort auquel il sera procédé lors du procès-verbal de lecture, pour cent cinq mille francs, ci . . . . 105,000 fr.
2° Les cinq cents francs de rente, trois pour cent, composant l'art. 4, pour douze mille cinq cents francs, ci . . . . 12,500 »
3° Cent obligations de l'Ouest, n°s 72875 à 73904 (30) faisant partie du certificat n° 1608, et n°s 83701 à 83770 (70) faisant partie du certificat n° 1728, sur les trois cents comprises à l'art. 5, pour trente-cinq mille francs, ci. . . . . . . 35,000 »
4° Cinquante obligations lombardes, n°s 106941 à 106990, sur les cent cinquante portées à l'art. 6, pour douze mille deux cent cinquante francs, ci . . 12,250 »
5° Trente mille cent vingt-cinq francs, à toucher de M. BOCHET sur le prix de son acquisition, compris en l'art. 7, dont : trente mille francs en principal et cent vingt-cinq francs d'intérêt, ci. . . . . 30,125 »
6° Et quatre mille sept cent deux francs, à prendre sur le reliquat du compte de Me AUNET, porté à l'art. 8, ci. . . . . 4,702 »
Somme égale à ses droits . . . . 199,577 fr.

IV. *Acquit du passif*. — Pour l'acquit du passif se montant à six mille sept cents francs, il est affecté pareille somme, à prendre sur le reliquat du compte de Me AUNET, compris à l'art. 8.

CHAPITRE TROISIÈME. — CONDITIONS DU PARTAGE.

1° Le présent partage est ainsi fait sous les garanties ordinaires et de droit entre copartageants, sans soulte ni retour de part ni d'autre.

2° Chacun des copartageants fera et disposera des objets à lui attribués, ainsi que du lot qui lui écherra par le tirage au sort qui sera contenu dans le procès-verbal de lecture, comme de chose lui appartenant en pleine propriété, au moyen tant des présentes que de leur homologation par le tribunal civil de.....; et il aura droit aux loyers, fermages, intérêts,

tion de l'état liquidatif, quand les parties approuvent le travail du notaire, contient le tirage au sort des lots immobiliers, complétés par des valeurs mobilières. En cas de contes-

arrérages, dividendes et autres produits, dont ils sont ou pourront être productifs, à compter du 1er août 1878, jour fixé pour la jouissance divise. En ce qui concerne les immeubles partagés, il y aura lieu à un compte entre les copartageants, pour raison des prorata des fermages courus jusqu'à cette époque, qui sont acquis aux copartageants par tiers, et à partir de ce moment appartiendront divisément aux abandonnataires.

3° Les copartageants acquitteront séparément les impôts des immeubles à eux échus, à partir de la même époque.

4° Ils supporteront respectivement les servitudes passives, apparentes ou occultes, continues ou discontinues, pouvant grever les immeubles entrés dans leurs lots, sauf à s'en défendre, et à profiter de celles actives, s'il en existe, à leurs risques et périls, sans que cette stipulation puisse conférer à des tiers plus de droits que ceux qu'ils pourraient avoir en vertu de la loi ou de titres réguliers et non prescrits.

5° Ils prendront les immeubles à eux échus, dans l'état où ils se trouvent, avec toutes leurs dépendances, sans aucune exception ni réserve, comme aussi sans garantie tant du bon état de solidité des bâtiments, que de la contenance exprimée, dont la différence en plus ou en moins, lors même qu'elle excéderait un vingtième, sera au profit ou à la perte de celui dans le lot duquel elle se trouverait exister.

6° Après que le présent partage sera devenu définitif, il sera remis aux copartageants les titres de propriété des immeubles entrés dans leurs lots.

7° Chacun des copartageants succède aux droits de privilége, d'inscriptions et autres, se rattachant aux biens, valeurs et créances compris dans son attribution; spécialement, en ce concerne le privilége, l'action résolutoire et l'inscription d'office prise au bureau des hypothèques de....., le....., vol....., n°....., formant la garantie du prix d'adjudication dû par M. BOCHET; et M. le conservateur sera requis de le mentionner en marge de cette inscription.

8° Après que le présent partage aura été homologué, Me AUNET délivrera les certificats de propriété et extraits nécessaires pour faire immatriculer les rentes sur l'Etat et autres valeurs attribuées aux noms des nouveaux possesseurs.

Le présent état, fait et rédigé par Me AUNET, notaire soussigné, a été signé par lui en son étude, le six août mil huit cent soixante-dix-huit.

Enregistrement. Voir n° 2790.

FORMULE 82. — Procès-verbal de lecture. — Tirage au sort [N° 3099].

L'an mil huit cent soixante-dix-huit, le six août.

PAR DEVANT Me Emile AUNET, notaire à....., sousssigné.

Procédant seul comme ayant été commis à l'effet des présentes opérations, par jugement du tribunal civil de....., en date du.....

ONT COMPARU :

1° M. Joseph TABUR, étudiant en médecine, demeurant à.....

2° Mlle Irma TABUR, majeure, sans profession, demeurant à.....

Assistés de Me MANET, leur avoué.

3° Et M. Octave MARCHANT, propriétaire, demeurant à..... — Ce dernier au nom et comme tuteur légal de Albert MARCHANT, son fils mineur, né à....., le.....; issu de son mariage avec Mme Albertine TABUR.

Assisté de Me PLACET, son avoué.

M. et Mlle TABUR, héritiers chacun pour un tiers de Mme Flore TABUR, veuve de M. Florent MAILLARD, leur sœur germaine, décédée en son domicile, à....., le.....

Et le mineur MARCHANT, héritier pour le dernier tiers de Mme veuve MAILLARD, sa tante, par représentation de Mme MARCHANT, sa mère, décédée sœur germaine de ladite dame.

Ainsi que ces qualités sont constatées par l'intitulé de l'inventaire après le décès de Mme MAILLARD, dressé par Me....., notaire à....., le.....

Laquelle qualité d'héritier, en ce qui concerne le mineur MARCHANT, a été acceptée sous bénéfice d'inventaire seulement, suivant déclaration passée au greffe du tribunal civil de....., le....

tations ou si tous les copartageants ne se présentent pas, le tirage ne peut avoir lieu qu'après le jugement d'homologation.

5100. — Dépôt des pièces d'homologation. — Afin de justifier aux tiers que le partage est devenu définitif, on dépose à la suite

---

Lesquels ont dit se présenter, sur une convocation amiable qui leur a été faite, pour entendre la lecture de l'état des opérations de compte, liquidation et partage de la succession de Mme Maillard, dressé par Me Aunet, notaire soussigné, commis à cet effet; et, en conséquence, requérir Me Aunet de leur donner cette lecture.

Déférant à cette réquisition, Me Aunet a donné lecture et communication aux parties de l'état par lui dressé à la date de ce jourd'hui, duquel il résulte ce qui suit :

Les opérations de liquidation ont été précédées de six observations destinées à en faciliter l'intelligence.

Par la sixième de ces opérations, Me Aunet a dressé le compte de sa gestion, en qualité d'administrateur provisoire de la succession ; il en résulte un reliquat en recettes, de vingt cinq mille deux cent deux francs.

La masse active, se montant à six cent cinq mille quatre cent trente et un francs, a été divisée en deux paragraphes comprenant : l'un, la masse partageable par la voie du sort, se montant à trois cent quinze mille francs, et formée de trois lots de chacun cent cinq mille francs; l'autre, la masse partageable par voie d'attributions.

La masse passive, formée seulement des frais de liquidation et de l'instance en homologation, s'est élevée à six mille sept cents francs.

Les droits de chacun des copartageants ont été fixés à une somme de cent quatre-vingt-dix-neuf mille cinq cent soixante-dix-sept francs.

Le passif à acquitter est de six mille sept cents francs.

Me Aunet a ensuite proposé des attributions pour le fournissement des droits des copartageants et pour l'acquit du passif. Chaque attribution comprend : un lot à attribuer par la voie du sort, d'une valeur de cent cinq mille francs et, pour le surplus, des valeurs et créances déterminées.

La jouissance divise est fixée au 1er août 1878.

Le travail est complété par l'indication des conditions du partage.

Les comparants, après avoir pris, par eux-mêmes et par leurs conseils, une nouvelle communication de cet état liquidatif, et avoir vérifié les calculs qu'ils ont trouvés justes et égaux, déclarent n'avoir aucune contestation à soulever sur ce travail. En conséquence, ils déclarent l'approuver purement et simplement ; et par suite, ils approuvent l'établissement des masses active et passive, la fixation des droits des parties et les attributions proposées pour le fournissement de ces droits et l'acquit du passif.

Et de suite, les comparants ont procédé au tirage des lots en immeubles formés par M. Dolin expert, et que Me Aunet a complétés par l'adjonction de valeurs mobilières dans le but de les rendre égaux.

A cet effet, un premier tirage a été fait pour déterminer l'ordre dans lequel les lots seront tirés au sort; il en est résulté que Mlle Tabur devait tirer la première; M. Marchant, le second; et M. Tabur le troisième.

Puis il a été procédé au tirage des lots de la manière suivante : trois bulletins portant : *premier lot, deuxième lot, troisième lot*, ont été faits au moyen de morceaux de papier d'une semblable grandeur et d'une même forme. Ces bulletins ont été pliés d'une manière égale, mis dans un chapeau et remués : Mlle Tabur a tiré la première, et a pris le bulletin portant : deuxième lot; M. Marchant a tiré le deuxième, et a pris le bulletin portant : premier lot; M. Tabur a tiré le troisième, et a pris le bulletin portant : troisième lot.

En conséquence les lots sont échus :
Le premier, au mineur Marchant ;
Le deuxième, à Mlle Tabur ;
Le troisième, à M. Tabur.

Par suite, les attributions proposées comprennent :

En ce qui concerne M. Tabur, les immeubles, valeur et somme formant le troisième lot qui compose l'art. 3 de la masse, plus les valeurs, créances et sommes comprises dans son attribution.

En ce qui concerne Mlle Tabur, le domaine formant le deuxième loi (art. 2 de la masse); plus les valeurs, créance et somme, portées dans son attribution.

Enfin à l'égard du mineur Marchant, les immeubles, valeur et somme composant le premier lot (art. 1er de la masse); plus les valeurs, créance et somme comprises dans son attribution.

de la liquidation : la grosse du jugement d'homologation, les originaux de signification, et le certificat de non-opposition ni appel (2385, 2386).

3101. — Instance en partage. — Nous avons réservé les formes de l'instance et la procédure du partage pour être résumées

---

Toutefois les approbation, tirage au sort des lots et attributions sont soumises à la condition de l'homologation de l'état liquidatif et des présentes par le tribunal civil de.....

Le dit état liquidatif, écrit sur..... feuilles de papier au timbre de....., contenant l'approbation de..... renvois et de..... mots rayés comme nuls, est demeuré ci-annexé, après avoir été certifié *ne varietur* par les comparants, et que dessus il a été apposé une mention le constatant, signée des parties et du notaire.

L'origine de propriété des immeubles qui ont fait l'objet du tirage au sort ci-dessus, a été établie en un état qui est demeuré ci-annexé, après avoir été certifié véritable par les parties et que dessus il a été apposé une mention le constatant signée des parties et du notaire.

De tout ce que dessus, a été dressé le présent procès-verbal, qui a été fait et rédigé à....., en l'étude de Me Aunet, notaire, les jour, mois et an susdits.

Et après lecture, les parties et leurs avoués ont signé avec le notaire.

Enregistrement. Voir n° 2789.

FORMULE 83. — Dépôt des pièces d'homologation [N° 3100].

Et le......

Par devant Me Émile Aunet et son collègue, notaires à......, soussignés.

Ont comparu :

1° M. Joseph Tabur, étudiant en médecine, demeurant à.....

2° Mlle Irma Tabur, majeure, sans profession, demeurant à.....

3° Et M. Octave Marchant, propriétaire, demeurant à...... — Ce dernier au nom et comme tuteur légal de Albert Marchant, son fils mineur.

Lesquels ont, par ces présentes, déposé à Me Aunet, l'un des notaires soussignés, et l'ont requis de placer au rang de ses minutes, à la suite de l'état liquidatif ci-après énoncé :

1° La grosse d'un jugement contradictoirement rendu par le tribunal de....., le.....; aux termes duquel, le tribunal, sur les requête, poursuites et diligences de M. et Mlle Tabur, contre M. Marchant, tuteur de son enfant mineur, a homologué purement et simplement, pour être exécuté selon la forme et teneur, l'état des opérations de compte, liquidation et partage de la succession de Mme Flore Tabur, veuve de M. Florent Maillard, dressé par Me Aunet, l'un des notaires soussignés, commis à cet effet, le 6 août 1878; ainsi que le tirage au sort contenu dans le procès-verbal de lecture en date du même jour.

2° L'original d'un exploit du ministère de....., huissier à....., en date du....., contenant la signification de ce jugement à M. Marchant et à M. Gallet, tuteur et subrogé-tuteur du mineur Marchant.

3° L'original d'un certificat délivré par le greffier du tribunal civil de....., le....., attestant que le jugement sus-énoncé n'a été frappé ni d'opposition ni d'appel.

Ces pièces sont demeurées ci-jointes et annexées, après que, sur chacune d'elles, il a été apposé une mention d'annexe, signée des notaires.

Les comparants constatent que le jugement d'homologation, ainsi que l'établissent les pièces déposées, est passé en force de chose jugée; de sorte que le partage opéré par l'état liquidatif du 6 août 1878, et le procès-verbal de lecture du même jour se trouvent définitifs.

Mention des présentes est consentie pour avoir lieu sur toutes pièces et partout où besoin sera.

De tout ce que dessus a été dressé le présent procès-verbal.

Enregistrement. Voir n° 2816.

3° Hypothèse. — *Héritiers; créanciers intervenants.* — *Masses mobilière et immobilière.* — *Lots formés devant notaire.* — *Contestations.* — *Prélèvements.* — *Tirage au sort.*

FORMULE 84. — Procès-verbal d'ouverture des opérations. — Sommation
[N°s 3101 à 3104].

L'an mil huit cent soixante-dix-huit, le....., onze heures du matin.

A....., en l'étude de Me Toupin, notaire,

en regard des formules 84 et suivantes : Le tribunal compétent est celui de l'ouverture de la succession (2027 à 2046). — L'instance, après citation en conciliation quand les parties sont majeures et capables et qu'il n'y a pas plus de deux défendeurs (2047 à 2050), est introduite dans la forme ordinaire des ajournements, le demandeur est poursuivant, et, s'il y a plusieurs demandeurs, ayant formé la demande par des exploits distincts, la poursuite appartient à celui qui a le premier fait viser son original (2051 à 2066). — Les créanciers personnels des copartageants, afin de veiller à leur gage, ont le droit d'y intervenir (2067 à 2076). — Le tribunal, sur les conclusions des parties et le ministère public entendu, ordonne le partage, désigne un juge pour faire le rapport et commet un notaire pour procéder aux opérations (2077 à 2125).

Par devant Me Jean Toupin, notaire à....., soussigné.
Procédant seul, comme ayant été commis à l'effet des présentes opérations par le jugement qui va être énoncé.
A comparu : M. Gustave Dubos, négociant, demeurant à.....
Assisté de Me Léon Mesnil, avoué près le tribunal civil de.....
Lequel a dit et exposé :
Que M. Jean Dubos, en son vivant propriétaire, demeurant à....., est décédé en son domicile, à....., le....., laissant pour ses seuls héritiers, chacun pour un quart : 1° M. Dubos requérant ; 2° M. Germain Dubos, bijoutier, demeurant à.....; 3° Mme Octavie Dubos, épouse de M. Paul Marcel, fabricant de draps, demeurant à.....; 4° Et Mlle Euphémie Dubos, majeure, célibataire, demeurant à.....; ses quatre enfants issus de son mariage avec Mme Léonie Buquet, sa défunte épouse ;
Que la demande en partage de la succession de M. Dubos a été introduite par le comparant contre ses cohéritiers, suivant exploit de....., huissier à....., en date du.....
Que M. Victor Loret, banquier, demeurant à....., et M. Eloi David, négociant, demeurant à....., se disant créanciers de M. Germain Dubos, l'un des héritiers, ont déclaré intervenir à l'instance en partage, par exploit de....., huissier à....., en date du....., signifié à tous les héritiers.
Que suivant jugement rendu par le tribunal civil de....., le....., il a été ordonné qu'aux requête, poursuites et diligences de M. Gustave Dubos, en présence de ses cohéritiers et des créanciers intervenants de M. Germain Dubos, ou eux dûment appelés, il serait procédé par Me Toupin, notaire soussigné, que le tribunal a commis à cet effet, aux opérations de compte, liquidation et partage de la succession de M. Jean Dubos.
Que suivant exploit du ministère de....., huissier à....., en date du....., M. Dubos comparant, a signifié ce jugement à M. Gustave Dubos, M. et Mme Marcel, Mlle Dubos et MM. Loret et David, avec sommation de se trouver ce jourd'hui, heure présente, en l'étude de Me Toupin, pour assister au procès-verbal d'ouverture des opérations, remettre au notaire commis les titres et pièces, et lui fournir les documents qui peuvent être nécessaires pour ces opérations; leur ayant déclaré qu'il y serait procédé en leur absence comme en leur présence.
Le comparant a requis Me Toupin de lui donner acte de sa comparution ; de prononcer défaut contre les sommés, s'ils ne comparaissent pas, ni personne pour eux; et de procéder tant en leur absence qu'en leur présence aux opérations du partage.
L'original de l'exploit est demeuré ci-joint après que dessus mention de l'annexe a été apposée.
Après lecture, M. Gustave Dubos a signé avec Me Mesnil, son avoué. (Signatures.)
A cet instant se sont présentés : M. Germain Dubos, M. et Mme Marcel, et Mlle Dubos.
Assistés de Me Dinan leur avoué.
Lesquels ont dit comparaître pour satisfaire à la sommation à eux faite et requérir Me Toupin de procéder aux opérations de compte, liquidation et partage de la succession de M. Jean Dubos, en exécution du jugement qui l'a commis ; offrant de lui remettre tous les titres et toutes les pièces qu'ils peuvent avoir aux mains, et de lui fournir tous les documents en leur pouvoir concernant la succession.
Après lecture, ils ont signé avec leur avoué. (Signatures.)
S'est aussi présenté M. Victor Loret, banquier, demeurant à.....
Lequel a dit comparaître au désir de la sommation à lui faite pour être présent, en sa

5102. — Expertise. — Si le jugement a ordonné l'expertise des immeubles, les experts prêtent serment devant le président du tribunal ou devant un juge de paix commis par lui; puis ils procèdent à l'expertise, en présence des parties ou elles dûment appelées; dressent leur rapport et en font le dépôt au greffe; ensuite le rapport est entériné par le tribunal (2126 à 2135).

5103. — Licitation. — Quand les immeubles ne sont pas partageables, le tribunal en ordonne la licitation à sa barre ou devant un notaire commis (2136 à 2138).

5104. — Comparution. — Le demandeur appelle ensuite les défendeurs devant le notaire commis, pour qu'il soit procédé devant lui aux opérations du partage (2139 à 2150).

5105. — Etat liquidatif. — Le notaire commis procède seul, en l'absence qualité de créancier de M. Germain Dubos, aux opérations de liquidation et partage de la succession de M. Jean Dubos.

Et après lecture, il a signé. (*Signature*.)

Attendu qu'il est une heure de relevée et que M. David ne s'est pas présenté, ni personne en son nom, il est prononcé défaut contre lui.

Me Toupin déférant aux réquisitions qui précèdent, déclare ouvertes les opérations de compte, liquidation et partage de la succession de M. Jean Dubos.

Il procédera à ces opérations, à l'aide des titres, pièces et documents qu'il a déjà en sa possession, comme ayant procédé à l'inventaire, ou qui lui seront fournis, pour ensuite son travail être soumis aux parties.

De tout ce que dessus il a été dressé le présent procès-verbal, qui a été fait et rédigé dans le lieu susindiqué; les jour, mois et an susdits.

Et après lecture, M. Gustave Dubos et les parties intervenantes ont signé avec leurs avoués et le notaire.

Enregistrement. Voir n° 2789.

FORMULE 85. — Etat liquidatif [Nos 3105 et 3106].

Etat des opérations de compte, liquidation et partage de la succession de M. Jean Dubos, en son vivant, propriétaire, demeurant à....., où il est décédé le.....

Dressé par Me Jean Toupin, notaire à....., soussigné; commis à cet effet, suivant jugement rendu par le tribunal civil de....., le.....

NOMS ET QUALITÉS DES PARTIES

Les opérations ont lieu entre :
1° M. Gustave Dubos, négociant, demeurant à.....
Demandeur, ayant pour avoué Me Léon Mesnil, exerçant près le tribunal civil de.....
2° M. Germain Dubos, bijoutier, demeurant à.....
3° Mme Octavie Dubos, épouse assistée et autorisée de M. Paul Marcel, fabricant de draps, avec lequel elle demeure à.....
4° Mlle Euphémie Dubos, majeure, célibataire, demeurant à. ...
Défendeurs, ayant pour avoué Me Léon Dinan, exerçant près le tribunal civil de.....
MM. et Mlle Dubos et Mme Marcel, seuls héritiers, chacun pour un quart, de M. Jean Dubos, leur père, en son vivant propriétaire, demeurant à....., où il est décédé le.....; ainsi que le constate l'intitulé de l'inventaire après son décès, analysé par la première observation ci-après.
5° M. Victor Loret, banquier, demeurant à.....
6° M. Eloi David, négociant, demeurant à.....,
Se disant créanciers de M. Germain Dubos et, en cette qualité, ayant déclaré intervenir aux opérations du partage.

EXPOSÉ PRÉLIMINAIRE.

Pour l'intelligence des opérations, on va sous diverses observations, exposer les faits et analyser les actes qu'il est utile de connaître.

1re OBSERVATION. — *Décès de M. Dubos. — Inventaire.*

M. Jean Dubos est décédé à....., le.....

des parties, aux opérations de compte, liquidation et partage, pour ensuite son travail être soumis à leur approbation (2151 à 2187).

Après son décès, les scellés ont été apposés par M. le juge de paix du canton de....., suivant son procès-verbal en date du.....

Puis, il a été procédé à l'inventaire, au fur et à mesure de la levée des scellés, par le ministère de Mᵉ Toupin, notaire soussigné, à la requête de MM. et Mˡˡᵉ Dubos et de M. et Mᵐᵉ Marcel, à la date du.....

La prisée du mobilier a été faite par M. Pujot, commissaire-priseur à.....

Le montant de cette prisée s'est élevé à.....; ce qui est indiqué pour ordre seulement, le mobilier ayant été vendu ainsi qu'on l'énoncera par la deuxième observation.

Cotes	Pièces	
1	6	Les papiers ont été inventoriés sous sept cotes, dont voici le dépouillement : Relatives à la liquidation de la communauté ayant existé entre M. Jean Dubos et Mᵐᵉ Léonie Buquet, son épouse, décédée à....., le.....; à laquelle il a été procédé entre M. Dubos et ses quatre enfants, tous majeurs, suivant acte passé devant Mᵉ....., notaire à....., le..... Il en résulte que M. Dubos, tant pour le prélèvement de ses reprises en nature, que pour le fournissement de ses droits, à raison de ses reprises en deniers et de sa part dans les bénéfices de communauté, est demeuré propriétaire de : 1° Divers objets mobiliers, créances et valeurs, se montant à 12,515 fr., dont il est question seulement pour ordre, le tout ayant été depuis recouvré et réalisé et se trouvant représenté par d'autres valeurs qui vont être indiquées. 2° Et douze corps d'immeubles qui figureront ci-après dans la masse de la succession. *Mémoire pour la masse active.*
2	4	Grosse d'un acte passé devant Mᵉ....., notaire à ....., le.....; aux termes duquel M. Théodore Thorel, cultivateur, et Mᵐᵉ Virginie Guillet, son épouse, demeurant à....., se sont reconnus débiteurs envers M. Jean Dubos, d'une somme de douze mille francs, pour prêt, qui a été stipulée remboursable le....., et productive d'intérêts à cinq pour cent par an, payables par semestre, les.....; la dite somme conservée par une hypothèque inscrite au bureau de....., le....., vol....., n°..... Au décès, il était dû le prorata d'intérêt couru depuis le....., soit une somme de deux cent quinze francs. *Mémoire pour la masse active.*
3	2	Grosse d'un acte passé devant Mᵉ....., notaire à....., le....., contenant titre nouvel par M. Vincent Gérard, tonnelier, demeurant à....., au profit de M. Dubos, pour raison d'une rente perpétuelle de 120 fr. par an, au capital de deux mille quatre cents francs, sujette à la retenue du cinquième, payables les..... de chaque année; ladite rente garantie par une inscription prise au bureau des hypothèques de....., le....., vol....., n°..... Au décès, il était dû le prorata d'arrérages couru depuis le....., soit une somme de soixante-douze francs.
4	1	Billet sur timbre proportionnel de 9 francs, souscrit le 4 avril 1877, par M. Jean Duval, horloger, demeurant à....., au profit de M. Dubos, pour une somme de dix mille cinq cents francs, actuellement exigible.
5	2	Registres de recettes et de dépenses, desquels il ne résulte aucun actif, ni aucun passif.
6	42	Factures, mémoires, notes acquittées, quittances, lettres missives et autres pièces, desquelles il ne résulte aucun actif ni aucun passif.
7	2	I. Expédition représentée par M. Gustave Dubos, de son contrat de mariage avec Mᵐᵉ Laure Petit, contenant adoption du régime de la communauté, passé devant Mᵉ....., notaire à....., le.....; aux termes duquel M. Jean Dubos a constitué en dot au futur époux, son fils, par avancement d'hoirie sur sa succession :

3106. — Masse. — Prélèvements. — Le notaire compose la masse active et la masse passive et fixe les droits des parties. Si des prélèvements sont à opérer sur

Cotes	Pièces	

1° Une somme de dix mille francs, qui a été payée le jour du mariage, dont la célébration a valu quittance;

2° Une pièce de terre en labour, située commune de......, lieudit......, section D, n° 283 du plan cadastral, de la contenance de deux hectares.

Cette pièce de terre n'a pas été aliénée par le donataire; mais comme il existe dans la succession d'autres immeubles de même nature, valeur et bonté, le rapport s'en fera en moins prenant, suivant l'art. 859 du Code civil.

Cette pièce de terre a été estimée à cinq mille francs par le rapport d'expert dont il sera parlé dans la 3e observation.

II. Expédition représentée par M. et Mme Marcel, de leur contrat de mariage passé devant M^e......, notaire à......, le......; aux termes duquel, M. Dubos a constitué en dot, à Mme Marcel, sa fille, par avancement d'hoirie sur sa succession future :

1° Un trousseau évalué six mille francs, ci. . . . . 6,000 fr.
2° Et une somme de huit mille francs en numéraire, ci. . . 8,000 »
Total, quatorze mille francs . . . . 14,000 fr.

Le tout livrable et payable le jour du mariage dont la célébration en a valu quittance.

3° Et un pré, situé à......, lieu dit le Moulin Vieux, de la contenance de un hectare cinquante ares, section C, n° 12 du plan cadastral.

Ce pré n'a pas été aliéné, et comme il n'existe pas dans la succession d'autres immeubles de même espèce, le rapport en sera effectué en nature, conformément à l'art. 859 du Code civil.

Ce pré a été estimé six mille francs par le rapport d'expert mentionné dans la troisième observation.

M. Germain Dubos et Mlle Dubos ne sont pas mariés, et aucune avance de succession ne leur a été faite par leur père.

DÉCLARATIONS ACTIVES ET PASSIVES.

Il a été déclaré qu'il existait, en deniers comptants, une somme de quatre mille cinq cents francs, dont le dépôt a été fait aux mains de Me Toupin, notaire.

Qu'il était dû par diverses personnes, indépendamment des créances résultant de l'inventorié des papiers, une somme de 12,600 fr. Cette somme fait l'objet de l'article six de la masse.

Et qu'il était dû par la succession :

1° A M. Maillet, propriétaire, demeurant à......, une rente perpétuelle de cent quarante francs par an, au capital de 2,800 francs, sujette à retenue, payable chaque année le......, garantie par hypothèque spéciale sur la pièce de terre qui formera l'art. 17 de la masse; ainsi qu'il résulte d'un titre nouvel reçu par M^e......, notaire à......, le......

Au décès, il était dû pour prorata d'arrérages, quarante-six francs.

2° Les frais funéraires et de dernière maladie, plus divers mémoires pour fournitures; le tout se montant à 10,500 francs qui figureront à l'art. 1er de la masse passive.

2me OBSERVATION. — *Vente du mobilier.*

Le mobilier dépendant de la succession de M. Dubos a été vendu aux enchères par Me Pujot, commissaire-priseur à......, suivant procès-verbal en date des......

Le montant de cette vente s'est élevé à quatorze mille six cents francs.

M. Pujot a rendu compte du produit de cette vente aux héritiers, pour compte de l'indivision, suivant décharge à la suite du procès-verbal, savoir :

Produit de la vente . . . . 14,600 fr.

De quoi M. Pujot a déduit :

1° Frais de vente et autres pour y parvenir, et vacations à la prisée de l'inventaire . . . . 1,225 fr. }
2° Frais d'apposition et levée de scellés, payés au greffier de la justice de paix du canton de...... . . . . 264 » } 3,005 »
3° Bordereau des enchères de Mme Marcel. . . . . 1,516 » }

Il est resté en espèces, une somme de onze mille cinq cent quatre-vingt-quinze francs, qui a été déposée à Me Toupin, notaire, soussigné, ci . . . . . 11,595 fr.

les valeurs mobilières, à raison de rapports effectués par quelques-uns des copartageants, le notaire les propose. Le notaire peut aussi proposer les prélèvements à faire sur les immeu-

En outre, Mme MARCEL fera le rétablissement, par l'article cinq, de quinze cent seize francs montant de son bordereau d'enchères.

TROISIÈME OBSERVATION. — *Jugement ordonnant le partage.* — *Expertise.*

M. Gustave DUBOS, par exploit de....., huissier à....., en date du....., a formé, contre ses cohéritiers, la demande en liquidation et partage de la succession de M. Jean DUBOS.

Les défendeurs ont constitué avoué sur cette demande.

Puis, par exploit de....., huissier à....., en date du....., MM. LORET et DAVID, se disant créanciers de M. Germain DUBOS, ont déclaré aux parties en cause intervenir dans l'instance en partage.

Et par jugement en date du....., le tribunal civil de....., parties ouïes et le ministère public entendu, a donné acte aux parties de la demande en partage ; et, avant de faire droit, a ordonné que par M. Charles HADOT, géomètre-expert, demeurant à....., nommé d'office, à défaut par les parties de s'entendre, les biens immeubles dépendant de la succession de M. DUBOS seraient vus et visités, à l'effet de savoir s'ils sont ou non partageables, eu égard aux droits des parties ; en cas de partage, le déclarer, indiquer la valeur des biens, leur mode de division.

L'expert, après avoir prêté serment le....., devant M. le président du tribunal civil de....., a vu et visité les immeubles de la succession et ceux rapportables par M. Gustave DUBOS et Mme MARCEL, et les a estimés ; ainsi que le constate son rapport en date des....., déposé au greffe du tribunal civil de....., le.....

Après les formalités de l'expertise, et à la date du....., le tribunal civil de....., a entériné le rapport de l'expert, et ordonné qu'aux requête, poursuites et diligences de M. Gustave DUBOS, en présence des parties défenderesses et des créanciers intervenants, ou eux dûment appelés, il serait procédé aux opérations de compte, liquidation et partage de la succession de M. Jean DUBOS ; a commis Me TOUPIN, notaire soussigné, pour y procéder, et M....., juge pour faire un rapport sur les opérations, et a ordonné l'emploi des dépens en frais privilégiés de partage

LIQUIDATION.

Ces fait exposés, il est passé aux opérations qui font l'objet des présentes.

PLAN DES OPÉRATIONS.

Les présentes opérations seront divisées en trois chapitres qui auront pour objet :
Le premier, l'établissement des masses active et passive.
Le deuxième, les prélèvements à effectuer pour raison des rapports en moins prenant et l'affectation pour l'acquit du passif.
Le troisième, la fixation des droits des parties
Ensuite, on dira que les copartageants seront appelés devant le notaire liquidateur, afin de faire le choix de l'un d'eux ou d'un expert, pour la formation des lots.
On ne comprendra pas dans les masses, les fruits et revenus courus depuis le décès de M. DUBOS. Ces fruits et revenus, ainsi que le passif à la charge des fruits, s'il y en a, devant faire l'objet d'un compte ultérieur.

CHAPITRE PREMIER. — ÉTABLISSEMENT DES MASSES.

§ 1er. — MASSE ACTIVE.

I. — *Masse mobilière.*

ART. 1er. — Une somme de seize mille quatre-vingt-quinze francs, déposée à Me TOUPIN, notaire soussigné, comme provenant :

Quatre mille cinq cents francs, des deniers comptants déclarés à l'inventaire, (1re observ.), ci . . . . 4,500 fr.
Et onze mille cinq cent quatre-vingt-quinze francs, du reliquat du compte de vente mobilière (2e observ.), ci . . . . 11,595 »
Somme égale . . . . 16,095 »

ART. 2. — Une somme capitale de douze mille francs, due, avec hypothèque, par M. et Mme THOREL, (1re observ., énonciation de la cote 2), ci . . . 12,000
Plus prorata d'intérêt au décès . . . . 215 } 12,215 »

A *reporter*. . . . . 28,310 fr.

PARTAGE JUDICIAIRE. [Form. 85.]

bles; mais il vaut mieux, quand les parties sont majeures et capables, en fixer seulement le montant et laisser aux copartageants le soin de choisir (2231).

Report	28,310 fr.
ART. 3. — Une créance au capital de 10,500 francs, due par M. Duval (cote 4), sans intérêt, ci	10,500 »
ART. 4. — Une rente perpétuelle de 120 fr., au capital de 2,400 fr., due par M. Gérard, (cote 3); laquelle rente, en raison de ce qu'elle est sujette à la retenue du cinquième, est ici portée pour une somme capitale de deux mille cent francs, ci 2,100	
Arrérages au décès. 72	2,172 »
ART. 5. — Une somme de quinze cent seize francs, dont Mme Marcel fait le rétablissement à la masse, pour le bordereau de ses enchères à la vente mobilière, (2e observ.), ci	1,516 »
ART. 6. — Une somme de douze mille six cents francs, due par diverses personnes, savoir :	
1° 1,200 fr., par M. Bauce, pour fermages de....., jusqu'au jour du décès, ci 1,200	
2° Par M. etc.,	
Somme égale 12,600	12,600 »
Ensemble, pour la masse mobilière	55,098 »

II. — *Masse immobilière.*

ART. 7. — Une maison, etc., estimée	22,000
ART. 8. — Une pièce de terre labourable, etc., estimée	14,000
ART. 9. — Une autre, etc., estimée.	6,000
ART. 10. — Un bois taillis, etc., estimé	5,000
ART. 11. — Un enclos, etc., estimé	2,800
ART. 12. — Un herbage, etc., estimé	12,000
ART. 13. — Une pièce de terre, etc., estimée	7,000
ART. 14. — Un pré, etc., estimé	4,000
ART. 15. — Un jardin, enclos de murs, etc., estimé.	9,500
ART. 16. — Une pièce de terre, etc., estimée	15,000
ART. 17. — Une autre, etc., estimée	9,000
ART. 18. — Une autre, etc., estimée	2,000
Ensemble, pour la masse immobilière.	108,300 108,300 »

III. — *Rapports.*

ART. 19. — Le rapport de M. Gustave Dubos, (1re observ., énonciation de la cote 7e), consistant en :	
1° Une somme de dix mille francs, donnée en numéraire, ci . . .	10,000
2° Une somme de cinq mille francs, rapportable en moins prenant, pour raison de la pièce de terre à lui donnée, ci.	5,000
ART. 20. — Le rapport de Mme Marcel, (mêmes observ., et cote), consistant en :	
1° Une somme de quatorze mille francs en numéraire, ci	14,000
2° Un pré, commune de....., lieudit le Moulin-Vieux, contenant 1 hect. 50 ares, section C, n° 12 du plan cadastral; lequel pré, rapporté en nature, est estimé	6,000
Ensemble, pour les rapports	35,000 35,000 »
Montant de la masse active	198,398 »

§ 2. — MASSE PASSIVE.

ART. 1er — Une somme totale de dix mille cinq cents francs, due à divers, savoir :	
1° A la fabrique de l'église de....., pour frais d'inhumation, huit cent douze francs, ci	812 fr.
2° A....., etc., (*continuer le détail*).	
Somme égale	10 500 »

3107. — Lecture. — Choix d'un expert. — Masse. — Le travail du notaire est communiqué aux parties qui l'approuvent ou le contestent. Les prélèvements en

                              Report . . . . 10,500 fr.

ART. 2. — La somme de deux mille huit cents francs, formant le capital d'une rente perpétuelle de cent quarante francs, due à M. MEILLET, (1re observ.), ci . . . . 2,800 } 2,846 »
Arrérages au décès . . . . 46 }

ART. 3. — Une somme de cinq mille francs, mise en réserve pour faire face aux frais de l'instance en partage, à ceux des présentes opérations et suites, ainsi qu'aux frais d'homologation, s'il y a lieu; dans laquelle somme les honoraires de liquidation entrent pour une somme de seize cents francs, ci . . . . 5,000 »

Montant de la somme passive . . . . 18,346 »

CHAPITRE DEUXIÈME. — PRÉLÈVEMENTS ET AFFECTATION AU PASSIF.

§ 1. — PRÉLÈVEMENTS SUR LE MOBILIER POUR RAISON DES RAPPORTS DE SOMMES.

I. Mme MARCEL. — Elle confond en ses mains, le rapport d'une somme en numéraire de 14,000 francs, (art. 20 de la masse active), en raison de ce que ce rapport a lieu en moins prenant, ci. . . . . 14,000 fr.

II. M. Gustave DUBOS. — Il confond aussi en ses mains, la somme de 10,000 fr., montant de son rapport en numéraire, (art. 19), ci 10,000

Et pour l'égaliser avec Mme MARCEL, le notaire soussigné propose le prélèvement à son profit, à titre de partage, d'une somme de quatre mille francs, sur les fonds en dépôt aux mains de Me TOUPIN, (art. 1er), ci , . . 4,000

Somme égale . . . . 14,000 14,000 »

III. M. Germain DUBOS. — Le notaire soussigné propose de lui attribuer, à titre de prélèvement, aussi pour l'égaliser avec Mme MARCEL :
1° Trois mille cinq cents francs, sur les fonds en dépôt aux mains de Me TOUPIN, (art. 1er), ci 3,500
2° La créance Duval composant l'art. 3, ci. 10,500

Somme égale . . . . 14,000 14,000 »

IV. Mlle DUBOS. — Le notaire soussigné propose de lui attribuer, à titre de prélèvement, afin de l'égaliser avec Mme MARCEL :
1° Dix-sept cent quatre vingt-cinq francs, sur les fonds en dépôt aux mains de Me TOUPIN, (art. 1er), ci 1,785
2° Et la créance THOREL, (art. 2) 12,215

Somme égale. . . . . 14,000 14,000 »

§ 2. — PRÉLÈVEMENTS SUR LES IMMEUBLES.

M. Gustave DUBOS ayant fait le rapport en moins prenant (art. 19 de la masse), de la pièce de terre dont son père lui a fait donation par son contrat de mariage, qui a été estimée cinq mille francs, conserve la propriété de cet immeuble.

Et pour égaliser M. Germain DUBOS, Mme MARCEL et Mlle DUBOS, avec M. Gustave Dubos, ils ont droit au prélèvement sur les terres en labour, dépendant de la succession, chacun jusqu'à concurrence de cinq mille francs, soit ensemble pour quinze mille francs.

Lors de la lecture aux parties du présent état liquidatif, les co-partageants feront connaître les immeubles sur lesquels porteront ces prélèvements; sinon cette indication sera faite par qui de droit.

§ 3. — AFFECTATION A L'ACQUIT DU PASSIF.

Le notaire soussigné propose d'affecter à l'acquit du passif, se montant à dix-huit mille trois cent quarante-six francs :
1° Cinq mille sept cent quarante-six francs, sur les fonds en dépôt aux mains de Me TOUPIN, (art. 1er), ci 5,746
2° Et les créances diverses, faisant l'objet de l'article 6, pour. . . . 12,600

Somme égale. . . . . 18,346 18,346 »

Ensemble, pour les sommes confondues ou employées à des prélèvements et à l'affectation au passif . . . . 74,346 fr

immeubles sont effectués, quand il y a lieu ; puis les parties, si elles sont majeures et capables, conviennent du choix d'un expert; sinon, de même que quand il y a des mineurs,

CHAPITRE TROISIÈME. — FIXATION DES DROITS DES PARTIES.

La masse active ci-dessus établie se monte à cent quatre-vingt-dix-huit mille trois cent quatre-vingt-dix huit francs, ci. . . . . 198,398 fr.
On en déduit : 1° 74,346 fr·, montant des prélèvements et affectations ci-dessus, ci 74,346
2° Et quinze mille francs, montant des prélèvements à effectuer sur les immeubles par M. Germain Dubos, Mme Marcel et Mlle Dubos, ci . 15,000   94,346 »
A quoi ajoutant les cinq mille francs rapportés en moins prenant par M. Gustave Dubos, pour la pièce de terre donnée, ci 5,000

Reste à partager, cent quatre mille cinquante-deux francs, ci . . . . . 104,052 »
Dont le quart, pour chacun des co-partageants, est de vingt-six mille treize francs, ci . . . . 26,013 »

RENVOI POUR LA FORMATION DES LOTS ET LE PARTAGE DES FRUITS.

Me Toupin, se conformant aux articles 828, 829 et 830 du code civil, 976 et 977 du code de procédure, a établi les comptes, composé les masses, en y faisant entrer les rapports, proposé les prélèvements et l'affectation à l'acquit du passif, et enfin fixé les droits des parties.

Après ces opérations, les lots doivent être formés.

Conformément aux articles 834 du code civil et 973 du code de procédure, les co-partageants seront appelés devant le notaire pour : prendre communication du présent travail ; convenir des immeubles à prélever par M. Germain Dubos, Mme Marcel et Mlle Dubos ; enfin, convenir du choix de l'un d'eux ou d'un expert pour former les lots, sinon ils seront renvoyés devant qui de droit.

Ultérieurement, il sera procédé, entre les parties, à un compte des fruits et revenus courus depuis le décès jusqu'à la jouissance divise ; et des charges de ces fruits, en y comprenant les intérêts et fruits des rapports effectués.

La jouissance divise des parties courra du jour du tirage au sort des lots.

CLOTURE.

Le présent état, fait et rédigé par Me Toupin, a été signé par lui en son étude, le......
Enregistrement. Voir n° 2790.

FORMULE 86. — Procès-verbal de lecture. — Prélèvements d'immeubles. — Désaccord sur le choix d'un expert. — Masse des biens à partager [N° 3107].

L'an mil huit cent soixante dix-huit, le......, à midi.
A....., en l'étude de Me Toupin, notaire.
Par devant Me Jean Toupin et son collègue, notaires à....., soussignés.
A comparu : M. Gustave Dubos, négociant, demeurant à.....,
Assisté de Me Mesnil, son avoué.
Lequel a dit :
Que par acte d'avoué à avoué, signifié par exploit de....., huissier à...., en date du....., sommation a été faite à : 1° Me Mesnil, avoué du comparant ; 2° Me Dinan, avoué de M. Germain Dubos, Mme Marcel et Mlle Dubos ; 3° et Me Louvet. avoué de MM. Loret et David, créanciers intervenants, à l'effet de se trouver et de faire trouver leurs clients, ce jourd'hui, à midi, en l'étude de Me Toupin, notaire soussigné, pour : 1° prendre communication de l'état des opérations de compte, liquidation et partage de la succession de M. Jean Dubos, dressé par Me Toupin, notaire commis, à la date du..... ; 2° convenir des immeubles à prélever par M. Germain Dubos, Mme Marcel et Mlle Dubos, afin d'être égalisés avec M. Gustave Dubos comparant, 3° enfin, convenir du choix de l'un d'eux ou d'un expert pour former les lots. Leur ayant déclaré qu'il serait procédé en leur absence comme en leur présence ; et, qu'en cas d'absence, défaut serait prononcé contre eux.

Qu'en conséquence, il requiert acte de sa comparution, et défaut contre les sommés, pour le cas où ils ne se présenteraient pas, ni personne pour eux.

L'original de l'exploit est demeuré ci annexé, après mention.

Après lecture, il a signé avec Me Mesnil, son avoué. (*Signatures.*)

il est nommé d'office. — Le notaire, quand des prélèvements ont été opérés, indique les biens restants qui feront l'objet d'une formation de lots (2288 à 2304).

A cet instant sont intervenus :
1° M. Germain Dubos, bijoutier, demeurant à....,
2° M. Paul Marcel, fabricant de draps, et Mme Octavie Dubos, son épouse, de lui autorisée, demeurant ensemble à....
3° Mlle Euphénie Dubos, majeure, célibataire, demeurant à.....
Assistés de Me Dinan, leur avoué.
Lesquels ont dit comparaître pour déférer à la sommation à eux faite.
Après lecture, ils ont signé avec leur avoué. (*Signatures.*)
S'est aussi présenté M. Victor Loret, banquier, demeurant à....., assisté de Me Louvet, son avoué.
Lequel a dit comparaître au désir de la sommation à lui faite.
Après lecture, il a signé avec son avoué. (*Signatures.*)
Attendu qu'il est deux heures de relevée, et que M. David ne s'est pas présenté, ni personne en son nom, défaut a été prononcé contre lui.
De suite, à la réquisition des parties, Me Toupin a donné lecture de l'état liquidatif qu'il a dressé, à la date du....., duquel il résulte ce qui suit ;
La masse active mobilière et immobilière, à laquelle ont été joints les rapports effectués par M. Gustave Dubos et Mme Marcel, s'est élevée à 198,398 francs.
Et la masse passive, à 18,346 francs.
Des prélèvements sur le mobilier ont été proposés en faveur de M. Gustave Dubos, M. Germain Dubos et Mlle Dubos, jusqu'à concurrence chacun d'une somme de quatorze mille francs, pour les égaliser avec Mme Marcel, qui devait le rapport en moins prenant sur le mobilier de pareille somme.
En outre, il a été constaté le droit au prélèvement, en faveur de M. Germain Dubos, Mme Marcel et Mlle Dubos, de terres en labour, dépendant de la succession, chacun jusqu'à concurrence de cinq mille francs, afin de les égaliser avec M. Gustave Dubos, qui a effectué le rapport en moins prenant d'une pièce en labour estimée pareille somme.
Enfin, les droits de chacun des co-partageants dans les biens restant, après les prélèvements pour raison des rapports et après l'affectation à l'acquit du passif, ont été fixés à une somme de 26,013 francs.
MM. et Mlle Dubos et M. et Mme Marcel, après avoir pris par eux-mêmes et par leurs conseils, une nouvelle communication du travail liquidatif, et avoir examiné les calculs, qu'ils ont trouvé justes et égaux, ont été unanimement d'avis que l'état liquidatif renferme, d'une manière exacte, l'établissement des masses active et passive, les prélèvements en valeurs mobilières pour raison de rapports en numéraire, l'affectation à l'acquit du passif et la fixation des droits des parties.
En conséquence, ils l'approuvent purement et simplement, consentent en faveur les uns des autres, tous abandonnements pour raison des prélèvements proposés, et acceptent respectivement ceux qui leur ont été faits.
L'état liquidatif, écrit sur..... feuilles, au timbre de....., devant être enregistré en même temps que ces présentes, contenant..... renvois et..... mots rayés comme nuls, est demeuré ci-annexé après avoir été certifié *ne varietur* par les parties, et que dessus il a été apposé une mention le constatant, signée des parties, de leurs avoués et des notaires.

PRÉLÈVEMENTS D'IMMEUBLES POUR RAPPORTS.

Par suite de cette approbation, les co-partagents ont procédé, de la manière suivante, au prélèvement de terres en labour, en faveur de M. Germain Dubos, Mme Marcel et Mlle Dubos, chacun jusqu'à concurrence de cinq mille francs, ensemble quinze mille francs, pour être égalisés avec M. Gustave Dubos.
Ils ont prélevé, du consentement de M. Gustave Dubos, la pièce de terre formant l'art. 16 de la masse, d'une contenance de....., estimée quinze mille francs.
Et ils en ont fait la division entre eux, par la voie d'abandonnement amiable par tiers, savoir :
A M. Germain Dubos, le tiers, contenant....., à prendre du côté joignant M.....
A Mme Marcel, le tiers à la suite, de même contenance.
Et à Mme Dubos, le tiers tenant à....., aussi de même contenance.
Ils acceptent chacun les portions à eux attribuées, et tous abandonnements nécessaires sont consentis.

3108. — Formation des lots. — Les lots sont formés par l'héritier choisi ou par l'expert. On doit éviter de morceler les héritages, et, autant que possible, faire entrer dans

DÉSACCORD SUR LE CHOIX D'UN EXPERT.

Les co-partageants n'ont pu s'entendre sur le choix, ni de l'un d'eux, ni d'un expert, pour former les lots.

Par suite, Mᵉ Toupin, l'un des notaires soussignés, les a délaissés à se pourvoir devant qui de droit, afin de nomination d'un expert.

MASSE DES BIENS RESTANT A PARTAGER

Avant de clore, Mᵉ Toupin constate, qu'au moyen des prélèvements et affectations opérés, la masse de la succession de M. Jean Dubos, à partager par la voie de formation de lots, se trouve comprendre les biens ci-après :

1° 1064 francs, sur les fonds déposés à Mᵉ Toupin (art. 1ᵉʳ de la masse), ainsi qu'il résulte du décompte suivant :

Les fonds déposés étaient de :	16,095 fr.
Il a été attribué à titre de prélèvement :	
A M. Gustave Dubos 4,000	
A M. Germain Dubos 3,500	15,031 »
A Mˡˡᵉ Dubos 1,785	
Et il a été affecté à l'acquit du passif. 5,746	
Il est resté une somme de	1,064 »
2° La rente Gérard (art. 4)	2,172 »
3° Le rétablissement de Mᵐᵉ Marcel (art. 5)	1,516 »
4ᵉ La maison située à....., (art. 7), estimée.	22,000 »
5° Une pièce de terre....., (art. 8), estimée	14,000 »
6° Une autre....., (art. 9), estimée	6,000 »
7° Un bois....., (art. 10), estimé	5,000 »
8° Un enclos....., (art. 11), estimé	2,800 »
9° Un herbage....., (art. 12), estimé.	12,000 »
10° Une pièce de terre...., (art. 13), estimée.	7,000 »
11° Un pré....., (art. 14), estimé	4,000 »
12° Un jardin....., (art. 15), estimé	9,500 »
13° Une pièce de terre....., (art. 17), estimée	9,000 »
14° Un pré....., (art. 18), estimé	2,000 »
15° Un pré....., rapporté par Mᵐᵉ Marcel, (art. 20) estimé .	6,000 »
Ensemble, pour les biens restant à partager	104,052 »

Dont le quart, pour chacun des co-partageants, est du chiffre indiqué dans l'état liquidatif par le chapitre troisième, soit vingt-six mille treize francs, ci. . 26,013 «

De tout ce que dessus a été dressé le présent procès-verbal, qui a été fait et rédigé en l'étude de Mᵉ Toupin, les jour, moi et an susdits.

Et après lecture etc.....

Enregistrement. Voir n° 2789.

FORMULE 87. — Rapport d'experts. — Formation des lots [N° 3108].

L'an mil huit cent soixante dix-huit, le.....

A....., en l'étude de Mᵉ Toupin, notaire.

Par devant Mᵉ Toupin et son collègue, notaires à....., soussignés.

A comparu : M. Charles Hadot, expert géomètre, demeurant à.....

Expert nommé d'office par M. le juge-commissaire, à la demande en partage de la succession de M. Jean Dubos, suivant ordonnance en date du....., à l'effet de former quatre lots, entre : 1° M. Gustave Dubos, négociant, demeurant à.....; 2° M. Germain Dubos, bijoutier, demeurant à.....; 3° Mᵐᵉ Octavie Dubos, épouse de M. Paul Marcel, fabricant de draps, demeurant à.....; 4° et Mˡˡᵉ Euphémie Dubos, majeure célibataire, demeurant à....., des biens meubles et immeubles formant la masse partageable, après les prélèvements pour raison des rapports et l'affectation au passif, ainsi qu'il est établi en l'état liquidatif dressé par Mᵉ Toupin, l'un des notaires soussignés, le....., chaque lot la même quantité de biens de pareille nature ; les inégalités de lots se compensent par des soultes (2305 à 2330). L'expert établit les lignes de division des héritages sé-

---

et au procès-verbal d'approbation en date du même jour, auquel l'état liquidatif est annexé et dont la minute précède.
Lequel a composé de la manière suivante, quatre lots des biens formant cette masse :
L'état liquidatif énoncé que ces biens sont d'une valeur de. . . . . . . 104,052 fr.
Le quart est de vingt-six mille treize francs, ci. . . . . 26,013 »

COMPOSITION DES LOTS.

Premier lot. — Il est formée de :
1° La maison composant l'article sept de la masse, pour vingt-deux mille francs, ci . . . . 22,000 »
2° Le pré, formant l'article onze, pour quatre mille francs, ci . . . . . . 4,000 »
3° Et treize francs, à prendre sur le reliquat du compte de M⁰ Toupin, porté à l'article premier, ci . . . . 13 »
Total, vingt-six mille treize francs. . . . . 26,013 »
Deuxième lot. — Il est formé de :
1° La moitié, à prendre du côté attenant à M....., de la pièce de terre, composant l'article 8 de la masse, pour. . . . . 7,000 fr.
2° Le bois, art. 10 de la masse, pour . . . . 5,000 »
3° Le jardin, art. 15 de la masse, pour . . . . 9,500 »
4° Le pré, art. 18 de la masse, pour . . . . 2,000 »
5° La rente Gérard, art. 4 de la masse, pour. . . . . 2,172 »
6° Et 341 fr., à prendre sur les fonds en dépôt aux mains de M⁰ Toupin (art 1ᵉʳ), ci . . . . 341 »
Ensemble, vingt-six mille treize francs . . . . 26,013 fr.
Troisième lot. — Il est formé de :
1° L'autre moitié de la pièce de terre, art. 8 de la masse, à prendre du côté attenant à M....., pour. . . . . 7,000 fr.
2° La moitié de l'herbage, art. 12 de la masse, à prendre du côté attenant à M....., pour. . . . . 6,000 »
3° La pièce de terre, art. 16 de la masse, pour . . . . 9,000 »
4° La moitié du pré rapporté par Mᵐᵉ Marcel (art. 20 de la masse), à prendre du côté attenant à M....., pour. . . . . 3,000 »
5° Et mille treize francs, à toucher de Mᵐᵉ Marcel, sur les 1,516 fr. dont elle a opéré le rétablissement par l'art. 5 de la masse, ci . . . . 1,013 »
Ensemble, vingt-six mille treize francs. . . . . 26,013 fr.
Quatrième lot. — Il est formé de :
1° La pièce de terre, art 9 de la masse, pour. . . . . 6,000 fr.
2° L'enclos, art. 8 de la masse, pour . . . . 2,800 »
3° L'autre moitié de l'herbage, art. 12 de la masse, à prendre du côté attenant à M....., pour. . . . . 6,000 »
4° La pièce de terre, art. 13 de la masse, pour . . . . 7.000 »
5° L'autre moitié du pré rapporté par Mᵐᵉ Marcel, art. 20 de la masse, à prendre du côté attenant à M....., pour . . . . 3,000 »
6° Sept cent dix francs, à prendre sur les fonds en dépôt aux mains de M⁰ Toupin (art. 1ᵉʳ de la masse), ci. . . . . 710 »
7° Et cinq cent trois francs, à toucher de Mᵐᵉ Marcel, sur les 1,516 fr. dont elle a opéré le rétablissement par l'art 5 de la masse, ci . . . . 503 »
Ensemble, vingt-six mille treize francs . . . . 26,013 fr.

DIVISION DES IMMEUBLES SÉPARÉS.

1° Dans les quinze jours qui suivront le tirage au sort des lots, il sera fait l'arpentage et le bornage des immeubles articles huit, neuf et vingt, qui ont été divisés par moitié ; et cette séparation sera constatée par des bornes plantées sur les lignes mêmes de séparation. Les frais d'arpentage et de bornage seront portés en coût de partage.
2° Pour la séparation, entre les troisième et quatrième lots, de l'herbage, art. 12 de la masse, entré pour moitié dans chacun de ces lots, une haie vive sera plantée sur la ligne

parés, et les servitudes d'un lot sur l'autre quand elles sont nécessaires (2331 à 2346).

3109. — Difficultés. — Si des réclamations sont proposées sur la formation des

---

même de séparation, dans le délai d'un an du tirage au sort. Cette haie sera plantée et entretenue, savoir : la moitié du côté de M....., par l'abandonnataire du troisième lot; et la moitié du côté de M....., par l'abandonnataire du quatrième lot.

Cette haie sera mitoyenne, et devra toujours être renouvelée et entretenue de manière à former la limite de séparation entre les deux herbages.

3° Les arbres qui, par suite de la division des héritages, se trouveront à une distance de la ligne séparative moindre que celle voulue par la loi, continueront d'exister ainsi; mais s'ils viennent à être coupés ou arrachés, ils ne pourront être remplacés qu'à la distance prescrite.

De tout ce que dessus, a été dressé le présent procès-verbal, qui a été fait et rédigé à....., en l'étude de Mᵉ Toupin.

Les jour, mois et an susdits.
Et après lecture, etc.

Enregistrement. Voir n° 2791.

FORMULE 88. — Procès-verbal de difficultés sur la formation des lots
[N° 3109].

L'an mil huit cent soixante dix-huit, le....., à midi.
A....., en l'étude de Mᵉ Toupin, notaire.
Par devant Mᵉ Jean Toupin, et son collègue, notaires à....., soussignés.
A comparu : M. Gustave Dubos, négociant, demeurant à.....
    Assisté de Mᵉ Mesnil, son avoué.
Lequel a dit :
Que suivant exploit du ministère de....., huissier à....., en date du....., sommation a été faite à M. Germain Dubos, M. et Mᵐᵉ Marcel, Mˡˡᵉ Dubos, et MM. Loret et David, créanciers intervenants, de se trouver cejourd'hui, heure présente, au lieu où il est procédé, pour prendre communication du rapport de M. Charles Hadot, géomètre expert, demeurant à....., rédigé par Mᵉ Toupin, notaire soussigné, les....., contenant formation de lots des biens dépendant de la succession de M. Jean Dubos et pour approuver et contester cette formation de lots.

M. Gustave Dubos requiert acte de sa comparution et défaut contre les sommés, pour le cas où ils ne comparaîtraient pas, ni personne pour eux.

L'original de l'exploit est demeuré ci-joint après que dessus mention de l'annexe a été apposée.

Après lecture, M. Gustave Dubos a signé avec son avoué. (*Signatures.*)

A cet instant sont intervenus :
1° M. Germain Dubos, négociant, demeurant à...
2° M. Paul Marcel, fabricant de draps, et Mᵐᵉ Octavie Dubos, son épouse, de lui autorisée, demeurant ensemble à.....
3° Mˡˡᵉ Euphénie Dubos, majeure, célibataire, demeurant à.....
    Assistés de Mᵉ Dinan. leur avoué.

Lesquels ont dit comparaître pour obéir à la sommation qui leur a été faite.
Après lecture ils ont signé avec leur avoué. (*Signatures.*)

Attendu qu'il est deux heures de relevée et que MM. Loret et David, créanciers intervenants, ne se sont pas présentés, ni personne en leurs noms, il est prononcé défaut contre eux.

Puis les parties ont requis Mᵉ Toupin, notaire soussigné, de leur donner lecture et communication du rapport d'experts contenant la composition des lots.

Mᵉ Toupin a donné de suite cette lecture.

M. Gustave Dubos a déclaré approuver la composition des lots telle qu'elle a été faite par l'expert;

Quant à M. Germain Dubos, M. et Mᵐᵉ Marcel et Mˡˡᵉ Dubos, ils l'ont contestée par les motifs suivant :

(*Copier le dire et faire signer*).

M. Gustave Dubos à répondu :

(*Copier aussi le dire et faire signer.*)

lots, le notaire dresse procès-verbal des dires et renvoie les parties devant le juge commissaire (2347 à 2352).

3110. — Clôture. — Après que les contestations sur la formation des lots ont été jugées, on constate devant le notaire la clôture des opérations (2353).

3111. — Homologation. — Ensuite, le travail de liquidation est soumis à l'homologation du tribunal. Le tribunal prononce

---

Attendu les contestations des parties et les difficultés existant entre elles, M° TOUPIN les délaisse à se pourvoir devant qui il appartiendra.
De tout ce que dessus il a été fait et rédigé le présent procès-verbal, etc.

Enregistrement. Voir n° 2789.

FORMULE 89. — Procès-verbal de clôture [N° 3110].

Et le....., mil huit cent soixante dix-huit, à midi.
A....., en l'étude de M° TOUPIN, notaire.
PAR DEVANT M° Jean TOUPIN et son collègue, notaires à....., soussignés.
A COMPARU : M. Gustave DUBOS, négociant, demeurant à....,
  Assisté de M° MESNIL, son avoué.
Lequel a dit :
Que, suivant jugement en date du....., le tribunal civil de....., a déclaré mal fondée la contestation soulevée par M. Germain DUBOS, M. et Mme MARCEL et Mlle DUBOS, et a ordonné que les lots comprendraient tous les immeubles, ainsi que cela a été fait par l'expert.
Que ce jugement a été signifié aux défendeurs par exploit de....., huissier à....., en date du....., avec sommation de se trouver ce jourd'hui, heure présente, au lieu où il est procédé, pour assister à la clôture du partage, en entendre la lecture et signer le procès-verbal qui constatera cette clôture; leur ayant déclaré qu'en leur absence comme en leur présence il y serait procédé, et qu'en cas d'absence, défaut serait prononcé contre eux.
M. Gustave DUBOS requiert acte de sa comparution, et défaut contre les parties sommées si elles ne se présentent pas, ni personne pour elles.
L'original de l'exploit est demeuré ci-joint,....., etc.
Après lecture, M. Gustave DUBOS a signé avec son avoué. (*Signatures.*)
A cet instant est intervenu M. Germain DUBOS, négociant, demeurant à......
  Assisté de M° DINAN, son avoué.
Lequel a dit comparaître pour obéir à la sommation à lui faite.
Après lecture, il a signé avec son avoué. (*Signatures*).
Attendu qu'il est....., heures, et que M. et Mme MARCEL, Mlle DUBOS et MM. LORET et DAVID n'ont point comparu, ni personne pour les représenter, il est prononcé défaut contre eux.
M° TOUPIN, à la réquisition des parties présentes, a donné lecture de l'état liquidatif du....., et du rapport d'expert du......
M. Gustave DUBOS a déclaré approuver le partage.
Quant à M. Germain DUBOS, il a dit qu'en raison de l'absence des parties défaillantes, le travail devra être soumis à l'homologation du tribunal; et que, par ce motif, il refuse son approbation, se réservant de faire ultérieurement telle contestation qu'il jugera à propos.
Attendu le désaccord entre les parties présentes et l'absence de quelques-uns des copartageants, M° TOUPIN délaisse les parties à se pourvoir devant qui de droit.
De tout ce que dessus il a été dressé, etc

Enregistrement. Voir n° 2789.

FORMULE 90. — Tirage au sort des lots après homologation
[N°^{s} 3111 à 3113].

Et le....., mil huit cent soixante-dix-huit, à midi.
A....., en l'étude de M° TOUPIN, notaire.
PAR DEVANT M° Jean TOUPIN et son collègue, notaires à....., soussignés.

sur le rapport du juge commissaire et sur les conclusions du ministère public, quand il y a des mineurs ou autres incapables (2334 à 2386). Quand il y a lieu au tirage au sort des lots, il commet soit le juge commissaire, soit un notaire pour y procéder (2387 à 2390).

3112. — Tirage au sort. — Il est procédé devant le juge commissaire ou devant le notaire, au tirage des lots; puis, le juge

---

Ont comparu : 1° M. Gustave Dubos, négociant, demeurant à......
2° M. Germain Dubos, bijoutier, demeurant à.....
3° M. Paul Marcel, fabricant de draps, et Mme Octavie Dubos son épouse, de lui autorisée, demeurant ensemble à......
4° Et Mlle Euphémie Dubos, majeure, célibataire, demeurant à.....
Lesquels ont dit et exposé :
Que suivant jugement en date du....., le tribunal civil de....., a homologué purement et simplement le rapport d'experts en date du....., dont la minute précède, et a renvoyé les parties devant Me Toupin, pour qu'il soit procédé au tirage au sort des lots.
Que ce jugement a été signifié à MM. Loret et David, créanciers intervenants, suivant exploit de....., huissier à....., en date du....., avec sommation de se trouver cejourd'hui, heure présente, en l'étude de Me Toupin, pour assister au tirage au sort des lots ; leur ayant déclaré qu'il y serait procédé en leur absence comme en leur présence, et qu'en cas d'absence, défaut serait prononcé contre eux.
Qu'ils requièrent acte de leur comparution, et défaut contre les créanciers sommés, pour le cas où ils ne comparaîtraient pas, ni personne pour eux.
A cet instant sont intervenus :
M. Victor Loret, banquier, demeurant à......
Et M. Eloi David, négociant, demeurant à......
Lesquels ont dit comparaître au désir de la sommation qui leur a été faite.
Et, de suite, en exécution du jugement sus énoncé, il a été procédé au tirage au sort des lots de la manière suivante.
D'abord une première opération a eu lieu pour fixer l'ordre du tirage des lots; il en est résulté que les co-partageants doivent les tirer dans l'ordre ci-après : Mme Marcel, la première; M. Germain Dubos, le deuxième; Mlle Dubos, la troisième; et M. Gustave Dubos, le quatrième.
Puis il a été procédé au tirage des lots : quatre bulletins portant : *premier lot, deuxième lot, troisième lot, quatrième lot*, ont été faits sur des morceaux de papier d'une semblable grandeur et d'une même forme. Ces bulletins ont été pliés d'une manière égale, mis dans un chapeau et remués; Mme Marcel a tiré la première et a pris le bulletin portant *deuxième lot*; M. Germain Dubos a tiré le deuxième et a pris le bulletin portant *troisième lot*; Mlle Dubos a tiré la troisième et a pris le bulletin portant *premier lot*; M. Gustave Dubos a tiré le quatrième et a pris le bulletin portant *quatrième lot*.
En conséquence, les lots sont échus :
Le premier, à Mlle Dubos;
Le deuxième, à Mme Marcel;
Le troisième, à M. Germain Dubos;
Et le quatrième, à M. Gustave Dubos.
Me Toupin a fait la délivrance aux co-partageants des lots qui leur sont échus.
Et, par suite, la division des titres de propriété, entre les co-partageants, a eu lieu, etc.
M. et Mme Marcel ont de suite payé, en espèces du cours, comptées et délivrées à la vue des notaires soussignés, la somme de quinze cent seize francs, montant du rétablissement que Mme Marcel a fait à la masse, aux abandonnataires ci-après :
M. Germain Dubos, mille treize francs, ci . . . . 1,013 fr.
Et M. Gustave Dubos, cinq cent trois francs, ci . . . . 503 »
Somme égale . . . . 1,516 »
Des quelles sommes ainsi versées, MM. Dubos donnent quittance et décharge à M. et Mme Marcel.
Les co-partageants requièrent Me Toupin, l'un des notaires soussignés, de faire la délivrance d'un extrait à chacun d'eux, comprenant le lot qui lui est échu et les attributions à titre de prélèvement qui lui ont été faites.
De tout ce que dessus, il a été dressé, etc.

Enregistrement. Voir n° 2852

commissaire ou le notaire en fait la délivrance (2391 à 2401).

3113. — Partage définitif. — Le partage est définitif quand toutes les règles ont été observées. Dans le cas contraire, il n'est que provisionnel (2402 à 2407).

3114. — Immeubles lotis. — Quand le partage a pour objet des immeubles seuls, sur lesquels les droits des parties sont égaux, les experts, en faisant l'estimation, composent les lots, et le tribunal, en entérinant leur rapport, ordonne qu'ils seront tirés au sort (2134).

FORMULE 91. — Tirage au sort de lots quand des immeubles seuls sont à partager [N° 3114].

L'an mil huit cent soixante-dix-huit, le...... à midi.
A....., rue....., en l'étude de M°....., notaire.
Par devant M°....., notaire à....., soussigné, commis à l'effet des présentes opérations.
Ont comparu : 1° M. Charles Lubin, cultivateur, demeurant à.....
2° M. André Lubin, aussi cultivateur, demeurant à.....
2° Et M. Vincent Bollé, cultivateur, demeurant à.....

Ce dernier, en qualité de subrogé tuteur de Mlle Louise Lubin, mineure, sous la tutelle de M. Charles Lubin, susnommé, son oncle ; nommé à cette fonction, qu'il a acceptée, suivant délibération du conseil de famille de la mineure, prise sous la présidence de M. le juge de paix du canton de....., ainsi qu'il résulte du procès-verbal que ce magistrat en a dressé, assisté de son greffier, le.....

Et, en cette qualité, agissant à cause de l'opposition d'intérêt existant entre M. Charles Lubin et la mineure Lubin, sa pupille.

Lesquels, pour arriver au tirage au sort de lots, faisant l'objet des présentes, ont exposé ce qui suit :

M. Pierre Lubin, en son vivant cultivateur, est décédé célibataire, en son domicile à....., le....., laissant pour héritiers, savoir : MM. Lubin, comparants, ses deux frères, chacun pour un tiers ; et la mineure Lubin, sa nièce, pour le dernier tiers, par représentation de M. Louis Lubin, son père, décédé, frère de M. Lubin, *de cujus* ; ainsi que le constate l'intitulé de l'inventaire après son décès, dressé par M°....., notaire à....., le.....

MM. Lubin ont formé contre M. Bollé, subrogé tuteur de la mineure Lubin, l'action en partage de la succession de M. Pierre Lubin. Sur cette instance, il est intervenu le....., un jugement du tribunal civil de....., aux termes duquel le tribunal a ordonné la liquidation et le partage de la succession de M. Lubin, et a commis M°....., notaire soussigné, pour y procéder; en ce qui concerne les immeubles, le tribunal a nommé M. Delas, géomètre, demeurant à....., qui a été chargé de visiter les immeubles, les estimer et en composer trois lots.

L'expert a rempli sa mission, ainsi qu'il résulte du rapport qu'il a rédigé à la date des....., déposé au greffe du tribunal civil de....., le.....

Aux termes d'un jugement rendu le....., le tribunal civil de....., a entériné ce rapport d'experts, et a renvoyé les parties devant M°....., notaire soussigné, pour qu'il soit procédé devant ce notaire au tirage au sort des lots; duquel jugement une expédition, précédée de celle du rapport d'experts, est demeurée ci-annexée après que dessus il a été apposé une mention d'annexe signée du notaire.

Il résulte du rapport d'experts que les immeubles à partager consistent en :

1° Une maison ....., etc., estimée deux mille francs, ci . . . . 2,000 fr.
2° Une pièce de terre labourable....., etc., estimée quatre mille francs, ci . . 4,000 »
3° Une autre....., etc.
4°....., 5°....., 6°....., 7°....., etc.

Ensemble, trente-deux mille francs, ci . . . . 32,000 »
Dont le tiers est de douze mille francs, ci. . . . . 12.000 »

Et que les lots sont formés :
Le premier de : 1°.....; 2°.....; 3°.....; etc.
Le deuxième : de 1°.....; 2°.....; 3°.....; etc.
Le troisième de : 1°.....; 2°.....; 3°.....; etc.

Ces immeubles appartenaient à M. Pierre Lubin, etc., *(établir l'origine de propriété)*.

La liquidation mobilière de la succession de M. Pierre Lubin a été dressée par M°....., notaire soussigné, à la date du.....

CHAPITRE SIXIÈME

DU PARTAGE ENTRE ASSOCIÉS ET ENTRE COMMUNISTES

3115. — Sociétés. — Indivision. | — Les sociétés, qu'elles soient commerciales

TIRAGE AU SORT.

Ces faits exposés, il est procédé au tirage au sort de la manière suivante.
D'abord une première opération a eu lieu, etc., (*voir la formule précédente*).
Enregistrement. Voir n° 2852.

§ 6. — DES PARTAGES ENTRE ASSOCIÉS ET ENTRE COMMUNISTES.

FORMULE 92. — Partage entre associés [N°⁸ 3115 et 3116].

Par devant M°.....

Ont comparu :

1° M. Théodore Liébert, négociant, demeurant à.....
2° M. Claude Morel, filateur, demeurant à.....
3° M. Jacob Latrich, propriétaire, demeurant à.....
Lesquels préalablement au partage de société faisant l'objet des présentes, ont dit et exposé ce qui suit :

1re observation. — *Formation de la Société.*

Aux termes d'un acte reçu par M°....., notaire à....., le..... MM. Liébert, Morel et Latrich, ont formé entre eux, sous la raison sociale Liébert, Morel et Cie, avec siége social à.....; une société en nom collectif à l'égard de MM. Liébert et Morel, gérants de la société, et en commandite, seulement à l'égard de M. Latrich, ayant pour objet l'exploitation d'une usine à usage de filature de coton, située à.....
La durée de la Société a été fixée à dix années, à partir du...
Les gérants ont été investis des pouvoirs suffisants pour louer une usine située à.....
Il a été fait l'apport à la société :
Par M. Liébert, d'une somme de vingt-cinq mille francs;
Par M. Morel, de son industrie; et il a été dit que sur sa part dans les bénéfices, il serait chaque année, fait la retenue de moitié, jusqu'à ce qu'elle se monte à une somme de quinze mille francs, qui formerait la mise en Société de M. Morel.
Et par M. Latrich, d'une somme de quarante mille francs, montant de sa commandite.
Il a été convenu que chaque année, à l'époque du....., il serait fait un inventaire de la situation active et passive de la société.
Et que le bénéfice net, déduction faite des frais généraux de la société et des émoluments des gérants, serait réparti de la manière suivante :
A M. Liébert, trente-cinq pour cent.
A M. Morel, vingt-cinq pour cent.
Et à M. Latrich, quarante pour cent.
Que les pertes, s'il en existait, seraient supportées dans la même proportion.
Qu'à l'expiration de la société, la liquidation serait faite par MM. Liébert et Morel, gérants, avec les pouvoirs les plus étendus à cet effet.
Que l'établissement de commerce serait mis en vente aux enchères publiques, en l'étude et par le ministère d'un notaire, dans le mois qui suivrait la dissolution de la société.
Que l'actif de la société, après le paiement du passif et le prélèvement des apports des associés, appartiendrait à proportion de :
Trente-cinq pour cent, à M. Liébert.
Vingt-cinq pour cent, à M. Morel.
Et quarante pour cent, à M. Latrich.
Cette société a été publiée conformément à la loi, ainsi que le constatent diverses pièces déposées aux minutes de M°....., notaire à...., le.....

ou civiles, forment un être moral distinct des associés; de sorte que, jusqu'à la liquidation, c'est l'être moral et collectif qui posséde les biens, droits et actions et qui est débiteur des dettes et charges dont la société est grévée. A la dissolution de la société, les biens qui en

2e OBSERVATION. — *Acquisition de l'usine.*

L usine, tenue à location par la société, a été mise en vente devant M^e....., notaire a.....
Suivant procès-verbal d'adjudication par lui dressé, en date du....., la société LIÉBERT, MOREL et Cie s'est rendue adjudicataire de cette usine, moyennant un prix principal de quarante-cinq mille francs, dont elle s'est libérée par quittance devant le même notaire, du.....

3e OBSERVATION. — *Dissolution. — Liquidation.*

La société LIÉBERT, MOREL et Cie s'est dissoute le....., par l'expiration du terme fixée pour sa durée.
M. LIÉBERT et MOREL, en vertu des pouvoirs à eux conférés par les statuts, ont liquidé la société, en opérant le recouvrement des sommes à elle dues, moins celle qui figurera ci-après à la masse active, et en acquittant le passif dont la société était grevée.
Il résulte du compte de leur administration, par eux dressé à la date du....., et dont l'un des originaux, devant être enregistré en même temps que ces présentes, est demeuré ci-annexé, après avoir été certifié véritable par les parties, et que dessus il a été apposé une mention le constatant, signée des comparants et des notaires, que leurs recettes se sont élevées à soixante-douze mille six cent quinze francs, ci . . . . 72,615 fr.
Et les dépenses, à quarante-deux mille trois cent sept francs, ci . . . . . 42,307 »
De sorte qu'ils se trouvent comptables d'une somme de trente mille trois cent huit francs, ci . . . . 30,308 »

4e OBSERVATION. — *Vente de l'usine et des marchandises.*

L'usine située à....., dépendant de la société, avec ses mouvants, tournants, broches et autres ustensiles, et outillages immeubles par destination, a été mise en vente devant M^e....., notaire soussigné, aux conditions déterminées en un cahier d'enchères rédigé par ledit M^e....., le.....; par lequel il a été stipulé :
Que l'adjudicataire entrerait en jouissance le....., et supporterait les charges de sa jouissance, à compter du même jour.
Qu'il paierait le prix principal de son adjudication, dans le délai de quatre mois, avec intérêt à cinq pour cent par an, à partir du jour de son entrée en jouissance.
Que l'adjudicataire aurait la faculté de conserver pour son compte, les objets ayant nature de meubles, ainsi que les matières premières et marchandises fabriquées ou en cours de fabrication, qui existeraient au jour de l'adjudication, pour le montant de leur estimation fixée en un état descriptif qui demeurerait annexé au procès-verbal d'enchères.
Suivant procès-verbal d'adjudication dressé par ledit M^e.....,le ....,l'usine a été adjugée, à titre de licitation, à M. LIÉBERT, l'un des comparants, moyennant un prix principal de cinquante deux mille francs.
En outre, par le même procès-verbal, M. LIÉBERT a déclaré qu'il conservait pour son compte personnel, tous les objets ayant nature de meubles, ainsi que les matières premières, marchandises fabriquées ou en cours de fabrication, pour une somme de trente-trois mille francs, montant de l'état estimatif annexé au procès-verbal d'adjudication.

LIQUIDATION.

Ces faits exposés, il est passé aux opérations de liquidation, qui seront divisées en quatre chapitres, comprenant :
Le premier, l'établissement des masses active et passive;
Le deuxième, la fixation des droits des parties;
Le troisième, les attributions;
Et le quatrième, les conditions du partage.

CHAPITRE PREMIER. — ETABLISSEMENT DES MASSES.
§ 1. — MASSE ACTIVE.

Elle est composée de :
ART. 1. — La somme de trente mille trois cent huit francs en numéraire, faisant le mon-

font partie deviennent la propriété des associés indivisément, chacun dans la proportion de ses droits dans la société (2619 à 2644).

5116. — Ibid. — Partage. — De même que pour les biens provenant d'une hérédité, le principe que nul n'est tenu

tant du reliquat du compte de liquidation de MM. Liébert et Morel, mentionné dans la 3ᵉ observation, ci . . . . 30,308 fr.

Art. 2. — Celle de cinquante-deux mille francs, formant le prix principal de l'adjudication prononcée au profit de M. Liébert, de l'usine de....., aux termes du procès-verbal énoncé dans la 4ᵉ observation, ci. 52,000

Art. 3. — Celle de trente-trois mille francs, due aussi par M. Liébert, pour le prix des objets ayant nature de meubles, ainsi que des matières premières et marchandises fabriquées ou en cours de fabrication (même observation), ci . . 33,000

Art. 4. — Celle de douze mille francs, due par M. Elie Berlet, fabricant de tissus, demeurant à....., formant le reliquat d'un compte de fournitures établi contradictoirement avec lui, ci . . . . 12,000 »

Ensemble pour la masse active, cent vingt-sept mille trois cent-huit francs . 127,308 fr.

§ 2. Masse passive.

Art. 1. — La somme de vingt-cinq mille francs, montant de l'apport en société de M. Liébert (4ᵉ observation), ci . . . . 25,000 fr.

Art. 2. —Celle de quinze mille francs, formant l'apport de M. Morel, provenant de réductions opérées sur sa part dans les bénéfices annuels (même observation), ci . . . . 15,000 »

Art. 3. — Celle de quarante mille francs, montant de la commandite de M. Latrich (même observation), ci. . . . . 40,000 »

Art. 4. — Celle de quinze cent huit francs, à laquelle sont évalués les frais et honoraires des présentes, ci . . . . 1,508 »

Ensemble pour la masse passive, quatre-vingt-un mille cinq cent huit francs. 81,508 fr.

§ 3. Balance.

La masse active se monte à cent vingt-sept mille trois cent huit francs, ci . 127,308 fr.
Et la masse passive à quatre-vingt-un mille cinq cent huit francs, ci . . . 81,508 »
Reliquat actif, quarante-cinq mille huit cents francs. . . . . 45,800 fr.
Cette somme revient aux comparants à proportion de leurs parts dans les bénéfices, étant:
Pour M. Liébert, de trente-cinq pour cent, soit seize mille trente francs, ci . 16,030 fr.
Pour. M. Morel, de vingt-cinq pour cent, soit, onze mille quatre cent cinquante francs, ci. . . . . 11,450 »
Et pour M. Latrich, de quarante pour cent, soit dix-huit mille trois cent vingt francs, ci . . . . 18,320 »
Somme égale . . . . 45,800 fr.

CHAPITRE DEUXIÈME. — FIXATION DES DROITS DES PARTIES.

Les comparants ont droit savoir :
1ᵉⁿᵗ. M. Liébert à :
1° Seize mille trente francs, pour sa part dans les bénéfices, ci . . . . . 16,030 fr.
2° Et vingt-cinq mille francs, pour le prélèvement de son apport (masse passive, art. 1ᵉʳ), ci . . . . 25,000 »
Total quarante-un mille trente francs . . . . 41,030 »

2ᵉⁿᵗ M. Morel à :
1° Onze mille quatre cent cinquante francs, pour sa part des bénéfices, ci . . . . 11,450 } 26,450 »
2° Et quinze mille francs, pour son apport, ci . . . . 15,000 }

3ᵉⁿᵗ. M. Latrich à :
1° Dix-huit mille trois cent vingt francs, pour sa part des bénéfices, ci . . . . 18,320 } 58,320 »
2° Et quarante mille francs, pour le prélèvement de sa commandite, ci . . . . 40,000 }

A reporter. . . . . 125,800 fr.

de demeurer dans l'indivision, est applicable ; de sorte que chacun des copropriétaires peut demander qu'il soit procédé au partage des biens. Le partage est soumis aux mêmes règles et aux mêmes formes qu'en ce qui concerne le partage de succession et

                                                                             Report. . . . . 125,800 fr.
4ent Enfin le passif à acquitter (frais des présentes), est de quinze cent huit francs, ci . . . . 1,508 »
Somme égale à l'actif brut . . . . 127,308 »

CHAPITRE TROISIÈME. — ATTRIBUTIONS.

Pour se remplir de leurs droits ci-dessus fixés, les copartageants se font respectivement les attributions suivantes à titre de partage :

1ent A M. Liébert : — Quarante-un mille trente francs, à prendre sur les cinquante-deux mille francs, formant le prix de son adjudication, composant l'art. 3 de la masse, ci . . . . 41,030 fr.

2ent. A M. Morel : — Vingt mille francs, sur les trente-trois mille francs dus par M. Liébert, pour le prix des mobiliers et marchandises, (art. 3), ci . . . . 20,000 fr.

2° Et six mille quatre cent cinquante francs, sur les trente mille trois cent huit francs, compris à l'art. 1er, ci . . . . 6,450 »

Somme égale à ses droits . . . . 26,450 »

3ent. A M. Latrich : — 1° Treize mille francs, faisant le complément de la créance sur M. Liébert, portée à l'art. 3, ci . . . . 13,000 fr.

2° Douze mille francs, montant de la créance Berlet, (art. 4), ci . . . . . 12,000 »

3° Dix mille neuf cent soixante-dix francs, dus par M. Liébert, comme faisant le complément des cinquante-deux mille francs, prix de l'usine, (art. 2), ci . . . 10,970 »

4° Et vingt-deux mille trois cent cinquante francs, sur les trente mille trois cent huit francs compris à l'art. 1er, ci . . . . 22,350 »

Somme égale à ses droits . . . . 58,320 »

4ent. Pour l'acquit du passif, étant de quinze cent huit francs, il est affecté pareille somme, sur les trente mille trois cent huit francs composant l'art. 1er.

CHAPITRE QUATRIÈME. — CONDITIONS DU PARTAGE.

1° M. Liébert, au moyen de l'attribution à lui faite de quarante-un mille trente francs sur les cinquante-deux mille francs formant le prix de l'usine, (art. 2), dont il s'est rendu adjudicataire, demeure libéré de cette somme par confusion, ci . . . . . . 41,030 fr.

Et il a de suite payé à M. Latrich, qui lui en donne quittance, les dix mille neuf cent soixante-dix francs, attribués à ce dernier, sur le même prix, ci . . . 10,970 »

Somme égale au prix . . . . 52,000 »

2° M. Liébert a aussi payé de suite à MM. Morel et Latrich, qui lui en donnent quittance, les trente-trois mille francs, prix du mobilier et des marchandises, (art. 3), conformément à leurs attributions, savoir :

A M Morel, vingt mille francs . . . . 20,000 fr.
A M. Latrich, treize mille francs . . . . 13,000 »

Somme égale . . . . 33,000 »

3° Enfin le reliquat du compte composant l'art. 1er, a été retiré par les abandonnataires, conformément à leurs attributions, savoir :

Par M. Morel, pour six mille quatre cent cinquante francs, ci . . . . . . 6,450 fr.
Par M. Latrich, pour vingt-deux mille trois cent cinquante francs, ci . . 22,350 »
Et pour être affectés au passif, quinze cent huit francs, ci . . . . 1,508 »

Somme égale . . . . 30,308 »

4° M. Latrich, abandonnataire de la créance Berlet, touchera cette créance sur ses simples quittances, avec tous intérêts, si elle vient à en produire, et autres accessoires.

5° Au moyen des présentes, la société ayant existé entre les comparants, sous la raison sociale Liébert, Morel et Cie, se trouve entièrement et définitivement liquidée.

Pour l'exécution des présentes, etc.

Dont acte. Fait et passé, etc.

Enregistrement. Voir nos 2732, 2847, 2892 à 2901.

produit des effets identiques (2645 à 2672).
5117. — Communistes. — Quand deux ou un plus grand nombre de personnes ont fait une acquisition conjointe, sans déterminer les portions appartenant à chacune d'elles, il se forme une indivision entre ces

FORMULE 93. — Partage entre communistes [N° 3117].

Par devant M^e.....

Ont comparu :

1° M. Jean Massot, propriétaire, demeurant à.....
2° Et M· Hector Thierry, arpenteur, géomètre, demeurant à.....
Lesquels, pour arriver au partage, faisant l'objet des présentes, ont dit et exposé ce qui suit :

EXPOSÉ.

I. Aux termes d'un procès-verbal d'adjudication, dressé par M^e....., notaire à....., le....., à la requête de M. Charles Lecomte, propriétaire et Mme Victorine Planet, sa femme, demeurant ensemble à....., MM. Massot et Thierry, comparants, se sont rendus adjudicataires conjointement, chacun pour moitié, d'un grand terrain, située à....., lieudit....., de la contenance de quarante-six mille mètres, porté au plan cadastral, section A n°s 48, 50 et 51, moyennant un prix principal de vingt-cinq mille francs, dont ils se sont libérés depuis, ainsi que le constate une quittance passée devant le même notaire, le.....
Il est énoncé dans le cahier des charges qui a précédé ce procès-verbal d'adjudication, que M. et Mme Lecomte étaient mariés en premières noces, sous le régime de la communauté, aux termes de leur contrat de mariage passé devant M^e....., notaire à....., le.....; et qu'ils n'étaient et n'avaient jamais été tuteurs de mineurs ou d'interdits.
Une expédition dudit procès-verbal d'adjudication a été transcrite au bureau des hypothèques de....., le....., vol....., n°.....; et inscription a été prise d'office le même jour; laquelle a été radiée depuis en vertu de la quittance sus-énoncée.
Deux certificats délivrés sur cette transcription, à la date du....., constatent qu'il n'existait du chef des vendeurs et des anciens propriétaires, aucune inscription, aucune transcription de mutation, ni aucune mention de résolution.
MM. Massot et Thierry n'ont pas jugé à propos de remplir les formalités de purge d'hypothèque légale.
II. Suivant procès-verbal d'adjudication dressé par M^e....., notaire à....., les....., MM. Massot et Thierry ont revendu à différentes personnes, diverses parcelles dépendant de ce terrain, d'une contenance ensemble de trente-deux mille mètres.
III. Les comparants sont demeurés propriétaires, distraction faite des terrains employés à la création de rues, de douze mille mètres de terrain, qui se trouvent divisés en 10 lots de terrain de chacun douze cents mètres, portant les n°s 1 à 10; lesdits lots figurés en un plan tracé sur une feuille de papier au timbre de.....; lequel plan, devant être enregistré en même temps que ces présentes, est demeuré ci-annexé, après avoir été certifié véritable par les comparants, et que dessus il a été apposé une mention le constatant, signée des parties et des notaires.
Sur chacun des lots portant les n°s 1 et 3, les comparants ont fait édifier une maison, élevée sur cave et terre plein, d'un rez-de-chaussée, divisé en cuisine, salle à manger et salon, d'un premier étage comprenant trois chambres et grenier au-dessus.
IV. MM. Massot et Thierry, ayant résolu de sortir d'indivision, ont fait le partage entre eux des parcelles faisant partie du terrain acquis en commun dont ils sont demeurés propriétaires.
Ce qui a eu lieu de la manière suivante :

Masse des biens a partager.

1° Une maison, etc.
2° Une autre maison, etc.
3° Une parcelle de terrain, etc.
4° Une autre, etc.
5°, 6°, 7°, 8°, 9°, 10°.

Formation des lots.

Les comparants ont formé deux lots de ces immeubles :

personnes. Chacune d'elles peut demander le partage des immeubles acquis en commun. Ce partage est soumis aux mêmes formes et aux mêmes modalités que la partage entre les héritiers et produit également les mêmes effets (2673 à 2690).

Premier lot. — Il est composé de :
1°, 2°, 3°, 4°, 5°, etc.
Deuxième lot. — Il est composé de :
1°, 2°, 3°, 4°, 5°, etc.

SERVITUDES.

(*Indiquer les servitudes créées entre les différentes parcelles entrées dans les lots, s'il y a lieu.*)

TIRAGE AU SORT.

Les lots ainsi formés, avec les servitudes qui viennent d'être indiquées, ont été tirés au sort entre les comparants.
Il est résulté de ce tirage qu'ils sont échus :
Le premier lot, à M. Massot.
Et le deuxième lot, à M. Thierry.
Les comparants acceptent respectivement les lots qui viennent de leur échoir, et se font l'un à l'autre tous abandonnements et dessaisissements nécessaires.

CONDITIONS DU PARTAGE.

1° Le présent partage a lieu avec la garantie de droit, et sans soulte ni retour de part ni d'autre.
2° Chacun des copartageants est propriétaire des immeubles entrés dans son lot, à partir, par rétroaction, du jour de l'adjudication prononcée à leur profit; et il en a la jouissance divise à compter d'aujourd'hui.
3° Il en acquittera les impôts, etc. (*Voir pour le surplus la formule* 57.)

Enregistrement. Voir n°s 2733, 2845, 2846, 2902 et 2903.

TABLE ALPHABÉTIQUE
DU DROIT CIVIL [1]

A

Abandon de biens par l'héritier bénéficiaire. — Acceptation, 528. Acte notarié, 522. Action en compte, 522. Administrateur, 532. Biens, 527. Conseil de famille, 520. Créanciers, 526. Curateur, 533. Décharge des dettes, 518. Frais, 535. Formes, 521. Greffe, 521. Instance, 523. Interdit, 520. Légataires, 526. Mineur, 520. Notification, 528. Part indivise, 527. Partage, 527. Pouvoirs, 532. Rapport, 525. Reliquat, 525. Renonciation, 524. Reprise des biens, 530. Révocation, 529. Seul héritier, 519. Signification, 528. Tuteur, 520. Vente des biens, 531, 534.

Abandon des voies judiciaires. — Accord, 1932, 2291. Approbation, 2290. Cessation d'incapacité, 1932. Créanciers, 1934, 2291, 2292. Incapables, 2293. Licitation, 1933, 2292. Mineurs, 2293. Modification, 2290. Partage provisionnel, 2293.

Abandonnement à titre de partage. — Effet déclaratif, 2428. Partage partiel, 1862, 1863.

Abreuvoir. — Commun, 727.

Absence. — Acte de notoriété, 2966, 2967. Caution, 1960. Conjoint, 1959, 2000. Défense au partage, 2000 à 2003. Demande en partage, 1959 à 1963. Femme, 2002. Formes, 2969. Intérêt opposé, 1962, 2001. Mandataire, 1961, 1962, 2000. Militaire, 53, 2003. Notaire commis, 1017, 2000 à 2002. Partage, 709, 780, 1963. Partage judiciaire, 1921. Partage provisionnel, 1876, 1879, 1882, 1890. Rapport à succession, 995, 1005. Réduction de donation, 1267. Représentation, 94. Retrait successoral, 1782. Succession, 52, 53.

Acceptation de succession. — Abattage, 397-14°. Accroissement, 445. Acquiescement, 397-6°. Actes d'administration, 423, 425. Actes conservatoires, 423, 424. Acte écrit, 386. Agissement, 396. Aliénation, 397-1°. Aliéné, 376. Annulation, 443. Autorisation maritale, 372. Autorisation pour vendre, 362 à 364. Bail, 397-3°. Bénéfice d'inventaire, 546. Biens hors du commerce, 397-13°. Capacité, 372. Cession, 367. Charges, 486. Commerce, 364. Compromis, 397-9°. Comptes, 425. Conditions, 382 à 384. Congés, 425. Conseil de famille, 374. Conseil judiciaire, 375. Constructions, 397-14°. Coupe de bois, 365. Créanciers (voir acceptation par créanciers). Curateur, 374. Décharge, 446. Déclaration de succession, 393. Découverte de testament, 438. Délai (voir délai pour faire inventaire et délibérer). Délaissement, 397-8°. Délivrance de legs, 397-14°. Demande en nullité, 397-7°-10°. Demande en partage, 397-2°. Dénonciation du meurtre, 400. Désaccord, 379, 380. Désistement, 397-6°. Dettes, 435. Dettes courantes, 397-5°. Divertissement (voir récélé). Dol, 433. Dommages intérêts, 400. Donation, 397-1°, 434. Droits actifs, 431. Droits de succession, 397-5°, 431. Droits successifs, 397-15°. Echange, 397-1°. Effets, 443. Effet rétroactif, 430. Epoque, 366. Erreur, 437. Expresse, 386 et suiv. Femme, 372. Frais funéraires, 397-5°, 431. Gérant, 424. Gérant d'affaires, 397-5°. Greffe, 386. Héritiers d'un successible, 377, 378. Hypothèque, 397-1°. Indignité, 397-8°. Inscription, 424. Intention, 395. Interdit, 374, 439, 440. Inventaire, 424, 431. Irrévocabilité, 394, 399. Justification, 2969. Legs, 431, 437, 438. Lésion, 434 à 439. Lettre missive, 390. Locations, 425. Maison de banque, 401. Mandataire, 381. Mari, 372. Mineur, 374, 439, 440. Modalité, 382 à 384. Modifications, 397-14°. Nécessaire, 387. Obligations passives, 431. Ouverture, 366. Partage, 397-2°. Paiement, 397-5°, 425. Pétition d'hérédité, 397-8°. Possession, 397-13°. Poursuites, 346. Prescription, 370, 371, 424, 441. Présomption, 345. Preuve, 389. Procès, 436. Procuration, 392, 397-12°. Prorogation de délai, 390, 397-6°. Protestations, 398. Protêt, 424. Rapport, 440. Recélé (voir ce mot). Recouvrements, 397-4°, 425. Régime dotal, 373, 382. Remise de dettes, 397-6°. Renonciation, 444. Renonciation à communauté, 397-11°. Renonciation gratuite, 397-16°. Renonciation onéreuse, 397-17°. Réparations, 425. Répétition, 446. Rescision, 397, 7°, 432 et suiv.

---

[1] Pour la table alphabétique du droit fiscal, se référer aux deux sommaires alphabétiques se trouvant pages 407 et 411.

TABLE ALPHABÉTIQUE

Réserve, 382, 398. Résolution, 436. Restitution, 382 à 384, 434, 444. Rétractation de renonciation (*voir ce mot*). Retour légal, 148. Revendication, 436. Saisie, 424. Scellés, 424, 431. Succession vacante, 644. Tacite, 395 et suiv. Termes, 382 à 384. Testament, 434, 438. Titre d'héritier, 386, 391. Tombeau, 397-13°. Traités, 397-9°. Transaction, 390, 397-9°. Tuteur, 374. Vente, 397-1°. Vente du mobilier, 362 à 364. Verbale, 388. Violence, 433.

Acceptation de succession par créanciers. — Accroissement, 453. Ajournement, 456. Date certaine, 454, 457. Demande, 456. Désintéressement, 459. Discussion, 449, 455. Exercice des droits, 452. Gage, 447. Limitation, 451, 458. Mise en demeure, 450. Montant, 452. Préjudice, 455. Prise de qualité, 448. Rapport, 461. Recours, 460. Renonciation, 453. Requête, 456. Sommation, 450. Subrogation, 448.

Accroissement. — Acceptation de succession, 453. Enfant naturel, 191, 469. Institution contractuelle, 306. Legs universel, 321. Recélé, 418. Renonciation à succession, 378, 469, 471. Réserve légale, 1230, 1243. Retour légal, 148, 153.

Acte de décès. — Succession, 9.

Acte de notoriété. — Absence, 2966, 2967. Donation entre époux, 2965. Envoi en possession, 284. Institution contractuelle, 2965. Legs universel, 324, 2965. Qualités héréditaires, 2934.

Acte sous-seing privé. — Exécution, 1837. Imparfait, 1836. Originaux, 1834, 1835. Partage, 1834 à 1837. Sociétés, 2622 à 2625.

Actif de succession. — Armes, 818. Armoiries, 818 Arrérages, 794. Assurance sur la vie, 814, 815. Compte, 795, 807. Cours, 811, 813. Créances, 808 à 810. Date d'estimation, 792. Distinction, 795, 797. Dividendes, 794. Division, 791. Droit de disposer, 1207. Estimation, 798, 803, 804. Etat distinct, 796. Etranger, 791. Fermages, 794. Fonds, 793 à 797. Fonds de commerce, 806. Fruits, 793 à 797. Immeubles en nature, 798. Indemnité pour meurtre, 822. Insolvabilité, 809. Interdit, 795. Intérêt, 794, 801, 811. Jouissance divise, 794. Jouissance légale, 795. Licitation, 800 à 802. Loyers, 794. Manuscrits, 818. Médaille d'honneur, 818. Meubles en nature, 803. Meubles prisés, 804. Meubles vendus, 805. Mineurs, 795. Non communauté, 795. Nue-propriété, 799. Partage d'ascendant, 3058. Portraits, 818 à 821. Prescription, 801. Prix de licitation, 802. Prix d'immeubles, 800. Réduction, 1290 et suiv. Réduction de donation, 1205. Régime dotal, 795. Reliquat de compte, 807. Rentes sur l'Etat, 811. Rentes viagères, 816 Revenus, 811. Signes honorifiques, 818. Tombeau, 817. Usufruit, 795, 816. Usufruitier, 799. Valeur, 793, 3033. Valeurs cotées, 811. Valeurs non cotées, 812. Vente de meubles, 805

Administrateur légal. — *Ad hoc*, 5201. Conjoint, 1959. Conseil de famille, 1969, 2014. Défense au partage, 2014. Demande en partage, 1969. Opposition d'intérêt, 1970, 2015. Subrogé-tuteur, 2016.

Administrateur provisoire. — Aliéné, 1973. Bénéfice d'inventaire, 538, 539. Compétence, 428. Demande en partage, 2054. Etat, 427. Legs, 427. Litige, 427. Nomination, 428, 2109. Non présent, 427. Partage définitif, 2375. Pétition d'hérédité, 662. Pouvoirs, 429, 2109. Référé, 428. Saisine, 29. Séparation des patrimoines, 954. Succession vacante, 624. Tribunal, 428, 2109.

Adoption. — Enfant naturel, 197. Hérédité, 107, 108, 2942. Représentation, 95, 96. Réserve légale, 1222, 1223, 1234. Retour légal, 156, 185 à 189.

Aliénation. — **Rapport à succession.** — Améliorations, 1181. Dégradations, 1181. Dettes, 1126. Expropriation, 1174. Gratuite, 1173. Insolvabilité, 1180. Licitation, 1174. Mari, 1016. Onéreux, 1173. Perte, 1175. Prix, 1174. Réduction de donation, 1180. Régime dotal, 1016. Résolution, 1168. Retranchement, 1180, 1187. Valeur du rapport, 1174. Vente d'usufruit, 1118.

Aliénation. — **Réduction de donation.** — Créance, 1302. Discussion de l'acquéreur, 1510. Discussion du donataire, 1405, 1510. Estimation, 1318, 1344. Fruits, 1508. Gratuite, 1504. Immeubles, 1503. Meubles, 1503. Offre en numéraire, 1506. Onéreuse, 1504. Ordre des dates, 1503, 1509, 1510. Parcelles, 1509. Rapport, 1483. Réunion à la masse, 1339. Simulation, 1502. Somme d'argent, 1506. Sous acquéreurs, 1510. Vente simulée, 1507.

Aliénation. — **Rescision du partage.** — Dol, 2602. Effets, 2606. Expropriation forcée, 2604. Immeubles, 2615. Lésion, 2603. Meubles corporels, 2614. Meubles incorporels, 2615. Ratification, 2607. Réserves, 2605. Violence, 2602.

Aliéné. — Acceptation de succession, 376. Demande en partage, 1973. Partage judiciaire, 1918, 1973.

Aliments. — Conjoint, 271. Legs particulier, 340. Enfants adultérins et incestueux, 244. Rapport à succession, 1108, 1114.

Améliorations. — Garantie des lots, 2479. Pétition d'hérédité, 665. Rapport à succession, 1181. Réduction de donation, 1500. Retour légal, 183.

Amende. — Lecture, 3037. Visa pour timbre, 3066.

Arbitrage. — Partage, 2294.

Ascendants. — Aïeul, 2950. Ascendant et collatéral, 130. Collatéraux, 126, 2953, 2954. Degré, 123, 124. Division, 123, 129. Enfant naturel, 195, 204 à 212, 2949. Frères et sœurs, 113, 2947 à 2949. Lignes, 2952. Neveux et nièces,

113. Représentation, 99. Retour légal (*Voir ce mot*).

Ascendants. — Quotité disponible entre époux. — Concours avec étranger, 1542, 1543. Conjoint et étranger. 1542, 1543. Conjoint mineur, 1538. Dates de réduction, 1542. Enfants naturels, 1584. Héritier, 1535. Lignes, 1536, 1537, Même acte, 1543. Quotité, 1535, 1539. Universalité en propriété, 1540. Universalité en usufruit, 1541. Usufruit de réserve, 1535, 1540.

Ascendants (Réserve légale des). — Accroissement, 1243. Adoptifs, 1234. Collatéraux, 1242. Droit héréditaire, 1232. Enfants 1238. Enfants naturels, 1258 à 1261. Exhérédation, 1240. Frères et sœurs, 1235, 1239, 1240. Héritiers, 1237. Légataire, 1241. Légitimes, 1233. Lignes, 1231, 1236. Mère naturelle, 1265. Père et mère, 1235. Père naturel, 1265. Quotité, 1231. Retour légal, 1244 à 1246. Renonciation à succession, 1238. 1243.

Association. — Rapport à succession. — Acte authentique, 1093, 1097. Avantages, 1095. Conjoint du successible, 1097. Dispense de rapport, 1096. Indemnité. 1095. Intention, 1096. Mise de fonds, 1094. Profits, 1094. Rémunération, 1095. Société universelle, 1098. Sousseing privé, 1094, 1097.

Assurance sur la vie. — Actif de succession, 814, 815. Bénéfice d'inventaire, 505. Donation entre époux, 1628. Rapport à succession, 1069. Réduction de donation, 1298, 1333. Séparation des patrimoines, 947.

Attribution. — Abandonnement, 2234. Affectation au passif, 2249. Communauté, 2245. Confusion, 2241. Constructions, 2319. Contiguïté, 2318. Copartageant débiteur, 2240. Créances à terme, 2238. Créanciers opposants, 2248. Dettes, 2321. Division des biens, 2236. Donation, 2320. Fruits, 2245 à 2247. Immatricule, 2281 à 2285. Incapables, 2243. Interdits, 2243. Jouissance légale, 2246. Lots, 2318 à 2322, 2394 à 2396. Masse, 825. Mari, 2245. Meubles, 2322. Mineurs, 2243, 2244. Mode, 2236. Objets mobiliers, 2237. Partage transactionnel, 3072. Passif, 2249. Père et pupille, 2244. Possession, 2239. Pouvoirs, 2250. Privilège, 2242. Prix de licitation, 2242. Propositions, 2235. Rapports en deniers, 2241. Rente sur l'Etat, 2248. Soulte, 2250. Tableau, 2251. Usufruitier, 2247, 2282 à 2284. Valeurs, 2239. Vente, 2318.

Autorisation maritale. — Acceptation ou répudiation de succession, 372. Institution contractuelle, 301. Justice, 1827, 1975, 1977, 2019. Libéralité rapportable, 987. Mari et femme mineurs, 1977. Mari interdit, 1979. Mari mineur, 1978. Paraphernaux, 1828, 1980, 2019. Partage, 1826 à 1828. Partage judiciaire, 1974 à 1985, 2018. Rapport à succession, 987. Recelé, 404. Séparation de biens, 1828, 1980, 2019.

B

Bail. — Bien indivis, 711. Séparation des patrimoines, 967.

Bénéfice d'inventaire. — Abandon de biens (*voir ce mot*). Acte, 492. Actes d'administration, 541. Acte de dispense, 546. Actions, 542, 2978. Actions de la Banque, 554, 555. Actions de société, 554, 555. Administrateur, 538, 539, 589. Administration, 536. Assurance sur la vie, 505. Bail, 537, 541. Carence, 495. Caution (*voir ce mot*). Certifié véritable, 2989. Cession de droits successifs, 503. Choix, 487. Colégataires, 583. Compensation, 580. Compromis, 543. Compte (*voir ce mot*). Condamnation, 498. Confusion, 499, 512. Congés, 541. Contrainte, 501. Créances, 550. Créances de l'héritier, 499, 512. Créanciers, 508, 511, 537, 558, 565, 568, 595. Créanciers opposants, 571 à 581. Culture, 541. Curateur, 516. Date certaine, 513. Déchéance, 546, 556, 585, 598. Déconfiture, 506. Défense, 491, 497. Délai, 497. Délaissement, 543. Délégation, 564, 2980. Délivrance de legs, 541. Deniers, 570. Dépens, 545. Dépenses, 2985. Désaccord, 379, 380, 489. Détournement, 587. Dettes, 499, 506, 901, 2987. Distribution, 2981, 2987. Divisibilité, 490. Division des dettes, 507. Droits de succession, 608 à 610, 2982. Effets du partage, 2413. Exercice des actions, 516, 2973. Exigibilité, 506. Faillite, 506, 512, 516. Faute, 501, 588. Garanties, 584. Greffe, 492. Héritiers, 488. Héritier créancier, 567, 579. Héritier débiteur, 514. Héritier légataire, 515. Hypothèque, 512, 2980. Immeubles, 536. Inscriptions, 541. Instances, 523. Interdits, 374, 493, 494, 520. Intérêt, 603, 612, 2986. Inventaire, 491, 495, 496, 2976. Institution contractuelle, 488. Légataires, 488, 508, 577, 582, 595, 2988. Limitation, 500, 502. Locations, 541. Masse chirographaire, 568. Masse hypothécaire, 568. Meubles, 536, 2978. Meubles en nature, 551. Meurtre, 504. Mineurs, 374, 489, 493, 494, 520, 608. Mise en demeure, 501. Non opposition, 578, 581. Obligation, 500. Office, 550. Omission, 585. Opposition (*voir ce mot*). Option, 487. Ordres, 512, 566. Partage, 510. Paiements, 511, 564, 570 à 582, 2981, 2985. Plusieurs héritiers, 490. Poursuites, 498, 512, 541, 596. Préjudice, 589. Prescription, 517, 541, 576. Privation de part, 586. Privilèges, 512, 2987. Prix de vente, 2981. Procès, 545. Rapports, 502. Rapport à succession, 996. Recelé, 586. Recettes, 2984. Recours, 582, 583. Recouvrements, 541. Réduction de donation, 502. Régime dotal, 557. Reliquat, 501. Remise de dettes, 543. Renonciation à bénéfice d'inventaire, (*voir ce mot*). Renonciation à succession, 471, 524. Rentes constituées, 560. Rentes sur l'Etat, 552 à 555. Réparations, 541. Réparations civiles, 504. Répétitions, 575, 579. Responsabilité, 588.

Rétractation de renonciation, 476, 477, 2974. Rentes, 2978. Retour légal, 143, 488. Saisie, 559. Saisies arrêts, 547. Séparation des patrimoines, 508 à 510, 958. Séquestre, 594. Successeurs irréguliers, 488. Surenchère, 512, 563. Syndic, 516. Termes, 506, 569. Tiers, 539. Transaction, 543, 544. Transfert, 553 à 555. Vente de meubles (*voir ce mot*). Vente d'immeubles (*voir ce mot*).

C

Cadeaux de noces. — Enfant naturel, 221. Rapport à succession, 1105, 1111. Réduction de donation, 1327.

Caution. — Cautionnement. — Acceptation bénéficiaire, 1008. Auteur, 1088. Envoi en possession, 290. Epoux successible, 1020. Faillite, 1135. Femme successible, 1135. Père, 1021. Petit-fils, 1008. Réduction de donation, 1269. Saisine, 29. Séparation des patrimoines, 930, 955, 978.

Caution par l'héritier bénéficiaire. — Créanciers, 590, 592. Formes, 593. Hypothèque, 591. Gages, 591. Légataires, 592. Montant, 592. Sequestre, 594. Valeurs, 590.

Cession de droits successifs. — Acceptation de succession, 397. Bénéfice d'inventaire, 503. Effet déclaratif, 2421, 2422, 2426, 2430. Opposition à partage, 1674, 1684, 1715, 1716. Partage, 769, 1843. Partage judiciaire, 1947, 1948, 1955, 2068. Pétition d'hérédité, 690. Prescription, 769. Privilège de copartageant, 2500. Rescision pour lésion, 2577 à 2582. Retrait successoral (*voir ce mot*). Séparation des patrimoines, 936.

Chapelle. — Partage, 727.

Chasse. — Bien indivis, 711.

Chose jugée. — Acquiescement, 2127. Bases de l'inventaire, 2125. Détournement, 2122. Erreur, 2406. Fruits, 2121. Homologation, 2382. Legs, 2124. Prescription, 2123. Redressement, 2406. Remplacement du notaire, 2105.

Collatéraux. — Ascendants, 126, 2953, 2954. Collatéral et ascendant, 130. Dévolution de ligne à l'autre, 139, 140. Division, 132, 137, 138. Douzième degré, 136. Double-lien, 130. 133, 134, 2956. Enfant naturel, 209, 213, 214, 2958. Hérédité, 2955. Lignes, 132 à 134. Même degré, 135. Père et mère, 2951. Quotité disponible du mineur, 1533, 1534, 1585. Usufruit, 128.

Commune. — Communaux. — Bois, 737. Carrières, 744. Feux, 740, 742, 743. Locataire, 741. Mines, 744. Partage, 738 à 744. Plusieurs communes, 738-742. Section de communes, 743. Tourbières, 744.

Compensation. — Bénéfice d'inventaire, 580. Rapport à succession, 1075, 1142. Réduction de donation, 1273.

Compétence. — Envoi en possession, 283.

Garantie des lots, 2487. Partage entre associés, 2656, 2657. Partage entre communistes, 2680. Partage judiciaire, 2027 à 2046. Rescision du partage, 2592. Tribunal compétent (*voir ce mot*).

Compte de bénéfice d'inventaire. — Affirmation, 613. Amiable, 599. Avances, 610. Cohéritier, 600. Contradicteur, 600. Contrainte, 596, 611. Créanciers, 595. Curateur, 600. Déchéance, 598. Délai, 596. Dépenses, 605 à 610, 2985. Droits de succession, 608 à 610. Emploi, 603. Etablissement, 601. Forme, 599. Frais, 605. Gérant, 610. Héritiers, 595, 597. Indemnités, 604. Intérêt, 603, 612. Judiciaire, 599. Légataires, 595. Logement, 607. Notaire, 610. Nourriture, 607. Procès, 605. Rapports, 604. Recettes, 602 à 604, 2984. Réduction, 606. Reliquat, 611, 2986. Sommes payées, 605. Subrogation, 609.

Concours des quotités disponibles entre époux. — Application, 1576. Concurrence, 1579. Conditions, 1558. Deux enfants, 1563 à 1567. Disposition antérieure, 1564, 1569, 1570. Disposition postérieure, 1565, 1571, 1572. Don particulier, 1560. Donation renouvelée, 1580. Enfant naturel, 1562. Imputation, 1567. Libéralités simultanées (*voir ce mot*). Moyens d'avantager, 1577 à 1582. Préférence, 1578. Propriété, 1566. Quotité épuisée, 1571. Quotité non épuisée, 1569, 1572. Quotités différentes, 1559, 1563, 1568. Renonciation, 1580, 1581. Répartition, 1558, 1576. Réserve de concurrence, 1579. Réserve de préférence, 1578. Révocation, 1582. Seul enfant, 1559 à 1562. Simultanéité, 1579. Systèmes différents, 1573, 1574. Trois enfants ou plus, 1568 à 1582. Universalité, 1561. Usufruit capitalisé, 1567, 1574. Usufruit, évaluation, 1575.

Confusion. — Attribution, 2241, 2256. Masses, 2424. Retrait successoral, 1814. Séparation des patrimoines, 930, 931, 943, 963, 965, 966.

Conjoint. — Aliments, 271. Divorce, 268. Enfant naturel, 268. Envoi en possession (*voir ce mot*). Hérédité, 271, 2962. Inventaire, 282. Rétractation de renonciation, 478. Saisine, 30. Scellés, 282. Séparation de corps, 269. Successeur irrégulier, 270. Usufruit, 271; *Ultra vires*, 900.

Consanguin. — Division, 115. Frères et sœurs, 112, 2946. Frères et sœurs naturels, 256.

Conseil de famille. — Acceptation de succession, 374. Partage judiciaire, 1965 à 1971. Partage transactionnel, 1907. Renonciation à succession, 374. Retrait successoral, 1741.

Conseil judiciaire. — Acceptation ou répudiation de succession, 375. Institution contractuelle, 301. Partage amiable, 1822. Partage judiciaire, 1972, 2017.

Cour. — Partage, 727.

Créanciers. — Adition d'hérédité, 1063. Argent prêté, 1059. Donateur, 1072. Droits de l'héritier, 1057. Exclus du rapport, 1059. Impu-

tation, 1065. Legs, 1064. Successible, 1065. Suspension de partage, 764.
Curateur à succession vacante. — Administration, 631. Bénéfice d'inventaire, 516. Déclaration de succession, 638. Délégation, 634. Envoi en possession, 327. Inventaire, 630. Legs universel, 327. Nomination 627, 628. Pluralité, 629. Recouvrements, 633 à 635. Tiers, 637. Vente de meubles, 630.

D

Dégradation. — Rapport à succession, 1163, 1181. Réduction de donation, 1347. Retour légal, 182.
Degrés. — Ascendants, 123, 124. Calcul, 85. Collatéral, 88. Douzième (au-delà du) 136. Générations, 82. Parenté, 82.
Délai pour faire inventaire et délibérer. — Acceptation, 349. Actes conservatoires, 355. Ajournement, 355. Bénéfice d'inventaire, 353. Clôture d'inventaire, 350. Décès, 352. Délais expirés, 360. Dommages-intérêts, 354. Faute, 361. Frais, 357 à 361. Inscription, 355. Héritiers subséquents, 351. Héritiers du successible, 352. Intérêts, 355. Interruption de prescription, 355. Inventaire, 348. Inventaire inachevé, 350. Nouveaux délais, 358. Poursuites, 346, 354, 356. Prolongation, 349, 358, 359. Protêt, 354. Quarante jours, 349. Règles, 347. Renonciation, 349, 351. Saisie, 355. Signification, 355. Trois mois, 348.
Demande en partage. — Administrateur, 2054. Ajournement, 2051. Conciliation, 2049, 2050. Défendeurs, 1990 et suiv. Demandeur, 1937 et suiv. Enfant naturel, 192. Exploit, 2052. Instance liée, 2060. Licitation, 2053. Ministère public, 2064. Partage partiel, 2048. Partage total, 2047. Plusieurs successions, 2047. Priorité, 2055. Question d'Etat, 2061. Requête, 2051. Visa, 2055 à 2059.
Délivrance de legs. — Bénéfice d'inventaire, 541. Legs à titre universel, 335. Legs particulier, 339. Legs universel, 329.
Descendants. — Adoptifs, 107, 108. Deux lits, 110. Double lien, 111. Enfants, 106. 2939, 2940. Enfant adoptif, 187, 2942. Enfant naturel, 197, 219, 222, 223, 253. Indignité, 109. Légitimes, 107, 2942. Mariages différents, 106. Petits enfants, 106, 2941. Renonciation, 109. Représentation, 97, 99, 2940.
Descendants (réserve légale des). — Absents, 1226. Accroissement, 1230. Adoptifs, 1222, 1223. Enfants, 1220. Enfants naturels, 1248 à 1253. Existence, 1226. Indignes, 1228, 1229. Légitimes, 1221. Nombre, 1224 à 1228. Petits-enfants, 1220. Postérité, 1225. Prédécès, 1225. Quotité, 1224. Premier degré, 1229. Représentation, 1220. Renonçants, 1227, 1229, 1238.

Dettes. — **Rapport à succession.** — Argent prêté, 1046, 1199. Arrérages, 1130. Caution, 1021, 1135. Caution solidaire, 1020. Communauté, 1123. Concordat, 1132 à 1135. Conjoint de successible, 1019, 1020. Déduction, 1130. Délit, 1122. Dépenses, 1129. Dividendes, 1132 à 1135. Don de créance, 1022. Donataire, 1059 à 1061. Epoux, 1019. Exigibilité, 1124. Faillite, 1020, 1132 à 1135. Femme, 1135. Fille mariée, 1021, 1022. Fruits, 1127. Garantie, 1126. Gestion, 1127. Hypothèque, 1126. Intérêt du défunt, 1126, 1133. Légataire, 1059 à 1062. Père et mère, 1123. Petit-fils, 1008. Prélèvement, 1203. Prescription, 1124. Prêt à rente viagère, 1130. Preuve, 1122. Principe, 1121. Quasi-contrat, quasi-délit, 1122. Recouvrement, 1127, 1128. Remise, 1134. Renonciation à succession, 1126. Rente perpétuelle, 1131. Répartition, 1132 à 1135. Solidarité, 1019. Successible, 1019. Termes, 1125, 1126. Union, 1132. Vente, 1126.
Dettes. — **Réduction de donation.** — Bonnes œuvres, 1380. Caution, 1370. Conditionnelles, 1370. Estimation, 1370. Frais d'actes, 1381. Frais funéraires, 1379. Frais de procès, 1377. Gages, 1376. Héritier, 1367. Impôts, 1374. Incertaines, 1369. Inconnue, 1373. Jeu, 1309. Jouissance légale, 1379. Loyers, 1375. Obligations, 1365. Remise, 1378. Rente viagère, 1371. Responsabilité, 1369. Retour légal, 1372. Solidaires, 1370. Supérieures à l'actif, 1368. Titre universel, 1366.
Deuil de la veuve. — Frais funéraires, 844. Jouissance légale, 844. Régime dotal, 845. Régime de mariage, 842. Séparation, 842. Succession du mari, 842. Valeur, 843.
Dévolution. — Hérédité, 79. Ligne à l'autre, 139, 140, 2957. Preuve, 140.
Dispense de rapport. — Acte postérieur, 1030. Association, 1096. Capacité, 1031. Démission de biens, 1034. Don manuel, 1039, 1040. Donation déguisée, 1037, 1038. Enfant commun, 1031. Enfant naturel. 221. En nature, 1039. Expression équipollente, 1033. Forme, 1030. Formule, 1033. Fruits, 341. Legs universel, 1034. Limites, 1028. Mari, 1031. Partage d'ascendant, 1034. Préciput ou hors part, 985. Prescription, 1041. Preuve, 1035, 1040. Quotité disponible, 1028, 1034. Reconnaissance de dettes, 1034. Réduction de donation, 1343. Remise de dette, 1134. Renonciation à libéralité, 1079. Réserve d'usufruit, 1036. Retour conventionnel, 1036. Stipulation expresse, 1032. Substitution, 1034. Substitution vulgaire, 1036. Successible, 1027. Tacite, 1034. Transmission d'hérédité, 999.
Disposition des biens. — Droit, 1207. Restriction, 1208.
Dissolution de société. — Accord, 2643. Bonne foi, 2640. Conseil judiciaire, 2637. Consommation, 2633. Contre-temps, 2641. Décès,

2635, 2636. Déconfiture, 2637. Durée illimitée, 2639 à 2642. Expiration, 2631. Extinction, 2633. Faillite, 2637. Interdiction, 1637. Justes motifs, 2642. Nullité, 2644. Perte, 2634, 2644. Prorogation, 2632. Renonciation, 2639 à 2641. Société de commerce, 2644. Terme, 2642. Volonté, 2638.

Division des dettes. — Bénéfice d'inventaire, 507. Passif, 891. Séparation des patrimoines, 932, 978.

Division en deux parts. — Ascendants, 89, 126. Collatéraux, 89, 132. Frères et sœurs, 115.

Dol. — Acceptation de succession, 433. Nullité du partage, 2530, 3074. Renonciation à succession, 483. Séparation des patrimoines, 965.

Don manuel. — Rapport à succession, 1069. Réduction de donation, 1328, 1473. Retour légal, 160.

Donation (Réduction de). — Acceptation, 1476. Acte de notoriété, 2965. Avancement d'hoirie, 1289, 1325, 1465. Biens à venir, 1472. Cautionnement, 1474. Charges, 1473. Concours à donation, 1471. Contrat onéreux, 1502. Dates, 1464. Déguisée, 1328, 1473. Donation antérieure, 1278. Droit de faire réduire, 1271. Entre époux, 1471, 1472. Exception, 1280. Forme, 1473. Gain de survie, 1468. Inconnu, 1329. Insolvabilité, 1326, 1486 à 1492. Institution contractuelle, 1466, 1467. Marc le franc, 1477. Manuelle, 1328, 1473. Même acte, 1477. Même jour, 1478. Modalités, 1473. Modification, 1479. Notification, 1476. Nulle, 1281. Onéreuse, 1331. Ordre de réduction, 1475. Partage d'ascendants, 1473. Père et mère, 1468. Préciput, 1465. Prédécès, 1465. Préférence, 1470. Rémunératoire, 1328. Réserve de disposer, 1469. Révocations, 1472. Stipulation, 1475.

Donation déguisée. — Rapport à succession, 1037, 1038. Réduction de donation, 1328, 1473. Retour légal, 160.

Double lien. — Collatéraux, 130, 133, 134, 2956. Descendants, 111. Germains, 130. Représentations, 105.

E

Eaux. — Partage, 722. Servitudes, 2339.

Echange. — Acceptation de succession, 397-1°. Effets déclaratifs 2423. Partage, 1684, 1843. Retour légal, 164. Retrait successoral, 1791, 1802, 1810. Séparation des patrimoines, 974.

Effets du partage. — Abandonnement, 2428. Actes équipollents, 2417. Aliénation, 2440, 2453. Attributif, 2409. Attribution à plusieurs, 2429. Bénéfice d'inventaire, 2413. Biens, 2432, 2433. Cession des droits successifs, 2421, 2422, 2426, 2430. Cession et partage, 2427. Cohéritiers, 2409. Communauté, 2410, 2443. Communistes, 2412, 2688. Confusion des masses, 2424. Conversion, 2436 à 2438. Créances, 2433. Déclaratif, 2409. Distribution, 2447. Divisibilité, 2433, 2456. Donation, 2425. Echange, 2423. Emploi, 2444. Faillite, 2414, 2452. Fraude, 2443. Hypothèque, 2413, 2430, 2431, 2440, 2441, 2446, 2448, 2453. Hypothèque légale, 2452. Immeubles, 2443 à 2445. Indivisibilité, 2432, 2455. Indivision, 2409, 2426. Licitation, 2413, 2420, 2426, 2430, 2446, 2450. Main-levée, 2434. Majeur, 2455, 2456. Meubles, 2443 à 2445. Mineur, 2455, 2456. Nue-propriété, 2436 à 2438. Ordre, 2413, 2447. Partage avec soulte, 2418. Partage partiel, 2416. Partage ordinaire, 2415. Partage ultérieur, 2430. Personnes, 2439. Prélèvements, 2419. Prescription, 2454 à 2456. Purge, 2442. Régime dotal, 2444. Saisie, 2451. Saisie-arrêt, 2435. Société, 2411, 2671. Sommation de payer, 2450. Soulte, 2418. Surenchère, 2450. Tiers, 2448, 2449. Tiers cessionnaire, 2431. Transaction, 2423. Usufruit, 2436 à 2438. Vente, 2423, 2448, 2449.

Enfants adultérins ou incestueux. — Acceptation, 251. Aliments, 244, 3000. Aliments assurés, 248. Art mécanique, 248. Besoins, 249. Descendants, 245. Droit personnel, 245. Hérédité, 252. Héritiers, 244. Libération, 250. Pension, 250. Profession, 248. Quotité, 246.

Enfants du mariage. — **Quotité disponible entre époux.** — Alternative, 1555. Choix des quotités, 1555. Clause de réduction, 1550. Concours des quotités (*voir ce mot*). Cumul, 1557. Disponible ordinaire, 1545. Enfants naturels, 1583. Etendue, 1545. Immeuble en usufruit, 1553, 1554. Invariable, 1545. Légataire, 1549. Meubles en propriété, 1553. Motifs de quotité, 1546. Nue-propriété, 1551. Option, 1547, 1548. Personne interposée, 1632. Prêt, 1552. Quotité, 1544. Rente viagère, 1548. Reprises, 1554. Réunion fictive, 1556. Titre onéreux, 1552. Universalité en propriété, 1549. Universalité en usufruit, 1549. Usufruit éventuel, 1551. Usufruit option, 1547. Usufruit réductible, 1550.

Enfant du précédent mariage. — **Quotité disponible entre époux.** — Action en réduction, 1591. Calcul, 1604. Cumul, 1593. Détermination, 1600. Donation antérieure, 1596. Donation postérieure, 1595. Don de part d'enfants, 1603. Enfant adoptif, 1589. Enfants du mariage, 1590, 1608. Enfants naturels, 1588. Epoque de disposition, 1599. Epoque de réduction, 1591. Exercice, 1609. Héritier, 1591. Indignité, 1586, 1602. Indisponibilité, 1586. Interdiction de disposer, 1592. Légitimes, 1587. Legs, 1594. Libéralité excessive, 1605. Limites, 1592. Mariages successifs, 1598. Nombre, 1602. Option, 1606. Ouverture, 1608, 1609. Part d'enfant, 1600. Personne interposée, 1631. Petits-enfants, 1587. Plusieurs mariages, 1598. Prédécès, 1601. Quotité, 1586. Quotité non épuisée, 1597. Quotité en usufruit, 1607. Réduction, 1594 à 1597. Renonciation, 1586, 1602. Rente viagère, 1606. Restriction, 1592. Séparation de biens, 1591. Usufruit-option, 1606. Usufruit quotité, 1607.

Enfant naturel. — Absence d'héritiers, 215, 2959. Accroissement, 191. Action, 192. Ascendants, 195, 2949. Biens en nature, 192. Cadeaux de noces, 221. Capacité, 223. Chose reçue, 219. Collatéraux, 2958. Conjoint, 268. Demande en partage, 192. Descendants, 219, 222, 223, 2943. Descendants de l'enfant naturel, 216 à 218. Dispense de rapport, 221. Envoi en possession (voir ce mot). Frères et sœurs, 2949, 2961. Fruits, 192. Héréditaire (droit), 191. Imputation, 219 à 225. Indignité, 218. Inventaire, 192, 282. Legs, 194. Legs universel, 212. Libéralité à descendant, 223. Maintien des libéralités, 225. Part (voir ce mot). Partage, 192, 1942. Partage d'ascendants, 192. Partage en nature, 1637. Possession d'état, 972. Présents d'usage, 221. Rapport, 192, 219, 220, 224. Rapport à succession, 1045, 1058. Reconnaissance, 193 à 195. Réduction de donation, 1327. Réduction des droits (voir ce mot). Remplacement, 216. Renonciation, 218. Représentation, 216. Retour légal, 151, 157. Rétractation de renonciation, 478. Retrait successoral, 192. Saisine, 30. Scellés, 192, 282. Successeurs, 191. Suspension de partage, 758. Tirage de lots, 2397. Ultra vires, 488.

Enfants naturels (Réserve légale des). — Absence d'héritiers, 1263. Apprentissage, 1327. Ascendants, 1258 à 1261, 1584. Calcul, 1251, 1252. Charge de cette réserve, 1253. Collatéraux, 1259, 1260, 1585. Descendants de l'enfant naturel, 1264. Education, entretien, 1327. Enfants légitimes, 1248 à 1255, 1583. Exclusion des parents, 1262. Frères et sœurs, 1258, 1262. Légataire, 1261, 1262, 1272. Mariage subséquent, 1588. Masse, 1251. Nourriture, 1327. Option, 1407. Personne interposée, 1631. Présents d'usage, 1327. Principe, 1247. Quotité, 1248. Reconnaissance, 1252. Réduction, 1251, 1257. Renonciation à succession, 1256. Renonciation par enfants légitimes, 1256. Tableau, 1255.

Enfants naturels (Succession des). — Caractère du retour, 264. Conjoint, 259. Consanguins, 256. Descendants, 253, 263. Enfants naturels, 254. Envoi en possession, 260. Etat, 259. Frères et sœurs légitimes, 259, 261 à 267, 2961. Frères et sœurs naturels, 256, 2961. Germains, 256. Père et mère naturels, 2960. Neveux légitimes, 267. Père et mère, 255. Rapport, 258. Représentation, 257, 266, 267. Reprises, 262. Retour légal, 261 à 266, 2960. Saisine, 260. Utérins, 256.

Envoi en possession. — Acte de notoriété, 284. Actions, 327. Caution, 290. Compétence, 283. Conjoint, 287. Dommages et intérêts, 294. Effet rétroactif, 289. Emploi, 290. Enfants naturels, 281, 287. Etablissement public, 326. Etat, 286. Hospice, 274. Inaccomplissement, 294. Inventaire, 282. Juge étranger, 338. Jugement, 288. Legs universel, 325. Parents naturels, 292. Pétition d'hérédité, 295, 667, 668. Poursuites, 293. Publication, 285 à 287, 292. Requête, 284. Scellés, 282. Successeurs irréguliers, 280. Vente mobilière, 291.

Erreur. — Aléa, 2585. Aliéné, 2537. Biens héréditaires, 2533. Biens inexistants, 2534. Calcul, 2548. Créance, 2585. Droit, 2541. Enfant adultérin, 2540. Etranger, 2538. Fait, 2541. Héritiers inconnus, 2536. Jurisprudence, 2542. Lésion, 2584. Masses, 2584. Nullité, 3074. Omission d'héritier, 2535, 2536. Omission d'objets, 2532. Préciput, 2541. Prescription, 2597. Qualités, 2539. Quotités, 2539. Supplément, 2544.

Estimation pour le calcul de la réserve. — Actions, 1357. Actions dédoublées, 1258. Aliénation, 1344. Alluvion, 1348. Atterrissement, 1348. Augmentation, 1347. Cas fortuits, 1348, 1354. Changements, 1347 à 1349. Choses fongibles, 1355. Conversion de rentes, 1360. Créances, 1356. Décès (temps du), 1316. Dégradation, 1347. Dépréciation, 1348. Dettes, 1370. Diminution, 1347. Dispense de rapport, 1343. Entretien, 1350. Epoque, 1316, 1343. Experts, 1345. Expropriation pour utilité publique, 1344. Faits du donataire, 1347. Fait d'un tiers, 1347. Grosses réparations, 1350. Immeubles, 1317. Impenses, 1347. Insolvabilité, 1347. Licitation, 1344, 1346. Meubles, 1318, 1351 à 1354. Obligations, 1357. Office, 1361. Perte, 1354. Rentes converties, 1360. Rentes sur l'Etat, 1359. Rente viagère, 1363. Réserve d'usufruit, 1362. Successible, 1352. Travaux, 1347. Usufruit, 1362, 1363. Valeurs cotées, 1319, 1357. Variations, 1316. Vente de meubles, 1318. Voie, 1348.

Etages de maison. — Partage, 730.

Etang. — Partage, 723.

Etat. — Absence d'héritiers, 272, 2963. Administrateur provisoire, 427. Envoi en possession (voir ce mot). Etranger, 273. Inventaire, 282. Partage, 1924, 2046. Pétition d'hérédité, 659. Rétractation de renonciation, 478. Saisine, 30. Scellés, 282. Ultra vires, 900.

Etablissement public. — Envoi en possession, 326. Legs, 326. Partage, 1924, 1987, 1991, 2026.

Etat liquidatif. — Affectation au passif, 2249. Annexe, 2298. Appréciation, 2160. Approbation, 2290. Attribution (voir ce mot). Balance, 2213, 2224. Biens en commun, 2269 à 2272. Bordereau à crédit, 2205. Brevet, 2286. Communauté, 2245. Communication, 2288. Comptables de l'Etat, 2172. Compte d'administration, 2209 à 2215. Comptes présentés, 2160. Concours des parties, 2156. Conditions, 2252 et suiv. Confusion, 2241, 2256. Contestations, 2302. Contribution, 2255. Créances à terme, 2238. Créanciers opposants, 2248. Déclaration d'inventaire, 2201. Délivrance de legs, 2190. Dénomination, 695. Deniers comptants, 2200. Dépenses, 2211. Dépouillement d'inventaire, 2192. Dépouillement des papiers, 2196. Dettes, 2232. Difficultés graves, 2162, Division des biens, 2236. Division de la masse, 2229. Documents, 2149. Donataires, 2168. Droits des parties, 2225 à 2228. Effet déclaratif, 2257. Elément pour les masses, 2193. Emploi, 2267, 2268. Epoux survivant, 2181, 2182. Examen, 2288. Expédition, 2356. Exposé, 2174 et suiv. Faits généraux, 2179, 2180. Femmes, 2171, 2245. Fonds, 2212, 2214, 2218. Fruits, 2212, 2214, 2218, 2245 à 2247. Garantie, 2258, 2259. Généalogie, 2173. Héritiers, 2168. Homologation (*voir ce mot*). Honoraire des avoués, 2223. Immatricule des valeurs, 2281 à 2285. Incapables, 2243. Indivision, 2187, 2188. Interdits, 2243. Inventaire, 2192 à 2203. Jouissance divise, 2217, 2253 à 2256. Jouissance légale, 2246. Jugement, 2206. Justesse des calculs, 2228. Légataires, 2168. Lettres missives, 2275. Licitation, 2207. Locations, 2254. Lots, 2208, 2230, 2233. Main-levée, 2256. Mari, 2245. Masse active, 2220. Masse passive, 2222. Méthode, 2177. Mineurs, 2243, 2244. Mobilier et immeuble, 2158, 2159. Modifications, 2161, 2290, 2373. Notaire en second, 2152, 2153. Notaire procédant seul, 2150. Objets mobiliers, 2237. Observation préliminaire, 2176. Ordre chronologique, 2175. Origine de propriété, 2221. Ouverture de succession, 2187. Paiement, 2199. Paraphes, 2298. Parties, 2167. Passif à acquitter, 2227. Pièces à exiger, 2150. Plan du travail, 2154. Plan des opérations, 2216. Point de droit, 2163. Portraits de famille, 2272. Possession, 2239. Pouvoirs, 2250, 2270, 2285. Préambule, 2165. Prélèvements, 2231. Prisée d'inventaire, 2194, 2195. Privilége, 2260, 2261. Projet, 2155, 2161, 2288. Qualités, 2169, 2170. Quotité disponible, 2219. Rapport d'experts, 2208. Rapports à succession, 2159, 2183 à 2185, 2241. Recettes, 2210. Recouvrements, 2198. Rédactions, 2154. Redressement, 2161. Réduction de donation, 2186. Références, 2202. Reliquat, 2233. Remplacement, 2161. Rente sur l'Etat, 2248. Résumé, 2203. Revenus, 2197. Scellés, 2191. Second notaire, 2152, 2153. Servitudes, 2262 à 2266. Signature, 2286, 2298. Solutions, 2178. Subrogé-tuteur, 2167. Succession mobilière, 2157. Tableau des abandonnements, 2251. Testament, 2189. Titres au porteur, 2283. Titres nominatifs, 2282. Titres et papiers (*voir ce mot*). Transcription, 2267. Travail du notaire, 2154 à 2159. Tuteur, 2167. Usufruitier, 2247, 2282 à 2284. Valeurs à primes, 2284. Vente de meubles, 2204, 2205.

Etendue du privilége de copartageant. — Cession de droits successifs, 2500, 2510. Dettes successorales, 2499. Garantie des lots, 2495. Licitation, 2502. Restitution de fruits, 2498. Soulte, 2497.

Etrangers. — Aînesse (droit d'), 34. Consul, 36 à 41. Contrariété, 34. Disposition nulle, 38. Droit de succéder, 32, 2936. Envoi en possession, 338. Français, 35. Insuffisance, 37. Masse, 38. Partage, 1832, 2031 à 2033, 2039. Prélèvement, 33.

Exhérédation. — Legs universel, 320. Rapport à succession, 1056.

Expertise. — Acquiescement, 2127. Choix des experts, 2126. Dépôt du rapport, 2133. Entérinement, 2134. Estimation, 2132, 2134. Formes, 2132. Frais, 2135. Généalogie, 2130. Lots, 2134. Mission des experts, 2129. Non ordonnée, 2107. Plusieurs, 2138. Rapport, 2132. Recherches, 2131. Serment, 2128, 2309. Simple division, 2134. Valeur, 2132.

F

Faillite. — Bénéfice d'inventaire, 506, 512, 516. Concordat, 1134, 1135. Effets du partage, 2414, 2452. Hypothèque légale, 2452. Opposition à partage, 1688. Partage, 1829, 1988, 2022, 2029. Rapport à succession, 1020, 1132 à 1135, 1202. Séparation des patrimoines, 956, 969.

Fonds de commerce. — Partage, 725, 806.

Fongibles. — Meubles. — Retour légal, 172.

Fontaine. — Partage, 727.

Frais. — Avance, 863. Avoué, 863. Certificat de propriété, 868. Compte, 851. Déduction, 857. Délivrance de legs, 851. Dépens, 855. Distraction, 863. Etat rectificatif, 867. Expédition, 869. Expertise, 2135. Gratification, 866. Héritier à réserve, 859. Homologation, 872. Honoraires, 864 à 868. Indication, 871. Intervention au partage, 1706 à 1708, 2076. Inventaire, 851. Liquidation, 851. Opposition à partage, 1706 à 1708. Partage, 851. Partage judiciaire, 852. Privilége, 861 à 863, 2503. Rapport à succession, 1081, 1112. Recours, 862. Réduction de donation, 1377, 1379, 1381. Reprises, 856. Retrait successoral, 1794, 1795. Rôles d'expédition, 869. Scellés, 851. Signification aux héritiers, 898. Solidarité, 860. Soulte de partage, 854. Taxe, 870. Testament, 851, 853. Usufruitier, 858.

Frais funéraires. — Deuil, 844. Jouissance légale, 841. Succession, 472, 840.

Frères et sœurs. — Ascendants, 113. Consanguins, 112, 115, 116, 2946. Enfant naturel, 204 à 212, 2949. Germains, 112, 115, 2945, 2946. Indignité, 120. Naturels, 256. Père et mère,

117 à 120, 2947 à 2949. Renonciation, 120. Représentation, 100. Survivant de père et mère, 119. Utérins, 112, 115, 116, 2946.

Fruits. — Actif de succession, 793 à 797. Algérie, 1140. Aliénation, 1508. Antérieurs au décès, 1115, 1119, 1136, 1495. Arrérages, 1116. Bail à prix vil, 1102. Capitalisés, 1120. Civils, 1119, 1313. Communauté, 795. Compensation, 1142. Demande après l'année, 1496. Demande dans l'année, 1494. Distinction, 795, 797. Donation déguisée, 1498. Enfant naturel, 192. Epoque, 1138. Etat distinct, 796. Hospice, 275. Ile de la Réunion, 1140. Interdit, 795. Intérêt, 1138 à 1140, 1497. Intérêts non dus, 1115. Jouissance légale, 795. Legs particulier, 339 à 341. Legs à titre universel, 336. Legs universel, 330. Mineur, 795. Naturels, industriels, 1313 *bis*. Non communauté, 795. Paiement, 1499. Partage provisionnel, 1887. Passif de succession, 848 à 850. Perception, 1127. Pétition d'hérédité, 670 à 674. Postérieurs au décès, 1137, 1494. Prescription, 1141. Prêt, 1138. Réduction de donation, 1313, 1494 à 1499. Régime dotal, 795. Rescision du partage, 2590, 2617. Rétention, 1165. Retour légal, 184. Retrait successoral, 1796. Taux de l'intérêt, 1140. Séparation des patrimoines, 942. Usufruit, 795, 1117. Valeur, 1139. Vente de l'usufruit, 1118.

G

Garantie des lots. — Action hypothécaire, 2459. Améliorations, 2479. Appel en garantie, 2476. Biens, 2463, 2482. Cas fortuit, 2468, 2472. Cause antérieure, 2467. Cause postérieure, 2468. Chose d'autrui, 2462. Communistes, 2690. Compétence, 2487. Connaissance du droit, 2460. 2461, 2469. Contenance, 2465. Contestation, 2466. Copartageants, 2458. Crainte d'éviction, 2462. Créances, 2464, 2472, 2491. Défauts cachés, 2466. Dépenses, 2479. Dépérissement, 2468. Dépossession, 2459. Dette, 2485. Durée, 2488. Epoque d'estimation, 2477. Evaluation, 2477. Eviction, 2459. Exception, 2469 à 2471. Expropriation, 2468. Faute du cohéritier, 2473 à 2476. Force majeure, 2472. Fruits, 2480. Garantie étendue, 2472. Habitation, 2459. Héritier bénéficiaire, 2481. Indemnité, 2477 à 2482. Inondation, 2468. Insolvabilité, 2464, 2486, 2489. Intérêts, 2480. Lésion, 2466, 2471, 2478. Modalités du partage, 2458. Non garantie, 2470, 2471. Numéraire, 2482. Partage maintenu, 2483. Prescription, 2474, 2475, 2488 à 2491. Principes, 2457. Privilège, 2484, 2489. Propriété d'un tiers, 2462. Rente, 2489, 2490. Répartition, 2485. Rescision, 2466, 2471, 2478, 2483. Revendication, 2459. Servitude, 2459, 2461. Société, 2656, 2670. Troubles, 2459, 2462. Usage, 2459. Usufruit, 2459.

Généalogie. — Adoption, 108. Ascendants, 87, 99, 125, 129. Ascendant et collatéral, 131. Collatéral, 90, 101, 127, 128. Collatéral et ascendant, 131. Consanguins, 112. Degrés, 82. Descendants, 86, 98. Deux lits, 110. Frères et sœurs, 114, 122. Générale, 91. Germains, 112. Indignité, 109. Neveux et nièces, 114. Père et mère, 122. Renonciation, 109. Représentation, 98, 99. Utérins, 112.

Génération. — Collatéral, 88. — Degrés, 85. Parenté, 85.

Germains. — Double lien, 130. Frères et sœurs, 112, 115. Frères et sœurs naturels, 256.

H

Hérédité. — Fondement, 7. Héritiers réguliers, 7. Héritiers irréguliers, 8.

Héritiers. — Imparfaits, 78. Irréguliers, 8, 28, 32, 78. Parfaits, 78. Réguliers, 7, 28, 78.

Homologation. — Acquiescement, 2381. Acte d'avoué à avoué, 2358. Appel, 2378, 2381. Assignation, 2358. Audience publique, 2369. Autre notaire, 2372. Avoués, 2359. But, 2355. Certificat de non opposition, ni appel, 2384. Chambre du conseil, 2370. Chose jugée, 2382. Compte, 2376. Conclusion, 2360. Constitution d'avoué, 2359. Conversion, 2365. Délai d'appel, 2384. Délibération, 1966. Demande incidente, 2367. Dépôt pour minute, 2385. Difficultés, 2360. Distraction, 2367. Emploi, 2366. Epoque, 2354. Etat rectificatif, 2373, 2374. Exécution, 2380. Expédition, 2356, 2357. Incidents, 2361. Infirmation, 2380. Jugement, 2364. Justification aux tiers, 2386. Lotissement, 2376. Ministère public, 2362. Modification, 2373, 2374. Motifs du jugement, 2368. Opposition, 2377. Partage consommé, 2376. Partage définitif, 2375. Partage transactionnel, 3073. Parties, 2358. Poursuites, 2355. Procès-verbal de rectification, 2373. Rapport du juge, 2361. Réclamations, 2360. Rectification, 2371, 2372. Renvoi devant notaire, 2363. Requête, 2370. Signification, 2383. Subrogé-tuteur, 2383. Tuteur, 2366. Usufruit, 2365. Valeurs au porteur, 2365.

Honoraires. — Certificat de propriété, 868. Etat rectificatif, 867. Gratification, 866. Partage, 864. Rôles, 869. Taux, 865. Taxe, 870.

Hospices. — Effets mobiliers, 278. Enfant, 274. Envoi en possession, 274. Fruits, 275. Hérédité, 2964. Héritiers, 274, 276, 2964. Indemnité, 276. Legs, 274. Malades, 279. Partage 1987. Revenus, 276. Sortie, 277.

Hypothèque. — Commandement, 905. Créanciers, 905. Délaissement, 906. Détenteurs, 909. Dettes, 919. Discussion, 905. Extension, 907. Héritiers, 904, 907, 908. Héritier créancier, 910, 917. Indignité, 73. Indivisibilité, 913. Insolvabilité, 912. Légataires, 904. Légataire particulier, 903. Purge, 905. Recours, 904, 909. Rente perpétuelle, 914 à 918. Rentes viagères, 919. Retour légal, 180. Subrogation, 903, 909. Usufruitier, 918.

I

Impenses. — Garantie des lots, 2479. Pétition d'hérédité, 680. Rapport à succession, 1079, 1129, 1157 à 1161. Réduction de donation, 1347, 1436, 1500. Retour légal, 183. Vente à viager, 1436.

Imputation de donation. — Avancement d'hoirie, 1408. Cumul, 1415. Descendants du donataire, 1413. Immeuble péri, 1411. Legs, 1415. Non successible, 1412. Petit-fils, 1413. Préciput, 1414. Rapport, 1410. Représentation, 1409. Réserve, 1415. Réunion des réserves, 1416. Successible, 1412. Vente à viager (*voir ce mot*).

Inaliénabilité. — Retour légal, 161.

Indignité. — Accroissement, 70. Accusation calomnieuse, 60, 61. Action personnelle, 68. Adition d'hérédité, 397-8°. Aliénation, 73. Blessures, 58. Cas, 55. Circonstances atténuantes, 57. Complice, 56. Condamnation impossible, 59. Confusion, 75. Contumace, 56. Demande, 67. Démence, 58. Dénonciation, 63. Descendants, 76, 109. Dettes, 74. Discernement, 58. Donataire, 67. Enfant naturel, 200 à 205, 218. Exclusion, 2938. Excusabilité, 57. Grâce, 57. Hypothèque, 73. Légataire, 67. Légitime défense, 58. Meurtre, 56. Mineur, 65. Pardon, 57, 62. Père et mère, 120. Poursuites, 69. Prédécès, 59. Prescription, 59, 71, 72. Principe, 54. Procédure, 69. Rapport à succession, 1047, 1056. Représentation, 77, 102. Réserve légale, 1228, 1229. Restitution, 72. Retour légal, 158. Tiers, 73. Torts graves, 54. Volonté, 58.

Indivisibilité. — Dettes de succession, 913.

Indivision. — Abreuvoir, 727. Absent, 709. Administration, 711. Association, 706. Associés, 731, 732. Bail, 711. Biens communaux, 739 à 744. Bois communaux, 737, 738. Cessation, 714, 747. Chapelle, 727. Chasse, 711. Co-acquéreurs, 694. Cohéritiers, 694. Commerce, 725. Communaux, 737 à 744. Condition d'y rester, 776. Convention d'indivision, 750. Copropriétaires, 706. Cour, 727. Créance acquise, 710. Eaux, 722. Etages de maison, 730. Etang, 723. Fontaine, 727. Fossé, 724. Hérédité, 707. Intérêt commun, 710. Jours, 727. Lavoir, 727. Loge de théâtres, 726. Marnière, 727. Mines, 734 à 736. Navires, 733. Nue-propriété, 715. Pacage, 728. Pacte de préférence, 721. Partage partiel, 717. Passage, 727. Principe, 705. Propriété contestée, 745. Puits, 727. Retour légal, 148. Scierie, 727. Servitude, 718, 720. Société, 731, 732. Succession future, 708. Superficie (droit de), 718. Suspension de partage (*voir ce mot*). Usage à un tiers, 719. Usage (changement d'), 729. Usage commun, 727. Usufruitier, 715, 716. Vente, 713.

Inscription de privilége de copartageant. — Antérieure, 2518. Attribution, 2523. Date, 2520. Délai, 2514. Délivrance ajournée, 2522. Garantie du partage, 2517. Homologation, 2523. Intérêts, 2516. Licitation, 2524. Minorité, 2525. Partage partiel, 2521. Prolongation, 2515. Sous-seing privé, 2519, 2520. Temps utile, 2518. Tirage de lots, 2522.

Institution contractuelle. — Absence d'héritier, 2965. Accroissement, 306. Acte de notoriété, 2965. Autorisation maritale, 301. Bénéfice d'inventaire, 488. Biens à venir, 297. Capacité, 301. Conditions, 309. Conseil judiciaire, 301. Contrat de mariage, 298. Contre-lettre, 298. Délivrance, 307. Descendants, 297, 305. Dettes, 309. Donataire, 303. Enfants, 304. Enfants à naître, 303. Forme, 298. Irrévocabilité, 308. Mariage précédent, 304. Mineur, 301. Particulière, 300. Promesse d'égalité, 1052, 1100. Quart des biens présents, 792. Régime dotal, 302. Renonciation, 306. Saisine, 307. Survie, 22. Transcription, 299. *Ultra vires*, 488, 900. Universalité, 300.

Interdit. — Abandon de biens, 520. Acceptation ou répudiation de succession, 374, 439, 440. Bénéfice d'inventaire, 374. Fonds et fruits, 795. Partage entre associés, 2652, 2669. Partage judiciaire, 1918, 1920, 1935, 1965, 1989, 2005, 2006, 2243. Partage provisionnel, 1875, 1882. Partage transactionnel, 1906, 1907. Rescision d'acceptation, 439, 440.

Intérêt. — Compte de bénéfice d'inventaire, 603, 612. Fonds et fruits, 794. Garantie des lots, 2480. Legs particulier, 339 à 343. Passif de succession, 848. Pétition d'hérédité, 659. Prescription, 801. Privilége de copartageant, 2516. Réduction de donation, 1432. Retrait successoral, 1794, 1796. Séparation des patrimoines, 980. Usufruitier légal, 849. Valeurs de bourse, 811.

Intérêts rapportés à succession. — Avances, 1081. Dettes, 1125, 1203. Dot payée deux fois, 1024. Indemnités, 1164. Régime dotal, 1023. Sommes rapportables, 1136 à 1140.

Intérêts opposés. — Absents, 2001. Administrateur légal, 1970, 2015. Cas où il y a lieu, 2009, 2013. Frais, 2007. Interdit, 2006. Mandataire, 1962. Même intérêt, 2010. Mineurs, 1968, 2006 à 2014. Subrogé-tuteur, 2011, 2012. Subrogé-tuteur *ad hoc*, 2012. Tuteur, 2008, 2011.

Intervention des créanciers. — Acquéreur, 2069, 2074. Cessionnaire, 2068, 2069. Détenteur, 2069. Des cohéritiers, 2067. Du défunt, 2071. Donataire, 2070. Frais, 2076. Inaction, 2075. Modalité, 2072. Nature des créances, 2069. Partage consommé, 2074. Quotité disponible, 2070. Requête, 2072. Tierce opposition, 2073.

Inventaire. — Défense, 491. Enfant naturel, 192. Intitulé, 2933. Opposition, 573. Retour légal, 181. Séparation des patrimoines, 954. Successeurs irréguliers, 282. Succession vacante, 625, 630.

J

Jouissance légale. — Charge de fruits, 849. Deuil de la veuve, 844. Frais funéraires, 841. Réduction de donation, 1379.
Jours. — Partage, 727.
Juge commissaire. — Commission, 2079. Désignation, 2080. Difficultés, 2348, 2349. Empêchement, 2104. Expédition, 2357. Expert, 2305, 2308. Lots, 2305. Rapport, 2361. Remplacement, 2104. Renvoi, 2348 à 2351. Tirage de lots, 2389.

L

Lecture. — 3037.
Legs, légataire. — Acceptation de succession, 431. Abandon par l'héritier bénéficiaire, 526. Aliments, 1114. Bénéfice d'inventaire, 488, 509, 516, 577, 582, 583. Cumul, 1062. Dispense de rapport, 990. Donation postérieure, 991. Droit à la chose, 316. Enfant naturel, 194, 210 à 212, 238. Etendue, 316. Hospice, 274. Imputation, 991. Indignité, 67. Lots, 2326. Partage, 748, 1939, 1991, 2037. Partage en nature, 1637. Passif de succession, 846, 884 à 887, 897 Pétition d'hérédité, 652. Rapport à succession, 990, 991, 1000, 1060 à 1062. Récelé, 403, 419, 421. Réduction, 1062. Représentation, 93. Réserve, 1061. Retour légal, 162, 163. Réunion fictive, 1061. Séparation des patrimoines, 928, 936, 938. Successible, 1000, 1060, 1062. Successions vacantes, 623, 624. Survie, 22. Suspension de partage, 758. Tirage de lots, 2397. *Ultra vires*, 488.
Legs particulier. — Aliments, 340. Biens, 338. Définition, 338. Délivrance, 339. Droit à la chose, 316. Droit successif, 338. Etendue, 316. Fruits, 339 à 341. Hypothèque, 903. Intérêts, 343. Jouissance, 340. Légataire à titre universel, 337. Passif de succession, 887. Préciput, 840. Prime, 342. Somme, 343. Subrogation, 903. Terme, 343. Valeurs industrielles, 342.
Legs universel. — Accroissement, 321. Acte de notoriété, 324, 2965. Actions, 327, 329. Administrateur provisoire, 329. Assignation de parts, 322. Caducité, 319 à 322. Caractère, 319. Charges, 331. Curateur, 327. Délivrance, 329. Dettes, 331. Droit à la chose, 317. Enfant naturel, 212. Envoi en possession, 325 à 328. Etablissement public, 326. Etendue, 316. Exhérédation, 320. Héritier à réserve, 329. Institution, 318. Intérêts des dettes, 330. Jouissance, 330. Legs conjoint, 321. Mesures provisoires, 329.

Nue-propriété, 320. Pétition d'hérédité, 650. Quotité disponible, 320. Raison sociale, 323. Rétractation de renonciation, 479. Saisine, 323. Surplus, 320. Testament authentique, 324. Testament olographe, 325. Tombeau, 323. *Ultra vires*, 488.
Legs à titre universel. — Acquit des legs, 337. Assignation de parts, 322. Biens laissés au décès, 334. Caducité, 322. Calcul, 333. Définition, 322. Délivrance, 335. Droit à la chose, 317. Etendue, 316. Fruits, 336. Immeubles, 332. Jouissance, 336. Masse, 333, 334. Passif de succession, 884, 885, 897. Quote-part, 332. Quotité disponible, 333. Saisine, 335. *Ultra vires*, 488.
Legs réduit. — Antériorité, 1457. Biens en nature, 1460. Caducs, 1444. Charges, 1457. Chose indivisible, 1462. Concours, 1451, 1452. Corps certains, 1454. Créancier, 1455. Date des testaments, 1443, 1446. Débiteur, 1303 à 1308. Hypothèses, 1448 à 1450. Insuffisance, 1458. Légataires préférés, 1459. Licitation, 1461. Marc le franc, 1446 à 1450. Partage, 1401. Préférence, 1456 à 1459. Quotités, 1448 à 1452. Rapport à succession, 1079. Réduction en nature, 1460. Répartition, 1449. Retranchement, 1463. Servitude, 1462. Sous-legs, 1453. Stipulation de préférence, 1457. Universel, 1448 à 1452.
Lésion. — Actes, 2558. Aléa, 2585. Aliénation, 2603. Appréciation, 2555. Approbation, 2576. Arbitrage, 2560. Biens, 2547, 2552. Cautionnement, 2569. Cessation d'indivision, 2567. Cession de droits successifs, 2577 à 2582. Chose jugée, 2559. Choses partagées, 2550. Créances, 2547, 2585. Dol, 2531. Donation de droits successifs, 2583. Difficultés, 2561, 2571, 2574, 2575. Droits successifs, 2577 à 2583. Echange, 2558. Epoque d'estimation, 2551. Erreur, 2584, 2585. Erreur de calcul, 2548. Estimation, 2551, 2555. Expropriation forcée, 2604. Femme, 2579. Femme dotale, 2609. Fraude, 2571. Licitation, 2563. Mari, 2579. Maternels, 2557. Mobilier, 2553. Nature des actes, 2570. Numéraire, 2547. Objets détournés, 2556. Pacte de famille, 2557. Partage judiciaire, 2559, 2561. Partage par souches, 2566. Partage partiel, 2564, 2565. Partages secondaires, 2566, 2610. Partages successifs, 2565. Partage transactionnel, 2572 à 2575. Partage verbal, 2598. Paternels, 2557. Plusieurs hérédités, 1578. Pouvoirs du juge, 2555. Prescription, 2597. Preuve, 2554. Principes, 2545. Quart, 2546. Ratification, 2607 à 2609. Renonciation, 2568. Réserves, 2605. Risques, 2580 à 2582. Tirage au sort, 2562. Transaction, 2558, 2571 à 2575, 2588. Valeurs de bourse, 2547. Vente, 2558. Violence, 2531.
Libéralités simultanées. — Ascendants, 1613, 1618. Concurrence, 1610. Deux enfants, 1613, 1621 à 1623. Donation, 1610. Hypothèses, 1619 à 1625. Legs, 1611. Limites, 1612. Méthode, 1617. Proportions diverses, 1616. Quotités com-

munes, 1615. Quotités dépassées, 1614 et suiv. Quotités non dépassées, 1613. Quotité plus élevée, 1614. Quotités respectives, 1612. Seul enfant, 1613, 1619, 1620. Trois enfants ou plus, 1613, 1624, 1625.

Licitation. — Actif de succession, 800 à 802. Appréciation, 2137. Communistes, 1657, 2684 à 2686. Convention, 1650. Dettes, 1649. Economie de frais, 1654. Effet déclaratif, 819, 928, 2420. Formes, 1664. Immeubles impartageables, 2136. Immeubles partageables et impartageables, 1655. Inscriptions, 802. Jugement, 2102. Masse, 2141. Mine, 736. Navires, 733. Partage, 3069. Plusieurs expertises, 2138. Soulte, 2161. Subdivision, 1656. Usufruit, 1658, 1663.

Ligne. — Ascendante, 84. Calcul, 85. Collatérale, 83, 132 à 134. Descendante, 84. Dévolution, 2957. Directe, 83 à 86. Maternelle, 115, 129. Paternelle, 115, 129. Représentation, 97.

Lots. — Accès à des bâtiments, 2335. Aqueduc, 2340. Arbres, 2315. Attribution, 2318, 2382, 2394 à 2396. Autre expert, 2352. Bornage, 2331. Chemins, 2337. Choix de l'expert, 2305. Clôture, 2331. Cohéritier, 2305. Complément en mobilier, 1659. Constructions, 2319. Contestations, 2348. Convenances, 2318. Délivrance, 2398, 2399. Dépôt au greffe, 2309. Destination du père de famille, 2343. Dettes, 2232, 2321. Division d'immeubles, 2308, 3035. Division en deux parts, 2309. Donation, 2320. Droits inégaux, 2323 à 2326 Eaux, 2339. Enclave, 2338. Femme dotale, 2311. Four, 2344. Frères et sœurs, 2324, 2325. Immeubles, 826. Inégaux, 227. Issues, 2336. Juge-commissaire, 2305. Légataires, 2326. Legs en immeuble, 2312. Lignes de division, 2331. Lignes d'hérédité, 2329. Marc, 2342, 2344, Masse, 824, 2304. Mention d'un droit, 2346. Meubles, 2322. Mineurs, 2349. Mode de division, 2310. Nomination d'expert, 2306. Nouvelle formation, 2352. Obligatoires, 2318. Opération préalable, 2230. Passages, 2332 à 2338. Père et mère, 2321, 2325. Prélèvements, 2231. Pressoir, 2344. Prises d'eaux, 2341. Procès-verbal de clôture, 2353. Puits, 2344. Quotités différentes, 2326. Rapport d'expert, 2309. Réclamations, 2347. Rédaction du rapport, 2309. Reliquat, 2233. Représentation, 2328. Requête, 2307. Serment, 2309. Servitudes, 1662, 2331 à 2345. Simple division, 2134. Sommes d'argent, 2312. Souches, 2328. Soulte (*voir ce mot*). Subdivision, 2330. Tirage au sort (*voir ce mot*). Tribunal, 2306. Usufruitier, 2327. Vente, 2312, 2318.

M

Mandat. — Absence, 1961. Acceptation de succession, 381, 392, 397, 12°. Administrateur, 2270. Affectation au passif, 2250. Biens en commun, 2270. Immatricule des valeurs, 2265. Intérêt opposé, 1962. Notaire commis, 2405. Renonciation à succession, 381, 463. Retrait successoral, 1737.

Marnière. — Partage, 727.

Masse. — Actif (*voir ce mot*). Division, 874, 3032. Formation, 824 à 827. Mobilière et immobilière, 3056. Ordre méthodique, 823. Passif (*voir ce mot*).

Mère. — Voir père et mère.

Mines. — Communales, 744. Jouissance, 735. Licitation, 736. Partage, 734.

Mineur. — Abandon par l'héritier bénéficiaire, 520. Acceptation ou répudiation de succession, 374. Bénéfice d'inventaire, 489, 493, 494. Effets déclaratifs, 2455, 2456. Enfant naturel, 228. Indignité, 65. Institution contractuelle, 301. Lésion, 439, 440, 484. Libéralité entre époux, 1531, 1533, 1538. Lots, 2349. Partage entre associés, 2652, 2669. Partage judiciaire, 1907 à 1919. 1935, 1965 à 1970, 1989, 2005 à 2017, 2243, 2244, 2349. Partage provisionnel, 1875, 1882, 1892, 1893. Partage transactionnel, 1906, 1907. Quotité disponible, 1511 à 1527. Recélé, 404, 415. Remplacement militaire, 1086. Rescision d'acceptation, 439. Rescision de renonciation, 484. Séparation des patrimoines, 937, 964. Retrait successoral, 1741.

Mobilier (Rapport de). — Argent donné, 1197. Argent prêté, 1199. Créances, 1193, 1194. Deniers, 1198. En nature, 1196. Estimation, 1189, 1190. Incorporel, 1193. Moins prenant, 1189. Nouvelle estimation, 1190, 1195. Nue propriété, 1191. Numéraire, 1197. Office, 1195. Perte, 1192. Rentes, 1193, 1194. Usufruit, 1191. Valeurs de bourse, 1193, 1194.

Monstre. — Succession, 48.

Mort civile. — Succession, 10, 51.

Mutation (Droits de). — Bénéfice d'inventaire, 608 à 610. Succession vacante, 638.

N

Nature des biens, 80.

Navires. — Licitation, 733. Partage, 733.

Neveux et nièces. — Ascendants, 113. Enfant naturel, 207, 208. Hérédité, 2945. Père et mère, 121. Représentation, 100.

Non communauté. — Rapport à succession, 1014.

Notaire commis. — Absent, 1921, 2000, 2101. Aliéné, 1973. Ancienneté, 2096. Appel, 2091. Choix, 2089. Conjoint survivant, 2094, 2095. Désaccord, 2090. Désignation, 2092. Deux notaires, 2088. Empêchement, 2104. Femme absente, 2002. Indication du défunt, 2100. Intérêt, 2098. Inutilité, 2083. Jugement ultérieur, 2086. Licitation, 2103. Mandat, 2405. Motif, 2082. Notaires différents, 2103. Obligatoire, 2081. Ordon-

nance, 2084. Président de la chambre, 2092. Rapporteur, 2404. Refus de procéder, 2105. Règlement, 2093. Remplacement, 2085, 2104, 2105. Ressort, 2087. Révocation, 2106. Sollicitation, 2090. Successeur, 2097. Tirage des lots, 2390.
Novation. — Séparation des patrimoines, 959 à 962.
Nue-propriété. — Actif de succession, 799. Conjoint survivant, 716. Effets du partage, 2436 à 2438. Indivision, 715. Legs universel, 320. Partage, 1927, 1993, 3063. Partage provisionnel, 1873. Quotité disponible, 1384, 1385. Quotité disponible entre époux, 1551. Vente à viager, 1427.
Nullité. — Créanciers, 1695. Opposition à partage, 1714. Partage entre communistes, 2689. Partage de société, 2644. Partage transactionnel, 1908. Pétition d'hérédité, 688, 689. Rescision (voir ce mot). Retrait successoral, 1733, 1793.

O

Office. — Rapport à succession, 1079, 1195. Succession vacante, 643.
Opposition à bénéfice d'inventaire. — Créanciers, 571, 572. Formes, 573. Individuelles, 572. Inscription, 573. Inventaire, 573. Légataires. 572, 577, 582, 583. Non opposition, 578, 581. Paiement, 571, 574. Prescription, 576. Recours, 582, 583. Répétition, 575. Scellés, 575.
Opposition à partage. — Absence d'opposition, 1709. Acquéreur, 1675. Acquisition commune, 1672. Acte extrajudiciaire, 1698. Antidaté, 1694. Ayant cause, 1675, 1693, 1695. Bases du partage, 1686. Cession de droits successifs, 1674, 1684, 1715, 1716. Cessionnaire, 1675. Collusion, 1690. Communauté 1670. Créanciers, 1675 à 1678. Créancier postérieur, 1697. Date certaine, 1693. Défaut, 1711. Délai, 1679. Délivrance de legs, 1683. Demande en partage, 1700. Dénonciation de saisie, 1702. Disposition, 1720. Donataires, 1669. Echange, 1684. Faillite, 1688. Femme, 1676. Fixation des droits, 1686. Formes, 1699 à 1705. Frais, 1706 à 1708. Fraude, 1687. 1691, 1714. Gage, 1718. Homologation, 1680. Hypothèque, 1717. Immeubles, 1669. Inscription, 1704. Interdiction de partager, 1701. Intervention, 1700. Légataires, 1669. Licitation, 1673, 1684, 1717. Licitation amiable, 1713. Mari, 1676. Mépris de l'opposition, 1714. Meubles, 1669. Non recevable, 1681. Notaire, 1699. Nullité, 1695, 1714. Opérations du partage, 1680, 1710. Opposition à scellés, 1703. Ouverture de succession, 1669. Partage amiable, 1669, 1712. Partage antidaté, 1694. Partage de communauté, 1669, 1670. Partage consommé, 1681. Partage entre communistes, 1672. Partage fraudeleux, 1687. Partage d'hérédité, 1669. Partage partiel, 1682. Partage précipité, 1690. Partage provisionnel,

1692. Partage simulé, 1689. Partage de société, 1671. Partage sous-seing privé, 1693. Partage verbal, 1696. Précipitation, 1690. Préférence, 1720. Préjudice, 1689. Principes, 1667. Profit, 1678. Recevable, 1680. Réquisition de scellés, 1703. Responsabilité, 1691. Revenus, 1719. Saisie, 1702. Simulation, 1689. Société, 1671. Sommation, 1710 à 1712. Sous-seing privé, 1693. Tierce opposition, 1680. Tiers, 1689, 1695, 1717. Transaction, 1684. Transcription de saisie, 1702. Usufruitier, 1675. Vente, 1717.
Option. — Acceptation, 1400. Acte, 3014, 3017. Biens à délivrer, 1403. Caution, 1406. Clause pénale, 1385. Collatéraux, 1407. Concours, 1393. Condition, 1397, 1405. Contribution, 1402. Divisibilité, 1401. Don de droit viager, 1395. Donataire, 1390, 1404. Droit intermédiaire, 1394. Durée déterminée, 1397. Enfant naturel, 1407. Evaluation, 1388 à 1390, 1398. Exercice, 1400. Forme, 1400. Habitation, 1387. Héritier, 1389. Héritier acceptant, 1399. Hypothèses, 1391 à 1396. Indivisibilité, 1401. Légataire, 1390, 1404. Legs, 1395, 1396. Libéralité conditionnelle, 1405. Mineurs, 1520. Principe, 1386. Quotité disponible entre époux, 1547, 1548, 1606. Rente viagère, 1386, 1392, 1396. Réserves, 1405. Réservataires, 1402. Transformation, 1396, 1404. Usage, 1387. Usufruit, 1386, 1396.
Origine des biens, 80.
Ouverture de successions. — Absence, 12. Accident, 11. Acte de décès, 9. Corps non retrouvé, 11. Décès, 9. Existence, 13. Mort civile, 10. Preuve, 9. Survie (voir ce mot).

P

Pacage. — Partage, 728.
Partage. — Abreuvoir, 727. Absence, 709, 780. Acquisition commune, 2412. Actif (voir ce mot). Action, 776. Adhésion, 778. Algérie, 749. Amende, 3037, 3066. Amiable, 696. Antérieur, 778. Arbitrage, 2294. Associés, 731, 732. Attributions (voir ce mot). Bénéfice d'inventaire, 510. Biens, 783. Biens communaux, 739 à 744. Biens en commun, 2269 à 2272. Biens séquestrés, 749. Bois communaux, 737, 738. Carrières communales, 744. Cessation d'indivision, 747. Cession de droits successifs, 769. Chapelle, 727. Charges, 783. Cohéritier absent, 780. Conditions, 3036. Copropriétaires, 706. Commerce, 725. Commune, communaux, (voir ce mot). Communistes, 703, 1657. Conditions, 2252 et suiv. Confusion, 2256. Conjoint survivant, 716. Consanguins, 115. Contribution, 2255. Cour, 727. Créance, 770. Définitif, 697. Dénomination, 693. Détenteur des biens, 770. Distribution des masses, 786. Division en nature, 3031. Division des dettes, 758. Donataire, 1637. Droits fournis, 746. Eaux, 722.

Edifices publics, 739. Effets, 698. Effet déclaratif, 2257. Effets du partage (*voir ce mot*). Enfant naturel, 1637. En nature, 1636 et suiv. Emploi, 2267, 2268. Estimation, 792. Etages de maison, 730. Etang, 723. Etat liquidatif (*voir ce mot*). Failli, 671, 1022. Faillite, 1640. Fonds et fruits, 793 à 797. Fonds de commerce, 725. Fontaine, 727. Formation de lots (*voir lots*). Fossé, 724. Frais, 880. Garantie, 2258, 2259. Garantie des lots (*voir ce mot*). Germains, 115. Hérédité, 702, 707. Immatricule des valeurs, 2281 à 2285, 3039. Immeubles impartageables, 1650 et suiv. Immeubles partageables, 1649 et suiv. Indivision (*voir ce mot*). Interruption de prescription, 779. Jouissance, 2253 à 2256. Jouissance alternative, 773. Jouissance divise, 794. Jouissance séparée, 765 à 767. Jours, 727. Judiciaire, 696. Lavoir, 727. Lecture, 3037. Légataires, 1637. Legs, 748. Liquidation, 694. Locations, 2254. Loge de théâtre, 726. Lots (*voir ce mot*). Masses, 781, 785. Masse immobilière, 788. Masse mobilière, 788. Masse unique, 787. Marnière, 727. Mention d'un droit, 2346. Mention de timbre, 3066. Meubles, 1639 à 1648. Mines, 734 à 736. Mineur, 3059. Mode de jouissance, 772. Navires, 733. Nouveau partage, 3075, 3076. Nue propriété, 715, 716, 2436 à 2438. Objets en commun, 3052. Obligatoire, 714. Origine de propriété, 3040. Origines diverses, 706. Pacage, 728. Pacte de préférence, 721. Passif (*voir ce mot*). Passage, 727. Pétition d'hérédité, 654. Places publiques, 739. Plusieurs successions, 786, 787, 3038. Porte fort, 3059. Portraits de famille, 2272. Possession ultérieure, 775. Pouvoirs, 3052. Précarité, 774. Prélèvement, 828. Prescription, 765 à 780. Preuve, 2346. Privilége, 2260, 2261. Promenades, 739. Propriété contestée, 745. Provisionnel, 697. Provisoire, 777. Puits, 727. Recelé, 420. Régime dotal, 789. Renonciation à partage, 763. Renonciation à prescription, 771. Réserve, 748. Retour légal, 148. Saisine, 781. Scierie, 727. Séparation des patrimoines, 954. Servitudes (*voir ce mot*). Servitudes, 718, 721, 1662, 2262 à 2266. Société, 703, 731, 732, 755. Souche, 104, 700. Subdivision, 1656. Successeurs, 1637. Succession future, 708. Succession mobilière, 746. Superficie (droit de), 718. Suspension de (*voir ce mot*). Suspension de prescription, 779. Tête, 700. Tiers acquéreur, 768. Titres et papiers (*voir ce mot*). Tourbières communales, 744. Total, 698. Transcription, 2267. Usage (changement d'), 729. Usage à un tiers, 719. Usage commun, 727. Usufruit, 1658, 1663, 2436 à 2438. Usufruitier, 715, 716, 2327. Utérins, 115. Valeurs étrangères, 3066. Valeurs héréditaires, 1639. Valeurs mobilières, 748. Vente de meubles (*voir ce mot*). Visa pour timbre, 3066. Voies publiques, 739.

Partage amiable. — Absence, 1921. Acte adiré, 1840. Acte imparfait, 1836. Acte notarié, 1833. Acte sous-seing privé, 1834 à 1836. Acte de notoriété, 1847. Aliénation, 1817. Authentique, 1833. Autorisation maritale, 1826 à 1828. Autorisation de justice, 1827. Bénéfice d'inventaire, 1821. Biens en commun, 1855. Capacité, 1817. Cession, 1843. Compromis, 1824. Conditions, 1851. Condition résolutoire, 1852. Conseil judiciaire, 1822. Contestations, 1820. Contumace, 1830. Convention de mariage, 1825. Créanciers, 1848. Créancier opposant, 1831. Déclaratif, 1817. Définitif, 1818. Définition, 1816. Désaccord, 1819. Destruction des biens, 1853. Division, 1850. Donations, 1843. Droits égaux, 1844. Droits inégaux, 1845. Echange, 1843. Ecrit, 1838. Etat liquidatif, 1846. Etranger, 1832. Exécution, 1837. Exposé préliminaire, 1846. Failli, 1829. Femme autorisée de justice, 687. Femme mineure, 1825. Femme paraphernale, 1828. Femme séparée, 1827, 1828. Formes, 3029. Héritier failli, 952, 967. Licitation, 1843. Lots, 1849. Majeurs, 1819. Mari et femme, 1826. Mari de femme dotale, 1825. Masse, 1848, 1863. Modalités, 1842, 1843. Paraphernaux, 1828. Plusieurs successions, 1848. Préambule, 3030. Prélèvement, 1844. Preuve, 1838, 1839. Principes, 3028. Provisionnel, 1818. Qualités des parties, 1847. Rapports, 1844. Régime dotal, 1824 à 1826. Remise de titres, 1856. Rescision, 1851. Résolution, 1852. Séparation de biens, 1827, 1828. Servitudes, 1854. Société, 2654. Tiers, 1841. Transaction, 1843. Translatif, 1817. Vente, 1843. Verbal, 1838.

Partage d'ascendant. — Dispense de rapport, 1034. Enfant naturel, 192. Réduction de donation, 1336. Retour légal, 154, 155, 160. Suspension de partage, 762.

Partage avec compte de tutelle. — Approbation, 3078. Compte d'administration, 1911. Elément du compte, 1911. Forme, 3077. Opération divisée, 1913. Opération unique, 1914. Partage, 1911. Reddition de compte, 1912. Réitération, 3078. Traité, 1910.

Partage entre associés. — Actions de sociétés, 2624, 2625. Action en partage, 2658. Administrateurs, 2625. Apports, 2619, 2668. Assemblée générale, 2624, 2625. Attribution, 2667. Bénéfices, 2619. Commissaires, 2625. Communistes, 2664. Compétence, 2656, 2657. Comptes, 2661. Conseil de surveillance, 2624. Continuation de société, 2636. Créanciers, 2648. Définition, 2619. Dénomination, 2625. Droits, 2665. Ecritures, 2662. Effets déclaratifs, 2672. En nature, 2668. Epoque, 2660. Etre moral 2628, 2629. Formes, 2654. Garantie des lots, 2656, 2678. Gestion des sociétés, 2627. Indemnités, 2661. Indivision, 731, 732, 2653. Interdits, 2652, 2669. Intérêt commun, 2619. Jouissance séparée, 2659. Licitation, 2669, 2672. Liquidateur, 2651, 2652. Liquidation, 2650, 2653. Lots, 2667. Masse, 2663. Mineurs, 2652, 2669. Modalités. 2654

DU DROIT CIVIL. 629

Objet licité, 2619. Partage amiable, 2654, Partage judiciaire, 2655. Parts, 2665. Passif, 2666. Personne morale, 2628, 2629. Pertes, 2619. Pouvoirs de liquider, 2652. Prélèvement, 2661. Preuves, 2662. Prorogation de société, 2632. Publication, 2626. Purge, 2652. Raison sociale, 2622 à 2624. Recélé, 2647. Récompense, 2661. Règles, 2645. Reprises, 2661. Rescision, 2656, 2670. Responsabilité, 2627. Retrait successoral, 2649. Scellés, 2646. Siége social, 2656. Société anonyme, 2625. Société civile, 2620. Société en commandite simple, 2623. Société en commandite par actions, 2624. Société commerciale, 2621. Société en nom collectif, 2622. Société mutuelle, 2657. Solidarité, 2622, 2623. Suspension, 755, 2660. Tirage au sort, 2667.

Partage entre communistes. — Action en partage, 2678. Attribution, 2686, 2687. Commerce, 2676, 2687. Compétence, 2680. Construction, 2675. Effet déclaratif, 2688. En nature, 2684. Formes, 2681. Garantie des lots, 2690. Indivision, 2673. Industrie, 2676. Licitation, 2684 à 2686. Marchandises, 2676, 2687. Nullité, 2689. Passif, 2683. Règles, 2677. Rescision, 2689. Retrait successoral, 2679. Société, 2674, 2682. Souches, 2585. Soulte, 2687. Subdivision, 2685. Suspension, 2678. Tirage au sort, 2681. Vente, 2679.

Partage judiciaire. — Absence, 1921, 1959 à 1963, 2000 à 2003. Acquéreur, 1951, 2069, 2074. Acquiescement, 2142. Adjudicataire, 1931. Administrateur légal, 1969, 2014. Administrateur légal *ad hoc,* 2015. Administrateur provisoire, 1973, 2054, 2109, 2375. Affaire sommaire, 2066. Ajournement, 2351. Algérie, 2046. Aliéné, 1918, 1973. Ameublissement, 1982. Appel, 2034, 2112 à 2117, 2378. Appréciation erronée, 2404. Approbation, 2290, 2300. Arbitrage, 2294. Arrondissements différents, 2039. Assignation, 2051. Attribution (*voir ce mot*). Autorisation au tuteur, 1965 à 1967. Autorisation maritale, 1974, 2018. Autorisation de justice, 1975, 1977, 2019. Avoués, 2065, 2111, 2143. Ayant cause, 1957. Biens communaux, 2042, 2043. Bénéfice d'inventaire, 1989. Cassation, 2119, 2120. Caution, 1960. Certificat de non appel, 2384. Cessation des poursuites, 2062. Cession de droits successifs, 1947, 1948, 1955, 2068. Cessionnaire, 1947, 1996, 2069. Cohéritiers, 1990. Cohéritier vendeur, 1949. Commandement, 1952. Communauté, 1981, 2018, 2027. Commune, 1924, 1987, 2026, 2045. Communication, 2064. Compétence, 2027 à 2046. Conciliation, 2049, 2050. Conjoint administrateur, 1959, 2000. Conseil de famille, 1965 à 1971. Conseil judiciaire, 1972, 2017. Conseil de préfecture, 2042. Consignation, 2120. Consommé, 2376. Contestation, 1927, 2108. Contredit, 2303. Contumace, 2024. Conventions, 2300. Copropriétaires, 1990. Créanciers, 1950 à 1958, 1997, 1998, 2067 à 2076, 2291, 2292, 2303. Curateur, 1971, 1976, 1977, 2003, 2017. Curateur au ventre, 2025. Défense, 2065. Définitif, 2375, 2402. Définition, 1915. Dernier ressort, 2113. Désaccord, 1926. Détenteur, 1996. Dettes, 914. Deux successions, 2028. Difficultés, 1927. Donataire, 1940, 2021. Droits successifs, 1929, 1947, 1948. Eglise, 2026. Emphythéose, 1946 *bis*. Enfant conçu, 1986, 2025. Enfant naturel, 1942, 1994. Entière succession, 1953. Envoi en possession, 1959, 2000. Erreur, 2404, 2405. Etablissement public, 1924, 1987, 1991, 2026. Etat, 1924, 2046. Etat liquidatif (*voir ce mot*). Etranger, 2031 à 2033, 2039. Exécution, 2116. Extraits, 2401. Faillite, 1988, 2022, 2029. Femme, 1974 à 1985, 2018 à 2020. Femme absente, 2002. Femme mineure, 1976, 1977. Fermier, 1954. Grevé de restitution, 1923. Grosses, 2374, 2403. Hérédité, 2027. Héritiers présomptifs, 1959. Hospice, 1924, 1987, 2026. Hypothèque, 1952. Incapables, 1999. Incapacité, 1964. Incident, 2117. Indivision, 1937, 1990. Indivisibilité de l'appel, 2114. Infirmation, 2116. Instance contradictoire, 2377. Instance liée, 2060. Institué contractuel, 1940. Interdits, 1918, 1920, 1935, 1965, 1989, 2005. Intérêt commun, 2065. Jugement, 2077 et suiv. Légataires, 1939, 1991, 2037. Lésion, 2559. Lieux différents, 2028. Lots (*voir ce mot*). Majeur, 1938. Mandataire, 1962. Marais desséché, 2044. Mari, 1974 à 1985, 2018 à 2020. Mari interdit, 1920, 1979. Mari mineur, 1919, 1977, 1978. Même intérêt, 2010. Militaire absent, 2003. Mineur, 1917 à 1919, 1935, 1965 à 1970, 1989, 2005 à 2017. Mineur émancipé, 1930, 1971, 2017. Ministère public, 2064. Négligence, 1950. Non communauté, 2018. Non expertise, 2107. Non présents, 1922, 2004. Nue-propriété, 1937. Nu-propriétaire, 1993. Notaire, 787. Notaire commis, 1017. Notaire (choix du), 936. Notaire en second, 2300. Omission, 2404, 2407. Opposition, 1998, 2112, 2377. Ouverture de succession, 2027. Paraphernaux, 1980, 2019. Partage antérieur, 1957. Partage ordonné, 2077, 2078. Partage partiel, 1953, 2048. Partage provisionnel, 1958, 1985, 2020, 2402. Partage transactionnel, 1936. Pleine propriété, 1937. Plusieurs successions, 2047. Porte fort, 1937. Pourvoi en cassation, 2119. Pouvoirs au mari, 1984. Préjudice, 2404. Présence, 1917. Présomption d'absence, 1961. Prétentions, 1927. Prix d'adjudication, 1931. Procès-verbal de clôture, 2353. Procès-verbal de rectification, 2373. Procuration, 1961. Prohibition, 1925. Rapport à succession, 1927, 2048. Rectification, 2078, 2373. Redressement, 2406. Refus de partager, 1926. Régime dotal, 1983, 1984, 2018. Représentation, 2010. Reprise d'instance, 2063. Renonciation à succession, 2021. Requête, 2051, 2072. Responsabilité, 2404, 2405. Retour légal, 1941. Séparation, 1980, 2019, 2035.

Signification, 2110. Société, 2027, 2655. Sommation, 1952, 2004. Subrogé-tuteur, 2011, 2012, 2016, 2383. Subrogé-tuteur *ad hoc*, 2012. Substitution, 1923, 2023. Succession antérieure, 1995. Succession mobilière, 1928 à 1930, 1965, 1971, 2033. Succession testamentaire, 2030. Suisse. 2040. Superficiaire, 1946 *bis*. Supplément de partage, 2407. Syndic, 1988, 2022. Taxe, 2066. Témoins instrumentaires, 2300. Tierce opposition, 2073, 2118. Tiers détenteur. 1996. Transaction, 1936. Transcription, 2267. Total, 2047. Tuteur, 1929, 1965, 2005, 2115. Tuteur *ad hoc*, 2008. Tuteur à la restitution, 1923, 2023. Usufruitier, 1943 à 1946, 1992, 1993. Vacations, 2111. Vente, 1949, 1951, 1956, 2069. Visa, 2055 à 2059.

Partage partiel. — Abandonnement à titre de partage, 1862, 1863. Biens déterminés, 1859. Biens impartageables, 717. Certains biens, 1857, 3064. Définitif, 1857. Effet déclaratif, 2416. Faculté, 1857. Immeubles, 1858. Meubles, 1858. Seul enfant loti, 3067. Stipulation, 1860. Suspension de partage, 1861.

Partage provisionnel. — Absence, 1876. 1882, 1890. Absent présumé, 1879. Aliénation, 1886. Constitution de dot, 1896. Créanciers, 1893. Définitif, 1882 à 1884, 1895. Définition, 1869. Effets divers, 1880. Effet rétroactif, 1897. Etat liquidatif, 1878. Exécution, 1886. Expropriation forcée, 1894. Femme, 1873. Femme paraphernale, 1874. Femme séparée, 1874. Fruits, 1887. Inscription de privilége, 1897. Intention exprimée, 1884. Interdit, 1875, 1882. Jouissance, 3006. Majeurs, 1881, 1882. Mandat, 1896, Mari, 1872. Mineur, 1875, 1882, 1892, 1893. Mineur émancipé, 1882. Notaire commis, 1879. Nouveau partage, 1891 à 1894. Nue-propriété, 1873. Paraphernaux, 1874. Partage judiciaire, 2293. Porte-fort, 1883. Possession précaire, 1885. Prescription, 1885, 1895. Propriété, 3007. Provisionnel pour tous, 1881. Ratification, 1893 à 1898. Ratification tacite, 1896. Refus de ratifier, 1898. Séparation de biens, 1874. Subdivision, 1889. Suspension de partage, 1871, 1888, 3008. Usufruitier, 1877. Vente, 1896.

Partage simultané. — Prix de licitation, 3069.

Partage supplémentaire. — Accessoire d'immeuble, 1868. Complémentaire, 3068. Omission, 1866, 1867. Partage d'ascendant, 1865. Partage judiciaire, 2407. Partage partiel, 1864. Partage de succession, 1866. Preuve d'omission, 1867. Révision, 1866. Secondaire, 3065.

Partage transactionnel. — Abandonnement, 1903. Acte, 1907. Appel, 1909. Attributions, 1906, 3072. Avant partage, 1901. Avis de jurisconsultes, 1907. Biens héréditaires, 1901. Capacité, 1900. Cas, 699. Conseil de famille, 1907. Contestation sur le droit, 1905. Contestation sur le partage, 1904. Droits héréditaires, 1901. Effet déclaratif, 1903. Femme séparée, 1900. Formalités, 1907. Homologation, 1907, 3073. Inobservation des formalités, 1908. Interdits, 1906, 1907. Légataire universel, 1903, 3071. Litige, 3070. Mineurs, 1906, 1907, 3072. Nullité, 1908. Paraphernaux, 1900. Par partage, 1902. Principe, 1899. Rescision, 3070. Séparation de biens, 1900. Signification, 1909. Successibilité, 1901. Texte législatif, 1899. Titre onéreux, 1903. Transaction pure, 1901.

Part des enfants naturels. — Absence d'héritier, 2959. Ascendants. 204 à 212. Absence d'héritiers, 215. Calcul, 198, 199. Cas, 196. Collatéraux, 209, 213, 214. Descendants légitimes, 197 à 203. Enfant adoptif, 197. Etranger, 211. Frères et sœurs, 204 à 212. Indignité, 200 à 202, 205. Légitime, 203. Legs, 210 à 212, 214. Lignes, 213. Moitié, 204. Neveux et nièces, 207, 208. Représentations, 206. Renonciation, 200 à 202, 205, 208. Tiers, 197. Totalité, 215. Trois quarts, 213.

Passage. — Partage, 727.

Passif de succession. — Action hypothécaire, 903 à 919. Action personnelle, 879. Acquit des dettes, 3053. Arrérages, 848, 849. Avances, 911. Bénéfice d'inventaire, 901. Biens dotaux, 880. Choses déterminées, 889. Commandement, 896, 905. Compétence, 892. Condamnation, 908. Conjoint survivant, 900. Connaissance du titre, 894. Contribution, 179, 881, 885. Créance de l'héritier, 910, 917. Créanciers, 878, 882, 905. Crédit foncier, 3054. Décès, notification, 895. Déduction, 875, 876. Délaissement, 906. Dernier ressort, 891. Détenteurs, 909. Dettes chirographaires, 832. Dettes conditionnelles, 833. Dettes hypothécaires, 830, 919. Dettes privilégiées, 831. Deuil de la veuve, 842 à 845. Discussion, 905. Distinction, 829. Divisibilité, 891. Donataire contractuel, 886, 897, 900. Donation entre époux, 886. Dot, 837. Droits de mutation, 847. Enfant naturel, 900. Etat, 900. Exécution, 877, 893. Extension de l'hypothèque 907. Extinction d'usufruit, 836. Fonds (charge des), 850. Frais (*voir ce mot*). Frais funéraires, 840, 841. Fruits (charge des), 850. Gages, 838. Habitation, 845. Héritiers créanciers, 873, 874, 910, 917. Hypothèque, 903 à 919. 3054. Impôts, 838. Indivisibilité, 882, 883, 891, 913. Institution contractuelle, 886. Insolvabilité, 882, 912, 913. Intérêts, 848, 849, 911. Jouissance légale, 849. Jugement, 908. Légataire, 900. Légataire à titre universel, 884, 885, 897. Légataire particulier, 887, 903. Legs, 846. Loyers, 838. *Negotiorum gestor*, 911. Paraphernaux, 880. Poursuites des créanciers, 889, 890. Prélèvements, 873, 874. Prescription, 916 Purge, 905. Reconnaissance, 916. Recours, 904, 909. Règles, 878. Remboursement de rente, 914 à 917. Renonciation, 883, 902. Rente perpétuelle, 834, 914 à 918. Rentes viagères, 835, 919. Répartition, 877. Reprises, 837. Restitution, 836,

837. Retour légal, 178, 179. Saisie immobilière, 895. Séparation des patrimoines (*voir ce mot*). Signification, 893 à 898. Solidarité, 882. Subrogation, 903, 909. Successeurs, 897, 900. Successeur irrégulier, 886 à 889, 897. *Ultra vires*, 899. Usufruit, extinction, 836. Usufruitier, 918.

Parenté. — Degrés, 82. Dévolution, 79. Etablissement, 81.

Père et mère. — Collatéraux, 2951, 2953. Frères et sœurs, 117, 118, 2947 à 2949. Indignité, 120. Neveux et nièces, 121. Renonciation, 120. Survivant, 119. Usufruit, 128, 2947.

Pertes. — **Rapport à succession.** — Antérieure au décès, 1175. Cas fortuit, 1147. Faculté, 1178. Faute, 1176. Impenses, 1161. Incendie, 1153, 1154. Mobilier, 1192. Partielle, 1150. Postérieure au décès, 1152. Preuve, 1147. Responsabilité, 1153, 1154. Tiers acquéreur, 1151, 1152.

Pétition d'hérédité. — Accession, 665. Actes de l'état civil, 661. Action, 663, 2993. Administrateur, 662. Agissement, 684. Aliénation, 678, 691. Améliorations, 665. Appréciation, 666. Bail, 686. Biens, 664, 669. Bonne foi, 665 à 673, 2995. Cessionnaire, 651, 652, 656. Cession de droits successifs, 690. Charges, 681. Compétence, 658. Compte, 2997. Constructions, 680. Contrat de mariage, 661. Coupe extraordinaire, 679. Créances, 677. Débiteur, 655. Définition, 649. Degré, 649. Délai, 656. Détérioration, 678. Dettes, 681. Domicile, 658. Dommages, 674. Donation, 691. Envoi en possession, 667, 668. Etablissement industriel, 672. Etat, 659. Fautes, 677. Frais, 681, 682. Fruits, 670 à 674, 682, 2995, 2996. Garantie, 651. Héritier, 666. Hypothèque, 686, 691. Impenses, 680. Indemnité, 673, 674. Intérêts, 659. Inventaire, 661. Justifications, 660. Légataire, 650, 652. Litige, 654. Mauvaise foi, 665 à 674, 2996. Mobilier, 676. Nullité, 688, 689. Partage, 654, 661, 2998. Paiement, 685. Pièces justificatives, 661. Possesseur, 652, 692. Possession, 662. Prescription, 656, 657. Produits extraordinaires, 679. Qualités héréditaires, 655. Réparations, 681. Représentant du défunt, 677. Restitution, 664 et suiv., 2994. Revendication, 653. Successeur irrégulier, 667, 668, 675, 691. Testament nul, 688. Tiers acquéreur, 657. Transfert, 685. Transport, 685. Tribunal, 658. Valeurs, 677. Vente, 687 à 692. Vice de forme, 689.

Portrait de famille. — Aîné, 818. Copie, 819. Dépôt, 818. Division, 820. Droit personnel, 821. Garde, 818. Licitation, 819. Partage, 819.

Préciput et hors-part. — (*Voir dispense de rapport*).

Prélèvement. — Avantages, 1203, 1204. Argent prêté, 1202. Dettes, 1203. Effet déclaratif, 2419. Etranger, 33. Faillite, 1202. Gestion, 1127. Héritiers créanciers, 873, 874. Immeubles aliénés, 1201. Intérêt, 1203. Lots, 1067. Mode, 1200.

Objets similaires, 1200. Partage, 1200. Préférence, 1127, 1202. Recélé, 420. Terme, 1203.

Prescription. — Absent, 780. Acceptation ou répudiation de succession, 370. Actif de succession, 801. Adhésion, 778. Bénéfice d'inventaire, 576. Cession de droits successifs, 769. Communauté, 809. Dispense de rapport, 1041. Dix ou vingt ans, 768. Indignité, 59, 71, 72. Indivision, 776. Interruption, 766, 779. Jouissance alternative, 773. Jouissance séparée, 765 à 767. Mode de jouissance, 772. Partage, 765 à 780. Partage antérieur, 778. Partage provisionnel, 777, 1885. Pétition d'hérédité, 656, 657. Possession ultérieure, 775. Précarité, 774. Rapport à succession, 1124, 1141. Recélé, 422. Reconnaissance, 916. Réduction de donation, 1288. Régime dotal, 1076. Renonciation, 771. Séparation des patrimoines, 964, 966, 973. Seul héritier, 770. Succession vacante, 625. Suspension, 766, 779. Temps, 766. Tiers acquéreur, 768. Trente ans, 766.

Présents d'usage. — Enfant naturel, 221. Rapport à succession, 1105, 1111. Réduction de donation, 1327.

Preuve. — Acceptation de succession, 389. Dévolution, 140. Dispense de rapport, 1035, 1040. Lésion, 2554. Omission, 1867. Partage amiable, 1838, 1889. Partage entre associés. 2662. Perte, 1147. Rapport à succession, 1077, 1082, 1122, 1163. Réduction de donation, 1330. Séparation des patrimoines, 926. Survie, 14, 26. Suspension de partage, 756. Vente à viager, 1435. Viabilité, 49, 50.

Privilége de copartageant. — Action résolutoire, 2509, 2510. Cession de droits successifs, 2500. Cohéritiers, 2492. Coparlageants, 2493. Créancier hypothécaire, 2517. Dettes successorales, 2499. Eviction, 2494. Expropriation forcée, 2512. Folle enchère, 2511. Frais, 861 à 863, 2503. Garantie des lots, 2494, 2495, 2517. Hypothèque, 2514. Hypothèque indivise, 2513. Indivision, 2508. Intérêts, 2516. Licitation, 2501, 2502, 2509, 2524. Modalités du partage, 2493. Motifs, 2492. Partage partiel, 2507, 2521. Préjudice, 2503. Rapport à succession, 2504. Recélé, 2505. Restitution de fruits, 2498. Servitude, 2506. Soulte, 2496, 2497, 3042. Sous-seing privé, 2519, 2520. Tirage de lots, 2522.

Procès-verbal de difficultés. — Ajournement, 2351. Dépôt, 2350. Greffe, 2350. Juge-commissaire, 2348, 2349. Mineurs, 2349. Renvoi, 2348, 2349.

Procès-verbal de lecture. — Abandon des voies judiciaires, 2290 à 2293. Ajournement, 2297. Annexe de l'Etat, 2298. Approbation, 2290, 2300. Arbitrage, 2294. Clôture, 2353. Communication, 2288. Comparution, 2288. Contestation, 2302. Convention, 2300. Créanciers, 2291, 2292, 2303. Défaut, 2296. Dépôt au greffe, 2301. Dires,

2289. Lots, 2304. Minute, 2301. Modifications, 2290. Notaire en second, 2300. Rédaction, 2289. Second notaire, 2300. Signature, 2399. Sommation, 2288. Témoins instrumentaires, 2300. Tirage de lots, 2295.

Procès-verbal d'ouverture. — Ajournement, 2145. Annexe, 2148. Aveu, 2147. Avoués, 2143. But, 2142. Comparution, 2140. Déclarations, 2147. Défaut, 2144. Demande, 2146. Documents, 2149. Foi, 2147. Intérêts, 2146. Licitation, 2141. Mandat, 2143. Partage général, 2139. Pièces à fournir, 2150. Réquisition de procéder, 2145. Sommation, 2140. Utilité, 2142.

Puits. — Partage, 727.

Q

Quotité disponible. — Accroissement, 1230, 1243. Ascendants (voir ce mot). Assurance sur la vie, 1298. Calcul, 1320. Choix des biens, 1383. Contribution aux dettes, 1404. Cumul, 1216 à 1218, 1415. Descendants (voir ce mot). Détermination, 1213. Disponibilité, 1209. Dot de religieuse, 1340. Enfant naturel (voir ce mot). Etranger, 1212. Fonds de commerce, 1296. Imputation (voir ce mot). Indignité, 1228. Intention, 1213. Intervention au partage, 2070. Irrévocabilité, 1210. Législation, 1210, 1211. Nue-propriété, 1384, 1385. Office, 1296. Partage d'ascendants, 1336. Portraits, 1299. Quotité de biens au décès, 1337. Recélé, 1314, 1315. Règles du droit, 1213. Révocabilité, 1211. Renonciation à réserve, 1270. Renonciation à succession, 1227, 1238, 1243, 1256. Retranchement, 1186. Tombeau, 1300. Usufruit, 1384, 1385.

Quotité disponible du mineur. — Absence d'héritiers, 1515. Ascendants, 1514. Age, 1511. Calcul, 1521. Capacité, 1516, 1517. Caractère du legs, 1519. Collatéraux, 1514, 1523, 1525. Conjoint, 1513. Contrat de mariage, 1527. Disponibilité, 1516. Disposition excessive, 1522. Donation, 1511. Emancipation, 1511. Enfants, 1514. Epoque, 1517, 1521. Frères et sœurs, 1524. Indignité, 1518. Legs universel, 1519 à 1525. Limites, 1513. Marc le franc, 1522. Marié, 1511. Mobilier, 1511. Moitié, 1513. Motifs, 1512. Option, 1520. Père et cousin, 1523. Père et mère, 1524. Père, légataire universel, 1525. Père usufruitier, 1526. Quotité, 1514. Règle, 1516. Renonciation, 1518. Rente viagère, 1520. Testament, 1511. Usufruit, 1520, 1526. Viager, 1520.

Quotité disponible entre époux. — Apport non justifié, 1630. Assurance sur la vie, 1628. Concurrence, 1579. Créanciers, 1633. Disposition, 1529. Disposition à titre onéreux, 1552. Donateur, 1634. Donation, 1530. Donation déguisée, 1629. Donation indirecte, 1627. Donation renouvelée, 1580. Dot fictive, 1634. Enfant adoptif, 1580, 1631. Fraude, 1633. Légataires, 1635. Mineur, 1531, 1534, 1538. Nullité, 1626, 1629, 1633. Personne interposée, 1629, 1631. Préférence, 1578. Prêt à terme, 1552. Règles communes, 1626 à 1634. Renonciation à donation, 1580, 1581. Réservataires, 1633, 1635. Réserve de concurrence, 1579. Réserve de préférence, 1578. Révocabilité, 1626. Révocation de donation, 1582. Testament, 1530. Usufruit capitalisé, 1567, 1574. Usufruit, évaluation, 1575. Usufruit, éventuel, 1551. Usufruit, option, 1547, 1606. Usufruit quotité, 1607. Usufruit réductible, 1550. Usufruit de réserve, 1535, 1540. Usufruit universel, 1549.

R

Raison sociale. — Legs universel, 323. Sociétés, 2622 à 2624.

Rapport à succession. — Abandon, 1070, 1072. Abandon de biens, 996. Abandon par l'héritier bénéficiaire, 525. Absence, 995, 1005. Abstention, 1079. Acceptant, 1042. Acceptation de succession, 440. Acceptation de succession par créanciers, 461. Achat par père, 1080. Acquisition, 1103. Action, 1018. Action divisible, 986. Action en indemnité, 1154. Adition d'hérédité, 1063. Aliénation (voir ce mot). Aliments, 1108, 1114. Amélioration, 1181. Ameublement, 1081. Apprentissage, 986, 1081, 1105, 1109. Argent donné, 1197. Argent prêté, 1199, 1202. Arrérages, 1130. Assurance s. la vie, 1069. Attribution, 2241. Augmentations, 1155, 1179, 1182. Augmentation de valeur, 1092. Autorisation maritale, 987. Autre conjoint, 1055. Avances, 1081, 1109. Avantages, 1091. Aveu, 1074. Bail, 1092, 1100. Bail à vie, 1101, 1102. Bénéfice d'inventaires, 502, 604, 996. Bibliothèque, 1081, 1110. Bien de communauté, 1054. Biens paternels et maternels, 1073. Brevet de poste, 1079. Caractères, 988. Cas fortuit, 1163. Catégorie d'héritiers, 992. Cautionnement (voir ce mot). Charges, 1069, 1167. Choix, 1146. Chose léguée, 1066. Cohéritier, 989, 1056. Communauté, 1123. Communauté d'habitation, 1103. Compensation, 1075, 1142. Conditions, 988. Conjoint du successible, 1010, 1011, 1019, 1020. Construction, 1079. Convention, 1091. Créances, 1193, 1194. Créance recouvrée, 1128. Créanciers (voir ce mot). Cumul, 1062. Déchéance, 986. Déduction, 1069, 1130. Déficit, 1146. Dégradations, 1163, 1181. Degrés, 992. Démission de fonctions, 1079. Deniers, 1198. Dépenses, 1129, 1159. Dépenses différentes, 1107. Descendants de l'absent, 1005. Descendants intermédiaires, 1003. Détériorations, 1163. Dettes (voir ce mot). Diminution, 1155, 1179. Dispense de rapport, (voir ce mot). Dividende, 1071. Divisibilité, 986. Don de créance, 1022.

Don déguisé, 1079. Don manuel, 1069. Don rémunératoire, 1069. Donataire, 990, 1059. Donation à légataire, 991. Donation conjointe, 1051, 1052. Donation entre époux, 1079. Donation onéreuse, 1069. Dot, 1013 à 1017. Dot de religieuse, 1081. Dot non payée, 1071. Dot prescrite, 1076. Economies, 1120. Education, 1081, 1105, 1109. Effets, 1144, 1178, 1179. En deniers, 1166. Enfant commun, 1054. Enfant du premier it, 1025. Enfants naturels, 192, 219, 220, 224, 993, 994, 1045, 1058, 1113. En moins prenant, 1170 à 1182, 1189 à 1199. En nature, 1068, 1144 à 1169. Entretien, 1081, 1105, 1109. Epoque, 1174, 1176. Epoux, 1011, 1012, 1019. Equipement, 1087, 1105. Etablissement, 1080. Etat du successible, 1106. Etranger, 1078, 1079. Estimation, 1166. Excédent, 1146. Excédent du disponible, 1184. Exhérédation, 1056. Exigibilité, 1126. Exonération militaire, 1084 à 1086. Faculté, 1172, 1178. Faillite, 1020, 1132 à 1135, 1202. Fait du donataire, 1155, 1156. Faute, 1163. Femme non autorisée, 987. Fils de l'héritier, 1001. Fille dotale, 1013 à 1018. Fille mariée, 1021, 1022. Fille non commune, 1014. Folles dépenses, 1081. Fonds de commerce, 1081. Forfait, 1177. Frais, 1081. Frais de contrat de mariage, 1112. Frais de noces, 1105. Frères et sœurs naturels, 258, 266, 267. Fruits *(voir ce mot)*. Gage, 1165. Gain de survie, 1079. Gestion, 1127. Habitation. 1168, 1169. Hérédité, 3044. Héritier, bénéficiaire, 996. Hors part, 985. Hypothèque, 1167. Immeuble ou somme, 1146. Immeuble de communauté, 1025. Immeuble non aliéné, 1145, 3048. Immeubles similaires, 1145, 1171, 1172. Impenses, 1079, 1129, 1157 à 1161. Imputation, 991, 1053, 1061, 1065. Incendie, 1083, 1153, 1154. Indemnité, 1159, 1162. Indignité, 1047, 1056. Inégaux, 1018. Insolvabilité, 1180. Insolvabilité du mari, 1012. Intérêts *(voir ce mot)*. Libéralités diverses, 1069. Libéralité indirecte, 1077. Licitation, 1162. Lignes, 992, 1026. Livres, 1081, 1110. Lots, 1067. Mari, 1054. Masse, 982. Maternels, 1073. Minorité, 1086. Mobilier *(voir ce mot)*. Moins prenant, 1066. Négligence, 1163. Noces (frais de), 1105. Non cumul, 1044. Non paiement, 1017. Nourriture, 1069, 1080, 1081, 1105, 1109. Numéraire, 1197. Objets tombés en communauté, 1012. Obligation, 984. Office, 1079, 1081, 1195. Omission, 1055. Paiement de dettes, 1081. Paiement total, 1073. Parents, 992. Parents naturels, 994. Part exprimée, 1052. Part indivise, 1162. Partage 1162. Partage partiel, 2048. Paternels, 1073. Patrimoine, 1104. Pension viagère, 1116. Père et mère, 1051, 1052. Personne interposée, 1078. Perte *(voir ce mot)*. Petit-fils, 1001 à 1008. Plus value, 1159. Préciput, 985. Préciput et hors part *(voir dispense de rapport)*. Préférence, 1202. Prélèvement *(voir ce mot)*. Premier mourant, 1053. Prêt *(voir dettes)*. Prescription, 1076, 1124, 1141. Présents d'usage, 1105. Présomptif héritier, 997. Présomption, 1077. Preuve, 1077, 1082, 1163. Privilège, 2504. Prix payé par père, 1080. Prix vil, 1099, 1100. Profits, 1091. Quittance, 1079. Rapport fictif, 1061. Recélé, 405, 420. Recours, 1025. Recouvrement, 1127, 1128. Réduction, 1062. Réduction de legs, 1079. Régime dotal, 1023, 1024, 1071. Remboursement, 1165. Remise de dette, 1090, 1134. Remplacement militaire, 1084 à 1086. Renonciation, 473, 1183. Renonciation à communauté, 1054, 1079. Renonciation à donation entre époux, 1079. Renonciation à gain de survie, 1079. Renonciation à legs, 1079. Renonciation à succession *(voir ce mot)*. Rente perpétuelle, 1131. Rente viagère, 1069, 1116, 1130. Réparations, 1158. Représentation, 998, 1003 à 1008, 1048. Réserve légale, 1006, 1079. Responsabilité, 1083. Rétention, 1044, 1165. Retranchement *(voir ce mot)*. Revenus *(voir fruits)*. Séparation des patrimoines, 945, 979. Services rémunérés, 1069. Servitude, 1168, 1169. Société universelle, 1084, 1098. Solidarité, 1019, 1051. Somme en deniers, 1179. Stipulation, 1177. Substitution, 1070. Successeurs irréguliers, 993. Successibles, 997, 1000, 1019, 1105, 1106. Successible décédé, 1048. Succession du donateur, 1049. Temps du partage, 1176. Termes, 1125, 1126, 1203. Tiers, 1078. Transfert de valeurs, 1089. Transmission d'hérédité, 999. Trousseaux, 1111. Tuteur, 1009. Un des époux, 1050. Usage, 1168, 1169. Usufruit, 1080, 1117, 1118, 1168, 1169. Usufruit, évaluation, 1183. Valeur, 1166, 1174. Valeurs de bourse, 1193, 1194. Venir à succession, 1042. Vente, 1079, 1092, 1097, 1179. Vente à viager, 1425, 1431 à 1434. Vilité de prix, 1079, 1099, 1100. Volontariat, 1087.

Ratification. — Aliénation, 2602. Exécution volontaire, 2603. Lésion, 2607 à 2609. Nullité, 2607, 3074. Partage transactionnel, 1893 à 1898. Porte-fort, 3061. Réduction de donation, 1277.

Recélé. — Accroissement, 418. Addition d'hérédité, 402. Autorisation maritale, 404. Bénéfice d'inventaire, 586. Caractère, 402. Commune renommée, 409. Déclaration, 405. Déclaration mensongère, 416. Dettes, 406, 418. Don manuel, 410. Donataire contractuel, 419. Droit de l'invoquer, 413. Effets, 405. Enlèvement de titres, 412. Epoque, 410. Erreur, 402. Faute, 402, 407. Femme 404, 407. Héritiers, 403. Institution contractuelle, 403. Intention frauduleuse, 402. Inventaire, 416. Légataire, 403, 419, 421. Limitation, 413. Mari, 407. Mineur, 404, 415. Négligence, 402. Partage, 420. Postérieur à renonciation, 411. Prélèvement, 420. Prescription, 422. Privation de part, 414. Privilège, 2505. Rapport, 405, 420. Réduction de donation, 1314, 1315. Remise spontanée, 408. Seul héritier, 421. Société, 2647. Successeur irrégulier, 403. Témoins, 409. Testament faux, 417. Vol, 412.

Récoltes. — Retour légal, 184.

Reconnaissance d'enfant naturel, 193 à 195.

Réduction de donation. — Absence, 1267. Accident, 1294. Actions dédoublées, 1358. Apprentissage, 1327. Approbation, 1284. Association, 1338. Assurance sur la vie, 1298, 1333. Avancement d'hoirie, 1279, 1325, 1408. Ayants cause, 1271. Bail, 1311. Bénéfice d'inventaire, 502, 1285. Biens actuels, 1293. Biens aliénés, 1339. Biens donnés, 1320, 1323. Biens en nature, 1382, 1460, 1480. Biens prescrits, 1295. Biens revenus au donateur, 1342. Cadeaux d'usage, 1327. Caution, 1269, 1474. Cession, 1276 bis. Charges, 1331, 1501. Choix des biens, 1383. Clause pénale, 1276, 1385. Compensation, 1273. Condition, 1276, 1310. Constitution viagère, 1335. Contrainte, 1276. Convention contraire, 1337. Co-vendeur, 1269. Créances, 1301 à 1303. Créance conditionnelle, 1309. Créances irrécouvrables, 1301 à 1308, 1326. Créance litigieuse, 1309. Créance sans action civile, 1309. Créancier, 1271, 1273, 1276 bis, 1277. Cumul, 1415. Date des actes, 3021. Date du décès, 1266, 1267. Déduction de dettes, 1364 et suiv. Délivrance, 1284. Détournement frauduleux, 1286. Divisibilité, 1401. Dot constituée, 1325, 1328. Dot de religieuse, 1340. Droit de faire réduire, 1275. Droits réels, 1501. Education, 1327. Effets, 1493 à 1510. Entretien, 1327. Epoque, 1266. Etranger, 1325, 1327. Exception, 1280. Exercice, 1480 à 1492. Expropriation pour utilité publique, 1341, 1344. Fonds de commerce, 1297. Fonds de terre, 1313 bis. Fraude, 1268, 1276 bis, 1330. Habitation, 1501. Héritier, 1276 bis, 1482. Hypothèques, 1501. Impenses, 1500. Imputation, 3020. Insignes, 1299. Insolvabilité, 1301, 1326, 1347, 1486 à 1492. Institution contractuelle, 1278. Intervention, 1268. Inventaire, 1285. Légataire, 1271, 1272. Libéralités, 1328, 3018. Libéralité inefficace, 1484. Licitation, 1344, 1461, 3022, 3025. Liquidation préalable, 1287. Manuscrits, 1297. Marc le franc, 1477, 3023. Masse générale, 1290 à 1292. Masse partageable, 1205, 3019. Mesures conservatoires, 1268. Mode fixé, 1483. Nature de biens, 1327, 1480. Nourriture, 1327. Nue-propriété, 1384, 1385. Numéraire, 1480. OEuvres de charité, 1334. OEuvres littéraires, 1297. Office, 1296, 1361. Partage, 1277, 1485, 3022, 3025. Partage d'ascendants, 1336. Perte des biens, 1341, 1354. Portraits, 1299. Préciput, 1279, 1481, 1482. Préférence, 1456 à 1459, 1470, 3024. Prescription, 1288, 1289. Présents d'usage, 1327. Présomptif héritier, 1268. Présomption, 1330. Prestation, 1332. Preuve, 1330. Ratification, 1277. Recelé, 1314, 1315. Récoltes, 1313 bis. Réductible, 1484. Régime dotal, 1328. Règles,

1443. Règlement complémentaire, 1308. Réméré, 1341. Rente viagère, 1311, 1327, 1335. Renonciation à réserve, 1283, 1284. Renonciation à succession, 1270, 1274, 1282. Réparations civiles, 1294. Répartition ultérieure, 1309, 1310. Réservataire, 1281. Résolution, 1342, 1493. Rétractation de renonciation, 1282. Rétention, 1481, 1500. Retour, 1294, 1324, 1342. Réunion fictive, 1321. Révocation, 1342. Revenus, 1332. Séparation des patrimoines, 945. Servitude, 1312, 1501. Simulation, 1502. Société universelle, 1098. Substitution, 1294. Successible, 1325, 1481. Suspension de prescription, 1289. Tiers détenteurs, 1269, 1288, 1503 à 1510. Tirage au sort, 1485. Tombeau, 1300. Transmission du droit, 1276 bis. Trente ans, 1323. Usage, 1501. Usufruit, 1311, 1327, 1384, 1385, 1501. Vente de créance, 1302. Vente, simulation, 1502.

Réduction des droits de l'enfant naturel. — Absence d'héritiers, 238. Acceptation, 228. Action, 228. Application, 2944. Bénéficiaire, 235, 236. Biens à venir, 231. Biens présents, 230. Cas, 226. Concours, 236. Conjoint, 238. Déclaration, 227. Déclaration ultérieure, 232. Estimation, 240. Etat, 238. Excédant de moitié, 243. Héritiers présomptifs, 237. Légataire, 238. Mineur, 228. Moins de moitié, 239, 242. Moitié, 227, 239, 242, 243. Nue-propriété, 233. Puissance paternelle, 228. Quelques enfants, 235. Réunion effective, 230. Renonciation, 241. Rente viagère, 234. Retour, 230. Terme, 230. Nolonté, 229. Usufruit, 234.

Régime dotal. — Deuil de la veuve, 843. Effets du partage, 2444. Habitation (droit d'), 845. Institution contractuelle, 302. Lots, 2311. Partage, 789. Rapport à succession, 1013 à 1018, 1023, 1024, 1071. Réduction de donation, 1328. Séparation des patrimoines, 948. Succession bénéficiaire, 557.

Réméré. — Retour légal, 167.

Remploi. — Retour légal, 173.

Renonciation à bénéfice d'inventaire. Cession de droits successifs, 618. Dation en paiement, 617. Démolition, 617. Divertissement, 619. Donation, 617. Droit de l'opposer, 620. Ecrit, 615. Effets, 621. Expresse, 615. Garanties, 618. Hypothèque, 617. Legs, 617. Recelé, 619. Répudiation, 614. Retrait successoral, 618. Séparation des patrimoines, 621. Servitude, 617. Tacite, 616. Transaction, 617.

Renonciation à communauté. — Adition d'hérédité, 397-11°.

Renonciation à donation, 1079.

Renonciation à succession. — Abandon par l'héritier bénéficiaire, 524. Absence, 369. Accroissement, 378, 445, 469, 1230. Acte, 462. Acte notarié, 465, 2970 à 2973. Acte sous seing privé, 465. Acte unilatéral, 466. Adition d'hérédité, 397-16°, 17°. Aliéné, 376. Argent prêté,

1046. Autorisation maritale, 372. Autorisation pour vendre, 362 à 364. Avantage, 1079. Avoué, 464. Bénéfice d'inventaire, 471. Capacité, 372. Cession, 367. Cohéritiers, 471. Commerce, 364. Condition, 382 à 384. Condition de donation, 368. Conseil de famille, 374. Conseil judiciaire, 375. Convention, 465, 2971. Coupe de bois, 365. Cumul, 1044. Curateur, 374. Degré subséquent, 471. Délai (*voir délai pour faire inventaire et délibérer*). Désaccord, 379, 380. Descendants, 109. Dettes, 472, 902, 1126. Dol, 483. Enfant naturel, 200 à 202, 205, 208, 218, 469, 1045. En faveur de successible, 1079. Epoque, 366. Erreur, 483. Faculté, 345. Femme, 372. Frais funéraires, 472. Gratuite, 397-16°. Greffe, 462, 2970. Greffe incompétent, 467. Héritiers subséquents, 351. Héritiers d'un successible, 377, 378. Institution contractuelle, 306. Interdits, 374. Lésion, 484. Libéralité à père, 1007. Lieu et place, 378. Maladie dernière, 472. Mandataire, 381, 463. Mari, 372. Mineurs, 374, 484. Modalité, 382. Non héritier, 468. Non rapport, 1044, 1056. Onéreuse, 397-17°. Ouverture, 366. Partage, 2021. Père et mère, 120. Poursuites, 346. Prescription, 370, 371. Rapport à succession, 473, 1007, 1026, 1043, 1044, 1054, 1056, 1079, 1126. Réduction de donation, 1274, 1282. Régime dotal, 373, 382. Représentation, 102, 103, 470. Réserve, 382. Réserve légale, 1215, 1227, 1238, 1243, 1256. Restitution, 444. Restriction, 382 à 384. Retour légal, 143, 148, 158. Rétractation (*voir ce mot*). Successible de deux lignes, 1025. Succession vacante, 623, 644. Termes, 382 à 384, 1126. Testament faux, 483. Testament nul, 483. Tiers, 465. Transmission, 469. Tuteur, 374. Vente du mobilier, 362, 364. Vente à viager, 1428. Violence, 483.

Représentation. — Absence, 94. Adoption, 95, 96. Ascendants, 99. Collatéral, 100. Définition, 92. Descendants, 97, 98. Double lien, 105. Enfant naturel, 206, 216. Frères, 100. Frères ou sœurs naturels, 257. Indignité, 92. Légataire, 93. Neveux et nièces, 100. Partage par souche, 104. Petits-enfants, 2940. Rapport à succession, 998, 1003, 1004, 1048. Renonciation, 102, 103. Réserve légale, 1220. Sœurs, 100. Succession du représenté, 103.

Reprises matrimoniales. — Retour légal, 174. Séparation des patrimoines, 931, 953.

Rescision du partage. — Administration, 2612. Aliéné, 2537. Annulation, 2529. Appel. 2595. Augmentation, 2616. Baux, 2612. Causes, 2526. Cautionnement, 2569. Chose jugée, 2596. Communistes, 2689. Compétence, 2592. Copartageants, 2593. Créanciers, 2587. Délai. 2597. Désistement, 2613. Diminution. 2616. Divisibilité, 2595. Dol, 2530. Effets de l'aliénation, 2606. Effets de la rescision, 2612 à 2617. Enfant adultérin, 2600. Exécution volontaire, 2607. Expropriation forcée, 2604. Formes, 2592 à 2596. Fruits, 2590, 2617. Garantie, 2533, 2534. Hypothèque, 2615. Immeubles, 2615. Interdits, 2599. Intérêt, 2590. Interruption de prescription, 2601. Lotissement, 2543. Masse partageable, 2606, 2616. Mauvaise foi, 2617. Meubles corporels, 2614. Meubles incorporels, 2615. Militaire absent, 2611. Mineurs, 2599. Mise en cause, 2593. Nouveau partage, 2612. Nullité, 2528. Omission d'héritier, 2535 à 2537. Partage supplémentaire, 2556. Pertes, 2616. Préjudice, 2531, 2594. Prescription, 2597 à 2601. Ratification, 2603, 2607 à 2609. Régime dotal, 2609. Renonciation, 2568. Résolution, 2615. Revenus, 2617. Servitudes, 2615. Société, 2656, 2669. Sous-partage, 2536, 2610. Supplément de partage, 2532, 2538. Tribunal compétent, 2592. Usufruit, 2615. Violence, 2530.

Réserve légale. — Accroissement, 1230, 1243. Ascendants (*voir ce mot*). Biens en nature, 1382. Calcul, 1320. Clause pénale, 1276. Collatéraux, 1219. Cumul, 1216 à 1218, 1415. Demande en partage, 1214. Demande en réduction, 1214. Descendants (*voir ce mot*). Enfant naturel (*voir ce mot*). Etranger, 1212. Fondement, 1219. Héritiers, 1214, 1219. Imputation (*voir ce mot*). Indignité, 1228. Indisponibilité, 1209. Irrévocabilité, 1210. Législation, 1210, 1211. Nue-propriété, 1384, 1385. Option, 1385. Pacte, 1270. Partage, 748. Partage d'ascendants, 1336. Principe, 1219. Proportion des biens, 1382. Rapport à succession, 1006, 1079. Recélé, 1314, 1315. Renonciation à réserve, 1270, 1283, 1284. Renonciation à succession, 1215, 1227, 1238, 1240, 1243. Représentation, 1220. Retour légal, 147. Rétractation de renonciation, 481. Réunions, 1416. Révocabilité, 1211. Suspension de partage, 760. Usufruit, 1384, 1385.

Résolution de vente. — Retour légal, 168.

Retour conventionnel. — Réduction de donation, 1342.

Retour légal. — Acceptation, 148. Accroissement, 148, 153. Actif insuffisant, 176. Actions, 171. Adoption, 156, 185 à 189. Aïeul naturel, 151. Aliénation, 161. Amélioration, 183. Ascendants, 149, 976. Ascendant naturel, 151. Ascendant prédécédé, 152. Bénéfice d'inventaire, 143, 488. Biens en nature, 161. Charges, 143, 178. Contrats onéreux, 160. Contribution aux dettes, 179. Créance, 171. Dégradations, 182. Descendants de l'adopté, 188. Détériorations, 182. Dettes, 178. Don manuel, 160. Donation, 162. Donation déguisée, 160. Dot, 160. Echange, 164. Enfant naturel, 157, 190. Frères et sœurs naturels, 261. Fruits, 184. Hérédité, 142. Hérédité distincte, 146. Hypothèque, 180. Immeuble revenu, 160. Impenses, 183. Inaliénabilité, 161. Indignité, 158. Indivision, 148. Intervention, 3060. Inventaire, 181. Legs, 162, 163. Libéralités, 160. Meubles corporels, 172. Meubles fongibles,

172. Mise en communauté, 175. Ouverture, 145. Partage, 148. Partage d'ascendants, 154, 155, 160, 1027. Père adoptif, 185. Père ou mère naturel, 150. Postérité, 156. Prédécès, 159. Prix, 165, 166. Propres, 177. Rapport, 148. Récoltes, 184. Réduction de donation, 1324, 1342. Réméré, 167. Remploi, 173. Renonciation, 143, 144, 148, 158. Rente sur l'Etat, 171. Reprises, 174. Réserve, 147. Réserve légale, 1244 à 1246. Scellés, 181. Somme d'argent, 170. Succession future, 144. Survie, 149. Texte législatif, 141. Traité, 144. Valeurs, 171. Vente, 165, 166. Vente résolue, 168.

Rétractation de renonciation à succession. — Acceptation, 477. Acte notarié, 476. Bénéfice d'inventaire, 476, 477. Conjoint, 478. Créanciers, 474, 485. Délai, 475. Dol, 483. Enfant naturel, 478. Envoi en possession, 478. Epoque, 474. Erreur, 483. Etat, 478. Expresse, 476, 477. Faculté, 474. Héritiers, 474. Légataire universel, 479. Lésion, 484. Mineur, 484. Modalités, 476. Prescription, 481. Réserve, 481. Restitution, 483. Saisine, 482. Seul héritier, 480. Successeurs irréguliers, 478. Tacite, 476, 477. Testament faux, 483. Testament nul, 483. Tiers, 481. Violence, 483.

Retrait successoral. — Absence, 1782. Acceptation du cessionnaire, 1810. Accroissement, 1764. Acquiescement, 1766. Acquisition commune, 1781. Adjonction, 1766. Aliénation, 1814. Appel, 1767. Après partage, 1812. Avantages, 1814. Avantages ; partage, 1764. Avant le partage, 1807. Ayant cause, 1755. Bénéfice, 1726. Bénéfice d'inventaire, 1726, 1743, 1761. Biens déterminés, 1774. Capacité, 1741. Cédant cessionnaire, 1734. Cédant retrayant, 1746, 1747. Cédant successible, 1759. Cession aux enchères, 1789. Cession déguisée, 1792. Cession dissimulée, 1812. Cession du droit, 1754. Cession par successible, 1768. Cession par successeurs, 1787. Cessionnaire copartageant, 1780. Cessionnaire devenu successible, 1730. Cessionnaire écarté, 3001. Cessionnaire héritier, 1813. Cessionnaire non successible, 1760. Cohéritiers, 1742. Cohéritier cédant, 1747. Cohéritier et successible du cédant, 1758. Cosuccessibles, 1746. Communauté, 1781. Communication du bénéfice, 1726, 1765. Communistes, 1781. Compromis, 1810. Confusion, 1814. Conjoint survivant, 1738, 1751. Conseil de famille, 1741. Créancier, 1737, 1755. Curateur à succession vacante, 1757. Dation en paiement, 1788. Décharge, 1815. Délai, 1808. Demande en partage, 1810. Demande en retrait, 1813. Dissimulation, 1812. Donation, 1810. Donation onéreuse, 1784. Donataire, 1725, 1727, 1735, 1742, 1756, 1768, 1787. Droit héréditaire, 1728, 1744, 1771, 1776. Droit au retrait, 1764. Droits successifs et autres biens, 1804. Echange, 1791, 1802, 1810. Effets, 1813 à 1815. Enfant naturel, 192, 1727, 1742. Epoque de cession, 1778. Exhérédation, 1729, 1745. Femme, 1737, 1749, 1750. Frais, 1794, 1795. Fruits, 1796. Garantie, 1746, 1761, 1815. Héritiers, 1725, 1726, 1756, 1768. Honoraires, 1797. Hypothèque, 1814. Immeubles indivis, 1775, 1776. Indemne, 1815. Indignité, 1732, 1746. Intérêts, 1794, 1796. Légataire, 1725, 1727, 1729, 1735, 1742, 1756, 1768, 1787. Ligne opposée, 1739, 1639, 1752. Mandataire, 1737. Mari, 1737, 1749, 1750. Mineur, 1741. Non successible, 1770. Novation, 1815. Nullité de cession, 1733. Nullité en cas de retrait, 1793. Obligation du cessionnaire, 1814, 1815. Obligation de faire, 1803. Offres, 1806. Opération du partage, 1809. Part héréditaire, 1771. Partage annulé, 1779, 1780. Partage définitif, 1811. Partage consommé, 1809, 1810. Partage partiel, 1810. Partage provisionnel, 1810. Peines, 1797. Plusieurs cessions, 1805. Plusieurs parts, 1777. Préciput, 1769. Prescription, 1808. Principes, 1722. Prix, 1791, 1799. Prix différents, 1798. Prix exagéré, 1791, 1795. Propriété, 1772. Quotepart, 1771. Recours, 1798. Remboursement du prix, 1794, 1795, 1806, 1815. Rente viagère, 1801. Rente perpétuelle, 1800. Renonciation à retrait, 1763, 1810. Renonciation à succession, 1732, 1745. Rescision, 1733. Résolution, 1733. Retour légal, 1731, 1745. Retrait consommé, 1766. Retrait pour céder, 1762. Rétrocession, 1733, 1813. Révélation de succession, 1790. Revente, 1798. Servitude, 1814. Subdivision, 1740, 1753. Successeurs du cohéritier, 1756. Successibles, 1742. Société, 1781. Soins, 1797. Souches, 1740, 1753. Titre gratuit, 1784. Titre gratuit et onéreux, 1785. Titre onéreux, 1783. Transcription, 1814. Transmission conjointe, 1810. Transmission par cessionnaire, 1786. Tuteur, 1737, 1741. Usufruitier, 1736, 1748. Vente, 1810. Vente judiciaire, 1789. Ventilation, 1804. Voyages, 1797.

Retranchement. — Cumul, 1187. Excédant du disponible, 1184. Moitié, 1185. Portion disponible, 1186. Possible, 1184. Récompense, 1185. Tiers acquéreur, 1187. Vente, 1187.

S

Saisie-arrêt. — Séparation des patrimoines, 954.

Saisie immobilière. — Décès du débiteur, 895.

Saisine. — Administrateur, 29. Caution, 29. Choses héréditaires, 31. Conjoint, 30. Définition, 28. Enfant naturel, 30. Etat, 30. Héritiers irréguliers, 30. Héritiers réguliers, 28. Institution contractuelle, 307. Legs à titre universel, 335. Parents naturels, 260. Partage, 781, 782. Rétractation de renonciation, 482.

Scellés. — Enfant naturel, 192. Opposition,

573. Partage entre associés, 2646. Retour légal, 181. Successeurs irréguliers, 282.

Séparation des patrimoines. — Absence de créanciers, 955. Absence d'inscription, 968. Acte authentique, 926. Action, 949. Administrateur, 954. Aliénation, 965, 971. Antichrèse, 968. Appel, 957. Arrangement, 960. Assurance sur la vie, 947. Attribution, 933. Bail, 967. Bénéfice d'inventaire, 508 à 510, 958. Biens, 942. Biens dotaux, 948. Biens personnels, 981. Caution, 930, 955, 978. Cessionnaire, 936. Chirographaires, 927. Collectivité, 940, 941. Compensation, 971. Compétence, 956. Concours, 940, 941, 981. Conditions, 927, 964. Confusion, 930, 931, 943, 963 à 966. Créanciers, 949. Créanciers de l'héritier, 934. Créanciers héréditaires, 925, 939. Créanciers inconnus, 949. Délai, 964. Délégation, 960, 971. Défendeurs, 949. Défense d'inscrire, 928, 970. Demande, 949, 950, 952. Dettes divisibles, 978. Distribution, 950. Divisibilité, 932, 978. Dol, 965. Donataires, 936. Dot, 948. Echange, 974. Emploi, 955. Envoi en possession, 964. Faillite, 956, 969. Femme, 937. Fondement, 922. Fraude, 965. Fruits, 942, garanties, 939. Héritiers, 949. Héritier créancier, 929. Héritier débiteur, 935. Héritier du débiteur, 963. Héritiers irréguliers, 964. Hypothèque, 927, 952, 967, 968, 971. Hypothèque légale, 953. Immeuble, 951, 966 à 971. Individualité, 940, 941. Indivisibilité, 977. Inscription, 928, 951, 953, 966 à 968, 970, 971. Interdits, 964. Intérêts, 980. Intervention à l'inventaire, 954. Intervention au partage, 949, 954. Jugement, 949, 950, 954. Jugement préparatoire, 926. Légataires, 928, 936, 938 Mesures conservatoires, 954. Meubles, 954, 964, 965, Meurtre, 946. Mineurs, 937, 964. Modifications, 960. Novation, 959 à 962. Ordre, 950. Poursuites, 960, 961, 979. Préférence, 936, 950, 975. Prescription, 964, 966, 973. Preuves, 926. Principes, 921. Privilège, 927, 936, 937, 950, 967, 977. Prix resté dû, 965, 972, 973. Prorogation de délai, 961. Purge, 971. Rapport à succession, 945, 979. Réduction de donation, 945. Renonciation, 959. Rente perpétuelle, 927. Rente viagère, 927, 955. Réparations civiles, 946. Reprises matrimoniales, 931, 953. Saisie-arrêt, 954. Seul créancier, 932, 933. Signification, 961. Sous-seing privé, 926. Spécialité, 944. Successeur, 936. Succession bénéficiaire, 958. Succession vacante, 642, 958. Suite (droit de), 971, 976. Surenchère, 976. Terme, 927, 964. Texte, 924. Tierce opposition, 949. Titres, 926. Titre nouvel, 960. Transcription, 971. Trois ans, 964. Vente de meubles, 935.

Servitude. — Partage, 718, 720.

Servitude par partage. — Accès, 2335. 2342. Aqueduc, 2340. Arbres, 2345. Bornage, 2331. Chemins, 2337. Clôtures, 2331. Destination du père de famille, 2343. Division, 2331. Eaux, 2339. Enclave, 2338. Entrées, 2336. Etendue, 2333. Four, 2344. Issues, 2336. Mare, 2342, 2344. Mention, 2346. Passages, 2332 à 2338. Pressoir, 2344. Preuve, 2346. Prise d'eaux, 2341. Pouvoirs du juge, 2334. Puits, 2344.

Sœurs. — (Voir *frères et sœurs*).

Souche. — Hérédité, 104. Partage, 700, Partage entre communistes, 2685. Retrait successoral, 1740, 1753.

Soulte. — Considérable, 1661. Délai, 2314. Dettes, 2313. Effet déclaratif, 2418. Egalité des lots, 2313, 3041. Excédant de valeurs, 1660. Intérêts, 2316. Numéraire, 2314. Partage entre communistes, 2687. Privilège, 2317, 3042. Rente, 2315. Revenus, 2313.

Subrogation. — Héritiers, 909. Légataire, 903.

Succession. — Absence, 12. Acceptation (voir ce mot). Administrateur provisoire (voir ce mot). Ascendants (voir ce mot). Autriche, 39, 41. Bénéfice d'inventaire (voir ce mot). Brésil, 39. Collatéraux (voir ce mot). Conception, 43, 44. Conjoint (voir ce mot). Consul, 39. Décès, 9, 2935. Définition, 6. Degrés (voir ce mot). Délai pour faire inventaire et délibérer (voir ce mot). Descendants (voir ce mot). Dévolution (voir ce mot). Division, 89. Double-lien (voir ce mot). Enfant adoptif, 187. Enfant naturel (voir ce mot). Enfant naturel (succession de l') (voir ce mot). Espagne, 39, 40. Etat, 272, 273. Etrangers (voir ce mot). Existence, 42. Frères et sœurs (voir ce mot). Généalogie (voir ce mot). Générations, 85. Guatémala, 39. Hérédité, 7. Héritiers irréguliers, 8. Héritiers parfaits, 78. Héritiers réguliers, 7. Honduras, 39. Hospices, 274 à 277. Indignité (voir ce mot). Italie, 39. Légitimité, 43 à 45. Ligne (voir ce mot). Marcate, 39. Mère (Voir *père et mère*). Militaire absent, 53. Monstre, 48. Mort civile, 10, 51. Nature des biens, 80. Neveux et nièces (voir ce mot). Nicaragua, 39. Origine des biens, 80. Ouverture (voir ce mot). Parenté (voir ce mot). Père et mère (voir ce mot). Pérou, 39. Perse, 39. Pétition d'hérédité (voir ce mot). Portugal, 39. Renonciation (voir ce mot). Représentation (voir ce mot). République dominicaine, 39. Russie, 39. Saisine (voir ce mot). Salvator, 39. Sandwich, 39. Siam, 39. Survie (voir ce mot). Traité consulaire, 39. Turquie, 39. Usufruit, 128. Viabilité, 46 à 49. Vénézuéla, 39.

Succession future. — Partage, 708. Retour légal, 144.

Succession vacante. — Acceptation de succession, 644. Acquéreurs, 635. Administrateur provisoire, 624. Administration, 631. Algérie, 636. Caisse des consignations, 648. Caisse des domaines, 631. Capitaux, 633. Caution, 640. Cessation, 645. Coassociés, 624. Copropriétaires, 624. Compte, 646, 2992. Conditions, 623. Contrainte, 648. Créanciers, 624, 635, 646. Curateur, 627 à 630, 2991. Date certaine, 637. Déclaration de succession, 638. Définition, 626. Délai, 623. Délégation, 632. Deshérence, 626. Distribution, 637. Etat, 626. Fautes, 641. Formalités, 639. Héritiers, 623, 646. Honoraires, 647. Inventaire, 625, 630. Légataires, 623, 624, 646. Mesures conservatoires, 625. Ministère public, 624, 627, Nomination de curateur, 628. Office, 643. Partage, 644. Paiement, 631. Plusieurs curateurs, 629. Poursuite, 648. Préposé de l'enregistrement, 633, 646. Prescription, 625. Quittance, 633. Recouvrement, 633. Renonciation à succession, 623, 644. Responsabilité, 641. Revenus, 734. Séparation des patrimoines, 642, 958. Successeurs irréguliers, 623. Tiers, 637. Transaction, 644. Transport, 643. Vacance, 622. Vente d'immeubles, 639. Vente de meubles, 625, 630, 639.

Supplément (Offre de). — Choix, 2589. Chose jugée, 2586. Créanciers, 2587. Défendeur, 2586. Dol, 2544. En nature, 2589. Erreur, 2544. Estimation, 2589. Fruits, 2590. Intérêts, 2590. Lésion énorme, 2586. Plusieurs défendeurs, 2591. Tiers détenteurs, 2587. Valeur, 2588. Violence, 2544.

Surenchère. — Bénéfice d'inventaire, 512, 563. Séparation des patrimoines, 976.

Survie. — Age, 14 à 18. Circonstances, 15. Donation, 23. Egalité d'âge, 18. Evénements différents, 25. Exécution, 20. Exemple, 27. Existence, 13. Héritiers irréguliers, 22. Institution contractuelle, 22. Invoquée, 21. Jumeaux, 19. Legs, 22. Maladie, 25. Mâle, 18. Présomption, 15, 2935. Preuve, 14, 26. Quinze ans, 16 à 18. Réciprocité, 24. Retour légal, 149. Sexe, 14. Soixante ans, 16 à 18.

Suspension de partage. — Biens indisponibles, 760. Capacité, 751. Condition de donation, 763. Conseil de famille, 751. Créanciers, 764. Désaccord, 757. Durée, 750, 754, 761. Enfants naturels, 758, 764. Héritier dissident, 757. Héritiers institués, 758. Gestion, 3005. Hypothèque, 764. Indivision (clause d'), 759, 3003. Interdits, 751. Jouissance, 755. Légataires, 758, 764. Mineurs, 751. Mode de jouissance, 755. Nullité, 754, 761. Pacte d'indivision, 3004. Partage d'ascendants, 762. Partage partiel, 1861. Partage provisionnel, 1871. Plus de cinq ans, 753. Pouvoirs, 3005. Preuve, 756. Principe, 750. Réduction, 753, 761. Renouvellement, 752. Réserve légale, 770. Société, 755, 2660. Testament, 759 à 761.

T

Timbre. — Titres étrangers, 3066.
Tirage au sort de lots. — Circonstances, 2387, 2388. Délivrance, 2398, 2399. Droit de l'exiger, 2397. Enfant naturel, 2397. Entérinement, 2400. Extraits, 2401. Juge-commissaire, 2389. Légataire, 2397. Majeurs, 2396. Mode, 2391. Notaire commis, 2390. Obligatoire, 2393 à 2396. Procès-verbal de lecture, 2295. Sans utilité, 2395. Signification, 2388. Sommation, 2390. Subdivision, 2392.

Titres et papiers (Remise de). — Annexe, 2277. Communication, 2279. Décharge, 2280. Dépôt à un notaire, 2276. Désignation, 2278. Division, 2273. Lettres missives, 2275. Par l'inventaire, 2274.

Tombeau. — Acceptation de succession, 397-13°. Actif de succession, 817. Legs universel, 323. Réduction de donation, 1300.

Transaction. — Acceptation de succession, 390, 397-9°. Bénéfice d'inventaire, 543, 544. Effets du partage, 2423. Partage (*voir partage transactionnel*). Partage amiable, 1843. Partage consommé, 1684. Rescision pour lésion, 2558, 2571 à 2575.

Transcription. — Retrait successoral, 1814. Saisie, 1702. Séparation des patrimoines, 971. Servitude, 2266.

Tribunal compétent. — Action mixte, 2036. Algérie, 2046. Appel, 2034. Biens communaux, 2042, 2043. Biens à l'étranger, 2031. Communes, 2045. Conseil de préfecture, 2042. Deux successions, 2028. Différents arrondissements, 2038. Etat, 2046. Etrangers et français, 2032. Etranger, succession mobilière, 2033. Exécution, 2116. Exception d'incompétence, 2041. Faillite, 2029. Infirmation, 2116. Légataires, 2037. Lieux différents, 2028. Lieu d'ouverture, 2027. Marais desséché, 2044. Ouverture à l'étranger, 2039. Séparation, 2035. Succession testamentaire, 2030. Suisse, 2040.

U

Ultra vires. — Conjoint survivant, 488. Donataire contractuel, 488. Enfant naturel, 488. Etat, 900. Héritiers, 899. Héritiers institués, 488. Légataires, 488. Successeurs, 900.

Usufruit. — Conjoint, 271. Enfant naturel, 234. Partage, 715, 716, 3063. Passif de succession, 918. Père ou mère, 128, 2947.

Utérins. — Division, 115. Frères et sœurs, 112, 2946. Frère et sœur naturels, 256. Hérédité, 116.

V

Valeurs industrielles. — Prime, 342.
Vente. — Acceptation de succession, 397-1°. Actif de succession, 805. Attribution, 2318. Bien indivis, 713. Effets du partage, 2423, 2448, 2449. Héritier apparent, 687 à 692. Indignité, 73. Indivision, 713. Lésion, 2558. Lots, 2312, 2318.

Opposition à partage, 1717. Partage amiable, 1843. Partage entre communistes, 2679. Partage judiciaire, 1949, 1951, 1956, 2069. Partage provisionnel, 1896. Pétition d'hérédité, 687, à 692. Rapport à succession, voir *Aliénation*. Réduction de donation, voir *Aliénation*. Renonciation à succession, 362, 364. Rescision, 2602 à 2615. Retour légal, 165, 166, 168. Retrait successoral, 1789, 1810, 1814. Séparation des patrimoines, 965. Succession vacante, 625, 630, 639.

Vente à viager. — Achat par père, 1427. Ascendant, 1428. Capital et rente, 1422. Cas fortuit, 1430. Collatéraux, 1425, 1429. Consentement des successibles, 1437 à 1442. Descendants, 1428, 1434. Donation, 1424, 1425. Droit commun, 1419, 1442. Enfant naturel, 1434. Enfant posthume, 1440, 1441. Etranger, 1429. Fonds perdu, 1417, 1418 Formes du consentement, 1438. Impenses, 1436. Imputation, 1430. Intérêts, 1432. Modes divers, 1420. Nue-propriété, 1427. Personne interposée, 1429. Perte, 1430. Petit-fils, 1428. Prédécès, 1428. Présomptif héritier, 1427. Preuve, 1435. Prix, 1439. Quotité épuisée, 1433. Rapport à succession, 1425, 1431 à 1434. Renonciation à succession, 1428 Rente et capital, 1422. Rente viagère, 1417. Répétition, 1435. Successible non consentant, 1440, 1441. Tiers, 1421, 1431. Usufruit, 1417, 1418, 1427. Usufruit, partiel, 1423. Vente nulle, 1426.

Vente d'immeubles de succession bénéficiaire. — Abandon de biens, 531, 534. Créance à terme, 569. Créanciers, 558, 565, 568. Déchéance, 556. Délégation, 564. Distribution, 565. Formes, 556. Héritier adjudicataire, 561, 562. Héritier créancier, 567. Négligence, 558, 559. Obligation, 536. Ordre, 566. Origine dotale, 557. Prix, 564 à 566. Purge, 562. Rentes constituées, 560. Saisie, 559. Surenchère, 563.

Vente de meubles de succession bénéficiaire. — Abandon de biens, 531, 534. Actions de la banque, 554, 555. Actions de sociétés, 554, 555. Affiches, 549. Créances, 550. Créanciers, 537. Droit au bail, 537. Formes, 548. Meubles en nature, 551. Meubles incorporels, 550. Mode de vente, 549. Obligation, 536. Office, 550. Public, 549. Rente sur l'état, 552 à 555.

Vente de meubles. — Adition d'hérédité, 362 à 364. Autorisations, 362 à 364. Commerce, 364. Coupe de bois, 365. Dettes, 1642, 1643. Dissentiment, 1641. Faillite, 1640. Fonds de commerce, 1648. Garde difficile, 1647. Majorité, 1642. Mémoires et papiers, 1645. Meubles onéreux, 1647. Oppositions, 1641. Ordonnée, 1644. Part des dettes, 1646. Partielle, 1643. Représentation, 1642. Saisie, 1641. Séparation des patrimoines, 965. Succession vacante, 625, 630, 639. Voix, 1642.

Viabilité. — Hérédité, 46, 2937. Conformation, 47. Preuve, 49, 50.

Violence. — Acceptation, de succession, 433. Nullité, 3074. Rescision du partage, 2530. Renonciation à succession, 483.

Visa. — Exploit, 2055 à 2059. Timbre, 3066.

TABLE DE CONCORDANCE

DES

ARTICLES EXPLIQUÉS DANS CE VOLUME

DES CODES CIVIL ET DE PROCÉDURE

CODE CIVIL

ART. du CODE.	NUMÉROS DU TRAITÉ.	ART. du CODE.	NUMÉROS DU TRAITÉ.	ART. du CODE.	NUMÉROS DU TRAITÉ.
135	13, 26, 49	746	123 à 125	786	444, 469
136	49, 52	747	141 à 190	787	470, 471
215	2019	748	118	788	447 à 461, 485
224	1919	749	119 à 122	789	370, 371
325	841, 849	750	112 à 114	790	474 à 485
466	1917 à 1936	751	118 à 122	791	366 à 369
467	1906 à 1909	752	115 à 117	792	402 à 422
472	1910 à 1914	753	126 à 138	793	487 à 494
544	1207	754	128, 129	794	495 à 498
664	1662	755	139, 140	795	348 à 353
671	2345	756	191 à 195	796	362 à 365
694	2343	757	196 à 214	797	354 à 357
718	9, 10, 12	758	215	798	358
719	10	759	216 à 218	799	359
720	14, 15, 19 à 27	760	219 à 225	800	360, 361
721	16, 18	761	227 à 243	801	586, 587, 614 à 621
722	17, 18	762	244, 245	802	499 à 535
723	7, 8	763	246, 247	803	501, 536 à 547, 595 à 610, 611, 612
724	28 à 31, 781, 922	764	248 à 252		
725	42 à 53	765	253 à 255	804	501, 588, 589
726	32 à 38	766	256 à 267	805	548 à 555
727	54 à 75	767	268 à 271	806	556 à 569
728	64, 65	768	272, 273	807	590 à 594
729	72, 73	769	280 à 282	808	570 à 581
730	76, 77	770	283 à 293	809	582, 583
731	79	771	290	810	605, 851 à 872
732	80, 81, 791	772	294, 295, 649 à 692	811	622 à 627
733	89, 115, 123, 132, 139, 1523	773	281, 282, 290, 292, 294	812	627
		774	345, 381 à 384, 486, 487	813	630 à 638
734	89			814	639 à 648
735	82, 83	775	345	815	705 à 749, 750 à 764
736	84	776	372 à 376, 489	816	765 à 780, 1937 à 1989
737	85, 86, 87	777	430, 431	817	1959 à 1973, 1986 à 1989
738	88	778	385 à 401		
739	92 à 96	779	423 à 429	818	1869 à 1898, 1974 à 1985, 2018
740	97, 98	780	397-15°, 16°, 17°		
741	99	781	377, 378	819	1816 à 1868
742	100, 101	782	379, 380	820	
743	104, 105	783	432 à 446	821	Scellés et inventaire.
744	102, 103	784	345, 462 à 467	822	2027 à 2046, 2487, 2592
745	106 à 111	785	444, 468 à 475		

TABLE DE CONCORDANCE

ART. du CODE.	NUMÉROS DU TRAITÉ.	ART. du CODE.	NUMÉROS DU TRAITÉ.	ART. du CODE.	NUMÉROS DU TRAITÉ.
823	1926 à 1936, 2079, 2080, 2102, 2108	871	884 à 888, 900 à 903	1014	317, 339, 1939
		872	914 à 919	1015	340 à 343
824	791 à 802, 2126 à 2135	873	904 à 908	1016	853
825	803 à 822	874	903	1082	297 à 307
826	1636 à 1648	875	909 à 911	1083	308
827	1649 à 1664, 2136 à 2138	876	912, 913	1086	309
		877	893 à 898	1091	310, 314
828	2081 à 2106, 2151 à 2287, 2372	878	920 à 958	1093	311
		879	959 à 963	1094	1528 à 1585
829	984 à 988, 1121 à 1135	880	964 à 981	1096	312
830	420, 1127, 1200 à 1204	881	934	1097	313
831	826, 827	882	1666 à 1720, 2067 à 2076	1098	1586 à 1625
832	2310 à 2312			1099	1626 à 1630
833	2313 à 2317	883	2409 à 2456	1100	1631 à 1635
834	2305 à 2346, 2387 à 2401	884	2457 à 2476	1121	815
		885	2477 à 2488	1130	708
835	2347	886	2489 à 2491	1166	1063, 1276 bis
836	2330	887	2526 à 2550, 2592 à 2596, 2612 à 2617	1167	1695
837	2303, 2307, 2348			1220	882
838	1917 à 1936, 2006 à 2016	888	1899 à 1909, 2558 à 2576	1221	
				1304	2597 à 2601
839	2136	889	2577 à 2585	1325	1834, 2622
840	1875 à 1898, 1965 à 1973, 2402 à 2407	890	2551 à 2557	1338	2608
		891	2586 à 2591	1476	1781
841	1721 à 1815	892	2597 à 2611	1481	842 à 844
842	2273, 2280	904	1511 à 1527	1570	845
843	984 à 996, 1027 à 1043, 1066 à 1080	908	223, 226, 250, 1272	1573	1013 à 1017
		913	1207 à 1230, 1247 à 1265	1677	2554
844	1023, 1029, 1042, 1043			1686	1650
845	1044 à 1048, 1215	914	1220	1832	2619
846	997 à 1000	915	1231 à 1246	1833	2619
847	1001	916	1219	1834	2620
848	1002 à 1009	917	1384 à 1407	1840	1098
849	1010 à 1024	918	1417 à 1449	1853	2665
850	502, 1049 à 1055	919	1027 à 1041, 1408 à 1416	1855	2619
851	1081 à 1090			1856	
852	1104 à 1120	920	1266 à 1270	1857	2627
853	1091, 1092, 1099 à 1103	921	502, 1271 à 1289	1858	
		922	1290 à 1383	1861	1781
854	1093 à 1098	923	1443, 1464 à 1479	1865	2630 à 2638
855	1147 à 1156	924	1480 à 1492	1866	2632
856	1136 à 1142	925	1444	1867	2634
857	1056 à 1065	926	1446 à 1455	1868	2636
858	1143	927	1456 à 1463, 1470	1869	2639
859	1144 à 1146, 1170 à 1172	928	1493 à 1500	1870	2640, 2641
		929	1501, 1502	1871	2642, 2643
860	1173 à 1180	930	1503 à 1510	1872	2645 à 2672
861	1157 à 1160, 1164	1003	318 à 322	2041	591
862	1161, 1162, 1164	1004	329	1103-3°	2492 à 2513
863	1163, 1164	1005	330	2109	2497 à 2502, 2514 à 2525
864	1181 à 1183	1006	323, 324		
865	1167 à 1169	1008	325 à 328	2111	509, 935 à 958, 966 à 981
866	1184 à 1188	1009	331, 488-2°, 1451		
867	1165 à 1166	1010	332 à 334, 338	2205	2512
868	1189 à 1196	1011	335, 336	2258	517, 625
869	1197 à 1199	1012	488-2°	2262	1288
870	875 à 892, 899 à 902	1013	337	2277	1141

I.

CODE DE PROCÉDURE CIVILE

ART. du CODE.	NUMÉROS DU TRAITÉ.	ART. du CODE.	NUMÉROS DU TRAITÉ.	ART. du CODE.	NUMÉROS DU TRAITÉ.
49-6°	2049, 2050	970	2102, 2107 à 2125	988	556
50-3°	2049, 2050	971	2126 à 2135	989	549, 550
59-6°	2027 à 2046	974	2136	990	549, 578
69-6°	2628	975	2134	991	566
83	2064, 2362	976	2139 à 2150	992	593
174	354, 360	977	2143, 2151 à 2304, 2307, 2351	993	593
187	354			994	
443	2384	978	2305	995	599
444	2012, 2208, 2383	979	2309 à 2346	996	516
541	2406	980	2353	997	462
548	2384	981	2354 à 2386	998	622, 627
774	348, 353	982	2387 à 2400	999	629
966	1937 à 2026, 2047 à 2054, 2060 à 2066	983	2401	1000	631, 639
		984	1917 à 1936	1001	639
967	2055 à 2059	985	1819, 1932 à 1934	1002	639
968	2006 à 2016	986	362 à 365		
969	2077 à 2106, 2372	987	556		

TABLE MÉTHODIQUE DES MATIÈRES

	PAGES	NUMÉROS
LIVRE PREMIER. De la liquidation et du partage des Successions...	3	1 à 4
PREMIÈRE PARTIE. De la transmission des biens par hérédité....	3	5
TITRE PREMIER. — Des successions *ab intestat*.........	4	
CHAPITRE PREMIER. — *De l'ouverture des successions et de la saisine des héritiers*................	4	
Sect. 1. — De l'hérédité et de sa transmission........	4	6 à 12
Sect. 2. — De la présomption de survie...........	5	13 à 27
Sect. 3. — De la saisine.................	7	28 à 31
Sect. 4. — Des étrangers................	8	32 à 41
CHAPITRE DEUXIÈME. — *Des conditions d'existence requises pour succéder.*	9	
Sect. 1. — Des conditions d'existence...........	10	42 à 53
Sect. 2. — De l'indignité................	11	54 à 77
CHAPITRE TROISIÈME. — *Des divers ordres de successions légitimes*...	16	
Sect. 1. — Dispositions générales; degrés de parenté......	16	78 à 91
Sect. 2. — De la représentation.............	19	92 à 105
Sect. 3. — Des successions déférées aux descendants......	21	106 à 111
Sect. 4. — Des successions déférées aux frères et sœurs, neveux et nièces seuls, ou en concours avec père et mère......	23	
§ 1. Frères et sœurs, et leurs descendants........	23	112 à 117
§ 2. Frères et sœurs ou leurs descendants concourant avec père et mère.....................	24	118 à 122
Sect. 5. — Des successions déférées aux ascendants......	25	
§ 1. Ascendants seuls..............	25	123 à 125
§ 2. Ascendants et collatéraux............	25	126 à 131
Sect. 6. — Des successions collatérales autres que celles dévolues aux frères et sœurs ou leurs descendants...........	26	132 à 138
Sect. 7. — De la dévolution d'une ligne à l'autre.......	28	139 et 140
Sect. 8. — Des ascendants héritiers à titre de retour légal....	28	
§ 1. Caractère du retour légal...........	28	141 à 148
§ 2. Cas dans lesquels le retour légal a lieu.......	29	149 à 159
§ 3. Choses auxquelles s'applique le retour légal......	31	160 à 176
§ 4. Effets du retour légal............	34	177 à 184
§ 5. Retour légal en faveur du père adoptif et de ses descendants.	35	185 à 189
§ 6. Retour légal en faveur des enfants légitimes dans la succession de l'enfant naturel................	35	190
CHAPITRE QUATRIÈME. — *Des successions irrégulières*......	35	
Sect. 1. — Des enfants naturels.............	35	
§ 1. Droits des enfants naturels...........	36	191 à 195
§ 2. Quotité du droit de l'enfant naturel.........	37	196 et suiv
1er cas. Concours de l'enfant naturel avec des descendants légitimes.	37	197 à 203
2e cas. Concours de l'enfant naturel avec des ascendants ou des frères et sœurs................	38	204 à 212
3e cas. Concours avec des collatéraux autres que frères et sœurs.	39	213 et 214

	PAGES	NUMÉROS
4ᵉ cas. Absence d'héritiers.	40	215
§ 3. Droits des enfants et descendants de l'enfant naturel	40	216 à 218
§ 4. Imputation des dons faits à l'enfant naturel.	40	219 à 225
§ 5. Réduction des droits de l'enfant naturel	42	226 à 243
Sect. 2. — Des enfants adultérins ou incestueux	44	244 à 252
Sect. 3. — De la succession aux enfants naturels décédés sans postérité.	45	253 à 267
Sect. 4. — Du conjoint survivant; de l'Etat et des hospices.	47	268 à 279
Sect. 5. — De l'envoi en possession de l'hérédité dévolue aux enfants et parents naturels, au conjoint et à l'Etat	49	280 à 295
TITRE DEUXIÈME. — DE LA TRANSMISSION DES BIENS PAR SUCCESSION CONTRACTUELLE OU TESTAMENTAIRE	51	296
CHAPITRE PREMIER. — De l'institution contractuelle	51	297 à 309
CHAPITRE DEUXIÈME. — Des donations entre époux.	53	310 à 315
CHAPITRE TROISIÈME. — Des dispositions testamentaires	54	316 à 343
TITRE TROISIÈME. — DE L'ACCEPTATION ET DE LA RÉPUDIATION DES SUCCESSIONS	59	344
CHAPITRE PREMIER. — De l'acceptation pure et simple et de la renonciation.	59	
Sect. 1. — Dispositions générales.	61	345 et suiv.
§ 1. Du délai pour faire inventaire et délibérer	61	348 à 361
§ 2. De la vente du mobilier sans attribution de qualité.	63	362 à 365
§ 3. De l'époque pour accepter ou renoncer	63	366 à 371
§ 4. De la capacité pour accepter ou renoncer	64	372 à 381
§ 5. De la modalité de l'acceptation ou de la renonciation	66	382 à 384
Sect. 2. — De l'acceptation pure et simple.	66	
§ 1. De l'acceptation par héritier	66	385 et suiv.
1. Acceptation expresse	66	386 à 394
2. Acceptation tacite.	67	395 à 401
§ 2. Du recelé et du divertissement	69	402 à 422
§ 3. Des actes conservatoires et d'administration.	72	423 à 429
§ 4. Des effets de l'acceptation.	73	430 à 431
§ 5. De la rescision de l'acceptation	73	432 à 446
§ 6. De l'acceptation par les créanciers d'un successible	75	447 à 461
Sect. 3. — De la renonciation aux successions	76	
§ 1. Des formes de la renonciation	76	462 à 467
§ 2. Des effets de la renonciation	77	468 à 473
§ 3. De la rétractation et annulation de la renonciation	78	474 à 485
CHAPITRE DEUXIÈME. — Du bénéfice d'inventaire	79	486 et suiv.
Sect. 1. — Des successeurs qui peuvent accepter sous bénéfice d'inventaire.	81	487 à 491
Sect. 2. — Des formalités de l'acceptation bénéficiaire	82	492 à 498
Sect. 3. — Des effets du bénéfice d'inventaire	83	499 et suiv.
§ 1. Du paiement des dettes et charges.	83	500 à 511
§ 2. Des créances de l'héritier bénéficiaire.	85	512 à 517
§ 3. De l'abandon de biens par l'héritier bénéficiaire	86	518 à 535
Sect. 4. — De l'administration de la succession.	88	536 et suiv.
§ 1. Des actes divers d'administration	88	541 à 547
§ 2. De la vente des meubles	90	548 à 555
§ 3. De la vente des immeubles et des rentes constituées	91	556 à 569
§ 4. Du paiement aux créanciers et aux légataires.	92	570 à 583
Sect. 5. — Des garanties accordées aux créanciers et aux légataires.	94	584 et suiv.
§ 1. De la déchéance du bénéfice d'inventaire	94	585 à 587
§ 2. De la responsabilité des fautes	94	588 à 589
§ 3. De la caution à fournir par l'héritier bénéficiaire	95	590 à 594
Sect. 6. — Du compte à rendre aux créanciers et aux légataires.	95	595 et suiv.
§ 1. Des recettes.		
§ 2. Des dépenses	96	602 à 604
§ 3. Du reliquat.	96	605 à 610
	97	611 à 613

	PAGES	NUMÉROS
Sect. 7. — De la renonciation au bénéfice d'inventaire	97	614 à 621
TITRE QUATRIÈME. — DES SUCCESSIONS VACANTES.	98	622 à 648
TITRE CINQUIÈME. — DE LA PÉTITION D'HÉRÉDITÉ.	102	
Sect. 1. — Quand, par qui et contre qui la pétition d'hérédité peut être exercée	102	649 à 657
Sect. 2. — De l'action en pétition d'hérédité.	103	658 à 663
Sect. 3. — De la restitution.	104	664 à 682
Sect. 4. — Des effets des actes à l'égard des tiers	106	683 à 692

DEUXIÈME PARTIE.

Des opérations de liquidation et partage. — 108

	PAGES	NUMÉROS
TITRE PRÉLIMINAIRE. — DIVISION	108	693 à 701
TITRE PREMIER. — DU DROIT D'EXIGER LE PARTAGE	109	702 et suiv.
CHAPITRE PREMIER. — *Des biens laissés par le défunt*	110	
Sect. 1. — De l'indivision	110	705 à 713
Sect. 2. — De l'obligation de partager et des biens susceptibles de partage	111	714 à 749
CHAPITRE DEUXIÈME. — *De la suspension du partage*	115	750 à 764
CHAPITRE TROISIÈME. — *De la prescription de la demande en partage.*	117	765 à 780
TITRE DEUXIÈME. — DE LA MASSE DES BIENS A PARTAGER.	119	781 et suiv.
CHAPITRE PREMIER. — *Des biens existants au décès*	119	785 et suiv.
Sect. 1. — De la masse active.	122	
§ 1. Biens à comprendre dans la masse.	122	791 à 822
§ 2. Formation de la masse.	126	823 à 828
Sect. 2. — Du passif de la succession et de son paiement	127	
§ 1. Des dettes et charges à y comprendre	127	829 à 874
§ 2. De l'action personnelle contre les héritiers	133	875 à 902
§ 3. De l'action hypothécaire contre les héritiers	136	903 à 919
§ 4. De la séparation des patrimoines	138	920 à 981
CHAPITRE DEUXIÈME. — *Des rapports à effectuer à la masse*	148	982 et suiv.
Sect. 1. — Des personnes par lesquelles le rapport est dû	151	984 et suiv.
§ 1. Etre héritier.	151	989 à 996
§ 2. Etre donataire ou légataire	152	997 à 1026
§ 3. Ne pas avoir été dispensé du rapport	156	1027 à 1041
§ 4. Venir à la succession	158	1042 à 1048
Sect. 2. — De la succession et des personnes auxquelles le rapport est dû	159	
§ 1. A quelle succession	159	1049 à 1055
§ 2. A quelles personnes	160	1056 à 1065
Sect. 3. — Des avantages sujets à rapport.	161	
§ 1. Rapports de legs	161	1066 et 1067
§ 2. Rapports de dons entre vifs	162	1068 et suiv.
1. Choses sujettes au rapport.	162	1069 à 1103
2. Choses non soumises au rapport.	167	1104 à 1120
§ 3. Rapports de dettes	169	1121 à 1135
§ 4. Rapports de fruits	171	1136 à 1142
Sect. 4. — De la manière dont se fait le rapport	172	1143 et suiv.
§ 1. Rapport d'immeubles.	172	1144 à 1169
1. En nature	174	1170 à 1183
2. En moins prenant	176	1184 à 1188
3. Retranchement	176	1189 à 1199
§ 2. Rapport de meubles.	178	1200 à 1204
§ 3. Prélèvements		

	PAGES	NUMÉROS
CHAPITRE TROISIÈME. — *Des réductions de donations*	178	1205 à 1206
Sect. 1. — De la réduction des libéralités ordinaires	179	
§ 1. De la nature de la réserve et de la quotité disponible	182	1207 à 1218
§ 2. Du montant de la réserve et de la quotité disponible.	184	1219 et suiv.
1. De la réserve des descendants	184	1220 à 1230
2. De la réserve des ascendants	186	1231 à 1246
3. De la réserve des enfants naturels	188	1247 à 1265
§ 3. Du droit pour les héritiers de faire réduire les dons et les legs .	192	1266 à 1289
§ 4. De la masse sur laquelle s'établit le calcul de la réserve et de la quotité disponible.	195	1290 et suiv.
1. Biens existants dans la succession	196	1293 à 1319
2. Biens donnés entre vifs.	200	1320 à 1363
3. Déduction des dettes.	206	1364 à 1381
§ 5. Des libéralités sujettes à réduction	208	1382 à 1407
§ 6. Des imputations sur la réserve et sur la quotité disponible. . .	212	1408 à 1442
§ 7. Des règles de la réduction.	218	1443 et suiv.
1. De la réduction des legs	218	1446 à 1463
2. De la réduction des donations	221	1464 à 1479
§ 8. De l'exercice et des effets de la réduction	223	
1. Exercice	223	1480 à 1492
2. Effets	225	1493 à 1510
Sect. 2. — De la réduction des libéralités faites par les mineurs. . .	227	1511 à 1527
Sect. 3. — De la réduction des libéralités faites entre époux	230	1528 et suiv.
§ 1. De la quotité disponible entre époux quand il n'y a pas d'enfants de précédents mariages	231	1529 et suiv.
1. Collatéraux	232	1533 et 1534
2. Ascendants	232	1535 à 1543
3. Enfants	233	1544 à 1582
4. Enfants naturels	242	1583 à 1585
§ 2. De la quotité disponible entre époux quand le disposant a des enfants d'un précédent mariage	242	1586 à 1609
§ 3. Des dispositions faites concurremment en faveur d'un époux et d'un étranger.	247	1610 à 1625
§ 4. Des règles communes aux dispositions soit par contrat de mariage, soit pendant le mariage	251	1626 à 1635
CHAPITRE QUATRIÈME. — *Du droit pour les héritiers de demander le partage en nature.*	253	1636 et suiv.
Sect. 1. — Des meubles	254	1639 à 1648
Sect. 2. — Des immeubles	255	1649 à 1664
TITRE TROISIÈME. — DES INCIDENTS DU PARTAGE.	257	1665 et suiv.
CHAPITRE PREMIER. — *De l'opposition à partage*	258	1666 et suiv.
Sect. 1. — Des partages auxquels il peut être formé opposition . . .	259	1669 à 1674
Sect. 2. — Des créanciers opposants	259	1675 à 1678
Sect. 3. — Des délais pour former opposition.	260	1679 à 1697
Sect. 4. — Des formes de l'opposition	262	1698 à 1705
Sect. 5. — Des frais d'opposition et d'intervention.	264	1706 à 1708
Sect. 6. — Des effets de l'opposition	264	1709 à 1720
CHAPITRE DEUXIÈME. — *Du retrait successoral*	266	1721 et suiv.
Sect. 1. — Des cessionnaires assujettis au retrait	267	1725 à 1740
Sect. 2. — De ceux qui peuvent exercer le retrait	270	1741 à 1767
Sect. 3. — Des cessions susceptibles de retrait	274	1768 à 1793
Sect. 4. — Des conditions et des modalités du retrait	278	1794 à 1806
Sect. 5. — Du délai pour exercer le retrait	280	1807 à 1812
Sect. 6. — Des effets du retrait	282	1813 à 1815
TITRE QUATRIÈME. — DU PARTAGE AMIABLE.	283	1816 et suiv.
CHAPITRE PREMIER. — *Des cas où le partage peut être amiable* . . .	284	1819 à 1832
CHAPITRE DEUXIÈME. — *Des formes du partage amiable*	286	1833 à 1841

	PAGES	NUMÉROS
CHAPITRE TROISIÈME. — *Des modalités du partage amiable*.	288	1842 et suiv.
Sect. 1. — Du partage de l'intégralité des biens.	289	1843 à 1856
Sect. 2. — Du partage partiel.	290	1857 à 1863
Sect. 3. — Du partage supplémentaire.	291	1864 à 1868
Sect. 4. — Du partage provisionnel.	292	1869 et suiv.
§ 1. Des cas où il y a lieu à un partage provisionnel	292	1871 à 1879
§ 2. Des effets du partage provisionnel et du droit de requérir un partage définitif.	293	1880 à 1898
Sect. 5. — Du partage transactionnel.	296	1899 à 1909
Sect. 6. — Du partage avec compte de tutelle.	298	1910 à 1914
TITRE CINQUIÈME. — DU PARTAGE JUDICIAIRE.	299	1915 et suiv.
CHAPITRE PREMIER. — *Des cas où le partage doit être judiciaire*.	304	1917 à 1936
CHAPITRE DEUXIÈME. — *De ceux par qui et contre qui le partage peut être demandé*.	306	
Sect. 1. — De ceux qui peuvent demander le partage	306	1937 à 1989
Sect. 2. — De ceux contre qui le partage peut être demandé	312	1990 à 2026
CHAPITRE TROISIÈME. — *Des formes du partage judiciaire*	316	
Sect. 1. — Du tribunal compétent	316	2027 à 2046
Sect. 2. — De l'introduction de la demande.	318	2047 à 2066
Sect. 3. — De l'intervention des créanciers	321	2067 à 2076
Sect. 4. — Du jugement.	322	2077 à 2125
Sect. 5. — De l'expertise.	327	2126 à 2135
Sect. 6. — De la licitation	328	2136 à 2138
Sect. 7. — De la comparution devant le notaire.	329	2139 à 2150
Sect. 8. — De l'état liquidatif.	330	2151 à 2287
Sect. 9. — Du procès-verbal de lecture et d'approbation.	346	2288 à 2304
Sect. 10. — De la formation des lots	348	2305 à 2346
Sect. 11. — Du procès-verbal de difficultés sur la composition des lots.	353	2347 à 2353
Sect. 12. — De l'homologation.	354	2354 à 2386
Sect. 13. — Du tirage au sort des lots	358	2387 à 2401
CHAPITRE QUATRIÈME. — *Des effets du partage judiciaire*.	360	2402 à 2407
TITRE SIXIÈME. — DES EFFETS JURIDIQUES DU PARTAGE.	361	2408
CHAPITRE PREMIER. — *De l'effet déclaratif du partage*	361	
Sect. 1. — Dispositions générales	362	2409 à 2414
Sect. 2. — Des actes auxquels l'effet déclaratif est attaché.	363	2415 à 2431
Sect. 3. — Des choses soumises à l'effet de la règle du partage définitif.	366	2432 à 2438
Sect. 4. — Des effets du partage déclaratif.	367	2439 à 2456
CHAPITRE DEUXIÈME. — *De la garantie des lots*	371	
Sect. 1. — Règles générales.	371	2457 à 2458
Sect. 2. — Dans quels cas il y a lieu à garantie.	371	2459 à 2476
Sect. 3. — De l'objet et de la durée de l'obligation de garantie	374	2477 à 2491
CHAPITRE TROISIÈME. — *Du privilége de copartageant*	376	
Sect. 1. — De l'existence du privilége.	376	2492 à 2513
Sect. 2. — De l'inscription du privilége	379	2514 à 2525
TITRE SEPTIÈME. — DE LA NULLITÉ ET DE LA RESCISION EN MATIÈRE DE PARTAGE.	381	
CHAPITRE PREMIER. — *Des causes de nullité ou de rescision*.	382	2526 et suiv.
Sect. 1. — De la nullité.	382	2527 à 2544
Sect. 2. — De la rescision pour lésion	384	2545 à 2591
Sect. 3. — Des formes de l'action en rescision.	391	2592 à 2596
CHAPITRE DEUXIÈME. — *De l'extinction des causes de rescision*.	392	2597 à 2611
CHAPITRE TROISIÈME. — *Des effets de la rescision*	395	2612 à 2617
TITRE HUITIÈME. — DU PARTAGE ENTRE ASSOCIÉS ET ENTRE COMMUNISTES.	396	2618

	PAGES	NUMÉROS
CHAPITRE PREMIER. — *Du partage entre associés*	396	
Sect. 1. — De la formation et de l'existence des sociétés.	397	2619 à 2629
Sect. 2. — De la dissolution des sociétés	400	2630 à 2644
Sect. 3. — Du partage des sociétés	401	2645 à 2672
CHAPITRE DEUXIÈME. — *Du partage entre communistes*	405	2673 à 2690

PARTIE COMPLÉMENTAIRE.

Des droits d'enregistrement

	PAGES	NUMÉROS
Des droits d'enregistrement	407	2691
CHAPITRE PREMIER. — *Des actes relatifs à l'ouverture et à la transmission des successions*	407	
Sect. 1. — Des actes de notoriété.	407	2692 à 2697
Sect. 2. — Des actes relatifs à l'acceptation et à la répudiation des successions	408	2698 à 2704
Sect. 3. — Des actes relatifs au bénéfice d'inventaire.	409	2705 à 2716
CHAPITRE DEUXIÈME. — *Des actes de partage*	411	
Sect. 1. — De la perception des droits applicables au partage	414	
§ 1. Du droit gradué	414	2717 à 2746
§ 2. Du droit de soulte.	418	2747 à 2788
§ 3. Des droits divers sur les actes et conventions se rattachant aux partages.	426	2789 à 2817
Sect. 2. — De l'indivision	430	2818 à 2832
Sect. 3. — De la justification de la copropriété	433	2833 et suiv.
§ 1. De la justification à l'égard des qualités	434	2834 à 2836
§ 2. De la justification en ce qui concerne les biens	434	2837 à 2847
Sect. 4. — Des modalités diverses du partage	436	
§ 1. Partage de succession	436	2848 à 2891
§ 2. Partage de société.	444	2892 à 2901
§ 3. Partages divers.	446	2902 à 2904
Sect. 5. — Des rapports à la masse	446	
§ 1. Des rapports en nature.	446	2905 à 2910
§ 2. Des rapports en moins prenant.	447	2911 à 2931

FORMULES.

	PAGES	NUMÉROS
CHAPITRE PREMIER. — *Des actes relatifs à l'ouverture et à la transmission des hérédités* (Form. 1 à 34)	453	2933 à 2968
CHAPITRE DEUXIÈME. — *Des actes relatifs à l'acceptation et à la répudiation des successions, au bénéfice d'inventaire et aux successions vacantes* (Form. 35 à 43)	472	2969 à 2992
CHAPITRE TROISIÈME. — *Des actes divers se rattachant aux opérations du partage* (Form. 44 à 54).	492	2993 à 3027
CHAPITRE QUATRIÈME. — *Du partage amiable* (Form. 55 à 77).	514	3028 à 3078
CHAPITRE CINQUIÈME. — *Du partage judiciaire* (Form. 78 à 91)	566	3079 à 3114
CHAPITRE SIXIÈME. — *Du partage entre associés et entre communistes* (Form. 92 et 93)	609	3115 à 3117
TABLE ALPHABÉTIQUE du droit civil.	615	
TABLE DE CONCORDANCE des articles expliqués des Codes civil et de procédure	640	
TABLE MÉTHODIQUE des matières	643	

FIN DU LIVRE PREMIER.

TABLE ALPHABÉTIQUE

DES FORMULES PUBLIÉES DANS LE PREMIER VOLUME

§ 1er. Actes de notoriétés.

	Pages
Absence d'héritiers à réserve	470
Absence donnant lieu à rectification d'inventaire	471
Absence (pour déclaration d')	470
Ascendants dans les deux lignes	464
Ascendant et collatéraux	465
Collatéraux dans les deux lignes	465
Collatéraux; double lien	466
Collatéraux; enfants naturels et descendants d'enfants naturels	467
Conjoint survivant	469
Deshérence (succession en)	469
Dévolution d'une ligne à l'autre	466
Enfants	457
Enfants légitimes et adoptifs	459
Enfants légitimes, enfant naturel et descendants d'enfant naturel	459
Enfants légitimes et enfant naturel réduit à moitié de ses droits	460
Enfants, petits-enfants et arrière-petits-enfants	458
Enfant naturel; absence de parents légitimes	468
Français et étrangers	455
Frères et sœurs germains, utérins et consanguins	461
Frères et sœurs, neveux et nièces	461
Héritier à la fois ascendant et collatéral	465
Hospice	470
Indignité	456
Mère et frères et sœurs	462
Neveux et nièces	461
Non viabilité	456
Père et mère, frères et sœurs	462
Père et aïeul maternel; retour légal	463
Père et collatéraux	464
Père, frères et sœurs, enfants naturels	463
Petits-enfants héritiers de leur chef	458
Rectification d'inventaire pour cause d'absence	471
Retour légal	463
Sucessible d'un degré plus éloigné par suite de renonciation à succession	472
Succession de l'enfant naturel; mère	468
Succession de l'enfant naturel; frères et sœurs légitimes et naturels	468
Survie (Présomption de)	454

§ 2. Actes relatifs aux acceptations et renonciations.

Pages
Acceptation de succession par acte notarié 473
Compte de bénéfice d'inventaire 476
Compte de succession vacante 490
Procuration pour accepter une succession sous bénéfice d'inventaire 475
Renonciation à bénéfice d'inventaire 475
Renonciation à succession par acte notarié 473
Renonciation à succession par une convention 474
Rétractation d'une renonciation à succession 474

§ 3. Partages amiables et actes s'y rattachant.

Approbation de compte de tutelle avec partage 566
Approbation d'un partage rescindable pour lésion 563
Biens étrangers 551
Compte de tutelle avec partage 564
Dation à titre d'aliments, à un enfant adultérin 497
Dettes (contribution aux) 539
Dépôt du jugement homologuant un partage transactionnel 561
Enfant adultérin; dation à titre d'aliments 497
Enfant naturel; déclaration qu'il est rempli de ses droits 497
Fixation des droits après réduction de dons au conjoint et à un enfant . . . 512
Option par un héritier à réserve; quotité disponible entre époux 506
Option par un héritier à réserve; quotité disponible ordinaire 504
Partage avec compte de tutelle 564
Partage de biens meubles et immeubles; compensation pour rapports . . . 515
Partage de biens meubles et immeubles; rapports en nature et en moins prenant, prélèvements, lots, tirage au sort 527
Partage d'immeubles; soulte, privilège de copartageant, règlement verbal pour les meubles 524
Partage de succession; contribution aux dettes 539
Partage de succession; légataires et héritiers, masses mobilière et immobilière . . . 542
Partage de succession; créanciers opposants 543
Partage; succession du père et d'un enfant, veuve usufruitière et héritière de son enfant, renonciation à communauté 520
Partage de biens provenus de la succession du père et de démission de biens par la mère. 544
Partage entre associés 609
Partage entre communistes 613
Partage entre frère et sœur, neveu et nièce; majeurs et mineurs, porte-fort, retour légal . 545
Partage entre héritiers à réserve et donataire réduit 507
Partage entre héritiers à réserve et légataire réduit 510
Partage nouveau après nullité pour dol 562
Partage par l'attribution à l'un de l'usufruit et à l'autre de la nue propriété . . 549
Partage partiel; quotité des biens, valeurs françaises 550
Partage partiel; seul enfant loti 553
Partage provisionnel de jouissance 502
Partage secondaire; valeurs étrangères 551

	Pages
Partage supplémentaire; prix de licitation attribué au cohéritier adjudicataire	555
Partage transactionnel; légataire universel et héritiers du sang	558
Partage transactionnel; mineurs, attributions	560
Partage transactionnel; question de rapport	557
Pétition d'hérédité; restitution et partage	492
Porte-fort	545
Rapport en nature et en moins prenant	527
Ratification du partage par un ex-mineur devenu majeur	548
Réitération de partage avec compte de tutelle	566
Restitution et partage par suite de pétition d'hérédité	492
Retour légal	545
Retrait successoral	498
Suspension de partage	500
Tirage au sort	527

§ 4. Partages judiciaires.

Abandon des voies judiciaires	581
Approbation	581
Dépôt de pièces d'homologation	593
Etat liquidatif	568, 583, 595
Experts (désaccord sur le choix)	601
Lots (formation des)	603
Masse (établissement de la)	601
Prélèvements d'immeubles	601
Procès-verbal de clôture	606
Procès-verbal de difficultés sur la composition des lots	603
Procès-verbal de lecture	581, 591, 601
Procès-verbal d'ouverture; comparution volontaire	567
Procès-verbal d'ouverture; sommations	593
Rapport d'experts; formation des lots	603
Tirage au sort des lots	591, 606, 608

FIN DU LIVRE PREMIER.

Besançon. — Imp. Outnenin-Chalandre fils et Cie.

Du même Auteur

I. — RÉPERTOIRE GÉNÉRAL PRATIQUE
DU NOTARIAT DE FRANCE ET D'ALGÉRIE
Recueil périodique
DE JURISPRUDENCE, DE PRATIQUE NOTARIALE, DE LÉGISLATION COMMENTÉE ET DE FORMULES D'ACTES

Formant chaque année deux volumes, ensemble de plus de 1000 pages, format des *Liquidations*.

Abonnement annuel, 16 francs, en un Mandat postal.

Ce Recueil, qui paraît deux fois par mois, le 15 et le 30, depuis l'année 1881, contient : Tous les arrêts et jugements (600 par an) ; — Les lois et décrets commentés ; — Des formules inédites d'actes notariés ; — De nombreuses dissertations et observations pratiques ; — Les nominations de notaires ; — Un tableau exact et complet du cours de la Bourse ; etc.

Il est nécessaire à tout possesseur du *Traité pratique et Formulaire général du Notariat*, dont il forme le complément indispensable.

II. — TRAITÉ PRATIQUE ET FORMULAIRE GÉNÉRAL
DU NOTARIAT DE FRANCE ET D'ALGÉRIE

Suivant une méthode nouvelle, plaçant la formule à côté de l'explication théorique

DIVISÉ EN QUATRE PARTIES, COMPRENANT :

1° La législation spéciale au notariat ; — 2° Le droit civil expliqué selon l'ordre du Code civil ; — 3° Le d. fiscal (enregistrement et hypothèques) ; — 4° Un traité spécial sur la responsabilité des notaires

5° *édition, au courant de la Jurisprudence jusqu'au 1ᵉʳ janvier 1881 et de la Législation jusqu'en 1883*

5 forts volumes grand in-8°. — Prix : *franco*, 46 francs

Avec l'abonnement au Recueil pendant l'année courante, **54 fr.**

Reliure en demi-chagrin, 3 fr. le vol., soit 15 fr. ou 9 fr., selon que l'ouvrage est relié en 5 ou en 3 vol.

III. — LÉGISLATION COMMENTÉE DE 1880 A 1885 ET FORMULES INÉDITES
1 fort vol. de 936 pages. — Prix : *franco*, **15 fr.**; avec reliure demi-chagrin, **17 fr. 50**

IV. — TRAITÉ ET FORMULAIRE
DES TESTAMENTS AUTHENTIQUES, MYSTIQUES ET OLOGRAPHES, ET DES LEGS

2° édition (1879) entièrement refondue et considérablement augmentée. — 539 numéros d'explication et 150 FORMULES

1 vol. grand in-8°, format portatif. Prix : *franco*, **4 fr.**; avec reliure anglaise, **4 fr. 75**

V. — TRAITÉ ET FORMULAIRE (EN REGARD) DES SCELLÉS ET DE L'INVENTAIRE

2° édition (1882), au courant de la Jurisprudence. — 617 numéros d'explications et 107 FORMULES

1 volume grand in-8°, format portatif, reliure anglaise. — Prix : *franco*, **6 francs**

VI. — COMMENTAIRE PRATIQUE DE LA LOI DU 27 FÉVRIER 1880

Relative à l'aliénation des valeurs mobilières appartenant aux mineurs et aux interdits et à la conversion de ces mêmes valeurs en titres au porteur. — **Avec Formules**

Brochure grand in-8°, sur papier fort, 2° édit. — Prix : *franco*, **2 francs**

VII. — COMMENTAIRE PRATIQUE DE LA LOI SUR LES VENTES JUDICIAIRES D'IMMEUBLES
DU 23 OCTOBRE 1884

Brochure grand in-8°, avec **16 Formules**. — Prix : *franco*, **2 francs**

VIII. — COMMENTAIRE PRATIQUE
des lois des 27 juillet 1884 et 18 avril 1886
SUR LE DIVORCE ET LA SÉPARATION DE CORPS

Avec **16 Formules** *des actes notariés auxquels elles donnent lieu*

1 volume grand in-8°, relié, 3° édition. — Prix : *franco*, **6 francs 50**

Besançon. — Imprimerie Outhenin-Chalandre fils et Cⁱᵉ.

www.ingramcontent.com/pod-product-compliance
Lightning Source LLC
Chambersburg PA
CBHW050320240426
43673CB00042B/1479